Dictionary of
British Philosophy
and Thought

イギリス哲学・思想事典

日本イギリス哲学会 編

研究社

Copyright © 2007 by Japanese Society for British Philosophy

Dictionary of British Philosophy and Thought

PRINTED IN JAPAN

序

　イギリスの文化や思想、あるいは科学・技術が日本に与えた影響は、計り知れないものがある。日本で最も多く学ばれている外国語は、言うまでもなく英語であり、日本で外国の文豪として最もよく知られているのは、シェイクスピアであろう。とくに、英語は世界の公用語となっていると述べても過言ではない。このような文化や文明を生んだイギリス人のものの見方や考え方、つまり世界観や人生観は、イギリスの哲学や思想の中に表れている。この『イギリス哲学・思想事典』は、イギリスの哲学・思想について、基礎的で包括的な知識を得るために編まれた。

　本事典は、本邦初のイギリス哲学・思想の専門事典であり、事項篇と人名篇に分かれている。事項篇では、哲学・科学、倫理・宗教、法・政治、経済・社会、美学・文学、歴史といった幅広い分野から見出し語を厳選し、イギリス哲学・思想を理解するうえで必須の項目を詳説している。人名篇では、他の事典には見られないイギリスの哲学者や思想家も多く取り上げている。本事典がイギリス哲学・思想の、さらにはイギリスの理解に少しでも役立てばと願っている。また、本事典の趣旨に賛同され、寄稿された執筆者各位に、感謝の念を申し上げる次第である。

　最後になったが、本事典が、英語関連の出版で長い伝統を持ち、高い評価を受けている研究社から、その創立100周年の記念事業の一つとして刊行されることに、編集委員一同、望外の喜びを感じている。研究社の方々、とくに本事典の刊行に携わり、ご尽力を頂いた同社編集部の金子靖氏には、心からお礼を申し上げる。

2007年10月

日本イギリス哲学会　会　長
『イギリス哲学・思想事典』編集委員会　委員長

寺中　平治

編集委員

岩井　淳	桜井　徹	柘植尚則	三浦永光
大久保正健	篠原　久	寺中平治	山岡龍一
久米　暁	只腰親和	中才敏郎	山田園子
坂本達哉	田中秀夫	濱下昌宏	

執筆者

會澤久仁子	板井広明	追分晶子	門　亜樹子
青木滋之	板橋重夫	大石和欣	神野慧一郎
青木裕子	一ノ瀬正樹	大久保正健	嘉陽英朗
青木道彦	伊藤　哲	大澤　麦	川名雄一郎
朝倉拓郎	伊藤誠一郎	大西章夫	神崎宣次
朝廣謙次郎	伊藤宏之	大西晴樹	木村俊道
厚見恵一郎	犬塚　元	大森郁夫	清滝仁志
天羽康夫	井上琢智	冲永宜司	久保田顕二
荒　恵子	井上治子	荻間寅男	久米　暁
有江大介	井上弘貴	小草　泰	桑島秀樹
安西信一	今村健一郎	奥田太郎	小泉　仰
安西敏三	入江重吉	生越利昭	小河原　誠
伊佐敷隆弘	岩井　淳	押村　高	古城真由美
石川　徹	岩岡中正	小田川大典	児玉　聡
石川裕之	岩崎豪人	音無通宏	小林麻衣子
石川涼子	上野　格	小畑俊太郎	小林優子
泉谷周三郎	梅垣千尋	戒能通弘	近藤加代子
伊勢俊彦	梅川正美	春日潤一	桜井　徹
伊勢田哲治	梅田百合香	樫　則章	佐々木憲介
磯部悠紀子	遠藤耕二	加地大介	佐藤正志

三平正明	丹下芳雄	土方直史	森　匡史
塩野谷祐一	杖下隆英	平野　耿	谷澤正嗣
篠原　久	塚崎　智	広瀬友久	矢嶋直規
芝田秀幹	塚本明子	深貝保則	矢島杜夫
澁谷　浩	柘植尚則	福田名津子	安井俊一
島内明文	都築貴博	福間　聡	安川悦子
清水哲郎	鶴田尚美	藤田　祐	安富由季子
下川　潔	寺中平治	降旗芳彦	安原義仁
菅原秀二	土井美徳	古川順一	矢内光一
壽里　竜	遠山隆淑	星野彰男	柳沢哲哉
鈴木　平	戸田剛文	星野　勉	矢野圭介
勢力尚雅	富田理恵	本郷　亮	八幡清文
関口正司	内藤　淳	前田俊文	山口正樹
妹尾剛光	中金　聡	馬嶋　裕	山崎かおる
添谷育志	中釜浩一	間瀬啓允	山崎洋子
太子堂正称	中才敏郎	松井名津	山下重一
高橋　要	中澤信彦	松園　伸	山田園子
高山裕二	中谷隆雄	的射場敬一	山田友幸
瀧田　寧	中野安章	的射場瑞樹	山中　優
竹澤祐丈	名古忠行	真船えり	山本圭一郎
竹村和也	成田和信	三浦永光	山本信太郎
竹本　洋	新村　聡	水田　健	山本陽一
多胡智之	西澤真則	水田　洋	行安　茂
只腰親和	西村正秀	三井礼子	吉村伸夫
立花希一	西村裕美	村井明彦	米　典子
田中正司	橋本康二	村井路子	米澤克夫
田中敏弘	畠山明香	村松茂美	米原　優
田中智彦	濱真一郎	森　達也	和氣節子
田中秀夫	濱下昌宏	森　直人	和田泰一
田中　浩	林　直樹	森　弘一	渡辺恵一

目　次

序　iii

編集委員、執筆者一覧　iv

凡例　xvi

イギリス哲学・思想事典　1

【事項篇】

ア
アイルランド問題　3
アーサー王伝説　6
アメリカ問題　9
イギリス観念論（イギリス理想主義）　12
イギリスにおけるフランス革命　15
因果性　18
英訳聖書　21
エッセイ　24
エディンバラ学派　26
エンサイクロペディア　28
王権神授説　32
オーガスタン論争　35
オックスフォード運動　38
オックスフォード・カリキュレーターズ　41

カ
懐疑論　43
蓋然性　47
科学革命　50
確実性　53
価値（経済学における）　56
貨幣　59
カルチュラル・スタディーズ　62
感受性　65
完成主義（卓越主義）　68
観念　71
観念連合　75

寛容　78
議会政治　82
機械論　86
騎士道　89
記述の理論　91
帰納　93
救貧法　97
教育思想　101
共感（同感）　105
共通善（公共善）　108
共同体主義　111
共和主義　114
空間と時間　118
クェーカー　121
グランド・ツアー　123
グレート・ブリテン王国　125
経験論　129
経済学（成立と方法）　133
経済と倫理　137
啓示宗教・自然宗教　140
形而上学　144
形而上派詩人　147
言語ゲーム　149
検証主義　151
ケンブリッジ・プラトン学派　153
憲法典　156
行為論　160
広教主義　163

公共性　165
幸福　169
功利主義　173
ゴシック復興　177
国教会　180
コモン・ロー　184
混合政体論　187

サ

財政金融革命　190
サッチャリズム　192
産業革命　195
ジェントリ　199
自己所有権　202
事実と価値　205
自生的秩序　208
自然権　211
自然主義的誤謬　215
自然法　217
自然法則　221
自然保護運動　224
実在論　227
市民社会　230
社会契約説　234
社会主義　238
社会ダーヴィニズム　242
奢侈論争　245
ジャーナリズム　248
主意主義・主知主義　251
自由　253
自由意志と決定論　257
宗教改革　261
十字軍　265
自由主義（リベラリズム）　268
重商主義　272
主権　275
趣味　278
情念と理性　282
所有　286
仁愛　290

人格　293
人口論争　297
心身問題　300
進歩　303
慎慮（思慮）　307
崇高　310
スコットランド啓蒙　313
スコットランド常識学派　317
スコラ哲学　321
正義　325
絶対主義　329
センス・データ　332
占星術・魔術　334
千年王国　336
想像力（構想力）　339

タ

第一性質・第二性質　342
大学　345
大航海時代　348
ダーウィニズム　351
多元主義　354
ダンディズム　356
知識と信念　358
チャーティスト運動　362
長老派　365
直覚主義　367
庭園　369
ディガーズ　372
帝国　374
ディセンター　378
デザイン論証　380
哲学協会（学会）　382
哲学的急進派　384
デモクラシー　387
天才　390
道徳感覚学派　393
徳（徳倫理学）　396
トーリとホイッグ　400
奴隷解放　403

ナ

ナチュラル・ヒストリー　405
日常言語学派　409
ニュートン主義　412
人間本性　415
ノルマン・コンクェスト　419

ハ

パノプティコン　422
バプテスト　424
ピクチュアレスク　426
批評　428
ピューリタニズム　431
ピューリタン革命（イギリス革命）　435
平等　439
評論誌　443
ファシズム　446
フェミニズム　449
福祉国家　452
普遍化可能性　456
普遍と特殊　458
ブルームズベリー・グループ　461
分析哲学　463
ベイズの定理　467
ベーコン主義　469
封建制　472
法実証主義　475
法の支配（立憲主義）　478
保守主義　482
ポストコロニアリズム　485

マ

民兵論争　488
名誉革命　491
メソディスト　495
メタ倫理学　497
モラル・エコノミー　501
モラル・フィロソフィー　504
モリヌークス問題　507

ヤ

唯美主義　509
優生学（優性主義）　512
ユートピア　515
ユニテリアニズム（ユニテリアン主義）　518
ユーモア　520
世論　522

ラ

ラファエル前派　525
利己心　527
理神論（自由思想）　530
粒子論　533
良心　535
ルネサンス　538
レヴェラーズ　542
歴史法学　544
連合心理学　547
ロイヤル・ソサエティ　550
ロマン主義　553
論理実証主義　557
論理主義　560
論理的原子論　562

【人名篇】

ア

アクトン卿　567
アディソン、J.　567
アトウッド、W.　567
アーノルド、M.　567
アーノルド、T.　568

アルクィヌス〔アルクィン〕 568
アレグザンダー、S. 568
アンスコム、G. E. M. 568
アンセルムス（カンタベリーの） 569
イヴリン、J. 569
ヴィクトリア女王 570
ウィクリフ、J. 570
ウィズダム、J. T. D. 570
ウィチカット、B. 571
ウィトゲンシュタイン、L. 571
ヴィノグラドフ、P. G. 571
ウィリアム1世 572
ウィリアム3世 572
ウィリアムズ、B. 572
ウィリアムズ、G. L. 572
ウィリアムズ、R. 573
ウィルキンズ、J. 573
ウィルソン、J. C.〔クック・ウィルソン、J.〕 573
ウィンスタンリ、G. 573
ウィンチ、P. 574
ウェスタマーク、E. A. 574
ウェスリ、J. 574
ウェッブ、B. 575
ウェッブ、S. 575
ウェルズ、H. G. 575
ヴェン、J. 576
ウォーバトン、W. 576
ウォーラス、G. 576
ウォラストン、W. 576
ウォーリス、J. 577
ウォルウィン、W. 577
ウォルポール、R. 577
ウォレス、A. R. 578
ウルストン、T. 578
ウルストンクラフト、M. 578
ウルフ、V. 579
エア、A. J. 579
エヴァンズ、G. 579
エッジワース、F. Y. 580
エリウゲナ、J. S. 580

エリオット、G. 580
エリオット、T. S. 580
エリザベス1世 581
エルトン、G. R. 581
エンゲルス、F. 581
オーヴァトン、R. 581
オーウェル、G. 582
オウエン、J. 582
オウエン、R. 582
オークショット、M. 583
オースティン、J. 583
オースティン、J. L. 584
オズワルド、J. 584
オッカム、W. 584
オーブリ、J. 585

カ

カー、E. H. 585
カドワース、R. 585
カーマイケル、G. 586
カーライル、T. 586
カルヴァウェル、N. 586
カンバーランド、R. 587
ギボン、E. 587
キャロル、L. 587
キャンベル、G. 588
キルヴィントン、R. 588
ギルバート、W. 588
クック、E. 588
グッドウィン、J. 589
グッドウィン、T. 589
グッドハート、A. L. 589
グライス、P. 590
クラーク、S. 590
クラークソン、L. 590
グラッドストン、W. E. 590
クラレンドン伯 591
グランヴィル、J. 591
クリフォード、W. K. 591
グリーン、T. H. 591

グレシャム、T. 592
グロステスト、R. 592
グロート、G. 592
グロート、J. 593
クロムウェル、O. 593
ケアード、E. 593
ゲイ、J. 594
ケイムズ卿 594
ケインズ、J. M. 594
ケストラー、A. 595
ケルヴィン卿 595
ゲルナー、E. A. 595
ケンプ・スミス、N. 596
コーエン、G. A. 596
コックバーン、C. 596
コップ、A. 596
ゴドウィン、W. 597
コベット、W. 597
コリングウッド、R. G. 597
コリンズ、A. 598
コール、G. D. H. 598
ゴールトン、F. 598
コールリッジ、S. T. 599
コンウェイ、A. 599

サ

サウジー、R. 599
シェイクスピア、W. 600
ジェイムズ1世 600
ジェヴォンズ、W. S. 601
ジェラード、A. 601
シェリー、P. B. 601
シジウィック、H. 601
シドニー、A. 602
シャーウッド、W. 602
シャフツベリ伯（初代） 602
シャフツベリ伯（第3代） 603
ショー、G. B. 603
ジョウェット、B. 603
ジョン（ソールズベリの） 603

ジョンソン、S. 604
ジョンソン、W. E. 604
シラー、F. C. S. 604
シンガー、P. 605
スウィフト、J. 605
スウィンバーン、R. 605
スキナー、Q. 606
スタウト、G. F. 606
スタッブ、H. 606
スターン、L. 606
ステア卿 607
スティーヴン、J. F. 607
スティーヴン、L. 607
スティリングフリート、E. 607
スティール、R. 608
ステュアート、D. 608
ステュアート、J. 608
ストローソン、P. F. 609
スピヴァク、G. C. 609
スプラット、T. 609
スペンサー、H. 610
スマート、J. J. C. 610
スミス、A. 610
スミス、J. 611
スミス、T. 611
スワインズヘッド、R. 611
セルデン、J. 611
セン、A. 611

タ

ダイシー、A. V. 612
ダーウィン、C. 612
タッカー、A. 613
ダメット、M. 613
ターンブル、G. 613
チェインバーズ、E. 614
チェスタトン、G. K. 614
チャーチル、W. 614
チャールズ1世 614
チャールズ2世 615

チューリング、A. 615
チリングワース、W. 615
ディー、J. 616
ディケンズ、C. 616
ディズレーリ、B. 616
テイラー、C. 617
テイラー、H. 617
テイラー、J. 617
ティレル、J. 617
ティロットソン、J. 618
ティンダル、M. 618
ティンダル、W. 618
デヴリン、P. 619
デフォー、D. 619
デ・モーガン、A. 619
トインビー、A. J. 620
ドゥオーキン、R. 620
ドゥンス・スコトゥス、J. 620
ドーキンス、R. 621
トーニー、R. H. 621
トムソン、E. P. 621
ドライデン、J. 622
トーランド、J. 622
トレヴァ＝ローパー、H. R. 622
トレヴェリアン、G. M. 623

ナ

ニーダム、M. 623
ニュートン、I. 623
ニューマン、J. H. 624
ネイミア、L. B. 624
ネヴィル、H. 624
ノージック、R. 625
ノックス、J. 625

ハ

バイアー、K. 625
ハイエク、F. A. 626
ハーヴィ、W. 626
バーカー、E. 626
パーカー、H. 627
バーク、E. 627
バクスター、R. 627
ハクスリー、T. H. 628
バークリー、G. 628
バーケンヘッド、J. 629
ハーシェル、W. 629
バジョット、W. 629
ハズリット、W. 629
バターフィールド、H. 629
ハチスン、F. 630
バックル、H. T. 630
ハート、H. L. A. 631
バトラー、J. 631
バトラー、S. 632
ハートリー、D. 632
バニヤン、J. 632
ハーバート（チャーベリーの） 633
バビッジ、C. 633
パーフィット、D. 633
ハミルトン、W. 634
ハリー、E. 634
バリー、B. 634
バーリー、W. 634
ハリファックス侯 635
バーリン、I. 635
ハリントン、J. 635
バルガイ、J. 636
バルフォア、J. 636
バロウ、I. 636
ハントン、P. 636
ハンプシャー、S. 636
ピアソン、K. 637
ヒック、J. 637
ビーティ、J. 637
ヒューエル、W. 638
ヒューム、D. 638
ヒル、C. 638
ファーガソン、A. 639
ファーミン、T. 639

ファラデー、M. 639
フィッギス、J. N. 640
フィニス、J. 640
フィルマー、R. 640
フォークランド子爵 641
フォーサイス、P. T. 641
フォーダイス、D. 641
フォックス、G. 641
フォーテスキュー、J. 641
ブキャナン、G. 642
フッカー、R. 642
フック、R. 642
フット、P. 642
プライアー、A. N. 643
プライス、H. H. 643
プライス、R. 643
ブラウン、T. 643
ブラウン、T. 644
ブラクトン、H. 644
ブラック、J. 644
ブラックストン、W. 644
フラッド、R. 645
ブラッドリー、F. H. 645
ブラッドワーディン、T. 645
プラムナッツ、J. 645
ブラムホール、J. 646
ブラント、C. 646
プリーストリ、J. 646
プリチャード、H. A. 647
プリングル＝パティソン、A. S. 647
ブール、G. 647
ブルア、D. 647
ブルック卿 648
ブレア、H. 648
ブレイク、W. 648
フレイザー、J. G. 648
ブレイスウェイト、R. B. 649
フレッチャー、A. 649
ブロード、C. D. 649
ヘア、R. M. 650

ペイター、W. 650
ヘイツベリ、W. 650
ペイリー、W. 650
ヘイル、M. 651
ベイン、A. 651
ペイン、T. 651
ベヴァリッジ、W. 652
ベーコン、F. 652
ベーコン、R. 652
ペティ、W. 653
ペティト、W. 653
ベンサム、J. 653
ベントリー、R. 654
ヘンリ7世 654
ヘンリ8世 654
ペンローズ、R. 655
ボイル、R. 655
ポウプ、A. 655
ホガース、W. 656
ホーキング、S. 656
ポーコック、J. G. A. 656
ボザンケ〔ボザンケット〕、B. 656
ホジスキン、T. 657
ホッブズ、T. 657
ポパー、K. 658
ホブズボーム、E. 658
ホブソン、J. A. 658
ホブハウス、L. T. 658
ホランド、T. E. 659
ポランニー、M. 659
ボリングブルック、H. J. 659
ホール、S. 659
ホワイト、G. 660
ホワイトヘッド、A. N. 660

マ

マーヴェル、A. 660
マクスウェル、J. C. 661
マクダウェル、J. 661
マクタガート、J. M. E. 661

マクドゥーガル、W. 661
マコッシュ、J. 662
マコーミック、N. 662
マコーリ、T. B. 662
マーシャル、A. 663
マッキー、J. L. 663
マッキンタイア、A. 663
マッキントッシュ、J. 664
マードック、I. 664
マルクス、K. 664
マルサス、T. R. 665
マルティノー、H. 665
マルティノー、J. 665
マン、T. 665
マンスフィールド伯 666
マンセル、H. L. 666
マンデヴィル、B. 666
ミラー、D. 667
ミラー、J. 667
ミル、J. 667
ミル、J. S. 668
ミルトン、J. 668
ムア、G. E. 668
メイン、H. J. S. 669
モア、H. 669
モア、T. 669
モリス、W. 670
モーリス、J. F. D. 670
モリヌークス、W. 671
モールズワース、R. 671
モンボドー卿 671

ラ

ライエル、C. 671
ライル、G. 672
ラカトシュ、I. 672
ラシュダル、H. 672
ラズ、J. 672
ラスキ、H. J. 673
ラスキン、J. 673
ラッセル、B. 674
ラムジー、F. P. 674
リヴィングストン、D. 675
リカード、D. 675
リッチー、D. G. 675
リード、T. 676
リルバーン、J. 676
ルイス、C. S. 676
レストランジュ〔レストレンジ〕、R. 676
レノルズ、J. 677
レン、C. 677
ロウスン、G. 677
ロス、W. D. 677
ロック、J. 678
ロード、W. 678
ロールズ、J. 678
ロレンス、D. H. 679

ワ

ワーズワス、W. 679
ワット、J. 680
ワトソン、L. 680

索 引 681

事項索引 683
人名索引 713
書名索引 747

凡　例

　本事典は、事項篇（183項目）、人名篇（371項目）、索引（事項・人名・書名）の三部で構成されている。

I　見出し
  1. 事項篇、人名篇、索引は、それぞれ五十音順で配列した。
  2. 事項篇の見出し語のあとに、原語（英語など）を付した。
  3. 人名篇の見出し語は、姓、イニシャル、の順に示した。見出し語のあとに、原綴（ファミリー・ネーム，ファースト・ネームなど）、生没年を付した。

II　本文
  1. 事項篇、人名篇とも、項目を三つのランクに分けた（事項篇は 2/3/4 頁、人名篇は 200/400/600 字程度）。
  2. 事項篇では【主要文献】を、人名篇では【主要著作】を、ランクに応じて挙げた。
  3. 項目の末尾に執筆者名を付した。

III　表記
  1. 常用漢字、現代仮名遣いを原則とした。
  2. 本文中の人名は原則として姓のみとした。ただし、必要な場合には、イニシャル、ファースト・ネーム、原綴、生没年も付した。
  3. 日本語文献は、書名を『　』で、論文名などを「　」で示した。
  4. 外国語文献は、書名・雑誌名をイタリックで、論文名などを"　"で示した。
  5. 見出し・本文・索引で用いた略号は以下の通り。
     〔英〕：英語　〔独〕：ドイツ語　〔仏〕：フランス語　〔ギ〕：ギリシア語
     〔ラ〕：ラテン語　c.：〜年頃　d.：没年　fl.：〜(年)頃に活躍

事 項 篇

アイルランド問題

〔英〕Irish question

　アイルランド問題とは、12世紀後半からのイングランドのアイルランド支配に始まりアイルランド自由国の成立(1922)によって半ば解決を見た政治的社会的諸問題を指す。「半ば」というのは、いまだに北アイルランド問題が解決していないからである。アイルランドにとっては、「アイルランド問題」なるものはイギリス(以下 Britain をこう記す)によってもたらされた「問題」であって、むしろ「イギリス問題」と言うべきものである。北アイルランドのナショナリスト派政治指導者ジョン・ヒューム(社会民主労働党創設者)はこれを 'The Irish Question: A British Problem' と端的に表現している(*Foreign Affairs*, Winter 1979/80 掲載の論文タイトル)。

　誰が Irish question という表現を初めて用いたか、これにはいまだ定説はない。しかし、たぶんアイルランド自治運動(1870–)の創設者アイザック・バット(1813–79)であろうと言われている。この言葉に込められた要求は、1801年以来イギリスによって奪われている自治権の回復と、イギリスないしプロテスタント地主に占有されていることから生じる土地問題の解決であった。しかし、このような要求が生まれる原因を辿って行き着くところは、12世紀のヘンリ2世に始まるイギリスのアイルランド支配になる、というのが大方の理解である。

政治と宗教

　政治と宗教の問題は、ヘンリ8世がアイルランド国王と称し、カトリックが大勢を占めているアイルランドに政治支配の機軸として国教会(Church of Ireland)を強要した時から始まった。とくにエリザベス朝以後、アイルランド全土のカトリックは自分たちの信仰とは無関係な国教会(ヴァチカンとは断絶しているという意味でプロテスタントと呼ばれる)に十分の一税を納めねばならなくなった(それ以前はイギリスの支配の十分んでいる主にダブリン地域のみ)。不満はしだいに募り、ついに十分の一税戦争(Tithe War, 1830–38)と呼ばれる騒乱を引き起こすほどになった。

　18世紀のアイルランドはプロテスタント優位体制の時代と言われる。しばしば異教徒刑罰法と訳される一連の刑法(Penal Laws)により主にカトリックは市民的権利をほとんど奪われた。この法によれば、議員、官吏、将校などの職に就くためには、「ローマ教会で現在行われている処女マリアや聖人……への信仰は迷信である……」という文言のある宣誓をせねばならなかったのである。

　大学進学も不可、加えてカトリックは土地購入を禁止され、また、31年以上の借地契約も禁じられた(1704年法、1709年法)。このため、カトリック地主の保有する土地は全土の5%以下にまで減少し、また、多くのカトリック地主がプロテスタントに改宗せざるを得なくなった。偽装改宗も多く、死に際してカトリック墓地に埋葬してもらうよう希望するものが多かったと言う。

　このような状況に加えて、18世紀のアイルランドはしばしば飢饉に見舞われ、その貧困はアイルランドに居住するイギリス系アイルランド人にとっても大きな問題であった。彼らはイギリス政府のアイルランド統治の不備を厳しく批判した。その例には、いずれもダブリン大学トリニティ・カレッジの卒業生であるスウィフト、バークリーを挙げれば十分であろう。

　Penal Laws は1830年頃までには廃絶され、また、カトリック解放法はダニエル・オコンネル(1775–1847)の指導の下1829年に獲得された。彼は引き続き「廃絶協会」を立ち上げ、1801年以来のイギリスへのアイルランドの合同を撤回させるべく運動を開始したが、志半ばで亡くなった。

アイルランド問題

この頃アイルランドは大飢饉に襲われていた。これに対してイギリス政府は有効な救済策をほとんど行えなかった。このことはアイルランド人の中に、イギリスに対する深刻な不信感を植えつけた。

イギリスの首相グラッドストンにより国教会制度が廃止されたのは1869年のことであった。

土地問題

土地問題は、始めは、主に地主と借地農の関係であった。上記のようにカトリック地主は18世紀中に激減した。加えて、大多数を占めるカトリック借地農には耕作権の安定がなかった。当時アルスター地方では、3Fsと言われる慣習、すなわち耕作権の安定 (fixity of tenure)、公正地代 (fair rent)、借地農による土地改良分の販売の自由 (free sale) が行われていた。これらの権利を全アイルランドに及ぼすべく、チャールズ・ギャバン・ダフィー (1816–1903) らは1850年にアイルランド借地農同盟を組織した。アイルランドに政治的安定をもたらすべく、グラッドストンは1870年に最初の土地法「地主・借地農（アイルランド）法」を制定する。これは、3Fsを全アイルランドに法的に保障し、また耕作中の土地を借地農が地主から購入して自作農になることを国が援助するという内容のものであったが、不備が多くほとんど有効ではなかった。

この頃から、不況の影響もあって借地農には地代負担が重荷になり、各地で農民追放 (eviction) と紛争が起こった。1879年にはこうした社会的状況を背景として、アイルランド全国土地同盟が結成され、結成会議にはマイケル・ダヴィット (1846–1906)、チャールズ・ステュアート・パーネル (1846–91) らが出席し、後者は同盟会長に選出された。この同盟は「アイルランドの土地はアイルランド人民に属するものである。……」と宣言している。

この結成会議には、独立を目指す急進的（武断派的）な組織であるアイルランド共和主義同盟 (IRB)、アメリカのフィニアン (IRBのアメリカ国内組織) と、自治権獲得を目指す立憲的活動の組織であるアイルランド議会党が加わって、政治的色彩の濃いものになった。このように、農民の運動と政治的組織が連帯したことから、これは「新出発」と呼ばれた。

この土地同盟結成の頃から土地戦争 (Land War) と呼ばれる激しい紛争が起きる。1879年から82年にかけて土地同盟に指導された借地農たちは、地代引き下げ、追放阻止などを要求して、地主たちと時には暴力的な抗争を繰り返した。これは土地戦争の第一期と言われる（土地戦争を狭義に捉える場合は、この時期だけを指すことが多い）。その後も1886年から91年にかけて主にマンスター地方で、農業不況により地代負担に耐えられなくなった農民たちが地代引き下げを要求し、それに応じない地主への支払いを拒否し、供託してそれを追放された農民の救済に充てるという新しい運動が展開された。土地戦争を広義に捉えた場合、この時期は第二期と呼ばれる。さらに1891年から1903年にかけて、農民はかなり妥協的に運動を進めた（第三期）。当時イギリス政府は保守政権の下にあり、莫大な土地購入資金を低利子・長期の年賦返済という条件でアイルランド借地農に貸して、彼らが現に耕作している土地を購入する方策（自作農創設政策）をかなり大規模に実施し始めた。1903年の改正土地法はとくに画期的で、制定者の名を冠してウィンダム法と呼ばれている。土地戦争の時期を広義に捉える場合はこの1903年までを指すことが多い。

アイルランド土地法は、グラッドストンによる1870年法をはじめとして1909年法まで、イギリス統治下で11回も制定されてしだいに農民の土地購入の条件が良くなった。皮肉なことに保守政権下の改正法 (1885) 以来予算額は増え、貸付条件は良くなっている。

1922年のアイルランド自由国成立ののちにも土地法が4回制定されており（最後は1933年）、これでアイルランドの大地主制度はほぼ完全に終焉したと言われている。

自治（Home Rule）、独立問題

18世紀末にユナイテッド・アイリッシュメンの蜂起が鎮圧され、1801年にはアイルランドはイギリスに併合（Union）された。以後ナショナリズムとユニオニズム（対英協調）がアイルランドの政治の流れを形作ってゆく。

1860年代に自治という言葉が使われ始めたとき、その意味は必ずしも一様ではなかった。この言葉の発案者とされるバットは、これに自治的なアイルランド国民議会による統治という意味を持たせ、この議会を連合王国を構成する連邦の中の一議会とした。これに対して、ロンドンの議会は帝国議会として帝国に関わる問題を扱うとした。のちに成立したアイルランド自由国の議会とほぼ同じである。これに対して、フィニアンやIRBに代表される共和主義者たちの主張する自治は、イギリスからの完全な分離独立を求めるが当面は他の会派との妥協を図る、という意味を持っていた。彼らにとって自治は独立共和国に至る通過点の一つであった。

自治を要求するアイルランドの政治運動は、パーネルが1879年からアイルランド議会党を指導するに至って最高潮に達した。この党は、1885年の選挙で86議席を獲得し、自由党335議席、保守党249議席の間で完全に決定権を握った。彼らはまず保守党を支持して、土地購買（アイルランド）法を成立させ、その後自由党に支持を変えて、第三次グラッドストン内閣を成立させ、第一次自治法案を提出させた。これは成立せず、その後、第三次自治法に至ってようやく成立したが（1914）、第一次世界大戦終結まで実施を延期された。しかし、大戦中の16年にダブリンで独立共和国樹立を目指す蜂起（復活祭蜂起）が起こり、以後独立戦争を経てアイルランド自由国が成立（1922年12月）したため、この法律は無用のものとなった。

アイルランド問題は、この自由国成立で一応の終止符を打った、と言えなくもない。イギリスの史家A.J.P.テイラーが、イギリスにとってアイルランド問題は1922年12月に良かれ悪しかれ決着を見たように見える、と書いたのは1965年のことであった（*English History 1914–1945*）。しかし、1968年には公民権運動に始まるナショナリストとユニオニストの抗争が再燃し、イギリス軍が介入して、独立かイギリスへの帰属かをめぐる紛争に発展した。その後40年が経過したが、いまだに北アイルランドの問題は解決を見ない。「アイルランド問題」の真の解決はまだ当分先のことと言わねばならない。

【主要文献】R. D. Collison Black, *Economic Thought and the Irish Question, 1817–1870*, Cambridge University Press, 1960. Edith Mary Johnston, *Ireland in the Eighteenth Century*, Gill and Macmillan, 1974. Antoin E. Murphy ed., *Economists and the Irish Economy from the Eighteenth Century to the Present Day*, Irish Academic Press, 1984. Ciaran Brady ed., *Interpreting Irish History: The Debate on Historical Revisionism*, Irish Academic Press, 1994. Paul Arthur and Keith Jeffery, *Northern Ireland since 1968*, 2nd ed., Blackwell, 1996（門倉俊雄訳『北アイルランド現代史――紛争から平和へ』彩流社、2004）. D. G. Boyce, *The Irish Question and British Politics, 1868–1996*, 2nd ed., Macmillan, 1996. Bruce L. Kinzer, *England's Disgrace? J. S. Mill and the Irish Question*, University of Toronto Press, 2001. T. Duddy, *A History of Irish Thought*, Routledge, 2002. D. G. Boyce, "Ireland and British Politics, 1900–1939", in Chris Wrigley ed., *A Companion to Early Twentieth-Century Britain*, Blackwell, 2003.

（上野　格）

アーサー王伝説

〔英〕Arthurian legend

ウェールズの一武将、のちにブリトン人の王となったアーサーに関する愛、勇気、騎士の冒険からなる伝説。アーサーは物語上の人物か、歴史上の人物かという議論に決着はなく、この人こそがアーサーであると確認できる人物はいないが、実在したとするならばサクソン侵入の5世紀後半から6世紀前半であったと言われている。12世紀以降、アーサー王伝説を歴史化した著作が広まり、近世までアーサーは歴史的人物として人々の賞賛の対象となっていた。その後、合理主義的思考が発展すると、19世紀に伝説は脱神話化され、20世紀前半には再度、その歴史的側面が強調されていくこととなる。

アーサー王に関する文献

アーサー王に関する最古の文献は、アーサーの名前は直接出てこないが、同時代の生き証人と言われている聖ギルダスの『ブリタニアの破滅と征服』(c. 547)である。アーサーの名が出てくる最初の文献は、かつてネンニウスの作と考えられていた9世紀初めの『ブリトン人の歴史』である。それまでこの伝説は、口頭伝承で世代から世代へと伝えられていった。

アーサー王伝説の人気に火をつけたのが、イギリスのジェフリ・オブ・モンマスの『ブリタニア列王史』(c. 1136)である。ジェフリは、同書の中でブルータスによるブリテン建国からサクソン支配に至るまでのブリタニアの歴代国王の名を列挙し、その中でアーサー王を最も素晴らしい王と賞賛して、約三分の一の紙幅を割いている。ジェフリはこれまでの断片的なアーサー伝説に関する情報をまとめて、アーサーを英雄として描いた。これがその後、多くのアーサー王物語の典拠となる。

これをもとにして学僧ワースがフランス語の韻文『ブリュ物語』(1155)を翻案し、今度はラヤモンがそれをもとにして『ブルート』(c. 1200)を翻案した。中世末期にはT.マロリーが『アーサー王の死』や『散文トリスタン』を書き、アーサー王物語を集大成し、アーサー王伝説の人気はイギリスで絶頂に達した。

アーサー王文学はイギリスだけでなく、12世紀以降のドイツやフランスでも発展した。フランスではこれまでにもアーサーはいくつかの短詩に登場していたが、1165年から90年頃に書かれたクレチアン・ド・トロワの作品の中で中心人物となる。とりわけ、彼の作品『ペルスヴァルあるいは聖杯の物語』の中で、アーサー王伝説がキリスト教化されていった。もともとは人を養い癒す魔法の器であった聖杯（グラール）が、いつの間にかイエスの叔父であるアリマテアのヨセフが十字架のキリストの血を受けた杯として理解されるようになった。物語によると、ヨセフが追っ手を逃れてこの聖杯をイングランドのグラストンベリに持ち込んだが、この聖杯が紛失したため、聖杯の行方を捜してアーサー王の騎士たちが旅に出る。こうしてアーサーは聖なる杯を探索する円卓の騎士の長となり、徐々にキリスト教世界の擁護者へと変身していった。ドイツの詩人ウォルフラム・フォン・エッシェンバッハはクレチアンの作品を翻案し、彼の『パルチヴァール』(c. 1210)は聖杯物語の傑作と言われている。

かくしてアーサー王文学は、先行の作品を翻案して新たな作品を次々と追加し、累積的に発展していった。そのため同様な題材を扱っていても作品によって内容の相違が見られる。

アーサー王伝説の一連の物語は、妖精、魔術師、巨人、呪い、予言など超自然的な要素を帯びているため、ケルト起源説が有力であった。しかし、近年では西アジア起源説が浮上し、アーサーは紀元前4世紀以降、南ロシア

を中心に勢力を振るったイラン系の遊牧騎馬民族のサルマート（サルマタイ）人の末裔とも言われている。

伝説の内容

　伝説上のアーサーは、ブリタニアの王ウーゼル・ペンドラゴンと封臣のコーンウォール公の妃イグレーヌとの間の息子とされる。ウーゼルは魔法使いの預言者マーリンの魔力を借りて、コーンウォールになりすまし、イグレーヌの寝室にもぐり込み、イグレーヌは子を身ごもった。この子がアーサーである。この夜、当のコーンウォールは戦死し、やがてウーゼルはイグレーヌを正式に妃として迎える。初期の作品ではアーサーはウーゼルの正式な継承者となっているが、のちの作品ではアーサーは正式な結婚以前に生まれた庶子となる。どちらにしても王との間の子ではないと信じている王妃はアーサーを手放すことに同意し、子は魔法使いマーリンの手から小領主に預けられ、騎士として育てられた。

　王ウーゼルの死後、継承者不在のためブリタニアの王位は空白となる。新王選出のためにロンドンに集まった有力諸侯たちの前に、石に刺さった剣が現れる。剣には、石に埋め込まれた一本の剣を引き抜くことができた者が真の王位継承者となると刻まれていた。彼らは競って引き抜こうとするが誰も引き抜くことができなかった。しかし、偶然そこを通りかかったアーサーが難なく剣を引き抜いた。見知らぬ若者を王と認めない諸侯たちに対して、アーサーは叡智と威厳でもって彼らをしだいに圧倒していく。最後に預言者マーリンが現れアーサーの出自を明かすが、彼らの抵抗は収まらなかった。しかし侵略者サクソン人が攻めてきたため、諸侯はアーサー王に従い、王とともに戦うこととなった。

　アーサーは隣国カメリアードを巨人とサクソン人の脅威から救い、王の娘グィネヴィアを王妃に迎えた。以後、12年間この地に平和の時代が訪れる。アーサーはカメロット城を建設し、友愛の絆で結ばれた「円卓の騎士」と呼ばれる一種のエリート騎士団とともに統治を行った。カメロットは、暴力ではなく法に基づく新王国の首都であった。『ブリタニア列王史』では言及されていないが、やがて円卓の騎士の一人であったランスロットと王妃グィネヴィアの間にロマンスが生まれ、彼らの密通の現場をモルドレッドらに押さえられたのち、アーサーの治世は崩れていくこととなる。このモルドレッドは、じつは以前にアーサーが異父姉とは知らずにオークニー王ロットの妃の床に忍び寄り産ませた子であった。

　アーサーはブルターニュに逃れたランスロットを討伐しに行く途中、ブリタニアに摂政として残していたモルドレッドが王妃グィネヴィアを妻にしようとしているとの知らせを受け、急遽、自国に戻る。モルドレッドと戦いに挑んだアーサーは、彼を殺害したが、自らも致命傷を負う。アーサーは生き残った騎士に宝剣エクスカリバーが邪悪な者の手に渡らないよう湖に捨てるようにと頼み、ためらう騎士が剣を投げると水中から手が現れ、剣を空に向けて振りかざし、湖の中に沈んでいった。騎士に暇を出したのち、瀕死のアーサーは突如現れた船に乗り込んでいった。数日後、この騎士がある修道院に立ち寄るとアーサーの遺体がここに運ばれてきたと聞くこととなる。

　ただし、初期の作品『ブリュ物語』によると、モルドレッドとの最後の戦いで瀕死の重傷を負ったアーサーは、妖精の女王に付き添われてアヴァロンに運ばれ、そこで復活の時を待つこととなる。そこからブリトン人は、アーサーが民族の危機の際には、いつでも戦いに戻ってくると信じていた。

　ほかに、先述した聖杯伝説やトリスタン伝説、円卓の騎士団の物語も織り込まれて、これらを総称してアーサー王伝説と呼ぶ。

伝説の利用と影響

イングランドでは中世以来、アーサー王伝説が王権の権威を強化するために積極的に用いられた。1153年にイングランド王に即位したプランタジネット朝のヘンリ2世は、ジェフリの『ブリタニア列王史』を利用し、アーサー王と円卓の騎士の伝説を作り上げて、カール大帝の子孫を自認するフランスのカペー家に対して、ヘンリ自らの血筋の正統性を示そうとした。そしてヘンリはこれまでノルマン人の征服に対して抵抗していたブリトン人を味方に付けようとした。そのためにヘンリは、ワースにジェフリの作品をもとにしてアーサー王の物語を書くよう依頼し、そこから『ブリュ物語』ができた。

バラ戦争が終結したあとのテューダー朝でも、ヘンリ7世が1485年に即位した際に、自らの祖先にアーサー王がいたことを捏造しようとした。そのような企てに一役買ったのが、イギリス最初の印刷業者キャクストンによるT.マロリー著『アーサー王の死』の出版である。また、ヘンリは伝説の王にあやかって長子をアーサーと名づけたがその子は夭折した。16世紀には、アーサー王の死を素材としてE.スペンサーが『妖精女王』(1590)を書くなど、エリザベス女王やジェイムズ1世の治世にはアーサー王のモチーフが文学やパジェントに用いられた。また当時、このアーサー王伝説から、ブリテンにおけるイングランドの宗主権を援用したブルータス伝説も人気となった。

アーサー王伝説は隣国スコットランドにおいても人気があり、王権はその伝説の権威にあずかろうとした。スコットランド国王デイヴィッド2世が、スターリング城をアーサーが宮廷を持っていた場所スノードンであると主張したり、ジェイムズ4世やジェイムズ5世は、幼少時で亡くなったがそれぞれの息子たちをアーサーと名づけたりしている。また、ジェイムズ4世は、アーサーのような円卓会議を創り、彼はイングランドの大使をそこに座らせて困惑させたとも言われている。メアリ女王も1566年のジェイムズ6世の洗礼の際に円卓会議を用いている。さらに、ジェイムズ6世が1603年4月にイングランド王1世として即位すると、ブリテンの国王アーサーとして人々に歓迎された。アーサー王は、二つの王国を統一するステュアート王家の政治的プロパガンダとしても利用された。

イングランドではその後、1649年のチャールズ1世の処刑以降、アーサー王伝説はさほど注目されていなかったが、ヴィクトリア期に桂冠詩人A.テニスンがアーサー王をモチーフにして『国王牧歌』(1859)を著したことにより、アーサー王伝説の人気が再燃した。その後、アーサー王伝説は、M.トウェインやT.S.エリオットらの文学のみならず、ワーグナーやビアズリーの音楽や美術など幅広い分野に影響を及ぼしている。その影響はヨーロッパのみに止まらず、日本では夏目漱石の『薤露行〔かいろこう〕』(1905)がアーサー王伝説の登場人物の一人エレーンの亡骸を扱っていることで有名である。

【主要文献】*Arthurian Studies*, D. S. Brewer, 1981–. 青山吉信『アーサー王伝説』岩波書店, 1985. ディヴィッド・デイ(山本史郎訳)『図説 アーサー王伝説物語』原書房, 2003. S. L.バーチェフスキー(野崎嘉信/山本洋訳)『大英帝国の伝説──アーサー王とロビンフッド』法政大学出版局, 2005. アンヌ・ベルトゥロ(松村剛訳)『アーサー王伝説』創元社, 1997. 高宮利行『アーサー王物語の魅力──ケルトから漱石へ』秀文インターナショナル, 1993. トマス・マロリー(井村君江訳)『アーサー王伝説』筑摩書房, 2004–07.

(小林麻衣子)

アメリカ問題

〔英〕problems of America

　自他ともに許す世界の超大国としてのアメリカが国家として独立を宣言した1776年には、東海岸のイギリス領13の植民地の連合であった。現在では50州に上るその領域は、憲法制定当時には13州にすぎなかった。その国土の拡大と驚異的な速度で行われた政治的、経済的な発展を、各段階における注目すべき現象を中心として辿りたい。

植民地時代

　コロンブスのアメリカ発見(1492)以来、北米大陸にはスペイン、フランス、オランダ、イギリスなどの諸国が争って植民活動を展開したが、アメリカ合衆国の基礎となったのは、イギリス領の植民地であった。その始まりは、ヴァージニアのジェイムズタウンに入植した特許会社ヴァージニア会社(1607年)であり、この地を中心とする南部地方は、煙草、綿を栽培する大農業経営の形を取って発展した。1621年、議会の制度が確立し、24年にヴァージニア会社に対する特許状が撤回され、王領植民地となったのちも、国王の任命する総督の下にあって議会は存続した。

　北部の植民は、信仰の自由を求めて渡航したピューリタンのプリマス上陸(1620)に始まり、商工業、漁業を営む植民地となった。プリマス植民地では、1638年以来代議制度が始まったが、最小の行政単位であるタウンには、直接民主政が根を下ろした。また1630年には、国王から特許状を得た「マサチューセッツ湾会社」が700人のピューリタン移民をセーラムに上陸させ、「マサチューセッツ湾植民地」が始まった。

　独立した13の植民地(ニューハンプシャー、マサチューセッツ、ロードアイランド、コネティカット、ニューヨーク、ニュージャージー、ペンシルヴァニア、デラウェア、メリーランド、ヴァージニア、北カロライナ、南カロライナ、ジョージア)は、それぞれの歴史を持っていたが、新大陸にあって、代議政治の経験を積んでいたことについては、共通であった。

独立革命と憲法制定

　イギリスは、七年戦争(1756–63)の結果、カナダに広大な領土を得て、植民地統制を強化したが、北アメリカ13植民地の人々は、西部への自由な進出の制限、砂糖条例(1764)、印紙条例(1765)など一連の課税政策に憤慨して反対運動を起こし、次いで「タウンジェンド諸法」に対する激しい抵抗は、ついに独立戦争(1775–83)となった。革命は、1775年4月、植民地人の武器・弾薬を没収しようとしたイギリス軍との間に行われた戦闘に始まった。

　13植民地は、「大陸会議」に結集し、1775年5月にワシントンを革命司令官に任命して、76年7月4日、「独立宣言」(Declaration of Independence)を公布した。ジェファソンが起草した独立宣言は、生命、自由、幸福の追求を不可譲の人権として主張し、国民の同意に違反した政府に対する革命権を高らかに謳うものであった。

　独立戦争は、最初はアメリカ側に不利であったが、1777年サラトガでアメリカ軍が勝利したのち、スペイン、オランダも宣戦して包囲作戦を取ったため、イギリスはついに屈し、83年パリで平和条約が結ばれて、アメリカは、ミシシッピ河以東を領土とする独立国家として承認された。

　13植民地は、独立してもまだ統一政府がなく、国家連合の状態であったので、連邦憲法の制定が急務となった。そこで1787年にフィラデルフィアで憲法制定会議が開かれ、ワシントン、フランクリンら55人の代表が審議を重ねて、89年、「アメリカ合衆国憲法」が成

立し、ワシントンを初代大統領とする新興共和国が発足した。世界最初の成文憲法であったアメリカ憲法は、連邦主義、厳格な三権分立主義、人民主権と1791年に承認公布された憲法修正第1〜10条に規定された人権の保障を骨子とする画期的なものであった。

トクヴィルの『アメリカの民主主義』

アメリカの民主政治の基礎が確立したのは、第3代大統領ジェファソン(1801–09)の時代に始まる。彼は、個人主義による自由を主張し、中央集権に対する地方分権を掲げた。次いで第7代大統領ジャクソン(1829–37)は、フロンティア小農と東部の労働者の支持を得て、ジャクソニアン・デモクラシーと呼ばれる普通選挙その他の民主的な改革を行った。ここでジャクソンの当選の年にアメリカを旅行して、『アメリカの民主主義』(*De la démocratie en Amérique*, 1835, 40) を書いたトクヴィル(フランス貴族の出身)のアメリカ観に言及しておきたい。

トクヴィルは、デモクラシーを「境遇の平等化」の現象と捉え、西欧諸国全体がデモクラシーに向かっているが、アメリカはその典型であると理解した。彼は、デモクラシーのマイナス面として、社会成員の平等化に伴い、個々人が大衆の中に埋没して、平準化、画一化され、「多数者の専制」が生じやすいと指摘し、これに対する防壁として、自発的結社と地方自治の重要性を挙げた。彼はとくに北部のニューイングランドで見聞したタウンにおける直接民主主義の実践が自由を育成することに注目し、地方自治を「デモクラシーの学校」と位置づけた。トクヴィルの著書は、イギリスのJ.S.ミルの書評によって有名になったが、本書は、アメリカ研究の古典的名著として、今も生命を保っている。

南北戦争

トクヴィルは、アメリカの将来の大問題の一つとして黒人問題を指摘したが、彼は、南北戦争を予言していた。奴隷制度に基づく大農場中心の南部は、独立後奴隷制を廃止した北部と鋭く対立し、テキサス併合(1845)、対メキシコ戦争(1846–48)によるカリフォルニア獲得などで、新州の奴隷州、自由州帰属問題が紛糾を重ね、ミズーリ協定(1820)、カンザス・ネブラスカ条約(1854)などの妥協も効なく、共和党のリンカンが大統領に選出されたのを契機に、南部諸州が連邦から脱退して南部連合を結成し、ここに南北戦争(1861–65)が開始された。

リンカン大統領は、合衆国に留まったケンタッキーなどの奴隷を認める中間州に配慮して、奴隷制の拡大には反対しても、既存の奴隷制は認める態度を取って、戦争の大義をもっぱら連邦の統一に求めていたが、内外の世論の反発、戦局の好転を背景に、1863年1月、最高司令官の権限によって、南部の奴隷の解放を宣言した。これをうけて、1865年、戦争終了後、連邦憲法修正第13条によって、奴隷制は正式に廃止された。しかし黒人の差別は、その後も続き、最高裁判所も「分離すれども平等」の妥協的な原則を可とし、黒人解放運動は、長く政治問題となった。

南北戦争は、両軍の戦死者62万という悲惨な結果をもたらし、とくに戦場となった南部の荒廃は著しかった。北部は、優越した経済力、とくに工業力によって勝利したのであったが、共和党政権の下に北部産業資本が戦後急速に発展した。鉄道を普及させ、広大な大陸を市場化するとともに、高率関税で国内市場を確保し、19世紀末には、イギリスを追いこす世界一の経済大国となった。

革新主義からニュー・ディールへ

アメリカ経済は、19世紀末から独占資本主義の段階に入り、社会、政治、労働問題が至るところで激化した。これに対抗して起こったのが広義の革新主義(progressivism)の運

動であり、その代表的な指導者は、第26代大統領 T.ローズヴェルト (1901–09) と第28代大統領 W.ウィルソン (1913–21) であった。

T.ローズヴェルトは、1901年、マッキンリー大統領暗殺により副大統領から大統領になり、共和党の主流であった保守派を抑えて、トラストを抑圧し、石炭ストの調停をはじめ、ストライキの政府調停の先例を作り、州際通商委員会の権限を強化して鉄道運賃を取り締まり、資源保存に努めるなど、19世紀後半に全盛を見た自由放任主義を是正し、国家の国民福祉に対する責任と積極的な干与を旨とする政策を行った。

1911年、ラフォレットを中心とする西部諸州の革新派の主唱によって「全国革新共和党同盟」が創られ、共和党から分離して、「革新党」が樹立された。引退していたローズヴェルトは、この新政党の大統領候補者となり、12年の選挙は、共和、民主、革新の三党で争われたが、自ら革新主義を主張する民主党のウィルソンが勝利した。

ウィルソンの治世、とくに大戦参加に至るまでの間は、アメリカにおける革新主義の最も著しい発揚の時代であった。彼は、「新しい自由」を掲げて、関税引下げ、連邦準備銀行制の確立、独占取締りのための連邦通商委員会の設置、クレイトン反トラスト法の制定、上院議員の直接選挙、婦人参政権（憲法修正第19条）などの業績を収めた。1917年4月、第一次世界大戦に参戦し、翌年自らパリ平和会議全権として、「十四ヵ条」で宣言した国際連盟案の実現に努めたが、ヴェルサイユ条約は、ついに上院の批准を得られなかった。

第一次大戦後の10年間は、共和党の「正常への復帰」政策のため、革新主義は著しく下火になったが、1929年に始まった大恐慌は、再び革新主義の復興を促し、33年3月に就任したF.ローズヴェルトがニュー・ディールを推進した。全国産業復興法、農業調整法、全国労働関係法、社会保障法などによって、政府が私的領域に積極的に介入し、国民福祉に責任を持つという政策は、革新主義の実現と言ってよい。ただし、その実効は、第二次世界大戦の勃発のために、妨げられてしまった。

超大国としての現代アメリカ

日本、ドイツ、イタリアのファシズム国家とアメリカ、イギリスなどの連合国との間の死闘であった第二次世界大戦の終了後、アメリカは、文字通り世界唯一の超大国となったが、戦後間もなくソヴィエト連邦、中国を中心とする共産圏との間に、いわゆる冷戦が始まり、朝鮮戦争 (1950–53)、ベトナム戦争 (1961–73) などの危機的な状況となった。この間アメリカは、いわゆる自由主義陣営の中心として、共産主義封じ込め作戦の先頭に立った。

ソヴィエト連邦の崩壊は冷戦に一応の終止符を打ったが、世界情勢の不安定は、中近東のイスラム急進派との対立などの形を取って続き、軍事超大国としてのアメリカは、冷戦時代に劣らぬ覇権を発揮している。現代のアメリカが背負っている課題は数多い。世界秩序に対する責任のみならず、国内では多民族国家の矛盾の解決、巨大企業を頂点とする国民間の経済的、政治的、社会的格差の問題などがそれである。今こそアメリカは、建国の理想に立ち返るべく努力すべきである。

【主要文献】アメリカ学会編『原典アメリカ史』全10巻、岩波書店．『高木八尺全集』全5巻、東京大学出版会．Alexis Charles Henri Maurice Clérel de Tocqueville, *De la démocratie en Amérique,* 1835, 1840 (松本礼二訳『アメリカのデモクラシー』第1巻上・下、岩波文庫、2005)．藤本一美『アメリカの政治と政党再編成』勁草書房、1988．E. S. コーウィン（京大憲法研究会訳）『アメリカ憲法』酒井書店、1980．

（山下重一）

イギリス観念論（イギリス理想主義）

〔英〕British idealism

　観念論はイギリス哲学史においては「絶対的観念論」（absolute idealism）または「イギリス理想主義」（British idealism）と呼ばれる。イギリスにおける観念論の起源はカドワースのプラトニズムに求められ、その展開についてはミュアヘッドによってすでに研究されているが、ここでは19世紀後半においてT. H. グリーン、E. ケアード、F. H. ブラッドリー、B. ボザンケらによって主張された観念論を取り上げ、それがいつ、どのようにして台頭し、展開し、そして衰退したかを辿ることにする。

観念論の台頭とその背景

　イギリスにヘーゲルを紹介した最初の書物はJ. H. スターリングの『ヘーゲルの秘密』（1865）である。グリーンがグロスとともに編集したヒュームの『人間本性論』への序論において経験論を批判し、ドイツ観念論の代表であるカントおよびヘーゲル研究への方向転換を主張したのは1874年であった。2年後にはブラッドリーの『倫理学研究』（1876）が現れ、彼のヘーゲル的傾向がより鮮明になった。その翌年にはケアードの『カント哲学の批判的説明と歴史的序論』（1877）が刊行され、ヘーゲル的視点からカントを批判する試みとして注目された。彼の兄、J. ケアードの『宗教哲学序説』（1880）もヘーゲル的視点から宗教を弁護する著作としてイギリスの内外から大きな反響を呼んだ。イギリスにヘーゲルが受容された理由として二点が考えられる。

　第一点はダーウィンの進化論によってイギリスの知識人が科学と宗教との正面衝突の危機に直面したことである。彼らが求めたものは宗教を擁護する哲学であった。ヘーゲルはこれに応えた。グリーンは進化論による人間の説明に反対し、人間および自然の根拠は「永遠意識」あるいは「霊的原理」であると主張し、ここに道徳と宗教の源泉を求める。H. ウォード夫人の小説『ロバート・エルスメア』（1888）がイギリスやアメリカにおいてベストセラーとなったのは、知識人や学生の宗教的葛藤を解決する、新しい信仰が示されたからであった。

　ヘーゲルがイギリスに受容され、独自の観念論が展開した第二の理由は、それが社会的責任の政治思想を持っていたことにある。レッセ・フェールが批判され始めたのは1875年頃であったと言われる。この頃から人口は急増し、大工業都市が急速に発展し、これとともに貧困などの問題を救済する社会哲学や教育改革が求められた。D. G. リッチーの『国家干渉の原理』（1891）、ボザンケの『哲学的国家論』（1899）、ミュアヘッドの『国家の奉仕』（1908）などが現れ、注目されたのは、新しい自由主義に基づく社会改革を求める気運が起こっていたからであった。

実在と意識

　イギリス観念論はグリーン、E. ケアード、ブラッドリー、ボザンケ、マクタガートらによって主張されるが、彼らに共通した哲学の中心問題は、実在とは何か、それはいかにして成立するか、それは経験や現象とどのような関係にあるかということであった。グリーンは実在とは「一つの不変的な関係の秩序」であると言う。その根拠には「永遠意識」あるいは「霊的原理」があって、世界はこの原理の活動であり、表現であると言われる。「永遠意識」は動物的制約を受ける人間にたえず働きかけ、それ自身を再現する。自然の秩序とわれわれの意識とは対立的に考えられるのではなくて、相互に不可分の関係において考えられる。実在は、グリーンにとっては、経験との関係において考えられる。経験は実在から分離しているのではなくて、実在そのものの

一部分である。
　実在は経験の諸部分が結合した全体である。A. M. クイントンがヘーゲルの実在をカントのそれと比較し、グリーンの実在がヘーゲルのそれに近いと指摘するのは、ヘーゲルが実在を経験とまったく異なったもの、超経験的として捉えなかったからである。グリーンの「意識」は二元的ではなくて、一元的である。たとえば、彼は実践理性を欲求から離れた能力として考えるのではなくて、欲求とともに働くとして考える。それは抽象的理性として考えられているのではなくて、欲求の作用との協同において考えられる。グリーンは意識を理性と欲求とからなる主体として考え、これを「自己意識的欲求」と呼び、また「欲求する自己意識」とも呼ぶ。彼がこのように言うのは、道徳的行為の動機はこのような自己意識によって形成されるからである。この点において彼の立場はカントの実践理性と傾向性との対立を超えており、功利主義を部分的に評価していると見ることができる。
　知識論においてもグリーンは経験の一つ一つは全体から離れた断片ではなくて、全体としての実在を前提にしており、各経験は理想的完成に向かうものとして考える。

ブラッドリーとボザンケ

　ブラッドリーは『現象と実在』(1893)において現象は実在を構成する要素であると考える。実在は諸現象が合理的体系へと調和される全体である。現象は部分的であり、不完全である。実在的であるものはより包括的であり、より完全である。彼は「全体としての実在」を「絶対者」と呼ぶ。絶対者はカントの「物自体」でもなければ、スペンサーの「不可知的」なものでもない。それは時間と空間の接点とも言うべき「今、ここで」進行している、あるものである。それは現在と連続した「あるもの」であって、経験から離れた、遠い世界のことではない。これに似た実在論はボザンケによっても主張される。彼は『個人の価値と運命』(1913)において自然と思惟の内には「全体に向かう衝動」が存在すると言う。この全体は「生きた世界」であり、彼はこれを「絶対者」と呼び、「積極的個性」とも呼ぶ。
　宇宙の細部は、ボザンケによれば、精神を通して絶対者へ向かうと言われる。有限的精神は絶対者との接点である。道徳論においても善悪は対立として考えられるのではなくて、有限的精神が完成へと向かう運動の証拠として見られる。善悪は固定した観念ではなくて、有限的精神が自己完成へ向かう要素である。ここにはグリーンの自己意識の統一的発展による自己完成の思想が継承されている。
　イギリス観念論の中で、グリーンやケアード兄弟は宗教を擁護する哲学者であったが、ブラッドリーやマクタガートは宗教の擁護者ではなかった。クイントンによれば、この二人はクリスチャンではなかったと言われる。ブラッドリーの形而上学は宗教を超えており、絶対者は彼にとっては経験の調和的組織であった。マクタガートは宗教を人間と宇宙との調和の確信に基づく情緒と定義するが、この確信は神をまったく排除した形式において受け入れられるとクイントンは指摘する。永遠意識（神）を道徳と宗教との源泉と見るグリーンと彼ら二人との間には差異がある。

イギリス観念論とヘーゲル

　グリーン、ブラッドリー、ボザンケの観念論を見るとき、彼らに共通する傾向は全体としての実在が経験の外に考えられているのではなくて、経験が実在を構成する要素として、あるいは実在に向かう要素として考えられていることである。経験あるいは現象は実在の部分であり、実在から離れた、外的要素ではなくて、全体としての実在に向かって完成されるべく、時々刻々の運動の過程の中に位置づけられる。ヘーゲルの彼らへの影響をここに見ることができる。イギリス観念論者がヘー

ゲル的であると言われるのは、彼らがカントの感覚、悟性、理性の区別によっては真の知識に達することができないと考えたからである。彼らはヘーゲルの弁証法によってではなくて、独自の原理と方法とによって知識論を展開する。

たとえば、グリーンは知識の内容を形成するものは関係づけられた「事物の諸関係」であると言う。彼は「すべての事物に関係づけられた、一つの全体を形成する」意識がすでに永遠に存在すると言う。「事物の諸関係」はこの意識によって決定される。この意識は感覚のあらゆる機能とともに作用し、この連続的情報を「結合された全体」へと形成する。グリーンは文章を読む場合を例に挙げ、以下のように説明する。文章を読むとき、まず一語一語に注目し、その意味を思い出し、一つの文章の意味を理解する。次の文章も同じようにして前の文章との関連においてその意味が理解される。この過程においては全体としての意味が存在するという意識がたえず働くとグリーンは言う。彼は自然を読むときも同様であるとし、われわれの知識の成長はこの意識に向かっての進歩であると言う。

観念論の衰退

イギリス観念論はグリーンの死亡（1882）以後、E.ケアードを中心として継承され、発展したが、1903年、B.ラッセルの『プリンキピア・マテマティカ』が刊行され、G. E.ムアの論文「観念論論駁」が同年に発表されて以来、批判され始めた。これら二人はブラッドリーの実在を理解する方法は無意味であると主張する。ブラッドリーは事実は全体としての宇宙との関係において理解されなければならないと主張したのに対し、ラッセルは事実を理解するためにはそれは基礎的諸要素に還元されなければならないと反論し、分析の手法を主張する。ムアはケンブリッジ大学在学中はマクタガートやブラッドリーの観念論を賞賛したが、その後「常識実在論」へと転向する。彼は倫理学においては「自然主義的誤謬」を指摘し、「善は単純であり、定義できない」と主張する。

ケアードは1908年に死亡し、23年にはボザンケが、翌年にはブラッドリーが死亡した。イギリス観念論はこの頃から急速に衰退する。1930年代には論理実証主義がイギリス哲学を支配するようになり、時代は観念論から分析哲学へと大きく転換する。このような流れの中でR. G.コリングウッドは経験を「一つの全体」として捉え、観念論の傾向を示したが、彼が注目されたのは『芸術の原理』（1938）や『歴史の理念』（1946）においてであった。

イギリス観念論は1980年初頭から2002年にかけ、哲学、倫理学、神学、政治思想の分野から再検討され始め、注目されていることを一言付け加えておきたい。

【主要文献】 T. H. Green, *Prolegomena to Ethics,* 4th ed., A. C. Bradley ed., Clarendon Press, 1899. *Collected Works of T. H. Green,* Vol. 1, Peter Nicholson ed., Thoemmes Press, 1997. F. H. Bradley, *Ethical Studies,* 2nd ed., Clarendon Press, 1927; reprint, 1952. ――, *Appearance and Reality,* 9th imp., Clarendon Press, 1930. A. M. Quinton, "Absolute Idealism", *Proceeding of the British Academy* LVII (1971). A. Vincent ed., *The Philosophy of T. H. Green,* Gower, 1986. Geoffrey Thomas, *The Moral Philosophy of T. H. Green,* Oxford: Clarendon Press, 1987. 行安茂／藤原保信編『T. H.グリーン研究』御茶の水書房，1982.

（行安 茂）

イギリスにおけるフランス革命

〔英〕French Revolution in Britain, British debate on the French Revolution

1789年7月に勃発したフランス革命は隣国イギリスにも大きな衝撃を与えた。革命をめぐる大論争が各界で繰り広げられた。これがいわゆる〈イギリスにおけるフランス革命〉である。論争の舞台に登場した思想家・政治家・文学者は左右を問わず様々なニュアンスを有している。ここでは思想界・政界での論争の経過を概観する。

論争の始まり——プライス

1789年11月、ユニテリアン牧師のR.プライスは、ロンドン革命協会で「祖国愛について」と題する説教を行った。この説教こそ〈イギリスにおけるフランス革命〉の出発点に位置づけられる。彼によれば、名誉革命の原理とは、第一に宗教問題における良心の自由の権利、第二に権力乱用に抵抗する権利、第三にわれわれ自身の統治者を選び、われわれ自身で政府を樹立する権利の三つであるが、審査法・自治体法の残存や選挙制度の不規則から明らかなように、それらはなお完全には実現されていない。米仏で自由を求める熱情が高揚している今こそ、名誉革命体制の欠陥を改善すべき時である、と。この説教は、国民議会への祝辞をもって締めくくられ、人権宣言を付して直ちに印刷出版された。

バーク

E.バークの『フランス革命の省察』(1790)は、一般に近代保守主義の聖典であるとされるが、元来はこのプライスの説教への反発として書かれた。プライスが名誉革命の原理をフランス革命の原理に引きつけて解釈したのに対して、バークは両者の切断を企てる。バークによれば、名誉革命は過去との連続性を断ち切ってまったく新しい国制を創ったのではない。ウィリアム王の即位は、人民の選択によってなされたわけではなく、古来の世襲王政の原則が極度の緊急事態の中で少しだけ修正されたにすぎない。権利の章典は、形而上学的な人間の権利ではなく歴史的に獲得され継承された臣民の権利を、王権による簒奪から取り戻し確認した文書である。彼にとって国制とは、混合政体、国教会制、時効に基づく権利義務関係などの総体であり、要するに蓄積された過去の叡智のすべてである。伝統を切り捨て理性を第一原理とする新しい国制を確立しようと試みることがいかに深刻な混乱をもたらすかは、フランスの現状から明白である。

以上が『省察』の骨子である。プライス自身は、より多くの人民を代表する下院を望んでいたが、混合政体の利点も認めており、君主政や貴族的特権を攻撃しなかった。その意味で彼は穏健な改革論者であった。したがって、バークのように彼の説教をフランス人権宣言と重ね合わせて理解することは厳密には正しくない。しかし、バークが恐れたのは、彼の説教の内容それ自体よりも、その論理が非国教徒の急進化を促すことであった。

『省察』の反響は出版直後から大きく、激しい論争が湧き起こった。M.ウルストンクラフト『人間の権利の擁護』(1790)を筆頭に、C.マコーリ『フランス革命の省察についての所見』(1790)、J.プリーストリ『バークへの手紙』(1791)、T.クリスティ『フランス革命についての手紙』(1791)、J.マッキントッシュ『ガリアの擁護』(1791)など、『省察』を論難する著作が続々と現れたが（マッキントッシュはのちに自説を撤回）、世論や後世への影響の点で他を圧倒したのはT.ペインの『人間の権利』(第1部1791、第2部1792)である。

ペイン

　バークはアメリカ問題において植民地側の主張に理解を示したので、多くの同時代人がバークのフランス革命への共感を期待した。アメリカの独立に決定的影響を与えたパンフレット『コモン・センス』(1776) の著者ペインも、そのような期待を抱いた同時代人の一人であった。しかし、『省察』は彼を憤慨させ、直ちに反論の筆を執らせるに至った。ペインは、等しく譲渡不能な人間の権利たる自然権に由来するものとして、フランス革命を讃美した。世襲の君主制、貴族制、国教会制、混合政体などは本来平等なはずの人々の間に人為的かつ不正な差別を生み出しているとして、イギリス現国制を全面的に否認した。万人が同等の能動的な政治的権利を享受すべきであるとして、男子普通選挙制に基づく代議政体としての共和制を主張した。

　貧しい職人の子に生まれたペインの簡潔で力強い文体は、労働者や職人を含む広範囲の読者に訴えた（彼自身が急進派の政治団体「ロンドン通信協会」の会員であった）。『人間の権利』第1部の売れ行きは『省察』をはるかに上回った。危機感を募らせたバークは、ペインへの反批判を部分的に意図して『新ホイッグから旧ホイッグへの訴え』(1791) を著したが、その『訴え』が再度ペインを駆り立てて『人間の権利』第2部の執筆へと向かわせた。

ゴドウィン、マルサス

　1790年代半ば以降のイギリスは、対仏戦争の開始と凶作によって、深刻な食糧危機に直面していた。生活に窮した貧民がジャコバン思想の影響もあって直接行動に訴える例が激増した。そのような中で登場したT. R. マルサス『人口論』(1798) は、もともとW. ゴドウィンの理想社会論（無政府主義）を論駁するために書かれた。

　ゴドウィンはフランス啓蒙思想の進歩史観から多くを学び、理性の進歩には限界がなく、生産力の発展にも限界がないと考えた。友人ペインよりも先に進み、世襲制や身分制のみならず統治権力や私的所有制まで消滅した一切の強制のない自由で平等な社会を構想した。それに対してマルサスはこう主張した。人間の情欲は不変だから、人口は等比級数的に増加する傾向を持つのに対して、食料生産は等差級数的にしか増加しない。貧困は超歴史的な人口原理の結果であり、社会制度を改革しても解消できない。万人が自由で平等な理想社会が実現されたとしても、人口の増大と食料の欠乏はやがて人々の利己的な争いを生み出し、その解決のために再び私有財産制と統治権力が必要となるだろう。理想社会は崩壊するだろう。現行の救貧法には理想社会の構想に対するのと同じ批判が当てはまる。救貧法による所得の移転は、食料を増加させることなく人口を増加させるので、救済されるはずの貧民の状態をいっそう悪化させている、と。

　『人口論』は、数量的に把握可能な世界として社会を捉えることによって、バークとは異なる新しいタイプの現行秩序擁護論を生み出したばかりでなく、政治（国制）問題を中心に展開してきたフランス革命論争に社会（救貧）問題という新たな次元を付け加えた（ただしペイン『人間の権利』第2部の最終章はいち早く福祉国家による貧困の廃絶を唱えている）。貧民救済をめぐる論争は、戦中、戦後を通じて続けられ、1834年の救貧法改正で終わりを告げたが、『人口論』は繰り返し行われたこの論争に重要な貢献をした。

政界再編

　政界では、フランス革命の評価をめぐって、野党ホイッグ党が領袖 C. J. フォックスを中心とする親仏派・改革派とバークおよびポートランドを中心とする反仏派・保守派とに分裂した。1794年7月、後者が首相小ピット率いる与党へ合流した結果、議会では圧倒的勢力

を擁する与党と勢力を激減させた野党フォックス派ホイッグとが対峙するに至った。この保守対改革の構図は以後数十年にわたって維持され、19世紀半ばに確立する二大政党制の萌芽となった。

　保守的な要素を失ったホイッグ党は、自由主義的な改革の党としての性格をいっそう明確にしたが、本質的には地主貴族的な政治家の集団であり、穏健な議会改革を主張するに止まった。したがってフォックスの改革者としての大義はペイン流の急進主義ではない。彼はバークと同じく混合政体の支持者であり、それを拒絶するペインと同一視されることに強い怒りを覚えた。

　ホイッグ党は与党を「トーリ」と呼んで批判したが、バークや小ピットの反革命思想は君主への無抵抗を唱え国王大権を擁護する旧式のトーリ思想の復活ではなく、あくまで自由を愛し専制を嫌悪するホイッグ思想に根ざしていた。ボリングブルックが率いた旧トーリ党と小ピットに始まる新トーリ党は、同じトーリの名で呼ばれても、思想的・人的系譜においてまったく別物である。

アイルランド

　バークとペインの論争はアイルランドのカトリック解放（参政権獲得）運動にも少なからず影響を与えた。初期のユナイテッド・アイリッシュメンにおいては、ペインの論理に即して自然権としての宗教的自由と参政権を主張する路線（主として北部）と、バークの論理に即して古来の権利の回復を要求する路線（主として南部）とが対立した。指導者T. W. トーンは、当初前者の路線で運動を進めようとしたが、南北共同戦線樹立の困難に直面し、1792年7月、最終的に後者の路線を採択した。したがって、トーンが先導した初期ユナイテッド・アイリッシュメンの急進主義は、意外なことに、ペインではなくバークに依拠している。この事実は単なる伝統主義と区別される近代保守主義の自由主義的側面を浮き彫りにしている。フランス革命の民主主義思想がアイルランドのカトリック解放運動に強い影響を及ぼしたとする通説には、一定の留保が必要である。その後、ユナイテッド・アイリッシュメンの武装蜂起失敗を経て、本国政府はアイルランドとの合同を決定し、1801年1月に「グレート・ブリテンおよびアイルランド連合王国」が成立する。

論争の終わり？

　〈イギリスにおけるフランス革命〉の下限はいつか？　常識的にはナポレオンの政権掌握（1799年11月）をもってフランス革命の終わりとされ、G. クレイズ編集のフランス革命論争パンフレット集成もその収録範囲を1790年代に限っている。しかし、論争が議会改革と救貧を焦点に展開された事実を重視するなら、1830年代（選挙法および救貧法の改正）を下限に定めることも可能だろう。また、二大政党制の成立を論争の帰結と考えるなら、さらに時代は19世紀後半にまで下がる。考えようによっては、1789年以降の全歴史が1789年に遡及可能であるとまで言えよう。

【主要文献】H. T. Dickinson, *Liberty and Property*, Holmes & Meier Publishers, New York, 1977（田中秀夫監訳『自由と所有』ナカニシヤ出版, 2006）. 大河内一男『社会思想史』有斐閣, 1985. G. Claeys ed., *Political Writings of the 1790s*, William Pickering, 8 vols., London, 1995. 青木康「フランス革命の衝撃」, 松村昌家ほか編『新帝国の開花』研究社, 1996. 永井義雄『近代イギリス社会思想史研究』未来社, 1996. 岸本広司『バーク政治思想の展開』御茶の水書房, 2000. 永井義雄『自由と調和を求めて』ミネルヴァ書房, 2000. 田中秀夫ほか編『共和主義の思想空間』名古屋大学出版会, 2006.

（中澤信彦）

因果性

〔英〕causation

因果性とは、原因と呼ばれるものと結果と呼ばれるものとの間の関係であり、原因は結果を生むとか引き起こすとか言われる。ラッセルは、1912年の論文「原因の概念について」において、「物理学が原因の探究を止めた理由は、実際、そのようなものがないからである」と言い、因果律とは「過ぎ去りし時代の遺物であり、君主制と同じく、無害であると誤って想定されているという理由だけから、生き残っている」と述べたが、それにもかかわらず、因果性の問題は、今でも最も重要な存在論的問題の一つである。

古代・中世の因果観

「原因」に相当するギリシア語の「アイティア」($αἰτία$)やそのラテン語「カウサ」(causa)は、元来「非難」や「咎」を意味していたし、「原因である」とは「責任がある」ということであった。実際、形相因、質料因、作用因、目的因というアリストテレスの四原因説は、現在の意味での原因の四つの種類というより、対象の存在に責任のある四つの理由というほうがふさわしいものであった。すなわち、その対象が何であるのか、何からできているかという問いに対する答えが形相因と質料因であり、何から始まったのか、そして何のためにあるのかという問いに対する答えが作用因(始動因)と目的因であった。それゆえ、論理的には、原因と結果との間の関係は、推論における前提と帰結との間の関係のようなものであった。前提が帰結をあらかじめ含んでいるように、原因は結果をあらかじめ含んでいるものと考えられた。他方、存在論的には、「結果のうちにあるものは何であれ、前もって何らかの仕方で原因のうちになくてはならない」というスコラの格言にあるように、因果関係は実体間の関係として捉えられたのである。

近世の因果観

このような因果観は、スコラ哲学を経て近世哲学に受け継がれたが、近世の科学革命は、目的因や質料因を科学的探究の対象から排除した。物体の運動や衝突だけでもって自然現象を説明しようとする当時の機械論的な自然観からは、質料因は論外であり、目的因は場違いなものであった。そして、形相因が担っていた役割は自然法則が果たすようになった。こうして、作用因だけが原因として残ることになったが、因果関係の意味論的、存在論的な含みはそのまま残された。すなわち、原因と結果とは存在論的に共通点を持っていなければならない、と考えられた。そして、これは17世紀の心身問題に大きな影響を与えた。というのは、精神と身体はまったく異なる実体である以上、両者の間に何らかの共通点を見出すことは不可能であるように思われたからである。デカルトは心身間の密接な相互関係を主張したが、デカルト以後の哲学者たちは、心身の相互作用を否定する二元論(マルブランシュの機会原因論、ライプニッツの予定調和説)へと向かった。

ヒュームの因果論

伝統的な因果観に大きな変化をもたらしたのがヒュームの因果論である。ヒュームは、原因が結果に空間的に近接し時間的に先行するという二つの関係を見出すが、これらだけでは因果関係にとって十分ではない、と言う。原因と結果との間には「必然的結合」(necessary connexion)があると考えられている。しかし、それは事物の既知の性質の中にも関係の中にも見出されない。

ヒュームは、原因と結果の間の「恒常的連接」(constant conjunction)——「似通った諸対象が近接と継起の似通った関係のうちにこれまでつねに置かれてきた」——という関係を

見出す。しかし、これとても必然的結合の観念を与えるものではない。ヒュームは、恒常的連接の経験に基づく因果推論は理性によるのかどうかという問いに向かう。もし理性によるとすれば、因果推論は論理的推理であるから、過去に観察された規則性は未来においても成立するであろうという自然の斉一性の原理が前提されねばならない。しかし、斉一性原理は論証的に真なる命題ではないし、いかなる経験的命題によっても含意されえない。それゆえ、因果推論は理性によるものではない、とヒュームは結論する。では、それは何によるのか。ヒュームの答えは、習慣によって、というものである。われわれは対象A、Bの恒常的連接の経験により、AはBの原因であるという信念を持つようになるのである。恒常的連接は対象のうちに何ら新しいものを生みはしないが、十分な数の恒常的連接の経験ないし観察は、心のうちに新しい印象を生む。「必然性とは、したがって、この観察の結果であり、心の内的印象、すなわちわれわれの思惟をある対象から別の対象へ運ぶ決定に他ならない」とヒュームは言う。

ヒュームの影響

ヒュームの議論は、因果推論にはいかなる論理的根拠もないし、それを正当化しようとするいかなる議論も妥当ではない、という懐疑的な議論として解され、帰納の問題を提起することになる。周知のように、ヒュームの議論はカントを独断のまどろみから目覚めさせることになった。カントは因果原理をアプリオリで総合的な原則として正当化しようとしたが、カントの超越論的な議論が正当化として妥当であるかどうかは議論の余地がある。

ヒュームの因果説は規則性説としばしば呼ばれている。しかし、ヒュームが規則性説を採っていたかどうかは明らかではないし、ヒュームはむしろ因果的力能の実在を認めていたとする解釈もある。いずれにせよ、規則性説によれば、因果関係は原因と結果との間の規則的な連関に尽きる。しかし、規則的な連関がすべて因果関係であるわけではない。規則性説は、因果的な規則性とそうではない規則性を区別するという問題に直面する。

原因は出来事か事実か

原因や結果になるものは、事物ではなくて、事物の変化であるように思われる。たとえば、「石がガラスを壊した」というが、ガラスの破壊の原因は石それ自体ではなく、石がガラスに当たったことがその原因である。しかし、因果関係を個別的な出来事の間の関係と見るのか、あるいは、事実の間の関係と見るのかについては意見が分かれる。時にわれわれは変化でないものをも原因と呼ぶ。すぐに消火しなかったことやスプリンクラーのないことが被害を大きくした原因であると言われる。そこで、原因−結果となるのは出来事ではなくて事実であると主張する人々もいる。事実とは命題を真または偽とするものである。そして、原因が結果を説明するという場合には、原因や結果は出来事であるよりはむしろ事実であると考えられる。

原因の条件分析

広く支持されている考え方では、原因とは、もし仮にそれが生起しなかったとしたら、結果も生じなかったであろうと、反事実的な条件文を用いて言えるような出来事である。これは、原因を結果の必要条件として捉えている。しかし、火事は漏電によっても、石油ストーブの転倒によっても、放火によっても生じる。その意味では、漏電も石油ストーブの転倒も放火も必要条件ではない。J.L.マッキーは、「結果にとってそれ自体は不必要だが十分な条件の、不十分だが必要な一部」(an Insufficient but Necessary part of a condition which is itself Unnecessary but Sufficient for the result) を「INUS条件」と呼んだ。彼は、起こっ

た出来事も起こらなかった出来事も含めて、火事の必要十分条件を考える。それは最小十分条件 A, B, C, …の選言 (A ∨ B ∨ C ∨ …) からなる。最小十分条件とは、それだけで結果を生む条件 a, b, c, …の連言 (a ∧ b ∧ c ∧ …) である。たとえば、漏電と可燃物の存在などの条件の連言は一つの最小十分条件であり、石油ストーブの転倒とスプリンクラーの故障などの連言は別の最小十分条件である。そして、その最小十分条件の、不十分だが必要な部分（たとえば漏電や石油ストーブの転倒）がINUS 条件となる。もちろん、原因＝INUS 条件ではない。マッキーは実際に起こった出来事に限定して、原因の規定としている。

行為と因果

しかし、上記のような条件分析だけでは、原因と結果の非対称——もし A が B の原因であれば、B は A の原因ではないこと——を説明できない。そこで、原因は行為者の手段になるが、結果は手段にならない、という提案がなされた。R. G. コリングウッドなどは、原因とは行為者の制御できる条件であると考えた。たとえば、スイッチを押すことは明かりをつける手段になるが、明かりをつけることはスイッチを押す手段にはならない。それゆえ、スイッチを押すことが原因であり、明かりのつくことが結果である。G. H. フォン・ウリクトも同様の考えを主張した。これらの考えは「操作主義的あるいは行為主義的な因果説」と呼ばれる。この考えが当てはまる日常的な多くの場合があることは確かである。しかし、そうでない例も多くある。月の引力は潮の干満の原因である。しかし、月の引力はわれわれの制御できるものではない。たとえ因果の概念の起源が人間中心的であるとしても、それだけに因果を限定することはできない。

因果と時間

原因は結果に時間的に先立つことによって互いに区別される、と言われるかもしれない。しかし、原因が結果と同時であったり、結果が原因に時間的に先立ったりすることはありえないことだろうか。もし同時因果や後向き因果が可能であれば、因果的先行を時間的先行と同一視することはできない。同時因果の場合、どのようにして原因と結果を区別するのかという問題が起こるが、後向き因果の場合では、因果的先行と時間的先行は一致しないが、原因と結果の区別ははっきりしている。マイケル・ダメットは「過去をもたらす」という論文で、後向き因果を取り上げ、この問題について新たな問題を提供している。

【主要文献】Bertrand Russell, "On the Notion of Cause", 1912, in —, *Mysticism and Logic,* George Allen & Unwin, 1917. Mario Bunge, *Causality,* Harvard University Press, 1959（黒崎宏訳『因果性』岩波書店，1972）. David Hume, *A Treatise of Human Nature,* 1739–40（大槻春彦訳『人性論』全 4 冊，岩波文庫，1948–52）. J. L. Mackie, *The Cement of the Universe,* Oxford: Clarendon Press, 1980. R. G. Collingwood, *An Essay on Metaphysics,* Oxford: Clarendon Press, 1940. G. H. von Wright, *Explanation and Understanding,* Cornell University Press, 1971（丸山高司／木岡伸夫訳『説明と理解』産業図書，1984）. Michael Dummett, "Bringing about the Past", *Philosophical Review* 73, 1964, pp. 338–59; in —, *Truth and Other Enigmas,* Harvard University Press, 1978（藤田晋吾訳『真理という謎』勁草書房，1986）. Ernest Sosa and Michael Tooley eds., *Causation,* Oxford University Press, 1993.

（中才敏郎）

英訳聖書

〔英〕Bible in English

　英訳聖書とは英語に翻訳された聖書であるが、ここでは主にイギリスにおける聖書の英語翻訳の変遷を辿っていくこととする。

始まり

　イギリスにおける聖書翻訳の歴史は7世紀、古英語の時代にアルドヘルム司教が詩篇を、『イギリス教会史』で知られるベーダが新約聖書を、5世紀頃から16世紀まで西方教会で最も広く用いられたヒエロニムスによるラテン語翻訳「ウルガータ」から部分的に訳したことに遡ると言われているがともに現存してはいない。翻訳ではないが同じく7世紀にカドモンは聖書の話を詩に置き換え、10世紀中頃に『リンディスファーン福音書』、10世紀末には『ラシュワース福音書』に古英語による註解が記された。11世紀頃にはアルフリックによる旧約聖書の部分訳が行われた。その後、ノルマン人の征服によるフランス語の使用などによりJ.ウィクリフの英語訳が現れるまで、一部に詩編の翻訳などがある程度である。

ウィクリフ訳

　最初の英語訳聖書として知られるのは14世紀末のウィクリフによる聖書翻訳である。しかし実際にはウィクリフの下でニコラス（Nicholas of Hereford）やJ.パーベイなどによって翻訳が行われたと言われる。ニコラスによる「前期訳」とパーベイによる「後期訳」があり、どちらも「ウルガータ」からの翻訳であった。「前期訳」は英語の語順を無視した逐語訳的翻訳だったが、「後期訳」はより英語らしい翻訳と評価され、ウィクリフの考えに従ったロラードと呼ばれる人たちに受け入れられた。教会はウィクリフの翻訳を否定しロラードを異端としたが、彼らによって宗教改革の時代まで伝えられていった。

欽定訳以前

　〔ティンダル訳〕宗教改革期に入るとギリシア語とヘブライ語のテキストを初めて利用した翻訳がW.ティンダルによって行われ、1526年に「新約聖書」がウォルムスで、30年に「モーセ五書」がアントワープで出版された。これらの聖書は初めて印刷された英訳聖書でもあった。その翻訳はルター主義的とされ、ロンドン司教タンスタルはモアにその翻訳を批判するように書簡を送った。これによりC.S.ルイスに「古典的論争」とまで評価された宗教論争がティンダルとモアの間で展開された。しかし教会側の意向に反して新約聖書は数多くの出版を重ね、多くの海賊版も出版された。ティンダルと同じくアントワープにいたJ.ジョイによる改訳まで出回った。ティンダル自身も1534年に自身の改訳をアントワープで出版した。このティンダルの聖書翻訳こそが欽定訳に至るまで最も影響を与えた翻訳となった。19世紀の「改訂訳」の序文においてもティンダルが翻訳の土台であることが示されており、その影響力が窺える。

　〔カバデール訳〕教会はティンダル訳を否定し、その流布を危惧した。成立したばかりの国教会は英語訳聖書公認を1534年にヘンリ8世に請願した。そこで、主教たちによる翻訳が計画されたが、進展していなかった。

　そのような状況のなか、M.カバデールは聖書の翻訳に取り組んでいた。ティンダル訳で教会が問題と見なしていた訳語を一部変更し、アポクリファ（旧約聖書外典）を含む残りの旧約聖書翻訳を行った。彼はティンダルの「モーセ五書」の翻訳を手伝ったとされるが、残念ながらティンダルのような言語能力はなかったので、古典語からではなくドイツ語と「ウルガータ」を利用して翻訳を行った。この翻訳は1535年にアントワープで出版され、初

めての聖書全体の英訳となった。カバデールはT.クロムウェルに依頼されて翻訳を行ったという説もある。

1537年にこの再版は国王からの許可を記し、イギリス国内で出版された。

〔マシュー訳〕T.マシューの名で翻訳された聖書がアントワープで1537年に出版される。これは実際にはJ.ロジャーズが行ったものである。彼もカバデールと同じくティンダルの知人であったと言われる。

この「マシュー訳」聖書はすでに印刷されたティンダルの翻訳と「ヨシュア記」から「歴代史」までの未発表であった同じくティンダルによる翻訳、さらに「カバデール訳」を多く利用した翻訳であると言われている。多くの宗教改革者や人文主義者たちの文章を引用した註や解説も含まれたが、この翻訳にも国王認可が与えられた。

〔大聖書〕1537年に出版された2種類の翻訳のうち「マシュー訳」の人気は高かったが、前述したように、宗教改革者の文章を引用した註や問題となる「ティンダル訳」の訳語が含まれており、教会にとっては受け入れがたい翻訳であった。そこで、教会はカバデールに「マシュー訳」改訂を依頼した。

カバデールは問題となった宗教改革的な註や解説、訳語を入れ替えて、改訂を行い、1539年に出版にこぎつけた。この聖書は比較的大きなサイズであるフォリオ版（二折版）で出版されたので「大聖書」と呼ばれるようになった。第2版はクランマーが序文をつけたので、「クランマー聖書」とも呼ばれる。1538年の勅令によってすべての教区教会に設置が義務づけられ、公式に教会に設置された最初の英語訳聖書となった。

〔タバナー訳〕1539年には、古典語の学者であったR.タバナーによっても英訳聖書が出版された。一般には「大聖書」以前の「マシュー訳」の改訂の一つにすぎないと解説され、その影響も過小評価されてきたが、1551年まで8版を重ねた翻訳であり、現在では「マシュー訳」におけるティンダル訳部分に対するより洗練した改訂を行ったとも考えられている。

〔ジュネーヴ聖書〕カトリックであるメアリが王位につくと多くの宗教改革者たちは大陸へと逃れた。中でもジュネーヴに逃れた学者たちによって進められたのが「ジュネーヴ聖書」と呼ばれる翻訳である。まず1557年にウィッティンガムが主に担当した新約聖書の翻訳が完成し、「ウィッティンガムの新約聖書」や「ジュネーヴ新約聖書」などと呼ばれ、節の区切りが付けられた初めての英訳聖書であった。1560年には聖書全体の翻訳が完成し、「ジュネーヴ聖書」が出版された。

読みやすいラテン文字で最初に印刷された英語訳聖書で、欄外註も細かく、地図や表なども網羅されていることも特徴とされる。翻訳そのものはT.ベザ（ベーズ）のラテン語訳を取り入れたが、基本的にはティンダルの翻訳の改訂版と言える。

1576年にはL.トムソンによって新約聖書の翻訳が改訂され、それ以降の「ジュネーヴ聖書」にはトムソンの新約が用いられた。スコットランドでも1579年に出版された。

W.シェイクスピアもこの聖書を用いたと言われ、1644年の最終版までおよそ150版を重ね、長く人気を博した。

創世記3:7でアダムとイブがイチジクの葉をつづり合わせて半ズボンを身につけたと訳したところから「半ズボン聖書」などとも呼ばれた翻訳であった。

〔主教聖書〕「ジュネーヴ聖書」の人気があまりに高く、これを問題視した教会では大主教M.パーカーをはじめとする主教たちが「大聖書」の改訂訳を行った。これが1568年に完成した「主教聖書」であるが、統一感に欠けた翻訳で、一般の人気を勝ち取ることはなかった。

〔カトリック訳〕欽定訳が現れる前にもう一

つ重要な翻訳が現れた。カトリック教会公認の翻訳である、「ドゥエー・ランス（リームズ・ダウェイ）訳」である。新約聖書はランスで1582年に、全訳がドゥエーで1610年に出版されたためにこの名で呼ばれる。1546年のトレント公会議でカトリック公認翻訳となった「ウルガータ」からの翻訳である。

欽定訳

16世紀後半から17世紀にかけて様々な翻訳が出回っていたが、教会では「大聖書」か「主教聖書」のみが認められていた。

ジェイムズ1世は1604年1月にハンプトンコートで行われた教会会議でピューリタンの代表者J.レノルズの請願をうけ、従来の英語聖書を改訂した新しい聖書翻訳を作ることを命じた。その結果、47人の学者によって翻訳され、1611年に出版されたのが「欽定訳」（キングジェイムズ訳）である。

この翻訳には15ヵ条の規定があり、そこでは基本的に「主教聖書」に拠ることとされた。また欄外の註を入れることも禁止された。実際の翻訳を見てみるとティンダル訳以降前述したすべての翻訳が「欽定訳」の翻訳に利用されており、「欽定訳」は翻訳の歴史的集大成とも言える翻訳となっている。

その後、個人の翻訳は様々試みられたが「欽定訳」に取って代わるような翻訳も現れず、「欽定訳」は長く改訂されなかったが、1881年になって、新たに発見された写本などを利用し、少数ではあるがアメリカの学者たちも協力して「改訂訳」の新訳聖書が出版され、続いて85年に旧約、95年にアポクリファを含む全訳が出版された。

20世紀に入ると翻訳の中心はアメリカに移っていく。「改訂訳」のアメリカ委員会訳として「アメリカ標準訳」が1901年に出版された。さらにその改訂である「改訂標準訳」が1952年に完成した。それまでの英語訳の伝統を活かしつつ、現代語で読みやすいこの翻訳は大きな成功を収めた。その後も標準訳の改訂はたびたび行われている。

一方イギリスでも1970年に既存の翻訳改訂ではない「新英訳聖書」という新しい英訳聖書の全訳が完成した。さらにこの翻訳は1989年に改訂され「改訂英訳聖書」として出版された。

これらの翻訳以外にも特定の宗派のための英語訳や政治的妥当性を意識した翻訳、平易な英語に翻訳したもの、個人訳、さらにインターネット上での共同翻訳など、様々な英訳聖書があるが、今日でも「欽定訳」の人気は根強く「欽定訳」を土台とした改訂翻訳も数多い。

1526年のティンダル訳より、およそ3000種近い英語訳聖書が世に出たが、時代の要求に応えるために様々な英語翻訳が今も続けられている。

【主要文献】David Daniell, *The Bible in English,* Yale University Press, 2003. P. R. Ackroyd and C. F. Evans eds., *The Cambridge History of the Bible: Volume 1, From the Beginning to Jerome,* Cambridge University Press, 1970. G. W. H. Lampe ed., *The Cambridge History of the Bible: Volume 2, The West from the Fathers to the Reformation,* Cambridge University Press, 1969. S. L. Greenslade ed, *The Cambridge History of the Bible: Volume 3, The West from the Reformation to the Present Day,* Cambridge University Press, 1963.

（山崎かおる）

エッセイ

〔英〕essay 〔仏〕essai

　文章表現の部門を表す言葉で、今日では、個人の内面を自由な形で記したものとしての随筆と、立論の形式内容を備えた試論あるいは小論の、両方の意味で用いられているが、そのあり方は時代による変遷を経てきた。

モンテーニュとその時代

　自らの文章表現にこの名称を最初に与えたのは、16世紀後半のフランスを生きたモンテーニュであった。彼の著書のタイトルである *Essais* は「試み」を意味しており、彼はこれを、自分の判断力の試みと説明している。モンテーニュは、祖父の代にボルドーでの商業的成功で貴族に列せられた家系に生まれ、法官として高い地位に着いたが、父と友人の死を契機に隠棲し、読書と思索の日々を送るなかで、1572年から死の年の92年まで、ボルドー市長となることでの中断はあったが、*Essais* の執筆加筆を続けた。彼の時代は、宗教戦争とペストの流行という、中世の世界像と世界秩序に見られる伝統社会の生の形の崩壊を象徴的に示す出来事が続いていた。

　Essais のスタイルは、このような時代に生きる知恵を模索する姿勢から生まれた。それは、スコラ学のように世界像から大前提を導き出して体系的網羅的に語るのではなく、個々のテーマについて、いったん判断を留保して様々な見解を提示してゆく表現形式で、掘り下げの深さをねらったということである。したがって、思考の内容形式の両面で、世界帝国の中で生きる私人の心のあり方を模索した、ヘレニズム期やローマ時代のストア派、エピクロス派、懐疑派の思想家たちに依拠したのは当然であり、プルタルコスの『モラリア』から多くの引用がなされたのであった。両者には共通して、人間の能力の限界を知り、人間の欲望の危うさ虚しさを知り、人間への深い憐れみから心の平静を得ようとする姿勢が見られるが、この姿勢から生まれるエッセイのスタイルは、パスカルからアランに至るフランスのモラリストの伝統の範となった。

ベーコンと17世紀の展開

　イギリスでは、フランシス・ベーコンが初めて自らの著書にエッセイの名を与えたが、それはモンテーニュに倣ってであった。モンテーニュとほぼ同時代を生きたベーコンは、中世の階層秩序的世界像の崩壊と、それに根ざしたスコラ学の無効を洞察していたが、その一方で人生の価値と効用を高める目的での知識の獲得を、全人類的事業として追求するための世界認識の方法の確立を企てていた。したがって彼は、知識を私利私欲の追求のため、あるいは戦争など他者に不利益を与えるために用いてはならないと主張しており、そこからモラルの問題に向き合ったと考えられる。彼は自然学においてはデモクリトスの原子論的世界像に依拠していたが、そこから演繹的にモラルの問題への答えを得ることは不可能と観て、モンテーニュの形式に倣ったと考えられる。しかし彼の、新しい知識の目指す方向への確信は強く、懐疑的姿勢はモンテーニュより希薄であり、一篇一篇は短く、より断定的訓育的なトーンが強く出ている。

　ベーコン以後、17・18世紀のイギリスにおいて、エッセイとタイトルを付けられた、あるいはそれに相当すると見られる出版物は形式内容ともに多様な展開を示すが、そこでは、中世の階層秩序的世界像が均質空間としてのニュートン的世界像に取って代わられてゆくなかで、自由な個人のモラルをどの世界像によって考えるかが問題であった。17世紀の医師トマス・ブラウンは、医師の倫理についての思索を展開するなかで、ルネサンス期のヘルメス主義的神秘思想の大宇宙と小宇宙を対応させる世界像に依拠している。またケンブリッ

ジ・プラトン学派の思想家たちも、宇宙を知性のシステムとして、その中に知性を持った人間を位置づけるという形でモラルの問題を考察していた。一方ロックは、エッセイと題した『人間知性論』の中で、明確に立論の形式を取って、ニュートン的時空間の中での知識のあり方を考察したと考えられる。経験から観念の形で得られる知識は人間に進歩をもたらすが、絶対的なものではないと考えたロックは、モラルの面では自然法を絶対化し、個人の自由と財産の不可侵を主張した。ロックにとって知識はあくまで仮説であり、ここでエッセイは試論としての性格を強くする。エッセイのこの意味での用法は今日でも続いている。

18世紀の展開と文学としての確立

18世紀になるとアディソン、スティール、スウィフト、デフォーらが雑誌を発行して、時代批判を展開してゆくが、彼らの関心の中心は、近代議会制の確立期の個人の自由とモラルの問題であり、時代の諷刺的批判の中にいかに寓意を込めるかが表現上の最重要事であった。アディソンが伝統的な存在の連鎖の世界像の中に人間を置いている一方で、デフォーには伝統から解放された自由な個人の合理的な行動という考えがあって対照的である。この時代にはまだ、事実を報道するジャーナリズムと、内面の真実を描く文学との区別はない。ポウプはエッセイと題した二篇の詩文を発表しているが、そこでは世界像の忠実な表現に価値を置く伝統的な美学を主張し、均質化する世界に存在の連鎖を再構築してその中に人間を位置づけ、その位置に合ったモラルのあり方を提唱しているのである。

18世紀末までのエッセイは、このように内容形式ともに多様な展開を示してきたが、そこでは、モラルに関して、依拠する世界像に応じた先験的な概念を表現しようとする意図において共通していた。しかしロマン主義の時代となり、個人の内面の真実を描く芸術としての文学という理念が成立し、詩、小説、演劇などの各分野が文学として確立してゆくなかで、エッセイも、ハズリットが展開したような批評文からは別れて、それ自体で芸術にまで高められたが、それはラムの『エリア随筆集』によって達成された。そこではラム個人の経験や身辺が淡々と語られているが、それが芸術となりえたのは価値判断が徹底的に抑えられていることによる。思い出も、現在のことも、趣味のことですら、ある距離を取って、風景画の遠近法の中に置かれているかのように語られてゆくが、このような表現法によって、現実の利害関係から自由になった眼で見られた世界が現出し、そこにユーモアやペーソスが醸し出されて、神なき世界を生きる作者の孤独な内面、そして他者への深い共感を込めた眼差しを感じ取ることができるのである。

議会制を確立し、産業革命を達成しつつあったラムの時代のイギリスは、個人の欲望の追及の自由が最優先される社会となりつつあり、一方では絶対的価値を提示できる宗教や世界像は崩壊していた。ロマン主義は、崇高の美学によって絶対的価値の回復を図ることで近代化批判を展開する思考の総体であるが、ラムのエッセイはこの意味でのロマン主義の表現の最高の位置にあるものである。

【主要文献】Michel de Montaigne, *Essais*, 1580–88. Francis Bacon, *Essays, or Counsels Civill and Morall*, 1597; 1612; 1625. Thomas Browne, *Religio Medici*, 1643. Alexander Pope, *An Essay on Criticism*, 1711. ——, *An Essay on Man*, 1733–34. Charles Lamb, *Essay of Elia*, 1823–33. William Hazlitt, *Sketches and Essays*, 1839.

(広瀬友久)

エディンバラ学派

〔英〕Edinburgh school

　エディンバラ学派とは、エディンバラ大学の科学論ユニット（Science Studies Unit）のメンバーを中心として、独特のアプローチで1970年代から80年代にかけて科学社会学および科学技術論の一時代を作った学際的な研究グループである。

エディンバラ大学科学論ユニットの発足

　エディンバラ大学科学論ユニットはD.エッジを長として1964年に発足し、D.ブルア、B.バーンズ、S.シェイピンらがスタッフとなった。当初の構想は哲学、歴史学、社会学の学際的ユニットだったが、しだいに知識社会学のアプローチが共同研究の中心となっていった。1971年にはこのユニットが中心となって『科学論』誌が発刊されたが、この雑誌は74年には『科学社会学研究』と名を変え、これが科学社会学を代表する学術誌となる。

ストロング・プログラム

　エディンバラ学派が単なる「研究グループ」から一定のアプローチを共有する「学派」へと脱皮したのは、1974年のバーンズの『科学的知識と社会学理論』および76年のブルアの『知識と社会的イメージ』（翻訳時の邦題は『数学の社会学』）が出版された頃であるとされる。とくに後者はマンハイム以来の知識社会学の伝統にのっとって科学社会学のストロング・プログラム（strong programme）を提唱し、エディンバラ学派に明確な方向づけをしたことで、非常に重要な役割を果たした。
　ストロング・プログラムが登場するまでの科学社会学の主流は、科学理論の内容を社会学的研究の対象外として、もっぱら科学者共同体のみを研究するものであった。ブルアは社会学者はそのような例外を設けずにもっと強い立場を採るべきだと考えた。その立場表明がストロング・プログラムである。
　ストロング・プログラムは4つのテーゼによって特徴づけられる。
　(1) 因果性テーゼ：信念や知識についての社会学的探究は原因（社会的原因だけとは限らない）に関わらなくてはならない。
　(2) 公平性テーゼ：合理／不合理、成功／失敗、真／偽といった区別の両側について説明が求められる。
　(3) 対称性テーゼ：しかも、両側において同じタイプの原因で説明されなくてはならない。
　(4) 反射性テーゼ：同じタイプの説明が社会学自体にも当てはめられなくてはならない。
　この中でとくに重要なのが対称性テーゼである。合理的な信念の受容については合理的だという以上の説明は必要ないというのが従来の考え方であったのに対し、そうした信念にも不合理な信念を説明するときと同じような社会的原因や心理的原因を使った説明が必要であるというのがストロング・プログラムの考え方である。
　エディンバラ学派の代表的な研究としては、D.マッケンジーの『イギリスにおける統計学1865–1930年』(1981)やシェイピンとS.シャファーの共著『リヴァイアサンと空気ポンプ』(1985)がある。前者はゴールトン、ピアソン、フィッシャーら統計学の創始者たちが優生学にコミットしていたことを示し、彼らの統計学の内容（たとえば相関係数の定義）にも影響したと論じた。そうした関心はイギリス中産階級の利害を反映しており、結局階級的利害が統計学の内容に影響したことになる。後者はボイルとホッブズの間の論争をロンドン王立協会の社会的地位に着目して分析したものである。ホッブズは真空が存在しえないことはアプリオリに証明できると考えて空気ポンプを使ったボイルの真空実験を否定した。しかしボイルは空気ポンプの実験を王

立協会で行うなど、社会的権威をうまく利用してホッブズの批判を退けたとされる。さらに、実験家が新しいエリートとして問題解決において権威を持つという社会モデルは王政復古期の政治情勢にもマッチしていたため支持を得られたのだとシェイピンらは論じる。つまり、ホッブズの政治哲学における主著『リヴァイアサン』はけっしてこの科学的論争と無関係ではないのである。ここでも様々な形で社会的要因が科学の内容と方法論の両面での論争に影響を与えたことになる。

社会構成主義とその批判

エディンバラ学派のように科学理論の内容を分析する社会学は科学知識社会学（sociology of scientific knowledge）と呼ばれる。この名称は SSK という略称の下で広く使われるようになり、エディンバラ学派だけでなく同様のアプローチを採る科学社会学の総称となった。

科学知識社会学におけるこれらの立場に共通する哲学的立場として、社会構成主義（social constructivism）という言葉が使用されることがある。これは科学の内容が社会的に構成されるという立場であるが、科学の何がどういう意味で社会的に構成されると考えるかでその立場の内実はまったく違う。エディンバラ学派の言う社会的構成とは、ある科学的知識が知識として受け入れられる過程で必ず社会的原因が働いているはずだということであり、その知識の対象が社会的に構成されているという反実在論的な社会構成主義まで含意するものではない。ブルア自身、自らの立場が科学的実在論と整合的であることを何度も強調している。

こうした科学知識社会学の立場は、科学社会学の内部からも外部からも様々な批判を浴びてきた。科学哲学からは、ストロング・プログラムの反合理主義の考え方自体が批判の対象となってきた。代表的な批判は、L.ラウダンによるもので、彼は合理的な信念には合理的な推論プロセスというれっきとした原因があり、社会的原因は必要ないはずだと言って対称性テーゼを批判した。これと呼応する科学史側からの批判として、マッケンジーやシェイピンとシャファーが社会的要因が働いていると考えた部分においても、科学者たちの選択は合理的な選択として説明できるという反論がなされている。

科学社会学の内部では、逆に、エディンバラ学派が狭い意味で社会的な原因にこだわりすぎているという批判がなされている。B.ラトゥールらのアクター・ネットワーク論では、人工物や自然物と科学者の間にも一種の社会的関係が成り立つとされる。この観点からは狭い意味での社会的原因を特権化するエディンバラ学派の考え方は、社会学の可能性を限定してしまうものと見えることになる。

以上のような批判の中で、エディンバラ学派は 1990 年代以降、科学社会学の中での影響力を徐々に失っていった。科学知識社会学自体も、現在では科学技術社会論というより大きな学際的分野の中に発展解消している。現在でもエディンバラ大学の科学論ユニットはブルアを中心として活発な活動を続けているが、もはやかつてのような求心力は持っていない。

【主要文献】David Bloor, *Knowledge and Social Imagery,* University of Chicago Press, 1976（佐々木力／古川安訳『数学の社会学』培風館, 1985）. Donald MacKenzie, *Statistics in Britain, 1865–1930: The Social Construction of Scientific Knowledge,* Edinburgh University Press, 1981. Steven Shapin and Simon Schaffer, *Leviathan and the Air-Pump,* Princeton University Press, 1985.

（伊勢田哲治）

エンサイクロペディア

〔英〕encyclopædia, encyclopedia

「エンサイクロペディア」とは、語源的には「学知(パイデイア)」の「連環(サイクル)」の謂い。もとは諸学芸の体系的教育に関わる「一般教養」を指した。まずギリシアの哲人たちが学問分類(範疇論)の基礎を作り、次いでローマの学者たちが各学問領域の情報を網羅することに努めた(現存最古のエンサイクロペディア(百科事典)は、大プリニウスの『博物誌』とされる)。これが、中世に至って、「自由七学科(三学四科)」すなわちリベラル・アーツ(自由人の教養)の規定に連なっていく。

近世以降、哲学体系あるいは学芸教授法、さらに、諸学芸の網羅的な参照文献を指すようになる。とくに17世紀頃からは、学知全般を扱う百科全書ないしは専門的知識を教える参考書(つまり、ある語の意味を言い換え定義する「辞典」とは区別された「事典」)を、エンサイクロペディア(百科事典)と呼ぶようになった。書物の標題としてこのエンサイクロペディアという語が登場したのもこの17世紀頃だが、この段階ではいまだ、学芸の教授法や体系的な哲学思想そのものを指す言葉であった。なお、*O. E. D.* によれば、英語でエンサイクロペディアという語が初めて使われたのは、1531年刊行のサー・トマス・エリオット『為政者論』(*The Governour*)においてである(フランス語文献での最初の登場は、1533年のラブレー『パンタグリュエル物語』)。

ことイギリスの思想史においては、13世紀ルネサンスを生きたロジャー、そして16世紀後半から17世紀初頭を生きたフランシス、これら二人のベーコンによる学問領域の体系的整理の試みを、エンサイクロペディア的な仕事の嚆矢と見てよいだろう。こうした動きに少し後れて17世紀のフランスで、アカデミー・フランセーズ派(フュルチエール、コルネイユ弟)やデカルト学派(ショーヴァン)の人々による網羅的な学術用語の分類・定義の時代が到来する。そして、このフランスの動向を批判的に継承したのが、まさにジョン・ハリスの『英語学芸辞典』(1704)であった。その後、エンサイクロペディアにまつわる一大画期として、ディドロ、ダランベールに率いられた18世紀フランス啓蒙運動の精華、『百科全書』の公刊が続くことになる。これら『百科全書派』の人々が、彼らの作業の手本としたのが、やはりイギリス人、エフレイム・チェインバーズによる『学術百科事典』(1728)であった。そして、こうした近代の偉業を引継ぎつつ、「啓蒙の18世紀」から現代に至るまで改訂増補が繰り返されている、息の長い網羅的な学術百科事典こそ、『ブリタニカ百科事典』(初版刊行は18世紀半ば)である。なお、じつのところ、この『ブリタニカ』もまた、初版刊行当初(エディンバラにて印刷発行)においては、スコットランド啓蒙運動の肥沃な土壌に芽吹いた、学問と技芸の網羅的な図説の試みであった(印刷業者マックファーカーと銅版画家ベルによる)。

以下では、まずルネサンス期から近世初期にかけての二人のベーコン、次に18世紀のハリスとチェインバーズ、最後に、近代から現代にかけての『ブリタニカ百科事典』といった手順で、イギリスを中心とする「エンサイクロペディア」の展開史を概観してみたい。

二人のベーコン、13世紀のロジャーと16世紀のフランシス

中世からルネサンス期は、ラテン語で書かれたエンサイクロペディアの時代である。12世紀後半から13世紀初頭にかけて興隆したアリストテレス哲学の翻訳を通じ、エンサイクロペディアも多大な影響を受けた。同時にこの時期、アラビア語圏、ヘブライ語圏の書物も紹介され、それらが融合して学知の網羅的な体系化が進む。

13世紀のオックスフォードに学び、「驚異の博士」とも呼ばれた哲学者・科学者・フランシスコ会修道士、ロジャー・ベーコンは、1266年の『大著作』(Opus majus)の中で、全知識を7つに分けることで、「学知の連環」を考察した。それは、(1)真理発見の障害、(2)哲学や科学の啓示真理への依存、(3)言語、(4)数学、(5)遠近法ないしは光学、(6)実験科学、(7)道徳哲学、である。

14世紀から17世紀前半は、『大著作』に見られたエンサイクロペディアの編纂法が、以下の二つの方向に分かれていく時期であった。学知全般の総合的な統合化の方向と、哲学的・教授法的・言語学的・語彙論的・歴史的・伝記的な専門分化の方向とである。前者にあたる書は、その広範な学殖と博覧強記で文献目録的な性格から「エンサイクロペディア」と呼ばれるようになった。しかし、専門の学者からは、単なる「補助的な」書物だとして批判の対象となることもままあった。一方後者にあたる書は、とくに17世紀以降、特定の学問ないし技芸に関する専門的かつ体系的な知識整理の書として、さらに細かい専門分化と内容深化を見せることになる。

このようなルネサンス最晩期から近世初期で見逃せないのは、フランシス・ベーコンである。ジェイムズ1世の大法官も勤め、『エッセイ』を著したことでも知られる哲学者・法学者。「知は力なり」(『聖なる瞑想』1597)という言も、広く人口に膾炙するところである。この格言に象徴されるような、全知識の新たな体系的把握を考究したのが、1620年の書『ノウム・オルガヌム(新機関)』(Novum Organum)であった。ここでは、アリストテレス論理学の古い研究方法＝道具立て(オルガノン)が厳しく批判され、われわれを因習的に支配する先入見「4つのイドラ(偶像)」(種族、洞窟、市場、劇場)の排除が説かれている。そして、近代科学の手法(帰納法)に根ざす経験論哲学という新たな知のあり方──「自然の真理に従う者のみが自然の法則を知る」という格率──が示されることになった。このような学知全般に及ぶ研究手法の「刷新」(つまり「新機関」の発見)こそ、『ノウム・オルガヌム』が「エンサイクロペディア」と呼ばれるゆえんである。

フランス古典主義と「百科全書派」を繋ぐ二人のイングランド人──ハリスとチェインバーズ

1639年、アカデミー・フランセーズでは、学術専門用語を除外した近代フランス語辞典の刊行に着手していた。一方、この辞典の編集委員の一人、アントワーヌ・フュルチエール神父は、学術用語を含む独自の辞書を計画していた(この行動によりアカデミーの編集委員から除名)。そして、フュルチエールの辞書は、『学術用語辞典』全3巻(1690)として結実する。これに対抗する形で、アカデミーのほうも、古典主義の劇作家コルネイユの弟トマ・コルネイユの下、『学術辞典』全2巻(1694)を世に問うことになる。またこの17世紀フランスでは、デカルト哲学の影響の下、原則より「方法論」を重視する立場から、エチエンヌ・ショーヴァンによって『合理主義字彙──哲学宝典』(1692；改訂再版『哲学字彙』1713)が刊行されてもいた。

これら17世紀フランスでの「辞書」(あくまでも「ディクショネール」か「レキシコン」)編纂の試みを批判的に継承し、エンサイクロペディア(学術百科事典)のほうへと近づけたのが、ジョン・ハリス(c.1666-1719)であった。オックスフォード出身の牧師で、ボイルら科学者とも親交のあった著述家である。彼は、1704年に、最初のアルファベット順配列の近代英語百科事典『英語専門用語字彙──英語学芸辞典』(Lexicon technicum, or an Universal English Dictionary of Arts and Sciences)を刊行する。ハリスは、コルネイユ弟やフュルチエールの仕事が、学術辞典とい

うより、「ことば」の辞典である点を批判した。また、ショーヴァンのものは、学術用語は豊富だが、自然科学の諸部門における近代的進歩の記述に問題があるとした。対して、ハリスの百科事典は、数学・物理学・解剖学・法律学・紋章学・航海術などの記述に比重が置かれていた。第2版第1巻は1708年に刊行され、さらに、数学や天文学の図表・図版を多く掲載した第2巻(この第2巻にはニュートンも寄稿)も10年に公刊されている。

安定した時代を迎えつつあった18世紀イギリスにおいて、エンサイクロペディアの歴史で忘れてはならないもう一人の人物は、湖水地方ケンダル生まれのエフレイム・チェインバーズである。彼の編纂した「百科事典」こそ、同時代のフランスへと翻訳・移入され、ディドロやダランベールらによる『百科全書』のための礎となったものだ。1728年、チェインバーズは、『学術百科事典』(*Cyclopaedia; or an Universal Dictionary of Arts and Sciences*)全2巻を公にする。若年期の伝記は詳らかではないが、エンサイクロペディアの構想を練り始めるまでは、ロンドンの天球儀職人J.セニックスの下で徒弟修業していたらしい。

チェインバーズの事典の特徴は、事典の書名に使われた用語——「アート」「サイエンス」「ディクショナリー」などの語——を詳細に規定していること。たとえば、「辞典(ディクショナリー)」を、語法辞典・哲学辞典・技芸辞典の三つに分類する。さらに大きな特徴は、人名・地名などの固有名詞を項目に立てていないことだろう。

この百科事典は、1752年までに第7版が刊行されるほど隆盛をきわめた。基本的にはロンドンでの刊行であったが、1742年にはダブリンでも発行を見ている。1740年のチェインバーズ没後、彼の収集していた補遺巻準備資料は、J.L.スコット、次いでJ.ヒルが監修し、53年に補遺巻として刊行された。なお、フランス「百科全書派」へと影響を与えたチェインバーズ百科事典のフランス語訳は、銀行家J.ミルズがドイツ人翻訳家G.ゼリウスの助けを得て、1745年には完成。この頃、ディドロ、ダランベールら百科全書派の人々に参照されるに至った(だが、事実は、チェインバーズの事典の単なる翻訳作業に止まらなかった)。結果、ディドロらの尽力により、紆余曲折はあったものの、フランスの俊英たち(ルソーやドルバックはもとより、当時まだ無名の学者たちの執筆陣)により『百科全書——学問・技芸・メチエ総覧事典』(*Encyclopédie, ou dictionnaire raisonné des sciences, des arts et des métiers*)という新たな装いで、1750年から72年の長期にわたり刊行されることになった。全28巻(図版巻も含む)という、まさしく「啓蒙運動の記念碑」である(ちなみに、18世紀半ばのイギリスでは、「英語平準化運動」と連動する形で、1755年のS.ジョンソンによる『英語辞典』(*A Dictionary of the English Language*)全2巻の刊行という大事業があった)。

現代に至る「百科事典」の伝統——『ブリタニカ』を中心に

19世紀以降に次々と刊行された欧米のエンサイクロペディアは、簡潔平易な「小項目主義」と、体系的な「大項目主義」という二つの方向で発達。記載内容も、諸科学・技術・芸術と地理・歴史・人名項目の融合という総合科学的な事典が大きく発展する。また一方で、「会話辞典」や「家庭百科」など個別的かつ実用的な用途に特化された辞書・事典が刊行されていく。

中でも、18世紀半ばのスコットランドで刊行され始め、現代まで版を重ねる『ブリタニカ百科事典』は、イギリス思想史において看過することのできない知的遺産である(ただし、1902–03年刊行の第10版以後はイギリスから版権が移行、現在はアメリカ合衆国にて発行)。この『ブリタニカ百科事典』(*Ency-*

clopædia Britannica）はまず、エディンバラで、アンドリュー・ベル、コリン・マックファーカー、ウィリアム・スメリら印刷関係者により100分冊が週刊発行されたことに始まる。初版は、1768年から71年にかけて出版され、最終的に全3巻となる（学者の44論文と単行本からの抜粋論考からなる）。当初は学芸・科学一般を扱った素朴なものであったこのエンサイクロペディアも、版を重ねるごとに、バランスよく小項目と大項目を配し、項目数の充実も見せ、十分に「百科」の名に値いする大部のものになっていった。1897年にアメリカ人のフーパーが版権を入手し、ロンドンとニューヨークに編集事務局が置かれると、とくに第10版以降は、アメリカの読者を意識した項目が多く掲載されるようになった。なお、この第10版の刊行（1902–03）と軌を一にして、日本でも翻訳の予約販売の動きが起こる。東京・丸善が英国タイムズ社と提携、翻訳『大英百科事典』全25巻（1902–06）が発行・販売される。なお、明治期日本の洋学受容に影響を与えたイギリス百科事典には、この『ブリタニカ』以前に、チャンブルズ著『百科全書』文部省訳（1873）がある。この書は、エディンバラのチェインバーズ兄弟（先のエフレイムとは別の、William & Robert）の出版社が、1833年から35年にかけて発行した教育小百科『チェインバーズ国民必携』(*Chambers' Information for the People*) 第4版の翻訳である。この翻訳は、当時の文部省編輯頭であった箕作麟祥による。そして、化学篇・教導篇・電気篇・交際篇・家事倹約訓・経済篇など項目ごとに分冊の形で世に広まることになった（民間版には、有隣堂版20冊本と丸善版3冊本が存在）。

最後に、現代のイギリス哲学・思想研究に欠かせないエンサイクロペディアについて触れておく。アーサー・O.ラヴジョイが創始した「アメリカ観念史学派」（雑誌 *Journal of History of the Ideas* を定期刊行）の業績である。この学派が推進した「脱領域的文化研究」のスタイルは、1973–74年刊行のP. P.ウィナー編『西洋思想大事典（観念史事典）』(*The Dictionary of the History of Ideas: Studies of Selected Pivotal Ideas*) 全4巻に結実する（なお、2004年12月、M. C.ホロヴィッツ編で全6巻の改訂新版が刊行）。この『西洋思想大事典』には、哲学・科学から宗教・美学まで、とくにイギリスの近世・近代における思索形成のエッセンスが新たな切り口で紹介されており、今なお知的刺激に満ちた大百科と言える。

【主要文献】Roger Bacon, *Opus majus*, 1266. Francis Bacon, *Novum Organum*, 1620（桂寿一訳『ノヴム・オルガヌム』岩波文庫, 1978）. John Harris, *Lexicon technicum, or an Universal English Dictionary of Arts and Sciences*, 1704. Ephraim Chambers, *Cyclopaedia; or an Universal Dictionary of Arts and Sciences*, 1728. Samuel Johnson, *A Dictionary of the English Language*, 1755. *Encyclopædia Britannica*, 1st ed., 1768–71（第10版訳『大英百科事典』丸善, 1902–06；第15版訳『ブリタニカ国際大百科事典』TBSブリタニカ, 1972–75）. William & Robert Chambers, *Chambers' Information for the People*, 1833–35（チャンブルズ『百科全書』文部省訳, 1873）. *The Dictionary of the History of Ideas: Studies of Selected Pivotal Ideas*, 1973–74; 2nd ed., *The New Dictionary of the History of Ideas*, 2004（『西洋思想大事典』平凡社, 1990）.〔なお、とくに『ブリタニカ国際大百科事典』第16巻、「百科事典」の項（865–79頁）は参考になる。〕

（桑島秀樹）

王権神授説

〔英〕theory of the divine right of kings

　国王は、直接、神から権力を授けられ（王権の神授的起源）、神のような超越した権力を有し、地上のいかなる事物により制限されることがなく神にのみ責任を持つ（王権の絶対的権力）、この神聖不可侵である国王の命令に臣民は絶対的に服従しなければならない（抵抗権の否定）とする理論。この説を擁護するために、聖書、歴史観、自然法に依拠して父権論、身体論などが用いられた。

　この説は、対抗勢力を抑え国内に安定をもたらすことを可能とする強い王権を確立する目的で、国王側の重要なイデオロギーとして、16〜18世紀の絶対主義の潮流とともに発展した。

　従来、王権神授説は王権の恣意的権力を正当化した理論であると批判的に解釈されていたが、近年、G.バージェスによって、王権神授説が必ずしも王権の絶対的権力あるいは絶対主義に連結していないと指摘されている。むろん絶対的権力と言っても、国王が神の法や自然法の下に位置し、実定法よりも上に位置しても、国王は良心に基づき法に従うことは前提とされていた。

　実際にはこの説は、思想家、時代、国により異なった特徴を帯びており、その定義は一定ではなく、研究者の間でも多様な解釈が存在する。

　たとえば、J. N.フィッギスによると、王権神授説の定義は以下の4点である。君主政は神により授けられた制度、世襲権は不可侵、国王は神にのみ責任を持つ点、神は国王に対する無抵抗と受動的服従のみを認めている点である。

　一方、J. W.アレンは、通常、理解されているような、神から直接的に権威を授与された国王という理論を任命論と位置づけ、神が国王による統治を企図したこと、そして神が君主政を確立したことを王権神授説の特徴とする。

王権神授説の起源

　この説は、中世ヨーロッパにおいて教皇グレゴリウス7世の在位期間（1073–85）の叙任権をめぐる闘争に起源を持つ。叙任権闘争の際に、王権側がローマ教皇の叙任権に対抗して、自らも叙任する権力があると主張するために、積極的に用いたのがこの説であった。

　当時、シモニア（聖職売買）による道徳的腐敗が蔓延した教会を改善するために、教皇グレゴリウスは、皇帝や世俗諸君主の叙任権、すなわち、司祭選出の際の俗人叙任の権限を禁止する。これに対して、ドイツ王ハインリヒ4世（1056–1105）や他の君主たちは、自らの叙任権を正当化するために、聖書や法解釈を講じて王権の神授的起源を説き、自ら「地上における神の代理人」と称して自身を神聖化して教皇権威に対抗したのである。ここに王権の神聖な起源と神の代理人像が求められるのであった。このような世俗君主の神聖化をめぐる論争は、教皇権対帝権との対立を中心とするが、当時は、教皇と帝国司教との対立、王と諸侯との対立をも含み、三重の論争であった。

　中世後期に至るまで、法学者のみならず神学者は、神授的王権の重要な宗教的根拠として聖書の章句を頻繁に引用した。代表的なものは、ローマ皇帝への納税の可否についてのパリサイ派の問に対するイエスの答えを述べた「マタイによる福音書」の一節、「では、皇帝のものは皇帝に、神のものは神に返しなさい」（22章21節、同箇所は「ルカ伝」20章25節にもある）、「サムエル記」、「箴言」、「ダニエル書」、「ヨハネ伝」、「ローマ書」、「ペテロ書」などである。

ジェイムズ6世・1世の王権神授説

イングランド国王ジェイムズ1世と言えば、王権神授説の提唱者としてよく知られている。しかし、ジェイムズは、イングランド王になる1603年以前のスコットランド国王ジェイムズ6世の時代には、従来理解されているような王権神授説を信奉していなかった。

ジェイムズ1世が王権神授説を唱えたとして、しばしば彼の著作『自由な君主制の真の法』(*The True Lawe of Free Monarchies*, 1598)と『バシリコン・ドーロン』(*The Basilicon Doron*, 1599)が引用される。しかし、これら二つの作品は、スコットランドの文脈で書かれたものであり、ジェイムズ1世の政治思想として解釈する際には、そのコンテクストを十分に配慮する必要がある。

元来、『自由な君主制の真の法』は、王権神授説の強調というよりは、国王と臣民との間の相互的義務について記されている。むろん、それは臣民が守るべき義務について三分の二以上も紙幅を割いていることから、ジェイムズの執筆の主眼はそちらにあったと言えよう。彼は、聖書、自然法、そして古来の国制観を論拠として、国王の神授権を正当化した。また、国王を家父長、あるいは臣民という四肢に対する頭にたとえて、国王に対する臣民の絶対的服従を説いたのである。

ジェイムズは国王の絶対的権力については、スコットランドの古来の国制観に依拠して、スコットランドの初代国王ファーガスが征服したことにより王権が始まったとして、封建領主の権力と類比している。彼が、通常の王権神授説に特徴的な、神のような絶対的国王権力を主張するに至ったのは、イングランド王になってからである。こうした典型的な王権神授説の主張は、ジェイムズのイングランド議会における演説で頻繁に見られた。

一方、『バシリコン・ドーロン』は、ルネサンスの時代に流行した「君主の鑑」ジャンルに属する作品で、もともとは自身の息子ヘンリのために書かれた統治術の手引書である。ジェイムズは当初、この作品を7部のみ出版して親しい者にだけ配布していたため、これを公にすることは考えていなかったとも解されるが、出版の際には中世スコット語を替えて英語を用いており、後々、幅広い読者層を念頭に置いていたとも考えられる。

本書は、「キリスト教徒としての神に対する国王の義務について」「職務における国王の義務について」「日常生活における国王の振る舞いについて」と三部構成からなり、キリスト教の倫理観、ルネサンスヒューマニズムに特徴的な古典古代の道徳観、現実の政治で生き残るためのマキアヴェッリ的な統治術が提示されている。

ジェイムズの基本的な立場はイングランド王になってからも変わらなかったが、むしろ彼の議論はイングランドの伝統に則してコモン・ローを重視したり、国王権力を二分したり、国家の神秘について説くなど、より洗練されていった。

イングランドの王権神授説

イングランドでは、ジェイムズ即位以前にも王権の神授性ならびに国王の絶対的権力が頻繁に主張されていた。国王ヘンリ8世の離婚問題をめぐって早い段階からローマ教会と袂を分かち、1534年の「国王至上法」により、ヘンリはイングランド国教会における「首長」となる。今やヘンリはかつての「皇帝教皇主義」を想起させる、霊的かつ世俗的両領域の最高権威者となった。国王を支持する聖職者や法学者たちは、教皇ではなく世俗的君主に対する人民の服従を正当化するために、王権の神授的起源と神の代理人としての国王の役割に関する言説をパンフレットや説教において積極的に用い、王権の神聖さを以前には見られないほど強調し、国王に対する服従を説いた。たとえば、ティンダルやクリストファー・聖ジャーマンの作品がある。エリザ

ベス期では、聖職者エイドリアン・サラヴィアが「創世記」に依拠して熱心に王権神授説を説いた。

16世紀に熱心に論じられたこの説は、国王チャールズ1世の処刑後の共和政の時代には陰りを見せるが、フィルマーの『家父長論』にはこの説が顕在である。フィルマーは、「創世記」のアダムに王権の起源を求め、家族形態が発展して国家となったと主張し、家父長の絶対的支配権に重きを置いている点で、ジェイムズの王権神授説とは異なる特徴を持つ。

フランスの王権神授説

フランスでもイングランド同様に、王権の神授的起源から神の代理人像を導く言説が数多く生まれた。フランスでは、伝統的にガリカニズムの下、教皇から独立したフランスの教会の独立と自由を主張する傾向があり、16世紀にはこの伝統と神授権論が密接に結びつき、フランスの王権がよりいっそう、神聖視され、強化されていった。とくに、フランソワ1世の治世（1515–47）下で、神から直接的に権力を授与された王権論、すなわち、任命論が代用されていく。

1580年代に入ると、カトリック勢力に対抗して、プロテスタントのナヴァル家のアンリ（1589年にアンリ4世として即位）のフランス王位継承を正当化するために、この王権神授説（任命論）がよりいっそう重要性を帯びてくる。同時に君主自身の人格も神聖化されていった。W. F. チャーチは、このような特徴が見られた16世紀後半のフランスでは、王権の神授権（divine right of kingship）から国王の神授権（divine right of kings）へと理論が変遷したと指摘する。

その後、ルイ14世の治世（1643–1715）においてブルボン王朝が絶頂期を迎え、この時、司教ボシュエが『政治学』の中で体系的な王権神授説を展開した。

王権神授説の近代性

この説は、神と政治権力との間の媒介者としてのローマ教皇や聖職者の権威を否定し、主権論の発展を促したという意味で近代的である一方、神の権威に依拠しつつも、政治権力を国王のみに集中しており、人民主権と対立する意味で反近代的であるため、両義的な側面を持つ。

他方、この説が、神ではなく世俗の国王に絶対的権力を集中させたことにより、国王の統治が秩序の維持という目的のために国家と一体となった「国家理性」という概念が発展した。そこでは国家あるいは共同体全体のために有益になる手段であれば、キリスト教的な、あるいは古典古代の道徳観に縛られずに政治的思慮を運用することが正当化されたのである。かくして王権神授説は、結果的には近代国家の形成に寄与した理論となった。

【主要文献】J. W. Allen, *A History of Political Thought in the Sixteenth Century,* Methuen, 1960. G. Burgess, *Absolute Monarchy and the Stuart Constitution*, Yale University Press, 1996. W. F. Church, *Constitutional Thought in Sixteenth-Century France: A Study in the Evolution of Ideas,* Harvard University Press, 1941. D. Engster, *Divine Sovereignty: The Origins of Modern State Power*, Northern Illinois University Press, 2001. J. N. Figgis, *The Divine Right of Kings,* Thoemmes Press, 1994 [reprint of the 1914 edition]. J. P. Sommerville, *Royalists and Patriots: Politics and Ideology in England 1603–1640,* Longman, 1999. E. H. カントーロヴィッチ（小林公訳）『王の二つの身体』平凡社、1992. 神寶秀夫「教会権力と国家権力――神聖ローマ帝国」、『天皇と王権を考える4 宗教と権威』岩波書店、2002. 小林麻衣子「ジェイムズ6世の政治思想――思想的コンテクストと特徴」、日本イギリス哲学会編『イギリス哲学研究』第25号、2002.

（小林麻衣子）

オーガスタン論争

〔英〕Augustan controversy

　アン女王時代（1702-14）を中心とする文運隆盛の時代を文学史で「オーガスタン時代」（Augustan Age）と呼ぶことにちなんで、この時代からウォルポールの寡頭制時代（1721-42）までのほぼ半世紀にわたる政治経済論争を指す。この時代は、名誉革命の変革がほぼ定着した時代であるが、しかし、政権派（コート）と野党（カントリ）の間の政争が激しく繰り広げられ、政治経済論争も広範にわたって活発に展開された。

論争の背景──社会変化

　ロックとヒュームによって画されるこの時代のイギリスは、大思想家こそ出なかったが、しかしホッブズ、ハリントン、ペティ、ロック、ニュートンなど多数の偉大な思想家を生み出した「革命の17世紀」以上に大きな社会変化があった。すなわち、1690年代に始まった財政金融革命による政治経済の発展、社会の変化がそれである。さらに1707年のイングランドとスコットランドの合邦によってグレート・ブリテンが成立し、政治的安定と経済的発展の基礎が強化された。グレート・ブリテンはやがて植民地支配をいっそう拡大する商業・軍事大国として「帝国」（empire）への道を進む。政治・社会思想はこのような社会の変化を認識して、土地（land）に加えて、商業（commerce）、信用（credit）を鍵概念として援用する新展開を示す。軍事もまた新しい角度から論争の主題となった。この論争の意義の最初の本格的な分析はジョン・ポーコックによってなされた。

　ポーコックによれば、論争は4つに分かれる。(1) 1698-1702年の常備軍論争・文書戦争。トーランド、トレンチャード、モイル、フレッチャーはカントリ派として常備軍に反対し、デフォーとスウィフトがコート派として常備軍を支持した。(2) アン女王時代の最後の4年間。トーリのスウィフトとホイッグのアディソンがデフォーと論争。(3) 南海危機の動乱期（1720–23）。『カトーの手紙』、『独立派ホイッグ』のトレンチャードとゴードンが主導。(4) 1726-34年。ウォルポール体制の腐敗を批判する『クラフツマン』のボリングブルックに対する『ロンドン・ジャーナル』とハーヴィ卿による反論。

ホイッグ対トーリからカントリ対コートへ

　政治論争はもはやホイッグの社会契約説とトーリの王権神授説の対決ではなく、政治思想の主流は政治的安定と徳を重視する共和主義思想であり、しかも経済問題を視野に入れざるを得なかった。政治思想はトーリ−ホイッグの対立から、コート（宮廷）−カントリ（在野）の対立へと軸足を移す。名誉革命の正当性は依然として争われたが、論争の焦点は政権の基礎よりむしろ政治の安定性と腐敗、自由と所有、富に移った。そして論争をリードしたのは、政権とその性質、政策を批判するカントリであった。

　名誉革命政権によるイングランド銀行の設立と公債発行（public credit）による新しい財政金融制度は、カントリ派によって恩顧（patronage）と軍国主義、腐敗（corruption）と常備軍の結合として激しく弾劾された。トレンチャードなどのカントリ派は常備軍を国王の専制政治の手段になると警戒し、その規模の削減を求め、国防力の不足は民兵で補うべきだと主張した。デフォーなどのコート派は、武器の近代化の結果、もはや戦争は民兵の手に負えなくなったと反論した。デフォーの言うように、武器も戦術も高度化・専門化し、戦争は高価となったが、財政金融革命が戦費調達を容易にし、グレート・ブリテンの為政者に帝国への野望を抱かせた。実際に、国内での相対的な平穏と財政金融革命が、対外的な

戦争政策に打って出ることを可能にし、常備軍の規模は拡大し続けた。こうしたコート的利害関係の肥大はカントリの危機意識を強めた。

カントリの腐敗批判

カントリ派は、ハリントンを継承して、権力の基盤を安定した自由土地保有（freehold）に求め、国王、貴族、庶民の三者による均衡国制としてイギリスの国制を理解し、それを古来の国制と関連づけた。均衡を破壊するものは腐敗と呼ばれた。「アジアの奢侈品」と商業はフレッチャーなどによって腐敗を招きかねない脅威として認識されたが、商業が発展の原動力であるという認識を持っていたネオ・ハリントニアン（ハリントンの影響を受けた次代の共和主義者）は、かつての農本主義者のように商業を拒絶することはしなかった。商業と貨幣がなければ土地も無価値であるというデフォーなどコート派の主張をカントリ派も認めざるを得なかった。

奢侈は、危険であるとしても、文化でもあったから、魅力的であった。豊かになりつつあった社会にとって、土地（安定）と奢侈（変動）は一見対立しつつも、じつは相互依存的であって、奢侈の全面的な排除は困難であった。ネオ・ハリントニアンは、社会の主要な担い手としての地主ジェントリ・統治階級が奢侈と腐敗に染まることを警戒しつつ、商業化への対応を迫られた。その対応は、富裕層や商業・貨幣関係者に奢侈を容認する一方、徳を強調することで統治エリートが奢侈におぼれないようにすることであった。株式取引、党派、常備軍は信用制度によって結合された悪魔の三位一体と見なされた。スウィフトやボリングブルックのようなカントリは「貨幣利害」（金融階級）から商人を除外して商業を擁護した。このようにして商業は土地と同じく恒常的な価値となっていった。

恩顧（patronage）もまた腐敗であった。官職は王と政府による恩顧授与の資産となっていたが、常備軍と戦争は官僚制組織を形成することによって、恩顧＝腐敗の資源となった。ますます多くの国民が「財政軍事国家」の構造と政策に依存するようになっていった。年金や基金の拡大も腐敗の拡大に他ならなかった。しかも、イングランド銀行の発行する紙幣と政府公債は信用の網の目を構築して、社会の依存関係を強固なものとする一方、擬制的な価値を重視するという傾向によっても、また国家プロジェクトや投資の失敗によっても、全体を危機に陥れる危険性があった。

コート・イデオロギーの形成

カントリ派が土地に基礎を置く思想体系の中に商業と新しい現実をいかに無害に包容しうるかに苦心していたとすれば、デフォーやダヴナントなどのコート派は、新たに登場した動産に基礎を置く商業と信用の社会がいかにして繁栄を持続できるかという可能性を探っていた。ダヴナントによれば、国民的繁栄の究極因は今や信用であった。公財政に依存する経済においては、すべては利子率次第である。利子率は人間の相互の信頼に依存する。すべては意見と情念、希望と恐怖に関係するから、紙幣も公債も主観に影響される。

デフォーとアディソンは信用を「運命の女神」（Fortuna）として、気紛れな、空想に基づくものとして表象した。この表象はカントリの格好の批判を招くが、しかし、彼らは信用が空想の縛られない力として、すなわちマキアヴェッリの運命と機会のようなものとして、巨大な新しい力を持つと主張していたのである。信用は、単なる空想ではなく、むしろマキアヴェッリの「ヴィルトゥ」（力量）に、すなわち革新的な征服する力に似ていた。コート派もカントリ派と同じく、社会認識の枠組みにおいて、自然法でも、社会契約説でもなく、ネオ・マキアヴェッリアンであった。デフォーはハリントン経由で信用が腐敗である

という認識も提出した。したがって、デフォーは信用を安定的で有徳なものとするために、「誠実と慎慮」の娘として捉え直す必要があったし、アディソンは信用を徳として描こうとした。信用が可能にするダイナミックな世界は公共的な徳なしでは持続も安定も期待できない、というのがデフォーやアディソンの結論であった。

オーガスタン論争は利害対立の現れであるとともに、前代未聞の社会の根源的変化に直面していた思想家たちが、社会の商業化にまつわる共通の経験を概念化しつつあった表れでもあった。たしかにカントリとコートのイデオロギー的対立があったが、それは土地と商業、土地と信用の単純な対立ではなかった。変化しつつある社会的事実をどう概念化するかという問題に彼らは取り組んでいたのである。その結果、彼らはマキアヴェッリ的、ハリントン的性格を持ったカントリ・イデオロギーによって主導されたが、他方、それに対抗したデフォーやアディソン（彼らもまたマキアヴェッリ的な概念を援用していた）によって政治・経済・歴史に関するコート・イデオロギーも形成された。

論争の帰結

二つのイデオロギーは、やがて経済学（political economy）の形成において自然法と出会い、社会理論の新しい総合がモンテスキュー、ヒューム、スミスによって試みられるに至る。オーガスタン時代の思想家としてはシャフツベリも逸することができない。またマンデヴィルとハチスンによるその批判もあった。それは、イングランドを背景として、いち早く「有効需要」の概念を用いて、利己主義に発する力動的な商業活動が市場によって媒介されて社会的繁栄を実現するという理解を提出できた、商業社会認識において先駆的なエミグレ知識人でコート派のマンデヴィルの徳不要論と、アイルランドとスコットランドという後進地域を背景として、有徳な社会を維持しつつそれに対応を迫られた穏健な長老派の哲学者ハチスンの対立であった。これもまた「富と徳」論争としてオーガスタン論争の一部であった。スミスの経済学の視野にあったのは産業革命のグレート・ブリテンではなく、オーガスタン論争に始まる「富と徳」論争であり、産業革命前夜の商業社会であり、農業資本主義であった。このようにしてオーガスタン論争は、期せずして啓蒙思想家の豊穣な思想の重要な知的源泉となった。新しい総合は、もはや土地や信用でもなく、「生活様式」（manners）という新しい社会的事実の概念を基盤として構築されることになる。

【主要文献】John G. A. Pocock, *The Machiavellian Moment*, Princeton University Press, 1975. ――, *Virtue, Commerce, and History*, Cambridge University Press, 1985（田中秀夫訳『徳・商業・歴史』みすず書房，1993）. Harry Dickinson, *Liberty and Property*, Weidenfeld & Nicolson, 1977（田中秀夫監訳／中澤信彦ほか訳『自由と所有』ナカニシヤ出版，2006）. M. M. Goldsmith, *Private Vices, Public Benefits, Bernard Mandevillex's Social and Political Thought*, Cambridge University Press, 1985. Lawrence E. Klein, *Shaftesbury and the Culture of Politeness*, Cambridge University Press, 1992. Shelly Burtt, *Virtue Transformed: Political Argument in England*, Cambridge University Press, 1992. Catherine Ingrassia, *Authorship, Commerce, and Gender in Early Eighteenth-Century England: A Culture of Paper Credit*, Cambridge University Press, 1998. 高濱俊幸『言語慣習と政治――ボーリングブルックの時代』木鐸社，1996.

（田中秀夫）

オックスフォード運動

〔英〕Oxford movement

定義と概要

オックスフォード運動とは 19 世紀におけるイングランド国教会の信仰復活運動である。オックスフォード大学を中心に 1833 年から 45 年まで高揚した。この運動では国教会の教義の精緻化と宣伝が試みられるとともに、大学内で党派として拡大し、運動参加者の共同生活の場まで設けられるなど、当時の知的世界に大きな影響を与えた。主唱者の多くは大学人であり、運動の過程において神学を中心に多くの学術的著作を生み出した。とくにニューマンはその論述の才能と組織化の実力を発揮し、運動の発展に貢献した。

オックスフォード運動は、国教会が使徒伝承（Apostolic Succession）に基づく普遍教会であることを強調し、聖餐などの儀式を重視する高教会的性格を持つ。この運動の始まりは 1833 年 7 月 14 日に行われたキーブルの説教「国民的背教」（National Apostasy）であるとされる。

その後、ニューマンとピュージーという強力な組織者が加わり、運動は発展する。運動はさらにフルード、マニング、ホプキンズなどの支持を受け、拡大する。彼らの主張は『トラクト』（Tracts for the Times, 1833-41）によって広められる。オックスフォード運動の参加者がトラクタリアン（Tractarian）と呼ばれたのはそのためである。彼らはトマス・アーノルド、ウェイトリ、ハムデンなど広教論者と論争を繰り広げる。その過程で思想を発展させ教義を究め、党派を形成する。

オックスフォード運動は 1841 年にニューマンが出した『トラクト』第 90 号に対する批判以降、退潮を余儀なくされる。そして 1845 年、中心的主導者ニューマンのカトリック転向によって運動は沈静化することになる。

政治的背景

オックスフォード運動自体は神学的議論が中心であるが、その発端は当時の政治状況にあった。国家と教会が一体であるとの理念に立つプロテスタント国教制は、1828 年の審査律撤廃、29 年のカトリック解放によって、その排他的な政治的特権を奪われ、動揺する。

そしてディセンターとカトリックに政治参入を許すことで、国教会が名誉革命体制を支える唯一の教会でなくなった。1832 年の選挙法改正以降、政治的勢いを増すディセンターは国教会の特権的地位を批判し、最終的には国教会体制の解体をもくろんでいた。『トラクト』の目的が「教皇主義者とディセンター」に対して 'Via Media'（中道）としての国教会原理を広めることであったのはこのような事情のためである。1833 年におけるキーブルの説教は、議会主導によってアイルランドの主教職が削減されることが直接の契機であった。

ニューマンはこのような政治の攻勢を許す原因が国教会の「プロテスタンティズム」ないしは「ウルトラ・プロテスタンティズム」——自由主義的、エラストゥス主義的性格のことである——にあるとする。彼によれば「われわれの運動の目的は現今の自由主義に対抗する」ために「明確な基礎の上に立てられた積極的な教会理論を持つこと」であるとする。

国家と教会との関係

オックスフォード運動における教会理論は国家との関係で考えるとその歴史的位置が明確になる。この運動のそもそもの関心は教会の権威を理論的に問い直すことであった。その作業によって危機にある教会の権威を復活させることができるとトラクタリアンは考える。『トラクト』第 1 号においてニューマンは「国家がわれわれを見捨てたとき、われわれはいったい何の権威によればよいのか」と問い、国家から独立した教会の独自の権威を彼は追究する。

トラクタリアンは国教会が普遍的教会であることを主張し、それが本来持つべき特権を回復することを世俗国家に求める。この点において神学論争を越えた政治的性格を持っていた。彼らによれば国教会は神に基づく組織である。その根拠は使徒伝承に基づく権威にある。イエス・キリストの手から使徒に伝えられた権威は数世紀にわたって主教に伝えられてきた。教会は国民国家の出現に先立ち、連綿と続いている。国教会の権威は、宗教改革によっても途絶えていない。この連続性において国教会はディセンターに対し優越的地位に立つのである。イングランドにおける国教会の成立は教皇の専制からの独立であり、普遍教会を中世教会の堕落・迷信から切り離す出来事であった。

このような国教会の権威は国家の世俗的権威によらない独自のものである。したがって国家や政府の決定に教会は左右されない。むしろ精神的指導をつかさどる機関として教会は国家に対し、優位に立つべきものである。

トラクタリアンにとって教会とは聖職者を中心にした教権が中心である。聖職者は使徒伝承を通じ、説教や司式、教会の指導について神から委ねられた権限を持ち、平信徒はそれに従わねばならない。教権は教会組織の問題に限定されず、信仰全体に関わる。そして聖職者が執り行う儀式・礼拝は信仰上特別な意味を担い、より荘重なものとなる。広教論者が教会における平信徒の役割を強調し、儀式・礼拝の多様化を認めるのとは対照的である。

教会の優越

トラクタリアンの国家と教会に対する考えは、イギリス国教会のエラストゥス主義的伝統——政治優位の下に国家と教会の一体的体制を保持する——への挑戦と言える。

『トラクト』第1号は、現在の政府と国家が神を忘れ、教会の名誉と資産を奪おうとしていると批判し、国教会は、ディセンター教会のように聖職者が会衆に左右され、導き手が導く相手に支配される状況を回避するために、国家とは離れた独自の権威を持つべきと提言する。

また『トラクト』第2号は、国家の世俗的役割と教会の精神的役割を峻別することを強調する。国家は教師や兵士や行政官を任命しても、聖職者を任命する権限はない。それはキリストに起源を持つ教会独自の精神的役割の部分に属するからである。

トラクタリアンは、普遍教会の持つ超国家的性格を強調することによって、地域的国家の主権にそれを優越させる。その傾向はとくにフルードにおいて顕著である。彼は『トラクト』第59号で「教会と国家の結びつき」を論じ、国教会体制そのものに疑念を投げかける。同時代の政治体制の大きな変化によって教会と議会の関係が変わり、国教会におけるエラストゥス主義的性格がかえって教会の危機を生んでいるとする。国教会制度は教会に「国家の保護」を与えたが、それは教会の規律への「国家の介入」を招き、教会の存立を危うくしていると言う。

このようにトラクタリアンは教会権威の独自性を主張し、教権の国家からの自立という立場を採用することで、19世紀に議会に進出した様々な宗教・世俗的勢力から国教会の特権を維持し、存立基盤を確保しようとする。

伝統的政治体制との対立

こうした議論は、同時代の政治的改革に抵抗する意味で保守的に見えるが、エラストゥス主義的なプロテスタント国教制という伝統的政治体制への挑戦でもある。儀式・礼拝を重視する彼らの主張の多くは高教会派の主張と共通するが、国家と教会との関係の議論では、伝統的立場と明確に断絶する。高教会派はエラストゥス主義を認め、国家と教会の協調を支持するが、オックスフォード運動は、教

会と国家の伝統的結びつきそのものを批判し、それが教会に危機的状況をもたらすと考える。トラクタリアンが高教会派とも対立したのはそこに原因があった。

オックスフォード運動は、国教会を国家から切り離し、その上位に置くという点で当初彼らが対抗したはずのウルトラモンタニズム(ultramontanism)——教皇の至上性を強調し、地域化したカトリック教会を批判する大陸ヨーロッパでの運動——と共通している。しかし、反カトリック感情が連綿とあるイギリスにおいては、教会の普遍的性格を強調しても、ウルトラモンタニズムのようにローマとの一体性を主張することはできない。同じく使徒伝承に立つはずのローマ・カトリックとは別のイングランド国教会の独自的権威を主張しなくてはならない。トラクタリアンは国教会が中世教会の腐敗から切り離された真の普遍教会であるとし、その解明のために17世紀の高教派聖職者や初代教会の教父の研究を進めた。その際、最大の理論的課題は、国教会の独自の信仰箇条である三十九ヵ条と普遍教会としての使徒伝承をどのように調和させるべきか、ということであった。

改革運動の転機

教権主義者である17世紀のカンタベリー大主教ロードがカトリックの支配を受け入れる教皇主義者と見なされ失脚したように、オックスフォード運動においても、ローマ・カトリックと国教会の関係の説明が躓きの石となる。トラクタリアンは国教会の普遍教会としての性格を強調する一方で、宗教改革の伝統を軽視したため、彼らとローマとの親近性を疑われた。

ニューマンが執筆した『トラクト』第90号はその疑念を決定的なものとする。彼はこのトラクトにおいて、三十九ヵ条がローマ・カトリック、具体的にはトリエント信条と調和可能と解釈する。国教会に普遍教会の性格を見出そうとしていたニューマンにとって妥当な結論であったが、国教会聖職者のみならずイギリス国民のオックスフォード運動に対する批判を招いた。それは神学的解釈の問題よりも、伝統的国家体制から逸脱し、国教会をカトリック化することへの懸念によるところが大きい。イギリス政治では、内乱や名誉革命に見られるようにプロテスタント国教制を維持することが、王統を維持することよりも重要視されている。国教会の制度改革がつねに政治問題化するのはこうしたイギリス政治の特殊的性格による。この前提に挑んだ点でトラクタリアンの主張は政治的意味がある。そしてそのことによって運動の衰退を招いたのであった。

ニューマンは、最終的には国教会を離れ、1845年にカトリックに改宗する。この改宗は、ローマ・カトリックとの親近性を実証することで運動には大きな打撃であった。しかしトラクタリアンの多数は国教会内に留まり続け、一定の支持を獲得していく。前の時代に比べ、国教徒の信仰生活で礼拝・儀式が重要視されるようになったのはオックスフォード運動の貢献である。

【主要文献】G. Herring, *What Was the Oxford Movement?*, Continuum, 2002. M. R. O'Connell, *The Oxford Conspirators: A History of the Oxford Movement, 1833-45*, Macmillan, 1968. G. Faber, *Oxford Apostles: A Character Study of the Oxford Movement*, Faber and Faber, 1933. C. Dawson, *The Spirit of the Oxford Movement*, Sheed & Ward, 1934. O.チャドウィック（川中なほ子訳）『ニューマン』教文館, 1995. B.ウィリー（米田／松本／諏訪部／上坪／川口訳）『十九世紀イギリス思想』みすず書房, 1985.

（清滝仁志）

オックスフォード・カリキュレーターズ

[英] Oxford calculators

　オックスフォード・カリキュレーターズとは、14世紀中葉にオックスフォード大学で活躍した一連の学者たちであり、彼らは、数学的技法（計算）を用いて、自然学をはじめ哲学や神学などの多くの種類の問題にアプローチしようとした。キルヴィントン、ブラッドワーディン、スワインズヘッド、ヘイツベリなどがそうである。彼らの多くはマートン・カレッジと関係があったので、かつては「マートン学派」とも呼ばれていたが、必ずしもマートンと関わらない人々もおり、近年ではこの名称で呼ばれている。彼らの業績は同時期のパリの唯名論者たちにも影響を及ぼした。

キルヴィントン

　当時のオックスフォード大学では、教養教育として、論理学の教授が中心的な位置を占めており、学生たちは討論に参加するように求められた。カリキュレーターズによる一連の著作はこのような教育のために書かれたと思われる。リチャード・キルヴィントンの『難問集』（Sophismata, c. before 1325）も、そのようなテキストの一つであろう。この著作は、論理学に関する著作であるが、自然学についても興味深い主張を行っている。たとえば、「ソクラテスはプラトンが白くなり始める前よりも白い」というような難解な命題が取り上げられて、変化の始まりと終わりについて論じられた。

　キルヴィントンの技法は論理的であり、彼以後のカリキュレーターズのような数学的計算ではなかったが、ブラッドワーディンやヘイツベリに与えた影響は大きい。

ブラッドワーディン

　トマス・ブラッドワーディンは、1328年に『運動における速さの比率について』（De proportionibus velocitatum in motibus）を著し、従来のアリストテレスの注釈に止まらず、独自の立場から、物体の運動について論じた。彼は、速度、力、抵抗の間の関係について従来提示されてきた見解を否定する。たとえば、速さ（V）は、力（F）が抵抗（R）より超過している分だけのものに比例する、という考えがある。つまり、

$$V \propto (F - R)$$

しかし、力と抵抗を二倍にすると、速さは変わらないはずだが、上記の式では速さも二倍になるので、不合理である。また、アリストテレスの『自然学』には、次の式を示唆する箇所がある。

$$V \propto (F / R)$$

しかし、力と抵抗が等しい場合、速さはゼロになるはずだが、この式ではそうはならない。

　このようにして、ブラッドワーディンはいくつかの提案を退けたあとで、彼自身の説を提示する。それによれば、力と抵抗との比が幾何学的に変化するとき、速度は算術的に変化する。たとえば、比が三乗になると、速度は三倍になる計算である。アナクロニズムであるが、これを現代的に表現すると、

$$V \propto \log F / R$$

という対数関数となる。これが「ブラッドワーディンの関数」である。この関数は、通過距離などによる運動の尺度が「結果に関する」（tanquam penes effectum）尺度と呼ばれるのに対して、「原因に関する」（tanquam penes causam）尺度と言われた。これは、のちの「運動学」と「動力学」の区別を先取りしているものと考えられる。ブラッドワーディンの関数は、ニコル・オレーム（Nicole Oresme, c.1320-82）などのパリの唯名論者たちにも影響を与えた。

スワインズヘッド

『計算の書』(*Liber calculationum*, c.1350) の著者リチャード・スワインズヘッドは「計算者」と呼ばれた。この書でスワインズヘッドは、ブラッドワーディンの関数を様々な場合に適用している。たとえば、第11論考では、重い物体が宇宙の中心(つまり、地球の中心)に向って落下する場合を扱っている。細くて長い棒が地球の中心に向ってくり抜かれたトンネルを落下するとき、もしこの棒が全体としてではなく、諸部分の総和として働くならば、棒の任意の部分は、地球の中心を通過するときには抵抗として働き、まだ通過していない部分は力として働く。その結果、棒の中心と地球の中心とは一致しないことを彼は証明している。もっとも、このことから彼は、重い物体が、諸部分の総和としてではなく、ひとまとまりのものとして働く、と結論する。また、第14論考では、速さにおけるどのような種類の変化が、力と抵抗におけるどのような種類の変化に対応するかを規定し、ほぼ50にも及ぶ規則を定式化している。

ヘイツベリ

ウィリアム・ヘイツベリは、キルヴィントンと同じく、いくつもの「難問」を扱っているが、その技法はさらに精緻なものであった。彼の『難問解決の規則』(*Regulae solvendi sophismata*, 1335) は、6章からなり、初めの3つの章は、嘘つきのパラドックスのような自己言及的な文、「知っている」や「疑っている」という認識的な語句を含む文などを扱っている。第4章では、「…し始める」(*incipit*) と「…し終わる」(*desinit*) という語を含む文が論じられ、第5章では、能力の「最大と最小」(*maxima et minima*) という、限度に関わる文が扱われている。第6章では、変化と運動についての文が扱われており、そこでは、一様に一様でない運動(加速度運動)について、それが一定の時間で通過する距離は、それが同じ時間に平均速度で一様に運動した場合の通過距離と等しいという、いわゆる「平均速度定理」を述べている。ただし、平均速度とは、初速と終速の平均である。この定理から、速さゼロからの等加速度運動では、最初の半分の時間の三倍の距離があとの半分の時間で通過されることが示される。これがガリレオの自由落下の法則と同じ趣旨であることはしばしば指摘されるところである。

カリキュレーターズの意義

カリキュレーターズが、運動に関して関数的なアプローチを行い、等加速度運動を定義し、平均速度定理を見出したことなどによって、近世の科学に寄与したことは明らかである。ただし、彼らは、それらが現実に適用可能であるかどうかには意を介さなかった。彼らにとって、それらは「想像力に従った」(*secundum imaginationem*) ある種の論理ゲームであったと言えよう。

【主要文献】Marshall Clagett, *The Science of Mechanics in the Middle Ages*, University of Wisconsin Press, 1959. Edward Grant ed., *A Source Book in Medieval Science*, Harvard University Press, 1974. David C. Lindberg ed., *Science in the Middle Ages*, University of Chicago Press, 1978. 伊東俊太郎『近代科学の源流』中央公論社, 1978.

(中才敏郎)

懐疑論

〔英〕scepticism, skepticism

　懐疑論とは何かに疑いを懐くように導く議論のことである。しかし、この店の牛肉が国産であることを疑うというような、個々の事柄に関する日常的な疑いを導く議論とは異なり、哲学的議論としての懐疑論は、たとえば、店や牛肉や日本国を含めた外界全体について、その知識・信念一般が疑わしいと論じる議論である。

　そこで、第一に、懐疑論は、どの対象領域の知識・信念一般を疑っているのか、たとえば、外界信念一般か、科学的知識一般か、それとも宗教的信念一般かによって互いに区別される。第二に、疑いの強さや質にも区別があり、知識・信念一般の何を疑っているのかが各種の懐疑論によって異なる。たとえば、科学的知識一般の絶対的確実性を疑っているだけなのか、あるいは、科学的知識は虚構だと指摘しているのかによって、懐疑論は互いに区別される。また、懐疑論は、大抵の場合、何かを疑うことだけを目的として提出されておらず、ある一連の哲学的議論に埋め込まれて、他の目的を達成するための手段として機能している。したがって、いかなる目的のために使われているかによっても差異を見せる。さらに懐疑論を支える根拠にも区別があるだろう。

　したがって、対象領域、強さや質、目的、根拠といった複数のファクターを考えあわせるならば、懐疑論は千差万別であり、かりにイギリス哲学に話を限ったとしても、登場する懐疑論を一括りに整理するのは無理である。

　しかし、懐疑論を利用した代表的な議論に焦点を絞り、分析を加えるならば、そうしたファクターがまちまちであったとしても、懐疑論を使ったイギリス哲学の諸議論に、ある共通の構造を認めることができるように思われる。以下、その分析を試みよう。

建設的懐疑論

　デカルトが、疑いを差し挟みえない絶対に確実な足場を確立することで懐疑論を論駁しようとしたのに対し、デカルトが求めた「絶対に誤りのない確実性」の獲得は人間には無理だとする懐疑論を堅持しつつ、学問的探究および日常的信念や宗教の可能性を積極的に擁護する「建設的懐疑論」(constructive scepticism)と呼ばれる立場がある。

　チリングワース(『プロテスタントの宗教、救済への安全な道』)とウィルキンズ(『自然宗教の原理と義務について』)は、確実性を、絶対的に誤りのない確実性、条件付きで誤りのない確実性、実践的確実性の三種類に分け、絶対的に誤りのない確実性を人間が獲得するのは不可能だとする懐疑論を保持しつつ、条件付きで誤りのない確実性や実践的確実性は、それにもかかわらず獲得可能であると論じた。この議論によって、宗教的認識は実践的確実性を有する認識として擁護された。

　ロックは、自然学の分野を含めた多くの領域において、人間は確実な知識を獲得することはできず、蓋然性しか要求できないとした。これを一種の懐疑論と言うこともできよう。しかし、ロックによれば、その領域においては蓋然性を追究していくだけで充分である。というのも、人間にとって必要なことは、すべてを知り尽くすことではなく、人間自身の行為に関わることを知ることであり、蓋然的知識は行為を可能にするからである。問題なのは、蓋然性しか得られない領域に確実性を要求し、確実性が得られないと知って、逆に、何も信じず、探究を怠るといった行き過ぎた懐疑論に陥ることである(『人間知性論』)。

　チリングワースやウィルキンズについてまとめれば、(1)絶対的確実性に人間は到達できない。(2)したがって、確実性が疑われるように見える。(3)しかし、絶対的確実性がなくとも日常的確実性は可能である。(4)それゆえ、絶対的確実性は疑われるが、日常的確実

性が確保される。ロックについてまとめれば、(1) 自然学などの多くの領域について確実性には到達できない。(2) したがって、多くの命題は疑わしく信じられないように思われる。(3) しかし、確実性がなくとも蓋然性は可能である。(4) 確実性は疑われるが、蓋然性のみが追求可能な領域 (たとえば自然学) の探究が、人間の行為を導きうるものとして、擁護される。

従来の宗教的信仰と新しい自然科学を「懐疑主義的危機」から護り、絶対的確実性と全面的懐疑論との「中間の道」(via media) を歩ませようとするのが彼らの狙いである。

バークリーの非物質論

しかし、新しい近代科学が下敷きにする世界観と、従来の宗教的世界観との折り合いは必ずしも良くはない。懐疑的議論を使い、ロックらの科学的世界観の批判し、宗教的世界観を擁護しようとしたのがバークリーである (『人間の知識の原理』)。

ロックは、固性・延長・形などの一次性質と色・音・味などの二次性質とを区別して、二次性質の観念は外的対象そのものを表象していないが、一次性質の観念は外的対象そのものを表象しており、したがって、心の中の観念の外側に一次性質から構成される物質が存在する、と考えた。バークリーはこの科学的実在論の世界観を嫌った。そうした「物質」の世界は、もともとは神によって創造されたとしても、いったん創造されたのちは自足的な世界として存在することになり、人間の感覚知覚の直接的原因と見なされ、神は間接的原因の位置へと後退させられることになるからである。

バークリー曰く、一次性質の観念は二次性質の観念と別個な観念ではない。色無しの形を想像することができないからである。とすれば、一次性質もまた心の中にのみ存在することになる。したがって、すべての存在者は心の中に存在することになり、「存在するとは知覚されること」ということになる。

「物質」に対するこうした懐疑的議論は、外界に関する日常的信念さえも否定するように見えるが、バークリーによればそうではない。バークリーの分析によれば、日常的な外界信念は、われわれに現れる諸観念に関する言明にすぎず、その背後に存在するとされる「物質」への言及は一切不要である。したがって、「物質」の否定は常識とは矛盾しない。

このように「物質」の否定と常識との両立を確認したバークリーは、常識を、「物質」実在論から切り離し、心の内なる観念が「物質」を介さずに直接神によって生み出されるとする形而上学に接続する。われわれの日常性を変更せずに、科学的世界像に代わって、世界に対する神の直接支配という世界観を提案するのがバークリーの非物質論である。

バークリーの非物質論についてまとめれば、(1) 心の中の観念の外側に「物質」は存在しない。(2) したがって、外界信念が疑われるように思われる。(3) しかし、「物質」が存在しなくとも、日常的な外界信念は可能である。(4) 「物質」実在論という世界観が疑われるとともに、日常的な外界信念は、神の直接支配という世界観と結びつけられて擁護される。

ヒューム

イギリス哲学における懐疑論を論じる際に欠かすことができないのがヒュームの議論である。ヒュームの懐疑的な議論は多岐にわたるが、狙いと構造は一貫している (『人間本性論』)。因果論、同定理論、道徳論における議論を見てみよう。

因果論。因果関係に含意される事象間の必然的結合を信じるためには、必然的結合の観念を持つ必要があると考えられるかもしれない。しかし、人間は必然的結合を知覚することはできないので、その観念を持ちえない、とヒュームは論じたから、必然的結合の信念への疑いを導いているように見える。しかし

ヒュームは、実際には、その信念のために必然的結合の観念を持つことは不要であるとした。つまり、必然的結合の信念とは、ある対象を見たらその種類の対象とつねに随伴してきた種類の対象を思い浮かべるように、習慣によって精神が決定されていることなのである。

同定理論。性質の変化する対象に通時的同一性を帰すためには、性質が内属する実体の観念を持たねばならないと考えられるかもしれない。しかし、人間が知覚できるのは諸性質のみであるから、人間は隠れた実体の観念を形成できない、とヒュームは論じたので、同定に対する疑いを導いているように見える。しかしヒュームは、実際には、同定には、実体の観念は不要であり、変化を示す対象と無変化対象との想像力による混同から、同定がなされると説明した。

道徳論。人間の性格や行為の道徳的善悪を区別するためには、性格や行為そのものに備わる道徳性を知る必要があると考えられるかもしれない。しかし、そうした実在的道徳性を知ることはできないとヒュームは論じたので、道徳的区別に対する疑いを導いているように見える。しかしヒュームは、実際には、道徳的区別にはそうした知識は不要であり、性格や行為を考えた時に道徳感情を感じさえすれば十分であるとした。

因果信念・同定・道徳的区別を理性の所産と理解しようとすれば、それらの根拠に必然的結合の観念・実体観念・実在的道徳性の観念を置く必要に迫られる。ヒュームは、これらの観念の存在を否定し、理性の代わりに想像力・感情によって信念を説明して、理性主義から人間を解放しようとした。

ヒュームの議論をまとめれば、(1) 必然性の観念・実体観念・実在的道徳性の観念は不可能である。(2) したがって、因果信念・同定・道徳的区別の可能性が疑われるように見える。(3) しかし、そうした諸観念がなくとも、因果信念・同定・道徳的区別は可能である。(4) 必然的結合の観念・実体観念・実在的道徳性の観念が否定されるとともに、因果信念・同定・道徳的区別が想像力や情念の所産として擁護される。

ヒュームの宗教論

ヒュームの宗教論（『自然宗教に関する対話』）もこの構造によって理解できるだろうか。(1) 世界が知性的存在者（神）によってデザインされたことは理性によっては示せない。(2) したがって、その宗教的信念は疑わしく思われる。これでヒュームの議論が終わっているのか、それとも、(3) 理性によって示せなくとも、デザインされたという感じをわれわれは持ち、その感じこそがむしろ宗教的信念の本質である、と考え、(4) 宗教を理性から引き離して擁護している、と言えるのか、は解釈の分かれるところである。

ウィトゲンシュタインの私的言語論

ウィトゲンシュタインは『哲学探究』において、「規則に従うことの問題」や「私的言語論」とのちに呼ばれる問題圏に関する一連の議論を展開した。その議論の構造と真意は解釈の分かれるところであるが、たとえば、現代アメリカの哲学者であるクリプキが『ウィトゲンシュタインのパラドックス』において示した解釈によれば、ウィトゲンシュタインはその議論を、言葉の意味に関する以下のような懐疑論を提示することから始める。ある言葉の私自身によるこれまでの使用例や、私自身の心の中に生じていることに、私がその言葉をどのような意味で使っているかを示す事実は存在しない。それゆえ、ある言葉があることを意味しているという事実は存在しない。とすれば、われわれはもはや「ある言葉があることを意味している」と言うことができなくなるように思われる。

しかし、ある言葉があることを意味しているという事実が存在しないということから、

「ある言葉があることを意味している」と言うことができないという結論の導出には、文の意味はその文の真理条件であるとする言語観が必要である。しかし、この真理条件的意味論を捨てて、文の意味はその文を主張することを正当化してくれる正当化条件であるとする言語観を採用すれば、言葉があることを意味しているという事実が存在しなかったとしても、「ある言葉があることを意味している」という文は意味を持ちうる。クリプキの解釈によれば、ウィトゲンシュタインは、その正当化条件として、その言葉に対する振る舞いが共同体のメンバーの間で一致することを挙げた。とすれば、その言葉に対する共同体の他のメンバーの振る舞いと無関係に、私自身がその意味することを理解できるような言葉――私的言語――は不可能ということになる。これがウィトゲンシュタインの私的言語批判である。

ウィトゲンシュタインの議論をまとめれば、(1) ある言葉があることを意味しているという事実は存在しない。(2) したがって、「ある言葉があることを意味している」と言えないように思われる。(3) しかし、「ある言葉があることを意味している」という言明は、真理条件が存在しなくとも正当化条件さえあれば、主張することができる。(4) ある言葉があることを意味しているという事実の存在は疑われるが、「ある言葉があることを意味している」は、共同体メンバーの振る舞いの一致という条件を満たす限りにおいて、主張可能である。

イギリス哲学における懐疑論

このように見てくると、懐疑論を利用したイギリス哲学の代表的議論は、すでに明らかなように、ある構造を共有していると言える。(1) において、われわれの日常的信念・言明を支えていると思われてきた形而上学的根拠を批判することによって、(2) において、日常的信念・言明への疑いをいったん導くように見せかけておき、(3) において、形而上学的根拠と日常的信念・言明とを分離することによって、(4) において、形而上学的根拠を批判するとともに、日常的信念・言明を新しい理解の下で擁護する、という構造である。クリプキの『ウィトゲンシュタインのパラドックス』に倣って、ヒュームの『人間知性の研究』の言葉を使い、(1) と (2) の局面を、「懐疑的疑い」(sceptical doubts) の提示、(3) と (4) の局面を、その「懐疑的解決」(sceptical solution) と呼ぶことができるであろう。

【主要文献】W. Chillingworth, *The Religion of Protestants, a Safe Way to Salvation*, 1637. J. Willkins, *Of the Principles and Duties of Natural Religion*, 1675. J. Locke, *An Essay concerning Human Understanding*, 1690（大槻春彦訳『人間知性論』全4冊, 岩波文庫, 1972-77）. G. Berkeley, *A Treatise concerning the Principles of Human Knowledge*, 1710（大槻春彦訳『人知原理論』岩波文庫, 1958）. D. Hume, *A Treatise of Human Nature*, 1739-40（木曾好能訳『人間本性論 第一巻 知性について』法政大学出版局, 1995；大槻春彦訳『人性論』全4冊, 岩波文庫, 1948-52）. D. Hume, *An Enquiry concerning Human Understanding* [as *Philosophical Essays concerning Human Understanding*], 1748（斎藤繁雄／一ノ瀬正樹訳『人間知性研究――付・人間本性論摘要』法政大学出版局, 2004）. D. Hume, *Dialogues concerning Natural Religion*, 1779（福鎌忠恕／斎藤繁雄訳『自然宗教に関する対話――ヒューム宗教論集 II』法政大学出版局, 1975）. L. Wittgenstein, *Philosophische Untersuchungen* [*Philosophical Investigations*], Blackwell, 1953（藤本隆志訳『哲学探究』〈ウィトゲンシュタイン全集8〉, 大修館書店, 1976）. Saul A. Kripke, *Wittgenstein on Rules and Private Language*, Blackwell, 1982（黒崎宏訳『ウィトゲンシュタインのパラドックス』産業図書, 1983）.

（久米　暁）

蓋然性

〔英〕probability

　原語は確率とも訳される。蓋然性は確実性と対比される認識論の概念であり、偶然的な事象の性質、または、そうした事象に関わる信念の様態を表し、確実性に近いものから遠いものまで様々な程度の不確実性を意味する。この不確実性の程度を定量的に表現したものが確率と呼ばれる。数学的確率論は17世紀以来発展を続け、1933年にコルモゴロフによって公理化された。哲学的には、どのようにして確率に関わる基本概念を定義し、確率論の形式的な公理に実質的な意味づけをするのか、という確率解釈の問題がある。確率は、観測結果の測定や帰納推理の手続きに関わり、科学方法論と結びつく。また、主観的確率論とゲーム理論から発展した意思決定理論は、経済学、心理学、倫理学など幅広い分野に応用されている。

知識と蓋然性

　プラトン以来、西洋哲学では知識（エピステーメー）と意見（ドクサ）とを区別し、知識の範囲と根拠を求めることが認識論の目標であった。知識の根拠は理性による論証の確実性であり、曖昧で不確実な蓋然的認識は意見に属するとされた。中世のスコラ哲学においても、知識は第一真理から論証によって導かれる必然的な真理を対象とするものであり、これに対して、蓋然性は確実ではないが十分に根拠のあることとして是認されている意見を意味していた。そこで蓋然性の根拠とされたのは、多くの場合、経験的証拠ではなく権威である。権威に基づく蓋然性という概念は、16世紀にジェズイットの道徳判断に関する決疑論（「蓋然論」と呼ばれる）において拠り所とされたが、何を権威とするかについての規準を欠いた恣意的な議論は、のちにパスカルの批判するところとなった。

　16世紀イギリスでは、ルネサンスの人文主義運動の一環としてスコラ哲学批判が行われた。その代表的な思想家フランシス・ベーコンは、新しい学問の方法として経験的データを重視し、帰納を自然学の方法として提唱した。ベーコンの精神を受け継いだロイヤル・ソサエティ（1662創立）の初期のメンバーの一人、グランヴィルは、自然についての確実な知識が可能と考えるのは「独断論」であると主張した。グランヴィルは、感官による認識の可謬性、因果関係の論証の不可能性を論拠として、数学と神学を除くわれわれの認識は、仮説的で蓋然的なものに止まるとした。

　蓋然性という語が権威に基づく意見という伝統的な意味を離れて、確実性には及ばないがある程度の合理性を持つ認識という意味で用いられるようになったのは、17世紀になってからである。この時代には、知識という語にも、主体の自己意識に基づく確実性という新しい意味が与えられるようになった。デカルトは不可疑で確実な思考する自己の存在と数学的論証とを知識の根拠とし、この立場はスピノザ、ライプニッツらの大陸合理論の哲学に受け継がれたのみならず、近代哲学の概念的な枠組みとなった。イギリスの哲学もこの枠組みから出発したが、ロイヤル・ソサエティの運動やニュートンに代表される自然学の成果によって、理性によるアプリオリな認識よりも経験を重視し、経験に基づく蓋然的信念形成のメカニズムの解明へと進んだ。

ロックとヒューム

　ロックは、知識の起源を感官に与えられる観念と観念どうしの結合に求め、生得観念を否定する。『人間知性論』第4巻によれば、真の知識（確実な知識）をもたらすものは、観念についての直観と、観念どうしの関係についての論証である。ロックが論証として具体的に考えるのは、幾何学の証明のような数学的

推理である。ロックは幾何学の他に道徳の原理も真の知識に含める。自然の認識はわれわれの経験の及ぶ範囲に限られ、また、物質世界の構造（粒子仮説が仮定する粒子の一次性質）は実験と観察によって確かめられるだけなので、自然学は蓋然的認識に止まる。外的事物の知覚（感覚知覚）は真の知識ではないが、広い意味では知識と呼ばれる。蓋然的認識には、確実性に近い知覚、やや不確実な記憶、さらに不確実な証言に基づく信念というように段階があり、それぞれの根拠に応じた蓋然的信念を持つことが合理的であるとされる。信念の根拠として最も強力なのは知覚による直接経験であり、信念の確からしさを強化する要因として経験の頻度が言及されている。直接経験によらない事柄については証言に頼るしかないが、証言の整合性、証人の人数、誠実性などの考慮が必要となる。

ヒュームは、『人間本性論』第3部「知識と蓋然性について」において、ロックと同様に、観念どうしの比較のみに依存する論証的推理が確実な知識の対象であり、それ以外の「同一性」、「時間と場所の関係」、「因果関係」についての認識、つまり事実に関わる認識は蓋然的であるとした。これらのうちヒュームが最重要視する因果関係の推理は原因と結果の恒常的連接の経験から習慣によって形成され、論証的推理ではない。蓋然的認識のうち、因果的信念の多く（たとえば「太陽が明日昇る」や「人間はみな死ぬ」）は不可疑であり、これらの信念は単なる蓋然性ではなく「確証」（proof）と呼ばれる。確証は蓋然的認識であるが、原因と結果について判定するための規則である。確証より不確かな信念は狭義の蓋然性と呼ばれる。狭義の蓋然性は、偶然に基づく蓋然性と原因から生じる蓋然性とに区別され、前者は、サイコロの目の出方のように原因について無知であるために偶然であるかに見える事象の蓋然性であり、後者は、過去の経験の頻度に基づく信念の蓋然性である。

ヒュームは、『人間知性の研究』第10節「奇跡について」において、奇跡は自然法則（確証に基づく）の侵犯であるとして、奇跡の証言を信じることの不合理さを示そうとしている。ヒュームは、蓋然的信念の数量化を志向しなかったが、それがわれわれの認識の重要な部分をなすことを意識し、その心理的なメカニズムを解明しようとした。

確率論とその解釈

数学的確率論は、1654年のパスカルとフェルマーの往復書簡に始まったとされる。そこでは中断されたゲームの勝敗と賭け金の分配の問題を解くために、算術三角形を用いた組み合わせによる確率計算が行われていた。パスカルの死後の1662年、ポール・ロワイヤルの『論理学』に数学的な「確率」という概念が初めて登場する。その後、ヤーコプ・ベルヌーイによる極限定理の証明、ベイズの定理の発見、ガウスとラプラスによる誤差の法則（誤差の分布が正規分布になる）の解明などの成果があり、これらは19世紀初頭にラプラスの著作にまとめられた。

コルモゴロフによる確率の公理的定義では、確率とはすべての事象の集合の上で定義される数値関数 $P(A)$ で次の公理を満足するものである。

(1) $0 \leq P(A) \leq 1$、
(2) A が確実に起こる事象ならば、$P(A) = 1$、
(3) $P(A \cup B) = P(A) + P(B)$。ここで、$A \cup B$ は、事象は A、B のどちらか一方が起こる事象で、その際、事象 A、B は同時に起こらないものとする。

公理には様々な解釈が可能である。確率には、偶然的な事象の法則についての統計という客観的な側面と、そうした事象に関わる信念の合理性の評価という認識的な側面とがある。パスカルからラプラスの時代までの確率論を古典理論と呼ぶが、そこではこれら二側

面は混在していた。古典理論の確率の定義は、「ある事象の確率は、同程度に確からしいすべての場合の数に対する、この事象の起こる場合の数の比に等しい」である。この定義には基本事象は等確率であるという前提が含まれており、これは物理的対称性（たとえば均等なサイコロ）に依存している。また、この定義のもう一つの前提は、一方より他方を優先する理由がなければ二つの事象は等確率と見なすべきであるという「無差別の原理」であるが、これは、不確実性はわれわれの無知との相関によって生まれるという考え方を示し、確率の認識的側面に対応する。19世紀半ば以降、量子力学や統計理論への確率の応用によって等確率の前提の困難が認められ、無差別の原理にも論理的パラドックスによる理論上の難点が発見された。

確率の認識的側面を重視する解釈に論理説と主観説がある。論理説によれば、確率とは合理的信念の度合いであり、証拠が仮説を部分的に含意する度合いとして定義される。論理説は経済学者ケインズによって支持され、その後カルナップの形式的な帰納論理の体系として展開されたが、その主張は現在ではほぼ主観説によって吸収されていると言える。

主観説は、確率を主体の信念の度合いとし、それを主体の行為選択（賭け）によって測定する。つまり、主体がある選択肢を選ぶ際にどれだけの賭け金を払う用意があるかによって信念の度合いが測られる。その際、主体が合理的である（賭けが公平である）ためには、信念は確率の標準的公理を満たさなければならない（ダッチ・ブックの定理）。これはラムジーとデ・フィネッティによって提唱され、現在はベイズ主義とも呼ばれる。

確率の客観的側面を重視する解釈に頻度説と傾向性説がある。頻度説によれば、ある事象の確率とはその生起の頻度である。有限回の試行では、相対頻度は本当の確率と同じにならないことがありうるので、確率は、十分に長い試行を行った場合の相対頻度の極限値でなければならない。しかし、この考えでは単一事象の確率を扱うことができない、また、帰納的推理の定義が困難になる、などの難点が指摘されている。頻度説を支持したのは、ジョン・ヴェン、フォン・ミーゼス、ライヘンバッハである。

傾向性説は、確率を単一事象の客観的な特性と見なす解釈である。ポパーはそのような特性を「傾向性」（propensity）と呼んだ。この解釈は単一事象の確率を扱うことを可能にするが、傾向性がどのような特性であるかについては明確でない、などの批判がある。

【主要文献】Joseph Glanvill, *Scepsis Scientifica*, 1665. John Locke, *An Essay concerning Human Understanding*, 1690（大槻春彦訳『人間知性論』全4冊，岩波文庫，1972-77）. David Hume, *A Treatise of Human Nature*, 1739-40（大槻春彦訳『人性論』全4冊，岩波文庫，1948-52）. ──, *An Enquiry concerning Human Nature*, 1748（斎藤繁雄／一ノ瀬正樹訳『人間知性研究──付・人間本性論摘要』法政大学出版局，2004）. Pierre-Simon de Laplace, *Essai Philosophique sur les Probabilités*, 1814（内井惣七訳『確率の哲学的試論』岩波文庫，1997）. A. N. Kolmogorov, *Foundations of the Theory of Probability*, 1933; 2nd English ed., Chelsea, 1956（根本伸司訳『確率論の基礎概念』東京図書，1988）. I. Hacking, *The Emergence of Probability*, Cambridge University Press, 1975. L. Daston, *Classical Probability in the Enlightenment*, Princeton University Press, 1988. 内井惣七『科学哲学入門──科学の方法・科学の目的』世界思想社，1995. 伊藤邦武『人間的な合理性の哲学──パスカルから現代まで』勁草書房，1997. D. Gillies, *Philosophical Theories of Probability*, Routledge, 2000（中山千香子訳『確率の哲学理論』日本経済評論社，2004）.

（追分晶子）

科学革命

〔英〕scientific revolution

　科学革命とは、西洋における近代自然科学の成立が、科学史上革命的とも言える画期的なものであり、しかもその影響は科学に止まらず、人間の思考方法や世界観に革命をもたらしたことを言う。さらにトマス・クーンの「パラダイム変換」による科学革命の構造の解明によって、科学論からする興味ある議論が展開されている。

17世紀科学革命

　科学革命という語は、ロシア生まれのフランスで活躍した科学史家アレクサンドル・コイレが、『ガリレオ研究』で用いた言葉である。そこでコイレは、ギリシアにおけるコスモスの発明以来のきわめて重要な突然変異として、17世紀における古典物理学の成立を挙げている。またイギリスの歴史学者であったハーバート・バターフィールドは、『近代科学の誕生』で、科学革命は、古代のアリストテレス自然学を壊滅させ、スコラ哲学を葬り去った、キリスト教出現以来の他に例を見ない、目覚ましい出来事であった、と述べている。

　この科学革命の時期については、ガリレオを中心とした17世紀を考えることができる。しかし内容的には16世紀のコペルニクスの『天球の回転について』から始まり、17世紀のニュートンの『プリンキピア』までを指すこともでき、また立場によっては、この時期をさらに拡大することもできる。

近代科学の成立

　古代・中世を代表する自然観は、アリストテレス的な自然哲学であった。アリストテレスは、天体の球形（天球）説を採り、天球の運動については、地球中心説（天動説）を唱えていた。また宇宙を月上の世界と月下の世界とに分け、前者を高貴で神的な世界、後者を穢れた世界とし、そこに見られる運動もまたそれを構成している物質も各々異なるものとした。天球の運動は、完全なる図形としての円からする、一様で終わることのない円運動である。直線運動は地上にのみ見られるもので、しかもアリストテレスは運動について目的論的な解釈を採るところから、たとえば物体が落下するのも、それが本来あるべき場所へ向かって落ちていく（運動していく）と捉えた。また天体を構成しているのはアイテール（エーテル）であり、それに対し地上を構成しているのは、火・気・水・土の4元素で、それに温・寒・乾・湿の4性質を考えることによって、物質の化学的変化を説明した。

　このアリストテレスの自然哲学は、キリスト教に受け容れられ、キリスト教的に解釈されたアリストテレス・スコラ的な自然哲学が中世の人々の自然観を形成していた。

　このような古代・中世の自然哲学に対する近代科学の成立は、たしかに革命的であったと言える。それはまず天文学・天体力学の分野で起こった。アリストテレス、さらに天文学者としてそれを精緻に仕上げた、2世紀のアレクサンドリアの天文学者プトレマイオスの地球中心説に対する、コペルニクスの太陽中心説（地動説）の成立である。しかしコペルニクスの太陽中心説は、すぐには受け容れられず、その間に太陽中心説を受け容れようとしたガリレオに対する宗教裁判もあったが、徐々に受け容れられるようになり、さらにケプラーの惑星の楕円軌道説により精緻な形に仕上げられた。

　物体の落下運動については、ガリレオの落体の法則により、目的論的にではなく、機械論的に説明された。これら力学現象について統一的な説明を与えたのがニュートンの万有引力の法則で、ニュートンによって古典力学は大成されたと言われる。そこでは天体の運動も地上の運動も万有引力によって説明され

るところから、月上の世界と月下の世界といった、価値二元論的な区別はなくなることになる。

近代科学の方法

近代科学が成立した大きな要因として、数学的方法と実験的方法との意識的な採用と確立が挙げられる。自然という対象は、古代中世にも同じように存在した。それにもかかわらず近代科学が革新的な理論として登場したのは、科学的方法の獲得に基づくのである。

ガリレオの「自然は数学の言葉で書かれている」(『偽金鑑識官』) はよく知られている。またニュートンの主著の書名が『プリンキピア (自然哲学の数学的諸原理)』であったことが思い出される。ここにこの世界を量的に捉え、それを数学的に表現することの重要さが主張されている。このことを、ピュタゴラスやプラトンの復活とする考えもある。

実験的方法については、ニュートンの「我仮説を作らず」という言葉が示すように、現象から導き出せないようなものは、仮説として実験哲学においてはその場を持たないことが強調されている。この言葉は、重力の原因について、それを現象界に見出すことはできないからといって、形而上学的であれ、形而下的であれ、仮説を立てることはしないとして述べられたものである。

また17世紀には、望遠鏡や顕微鏡といった測定機器が作成されたことも背景にあり、ガリレオが望遠鏡によって太陽に黒点を観測したことは、完全で純粋な太陽に黒い斑点を見出したことになり、それまでの宇宙観に変更を迫るものであった。

イギリスにおける科学革命の展開

イギリスは、経験主義の伝統が強いところから、観察・実験を重んじる近代科学の発展する素地があった。もちろんイギリス人のイタリアやフランスなどの外国での勉学や学者間の交流があったうえでのことであるが、イギリスでの科学の発展は目覚ましいものであった。

16世紀の哲学者F.ベーコンには、アリステレス論理学の不毛性と科学の方法としての帰納法の提唱および科学的知識の有用性とそれによる自然の支配の思想が見られる。またイギリスの医師で解剖学者であったハーヴィの血液循環論は、「書物ではなく解剖によって」唱えられ、それまでのガレノスによる古代の生理学を覆し、近代医学の出発点となった。さらに化学者のプリーストリの実験的方法による酸素の発見、同じく化学者のロバート・ボイルは近代的な化学的物質観を展開し、近代科学の祖となった。フックの法則で有名なロバート・フックも存在した。

このようにイギリスで近代科学が発展したことの思想的背景として、キリスト教の存在が考えられる。ボイルは、熱心なイギリス国教徒であり、この秩序ある自然を創造した全知全能の神を知るというところから自然を探究している。これは宇宙の設計者としての神を知るということであり、ここに神のデザイン論証の立場も出てくる。またニュートンも強い信仰を持っており、神学者ニュートンという面も持っていた。

さらにイギリスについては、ニュートンも会長を務めたロンドンのロイヤル・ソサエティの存在を考えなくてはならない。同協会は、1662年にチャールズ2世によって正式に認められた学会であるが、その目的は「自然の知識の増進のためのロイヤル・ソサエティ」と謳われている。このロイヤル・ソサエティの会員にピューリタンが多いところから、アメリカの科学社会学者であったR.マートンは、科学の発展とピューリタニズムとの結びつきを主張し、マートン・テーゼとして知られている。

一般に科学と宗教の関係については、近代科学がキリスト教国で成立したことに注意し

なければならない。キリスト教には、神は二つの書物を書いた、一つは聖書であり、もう一つは自然である、という考え方がある。したがって自然を知ることは神を知ることに繋がるのである。

クーンのパラダイム論

　科学革命について、科学論の上から興味ある議論を展開したのが、アメリカの科学史家であるクーンである。クーンは、ある時代において、科学者が一般に受け容れている科学の理論や立場をパラダイム（paradigm）と呼ぶ。このパラダイムという概念は、多義的であるという批判をうけ、クーン自身その後別の表現もするが、「一般に認められた科学的業績で、一時期の間専門科学者に対して問い方やモデルを与えるもの」ということで理解されている。

　たとえばプトレマイオスの天文学は、当時の天文学者にとってパラダイムを形成しており、それを基礎に天文学者は研究していることになり、そのような科学は「通常科学」と呼ばれる。この場合科学の研究は、あるパラダイムを受け容れているのであるから、それを前提としたうえでの研究、つまり予測されていることを新しい方法で解くことになる。この場合科学研究は、「はめ絵パズル」におけるパズル解きに擬せられる。

　しかし通常科学では説明できない変則事例が生じると、つまり（通常）科学の危機が生じると、パラダイムの転換（paradigm shift）が求められ、そこに成立するのが異常科学である。この異常科学が受け容れられると、科学革命になる。たとえば燃焼の問題である。燃焼は、古くは熱素説によって説明されており、燃焼とは熱素（フロギストン）が出ていくことであると言われていた。しかし金属のように、燃えたあとに重量の増えるものがあり、そこからラヴォワジェは酸素によって燃焼が起きるという燃焼理論を提唱した。これは、たんに酸素が発見されたという単純なことではなく、燃焼という化学現象をそれまでとは違った形で見ることであり、パラダイムの変換となる。

　このクーンのパラダイム論において特徴的なことの一つは、科学者集団の存在の強調である。このようなところから、先に触れたイギリスにおけるロイヤル・ソサエティの存在意義を問うこともできる。

共約不可能性と相対主義

　通常科学から異常科学への移り行きということで科学革命を考えると、同じ科学の概念でも意味が異なってくることになり、その間に共約不可能性（incommensurability）の問題が生じる。たとえばプトレマイオスにおける惑星の概念とコペルニクスにおける惑星の概念とは異なったものであり、共約あるいは通約不可能になるというものである。

　ここからまた科学の真理は、相対的なものとなり、相対主義の立場を採ることにもなる。これは科学理論とは独立に物体の存在を問う、実在論の問題へと繋がってくる。

【主要文献】Alexandre Koyré, *Études galilèenne,* 1939（菅谷暁訳『ガリレオ研究』法政大学出版局，1988）. Herbert Butterfield, *The Origins of Modern Science,* The Free Press, 1957; revised ed., 1965（渡辺正雄訳『近代科学の誕生』上・下，講談社学術文庫，1978）. Thomas S. Kuhn, *The Structure of Scientific Revolutions,* University of Chicago Press, 1962; 3rd ed., 1996.（中山茂訳『科学革命の構造』みすず書房，1971）. Steven Shapin, *The Scientific Revolution,* University of Chicago Press, 1996（川田勝訳『「科学革命」は何だったのか』白水社，1998）. 佐々木力『科学革命の歴史構造』上・下，講談社学術文庫，1995.

（寺中平治）

確実性

〔英〕certainty

certainty（確実性）という言葉は certain という形容詞の名詞形であり、certain という形容詞には、She is certain that…（彼女は…を確信している）という用法と、It is certain that…（…は確実である）という用法とがある。それに呼応して、確実性の概念には、前者の用法に対応する心理的な確実性と、後者の用法に対応する客観的な確実性とが含まれる。すなわち、ある命題に確実性があるというときには、その命題に心理的確信が付与されていることを意味する場合と、その命題には、心理的確信とは独立な、より強い意味での客観的確実性があることを意味する場合とがある。この二つの確実性が異なる概念であることは明らかなことのように思われる。というのも、確実でない事柄に対して人が確信を抱いていることもありうるし、また逆に、確実である事柄に人が確信を抱いていないこともありうるからだ。

しかしながら、人間が抱く確信とまったく無縁な客観的確実性の概念を導入し、人間が原理的に到達不可能な確実性を要求したり、人間が疑いを差し挟むことができず確実性を付与せざるを得ない事柄さえも不確実と診断する確実性の基準を設定したりするとすれば、そうした要求や基準が確実性の正確な分析を反映しているとは言いがたい。この反省から近世以降のイギリス哲学は出発する。

懐疑論、独断論、建設的懐疑論

西洋文明の相対化などを通じて、西洋近代が「懐疑論的危機」に陥ると、ヨーロッパ大陸では、モンテーニュのように、理性に基づく判断を放棄させ、信仰に基づく真理を受け入れさせようとする信仰主義的懐疑論者が登場する一方、デカルトのように、理性に基づく疑いようのない確実な真理を獲得しようとする形而上学的な独断論者も現れた。そうした中、メルセンヌやガッサンディは、懐疑論と形而上学的独断論との「中間の道」（via media）として、いわゆる「建設的懐疑論」（constructive scepticism）を提唱し、デカルトが欲しがった形而上学的実在論を疑うと同時に、命題の有用性の観点から真理や確実性を理解しようとする一種のプラグマティズムを使って、確実性を、形而上学から分離して確保しようとした。

チリングワース、ウィルキンズ、ロック

ヨーロッパ大陸の哲学者たちの「建設的懐疑論」の着想をイギリスにおいて開花させたのがチリングワースとウィルキンズ、そしてロックである。

17世紀前半のイギリスにおいては、宗教改革論争から派生した「信仰の規則論争」をめぐって、宗教的認識の可能性の問題が重要なトピックとなっていた。チリングワースは、『プロテスタントの宗教、救済への安全な道』において、確実性を、絶対的に誤りのない確実性、条件付きで誤りのない確実性、実践的確実性という三種に分類した。デカルトが形而上学において要求する絶対的に誤りのない確実性に人間はそもそも到達不可能であり、人間にとって最高度の確実性は、条件付きで誤りのない確実性であり、数学的真理がここに属する。さらに、日常生活において疑いが完全に排除されているような命題には実践的確実性（この概念はデカルトの『哲学原理』第4部に由来する）があるとされ、宗教的認識はこの実践的確実性を有すると考えられた。

ウィルキンズは、確実性と、それに明証性の点で劣る蓋然性とを区別したうえで、前者の確実性をチリングワースに倣って三分割し、アリストテレスを引き合いに出して、それぞれの確実性を擁護する（『自然宗教の原理と義務について』）。彼らのあとに登場したロック

は、むしろ確実性を厳格に解釈し、確実な知識の範囲を狭め、チリングワースやウィルキンズが確実と見なした多くを蓋然性へと格下げし、蓋然性に様々な度合いと種類を設定した(『人間知性論』)。細かい分類に関する違いがあるものの、絶対的確実性を要求する独断論とすべてを疑わしいと見なす懐疑論との二者択一を批判し、確実性や蓋然性に種類を設定することによって、それらの「中間の道」を用意しようとした点において、彼らは軌を一にする。

ヒュームとスコットランド常識学派

確実性に関するヒュームの考察は複雑である。「観念の関係」と「事実」との二分法を採って、確実性を「観念の関係」だけに制限する、いわばロック流の考え方を洗練させた面もあるが(『人間本性論』)、他方、「事実」に分類される因果関係からの議論を、狭義の蓋然性とは区別して、「疑いと不確かさから完全に逃れている」「証明」(proof)に分類し(『人間本性論』)、因果推論や外界存在の信念にもそれらにふさわしい確実性があるとして(『ある紳士からエディンバラの友人への手紙』)、むしろチリングワースやウィルキンズの考え方を踏襲する面もある。

しかし、最も注目に値するのは、『人間本性論』第1巻「知性について」の末尾で展開されるヒュームの考え方である。それによれば、ヒューム自身の「全面的懐疑論」(total scepticism)によって、「観念の関係」までも含めたすべての命題の確実性や蓋然性が奪われるが、こうした「懐疑的原理にもかかわらず、特定の点に関して、特定の瞬間にそれらを眺める眺め方に応じて、われわれを断定的にし、確信させる傾向性に従うこともまた正しい」。ヒュームは、形而上学的・客観的確実性を否定すると同時に、それとは無関係な人間の確信を容認して、命題の確実性を、形而上学的基盤から切り離して、人間がそれに関して抱く確信に結びつけて理解しようとするのである。

スコットランド常識学派のビーティやリードは、人間の行う議論が自明な原理を前提しており、そうした一般的な第一原理には人間は本能的に確実性を付与せざるを得ず、そうした原理の確実性を、その原理を前提とした議論によって破壊することはできないとして、懐疑論を避けようとした。ヒュームが個別的諸判断に確実性を付与したのに対し、スコットランド常識学派は一般的原理に確実性を付与しようとしたという違いはあるが、確実性の所在を徹頭徹尾、人間の確信の対象と理解しようとする傾向は一致していると言える。

ラッセル、論理実証主義、ポパー

ラッセルは当初、論理法則を、人間とは独立な実在に基づく形而上学的に確実なものと見なし(『プリンキピア・マテマティカ』)、感覚与件(センス・データ)を何よりも確実と見なしていたが(『哲学の諸問題』)、しだいに絶対的確実性の追究を放棄していく。論理実証主義も同様に、論理法則と、感覚与件を記述するプロトコル命題とを確実性のありかと定めて出発しながらも、のちに、プロトコル命題の概念を拡張し、また、論理法則を人間の規約によって改変可能と見なすに至った経緯に重なる。

論理実証主義に当初から批判的であったポパーは、科学的探究が客観的に確実な言明を目指しているとする標準見解に反旗を翻した。確実性が反証を受ける可能性が低いことを意味するとすれば、科学的探究の目標は確実性にはない。反証可能性が低い言明とはすなわち情報量の乏しい言明であり、その最たるものがいわゆる分析言明である。科学的探究はむしろ情報量の豊富な、反証される可能性の高い言明、すなわち最も不確実な言明の提出を目指しているのである(『科学的発見の論理』)。したがって、普段われわれが「確実」と

見なす科学的言明は、反証を受ける可能性が原理的には高いが今のところ反証に耐えている言明である。つまり、日常的に言う「確実性」とは、人間から離れた客観的基盤とは無関係であり、たんにわれわれ人間の反証からたまたま逃れてきたことを意味するにすぎないと言えるだろう。

ムアとウィトゲンシュタイン

ムアは、「ここに手がある」、「大地は私の誕生するはるか以前から存在していた」といった命題には証明を与えることができないが、しかし私はそれらを確実に真なる命題として知っていると主張した（「常識の擁護」、「外界の証明」）。「これは本当に確実なのか」と議論するには、そもそも「確実」の正しい適用例を前提としていなければならず、「ここに手がある」といった命題がその典型例なのだとムアは主張した、と解釈することができよう。確実性の有無について議論する際に、形而上学的確実性といった勝手な概念を持ち出すのは不適切であり、「確実」という語のわれわれの使用を典拠にしなければならないのである。

ウィトゲンシュタインは晩年、こうした「ムア命題」についての考察を深め、「ムア命題」のような間違いの可能性が排除されている命題を「私は知っている」と述べるのはむしろ不適切であり、また、それらは知識の対象ではなく実践そのものであるから、それらが「真である」と述べるのも不適切であるとし、ムアの考察に変更を加えていった（『確実性の問題』）。「ムア命題」は、ウィトゲンシュタインによれば、人間が言語を使用し議論を行う際の前提にあたるので、言葉を使い、話をする限りにおいては、確実なものとして疑いを逃れていなければならない。また、文脈が変わり前提が動けば、確実性のありかも浮動する。確実性とは、人間から離れた形而上学的基礎を有する命題に与えられるのではなく、言語を使い議論する人間が足を置くその足場に与えられるのである。

イギリス哲学における確実性の問題

このように、確実性を、形而上学的根拠からではなく、人間の視点から理解する傾向が、イギリス哲学の伝統に強く見られる。もちろん、近年、B.ウィリアムズのように、世界に関する「絶対的な捉え方」を自然科学に認め、人間の視点からの確実性とは一線を画する客観的確実性の可能性を主張する論者もいる。しかし、その場合も、その確実性が人間の視点といかに関わるかが問題となっている。人間にとっての確実性の解明とそれを超えた確実性の可能性の検討——この課題を哲学に突きつけてきたことが、確実性の問題に対するイギリス哲学の貢献であると言えよう。

【主要文献】W. Chillingworth, *The Religion of Protestants, a Safe Way to Salvation*, 1637. J. Willkins, *Of the Principles and Duties of Natural Religion*, 1675. J. Locke, *An Essay concerning Human Understanding*, 1690（大槻春彦訳『人間知性論』全 4 冊，岩波文庫，1972-77）．D. Hume, *A Treatise of Human Nature*, 1739-40（木曾好能訳『人間本性論 第一巻 知性について』法政大学出版局，1995；大槻春彦訳『人性論』全 4 冊，岩波文庫，1948-52）．B. Russell, *The Problems of Philosophy*, Williams and Norgate, 1912（高村夏輝訳『哲学入門』ちくま学芸文庫，2005）．K. Popper, *The Logic of Scientific Discovery*, Hutchinson, 1959（森博／大内義一訳『科学的発見の論理』 恒星社厚生閣，1971-72）．G. E. Moore, *Philosophical Papers*, George Allen & Unwin, 1959. L. Wittgenstein, *Über Gewissheit* [*On Certainty*], Blackwell, 1969（黒田亘訳「確実性の問題」，『ウィトゲンシュタイン全集9』大修館書店，1975）．

（久米　暁）

価値（経済学における）

〔英〕value (in political economy)

価格と価値

　経済学における価値の議論は、独立生産者間で労働生産物（商品）を交換する市場秩序が広範に制度化された時代の経済論として唱えられた。市場での商品交換は通常、金銀貨幣を介して行われ、商品に等置された貨幣量がその価格である。同一商品の価格でも、自由な取引（交換）の中では千差万別であるが、交換の母集団が増加するにつれて、情報格差などに伴う偶然性は解消されていき、その価格は一定水準に収斂する。また、需要・供給の条件が変化すれば、価格も多様に波動するが、やがて水平線のようにその水準に戻されていく。このような市場価格の偶然性や波動性の中に貫かれる、本来の価格（自然価格）に着目する議論が生じてきた。

　しかし、価格は貨幣量（金額）という名目にすぎないから、そこには何かその多寡を規定する実質的原因があるに違いない。ここに、価値の議論が生ずる根拠があった。その趣旨の議論は、中世にも神学思想に基づいて行われていたが、近代に至って、その原因を商品生産者の労働に認める労働価値論が唱えられた。その初期の論者が、17世紀イングランドのペティやJ.ロックである。さらに、この議論を展開し理論化した論者が、アダム・スミスとリカードであり、両者の理論はともに古典（派）経済学と称されるに至る。

アダム・スミスの道徳哲学と価値論

　スミスは元来、道徳哲学者であったが、その正義論の一環として法学を追究する過程で『国富論』が著され、その基礎理論として価値論が提起された。先の「自然価格」（natural price）をめぐる議論も、この文脈の中にある。ただし、彼は経済論だけから価値論の着想を得たわけではない。その価値論は価値論成立史の中で際立っているが、その着想の源は彼の『道徳感情論』の中にもあった。

　同書は、行為の道徳判断の方法（能力）の問題とその基準（内容）の問題とを主題とした。「ある人のすべての能力はそれぞれ、他人における類似の能力について、彼が判断する際の尺度である」。そして、判断の対象になる当事者の感情（行為）とそれを判断する観察者の類似の感情（行為）との程度の一致感（「同感」）が評価の成立根拠である。この方法により、諸行為の「功績」（merit）などの当否をめぐる評価論を具体的に展開し、「社会はよい仕事を、ある一致した価値評価（valuation）に基づいて損得勘定で交換することによって、依然として維持されうる」と言及した。

　この道徳哲学の方法は、価値論の方法と重なる。すなわち、『国富論』冒頭の「分業」論の中で、独立自営の分業当事者が相互に商品交換を行う際に、双方が相手の分業労働を評価しあい、合意に達して始めて交換が成り立つと言う。独立生産者Aの商品の価値はA自身では客観的に測定できないが、交換相手の独立生産者BがAの労働（能力）と類似する自らの労働（能力）を尺度として交換に同意することにより、Aの商品価値が測定されると言う。スミスは、このBの労働（能力）をAの商品が「支配する」（command）労働と名づけ、Aの商品価値はこの支配労働価値量によって測定されるとして、その尺度の単位を時間に換算した。ここに、価値論の基礎原理が最初に確立されることとなった。

付加価値と「見えざる手」

　この分業（交換）論は資本蓄積・土地占有に先立つ社会における議論であるが、スミスがこれを展開したのは、過去のロマンとしてでなく、資本・土地所有が全般化する「文明社会」を認識するための基礎原理としてである。文明社会での利潤・地代への分配は、これら

が商品価格の構成部分に含まれることにより可能となる。しかし、彼は資本（貨幣）や土地が価値を生むという見方を採らず、「（生産的）労働が原料の価値に付加する価値が賃金と利潤に分解する」〔抜粋〕と明言した。また、地代は自然率による利潤を上回る部分からその程度に応じて配分されるのだから、「生産的労働」による付加価値視点は一貫している。そのうえで、分配量を測る尺度として支配労働価値論が適用された。

さらに、スミスの「見えざる手」(invisible hand)論によれば、重商主義（貿易差額説）が資本を特定貿易部門に人為的に誘導していたことに対して、この政策を排し自由に任せても、資本は最も利潤率の高い部門に自ずと向かっていき、その部門が付加価値生産の比較優位を示す証なのだから、それは意図せざる結果として総付加価値（国民所得）を最大化させると言う。つまり、この付加価値生産の優劣の見極めは、人為によらず、「見えざる手」（価値法則）に任せるべし、というのが彼の周知の命題である。また、金銀貨幣も労働生産物の一端に他ならず、貨幣流通量は総商品価値と等しい量に自ずと決まるという価値法則視点からも、貿易差額説による人為的貨幣増加策を退けた。

リカードの分配論と価値論

リカードは、1815年穀物法をめぐるマルサスとの論争の過程で、スミスから価値論を導入した。そのうえで、穀物法が自由貿易の場合より、国内穀物生産を関税政策で保護する分だけ穀価を上昇させるとして、この弊害を価値論によって解明した。すなわち、賃金・利潤・地代の三大所得のうち、賃金は自然法則的に決まり、穀価変動の実質的影響を受けないと見なしたから、穀価上昇は地代を増加させるが、名目賃金の上昇を介して利潤を減少させる。穀価下落はすべてその逆になる。こうして、総価値一定モデルの下で、地代が増加すれば利潤は減少し、地代が減少すれば利潤は増加する。この利潤→資本蓄積を妨げる分配関係を明晰に分析するには、所与の労働によって生産された総価値が一定であることが前提条件となる。そのため、リカードは、スミス価値論の枠組みを変更して、労働人口増加の場合を除き、労働価値は一定と仮定した。

スミスとリカードとの間の一つの相違は、リカードが商品の価値を自然価格と同一視したことである。すなわち、彼は資本財に投入された過去労働を含む総投入労働量に比例して利潤が決まると見なし、この利潤を含めて商品価値を捉えたからである。スミスは利潤の源泉を生産的労働による付加価値として捉えたが、それは見えないから、総価値・総価格一致命題の下で、見える個別価格（自然価格）を支配労働量によって測定した。このように、リカードは付加価値視点を利潤視点に一元化したうえで、価値尺度としての支配労働論をも退けることになった。

スミスとリカード

スミスの価値論がリカードのそれと異なる一つの特長は、分業による「労働生産力」改良視点の中に価値増加の議論を含めたことである。スミスは分業が生産物量を著しく増大させることを鮮やかに解明したが、それとともに、その労働の「熟練、技倆、判断力」をも改良することを強調した。そして、一般に分業の進展は非分業や初歩的分業と比べて、それに関わる「才能」(talent)を飛躍的に向上させると見なし、その才能による労働が実労働時間より桁違いに多い時間に換算される例を示した。これにより、在来商品の生産増（個別価値低下）や高付加価値製品の開発による総商品価値の増加、すなわち富裕化が実現する。

このスミスの富裕化論は、マルサス（『人口論』1798）により過剰人口→貧窮化をもたらすと批判された。リカードはこの批判に応えるべくスミスの才能向上（価値増大）論を省き、

価値一定（静態的モデル）の下での分配論に振り替えたうえで、それをより精緻に展開したため、以後、これが古典派価値論の典型と受け止められてきた。しかし、先の過剰人口→貧困化というマルサス命題から脱却した近年、スミスの動態的モデルが内生的成長論（人的資本論など）との関わりで注目されるようになった。

スミスとリカードのもう一つの相違点は、運送業を含む商業労働の位置づけをめぐるものである。スミスは、社会の全成員が生産的労働に従事して商業労働が存在しない場合と、それが一部存在する場合とを比較し、後者のほうが資財備蓄分（退蔵）の活用や市場開拓を促す効果があると言う。つまり、商業は何も生産しないが、この活動によってその経費負担を補って余りあるほどに生産的労働の価値生産を「奨励」(encourage)するから、前者の場合より総付加価値を増加させると言う。ただし、その効果には一定の限度があるが、重商主義の特定貿易奨励策はこれを大幅に超えていた。したがって、その最適配分の見極めもまた、「見えざる手」に任された。リカードは、自らの課題に即して利潤視点に終始したため、生産的労働と商業活動のこの区別は不問に付された。

ここに、スミスは商業活動への付加価値配分の根拠を捉えていたが、その見方は、土地の肥沃度に応じた地代への付加価値配分論にも窺われる。

効用価値論と古典派価値論

リカード型の古典派価値論は、J.S.ミル（『経済学原理』1848）により生産費説に変容されたが、その後、ジェヴォンズ（『経済学の理論』1871）が快苦を判断基準とする功利主義哲学を価値論に適用して、他国のメンガーやワルラスとともに限界効用価値論を唱えた。この理論は、消費者の効用判断に基づく商品価値論であるから、価値形成原因に基づく古典派価値論とは対極的である。こうして、資本主義経済の成熟期を迎えて、この新説は経済学の主流を古典派から新古典派に転換させる契機になったが、その価値論自体は生産費説に伴う需要・供給理論に解消されてしまった。

一方、古典派価値論が共有する現代的視点の一つは、その課税政策である。古典派にとっては、生産的労働が商品価値を形成する源泉であり、その労働を雇用する財貨が資本であるから、利潤を原資とする資本蓄積が価値形成の不可欠の契機であった。一国の政府もこの社会の所得からの納税によって支えられるが、その国を豊かに維持・発展させていくためには、その価値形成要因をできるだけ損なわない程度の課税政策（安上がりの政府）が勧められた。

【主要文献】Adam Smith, *The Theory of Moral Sentiments*, 1759; 6th ed., 1790（水田洋訳『道徳感情論』上・下，岩波文庫，2003）. ——, *An Inquiry into the Nature and Causes of the Wealth of Nations*, 1776; 5th ed., 1789（水田洋監訳／杉山忠平訳『国富論』全4冊，岩波文庫，2000-01）. David Ricardo, *On the Principles of Political Economy, and Taxation*, 1817; 3rd ed., 1821（羽鳥卓也／吉沢芳樹訳『経済学および課税の原理』上・下，岩波文庫，1987）. R. L. Meek, *Studies in the Labour Theory of Value*, 1956（水田洋／宮本義男訳『労働価値論史研究』日本評論新社，1957）. 羽鳥卓也『リカードウ研究』未来社，1982．星野彰男『アダム・スミスの経済思想——付加価値論と「見えざる手」』関東学院大学出版会，2002．

（星野彰男）

貨幣

〔英〕money

経済と貨幣

　貨幣は発生の時から人々の経済活動と不可分であった。生存維持を目的として始まった、物と物との交換を媒介する特定の財貨のことを指し、通貨 (currency) とも言われる。歴史的には穀物、家畜、貝殻などの商品貨幣も使用されたが、最終的には地域や文化を問わず金、銀などの貴金属が金属貨幣として専一的に貨幣の役割を担うことになった。交換ではなく売買行為そのものが経済活動となっている現在では、そのための支払い手段として機能するものが貨幣と見なされる。経済学では、鋳貨、紙幣、それに預金者の要求に応じて直ちに払い戻される普通預金や当座預金の総称である要求払預金を指すが、広く定期性預金まで含めて貨幣を定義する場合もある。

　貨幣が一般的な支払い手段および流通手段として機能するようになると、それは社会に流通するあらゆる財貨を統一的に秤量する価値尺度機能を持つことになる。さらに、いつでも財貨に交換可能、つまり購買力を持つことから、貨幣自体が価値を持つ物として流通から引き上げられ人々の所有対象となる。これが貨幣の価値保蔵手段機能である。

　貨幣制度としては、金・銀の地金を貨幣として使用してきた歴史的経緯を踏まえて、近代国家成立以降は、金・銀の地金もしくは金・銀貨を本位とすることと、信用制度から発展した信用貨幣 (credit money) である兌換銀行券を流通させることによる金本位制が一般的であった。1819年の鋳貨条例によってイギリスは最初の金本位制国家になり多くの国がこれを踏襲したが、第一次大戦以降の相次ぐインフレーションや金融恐慌などの度重なる通貨危機を経て、1930年代後半までに各国が相次いで金との兌換を停止した。1971年の金・ドル交換停止により通貨と金地金との関係が完全に断たれて以降、通貨当局が経済政策上の目標に従って不換紙幣の発行量を管理する管理通貨制度を、現在はほとんどの国が採っている。

　このようにして、初期未開以降のどのような社会においても、上に示した様々な機能を持つ貨幣によって人々の経済活動は媒介、維持されていると言ってよい。つまり、貨幣は不可欠な存在なのである。しかし、人々の経済活動の進展によって、生存維持のための必要財貨の取得と消費を超え、貨幣を剰余である富として蓄積しうる段階に社会が到達すると、貨幣が経済交易という領域を超えて人間生活全般に大きな影響力を持つようになる。実際、経済と貨幣と人間生活との関連について、古典・古代以降、多くの哲学者・神学者が考察の対象としてきた。

貨幣の思想・哲学

　早くもアリストテレスは『政治学』において、交易を担う商人の活動に典型的に示される、人間心理の自然な欲求に基礎を持つ人々の致富欲が、自然であるべき人間と社会に歪みをもたらすことを指摘している。共同体間での必要物資の交換が本来の目的であった交易は、それがもっぱら商業として営まれるようになるとその目的が本末転倒し、交換の媒介物にすぎなかったはずの貨幣の蓄積を目指すことになってしまうと言う。アリストテレスはそこに、ポリス共同体解体の契機を見ていると言える。また、資金の貸与の対価としての利子取得についても、神が人に無償で与えた賜物である時間に値付けをする不正な行為とした。こうした貨幣や利子などの、経済活動に不可分の事象全般を消極的、否定的に捉える見方は、のちに成立したキリスト教にも共有されヨーロッパ中世のスコラ哲学を経て近代に至る。

　そもそも、「貨幣を愛することは、あらゆる

罪の源である」（テモテ人への手紙：6）という『新約聖書』の記述は、キリスト教世界に共通する根源的貨幣観である。ここから、貨幣それ自体か、それを使用する人間の側のどちらを罪悪の源と見るかの二類型が派生する。実際には、高利貸し批判を念頭に置いた「商人が罪無くあることはない」というルターの言葉に見られるように、貨幣や商業に対する否定的な見方と、商業を担う人間の側の致富欲を禁欲主義の立場から罪悪視する見地の双方が一体となって、経済活動一般への消極的な評価に帰結していた。したがって、キリスト教的禁欲主義を批判し貨幣蓄積を正当化したベンサム『高利の擁護』（1790）に対して、「近代はベンサムとともに始まった」（G. K.チェスタトン）という画期を示す評が挙がるのも当然である。近代が「欲求の体系」（ヘーゲル）と言われるゆえんである。さらに、その功利主義者ベンサムを「ブルジョワ的俗物」と揶揄したマルクスが、商品の流通過程で無限に自己増殖する貨幣をもって「資本」の本質と見なし、上述のアリストテレスの記述を参照しつつ貨幣の蓄積衝動を抑えられない「資本家」の心性を特徴づけているのも（『資本論』）、以上に示した貨幣や商業への否定的見地の系譜の一例である。

キリスト教文化圏でのこうした反貨幣、反経済の思想は変容しながらも生き残り、現代の反グローバリズム・反市場主義の議論の中にも見出すことができる。その意味では、バクスターなど一部のピューリタン牧師の説教に依拠して、致富の否定からその逆説的肯定への変化を導く、わが国で影響力の大きい、ウェーバー『プロテスタンティズムの倫理と資本主義の精神』（1902）の議論がどこまで妥当するかについて、慎重に考慮する必要があろう。また、欧米人の自己合理化に陥りやすいこのテーゼを、致富欲の対象である貨幣の側から再考すべきであるとともに、その際に非西欧世界との対比の視点も求められよう。

イギリスの貨幣論

ここで、現代主流派経済学の主たる源流である古典派経済学の祖国、イギリスにおける貨幣論について言及しておこう。そこにはイギリス経験論の特色が色濃く反映する。ロック『利子・貨幣論』（1692）以来、貨幣は財貨の流通過程での実物的機能において主に理解され、したがって、イギリス経済学では貨幣が価値を持つ根拠として金属主義（metalism）ないし素材価値説の傾向が強い。また、ロックは貨幣による売買を当事者の同意による一定価額での交換契約の成立と見なす。これは交換的正義という形式的規則の実現と履行に他ならない。このときロックにとっては、貨幣は売買の媒介物にすぎないとともに、その結果生じる財産所有の不平等に言及する際にも、貨幣資産の独自の意義への関心はない。労働のみに基づく実物経済を肯定的に描くデフォー『ロビンソン・クルーソー』（1719）においてすら、離島に難破した当初いったんは投棄した貨幣を最終的には主人公に文明社会に持ち帰らせることを通じて、分業と商業の力や能率性を支える貨幣の機能的・媒介的な役割を認めている。また、ヒュームの経済論に、現代貨幣理論の代表である貨幣数量説の原型を見ることができること、実体経済の動きへの貨幣の影響を無視するスミスの貨幣ヴェール観（veil of money）はリカードの中立貨幣命題として継承され、古典派経済学から現代の新古典派経済学に至る経済理論の系譜の中核的貨幣論であり続けたことも、貨幣をたんに道具として見る、メカニカルな機能への経験論的な関心の好例と言えよう。

その反面で、アリストテレスにある目的の転倒という洞察や社会の経済秩序形成を担う貨幣の通約可能性（consumerability）の議論、マルクスの貨幣フェティシズムと人のフェティッシュへの拝跪と疎外という理解、ジンメル『貨幣の哲学』（1900）を典型とするその象徴機能や関係性への関心、フランス哲学に

見る言語との比較の視点などは、バークリー『問いただす人』(1725) での示唆などを除いてほとんど見られない。大陸での議論に影響を受けたものや、古典派に反対し長期的にも実体経済に貨幣が影響を与えるとする貨幣的経済理論からの派生的な議論を除けば、19世紀初頭の地金論争も含めてイギリスには本来の意味での貨幣の哲学は存在しないと言っても過言ではない。哲学に発展しそうな議論としては、経済学の範囲を超えなかったが、労働市場における実質賃金率と貨幣賃金率の差に着目したケインズの貨幣錯覚 (money illusion) 論がある (『雇用・利子および貨幣の一般理論』1936)。錯覚とは、貨幣価値の変化の結果、一定の貨幣額で表された対象の実質価値も変化しているのに、名目的な貨幣額に囚われて実質価値の変化を認識できない状態のことを指す。

現代の批判的貨幣論とその限界

長期的な貨幣の中立性を否定する貨幣的経済理論のほか、グローバル・スタンダード化する新古典派経済学や市場原理主義への批判の類型としていくつかの提起がある。まず、経済人類学からの反経済的な貨幣論がある。K. ポランニーは、貨幣とはそもそも経済的な交易とは別の宗教や慣習などに起源を持つという立場から、上の三つの機能を持った経済的貨幣は、利益獲得の場である市場と同様に近代に特殊な存在でしかないことや、市場での売買に代替する互酬と再分配のシステムを主張する。また、フランスのレギュラシオン派による、歴史に裏打ちされた社会関係・人間関係の総体として貨幣を把握し市場一元化に反対する主権貨幣論 (monnaie souveraine) もある。さらに、不断にグローバル化する市場に基礎を持つ普遍的・非歴史的性格の貨幣に明確に反対して、目的や用途や地域を限定して使用・流通する地域貨幣 (local currency) の運動がある。

こうした議論とは別に、貨幣の社会的関係性をその観念性・象徴性・共同幻想性に見出す立場から、分業や物流などの実体的根拠からの貨幣の乖離を強調する言語哲学や隠喩論を援用した貨幣論もある。しかし、そうした観念的貨幣論はもちろん、どのような反経済的貨幣論も、あるいは部分性という本質的限界を持つ地域通貨も、人間の自然な必要と欲求や、分業と債権債務関係といった実体経済に基礎を持つ本来の経済貨幣の圧倒的な浸透力と社会編成力の前には、議論の現実味が問われざるを得ない。部分性、差異性を不断に解消し、国境や文化などのあらゆる障壁を断え間なく越境する貨幣は、電子マネーも含めて、止まることのない経済グローバル化の先兵であり続けるに違いない。貨幣はそうした現実的な力を持った存在なのである。

【主要文献】Aristotle, *Politics* (牛田徳子訳『政治学』京都大学学術出版会, 2001). John Locke, *Some Considerations of the Consequences of the Lowering of Interest, and Raising the Value of Money,* 1692 (田中正司訳『利子・貨幣論』東京大学出版会, 1978). Adam Smith, *The Wealth of Nations,* 1776 (水田洋監訳／杉山忠平訳『国富論』全 4 冊, 岩波文庫, 2000-01). K. Marx, *Das Kapital 1,* 1867 (マルクス＝エンゲルス全集刊行委員会訳『資本論』第 1 巻, 大月書店, 1986). K. Polanyi, *The Great Transformation,* 1944 (吉沢英成訳『大転換』東洋経済新報社, 1975). 吉沢英成『貨幣と象徴』日本経済新聞社, 1981. 岩井克人『貨幣論』筑摩書房, 1993. M. Aglietta et A. Orlean dir, *La Monnaie souveraine,* Odile Jacob, 1998. Peter North, *Alternative Currency Movements As a Challenge to Globalisation?,* Ashgate, 2006.

(有江大介)

カルチュラル・スタディーズ

〔英〕cultural studies

　イギリス思想史において、カルチュラル・スタディーズ（以下 CS と略記）とは、第二次大戦後に登場した「文化＝教養」（culture）についての独特の知のスタイルを指す。CS はサッチャー政権下で北米、オーストラリア、インドなどへと拡散し、その後も急速に国際化、多様化しており、当事者たち自身が——その名称の複数性を強調しつつ——CS についての統一的な理解を意識的に避けている事情もあって、その現代的なありようを一義的に論じることは困難である。以下においては、議論をイギリスの CS に限定し、その発生と展開について整理を試みたい。

リーヴィス主義——懐古的エリート主義

　もともとは「耕作」を意味していた 'culture' という語に精神的な「文化＝教養」という意味を付与し、この「文化」の観点から、産業社会において支配的な物質主義的「文明」（civilization）を批判するという議論の立て方は S.T.コールリッジの『教会と国家』（1830）にまで遡ることができる。そして、この物質主義的「文明」に批判的な「文化主義」は、T.カーライル、J.S.ミル、M.アーノルドを経て、20 世紀の前半において、F.R.リーヴィスに引き継がれることになる。

　『精読』（Scrutiny）誌（1932-54）、『大衆文明と少数派の文化』（1930）、『文化と環境』（1933）においてリーヴィスが展開した文化主義には、次の二つの側面が見られる。すなわち、低俗な文明に抗するための「文化＝教養」——「批判的知性を自在に働かせる能力の涵養」——が、産業化以前のイギリスの古き善き村落という「有機的なコミュニティ」を支えていたという懐古主義と、そうした人文主義的な教養はつねにごくわずかのマイノリティにしか享受されないというエリート主義——「悪貨＝低俗な文明」が「良貨＝高級な文化」を駆逐するという文化的な「グレシャムの法則」——である。

　『精読』誌は 1954 年に廃刊に追い込まれるものの、こうしたリーヴィスの文化主義は左右の知識人に大きな影響を及ぼすことになった。たとえば、1948 年に T.S.エリオットが発表した『文化の定義のための覚書』は、エリート主義的側面を強調した保守的な文化主義の典型と言えよう。そして、いわばそうしたエリオット的なエリート主義に抗する形でリーヴィス主義の批判的継承を試みたのが、R.ホガート、R.ウィリアムズ、E.P.トムソンという、労働者階級の教育に関わっていた三人のニュー・レフトである。

文化主義——人間主義と民衆文化

　1956 年のスターリン批判とハンガリー動乱をきっかけとして既存の左翼から離反したイギリスのニュー・レフトたちにとって、喫緊の問題は、スターリン主義に対する根本的な批判と、第二次大戦後に持ち込まれたアメリカ大衆文化への対応であった。

　まず前者について、トムソンは自ら主催する『ニュー・リーズナー』誌の創刊号（1957）で「土台－上部構造」モデルに依拠する経済決定論的なマルクス主義の非人間性を批判し、人間の創造的な主体性を強調する社会主義ヒューマニズムを唱えた。当時ニュー・レフトの一員であった若き日の C.テイラーがマルクスの『経済学・哲学草稿』を紹介したこともあって、「疎外」の克服が盛んに論じられるなか、芸術という人間の主体的な文化の営為に「疎外」克服の可能性を見出す人間主義的なマルクス主義が醸成されることになった。

　また、後者についてニュー・レフトは、低俗な大衆文化に抗すべく、古き善きイギリスの健全な文化——ただし、エリート主義的な「高級文化」（high culture）ではなく人々の日

常に根ざした「民衆文化」(popular culture)──の重要性を説く左翼リーヴィス主義を展開した。その典型は、戦前の労働者階級の生活に根ざした健全な「民衆文化」とその衰退を論じたホガートの『読み書き能力の効用』(1957) に看取することができる。ホガードは、低俗な大衆文化の蔓延を嘆きつつも、自らの危惧がリーヴィスのそれとは異なることを強調する。「下らない大衆娯楽に私が反対する最大の理由は、それが読者を『高級』にさせないからではなく、それが知的な性向を持っていない人々が彼らなりの道を通って賢くなるのを妨げるからである」。

そして、こうした二つの動向──文化的営為を重視する人間主義的なマルクス主義と非エリート主義的な民衆文化論──を統合し、CS の方向性を決定したのがウィリアムズであった。彼の思想の要諦は、ホガート『読み書き能力の効用』についての書評 (1957) の大幅な加筆修正版と言える『文化と社会 1780-1950 年』(1958) に示されている。「俗流の似非マルクス主義」が奉じていたような、文化という「上部構造」が社会経済的な「下部構造」によって一方的に左右されるという「機械的唯物論」はたしかに誤りである。だが、文化が完全に自律的であると思い込み、文化的営為たる芸術こそが社会的現実を決定すると考えた「唯美主義」的な「教養」知識人たちが結果的に孤立し、無惨な敗北を遂げたという歴史的事実は、安易に文化の自律性を唱えがちなトムソンの文化理論が誤りであることを示している。文化は、究極的には現実の経済構造に依存しているが、部分的に見れば、現実に対する人々の態度に影響を及ぼすことを通じて、現状の変革を助けることもあれば妨げることもある。文化とは、いわば社会経済的な生活における様々な変化に対する継続的な反応がなされる生活様式の全体なのであって、われわれはもっぱらこの生活様式の全体としての文化と社会経済的な現実との相互作用に着目することによってのみ、「機械的唯物論」の非人間主義と教養知識人的なエリート主義を克服できる。そして「生活様式としての文化」を捉えるべく、われわれが着目すべきは、人々の生活に根ざしたホガート的な「共通文化」でなければならない。

有機的な共同体の全体的なあり方の日常的な表現──日々の生活の中で練り上げられる「感情の構造」(structure of feelings)──として文化を捉え、その中での「支配的な文化」「残余し続ける文化」「萌芽しつつある文化」の動態を探るという CS の基本的な発想はここにおいて確立されたと言えよう。ただし、ウィリアムズは、文化変容の進むべき方向として、あらゆる人々に参画の自由──存在の平等 (equality of being)──を認める「共通文化」の構想を提唱する際、ホガートと同じく、イギリスの古き善き「有機的コミュニティ」というリーヴィス的懐古主義に依拠してしまっていた。スターリン主義の衝撃の下、ニュー・レフトとしてより人間的な社会主義の可能性を探るのに懸命であったとはいえ、産業化以前のイギリスの「有機的コミュニティ」を過大評価してしまったことは、以後の世代の CS 研究者の批判の対象となる。

グラムシ的転回と「国際化」

1964 年にバーミンガム大学大学院研究所として CCCS (Centre for Contemporary Cultural Studies) が設立されたことで、CS は制度的にも確立された。そして CCCS において 1970 年代に CS に新たな転回をもたらしたのは、1968 年に初代所長のホガートを継ぎ、79 年まで所長を務めた S.ホールであった。

ホールの活動において注目すべきは、文化主義的だった CS に、構造主義と記号論を導入し、さらにはこの文化主義対構造主義という対立を克服すべく、グラムシのヘゲモニー論を採用したことであろう。旧世代の文化主義的 CS が、あらかじめ共同体の生きられた

経験やその意味の存在を前提とし、文化というテクストからそれを読み取ろうという構えを採っていたのに対し、ホールが導入した構造主義や記号論は、そのような実体的な意味の存在を否定し、文化主義が想定している文化とその意味という関係が、社会的に構築されたものにすぎないことを暴露した。たとえば、文化主義者は、文化の中に個人主義的なブルジョワ文化と有機的な共通文化の拮抗を見出し、共通文化が圧倒的な優位を占めている状態を文化のあるべき姿と見なしていたが、構造主義的CSによれば、両者の関係は単なる相対的な関係性にすぎず、両者の「あるべき関係」もまた、社会的に構築されたものにすぎない。文化主義が文化の中に生きられた経験や意味を実体化するのに対し、構造主義は意味そのものを単なる関係性へと解消する。──ホールは文化主義と構造主義の対立をこのように捉え、それを克服すべく、グラムシのヘゲモニー論を援用する。文化における支配的勢力と従属的勢力の関係とは、一方的な抑圧ではなく、支配する側からの折衝、協働、妥協によって、さらには従属する側の一定の自発的な合意によって打ち立てられるものである。ただし、それは所詮は偶発的なものにすぎず、永続的なものではありえない。そして従属階級の課題は、権力関係の根本的な転覆のための「機動戦」ではなく、諸勢力の結合と分節化を通じて「国民=大衆」を形成していくための「陣地戦」に他ならない。いわば、こうしたねばり強い「陣地戦」によって、文化という権力の場における既存の支配従属関係を少しずつ崩していく継続的な営みこそが、文化主義と構造主義の対立を超えたところにホールが見出した、CSの向かうべき方向性ということになるだろう。

こうしたホールによる新たな転回によって、CSは、文化主義に見られた特殊イギリス的な懐古主義を払拭し、1980年代におけるグローバルな展開を理論的に準備したと言えよう。

しかし、CSが「共通文化」という規範を剥奪され、「国際化」していくことは、旧世代のニュー・レフト的な批判的問題意識の希薄化をもたらすことになった。ウィリアムズたちのCSが、産業化によって失われたイギリスの古き善き「有機的なコミュニティ」を取り戻すという疎外論的な問題意識に支えられていたのに対し、「国際化」してしまったCSがどのような批判的問題意識に導かれているかについて説得的に語ることは困難を極めるであろう。

様々な研究成果を発表してきた現代CS研究所だが、80年代には独立した研究機関としての運営が困難になり、教育を提供するCS学部へと改組され、2002年には研究評価の低下を理由に、閉鎖されてしまった。イギリスにおけるCSの拠点はオープン・ユニヴァーシティに移っているが、CSはすでに国境を越えて拡がっており、特定の国の拠点を云々することにあまり意味はないのかもしれない。

【主要文献】G. Turner, *British Cultural Studies,* 2nd ed., Routledge, 1996（溝上由紀／毛利嘉孝／鶴本花織／大熊高明／成実弘至／野村明宏／金智子訳『カルチュラル・スタディーズ入門』作品社, 1999）. H. J. Kaye, *The British Marxist Historians,* Polity, 1984（桜井清監訳『イギリスのマルクス主義歴史家たち』白桃書房, 1989）. 山田雄三『感情のカルチュラル・スタディーズ』開文社, 2005. 花田達朗／吉見俊哉／コリン・スパークス編『カルチュラル・スタディーズとの対話』新曜社, 1999. James Procter, *Stuart Hall,* Routledge, 2004（小笠原博毅訳『スチュアート・ホール』青土社, 2006）. Fred Inglis, *Radical Earnestness: English Social Theory 1880-1980,* Martin Robertson, 1982. Dennis Dworkin, *Cultural Marxism in Postwar Britain,* Duke University Press, 1997.

(小田川大典)

感受性

〔英〕sensibility 〔独〕Sinnlichkeit
〔仏〕sensibilité

　sensibilityを「感性」と訳せば、それは知性と対立するものとしての感覚（sense, sensation）や感情（sentiment, emotion）の働きを総括する意味を持つ言葉となるが、その意味における感性の、世界像や人間観の中での位置づけは時代による変遷を経てきた。伝統的には、知性は霊的世界に能動的に関与するとして肯定的に、感性は物質、肉体、そして欲望に対し受動的に関係するとして否定的に捉えられてきたが、近代化が進むにつれ、感性にも肯定的な意味が与えられて、「感受性」という訳語に相当する意味を持つようになったと言ってよい。

啓蒙主義を背景として

　sensibilityが感受性の意味で、感覚や感情とともに最も肯定的な意味を与えられたのは18世紀の思想と文学においてであるが、それは知性としての理性が重視された啓蒙の時代と重なっている。したがってこの時代の感性の重視は、のちのロマン主義のような反啓蒙の性格は持たず、むしろ啓蒙主義の理性をモラルの面で補完する役割を果たしていたと言える。

　多様な展開を示す啓蒙思想の核にあるものは、理性による進歩への信念である。この理性は、伝統社会の階層秩序的世界像、そして身分的規制や生活様式から解放された自由な個人の内に目覚める能力とされる。個人の自由とはこの場合、個人が自らの目的を追求する自由を本質としており、したがって理性は、個人の目的の達成のために役立つべきものとなる。啓蒙主義の理性は、このような目的合理性の追求をその本質としており、それは伝統社会が崩壊してゆくなかで、ホッブズの利己心（self-interest）に見られるような際限のない欲望に対し、これを抑制する方向に機能することが困難と見えて当然であった。すでに『大革新』においてベーコンは、知識の目的を、人生の価値と効用として、それが私利私欲の追求のような低次元の目的のために用いられることに反対し、知識の追求を人類的な協調の中での事業として提唱していた。しかしロックに至って、個人の自由の本質が私的所有権であり、自由な個人が追求する目的が私有財産の形成保持であることが明確化された。自由な個人が伝統社会とは異なる社会秩序を作り出す契機としては、目的合理性の追求を本質とする理性とは異なる能力が個人の内に求められ、感性に新たな肯定的な意味が付与されるようになったと考えられるのである。

18世紀思想の展開と感性

　17世紀後半のケンブリッジ・プラトン学派の思想家たちは、啓蒙主義に繋がるベーコン、ホッブズやデカルトの無限で均質な原子論的機械論的唯物論的宇宙像を踏まえつつも、これを新プラトン主義的な能動的知性が遍在する調和的なシステムと読み替えることで、理性に基づいた人間の道徳性を主張した。この派の影響を強く受けたシャフツベリは、大自然を種が共存する調和的システムとして捉えたが、人間世界に調和を生み出す要因は個々人の内にあると考えた。彼は、この要因をロック的知性とすることは不可能と観て、宇宙に遍在する調和を直観的に捉える能力を感覚に求め、モラル・センスの存在を主張したのであった。しかし18世紀のスコットランド啓蒙思想の展開の中では、モラルの問題は、宇宙像からではなく、もっぱら人間関係の中での問題として考察されてゆくこととなる。

　ハチスンは、シャフツベリのモラル・センスの考えを受け継いだが、それをロックの経験論的観念論によって根拠づけている。ハチスンによれば、善悪を判断する道徳的観念は

単純観念であり、モラル・センスによって直覚的に把握される。モラル・センスは、ある行為について、その行為が私心のない（disinterested）仁愛（benevolence）に根ざしたものと判断したとき、これを有徳的として喜びをもって是認する。この喜びはさらなる有徳的行為を導くのである。ハチスンの場合、仁愛とモラル・センスをともに人間本性の所与と考える一方で、利害関係のない（disinterested）観察者の視点が導入されていることが注目される。これは利害を離れることが公平な判断を産み出すとして、あくまで人間関係の中に普遍的な判断基準が存在しうることを示唆しているからである。

　ヒュームは系統的な理性批判を展開するなかで、道徳的行為に関してはその動機と評価はともに、感情の奴隷としての理性にではなく、感性のうちに根拠づけられるべきと考えた。ヒュームが道徳性の根拠とした感性は共感（sympathy）であるが、彼はこれを経験的に形成されるものとする。個人は他者の行為を観察し、自らの経験と想像力からその行為を動機づけている感情を感知するが、その能力が強化すればその感情を自分の感情に転化できるとするのである。この共感が可能であれば、それは、行為の動機の理解によって個々の道徳的判断の基礎となるのみならず、個別の利害を超えた公共の利益に対する共感をも生み出し、道徳的評価の客観化、普遍化にも寄与することになる。この共感から生じる公共性は、個人の自由があって初めて実現するが、この考えを発展させたのがスミスであった。

　スミスは『国富論』の著者であり、個人の自由な経済活動による富の増大が、国民という共同体秩序の基礎と考えていた。しかし自由な個人の利己心のままの行動が、いかにして秩序と両立しうるかを考えて、共感概念を発展させた。スミスの共感は、利害を異にする人々の間に成立する中立的な性格のものであり、公平な観察者を想定して、その判断に従おうとする感情の働きであるが、実体的に存在するというより、広い意味での交換という人間関係が進行するなかで生じるものと考えられた。交換はそれが成立した時には、超越的立場からの価値判断を想定させるからである。スミスに至って道徳感情は、啓蒙主義の考える自由な個人の目的合理的な行動と完全に両立し、これを支えるものとなった。

18世紀文学の展開と感受性

　18世紀のイングランドにおいては、スコットランドの啓蒙思想家たちが想定していた状況が急速に現実に進行しつつあり、感性とモラルの問題は、「文学作品」において感受性を賞賛する形で展開したが、それは、宗教や伝統的世界像や社会秩序から開放された自由な個人として、利益のために目的合理的行動を取っていた新興の中産階級が直面するモラルの問題に、答えを提示する役割を果たすものであった。道徳的判断の大前提となるものを、信仰や伝統的世界像の中に求めることはもはや不可能である以上、人間関係の中の感性のあり方に依拠したのは当然のことであった。しかし、この時代の「文学」は、たとえ感情が細かく描かれているとしても、それは道徳に関する先験的概念としてある寓意に即した感性の形の表現であり、ロマン主義以後の内面の表現とは本質を異にする。

　リチャードソンは、その主著『パミラ』（1740）において、女主人公の小間使いパミラが、貞潔への強い道徳感覚と他人の心への鋭い感受性を持っているがゆえに、主人のB氏の誘惑に会って様々な困難に追いやられる状況を書簡体で描いてゆく。しかしこの困難は、むしろ彼女の道徳感覚を強め、貞潔のためには死をも厭わぬという感情にまで彼女を至らしめるのである。これがB氏を後悔に導き、B氏は彼女に正式に求婚し、主人公は計算（理性）ではなく感性の結果として幸福を手にす

ることになるのである。しかしフィールディングは、貞潔のような道徳概念も、伝統的前提を失って人間関係の中でのみ機能すると、それは必ず功利的動機を内包してしまうと観て、むしろ奔放不羈であるがゆえに利害に囚われない人物としてトム・ジョーンズを創り出したのであった。

　超越的根拠を持たない道徳感情は、主人公が人間関係の中で試練に直面して高まると想定されるが、それが自己目的的に機能するためには、感情が自己陶酔的状態に置かれることを要する。これはリチャードソンの作品の場合、登場人物のみならず、とくに読者が置かれる心理である。読者は、主人公とは利害関係のない客観的立場にあるが、主人公が苦しい立場にあるほど、共感の思いに陶酔してゆき、センティメンタル (sentimental) と呼ばれる感情に浸ってゆくことになる。この感情は中産階級の道徳感情の中心にあるものと観られ、センティメンタル・コメディと呼ばれる一連のドラマの流行となった。筋立ては『パミラ』と同様、道徳性と感受性の高い女主人公が出会う試練に観客が涙し、悪人が突然後悔してめでたく終わるというものであった。またスターンは、『センチメンタル・ジャーニー』（1768）において、旅先で出会った人々をユーモラスに描く中に、脈絡無く沸き起こる哀歓に共感をにじませることで、この感情を純化した。

　グレイは、『田舎の教会の墓地にて詠めるエレジー』（1751）において、遥かに都会の喧騒を離れた田園の夕暮れの墓地に場面を設定し、その墓地に眠る、現実からまったく切り離された無名の死者たちに想像を巡らせるなかで、「野心」「栄華」「名誉」「奢侈」そして「時」「忘却」などの寓意を検証してゆく。そして死を前にしての人間の欲望の空しさと同時に、欲望に囚われずに生きた無名の人々の生の崇高さを対照させてゆくのである。グレイのこの詩はしばしばロマン派の表現の先駆とされるが、そこにロマン主義の内面の表現はない。グレイは死に対する感受性のあり方を、夕暮れの墓地の描写と寓意との関係づけによって型として提示していると言うべきであろう。そう考えれば感受性の文学と言われる 18 世紀の「文学」全体が、じつは感受性の発露を描いているのではなく、込めるべき寓意との関係での感受性のあるべき形を提示していることに気づくのである。

　感受性を生き方の指針とすることへの批判は、オースティンによって小説『分別と多感』（*Sense and Sensibility*, 1797）において明確に示された。オースティンは、感受性は人間関係に左右される不安定なもので、分別ある行動を導くものではないと考えた。一方ロマン主義の立場からは、感性は現実世界と関わる部分であり、人間関係に媒介されたもので、現実の利害関係からは自由になりえないと考えられた。絶対的なものは、関係性から開放された人間の内面の真実であり、そこに到達するためには現実世界を遠近法の中に置いて、徹底的に風景化して観る姿勢が不可欠と考えられたのである。人間関係の産物である寓意を込めず、風景として描くことによって無私なる内面を現出させる精神の働きこそロマン主義の想像力の本質をなすものである。

【主要文献】Third Earl of Shaftesbury [Anthony Ashley Cooper], *Characteristicks of Men, Manners, Opinions, Times*, 3 vols., 1711. Francis Hutcheson, *A System of Moral Philosophy*, 1755. David Hume, *A Treatise of Human Nature*, 1739-40. Adam Smith, *The Theory of Moral Sentiment*, 1759. Samuel Richardson, *Pamela*, 1740. Laurence Sterne, *Sentimental Journey through France and Italy*, 1768. Thomas Gray, *Elegy Written in a Country Churchyard*, 1751. Jane Austen, *Sense and Sensibility*, 1797.

（広瀬友久）

完成主義（卓越主義）

[英] perfectionism

三つの用法

英語の perfectionism という用語は、三つの学問分野で異なった意味で使われる。

第一は、心理学の分野での用法で、通常「完全主義」と訳される。これは、達成が難しい高すぎる目標を持つために、目的達成ができずに、かえって欲求不満に陥る心理状態や態度を指す。この用法については、心理学事典に記述があるので、詳細は心理学事典を参照してほしい。

第二は、倫理学の用法で、「完成主義」あるいは「卓越主義」と訳される。これは、「人間本質に属する固有性の展開が（究極的）目的としての善である」という説である。身近な事例で言えば、ヴァイオリニストが名演奏をするとか、宅配便の青年が配送を完了するといったことが道徳的価値を持つのは、その行為が人間としての本質の実現に寄与しているからだということになる。ただし、その場合、完成の価値は、市場での商品の価格やコンクールでの栄誉の場合とは違って他との比較や外在的評価基準によらない。ここで言われる完成の尺度は、固有性の展開である。アスリートが100メートルを9秒台で走ることが完成ならば、小学生が飛べなかった跳び箱を飛ぶことも完成である。

20世紀の英語圏の哲学は「言語論的」方法を採用し、言語の論理学的分析によって次々に新しい認識論と倫理学を生み出してきた。初期の論理実証主義や日常言語学派は、倫理的価値評価の客観的意味については懐疑的であったが、マーカスやクリプキの仕事を踏み台にして、1970年代から90年代にかけて、倫理的価値評価の記述は一種の本質記述であり、客観的な意味を持つという実在論が現れた。完成主義は、このような新しい道徳的実在論の一つである。功利主義、カント哲学、理想主義などの、他の有力な道徳説と比べて、(1)自分に対する義務の強調、(2)善の客観主義的見方、に特徴がある。

第三は、政治哲学での用法であり、適訳がないため、ここでも「完成主義」と訳す。完成援助主義とか、完成促進主義、といった意味であり、国家（あるいは政府）の政策に適用される。国家は、何らかの仕方で「善」を促進する政策を採るべきである、とする見解である。この場合の「善」は、歴史的に限定された意味を持っている。英語圏の政治哲学では、1970年代以降、ドゥオーキン、アッカーマン、ロールズ、ノージックらによって、政治は善の実質に立ち入るべきでないとする「中立性原理」が強調された。つまり、市民が望んでいる善の内容（何を善い人生と考えるか）は多元的であり、宗教、文化的な背景によって違っているから、政治は、それに対して中立であるべきだ、という主張である。政治的完成主義は、1980年代以降このリベラリズムの批判ないし修正として登場してきた（内容については後述）。

倫理的完成主義

完成主義の第一の根本問題は、そもそも「発展さるべき人間の固有性」とは何かである。まず、完成主義の基礎に置かれる人間本性は、人間本性の全体ではなく、そこから選択された一部であると言えよう。人間である限り欠くことのできない固有性を「人間の本質」と呼ぶと、完成主義の下に置かれる本質は人間本性の全体ではない。たとえば、自己同一性は、人間の形而上学的固有性であり、これを欠いた人間はありえないが、「自己同一性の完成」という概念は意味をなさない。また、物理的存在としての人間は空間に拡がるという固有性（本質）を持っているが、どこまでも身長が伸びることが完成になるとは誰も考えない。あるいは、文化人類学的に言われる、言

語・道具・火を使うというような種的な固有性にも「完成」はなじまない。

他方、完成主義は、包括的な道徳説であるから、個人の仕事を合算して行為の道徳的基準を割り出そうとするばかりでなく、関係者の行為の結果を算定して制度や政策の善し悪しを判定する。しかし、積算の基礎としてカウントされるのは個人の完成である。したがって、完成主義の前提になる人間の固有性は、個人としての固有性であり、人類の種としての文化的固有性ではない。

アリストテレスとJ.S.ミル

個人としての人間の固有性を問うとき、完成主義のモデルとなるのはアリストテレスの見解である。近代の人間本性論が、権力(ホッブズ、ニーチェ)や心理(功利主義、ロマン主義)、あるいは、絶対精神(ヘーゲル)、自己実現(グリーン)や生産力(マルクス)を中心観念として構成されているのに対して、アリストテレスは、霊魂の働き(機能)に人間の本質を見た。アリストテレスは、「善」(善い人生)は、人間本性の展開であると考えた。彼が見る霊魂は、階層構造を持つ。人間個体は、物体の本質(形相)としての形姿、植物の形相としての栄養的、生殖的機能、動物の形相としての感覚的機能を持つ。しかし、人間は、それらの他に「理性」という機能を持つ。人間の形相は理性であるから、理性が人間本性の中で最も重要である。

アリストテレスの見解では、何よりも理性の発揮が完成の決め手である。生物的機能が完成に寄与しないのではないが、理性によって統括されて初めて完成(エンテレケイア)になる。たとえば、心肺機能は100メートルを9秒台で疾走できる前提になるという意味で、完成の一部である。アリストテレスはまた、人間理性を、知識の獲得を目指す理論理性と、何らかの目的を達成する実践理性に区分し、理論理性(テオリア)に卓越性の頂点を見てい

るが、トマス・ハーカが『完成主義』(1993)で指摘するように、理性の働きは、知識の獲得と同じ程度に、実践的目的達成でも発揮されるから、理性の働きを知識に偏らせて見る必要はない。

このアリストテレスの見解は、完成主義の基本形であったが、18世紀のルソー以降、とくに19世紀に入って「個性」を重視する見方が出てきた。人間本性というのは厳密に見ると、個人によって違っており、その個人の資質にふさわしい展開こそ完成であるというのである。

イギリスにおいて、ロマン主義の個性重視の姿勢を代弁し、完成主義に美学的要素を加えたのが、J.S.ミルであった。ミルは、リベラリズムの古典となる『自由論』(1859)で、個性に合致した人間性の展開の条件として、社会的権力の個人生活への介入を禁止する「危害原則」を打ち立てた。ミルは、この原則によって個人の自律性を社会的干渉から保護し、個性の開花を計ろうとしているが、『論理学体系』(1841)で、人生の「美的領域」を確保し、『功利主義』(1863)では「快楽の質」を強調することによって、完成されるべき人間性のうちに「感情の涵養」を加えた。

こうして完成主義は、19世紀後半には、人格全体を完成させるという理想主義へと展開される。

完成の計量

完成主義の第二の根本問題は、完成の計量である。完成主義は行為(または制度)の価値をその結果に照らして判断する結果主義(consequentialism)である。大きく分けて(1)計量の仕方、(2)結果の道徳的判断への反映、の二つの問題がある。

(1) 計算にあたっては、中立的視点を必要とする。中立性には二つある。一つは「時間中立性」である。これは、どの時点での完成であるかは、完成の価値に影響しないという

ことである。もう一つは、行為者中立性である。これは誰によってなされた完成であるかは、完成の価値に影響しないということである。この二つの原則に従い「完成」の量は、まず、個人の人生の中で積算され、次に個人を離れて集団的に合算される。この計算を、厳密に数学的に行うことはできないが、合算方式や求める値を選択し理性的判断の方向を定めることはできる。

(2) 次に、積算の結果をどのように倫理的判断に反映させるかという課題がある。個人の人生内部の完成については、総計値を採るか、平均値を採るかでは、違いが出る。総計値を採る場合には、できるだけ延命すべきであるという判断になるが、平均値を採る場合には、完成のレベルが低くなる見通しがあるから、延命しないという判断になるであろう。また、集団全体としては、別種の問題が生じる。一部の天才の高度な完成のために、完成度の低い人々の生活を抑えていいか、という資源配分の問題である。こうして、完成主義は、正義や公正などの政治的価値判断の領域に踏み込むことになる。

政治的完成主義

すでに記したように、国家が個人の善の実現にどのように関わるべきかという点で、リベラリズムが採用したのは「中立性原理」であった。この主張の背景には、多民族国家や文化多元主義の現実、価値認識に関する不可知論、平等の価値への強いコミットがある。国家は、特定の宗教的・道徳的見解に肩入れすることによって平等を損なってはならないという原則は、この水準では説得力がある。しかし、別の水準では難点が出ないわけではない。政治的完成主義者のリベラリズムへの批判は、そこに向けられる。彼らの主張には、次のようなものがある。

(1) 中立性の正当化は、民主主義（平等）、個人の権利の尊重といった現代の自由主義社会で前提とされている価値に訴えてなされており、すべての個人を平等に尊重するという場合でも、個人が尊重されなければならない資格は、個人が持つ（公認された）道徳的固有性である。中立性の正当化自体は、中立的ではなく、何らかの善を前提にしている。

(2) 複数の競合する「善の概念」があること、たとえば、異性愛と同性愛の多元性を認めたとしても、すべての性愛の理想が容認されるということにはならない。ある種の「善の概念」、たとえば、小児性愛、強姦などは人間の完成には逆行しているから、国家はそれらを退ける行動を起こしてよい。

(3) より善い人生の形態、卓越性については、政府は、立法や補助金によって強制すべきではないが、奨励することは差し支えない。個人への直接的働きかけではなく、卓越性の型を示すことは政治の仕事の一部である。

このような批判を通じて、政治的卓越主義は、リベラリズムを補完し、改善する役割を果たしている。

【主要文献】Aristotle, *Nicomachean Ethics*（高田三郎訳『ニコマコス倫理学』岩波文庫, 1971-73). J. S. Mill, *On Liberty,* 1859（塩尻公明訳『自由論』岩波文庫, 1971). John Rawls, *Political Liberalism*, Columbia University Press, 1993. Joseph Raz, *The Morality or Freedom*, Oxford University Press, 1986. Thomas Hurka, *Perfectionism*, Oxford University Press, 1993. Vinit Haksar, *Equality, Liberty and Perfectionism*, Oxford University Press, 1979. David O. Brink, *Perfectionism and the Common Good*, Oxford University Press, 2003.

（大久保正健）

観念

〔英〕ideas

　デカルト以来、近世の多くの哲学者たちが精神の作用の直接的対象として想定した存在物。観念という存在を想定し、様々な精神の作用を観念を把握する様々な仕方として捉える哲学的アプローチは、「観念の理論」ないし「観念の道」と呼ばれる。観念の理論と結びつく意識中心の心観や精神に直接与えられる観念を知識の究極的素材と見る基礎づけ主義的知識観は、現代に至るまで、心の哲学と認識論に大きな影響を及ぼしている。

近世の心観と観念の理論

　近世の認識論の二大陣営、合理主義と経験主義に共通の前提である観念の理論の土台にあるのは、心に関する意識中心の見方である。それは、古代以来の心の見方と鋭い対照をなす。

　デカルトは、人間の本質は身体と区別された精神にあり、さらに思考が精神の本質であるとする。その際の「思考」は、狭義の知性の作用と並んで、判断、欲求、想像、感覚の働きを含む。ロックもまた、人間を思考する存在と捉え、思考する際に精神が向けられる対象が観念であるとする。これに対し、たとえばアリストテレスの魂論においては、心すなわち魂は一義的には生命の原理であり、その作用は生物の生命活動の段階に応じた複数の層をなす。栄養作用、運動および感覚の作用と並ぶ一つの層として、思考作用が認められる。心の作用を観念の把握として捉える心観の成立は、心を生命の原理として見る見方から、心をもっぱら意識の側面から捉える見方への転換を意味する。

ロックの経験主義と生得的知識の否定

　観念の理論を共有しながら、人間の認識の源泉に関してデカルト以来の合理主義とは異なる立場を採る経験主義の伝統の出発点に位置するのがロックである。

　デカルトは、多くの観念、とりわけ数学的に捉えられる物の本質の観念の内容が、人間の知性そのものの中から引き出されると主張する。デカルトは、感覚経験の意義をまったく認めないのではないが、感覚のみに基づいて確実な知識が得られることを否定する。感覚が信頼できることを知るためには、まず、人間を欺かない誠実な神の存在がアプリオリに証明されなければならないのである。

　これに対してロックは、すべての観念の源泉を、感覚と反省（精神がそれ自身の作用を捉える働き）に求め、これらの経験がすべての知識にとって十分な基礎となると主張する。経験がすべての知識の基礎を提供するがゆえに、生得的な知識を認める必要はない。また、経験に依存しない形で知性のうちに備わっている認識の存在を認めることは、生まれたままの人間がいかなる経験にも先立って一定の知識を所有するという不合理を認めることになる。ロックによれば、生まれたままの人間の精神は、いわば何も書かれていない石盤なのであり、先行する経験に依存しない生得観念は存在しない。

観念の理論と知覚表象説

　思考する精神の存在と作用を見出すために、デカルトは、物質的な事物の存在をはじめ、これまで知識として認めてきた一切を疑わなければならなかった。こうして、精神の作用が精神から独立した実在の世界との関係抜きで捉えられるとき、その作用が向かう直接の対象である観念もまた、実在のものとは別個の存在として想定される。ここで問題となるのが、観念から出発して、物質的な自然界の認識をいかに基礎づけるかである。観念の内容がすべて経験に由来するという経験主義の想定を採るならば、これは、知識の経験的基礎

づけの問題となる。

　精神が直接に知るのは観念のみである。したがって、われわれが物質的な事物について何らかの知識を得ることができるとすれば、観念が、認識主体と事物とを媒介し、主体に対して事物を表す表象となるのでなければならない。このような間接的認識の図式が、知覚表象説である。この図式に伴って、精神の「外」にある事物と精神の「中」にある観念との対比が成立する。また、多くの場合、事物と観念との間に原因と結果の関係を想定する知覚因果説が、知覚表象説とともに採用される。

事物と観念——懐疑的問題の発生

　知覚表象説と知覚因果説のセットによれば、普通の人間が目の前に何らかのもの、たとえば一個のリンゴを見ていると思っているとき、その人が見ているのはじつは精神の外にある実在のリンゴではなく、精神の中にあるリンゴの観念である。リンゴの観念は、実在のリンゴが精神の中に引き起こした結果にすぎず、実在のリンゴのあり方は、リンゴの観念のあり方を見て取ることを通じて、間接的に知られるだけである。

　この主張は、一連の哲学的な疑問を必然的に引き起こす。第一に、われわれの見るものが精神の中の観念でしかないとすれば、われわれは、観念の内容に基づいて、実在するもののあり方に関して、何を、いかにして知ることができるのであろうか。第二に、実在するものと観念との間に原因と結果の関係が成立することをわれわれはいかにして知りうるのであろうか。第三に、われわれはそもそも、精神の外に何ものかが存在することをいかにして知りうるのであろうか。観念の理論を独自に改変してこれらの問題に対処したのがバークリーとヒュームであり、観念の理論こそこうした懐疑的問題の根源であるとして、それを全面的に否定する議論を展開したのがリードである。

バークリー——事物と観念の同一化

　バークリーは、精神から独立して存在する物質的事物という考え方そのものを退け、実在するものと観念の区別を消し去ることによって、懐疑の問題の根を絶とうとする。バークリーによれば、普通の人間が思っている通り、目の前にリンゴがあるのが見えるとき、そのリンゴは実在のリンゴである。ただし、それと同時に、そのリンゴは精神の中にある観念でもある。実在するものとは、観念の集まりに他ならない。実在のものと観念を等置することによって、直接経験に現れる観念の内容が、すなわち実在するもののあり方となる。観念と別個のものとしての実在のものの存在や、それと観念との関係については、問題自体が消去されることになる。

　リンゴがあるということは、リンゴが見えるということに他ならないとしても、やはり、リンゴがあるからリンゴが見えるのであって、リンゴが見えるからリンゴがあるのではない。観念には、それを引き起こす、観念と独立した実在的な原因があるはずである。しかし、バークリーによれば、物質的事物に観念を引き起こす能動的な力を認めることはできない。能動的な力を持つのは精神の意志作用のみである。人間の精神のうちに観念を引き起こす力は、人間の精神そのものではなく、神に属するとしか考えられない。バークリーにおいて、物質否定の議論は、懐疑論を退けるとともに、キリスト教の信仰を擁護する目的を持っている。

ヒューム——印象と観念の区分

　ヒュームは、精神の直接対象一般に「知覚」という名称を与え、印象と並ぶその下位区分の一つとして観念を位置づける。印象は直接経験において感じ取られる対象であるのに対し、観念は、印象として与えられたもの

が思考作用によって再把握される際の対象である。目の前にリンゴを見ているとき、精神が捉える対象が印象であり、かつて見たリンゴを想起し、何らかのリンゴについて想像し、リンゴ一般について推理するなどの場合に精神が捉える対象が観念である。印象と観念の間には、印象が観念に先行し、観念が印象を写し取るという関係が成立する。

　印象と観念の区別を導入することによって、観念が持つ表象内容の十全性と観念の因果的被規定性の問題は、部分的には、印象と観念の関係によって説明され、いわば精神に内在化される。ものと観念の関係の問題は、それが知覚どうしの関係の問題に変換しうる限りにおいて、その形で問われ、説明される。知覚が精神の外にあるものと、表象と被表象の関係や原因と結果の関係を持つかどうかは、ヒュームにとって問題とならない。

　他方、すべての人間が精神から独立した事物の存在を信じていることは、ヒュームにとって否定できない事実である。ヒュームは、そのような信念が経験に基礎づけられないことを認める一方で、その信念が不可避的に生成する過程を叙述する。精神から独立した事物に関する信念について、ヒュームはそれを観念の理論の内部から正当化するのではなく、それが必然的に生成することを、観念の理論を用いて説明しようと試みるのである。

観念の理論に対するリードの批判

　リードは、観念の理論こそ問題の根源であり、観念の理論そのものを退けることによって懐疑的問題自体が解消すると考える。

　リードによれば、普通の人間がリンゴを見ていると思っているとき、その人が直接見ているのはリンゴの観念だという想定がそもそも誤っている。観念の理論に立つ哲学者たちは、直接に見て取られるものが観念であることについては一致したうえで、観念の内容を実在するものに直接に帰属させることができ

るか、あるいは、それに基づく何らかの推論が、実在するもののあり方を知るために必要なのかを議論する。リードによれば、これらの哲学者たちが観念のうちに見出す感覚可能な性質は、実在するものの性質でありえないのはもちろん、実在するもののあり方を知るための推論の基礎でもありえない。

　感覚内容と実在についての認識内容の関係は、推論の前提と帰結の関係ではなく、記号と意味内容の関係である。記号自体の性質と意味内容は論理的に無関係であり、記号は意味内容が認識されるためのきっかけにすぎない。同様に、実在するものについての認識は、感覚内容を基礎とする論理的推論によって得られるのではなく、感覚をきっかけとして、非推論的に獲得される。われわれの生得的な認知機構はそのようにできているのである。

抽象観念——感覚内容と概念内容

　感覚に直接与えられる内容から、概念的内容を持った認識をいかに引き出すことができるのか。リードの議論は、この解決困難な問題を「観念の理論」に突きつける。一方、リードの批判以前にも、感覚的なものと概念的なものの関係に関わる問題は、観念の理論の伝統の内部で、別の形で論じられていた。それがいわゆる抽象観念の問題である。

　われわれの前にリンゴがあるとき、われわれが感覚的に経験するものは、赤、黄、あるいは緑の色合い、丸い形、すべすべした、あるいはざらついた手触り、独特の香りなどの個別的な諸性質である。これらを一つの「リンゴ」として統合し、同じ「リンゴ」の名で呼ばれる、様々に異なった色合いや手触りや香りを持つ諸対象と結びつけることが、いかにして行われるのだろうか。一つのものを様々な性質やその変化を通じて一つのものとして統合する実体の観念や、複数の個物を一つの部類にまとめ上げる種や類の観念は人間の知性から引き出されると、合理主義者ならば言うであろう。しかし、

経験主義の立場にとっては、感覚経験という素材から一般性を持った概念的な理解がいかに組み立てられるのかが、困難な問題となる。

ロックは、感覚に与えられる個別的な観念から一般的な概念的内容を持つ観念を形成する抽象の能力を、人間の精神が当然持つものと考える。これに対し、観念と実在の区別を否定するバークリーは、いかなるものも、個物として具体的に規定された性質を持つのでなければ存在しえないがゆえに、抽象観念は不可能であると主張する。具体的な赤や黄色の色合いを持った個別のリンゴと別に、それ自体は赤いのでも黄色いのでもないようなリンゴ一般なるものを、われわれの精神が把握することはできないのである。

ヒュームは、バークリーの議論を踏襲して、抽象観念が個別の観念と別のものとしては存在しえないと考える。ただし、一定の個別的観念が一般的な語と結合し、その語によって代表される他の個別的観念を場合に応じて呼び出す精神の習慣を形成することによって、ものとしては個別的な観念でありながら、一般的な表象作用を持つことが可能である。こうしてヒュームは、一般的な概念内容の把握可能性の問題を、観念が一般的内容を持つかどうかという問題から、われわれがいかにして観念を一般的なしかたで用いることができるかという問題へと変換するのである。

観念の理論と基礎づけ主義への現代的批判

直接経験に与えられるものを基礎として、現実世界に関する知識を導出ないし構成しようとする基礎づけ主義的経験主義は、20世紀の前半に再び有力となった。その典型をいわゆるセンス・データ理論に見出すことができる。以後、現在に至る現代哲学の展開を導く主題の一つは、基礎づけ主義に対する批判的考察にある。その論点のうちには、観念やセンス・データがそうであると想定されたように、直接に、理論に依存しないしかたで意識に与えられる知識の素材が存在することと、仮にそのような直接的所与があったとしてもそれが知識の体系を構成する命題と論理的関係を持ちうることに対する疑いがある。これらの議論は、観念の理論に依拠した哲学者たちの議論に対する再度の検討とそれを批判したリードのような立場の再評価という形で、哲学史研究にも影響を及ぼしている。

【主要文献】Aristoteles, *De Anima*（中畑正志訳『魂について』京都大学学術出版会，2001）．René Descartes, *Meditationes de prima philosophia*, 1641（井上庄七／森啓訳「省察」，『デカルト 省察／情念論』中公クラシックス，2002）．John Locke, *An Essay concerning Human Understanding*, 1690（大槻春彦訳『人間知性論』全4冊，岩波文庫，1972-77）．George Berkeley, *A Treatise concerning the Principles of Human Knowledge*, 1710（大槻春彦訳『人知原理論』岩波文庫，1958）．David Hume, *A Treatise of Human Nature*, 1739-40（大槻春彦訳『人性論』全4冊，岩波文庫，1948-52）．Thomas Reid, *An Inquiry into the Human Mind on the Principles of Common Sense*, 1764（朝広謙次郎訳『心の哲学』知泉書館，2004）．W. V. O. Quine, "Two Dogmas of Empiricism", *Philosophical Review* 60, 1951（飯田隆訳「経験主義のふたつのドグマ」，『論理的観点から』勁草書房，1992）．Wilfrid Sellars, "Empiricism and the Philosophy of Mind", *Minnesota Studies in the Philosophy of Science* 1, 1956（中才敏郎訳「経験論と心の哲学」，『経験論と心の哲学』勁草書房，2006）．J. L. Austin, *Sense and Sensibilia*, Oxford University Press, 1962（丹治信春／守屋唱進訳『知覚の言語』勁草書房，1984）．

（伊勢俊彦）

観念連合

〔英〕association of ideas

観念連合とは、ある観念から別の観念を連想したり（されたり）、あるいは諸々の観念が結びついて複雑な観念を形成したり（されたり）する仕方、あるいはその原理のことである。

ロック

ロックによれば、「われわれの観念には相互に自然な対応と結合を持つものがあり、それらを辿っていき、その独自のあり方を根底とする合一と対応において、それらを保持することこそが、理性の任務であり長所である」（『人間知性論』）が、われわれはどうしても理性に反する意見を持ったり推論をしたりしてしまう。その原因は「これに加えて別の観念連合が存在し、それは偶然や習慣によるものである」（『人間知性論』）。ここにおいて、ロック哲学における観念連合の問題が浮上する。そして、こうした観念連合は人それぞれの性向や教育や関心に相対的であるが（偶然）、習慣によって知性における思考が決定されてしまい、分離することが非常に困難になる。たとえば共感と反感は、最初は任意の二つの観念の偶然の結合による他ないが、最初の印象が強力であったためか、あるいはあとで思いに耽ったためか、まるでただ一つの観念であるかのようにつねに一緒になるほど強く結びつけられる。しかし「われわれの心に存する、それ自体としてはルーズで相互に独立である観念が、このように誤って結合してしまうことは大きな影響力を持ち、自然的だけでなく精神的活動、すなわち、情念、推論、思念においてわれわれを歪めるきわめて強力な力を持っているのである」（『人間知性論』）。このように、ロックは観念連合を理性、ひいては心の活動全般を歪める諸悪の根源として、きわめて否定的に捉えている。したがって、ロックにおける観念連合は、その生成ではなく、そこからの離脱、すなわち「観念の分離」こそが問題なのである。それゆえ、ロックは観念連合の問題設定をしたという点（観念連合と習慣の関係）では後続の哲学者たちに多大な影響を及ぼしたと言えるが、その主張に関しては、批判的に継承されたと言えるだろう。とくに観念連合を自らの哲学の支柱としたヒュームとのコントラストは著しい。

バークリー

バークリーにおいては、観念連合の問題は、『視覚新論』における視覚的観念と触覚的観念の結合に関してダイレクトに扱われる。『視覚新論』では、（1）距離知覚、（2）大きさの知覚、（3）位置の知覚、が扱われ、最後にメインテーゼが、（4）視覚と触覚の関係に関して述べられる。ポイントは、（1）～（3）のどの主題においても、それらは視覚によって直接的に知覚されたり、幾何学や計算などによって必然的に推論されたりすることはなく（視覚固有の対象は光と色のみである）、経験と習慣によって結びつけられた触覚の観念を媒介とするという点である。すなわち、視覚の観念と触覚の観念の間には必然的結合は存在せず、「二種類の観念の間に慣習的または習慣的な結合」（『視覚新論』）ができて初めて、（1）～（3）は触覚の観念によって示唆されるのみなのである。こうした主張はヒュームの因果論と一見酷似しているが、本質的に異なる。何となれば、バークリーにおいては観念は原因とはなりえないからである。さて、バークリーは、以上の点と（4）の議論から次のメインテーゼ、すなわち「触覚の観念と視覚の観念は数的にも種的にも異なる」という主張を引き出す。しかし、だとすれば、まったく異質である、視覚の観念と触覚の観念を結合させる観念連合の理説は、具体的にはどのように成立するのだろうか。バークリーの主張

に沿う限り、「習慣的結合」ということになるが、それでは粗すぎるのである。というのも、視覚の観念と触覚の観念は数的にも種的にも別個であるとするならば、両者の対応関係はきわめて恣意的であらざるを得ず、対象の個体化と同一性が確保できないからである。たとえば、ある赤い視覚的対象を見ながら、つねに柔らかい別の触覚的対象を触っているとすれば、そこに習慣的な結合ができてしまう、両者は対象としては別個であるにもかかわらず。そこで注目すべきは、バークリーが(1)〜(3)の視覚の媒介観念としての触覚として、「眼のぼやけ」、「眼の回転」、「眼の緊張」、そして「頭や眼を上下左右に動かすこと」ということを基礎に据え、したがって、対象の知覚を「見るという行為」(『視覚新論』)として捉えている点である。すなわち、バークリーは、視覚の成立における触覚として、「堅さや粗さ」といった触覚に固有な典型的な感覚ではなく、「身体感覚と身体運動」を伴う「見るという」全体性において視覚を捉えようとしているのである。さらには、眼は視覚器官であると同時に触覚器官であるから(まぶしすぎる光など)、バークリーは明言していないが、視覚と触覚の結合点は物理的に確保されているし(大森荘蔵『新視覚新論』)、バークリーとてそれに反対する理由はまったくない。バークリーのメインテーゼは身体感覚や身体運動を伴う「見るという行為」の全体性やプロセスにわれわれの注意を向かわせんとするための主張であり、その限りでは、正鵠を射た主張である。したがって、バークリーの観念連合の理説は「眼」というトポスにおいて対象の同一性が確保されていることを前提として、視覚の観念と触覚の観念の差異性を強調し、後者、とりわけ身体感覚や身体運動を伴う「見るという行為」によって、両者の習慣的結合が生じると、結論づけられる。この「身体重視」の観念連合の理説は独特であり、ヒュームと決定的に異なる点である。さらに、付言

すれば、知覚対象成立後の観念連合については、とりわけ『人間の知識の原理』では、観念は神の記号であり、それを通じて、われわれの行為を善い方向に導くものであり、それに従い行為する限り、観念連合は斉一的なものとなるという「神の記号説」を展開しているが(規則功利主義の先駆)、これは『視覚新論』において「神の言語説」としてすでに述べられていた主張の敷衍である。そしてこの主張が『アルシフロン』において再度重要性を増して主張されることになり、その付録として『視覚新論』が添付されたゆえんである。このことは『人間の知識の原理』においては「半分の非物質論」として消極的に扱われていた『視覚新論』の重要性が中期哲学以降において増していったことの証左である。また、こうしたプラグマティックな認識論はのちの『運動論』において道具主義的科学観へと結実する。こうした身体・行為重視のプラクティカルな発想は、現代の心理学との絡みで言うならば、ギブソンも明言しているように、アフォーダンスの理論において陰にも陽にも生き続けていると言えよう。それは、競合理論であるコネクショニズムが大枠においてヒュームの理論の洗練として位置づけられもすることと合わせると、バークリーとヒュームのコントラストがきわめてヴィヴィッドであり、興味深い。

ヒューム

ヒュームは、知覚の対象を分類するにあたって、「単純／複合」という形態論的な区分だけでなく、新たに「印象と観念」という発生論的な区分を導入し、「初めて現れる単純観念はすべて、それらに対応し、それらが正確に代表する単純印象に由来する」(『人間本性論』)という第一原理を打ち立てた。そして、ヒュームによれば、印象が心に現前すると、それは観念として再び現れ、その仕方には記憶と想像力の二つがあるが、後者においては、「あら

ゆる単純観念は想像力によって分離できるとともに好むままの形態に結びつけることができる」(『人間本性論』)ゆえ、いくつかの想像力に関する普遍的な原理がなければ、諸観念はバラバラで、偶然に結びつけられるにすぎなくなってしまい、複雑観念の形成が不可能になってしまうか、きわめて恣意的なものになってしまう。ヒュームにおいては、ここにおいてこそ、連合原理を哲学の主要な問題として設定しなければならない必然的なトポスが生じるのである。それに対するヒュームの結論は、類似、時空的接近、そして因果性の三つの原理が、観念連合の基本原理であるというものである。そして、これらの原理が、ある観念が現れると「自然に」別の観念を導出するとされる。しかし、これらの三つの原理のうちで最も強い結合を産み出すのは因果性であるとされる。それゆえ、ヒューム哲学においては因果性の探求に多くの部分が割かれることになるであろうし、また哲学史的にも画期的な業績を産み出すこととなった。そして、これら三つの連合原理の発見に対して、ヒューム自らも、「この著者に創案者というほどの名誉ある名前が与えられる資格があるとすれば、それは彼が自分の哲学の大部分に入ってくるところの、観念連合の原理を用いたことこに」(『人間本性論摘要』)あり、それは「宇宙のセメント」(cement of universe)であるとさえ自負している。しかし、ここで注意すべきは、ヒュームが想像力に対してかなりの自由度を認めているので、ヒュームがこれらの連合原理は絶対的なものではなく、「寛大な力」(gentle force)であると表現している点である。したがって、上記の三つの連合原理によって、すべての観念の連合が説明できるとはヒュームは考えていないのである。この点は、哲学的関係との絡みでさらに強調される。「この原理がなければ、心は二つの観念を結びつけることはできないと結論すべきではない」(『人間本性論』)。なぜなら、関係とい

う言葉には通常の用法と哲学的関係が存在し、後者においては「空想において二つの観念の恣意的な結合を前にしてさえ、われわれはそれらを比較することは適当であると考えてよいし」、「哲学においてのみ、関係という言葉を拡張し、接合原理なくしても、いかなる個々の比較の主題を意味させる」(『人間本性論』)ことができるからである。「観念連合」の理説に自ら誇大とも言える評価を与えながら、そして、追随者たちの肯定的評価にもかかわらず、それをもってして絶対的なものと見なさず、別の(哲学的関係としての)仕方での観念連合の考察の余地を十分に与えていることは見過ごしてはならない。この点で、ヒュームは繊細であるが解釈上の諸問題を引き起こしていることも付言しておこう(因果の二つの定義をめぐる解釈などが典型)。

その後の展開

イギリス哲学においてはヒュームの発想がかなりの部分賛同的に継承された。代表例は、ハートリー、ミル父子などであり、アメリカではジェイムズがいる。その意味では観念連合の理説の第一人者はヒュームなのであり、バークリーはつい現代まで哲学史において転寝していたとも言える。しかし、哲学として考えてみた場合、とりわけ現代心理学との絡みで考えてみると、先にも述べたように、両者の影響、および哲学は甲乙つけがたい、著しく対照的な考え方を提示している。そしてこの思考様式のコントラストの反復が微細な差異を伴いつつ、現在でも進展していく様は、アクチュアルでダイナミックな哲学の営みに他ならない。

【主要文献】杖下隆英『ヒューム』勁草書房, 1982. 泉谷周三郎『ヒューム』研究社, 1996. 一ノ瀬正樹『人格知識論の生成——ジョン・ロックの瞬間』東京大学出版会, 1997.

(矢野圭介)

寛容

〔英〕tolerance, toleration 〔ラ〕toleratio

語義

　寛容と訳される toleration (tolerance) は、「耐える」という意味を持つラテン語の *tolero* を語源としている。そのため寛容には、自らにとっての善や価値に対立する思想や行動の排除を差し控え、これに耐えるという消極的ニュアンスがつねに付きまとうことになる。

　もとよりあらゆる理念がそうであるように、寛容の理念もこの語源的意味に狭く限定されるものではない。「寛容」は様々な歴史的状況を背景にした多様な意味の複合体である。そればかりか、toleration に類縁性を持つ様々な概念（たとえば indulgence, concordance, comprehension, latitudinarianism など）が相互置換的に歴史の中で用いられることもあった。よって、寛容思想の探求には、たんに toleration という語の用例の調査を越え出た、より広い問題史的視点が要請されるであろう。こうした視点に立ちながら寛容の理念の特質を明らかにするために、便宜上ここではそれを、(1) 包括としての寛容、(2) 下賜としての寛容、(3) 共同体論的寛容、(4) 政治的寛容、(5) 権利としての寛容、の 5 つに類型して通時的に考察したい（ただしこれらはあくまで理念型であり、現実には様々な複合形態として現れる）。

包括としての寛容

　この典型は寛容思想史の出発点となるローマ帝国の宗教政策である。元来ローマの宗教は非人格的な神々の力を信じる多神教であり、この神々はローマ古来の伝統と結びつくことで共同体の紐帯としての機能を果たしていた。だがそれ以上にローマの宗教を特徴づけたのは、その寛大さであった。ローマの対外的発展は必然的に同盟国および属州の習俗と結びついた多様な宗教を領域内にもたらすことになるが、ローマはとくにそれらがローマ古来の神々や慣習と対立しない限りは許容したのである。このことは、逆の面から見れば、そうした外来諸宗教がローマの宗教内に包括 (comprehension) されることを意味する。この型の寛容を「包括としての寛容」と呼ぼう。イギリス史の中では、17 世紀のイングランド国教会の広教会派 (latitudinarians) の非国教徒に対する包括政策がこれに該当する。

　ただし、厳格な一神教の観点からローマの神々への礼拝、そしてのちには皇帝礼拝を拒んだキリスト教徒が迫害の対象になったように、この寛容では、包括の対象から外れる宗教はつねに弾圧の危険にさらされることになる。よって包括されえぬものにとっては、包括は寛容の類型とは認識されないのが普通である。

下賜としての寛容

　寛容の理念は自由主義の伝統の中で尊重されてきたが、しかし、それは人間の平等という自由主義的前提を必ずしも必要とはしていない。むしろ、不平等な関係の中でこそ本来の機能を発揮してきたと言える。たとえば、2 世紀初頭までにローマ帝国ではキリスト教徒はその存在自体が死罪に値するとの認識が確立されていたが、この場合キリスト教徒が迫害を主体的に回避するには、偽装や偽善といった信仰そのものの本質を否定する行動を取る以外にない。よってその場合に彼らは体制側のまったく次元の異なる理由によって寛容政策が決定されるのを待つか、権力者自身の主観的な情けや「忍耐」にすがることになる。いずれの理由で寛容が与えられるにしても、それは権力者の裁量や都合によって上から一方的に与えられるものにすぎない。この型の寛容を「下賜としての寛容」と呼ぼう。

　このような寛容は、もちろん封建制社会など身分間の優劣が前提にされている社会においては日常的に現れる。しかし身分制社会解

体後も、そこに多数派と少数派、富裕層と貧困層といった権力関係が存在するところ、つねにこの型の寛容は現れる。「寛容されるのではなく尊重されたい」(T.S.エリオット)という主張の背後には、寛容の理念に付随するこの種の不平等感があるのである。

共同体論的寛容

プロテスタント的発想で描かれた寛容の思想史において、ローマ・カトリック教会を唯一の精神的権威とする西欧中世の「キリスト教共同体」は著しく不寛容な社会、迫害の社会というイメージで語られてきた。しかし近年、寛容を理性的に擁護する言説が様々な形で中世に存在していたことが明らかにされつつある。わけても重要なのは、人間世界は神命によって差異から成り立っており、神に造られた人間本性の諸条件からして寛容が必然的に要請されるとの思想である。

この見方によれば、共同体全体の中に固有の任務を持った部分として存在する個々人は、それ固有の機能を果たすことで他者をも包み込む全体の福祉(共通善)に貢献する。その場合に共通善はすべての部分の相互交流と参加によって生まれるものと見なされるため、一部の突出したエリート主義、そして各部分の無分別な排除は否定される。よって、個々人は各自の置かれた固有の立場に基づいて共通善についての解釈を表明する自由(義務)があるのであり、その他の部分はこれを寛容し尊重せねばならない。これがソールズベリのジョンやマルシリウスの思想の中に見出される「良心の自由」の擁護論である。この型の寛容を「共同体論的寛容」と呼ぼう。

しかし、この寛容は全体の中の部分と認知されないもの、あるいは全体の調和を乱すと認識されたものへの不寛容という問題には、依然として何も答えてはいない。そして、これは中世において何よりも異端問題として現れる。共同体論的寛容は異端に対しては依然として閉ざされるのであり、異端はあくまで「共通善」と相容れないものとして全体から排除されるのである。

政治的寛容

中世秩序を解体させた宗教改革はヨーロッパ各地に信仰の多元化という状況を生み出し、既存秩序の激しい動揺をもたらした。こうして世俗権力はそれぞれの地域で微妙な舵取りを余儀なくされることになる。正統と異端を意味するものが地域単位で、しかも状況の推移によって変化するとすれば、そこに普遍共同体におけるような客観的な判定基準や判定権を設定することは困難であるばかりか、そうした試み自体がいたずらに紛争を惹起させかねない。こうした中、一つの問題解決のあり方を示したのがフランスであった。

ユグノー戦争に悩まされたフランスは、1598年、ユグノーを寛容するアンリ4世のナントの勅令が発布されると事態は沈静化の方向に進み始めた。この勅令はカトリックとユグノーに対する第三勢力として、後者と連携を保ちつつ君主の寛容政策を推進するポリティック派の路線と軌を一にするものであったが、けっして両者を対等に扱ったものではない。それはむしろユグノーを国の一定領域に封じ込める政策であった。しかし、ともあれ、ポリティック派の寛容政策は、世俗権力が宗教的・内面的価値にコミットせず(中立性)、ただ安全と秩序に自らの存在根拠を見出すという新しい寛容のあり方を示唆した。われわれはこの型の寛容を「政治的寛容」と呼ぼう。

この寛容は、紛争の原因となった内面的・宗教的価値の問題とはまったく異なる領分に寛容の根拠を措定する。平和の維持とそれを基礎にした経済的繁栄、がそれであり、当時のオランダやフランスの事例がその好例とされた。しかし、こうした国策としての寛容が問題の根本的な解決に資するかどうかは定かではない。それは宗教的統一を政治的統一で

代替させた「暫定協定」(modus vivendi)にすぎず、協定当事者たちは自派の考える「真の宗教」に基づいた全体の「和合」(concordance)の夢を断念しているわけではないからである。他宗派への寛容、差異の承認はこの場合けっして望ましいこととは考えられておらず、その意味で寛容は依然として積極的な価値とは認識されていないのである。

権利としての寛容

そうした中で、この暫定協定を突破する寛容思想が生まれたのがピューリタン革命であった。その推進勢力となったピューリタンは、不徹底な宗教改革によって生まれた国教会による迫害に対して「良心の自由」を掲げた。ここで注意すべきは、彼らの言う良心の自由が自らの信仰を告白し実践する自由であったということである。つまり、それには「内面の自由」のみならず、信仰を公然と告白し、それにまつわる説教や出版活動を行い、教会（集会）を自発的に設立する自由、言い換えれば、今日で言うところの言論・出版・集会・結社の自由が含まれていたのである。近代的自由が良心の自由に始まるというのはこの意味においてであって、ここにプロテスタンティズムの内面化の原理が外的な実践へと展開される形態を見ることができる。

もちろん、実践を伴う良心の価値を主張した例は枚挙に暇がないが、良心の自由を不可侵の人間の権利と位置づけ、その保証を国家の構成原理の問題として自覚する思想を生んだところにこの革命の意義がある。その典型例がレヴェラーズであり、彼らは神の自然法によって成立する不可侵の自然権（プロパティ）を説き、その内実を生命・自由・財産・良心に求めた。この自然権に基づいて公権力に寛容が要求されるとき、もはや寛容は上位者から下賜されるものではなく、神にのみ責任を負う人間の権利として現れる。これを各人に保障することが国家の責務である。この型の寛容を「権利としての寛容」と呼ぼう。

この寛容の原理を「教会と国家の分離」の原理とともに確立したのがJ.ロックの『寛容書簡』である。だが付言すれば、ロックの寛容は権利であるとともに、ピューリタンのそれ同様、人間相互の慈愛を説く福音の原理、その意味で共同体の倫理でもあった。彼は多様な信仰を擁護しながらも、それらを包摂する共同体の存在を前提にしていたのであり、暫定協定ならぬ「多様性の中の一致」に寛容の本質を見ていたのである。つまり、良心の自由はそうした共同体において初めて機能する、共同体的な自由であったと言える。しかし、ロックのこうした意図を超え、彼は自由主義の寛容論の出発点を標す理論家として現代寛容論の渦中へ引き込まれていく。

自由主義と寛容

現代自由主義における寛容論の一般的傾向と問題点として、以下の三点が指摘できよう。

第一は、寛容概念の語源的意味への回帰である。寛容が「耐える」という意味を持つとすれば、その適用対象は道徳的な否認ないし感性的な嫌悪を伴うものに限られることになる。ただし、寛容の対象を道徳的に否認すべきものに適用するとき、そこには寛容は悪を容認することだとする解釈が現れ、寛容の持つ徳性それ自体が疑問視されかねない。もちろん、寛容は所詮「暫定協定」にすぎないとすることもできようが、「協定」そのものを掘り崩すものへの、J.ロールズ流に言えば「重なり合う合意」に参与できないものへの寛容という問題は残る。寛容の適用範囲を「穏当な多元主義」に包括しうる範囲としても、そもそもその範囲への定住に甘んじるものは重大な寛容問題を惹起しない。またJ.S.ミル流に「他者に危害を加えない」範囲に寛容の適用を限定しても（加害原理）、危害を客観的に定義づけることは至難の業であろう。

第二は、寛容の対象範囲の拡大である。現

代の寛容問題は宗教だけではなく、人種差別、性差別、さらには個人の嗜好や趣味の領域にまで拡大されている。レヴェラーズやロックは良心の自由を自然権として擁護したが、このことは世俗化の進展の中で二つの重大な帰結をもたらした。一つには良心が個人の内的な判断と同一視されるようになったことである。またもう一つは自然権が個人の不可侵の私的領域を表すものとされることで良心の持つ共同体的な契機が捨象され、信仰がまったく私事のものと観念されるようになったことである。こうして、主観化され世俗化された良心に基づく自己選択が特権的地位を獲得し、個人が選び取るあらゆるものへの寛容が要求されることになる。まるで寛容が対立点を惹起し、これを増幅させているかのようである。

　第三は包括的世界観、すなわち特定の宗教的・哲学的・形而上学的前提に依拠する議論を回避しようとする一般的傾向である。ここには価値の多元性が前提とされるだけでなく、競合する価値の間の相互理解と和解に対する悲観主義が貫かれている。そこで政治的寛容、すなわち中立的なアンパイアとしての政府の役割に期待が寄せられることになるが、様々な状況で政府の積極的支援策（affirmative action）が不可避的に求められる今日、中立性の原則に抵触せずに政府がこれを行うことはますます困難になってきている。

むすび

　以上の種々の問題点は、近代以前の寛容論の持っていた共同体的契機の捨象から生じるものである。近代以前の寛容論はおしなべて個と共同体との相互連関の中で提起されてきたものであり、しばしば問題にされる寛容の除外例（たとえばロックにおけるカトリックや無神論）は、論者の想定する共同体自身の存立を脅かすか否かで決定されてきた。しかし、現代における主観化された良心の特権的地位を認める自由主義の寛容論は、共同体の倫理の前に必ずしも怯まず、逆に「個か共同体か」という問題設定を生み出すことで公私の二元論を先鋭化させてしまう。

　現代に求められている寛容が、ユネスコの「寛容の原則に関する宣言」（1995）に示される「文化の多様性の尊重」にして「差異性の中の調和」であるとすれば、寛容は「耐える」という語源的意味の呪縛から解放される必要がある。この点、共同体のすべての部分がそれ固有の働きによって全体に貢献する中世の共同体論的寛容は「尊重」の欠如が難点として現れることはないが、反面その共同体自体の閉鎖性が問われざるを得ない。よって、今日の寛容問題の克服に際しては、自由主義的寛容論と共同体論的寛容とを止揚する、個と共同体との相互連関の新しい基礎づけが必要となる。それは外部のものに開かれているだけでなく、それを包括ならぬ摂取することで、不断の再創造の可能性を持った共同体の形成ということになるであろう。

　そして寛容論の持ち味が積極的に是認しかねるものを救い上げ、それを共存の対象として社会の中に位置づけんとするところにあるとすれば、こうした共同体の形成理念に寛容ほどふさわしいものはないであろう。

【主要文献】佐々木毅『主権・抵抗権・寛容』岩波書店，1973．弓削達『ローマ皇帝礼拝とキリスト教徒迫害』日本基督教団出版局，1984．大澤麦『自然権としてのプロパティ』成文堂，1995．S.メンダス（谷本／北尾／平石訳）『寛容と自由主義の限界』ナカニシヤ出版，1997．J. Horton and S. Mendus eds., *Toleration, Identity and Difference,* Macmillan, 1999. C. J. Nederman, *Worlds of Difference,* Pennsylvania State U. P., 2000. A. R. Murphy, *Conscience and Community,* Pennsylvania State U. P., 2001. 大澤麦「寛容」，古賀啓太編『政治概念の歴史的展開1』晃洋書房，2002．

（大澤　麦）

議会政治

〔英〕parliamentary politics

イングランド議会の起源

ヨーロッパ中世国家のほとんどは、その具体的形態は異なりこそすれ、国王の諮問に応じる代議政体を有していた。イングランド議会の特徴は中世議会の段階で早い時期から二院制を採ったことであろう。聖俗の貴族は貴族院（the House of Lords, the Upper House）に、そして州（shire or county）の代表は庶民院（the House of Commons, the Lower House）に集合した。13世紀にはイングランドではすでにかかるparliamentの出現が認められるのであり、議会構成員は国王の令状によって招集され国王への助言、行政、司法機能にわたる広汎な権能を与えられていた（周知のように貴族院は今なお最高裁の働きをしている）。ただし議会の招集は不定期であり、国王はその大権によって自由に議会の招集・解散を決めることができた。庶民院が完全に上院から分離し別の院（chamber）で審議を開始するのは1330年代であり、彼らの主任務は国王が要請する課税を承認すること、地方から出される請願を処理することであった。地方からの請願が議会政治上重視されていることは、個人ないしは法人、団体などから提起される「私法律」（private act）案をきわめて多く取り上げてきたことと相まって現在でも立法機関としてのイギリス議会を特徴づけるものとなっている。

近世議会

15世紀末から16世紀初にかけて議会招集の頻度は落ちていく。これは一つには百年戦争の終結とともに王権が徐々に強化され王領地収入が確保された結果、以前ほど議会の課税協賛に頼らなくても済んだためである。しかしこのことは議会権力が低下したことを意味しない。国王ヘンリ8世（治世1509-47）の宗教改革はつねに「宗教改革議会」（Reformation Parliament）と手を携えて進められたのであった。ヘンリによる改革は議会政治に多大の影響を与えたと言える。まず貴族院については、修道院の廃止に伴い修道院長はもはや貴族院のメンバーではなくなり、大主教、主教のみとなった。その結果、聖職貴族と世俗貴族の比率は後者に大きく傾斜し、貴族院の世俗化が進行した。ヘンリによる改革は16世紀半ばメアリ1世（治世1553-58）のカトリック復活政策によっていったん否定されるのであるが、そのメアリとて旧教復活政策の多くは国王勅令ではなく議会制定法（statute）によって具体化されたのであった。エリザベス1世（治世1558-1603）もプロテスタント復活のために盛んに議会を利用した。エリザベスの治世に国務卿を務めたトマス・スミスはすでにイングランドの国制の特徴を政府・貴族院・庶民院からなる混合政体（mixed constitution）と、これら三者間の抑制と均衡に見ているのである。しかし他方女王は議会とりわけ庶民院が過度の権力を獲得することにはきわめて警戒的であり、宣戦・講和・外交や王位継承といった大権事項に庶民院が不当に介入することを拒んだ。エリザベス治世の末期には政府による独占権附与などについて国王は庶民院としばしば対立し、ピューリタンを中心とする一種の野党勢力の萌芽を見る論者もある。

ステュアート朝に入ると国王と議会の関係はさらに悪化しチャールズ1世（治世1625-49）の11年にわたる無議会時代のあとには王党派と議会派の内乱（ピューリタン革命）が起こり、敗北したチャールズは議会の宣告によって処刑されることになる。国王処刑後の共和制時代の議会は公式には議会とは認められず、この期の議会制定法はチャールズ2世（治世1660-85）の王政復古後無効とされた。しかし共和制期の議会の、後代の議会政

治への影響は計り知れない。「統治章典」(Instrument of Government, 1653制定)はすでにイングランド・スコットランド・アイルランド各議会の合同を定めており、また議席再配分の試みはのちの選挙制度改革の先駆とも言うべきものなのである。

ともあれ、1660年の王政復古以降イングランドは立憲君主制を続け、「議会における国王」(King in Parliament)が主権者とされたのであった。ただし王政復古期(1660-88)の二人の国王、チャールズ2世とジェイムズ2世(治世1685-88)が議会重視の立場を取ったとはとうてい言えないであろう。彼らにとって議会とは、すでに議会が承認した租税収入や王領地収入などだけでは国家財政が不足するとき招集すべきものなのであり、その考え方はかつての課税協賛型議会から大きく出るものではなかったのである。

名誉革命(1688-89)以降18世紀初期までの時代は議会政治にとってきわめて意義深い時期である。国王ウィリアム3世(治世1688-1702)自身は王権が議会に圧倒されることを恐れた。実際彼はたびたび拒否権(veto)を行使し、上下両院を通過した法案を葬り去ることで彼が議会に自在にコントロールされる存在ではないことを示した。だが1701年の「王位継承法」(Act of Settlement)は王位継承順位さえ議会制定法の下に置かれることを示した。さらに1707年のイングランド・スコットランドの合同(Union)を決定づけたのも合同条約を批准した両王国議会の議決であったのである。なかんずく重要なのは財政に関する権限が王権から議会へ決定的に委譲されたことであろう。国王は毎年議会を招集して陸海軍費などの承認を仰がなければならなかった。中でも注目すべきは「項目別予算承認」(appropriation)の制度で、国王=政府は個々の歳入がどのような費目で支出されるかを明確に議会に示すことが求められたのである。また歳入問題について庶民院は制定法上明言は避けられたものの、憲法上の慣行によって徐々に貴族院に対して優位に立つことになる。

18世紀の議会は、多くの庶民院の選挙区が大地主などによってコントロールされていたこともあり、しばしば「腐敗」、「停滞」の時期と見なされがちである。しかしこうした堕落が事実としても議会は産業化の時代に徐々に対応し始めていた。その一つが私法律の急増である。地方有力者は有料道路・運河の建設、農地囲い込み、産業保護政策、救貧制度の拡充などを多くは私法律によって実現させたのであった。ただし地方のイニシアティブによる立法政策が盛んに行われていたとはいえ、庶民院の代議制度の不備は誰の目にも明らかであった。ほとんど選挙が実施されていない「腐敗選挙区」が多数存在する一方、マンチェスター、リーズなどの新興工業都市が一人の代表も選出しておらず、議会改革、選挙制度改革は焦眉の急となっていたのであった。

18世紀の議会政治においていま一つ忘れてはならないのが「野党」(The Opposition)の正当化であろう。ロバート・ウォルポール首相率いるホイッグ宮廷=与党に対してボリングブルックやウィリアム・パルトニー(William Pulteney, 1684-1764)らは、議会の内外において政権を猛烈に攻撃し、倒閣を目指したのであった。しかし当時、個々の政策上の批判ではなく、国王の親任した大臣たちを論難し議会での不信任を勝ち取ろうとする行為は「非立憲的」(unconstitutional)と見なされることが多かったのである。だがボリングブルックらは、彼らが政権を攻撃するのは国家に混乱を引き起こすためではけっしてなく、むしろ在野にあって人民の側に立って論陣を張る彼らのほうが「国」(Country)を思う「愛国者」(Patriot)なのだと主張したのであった。彼らの野党正当化の理論は、19世紀に入り保守党ー自由党の二大政党制の時代に入るとより大きな意味を持ってくる。たとえいま野党に甘んじていたとしても、次の総選挙で勝利

すれば Opposition はたちまち Ministry の側に立つのである。したがって Opposition は憲法上欠くことのできない必須の要素なのであって、ここから「国王陛下の野党」（His Majesty's Opposition）の観念が生まれてくるのである。

議会改革

皮肉にも議会改革に先鞭をつけたのはイングランド人ではなく、北米植民地人であった。「代表なくして課税なし」の原則は19世紀議会改革に受け継がれる。18世紀末から19世紀初頭、大ピット（William Pitt, the Elder, 1708-78）やその子、小ピット（William Pitt, the Younger, 1759-1806）らは議会改革を唱道したが実を結ぶことはなかった。フランス革命の衝撃は、イングランドでは中産階級－労働者の一部で急進的な議会改革運動をもたらしたが、政府の弾圧政策と社会の反フランス的な傾向の中で力を得ることはできなかった。議会改革が具体的な結実するのは周知のようにホイッグ政権下の1832年第一次選挙法改正である。それでもイングランドでの選挙民は改革前の約43万人から65万余に増加したにすぎなかったが、この改革によって腐敗選挙区は相当に正され、中産階級の有権者は増大した。しかしなお労働者は蚊帳の外であった。1867年の第二次改革は保守党のディズレーリ首相によってもたらされたことで有名であるが、有権者は顕著な増加を見る。男子戸主選挙権を認めたこの改革で都市労働者を中心に選挙民は増え、200万人以上に達したと考えられる。人口増もあって1884年までにイングランド、ウェールズ、スコットランド、アイルランド全体の有権者はおよそ300万人であったが同年のグラッドストン首相による第三次改革で、地方労働者を中心に急増し500万人に達したのである。

20世紀初頭の議会改革の焦点は女性参政権問題であった。第一次大戦時の女性の活躍をうけて1918年女性に初めて参政権が与えられたが、それは30歳以上の年齢制限が付されるなどけっして満足のいく内容ではなく、28年に21歳に下げられ、ようやく男女の平等な選挙権が保証されることになった。その後の顕著な有権者の増加は1969年に有権者資格が18歳に引き下げられたことであろう。その他の改革立法としては、まず秘密投票法（1872）が挙げられよう。選挙での腐敗行為防止のためには本法は十分ではなかったが、地主による零細農民に対するあからさまな脅迫はしだいに影をひそめることになる。選挙権拡大に伴う不正行為の蔓延をうけての抜本的な改革立法としては、グラッドストン首相による1883年の「腐敗行為防止法」が有名である。本法によって買収供応などを行った候補者は当該選挙区の被選挙権を永久に剝奪され、その他の選挙区についても7年間立候補が禁じられた。腐敗行為防止法制定以降もイギリスは選挙の浄化に努めた結果、現在では選挙上の不正のきわめて少ない国として認められるようになっている。ただ候補者個人の腐敗行為は根絶と言ってよい状態になったにもかかわらず、他方イギリスでは政党の活動には厳しい制約を設けないのが伝統となっているため、保守党は経済界、労働党は労働組合に対して活動資金を依存する例が多く見られ問題を残している。また単純小選挙区制度が導入されていることで、上位二党はきわめて有利であり、通常得票率に比例した議席数を遥かに上回る議席を占めており、大量の死票、国民の意思が必ずしも選挙結果に反映しない制度に批判の声も強い。

議会主権と憲法改革

前述のように「議会における国王」、混合政体論はイギリスの国制を説明するのに便宜であるが、国王、貴族院、庶民院の力関係はつねに変化して止まらないものである。その意味で1911年の議会法（Parliament Act）の制

定は画期的な意味を持っている。19世紀末以来保守党は貴族院において優位を保ち、自由党が提案する民主的改革法案の成立にとって大きな障害になっていた。その典型が1909年に自由党ロイド・ジョージ蔵相の提案した「人民予算」(People's Budget) が貴族院で否決された事件である。有産階級への思い切った増税を盛り込んだこの予算は貴族院の貴族勢力を激昂させたのであった。1911年自由党首相アスキスは国王ジョージ5世と謀り、もしこの法案を上院が否決したならば自由党系貴族を大量創家するという「脅迫」の下、議院法を可決・成立させた。本法により貴族院は歳入法案については否決を許されず1ヵ月の成立遅延を認められるだけになった。また他の法案についても庶民院通過の法案について2年成立を遅延させることしかできなくなったのであった。議院法は依然「議会における国王」を憲法上の原則としつつも、その軸足を庶民院に移す象徴的な事件であった。

しかし議会内部での力関係において変動があったにせよ、イギリスにおいて「議会主権」(parliamentary sovereignty) の理論は確固たるものとなっていた。19世紀から20世紀初頭のイギリスを代表する法学者ダイシーによれば議会主権は「イギリス憲法の中の基本法であり、立法府の全体系が拠って立つところの窮極的な政治的現実」なのであった。しかし21世紀の現在イギリスの議会主権は二つの理由によって大きな転機に立たされていると言える。一つはスコットランドに代表される分権化の動きである。すでに1999年にはスコットランドでは自治議会が誕生し、さらなる分権化要求の動きも見られる。ダイシー流のイギリスの議会主権論はこの分権の動きと共存していけるのであろうか。

いま一つはイギリス議会とEUとの関係である。イギリスが共同体としてのEUへの関与を深めヨーロッパ統合法をイギリスの国内法に比して上位規範とするならば当然従来ウェストミンスター議会の地位は変わってこざるを得ないのである。イギリス議会の権威はこうして分権と統合という二つの方向から再検討が求められるに至ったと言えるであろう。

（本論で扱った「議会」とは1707年までのイングランド議会、1801年までのグレート・ブリテン (Great Britain) 議会、それ以降は連合王国 (The United Kingdom) 議会を指す。よってスコットランド議会、アイルランド議会は対象にしていない。）

【主要文献】R. Butts, *A History of Parliament: The Middle Ages,* 1989. R. G. Davies and J. H. Denton eds., *The English Parliament in the Middle Ages,* Manchester, 1981. A. V. Dicey, *Introduction to the Study of the Law of the Constitution,* E. C. S. Wade ed., 10th ed., 1964. Ivor Jennings, *The Law and the Constitution,* 5th ed., 1959. Jeffrey Goldsworthy, *The Sovereignty of Parliament: History and Philosophy,* 1999. Vernon Bodganor, *The Monarchy and the Constitution,* 1995（小室輝久ほか訳『英国の立憲君主政』木鐸社、2003）。F.W.メイトランド（小山貞夫訳）『イングランド憲法史』創文社、1981。中村秀勝『イギリス議会史〔新版〕』有斐閣、1977。関嘉彦『イギリス労働党史』社会思想社、1969。

（松園　伸）

機械論

〔英〕mechanism

機械論とは、自然界の事象、生物、人間、または社会の運動を機械モデルによって、あるいはそれらの運動を力学的または物理的な因果関係によって説明できるという見方である。機械論は古代ギリシアのエンペドクレス、デモクリトス、レウキッポスが万物の生成変化を原子相互の衝突・結合・分離によって説明したことに端を発するが、近代では、ガリレオが物体の形、大きさ、時間・空間的規定、運動、静止、数を物体の実在的で不可欠の性質と捉え、味覚、匂い、色彩、音は物体固有のものではなく、感覚主体の中にあると考えた。この物質観はデカルト、ボイル、ロックに受け継がれる。ガリレオはまた自然界の事象を本質的に物体とその運動として捉え、それを数学的に確定できる法則と秩序の下にあると見た。これが近代の機械論の始まりである。

デカルト

デカルトは機械論を完成した近代最初の哲学者である。彼は「機械学の法則はすべて自然学にも当てはまることは確かである」と語る。彼は、物体の本性が色、音、味、熱、硬さなどにはなく、ただ長さ、幅、深さなどの空間的広がりにあるという機械論的・数量的物質観をガリレオから受け継いでいる。また物体は自らの力によって動くことはなく、ただ他の物体によって動かされるだけだと考える。動物についても同様で、動物は、ちょうど時計が外力と諸部分の配置によって動くのと同様に、器官に伝えられた外力によって運動しているにすぎない。さらに、人間の身体についても、「人間の身体が骨、神経、筋肉、血管、血液および皮膚からできている一種の機械」だと述べている。デカルトは人間の精神には物体と異なる自発性と起動的原因を認めるのであるが、身体には一切の能動性を認めず、純粋に他律的なものと捉えている。

ホッブズ

ホッブズが自然界の事物の単位として考えるのは物体である。自然の事象は諸物体の運動として理解される。ホッブズによれば、物体はそれ自身から運動することはなく、他の動く物体からの接触によってのみ動かされる。動かした物体もまた別の物体によって動かされたのであり、すべての物体は他から動かされ、また他を動かすのである。因果関係はこのように運動する物体と動かされる物体との間に連鎖的に作られる。人間の身体の運動については、ホッブズは「心臓は何かと言えば、それはバネに他ならず、神経はそれだけの数の紐に他ならず、関節はそれだけの数の車に他ならず、これらは創造者が意図したような運動を全身に与えるもの」だと述べ、人体を機械として捉えている。心臓は血液を循環させ、血液循環が生命運動を維持する。そして人は生命運動を促進する身体運動を欲求し、阻害する身体運動を嫌悪する。ホッブズは、感覚と情念は外部からの衝撃に反応する身体内の運動であり、さらに推論と思考も感覚や想像に基づく身体内の運動に他ならないと言う。

このように思考と欲求が外からの運動と衝撃および身体内の運動に規定されるという唯物論的・機械論的人間観に対して、人間の自由は認められうるのかという問いが生じよう。これに対してホッブズは「自由と必然は両立する」と答える。ホッブズの言う自由とは、運動の外的障害がないことである。しかしこの自由の定義は、障害なく流れ下る水という無機的物体も自由だという意味も含んでおり、人間の行為の選択可能性の意味での自由を含んではいない。ホッブズによれば、意志は自由ではなく、必然性の下にある。ある行為への意志はある原因から生じ、その原因も他の

原因の連鎖から生じたのだから、意志的行為といえども因果性の下にある。そしてすべての因果性は必然的であると言う。したがって、いわゆる自由意志は、彼の語法からすれば、形容矛盾である。自由の主体は人間であって、意志は自由でありえず、ただ因果性の下で意志するだけであるから、必然性の下にある。自由と必然性をめぐってホッブズと論争したJ.ブラムホールは絶対的必然性と仮言的必然性を区別し、後者のみが自由と両立すると主張したが、ホッブズはこの区別を受け入れていない。このようにホッブズの自由と必然の定義が不明確であるために、彼の機械論的な人間観が決定論と疑われる余地を残している。しかし別の箇所では、ホッブズは自由を外的障害の欠如とは異なる自由概念、すなわち行為の選択肢の中から選ぶ能力という意味での自由をも認めている。たとえば彼は、人間が外的障害のない範囲内で自己の力を「自己の判断と理性に従って用いること」が可能だと言い、また「権利は、行いまたは控えることの自由に存する」と述べ、権利と自由の密接な関係を指摘しているのである。その意味では、ホッブズの機械論は決定論とは言えない。

ボイル

ボイルはロックのいわゆる一次性質・二次性質論に直接の影響を与えた思想家と言える。ボイルによれば、自然界の物質は神によって創られ、神によって運動とその法則を与えられた。物質は微小な粒子（ミニマ・ナトゥラリア）から成り立っている。この粒子の形、大きさ、配列、運動が種々の物体の構造を決定しており、その物体の「一次様態」または「機械的特性」と呼ばれる。ボイルは、人間が物体から受け取る色、音、感触、熱などを物体の「性質」と呼ぶが、しかしこれらの性質は物体の中には存在せず、ただ物体の一次様態が人間の感覚器官に作用した結果にすぎないと言う。ボイルの一次様態または機械的特性と性質はロックの一次性質・二次性質に対応するものである。ボイルはこのような「粒子哲学」と関連して物体と機械の類比を述べている。時計を諸部品に分解し、またそれらを結合すれば、元の時計ができると同様に、自然も諸部分に分解したあと、再び元の配列に結合すれば、以前とよく似た物体を構成できる。こうしてボイルは世界全体について「この偉大な自動機械（懐中時計または掛け時計のような）」と語る。ボイルの機械論は、彼が自己の粒子哲学を「機械論的哲学」と呼んでいることにも明確に現れている。

ニュートン

ニュートンはデカルトやホッブズと共通点を持ちながら、新たな機械論的世界像を提示した。彼が目指す理論力学は従来の機械学と幾何学を新たな方法で結合し、力とそこから生ずる物体の運動を幾何学の諸原理によって説明するものである。ただしその方法は、運動の現象からその原因である力を探究するという経験的方法である。まず彼は物体を質量として捉え、これを密度と大きさの積として定義する。物体の中に密度と大きさだけを見、他の一切の性質を捨象するところにすでに彼の機械論的物質観が現れている。ニュートンは、物体が微小な粒子からできており、物体の生成変化は諸粒子が様々な力によって運動し、互いに離合集散を繰り返すことによって生ずると言う。では、物体または粒子の運動はどのようにして起こるか。ニュートンは運動に関してまず、デカルトが述べていた慣性の法則を挙げる。すなわち、物体はそれ自身である限り、静止または一直線上の一様な運動の状態を続ける力（慣性力）を持っている。物体は外力の作用（打撃や圧力）を受けて初めて、その状態を変え、一定の運動から他の運動または静止へ、または静止から運動へ転換する。外力の運動量と方向によって、それを受ける物体の運動量と方向が定まるのである。

だがニュートンによれば、外力としてその他に求心力がある。求心力とは、物体を地球の中心に向かわせる重力、惑星を太陽の中心点へ引きつけ、直線運動から軌道運動へ引き戻す力、鉄を磁石の中心に向かわせる磁力である。惑星の軌道運動に関しては、ニュートンはケプラーの惑星運動の三法則を受容しつつ、それを太陽の中心点へ向かう求心力とその大きさによって証明した。こうして太陽系の天体の運動を支配している力は重力であることが明らかにされたのである。さらに1713年の『プリンキピア』第2版では、天体だけでなく、すべての物体が相互に重力を及ぼしあうという万有引力の法則が述べられ、重力の普遍性が主張された。

上述のように、ニュートンは現象の観察から出発して、その原因を探求するという経験的方法を採り、「私は仮説を作らない」と語っているが、他方で絶対空間・絶対時間という経験的には捉えられないものの存在について述べている。また彼は、惑星運動が自然の原因からだけでなく、「ある知性的な行為者」によって起こされたと述べ、『光学』の中では「機械的でない、真の第一原因」としての神の存在を認め、神による物質の創造について語っている。このようにニュートンは世界の諸現象をただ慣性力と重力という機械論的な法則だけで説明できるとは考えていない。また彼は慣性と重力の法則を人間の行動の説明にまで拡大してはいない。彼はただ質量としての物体の運動に関してのみ機械論者であったにすぎない。しかし同時代および18世紀の人々は　彼の理論を世界のすべての現象を、さらに人間の行動と思考をも機械論的に説明できるとする一元論的・唯物論的世界観と受け取め、これを広めた。「ラプラスの魔」やドルバックの唯物論はそのようなニュートン受容の産物と見ることができよう。

19世紀以後の機械論

17～18世紀の機械論がデカルトとニュートンに代表されるもので、機械の典型が時計と太陽系の天体運動であったとすれば、19世紀の機械論は、熱力学の発達を背景に、自然現象をエネルギー概念によって説明しようとするものであり、蒸気機関を機械の典型とするものであった。20世紀に入ると、工場における機械の制御の自動化、情報の記号化とシステム化が進み、オートメーション化された機械が支配的になる。その典型は情報処理機械としてのコンピューターである。このように機械論は形態を変えつつ、現代にも強固に続いていると言えよう。

【主要文献】R. Descartes, *Discours de la Methode*, 1637（三宅徳嘉／小池健男訳『方法叙説 省察』白水社, 1991）. Thomas Hobbes, *Leviathan*, 1651（水田洋訳『リヴァイアサン』全四冊, 岩波文庫, 1954-85）. ——, *Elementorum Philosophiae Sectio Prima De Corpore* [*Elements of Philosophy: the first section, concerning Body*], 1655. Robert Boyle, *The Origin of Forms and Qualities, according to the corpuscular Philosophy*, 1666（赤平清蔵訳『ボイル 形相と質の起源』朝日出版社, 1989）. Isaac Newton, *Principia Mathematica Philosophiae Naturalis*, 1687（河辺六男訳「自然哲学の数学的諸原理」,『世界の名著26 ニュートン』中央公論社, 1971）. ——, *Opticks: or a Treatise of the Reflections, Refractions, Inflexions and Colours of Light*, 1704, 1717（島尾永康訳『光学』岩波文庫, 1983）. 坂本賢三『機械の現象学』岩波書店, 1975.

（三浦永光）

騎士道

〔英〕chivalry

騎士道とは、中世のヨーロッパにおける騎士社会で生まれた生活倫理を指す。勇気や礼節、名誉、高貴な女性に対する崇拝などを特徴とする。12～13世紀には騎士道物語と呼ばれる文学ジャンルも登場する。近代思想において騎士道は、通説的に言えば、理性の時代とされる18世紀においては中世の遺物として批判的に捉えられ（17世紀初頭にスペインのセルバンテスが出版した有名な『ドン・キホーテ』は、この騎士道物語のアナクロニズムを諷刺する意図を持っていたと一般には言われている）、19世紀になると、その反動として、ロマン主義の勃興とともに騎士道を含む中世のゴシック趣味が評価されるようになった、と考えられている。

18世紀における騎士道の評価

だが実際には、啓蒙思想における騎士道の評価は両義的である。たしかに決闘や武勲の重視などは、野蛮の象徴と見なされていた。マンデヴィルは『名誉の起源』において、十字軍を典型とする騎士道の蛮行が、いかにキリスト教の博愛精神と矛盾していたかを諷刺的に強調している。だが、他方で騎士道の精神を、捕虜の人道的な扱いや女性の尊重の起源と捉え、古代のギリシアやローマにはない近代ヨーロッパ独自の文化的遺産として、積極的に評価する見方も存在していた。

上に「近代」ヨーロッパと書いたが、そもそも古代・中世・近代という区分はイギリスの思想や文明論ではそれほど一般的ではなく、とくに騎士道の意義を考える場合には古代と近代という区分が重要である。騎士道は、この近代の初期（近世という意味ではない）に端を発する文化や行動様式と位置づけられていた。

騎士道が近代の初期に始まるということは、二つの意味を持つ。一つは、古代ローマの文化的遺産をヨーロッパが受け継いだという意識である。そのため、騎士道は武勇の精神を重んじ、敵に対しては時に野蛮とも思えるほどの残忍さを示すことになる。もう一つは、その古代の基礎に、新たにヨーロッパ的なものが接ぎ木された、という認識である。封建制社会における高貴な女性の存在は、騎士による女性への洗練された態度を生み、またキリスト教的な精神は、弱い者や敗北を認めた者への寛容な態度をはぐくむことになる（と同時に、敵＝異教徒への残忍な態度も生むのだが）。こうした騎士道の文明化作用についての記述が、とりわけスコットランド啓蒙の思想家たちの著作中に散見される。

ただし、封建制時代の騎士道と絶対王政時代の宮廷文化との連続性・断続性や、他のヨーロッパ諸国とイギリスとの同質性や異質性については、十分な研究が行われているわけではない。騎士道が絶対王政時代の宮廷文化の中で重要な役割を果たしていたとすれば、18・19世紀に至るまでのジェントルマン教育の内容にも、騎士道は大きな影響を及ぼしていたと言える。

騎士道評価の変化

騎士道の野蛮性と文明化作用という両義的認識は、フランス革命の勃発を機にE.バークが近代ヨーロッパ精神の淵源の一つとして騎士道を取り上げたときから、徐々に変質していくことになる。以降、騎士道はフランス革命で破壊されたヨーロッパ的な伝統の一部と見なされるようになり、両義的な位置づけから、肯定的評価と批判との両極端に分裂していったように思われる。一方で、18世紀後半にはプレ・ロマン主義と言われる中世趣味の評価が文学の領域で始まっており（R.ハードの『騎士道書簡』など）、他方でT.ペインのバーク批判に表れているように、騎士道を中

世の遺物とする批判が繰り広げられることになる。フランス革命以降、「近代」に対する評価軸が革命以前とは大きく変わったことと軌を一にして、騎士道に対する評価軸も変容を被ることとなった。とはいえ、たとえばイギリスの経済学者、A.マーシャルが19世紀に「経済騎士道」を提唱するなど、ヨーロッパ文明における騎士道の規範的な意義は、その後も様々な形で受け継がれていくことになる。

名誉

　名誉という主題は、イギリス哲学・思想においては、倫理学や道徳哲学の文脈で扱われてきたが、騎士道の中でも中心的に論じられてきた。名誉を広く「世評」として捉え直すならば、ロックの世評の法(神の法、市民法と並び、道徳的行為の規準となるもの)、マンデヴィルの(利己心とは区別された)自愛心、ハチスンの名誉感覚なども、基本的には同様の範疇でくくれるだろう。こうした伝統の末に、ヒュームやスミスの共感理論を位置づけることもできる。共感論とは、いわば道徳の実在の問題をいったん棚上げした形で、社会関係の網の目から形成される規範を記述するものだからである。

　通説的に言って、17世紀から18世紀に至るイギリスの道徳哲学の主題は、利己心(ホッブズやマンデヴィル)と利他心(第3代シャフツベリ伯やハチスン)の対立から、共感と自己改善欲求としての洗練された利己心へ(ヒュームやスミス)、という流れで捉えられていた。この通説に対して、17~18世紀にかけて名誉という主題が頻繁に論じられていたという事実は、人間の自己承認欲求の強さの認識と、それを利用した道徳の補強(マンデヴィルにとっては道徳の捏造)という、もう一つの道徳哲学の流れがあったことを示している。とくに自己承認欲求は、自己保存としての利己心を超えるものとして強く意識されていた。つまり、名誉のためなら自分の命を捨てることすら厭わない人間行動をどのようにして人間本性として分析・説明するかという問題意識が、17・18世紀の道徳哲学者たちに共有されていたのである。そして、騎士道における決闘や厳格なルールの遵守といった一見不合理とも見える行動がその例証としてしばしば用いられた。

【主要文献】David Hume, *History of England: from the Invasion of Julius Caesar to The Revolution in 1688*, 6 vols., 1754-59; reprint, Liberty Press, 1983. Richard Hurd, *Hurd's Letters on Chivalry and Romance with the Third Elizabethan Dialogue,* 1778; reprint, Henry Frowde, 1911. Arthur O. Lovejoy, *Reflections on Human Nature*, Johns Hopkins Press, 1961 (鈴木信雄／市岡義章／佐々木光俊訳『人間本性考』名古屋大学出版会, 1998). Bernard Mandeville, *An Enquiry into the Origin of Honour, and the Usefulness of Christianity in War,* 1732; *Collected Works of Bernard Mandeville,* Vol.6, Georg Olms, 1995. Ernest Campbell Mossner, "David Hume's 'An Historical Essay on the Chivalry and Modern Honour'", *Modern Philology* 45, 1974. Markku Peltonen, *The Duel in Early Modern England: Civility, Politeness and Honour,* Cambridge University Press, 2003. William Robertson, *The Progress of Society in Europe: a Historical Outline from the Subversion of the Roman Empire to the Beginning of the Sixteenth Century,* 1769; Felix Gilbert ed., University of Chicago Press, 1972.

(壽里　竜)

記述の理論

〔英〕theory of descriptions

ラッセルが1905年の論文「指示について」で提示した理論のことを指す。同論文では「指示句」(denoting phrase)と呼ばれる英語語法の分析が行われている。指示句には様々な種類があるが、基本的なものは(1) all で始まる名詞句、(2) a で始まる名詞句、(3) the で始まる単数形の名詞句の三つである。のちにラッセルは(2)を「不確定記述」、(3)を「確定記述」と呼ぶようになったので、彼自身は(2)と(3)の分析を記述の理論と考えていたと思われるが、現在では一般に(3)の分析のみが記述の理論と見なされている。しかし、ここでは、(1)から(3)をまとめて取り上げ、それをラッセルがどのように分析したのかを見る。

指示句の問題

指示句がなぜ問題になるのかは指示句を含まない文と含む文を対比することによって明らかになる。

まず例として文 Socrates is mortal を考えてみよう。これは主語＋自動詞＋補語という文法構造をしている。またその意味は、主語 Socrates が指している個物としてのソクラテスが、補語 mortal が指している必滅という性質を所有している、というように理解されている。次に上述した指示句(1)を含む文として All men are mortal を考えてみよう。この文の文法構造は先の文とまったく同じである。しかし、先と同じ方法で意味を考えることはできないように思われる。主語 all men が何を指しているか不明だからである。人間性という性質を指しているのだろうか。だが性質は滅ぶものではないし、この文の話者が人間性の必滅性を意味しているとは思えない。あるいは、すべての人間を要素として含む集合だろうか。しかし集合も抽象的な存在であることは性質と同様である。

指示句(2)や(3)ではこうした問題は生じないと思われるかもしれない。たとえば、A man is mortal の主語 a man が何を指しているのか聞き手には不明かもしれないが、話者がソクラテスを指すことを意図しているとすれば何も問題はない。また、The teacher of Plato is mortal の主語 the teacher of Plato がソクラテスを指していることは間違いないことであり、この文はソクラテスの必滅性を意味していると考えることができる。しかし別の例では問題が生じる。A unicorn is mortal を考えてみよう。人間と違って一角獣は一匹も存在しないから、話者の意図がどうであれ、主語 a unicorn が何を指しているか不明である。また The teacher of Socrates is mortal を考えると、ソクラテスに師がいないとすれば、主語 the teacher of Socrates が何を指すのか不明となる。

指示句を含む文は明らかに有意味だが、その意味を説明するのは、このように困難であるように思われるのである。

ラッセルの洞察

ラッセルは問題が生じた原因はわれわれが日常言語の文法に惑わされている点にあると考えた。上では、指示句を含まない文と含む文が同じ文法構造を有していることから、両者の意味は同じ方法で理解されるべきであると考えて、困難に陥った。そこでラッセルは、両者の意味が有する構造はまったく別なのではないかと考えた。この意味構造の違いは、それを表現する日常言語の文法構造の同一性によって覆い隠されているのである。したがって、意味の構造を正確に反映した文法構造を持つ言語を人工的に作り出し、日常言語の文を人工言語の文へと翻訳することができれば、指示句を含んだ文の意味も人工言語の文法構造に則して説明できることになる。

人工言語の構成

ラッセルが構成した人工言語の語彙には固有名、命題関数、真理関数結合子、量化子が含まれる。

固有名 a, b, c, ... は日常言語と同様に個物を指す。命題関数 Fx, Gxy, ... は日常言語の動詞に相当し、性質や関係を指す（小文字 x, y は変数で、引数をいくつ取る関数であるのかを示している）。真理関数結合子 ¬, ∧, ∨, ⊃ はそれぞれ日常言語の not, and, or, if..., then に相当し、論理的対象を指している。量化子 ∀xφx, ∃xφx は命題関数の一種であり、したがってある種の性質を指しているが、通常の命題関数が固有名を引数に取るのに対して、こちらはそうした命題関数を引数に取る命題関数である（φx は命題関数が代入される変数である）。∀xφx は日常言語の all に相当するものだが、ラッセルはそれが指すものを「φx はつねに真である」という概念（性質）であると説明している。∃xφx は不定冠詞 a に相当し、その意味は「φx はあるときには真である」という概念であるとされる。

これらの語彙から文が形成される。形成規則の説明は省略するが、Fa, ∀xFx, ∀xFx ⊃ Fa, ∃x(Fx ∨ Hx), ∀x∃yGxy などが適切に形成された文の例である。

日常言語から人工言語への翻訳

日常言語の文 Socrates is mortal は人工言語の文 Ms に翻訳される。この文の意味は、固有名 s が指すソクラテスという個物は命題関数 Mx が指す必滅という性質を所有している、である。

All men are mortal はどうなるのか。ラッセルはこの文は Ms とは文法構造がまったく異なった ∀x(Hx ⊃ Mx) に翻訳されるべきであると考える。この文の意味は、複合的な命題関数 Hx ⊃ Mx が指す性質（人間ならば必滅であるという性質）が ∀xφx が指す性質（φx はつねに真であるという性質）を所有している、である。

A unicorn is mortal も文法構造の異なる ∃x(Ux ∧ Mx) に翻訳される。意味は、複合的な命題関数 Ux ∧ Mx が指す性質（一角獣でありかつ必滅であるという性質）が ∃xφx が指す性質（φx はあるときには真であるという性質）を所有している、である。

The teacher of Socrates is mortal はさらに文法構造が異なった ∃x(Tx ∧ Mx ∧ ∀y(Ty ⊃ Ixy)) に翻訳される。この文の意味は、構造が複雑なため、今までと同じような仕方では説明しにくいが、原理的な困難はない。どの語彙も何を指しているのかが明らかにされているからである（Tx はソクラテスの師であるという性質を指し、Ixy は同一性関係を指している）。直観的に分かりやすい形で意味を説明すると、「少なくとも一つのものがソクラテスの師であり、かつ、必滅であって、また、たかだか一つのものだけがソクラテスの師である」となる。

日常言語の指示句に相当するもの（何を指すのか不明な表現）は人工言語には存在しない。そうした人工言語の文へと翻訳されることにより、指示句を含んだ日常言語の文の意味は明瞭になるのである。

指示句 (1) と (2) の分析は今では常識になった。「記述の理論」と一般に呼ばれている (3) の分析も有力な説として生きているが、ストローソンらによる反論もあり、現在でもなお活発な議論を引き起こしている。

【主要文献】 B. Russell, *The Principles of Mathematics*, Cambridge University Press, 1903; 2nd ed., George Allen & Unwin, 1937. ——, "On Denoting", *Mind* 14, 1905（清水義夫訳「指示について」、坂本百大編『現代哲学基本論文集 I』勁草書房, 1986).

（橋本康二）

帰納

〔英〕induction 〔ラ〕inductio

今日の科学哲学では、帰納には論理的飛躍があるという「帰納の問題」は周知である。この問題を発見したのがヒュームなので、帰納の問題だけを論ずるのであれば、ヒューム以降の思想を取り上げるだけで十分かもしれない。しかし、ここでは、「帰納」という用語の歴史的起源も辿ることにしよう。

アリストテレスによる論法の二分類

アリストテレスは、弁論術（ディアレクティケー）の論法を演繹的推論（シュロギスモス）と、帰納（エパゴゲー）とに分類した（『分析論前書』68b10、『トピカ』105a10）。演繹的推論（三段論法）とは、あることどもが定立されると、これら前提となったことどもとは何か別のものが、これらの前提によって必然的に結果する論法のことである（トピカ100a20）。他方、帰納は個々のものどもから一般的なものへの上昇の道である。そして、帰納は演繹的推論よりもいっそう説得的で、いっそう明瞭であると言われる（トピカ 105a10）。アリストテレスは、「ある意味では帰納法は演繹的推論と矛盾対立」することを指摘する（分析論前書 68b30）が、既知の明白な理由によって証明し説得するという点で、両者がまったく同じであるとも主張する（『分析論後書』71a）。

アリストテレスは、演繹的推論の典型である三段論法を体系化し、カントに「論理学はアリストテレス以来、退歩も進歩もしなかった」と言わしめたほどだが、帰納については三段論法と関連づける考察が若干見られる（分析論前書 68b10-30）程度である。

近代において、自然研究の方法として、アリストテレスの三段論法の不毛さを指摘して却下し、さらにいわゆる単純枚挙の帰納法も避けつつ、帰納法を研究方法の中心に据えようと試みたのがフランシス・ベーコンである。

帰納法の提唱者ベーコン

ベーコンにとっての自然研究は、「自然の予断」ではなく「自然の解明」であり、その方法として帰納法が提唱された。

『ノウム・オルガヌム』第2巻によれば、帰納法は、「展示の表」（「現存の表」、「不在の表」と「程度の表」）と「排除の表」からなる。先ず、その質料においては異なっていながら同一の本性を持つ点においては一致するすべての既知の事例を提示し（「現存の表」）、次に、現存の表で列挙された肯定的事例に類似してはいるが、当の肯定的本性を欠いている否定的事例を提示し（「不在の表」）、最後に、探究されている本性が異なった程度で存在する事例を提示する（「程度の表」）ことによって、「展示の表」を完成させる。さらに、否定的事例によって、事物の形相の本性と見なすことができないものをすべて排除する「排除の表」を作成することによって、真の帰納の基礎が置かれるが、それは、あくまでも基礎であって、「真の帰納は、肯定的事例の表に落ち着くまでは、完成されない」。こうして得られた結果が「解明の端初」、「最初の収穫」となる。

ベーコンは熱の本性の探究を例に挙げる。太陽の光線、灼熱した流星、燃焼する雷電、すべての焔などが列挙され、次に、各事例に対応して、熱を感じない月の光線、彗星、光を放つが燃焼しないある種の閃光（幕電）など否定的事例が列挙され、否定的事例などないような熱い焔に対しても、鬼火や特殊な閃光など、否定的事例と思われる事例が指摘され、さらに、熱に様々な意味で程度があることが指摘される。次に、否定的事例、矛盾的事例によって熱の形相の本性と見なすことのできないもの（四元素の本性、天体の本性、明るさと光、希薄性など）が逐次、排除され、最後に肯定的に残るもの（運動）が熱の形相の本性とされている。

アリストテレスの三段論法に代わる帰納法によってベーコンが得た結論は、熱が運動を生むとか、運動が熱を生むという意味ではなく、「熱それ自体ないし熱の本質が運動であって、それ以外の何ものでもない」という主張であり、自然研究の目的が事物の形相の発見（質料・形相を持った事物の本質の探究）であるという点では、アリストテレスと大差なく、自然の法則性（上記の例では、熱と運動の法則性）の発見を目指す近代科学とは趣を異にしている。しかも、近代科学の始まりとされるコペルニクス、ガリレオ、デカルトの理論をベーコンはまったく評価しなかった。「天においてすべてのものは完全な円を描いて運動する」という主張を、螺状線や蛇行線（という否定的事例）に訴えることによって、「作りごと」として却下するベーコンにあっては、アリストテレス・プトレマイオスの天動説すら生まれなかっただろう（第1巻44）。むしろ、自然科学の理論は、ベーコンが退けた「自然の予断」なしには生まれないのだ。科学的発見においては、大胆な推測や仮説が重要な役割を果たすからである（その批判的チェックも不可欠である）。

ベーコンは、自分の唱える帰納法について、「私の方法によると、一般的命題は、間断なく一歩一歩進むことによって打ち立てられ、最後にやっと最も一般的な命題に到達する」（「各部の要旨」）と無邪気に述べ、帰納の飛躍には気づいていなかった。

ガリレオやケプラーの理論など、近代科学の理論はベーコンの思想とはほとんど無関係に成立したが、ニュートンが、自分の理論は帰納によって得られたと主張したことによって、事態は大きく変貌する。

帰納主義を導入したニュートン

帰納法が近代科学の方法と見なされるようになったのは、ニュートンの途方もない成功による。それ以前は、「演繹主義」──数学（幾何学・代数学）を模範とした演繹的体系を目指す立場──のほうが有力であった（ガリレオ、ケプラー、デカルト）。ところが、ニュートンは主著『プリンキピア』で、帰納法を科学（実験哲学）の方法だと見なす帰納主義を明確に打ち出した。ロンドン王立協会がベーコン主義だったことの影響もあるだろう。

ニュートンは言う。「実験哲学では、現象から帰納によって集められた命題は、それに反対するどのような仮説があったとしても、他の現象が現れてさらに精確にされうるとか、あるいは例外的なものと見なされるようになるまでは、まさに真理であると、あるいはほとんど真理であると、見なすべきである」（自然哲学研究規則4）、「私は仮説を立てない。というのは、現象から導きだせないものはどんなものでも仮説と呼ばれなければならないからである。そして、仮説は、……「実験哲学」にはその場所を持たない。この実験哲学では、命題は現象から引き出され、帰納によって一般化される」（一般的注解）と。

ニュートンは、実験哲学において、現象から帰納によって推論される命題の真理（ほとんど真理）しか認めない発言をした。彼にとっては、高度に抽象的で一般的なケプラーの三法則ですら、「現象」なのだが、ニュートンの発言が正しいとするならば、ケプラーの法則から自分の法則（運動の三法則と万有引力の法則）が引き出され、帰納によって一般化されるかどうかを検討することで、ニュートンが帰納法を用いたのか、帰納主義が成立するのかが判定できるだろう。じつは、ニュートン理論はケプラー理論から演繹も、帰納もされないのである（この考察はあとで行う）。

ところが、ニュートンの絶大な権威によって、最近まで、科学の方法と言えば帰納法、帰納法と言えば科学の方法と見なされてきた。エドワーズ編『哲学百科事典』のコーズによる「科学的方法」の項では、ニュートンが実際に行ったとされる帰納的方法が、適切な科

学の方法として記述されている。しかし、18世紀には、帰納にまつわる問題を指摘した哲学者ヒュームがいた。

帰納法批判者ヒューム

ヒュームは、人間理性の対象を、観念の関係 (relations of ideas) と事実の問題 (matters of fact) の二種類に分類する。前者は、幾何学、代数学、算術など、単なる思考の操作によって発見できる命題で、直観あるいは論証によって確実なもので、ユークリッド幾何学がその典型である。他方、あらゆる事実の問題では反対事例がつねに可能であり、その反対が矛盾をはらむもののけっしてない命題である。たとえば、「明日、太陽は昇らないであろう」という命題は「明日、太陽が昇るであろう」という命題と同等に理解可能であり、矛盾を含んでいないとヒュームは主張する (『人間知性の研究』第4節)。

では、事実の問題に関する知識はいかにして獲得されるのだろうか。ベーコンやニュートンなら、帰納によってと答えるだろう。ところが、ヒュームは「感覚が一つの事例においてわれわれに示すのが、特定の継起と隣接の関係にある二つの物体または運動または性質であるように、記憶がわれわれに示すのは、ただ、類似の物体または運動または性質が類似の継起と隣接の関係にあるのがつねに見出されるような多数の事例だけである。過去の印象はどんなものであれ、その単なる反復からは、それが無限回の反復であっても、必然的結合の観念のような新しい独特の観念はけっして生じないであろう」と述べ、異義を唱える (『人間本性論』第1篇第3部)。

先の例で言えば、これまで、毎朝、つねに太陽が昇ってきたとしても、明日も必ず、太陽が昇ってくることを (帰納的に) 導き出せないことになる。これを可能にするように思われる原理として、ヒュームは、「経験されない事例は、経験された事例に類似しなければならず、自然の過程は、つねに一様であり続ける」という原理に言及する。これは、帰納の原理 (principle of induction) ないし自然の一様性の原理 (principle of the uniformity of nature) と呼ばれるが、この原理についてもヒュームは、「なぜわれわれは、……経験された過去の事例を超えた結論を引き出すのか」と問い、難点を指摘する。

帰納の原理は、単純化すれば「未来は過去に似ている」という原理になるが、未来を前もって経験できない以上、未来への言及を含むこの原理の真理性をこれまでの経験によって確定することはできないし、また、過去において、過去が未来に似ていたという事実から、未来にも過去が未来に似ているであろうということを論理的に導出することもできない。そこで、ヒュームは「頻繁にあるいは恒常的に対象が連接することが観察されたあとでさえ、われわれは、自分たちが経験した対象を超えた推論を行うための理由を持たない」と結論する。

経験科学に不可欠な実験・観察は、「今、ここ」で行われるのであって、未来の実験・観察の結果を現時点で先取りし、その結果を確実に結論づけることが不可能なことは明白であろう。ヒューム以後の帰納主義者なら、ヒュームの提起した難問を肯定的に解決する必要があるが、未解決と言ってよい。

19世紀の帰納主義者で先鋭な経験主義者J.S.ミルは、自然の一様性が、帰納の根本原理ないし一般的公理であることを認めたうえで、「この偉大な一般化 (自然の一様性の原理) 自体が、それに先行する諸々の一般化に基づいているというのが真相だ」と述べ、ヒュームが批判した論点先取を率直に認めている (『論理学体系』第3巻第3章第1節)。

20世紀の帰納主義者ラッセルは、「ヒュームの議論が証明していること……は、帰納が経験からも他の論理的諸原理からも推論されえない独立の論理的原理だということ、また

この原理がなければ科学は不可能だということである」と述べ、自分の立場が経験主義から逸脱していることを認めている(『西洋哲学史』第3巻第1部第17章)。

ところが、ヒュームの帰納批判は適切であって、ヒュームが帰納の問題を否定的に解決したと見なし、さらに、実際のところ、科学に帰納は存在せず、ただ推測と反駁の方法(純粋な仮説演繹法)があると主張し、しかも、経験主義を維持できると見なした科学哲学者がいる。ポパーである。

デュエムーポパー・テーゼ(帰納主義批判)

先に、「ニュートンの発言が正しいとするならば、ケプラーの法則から自分の法則(運動の三法則と万有引力の法則)が引き出され、帰納によって一般化されるかどうかを検討することで、ニュートンが帰納法を用いたのか、帰納主義が成立するのかが判定できるだろう」と述べた。この検討を最初に行ったのがデュエムである。その核心的主張はこうだ。「万有引力の原理とは、ケプラーが定式化した観察上の法則から一般化と帰納によって引き出されうるものであるどころか、形式上、これらの法則に矛盾するものなのである。もしニュートンの理論が正しければ、ケプラーの法則は必然的に偽である」と(『物理理論の目的と構造』第Ⅱ部第6章4)。

ポパーも同様に「ニュートンの理論がこれら二つの先行理論(ケプラーおよびガリレオの理論)の一般化といったようなものとは見なせないことは、ニュートンの理論がこれら二つの理論と矛盾するという否定しようのない〔しかも重要な〕事実から明白であろう。……この事実は、当然のことながら、ニュートンの理論が帰納によって〔また演繹によっても〕得られた一般化ではありえず、ニュートン理論が先行理論の反証への道を照射する新しい仮説なのだ、ということを示している」と述べている(『客観的知識』、「バケツとサーチラ

イト」)。

もしポパーが、『探求の論理』や『科学的発見の論理』の中で、デュエムに敬意を表明した形で言及していれば、両者による「ニュートン理論とケプラー理論の両立不可能性」の主張は、帰納主義批判の核心であるデュエム−ポパー・テーゼとして、はるか以前に注目を集め、帰納主義に対する批判、反証が、科学方法論に関心を持つ多くの研究者の間で早い段階で広く受容されていたかもしれない。

【主要文献】アリストテレス「分析論前書」「分析論後書」,『アリストテレス全集2』岩波書店, 1971.――「トピカ」,『アリストテレス全集21』岩波書店, 1970. Bacon's Novum Organum, T. Fowler ed., Oxford, 1889(服部英次郎訳「ノヴム・オルガヌム」,『世界の大思想6 ベーコン』河出書房新社, 1966). I. Newton, The Principia, University of California Press, 1999(河辺六男訳「自然哲学の数学的原理」,『世界の名著26 ニュートン』中央公論社, 1971). P. Caws, "Scientific Method", in P. Edwards ed., The Encyclopedia of Philosophy, Macmillan, 1967. D. Hume, An Enquiry concerning Human Understanding, Prometheus, 1988(斎藤繁雄／一ノ瀬正樹訳『人間知性研究』法政大学出版局, 2004). ――, A Treatise of Human Nature, Penguin Books, 1969(大槻春彦訳『人性論』岩波文庫, 1948-52). J. S. Mill, A System of Logic, Routledge, 1996(大関将一訳『論理学体系』春秋社, 1950). B. Russell, History of Western Philosophy, Routledge, 1994(市井三郎訳『西洋哲学史』みすず書房, 1969). P. Duhem, La theorie physique: son object et sa structure, Chevalier & Riviere, 1906(小林道夫ほか訳『物理理論の目的と構造』勁草書房, 1991). K. Popper, Objective Knowledge, Oxford University Press, 1972(森博訳『客観的知識』木鐸社, 1974).

(立花希一)

救貧法

〔英〕Poor Laws

　教区を単位に貧民を救済する仕組みを定めたイングランドの法律。16世紀を通じた諸立法の積み重ねの中でエリザベス治世下の1601年の法により形が整った。18世紀以降たびたび修正が施されるとともに、20世紀初頭に至るまで貧民の生活状態と態度をめぐり、また社会的コストの観点から論争を呼び起こし続けた。中でも1830年前後および1900年代の議会を舞台にした救貧法論争は、ブリテンの社会政策の展開や20世紀の福祉国家型社会の形成にとっても重要な意味を持った。貧者の救済を統治側が整えるという試み自体はヨーロッパ大陸諸国などでも見られ、アイルランドやスコットランド、ニューイングランドの類似の試みはしばしばPoor Lawsと表現さることもあるが、教区を単位に救貧税（poor rate）を徴収する仕組みを本格的な実行に移したという点で救貧法はイングランド固有のものと言える。

エリザベス救貧法の起源・成立・修正

　西欧中世の教会の伝統の下では、神の子としての貧民に対して慈善を施す暗黙の了解があり、また、緩やかながら地域や職域の両面で民衆が相互に扶助する枠組みがあった。しかしイングランドでは14世紀以来徐々に、統治者の責任として臣民の生活と雇用を保障することが課題となった。とりわけ14世紀のいわゆる黒死病による人口減少の中で働き手の不足に直面したため、治安判事による四季巡回裁判での賃金設定によって賃金の高騰を回避するとともに、浮浪や物乞いを禁じて怠惰な貧民が勤勉になるように方向づけることが目指された。このように、世俗的な統治の誘導によって雇用を促す枠組みと精神世界の救済、慈善を是とする気風とは相互補完的な関係にあった。しかし16世紀に至ると、市場的な枠組みの浸透や人口移動などにより、相互補完にほころびが生じた。宗教的な動機づけに基づく慈善の気風が衰退し、行政の側から救済を補う必要が顕著となったのである。

　たとえば16世紀初頭以来ロンドンは、周辺からの貧民流入を抑制する必要に迫られた。そこで障害・疾患などにより自活能力が欠け、あらかじめ認定を受けた者以外の物乞い行為を禁止した。さらに市当局はこれら貧民に限って救済するために、教区民から寄付を募り、経費の不足分を税の徴収によって捻出した。1547年にロンドン市当局によって実行に移された税は貧者救済のための強制的な目的税であり、救貧税の先駆形態であった。ロンドンなど諸都市で始まった貧民救済の枠組みは、1572年の「浮浪を処罰し貧民を救済する法」などによって全国的な定めとなっていく。エリザベス治世終盤の1601年に最終的に整備されたいわゆるエリザベス救貧法は、救貧の対象を身寄りのない老齢や幼少のほか障害・疾患などに厳密に限定し、その救済を支えるために教区を単位とした救貧税によって費用を調達するものであった。救貧税の徴収や分配の適正化を図るために貧民監督官を置き、「怠惰な貧民」の就労を促すために道具や材料などの提供とワークハウスの設置が目指された。

　16世紀末から17世紀初頭にかけて制定された救貧法は教区を単位としたことから、教区の経済的基盤の格差に伴うより恵まれた扶助を求めて貧民が移動する可能性が生じた。そこでとくに1662年の立法を皮切りとして、救貧を受ける教区を出生地・洗礼の場所に限定する定住法（settlement law）が定められ、救貧法を補完するようになった。

　救貧法の枠組みは地域によって遅速がありながらも17世紀を通じて徐々に実行に移されたが、17世紀末以降には批判が強まり、18世紀を通じて手直しが施される。たとえば、

ロックやマンデヴィルは救貧法によって扶助を受ける可能性があると貧民は逆に怠惰になってしまうと論じ、デフォーは定住法が雇用機会をめぐる人口移動を妨げてマーケット・メカニズムの支障になると論じた。さらに、救貧税の増加が教区の経済的な負担となり、国の富裕と繁栄にとって足枷になるとの論調も高まった。この認識の広がりの下で、18世紀を通じて救貧法そのものやとりわけワークハウスを改善する提案が頻繁に出された。

提案者の名にちなんでナッチブル法と呼ばれる1722年の法は、貧民の居住、雇用および救済をめぐる関連諸法を修正し、勤労意欲を十全に持たないものが救済を受けることを望む場合、ワークハウスへ収容されることが必要だと定めた。また、ワークハウスの建設には莫大な費用がかかるのでその代替に、貧民の維持・雇用を個人経営の作業場に請け負わせる仕組みが作られた。しかしこの請負制度を逆用して、市場では成立しないような低廉な賃金水準で貧民を「収容」する事業者たちが現れた。これに対して1771年には、ワークハウスに収容されていない貧民に対しても給付を行いうるとする提案がギルバートによって出された。このいわゆる院外救済を定めたギルバート法は、勤労能力を持たない者たちを収容・訓練することにワークハウスの役割を限定するものであった。請負制度の下で貧民たちが極端に低廉な賃金で収容されることに対して歯止めをかけたという意味で、救貧法の「人道主義化」を進めたものとしばしば評価される。

1795年には貧民が実際に保護を受けるまでは本来の教区に戻ることを求められないとする、いわゆるウィリアム・ヤング法が定められた。これは1662年以来の定住法を事実上は骨抜きにし、労働する貧民が教区を超えて移動することを法的に許容する点で、市場化のいっそうの進展に対応したものであった。

救貧法をめぐる論争点

このように17世紀初頭に定められた救貧法は、17世紀末以降20世紀初頭になるまで修正を繰り返し、論争の的となり、そして大幅な改革にさらされた。特徴的なこととして、随時以下の問題が論争の焦点となった。

第一に救貧法はすでに16世紀半ばのその原型段階において身体堅固な貧民の物乞い行為を禁ずるなど、働きうる貧民と働く能力を備えていない貧民とを区別して取り扱おうとした。しかしこの境界線は曖昧であり、救済は貧民たちを勤労に仕向けるのではなく怠惰を促してしまうので、人間性の状態に対して逆効果だという批判が頻繁に登場した。

第二に、救貧税の増大は社会的なコストであって富裕の増進の妨害になると論じられ、この点は人口動態とも関連づけられた。文明史論の観点から人口を論じる立場、および一種の自然法則として人口を捉える立場の双方から、貧民への救済が過度の人口増加をもたらすといった批判が登場するとともに、社会統計的な手法で実態を把握する試みも展開された。

第三に、貧民の境遇を改善するために立法に基づく救貧の制度に頼るべきか、それとも貧民の間での相互扶助を促す仕組みに依拠すべきかをめぐって立場が錯綜する。この点は第一の論点と重なり合いながら、社会的な絆を組み立て直すことを志向した構想をも生み出すことになった。

第四に、とくにフランス革命を経過した状況の下で、救済をいかなる規範的な概念によって根拠づけるのかも問題となった。ブリテンでも権利をめぐって労働に基づく所有とその裏側として「働かざる者食うべからず」を前提にする見方が一方に存在し、他方では救済を受ける権利 (the right of relief) という見方が浸透し始める。中でも後者は1830年代に差しかかる救貧法改革論争において大きな意味を持つに至った。

人口をめぐる文明史論と自然法則論

エリザベス救貧法の枠組みが大きな転機を迎えたのは、議論の面からは1780年代、そして立法のレベルにおいては1830年代初頭においてである。18世紀後半には人口動態と貧困との関係をいかなる論理で捉えるのかをめぐる議論の集積が見られた。スコットランドの法律家ケイムズ卿は『人類史素描』(1774)の中で、救貧法が貧民の「節倹にして勤勉な」性格を損なうと論じ、イングランドの牧師タウンゼンドは『救貧法論』(1786)において、牧草が茂った孤島に山羊とグレイハウンド犬とを順次持ち込むモデルを用いて、自然のキャパシティの下での食糧と人口との自然的な均衡を論じつつ、救貧法はこの均衡を崩していっそう困窮を生み出すと説明した。これらの議論においては、スコットランド啓蒙に特徴的な四段階理論が活用されている。食糧は算術級数的に、人口は幾何級数的に増加するとして、貧困の原因を自然法則に求めたマルサスの『人口論』(1798)はフランス革命後の急進主義的な思想の波及に対しての防波堤たろうとしたものであるが、その伏線にはとりわけタウンゼンドの見方があった。

1790年前後に至ると、貧民救済のための様々なアイディアが登場する。タウンゼンドは貧民の相互的な扶助の枠組みとしてフレンドリー・ソサエティの可能性を認めた。1795年の食糧飢饉とそれに伴う穀物価格高騰の下で、勤勉な貧民に賃金を補填するいわゆるスピーナムランド制が、イングランド南部バークシャー州のある教区で設けられた。また庶民院では賃金の最低水準の決定を治安判事に委ねる提案がサミュエル・ウィットブレッドによってなされたが、この提案は翌年に、賃金の決定を市場原理に委ねるべきだと考える首相ウィリアム・ピット(小ピット)の強烈な批判を浴びて否決された。刑務所改革のアイディアとしてパノプティコンを構想したベンサムは、貧民に勤勉さと社会的生活における自活能力を授けるための装置としてこれを活用する考察を進め、1797年に国民慈善会社のプランを提示した。また1810年代になると、小口金融業務を行う貯蓄銀行を舞台として、貧民たちが将来の自活を目指して家計の設計を行う習慣を養うことができるように促す構想が練られ、リカードによって後押しされた。このように18世紀最終盤から19世紀初頭にかけては貧民のあいだの相互扶助、賃金の補填や下限設定、勤労精神の育成、生活設計の習慣づけなどの試みが続くものの、救貧法の本格的な改正は1830年代に委ねられた。

なお、18世紀末には概念と手法の両面において、救貧法をめぐり新たな議論が登場した。まず、ベンサムとコフーンは貧困 (poverty) と困窮 (indigence) とを概念的に区別した。前者の立場の人々は生活を成り立たせるために労働へと赴くのに対して、後者の人々は救済を必要とする、と。現実には、体力的年齢的には働きうるけれども怠惰に止まっている人が少なからず存在しており、これらの人々を困窮状態から引き出すことがベンサムらにとっての政策的な課題であった。また、ノルマン征服以来の貧困対策をめぐる通史と教区の現状の包括的なサーヴェイを提示したイーデンは、統計的手法による貧困調査に先鞭をつけた。

1830年前後の救貧法改革

フランス革命後、とくに1820年代には、救貧法改正に向けていかなる論理で貧民にとってのメリットを主張するのかという点での議論が複線化した。1820年代イングランドにおいては、生存を権利として主張する枠組みが貧者の生存を根拠づけるものとして活用された。また、功利主義の枠組みの側からは幸福の実現の社会的なプログラムの下で貧者の境遇改善も重視されるべきだ、という議論が台頭する。そして、急激な産業化と農村の変容および都市への人口流入の中で、教区を単位とした救貧の枠組みの機能麻痺が顕著となり、

庶民院に救貧法委員会が設置された。
　1830年初頭の議会における審議においては、マルサス的な枠組みを活用したナッソー・シーニアと晩年のベンサムから示唆を受けたエドウィン・チャドウィックとが救貧法委員会報告書作成の中心的な役割を担った。結果的には1834年時点で院外救済を打ち切り、貧民の自立的な生活を促す方向で改正が施された。この改革は、院外救済を認めた1771年のギルバート法の方向を棄却するものであった。なお、それに続いて貧困者の実態を把握するために統計的な手法を活用する試みが各地の統計協会によって進められ、都市の公衆衛生の改善がチャドウィックによって推進された。

新たなる貧困と慈善組織協会、貧困調査
　19世紀後半においてはセルフ・ヘルプなどヴィクトリア期に典型的な向上の文化の台頭にもかかわらず、新たな貧困が問題となった。とくにロンドンのイースト・エンドが象徴的なように、困窮状態のままに滞留する人々が生じ、しばしば「残滓階級」として訳される最貧困層（residuum）が新たな社会問題として把握されるようになった。この状況に対して、人間的な資質の向上・陶冶を促すための倫理的なプログラムを用意する方向と、貧困調査の中から改善を求める方向とが現れた。前者はオックスフォードのT.H.グリーンの影響を受けた思想傾向と慈善組織協会（COS: Charity Organisation Society）を中心とした動きであり、後者は『ロンドンにおける民衆の生活と労働』の著者チャールズ・ブースが中心的な存在である。

20世紀初頭の救貧法改革から福祉国家へ
　1890年代からの貧困問題への新たな着目を契機に、1900年代には救貧法改正に向けての議論が高まる。1905年から09年にかけて議会下院の救貧法委員会は意見の一致をうることができず、多数派と少数派の二つの報告書を生み出した。従来、貧困解決の社会的枠組みを志向する少数派報告に対して、貧民の貧困は貧民自身の自己規律的能力の欠如によるという見方を採ったのが多数派だと整理されることが多かった。しかし、多数派側のバックグラウンドには、COSの運動と並んでその背後に、いわゆるオックスフォード理想主義の思想が支えとなっていたことに注意を払わなければならない。典型的なのはバーナード・ボザンケの『哲学的国家論』であり、それによると、国民国家の下で古典古代的な社会の一体性が失われ、諸個人・諸階層間の人格的な絆が損なわれたことが、貧困問題の根本にあるという。自発的な慈善の精神を涵養することにより、救貧法に替えて社会的なネットワークを回復することがCOS側の理念的な目標としてあったのである。
　1910年代以降ベヴァリッジらの構想による失業保険制度などが徐々に導入され、イギリス型福祉国家の仕組みが整ってきた。1930年にエリザベス救貧法以来の貧民監督官が廃止され、さらに48年の国民扶助法の成立によって、救貧法は最終的にその使命を終えた。

【主要文献】Richard Burn, *The History of Poor Laws*, 1764. Frederick Morton Eden, *The State of the Poor: or, an history of the labouring classes in England*, 3 vols., 1797. Sidney Webb and Beatrice Webb, *English Poor Law History*, 3 vols., 1927-29. Michael E. Rose, *The English Poor Law, 1780-1930*, David & Charles, 1971. Anthony Brundage, *The English Poor Laws, 1700-1930*, Palgrave, 2002. 小山路男『イギリス救貧法史論』日本評論新社, 1962. ——『西洋社会事業史論』光生館, 1978. 大沢真理『イギリス社会政策史』東京大学出版会, 1986. 毛利健三『イギリス福祉国家の研究』東京大学出版会, 1990. 森下宏美『マルサス人口論争と「改革の時代」』日本経済評論社, 2001.

（深貝保則）

教育思想

〔英〕philosophy of education

　教育は社会の根本機能であり、社会的・歴史的産物である。また、教育は人間にとって不可欠で重要な営みでもある。それゆえ、近代国家は、いかに組織的・機能的に学校教育を提供するかについて模索し続けてきた。ただ、イギリスの場合、他国に先駆けて市民革命を実現したにもかかわらず、またそうであるがゆえに、公教育制度の成立(1870)は、学校への国庫補助の開始(1833)からかなり時が経っており、統一的なカリキュラムの制定も20世紀末であった。イギリスには教育学・教授学(pedagogy)がないという批判(Simon, 1981)もこうした事情による。この背景には、実学志向の富裕な商人層が、16世紀に文法学校やパブリック・スクールを繁栄させた他に類例のない史実がある。教育を私事とする教育観は、17世紀以降も残ることになる。

　とはいえ、イギリス社会は学校教育に文化や学問の継承・発展、道徳性の涵養、職業選択機会の拡大といった多様な機能を求めてきた。しかも、宗教信仰や個人の自由意志も重視されることが求められた。それゆえ、教育思想は、政治・経済思想と宗教・倫理道徳の複合的文脈において形成されたのである。

　このような傾向は産業革命後に顕著となる。産業革命は、中産階級と労働者階級の新しい二つの階級を生み、双方はともにボランタリズムを基調に、教育を政治的・経済的解放の重要な手段と見なし、教育政策を政治闘争と密接に結びつけたのである。それゆえ、教育思想の描出においては、社会と教育制度との相互関係への史的アプローチが有用になる。

労働者の教育

　産業革命は、若年労働者に禁欲、勤勉、従順を求め、彼らに規律訓練(discipline)を課した。それは9歳以下の少年の就労と夜間労働を禁止した「徒弟の健康と道徳に関する法」(1802)と同時期であった。

　ここに現れたのが教育に対する二大宗派態勢である。ただ、国教会派も非国教会派もともに無知と悪徳からの救済を目的としていた。前者ではA.ベル(1753-1832)が、後者ではJ.ランカスター(1778-1838)が主導し、モントリアル・システムを考案する。それは、助教(monitor)を介した、数百人の子どもへの教授法であり、その効率性は大英帝国の繁栄に大きく貢献した。しかし、生徒への規律訓練は、精神を統御する機能、つまり、ベンサム構想のパノプティコン原理に基づく一望監視方式を採用したものであり、そこには既存体制の産業主義的意図が潜在していた。

　同時期、R.オウエンは、人間の環境を重視する観点から3R's(読書算)だけでは不十分であるとし、自らの工場に子どものための性格形成学院を付設した(1816)。彼は、悪徳、犯罪、借金、不健康からの解放を目的に、周囲の事物や事実について学ぶ機会を子どもに与えた。そして、教育を慈善団体に任せる社会風潮の改善、国家による国民教育制度の確立、教師養成などの必要性を提起した。

　一方、中産階級の子どもの教育は、教養ある道徳的な女性家庭教師(ガヴァネス)が担い、都市部の労働者階級の子どもの3R's、裁縫、道徳の教育は、私塾(dame-school)を営む女性が担った。これらもヴィクトリア朝の特徴であるが、同時に、世界市場の拡大が、女性に社会進出の機会をもたらしたことを示している。女性が教育を担う根拠は、ロックの人間知性論と家庭教育論に存在し、彼は神の掟や古い慣習からの解放と人格陶冶の可能性を開いた。それゆえ、彼の思想は啓蒙期の教育の主流となり、広く庶民にも及んだ。

国民教育制度と教師養成

　国庫補助開始期、ベンサム主義者の多くは、

国民教育制度の必要性を治安維持対策の文脈で論じていた。彼らは、貧民を有能と無能に選別することを共通原則とし、救護院には有能貧民と子どもを収容して就労させ、無能貧民については機械的に保護する措置を取った。こうした状況下、マルサスは貧民の援助権を主張し、ラヴェット（1800-77）は貧民の能力の全面的発達とその教育制度を要求した。

しかし、政策レベルでは、教育思想は効率、選別、競争の文脈に位置づけられていた。また、1839年になると国庫補助金管理のため、枢密院教育委員会と勅任視学官制度が発足し、初代会長ケイ＝シャトルワース（1804-77）は、モニトリアル・システムに代わる教員見習い生を導入し、師範学校への助成を開始した。やがて、1856年には歴史上初の国家教育行政機関、教育局（Education Department）が誕生する。すべての階級への安価で健全な基礎教育の必要性を勧告したニューカースルを委員長とする政府諮問委員会の提案をうけ、教育史上看過しがたい出来高払い制（1862-95）が成立した。これは3R'sなどの試験結果に応じた補助金支給制度である。ただ、その主導者R.ロウ（1811-92）は、公教育の近代的組織化と教職のマンネリズムの打開を目指していた。だが実際には、教育の国家介入を認め、レッセ・フェールに基づく市場原理を公教育に導入する結果となり、批判を被ることとなった。

その批判者の一人、勅任視学官M.アーノルドは、金銭的欲望と魂の救済を同時に求める無責任な個人主義に鋒先を向けた。そして、宗派的対立や階級の不平等による混乱と無秩序を除去しうるのは国家しかない、と公的教育機関の創設を訴え、加えて、文学や詩など、民衆への教養教育の必要性にも言及した。

過酷な体罰を常態化させた出来高払い制下、1870年基礎教育法が制定され、ついに国民教育制度が成立することになる。その後、教育局は教育院（Board of Education, 1900-44）となり、1902年基礎教育法の制定によって義務制が導入された。そして、学務委員会が廃止され、カウンティ議会と約300の地方教育当局（LEAs）主導の態勢が始まる。

これら公教育制度の成立は、基礎学校の教師（teacher）の役割規定と養成の課題を国家に突きつけた。『教師の学習指導手引書』（1905）では、教育院が望むのは、教師自身の力を子どもの最善の利益のために用い、学校独自の要求や条件に最適な教授法を自ら編み出すこと、と教師の自律性が言明された。

それゆえ、師範学校改革が急務となった。師範学校は、1906年よりその課程を2年間から3年間に延長して教育カレッジとなり、教育学士を授与した。しかし、教職を基礎づけたのは、教授学ではなく、哲学、倫理学、古典心理学、宗教であった。さらに、教育はいまだ私事的な範疇に位置づけられ、国民共通のものと捉える意識は希薄なままであった。しかも、国教会の教義と知識の有用性が社会の需要と供給に左右されたため、禁欲的人間形成と職業選択とを前提とするカリキュラムが出現した。それゆえ、教育内容や教職については、さらに議論の余地を残した。

新教育運動の生起と展開

19世紀の中頃には、福音主義や博愛主義の精神が様々な社会運動を生んだ。それを支えたのは、レスペクタビリティを掲げるパブリック・スクール出身のエリートであった。パブリック・スクールの文化は、高額な学費、創設の古さ、寄宿制度、社会的出自の良さ、オックスブリッジや官僚との友好関係などを特徴とした。生徒は肉体的な訓練と体罰を課され、キリスト教、古典学、団体競技を基礎とするカリキュラムによって教育され、その結果、紳士階級として独特の外面的表象を身につけ、大英帝国の繁栄を担っていった。

しかし、19世紀末になると、パブリック・スクールの教育を不十分だとする自由主義者や共同体主義者らが出現する。その先駆は、

C.レディ（1858-1932）のアボッツホーム校、J.H.バドレー（1865-1967）のビデールズ校などの新学校と実践である。その後、多くの新学校が国内外に誕生し、子どもの自由や自然が重視され新教育運動が展開された。

この革新性は、基礎・初等教育段階の新教育運動に影響を及ぼし、それは公教育制度批判を伴って展開されていく。新教育運動家の批判は、義務、無償、世俗を原則とした公教育制度が、教育の目的、内容、方法を一義的に規定するという点に向けられた。新教育運動を唱導した勅任視学官の E.G.ホームズ（1850-1936）は、M.アーノルドとT.H.グリーンの理想主義の影響を受け、出来高払い制が機械的服従を強いていると批判した。教育院を辞した彼は、自己実現への教育を掲げて「教育の新理想」（1914-39）を組織することになる。その原則は、特定の教育学派や宗派を超えた非形式性にあった。教育学者 P.ナン（1870-1944）も、「自由な雰囲気の中で真の個性を発達させること」を提起し、個性の意味内容を教育学的に定義づけていった。

また、イギリスで最初の女性教授となった教育学者H.M.マッケンジー（1863-1942）は、霊的人間観と協同性の概念を統合し、教育の自由の社会的・宗教的意味と子どもの可能性を論じた。さらにまた、サマーヒル校を創設したA.S.ニール（1883-1973）は、ギルド社会主義と「精神分析」に影響されて過激な社会批判を展開し、体罰の廃止、出欠席の自由、試験の廃止に加えて、自治を公民科として重視した。

こうした新教育運動は、物質主義的な社会への批判を伴い、当時の心理学、生理学、社会学の影響も受けていた。民主主義を学ぶ自治、相互に教えあうパートナーシップ法、個別時間割、劇などが称揚され、個性、創造性、協同性、自己表現の教育論が展開された。また、これらの思想の根底には「全体としての子ども」観があった。もちろん、知、徳、体を掲げたのはスペンサーであり、新教育運動独自の考えではない。だが、新教育運動家が「子どもの全体性」の重要性を実践的に裏づけたこと、その教育史的意味は大きい。

しかも、新教育運動は、W.H.ハドーによる中央教育審議会報告書『初等学校』（1931）にも影響を及ぼした。そこでは、教師は、(1) 服従ではなく、子どもたちの共感や社会性、想像力に訴えかけ、(2) 一斉教授よりも個別指導やグループ学習に依拠し、(3) 初等学校の学習の出発点を経験や好奇心、子ども自身の発見能力や興味に置き、(4) カリキュラムを活動や経験という観点から捉え、そして、(5) これらを初等学校のエートスにする、という5点が提唱された。

教育運動の思想的多義性

一方、ハドーによるもう一つの中央教育審議会報告書『成人教育』（1926）では、貧民対象の基礎学校の終焉が図られ、初等と中等の二段階再編が提言された。ただ、R.トーニー主導の綱領「すべての者に中等教育を」（1922）の理念の実現は、1944年教育法においてであった。第二次世界大戦後、教会立の学校はほぼ公営化され、地域の特性を考慮した学校独自のカリキュラム編成が可能となった。しかし、公立の中等学校は、グラマー、テクニカル、モダンの学校種からなる「三分岐システム」を採用し、学校選択は、能力別の振り分け原理とLEAsによって実施される中等学校選抜のためのイレブンプラス試験（11+ exam）に依拠した。また、学級編成においても、心理学的観点からストリーミング（能力別学級編成）が採用され、選別機能も依然として残ることとなった。

そこで労働者階級は教育機会の見直しを政府に迫り、各地でコンプリヘンシヴ・スクール運動（1950-60年代）を展開した。三学校種はしだいに統合され、イレブンプラス試験も廃止された。

一方、初等教育では、新教育運動の思想がハドー報告書を経て、B.プラウデンによる中央教育審議会報告書『子どもと初等学校』(1967)にも継承された。教師の専門性は子ども理解とカリキュラム編成に求められた。オープン・プラン、子ども中心、トピック学習などの教育言説が流布し、これらは形式主義を廃したためインフォーマル教育と称されたり、教育の自由と教育による社会進歩を求めたため進歩主義教育と称された。また、この思想はロマン主義と社会主義の傾向を持ち、ラスキンやモリスを信奉する芸術教育に集約される形で20世紀末まで続き、やがてイギリス固有の教育エートスを形作っていった。

しかし、プラウデン報告書が出るや否や、批判も出てきた。宗教教育やカテキズムの暗記を主張した保守主義者の黒書『教育への闘い』(1968)や分析的教育哲学者 R. ピーターズ(1919-)らの『プラウデンの展望』(1969)は、報告書の妥当性に疑念を呈した。ピーターズは、発達やレディネスといった支配的イデオロギーが、何ら科学的・実証的根拠を伴っていないため、その意味内容がきわめて曖昧であると断罪した。また、B. バーンスタイン(1924-2000)は、社会的不平等の観点からその楽観性に切り込んでいった。

21世紀初頭の教育思想のゆくえ

コンプリヘンシヴ・スクール運動は一元化された平等な中等教育を提供し、進歩主義教育は、少人数の学級編成と子どもに合わせたカリキュラム編成の拡大をもたらした。だが、20世紀後半に至ると、進歩主義教育は形骸化し始める。キャラハン首相の批判と「教育大論争」によって、「自由と進歩」を標榜する教育思想は、変更を余儀なくされていった。教育法規も試験制度も、中央集権と統制の色彩を強めていくが、その典型は、1988年教育法によるナショナル・カリキュラムに現れた。

教育機構、教育内容、査察・試験制度など、教育政策の改革は21世紀になってさらに拍車がかかっている。多民族国家イギリスは、競争、評価、責任の枠組みに「教育の質」を位置づけた。また、シティズンシップ、宗教、特別支援の教育も重視されている。もちろん、教育知識が社会の権力関係と統制原理で決定されがちである、という解釈も無視しがたい。

それゆえ、権力闘争を超える教育思想の主要課題は、教育の目的と方法を基礎づけるカリキュラム論にある。近年のカリキュラム編成論は、未来の理想社会を念頭に置きつつ、(1) 教育学研究で得られた諸教育概念を関連づけ、(2) 学びと新しい知識の生成を優先し、(3) 学びが持つ解放の潜在的可能性を認識する、といったことを求めている（Young, 1998）。

当然のことながら、人間は自由意志と幸福追求権を有している。同時に、人間としての道徳性と公民としての責任も付与されている。イギリスの教育思想は、この意味において、市場経済の影響を受けつつも、私事性と公共性双方への探究の歴史を持っていたと言える。

【主要文献】Peter Gordon and John White, *Philosophers as Educational Reformers,* Routledge & Kegan Paul, 1979. B. Simon and W. Taylor, *Education in the Eighties,* Batsford, 1981. Peter Cunningham, *Curriculum Change in the Primary School since 1945: Dissemination of the Progressive Ideals,* Falmer Press, 1989（山﨑洋子／木村裕三監訳『イギリスの初等学校カリキュラム改革』つなん出版, 2006）. Michael F. D. Young, *The Curriculum of the Future: From the 'new sociology of the education' to a critical theory of learning,* Falmer Press, 1998. 大田直子『イギリス教育行政制度成立史——パートナーシップ原理の誕生』東京大学出版会, 1992. 山﨑洋子『ニイル「新教育」思想の研究——社会批判にもとづく「自由学校」の地平』大空社, 1998.

（山﨑洋子）

共感（同感）

〔英〕sympathy

イギリス哲学における共感論の背景

共感はヒュームおよびスミスの「道徳感情学説」(moral sentiment theories) の主要概念である。近代イギリス哲学における道徳感情学説は、道徳の基礎づけに関する合理主義、利己主義の立場を批判する理論である。ホッブズは、方法論的個人主義の立場から道徳を個人の利己心に由来するものとした。ホッブズに続きマンデヴィルは虚栄心に基づく道徳論を提示した。それに対してロックに学んだ第3代シャフツベリ伯は、イングランドにおけるプラトニズムの伝統に属しながらギリシア・ローマの古典の影響を受け、愛、友情、普遍的仁愛などの社会的徳を重視する学説を提示し、道徳感情学説の祖とされる。ハチスンはシャフツベリの理論をうけ、利己主義の道徳理論を全面的に否定するため、道徳的是認・否認は道徳感覚によってなされるとし、仁愛を中心的徳とする理論を提示した。ヒュームおよびスミスの共感論はハチスンの理論を批判的に継承するものとして成立した。

『人間本性論』における共感の位置づけ

ヒュームの共感概念は、『人間本性論』において論じられている。それゆえ共感概念は、『人間本性論』全体における位置づけを踏まえたうえで理解されなければならない。共感概念はヒュームの道徳論の要になる概念であるが、『人間本性論』第2巻第1部第7節「名声愛について」において初めて登場する。第1部の主題は「自尊」(pride) と「自卑」(humility) という間接情念である。そこでは財の所有を通じて自己の社会的評価が形成され、それによって人々の社交的世界が成立する過程が論じられている。ヒュームが間接情念を重視するのは、ハチスンの「道徳感覚学説」(moral sense theory) に対抗して道徳感情の根本的な社会性を明確にするためである。

ヒュームにおいて共感とはいかなる特定の感情でもなく、観念を印象に転換する人間的自然の根本的な働きのことである。ヒュームはどのような感情でも人から人へと伝達されうるとする。われわれは、初めは自分にとって単なる観念にすぎない他者に属する感情を、共感の働きにより自己に属する印象として他者と共有するのである。ヒュームが共感を感情の「感染」と表現していることには、当時の病原菌感染学との関連も指摘されている。他者との感情の共有とは、自己に固有の利害にかかわらず他者の立場で状況に対応しようとする動機を得ることである。ヒュームは「意見」(opinion) の共有も共感の働きによって生じるとする。それゆえ共感はコミュニケーションの原理とされる。ヒュームによれば共感の働きは自己と他者との類似性によって促進されるが、自己の状況と他者の状況との比較は共感の自然な働きを阻害するとされる。

こうした共感のメカニズムは『人間本性論』第1巻第1部第7節で論じられている「抽象観念」(abstract ideas) の説明に対応している。すなわち特殊観念がそれと類似の他の特殊観念と連合することによって抽象観念となるように、共感の働きによる人々の感情の連合により個別的な感情や意見が一般化し、諸個人の連帯が可能になるのである。ヒュームは共感という自然的原理に従って人々が連帯を結び、社交的世界を形成することができることを示す。こうしてヒュームは共感論によってハチスンとは違う仕方でマンデヴィルらの虚栄心に基づく道徳論を書き換えたのだと言える。ヒュームの「名声愛」の議論は、その中心をなす共感概念とともにスミスの「称賛への愛」をめぐる議論へと引き継がれる。

共感と道徳感情

ヒュームにおいて共感と道徳判断は区別さ

れている。共感による感情は社会的感情であるが、そのまま道徳感情と同一ではない。なぜならば、共感は自己と近い位置にいる人々との関係を形成する原理であり、社会を構成する一般的な他者との人間関係を規制する原理ではないからである。そこでヒュームは『人間本性論』第3巻「道徳論」において、われわれが自己に固有の利害関係に影響されないで、一般的な他者と共有可能な道徳的評価を下すために「一般的観点」(general points of view) をとるとする。こうした一般的観点から得られる特殊な快の感情がヒュームの言う道徳感情である。一般的観点による修正を経て身近な人々との連帯に止まらない広範な共感が可能になり、自己利益に発する正義の「コンヴェンション」(convention) は道徳性を獲得する。こうしてヒュームによれば、人為的徳としての正義は共感によって道徳性を帯びる。ヒュームの道徳理論は社会が独立した諸個人の合理性に基づく契約からなるとする社会契約説を批判対象としており、共感論はその根底に位置する理論である。

『人間本性論』はあくまでも印象と観念からなる知覚の働きに定位した理論であるため、ヒュームの共感論においては、共感の主体としての「観察者」(spectator) の位置づけは小さい。『道徳原理の研究』では体系的知覚論としての性格が失われ、道徳はより規範的な次元で論じられる。それとともに共感概念は「人間性の感情」(sentiments of humanity) に取って代わられることになる。

スミスの共感論

スミスは『道徳感情論』においてヒュームのハチスン批判を踏まえ、さらにヒュームの共感理論を批判して独自の共感論を提示した。ヒュームの共感論が知覚の理論の展開過程において登場したのに対し、スミスは道徳理論を共感論から始める。スミスは共感概念にヒュームに劣らない重要な体系的意義を与えている。スミスの道徳論は、クラークの「適合性」(fitness) ないし「適宜性」(propriety)、ハチスンの「仁愛」(benevolence)、バトラーの「道徳的良心」(moral conscience) を統合しようとするものと言える。共感はそのすべての側面に関わっている。とりわけスミスは道徳を人間の感覚的本性に基礎づけたハチスンの理論を批判し、道徳を対等な諸個人の社会的関係に基礎づけようとする。

スミスは他者の感情を知覚する働きや憐憫などの同胞感情をも共感に含めることもある。しかしスミスにおいて最も重要でかつ典型的な意味での共感とは、他者の感情と観察者 (もしくは観察者としての自己) の感情が一致する際に感じられる是認の快の感情を意味する。そのため本邦のスミス研究においては「共感」ではなく「同感」という訳語が用いられることが多い。

ヒュームにおいて共感論が観念連合の理論であったのに対し、スミスにおいて共感は、初めから観察者の規範的判断として論じられる。スミスはヒューム以上に共感における想像力の役割を強調する。スミスの共感は「想像上の立場の交換」によって得られる。ヒュームの共感が当事者の持つありのままの感情の知覚から自然に生じるのに対し、スミスにおいて共感は、他者の感情を引き起こした状況の考察から生じるとされる。

スミスは人間本性には他者の承認を得ようとする社会的な欲望が存在するとする。人々の相互承認としての共感は人間にとって本性上快適な感情であるから人々は自然にそれを求めようとする。スミスによれば道徳性を決定するのは感情の種類ではなく、共感によって示される適切な感情の水準である。スミスはその水準を「適宜性」(propriety) と呼ぶ。propriety とは社交における礼儀 (マナー) をも意味する概念である。スミスは適宜性に適った自己利益の追求を肯定する。

共感を達成するためには、観察者 (または観

察者としての当事者）と当事者の双方がお互いの共感を得るために意識的に自分の感情をコントロールすることが必要となる。通常、観察者は当事者ほど激しい感情を抱くことが困難であるから共感を達成するためには自分の感情レベルを上げるよう努めなければならない。また当事者は、観察者の共感を得るために自分の感情を抑制しなければならない。これはそれぞれキリスト教の隣人愛の徳とストアの自己抑制の徳を意味する。こうして双方の努力によって感情の一致点が見出されるとき共感が成立する。スミスによればそうした経験の繰り返しにより道徳の一般的規則が生じるとされる。正義は社会のすべての人に当てはまる徳目として共感に基づいて成立する。共感による正義が社会全体の秩序をもたらすというスミスの理論には、ヒュームには見られないストアの自然神学が前提にされているとも考えられる。

共感と公平な観察者

スミスの共感概念においては、観察者が共感に果たす役割が重要な意味を持つ。スミスは、道徳判断において、判断の対象となっている事柄に直接利害関係を持たない第三者の共感が社会的承認としての適宜性の水準を表すとする。スミスは共感が「公平で事情をわきまえた観察者」によって下されるべきものであることを強調する。これは共感を自然の作用であるとしたヒュームへの批判を意味している。

「公平な観察者」（impartial spectator）はスミスの共感論に一貫して用いられる重要概念である。『道徳感情論』初版において、「公平な観察者」の共感とは一般の世論の判断であるとされていた。しかし、出版直後、スミスは友人のギルバート・エリオットから、世論の審判は自己の道徳性を判断する際の基準として十分ではないとの批判を受けた。さらにマンデヴィルらの虚栄心に基づく道徳理論への批判を明確にするため、『道徳感情論』の第2版以降の改訂においてスミスは現実の称賛と称賛に値することを区別し、公平観察者が求めるのは称賛への愛ではなく、称賛に値することへの愛であるとする。そして真の道徳的審判は「外なる人」による下級法廷ではなく、「内なる人」による胸中の上級法廷において下されることを強調する。第6版においてスミスは共感論から良心論を展開するに至る。

こうしてハチスンの仁愛の基づく道徳論は、ヒュームを経てスミスの『道徳感情論』において、発展しつつあった商業社会を支える自由な市民の内面を規律する道徳論へと転換されたと言える。ただしヒュームとスミスの共感論はそれぞれの理論体系において独自の意義を持ち、単純な発展関係と見なすことは適当ではない。ヒュームの共感論は社会的連帯の理論であるのに対し、スミスの共感論は基本的に社会秩序の維持のための自然的正義の理論であり、完成を見なかった独自の法学への序説としての意義を有している。

【主要文献】David Hume, *A Treatise of Human Nature,* 1739-40（大槻春彦訳『人性論』全4冊，岩波文庫，1948）. Adam Smith, *The Theory of Moral Sentiments,* 1759; 6th ed., 1790（水田洋訳『道徳感情論』上・下，岩波文庫，2003）. 泉谷周三郎『ヒューム』研究社，1996. 古賀勝次郎『ヒューム社会科学の基礎』行人社，1999. 田中正司『アダム・スミスの倫理学』上・下，御茶ノ水書房，1997. 柘植尚則『良心の興亡』ナカニシヤ出版，2003. 山﨑怜『アダム・スミス』研究社，2006.

（矢嶋直規）

共通善（公共善）

〔英〕common good

最近、イギリスにおいて共通善が問題にされてきたのは、1980年代からコミュニタリアニズム（共同体主義）が注目され、自由主義と共通善とはどう調和するかということが議論されてきたからである。そこで、ここではT.H.グリーンの共通善を取り上げ、その本質と特徴、共通善と人格、人格と社会、共通善の源泉、共通善の範囲と平等の理想、国家と市民、国家の形成と共通善との関係といった基本的問題を検討することにする。

共通善と共同体

グリーンによれば、共通善とはその追求において人間と人間との間に競争をまったく許さない善である。彼がこのように主張する理由は以下の考え方にある。第一は人格の共同体が考えられていることである。人格とは社会の成員が互いに目的それ自身として扱い、けっして手段としてのみ扱わない能力の主体を意味する。彼はこれを理性と呼ぶ。これはある行為をなすべきであると命令する意識主体である。それは義務の源泉である。この能力を持つ人格は善を自己および他人にとって共通の善として考える。グリーンは共通善を絶対的善とも呼ぶ。

第二は人格は共同体の中でコミュニケーションを通して互いに目的それ自身として尊敬するということである。共通善は具体的には共同体の成員の相互交流による「相互奉仕」として実現される。市民社会においては自由競争が認められるが、グリーンはこれによって他人が犠牲にされてはならないと主張する。各人は自己の利益を自由に追求するが、この追求は他人の同じ追求と調和しなければならない。これを可能にするのが共通善の相互認識である。

第三は共通善の基礎は「善であろうとする普遍的意志」にあるということである。「相互奉仕」の理念はこの意志にその根拠を持つ。グリーンにとっては各人の意志はすべての人の意志であり、すべての人の意志は各人のそれである。彼にとっては意志は諸人格に共通する意志である。彼は「真の善」を「善であろうとする普遍的意志」に求める。

第四はある人の福祉の観念の中に他人の福祉が含まれるということである。グリーンは社会の各成員を「分身」(alter-ego)と考える。彼らが同一視されるのはそのためである。この考え方は自己にとっての善と他人にとっての善とは「真の善」の観念にはまったく入っていないという主張からきている。二つの善が存在するのではなくて、唯一の善が存在すると彼は主張する。善は唯一の善であるから、善は各成員にとって共通であると彼は考える。自己の福祉の観念の中に他人の福祉が含まれるという主張の根拠は共通善にあるのである。

共通善の源泉とその実現

グリーンは共通善の源泉を「神的自己実現の原理」（「永遠意識」あるいは「霊的原理」）と考える。この原理は人格の交流を通して社会生活の中で実現される。人格とは、グリーンによれば、理性および意志からなる主体を意味する。「永遠意識」はこれら二つの能力に働きかけ、これらを媒介としてたえず自己を再現し、これらの能力を発展させる。共通善はこうした自己発展の過程の中で「より高い生活」を目指す活動として実現されるとグリーンは考える。第一の視点は各人の自己完成のそれである。これを成就する道は献身の徳である。第二の視点は社会制度の改善である。グリーンによれば社会制度の基礎は理性である。社会制度は自己完成のための手段である。

グリーンは共通善を実現する二つの条件があると言う。その第一は社会の成員がそれぞれ分担している地位とその諸義務である。共

通善はこれらの責任を果たすことによって実現される。この責任を果たすことは各成員の相互交流による協同的行動に他ならない。これは各人にとって共通善の個別的実現を意味する。「神的自己実現の原理」が共通善として具体化されるのは各人の社会的地位を通してであると彼は言う。

もう一つの条件は権利の相互認識である。グリーンによれば、権利とは共通善を実現する手段である。各人が社会の成員であることの資格は、ある人が自己の要求と他人のそれとを同等の要求として相互に認識することを条件とする、とされる。義務についても同様である。グリーンは義務と権利とをたんに相対的に考えるのではなくて、これらの基礎には「絶対的に望ましいものの観念」(絶対的善の観念)があることを強調する。

共通善の範囲の拡大

グリーンは共通善の範囲の拡大を問題にする。この範囲の拡大とは人格の範囲の拡大を意味する。すでに見たように、人格とは人間が人間として正当に扱われる主体を意味する。グリーンはギリシア時代から近代までの歴史において奴隷制度が存在していたことに注目する。そこでは奴隷はその所有者によって単なる手段として扱われ、目的それ自体として尊重される人格的存在ではなかった。グリーンはオックスフォード大学を卒業したのちの1863年3月、アメリカの南北戦争に強い関心を持っていた。南部側の奴隷制度推進派の「北部の住民が戦争の侵略者であり、共和制はそのために非難されるべきである」との主張に対し、グリーンは「この戦争に責任があるのは共和政体ではなくて、奴隷を所有し、奴隷を飼育し、奴隷を焼く少数独裁政治であり、ここに神と人類の呪いがかかっている」(R. L. Nettleship, *Memoir of Thomas Hill Green*, p.56)と演説した。

彼は階級や特権によって人間を差別する奴隷制度を批判する。「すべての人々は自由平等に生まれている」というアメリカの建国精神に反し、奴隷制度を存続させたのは南部の有力者の私的利益であったとグリーンは主張する。共通善の拡大の問題は人々が平等に扱われていないことにあった。彼は平等の原理を主張した思想家としてベンサムとカントに注目する。前者は「各人は一人として数えるべきであって、いかなる人をもけっして一人以上として数えるべきではない」という方式によって平等を主張する。後者は「汝自身の人格においてであれ、他人の人格においてであれ、人間性をつねに目的として扱い、けっしてたんに手段としてのみ扱わないように行為せよ」の方式によって人格への尊敬を主張する。グリーンは二つの方式を比較し、カントの方式がよりよい表現であると評価する。ベンサム主義は個人の人格の絶対的価値を拒否するからである。

国家と市民

グリーンは国家の目的は共通善の促進であると考える。国家はこの目的を達成するために法を制定し、これを維持する機能を持つ。もし国家がすべての人の利益のために等しく法を維持する機能を果たしていないならば、その国家は真の国家ではない。国家が共通善の目的を実現するならば、市民は国家の法に自発的に服従することができる。問題は市民がいかにして共通善を国家との関係において認識することができるかということである。グリーンはこの問題への答えの手がかりを市民の日常生活に求める。たとえば、市民が週末に支払われる賃金とか、夫の権利と妻のそれとが不可侵であるとか、こういった関心事について共通の利益と権利とが半ば本能的に認識されるならば、市民は共通善についての初歩的概念を持つと彼は言う。

グリーンは市民の愛国心を問題にする。これには二つの理由がある。第一の理由は市民

が自己の人格権や財産権の行使によって国家から保護してもらうだけであるならば、国家に対して感謝することはないであろうということである。市民が国家から「保護の受動的受取人」であるにすぎない限り、国家への積極的関心は起こらないと彼は言う。そしてローマ帝国滅亡の原因は市民が「聡明な愛国者」でなかったことにあると指摘する。

　第二の理由は市民が国家に対して積極的関心を持つためには市民は国家の仕事に対し直接的に、あるいは間接的に、参加し、「政治的義務の高い感情」を共有しなければならないということである。たとえば、市民が下院議員として法律の制定に直接的に貢献するとか、議員への投票により、間接的に国家の仕事に参加することは政治的義務の感情を高めることに貢献する。

国家の形成と共通善

　グリーンは国家形成の力は何であるかを問題にする。彼は国家形成の過程を歴史的に分析し、共通善がその唯一の原動力ではなかったと指摘する。国家形成に影響を与えてきた力は二つに分けられる。その一つは自然的環境（山、川、気候など）であり、もう一つは人間の内面的力（動機）である。彼はこれらの中で、動機（たとえば、軍事的専制君主の情念、誇りや復讐心など）が国家形成の力として関わっていたという。しかし、これらの利己的動機が国家形成の唯一の力であったのではなくて、それと社会的善との関わりにその力が求められてきた、と彼は分析する。国家形成の力は社会的善への純粋な欲求のみでもなければ、利己的動機のみでもなかったとされる。その力は利己的動機が社会的善の観念によって支配され、方向づけられることによって形成される力である。

　グリーンはこの力によって近代国家の形成に貢献した人物としてナポレオンを挙げる。彼の動機は「勝利への情熱」であり、社会的善への欲求はフランスの強化という「国民精神」であった。社会的善の観念は、グリーンによれば、「永遠に完全な意識」から人間の意識へのコミュニケーションである。ここには形而上学と政治哲学との接点が示されており、彼の一元論的視点が貫いていることを確認することができる。

　最近、A. ヴィンセントや P. ニコルソンが「永遠意識」を再検討し、グリーンの政治思想において自由や社会制度が彼の一元的原理によって正当化されていることを指摘したことは注目される。グリーンの国家論においてもう一つ評価されるべき点は、共通善の視点から「抵抗の義務」が認められていることである。たとえば、公益に反する命令に反対する法律がない場合には「抵抗する社会的義務」があるとされる。彼は国家への自発的服従と抵抗の義務との両面を問題とするのである。

【主要文献】T. H. Green, *Prolegomena to Ethics,* A. C. Bradley ed., 4th ed., Clarendon Press, 1899. *Collected Works of T. H. Green,* Peter Nicholson ed., Thoemmes Press, 1997. R. L. Nettleship, *Memoir of Thomas Hill Green,* Longmans, Green and Company, 1906. W. J. Mander ed., *Anglo-American Idealism, 1865-1927,* Greenwood Press, 2000. Maria Daimova-Cookson and W. J. Mander eds., *T. H. Green: Ethics, Metaphysics, and Political Philosophy,* Oxford University Press, 2006. 行安茂／藤原保信編『T.H.グリーン研究』御茶の水書房，1982. 萬田悦生『近代イギリス政治思想研究──T.H.グリーンを中心として』慶應通信，1986. 芝田秀幹『イギリス理想主義の政治思想──バーナード・ボザンケの政治理論』芦書房，2006.

（行安　茂）

共同体主義

〔英〕communitarianism

　個人を共同体に、「正」(right) を「善」(good) に優位させる現代のリベラリズム（自由主義）やリバタリアニズム（自由至上主義）を批判する一群の政治・倫理思想の総称。個人の生やアイデンティティが、また善の構想が、共同体における他者との関係性によって象られることを強調する。

　この意味での共同体主義は、1980年代後半から欧米圏で呼びならわされるようになり、当初はサンデル (Michael Sandel) やマッキンタイア、C.テイラー、ウォルツァー (Michael Walzer) らが代表的な論者＝共同体主義者 (communitarian) と見なされた。ただし、これはもっぱらリベラルの側からの呼称であり、彼ら自身はそうしたカテゴライズを拒否するか、あるいは条件付きでしか認めていない。また実際にも、個々の論者の間では批判の力点やあるべき社会の構想において少なからぬ差異があり、単一の「主義」に括るのは必ずしも容易ではない。

　ここでは、共同体主義をめぐる論争の起源から始めて、上の4人の理論において緩やかにではあれ重なり合うと見なしうる部分について概説するとともに、その意義と今後の展望について述べることにする。

起源

　ロールズ、ドゥオーキン、ノージックらの登場で1970年代に「政治哲学の復権」が謳われるようになり、以後彼らの理論を参照点にして、リベラル・デモクラシーをめぐる論争が活況を呈することになったのは周知の通りである。そうした中で80年代半ばになると、たとえばガットマン (Amy Gutmann) の "Communitarian Critics of Liberalism" (*Philosophy & Public Affairs*, 1985) のように、論争の布置を整理する試みが現れてくる。そこで提示された図式の一つが、一方にカントに依拠するロールズ流のリベラリズムを支持する立場を、他方にアリストテレスやヘーゲル、マルクスらに依拠してこれを批判する立場を置き、そして後者を「共同体主義」とカテゴライズするものであった。

　さて、まずはこうした図式に則しつつ、さきの代表的な4人の論者の理論から共同体「主義」として敷衍されうる論点を抽出するならば、おおむね次のようになるだろう。

論点

　〔(1) 自己〕人間は特定の文化・歴史・言語に根ざした共同体の中でアイデンティティを形成し、それを通じて善の構想を抱く。言い換えれば人間とは、つねにすでに他者との関係性の中にあり、そこにおいて自己自身を理解し、定義し、また変化させてゆく存在、すなわち自己解釈的 (self-interpreting) にして物語的 (narrative) な存在なのであり、したがって自己もまた「状況づけられた自己」(situated self) である他はない。そしてそれゆえに、近代の個人主義に見られるように自己を、そうした他者との関係性に先立って存在する自由で自律的な行為・選択の主体であるとか、排他的な権利の担い手であると見なすのは誤っていると言うべきである。そのような人間観——サンデルはそれを「負荷なき自己」(unencumbered self) と、テイラーは「状況から解離した理性」(disengaged reason) と呼ぶ——では、人間と社会について適切な理論を構築することはできない。

　〔(2) 共同体〕リベラル・デモクラシーの観点からするならば、このことが問題であるのは、それによってリベラル・デモクラシーの存立可能性 (viability) が脅かされるからである。「状況づけられた自己」という人間観に立つならば、自由や自律、平等、正義、寛容といった諸価値がまさに価値あるものであるこ

とを、諸個人は生まれながらに知っているわけではない。諸個人はそのことを、共同体における各自のアイデンティティ形成過程において理解してゆくのであり、また翻って、そのような個人が多数存在すればこそ、当該共同体はそうした諸価値を維持し、次代へと伝えてゆくことができる。すなわち共同体は、諸個人をして「何に価値があり、何が善であり、何がなされるべきか」の理解を可能にする地平として機能するものなのであり、したがって現代のリベラリズムに見られるように共同体を、諸個人の利害関心や権利要求を調整するための手段にすぎないと見なすならば、かえってリベラル・デモクラシーの基礎を掘り崩すことに繋がる恐れがある。

〔(3) 政治〕さらに現代のリベラリズムは、正の概念を善に優位させ、正義をあらゆる善の構想から独立した唯一の公共的価値と位置づける。なるほど共同体には、諸個人の権利を侵害したり善の構想を抑圧したりする危険がつねに伴う。しかし他方、上に見たような自己および共同体のあり方に照らすならば、正義が公共的価値となるのはそれが一種の共通善として諸個人に共有される場合をおいて他にない。このことはリベラル・デモクラシーの政治において、諸個人はたんに自己決定の主体としてあるだけでなく、地域共同体や種々のアソシエーションにおける他者との協働を通じて政治的・倫理的な徳を身につけ、進んで自治（self-government）に参加する市民でもあるのでなければならないことを意味する。また実際にも、そのような市民でなければ今日、諸個人が、官僚制や市場を通じてその生に浸透する様々な権力の作用に抵抗しながら、自身の善の構想に従って生きること自体がきわめて困難であるだろう。

〔(4) 文化〕このように見てくるならば、価値の多元性を、あるいは善の多様性を擁護するには、それら様々な価値や善をまさに価値のあるもの、善いものであるとする地平——それはその個人が生きる文化・歴史・言語と不可分である——の多元性や多様性を擁護しなければならない。言い換えれば、普遍性の名の下に諸個人や共同体を律する単一の原理を追求することは、むしろ価値の多元性や善の多様性を損なうことに通じる。とはいえこうした主張は、価値相対主義が不可避であるとか、諸個人の善の構想は既存の文化によって一方的に決定されてしまうとするものではない。諸個人のアイデンティティとその地平との間には、また種々の地平の間には、相互に影響しあうダイナミックな関係があるのであって、それゆえ、道徳や正義に関する共通理解を構成しているそうした地平を明るみに出すことによって、それらをめぐる批判的な対話を可能にするとともに、よりよい地平の構築に向けて不断に継続することこそが肝要である。

意義

共同体主義は、「政治哲学の復権」以降にあって必ずしも主要な論点とはされてこなかった自己と善の構想との関係や共同体の意義に、また正義の概念の歴史性や妥当領域の複数性に、さらには普遍主義の陥穽と多文化主義の重要性に光を当てることによって、欧米の政治・倫理思想の、とりわけリベラル・デモクラシーの理論面での洗練と深化に大きく寄与した。その意味において共同体主義というカテゴリーは、リベラル・デモクラシーをめぐる問題発見のための方法として十分に成果を収めたと言ってよい。

しかしながら、これをどこまで一つの「主義」と見なしうるかについては注意が必要だろう。代表的な4人の論者に限っても、たとえばテイラーにおける近代の評価はマッキンタイアにおける否定的なそれと著しい対照をなしており、論点によってはむしろ差異のほうが際立つ。この意味では共同体主義に、上のような論点に関して現代のリベラリズムに

批判的であるという以外の、何らかの積極的な定義を見出すことは難しい。他方でサンデル、テイラー、ウォルツァーはいずれも、個人の自由や自律といったリベラリズムの核となる概念自体について否定することはない。

こうした点を踏まえると、共同体主義とはリベラリズムに並び立つ思想というよりも、その中にあって現代のリベラリズムを批判しつつ、それとは別の形でリベラル・デモクラシーの理論を探究した思想群と見なすのが適切であるように思われる。そしてそうであるとするならば、いわゆる「リベラル・コミュニタリアン論争」のような、ややもすると「個人か共同体か」「正か善か」といった問いに収斂しがちな二項対立図式を適用することがどこまで妥当なのか、今日改めて検討する必要があると言えるだろう。

展望

1990年代になると、先の代表的な4人の論者とは異なり、エッツィオーニ（Amitai Etzioni）のように自ら共同体主義者を名のる論者が現れる。彼らの顕著な特徴の一つは、共同体主義に基づいて政策綱領を編み、その実現を企図するところにある。この点で共同体主義は、今や理論から実践へと移行しつつあると言えるかもしれない。しかしながら、そうした政策の内実が、実際に1980年代の諸理論をどこまで継承しているのかは必ずしも定かではない。たとえばそこでは「リベラルな共同体主義者」（liberal communitarian）について語られるが、上に見たようなリベラリズムとの関係からするならば、共同体主義というカテゴリーを理論的に豊かにするうえで、それがどれほどの意義を持つのか議論の余地があるだろう。また実践的にも、共同体や公共性の名の下にリベラリズムの諸価値を縮減する方向に進むとすれば、それは1980年代の共同体主義とは似て非なるものである疑いも出てくる。その意味で共同体主義というカテゴリーは、過去20年の論争史とともに、今や批判的な検証の時期を迎えていると言えよう。

【主要文献】Michael J. Sandel, *Liberalism and the Limits of Justice,* Cambridge University Press, 1982（菊池理夫訳『自由主義と正義の限界』三嶺書房, 1992）. Michael Walzer, *Spheres of Justice: A Defense of Pluralism and Equality,* Blackwell, 1983（山口晃訳『正義の領分――多元性と平等の擁護』而立書房, 1999）. Alasdair MacIntyre, *After Virtue: A Study in Moral Theory,* 2nd ed., University of Notre Dame Press, 1984（篠﨑榮訳『美徳なき時代』みすず書房, 1993）. Charles Taylor, *Philosophical Papers 1/2,* Cambridge University Press, 1985. ――, *Sources of the Self: The Making of the Modern Identity,* Harvard University Press, 1989. ――, *The Ethics of Authenticity,* Harvard University Press, 1991（田中智彦訳『〈ほんもの〉という倫理――近代とその不安』産業図書, 2004）. Amitai Etzioni, *The New Golden Rule: Community and Morality in a Democratic Society,* Basic Books, 1996（永安幸正監訳『新しい黄金律――「善き社会」を実現するためのコミュニタリアン宣言』麗澤大学出版会, 2001）. Stephan Mulhall and Adam Swift, *Liberals and Communitarians,* Blackwell, 1996（谷澤正嗣／飯島昇藏訳者代表『リベラル・コミュニタリアン論争』勁草書房, 2007）.

（田中智彦）

共和主義

〔英〕republicanism

　共和主義「リパブリカニズム」は、「シヴィック・ヒューマニズム」(civic humanism, 市民的人文主義) として語られることも多いが、元来は、共和政体、共和制の国制を支持する思想の意である。反対語は「モナーキズム」(monarchism) あるいは「アブソリューティズム」(absolutism) で、君主至上主義あるいは国王絶対主義を意味する。したがって共和主義は平等への傾斜を持った急進的な概念として用いられることが多く、極端には君主政廃止論を意味する。しかし、リパブリカニズムは「レス・プブリカ」(res publica)、すなわち「共同の事物」、「国家」を語源としており、保守的な国家観としても用いられる場合がある。

　16〜18世紀において、レス・プブリカ (国家) の英訳として用いられたのは、「リパブリック」(republic) であるより、「コモンウェルス」(commonwealth, くに) であった。「コモンウェルスマン」(commonwealthman) は「リパブリカン」(republican) より広い概念である。同類の語の、政治体としての国家を意味する「ポリテイア」(politeia)、「ポリス」(polis)、「キヴィタス」(civitas) の英訳は「ポリティ」(polity)、「ボディ・ポリティック」(body politic)、「シティ」(city) であり、権力の状態を表現する「スタート」(stato) に由来する「ステート」(state) はこの時期にはあまり用いられなかった。「ネイチャー」(nature) と同じ系統の語である「ネイション」(nation) は本来「ネイティヴ・ピープル」(native people) の意であって、リパブリックやコモンウェルスとは種類が異なる。共和主義者にも、共和党にも、共和主義と同じく、急進的なものも保守的なものもある。

　イギリスの思想史において重要なのは、17世紀から18世紀にかけての共和主義である。16世紀のテューダー・ヒューマニズムとして知られる思想、トマス・モアやトマス・スミスの理想の国家像にも「共和主義」的要素は見出せるかもしれないが、本格的な共和主義思想は17世紀を待たなければならない。

17世紀の共和主義

　17世紀の共和主義はステュアート絶対主義の専制支配への対決の思想として生まれた。それは理想の国家像として共和政体を描いた。ニーダム、ハリントン、ミルトン、ラドロー、シドニー、ティレル、モールズワースなどが代表である。彼らは専制国家に反対し、国民を代表する「参加する市民」の統治組織として、内乱を克服するとともに対外的脅威にも備えるものとして共和政体の国家を構想した。国家として生存しつづけるためには帝国 (属州への支配権) が必要と考えられた。共和政体は民兵、徳と不可分とされ、マキアヴェッリの共和主義の濃密な影響がある。それは単なる政体論ではなく、古典的人文学の継承に立脚したシヴィック・ヒューマニズムとしての共和主義であった。

　17世紀のイギリスを代表する共和主義者は誰よりもジェイムズ・ハリントン (1611-77) である。フィレンツェ共和国の官僚・外交官を経験したマキアヴェッリは、共和政都市国家における為政者の徳と自分の軍隊・民兵軍を不可欠なものとして説いた。マキアヴェッリのこのような共和主義思想は古典共和主義の復活でもあったが、17世紀のイングランドに変容を伴いながらも大きな影響を与えた。当時のイングランドは、すでに封建制は解体していたが、いまだ商業はオランダの後塵を拝し、ロンドンなどの少数の都市を除けば未発展で、全体として農本主義的な社会であった。ヘンリ8世の修道院解散後、大所領が分割され、独立自営領主としてのジェントリが多数登場し、しだいに大きな影響力を持つよ

うになった。そのような土地所有の変動を基礎に、共和主義的な国家論を構築したのがハリントンである。

ハリントンはピューリタン革命期の思想家としてホッブズとほぼ同時期に登場したのであるが、ホッブズが内乱の原因を臣民、ピューリタン諸党派の側での主権についての無知、政治的義務についての誤解に求め、混合政体論、主権分割論を弾劾したのに対して、ハリントンは内乱を「土地所有の変動」(balance of property)が「上部構造」(super-structure)に影響を与えた必然的結果であると主張した。したがって、ホッブズが『リヴァイアサン』(1651)において不可分の絶対主権論を万人の社会契約に基礎づけたのに対して、ハリントンは『オシアナ』(1656)において、有名な「審議と決議の分割」で知られる、平等で共和主義的な「二院制議会」を提案した。土地所有者が平等に参加する二院は、「ケーキを切る少女と選ぶ少女」のように、審議と決議をそれぞれ固有の役割として担う。

ハリントンはアテネよりスパルタの統治、ローマよりヴェネツィアの政体を好ましいとした。ハリントンは、統治は「正しい理性」に基づかねばならないとし、ホッブズと同じく、演説(雄弁)を有害と考えた。正しい理性とは、自己利益、集団の利益、全体の利益であるが、統治において重要なのは全体の利益である。全体の利益は少数の賢者に統治を委ねることによって実現しうる。大衆は愚かだが、有徳な賢者による指導が望ましいことは理解する。自然は有徳な賢者を「自然的貴族」として生み出す。こうしてハリントンは、自然的貴族が「元老院」を構成し、1050人からなる「人民会議」が民衆を代表する国制を構想し、共和国(空位)時代のイングランドに実現することを望んだ。

ホッブズが絶対主権国家に求めたものが安全と秩序であったとすれば、ハリントンが共和政体の国家に求めたのは、全体の利益としての安定であった。そのためには共和国は拡大を目指さなければならないとした。防衛に専念する政策は成功しても現状維持であり、変動する世界では現状維持さえ困難であるから、現状維持のためにも拡大を必要とするというのが、ハリントンの判断であった。ここにもマキアヴェッリの思想的影響が見られる。「拡大する共和国」は、一見すると、18世紀イギリスの合邦から植民地帝国形成に合致する理念であった。しかし、ハリントン後の共和主義者は、植民地帝国の形成に向かう動向に警鐘を鳴らし、商業社会の悪しき産物としての金権腐敗政治を弾劾することに力点を置いた。したがって、18世紀イギリスにおける共和主義思想は、政権を批判する「カントリ・イデオロギー」として展開された。争点の変容が思想の変化をもたらし、思想には深化と発展が生じる。共通の要素もあるが、ハリントンの共和主義がマキアヴェッリのそれと異なるように、18世紀初期の共和主義は17世紀のそれと異なり、後半の共和主義、世紀末の共和主義もそれぞれに差異がある。

名誉革命後の18世紀前半の共和主義

名誉革命によって政体問題に「混合政体」、あるいは「均衡国制」と「議会主権」という形で決着がつけられそれが定着したために、18世紀の共和主義者は、政体の革命を求めることはもはやなかった。名誉革命と合邦によって「商業共和国」としての帝国を模索し始めたグレート・ブリテンは、国内平和の時代を迎えたというものの、政争はたえず、対外的には戦争が続いた。民衆への富の普及は充分ではなく、政治と商業は癒着し、「腐敗政治」が進んだ。名誉革命からオーガスタン時代にかけて、「安定の時代」とするのは虚像である。こうした背景の中で、いわゆる「ネオ・ハリントニアン」(neo-Harringtonians)と言われる思想家(トーランド、トレンチャード、ゴードン、モイル、ダヴナント、フレッチャー、ボ

リングブルックなど）が活躍した。彼らの多くはハリントンの遺産を受け継ぎつつ、権力の寡頭制化に抵抗し、常備軍論争（1697-1702）において国王ウィリアム3世とその支持者の軍隊拡大案に対抗して1万人を限度とする小規模案か全廃を対置し、民兵制を唱導した。彼らはまた商業の必要性を認めつつも、金融財政革命が可能にした政治と経済の癒着に対して、また大国への野望、植民地帝国への道に対して警鐘を鳴らした。「恩顧」（patronage）、「腐敗」（corruption）、「常備軍」（regular army）は自由と独立、「自由な国制」を危うくすると批判したのである。スコットランドの愛国者、フレッチャーは合邦に反対し、スコットランドの自治を求めた。ジャコバイトのボリングブルックはウォルポールの金権癒着腐敗政治を批判し、政治的廉潔、公共精神、愛国心を強調し、祖国を愛する「愛国者」（patriot）の思想を提唱した。

均衡国制を維持するために、「政治的徳」（civic virtue）を強調するか制度改革を求めるかを争いながら、同時にジャコバイト、トーリの反革命に対処することが18世紀前半の共和主義者の課題であった。他方、トーリも漸次ホイッグへ歩み寄ったために、コート－カントリのイデオロギー対立が明確化し、共和主義はカントリ・イデオロギーとして力を発揮した。彼らは政治主体として地主（gentry）以下の平民には期待しなかった。

18世紀後半の共和主義

18世紀後半の大問題は、とりわけアメリカを中心とする植民地問題であり、帝国と植民地の関係における政治腐敗にあった。それぞれの国民の幸福をいかにして保証するかを追究した、立法者の学としての経済学が成立し、統治への新しい指針、政策目標として民衆の「富裕」が登場する（それは腐敗の容認ではない）。自然法思想が各人に規範の遵守を求めたのに対して、公共への参加を市民に求めたのが共和主義だとすれば、そのいずれにもまして分業＝個人生活を重視する「商業ヒューマニズム」（commercial humanism）としての経済学は、両者と無関係に見えるかもしれない。たしかにそのような側面があることも否めないが、しかし経済学は、市民参加の限界を認めつつも、立法者や能動的市民の公共精神（civic virtue）を否定したのではない。まして各人の権利と義務を語らないからといって、それらを否定するものではない。自然法、ストア哲学、共和主義との不可分の緊密な関係を持ちつつ、基底（分業、市場、資本蓄積）と上部構造（国政、政策、司法、軍事、教育など）、ミクロ（人間本性分析）とマクロ（意図せざる結果）という構造的な分析装置を持った社会理論として経済学は成立する。経済学を持つことによって共和主義はいっそう変容を余儀なくされる。

帝国支配への批判、議会改革が共和主義者の課題となるが、少数者の解放、貧民問題を課題として意識する啓蒙思想の影響もあって共和主義は急進主義、民主主義と関係を持つようになる。

議会改革論者は、腐敗に反対し、政治参加の拡大と平等を目指した点で、共和主義的傾向を持っていた。彼らの綱領をまとめると、毎年議会選挙、選挙区の均等化、無記名投票、議員財産資格廃止、議員歳費、普通選挙権の6点となるが、これらは19世紀のチャーティスト運動を経て選挙法改正によって実現を見る。

したがって、18世紀後半の共和主義は重商主義的商業帝国の価値を批判するカウンター・イデオロギーであり続けるとともに、自然法思想と結びついて、自由な商業社会の構築を目指す建設的な立法者の科学ともなる。すなわちジャコバイトの乱、英仏七年戦争後のシヴィック・ヒューマニズムはこのような二つの役割を果たした。

フランス革命後の共和主義と共和主義の多様性

18世紀末になると、とりわけフランス革命以後、共和主義は政治的急進主義の傾向を強める。代表的な共和主義者はペインである。ペインはアメリカ独立を支持し、フランス革命の賛同者であったが、「商業共和国」をアメリカに展望し、アメリカに移住した。アメリカ独立以後、イギリスでの共和主義は衰退し、アダム・スミスの弟子ミラーのような例外もあるけれども、拠点はアメリカに移る。アメリカではやがてジェファソン、マディソンの「農民共和国」とハミルトンの「商業共和国」が対立する。

世紀末の共和主義は、「人民の友」と「ユナイテッド・アイリッシュメン」に見られるように、愛国と自主独立と連帯の思想となる。ハチスン、スミス、ミラーの教え子が主導したユナイテッド・アイリッシュメンはスコットランド啓蒙、スコットランド共和主義の改革精神を継承し、アイルランドの自由の獲得を目指した。

以上のように、時代と争点の変化、イングランド、スコットランド、アイルランド、アメリカの事情、地域の特徴に応じて、共和主義は多様である。共和主義者として数えられる思想家といえども、共和主義だけで思想形成することなどありえない。キリスト教、自然法、古典哲学、ストア哲学、自由主義などの多様な思想の伝統の中で思想形成をする。また同時代の様々な潮流の影響もある。こうして、18世紀の共和主義は、知的貴族の思想から大衆運動へ、穏健な急進主義運動の成立との関係、民主主義運動の精神との融合という特徴を示し、19世紀には功利主義者、社会主義者によっても継承され、ロマン主義にも変容して受け継がれる。

共和主義の研究は20世紀の後半から盛んになり、とくにポーコックの影響によって飛躍的に進んだ。その結果、今では18世紀グレート・ブリテンにおける共和主義、自由主義、民主主義、ナショナリズムの複雑な関係を視野に置きながら、イギリスにおける共和主義がどのような思想であったか、より明確に把握できるようになった。

【主要文献】James Harrington, *The Common Wealth of Oceana,* 1656（田中浩抄訳「オシアナ」、『世界大思想全集 社会・宗教・科学思想篇 2』河出書房新社, 1962）. John Pocock ed., *The Political Works of James Harrington,* Cambridge University Press, 1976. Algernon Sidney, *Discourses Concerning Government,* 1698; Thomas G. West ed., Liberty Fund, 1990. John Trenchard and Thomas Gordon, *Cato's Letters,* 1720-23; Ronald Hamowy ed., Liberty Fund, 1995. Andrew Fletcher, *Political Works,* 1737; John Robertson ed., Cambridge University Press, 1997. Bolingbroke, *Political Writings,* David Armitage ed., Cambridge University Press, 1997. Caroline Robbins, *The Eighteenth Century Commonwealthman,* Harvard University Press, 1959. John G. A. Pocock, *The Machiavellian Moment,* Princeton University Press, 1975; 2nd ed., 2003. ——, *Virtue, Commerce, and History,* Cambridge University Press, 1985（田中秀夫訳『徳・商業・歴史』みすず書房, 1993）. David Wootton ed., *Republicanism, Liberty, and Commercial Society, 1649-1776,* Stanford University Press, 1994. 田中秀夫『共和主義と啓蒙』ミネルヴァ書房, 1998. 田中秀夫／山脇直司編『共和主義の思想空間』名古屋大学出版会, 2006.

（田中秀夫）

空間と時間

〔英〕space and time

　時間空間は日常的思考が対象と関わり対象を指示するためのスキームであるとともに、科学的な説明が組み立てられる枠組みでもある。時間空間には他の思考の対象には見られないいくつかの特異な性質があり、それらをめぐって様々な哲学的科学的問題を生み出してきた。時間空間論の歴史において画期をなしたのはニュートンの時間空間論である。彼の議論には科学的数学的分析と神学的哲学的考察とが綯い交ぜになっており、時間空間をめぐる問題の多面性と奥深さとを知らしめる。同時にニュートンの時空概念の批判とそれへの応答が現代時間空間論の出発点をなしたのである。

ニュートンの時間空間論

　ニュートンは『プリンキピア』第1巻冒頭で以後使用される諸概念の定義を与えるが、定義8の注（scholium）で時間・空間・運動の概念を説明する。そこでは絶対的（数学的）時間・空間・運動と相対的（見かけの）時間・空間・運動とが区別され、自然哲学で問題とされるのは前者であることが強調される。絶対時間とは外的なものに関わることなくその本性によって一様に流れる時間あるいは持続のことである。相対時間とは絶対時間の多少とも不正確な測度のことであり、周期的な物理的過程を参照することによって感覚的に計測される。絶対空間は外的なものに関わることなくその本性によってつねに同様で不動である。相対空間は絶対空間の可動的な次元あるいは測度であり、参照点としての知覚可能な物質的対象に付属している。絶対運動とは絶対空間中のある場所から他の場所への物体の移動のことであり、相対運動とは相対空間中の場所移動のことである。絶対空間・時間・運動は知覚不可能なため、われわれは通常はその感覚的測度である相対空間・時間・運動を用いる。だが運動法則が関わるのは絶対空間、絶対時間、絶対運動のほうである。

　絶対運動と相対運動は、その性質、原因、結果によって区別される。(1)性質に関して。絶対静止している諸物体は互いに対して相対静止しているが、相対静止している物体が絶対静止しているかどうかは観察可能な物体の位置からは決定できない。部分の運動は全体の運動に与るから、全体が運動している場合、その部分が周囲の物体に対して静止しているように見えても、実際にはそれは運動している。真の運動は不動の場所としての絶対空間を参照することによってのみ定められる。(2)原因に関して。絶対運動は運動する物体に加えられた力によってのみ生じた変化する。相対運動はそうした力が加えられなくとも生じたり変化したりし、またそれが加えられても変化しない場合がある。(3)結果に関して。絶対回転運動は遠心力を生じさせるが相対回転運動ではそうではない。

　これは二つの実験を考えることで示される。(i)水を入れたバケツを回転させると、最初は（バケツに対する水の相対運動は最大であるにもかかわらず）水の表面に変化はない。摩擦によって水がバケツとともに回転を始め、バケツに対して水が静止したとき（相対運動は最小であるにもかかわらず）水は遠心力によって中心が凹みバケツの内壁にそってせり上がる。(ii)他に何も存在しない宇宙を仮定し、その中で紐で結んだ二つの球体をそれらの重心の周りに回転させる。仮定によって周囲には参照する物体が無いため、球体と紐からなる系は回転によって互いの位置関係を変えず、相対的には静止していると見なされる。だが回転が速くなるにつれて紐の張力は大きくなるだろう。張力の増加は相対回転ではなく絶対回転によってのみ説明できる。

デカルト・ライプニッツ vs. ニュートン

　以上のようなニュートンの主張の一つの標的はデカルト派の宇宙論であった。デカルトは空間を延長と同一視しかつ延長を物体の属性と見なすので、空間＝延長のあるところ必ず物体があると考えた。空間は物体で充満しており空虚な空間（真空）は存在しない。運動が存在するのは充満している物体が渦動を生ずるからである。太陽系は太陽の回転によって生ずる渦動が惑星を運ぶことによって成立する。物体の運動はその周囲の渦動流体との関係で定義され、渦動流体との位置関係を変えない物体は静止していると見なされる。地球は太陽を巡る渦動流体とともに公転しているから、上の定義により静止している。ニュートンはこのようなデカルト派の運動概念や惑星運動の説明が自然学の数学的解明にとってまったく不十分であると考え、正しい動力学の法則を見出し太陽と惑星の体系（「世界の体系」）の正しい理解を得るために、時間・空間・運動の適切な解明を与えることが必要だと考えたのである。

　一方、絶対空間・時間・運動は観察不可能であるゆえに、その存在論的身分や科学的説明に用いることの正当性に関して多くの議論を呼び起こした。最も有名なのはライプニッツとニュートン派のクラークとの間の論争である。ライプニッツは絶対空間・時間の想定から、様々な空虚な帰結（実験・観察によって成否が判定できない帰結）が導き出されることを示し、彼自身の「不可弁別者同一性の原理」や「充足理由律」を用いてニュートン－クラークを批判した。たとえば、もしも絶対空間があるとすれば、宇宙に存在する全物体を任意の距離だけ並行に移動するという想定が可能となるが、並行に移動される前後で観察可能な状態にはまったく変化は生じずそれらの状態は弁別不可能である。また無限に存在するそうした弁別不可能な状態から神が一つを選択する理由もない。それゆえこれらの想定は不合理であり無意味である。同様にもしも絶対時間があるとすれば世界の創造の時点を任意の時間だけ早めることが可能であっただろうが、これも上記二つの原理によって無意味である。ライプニッツ自身は、空間を同時に存在する事物の秩序、時間を継起的に存在する事物の秩序として関係論的に考えるべきだと主張した。

　ニュートンの立場とライプニッツの立場は時間空間に関する絶対説と関係説（相対説）との原型として以後の哲学的・科学的論争に受け継がれていく。マッハやアインシュタインらは絶対回転運動も関係説的に解明できると考え、絶対空間・時間の概念を科学的に無用なものと考えた。一方ネオニュートン主義者と言われる現代の論者たちは、時間空間の「絶対性」を事物の関係に解消されないそれらの持つ実在的性質と捉え直すことによって、一定の仕方でニュートン的考え方を擁護できると考えている。

時間空間に関する神学的・形而上学的議論

　ニュートンは時間空間に関する科学的分析を行ったばかりでなく、とくに神との関係で時間空間の存在論的身分に関して考察を加えた。彼によれば、時間空間は実体とも属性とも異なる独自のあり方をしている。時間空間は神の創造行為の因果的結果ではなく神の流出結果である。「流出」とは新プラトン主義に由来する概念であり、何かが他のものの流出結果であるときは、当の結果なしに原因となるものは存在しえない。流出結果は流出原因と同時にまた同じ場所に存在する。流出原因である神は流出結果である時間空間中の至るところにつねに存在する。また神は永遠・無辺であるゆえに時間空間も永遠・無辺である。さらに神は至るところにいることによって宇宙のすべてのことを知る。このことをニュートンは『光学』の中で、「無限空間中にあるもの自体を神は、いわば感覚器（sensorium）の

中にあるもののように見る」と表現した。ニュートンの言う「感覚器」とは、人間の場合、感覚器官を通して運ばれる対象の形象を精神が見る場所のことである。神は無限空間を感覚器とすることであらゆる対象自体を直接に見ると主張される。

一方ライプニッツは上記の論争の中で「感覚器」を「感覚器官」と解釈したうえで、空間を神の感覚器官とすることは神の世界認識を間接的なものとすると批判し、またそのような説明は神が世界の事物に影響されることを含意し神の超越性を否定して神を世界に内在する精神(世界霊)とすることだと反論した。こうした点をめぐってもライプニッツとニュートン-クラークとの間で激しい応酬が繰り返された。ニュートンの神学・形而上学的議論は、彼が現代の目から見て科学者とは言いがたい様々な面を持つことを明らかにするとともに、近代的な時間空間概念の誕生に多様な要因が絡まるものであることを示す点でも興味深いものである。

無限小とバークリーの批判

時間・空間・運動を扱うための最強の道具である解析学の誕生に関わる無限小概念について一瞥しておこう。デカルトによる解析幾何の発見以降、当時の数学者たちの中心的興味は曲線の接線の問題と曲線図形の面積の問題とに向けられていた。その際無限小概念を用いた近似の方法が重要な役割を果たした。一方無限小の存在論的身分は多分に曖昧であり、それを用いた計算にも様々な論理的飛躍が含まれていた。ニュートンはそうした曖昧さを嫌い、曲線を運動する点が描く図形と考え、その点の「速度」の概念を用いて接線や求積の問題を扱おうとした。点の描く曲線は流量と呼ばれ、点の「速度」は流率と呼ばれる。流率は有限の値で与えられるので、無限小のような疑わしい概念を用いなくてもすむと考えられたのである。たとえば $f(x, y) =$ 0で与えられる曲線に対して、流量 x, y の流率 x, y と瞬間的時間 O との積 xO, yO から増加分 $f(x + xO, y + yO) = 0$ を求め、それから $f(x, y) = 0$ を辺々引く。その結果は O を因数として含む項の多項式で表される。両辺を O で割り、さらに最終的に O が無限に減少すると見なしてそれを含む項を無視して計算すれば、x と y の比が計算でき接線の傾きが求められる。

実際にはこの方法は瞬間的時間 O を使用している点ですでに無限小を含んでおり、それにまつわる困難を内含している。その点を鋭く突いたのがバークリーであった。バークリーが『解析家』において指摘した困難は、上記の手順において多項式を O で割る時点では O を有限量と仮定していながら、最終的にそれがゼロと同一視されるという不整合であった。ニュートンは求める比を「消滅する量の究極の比」と言ったが、バークリーはそれを「消え去った(=死んだ)量の幽霊」と揶揄したのであった。バークリーの指摘した困難に対する解決には極限概念の論理的精密化を待たねばならず、それはニュートン以降の数学者たちの重要な課題となった。一方無限小を母体として生まれた微分積分学は、ニュートン力学を支える無比の道具として発展することとなった。

【主要文献】I. Newton, *Philosophiae Naturalis Principia Mathematica,* 1687 (河辺六男訳「自然哲学の数学的諸原理」、『世界の名著 26 ニュートン』中央公論社, 1971). ——, *Opticks,* 1704 (島尾永康訳『光学』岩波文庫, 1991). G. Berkeley, *The Analyst,* 1734. H. G. Alexander ed., *The Leibniz-Clark correspondence,* Manchester University Press, 1956. P. Bricker and R. I. G. Hughes eds., *Philosophical Perspectives on Newtonian Science,* MIT Press, 1990. 吉田忠編『ニュートン自然哲学の系譜』平凡社, 1987.

(中釜浩一)

クェーカー

〔英〕Quakers

クェーカーは、21世紀の今日、英米を中心として、世界で合計 30 余万の会員数を有するキリスト教プロテスタントの宗教団体である（正式名 The Religious Society of Friends）。少数派であるにもかかわらず、その存在が広く社会に知られてきたのは、時代を画する変革にそのつど参与してきたためである。たとえば、18～19 世紀の奴隷制廃止運動、19 世紀中半に始まる女性の権利運動、20 世紀前半の良心的兵役拒否法制化への貢献などは代表的な例である。第二次世界大戦後には、戦争被害者を対象とする救援活動が評価され、英米双方のクェーカー外郭団体にノーベル平和賞が贈られた。

他方、平和を愛好するとはいえ、成立以来 350 年の歴史において、教説解釈をめぐる反目や分裂も幾度か経験している。現在もクェーカー内部には複数の潮流が存在し、信仰の立場は必ずしも一枚岩ではない。しかしながら、人権の擁護という観点から、彼らの貢献は大きい。こうした彼らの思想の源泉を尋ねるなら、成立当初のクェーカーにまで行き着く。したがって、ここでは 17 世紀イングランドのクェーカー運動を中心に見ることにする。

初期クェーカー運動の開始と終焉

クェーカー運動は、クロムウェル政権下の共和制期、G.フォックスによる北部ペンドル・ヒル登頂時の啓示と、それに続くシーカー（Seekers）との出会いを契機に 1652 年に始まった。シーカーとは、当時の教育制度を批判し独自で礼拝を維持していた人々の総称である。当初は、北部シーカーの連絡網を活用した地域型覚醒運動にすぎなかったが、ロンドンをはじめ南部諸地域への拡大に伴い、ヨーロッパ大陸や北アメリカなどへも布教が開始された。説教者の大部分は正式の資格を有しない男女であり、その多くがヨーマン、ハズバンドマン、職布工などの中下層の出身だった。また、内戦時の議会軍将兵や軍隊内レヴェラーなども加わった。

クェーカー運動は、17 世紀の時代精神であった千年王国思想を抜きには理解できない。聖書の世界観に基づいて展開されたこの運動を、彼らは『ヨハネの黙示録』を典拠に「小羊の戦い」（Lamb's War）と称した。すなわち、歴史の終末に「霊」の形で人間の魂に再臨したキリストが、魂の浄化だけでなく地上そのものをも浄化して「キリストの王国」を実現する、というものである。この「霊の戦い」、すなわち非暴力の戦いに、クェーカーは「小羊」キリストの従者として、敵すなわち「反キリスト」打倒のために自らのすべてを、そして生命までをも賭けた。

クェーカーにとって「反キリスト」は、クロムウェル政権下の聖職者や執政者の心に巣くう「邪悪な霊」を意味した。この邪悪さに打ち勝つためには、邪悪な心の投影である現実の社会の不正義すべてを相手とせざるを得なかった。すなわち、彼らにとっては、日常の慣習から国家機構の根幹に至るまで、一切が戦いの射程内に入った。クェーカーは聖職者の説教妨害、脱帽・宣誓の拒否、十分の一税支払いの拒否などの法令違反で逮捕されたが、その数は、共和制末期までに 2000 名、死者は 20 名に上った。さらに、王政復古から名誉革命後の「寛容法」発布まで、「秘密集会法」（クラレンドン法典の一つ）違反による逮捕者は 15000 名、死者は 450 名に上った。

「小羊の戦い」がこのように熾烈であったのは、終末の切迫を自覚したクェーカーが、殉教してこそ、刷新された「キリストの王国」で自らも「霊」となって復活し、キリストとともに暮らせる、ということを信じたためである。1660 年代後半には、初代クェーカーの説教者のほとんどが死亡してしまった。出獄直

後のフォックスが、この時点で全国的な組織化を企図しなかったならば、後世に宗教団体として存続しえなかったと言われる。

1682年、クェーカー第二世代のウィリアム・ペンによって、ペンシルヴァニア植民が開始された。以後18世紀にかけて、イングランドからクェーカーの相当数が移民し、ペンシルヴァニアが信仰の自由を実現する新たな地となった。「聖なる実験」（Holy Experiment）と称されたこの地で、ペンは、非国教徒だけでなく宗教を異にするあらゆる人々に信教の自由を保障する道を法制化によって開いた。

イングランドでは「寛容法」以後、クェーカーであっても礼拝への参集を理由に逮捕されることがなくなったため、この時点を初期クェーカー運動の終焉としている。しかし、依然として宣誓と十分の一税支払いとを拒否したことから、彼らは公職に就くことと公教育を受けることから19世紀後半まで排除された。18～19世紀の産業革命期に、綿工業、製鉄業、銀行業界などでクェーカー実業家が輩出したのは、17世紀以来の生活信条を彼らが固守したためであった。

非暴力・不服従の平和創出運動

最後に、クェーカーが非暴力で不服従の、正義と平和を築く運動の主体者であったことを見ることにする。

クェーカーが「キリストの霊」を受けたとして身体を震わせる様子を揶揄して言われたのが「震える人」、すなわちクェーカーであった。彼らは、この神秘体験によって初めて現世で罪から完全に解放され、神の救いを実感できた、と言う。クェーカーに共通したのは、17世紀の同時代人に影響力を持ったカルヴィニズムの救済論──神の「選び」によって救いに定められた者と滅びに定められた者の運命は不変であり、制度的律法（聖礼典や道徳律）の遵守こそが罪ある者を救済するという教説──と対立する教説によって救いを実感した、という点である。すなわち、外的な制度的律法と一切無関係に「キリストの霊」を体験し神の救いを実感できたクェーカーにとって、もはや現世の律法は拘束の対象ではなくなった。代わりに、この「キリストの霊」が「神の律法」として、自身を導く唯一の指針となった。それゆえ、全的な自己革新を遂げたクェーカーに、神の「意志」に従う覚悟が要請された。それは具体的に、歴史のイエスと同じ「苦難の十字架」への道を歩むことを意味した。クェーカーが権力奪取の意図や暴力を否定できたのは、この「苦難の十字架」の教説のゆえである。

現世を逃げるのではなく克服してこそ勝利するという確信の下、世俗のあらゆる悪に立ち向かった彼らの運動の核心には、男女の心のうちにも異教徒の心のうちにも平等に宿る「キリストの霊」があった。この「霊」は、当時の女性蔑視の壁を砕き、社会の経済的不平等や身分の上下関係を批判する「霊の武器」となった。

このような初期クェーカー運動の精神が、その後の人権を擁護する活動へと受け継がれたのである。

【主要文献】W. C. Braithwaite, *The Beginnings of Quakerism*, Macmillan, 1912. ──, *The Second Period of Quakerism*, Macmillan, 1919. G. F. Nuttall, *The Holy Spirit in Puritan Faith and Experience*, Blackwell, 1947. H. Barbour, *The Quakers in Puritan England*, Yale University Press, 1964. 山本通『近代英国実業家たちの世界──資本主義とクェイカー派』同文館，1994. 西村裕美『小羊の戦い──17世紀クェイカー運動の宗教思想』未来社，1998.

（西村裕美）

グランド・ツアー

〔英〕grand tour

　良家の子弟が教育の仕上げとして行ったヨーロッパ大陸旅行。とくに 17 世紀末から 18 世紀にかけてイギリスの上流階級が行ったものが重要。"Grand Tour" という語の初出はリチャード・ラッセルズの『イタリア紀行』(1670) とされる。目的地は個人的で多様だが、パリとイタリア主要部（ローマ、ヴェネツィア、フィレンツェ、ナポリ）が中心。ほかにもオランダ、ハノーヴァ、ベルリン、ドレスデン、プラハ、ウィーン、ミュンヘン、ジュネーヴなどを訪問。裕福な場合は召使なども連れ、期間は 1～2 年から時に数年。目的は観光のみならず、仏語、伊語などの外国語や礼儀作法の習得、美術品や書物の購入、美的感覚の陶冶、ヴォルテールらの知識人・上流階級との交流、短期留学などであった。

　中世以降イギリス人は大陸への巡礼や留学を行っていたが、とくに芸術の面でいまだ周縁的と思われた 17～18 世紀のイギリスにとり、この旅行の文化的意味は大きい。「イタリアに行ったことのない人間は劣等感に悩まされる」という 18 世紀ジョンソン博士の言葉は有名だが、古代とルネサンスの文化的威光を担うイタリアは、19 世紀に至るまでイギリス人を魅了し、文化の移植を促した。さらにグランド・ツアー流行の背景には、旧弊な国内大学での教育を嫌い、大陸旅行を教育の場として選んだこと、貴族の富裕化、消費革命も働いた。個別的にはスコットランド人が伝統的にオランダの大学を好み、カトリック教徒が海外での教育を好んだこともある。

美術・美学への影響

　グランド・ツアーがイギリスに与えた文化的影響で最も顕著なのは、美術に関するものであろう。グランド・ツアー経験者のみからなるディレッタント協会 (1734 設立) に典型的なように、この旅行を経ることで、人々は「趣味人」「目利き」(connoisseur) を標榜できた（美的通過儀礼としてのグランド・ツアー）。しかもイギリス人がイタリアから購入した大量の美術作品は、母国のカントリー・ハウスに収められ、16～18 世紀イタリア美術コレクションを形成する（ただし初期ルネサンスの画家はほとんど無視された）。これがのちのイギリス美術の興隆に寄与したことは疑いない。

　イギリス人は、イタリアでしばしば記念の（集団）肖像画や（時に合成の）風景画を描かせたが、結果バトーニやカナレットといったイタリア人画家の人気が高まった（カナレットはイギリスにも赴き、ロンドン風景を描く）。同様に（しばしば空想的な）イタリア風景を描いたクロード・ロラン、ガスパール・デュゲらも高い人気を保ち、当時ロランの絵はほとんどイギリスにあった。イギリス人画家が受けた影響も大きい。18 世紀半ば、ウィルソンの風景画は、ロランの代用品として人気を博したし、コンスタブル（イタリアに行っていない）やターナーもロラン風の絵画を描いている（ロラン的イタリア風景画のフィルターを通してイギリスを見ることは、ピクチュアレスクの美学の流行も招いた）。画家・デザイナーのケントとそのパトロンの第 3 代バーリントン伯は、1710 年代のグランド・ツアー後、イギリスに新古典主義的新パッラーディオ様式を隆盛させた。また 18 世紀後半以降、ポンペイやヘラクレネウムの発掘が進むと、本格的な考古学的関心を抱く旅行者も現れた。

　イギリスからイタリアへ向かうにはアルプスを越えることも多かったが、18 世紀初頭は恐怖と嫌悪の対象でしかなかったアルプスも、徐々に美的な魅力を持ったものとして捉えられるようになる。詩人グレイと旅行中の文人 H.ウォルポールがアルプスで発した言葉、「断崖、山巓、急流、狼、轟音、サルヴァトール・ローザ」(1739) はそうした感性を示す典型で

ある。この感性が、バークの『崇高と美の観念の起源』(1757) に代表される「崇高」美学に及ぼした影響もしばしば指摘される。この自然感情とイタリアの風景画（さらに造園術）の影響は、18世紀のイギリスで「風景式」と呼ばれる自然風庭園を生み出す一因ともなった（上述のケントはこの庭園様式の創始者と目される）。またイギリスで人気を博したイタリア人画家ピラネージのローマ風景版画が示すように、当時のイタリアは政治的弱体化もあり荒廃していたが、それが考古学趣味とともに、18世紀イギリスの廃墟趣味を促したこともよく知られる。

紀行文学と家庭教師

大陸旅行は、多くの紀行文学を生み出した。厳密にはグランド・ツアーによるものでないものも含むが、とくにアディソン (1705出版)、モンタギュー夫人 (1763出版)、スモレット (1766出版)、ボズウェル (1768出版ほか) のものは名高い（ギボンが『ローマ帝国衰亡史』を書いたきっかけも、グランド・ツアーでローマを訪れたことにあった）。もっともこれら紀行文学の信憑性は当時から疑われており、グランド・ツアーの実態を探るには、手紙や手稿をも参照せねばならない。

グランド・ツアーの文化的影響を考えるうえでもう一つ重要なのが、子弟に随行した家庭教師である。有名なのはホッブズとA.スミスであろう。ホッブズは、キャヴェンディッシュ家などの家庭教師として大陸に渡り、メルセンヌ、ガッサンディ、デカルト、ガリレオと出会い、それが『リヴァイアサン』に至る彼の思想的発展に寄与したとされる。またスミスも、バックルー公爵の家庭教師としてパリのサロンに出入りし、とくに重農主義者ケネーとの交流が『国富論』の執筆に寄与したことはよく知られる。

困難・批判・終焉

とはいえグランド・ツアーには多くの困難も付きまとった。多額の費用、劣悪な道路や宿舎に加え、政治事情（とくに対フランス戦争）から旅行が困難な時期もあった。しかもグランド・ツアーには、当時から厳しい批判があった。若すぎる子弟を海外へ出す危険、性病を含む病気、遊蕩三昧、フランス的気取り、外国への偏見などへの懸念である。またプロテスタントのイギリスにとり、大陸でカトリックの影響を受けることも深刻な懸念だった。とくに1720～30年代「愛国心」を主張したカントリ勢力は、ハノーヴァ朝、フランス料理、イタリア・オペラ同様、グランド・ツアーを批判。1740年代以降イギリスが安定するとその傾向は弱まるが、反大陸感情は60年代以降も残存。グランド・ツアーをめぐっては、18世紀を通じて外国嫌いとコスモポリタニズムとの緊張関係が存在した。

その後、1820年代に鉄道が普及し、クックなどによる大衆的ツーリズムが定着すると、従来のようなグランド・ツアーは姿を消す。

【主要文献】本城靖久『グランド・ツアー』中公新書, 1983. Christopher Hibbert, *The Grand Tour*, Methuen, 1987. Jeremy Black, *The British Abroad*, Sutton, 1992. Rainer Babel und Werner Paravicini Hrsg., *Grand Tour: adeliges Reisen und europäische Kultur vom 14. bis zum 18. Jahrhundert,* Thorbecke, 2005.

（安西信一）

グレート・ブリテン王国

〔英〕Kingdom of Great Britain

現在の正式名称は「グレート・ブリテンおよび北アイルランド連合王国」で、イングランド、スコットランド、ウェールズおよび北アイルランドを包括する。これら4つの地域は、もともと異なる言語、民族、文化から構成されていたが、征服と合邦を通して、政治的統一を達成した。

多様な民族と文化

1066年の「ノルマン・コンクェスト」の結果、イングランドでは、支配層に言語と慣習においてフランス化したノルマン人が君臨し、その下にアングロ＝サクソン人が従属することになった。ウェールズとスコットランドでは、ケルト系の民族が独立した領域を形成した。ケルト系民族は、紀元前500年頃この島に侵入した民族で、彼らはブリソニック語とゴイデリック語をもたらしたが、それはウェールズ、アイルランド、スコットランドの高地地方およびヘブリディーズ諸島において、今も残存している。アングロ＝サクソン人は、民族大移動とともにこの島にやって来た古代英語を話す民族で、「ノルマン・コンクェスト」以前には、先住ケルト民族を周辺に追いやり、イングランドの支配層を形成していた。

ノルマン人の支配の拡大とともに、これらの民族とその文化は、時には融合しつつも、その融合の過程で一つの文化圏に亀裂を生み出すという複雑な様相を呈した。たとえば、スコットランドでは、12世紀以来、ノルマン系のベイリオル、ブルース、ステュアートの家系が新たな貴族として登場するように、低地地方ではノルマン化が進んでいく。それとともに、ケルトの文化・慣習が根強く残る高地地方との差異が深まり、低地人は、高地人を「野蛮なスコットランド人」として蔑視するようになる。この点は、J.マイヤー（c.1467-1550）の著作『グレーター・ブリテン史』（1521）に現れているが、その見方は18世紀中葉まで残ることになる。さらにスコットランドの宗教改革は、低地地方に長老主義と監督主義の対立を生み出すことによって、その地方自体に深い亀裂を残した。

それはスコットランドに止まらない。イングランドの国教徒と非国教徒、アイルランドの大多数のカトリックとプロテスタント入植者たち、これらの対立もまた同じ結果を生んだ。このような文化的差異を残しながら、政治的統合が進められていく。

テューダー期の合邦と征服

1536年と43年の合邦法によってウェールズは、イングランドの政治・法・行政の制度に組み入れられた。イングランドと相違する法は廃止され、コモン・ローが導入された。また辺境領主権は廃止され、イングランド型の州へと編成された。さらに州司法長官、議員、他のイングランドの地方政府の役職が導入され、州や昔からの王許自治都市（バラ）は議会に代表を送ることができるようになった。ウェールズ人は、イングランド人と同じ権利と特権を持つに至ったのである。

この合邦のウェールズ方式——コモン・ローとイングランド型司法・行政組織の導入——は、アイルランドとスコットランドに対しても一つのモデルとなった。

ヘンリ2世（在位1154-89）からアイルランドで領地を与えられたアングロ＝ノルマンの貴族たちは、1366年のキルケニー法によって厳しく禁じられていたにもかかわらず、「行政、服装、土地保有形態、言語、生活習慣」においてアイルランド社会に同化していった。ヘンリ8世（在位1509-47）はその治世の晩年にアイルランドの戦略的な地域の再征服を試みたが、それが本格化するのはエリザベス1世（在位1558-1603）の治世時であった。征服を

通してコモン・ローとイングランド型司法・行政組織を導入することが、その目標とされた。この征服に正統性を与えたのが、エリザベス期の二人の人物H.シドニー (1529-1586) とT.スミス (1513-77) であった。

1565年にアイルランド総督となったシドニーは、征服と植民の仕事を企業化した。この企画への出資者は、征服した土地への権利を国王によって承認される。アイルランドの征服は、「野蛮で怠惰なアイルランド人」が自給自足の放牧によって「土地を浪費」している限り正当である。エリザベスはこの私的な企画に特許状を与えたが、それは私的軍隊によるアイルランドへの侵攻、ゲール系アイルランド人の労働の搾取、そして征服地の領有を認めるものであった。

また、スミスによれば、アイルランドに文明 (civility) ——イングランド的生活規範——を導入するためには、イングランドによって征服され植民されなければならない。ゲールの族長とその従者は、イングランドの支配の下で隷属的な地位を受け入れることを拒否するならば、イングランド人の定住地から排除されなければならない。そのような地位に置くことによってゲール系アイルランド人に、初めて「勤勉」と「正義」を教えることができる。この二人の植民計画は、スペインのアメリカ大陸での征服行為をモデルとしたものと言われる。事実、シドニーはスペイン滞在の経験を持ち、スミスはスペイン帝国主義についてのR.イーデン (c.1520-76) の研究を鼓舞した人物であった。

しかし、他方で、W.ローリー (1554-1618) の経歴に示されるように、アイルランドは、イングランドの海外植民事業のための「訓練場」でもあった。

シドニー、スミスの基本方針は、のち共和期のO.クロムウェルによって徹底的に実行される。ゲールの土地所有者はコノートの西に追いやられ、ゲール系農民はイングランドから来た新たな地主の下で隷属的な地位に置かれるのである。ここに「アイルランド問題」の起源がある。

王冠連合

1603年、スコットランド国王ジェイムズ6世 (在位 1567-1625) が、ジェイムズ1世 (在位 1603-1625) としてイングランドの国王に即位することによって王冠連合 (Union of Crowns) が実現した。両国はそれぞれの議会と法を保持したまま、一人の国王の下に統合されたのである。ジェイムズは即位後直ちに両国のより緊密な統合を目指し、新たな国名として「グレート・ブリテン」の名称を提案する。

このジェイムズの提案は、イングランド議会がイングランドの法の下での統合と「イングランド」の国名に固執したために頓挫した。その議会の態度には、法と両国間の関係についてのある理解が反映していた。スコットランドの法はその体系性においてイングランドの法に遠く及ばず、またスコットランドは歴史的にイングランドの従属国であったという理解である。その従属性は、イングランド側からすれば、スコットランドの国王がイングランドの国王に取った臣下の礼から明らかであった。これに対して、スコットランドの合邦論者T.クレイグ (c.1538-1608) は、両国の法は基本的にはともに封建法であり、その純粋さにおいてはスコットランドの法がまさること、スコットランド国王が臣下の礼を取ったのは、イングランド国内に保有する土地についてのみであると反論を加えた。この論点は、1707年の合邦をめぐる論争においても、再び取り上げられることになる。また、スコットランド法の体系化は、J.ダーリンプル (1619-95) とG.マッケンジー (1636/8-91) の仕事として残される。

王冠連合によって、スコットランド人も、イングランド人とともに、アイルランドのアル

スターに入植することが可能となった。その結果、アルスターは、プロテスタントが支配的な地方となった。

イングランドとスコットランドの合邦

チャールズ1世（在位1625-49）の処刑後、スコットランドはクロムウェルによって征服されるが、王政復古とともに従来の関係に復帰する。しかし、従来の王冠連合の体制は両国にとってそれぞれ問題をはらむ体制であった。イングランドには、フランスとの戦いを有利に導くために、完全な合邦（incorporating union）によってスコットランドを吸収合併する必要があった。スコットランドがその体制の問題性を突きつけられるのは、「ダリエン計画」の失敗による。「ダリエン計画」とは、17世紀末の深刻な経済危機を克服するために、中央アメリカ、パナマ地峡ダリエンの地に、スコットランド独自の植民地を建設しようという計画であった。国王ウィリアム（在位1689-1702）は、その計画の法案がスコットランド議会で通過することを認めながら、その法に反対するイングランド両院の陳情に対し、その法案の通過が不本意なものであったと、答えたのである。そればかりではなく、イングランド国王の名において、その計画への妨害工作が行われた。こうして両国間の交渉の結果、1707年5月1日合邦条約は発効されることになった。

この合邦には対立的な見解が存在した。合邦賛成派は、貧困にあえぐスコットランドにとって政治的独立は何の意味も持たないこと、合邦後は、スコットランドはノース・ブリテンとなって、サウス・ブリテンとしてのイングランドと対等に扱われること、合邦によってスコットランドに与えられるイングランドの植民地との自由な貿易がスコットランドの貧困を救済することなどを主張した。

他方には、完全な合邦によって、スコットランドの議会は廃止され、スコットランドに関連する問題がウェストミンスターの議会で決定されることになる、スコットランド選出の少数の議員では、その議会で祖国の利益を守ることはできない、と主張する合邦反対派がいた。反対派の代表的人物F.フレッチャー（1653-1716）にとっては、イングランド型国家形成そのものが問題であった。彼によれば、合邦後のウェールズは、合邦賛成派の主張とは異なって、イングランドとの自由貿易によって繁栄するどころか、依然として貧しい状態に置かれたままであった。また、「コモン・ローによって保証された権利を信じて」アイルランドに入植したイングランド人も、本国との貿易上の利害の対立のために、貿易・産業規制の形で、その権利が蹂躙されている。彼にとって、完全な合邦はスコットランドをアイルランドと同じ従属的状態に置くことを意味した。こうして彼は、スコットランド議会の権限の強化と連邦的合邦（federal union）を提案した。しかし、彼が問題としたのは、イングランドからの入植者の「従属的状態」であって、ゲール系アイルランド人の「隷属的な地位」ではない。後者は「征服されたのだ」と片づけられてしまうのである。

両国の合邦交渉はどのような立場で行われるべきか。対等な独立国としてか、否か。ここで「1603年」の論争が再現する。イングランド側の優越的な立場の主張に対して、スコットランドにおいては、クレイグの著作の英語訳が出版され、スコットランドの独立の歴史を強調する歴史叙述が現れる。

しかし、スコットランドの教会制度と私法については、そのまま存続するという条件をつけて、完全な合邦が実現した。こうして、一つの議会、一つの中央行政府、一つの経済法の下でイングランド、スコットランド、ウェールズを包括する「グレート・ブリテン王国」が名実ともに出現した。

それに対して、アイルランドは1801年の合邦法によってグレート・ブリテンに加わっ

たが、1922年に、北部のアルスター6州＝「北アイルランド」を除いて、アイルランド自由国として自治領となった。1937年には、国名をエールと改め独立を宣言し、49年にアイルランド共和国となった。北アイルランドの帰属の問題は、グレート・ブリテンに留まることを主張する人々と、アイルランド全土の統一を主張する人々の間で、激しい対立と紛争の歴史を持ち、いまだに最終的な決着を見ていない。

「ブリテン問題」

　政治的統一を遂げながら、「グレート・ブリテン」内部はけっして均一的な文化や慣習を持つものではなかった。プロテスタントの国であるにもかかわらず、複数の宗派が存在しただけでなく、それらは対立的な関係にあった。1715年と45年のステュアート王家の復位を目指すジャコバイトの反乱には、高地地方のカトリックの氏族だけでなく、低地地方北東部の不満をかこつ監督派も加わったのである。さらに1776年のアメリカ独立宣言は、同じプロテスタントの反乱であった。それにもかかわらず、「グレート・ブリテン」としてのまとまりをひとまず与えたものは、ひとえに17世紀から19世紀へと続く対外的戦争と「外敵」の存在であった。

　18世紀後半からの産業の発展は、人口の流動化とともに工業都市を生み出した。この工業都市は、異なる文化・習慣の「坩堝」となり、異なる文化の融合に一定の役割を果たしたかもしれない。しかし、産業の発展さえも、対外戦争の勝利と帝国の拡大によって支えられていた。帝国の拡大がもたらす利益は、統合の一つの接着剤たりえた。しかし、その帝国が失われ、それに代わる経済共同体がヨーロッパに生まれたとき、ブリテンの構成単位は、自立の方向へ動き始めた。1999年にスコットランド、ウェールズのそれぞれの議会が開設され、独立推進派がその勢力を伸ばし

つつあるのは、その証左である。スコットランド、ウェールズそしてイングランドの関係は今後どのようになっていくのか、この問題は、現在「ブリテン問題」として論じられている。

【主要文献】Brian P. Levack, *The Formation of the British State: England, Scotland, and the Union 1603-1707*, Oxford, 1987. Hugh Kearney, *The British Isles: A History of Four Nations,* Cambridge, 1987. A. William, Jr., *The American Indian in Western Legal Thought: The Discourses of Conquest,* Oxford, 1990. Linda Colley, *Britons: Forging the Nation 1707-1837*, Yale University 1992（川北稔監訳『イギリス国民の誕生』名古屋大学出版会，2000）．Colin Kidd, *Subverting Scotland's Past: Scottish Whig Historians and the Creation of an Anglo-British Identity, 1689-c.1830*, Cambridge, 1993. R. A. Mason ed., *Scots and Britons: Scottish Political Thought and the Union of 1603*, Cambridge, 1994. John Robertson ed., *A Union for Empire: Political Thought and the Union of 1707*, Cambridge, 1995. Steven G. Ellis and Sara Barber eds., *Conquest and Union: Fashioning a British State, 1485-1725*, Longman, 1995. Brendan Bradshaw and John Morrill eds., *The British Problem, c.1534-1707: State Formation in the Atlantic Archipelago,* Macmillan, 1996. David Armitage, *The Ideological Origins of the British Empire, Cambridge*, 2000（平田雅博／岩井淳／大西晴樹／井藤早織訳『帝国の誕生——ブリテン帝国のイデオロギー的起源』日本経済評論社，2005）．

（村松茂美）

経験論

〔英〕empiricism

「経験論」（経験主義）とは人間の知識、認識が経験に由来し、また人間の営為、行為の規範をも超経験的な根拠よりも人間本性の情念や振る舞いに基づくことを主張する哲学的立場で、イギリス思想に顕著な傾向である。そこで、先天的（先験的）、超越的で経験を超える存在に依拠する形而上学には否定的、消極的で、時には相対主義、懐疑の結末を示す。それゆえ、人間の理性などの力を絶対視する理性論（合理論）とも対立する趨勢を示す。

古代ギリシア・ローマ時代、中世

古代ギリシアのソクラテス以前でも、万物の根源をアトムに求めるデモクリトスらの原子論者は感覚に認識の発生を跡づける経験論的傾向を備え、ソクラテスと同時代のソフィストも相対主義的な真理観に同じ気配を窺わせる。そこで、抽象的普遍的概念を天上界のイデアと見たプラトンや究極の原因を神とするアリストテレスらとは対照的である。ただしアリストテレスは普遍を自然の内や間に求めた点で経験論的側面をも示す。そして古代末期では、ストア派の自然主義、原子論を復活させ快楽主義的倫理を採るエピクロスや懐疑主義者らに経験論的傾向を読み取ることができる。

古代末期後半にギリシア、ローマ哲学と平行して興り、中世にスコラ哲学として確立したキリスト教の根本的立場が形而上学的で、反経験論、理性主義的であったとしても不思議はない。この点を象徴するのがいわゆる「普遍論争」である。「普遍」とは、たとえばリンゴの形状から抽象された性質としての「赤さ」や「3>2」の「>」の対象間の関係であり、個々の対象、「個体」（「個物」）を包括する抽象概念であり、問題はプラトン、アリストテレスに遡及される。二者の間の重要な違いは先述したが、両者とも普遍を個物に優先すると考える「実念論」の立場に属する。これに対して、普遍を心が個物から抽象した概念と捉える「概念論」、普遍は個物を総括する名前にすぎないと見る「唯名論」は普遍を個物のあとと見なす見地である。

スコラ哲学の正統派が実念論的であったのは自然である。しかし、ロスケリヌスは12世紀に早くも唯名論を主張し、ペトルス・アベラルドゥスは概念論に近い立場を表明して異端視される。また、経験的観察という科学的方法を重視したR.ベーコンは個物重視の方向を見せる。この傾向は14世紀のスコラ哲学末期に現れ、それを内部から崩壊させたオッカムで頂点に達し、彼の立場はオッカム派に継承される。ベーコン、オッカムともイギリス神学者であったことは注目に値する。

近世初期

近世に移ると、コペルニクスらに代表される科学革命の16世紀では、広義のイギリス経験論の創始者F.ベーコンはまず、人知における矛盾、偏見、錯誤の原因となる4つの「イドラ（偶像）」を指摘し、さらに伝統的演繹的論理に取って代わり観察による事例蒐集に基づいて自然事象の本質を推す、いわゆる「帰納法」の原型を提唱した。彼に続くホッブズはその機械論的、唯物論的自然観のため、イギリス経験論の系譜に数えることに問題はあるが、彼の唯名論的な普遍の理解は特筆に値する。また、万人どうしの戦いである「自然状態」を脱するため専制君主制を推奨する国家・政治観は同時代、後生に批判的波紋を広げた。

イギリス古典経験論

以上に続く時代の大陸では、截然と異なる精神・物体の2実体を認めるデカルト、「神即自然」のみを唯一の実体と断定するスピノ

ザ、無数のモナド（単子）を実体とするライプニッツという「理性論」の展開が見られるが、これと並行してイギリスでは狭義のイギリス経験論、すなわち「イギリス古典経験論」のトリオが誕生し、発展する。

その冒頭に位するロックは、理性論流の無制限な思弁に対して、人知の可能性と限界を探る「認識論」「認識批判」「知識哲学」などの名にふさわしい分野を開拓し、人間に先天的に備わるとされる「本有観念」を否定し、「感覚」「反省」の窓を通じて与えられる「観念」からの発生に全人知の成り立ちを帰する経験主義を唱道する。この見地から彼は、時空間、数、無限、実体、因果などの伝統的諸概念の再吟味を図り、たとえば、「実体」は、五官の観念のように感覚と相対的な第二性質や、諸物自体に備わり第二性質を生ずる第一性質の背後に潜む「何か分からないもの」であると揶揄する。また彼は「普遍」を人知が抽象する観念として概念論に傾く。しかし、彼は結局、神・精神・物体の3実体を許容し、自我の直観的明証性、神の存在の論証性などを認めてデカルトの影響を留める。政治思想としてロックはホッブズ的専制主義を詰難し、名誉革命を代弁してアメリカ憲法にも採り入れられた民主主義を唱道し、また、宗教観においては「理神論」を先導した。

ロックに続くバークリーは「存在するとは知覚されることである」という根本的テーゼを掲げ、知覚する作用としての主観とその対象としての観念という図式にはかって、ロックが容認した3実体のうち物体的実体を完全に無力な非存在とし、したがってまた、知覚されない抽象的普遍も否定して、普遍とは同種の個物を代表する、それ自体は個物にすぎないという唯名論の極地の一面を見せる。しかし、精神に知覚されていないときの観念の問題をめぐって彼は「独我論」を採らず、そのため精神は膨張を続けてついに神となり、万有である観念を神の心の内の永遠の存在と見るという、マルブランシュの「万有在神論」と選ぶところのない帰結を反面に併せ持つ。

この不整合を乗り越え、イギリス古典経験論を終局にまで推し進めたとも言えるのがヒュームである。彼は感覚、内省とも直接知を「印象」、その再生とも言える対象を「観念」、両者を一括して「知覚」と呼んでロック以来の語法を修正し、ロックと同様、この経験的所与を基盤にして、伝統的哲学、科学の基本概念の根拠を解明しようとする。たとえば、物体的実体はむろんのこと、バークリーで神格化された精神、人格をも「知覚の束」と彼は定義する。しかし、ヒュームの独自の貢献は、従来とかく絶対視されてきた「因果」概念の批判的検討である。因果関係とは、原因、結果とされる2対象の接近、継起、恒常的連接とされ、因果的必然性はこの連接を繰り返し示されて一方の対象の出現が他方の対象へと心を移行させる習慣、性向の形成が生む「決定」に他ならない、と見なされる。

以上のような傾向は一方でヒュームを懐疑主義に導いたが、他方で彼は人間本性の「自然」によって極端な懐疑を退け「緩和された懐疑主義」を提唱し、自然主義的傾向を示唆する。

さらに彼は反省の印象である情念のうち、自負・自卑・愛・憎を根本と認めて特異な情念論を繰り広げる。そして、一方では理性主義的な道徳論を排して、道徳感情のように特殊でない通常の情念、是認、共感の機構などによって情念的道徳を披瀝するが、他方では、各人の評価による偏りを矯正する「一般的観点」を強調したうえで「正義」概念などの基礎づけに功利主義の先駆的立場を表明する。また、宗教論では、啓示宗教や理神論には懐疑的、消極的で、人間本性に根ざす自然主義的、実証的宗教観を窺わせる。

19世紀にかけて

イギリス古典経験論、とくにヒュームの急

進的傾向に対しては「スコットランド常識学派」の反論や著名な経済学者、A.スミスによる、共感概念の批判的発展が見られるが、イギリスの系譜とは別にフランスにおいても、18世紀のコンディヤックの感覚主義、19世紀のコントの実証主義などは経験論との親近性を示す。しかし、イギリス古典経験論の流れは、功利主義的倫理とその名称を定着させたベンサム、ミル父子に継承される。ベンサムは「最大多数の最大幸福」のモットーを掲げて個人的快楽主義（幸福主義）を超え、量的な「快楽計算」の構想により道徳に経験的、科学的基礎を与えようとした。だが、J.S.ミルは快楽に質の差を認め、さらにベーコン、ヒュームらの帰納的論理の集大成を図った。また、ダーウィンの進化論の応用によるスペンサーの経験論的不可知論も記憶されるべきである。

だが、19世紀後半から20世紀前半にかけてのイギリスでは、ドイツ観念論の影響で、グリーン、ブラッドリー、ボザンケらヘーゲリアンの活躍が支配的になるという、倒錯した現象が一時期見られる。

20世紀とケンブリッジ学派

しかし、20世紀初頭の「ケンブリッジ分析学派」の台頭は、再びイギリス固有の経験論の復活をもたらす。ラッセルは一面で、ドイツのフレーゲの偉業、イギリス論理学者の先駆的業績、イタリアのペアノの構想などを集大成して古典経験論に宿命的な数学、演繹的論理の軽視という欠陥を補足し、他面では論理的手法を縦横に駆使しながらも、経験的所与からの構成により、精神の問題も含めて知識の解明を試みた。

これに対してムアは、構成的方法を採らず、日常言語や現象の丹念な分析を通じて時間や外界の存在を否定するイギリス・ヘーゲリアンの主張の論駁に努め、さらに特異な耽美的功利主義の立場を採りながら、善の概念の分析を通じて倫理言語の広義の論理学、いわゆる「メタ倫理学」の分野の創始者となった。

また、前期のウィトゲンシュタインは、「事態」の存、不存のフレーゲ、ラッセル流の論理的結合の総体を世界とし、これを表現する言語のみが有意味であり、それを対象とするメタ言語やそれを超えた表現、したがって伝統的哲学、倫理学、美学などを無意味として、思考即言語の限界を内側から確定する言語批判を試み、認識論の「言語的転回」を行った。

論理実証主義と日常言語学派

1930年代のウィーンでマッハとウィトゲンシュタインの影響を受けて成立したカルナップ、シュリック、ライヘンバッハらのウィーン学団（別名、論理実証主義、現代経験論）は、記号の用法の取り決めに由来する論理、数学の分析的命題とこれにより感覚与件から構成される総合的命題のみを有意味と見て、伝統的哲学の問題を疑似問題として、科学主義の哲学を標榜した。エアはイギリスにおけるその代表であった。だが、皮肉にも、その基本的前提で彼らは伝統的哲学の原理を踏襲していた。

その後のイギリスでは、前期の思想を大幅に修正した後期ウィトゲンシュタインの影響が顕著である。彼は初期の模写説的言語観を放棄し、言語の意味を人間の規則的な営為の一種、すなわち、錯綜した「言語ゲーム」の各場面で決定されるその用法にあり、その実相は、日常言語でのあるがままの姿を観察、記述することで顕わとなる、と説く。哲学的錯誤はこの用法を逸脱し、現実と噛み合わず、各状況から切断され、不当な概括化や狭隘な事例に限定された言語の使用から生ずる、とされる。この動きと先述のムアの影響によって、ライル、オースティン、P.F.ストローソンらの「日常言語学派」の成立と発展を見る。言語重視の違いはあれ、認識批判の大枠では、彼らはイギリス経験論の伝統に棹さす。さらに、前

掲のムアの先駆的業績を継いだヘアらの一連のメタ倫理学者も注目に値しよう。

今世紀にかけて――プラグマティズムその他

なお、経験論の伝統はアメリカでのプラグマティズムの発展にも継承される。すなわち、パースを先駆として、イギリス古典経験論の観念のアトミズムは採らず、たゆまぬ意識の流れの中に認識の本質を見て「根本的経験論」を唱える W.ジェイムズ、伝統的な概念の二元的対立を批判して連続観を採り、普遍のイデア的絶対視を排して「概念道具説」を唱道し、従来の「対応説」「整合説」に対し「効用説」の真理観を力説したデューイらの系譜がそれである。この遺産をうけ、たとえば、クワインは論理実証主義の分析的・総合的判断の峻別をドグマとし、知識の中核に位して不変と取られがちな論理、数学なども知識の周辺の経験理論への反証によって原理的には変わりうるとして経験論の徹底化を図った。

20 世紀後半以降は、言語の共通性、交通手段の発達などにより、イギリスとそのかつての植民地であったアメリカ、カナダ、オーストラリア、ニュージーランドとの間には英語圏の哲学とでも言うべき渾然一体の活動が見られ、経験論はその中にも息づいている。特筆すべき一つは、現代標準論理を超える様相論理がその意味論（「可能世界意味論」）の定着によって活発化したことで、また、その代表、クリプキは可能世界を非経験的には捉えず、ロックに似た哲学的根拠づけを示したことである。もう一つは、F.ベーコン、ヒューム、ミルらの伝統に連なる帰納論理が確率、統計などを踏まえ、経験科学の発見の論理として、因果や条件文などの新たな解明に注目すべき活発な議論の対象になっていることである。

【主要文献】B. Willey, *The Seventeenth Century Background,* Chatto & Windus, 1953（深瀬基寛訳『十七世紀の思想的風土』創文社 , 1958). ――, *The Eighteenth Century Background,* Chatto & Windus, 1953. ――, *The Nineteenth Century Studies,* Chatto & Windus, 1955. G. J. Warnock, *English philosophy since 1900,* Oxford University Press, 1980（坂本百大／宮下治子訳『現代のイギリス哲学』勁草書房, 1980). 鎌井敏和／泉谷周三郎／寺中平治編『イギリス思想の流れ』北樹出版, 1998. W. R. Sorley, *A History of English Philosophy,* Cambridge University Press, 1920. L. Stephen, *History of English Thought in the 18 Century* , 2 vols, 1876; revised ed., 1902（中野好之訳『十八世紀イギリス思想』上・中・下, 筑摩書房, 1969-70). 杖下隆英／増永洋三／渡辺二郎編『テクストブック西洋哲学史』有斐閣, 1984. 寺中平治／大久保正健編『イギリス哲学の基本問題』研究社, 2005.

（杖下隆英）

経済学（成立と方法）

〔英〕political economy, economics (formation and method)

経済学は、18世紀から19世紀にかけて、独立した学問分野として成立する。イギリスにおいては、アダム・スミスが体系化し、リカードやマルサスがそれを彫琢することによって、経済学の形が整えられてゆく。経済学が独立の学問分野として成立するとともに、その哲学的・方法論的な基礎を明らかにしようとする試みが始まる。このような試みは、シーニアやJ.S.ミルに始まり、ケアンズによって定式化されることになる。ここでは、経済学の成立をうけて、どのような方法論的な議論が行われたのかを整理し、経済学の基礎がどのように自覚されていたのかを概説する。

アダム・スミス

アダム・スミスは、経済学の方法について明示的には語らなかったが、「ニュートン的方法」（Newtonian method）を高く評価し、それは自然哲学だけでなく道徳哲学にも適用可能であると述べていた。ここで「ニュートン的方法」とは、既知のあるいは立証された原理から諸現象を説明し、それらの現象すべてを同一の原理で結合するという方法のことである（『修辞学・文学講義』死後1963）。自然哲学については、遺稿「天文学史」の中で、この方法の具体例が示されている（『哲学論文集』死後1795）。経済学上の主著『国富論』（1776；第5版1789）において、この結合原理の役割を果たしているのは、「利己心」（self-interest）である。

しかし、スミスを継承した古典派経済学者たちが、「ニュートン的方法」に注目することはなかった。彼らはむしろ、『国富論』の中に潜んでいた方法論上の問題と格闘したのである。

リカード、マルサス

リカードやマルサスが直面した方法論上の問題は、複雑な現実と抽象的な理論との関係ということであった。

リカードは、マルサス宛の手紙の中で、「顕著な場合」（strong cases）を想定して経済学の原理を解明するという方法を提起した。リカードにとって原理とは、他の原因によって攪乱されない場合の因果関係のことであり、「顕著な場合」とは、そのような原理を解明するために、攪乱されない状態を想定することを意味した（1820年5月4日付書簡）。すなわち、リカードが提起したのは、経済現象間の因果関係を探究するための思考実験の方法であった。彼はこの方法に基づいて、『経済学および課税の原理』（1817；第3版1821）において、「もし原因cが作用し、かつ他の原因によって攪乱されないならば、結果eが生ずる」という形式の経済学原理を展開した。このような理想化された状態を想定して推論する方法が、「演繹法」（deductive method）と呼ばれることになる。

リカードの「演繹法」に対して、マルサスは「帰納法」（inductive method）を用いたと言われることがある。しかし、マルサスは「演繹法」を否定してはいない。マルサスは、単一原因から結果を導くリカードの方法を批判して、複合原因からの演繹を対置する（『経済学原理』1820；死後第2版1836）。さらに、演繹の結論を確証するために経験的証拠を精力的に収集した（『人口論』1798；第6版1826）。この確証の作業が、「帰納法」と解されたのである。したがって、マルサスの「帰納法」は、「演繹法」と対立するものではなく、むしろそれを補完するものであった。

富の科学

スミス、リカード、マルサスの場合には、経済学の方法に関する議論は断片的なものであった。これに対して、1820年代後半以降、

シーニアやJ.S.ミルが活動を始める頃になると、方法論を主題とする著作が発表されるようになり、その議論はしだいに体系的なものになっていく。この時期の方法論に求められたのは、何よりもまず、経済学が独立の学問分野であることを主張するために、その課題と領域を明示し、他の研究分野との相違を明確にすることであった。この議論の先鋒となったシーニアは、『経済学入門講義』（1827）において、スミスが敷設した路線を踏襲して、富（wealth）の研究が経済学の課題であると述べる。このことは、当時の経済学がポリティカル・エコノミー（political economy）と呼ばれていたことと関連して、政治学との相違を明白にするという意味を持っていた。『経済科学要綱』（1836）では、政治が国民の一般的厚生（general welfare）を問題にするのに対して、経済学はその一部である富を問題にするにすぎないとし、経済学の境界を明確にしようとした。

経済学を富の科学とする見解は、ミルやケアンズにも共通するものであり、彼らはこの立場からコントを批判することになる。コントによれば、社会現象は総体として研究される必要があるので、独立科学としての経済学は存立することができず、社会学に吸収されなければならない。しかしミルによれば、富の現象は主として富の欲望に基づく人間行為に依存するから、暫定的に他の社会的事実を無視することが許される（『論理学体系』1843；第8版1872）。このように、社会の一般的科学には還元されない固有の研究領域があるということを根拠に、経済学の独立性が主張された。

科学とアート

経済学の課題と領域をめぐる議論のもう一つの焦点は、科学とアートの区別であった。つまり、経済秩序の認識を政策の実践から区別するという問題であった。歴史的に見れば、経済問題についての考察は、倫理的・政治的な関心に導かれていた。しかし、アダム・スミスの頃になると、まず経済の仕組みを実証的に研究しようとする姿勢が前面に出るようになる。スミスの研究も、国富の増進という実践的関心に基づくものではあったが、国富を増進する政策として提唱されたのが経済的自由主義であったため、政府の恣意的な介入がない場合の市場機構の働きを解明することが主題となったのである。

科学としての経済学と実践的勧告との区別は、二つの根拠に基づいていた。シーニアは、一般的厚生と経済的厚生の区別ということを根拠にした。立法者あるいは政治家が執り行う「統治のアート」（art of government）は、国民の一般的厚生を問題にするが、経済学は富のみを考察する部分的な科学にすぎない。したがって、部分的な学問に従事する経済学者は、包括的な考慮を必要とする政策勧告を行うことはできないというのである。ここでは、科学の部分性とアートの包括性が対比されていた。

J.S.ミルは、「経済学の定義と方法」（1836）において、この観点に加えて、実証と規範の区別という観点から、科学とアートの性格が異なることを指摘した。さらに『論理学体系』においては、両者の区別だけではなく、両者の結合関係を明確にした。ミルによれば、まず目的論（teleology）としてのアートが、到達すべき目的を提示する。科学は、目的とされた現象を研究し、その目的を実現するための手段、すなわち、その目的を結果として生起させる原因を明らかにする。これらの二つの前提から、再びアートが、その手段を実行すべきであると結論する。このようにして、実践的勧告は科学とアートの結合によって生み出される。科学としての経済学は、経済現象間の因果関係を解明することに限定され、価値判断には関わらないものとされたのである。

演繹法

そこで、経済現象間の因果法則を解明するための方法が問題となった。この問題は、帰納法・演繹法をめぐる問題として展開した。両方法とも多義的に解釈され、特殊から一般への推論、一般から特殊への推論という意味に限定されてはいなかった。

ミルは、帰納という用語を、因果関係を解明する過程という意味でも使用し、その具体的な手続きとして、一致法・差異法・共変法・剰余法を挙げる。しかし、与えられた経済現象にこれらの諸方法を直接適用しても、因果法則を発見することはできないとされた。多数の原因が同時に作用している現実世界では、個々の原因と結果の継起を観察によって確かめることができないからである。そこでミルは、まず複雑な現実を要素に分解し、諸要素間の因果関係を明らかにする場面で帰納法を用いる、という方法を提案した。

社会現象を要素に分解するということは、集合体を個人に分解するだけではなく、個人の複合的動機を個々の動機に分解することをも意味する。したがって、社会現象における要素的な因果関係とは、個々の動機とそれに対応する行為との関係ということになる。この関係は、帰納の手続きによって研究できる、とミルは考えた。経済学は、富の動機とそれに基づく行為に注目し、それらが特定の状況の中で現れるとき、どのような結果が生じるのかということを論証する。そののちに、その条件に近似する現実と照らし合わせて、結論を検証する。ミルは、このような帰納－論証－検証の3段階からなる方法を、「演繹法」と呼んだ。

ミルによれば、経済理論は、現実の人間が持つ多様な動機を捨象するという意味で、すなわち攪乱原因を捨象するという意味で、仮説的・抽象的な性格を持たざるを得ない。このように、経済理論が理想化の操作を伴うことは、ケアンズによって、より明白に指摘された。ケアンズは、理想化された状況を想定して行われる演繹を、「精神的に制御された実験」(experiment conducted mentally)と呼び、いわば実験室的状況を自分の心像に映し出すことであると述べるのである（『経済学の性格および論理的方法』1857；第2版 1875）。

古典派経済学の基本前提

富の動機に基づいて行為する人間は、のちに「経済人」(economic man)と呼ばれるようになる。たしかに、スミス以降の古典派経済学者は、ある状況の下で「経済人」がどのように振る舞うのか、ということを推論した。しかし、リカードやマルサスは、古典派経済学の中に、それ以外の基本前提も組み込んでいる。そのような事情を踏まえて、古典派の基本前提を自覚的に取り出すこともまた、この時期の経済学方法論の課題となった。

ミルが明示した基本前提は「経済人」だけであったが、シーニアは、4つの基本命題を列挙した。この4基本命題を修正して、3基本原理と若干の副次的原理という形に整理したのが、ケアンズであった。ケアンズによれば、経済人の仮定、人口の原理、農業における収穫逓減の原理が、経済学の基本原理であった。さらに、富の生産と分配に影響を与える限りで、政治的・社会的諸制度や生産技術などの副次的原理も考慮されなければならない。経済学者は、これらの諸原理を前提として、何らかの条件が変化するときに生ずる結果を、推論によって導いているというのである。ケアンズが提示した3基本原理は、古典派経済学のヴィジョンを示すものであり、経済現象を説明し解釈する枠組みとなるものであった。

理論と現実

経済学は、富の現象の主要な原因に注目して理論を構築する。理論を現実に適用する際には、理論では無視した攪乱原因を斟酌するとはいえ、現実世界で作用している攪乱原因

のすべてを取り上げることはできない。したがって、その推論の結果は精密なものではなく、近似的にのみ事実と合致しうる。ミルはそのような科学を「精密科学ではない科学」(sciences which are not exact science) と呼び、経済学もその一種であると述べた。

実際に、経済理論の抽象性に対する批判、経済学者が法則と称するものと観察事実とが一致しないという批判が、各方面から提起されていた。この問題を深刻に受け止めたのが、ケアンズであった。ケアンズは、これらの批判は誤解に基づくものであり、その誤解を解くことも、方法論の課題の一つであると考えたのである。

ケアンズによれば、経済法則は理想化された状況の下で成立するのであり、実際に起こることではなく、起こる傾向があること、もし攪乱原因がないならば起こるであろうことを表現する。これは、自然科学の法則にも共通する性格である。したがって、経済法則が観察事実によって反駁されることはない。それが否定されるのは、前提とされた諸原理が誤っているか、推論の過程が誤っているか、いずれかの場合に限られる。事実との乖離ということから、性急に経済学の意義を否定するのは、まったくの誤りだというのである。

初期の経済学方法論の性格

最後に、経済学の成立に伴って現れた方法論の特徴を、二点だけ述べておく。

第一に、シーニア、ミル、ケアンズの方法論は、あるべき方法を論じていたという意味で規範的方法論であったが、ミルとケアンズの場合には、それは同時に、古典派経済学者たちが実際に採用した方法であると考えられていた。したがって、記述的方法論という性格を持つものでもあった。経済学が独立した学問分野として成立したことをうけて、その背後にある方法を取り出すこと、これが初期の方法論の任務となったのである。

第二に、初期の方法論は、成立したばかり

の経済学を様々な批判から防衛し、それを正当化するという任務をも担うことになった。その課題と領域を明確にして、独立した学問分野としての資格があることを主張した。また、現実との乖離という批判に対しては、その後の議論の原型となるような反論が行われた。反論は防衛的な性格を持つことになったが、その中に、経済学の基礎についての深い洞察が含まれていたのである。

【主要文献】John N. Keynes, *The Scope and Method of Political Economy*, 1891; 4th ed., 1917 (上宮正一郎訳『経済学の領域と方法』日本経済評論社, 2000). Joseph A. Schumpeter, *History of Economic Analysis*, 1954 (東畑精一訳『経済分析の歴史』全7冊, 岩波書店, 1955-62). Mark Blaug, *The Methodology of Economics: Or How Economists Explain*, 1980; 2nd ed., 1992. 馬渡尚憲『経済学のメソドロジー──スミスからフリードマンまで』日本評論社, 1990. Deborah A. Redman, *The Rise of Political Economy as a Science: Methodology and the Classical Economists*, 1997. 佐々木憲介『経済学方法論の形成──理論と現実との相剋 1776-1875』北海道大学図書刊行会, 2001.

(佐々木憲介)

経済と倫理

〔英〕economy and morality

　様々な経済問題の倫理的意味を論ずるためには、経済と倫理との間の体系的な関連を明らかにし、明確な語彙に基づいて経済倫理学ないし規範的経済学の課題を定義することが必要である。経済倫理学の必要性は二重であって、第一に、経済活動の包括的な評価のための規範的基礎を確立すること、第二に、抽象的な倫理学に社会科学的な内容を付与することである。経済と倫理は広範な人間活動に関わりを持つ二つの大きな社会的仕組みであるが、かつてモラル・サイエンスとして一体であった経済学と倫理学が近代において分裂し、主流派経済学が経済の規範的評価を放棄するようになって以来、経済と倫理との関係は不明確となり、経済学と倫理学とはそれぞれ仮想的な別個の世界を対象とするようになった。経済学と倫理学との体系的な視点からの綜合が要請されている。

　経済学は、事実を解明する実証的経済学と規範を扱う規範的経済学とに分けられる。規範的経済学としての経済倫理学は、望ましい経済状態や政策や制度を明らかにするものであるが、その体系的展開にあたっては、倫理学の体系を前提にしなければならない。それに応じて、実証的経済学も対応を迫られるであろう。

経済と倫理とのインターフェイスとしての善

　経済学と倫理学はともに「善」（good）の概念を中心に据えている。経済とは、人々の生存のための様々な欲求に対して、それらを充足する財貨・サービスを提供するために、社会全体として資源配分を行うことである。倫理ないし道徳は、人々の「良き生」（well-being）とは何かを規定し、それを評価する規範を設定する。経済学と倫理学は、潜在的に人間の生という同じ範囲の対象を扱っている。

　一般に、善は効用、満足、福祉、厚生、幸福などを意味する包括的な概念であり、それらの原因としての欲求、関心、選好などの概念に基礎を置いている。しかし、伝統的に、経済学と倫理学は善の観念に対して異なった捉え方をしてきた。倫理学においては、善の概念は多様な仕方で定義され、善の異なった定義の仕方が異なった倫理学の体系を意味するほどである。あらゆる種類の望ましいものや価値あるものが善という単一の概念によって表され、したがって混乱と対立の原因となった。一方、経済学においては、善（good）を実現する手段としての財（goods）の生産・分配・消費が資源配分過程の中心を占める。倫理的に異なった意味を持つ善の概念は、経済学では効用という単一の概念によって置き換えられ、その内容は問われない。また効用のよってくる基礎としての選好は所与として定義されるに止まる。

　このような善と財との間の目的・手段の関係は、経済学においては、経済的「効率」という規範的概念を直ちに意味するが、倫理学的には、以下で述べるように、さらに「正義」や「卓越」といった規範的概念をも含んでおり、このことが、広い視野からの善概念の解明を通じて経済学と倫理学とを整合化し、体系的な経済倫理学を構築することを要請する。この意味で、善の概念は経済と倫理とが接合されるべきインターフェイスを形成している。

倫理学体系の整合化

　道徳哲学はこれまで倫理的評価の対象として次の三つのものを考えてきた。(1) 個人の行為、(2) 個人の存在ないし性格、(3) 社会のルールないし制度。これらの異なった対象に応じて、倫理学は次の三つの基本的価値言語に重点を置いた三つの接近方法を採ってきた。(1) 善（good）、(2) 徳（virtue）、(3) 正

(right)。これらの三つの倫理学はそれぞれ、(1) ベンサムないしシジウィックの功利主義、(2) アリストテレスないし T.H.グリーンの卓越主義 (perfectionism)、(3) カント義務論ないしロールズ社会契約主義によって代表される。これらは互いに対立を含んでいるから、統一的観点からの整合化が必要である。

三つの基本的価値言語は抽象的であるので、次の三つの操作的価値言語に翻訳することが望ましい。(1) 効率 (efficiency)、(2) 卓越 (perfection)、(3) 正義 (justice)。またこれらの価値言語は、正当化の根拠として、それぞれ (1) 効用 (utility)、(2) 能力 (capability)、(3) 権利 (rights) といった究極的目的の観念と結びつけられる。

このようにして、倫理学体系は (1) 個人の行為を対象とした効用に基礎を置く「善」ないし効率の理論、(2) 個人の存在を対象とした能力に基礎を置く「徳」ないし卓越の理論、(3) 社会のルールを対象とした権利に基礎を置く「正」ないし正義の理論からなる。整合化のためには、それぞれの理論の適用範囲についての分業と優先順位の合意が必要である。

人間の「良き生」は、幸福、福祉、効用といった一次元的な値によって表されるものではなく、(1) 個人の行為における善 (効率)、(2) 個人の存在における徳 (卓越)、(3) 社会的ルールにおける正 (正義) の三つの複合値によって表されると考えるべきであろう。言い換えれば、かつての包括的な善の観念は、(1) 善の量、(2) 善の質、(3) 善の分配に分解される。倫理学史におけるロールズ正義論 (正) 対功利主義 (善)、共同体主義 (徳) 対ロールズ正義論 (正)、グリーン卓越主義 (徳) 対功利主義 (善) の論争から見て、正＞徳＞善という規範の優先順位が導かれるであろう。正は社会のルールとして、個々人の徳や善を相互に両立可能にするものであって、正はそれらに優先する。そして徳は善の質の優劣を問題にし、人間的完成に資する財貨・サービスの使い方を評価するものであって、徳は善に優先する。

経済学と倫理学との統合

一般に、経済学は、資源配分の社会的管理とそれによる人間の良き生を促進する条件とに関わる学問である。歴史的に経済学には異なる学派が見られるが、広義の経済学が形式的に次の三つの分野からなることには異論はないであろう。(A) 経済静学、(B) 経済動学、(C) 経済社会学。各分野は内生変数と外生変数を特定化することから出発するが、経済静学における外生変数の一部が経済動学において内生化され、さらに経済動学における外生変数の一部が経済社会学において内生化される。具体的には、経済静学では所与の選好・技術・資源量の下での経済の静態的均衡が論じられるが、経済動学では選好・技術・資源量の変化が論じられる。経済社会学は、静学や動学において所与とされている社会制度そのものを取り上げる。それゆえ経済社会学は制度経済学とも呼ばれる。

経済における目的・手段の関係 (すなわち、善と財との関係) に照らして言えば、広義の経済学は、一方における目的としての良き生ないし幸福と、他方における手段としての財・資源・制度との間の関係を論ずる。したがって、経済倫理学はこれらの目的・手段関係の異なる次元について規範的な知識を提供する。経済倫理学は、経済学における (A) 経済静学、(B) 経済動学、(C) 経済社会学の三つの分野に対応し、かつ倫理学における (1) 行為の「善」(効率)、(2) 存在の「徳」(卓越)、(3) 制度の「正」(正義) の三つの分野に対応して、(A) 希少資源の効率的配分 (efficient allocation)、(B) その卓越的利用 (virtuous utilization)、(C) その公正な分配 (just distribution) という三つの課題を扱う。次にこの課題の意義を考えよう。

経済における善（効率）・徳（卓越）・正（正義）

経済学の静態理論に対応する規範理論は、個人の適応的行動に基づき、資源の効率的配分を解明する「善」の理論であり、経済学ではパレート最適（Pareto optimality）の理論として定式化されている。経済学の動態理論に対応する規範理論はしばしば、経済成長の実現や動態的効率性を目的とすると考えられているが、それは静態論の延長にすぎない。経済学が倫理学から学ぼうとする限り、経済の動態的規範理論は、人間存在の質を経済の仕組みの中で道徳的・能力的に改善し、「徳」（卓越）のパフォーマンスを生むように、資源の利用を図ることを課題とすると考えられる。

この考え方は、シュンペーターの革新（innovation）の理論の本源的解釈に基づいている。彼は静態と動態を区別するにあたって、「静態的・快楽的人間」と「動態的・精力的人間」とを区別し、世間のしきたりに順応するタイプの人間が静態を構成し、それに抗して新しいことを提起するタイプの人間が動態を構成すると考えた。この区別は経済の領域だけではなく、社会の他のすべての領域に妥当する。したがってシュンペーターの革新はけっして技術革新という外面的結果を強調するものではなく、また経済成長という量的拡大を支持するものでもなく、経済の質的な変化、人間能力の十全な発揮、自己実現を意味するものであった。したがって、グリーンの倫理学における「徳」（卓越）の理論は、シュンペーターの革新の理論の倫理学的対応物であると言えよう。

最後に、制度を扱う経済社会学の規範理論は、「正」（正義）の理論に基づいて、資源の公正な分配を保障するように、社会の基礎的制度の設計を行う。従来の規範的経済学は、「効率」と「正義」の二つの基準の対立のみを考えてきたが、人間の選好を所与として効用の極大を図る「効率」基準を自明の理と見なすのでなく、それに先行して、「正義」の制度的仕組みと、「卓越」した選好への教化を経済倫理学のテーマと見なすことが重要である。

「効率」に対する「正義」の優先の議論は、ロールズによって確立されたが、「効率」に対する「卓越」の優先の議論は経済的知の世界から失われて久しい。これは、経済学が倫理的観点を放棄し、個人の欲求や満足の質を批判的に捉えることを止めたためである。そして個人の選好がどのようなものであれ、それをそのまま受け取ることが個人主義や自由主義であるという誤った考え方に至った。没価値の態度がかえって特定の価値を擁護する結果となった。かつて啓蒙の時代におけるモラル・サイエンスは、「有徳にして幸福」という境地を求めることを理性に託したはずであった。「徳」（卓越）の経済学は、倫理的視点からのみその重要性と意義を理解することができる。かつてマルクス、ラスキン、ヴェブレン、ホブソンなどの異端の経済学者たちが人間のための経済を夢想したとすれば、その経済倫理学は「徳」（卓越）の理論として展開されるべきものであった。

【主要文献】塩野谷祐一『経済と倫理――福祉国家の哲学』東京大学出版会, 2002. John Rawls, *A Theory of Justice,* Harvard University Press, 1971. T. H. Green, *Prolegomena to Ethics,* 1883, in *Collected Works of T. H. Green,* Vol.4, P. Nicholson ed., Thoemmes Press, 1997. J. A. Schumpeter, *Theorie der wirtschaftlichen Entwicklung,* Duncker & Humblot, 1912; 2nd ed., 1926（塩野谷祐一／中山伊知郎／東畑精一訳『経済発展の理論』上・下, 岩波文庫, 1977）. A. K. Sen, *On Ethics and Ecomonics,* Blackwell, 1987（徳永澄憲監訳『経済学の再生――道徳哲学への回帰』麗澤大学出版会, 2002）

（塩野谷祐一）

啓示宗教・自然宗教

〔英〕revealed religion / natural religion

啓示宗教

　啓示宗教は宇宙の万物を創造しこれを支配する全知・全能、不滅にして普遍的な神が存在することを前提としている。また神は姿、形もなく、人間とは何ら共通する性質を持っていないと考えられた。こうした超越的存在者である神から啓示を受けたと信じた預言者、使徒は、その教えを体系的教義にまとめ上げ、聖典を編纂し、信者を組織化し、永続的な宗教集団を形成した。ユダヤ教 (Judaism)、キリスト教 (Christianity)、イスラム教 (Islam, Muhammadanism) が世界三大宗教と呼ばれ、いずれも単一神を信ずる啓示宗教である。

　神はその存在の意義や意志をどのようにして人間に知らせるのか。預言者を介してか。それとも個々の人間に直接にか。神はまず人格ある個としての実在を人間に知らしめ、神自らの行動によって自己の特質を明らかにする。こうした手段が啓示である。啓示とは神が自らヴェールを取り去る (〔英〕unveil〔ラ〕revelare) ことを意味する。また〔ギ〕apokaliypsis、〔独〕Offenbarung はこれと同義で、以前に隠されていたものを外に向かって明らかにすることである。すなわち神の自己表明は人間に対する神の計画、要求の開示であったり、ヘブライ人の歴史とか、イエス・キリストの生誕、生涯、死、そして復活といった神聖な記録を示したりして、神に対する人々の信仰を喚起するものであった。

〔(1) ユダヤ教の歴史〕紀元前1800～1200年頃パレスチナの地にイスラエルの諸部族が融合し始めた。彼らは自分たちの信じるヤハウェ (Yahweh, Jehovah) のみが全世界の唯一の神と主張していた。ヘブライ人の部族長モーセは、紀元前13世紀頃、パレスチナの南部シナイ山において、ヤハウェより、エジプト人の奴隷となっている同胞を救い出し、豊かなカナンの地へ導けという啓示を受けた。モーセは同胞を率いてエジプトから脱出することに成功した。彼らはシナイ山麓に戻り、ヤハウェに感謝を捧げヤハウェに献身することを誓った。ヤハウェは彼らに十戒を与え、これを厳守するならば彼らを「わが民」として他民族の迫害から救済することを約束した。これはシナイ契約としてユダヤ教徒の信仰の核となっていく。モーセはカナンの地を求めて荒野をさ迷ったが途半ばに倒れた。モーセの従者の子ヨシュアは部族を再結集し、ヨルダン川を渡ってカナンの地に至った。彼はこの地の異教徒を追放し、留まった者たちにはヤハウェの教えを伝えた。

　ヤハウェに対する信仰は「出エジプト」以前からヘブライ人の間で知られていたが、歴代の預言者の集団がヤハウェの崇拝を促進し、人間は不正な行為に自ら責めを負い、正しき行為は神による救済への途と考える倫理的一神教を確立した。また彼らの信仰と日常生活はトーラ (Torh、モーセ五書)、タルムードといった律法の書で規律されていた。ラビ (Rabbi) は宗教的教師であるとともに民事の裁判官でもあった。しかしソロモン王の死後、ヘブライ人の国家はイスラエルとユダに分裂し、次々に周辺の大国に侵略された。人々は世界各地に四散し、迫害を受けながらその信仰を保持し続けた。

〔(2) キリスト教の歴史〕聖書には啓示の概念についての体系的記述は見出されないが、人間に対する神の啓示が種々な象徴的表現で記述されている。たとえば神はこの世へ人間に姿を変え、「キリストとして受肉」(incarnation) し、あるいは「神の意志を言葉や記号によって人間に伝達する」(transmission) といった特別な神の摂理を啓示する。これを特別啓示 (special revelation, or supernatural revelation) と呼び、経典や伝承された預言などに代表される一般的啓示 (general revelation) と

区別する神学者がいる。こうした啓示を受容し真なるものとして受け止める働きをなすものが信仰であり、信仰とは神に対する人間の信頼と献身であり、神と人間を結びつける絆である。

旧約聖書の啓示は人間に新しい歴史的概念を与えた。この世の万物の創造者である神が創造を始めることによってすべての時間が始まった。この時間は終わりがある始まりではなく、永遠に直線的に進む時間として人間に啓示された。神は現実的な歴史的活動において自己を顕現したのである。人々は神の世界創造と秩序維持のうちに、見えざる神の属性を感知し、被造物のうちに神の永続的な力と神性を理解した。新約聖書の著者たちはすでに旧約において預言されていたイエス・キリストの啓示を、神が全人類を救済することを約束した福音として確認し、この旧約の啓示を完成させることに責務を負った。この福音の書の内容は長い間秘密にされていた奥義の啓示であり、キリストの死によって神による人類救済の計画は今やすべての民族に知れわたったとされた。こうした事実とその意味を信ずることはキリスト者の伝統的責務であった。

〔(3) イスラム教の歴史〕ムハンマド（Muhammad）は自らを唯一の真なる神アッラー（Allah）の預言者と主張していた。彼はユダヤ教、キリスト教の伝統的教えを継承し、アラビアの土着の宗教ゾロアスター教からも新しい宗教の教えを吸収した。彼はアッラーの前ではすべての人が平等であることを強調し、また偶像の崇拝を厳しく禁じた。この頃大部分の民衆は多神教を信奉し、イスラム神話の聖霊に日常生活の吉凶を託していた。アラビア最大の都市メッカを支配していた裕福な商人たちは、ムハンマドの布教活動に不安を募らせ、市民たちを扇動して彼の布教活動を妨害させた。ムハンマドは止むなく、622年迫害を逃れて北方のメディナに移った。この年は聖遷（Hejira, Hegira）と呼ばれイスラム紀元はこの年より始まる。彼はこの地で最初の宗教集団を組織し、メッカ逃亡後10年にしてアラビア全土をイスラム教で支配するに至った。ムハンマドの死後もイスラム教は発展を続け、四半世紀も経たぬ間に、エジプト、パレスチナ、ペルシア、シリアを支配した。その後、数世紀にわたって地中海周辺を領有する大帝国を形成した。ムハンマドの死後まもなく内乱が勃発しイスラム教はシーア派（Shiites）とスンニ派（Sunnites）に分裂した。彼らは互いに正統性を主張しながらさらに分派を生み出し、抗争を続けながら今日に至っている。

アッラーから与えられた啓示は104の聖なる文書と預言からなっていたが、現存する文書はコーラン（Koran）を含めて4書だけと言われている。イスラムの預言者は30万人に上ると言われており、このうちアダム、ノア、アブラハム、モーセ、イエス、ムハンマドの6人が重要な預言者とされている。中でもムハンマドは最後にして最高の預言者であり、特免権（Dispensation）を認められた別格の預言者であった。

啓示神学

神学とはギリシア語の神 theos と論考を意味する logos の合成語であり「神についての論考」または「神が啓示した真理の科学」のことである。したがって啓示神学（revealed theology）は神からの「助けを受けぬ理性」（unaided reason）によっては、人間は神を知ることも理解することもできないという教義に基づく神学である。神が与える様々な啓示によって、人間は信仰に導かれ救済を受けるのである。しかしギリシア語の logos には啓示とは対立する理性という意味が含まれていた。しかも啓示は一度概念化されるとドグマとなって本来の力を弱めていく。キリストの贖罪、復活、三位一体説は、伝統的に神によ

る啓示と認められてきた。しかし天地創造とか神の摂理といった重要な教義に対する信仰は啓示のみによって得られるものではなかった。神のイニシアティブによる啓示以外に、神に関する知識を人間に自然的に賦与する力能は、時に「自然の光」あるいは自然的理性であると考えられている。これによって人は神の存在とその無限の力を感知する。

中世において有力であった見解によれば、古代の哲学者はこのようなキリスト者の信仰を、すでに自己の形而上学の中に組み入れていた。とくにアリストテレスの物理学はその後の自然神学に歴史的重要性を持っていた。彼の自然哲学は神の存在や人間の不死を、自然の通常の過程の観察から立証しようと試みたものである。彼の哲学は師のプラトンと同じく、ユダヤ教やキリスト教の重要な教義と調和するものであった。自然界の動きはたんに機械的原因ではなく、本質的に目的を持った動きであり、宇宙の整然たる秩序はその支配者の存在を示すものと考えられた。彼は神学を最初に学問分野の一つと考え、これを哲学と同一視した。キリスト教の神学者たちも早くからこれら異教徒の哲学者たちの研究成果を吸収し、また彼らに思索の豊富な素材を供給していた。こうした思想的交流により宗教哲学（philosophy of religion）という新しい研究分野が形成されていく。啓示神学は形而上学的神学であると言えよう。

自然神学

イギリスの伝統では神に関する探求は宗教哲学と呼ばれているが、これは中世以降、自然神学（natural theology）と呼ばれた学問とほぼ同一の領域を覆っている。自然神学とは啓示の権威に言及することなく、神学的問題を合理的に検討することを意味する。神学に対する自然的理性の適用は、ギリシアの自然哲学を継承したイスラム教やユダヤ教の学者たちの影響の下で普及していった。こうした精神的風土の中でキリスト教徒たちも、神への信仰は合理的根拠から正当化できるという考えを強めていった。

13世紀は宗教哲学が興隆した時代であり、その代表的神学者がトマス・アクィナスであった。彼の『神学大全』(*Summa Theologica*)はキリスト教信仰の体系的説明を意図したものである。この中で彼は対立する啓示と理性の調和を求め、啓示と理性はそれぞれ独自の領域を持っており、理性は自己の領域内で完成されると主張したが、理性は信仰なしでは信仰の対象について無力であると考えていた。彼によれば神は人間が長い経験によって獲得した真理を、聖書などの記述された証拠でより直接的に人間に伝えるのだという。すなわち、彼は世界の本質＝自然を理解する最初の手段は、自然と神の関係を知ることであると主張していた。

この世紀の末に生まれたオッカムは13世紀に隆盛を極めた神秘的普遍実在論（realism, 実念論）を批判し、唯名論（nominalism）を提唱した。それは抽象的名辞はそれに対応する実在を持たず、実在するものは個物のみであるという主張であった。オッカムは普遍実在論は無力であり、宇宙がどのような種類の現実性を持っているのかを説明できないと主張した。彼の問題提起は神の認識の問題に波及した。彼は神の啓示は理性と並立するものであり、時には理性と対立すると考えた。オッカムの思想的影響はルネサンス期の経験主義と自然研究にまで及んだ。

宗教改革後、改革者たちは堕落した人間の理性を、自然神学の土台にすることに疑問を感じ、この語の使用を嫌った。この用語は18世紀にイギリスの理神論者によって復活させられた。

自然宗教

16世紀は宗教改革によるキリスト教の分裂、続く17世紀は科学革命の進展という、精

神的、知的パラダイムの大変革が生じた時代である。

イギリスにおいては17世紀前半、E.ハーバートは熱狂的信仰に疑問を抱き、宗教的寛容を模索し始めた。彼はイギリスの理神論の創始者と言われているが、人間は本能として共有概念 (common notion) を持っており、信仰は理性より出発すべきであると説いた。しかしロックは神についての生得的観念の存在を否定し、理神論者の見解に疑問を投じている。

また F.ベーコンやボイルらによって基礎づけられた王立協会はイギリスの自然科学を着実に発展させ、そのプレステージを高めていった。科学者の多くは敬虔なキリスト教徒であり、その科学的成果によってキリスト教を無神論者や唯物論者の攻撃から擁護した。ボイルとともに王立協会の中心人物であった J.ウィルキンズはピューリタンであり、優れた数学者であったが、宗教論争にも深く関わり、『自然宗教の原理と義務について』という著作を残している。この著作は彼の死後大司教ティロットソンの序文を付して出版された。また17世紀末にニュートンの『プリンキピア』が出版され、宗教はこうした自然科学の偉大な成果との協調を求めた。

こうして、自然宗教 (natural religion) はキリスト教各派が統合し得る合理的基礎であるという考えがいっそう強まった。知識人の多くは啓示や奇跡に依拠せず、自然科学の成果を受け入れ、神の知識と自然の法を自己の行動の基準にした。自然宗教はすべての人間に共通する根源的信仰と考えられるようになった。

ロックは自然宗教がキリスト教の基本的教義を合理的に擁護する限りこれを受け入れた。彼はアダムの楽園追放以来、神が人々に科した死は、地獄における永遠の責め苦といったものではなく、救世主であるイエスを信じることによって、神の許しと永遠の生命を与えられると説いた。のちに理神論者トーランドは「啓示宗教はその腐敗せざる状態では自然宗教と一致する」と主張して、自然宗教をモデルにしながら宗教の革新運動を開始する。またドイツのレッシングは詩劇『賢者ナータン』において三つの指輪の物語に依拠しながら、「自然の光り」を人知の究極的基準とし、すべての人々は神の啓示や啓示宗教の存在なしで、純粋な自然宗教に至りつくと述べている。こうした理性の上に根拠を求めた神学は18・19世紀にさらに盛んとなり、ペイリーの『自然神学』は大学の教科書として広く読まれた。しかし彼の自然の秩序に基づく神の存在証明は、早くも19世紀の中頃、ダーウィンの「進化論」によって崩壊の憂き目に会った。

【主要文献】Edwin A. Burtt, *Types of Religious Philosophy,* Harper & Brothers, 1939. Anthony Flew, *God: A Critical Enquiry,* Open Court, 1966. Etienne Gilson, *The Spirit of Medieval Philosophy,* A. H. C. Downes trans., London: Sheed & Ward, 1936. Anthony Flew, *An Introduction to Western Philosophy: Ideas and Argument,* Thames & Hudson, 1989. ――, *God, Freedom, and Immortality,* Prometheus Books, 1984. Charles Hartshorne, *A Natural Theology for our Time,* Open Court, 1967. Leszek Kolakowski, *Religion,* Oxford University Press, 1982. Nicholas Lash, *The Beginning and the End of Religion,* Cambridge University Press, 1996. Jaroslav Pelikan, *The Christian Tradition: A History of the Development of Doctrine,* 5 vols., University Chicago Press, 1989. Richard S. Westfall, *Science and Religion in 17th Century England,* Yale University Press, 1958.

（板橋重夫）

形而上学

〔英〕metaphysics

　形而上学とは世界のあり方に関する最も一般的探究である。古来様々な形而上学体系が提出される一方で、その一般性・抽象性のゆえに、それらはしばしば理解困難で、哲学者間で見解が一致せず、無限に論争が繰り返されるという事態も生じがちであった。こうした事情の下では、経験論を本流とする近世以降のイギリス哲学思想の上で、形而上学の探求が必ずしも高い位置を占めてこなかったと想像されるかもしれない。なぜなら経験論の一つの特徴は、経験によって解明されない概念や経験的に検証または反証不可能な主張の認識的価値を否定し、「形而上学的思弁」を空虚なものと見なす実証的態度にあると一般には考えられるからである。それにもかかわらずイギリスは何人かの重要な形而上学者を輩出してきたのであり、それらの哲学者たちすべてが経験論に敵対的であったわけではない。そこで、イギリスの形而上学者たちにとって経験と形而上学との関係がとくに興味深い問題となる。この点を考慮しながら以下4人の代表的な形而上学者たちの考えを見ていく。

バークリー

　古典的経験論者の中では、バークリーが最も典型的な形而上学者である。彼はデカルト、ロックらから観念の理論 (theory of ideas) を受け継ぎながら、それをある仕方で徹底させることによって、観念論 (idealism) の形而上学を展開させた。バークリーは、われわれの知識の対象が観念あるいは思念 (notion) に限られるということから、精神から独立な物質の存在を否定する（反物質説）。観念は精神に内在し、その存在を精神に依存している。一方われわれが知覚する対象は性質の集まりであり、性質とは感覚可能な観念に他ならない。したがって、そうした対象もまたその存在を、それを知覚する精神に依存している。精神とは独立に（心の外に）ものが存在するという考えは誤った抽象の産物なのである。思考されていない対象が存在すると思考する、ということは論理的に矛盾である。ある観念が知覚から独立な性質に類似し対応するという考えも、類似の関係は観念どうしの間でしか成り立たないゆえに不可能である。それゆえ、精神から独立に対象に実在する性質としての一次性質と、精神に依存する性質としての二次性質の区別も成り立たない。二次性質の観念なしに一次性質の観念が知覚されるという考えは誤った抽象でありわれわれの経験的事実に反する。こうしてバークリーは観念に関する経験論的解明から、物質の非実在性・非独立性（精神への依存性）を引き出す。

　このような反物質説から、世界に存在する実体は精神のみであるという観念論が展開される。精神の存在は思念によって知られる。精神とは知覚し活動するものであって、非活動的で受動的な観念とはまったく異なる。精神は物質のように観念や観念の集まりではなく、観念を生じさせ変化させるものであり、またそのようなものとして知られる。観念は因果的効力を持たないから、ある観念のあとに別の観念がしばしば規則的に継起するという経験的事実は、観念や観念の集まりである物質によっては説明できない。自然界に秩序があり法則があるという事実は精神が生み出すのであり、そのような一貫して壮大な秩序を生み出す能力は有限の精神には無いゆえに、まさにこのことは無限の精神である神の存在を証明するとバークリーは考える。自然科学の見出す現象間の規則性はわれわれの実践にとって有益ではあるが、自然的世界を因果的に説明しているのではない。経験的自然科学は一種の道具であって、真の自然の説明は形而上学によってのみ与えられる。こうしてバークリーでは、経験論は観念論の形而上学によっ

て補完され完成するのである。

アレグザンダー

20世紀に入ると、自然科学の圧倒的な発展の下で、形而上学の学問的な位置づけの問題が強く意識されるようになる。アレグザンダーは、形而上学が経験的な方法による探求であることを強調する。その限りで形而上学は個別諸科学と異なるところは無い。前者はその方法に関してではなく、その主題の本性に関してのみ後者と異なるのである。形而上学の主題は、個別諸科学の主題よりはるかに一般的で包括的である。それは世界の事物がどのようにグループ分けされるか、各グループ間でどのような関係が成り立っているかなどのきわめて一般的な問題を取り扱う。

アレグザンダーによれば、特定のグループに固有の可変的特徴を扱うのが個別諸科学であり、あらゆるグループに関わる包括的・不変的特徴を扱うのが形而上学である。後者の特徴を彼は「アプリオリ」な特徴と呼ぶ。アプリオリな特徴は主観によって対象の側に課せられたものではなく、対象そのものが持つ最も一般的な特徴である。彼は、経験に見出される諸事物の精神からの独立性を主張するという意味で、実在論の立場に立つことを宣言する。それに基づき、相対性理論や進化論などによって与えられた当時の科学的知見を形而上学的な考察によって裏づけるという仕方で、独特な形而上学体系が展開される。そこでは、時空という母体から、創発的進化の過程を経て、物質、精神、神などの存在の階層が生じてくると論じられる。

ホワイトヘッド

ホワイトヘッドもまた形而上学を、経験諸科学を超えた一般性を持つ仮説の体系（「宇宙論」と呼ばれる）として提示する。彼によれば、近世以降支配的となったニュートン力学に基づく機械論的世界観（科学的物質論）は、一種の抽象の上に組み立てられた体系であるにもかかわらず、その抽象的性格が忘れ去られ、自然に関する経験を最も具体的に記述し説明するものと誤解されることで、因果的自然と現象的自然の二元分割、価値・目的の実在性の否定、生命や意識の説明困難など、われわれの自然理解の上に様々な歪みを引き起こしてきた。科学的物質論とは、自然を時間・空間・物質という相互に独立な三項から構成されるものと考え、一時点における物質の空間的配置の時間的変化によってすべての自然現象を記述しようという考え方である。われわれの具体的経験がつねに変化しつつある過程の把握として与えられ、「瞬間における経験」が意味をなさないことを考えれば、これは経験の一面の理想化・抽象化以上のものでない。ホワイトヘッドは抽象が思考にとって不可欠であることを認めるが、ある特定の抽象図式を排他的に強調することは、抽象的なものを具体的なものと置き違え、具体的経験に与えられている他の要素を不当に軽視し無視するという誤謬を生じさせると考える。

一方、近世哲学も経験における最も具体的な要素を明確な感覚知覚であると見なし、すべての認識がそうした感覚知覚に基づくと考えた点で具体性を置き違える誤謬に陥っている。経験の具体的なあり方は、感覚と情動とが融合し、現在が過去から未来への進行の中で把持されるような渾然としたものである。哲学の出発点はこうした渾然とした経験を具体的に把握することである。哲学の役割は、科学のみならず、宗教、文学、芸術、社会組織などに現れている様々な抽象を理解し批判し、その抽象が有効であるような適用領域を明確にしたうえで、それらの抽象図式がそれからの抽象であるような最も具体的な経験の要素を一般的に記述することである。形而上学とは、経験に与えられるそうした具体的な要素の最も一般的記述の体系に他ならない。

ホワイトヘッドは自らの形而上学に「有機

体の哲学」という名を与えた。それはその体系における究極の存在である「現実的存在者」が、時空の一点において他の現実的存在者や「永遠の客体」と呼ばれる普遍的存在を有機的に統合する過程の存在と考えられるからである。現実的存在者は、内的には（自分自身にとっては）生成していく経験として、外的には（他の現実的存在者にとっては）時空的出来事として存在する。彼の描く宇宙は無数の現実的存在者のモナド論的体系として展開する。経験概念の思弁的一般化であるという意味で、それを「経験の形而上学」と呼ぶことは不当ではない。

ストローソン

「言語論的転回」以後の哲学者ストローソンにとっては、形而上学もわれわれの言語的経験を離れては存在しない。彼は自らの立場を「記述的形而上学」と特徴づける。それは、われわれの経験の最も一般的特徴を見定めたうえで、それが成立するための様々な条件を見出し、それによってわれわれが現に持つ概念システムの基本構造を明らかにしようという立場である。その際出発点となるのは、われわれが対象を指示・同定することができ、それについて話し手と聞き手との間でコミュニケーションが成立するという言語的経験である。そうした経験が一般的に可能になるためには、われわれは指示・同定のための一般的システムを備えていなければならず、現実にはそれは時間・空間のスキームによって与えられる。われわれの現実の指示・同定は、最終的には時間・空間中に対象を配置するという仕方で行われる。

このことから、われわれの現に持つ存在論においては、基礎的個物（他のカテゴリーの対象同定が、それの同定に帰着するようなカテゴリーの個物）が、物体あるいは物体を所有するものであることが導かれる。なぜなら、指示の一般的スキームとしての時間・空間は、現に知覚されていない対象が占める場所を提供するが、そうした場所にあるものとして基礎的個物は空間的三次元性と時間的持続性とを備えていなければならないからである。

さらにストローソンは、われわれの経験世界が独我論的なものではなく、われわれの言語が物体的性質を示す述語（M 述語）とともに、意識経験を含意する述語（P 述語）をも持つという事実に着目する。彼は、(1) 自己に P 述語を適用できるのは他者に P 述語を適用できる場合のみである、(2) 他者に P 述語を適用できるのは他者を同定できる場合のみである、(3) 他者を同定できるのは他者が物体としての性質をも持つ（M 述語が適用可能である）場合のみである、と論ずる。こうして、われわれの概念システムは、M 述語と P 述語が等しく適用できる「人物」のカテゴリーを基礎的個物のカテゴリーとして持つと主張される。ストローソンによれば、心身問題や他者問題などの伝統的問題は「人物」が基礎的カテゴリーであることを見失ったことから生じたのである。

以上見てきたように、イギリス思想の上で形而上学はつねに何らかの形で経験と関わりを持ち、経験の持つ認識価値を最大限評価したうえで成立してきた。その意味で、経験論的考察と形而上学的思弁は、イギリスの形而上学者たちにとってはけっして矛盾するものではなかったのである。

【主要文献】G. Berkeley, *A Treatise Concerning the Principles of Human Knowledge,* 1710（大槻春彦訳『人知原理論』岩波文庫, 1958). S. Alexander, *Space, Time and Deity,* 1920. A. N. Whitehead, *Process and Reality,* 1929（平林康之訳『過程と実在』みすず書房, 1981). P. F. Strawson, *Individuals,* Methuen, 1959（中村秀吉訳『個体と主語』みすず書房, 1978).

（中釜浩一）

形而上派詩人

〔英〕metaphysical poets

概略

　伝統的には『恋愛小曲集』のダンを筆頭に、17世紀初頭から半ばに一連の特徴を共有する作品を書き、一派であるかに見える詩人たちの総称。だが本人たちにその意識はなく、作品内容も形而上学にとくに関わるわけではない。パストラルや瞑想詩、エンブレムや定義詩など既存伝統との関係も深い。にもかかわらずこの呼称が定着したのは、通底する過剰な知的遊戯性に諧謔的な意味でふさわしいのと、形而上的と表現すべき存在論的な不安が、文化的背景として直観されるからだろう。

　だが、いわば代表であるダンの詩を最初に形而上的と呼んだドライデンにも、この呼称を『詩人列伝』で定着させたS.ジョンソンにも、第二の面は見えていない。ドライデンは、自ら主導した安定と均衡への志向（新古典主義）に馴染まないものとして、またジョンソンは合理主義の社会には馴染まないものとして、第一の面を揶揄的にそう呼んだ。第二の面への注目は20世紀初頭のT.S.エリオットらによる再評価以来だが、それが現在までの人気を支えており、現代詩への影響は深く広い。20世紀以降の西欧社会と17世紀前半から中葉のイングランド社会が、世界観の転換を迫る発見や激動の連続という共通点を持つことが、逆照射されているとも言える。その意味では、似た状況にあった大陸諸国の一部の詩人たちにこの呼称を用い、また逆に、マナリズムなどの概念をこの詩人たちに適用する最近の傾向には、一定以上の正当性がある。

詩人たちについて

　偶発的に共有される特徴を文学伝統の系譜よりも重んじれば、先行する詩人やイングランド以外の詩人たちにも同類が見えるが、ダン以外に伝統的に数えられるのは、G.ハーバート、クラショー、ヴォーン、トラハーン、マーヴェルである。カウリー、ベンローズ、G.ハーバートの兄チャーベリーのハーバート卿も加えられるが、論者次第で異なる詩人を含めることもある。形而上詩集といった詩集には、たとえばコンシート（次節で説明）を際立って重視すれば、それ自体は普遍的な技法であるため、シェイクスピアやB.ジョンソンの特定の作品が収録されたりする。

　ジョンソンが『詩人列伝』中で揶揄したのはカウリーであるが、もはやその名が前面に出ることはない。彼の詩の知的遊戯性は、同時代に重視されたウィット（機知）がいわば定向進化した姿であり、18世紀人の神経にはその無理が障ったが、存在論的な不安やそこからくるひりつくような切迫感を欠くため、20世紀以降の読者には訴えるところがない。

　王政復古以降、この詩人たちは形而上詩と判定できる作品を書いていないと思われる。時代性との関係が目を引くが、自閉的な私世界を彼らは封印したのだと解されよう。トラハーンなど、20歳あたりで詩筆を折った。一般に「ダンからマーヴェルまで」と言われるマーヴェルの場合、元議会派軍総帥フェアファクスの隠棲所領での暮らしと抒情詩を同時に棄てたと思われるが、クロムウェル政府に参加したのちは、王政復古時代を反宮廷派の下院議員として生きた。彼の抒情詩作品群は形而上詩の多彩な特徴を見せるが、閉じられた私世界の伝統の破産を実作者として内部から確認し、それを封じて公世界に転じたという説がある。

技法上の特徴について

　最大の特徴とされるコンシート（conceit: 奇想）は比喩の一種であり、主旨（表現内容）に奇抜な媒体（イメージなど）を組み合わせて、複雑精緻に展開する。形而上詩以前あるいは以外でも、「あなたの燃える眼の光に、わたし

は融ける雪となる」といったペトラルカ風はシェイクスピアも多用するが、形而上的奇想は、主旨をなす鮮烈な精神的・官能的体験が、それとは結びつきそうもない、たとえば幾何学のイメージを用いた比喩で表されるといったものである。その例を示しておこう。

　ダンの「嘆きを禁じる別れの言葉」では、旅立つ夫が家に残る妻に、「あなたが不動でいれば、二人はコンパスの両脚なのだから、わたしがどんなに遠く離れようと、完璧な軌跡を描いてあなたという始点に戻れる」、と歌う。二人の魂が天界で合体していること、コンパスの脚が堅くまっすぐで等しいことが活かされている。またマーヴェルの「愛の定義」の話者は、「運命も自然も、自分たちの合体で完全が生まれることを恐れ、自分たちを両極に割いた」と述べ、だから合体が完成すれば、「輝く星空は墜ち／地球は前代未聞の激震を起こして／世界のすべてがわれわれを一つにするために／平面球へと押しつぶされるのだ」と歌う（吉村訳）。「平面球」は plain と sphere を繋いだ造語 planisphere だが（地球が平面図に描かれることへの連想がある）、読んだ瞬間の心中に激震と言うべきイメージの運動を起こす。この種の比喩はその構築も了解も知的離れ業だから、形而上的と揶揄されることにもなった。

　詩形的特徴は、弱強五歩格の詩行が二行ずつ脚韻を踏むヒロイック・カプレットとの対照で語りうる。これは本来叙事詩など公的な語りに適するが、王政復古以降は詩の世界全体を席巻する。時に詩行が作る形さえ表現手段とする形而上詩の尖鋭な私性との異質さは、次の例でも了解されよう。ハーバートは「祭壇」や「復活祭の翼」において、詩行の長短配置で表題通りの形を作り、マーヴェルは一見素朴な「小花冠」において、技巧を尽くして詩行配置と押韻を絡ませ、編まれた花冠とそこに潜む野心の蛇を見事に表現している。

　全体に男性韻（masculine rhyme）が目立つことも指摘しておきたい。これは脚韻に強拍を重ねるもので口語的な印象を生み、読み手は私的な語らいを聞くかのようである。これもまた、いわば公的な声ばかりが目立つ新古典主義的な詩の世界とは好対照をなす。

総括

　形而上詩が姿を消したのは、ハーバーマスが『公共性の構造転換』で17世紀後半のロンドンに見た新しい公共圏の誕生、さらにはその成熟で近代が初期を脱してゆくことに、深く関わると考えられる。詩人という存在自体が文士化し、その意味で公的世界に属するものとなって、私を語るものとしての抒情詩は衰退してゆく。詩における真に私的な声は18世紀末のロマン主義で暫時復活するが、たちまちにしてヴィクトリア朝文化に埋没する。強烈な世界観の揺らぎと存在論的不安が経験され始めた19世紀末から20世紀初頭に、同種の世界経験を負う詩人たちへの共感が生まれたことには、深い意味があるとしなければならない。

【主要文献】Alastair Fowler ed., *The New Oxford Book of Seventeenth Century Verse,* Oxford University Press, 1991. T. S. Eliot, "The Metaphysical Poets", in ——, *Selected Essays,* 3rd ed., Faver & Faver, 1999. Herbert J. C. Grierson, *Metaphysical Lyrics and Poems of the Seventeenth Century,* Oxford University Press, 1921. Louis Martz, *The Poetry of Meditation,* Yale University Press, 1952. Rosalie Colie, *Paradoxia Epidemica,* Princeton University Press, 1966. A. Preminger et al. eds., *The New Princeton Encyclopedia of Poetry and Poetics,* Princeton University Press, 1993.

（吉村伸夫）

言語ゲーム

〔英〕language game 〔独〕Sprachspiel

後期ウィトゲンシュタインの言語観

　後期ウィトゲンシュタインの言語観は一般に「言語ゲーム説」と呼ばれる。「言語ゲーム」という用語は 1932 年頃に手稿において言語活動の比喩として初めて用いられたものであるが、後期の主著『哲学探究』第Ⅰ部では明確に新しい言語観を特徴づけるものして提示されている。その説の基本的特徴としては次のような点が挙げられよう。
　(1)「『言語ゲーム』という言葉は、言語を話すということが、ある活動の、つまり『生活形式』の一部であるという事実を際立たせるものである」(23 節)。ここで「生活形式」とは「生活全体の形」という意味であり、「原所与」として人間が受動的に引き受けざるを得ないものである。(2) 生活形式を構成する要素としてのわれわれの生活に繰り返し現れる活動のパターンが多様であることに応じて、言葉も多様な目的のために用いられると言われる。そこから「道具箱の中に入っている様々な道具」と同様に「語の機能も様々である」(11 節)という道具論的言語観が出てくる。「文章を道具と見、その意味とその適用を見よ！」(421 節)。言葉は、記述、報告、伝達、否定、推測、命令、問い、物語、演劇、輪唱、謎々、冗談、噂、算数の問題解決、翻訳、懇願、感謝、罵り、挨拶、祈り、警告、回想、感情表出、感嘆などの目的のための道具として用いられる。(3) この言語観は「意味の使用説」とも呼ばれる。「いかなる記号もそれだけでは死んでいるように思われる。何が記号に命を与えるのか。使用において記号は生きる」(432 節)。哲学は「ある語の使用の記述」を遂行しようとするが、その目的は、「ある哲学的問題を取り除くのに有効であると思われる限りにおいて」(『ウィトゲンシュタインの講義Ⅱ ケンブリッジ 1932-35』)と言われている。ここで取り除かれるべきとされている哲学的問題とは多岐にわたっているが、その中心は彼自身の前期、中期の哲学的立場や言語観である。

クリプキによる『哲学探究』の解釈

　有名なクリプキの解釈によれば、『哲学探究』第Ⅰ部は、概括的に三つの部分に分けられる。第一は前期の『論理哲学論考』の言語理論を否定し、それに代わる新しい言語理論を提示している部分 (A)。第二は規則の習得と理解をめぐる議論に関わる部分 (B)。第三は「私的言語論」と呼び習わされている部分 (C)。彼の主要な論点の一つは、私的言語の不可能性ということを導き出す (C) の結論は、じつはすでに (B) に含まれている、(C) は (B) の系と言うべき意味しか持ちえないというものである。彼によれば、ウィトゲンシュタインは (B) において、「＋n」というタイプの規則に関して、(i)「規則は行為 (＝意味) を決定できない」(201 節) という形で規則に関して「懐疑論的パラドックス」を提示し、結局 (ii) その懐疑論の正当性を一応認めたうえで、それが「論理的に論駁不可能」であるという理由から「正面的な解決」を与えることを断念し、(iii) われわれの通常の実践あるいは確信は正当化を必要とするかのように見えるにもかかわらず、懐疑論者によって不可能とされた正当化を必要とはしないがゆえに、正当化されているのであるという意味での「懐疑論的解決」を与えていると言われる。

規則に関する「パラドックス」

　しかし (B) の規則をめぐる議論の趣旨は、(A) におけるたとえば色彩語や物体などの語に関する規則の一種としての「直示的定義」の議論に含まれており、(B) の議論は、同じ論法に従って別種の規則に関して行ったものと見なせる。「痛み」のような私的感覚をめぐ

る語の意味の成立可能性に関わる(C)の議論は、(A)の議論を基本的に踏まえつつ、(B)の議論を取り入れながら論じたものである。

これらの議論において「規則のパラドックス」をもたらすとされているものは、じつは前期の言語観の背後にあった「ひょっとしたらそれは存在しないのではないかと恐れる必要なく私が指し示しうるもの」(『哲学的考察』)としての「対象」を「意味」として認める前期の「プラトニズム的な意味観」と、「ロック的なメンタリステック能力観および言葉の意味を意識内在的な観念と見なす言語観」である。しかしそれらの意味論や言語観は、規則に従った一貫した(＝意味の同一性を保持した)言葉の使用ということに関して「懐疑論」を生み出すことになる。それに対しその「懐疑論」を「無意味」と見なそうとする企ての過程で、「規則に従っているように思われる」ことが「規則に従っていること」と同じであるという思想(中期の「検証原理」に基づく無謬の「完全検証命題」の思想)が生み出されてくるのであるが、それを認めると、「どのような行動の仕方も規則と一致させることもできる」→「どのような行動の仕方も規則と矛盾させることができる」→「ここでは一致も矛盾も存在しない」という論法で、「規則はいかなる行動も決定できない」という「パラドックス」が生じてくることになると指摘されているのである。

「規則に従う」ということの捉え直し

これに対して彼は、この「パラドックス」を生み出すことになる上記の意味観や言語観自体が「言語の一貫した意味は先行する規則に従うことによって初めて保持され、伝達される」という通念を前提していることを指摘し、後期の「言語ゲーム説」と「記述主義的な哲学観」に基づいて、「言葉の使用が規則に従っている」ということの意味を捉え直そうとするのである。

後期の立場からすると、われわれは先行する規則に従って話すというより、共通の生活形式を共有しつつ、一定の状況の下で、一定の目的達成のために、多くの場合他者との関わりにおいてただたんに話すのである。そのような場合に、事実として広義での自他における「行動の一致」が起こるということから発話行為は規則に従っていると見なされるにすぎない。そのような意味での「規則」とは、ほぼ一義的に適用されうる数学のような絶対的な規範でも、特定の明示的手続きなしには変化しないチェスゲームのような固定的な規範でもない。言語ゲーム内部における規則とは、共同体の中でのわれわれの言語使用の中に慣習的なコンヴェンションとして黙契的に「示されている」ものであり、ある程度の曖昧性を伴うと同時に、自然な変化を伴いうるという意味で動的なものである。言語的コミュニケーションにおいて、話し手はこのような一般的で慣習的なコンヴェンションを利用しつつ、そのつど一定の状況の下で発話し、自らの特定の意図を聞き手に伝達することによって、聞き手にある種の行動を誘発するのである。そのような意味で言語表現は現実の発話行為において、一定の目的を果たす道具となるのである。

【主要文献】Saul Kripke, *Wittgenstein on Rules and Private Language,* Oxford: Blackwell, 1982 (黒崎宏訳『ウィトゲンシュタインのパラドックス——規則・私的言語・他人の心』産業図書, 1983). P. M. S. Hacker, *Insight and Illusion: Themes in the Philosophy of Wittgenstein,* revised ed., Clarendon Press 1986. John W. Cook, *Wittgensetin's Metaphysics,* Cambridge University Press, 1994. 鬼界彰夫『ウィトゲンシュタインはこう考えた』講談社, 2003.

(米澤克夫)

検証主義

〔英〕verificationism

　言明（命題）の有意味性の規準として検証可能性を採る立場。主として 20 世紀前半の論理実証主義者によって主張された。彼らは、伝統的哲学に見られるような形而上学的主張や言明、たとえば「神がこの世界を創造した」といった言明は、経験的な検証可能性がないゆえに無意味であると主張し、それに代わって科学的に有意味な世界観が打ち立てられねばならないと考えた。しかし彼らのそのような立場は、感覚的印象への還元主義的傾向を持った経験主義だったのであり、結果的に科学の描像を歪めるものであった。

基本的主張

　検証可能性原理の初期の定式はウィーン学団の創始者の一人とされるシュリックやヴァイスマンによって与えられ、「強い検証可能性」と呼ばれるが、「発話者は自らが述べる言明が真もしくは偽となる条件を知っていなければならない。そうでないならば、自分の言ったことを知っていないのだ。決定的に検証されない言明はそもそも検証可能ではなく、意味を欠いている」という趣旨の主張であった。この主張は簡潔に「命題の意味とはその検証の方法である」と定式化されることも多い。言明の有意味性は、観察とか実験などの経験的方法によって当該の言明を真とする知覚もしくは感覚（センス・データ）が得られるかどうかによるというわけである。（このような観察者にとっての知覚もしくは感覚を報告する言明はノイラートなどによってプロトコル命題と呼ばれた）。ところが、このような有意味性規準には大きな問題があった。

問題点

　全称言明の検証は不可能であるという問題である。たとえば、「すべてのスワンは白い」といった全称言明については、過去・現在・未来に及ぶすべてのスワンについて観察的に検証することはできないから、この言明は無意味になってしまう。この結果はとうてい受け入れることのできないものであった。

エアによる改善と失敗

　こうした状況を踏まえて、エアは『言語・真理・論理』において、言明の有意味性とは、当該の言明が直接的に検証されることではなく、他の前提的言明との結びつき（連言）によって、観察言明が演繹されること、かつ他の前提的言明のみからは演繹されないことであると提案した。しかし、この提案は論理的理由から却下されることになった。いま、有意味性が問われている言明を S とし、演繹される観察言明を Q としてみよう。また、前提的言明を試みに二つ取り、P、R としてみる。すると、エアが言っていることは、$S \wedge P \wedge R \rightarrow Q$ が成立し、かつ $P \wedge R \rightarrow Q$ が成立しないならば、言明 S は有意味であるということである。だがここで、前提的言明として $S \rightarrow Q$ を取り、エアの提案を適用してみると、記号論理学的には $(S \rightarrow Q) \rightarrow Q$ は成立せず、$(S \wedge (S \rightarrow Q)) \rightarrow Q$ が成立する。つまり、エアの提案は充足される。だが、これの意味するところは、有意味性が問われている言明 S に形而上学的言明として排除したいと思っている言明（たとえば「絶対精神が歴史を指導している」）を取り、Q として明白に真として認められるような観察言明（たとえば「昭和天皇は平成元年に亡くなった」）を取ってみると、「絶対精神が歴史を指導している」といった形而上学的言明は有意味になってしまうということである。これは明らかに検証可能性原理の狙いに大きく反する。ここに至ってエアはさらに別種の改善案を提案するが、それについても A.チャーチによって有意味性の規準としては無効であることが論証されてしまった。

混乱の原因とさらなる欠陥

さて、エアの最初の提案は、法則言明と初期条件言明とから予測言明を導出するという科学における最も重要な営みをモデルとして作られていた。だが、この提案の挫折は、法則言明を無意味とするのみならず、科学の明らかに有意味な営みも検証可能性原理に即さないとするに等しいものであった。

こうした混乱が生じてきたのは、検証可能性原理の下で言明の有意味性ということと言明の経験的性格とが十二分に区別されず、混同されていたからであった。普通、科学においては検討の対象となる言明は有意味であると考えられており、ただそれに空想的意味ではなく観察や実験によって確かめられるような経験的性格があるかどうかが問題となる。そもそも言明が有意味でなかったならば、つまり言明の内容が理解されていなかったならば、「命題の意味とはその検証の方法である」と言われても検証の方法を考えることさえできないはずである。言明に経験科学的性格があるかどうかの問題は、有意味性の問題とはまったく別種のものなのである。

さらに検証可能性原理の欠陥として指摘しておかねばならないのは、存在言明に関する観察的検証の問題である。存在言明は、全称言明と並んで非常に重要な言明のタイプであるが、日常的感覚からすれば十分に有意味であると考えられる存在言明がこの原理の下では無意味となってしまう。たとえば、「どんな病気でもたちどころに治す呪文がある」といった存在言明は、常識的にはその意味が十分に理解される有意味的言明であるにもかかわらず、これを検証するためにはギリシア語やラテン語の呪文を含めて考えられうるありとあらゆる呪文（言葉の組み合わせ）を検証しなければならない。だが、そのようなことは明白に不可能であるから、「意味」がないことになってしまうのである。

さらに、検証可能性原理それ自体は有意味なのかと問われると、この原理を自分自身に適用しなければならないことになるが、その結果は明らかに無意味ということになる。

欠陥の背後にあったもの

こうした欠陥は論理実証主義の運動の中で徐々に認識されていき、修正のためのいろいろな試みがなされた。検証ということを確率的なものに弱めるとか、人工言語の中に翻訳できるかどうかで有意味性を判定しようという試みも出現した。しかしながら、この立場の根本には、理論に汚染されていない中立的な観察の存在を前提するという理論と観察との厳格な二分法があった。それが、たとえば、ノイラートにおいて自らの感覚的印象を報告するプロトコル命題は真であるとか、一時期のラッセルのセンス・データ言語説を導いたと考えられる。このような感覚主義的立場は、イギリスの観念論哲学者バークリーなどに遡るが、それが論理実証主義にも影を落としていたのである。

その後

他方で、検証可能性原理の挫折は、論理実証主義の運動の内部から、いわゆる言語分析の哲学を生み出す機縁となった。この原理によって言明の有意味性が解明できないのだとすれば、有意味性についてのより繊細な分析が求められることになるからである。ここには、後期ウィトゲンシュタインの、意味とは用法であるという主張が大きく影響している。

【主要文献】A. J. Ayer, *Language, Truth and Logic*, 1936（吉田夏彦訳『言語・真理・論理』岩波書店, 1955）．K. R. Popper, *The Logic of Scientific Discovery*, 1934（大内義一訳『科学的発見の論理』上・下, 恒星社厚生閣, 1971-72）．

(小河原誠)

ケンブリッジ・プラトン学派

〔英〕Cambridge Platonists

　ケンブリッジ・プラトン学派は、17世紀の神学と哲学に新しい性格を与えた思想家たちである。ケンブリッジ大学出身の聖職者が多く、プラトニズム(中期プラトン主義、新プラトン主義を含む)の影響を顕著に受けていたため、この名前で呼ばれている。代表的な人物は、ベンジャミン・ウィチカット、ラルフ・カドワース、ヘンリ・モア、ジョン・スミス、などである。彼らの著作は、ロックやライプニッツによって批判的に参照され19世紀までかなり読まれた。

　彼らの思想傾向は、イギリス国教会の護教的立場を堅持しながら、(1)宗教的には、プラトニズムの導入によるカルヴィニズムの克服、(2)哲学的には、デカルトの機械論哲学とホッブズの唯物論哲学に対抗するルネサンス的生命哲学、(3)道徳的には、ルネサンスからピューリタニズムを経て定着した行動的生活と道徳実践の強調、(4)政治的には、寛容思想という特色を持つ。

ピューリタニズムの実験と挫折

　イギリスにおける宗教改革の発端は、ヘンリ8世によって行われた「上からの」国家改造運動であったが、やがてそれはイギリスのナショナリズムを担う国民運動へと展開された。ピューリタニズムはその国民運動である。

　プロテスタントの最も切迫した課題は、教義と礼拝式の面におけるローマ・カトリック教会との決別であった。教義について、プロテスタント教会は、次々に立場を鮮明にする信条(信仰告白)を発表した。これが、プロテスタントの教義重視の姿勢(dogmatism)の起源である。一方、礼拝改革の中核は、神の恵みを人間に媒介するサクラメント(聖礼典、聖奠)の再検討である。彼らは、ローマ・カトリック教会が認める7つのサクラメント(洗礼、堅信、聖体、告解、終油、叙階、結婚)のうち、聖書にはっきり記載がある洗礼式と聖餐式のみを採用した。これらの改革は、人文主義の教養のある教会指導者たちによって綿密に遂行されたが、この制度上の改革を後押ししたのは、聖書の記述に従って魂の救済を説く、福音主義の説教であった。

　ピューリタニズムは、説教に基づく生活改革運動である。説教は、聖書の解説から始まり、実生活への応用に展開された。聴衆はその内容に即して自分の生活を良心的に改革したが、良心の審査の対象は、個人の心中から家庭生活、社会生活、国家制度まで及んだ。この運動を徹底すると、ついに統治制度自体の改革に至る。ピューリタン革命はこうして起こった。ところが、共和政治の崩壊によって、ピューリタニズムは政治的に挫折し、以後、イギリスの正統的政治イデオロギーから外れるのである。

カルヴィニズムの克服

　内戦後、革命の失敗についての反省は、思想的にはカルヴィニズムへの批判となった。カルヴィニズムは16世紀後半から17世紀にかけてプロテスタント神学の最も強力な流れであったが、イギリスのピューリタニズムは、カルヴィニズムに対して、もともと一定の距離を置いていた。改革派神学の中でも、カルヴィニズムよりも前に、テューリッヒのハインリヒ・ブリンガーから始まる「契約神学」(federal theology)の伝統の影響が及んでいたからである。そこでは、神と人間との間の相互関係(契約)が重視されるため、神の一方的選びを説く「二重予定説」は受け入れられなかった。それにもかかわらず、このとき「カルヴィニズム」が批判されたのは、ドルト(ドルトレヒト)の改革派宗教会議(1618-19)の後、国際的にはカルヴィニズムが優勢であり、ピューリタン革命の論戦が、王党派＝アルミニウス

主義、議会派＝カルヴィニズムという大きな対立図式でなされたからである。

　ケンブリッジ・プラトン主義者たちは、この革命に青年期に遭遇した。彼らは、ケンブリッジの人文主義の教養に基づき、カルヴィニズムに現れたプロテスタント神学の共通の弱点を克服しようとした。その弱点とは、のちにグランヴィルの著作の題名で有名になった「教義化の奢り」(vanity of dogmatizing)である。すでに述べたように、プロテスタントのキリスト教は、強大なローマ・カトリック教会を相手にしていたため、つねに論争的に正統性を主張し、集団の内部規律にも厳しくあらざるを得なかった。しかし、その結果が悲惨な宗教戦争であるとすれば、その神学に誤りがないであろうか。ケンブリッジ・プラトン学派は、古代アレクサンドリアの思想に示唆を受けて、旧約聖書の知恵文学と、プラトン神学によって、プロテスタンティズムの厳格な教義観を批判する。

　ヨブ記、箴言、コーヘレトの言葉などの、旧約聖書の知恵文学の特徴は、（戦乱期にとくに顕著な）熱狂主義とは対極の、醒めた経験主義にある。それによれば、人間は、個人の願望や良心ではなく、人類の経験的叡知に従うべきである。叡知（知恵）とは、プロテスタンティズムが主張するように個人の良心的判断に従うことではなく、万古不易の天下の道理に従うことである。プロテスタントの道徳観では、「良心」が中心的働きをするが、ウィチカットによれば、良心は、「理性」と「道理」(reason of things) に従属する。道徳については事物の本性に根ざした道理に従うべきである。信仰における理性の中心的役割を認めたことは、この学派の際立った特徴である。この「理性」は、古代ストア哲学の「ロゴス」と同様、宇宙万物の道理であると同時に人間精神を貫く能力でもある。ウィチカットは、この理性を、「人間の霊は主のともし火である」（『箴言』20：27）という聖書の言葉を鍵として

理解し、彼のキリスト教人間学の中心に据える。

　これと平行して、聖書の位置づけも変更される。プロテスタントの聖書主義では、聖書に規定がない実践問題は、原則的に存在しない。これに対して、ケンブリッジ・プラトン学派の見解では、聖書の啓示は、霊魂の救済についての福音に関しては明示的だが「聖書に規定のない多くの実践的課題」(things indifferent) がある。それについては、神は人間に「主のともし火」である理性を与えることによって自ら判断できるようにしている。この見解は、聖書に規定のないことについては、個人の解釈に委ねられるという自由裁量主義 (latitudinarianism) を導き出す。

プラトン神学の導入

　プラトンは、『国家』で、妬みを持たない、他を害することのない「善なる神」という独自の神観を打ち出した。これは、古代の多神教の神観とも、神の厳しい裁きを認める一神教の神観とも異なる。この場合、「善」は、人間の活動や完成の目的になるというアリストテレス的意味ではない。神はたんに目的になるというのではなく、それ自身の能動性を持つ。しかし、その神は、ユダヤ＝キリスト教の神のように、人間にとって祝福と呪いの二重の源泉になるものではない。むしろ、神は善であるがゆえに人間を愛する。ケンブリッジ・プラトン学派が強調するのはこの点である。

　このような神観に対応して、人間の罪も、神への反逆ではなく人間の自己崩壊になる。ケンブリッジ・プラトン学派の神学では、贖罪や最後の審判の意義は希薄になるのである。「地獄」は、現在、すでに各人の心の中にある。重要なのは、善である神との関係であり、その関係を決定するのは、キリストの贖罪ではなく受肉（神が人になること）である。神、キリスト、人間は同じ本質において、結び合わ

されており、その本質とは善である。ケンブリッジ・プラトン学派においては、形而上学的に善が最高の原理となっている。彼らは、プラトンの『エウチュプロン』の「神が愛するから善なのではなく、善であるから神は愛する」という主張を好んで引証する。これは、カルヴィニズムやホッブズの主意主義（voluntarism）の原理的制限ないし否定である。

このような形而上学から、彼らのキリスト論も独特のものになる。受肉は新プラトン主義的流出論と結びつき、キリストは生命主義的な神的本質とされる。キリストは人間のうちに流れ込み、心に内住する神的本質として理解される。その結果、プロテスタントのキリスト論の中心をなす信仰義認論、十字架と復活による救済論は後退し、重点は、聖化論に移動する。

プラトン主義では「神と似たものになること」が道徳の目的となるが、ケンブリッジ・プラトン学派は、これをプロテスタント神学の聖化論と重ね合わせる。彼らによれば、一定の信仰箇条への同意ではなく道徳的に健全な、愛深く清い生活を送ることが、キリスト教徒であることの証明になる。

機械論・唯物論との対決

17世紀は科学革命の時代であった。最も新しい重要な課題は、ガリレオ、デカルト、ガッサンディ、ホッブズなどの力学的自然観・人間観をどう受け止めるかということであった。この学派によれば、これらの新哲学は、完全な精神である神と、無からの創造を認めない物質主義なので、神学的には無神論を導き、倫理的にはプロタゴラス的相対主義を導く。

機械論哲学では、知識は外界からの力学的インプットに依存するため、認識主体に相対的とされ、正義などの道徳的事実についても相対主義に陥る。しかし、古代より頻繁に指摘されるように、知識は感覚だけによらない。感覚は受動的であり、情念の原因になるが、認識にはつねに能動的な働きがある。

また、ケンブリッジ・プラトン学派によれば、デカルト哲学に見られるように機械論哲学では決定論に陥る。神は、複雑な機械としての宇宙の創造者ではあるが、宇宙の運行は機械的な法則によって支配される。このような神は、人間の行為を決定するだけであって道徳的モデルにはなりえない。

しかし、他方、ストア哲学のように宇宙の運動の主原因や主導原理を「神」とすることも正しくない。神は世界霊として自然の中に内在するのではないからである。

カドワースは、『宇宙の真の知的体系』（1678）で、この二つの誤りを避けるため「形成的自然」（plastic nature）という自然観を提唱した。これによれば、神の叡知は、機械的因果ではなく、生命運動（あるいは霊魂）の調和と内的な規則に埋め込まれている。たとえば、傷の治癒に、それが見られる。

ルネサンスの生命哲学を継ぐこの思想は、神からの一定の独立性を自然に認めるとともに、イギリスの博物学的自然神学の源流にもなった。

【主要文献】新井明／鎌井敏和編『信仰と理性――ケンブリッジ・プラトン学派研究序説』御茶の水書房，1988. エルンスト・カッシーラー（三井礼子訳）『英国のプラトン・ルネサンス――ケンブリッジ学派の思想潮流』工作舎，1993. C. A. Patrides ed., *The Cambridge Platonists,* Cambridge University Press, 1969. John Tulloch, *Rational Theology and Christian Philosophy in England in the Seventeenth Century,* 2nd ed., 1874; reprint, Continuum, 2005. E. A. George, *Seventeenth Century Men of Latitude: Forerunners of the New Theology,* T. Fisher Unwin, 1909. G. R. Cragg, *From Puritanism to the Age of Reason,* Cambridge University Press, 1950.

（大久保正健）

憲法典

〔英〕constitution

　イギリスは、世界に先駆けて最初に近代憲法を確立した国である。近代憲法は普通、憲法典という成文の形式を取る。しかしイギリスの場合は、近代国家において一般的に見られる、制憲行為に基づく成文憲法とは異なった不文憲法を採用している。イギリス近代憲法は、慣習を法源とし、裁判所を通じて確立された司法的法としてのコモン・ローによって体現されることになる。コモン・ローによる「法の支配」(the rule of law)、これがイギリス近代憲法の誕生を意味した。

　イギリス憲法の主要な法形式は、伝統的に判例法 (case law) であるが、それに加えて判例法を補完するための種々の議会制定法 (statute) や、内閣制度などを規律する様々な憲法習律 (constitutional convention) など、多様な法源からなっている。制定法の形式で成文化されているものとしては、1225年の「マグナ・カルタ」(Magna Carta：大憲章)、1679年の「人身保護法」(Habeas Corpus Act)、1689年の「権利章典」(Bill of Rights)、1911年と49年の議会法 (Parliamentary Acts) などがある。さらに、立憲君主制や議院内閣制、国王大権行使の際の大臣助言制といった重要な憲法上の諸原則が、憲法習律によって規定されている。

　イギリスでは、内乱期の過程でチャールズ1世（在位1625-49）が処刑され、1649年から60年にかけてオリヴァー・クロムウェルが主導する共和制に移行したが、この共和制期にイギリスで最初で最後の成文憲法が制定された。「統治章典」(Instrument of Government, 1653) がそれである。1660年の王政復古以降、イギリスでは一度も成文の憲法典を制定することなく現在に至っている。

　もともと、constitution という用語は、「国の基本構造」という意味であり、politeia あるいは regime という術語とほぼ同義である。それゆえ、constitution は、近代憲法成立の以前には、「国制」という訳語で表現されることもある。憲法学の分野では、国の基本構造を意味した constitution を「固有の意味での憲法」と定義し、「近代的意味での憲法」あるいは「立憲主義的意味での憲法」と区別している。近代的意味での憲法とは、人間が生まれながらに持つ基本的人権を、最高法規という通常の制定法より上位の法によって、国家の権力作用から保障することを目的としている。その意味で、近代憲法の成立は、権力に対して法の制約を課すことによって、「国家からの自由」を確立する古典的自由主義の形成と軌を一にしている。

コモン・ロー

　もともと、コモン・ローとは、征服王ウィリアム1世によるノルマン・コンクエストにより誕生したノルマン王朝下において、国王裁判権による判例法として発達してきたものであった。12世紀後半、ヘンリ2世はイングランド全域に中央集権体制を敷いていくなかで国王裁判所を導入した。この国王裁判所の導入は、地域ごとの慣習を超えた全王国に及ぶ一般的な裁判権の確立を意味していた。それは、ノルマン人・サクソン人といった属人主義の区別なしに処理できるイングランド王国共通の属地主義的な裁判権であった。この国王裁判所の裁判官の判断は、ノルマン・コンクェスト以前のイングランドの慣習法に依拠するものと考えられたが、しかしこの点で重要なのは、地域ごとの現実の慣習に由来し、各地域の裁判所で適用された地域慣習法と異なり、コモン・ロー裁判所の慣習法は、主として裁判官自身が作り出したものであったことである。それは、旧きアングロ＝サクソン時代の「法発見」という建前を取りつつも、実際には多分に裁判官による「法創造」の側面

を含んでいた。この国王裁判所で発達した新しい慣習法としてのコモン・ローを、国王裁判所の導入からおよそ半世紀を経た13世紀前半に「法書」として編纂したのが、ブラクトンの『イングランドの法と慣習について』(*De Legibus et Consuetudinibus Angliae*)であった。

こうして形成されたコモン・ローは、臣民のプロパティをめぐる権利と義務の確立を主たる目的として発達してきた市民法であり、そこでは私法上の諸規定が中心を占め、公法上の原理は希薄であった。こうしたコモン・ローを、統治の基本法として位置づけ直す作業が行われたのが、17世紀であった。ジェイムズ1世の即位によって誕生した前期ステュアート朝時代に、クックを始めとする一群のコモン・ローヤーは、絶対主義的な統治の懸念を抱かせるステュアート王権に対抗するために、コモン・ローを統治の基本法として読み替えていった。コモン・ローとは、「超記憶的時代」(time out of mind, time immemorial) より継承された「古来の法」であり、イングランドの「古来の国制」(ancient constitution) を体現している、と。こうして前期ステュアート朝時代のコモン・ローヤーたちは、慣習法としてのコモン・ローに、統治原理を定めた基本法・最高法としての位置を付与することによって、「法の支配」の原則を確立していこうとしたのである。

このように、主に私法上の規定を中心に発達してきたコモン・ローに、王権さえも制限する統治の基本法としての性格を読み込んでいく際に、重要な役割を果たしたのが、13世紀の「マグナ・カルタ」であった。当時のコモン・ローヤーたちは、マグナ・カルタを、王権と臣民との間で古来の基本法を確証したものとして捉え、いわゆる「マグナ・カルタ神話」を展開していったのである。

マグナ・カルタ

1215年に国王ジョン(在位1199-1216)によって署名されたラテン語の 'Magna Carta' は、近代憲法の形成期にそのルーツとして取り上げられることになる。イギリス近代憲法の中心的課題は、権力の抑制と人権の保障にあるが、中世の伝統の中でこれを象徴的に示しうるものが、マグナ・カルタであった。英語では Great Charter と表記され、「偉大な勅許状」という意である。

マグナ・カルタは、13世紀初頭に権力を濫用しようとしたジョン王に対して、国王権力の制限と臣民の特権を確証させるべく、諸侯たちが武力を背景に力づくで署名させた一種の勅許状であった。その限りで、マグナ・カルタは、封建的な主従契約関係を背景に、国王が臣下に対して交付した勅許状として、封建的文書の一つである。当初1215年に署名されたマグナ・カルタは、まもなく国王によって無効と宣言され、その後、修正と再発行を繰り返し、25年に議会で確証されたマグナ・カルタをもって法としての効力を持ち、97年に制定法集に正式に組み入れられた。

マグナ・カルタの形式は、ジョン王と諸侯との間で忠誠と臣従の更新と引き換えに、国王が「余の王国のすべての自由人とその相続人に対して永久に」、63ヵ条にわたって列挙された諸々の自由を賦与したという形式になっている。ここで言う「自由人」(liber homo) とは、一般的に「マナー裁判所を持っているすべての土地保有者」とされ、自治都市市民(burgess) などは含まれない。また中世のラテン法律書で言う「ホモ」(homo)、すなわち「ひと」とは、「バロ」(Baro, 家臣) とほぼ同義であり、したがってマグナ・カルタは、当時の文献ではしばしば「バロンの憲章」(Carta Baronum) として引用され、内容的にはまさに、国王と主従関係にある諸侯たちの「封建的権利」(feudal right) を再確認したものであった(イングランド教会とロンドンも参画し

たことから、彼らの自由も含まれている）。

このようにマグナ・カルタは、本来、中世イギリスの封建社会の産物であって、近代におけるイギリス人一般の自由・権利を保障したものではない。にもかかわらず、マグナ・カルタは、それから4世紀を経た17世紀に、国王と議会、国王とコモン・ロー裁判所との間で繰り広げられた憲法闘争の中で、近代憲法のルーツとして「イングランドの自由の大憲章」(the Great Charter of the Liberties of England) として新たな意義を持って蘇ることになるのである。

権利請願

1603年にテューダー朝のエリザベス1世（在位1558-1603）が死去し、スコットランド国王ジェイムズ6世が、ジェイムズ1世（在位1603-25）としてイングランドの新しい王に即位した。1598年に『自由な君主制の真の法』(*The Trew Law of Free Monarchies*) を著し、王権神授説を提唱していたジェイムズに対し、クックらコモン・ローヤーたちは絶対君主制への強い懸念を示していた。実際、1607年には「国王の禁止令状事件」(Prohibitions del Roy) において、ジェイムズは人民間訴訟裁判所の主席裁判官であったクックとコモン・ローの理解をめぐって激しく衝突した。このとき、クックは、ブラクトンの法格言を引用しながら、「国王は人の下にあるべきではないが、神と法の下にあるべきである」と主張し、「法の支配」を説いた。さらに、議会の同意を経ずに行った賦課金 (imposition) の拡大政策は、1610年の議会で庶民院のコモン・ローヤーとの間で先鋭的な国制論争を招いた。コモン・ローは、統治原理を規定した基本法として把握され、イングランド人の「古来の権利」を保障するとともに、国王権力をも制限するものと主張された。こうしてコモン・ローによる「法の支配」を説いた「古来の国制」論が展開されていったのである。

ステュアート王権と庶民院あるいはコモン・ローヤーたちとの対立は、独占問題などをめぐって国王大権のあり方が論争されることによって、1620年代の議会においていっそう激しさを増していく。さらに1625年に即位したチャールズ1世の治世下で、強制公債などをめぐる論争の中で対立はピークに達する。1628年の議会では、すでにジェイムズ1世によってコモン・ロー裁判所の首席裁判官を罷免され、活動の舞台を議会に移していたクックが、他の庶民院コモン・ローヤーとともに「権利請願」(Petition of Rights) を起草した。「権利請願」は、マグナ・カルタを「イングランドの自由の大憲章」と位置づけながら、逮捕拘禁からの自由などを含む「古来の権利」を確証し、さらに課税などにおける「議会の同意」の原則を確認した。

一度は「権利請願」に署名したチャールズであったが、翌1629年にこれを破棄し、議会を解散するとともに、庶民院の代表的な議員を投獄などに処し、以降11年間にわたって議会を召集せず、親政政治を敷くことになる。とはいえ、「権利請願」は、マグナ・カルタを憲法上のルーツとして蘇らせ、「法の支配」の原則を確証した重要な先例としてのちの時代に継承されていくことになる。

権利章典

親政政治を経て、1640年に召集された長期議会では、1620年代までに構築された国制論が再び展開され、ついには内乱へと突入、チャールズ1世の処刑へと至った。クロムウェルによって主導された共和制は、1660年の王政復古によって消滅し、チャールズ2世の即位とともにイングランドは伝統的国制へと回帰する。チャールズ2世は、帰国に際して「ブレダ宣言」(Declaration of Breda) を発表し、王政復古を「国王と貴族院と庶民院を、正当にして古来より伝えられた基本的な諸権利に復古」することとしており、議会はチャール

ズのこの宣言に満足した。王政復古は、単なる旧体制への復帰ではなかった。むしろそれは、前期ステュアート期の国制論の延長線上に位置していたと言える。

チャールズ亡きあと、王弟ヨーク公がジェイムズ2世として即位。カトリック教徒であったジェイムズは、親カトリック政策を進め、また法律を停止するなど、極端な国王大権を主張した。すでに「王位継承法案」(Exclusion Bill)への賛否をめぐって形成されていた「トーリ」(Tory)と「ホイッグ」(Whig)の二大政治勢力は、ここに至ってオランダのオレンジ公ウィリアムの招請を決断した。ジェイムズのフランス逃亡後、ウィリアムは1689年1月に国民協議会(Convention Parliament)を召集。国民協議会は、翌2月「権利宣言」(Declaration of Rights of 1689)を起草し、これを承認することを条件に、ウィリアムとその妻メアリ(ジェイムズ2世の娘)を共同君主とすることを決議。これによって、両者は、ウィリアム3世(在位1689-1702)とメアリ2世(在位1689-95)として共同で王位に就いた。

このような名誉革命の前後措置に法的効力を与えるために、1689年12月16日に制定された法律が、「権利章典」(Bill of Rights of 1689)である。その正式名称は、「臣民の権利および自由を宣言し、王位継承を定める法律」であり、そこで確立された憲法上の重要な諸原則とは、主権が君主から議会に移行したこと、イングランド人の古来の権利を確証したこと、議会制定法によって王位継承の原則が定められることなどであり、こうしてイギリス流の立憲君主制のモデルが誕生したのであった。議会主権の確立は、コモン・ローによる「法の支配」に加えて、議会制定法も含めた法の優位が確立したことを意味している。

「権利章典」に見られる各条項は、議会の承認を経ずに国王大権の名の下に行われる法律の効力停止や金銭徴収、軍隊召集などの禁止、議会における選挙の自由、討論の自由および免責特権の確認、議会の定期的開催など、主として王権の制約と議会権力の強化に関わるものが中心となっている。臣民の古来の権利を保障するために、「法の支配」によって王権に制限を加えるという役割を、議会に担わせるという形式の実現が「権利章典」の中心的課題となっている。これらは基本的に、前期ステュアート期の憲法闘争の中で展開された議論であり、その意味で「権利章典」は、17世紀の憲法構想を正式に確証した内容のものであると言える。「権利章典」の中で主張されている種々の権利は、「この王国の人民の、真の、古来から伝えられた、疑いえない権利と自由」であるとされているが、これは、かつての「権利請願」に代表されるように、マグナ・カルタをルーツとして活用しながら展開された1620年までの庶民院の議論を通底している思想的表現である。

成文憲法を持たないイギリスにおいて、「マグナ・カルタ」、「権利請願」、「権利章典」は、成文の憲法典に代わる重要な三大憲法文書と呼ばれている。

【主要文献】E. Sandoz ed., *The Roots of Liberty: Magna Carta, Ancient Constitution, and the Anglo-American Tradition of Rule of Law*, Columbia, 1993. G. Burgess, *The Politics of the Ancient Constitution*, London, 1992. F.W.メイトランド(小山貞夫訳)『イングランド憲法史』創文社, 1981. A.V.ダイシー(伊藤正己ほか訳)『憲法序説』学陽書房, 1983. W.S.マッケクニ(禿氏好文訳)『マグナ・カルタ』ミネルヴァ書房, 1999. 加藤紘捷『概説イギリス憲法』勁草書房, 2002. 土井美徳『イギリス立憲政治の源流』木鐸社, 2006.

(土井美徳)

行為論

[英] theory of action, philosophy of action

行為論は、「行為とは何か、行為は他の出来事（たとえば事物の運動あるいは身体の単なる動き（指の痙攣）など）とどのように異なるのか」という問題を考察する。また、行為は典型的には意図的であるから、「意図的とはどういうことか」そして「そもそも意図とは何か」ということも行為論の中心問題になる。さらに、「行為はどのように生ずるのか」あるいは「行為はどのように動機づけられるのか」といったことも問われる。

行為とは何か

「指を動かす」ことは行為であるが、「指が動く」という身体の動きは単なる出来事（happening）であって行為ではない。たしかに「指を動かす」という行為は、「指が動く」という出来事（身体の動き）を含むが、この出来事だけでは行為にはならない。行為が成立するには他の要素が必要になる。その要素として意志（volition, will）を挙げる考え方があり、それは意志説（volitionism）と呼ばれている。

意志説には二つある。一つは、「行為とは、意志によって引き起こされた身体運動である」という説である。この説によれば、「指を動かす」という行為は、「指を動かそう」という意志によって引き起こされた指の運動であることになる。この説は、しばしばホッブズ、ロック、ヒュームなどに帰せられ、古典的意志説と呼ばれている。

古典的意志説はジレンマに陥る。まず、意志（意志すること）は行為であるとしよう。すると、古典的意志説によれば、行為を引き起こす意志は他の意志によって引き起こされなければならず、さらに、その「他の意志」も「さらなる他の意志」によって引き起こされなければならず、といったぐあいに無限後退に陥ってしまう。今度は、意志は行為でないとしよう。すると、なぜ「意志によって引き起こされた」という要素を付け加えるだけで単なる身体の動き（「指が動く」という出来事）が行為になるのか、はっきりしなくなる。

しかし、意志は行為であっても、その成立のために他の意志を必要としないかもしれない。指を動かさなくとも（たとえば痙攣によって）指が動くことはある。だからこそ、指の動きという出来事が「指を動かす」という行為になるためには意志が必要である、と古典的意志説は考えた。しかし意志は、そのような出来事を含まない。意志に含まれる心的出来事が、意志することなしに（たとえば痙攣によって）生ずることはない。だから、意志が行為であるためには、それを引き起こす他の意志は必要ない。マッカン（Hugh McCann）は、このように考えてジレンマから逃れようとし、さらに、意志を最も基本的な行為とした。また、オショーネシー（Brian O' Shaughnessy）やホーンズビー（Jennifer Hornsby）は、意志の代わりに「試み」（trying）という作用を持ち出して同種の説を唱えた。これらの説は、新しい意志説と見なされている。

意志説とは異なり、「意図的な行為」の分析を通して「行為とは何か」を明らかにしようとしたのがデイヴィドソンである。彼によれば、ある行為が意図的であるのは、次の二つの条件（意図性の条件）を満たすとき、かつ、そのときに限る。(1) その行為が行為者の（欲求に代表されるような）肯定的態度（pro-attitude）と信念（belief）（ある事柄が真であると思っている状態）によって合理化（rationalize）される。たとえば私が「部屋の明かりをつけたい」という欲求と「スイッチをひねれば明かりがつく」という信念を持ち、明かりをつけたとすれば、私の行為はこれらの欲求と信念によって合理化されている。(2) その行為を合理化する肯定的態度と信念がその行為の原

因になっている。

条件(2)で示されているように、デイヴィドソンは因果説を採用しており、その点で反因果説を採るアンスコムと対立するが、行為の個別化に関しては、アンスコムの考えを継承しながら、ゴルドマン(Alvin I. Goldman)の「きめの細かい(fine-grained)見方」に対抗して、「きめの粗い(coarse-grained)見方」を提唱する。私がスイッチをひねって、部屋の明かりをつけ、その結果、寝ている妻を起こしたとき、きめの細かい見方によれば、私は少なくとも(スイッチをひねる、部屋の明かりをつける、妻を起こす、という)三つの行為を行ったことになる。しかし、きめの粗い見方によれば、私は三つの仕方で記述される一つの行為を行ったにすぎない。デイヴィドソンによれば、このように一つの行為は様々な仕方で記述されるのだが、それが行為であるのは、それらの記述の中にそれを意図的なものとして描く記述が含まれているときであり、また、そのときに限る。したがって、私がスイッチをひねったときになされたことが、意図性の条件(1)と(2)を満たすような仕方で記述できるなら、それは行為となる。

だが、「行為とは何か」に関するこの見解は、逸脱因果(deviant causation)がもたらす困難に直面する。私が「目の前の相手を殺したい」という欲求と「手にしているピストルの引き金を引けば相手を殺せる」という信念もった瞬間、それが原因となって緊張してしまい、思わず手に力が入って引き金を引いたとしよう。この場合になされたことは、意図性の条件(1)と(2)を満たしている(として記述できる)にもかかわらず、行為ではない。

意図 (intention)

「意図」という概念は、「その行為は意図的だ」と言うときのように行為の特性を表すこともあれば、「私はそうしようと意図した」と言うときのように心的状態を表すこともある。

デイヴィドソンは、意図性の条件(1)と(2)によって、行為の特性としての意図を説明しようとした。しかし、ここでも逸脱因果がもたらす困難に直面する。私が、寝ている妻を起こしたいと思い、「部屋の明かりをつければ、まぶしくて妻は起きる」と考えて、明かりをつけたら、隣に寝ていた子どもが驚いて泣き出し、その泣き声で妻が起きたとしよう。この場合には、意図性の条件(1)と(2)は満たされてはいるが、「妻を起こした」という私の行為が意図的と言えるどうかは疑わしい。このような困難を克服すべく、ブランド(Miles Brand)などは、意図的行為の原因として、欲求と信念の代わりに(心的状態としての)意図を持ち出して因果説を洗練したが、成功しているとは言いがたい。このような事情もあって、スタウト(Rowland Stout)などは新たな非因果説的アプローチを提示している。

心的状態としての意図に関しては、まず、「意図は独自の心的状態ではなく、欲求と信念に還元できる」という「欲求−信念モデル」がある。これは、アウディ(Robert Audi)などによって提唱された。また、デイヴィドソンは、意図を(いかなる考慮とも独立の)無条件の価値判断と同一視した。さらに、ブラットマン(Michael E.Bratman)は、意図が(他の心的状態には還元できない)独自の心的状態であることを強調し、さらに、意図が実践的推論の前提になるとともに、その実践的推論から新たな意図が生まれて、それが未来の行為やさらなる実践的推論を方向づける、という事実に注目し、そして、このような働きのゆえに意図は、計画を立てて自分の行為を統御しながら他者と協調していくわれわれにとって、重要な役割を果たすことを明らかにした。

行為の特性としての意図と、心的状態としての意図の関係も問題となる。意図された(すなわち、心的状態としての意図によって生ま

れた）行為はすべて意図的であると言えそうだが、意図的である行為がすべて意図されたものであると言えるかどうかは疑わしい。敵の軍事基地に爆弾を投下したら民間人も殺傷してしまうことが分かりながら、基地破壊を意図して爆弾を投下し、その結果、民間人を殺傷してしまったときに、民間人の殺傷は意図的であるかもしれないが、それが意図されていたと言えるかどうかは議論の余地がある。

動機 (motive)、動機づけ (motivation)

動機とは、人を行為へと導く心的状態であり、動機づけとは、動機によって行為へと動かされることである。痩せたいと思って減食している場合、減食という行為の動機は「痩せたい」という欲求であり、その欲求によって減食へと動かされることが動機づけである。

どのような心的状態が動機づけの力を持つか（動機になりえるか）、ということに関して二つの立場がある。一つは、「あらゆる行為の動機づけの源泉は（欲求のような）非認知的な (non-cognitive) 心的状態にあり、したがって、思慮、認識、信念といった（理性による）認知的な (cognitive) 心的状態だけでは動機づけは生じない」という立場である。この立場は、その原型がヒュームにあると考えられているために、ヒューム主義と呼ばれている。人間行為の源泉を欲求に求めたホッブズ、快を求め不快を避けることが人間行為の原理であると説いたベンサム、功利主義原理の正当性の理解だけでは人々をその原理に従うように導くことはできないと考えて強制力 (sanction) の必要性を説いた J.S.ミル、さらに、B.ウィリアムズなどは、この立場に与していると考えられる。一方、「認知的な心的事象が源泉となる動機づけも存在する」と主張し、その典型を道徳的動機づけに見出す立場もある。この立場は、カントに由来し、ネーゲル (Thomas Nagel)、ダーウォール (Stephen Darwall)、コースガード (Christine M. Korsgaard) などによって引き継がれている。また、J.マクダウェルなどのアリストテレス主義者は、認知的でありながら同時に動機づけの力を持つ「感応性」(sensitivity) という心的作用の存在を主張する。

動機をめぐるこれらの理論は、道徳的思慮と動機づけに関する内在主義 (internalism)──「道徳的思慮は必然的に道徳的行為へと人々を動機づける」という説──と外在主義 (externalism)──「道徳的思慮と動機づけの間には内在主義が唱えるような関係はない」という説──の論争を介して「道徳的判断の正当性は人々の欲求や好みに左右されるかどうか」という問題と結びついている。

【主要文献】Donald Davidson, *Essays on Actions and Events,* Oxford University Press, 1980（服部裕幸／柴田正良訳『行為と出来事』勁草書房, 1990）. Michael E. Bratman, *Intention, Plans, and Practical Reason,* Harvard University Press, 1987（門脇俊介／高橋久一郎訳『意図と行為──合理性, 計画, 実践的推論』産業図書, 1994）. Carlos J. Moya, *The Philosophy of Action,* Polity Press, 1990. R. Jay Wallace, "How to Argue about Practical Reason", *Mind* 99, 1990. Rowland Stout, *Action,* Acumen Publishing, 2005.

（成田和信）

広教主義

〔英〕Broad Church

定義と概要

広教主義、広教会論（Broad Church）とは19世紀中頃のイングランド国教会における自由主義傾向を持つ論者の主張を指す。この言葉は1850年以前にクラフによって使われたのが最初とされる。また公式には1850年7月の『エディンバラ・レヴュー』におけるスタンリーの論文に登場する。彼はイングランド国教会における国民的かつ包括的原理を賞賛し、国教会をその本質において高教会でも低教会でもなく、広教会である（not High or Low, but Broad）と論じた。

広教会論は同時期のオックスフォード運動や前世紀のメソディストと比較すると、組織化された運動ではなく、明確な教義と言えるものを持っていない。寛容と聖書の自由批評を特徴とすることから、国教会における自由主義と言えるが、他の自由主義的主張との区別は難しい。

広教会論者に共通するのは、イギリス国教会の包括性（comprehension）を重視することである。教義の下に信徒が結集する告白教会でなく、イングランド国民単位の地域教会としての性格を彼らは強調する。そのために教義の厳格な規定を拒否し、国教会の祈祷や儀式について広く解釈する。その点は教義の純粋性を追求する福音主義者やトラクタリアンと対照的である。

広教会論者として、トマス・アーノルド、ウェイトリ、ハムデン、次世代のスタンリー、クラフ、マシュー・アーノルド、モーリスが挙げられるが、その範囲を確定するのは難しい。1860年の出版当時に論争を起こした論文集『試論と評論』（*Essays and Reviews*）への参加者を広教会論者とする説もあるが、各論者の主張は共通性に乏しく、この定義には問題が多い。

政治改革と広教会論の関係

広教会論の展開を論ずるには、オックスフォード運動と同様、同時代の政治との関わりを考慮することが欠かせない。それは国家とイングランド国教会が一体であるとの理念に立つプロテスタント国教制の動揺に繋がる一連の政治状況である。

1828年の審査律撤廃、29年のカトリック解放によって、ディセンターとカトリックは政治参加を認められ、国教会が名誉革命体制を支える唯一の教会でなくなった。さらに1832年の選挙法改正以降、ディセンターが政治的影響力を増したことで、国教会体制確立以来、国家と教会に対する忠誠に分裂することのなかった国民は、国家と教会との関係を再検討せざるを得ない状況にあった。

この課題に対し、教会の普遍的権威を強調したのがオックスフォード運動である。しかし、この主張は国教会のエラストゥス主義的な存立基盤を揺るがす危険を持っていた。

他方、広教会論者はエラストゥス主義を維持しながら、国民教会としての国教会の包括的性格を強調する。この包括化の議論は、国教会の地域教会としての性格ゆえに宗教的改革が激化した時期に繰り返し登場してきた。

トマス・アーノルド

広教会論の重要人物として、第一に挙げるべきはトマス・アーノルドである。彼はパブリック・スクールにおける教育者として知られるが、ウィリーが評するようにニューマンと並んで、この時代の宗教的傾向を代表する人物である。両者は互いにその立場を批判しあう関係にあった。

広教会論の観点から注目すべきアーノルドの著作は『教会改革の諸原理』（*Principles of Church Reform*, 1833）である。彼は教会と国家の一体性を強調する。教会は国家そのものをキリスト教化することに貢献する。教会と

国家は人間の完成と幸福を図るという共通の目的を持つ。彼は国教会のエラストゥス主義的性格を倫理的に裏づけている。

そしてこのような国民的性格を持つ国教会において、様々な知識・習慣・性格を持つ構成員による多様な宗教的意見・儀式・礼拝方法を認める。それはニューマンが普遍教会の原理と国教会の基本教義である三十九ヵ条の両立に苦しみ、カトリックに改宗したのとは対照的である。アーノルドは包括化のために教義の修正、儀式・礼拝の柔軟的解釈を認める。彼によれば、国教会は雑多な性格を持ち、教義が包括的・宥和的である点こそ評価されるのである。こうしてディセンターをも国教会に包括することができる。

アーノルドが最も危惧したのは、功利主義者が活躍するように国家の世俗化が進展しつつある現状である。エラストゥス主義に立つ国教会は、デモクラシーの進展によって世俗化勢力の影響を直接受けやすい構造を持つ。現に国教会改革の動きは選挙法改正後の政治的変化によって一気に高まった。オックスフォード運動は、教権優位の下に国家と教会を分離することで、デモクラシーの波から教会組織を守る試みと理解できる。それに対し、アーノルドの包括教会論は、反世俗化勢力である国教会とディセンターの政治連合を促進するといった意味がある。真の教会を追求することでかえってキリスト教徒間の意見の相違を強調するオックスフォード運動に対して、彼は批判的であった。

アーノルド以降の広教会論

アーノルドの『教会改革の諸原理』は当時において急進的であり、高教会派からは宥和的との、ディセンターからは国教会重視との批判を浴びた。彼の広教会論の影響は、むしろラグビー校、オックスフォードにおける人間関係によるところが大きい。

アーノルドのラグビー校での教え子であり、彼の伝記（*Life and Correspondence of Thomas Arnold,* 1881）を執筆したスタンリーは広教会論の発展に貢献した。

スタンリーはアーノルドと同様に、国教会の包括性を重んじ、アングリカン、カトリック、長老派、ディセンターに共通するキリスト教信仰に着目していた。彼の主張は説教集『使徒時代についての説教』（*Sermons on the Apostolical Age,* 1870）にまとめられている。

ラティテューディナリアン

広教会論者と区別しなければならないのが、ラティテューディナリアン（Latitudinarian）である。これは17世紀の宗教対立の時代に登場した集団であり、国教会の教義、教会組織、儀式について広い解釈を許容する。ケンブリッジ・プラトニストが代表的存在であり、彼らはキリスト教の合理性を論じ、人間理性を重視した。

国教会の包括性に注目し、キリスト教人文主義の傾向を持つなどラティテューディナリアンと広教会論者の主張の共通点は多い。現に広教会論者は批判者にラティテューディナリアンと呼ばれることもあった。

【主要文献】T. E. Jones, *The Broad Church; A Biography of A Movement,* Lexington Books, 2003. C. R. Sanders, *Coleridge and the Broad Church Movement,* Duke University, 1942. D. Forbes, *The Liberal Anglican Idea of History,* Cambridge University Press, 1952. E. L Williamson, *The Liberalism of Thomas Arnold,* University Alabama Press, 1964. B.ウィリー（米田／松本／諏訪部／上坪／川口訳）『十九世紀イギリス思想』みすず書房, 1985. 清滝仁志『近代化と国民統合――イギリス政治の伝統と改革』木鐸社, 2004.

（清滝仁志）

公共性

〔英〕publicness, public sphere
〔独〕Öffentlichkeit

　近年、「公共性」をめぐる議論がいろいろな分野で活況を呈している。ここではその中でも歴史学での議論について論じることになるが、そこでは何よりもハーバーマスの著書『公共性の構造転換』の刺激が大きかったと言えるであろう。しかし、これが英訳されたとき、「公共性」(Öffentlichkeit) というドイツ語は「公共圏」(public sphere) という英語に訳され、英語圏の研究者はハーバーマスの議論を「公共圏」論として扱うことになる。それゆえに、ここでも「公共性」と「公共圏」の語義を厳密に区別せずに使用する。

　まず、ハーバーマスが触発されたアーレントの公共性論について触れ、ハーバーマスがそれをどう批判的に継承していったかについて概観する。そしてその議論がヨーロッパ、とくにイギリス近代史にどのような影響を与えたのかについて論じたあと、日本への波及のあり方についても言及しておきたい。

アーレントの公共性論

　アーレントの主著の一つである『人間の条件』は1958年に出版され、その4年後にハーバーマスの『公共性の構造転換』がドイツで刊行された。両者の公共性論には重要な相違点があるけれども、継承関係もまた明白に見られる。

　ナチスからの亡命者であるアーレントは、何よりも全体主義との対決を生涯のテーマとするのであるが、そこからさらに「疎外」をもたらす現代の消費社会や大衆社会をも批判する。彼女の公共性論はこのような視角から構成されることになる。

　まず、アーレントにとって、公共空間のモデルはギリシアのポリスである。そこは経済活動と生命の必要に拘束されない市民たちの自由な話し合いの場である政治空間であり、「現れの空間」なのだという。つまり家族と労働の場である家政つまりオイコスとは、明確に区別された空間なのである。

　「現れの空間」としての公共空間というのは、「唯一存在の逆説的複数性」というアーレント独特の思想と結びついている。彼女によると、人間は人間であるという点では平等なのであるが、相互に同じではなく一人の人間として「かけがえのなさ」(uniqueness) を持っている。それゆえに一定の人間像が存在するのではなく、各人が互いに違う存在として複数存在しているのであり、このような関係性の中で構成されるのが公共空間なのである。人間は複数の人間の平等なコミュニケーションの中で、すなわち公共の中で見られ聞かれ応答することによって人間として相互に現れることができるのである。まさに人間は単独で現れることはできず、必ず複数の他者の間に現れるのである。こうしてこの個性的な現れを相互に認識することによって、人間は自由を感得することができるのである。

　アーレントにとって公共空間とは、人間の現れを保証すべき空間であり、同時に人間の自由を実現する空間であったのである。

　これに対しハーバーマスは、アーレントによる公共圏におけるコミュニケーション的行為や理性についての思想的提起を十分に評価しながら、意見の複数性よりも公共圏における合意形成の契機を重視する。そして何よりも、アーレントが古代ポリスを規範としたために、近現代に適用可能なモデルとはかけ離れたものになったと批判するのである。

ハーバーマスの「市民的公共圏」

　ハーバーマスはアーレントとは異なり、18世紀ヨーロッパ社会に見出される「市民的公共圏」を理想的モデルとする。これは国家と社会の分離を前提とし、両者を接続する社会

空間であった。さらにこれは私人が形成する自発的な空間であり、そこで理性的かつ自由に意見が交換され公論が形成される。それは国家など公権力に対抗するものであり、それに批判的であることをその特質としているのである。

また、「市民的公共圏」には「文芸的公共圏」と「政治的公共圏」の二類型が区別できるが、むしろ理念的には「文芸的公共圏」が前提となって、「政治的公共圏」が発達したと考えるべきであろうという。つまりここには、読書する公衆から議論する公衆へという展開が含意されている。もちろんこの背後には、良心の自由や言論・出版・集会の自由がなくてはならない。

「市民的公共圏」の理想からは、この空間はいかなる勢力や階層の道具でもなく、万人が等しく公論の形成に寄与すべきものである。教養を入場の資格とすれば、そこには階級に関係なく教養のある者は制限なく参加可能だったのである。フランスのサロンやイギリスのコーヒーハウスに、ハーバーマスはその理想の姿を見出している。しかし歴史の現実に目を転じれば、それはフィクションであることが判るであろう。18世紀の市民とは財産の所有者と同義であり、教育すら財産によって獲得されるものであるため、教養も平等を保証するものではなかったのである。

さらにハーバーマスの「公共圏」論は発展段階論的性格を持つ。すなわち、古代のポリス、中世の「代表的公共性」(die repräsentative Öffentlichkeit)、近代の「市民的公共圏」、現代の「構造転換した公共性」がそれである。中世の「代表的公共性」とは、公共性がまさに王・貴族・聖職者の身体に内在化されており、彼らの衣装や立居振る舞いがそれを具現していたということである。このようにハーバーマスの議論は歴史と取り結ぶ側面があるため、歴史学に様々な波紋を投げかけることになったのである。

イギリス近世における「公共圏」

ハーバーマスが「市民的公共圏」のモデルとしたのは、主に18世紀のイギリスである。その際に彼はその成立の起点を1690年代半ばに設定する。メルクマールはイングランド銀行の創設、検閲の廃止、責任内閣制の成立である。

しかし、多くの研究者はすでに宗教改革以来、様々な時点で多様な「公共圏」が出現していたことを指摘している。たとえば、セント・ポールズ大聖堂の境内であるセント・ポールズ・ウォークでは自由に説教することが可能であり、議論する公衆が存在する空間であった。また、17世紀の初めには新聞も刊行されるようになるのである。もちろんこれは限定された時空間で、しかも印刷物は党派性が濃厚であった。しかし、市民にこだわらなければ、ある時点ないしある事件の際に、ある限定された集団の場合が多いけれども、そこに議論する空間が現出するのである。

そして内乱期になると、検閲が一時的に崩壊して前例のない膨大な印刷物が流布し、レヴェラーズを典型とするような大衆請願活動が出現する。その背景には、国教会の崩壊による諸セクトの活動の活発化がある。こうしたセクトの集会が議論の場となり、請願書の署名を集める根拠地となったこともよく知られているところである。まさに内乱期には、説教、演説、印刷物、請願書などによって「政治的公共圏」が成立し、議論する公衆が存在したのである。それは一時的なものではなく1640～50年代を通して恒常的に存在したのであり、しかも限られた集団の中だけではなく、王党派や議会派を問わず多くの者がそこに参加したのである。

このようにイギリス史において、「公共圏」という概念は時代を遡り、今や16世紀にまで適用される概念となっている。ここから近世全体を俯瞰し、時期による「公共圏」のあり方を抽出して区分しながら、その概念の再検

討を提起する研究も現れている。

コーヒーハウスと「市民的公共圏」

　ハーバーマスは彼の著書の副題「市民社会の一カテゴリーについての探求」が示すように、あくまでも市民と啓蒙・理性との結びつきを考察している。したがって、市民的ではない「公共圏」が他の時代に発見されようと、彼の議論の本質とは異なったものとなる。しかし、最近の研究はハーバーマスが「市民的公共圏」の理想のモデルとしたコーヒーハウスについても再考を迫っているのである。
　コーワンによれば、ハーバーマスのコーヒーハウスについての解釈は、いわゆるホイッグ史観の系列に属すものだという。たとえばヒュームやマコーリはイギリス史を自由の進歩の過程と見なし、いわゆる言論・出版の自由の確立へ向かう重要な指標としてコーヒーハウスを位置づけていた。これに対しハーバーマスは、18世紀イギリスの「市民的公共圏」の中で、コーヒーハウスが中心的役割を果たしていたと主張する。それはまた、議論する公衆を作り上げたという点で、従来の政治文化を変える革新的で近代的なものだったのである。たしかにハーバーマスの発展段階的構想は、ホイッグ史観と親和性を持つものであったと言えよう。しかし、コーヒーハウスはその時代の中で、本当に新奇で近代的なものであったのだろうか。コーワンはここに問題があると言う。
　たとえば、コーヒーハウスの営業許可にはエールハウスと同じようにライセンスが必要である。それならばコーヒーハウスが繁栄する理由は、それが古い体制に挑戦したからというよりも、近世イギリスの社会的・政治的秩序に適合していたからであると言えるのではないか、というのである。あるいは、コーヒーハウス制限令の廃止に関しても、そこに国家と市民社会の対立を見るよりも、イギリス近世社会におけるガヴァナンスの限定範囲と柔軟性をこそ見るべきだというのである。すなわち国家というのは、たんに王権を意味するのではなく、その権力や権威を帯びた日常的に接する役員にこそ体現されるものだからである。コーヒーハウスの許可や規制は、こうした役員との日常的なやり取りの中で、決定されるものなのである。こうしてハーバーマスの「市民的公共圏」は、諸力の交錯する交渉の場あるいは空間として捉え直されることになる。

構造転換した公共性

　ハーバーマスの議論は、構造転換した現在の公共性を批判する準拠枠をヨーロッパ近代に求めた議論であり、その意味では歴史学の議論と正面から対峙するものではなかった。そのとき、構造転換した公共性とは何を意味しているのであろうか。
　それは国家と社会の分離が崩壊し、国家の社会化と社会の国家化が同時進行することによって、「市民的公共圏」の土台が掘り崩されたことを意味している。そこに現れてくるのは、「再政治化された社会圏」であり、その結果、現在の社会国家あるいは福祉国家が成立するのである。これは「社会的なるものの勃興」によって、公的領域の没落を嘆くアーレントの議論をある意味で継承するものと言えよう。
　このような構造転換によって、「文芸的公共圏」はマス・メディアや文化産業に牛耳られ、また、「政治的公共圏」は巨大な圧力団体や大衆組織政党そして官僚の手に握られる。このために、公衆は公共性なしに論議する少数の専門家とそれを受容するだけの消費者からなる膨大な大衆へと分裂するのである。こうした現状を批判し、批判的公共性を担う公論の再生を促すために、まさに18世紀の「市民的公共圏」がモデルとされたのであった。
　しかし、このハーバーマスの議論には大きな疑問符が投げかけられている。すなわち、彼

の議論はあくまでも市民を基軸に構成されているが、実際には農民や女性あるいは労働者の公共圏など多くの競合する公共圏の存在が歴史的に認められてきているからである。それゆえに、これらの競合する公共圏の関係にこそ焦点が絞られるべきなのであり、そこから新たな「公共圏」論が展望される可能性があると考えられている。

民衆文化論と「公共圏」論

「公共圏」の問題が日本でも議論されるようになってきたのは、言語論的転回や文化論的転回の影響もあるが、社会史やとくに民衆文化論の閉塞感を打破するため、あるいはその模索・発展の中で取り上げられるようになってきたという側面がある。かつて民衆文化論は何よりも民衆の自律的な文化を重要視してきた。しかし、「公共圏」論では民衆の自律というよりも、支配階層と民衆の様々なエージェントが議論を取り交わすなかで、それぞれが自らの文化を構築するという点に重点が置かれている。

まさに多様なエージェントが交錯し、交渉する場として「公共圏」が考えられているのである。このように社会史や民衆文化論の再検討を促す契機として、「公共圏」論は刺激的な議論を提供していると言うことができる。

【主要文献】Hannah Arendt, *The Human Condition*, University of Chicago Press, 1958（志水速雄訳『人間の条件』中央公論社，1973）. J. Habermas, *Strukturwandel der Öffentlichkeit: Untersuchungen zu einer Kategorie der bürgerlichen Gesellschaft*, Neuwied: Luchterhand, 1962（細谷貞雄訳『公共性の構造転換――市民社会の一カテゴリーについての探求』未来社，1973）. 斉藤純一『公共性』岩波書店，2000. 山口定／佐藤春吉／中島茂樹／小関素明編『新しい公共性――そのフロンティア』有斐閣，2003. 安藤隆穂編『フランス革命と公共性』名古屋大学出版会，2003. J. Raymond, "The Newspaper, Public Opinion and Public Sphere in the Seventeenth Century", *Prose Studies* 21, 1998. P. Lake and S. Pincus, "Rethinking the Public Sphere in Early Modern England", *Journal of British Studies* 45, 2006. B. Cowan, *The Social Life of Coffee: The Emergence of the British Coffeehouse*, Yale University Press, 2005. C. Calhoun ed., *Habermas and the Public Sphere*, MIT Press, 1992（山本啓／新田茂訳『ハーバマスと公共圏』未来社，1999）.

（菅原秀二）

幸福

〔英〕happiness 〔ギ〕eudaimonia
〔独〕Glückseligkeit 〔仏〕bonheur

「幸福」という語は、日常語では大別すると、二つの意味で用いられている。一つは、「欲求や要求の満たされた状態で、幸せだと感じること」を意味し、他の一つは、人間の努力の結果、獲得されるもので「何らかの活動に伴う充実感のようなもの」を意味する。人間は誰でも幸福になることを望んでいる。ここでは「幸福」という概念の解明を「幸福とは何か」という問いを手がかりにして考察する。幸福論に関して代表的な見解を述べた思想家としては、アリストテレス、エピクロス、セネカ、ベンサム、J.S.ミル、ラッセル、カント、L.マルクーゼなどが挙げられる。

以下、これらの思想家の幸福論を概説したうえで、幸福論の問題点と意義を指摘したい。

アリストテレス

アリストテレスは、『ニコマコス倫理学』において「善とは何か」という問題を解明しながら、幸福や徳の内容を追究している。彼によれば、大抵の人々は、最高善が幸福(エウダイモニア)であるという点では意見が一致している。ところが、「幸福とは何か」ということになると、人々の意見は異なってくる。一般の人々は幸福を「快楽」や「富」と考えているし、教養ある人々は幸福を「名誉」と考えている。また同じ人でも、病気のときには健康を幸福と思い、貧しいときには富を幸福と見なすことさえある。こうした事実に基づき、アリストテレスは、人々の主要な生活形態として享楽的生活、政治的生活、観照的生活を挙げ、その根底にある価値として「快楽」「名誉」「観照」を指摘している。

彼によれば、快楽、富、名誉といったものは、そのもの自体として選ばれるとともに、幸福のために選ばれる。だが、幸福をそれらのために選ぶ人はいない。それゆえ、幸福はそれ自体が究極的な目的であって自足的なものである。また人間が他の生物から区別されるのは、人間だけが「理性」を備えているという点である。そこから人間の固有な機能は、理性に即した魂の活動ということになる。

したがって、人間にとっての善とは、「人間の卓越性に即しての、またもし卓越性がいくつかあるときは最もよき最も究極的な卓越性(徳)に即しての魂の活動」である。彼によれば、幸福とは、魂の至福の状態ではなく、魂の活動ないし生き方である。それゆえ、幸福な生活とはたんに快楽を得ることにあるのではなく、理性の命令に従って人間としてよく生きることにある。

エピクロス

エピクロスは、キュレネ派の思想を継承し、幸福を人生の目的とした。その幸福とは、快楽に他ならないが、ここで言う快楽とは、身体的な快楽ではなく、苦痛の回避を意味した。つまり、あらゆる苦痛を除去することによって快楽が最大になる。彼によれば、人間は、他の生物と同様に、快楽を追求し、苦痛を回避するものである。徳が価値を持つのは、それが人間に快適な生活を与えるからである。快楽は、人生の目的であるが、その快楽とは、アリスティッポスが説いたような官能的で利那的な快楽ではなく、放蕩者の快楽でもなくて、永続的で静的な快楽、すなわち「身体に苦痛がないことと魂に動揺がないこと」である。

また彼によれば、最大の善となるのが思慮である。というのは、思慮からそれ以外の徳が生まれるからである。つまり、思慮深く、立派に、正しく生きることなしには、快楽に生きることはできないし、逆に快適に生きることなしには、思慮深く、立派に、正しく生きることができないのである。

セネカ

ストア派の哲学者であったセネカは、『幸福な人生について』において、「いかにしてよく生きるか」という問題を考察している。彼によれば、幸福な人生に到達することは、容易なわざではなく、一歩道を誤ると、そこから遠ざかってしまう。彼によれば、善きものについては、ストア派の人々の間で意見が一致しており、それは自然の定めに従うことである。自然から迷い出ることなく、自然の理に従い、自然を範として自己を形成することである。それゆえ、幸福な人生とは、自らの本性に合致した生活のことである。

次にセネカは、快楽と徳との関わりに注目し、エピクロス派の人々が、最高善は快楽にあり、快楽は徳から切り離せないから、快楽を求めずして有徳に生きることはできないという説に反論し、エピクロス派に対して「君は快楽を楽しむであろうが、私は利用する。君は快楽を最高の善と考えるが、私は善とすらも考えない。君は快楽のために万事を行うが、私は何も行わない」と述べて批判している。

ベンサム

ベンサムは、『道徳と立法の原理序説』(1789) の中で、人間が快楽と苦痛によって支配されるという事実を、次のように述べている。

「自然は人類を苦痛と快楽という、二人の主権者の支配の下に置いてきた。われわれが何をしなければならないかということを指示し、またわれわれが何をするであろうかということを決定するのは、ただ苦痛と快楽だけである。一方においては善悪の基準が、他方においては原因と結果の連鎖が、この二つの玉座に繋がれている。」

この文章で、ベンサムは、人間が快楽と苦痛によって支配されているという事実に基づき、あらゆる問題を「功利の原理」によって究明していこうとする基本姿勢を明らかにしている。彼にとって、功利の原理とは、「最大多数の最大幸福」を目指す原理であるとともに、その利益が問題になっている人々の幸福を増大させるか、それとも減少させるかということによって、すべての行為を是認または否認する原理を意味する。

ベンサムによれば、快楽と苦痛は量的に測定することが可能である。それではそれぞれの行為の快苦の価値はどのようにして計算されるか。彼は、強さ、持続性、確実性、遠近性、多産性、純粋性および範囲の7つの基準を挙げ、それぞれの基準で計算した快楽のうちで最高のものが最大の快楽であると述べている。彼によれば、このような快楽計算（または幸福計算）は、新奇で根拠のない理論ではなくて、人々が漠然とではあるが現に行っていることである。ベンサムの快楽計算は、元来犯罪と刑罰の均衡を図る刑法理論を前提にして提唱されたものであるが、当時の最大多数のイギリス人の最大幸福を実現しようとした点で画期的なものであった。

J.S.ミル

ミルは、父ジェイムズ・ミルによる徹底した早期教育によってベンサムや父の考え方を植えつけられていたが、1821年にベンサムの『立法論』を読んで、熱烈なベンサム主義者となり、社会の改革者を目指していた。ところが、1826年の秋、ミルは「神経が鈍くなったような状態」に陥った。このような心境のときに、彼の人生の目的がすべて実現し、彼の待望している制度や意見の変化が直ちに実現されたとするならば、このことは大きな喜びと幸福を与えるかと自分自身に問いかけた。彼の自己意識は「否」と答えた。この瞬間、ミルは意気阻喪し、彼の生涯を支えていたすべての基礎が崩れ去った。しかし、まもなくマルモンテルの『回想記』を読んでから、ミルの重荷は軽くなった。彼によれば、この時期の経験は彼の考え方と性格に二つの著し

い影響を与えた。その一つは、ミルが次のようなな人生理論を採用するように導いたことである。

「幸福が行為のすべての規則の基準であり人生の目的であるという私の信念は、いささかも動揺することはなかったが、私は、今や、このような目的は幸福を直接の目的としないことによって初めて達成されると考えるようになった。」

ミルによれば、人間は幸福を唯一の究極目的として追求するとき、かえってそれを逸するが、逆に幸福以外のものを目的として熱心に追求するとき、副産物的に幸福に達することができるのである。この時期の経験がミルにもたらしたもう一つの変化は、個人の内的教養が人間の幸福にとってきわめて必要なことを痛感したことである。彼は、詩や芸術が人間の陶冶の手段として重要なことを理解するようになった。

ミルは、晩年の『功利主義』の中で、行為は幸福を増す程度に比例して正しく、幸福の逆を生む程度に比例して正しくないとし、幸福とは快楽または苦痛の不在を意味するとして、ベンサムの功利主義を継承しながら、快楽の評価にあたって快楽の量と同様に快楽の質も考慮されるべきだと主張し、「満足した豚であるより、不満足な人間であるほうがよく、満足した愚者であるより、不満足なソクラテスであるほうがよい」と書いた。

さらに「幸福こそ人生の目的だ」と説いた哲学者たちは、幸福を次のように考えていたという。

「彼らの言う幸福とは、歓喜の生活ではなかった。数少ない一時的苦痛と、数多くの様々な快楽とからなり、受動的な快楽よりも能動的なものが圧倒的に多く、しかも全体の基調として、人生が与える分以上を人生に期待しないという態度を持つような生存の中にある、歓喜の幾瞬間を意味したのである。」

ラッセル

ラッセルの『幸福論』は、通常の幸福論とは違って、第1部では不幸の原因を、競争、退屈、疲れ、妬みなどの面から解明し、第2部では個人の気の持ち方、努力、訓練、習慣の変更などによって幸福を獲得する処方箋を提供しようとするもので、ドライで、プラグマティッシュ（実用的）な幸福論であり、今日でも有益な視点を多く含んでいる。

ラッセルによれば、不幸の原因は、一部は社会制度の中に、一部は個人の心理の中にある。彼は、この書では不幸の原因を個人の心理に依存する部分に限定して探求している。普通の日常的不幸は、大部分「間違った世界観、間違った道徳、間違った生活習慣」によるものである。彼は、これらの間違った世界観・道徳・生活習慣から逃れて幸福になった具体例の一つとして、彼自身の経験を紹介している。ラッセルは、思春期には生を厭い、いつも自殺の淵に立たされていた。ピューリタン的な教育のせいで、自分を哀れな人間の見本のように考えていた。だが、年を取るにつれて、自分自身と自分の欠陥に無関心になることを学び、だんだん注意を外界の事物に向けるようになり、自己没頭から逃れることができた。それゆえ、彼によれば、自己に没頭している不幸な人々にとっては、外的な訓練こそ幸福に至る唯一の道なのである。

ラッセルは、第10章の「幸福はそれでも可能か」において、幸福の秘訣として、「あなたの興味をできる限り幅広くせよ。そして、あなたの興味を引く人やものに対する反応を敵意あるものではなく、できる限り友好あるものにせよ」と説いている。

幸福論の問題点

幸福という概念を、「幸福とは何か」という問いに焦点を当てて考察してきた。エピクロス、ベンサム、ミルは、人間が幸福を求めることは当然なことであるとし、幸福を求めることを最

高の規範原理と見なしている。他方、アリストテレス、セネカと同様、カントは、幸福を道徳との結びつきのうちに見出そうとし、徳や道徳のほうに優位を認めて、幸福の原理を義務の原理の下に従属させている。カントは、『実践理性批判』の中で、幸福と義務とを峻別して、自分の幸福を促進することはけっして義務ではありえないとし、道徳の原理は、幸福にあるのではなく「幸福を受けるに値すること」にあると主張している。また幸福の内容を考察してみると、その要因には、外在的なものと内在的なものとがある。外在的な要因としては、社会状況、経済状態、戦争、住居、健康、教育などが挙げられる。社会状況や難病などは個人の力ではどうにもできないものであるが、経済状態や住居などは個人の決意と努力によって変えることができる。内在的要因としては、良心、徳、隣人愛、ものの考え方などが挙げられる。従来、幸福論の多くは、主として内在的要因と外在的要因のうちの変更可能なものを対象にして、幸福の定義を試み、幸福への道を説いてきた。

L.マルクーゼは、『幸福の哲学』の中で、従来の幸福論を検討して、「従来の幸福の定義はつねに、ささやかな無思慮の産物か大いなる信条表明かのいずれかだったのだ。各人それぞれ何が自分を幸福にしたかを告白した、というわけである」と述べ、幸福が定義できないことを明らかにしている。

また今日わが国では、多くの人は、幸福の追求において、主として愛情や金銭の獲得などを安易に目指しがちで、そうしたものを獲得しようとすればするほど、幸福から遠ざかってしまうという現実、すなわち、「幸福の逆説」が顕著になってきている。

このように身近にしかも自己改革なしに幸福を求めようとする傾向が強い時代においては、われわれは、国際平和の確立のために貢献しながら、幸福な社会の建設を目指しつつ、個人の幸福を求めることが要請されている。

そして個人の幸福については、ミルが内的教養の必要性を強調し、快楽の質も考慮されるべきだと説いた点やカントが「幸福を受けるに値する人間になること」を主張している点の重要性を学び取り、日常生活において内的教養を高めつつ、幸福を受けるに値する人間になるような生き方を実践していくことが何よりも大切であるように思われる。

【主要文献】Aristoteles, *Ethica Nicomachea*（高田三郎訳『ニコマコス倫理学』上・下，岩波文庫，1971-73）．G. E. R. Lloyd, *Aristotle*（川田殖訳『アリストテレス』みすず書房，1993）．H. S. Long, *Diogenis Laertii Philosophorum*, 2 vols., 1964（加来彰俊訳『ギリシア哲学者列伝』上・中・下，岩波文庫，1984-94）．Seneca, *Moral Essays II*, 1932（茂手木岩蔵訳『人生の短さについて』岩波文庫 1980）．永井義雄『ベンサム』研究社，2003．Jeremy Bentham, *An Introduction to the Principles of Morals and Legislation*, 1789（山下重一訳「道徳および立法の諸原理序説」，『世界の名著 38 ベンサム／J.S.ミル』中央公論社，1967）．J. S. Mill, *Utilitarianism*, 1949（伊原吉之助訳「功利主義論」，『世界の名著 38 ベンサム／J.S.ミル』中央公論社，1967）．山下重一訳『評注 ミル自伝』御茶の水書房，2003．小泉仰『J.S.ミル』研究社，1997．B. Russell, *The Conquest of Happiness*, 1930（安藤貞雄訳『ラッセル幸福論』岩波文庫，1991）．Immanuel Kant, *Kritik der praktischen Vernunft*, 1788（波多野清一／宮本和吉／篠田英雄訳『実践理性批判』岩波文庫，1979）．Ludwig Marcuse, *Philosophie des Glücks*, 1972（藤川芳朗訳『幸福の哲学』白水社，1977）．

（泉谷周三郎）

功利主義

〔英〕utilitarianism

I　倫理学説としての功利主義

　功利主義は、功利(または効用)を一切の価値の原理とする立場である。哲学では、功利主義とは、一般的には「人間の諸行為の正・不正は、それらがもたらす帰結の善・悪によって決定される」という倫理学説を意味する。「功利主義」という言葉は、J.S.ミルが『功利主義』(1863)において、その立場を擁護してから普及した。功利主義は「功利」を道徳の基礎とする学説であることから、イギリスにおいても一時期「豚向きの哲学」と非難されたが、わが国では utility が「功利」と訳されて普及したことから、正しく理解されるよりも歪められて受容されることが多かった。ともすれば人々は「功利」という訳語から、功利主義をしばしば打算的な倫理学説と誤解し、「功利主義的」と「功利的」(打算的)を区別しないで使用している。

　功利主義は、ペイリーらの神学的功利主義として始まったが、ベンサムによって神学から分離され、J.S.ミル、シジウィック、G.E.ムア、R.M.ヘアらによって洗練され、現代でも英語圏の国々においては、根強く支持されている倫理学説である。

　ベンサムは、『統治論断片』(1776)の冒頭で「正・不正の尺度は最大多数の最大幸福である」と宣言し、さらに『道徳と立法の原理序説』(1789)において、人間が快楽と苦痛によって支配されているという事実に基づいて、あらゆる行為と制度を「功利の原理」によって体系的に究明しようとした。彼によれば、功利の原理とは、いかなる行為も、それが社会全体の幸福を増大させるか減少させるかに応じて、その行為を正しいまたは正しくないとするものである。幸福とは快楽(＝または苦痛の不在)を、不幸とは苦痛(＝または快楽の不在)を意味する。さらにベンサムは、幸福を量的に集計するために「快楽計算」を提唱した。

　J.S.ミルは、『功利主義』において、ベンサムの功利主義を継承しながら、快楽の評価にあたっては、快楽の量と同様に快楽の質も考慮されるべきだとし、「満足した豚であるより、不満足な人間であるほうがよく、満足した愚者であるより、不満足なソクラテスであるほうがよい」と主張した。また『自由論』(1859)では、個人の自由が制限されるのは、他の人々への危害を防ぐ場合だけであるとし、思想と討論の自由を説き、功利主義の立場から個性の重要性を強調している。

　シジウィックは、『倫理学の方法』(1874)において洗練された哲学的直観に基づく功利主義を提唱し、現代の功利主義に多大な影響を与えた。彼によれば、功利主義は、ある与えられた状況において、客観的に正しい行為とは、その行為によって影響を受けるすべての人を考慮したうえで、最大量の幸福をもたらすような行為だという倫理学説を意味する。またシジウィックは、ミルが快楽の質の区別を主張したことを選択の根拠として認めるが、その区別が量の区別に還元される限りにおいてのみ認めている。

　G.E.ムアは、シジウィックの影響を受け、『倫理学原理』(1903)において、最初に善が定義できないことを明らかにし、次にスペンサーやミルなどが善をそれ以外の対象と同一視する誤り、つまり「自然主義的誤謬」を犯していると批判した。またムアは、彼特有の哲学的関心から独自の価値論を展開した。彼がシジウィックと異なるのは、快楽主義を拒否し、人格的愛情と美的享受を内在的価値と見なす理想的功利主義(ideal utilitarianism)を主張した点である。

　R.M.ヘアは、道徳的直観を排除して論理と事実だけを拠りどころにして、「快楽」ではな

く「選好」を基礎とする選好功利主義を提唱した。また道徳的思考を、しつけや教育を通じて身につけた道徳的直観に基づいて個々の行為の善・悪を判断する直観的レベルと、直観的レベルで発生する諸原理の衝突を事実と論理に基づいて解決する批判的レベルに区別した。

功利主義の特徴

功利主義は、今日様々に定義されるが、その特徴としては、次の三つを挙げることができる。

(1) 帰結主義 (consequentialism)：功利主義では、行為の正・不正は、その行為がもたらす結果の善ないし悪によって決定される。このように行為の結果を重視する立場は帰結主義と呼ばれる。

(2) 福利主義 (welfarism)：福利主義は功利主義の基礎をなす価値論である。これによれば、知識や美的享受などは、人々の福利を促進する限りにおいてのみ価値を持つ。しかし、幸福（福利）については二つの見解がある。ベンサムやJ.S.ミルの古典的功利主義では、幸福とは快楽ないし苦痛の不在を意味する。このような快楽説に代わる幸福の理論として登場したのが選好充足説である。これによれば、当事者の選好が特定され、選好されたほうの選択肢が実現したとすれば、それはその人の幸福に貢献したことになる。

(3) 総和主義 (aggregationism)：功利主義は、複数の可能性について関係者一人一人の幸福を計算し、さらに、その結果を総和して比較する。この考え方は「誰でも一人として数え、誰も一人以上に数えてはならない」というベンサムの格言に基づいており、どんな人の幸福であれ、同じ尺度で測るということで、功利主義の公平性を示す。

功利主義の主な特徴としては、さらに「最大化」(maximizing) を付加することもできよう。というのは、功利主義の基本原理は、関係者全員の総量だけでなく、「総量を最大化せよ」という要請を含んでいるからである。

功利主義の動向

英語圏の国々では、規範理論としての功利主義は、一種の自然主義として、19世紀後半から20世紀前半にかけて低く評価されてきたが、1950年代から再評価する動きが始まった。この契機になったのが、1953年にJ.O.アームソンの論文「J.S.ミルの道徳哲学の解釈」である。アームソンは、この論文でミルを規則功利主義者と見なす新しい解釈を打ち出した。これ以降、行為功利主義と規則功利主義をめぐる議論が活発になった。この区別は、功利主義の判断の対象をどこに据えるかということに基づいている。行為功利主義は、「個々の行為」を判断の対象とし、個々の行為が正しいかそれとも正しくないかを判断するためには、功利の原理に直接訴えるべきであると主張する。他方、規則功利主義とは、判断の対象になるのは個々の行為ではなくて「規則」であるとし、行為の正しさはその結果によってではなく、その行為が功利の原理によって承認された規則に属するかいなかを考慮することによって判定される。

1970年代以降は、ロールズ、ノージック、ドゥオーキンらの功利主義批判に対して、ヘア、ピーター・シンガー、パーフィットらが、それぞれの立場から功利主義擁護論を精力的に展開している。功利主義は、倫理学においては少数派であるが、その理論の単純性・整合性・包括性などの強みによって、今後も倫理学において影響力を保ち続けるであろう。

【主要文献】永井義雄『ベンサム』研究社，2003．小泉仰『J.S.ミル』研究社，1997．内井惣七『自由の法則 利害の論理』ミネルヴァ書房，1988．伊勢田哲治／樫則章編『生命倫理学と功利主義』ナカニシヤ出版，2006．

（泉谷周三郎）

Ⅱ　政治・経済思想としての功利主義

社会的に目指されるべき目標の基準を、諸個人の功利もしくは効用の増大と結びついた社会的功利の向上に求める立場。典型的には18世紀末近くにベンサムが定式化。功利性（utility）の用語は、当初のベンサムやJ.S.ミルにおいては社会的な目標を含意していたが、19世紀後半からの経済学の数理科学化の中で効用関数としての表現形式を獲得するのに伴って、分析的な用語の性格を強めた。歴史的な系譜で見れば、功利主義はロマン主義や理想主義、有機的社会観などと並んで19世紀イギリス思想を彩る代表例の一つである。

ジェレミー・ベンサム

エルヴェシウスやベッカリーアら大陸の思想家の影響を受けて18世紀末近くからイングランドで活躍したベンサムは、コモン・ローによる刑罰の運用は恣意的で過酷になりがちだと見ていた。そこで、恣意性を排するために法を一義的に明文化された形で制定することが必要であるとし、犯罪を未然に予防する枠組みを構想した。彼はその基礎原理として『道徳と立法の原理序説』（1780印刷、1789刊）を著し、幸福は快の増大と苦の回避によりもたらされるという快苦の原理を提示した。特徴的なのは、ある人にとって快をもたらすけれども他者に苦（害悪）を及ぼすような行為を予防するために、法と刑罰を明文化して、行為者が他の行為を選ぶように促そうという発想である。「最大多数の最大幸福」という表現（『序説』第2版）が端的に示すように、ベンサムはこの意味での幸福について、集計量の大きさばかりでなく配分のあり方にも留意した。なお、ベンサムは後半生には、様々な法の制定の次元におけるミス・ルールを防止するためには「邪悪な利害」（sinister interest）に囚われた議会を改革することが不可欠だと考えるに至ったが、その影響下にいわゆる哲学的急進主義の動きが展開された。

立法と統治

ベンサムは、犯罪の予防を目指す立法の体系と並んで刑務所改革のためのパノプティコンの構想を提示し、救貧制度の改革のためにその構想を応用した。ベンサムに続く哲学的急進派のグループやとりわけエドウィン・チャドウィックは1820年代終盤から30年代にかけて、産業化、都市化の弊害を是正し貧困問題を解決するという社会改革のためにベンサムのアイディアを応用した。このように19世紀半ばに向けての社会改革に活用されたことから、その後、快苦の原理に基礎を置く人間観・方法観と実践的改革のための思想という側面との間をめぐってベンサム像が揺れ動くこととなる。中でも20世紀半ばになるとベンサムに代表される功利主義の社会哲学をめぐって、ある種の設計主義的、全体主義的なプロジェクトに他ならないとの批判がハイエクやフーコーによって展開された。とくにフーコーは『監獄の誕生』においてベンサムのパノプティコンを揶揄的に取り上げ、現代に至る管理社会の特徴を如実に予告したものだと取り扱った。

人間観と陶冶

ベンサムの人間観に対しては、快楽の増大と苦痛の回避として幸福を捉える議論は浅薄であり、個人主義的・利己主義的で人間性の理解として狭隘だとの批判が当時から行われた。とくにハズリットやカーライルら同時代のロマン主義的論調によってこの種の批判が展開されるなかで、それへの対応を試みたのがJ.S.ミルである。ミル自身もベンサムの人間性理解は狭隘だとして、良心の重要性や快楽の質的差異などを指摘したのだけれども、社会的な目標を功利性の達成に設定していることから判るように、ベンサムからの離脱ではなくその補完を目指していた。ミルのプログラムは、人間性の実情からはかけ離れないよ

うに留意しつつ人間性の向上・陶冶を目指す点で、漸進主義的であった。

その後シジウィックら功利主義を継承する人々の間でも、快楽の質的差異というミルの議論は量的な差異に還元されざるを得ない、また、効用の個人間比較には困難があるので序列づけ（選好）の議論として再定式されるべきだなどの議論が展開された。20世紀初頭にムアが自然主義的誤謬という批判を浴びせたこともあり、功利主義への思想的関心は20世紀半ばまではいったん衰退した。

経済学の数理化と社会的厚生

ベンサム流の功利主義はとくに経済学の領域において方法化が図られる。その中心論点は、第一に快苦の原理をいかに経済的な効用関数として表現するのか、第二に社会的に望ましい経済状態をいかに基礎づけるかというものであった。もともとベンサムは『道徳と立法の原理序説』において、個々の行為が社会的な幸福の程度に及ぼす効果いかんを測定する手順を示した。ベンサムによると苦痛は負の快楽であり、行為当事者にとっての快楽は基本的には(1)強度と(2)持続性によって決まる。それらを含む7種類の計算基準を設けたベンサムはこれを前提に、快楽の配分と総和とを勘案して「最大多数の最大幸福」に至る立法を行うことが必要だと考えた。ベンサムは当初、快楽の程度は貨幣を尺度にして翻訳可能だと考えたが、貨幣の限界効用逓減に気づくなかでこれをほとんど諦めた。

ベンサムの枠組みを経済学の領域で数理的に表現する点で典型的なのはジェヴォンズである。その『経済学の理論』(1871)において、経済的な財の価値を労働価値論や生産費説で説明するリカードやJ.S.ミルの説明はベンサム理解として不徹底であり、快苦の原理によってこそ説明されるべきだと論じた。ジェヴォンズは微分式を用いて逓減的な効用関数を考えて、この効用は数量的に測定可能だと扱ったが、その後、効用の可測性や効用の個人間比較をめぐって経済学の方法の基礎づけに関わる論争が生じる。エッジワースは『数理精神科学』(1881)において、ジェヴォンズの基数的効用関数に代えて序数的効用関数という枠組みを提示し、諸個人は所与のキャパシティの中でより優先度の高いものから選好すると整理した。その後ピグーが『富と厚生』(1912)や『厚生経済学』(1920)において、社会的厚生の改善というある種規範的な目標を据えて、これら数理的な分析装置を活かす方向を探った。中でも1897年のエッジワース論文からピグーの著書に連なるラインで、功利主義的な枠組みによる累進課税の理論的根拠づけが展開された。

20世紀後半以降における展開

功利主義は20世紀には規範理論や統治理論の側から自然主義的誤謬、全体主義などの批判を浴びる反面、経済学の側では数理化の中で社会的厚生の目的達成のための分析道具として活用されることが多かった。

1970年代には、ロールズの『正義論』において社会的厚生を語る功利主義の枠組みが批判的な検討の俎上に載せられ、センによって「必要」の観点から功利主義の構成要素が検討されるなどの形で、再び着目されるようになった。今日の研究の中では、権利論や契約理論などとのコントラストの中で功利主義の規範理論としての現代的可能性を探る試みと、功利主義の歴史的な文脈における意味の発掘とが、並行して展開している状況である。

【主要文献】Frederick Rosen, *Classical Utilitarianism from Hume to Mill,* Routledge, 2003. John Bonner, *Economic Efficiency and Social Justice: the Development of Utilitarian Ideas in Economics from Bentham to Edgeworth,* Edward Elgar, 1995.

（深貝保則）

ゴシック復興

〔英〕Gothic Revival

　ネオ・ゴシック（Neo Gothic）、ヴィクトリア朝ゴシック（Victorian Gothic）とも呼ばれ、中世ゴシック建築の復興を意味する。18世紀中頃にイギリスで発祥。中世趣味（medievalism）やロマン主義復興運動（Romantic Revival）と相乗しあい、19世紀（とくに1830-80年代）に盛期を迎えた。ゴシック小説を生むなど、一大芸術運動となり、その影響はヨーロッパやアメリカに及んだ。

　チャールズ・バリーとオーガスタス・ウェルビー・ノースモア・ピュージンによるイギリス国会議事堂・ウェストミンスター宮殿（1840-68：建築期間を表す。以下、同様）は記念碑的建築。ほかに、ホレス・ウォルポールのストロベリー・ヒル（1752-70年代半ば）、ジョージ・ギルバート・スコット設計のアルバート・メモリアル（1862-72）やロンドンのセイント・パンクラス駅にあるミッドランド・グランド・ホテル（1868-77）、ウィリアム・バターフィールド設計のオックスフォード大学キーブル・カレッジ礼拝堂（1875）などが有名。

中世ゴシック建築

　ゴシック建築は12世紀中頃のパリを中心とする半径100キロほどの地域（「イール・ド・フランス」）で誕生。以後、百年戦争やペスト流行による停滞期を含み、16世紀ルネサンスに入るまでに、ヨーロッパ全土に広まった教会石造建築。「ゴシック」の原義は、「ゴート族（the Goths）の」。ゴート族は4～5世紀におけるローマ帝国崩壊を導き、古典古代の地中海文明を破壊したゲルマン系民族の一つ。そのため、ルネサンス期イタリアで「野蛮な」「蛮族の」という軽蔑的な意味を込めた、「ゴシック」という言葉が用いられ始めた。とくにイタリアの美術史家ジョルジョ・ヴァザーリが、ゴート族の様式に由来する中世暗黒時代の建築を非難したことの影響が大きい（『芸術家列伝』1550）。

　フランスの代表的ゴシック教会は、パリのノートル・ダム、シャルトル大聖堂、ランス大聖堂、アミアン大聖堂。イギリスでは、ダラム大聖堂、カンタベリー大聖堂、ソールズベリ大聖堂など。大聖堂（cathedral）とは「大きな」ではなく、「司教座（cathedra）がある聖堂」の意で、各教区の中心的都市に、国王、司教、僧侶、貴族に加え、商人や職人組合（ギルド）、農民など、あらゆる階層の人々からの献金と労働力の奉仕によって建てられた。複数の尖塔や小尖塔を持つ大聖堂の垂直様式は人々に自然と天を仰ぎ見させ、ステンドグラスを通して聖堂内に差し込む光は神の光を想わせた。ヨハネの黙示録（21:1-4）に書かれた「新しい天と地」の実現が近いことを感覚的に体験し、「終末」に謙虚に備えることがゴシック聖堂建築本来の目的であった。中世の人々の道徳的実践を伴う信仰心が、のちのゴシック復興期における、S.T.コールリッジや、ピュージン、カーライル、ラスキンによるゴシック建築賞賛の主たる理由となった。

　ゴシック時代における飛梁（flying buttress）の発明により、ロマネスク建築に比べ飛躍的に聖堂の高さを伸ばしながらも、天井に複雑なリブ・ヴォールト（肋骨交差穹窿）を描き、壁を薄くし、壁面のステンドグラスのバラ窓やランセット（鋭尖）窓の面積も急増させることが可能となった。窓面を装飾する部材（トレーサリー）のデザイン化も進み、フレスコ画はステンドグラスの「ゴシック絵画」に代わった。聖堂を支える支柱に沿って幾重にも走るシャフトやランセット・アーチ（鋭尖アーチ）、人像柱、外壁を埋め尽くした無数の聖人の彫像もゴシック聖堂の垂直性を強調した。

ゴシック・リヴァイヴァルと A.W.N. ピュージン

イギリス19世紀初頭の初期ゴシック・リヴァイヴァルには、ケンブリッジ大学セント・ジョンズ・カレッジの「ため息の橋」(1826) や、キングズ・カレッジ礼拝堂とそれに至る通路 (1822-24) などがある。当時、大規模な公共施設は古典主義建築が一般的であったが、イギリス国教会や牧師館、大学、個人の邸宅にゴシック様式が採られ始めた。それは中世以来のキリスト教学の伝統を強調し、革命的政治思想やベンサムの功利主義への対立の表明でもあった。

1834年に焼失した旧ウェストミンスター宮殿（国会議事堂）のゴシック様式での再建にあたり、非対称の全体の構造、各部の空間のつりあいを決定し、「ピクチュアレスク」な外観を与えたのはバリーであった。一方、外壁の細部意匠から、ステンドグラス、壁紙、タイル、家具のデザインを含む室内意匠までを担当したのがピュージンであった。上院議場の室内装飾は、エドマンド・バーク（『フランス革命の省察』1790）やサー・ウォルター・スコット（『アイヴァンホー』1819）のように、中世騎士道精神の復活を願うピュージンの創造的想像力の結集と言える。

ピュージンは、カーライルの『過去と現在』(1843) 同様、中世の精神主義と、"現在"のヴィクトリア朝物質主義とを対比させ、前者の優位を説いた（『対比』1836）。ゴシック建築は中世キリスト教社会の純粋な信仰心の表れであり、蔑視されてはならなかった。『尖頭式すなわちキリスト教建築の正しい原理』(1841) においても、ピュージンはランセット・アーチやバットレスなど、ゴシック教会の垂直性を創出するあらゆる部分が構造上の機能と信仰心の融合を示すと評した。

ジョン・ラスキン、ウィリアム・モリス

ラスキンもピュージンのように、中世ゴシック教会を建築技術と道徳的精神の結晶と見なした。ラスキンによると、ゴシック聖堂建築に携わった人々を導いた7つの光は「犠牲、真実、力、美、生命、記憶、従順」であった（『建築の七燈』1849）。サン・マルコ大聖堂やパラッツォ・ドゥカーレに見られる「ゴシックの特質」("The Nature of Gothic,"『ヴェニスの石』1851-53) は、職人たちの自由な精神の「崇高なものも、空想的で滑稽なものも喜んで受け入れる傾向」であった。天上への謙虚な想いを象徴する尖塔に加えて、グロテスクな彫像やガーゴイルを作り出せる中世の職人は、創造の喜びに動かされていた。ラスキンにとって、ロンドン万国博覧会会場のパクストンが設計した水晶宮 (The Crystal Palace, 1851) は、産業革命に翻弄され自由を見失った悲痛な精神の産物でしかなかった。

ラスキンの「ゴシックの特質」に共鳴したモリスも、バーン=ジョーンズとともに、ラファエル前派 (P.R.B., 1848年結成) の指導者D.G.ロセッティを師と仰ぎ、桂冠詩人テニスンが『国王牧歌』(1859-85) で歌うアーサー王伝説に漲る中世精神を愛した。モリスは1861年にモリス・マーシャル・フォークナー商会を設立。ステンドグラスの窓、手刷りによる壁紙、手動織機によるテキスタイル、家具など装飾芸術全般を扱い、産業革命後の大量生産により品質が低下した機械工芸に対抗した。労働負担を軽減する合理的機械化と、名匠 (craftsman) の創造の喜びを感じさせる手工芸との融和を目指した。モリスは中世の工芸ギルドのような、デザイナーとクラフツマンの共同作業を重視し、1880年代のアーツ・アンド・クラフツ運動創始を促した。

ゴシック小説の誕生

ホレス・ウォルポールは、ロンドン近郊「ストロベリー・ヒル」の自宅をゴシック風に増改築し、そこで見た夢をもとに『オトラントの城』(1764) を執筆し、自費出版した。これ

が話題を呼び、同年に再版を出す際に建築用語を転用し「ゴシック・ストーリー」という副題を添えた。これが「ゴシック小説」というジャンルとその流行の始まりであった。以後、主なゴシック怪奇小説は、ウィリアム・ベックフォード『ヴァテック』(1786)、ウィリアム・ゴドウィン『ケイレブ・ウィリアムズ』(1794)、アン・ラドクリフ『ユードルフォの謎』(1794)、メアリ・シェリー『フランケンシュタイン』(1818)、ポリドリ『吸血鬼』(1818)、エドガー・アラン・ポー『アッシャー家の崩壊』(1839)、エミリー・ブロンテ『嵐が丘』(1847)と続き、恐怖を探求するゴシック精神は現代社会にも息づいている。

『オトラントの城』が書かれ、ベストセラーとなった背景には、18世紀イギリスの合理主義に反発し、恐怖心をかきたてる非合理なもの、驚嘆の念を起こさせる神秘的なものへの関心や懐古趣味の高まりがあった。その文化的背景には、17世紀中頃からイギリス上流階級の子弟が教育の仕上げと見なしたフランス、イタリアへの「グランド・ツアー」の影響がある。彼らはアルプス越えで、無限の広がりと力を見せつける大自然と対峙し、それまで体験したことのない恐怖に、何がしかの感動を覚えた。そして、イタリアでは当時の有名風景画家クロード・ロランや、サルヴァトール・ローザの作品を観た。ロランの作品には、写実的風景の中に聖書や神話からの題材が置かれ、ローザの風景画には廃墟、山賊、戦士など、風景の調和をかき乱すような"異質なもの"が描き込まれていた。

これらの体験によって、イギリスには「ピクチュアレスク」の概念が生じた。それは、調和、安定感、快適さを示す美ではなく、怖気のあとに畏怖の念を沸き起こさせる美を意味し、のちにE.バークによって、「崇高」(the sublime)とも呼ばれた(『崇高と美の観念の起源』1757)。また国内のかつてのゴシック風修道院の廃墟を巡る「ピクチュアレスク・ツアー」も流行。ギルピンによって紹介され、W.ワーズワスの詩でも有名な、ワイ河ほとりのティンタン・アベイへのツアーに人気が集中した。「ピクチュアレスク」なものへの関心は、ロマン主義やゴシック復興の誘因となった。

【主要文献】Horace Walpole, *The Castle of Otranto*, 1764（平井呈一訳「おとらんと城綺譚」，東雅夫編『ゴシック名訳集成 西洋伝奇物語』学研M文庫，2004）. William Godwin, *Caleb Williams*, 1794（岡照雄訳『ケイレブ・ウィリアムズ』〈ゴシック叢書18〉，国書刊行会，1982）. Mary Shelley, *Frankenstein; or, The Modern Prometheus*, 1831（森下弓子訳『フランケンシュタイン』創元推理文庫，1984）. A. W. N. Pugin, *Contrasts*, 1836. ——, *The True Principles of Pointed or Christian Architecture*, 1841. John Ruskin, *The Seven Lamps of Architecture*, 1849（杉山真紀子訳『建築の七燈』鹿島出版会，1997）. ——, *The Stones of Venice*, 1851-53（福田晴虔訳『ヴェネツィアの石』中央公論美術出版，1996）. Kenneth Clark, *The Gothic Revival*, 1928（近藤存志訳『ゴシック・リヴァイヴァル』白水社，2005）. 小池滋『ゴシック小説をよむ』岩波書店，1999. Chris Brooks, *The Gothic Revival*, 1999（鈴木博之／豊口真衣子訳『ゴシック・リヴァイヴァル』〈岩波 世界の美術〉，岩波書店，2003）. 杉山洋子／神埼ゆかり／長尾知子／小山明子／惣谷美智子／比名和子『古典ゴシック小説を読む』英宝社，2000. 佐藤達生／木俣元一『図説 大聖堂物語 ゴシックの建築と美術』〈ふくろうの本〉，河出書房新社，2000. 高原英理『ゴシックハート』講談社，2004.

（和氣節子）

国教会

〔英〕established church, the Church of England

ここでは国教会としてイングランド教会を中心に説明する。国教会制度自体は、特定の宗教を国家の公的宗教とするものであり、時代や宗教を問わず多くの国々に見られる。また、17世紀内戦期にいったん廃止され、王政復古とともに復活した主教制（episcopacy、監督制とも言う）だけが、イングランドにおける国教会のありようではない。1640～50年代には、長老制国教会、およびクロムウェル教会体制と呼ばれる国教会制度が試みられた。

現況

イングランド教会（the Church of England）はイングランドの国教会であり、主教制をしく。現エリザベス女王はイングランド教会の総裁（the Supreme Governor）であり、首相の助言により大主教などを任命する。イングランド教会は、日本語で現在イギリスと通称される、連合王国全体の国教会ではない。連合王国は、グレート・ブリテンおよび北アイルランドから成り立ち、そのうち、グレート・ブリテンは、イングランドの他、スコットランドとウェールズの三地域からなる。

スコットランド教会（the Church of Scotland）はカーク（Kirk）と通称され、イングランド教会とは異なり長老制を敷く。現在は国家統制を受けない自治組織であり、その点では厳格な国家教会（state church）ではない。だが、議会によって公式に制定（established）された教会という意味では、体制教会・国教会（established church）である。現女王はスコットランド教会の総裁ではないが、「長老制教会統治を維持かつ保護する」義務を負い、スコットランドに行けば、スコットランド教会の一員となる。

ウェールズ教会（the Church in Wales）は長い間イングランド教会の一部であったが、20世紀初頭にイングランド教会から独立し、非国教化した。自身の大主教と6主教区を保持する。イングランド教会から独立しているが、イングランド教会の職制や教義などを共有するため、アングリカン・コミュニオンの一員である。

アングリカン・コミュニオン（Anglican Communion）は、イングランド教会を本山として、その職制や教義などを共有し、イングランド教会との連帯を互いに意識する世界的な広がりを持つ教会集団を指す。スコットランドにもアングリカン・コミュニオンのスコットランド監督教会（the Scottish Episcopal Church）がある。アングリカン・コミュニオンを構成する各地の教会はアングリカン教会と呼ばれる。日本では聖公会の名で活動し、イングランド教会の日本語訳として、英国聖公会の語が用いられる。

連合王国を構成する北アイルランドはアイルランド島北部に位置する。1922年にアイルランド島の南部が現在のアイルランド共和国として独立し、北部が連合王国の一部に組み込まれる。とくに宗教改革後、アイルランドはイングランドから政治的、経済的、宗教的圧迫を受け、イングランド教会の管轄下、アイルランド教会（the Church of Ireland）が国教会となっていたが、1869年に非国教化が議会によって定められた。現在、北アイルランドはアイルランド教会の複数の主教区を擁するが、ローマ・カトリックと長老派信徒の数が、アイルランド教会員のそれを上回る。

イングランド教会の歴史

16世紀中葉のヘンリ8世によるイングランド宗教改革以降、独自の職制、教義や礼拝様式を備えるイングランド教会（the Church of England）が登場し、しかもこの世におけるその長は、ローマ教皇ではなくイングランド王

となった。ヘンリ8世を継承したエドワード6世下で「共通祈祷書」の整備が進められ、教理的基本原則として宗教箇条が制定される。この後、メアリ1世によるローマ・カトリックへの揺り返しの時代があったが、1558年にエリザベス1世が戴冠し、国教会の総裁になるに及んで、「共通祈祷書」の改訂、さらに新たな宗教箇条として「三十九ヵ条」と称される大綱の制定に至り、国家的な宗教統一が本格化する。

イングランド教会には、ローマ・カトリックからの非難だけでなく、よりいっそうの改革を内部から求めるピューリタンからの批判も浴びせられた。ピューリタンは、メアリの時代にジュネーヴに亡命して、その後帰国した人々、および彼らの考えを継承・共有する人々である。彼らは教会体制などの変更を求め、主教と呼ばれる高位聖職者が主体となる主教制ではなく、よりいっそう信徒の心に密着した宗教活動を求めた。

ピューリタンと国教会主教とは、非本質的事項（indifferent things, アディアフォラ）についても対立した。非本質的事項とは、聖書によって命じも、禁じもされていない、信仰にとって本質的ではないとされる事項を意味する。主教は、教会規律や教会組織は非本質的事項であり、それらについては、世俗法の強制力を伴う主教の権威的判断に従うべきだと主張した。他方、ピューリタンは、たとえ非本質的事項であっても、世俗の統治者や主教がそれを指令、強制するべきではなく、すべてを信徒に委ねるべきであると主張した。この主張は、究極的には、国教会体制自体の拒否に至ることになる。

内外からの国教会批判に対抗して、16世紀末にR.フッカーは「ローマとジュネーヴ」への両面批判を行い、イングランド教会の立場をヴィア・メディア（Via Media）、すなわち「中道」と位置づけて擁護した。

1603年に即位したジェイムズ1世は国教会の聖書として、欽定英訳聖書の刊行を命じ、この聖書の文章はその後の文学などに大きな影響を与える。チャールズ1世下、1633年にカンタベリー大主教に就任したロードは、主教制の整備・強化によるいっそうの教会統一を目指す。国王は長老制支持者の多いスコットランドに、イングランド教会の礼拝様式などの採用を迫った。このことは、スコットランドだけでなくイングランドのピューリタンからの非難も強め、1640-50年代のピューリタン革命（イギリス革命）の一因となる。1640年にロードは議会の譴責対象となり、1642年にイングランドは内戦状態に突入した。議会は主教制を43年に廃止、49年に国王を処刑する。

だが、1660年の王政復古の際、主教制国教会も復活した。革命前から多様かつ活発に活動していたピューリタンは、復古体制下ではディセンター（非国教徒）として、その処遇が問題とされるようになる。1689年のいわゆる寛容法で、彼らは国教会の外で活動を認められるようになるが、その後長い間、様々な制約に甘んじることになった。

18世紀から19世紀にかけて、イングランド教会には主に三つの動きを指摘できる。第一に、国教会の福音主義的な革新運動の一環として、メソディストが登場する。18世紀末には、彼らは独自の教会を形成した。第二に、広教主義の展開が認められる。広教主義は教会体制、礼典、教義などに緩やかな姿勢を取り、そのリベラルな姿勢は、19世紀後半には、T.アーノルドの広教会（Broad Church）の考え方に発展した。第三に、1830年代以降、J.H.ニューマンらによるオックスフォード運動が起こる。この運動は、教会権威や礼拝様式を尊重する高教会（High Church）的傾向を持ち、さらに初期・中世期の教会とイングランド教会との連続性、およびその普遍性（the Catholic tradition）を強調する。この高教会的傾向に対して、19世紀半ば以降、国教会内の福音派が批判を表明した。彼らは儀式や教

会権威よりも、個人の回心に重きを置いて説教と福音信仰中心の活動を求めた点で、低教会派(Low Church)と称されることがある。

現代の国教会内において、教会自身が注視する重要な動向として、1960年代以降顕著になってきたカリスマ運動(the Charismatic Movement)がある。これはイングランド教会に限られた動きではないが、イングランド教会の歴史に即した場合、福音主義に淵源を持つと言われることがある。個々人の聖霊の賜物を強調する人々が集まり、教会の重点を聖霊の働きを通じた人間の再生に置く。

イングランド教会の教義と礼拝

イングランド教会は、教義については「三十九ヵ条」(the Thirty-Nine Articles)と通称される大綱、礼拝については「共通祈祷書」(the Book of Common Prayer)を持つ。

「三十九ヵ条」は、イングランド教会の教理的立場を明示する宗教箇条の要約列挙であり、1571年に定められて現行に至る。諸宗派と対置して独自性を出そうとするが、厳格な定義や断定的な表現を避ける傾向があり、解釈上の多様性を許す結果となった。このことは、とくに聖餐(主の晩餐)に関する次の第28条に明らかである。

「主の晩餐は、キリスト者が相互に抱くべき愛のしるしであるのみならず、むしろキリストの死による私たちのあがないの聖餐である。それゆえに、正しくふさわしくかつ信仰をもって受ける者にとっては、私たちのいただくパンはキリストの体にあずかることであり、かつ同様に祝福の杯はキリストの血にあずかることである。化体説、すなわち主の晩餐においてパンとぶどう酒の実体がキリストの体と血に変化するという説は、聖書によって証明されえず、聖書の明瞭な言葉と矛盾し、聖餐の本質を棄て、多くの迷信に機会を与えた。」

この条項は、ツヴィングリの象徴説とローマ・カトリックの化体説の両者を排除するが、パンとぶどう酒にキリストが現在(real presence)するという解釈、あるいは聖餐において信者はキリストの体と血を受けるとする解釈が可能になる。

「三十九ヵ条」は信仰告白や信条解説ではなく、信条面ではイングランド教会は、旧新約聖書、使徒信条、ニカイア信条に依拠する。だが、イングランド教会とアングリカン・コミュニオンにとって、「三十九ヵ条」は依然、教理的基本原則の公式見解であり、聖職に就く者は、「三十九ヵ条」と「共通祈祷書」は「神の言葉」に合致している、と宣誓するよう求められる。

「共通祈祷書」は、「礼拝はアングリカニズムの核心である」とするイングランド教会で執行されるべき、礼拝諸式などの手引書である。全国の教会が一致して用いるべき暦、日課、祈りの文言、式次第などを定めて礼拝諸式などを統一することで、宗教的統一を図る。現在、1662年に改訂を加えられたそれが、イングランド教会、そしてアングリカン・コミュニオンの活動の基盤となっている。ただし、世界各地のアングリカン教会は、それぞれの事情に応じて祈祷書に調整を加えている。日本では1959年版の『日本聖公会祈祷書』に口語化などの改訂を行い、現在は90年版が用いられている。

イングランド教会の組織

イングランド教会の総裁は王(現エリザベス女王)である。女王は首相の助言の下、大主教、主教、聖堂執事を任命する。教会は南部のカンタベリー大主教区と北部のヨーク大主教区に分かれる。大主教区の下に主教区があり、イングランド全体で43主教区がある。2人の大主教、および108人の主教のうち24人の主教が、貴族院に出席する。主教区の下に教区があり、教区牧師が配属されて、イングランド教会の基本単位となる。

イングランド教会は、主教が教会会議を通じて教会統治を行う、主教(監督)制を採る。

教会の総会は現行では、各主教区の俗人と聖職者の代表から構成され、ロンドンまたはヨークで年2回開催される。1999年には、伝道促進のために大主教評議会が設置され、国教会全体への指令と地方教会への支援を行うことになった。

アングリカニズム、およびアングリカン・コミュニオンについて

イングランド教会は自身を、原始教会に始まる伝統を継承するものと見なし、その意味で普遍（カトリック）性を主張する。しかし、それがイングランドという一地域において発展してきた歴史、およびそれに伴う特徴などに即して、地域的独自性を強調したアングリカニズムという語が用いられる。アングリカニズムは、元来は、イングランドで発展した独自の教義、職制、礼拝様式などを備えた教会を指すが、その教義などが他地域でも受容され、かつそれらの地域教会がイングランド教会との、さらに地域教会間相互の連帯を認めると、アングリカン・コミュニオンが成立する。カンタベリー大主教は、イングランド教会の大主教の一人であると同時に、アングリカン・コミュニオンの長を兼ねる。

宗教改革後の約250年間は、アングリカン・コミュニオンはイングランド、ウェールズ、アイルランドの各教会、およびスコットランド監督教会から成り立っていた。しかし、次の二つを契機に、アングリカン・コミュニオンは世界的に発展する。第一に、17世紀初頭に始まる北米などの植民地化、第二に、18世紀以降に本格化するアジア、アフリカ、南米への伝道である。当初、植民地への伝道はロンドン主教の管轄下に置かれ、新たな主教区を植民地に設立することはなかった。だが、北米の独立に促されてアメリカ教会が独立して以降、アングリカン・コミュニオンが拡大していく。現在、アングリカン・コミュニオンは161ヵ国に及び、信徒7000万人を擁するとされる。各国・地域のアングリカン教会は自治体制を採る。1867年以降、10年に一度、カンタベリー大主教が議長となってロンドンでランベス会議が開催されるが、その議決は各アングリカン教会に対して拘束力を持たない。

コミュニオン内では1970年代頃から分権化が進み、「共通祈祷書」とは異なる様式を採用する教会が増えている。さらに、ポストコロニアリズムの時代において、アングリカニズム自体が「イングランド偏向」(too English) と見られることもあり、かつて植民地だった地域の教会では、植民地的なイメージを払拭しようという意向も強く窺える。地域の関心や事情を反映して、今後アングリカン・コミュニオンは、なおいっそうの多様性を抱え、かつそれと格闘していくことになろう。

現代的課題

イングランド教会公式サイト（http://www.cofe.anglican.org）において、イングランド教会自身が指摘する現代的課題は、以下の4項目に整理できる。

第一に、人口増加、都市化の進行、そして多文化・多信仰化というイングランドにおける社会変動への対応。

第二に、非宗教化、教会離れといった現象が進行する社会における伝道の可能性。

第三に、教区で司牧を遂行する有能かつ責任感ある聖職者・司牧者の養成。

第四に、他教会との過去の分裂・対立の克服、関係の改善、連帯の強化。

【主要文献】『信条集前後篇』新教出版社，1957；復刊1994.『日本聖公会祈祷書』日本聖公会管区事務所，1959；1991（1990年版第一刷）．小嶋潤『イギリス教会史』刀水書房，1988．塚田理『イングランドの宗教』教文館，2004. *The 1979 Book of Common Prayer*, Oxford University Press, 2000.

（山田園子）

コモン・ロー

〔英〕common law

　イギリス法の主要な部分は、判例法＝コモン・ローによって構成されている。そして、このコモン・ローに基づく法理論は、わが国でもよく知られているベンサム、ハートらの法実証主義的法思考とは一線を画すもので、現代イギリスの法実務をよりよく説明できているとの見解もある。以下においては、中世以降のコモン・ローの歴史、17～18世紀のクック、ヘイルに代表される古典的コモン・ローの法理論、19世紀後半のコモン・ローの変化、現代におけるコモン・ロー的法思考の特徴を、法実証主義と対比させながら描きたい。

コモン・ローの歴史

　まず、コモン・ローという言葉であるが、(1)イングランド全体の共通の法、(2)制定法と対比される判例法、(3)大陸法と対比され、制定法も含めた英米法全体といった意味で使われているが、本項目では、(2)の意味でのコモン・ローについて考察する。

　その前に、(1)の意味のコモン・ローについて簡単に述べておきたい。1066年のノルマン・コンクェスト後に国王裁判所が設置されたが、裁判の中央集権化を目指した国王は、国王裁判所の裁判官を地方に巡回させ、その結果、各地の慣習法を吸収する形で「イングランド全体に共通の法」＝コモン・ローの形成が行われた。イングランドにおいては、ドイツなどとは違い、早期から国家法の統一がなされていたのである。

　その国王裁判所によって形成された法が、現代イギリス法の基礎になっているのだが、それは、(2)の意味でのコモン・ロー、すなわち、判例法に基づいていた。

　国王裁判所は、統治の問題全般に関して国王に助言をした王会（curia regis）から分化、独立したものであるが、現代日本の裁判所のように、既存の法律を事件に適用するために作られたのではなかった。法が存在しない状況において、紛争を解決したり、暴力や窃盗を抑止したりする必要性が高まったために作られたのである。その際、国王裁判所は、事件を解決する過程で、いわば、法を作っていったのであるが、諸判決は、一定のパターンに収斂するようになり、13世紀のエドワード1世の時代以降には、現代の判例集の端緒と言える年書（year books）に、法準則が蓄積されるようになったのである。冒頭で、現代のイギリス法の主要な部分は、コモン・ローによって構成されていると述べたが、中世以来、裁判官によって事件を解決する際に作られた法準則が、のちの時代の裁判において修正されたり、時代に即するように変更されたものによって、今日のイギリス法の主要な部分は占められているのである。もちろん、現代イギリス法においては、制定法の数は飛躍的に増大し、多くの領域は、コモン・ローではなく、制定法によって規律されているが、たとえば、わが国の六法の領域など、法の主要な部分については、より歴史の古い裁判所によって扱われ、法準則も形成されたため、現代においても、コモン・ローによって規律されている。

古典的コモン・ローの法理論

　次に、上述のコモン・ローを基礎づけるコモン・ローの法理論を検討したい。その際には、17～18世紀に活躍したクック、ヘイル、ブラックストンらの古典的コモン・ローの法理論に着目することが有用であろう。国王大権や国会制定法の影響力の増加からコモン・ローを守るために、彼らは、以下のようなコモン・ローの法的実践の理論的基礎づけを行ったが、それは、現代のコモン・ローにおける法的思考にも反映されている。

　18世紀イングランドの法律家ブラックストンは、コモン・ローの法準則は、継続的に受

容される限りにおいて存在し、権威を持ち、法的妥当性を有すると論じていたが、この「継続的な受容」という概念は、古典的コモン・ロー法理論の鍵概念であった。

　古典的コモン・ローの法理論家たちは、国王大権による絶対主義、合理主義のイデオロギーに対抗するために、法が権威と法的妥当性を有するためには、歴史的に適切なものでなくてはならないと論じていた。たとえば、16世紀から17世紀に活躍したクックが、「古来の国制」の理論を用いて、コモン・ローは、超記憶的時代、すなわちサクソン期に起源を持つがゆえに妥当するのであり、ウィリアム征服王（1世）の王位でさえコモン・ローによって付与されたため、国王大権によってコモン・ローを変更することはできないと論じていたことはよく知られている。しかしながら、その後の研究により、クックによる歴史的考察の誤りが指摘されてからは、コモン・ローの歴史的適切性を担保するのは、過去との継続性に対する確信であるという17世紀の法律家・法史家ヘイルの見解が通説になった。すなわち、当時のコモン・ローの法準則は、過去のものと継続的であるがゆえに、権威を持ち、妥当性を有すると考えられるようになったのである。

　コモン・ローにおいてはまた、法の継続的な受容は合理性の概念とも密接な関わりを持っていた。多数の人々による長期にわたる経験のみが、ルールの合理性を確保すると考えられたのである。法が公共善を促進するという点において合理的であると考えた大陸の自然法論者たちとは違い、クックは、時の試練を経たがゆえに法は合理的になると考えていた。クックは、理性が法の生命であり、コモン・ローは理性そのものであると述べていたが、それは、コモン・ローは裁判官たちによって長年の間に慣習が洗練され、調整され、一貫した体系に還元されたものなので、本質的に理性的なものになるという考え方に基づいていたのである。

　コモン・ローの法的実践、あるいはそこにおける判例の位置づけも、古典的コモン・ローの法理論によって説明できる。

　クックは、コモン・ローを法的問題に対する答えを含む明確な法準則からなるものとは捉えていなかった。当時のコモン・ローにおいては、個々の事例に対して有益で正義に適った柔軟性のある解決が目指されていたのであり、クックをはじめ、当時のコモン・ロー法律家たちも、個別的正義を重視する救済のシステムとして法を捉えていたのである。すでに見たように、コモン・ローにおいては、法命題は継続的に受容される限りにおいて権威、拘束力を持つため、本質的に矯正可能なものであった。

　上述のコモン・ローにおける個別的正義の重視は、コモン・ローにおける先例の位置づけとも関連がある。当時は、年書、すなわち不十分なものであるけれども判例集も存在しており、裁判官の間でコンセンサスが得られている法命題は、先例としての役割を果たしうるものであったが、裁判官には先例を覆す自由があった。そして、そのような慣行は、「コモン・ローは、超記憶的時代から存在していたのであり、あらゆる判決は裁判官によるコモン・ローの表明であり、証拠である」というヘイルやブラックストンの「法宣言説」によって正当化されていた。コモン・ロー自体は、超記憶的時代から継続的に受容されているため法的拘束力を持つのであるが、個々の判決は、あくまでも各々の裁判官がコモン・ローと考えたものにすぎなかったため、誤った判決は、コモン・ローが誤って適用されたもので、法ではないと考えられたのであった。なお、この「法宣言説」からも明らかなように、コモン・ローにおける裁判官は、特権を持つ共同体の代表者であり、共同体の法的知恵を委ねられていたと言える。

19世紀後半のコモン・ローの変化

以上のような古典的コモン・ローの法理論に支えられたコモン・ローの法的実践は、18世紀後半から19世紀前半に、ベンサムによって徹底的に批判されることになる。

ベンサムは、まず、主権者命令説の立場から「法宣言説」を批判し、裁判官は、権限もなく法を創っているという「法創造説」を唱えている。また、裁判官によって宣言されるとされたコモン・ローの内容の曖昧さも突いている。さらに、個別的正義を重視し、先例の変更が自由になされうるコモン・ローでは、人々の行為を導く法準則を提供できないとして、それを廃止し、自らの法典に取って替えることを主張した。

コモン・ロー法律家たちは、ベンサムの提案は無視したが、産業革命とそれに続く資本主義の発達による法的安定性の要求には応えざるを得なかった。さらに、一連の選挙法改正による議会の充実に伴い、議会立法主導の法改革が盛んになってきたこともあり、19世紀中頃から後半にかけて、コモン・ローにおいて、厳格な先例拘束性の原理が成立することになる。これにより、先例の拘束力は絶対的なものになり、最高裁判所である貴族院 (House of Lords) も、自らの先例に拘束されるようになった。

現代におけるコモン・ロー的法思考

厳格な先例拘束性の原理は、1966年に緩和されたが、それ以降も、貴族院によって判例が明示的に変更される例はまれである。しかしながら、現代においても、コモン・ローは、20世紀後半の代表的な法実証主義者であるハートが主張する「ルールの体系としての法」とは性質を異にしている。

先例拘束性の原理において、後の裁判を拘束するのは判決理由 (ratio decidendi) であるが、それは、主要(要件)事実とそれに付随する法的効果によって構成されている。イギリスの裁判官は、自らの担当している事件と主要事実が同じ先例に拘束されるのである。しかしながら、先例に従うことによって、不当な結果が生じるならば、担当する事件と共通でない事実を主要事実とすることで、その先例の拘束力を逃れ、新たな法準則を作ることができる。要するに、先例拘束性の原理の下でも、先例は、後の裁判官によって再定式化されうるのであり、コモン・ローは、クックの時代と同様に、明確な法準則からなるものではないのである。

コモン・ロー的法思考のメリットについては、法哲学者のポステマが以下のように論じている。すなわち、ハートにおいては、承認のルールを受容する裁判官を中心とした法専門職のコンヴェンションがあれば、法体系は存立するとの前提の下、法律家中心の法理解が展開されており、一般市民は、黙認により、法の受け入れを表明しているとされている。一方、コモン・ローは、その法的思考の特質から、社会全体のコンヴェンションを反映しうるのである。個別的正義を重視し、共同体のためにコモン・ローを「宣言」した古典的コモン・ローの時代の裁判官と同様、現代イギリスの裁判官も、社会全体のコンヴェンションを考慮しつつ、個々の事件に即した解決を下しているのである。

【主要文献】G. J. Postema, *Bentham and the Common Law Tradition,* Oxford: Clarendon Press, 1986. M. Lobban, *The Common Law and English Jurisprudence 1760-1850*, Oxford: Clarendon Press, 1991. G. J. Postema, "Philosophy of the Common Law", in J. Coleman, S. Shapiro ed., *The Oxford Handbook of Jurisprudence and Philosophy of Law,* Oxford University Press, 2002. 望月礼二郎『英米法〔新版〕』青林書院, 1997.

(戒能通弘)

混合政体論

〔英〕theory of mixed government

　複数の主体が政治過程に参加する政治体制を、複数の政体が混合した政体として理解し、称揚する議論の総称。混合政体は、一般に王政・貴族政・民主政の3要素からなると考えられたが、これは各身分や機関が各単純政体に対応するとの読み替えを前提としている。

　混合政体論は古代の政治思想に由来するが、その再興とともに、16〜18世紀の初期近代ヨーロッパ世界において、王権を制限する理論として受容され流行した。ゆえに、混合政体論を共和主義の主たる特徴と見なす解釈もフィンク以後根強いが、その受容過程でこの思想は、立憲主義、古来の国制論、抵抗権論など王権に対抗する種々の思想と融合している。しかも、混合政体論は王の存在を必ずしも否定しないばかりか、王権側・体制側による援用もまれではなく、混合政体論の内実は多様であった。

混合政体としての古代ローマ共和政

　混合政体の称賛は、プラトンやアリストテレスなど古代ギリシアにも見られたが、3要素からなる混合政体を定式化し、のちに圧倒的な影響を及ぼしたのはポリュビオスである。

　彼の『歴史』第6巻によれば、共和政ローマが版図拡大に成功した一因はその政治制度にある。王政、貴族政、民主政といった単純政体が堕落を免れず政体変動を繰り返すのに対し、3政体の要素を組み合わせた混合政体は、相互抑制により不安定な政体循環を免れる。リュクルゴスが一挙に混合政体を樹立したスパルタに対して、ローマでは徐々にこの政体が構築され、王政・貴族政・民主政にそれぞれ対応するコンスル・元老院・民会の3機関に権限が分割されて、均衡が確立した。こうしたポリュビオスの混合政体論は、(1)各機関が独自の権限を持つ権限分割論であり、(2)混合政体を単純政体の堕落を回避する安定的制度と理解する。キケロがローマの混合政体を称揚したのは彼の影響の下である。

　その後『歴史』第6巻はヨーロッパでは長らく忘却されたが、ルネサンス期イタリアに写本がもたらされ、共和主義思想家の注目を集める。この知的風土の中で執筆されたマキアヴェッリの『ローマ史論』(c.1512-17) は、冒頭でポリュビオスの混合政体論を再説し、それを後世に紹介する役割を果たした。

制限王政論としての混合政体論

　ところが、初期近代ヨーロッパにおける混合政体論には、もう一つ別の思想的淵源が存在する。王政がごく一般的であった、封建制とキリスト教のヨーロッパ世界において蓄積されてきた制限王政論こそが、それである。

　王は法に従い公共善のために統治すべきとの主張（立憲主義）は、王は身分制議会の同意なく法を制定できないとの制度論としばしば結びついたが、こうした制限王政論は、古代の政治思想に倣い、あるべき王政を混合政体・混合王政と表現していく。王を原理的に排除するわけでない混合政体論はヨーロッパの王政世界でも受容可能であり、身分制議会の政治参与が混合の証しと読み替えられたのである。13世紀に、アリストテレス復興をうけて、トマスの『神学大全』はすでに混合政体こそを最善の国制と記している。

　イギリスでは、そのトマスを愛読したフォーテスキューの『イギリス法の礼賛』(c.1468-71) が、王が議会の同意を得て法を制定する自国の体制を「政治的かつ王権的な支配」と呼び、これをフランスの「王権的支配」と対比し称賛する。そして、こうした制限王政の理念が、人文主義を受容したテューダー期にしだいに混合政体論として結実する。ここでは一般に、王・貴族院・庶民院が混合政体の3要素と見なされた。従来イギリスで

の混合政体論の成立は17世紀の内乱期に求めらるのが一般的だったが、16世紀にスターキーやT.スミスなどはすでに混合政体について語っている。

こうした制限王政論の系譜の混合政体論は、議会による王権の抑制をもっぱら強調し、王は議会で諸身分とともに法を制定すべきと論じる（King-in-Parliament）。フランスのユグノー、オトマンの『フランコ・ガリア』（1573）が制限王政を説くにあたり、タキトゥスの『ゲルマニア』やフォーテスキューと同時に、アリストテレスやポリュビオスらを典拠としたように、この系譜でもたしかに古代の混合政体論が引照された。しかし、この制限王政論の系譜では、ポリュビオスとは対照的に、(1) 立法権力が三者に共有されることが強調され、(2) 混合政体は絶対政体の対抗概念とされている。

宗教内乱期の高揚と批判

制限王政論としての混合政体論が16〜17世紀のヨーロッパで流行したのは、宗教改革後の宗派対立の中、「正しい宗教」を弾圧する王に対する抵抗が課題となったからである。

イギリスでは、16世紀にも、女王メアリに抵抗したポネットや、エリザベスを批判した旧教のパーソンズがいずれも混合政体論を利用したが、その本格的な流布は、宗教対立を端緒とした17世紀半ばの混乱期であった。

1640年代、H.パーカーが3身分の調和を論じ、ミルトンがポリュビオスを引用して混合政体の卓越を語り、ハントンが三機関による最高権力の共有を説いたように、議会派は盛んに混合政体の理念に訴えた。内乱直前には王権側も混合政体論を受容するに至る。王の名による『十九ヵ条提案に対する陛下の回答』（1642）は、イギリスの国制を混合政体として理解し称賛したうえで、三機関に権限を分割し、均衡を保つ王固有の役割の意義を強調した。議会派のハールは、王が三身分の一員ならば他の一致した意見には従うべきと応じたが、『陛下の回答』は、こののち18世紀にかけて幾度も再刊・引用されていった。

他方、権力に対する抵抗を正当化する目的で混合政体論が利用されたことは、主権論からの批判を招いた。フランスのボダンは、主権は分割できないので混合政体は実現不可能であり、古代ローマはじつは民主政であったと断じ、イギリスではホッブズが、混合政体では主権の所在が不明確で内紛を免れず、混合政体論こそが内乱を招いたと批判した。

ジェイムズ・ハリントン

内乱後のイギリスでは、レヴェラーズが混合王政はノルマンの軛にすぎないと論難したように、王政と貴族院が廃され、ランプ議会の一院制支配が成立する。その短い統治ののち、混合政体の復元を模索した「統治章典」と「請願と建言」は失敗する。こうした中、ホッブズの批判に抗して混合政体の復権を試みたのがハリントンである。彼は制限王政論の系譜を退け、古代の混合政体論へ回帰した。

ハリントンの『オシアナ』（1656）によれば、政治体制は土地所有の様態に規定されている。所有が分散した結果、絶対王政はもとより、身分制議会による制限王政（封建国制）ももはや基盤を欠く。唯一の選択肢は共和政だが、内部対立なき安定した「平等な共和国」の実現には、所有の制限とともに混合政体が必要である。そのうえで、「古代の知恵」（古代の政治思想と制度）に範を求めたハリントンは、権限を各機関に分割するポリュビオス型の混合政体を提唱する。その中核は、法案を討議する元老院と、決議する民会からなる二院制議会であった。彼は「古代の知恵」の継承者としてマキアヴェッリとともにヴェネツィアを挙げたが、ここにはヴェネツィアに理想的な混合政体を見る16世紀後半以降の神話的理解が反映している。

混合政体としての名誉革命体制

　名誉革命において、混合王政がいわば制度化されたイギリスでは、自国の政治制度を自由な混合政体として称揚する認識が、自国を古代ローマになぞらえる発想とともに、18世紀には立場を問わず一般化する。イギリスの混合政体はフランスの絶対王政と対比され賛美された。これは実際には、王は議会とともに法を制定するというKing-in-Parliamentの理念の復活であり、議会主権の正当化であったが。ところが、誰もが均衡した混合政体を称賛したことは、その理解が多様であることを意味した。1719年の貴族法案論争に示されたように、最大の争点は、混合や均衡の解釈（いかに均衡を維持するか、必要なのは各機関の相互依存か独立か）であった。

　このうちボリングブルックなど政権批判派（カントリ派）は、王政復古期のホイッグと同じように、混合政体論を古来の国制論と結合し、混合王政をイギリスの伝統とした。彼らによれば、この伝統ある国制の均衡を破壊しているのが、官職授与・常備軍・公債により拡張した王権である。王権に対抗するため、土地所有者からなる庶民院には、強力な権限が必要である。こう主張したカントリ派は、ここで、権力は所有の様態に依存するというハリントンの所説を援用する。

　それゆえに近年ネオ・ハリントニアンとも呼ばれるカントリ派の、こうした制限王政としての混合政体論は、じつはハリントンの制限王政（封建国制）批判を切り捨てているが、この点を指摘しながら彼らを批判したのがヒュームである。封建国制は貴族の実力支配にすぎず、イギリスで混合政体は名誉革命でようやく成立し、そののちの庶民院の強大化の中では均衡のために王の官職授与権こそ不可欠だ、というのである。彼は『オシアナ』をモデルに理想的な混合政体をも構想したが、ハリントンと異なり、混合政体を対立を制度化した自由な政体と位置づけた。

混合政体から権力分立へ

　ところが19世紀以降、民主政が正統性を獲得し、古代ローマ共和政が範例の地位を失うにつれ、混合政体論は衰退する。フランス革命期に登場し1832年の選挙法改正後に高揚した、急進派による貴族院批判は、同時に混合政体の理念を批判した。民主化の時代には複雑でなく単純な政治機構によって民意を直接に反映すべきで、主権は議会でなく民衆に存する、というのである。混合政体論は長らく政治権力を批判する論理を提供してきたが、民主化の時代には旧体制の象徴であった。

　しかし、混合政体の理念は、新しい理念に引き継がれていく。18世紀半ば、イギリス国制の均衡と抑制を称賛したモンテスキューは、その制度の淵源をローマを滅ぼしたゲルマン人の国制に求め、古代世界に由来する混合政体概念を忌避した。古代より近代が勝るとの時代意識ゆえである。そしてそのモンテスキューに学んだアメリカの建国者たちは、一者・少数・多数の3要素からなる政治制度を構築する。それはもはや混合政体でなく、権力分立という脱身分制的な理念を具現化した政治制度として表象されていくが、機構論により権力を抑制する混合政体論の理念は、ここに継承されたのである。

【主要文献】C. C. Weston, *English Constitutional Theory and the House of Lords 1556-1832*, Columbia University Press, 1965. Z. S. Fink, *The Classical Republicans,* Northwestern University, 1945. J. M. Blythe, *Ideal Government and the Mixed Constitution in the Middle Ages,* Princeton University Press, 1992. M. Peltonen, *Classical Humanism and Republicanism in English Political Thought 1570-1640*, Cambridge University Press, 1995. A. Fukuda, *Sovereignty and the Sword,* Clarendon Press, 1997. 犬塚元『デイヴィッド・ヒュームの政治学』東京大学出版会, 2004.

（犬塚　元）

財政金融革命

〔英〕financial revolution

'financial revolution' の語を著書のタイトルに最初に採用したディクソンも、その語彙をディクソンよりもやや広義に使おうとしたローズヴィアも、その本義を「財政革命」とする。そこに金融面での革新が包摂されているとはいえ、財政と金融とを同等に位置づけた複合革命（財政金融革命）が含意されているわけではない。

財政革命論

ディクソンによれば、三十年戦争に終止符を打ったウェストファリア条約（1648）によってヨーロッパに主権国家体制が成立すると、各国の君主は「効率的な政府」と「国富の増大」という課題に直面した。イングランドでも、王政復古を歓迎した若い世代は、先行世代のイデオロギー闘争に倦んでいたために、そうした国家の喫緊の課題とそれに応用しうる物理学や数学のような科学とに強い関心を抱いた。ペティ、ボイル、チャイルド、ロック、レンらの新世代は、経済、政治、社会などの広範な課題に実際的な提案を行い、それらの多くは名誉革命後の60年間に実現を見ることになった。

しかし彼らの予測しえなかった戦争の断続的遂行が、予期せぬ重大な結果をもたらした。イングランドは名誉革命から七年戦争までの年月の過半を戦争に費やしたために、戦費調達に迫られた政府は、赤字財政政策を採り、公債とりわけ長期公債とその支援制度の開発を行った。七年戦争前夜に完成を見たこの公債制度は、財政制度の革新というだけに止まらず、国民の生活や心性に、さらには歴史の発展にも大きな影響を与えた。その規模・程度においてはのちの産業革命と比べて見劣りがするとはいえ、産業革命に匹敵する革命的意義を有し、財政革命と呼ぶにふさわしいものであった。

財政革命の主要な効果は、第一に、1739-63年のジェンキンズの耳の戦争、オーストリア継承戦争、七年戦争が決定的な影響を与えた北アメリカや西インドの市場の拡張と維持を、言い換えれば「帝国」の獲得資金の調達を可能にしたことにあり、第二に、商人や資本家が安心して投資できる国内の証券市場あるいは資本市場の発展を促進したことにある。財政革命を成功に導いた要因は、第一に、1688年から1756年までの経済は相対的に沈滞期にあり、そのため物価が比較的安定していたことにある。それは民間部門の資本需要を圧迫せずに政府部門の資金調達を可能にしたからである。第二に、国内の主要な諸利害の集中する機構となった議会は、政府の財政などに関する承認（規制）機能を担うようになり、そのことが逆に政府の指導力に正当性を付与する役目を果たしたことにある。第三に、スコットランドとの合邦がロンドンの政府権力の強化に与ったことである。第四に、当時の社会の比較的自由な風潮とりわけ出版の自由が公論を喚起し、それによって政府は一方で世論の管理を、他方で行政の効率化を迫られたことにある。

財政革命は賛否の論議を呼び起こした。賛成派はJ.バーナード、I.ド・ピントなどごく少数で、当時の論者の大半は反対を唱えた。

スウィフトは国債のアイディアは政治的トリックだとした。また公債制度は地主階層に代わって新たな支配階層として貨幣利害集団を生み出すという社会的な批判も繰り返し公にされた。経済的批判の主なものは、第一に、政府の借り入れは資本を土地と貿易から政府へ移転させ、それによって地価と貿易の投資率とに悪影響を与える。第二に、政府部門と民間部門との資本の需要競争によって土地所有者と商人の借り入れコストが上昇する。第三に、公債支払い財源として課された間接税

は、賃金と原料の価格を引き上げることで国際市場でのイギリス製品の競争力を喪失させ、その結果貧民の就業口は不足し、救貧税も高くなる。ディクソンはこれらの批判を総じて根拠に乏しいものとしたが、ポーコックは、その政治的・社会的批判に別の意味を見出している。

財政革命論からブリテンの国家論・帝国論へ

ローズヴィアは財政革命が、革命であったのか進化であったのかと問い、ディクソンが財政革命の起点とした1688年からさらに遡って1660年から記述を始めることで、その答えを示唆した。また財政革命は財政的・経済的な意味に限定されないきわめて複雑な過程だとし、政治、国制、社会、国際的地位に広範な影響を及ぼしたものと見なしたが、それでも財政革命の名称を捨ててはいない。

ブルーワ(ブリュア)は、ディクソンが財政革命に占める租税(公債の支払い・利払い財源)の役割を軽視したことを批判しはしたが、他方で財政革命論の成果を取り込んで、名誉革命からアメリカ独立戦争終了時までのイギリス国家を「軍事財政国家」(fiscal-military state)と規定した。軍事財政国家とは強大な軍事力とそれを支えうる財政を備えた強い国家のことであり、それを可能にした政策は、増税(重税)、公債、財政と軍事とを統括する行政当局の整備の三つである。軍事財政国家の形成因は、一つにはルイ14世とその後のフランスとの戦争であった。この長期戦争はフランスに対抗しうる軍事力の保持とその財政基盤の強化とを促した。言い換えれば、フランスの「普遍的な君主制」(universal monarchy)の野望を阻止するというイデオロギーが、逆説的にイギリスに強い国家の形成を促したのである。もう一つの要因である対仏戦争のための常備軍と大きい政府とに対する国内の反対派の存在も、同様の効果を持った。彼らの限定戦と小さい政府との主張は、政府の行動に議会の同意という正当性の根拠を付与し、さらに議会の監視による財政・行政機構の効率化という結果を生み、逆説的に軍事財政国家を後押しした。

この二つの要因がいずれも純経済的なものではなく、国家的あるいは行政的なものであったというブルーワの認識は、スミスの重商主義論にも批判を向けることになった。外交と軍事戦略は国王大権であったために、スミスの言うような商工業者の利害集団が対外政策を直接左右することは不可能であり、また大臣たちの主要な政策目標は、ヨーロッパ外(植民地貿易)よりも、ヨーロッパにおけるブリテンの権力の確立に置かれていた。さらに商業界の総意を一貫して政策に反映させるような「重商主義利害集団」と言えるようなものも、またそれを統合する政策哲学も成立しておらず、対立する利害集団が別々に圧力を掛けあうような競合的な状況を作り上げていたにすぎない。

財政革命論はさらにケインとホプキンズのジェントルマン資本主義論、P.オブライエンらの帝国主義経費論争、さらにはウォーラーステインの世界システム論などと共鳴しつつ、ブリテン帝国の興隆に関する経済史的解明に生かされている。

【主要文献】P. G. M. Dickson, *The Financial Revolution in England: A Study in the Development of Public Credit 1688-1756*, Macmillan, 1967. Henry Roseveare, *The Financial Revolution 1660-1760*, Longman, 1991. John Brewer, *The Sinews of Power: War, Money, and English State, 1688-1783*, Unwin Hyman, 1989 (大久保桂子訳『財政=軍事国家の衝撃』名古屋大学出版会, 2003). F. H. Capie ed., *Financial Revolution,* William Pickering, 1993.

(竹本 洋)

サッチャリズム

〔英〕Thatcherism

「サッチャリズム」はマーガレット・サッチャー首相の思想と政策における特徴を示す言葉である。ここではとくに思想を中心に説明する。サッチャーは1979年5月4日から90年11月28日までイギリスの内閣総理大臣を務め、その後貴族院議員となる。

キリスト教の役割

彼女は1925年10月13日、イギリスの田舎町グランサムで誕生する。父のアルフレッド・ロバーツは貧しい雑貨屋の店主である。彼は保守主義の地方政治家であり町長も務めるが、同時にメソディスト教会の熱心な信者であり、俗人司祭としても活躍した。

マーガレットは首相になってもなお、アルフレッドが説教をしたときのメモを大切に持ち歩くほど、父の影響を受ける。

彼女によれば、イギリスの統治制度はキリスト教の諸理念に支えられている。だから教会はキリスト教の諸価値を維持し政治制度を支える義務を負うし、イギリスのネイションの規準を維持するために、国民に正邪を教えなければならない。

しかしこの役割を担うことができる教会はイングランド教会やカトリック教会などの既存の制度化された教会ではない。とくにイングランド教会の大主教はサッチャーをしばしば強く批判する。

教会とは、じつは彼女自身に他ならない。アルフレッド的な特殊なメソディズムを継承したサッチャーは極端な禁欲と勤勉こそが信仰の道だと言う。

彼女は、自分が「預言者」の責任を引き受けると明言し、人々に勤労と自立を説く。聖なる指導者（牧師）と俗なる指導者（首相）を同時に演じようとしたところに、彼女の迫力もあり独善もある。

政府の役割と経済政策

サッチャーは聖書を引用しながら言う。誰もが働かなければならず、それによって自己の生計を立て家族を養い隣人を援助しなければならない。

イギリス繁栄の基礎は諸個人の勤勉と能力にあり、各人がこの原点に立ち返ることによって経済的繁栄を取り戻すことができる。

政府は個人の代わりではないので、政府活動によって経済を発展させることはできない。だから政府の経済機能を最小にし、個人の経済活動を最大にすることによって繁栄がもたらされる。

彼女はこのように論じて個人を基礎とする民間経済部門を強化しようとした。その政策は、戦後のイギリスで労働党が推し進めてきた国有企業政策と、ケインズ主義の需要管理政策や完全雇用政策を否定するものであり、結果的にF.A.ハイエクやM.フリードマンの新自由主義とも共通するところがある。

民間経済を強化するためには、実業家が負担する租税を軽減し、公共支出を削減し、国有企業を民営化し、民間企業の規制を廃止し、福祉政策を見直すことが必要であるという。

とくに目立った政策が民営化であり、たとえば「イギリス航空」、「イギリス・テレコム」、「イギリス鉄鋼」をはじめ重要産業が民間部門に移された。民営化によって企業の生産性が向上したかどうかについては明らかではなく、業績を落としている企業もある。しかし国有企業売却の際に政府が獲得した資金は膨大なものであり、これでサッチャー政権はかなりの財政補填を行う。

民営化の効果の一つと期待されていた労働組合の弱体化は確実に起きる。組合加入率もストライキの数も急速に減少し、それまでの組合の時代は終わる。しかしサッチャーは公共支出の削減には失敗したし、彼女が何度も

述べた国民総株主社会の建設に成功したわけでもない。

隣人の福祉

サッチャーは1970年代までの福祉国家には非常に批判的である。国家による福祉は市民からその私有財産の一部を租税として奪い、これを別の者に配分することだという。だから国家福祉は自分の力で富を蓄積する市民の努力に水をかけ経済の活力を奪う。

彼女のキリスト教によれば、本来の福祉は諸個人の隣人愛によって行われるものである。政府による救済は止むを得ざる理由による貧困に向けられ、市民社会のセーフティ・ネットの構築に限定される。

健康で労働能力のある者は自己への責任と家族への責任および隣人への責任を持つ。自己への責任とは自分の生活費を自分でかせぐ義務である。もし市民が失業した場合でも、失業者本人は政府の給付を当てにするのではなく新たな雇用を探して自立するよう努力しなければならない。

家族への責任は親が子どもを育て教育する義務である。子どもを育てる際に経済的困難があっても、あるいは子どもの成長に問題があっても、これらの責任は親にあるのだから社会や政府を責めるのは間違っている。

隣人への責任はコミュニティにおける福祉の原点である。各個人は他者の救済に関心を持つべきであり、その援助によって初めて隣人は救済される。これまでのイギリスの間違いは、個人が行うべきことを国家に委ねて官僚に過大な権限を与えてきたことである。今や国家を退却させ本来の福祉の姿を取り戻さなければならない。

このように述べて福祉国家の転換を図った彼女の努力はイギリスの政治文化に大きな刺激を与え長期的な影響を残す。しかしサッチャー政権時代の実際の福祉政策変更は失敗した。弱い産業の保護に無関心な彼女の政策によって失業者が増大し失業手当支出が膨張することもあって、福祉関係支出はむしろ拡大する。

帝国復活の夢

サッチャーによれば、イギリスは世界に自由を普及するために帝国を建設し、その帝国の民に自由を与えた。それが可能であった理由はイギリス人が「島民族の天才的能力」すなわち自由を保護し謳歌する能力を持っていたからである。

サッチャーによれば、自由の精神は「冒険商人」の精神である。イギリス人は「海洋民族」であるとともに商人民族であり、その運命は島の中に蟄居することではない。商人の活動と並行して形成された帝国は、イギリスにおいてのみ湧き出る文明を世界に普及しすべての国を指導した。

栄光ある大英帝国のみが二つの世界大戦において指導国としての責任を果たした。ファシズムに対してイギリスだけが立ち上がったのであり、もしイギリスがいなければヨーロッパは破壊されたであろう。

イギリスは現代においてもなお世界に民主主義を普及する使命を持ち世界を「改革」する事業をアメリカ合衆国とともに続けなければならない。

このような帝国としての性格をサッチャーがとくに強調するようになった要因の一つは1982年のフォークランド戦争の勝利である。同年4月2日にアルゼンチン軍がフォークランド諸島に上陸したとき、サッチャーは即座に問題の軍事解決を決断する。戦争は6月14日にイギリスの勝利で終わるが、このときから彼女の自信はさらに強くなり、彼女への国民の支持も圧倒的に増加する。

フォークランド戦争はイギリス本土の防衛戦ではなく大西洋南端に位置する植民地の防衛戦である。この戦争はイギリス人が彼らの帝国の力を思い出す機会になった。1997年か

ら政権を担当した労働党の T.ブレア首相もサッチャーと同様の強い帝国意識を持ち、アメリカ合衆国とともに世界の管理責任を強調し、イラク戦争などを実行した。

保守主義の改革

イギリスの保守主義にはまとまったイデオロギーはない。B.ディズレーリは保守党の最も大きな特徴は党綱領がないことだと語っており、この点は今も変わらない。しかし保守主義も心的態度の緩やかなまとまりは持っている。

イギリスにおける従来の、保守主義は懐疑主義と伝統主義および有機体主義の混合物である。懐疑主義は人の原罪を忘れず道徳心や知性の限界を自覚する態度であり、社会改革のための青写真よりも伝統主義を採用する。有機体主義は社会の階層的現状を生物の身体構造のように自然なものと見なす。

このような保守主義の特徴を持つ態度がトーリ主義であり、これはとくに19世紀の貴族的支配層の哲学となった。トーリ主義はサッチャー直前の保守党首であるE.ヒースまで流れてくる。

たしかに保守党にはつねに少数派のリバタリアニズム（自由至上主義）もあったし、この伝統に立ってK.ジョゼフは新保守主義を旗揚げした。彼の代わりに首相になったサッチャーはトーリ主義を破壊し、永い歴史を持つイギリス保守主義を完全に変革した。

彼女は懐疑主義を持たず、前述のように預言者のような自意識を持つ。極貧の中から首相にまで出世したサッチャーは、自らを疑う余裕を持つことはできず、つねに自己主張を続け、つねに戦い続けて権力を獲得した。

伝統主義については、貴族的な優雅な伝統を知ることがなかったサッチャーに継承することは無理だった。アルフレッドのように禁欲的に努力する商人をイギリスの伝統であると言い、伝統主義を変えてしまった。

有機体主義も貴族のイデオロギーであり、貴族が社会の頂点にいるからこそ恩情的な福祉政策も必要だと思われた。彼女は恩情の気持ちを理解せず、保守主義の優雅な政治のあり方を放棄する。

ポスト・サッチャー

保守主義の歴史的な性格を破壊することは、じつは保守党の基盤を破壊することであった。彼女が首相として権勢を誇っていた1980年代に保守党の党員は激減し、強い支持者も減る。保守党は保守主義者の党からサッチャーの党に変質していく。

だから、1990年にサッチャーが首相を辞任したあとも、彼女は保守党への影響力を維持する。とくにサッチャリズムは、サッチャー・チルドレンによって担われ、保守党の主要なイデオロギーになる。しかしサッチャリズムを演じることができるのは、前に述べたことから分かるように、彼女本人だけである。こうして保守党は原理的な危機に突入する。

サッチャーは労働党も変質させる。彼女はきわめて戦闘的に労働党と労働組合を攻撃し労働党も組合も衰弱させる。結局長期にわたって政権から離れていた労働党は、政権に復帰するためには徹底して自己革新する以外なかった。

労働党の党首ブレアは、労働党の社会主義的性格と労働組合の影響力を弱め、サッチャーの市場主義的な経済観や帝国主義を採用することによって1997年に政権を奪取した。ブレアは労働党の首相ではあるが、政治家としてはむしろサッチャーの後継者であった。

【主要文献】Margaret Thatcher, *The Path to Power*, Harper Collins, 1996. ——, *Statecraft*, Harper Collins, 2003. 梅川正美『サッチャーと英国政治』1・2, 成文堂, 1997-2001.

（梅川正美）

産業革命

〔英〕industrial revolution

産業革命は、元来、「農業と手工業の経済から工業と機械制工場が優位を占める経済への躍進」(D.S.ランデス)を意味する歴史概念であるが、近年は「工業化」(industrialization)と同義に用いられることも多い。産業革命を象徴するものは工場制度であり、この機械制工業生産のシステムは、資本家＝経営者による技術革新と賃金労働者の支配・管理を不可分の要素として成立する。

最初の産業革命は、18世紀後半のイギリスで始まった。イギリス産業革命の基軸となったのは綿工業と製鉄業である。綿工業では、まず1760年代に織布工程でジョン・ケイの飛梭(1733)の実用化が始まり、次いでジェイムズ・ハーグリーヴズのジェニー紡績機(1764)、リチャード・アークライトの水力紡績機(1769)、サミュエル・クロンプトンのミュール紡績機(1779)と、紡績工程の改良が続いた。その後、織布工程でエドマンド・カートライトの力織機(1785)が発明され、工場制生産が成立した。製鉄業では、ダービー1世のコークス製鉄法(1709)が18世紀後半に広まる一方、パドル法と圧延法を組み合わせたヘンリ・コートの錬鉄製法が実用化されることにより、生産量が飛躍的に増大した。

トマス・ニューコメン(1705)やジェイムズ・ワット(最初の特許1769)の名前で知られる蒸気機関は、元来、炭鉱の排水や水車の揚水用に開発されたものであったが、18世紀末頃から製鉄業や繊維産業の動力源としての利用が拡大した。蒸気機関は工場制度への生産の集中を加速する一方、鉄道と蒸気船の時代(交通革命)を切り拓き、産業革命を更なる段階へと推し進める原動力となった。

産業革命は、単なる生産技術や生産方法の変革に止まらず、政治・経済・社会全体の近代化を実現した。こうしてイギリスは、産業革命を自生的に成し遂げた最初の近代国家となった。後発資本主義国は、イギリスの先進技術を模倣し、政府主導で工業化を推進することができた。後発国の産業革命の始期は、フランス(19世紀初頭)、ドイツ(同前半)、アメリカ(同中頃)であり、わが国の産業革命は、イギリスに遅れること1世紀余りのちの明治になってから開始された。

古典的産業革命論とその修正

産業革命という用語は、同時代の政治革命(フランス革命)が惹起した社会における大変動のメタファー(隠喩)として19世紀初頭のフランスで作られた造語であり、1840年代にはイギリスで広く用いられるようになった(F.エンゲルス『イギリスにおける労働者階級の状態』1845、J.S.ミル『経済学原理』1848)。しかし、この用語が歴史家の学術語として定着したのは、「産業革命」を書名として掲げたアーノルド・トインビーの遺著(1884)の影響によるところが大きい。P.マントゥの『産業革命』(フランス語版1906；英語版1928)、その他の人々を通じて古典的理解となったトインビー説の内容は、(1)1760年を始期とし、およそ1830年を終期とする時代に、イギリスは大きな経済的社会的な転換を経験したとする「激変説」と、(2)産業革命が本格化すると労働者大衆の生活水準は低下したと見る「悲観説」とにまとめることができる。

古典的産業革命論と呼ばれるトインビー説については、すでに同時代のW.J.アシュリーからも疑問が提起されていたが、実証的な研究に基づく徹底した批判を展開したのは、J.クラッパムである。彼は、浩瀚の書『近代イギリス経済史』(全3巻、1926-38)の第1巻で、産業革命の終期とされる19世紀前半までの諸産業を詳細に分析し、綿工業を含め「1830年以前に技術革命を完全に成し遂げた産業は、イギリスには一つもなかった」と指摘した。ま

た、J.U.ネフは、16〜17世紀のイギリスに「初期産業革命」とも言うべき経済発展があることを明らかにした。この結果、激変説は後退し、産業革命のより漸進的解釈(連続説)が主流となるに至った。

T.S.アシュトンは、クラッパムらの漸進的解釈を継承し、また自らも手がけた新たな個別産業研究・地域研究の膨大な成果を利用して、1948年に名著『産業革命』を刊行した。この書物は小冊ながら、統計資料や経済タームを駆使した明晰な分析と経営史的視点の導入に大きな特色がある。書物のタイトルや年代区分はあえて古典的見解を踏襲しているが、アシュトンの連続説的立場は、「時に資本主義と呼ばれる人間的諸関係の制度は、すでに1760年以前にその起源を持ち、その完全な発達を見たのは1830年以後のことである」という記述に示されている。

経済成長と計量経済史の台頭

第二次大戦後、産業革命研究は新たな段階に入ったと言われている。

第一に、戦後復興や第三世界の開発政策に関心を持つ経済学者から、「経済成長」モデルを求めて、産業革命＝「工業化」の研究に参入する者が輩出したことである。こうした成長理論(経済学)と経済史の交流という新しい研究動向を代表する作品が、W.W.ロストウの『経済成長の諸段階』(1960)である。

彼によれば、社会の成長段階は、(1)伝統社会、(2)離陸への先行条件期、(3)「離陸」(take-off)、(4)成熟期、(5)高度大衆消費時代に区分される。そのうえで彼は、産業革命期に相当する「離陸」の第一条件を、「生産的投資率が国民所得(もしくは国民純生産)の5％ないしそれ以下から10％以上に上昇すること」に求め、この基準からイギリス経済の「離陸」期を1783-1802年と定めた(この後、イギリス産業革命の始期を1780年とする説が有力となる)。ロストウの理論は、ある意味では「激変説」の復活と言える。しかし、ロストウの言う「離陸」という用語には、経済成長がもたらす負の側面は含意されておらず、その意味で彼の成長段階論は過去の激変説と区別されるべきである。

上記と関連する近年のもう一つ特色は、「ニュー・エコノミック・ヒストリー」の台頭である。「計量経済史」学派とも称されるこの研究者たちは、過去のサンプルから、計量的手法によって国民経済指標を推計し、それによって産業革命期を含むイギリス経済の動向をマクロ的に把握することを課題としている。『イギリス経済の成長1688-1959年』(1962；第2版1967)の共著者P.ディーンとW.A.コール、彼らの推計値を修正して、産業革命期イギリス経済の漸進性を強調するN.F.R.クラフツ、資本形成分析のC.H.フェインスティンなどが、その代表者である。また限定された視角からの研究であるが、E.A.リグリィとR.S.スコフィールドの大著『イギリス人口史1541-1871年』(1981)も、そのリストに加えてよいであろう。

「計量経済史」的手法については、産業革命の地域性と特殊性を強調する研究者(S.ポラード、P.ハドソン、M.バーグなど)から、限られたサンプルからマクロ・データを推計する方法論上の疑問や、たとえ推計が有意だとしても、マクロ・データには産業革命の理解に欠かせない地域経済や個別産業の特殊性は反映されないといった批判が寄せられている。しかし、地域経済や個別産業の発展が、国民経済全体にまったく反映されない程度のものならば、それは本来、産業革命の名に値しないと言うべきであろう。より具体的な産業革命の実像に迫るためには、こうしたミクロ・マクロ両手法の成果を統合する絶えざる努力が肝要と思われる。

農業と産業革命

イギリスの人口は、1750年からの半世紀間

におよそ50％増加し、続く半世紀で倍増した。このように工業化は人口の急増を伴うわけであるが、農業の役割を、人口増に対する食料の供給部門としてのみ評価するのは正しくない。イギリスの農業は、19世紀初頭まで雇用や国富・固定資本形成で国内最大の産業であっただけでなく、工業部門への羊毛・鉱物資源などの原材料と労働力の供給源として、さらには工業製品の国内市場として、工業化にとって技術革新や発明に劣らぬほど重要な役割を果たした。

工業化と雁行するイギリス農業の発展は、「農業革命」(Agricultural Revolution)と呼ばれるが、その内容は、議会囲い込み（Parliamentary Enclosure）と農業技術の改良である。18世紀後半から19世紀前半の議会囲い込みは、トマス・モアが「羊が人を食う」（『ユートピア』1516）と描写した16～17世紀の第一次囲い込みとは異なり、食糧と家畜の増産を目的として開放耕地や荒蕪地を資本主義的大農経営に再編するためのものであった。農地の大規模化は、休閑地に蕪やクローバーを栽培するノーフォーク・システムと呼ばれる輪作式農法の広範な普及を促した。農業改良家として、条播馬力中耕の発明者ジェスロ・タルの技術を改良し、それをノーフォーク農法に導入したトマス・ウィリアム・コークの名前を挙げておく。ともあれ、農業革命は産業革命の直接の原因とは言えないが、イギリスの工業化を促進した有力な要因であったことは間違いない。

1970年代から80年代に登場してきた議論で注目されるのは、農業資本主義論とプロト工業化論である。R.ブレンナーが提起した農業資本主義論とは、産業資本主義の起源を、農村における資本家的借地農と農業労働者の階級関係に求めるものである。他方、プロト工業化論は、産業革命前のヨーロッパの製造業の多くが農村に立地していたという事実に関連する。F.メンデルスが言う「プロト工業」(proto-industry)とは、半農半工の「農村家内工業」のことであり、これが第二段階の工場制工業へ移行する。移行条件は、立地（土地の肥沃度）と生産単位としての「家族世帯」(household)である。プロト工業の工業化は、農業に適さない地域において進行する（あるいは挫折する）が、農業に適した近隣地域は市場向け農業生産へと移行する。プロト工業化論は、産業革命前夜の地域経済の多様性とその内的構造を解明した点に最大のメリットがある。

外国貿易と帝国

工業化にとって市場（需要）の重要性は改めて指摘するまでもないが、イギリス産業革命の原因として国内要因よりも海外市場を重視する一連の研究がある。イギリス綿工業の確立にとって奴隷貿易の決定的役割を指摘したE.ウィリアムズ『資本主義と奴隷制』(1944)、A.G.フランクやS.アミンの従属理論、そして従属理論を中核・辺境・準辺境の三層構造からなる世界システム論として発展させたI.ウォーラーステインの『近代世界システムIII』(1989)が、その代表である。また、18世紀後半のイギリス輸出産業の生産高の急激な伸びに着目するE.J.ホブズボームも、「わが国の工業経済は、わが国の商業から、とくに低開発世界との商業から成長した」と主張している（『産業と帝国』1968）。

ところで、イギリスが産業革命によって「世界の工場」としての地位を不動のものとしたとされる19世紀の貿易統計を見てみると、意外な事実に突き当たる。それは、貿易の累積赤字が、海運および海外投資収入で補塡されるイギリスの国際収支である。貿易収支の悪化にもかかわらず、イギリス経済は18世紀後半から19世紀末まで持続的な成長を続けていたのであるから、この間のイギリスの経済成長を支えたものは、「綿工業」に代表される輸出工業部門ではありえない。P.J.ケインと

A.G.ホプキンズがジェントルマン資本主義論を提起した出発点が、これである。したがって彼らによれば、いわゆる産業革命は、産業（工業）資本の勝利を意味するものではない。イギリス帝国の経済基盤は、イングランド北西部の工業資本にではなくて、ロンドンのシティを中心とする金融・商業・サービス部門、すなわちイギリス伝統の地主利害と融合したジェントルマン資本と呼ばれる「非産業」資本に求められる。視角はやや異なるものの、川北稔が提起した「疑似ジェントルマン」の概念は、ケイン＝ホプキンズの議論を先取りしたものと評価できる。

生活水準論争

ここに言う生活水準論争とは、産業革命が本格化する1790年から1840年頃の間に労働者大衆の生活水準（実質賃金）が低下したとするトインビー説の妥当性に関する論争である。前述のクラッパムは、このトインビーの「悲観説」を、マルクス、エンゲルス、ハモンド夫妻、ウェッブ夫妻らの見解とともに退けた。産業革命期における生活水準の改善を唱えるクラッパムの「楽観説」は、アシュトンに引き継がれ、有力となる。

1960年代に「楽観説」を批判するホブズボームと、それを擁護するR.M.ハートウェルを対立軸にして、論争が再燃する。ホブズボームが新たに提起した争点は、「楽観説」が依拠する賃金指標の不備と、そうした指標に反映されない当時の深刻な失業者の実態である。他方、ハートウェルによれば、実質賃金の停滞はナポレオン戦争など外的要因による一時的現象であり、実質賃金の持続的上昇はデータによって十分裏づけられているという。ハドソンは近年、この論争に触れて、「その後、様々な数量研究がなされたが、1820年代以前に多数の人々の実質賃金が大きく上昇したという事実の立証に成功していない」と指摘しているが、これは逆に、実質賃金の下落が証明されたという意味ではない。論争はなお未解決のままである。

【主要文献】P.ハドソン（大倉正雄訳）『産業革命』未来社，1999．J. Mokyr ed., *The British Industrial Revolution: An Economic Perspective,* 2nd ed., Westview Press, 1999. D. Cannadine, "The present and the past in the English industrial revolution, 1880-1980", *Past and Present* 103, 1984. D.S.ランデス（石坂昭雄／冨岡庄一訳）『西ヨーロッパ工業史（1）』みすず書房，1980．A.トインビー（塚谷晃弘／永田正臣訳）『英国産業革命史』邦光書房，1951；改版1958．P.マントゥー（徳増栄太郎／井上幸治／遠藤輝明訳）『産業革命』東洋経済新報社，1964．J.U.ネフ（紀藤信義／隅田哲司訳）『十六・七世紀の産業と政治』未来社，1958．T.S.アシュトン（中川敬一郎訳）『産業革命』岩波文庫，1973．W.W.ロストウ（木村健康／久保まち子／村上泰亮訳）『経済成長の諸段階』ダイヤモンド社，1971．T. H. Aston and C. H. E. Philpin eds., *The Brenner Debate: Agrarian Class Structure and Economic Development in Pre-Industrial Europe,* Cambridge University Press, 1985. F.メンデルス／R.ブラウンほか（篠塚信義／石坂昭雄／安元稔編訳）『西欧近代と農村工業』北海道大学出版会，1991．E.ウィリアムズ（中山毅訳）『資本主義と奴隷制』理論社，1978；（山本伸訳）明石書店，2004．J.ホブズボーム（浜林正夫／神武庸四郎／和田和夫訳）『産業と帝国』未来社，1984．I.ウォーラーステイン（川北稔訳）『近代世界システム 1730-1840's』名古屋大学出版会，1997．P.J.ケイン／A.G.ホプキンズ（竹内幸雄／秋田茂訳）『ジェントルマン資本主義の帝国Ⅰ』名古屋大学出版会，1997．川北稔『工業化の歴史的前提』岩波書店，1983．A. J. Taylor ed., *The Standard of Living in Britain in the Industrial Revolution,* Methuen, 1975.

（渡辺恵一）

ジェントリ

〔英〕gentry

「ジェントリ」とは「ジェントルマン」の集合名詞である。ごく単純に定義すれば、もともとそれはヨーマンより上、爵位貴族の最下層である男爵より下の階層を示す言葉であった。しかし、ジェントリには厳密な法による規定はなく、その定義をめぐって多くの論争が引き起こされてきた。ここではジェントリの多義的なあり方やそれに伴う史学史上の有名な論争である「ジェントリ論争」について概説し、さらに日本のイギリス史研究におけるジェントリの意義について説明したい。

ジェントリの多義性

そもそもジェントルマンという言葉は、「高貴な人」（gentilis homo）に由来する。この「高貴」という言葉は、その最初から「生まれのよい」、「育ちのよい」（genteel）という社会的意味合いと「優しい」、「温和な」（gentle）という人格的意味合いの両方の意味を持っていた。ここにそもそもこの言葉が多義性を持つようになる起源がある。

たしかに15世紀の後半までに、ジェントリとは家系を遡ることのできる地主で、紋章院に登録された紋章を持つか、騎士道裁判所で家系の確認される地主に対して、一般的に用いられる言葉となっていた。しかし、その後、紋章は売買の対象となり、家系の粉飾も横行するようになる。しかも、17世紀の末になると紋章官の地方巡回と審査がなくなり、騎士道裁判所も1730年代以降、機能しなくなった。

このような変化の背後には、最初から家系と紋章の保持をジェントリの必要条件とすることに反対する者たちがいた。すなわち、ジェントリの「高貴さ」とは、社会的評判の問題であると考える者たちである。彼らはあくせくせずに生活できる財産と余暇を持ち、教養や品性の高さを涵養することによって、その評判を獲得することができたのである。こうしてジェントリという言葉は、土地を持たない者にも慣用的に使用されるようになるのである。この中には、官職保有者、聖職者、軍隊の士官、医者や法律家などの専門職、そして富裕な商人も含まれていた。

まさに格言にあるように、「王は貴族を作ることはできるが、ジェントルマンを作ることはできない」のである。イギリスの称号制度における最大の特徴は、この融通性にあった。

ジェントリ論争

このジェントリの多義性を前提としながら、16～17世紀におけるジェントリの社会的性格をめぐって、20世紀の半ばに「ジェントリ論争」と呼ばれる学会を揺るがす大論争が起こった。

その始まりは、トーニーのいわゆる「ジェントリの勃興」説にある。すなわち1558年から1640年にかけて、国王・教会・貴族が所領を手放し、新しい農業技術に基づいて生産力を高めていたジェントリがそれらを獲得した。それによってジェントリが勃興し、この社会変動がイギリス革命の原因の一つとなったというのである。これをうけてストーンは、同時期に貴族は、非能率な所領経営や浪費などによって所領を手放し没落したとして「貴族の危機」を主張し、トーニーの学説を補完した。

これに対し、トレヴァ＝ローパーはこの二人の主張に激しく反論した。まず彼は、貴族とジェントリを区別することはできず、両者とも同じ問題に直面していたと言う。新しい農業技術を採用した貴族もいれば、非能率な所領経営で没落したジェントリもいるということである。次に、ジェントリは全体として勃興したのではなく、とくに宮廷での官職保有などによって大きな利益を得た者が勃興す

るのであり、地方の「単なる」(mere) ジェントリはむしろ没落すると主張する。そして、ジェントリの区分はこの「宮廷」対「地方」にあり、内乱を主導したのは勃興するジェントリではなく、「地方」の没落しつつあるジェントリであったと主張することになる。

この後、トーニーは短い「追記」を書いて、トレヴァ＝ローパーの批判にひとまず答えてはいるが、網羅的な反論ではなく、自説を一部修正したに止まるものであった。ここで当事者どうしの議論は終わったが、それを受け継いでこの論争は70年代まで多くの研究者の参加を見ながら継続する。その結果は、各地の貴族やジェントリの実態を詳細に検討すればするほど、様々なタイプが現れてくることが判明したのである。すなわちこの論争は決着がつかず、むしろ詳細な地方史研究を促す刺激を与えることで終わったのである。

拡大するジェントリ

ジェントリ論争は主に17世紀の半ばまでをその対象としていたが、17世紀後半からの社会的変化を背景に、ジェントリが階層として質・量とも拡大していくのは疑いを得ない。

その第一の要因は、以前から存在していたけれどもこの時代から本格化した、成功した商人たちからの圧力の増加がある。彼らは自らジェントリであると主張し、この階層に大挙して押し寄せてきたのである。こうして、後世の歴史家が「疑似ジェントリ」(pseudo gentry)と呼んだ「シティ・ジェントリ」あるいは「タウン・ジェントリ」という言葉が一般にも使用されるようになったのである。

もう一つの要因は、「人間性のジェントリ」を主張する、多くの作家や評論家からの文学的・文化的圧力である。すなわち、真のジェントリとしての資質は人間の内奥から湧き出てくるものであり、個人の道徳性や資質によってのみ基礎づけられるものである、という主張である。しかし、結局、個人の内面をそれ自体で量るのは困難であり、身なりや洗練された立居振る舞いが重要視されてくることになるのである。

こうして土地を持たないジェントリが大量に出現することになり、さらに金融制度が発展するにつれて、19世紀半ばから有価証券の利子収入で生活する富裕な証券保有者がジェントリの中で顕著な存在となってくるのである。

ヨーマンとジェントリ

日本に目を転ずると、日本の戦後史学、とくに「大塚史学」ではジェントリでなく「ヨーマン」が近代イギリス史の主役であった。それによると、封建制の解体期において「農民層分解」が生じ、その過程で「ヨーマン」と呼ばれる独立不羈の自営農民層が形成される。彼らは封建的諸規制から自らを解放して商品生産者として自立化する傾向があり、また都市のギルド規制の及ばない農村では小親方層として成長した。この社会層が絶対王政に寄生する封建的領主層や特権的大商人を王権とともに市民革命で打破し、産業革命を達成して産業資本家となり、資本主義的社会を作り出していくことになる。ここではジェントリは貴族と一緒に「封建的土地所有者群」とされ、近代化・資本主義化のための打倒対象となっているのである。

しかしこの状況は、1960年代後半から一変し始める。近代イギリスの正真正銘の担い手は「ヨーマン」ではなくジェントリであり、彼らの衒示的消費といわゆる「帝国」の形成がイギリス産業革命にとって決定的に重要であった。また、「ヨーマン」が産業資本家になるのではなく、むしろ産業資本が政治的・社会経済的にジェントリに取り込まれていくところに、イギリス資本主義の個性がある。こうして近代イギリス社会にとっての理想の価値観として、「ジェントルマン・イデアール」が抽出されることになるのである。

近年、再び「ミドリング・ソート(中流層)」や「ミドル・クラス」への関心が高まってきているが、問題はジェントリかヨーマンかということではなく、ジェントリとの関係性いかんにあると思われる。なぜなら、ジェントリとは歴史的に見て、企業家と地主、都市と農村、そして上流階級と中流階級との間に横たわる社会的分裂に橋渡しをしてきた階層だからである。

「帝国」とジェントルマン

イギリス近・現代史において、ジェントリが安定的な支配を享受できた背景には、「帝国」すなわち植民地があったことは、共通の理解となっている。しかし、その両者の結びつきのあり方をめぐっては、まだ論争が継続している。たとえば、ウィーナーはジェントリの支配こそがイギリス産業精神衰退の原因であると論じ、ケインやホプキンズは今でもイギリス経済の本質は「ジェントルマン資本主義」であると主張する。この現在でも継続中である「イギリス衰退論争」の中で、「帝国」とジェントルマンという問題が再検討されつつある。

【主要文献】G. E. Mingay, *The Gentry: The Rise and Fall of a Ruling Class,* Longman, 1986. P. J. Corfield, "The Democratic History of the English Gentleman", *History Today* 42, 1992（松塚俊三／坂巻清訳「イギリス・ジェントルマンの論争多き歴史」,『思想』873号, 1997）. R. H. Tawney, "The Rise of the Gentry, 1558-1640", *Economic History Review* xi/1, 1941（浜林正夫訳『ジェントリの勃興』未来社, 1957）. 越智武臣『近代英国の起源』ミネルヴァ書房, 1966. 川北稔『工業化の歴史的前提——帝国とジェントルマン』岩波書店, 1983. 山本正編『ジェントルマンであること——その変容とイギリス近代』刀水書房, 2000. M. J. Wiener, *English Culture and the Decline of the Industrial Spirit, 1850-1980,* Cambridge University Press, 1981（原剛訳『英国産業精神の衰退』勁草書房, 1984）. P. J. Cain and A. G. Hopkins, "Gentlemanly Capitalism and British Overseas Expansion, I: The Old Colonial System 1688-1850", *Economic History Review* 2nd ser. 39, 1986; ——, "Gentlemanly Capitalism and British Overseas Expansion, II: New Imperialism 1850-1945", *Economic History Review* 2nd, ser. 40, 1987（竹内幸雄／秋田茂訳『ジェントルマン資本主義と大英帝国』岩波書店, 1994）.

（菅原秀二）

自己所有権

〔英〕self-ownership

自己所有権とは、各人が「自己」を「所有」する「権利」のことである。ここで言う「権利」とは、国家や社会とは独立した自然権ないし道徳的権利であり、「自己」は、自分自身の身体およびそれに付随する能力・資質・行為などを指す。通常、「自己所有権」が意味するのは、各人が他者の決定に左右されることなく、自分自身の選択に従って、自分の身体や能力などを使用・所持・管理・開発・貸与・譲渡・売却・処分する権利を持つということである。これらの権利のうちのどれを重視しどれを排除するか、またいかなる制約を加えるかによって、自己所有権の意味内容は変化する。しかし、自己所有権の特徴は、個別的諸権利を一つの排他的で包括的な支配権として捉える点にある。各人は、自分自身の選択に基づいて、自分の身体や能力などを包括的に支配する権利を持つとされ、同時に、所有者の同意がない限り他者は当該対象に何の権利も持たないという意味で、それは排他的権利と見なされるのである。

各人が「自己」に「所有権」を持つというテーゼは、自己所有権テーゼと呼ばれる。このテーゼは、自分こそが自分自身の主人ないし支配者であって、自分は他者の奴隷ではない、という自主独立の理念を表明するものとして、現代ではアメリカ合衆国におけるリバタリアニズムの提唱者であるリバタリアン（＝自由至上主義者）によって注目されている。彼らは個人の財産所有権を基礎づけるために、そしてまた最小限国家（まれに、無政府主義的資本主義）を擁護するために、自己所有権テーゼを用いる。リバタリアニズムの批判者はこのテーゼの根拠や役割を批判し、両者の間では論争が続いている。このテーゼの起源は、少なくとも17世紀の政治哲学者ジョン・ロックにまで遡る。現代の論争は、ロックや近代初期の政治思想の研究から影響を受けつつ、それに影響も与えている。これに刺激されて、自己所有権テーゼに関する哲学的探究や歴史的解明も進みつつある。

自己所有権テーゼと現代英米の政治哲学

自己所有権テーゼに大きな意義を認めた代表的リバタリアンは、R.ノージックである。ノージックはこのテーゼの根拠については多くを語らないが、個人を単なる手段として、本人が同意していない目的のために使ってはならない、というカントの人格尊重の原理に似た同意原理を、その根拠づけに使うことを示唆する。そうして彼は、次のようなロック的財産所有権論を展開する。自己所有権を持った人間は、自分が所有する労働力を無主物に加えることによって財産所有権を獲得することができる。それは他者の状況を悪化させない限り正当である。財産所有権の自由な移転もまた、詐欺や暴力を含まない限り正当である。それゆえ、このような獲得と移転を繰り返した結果生じる財産所有権の配分は正当である。ここからノージックは、福祉国家型自由主義や社会主義を、財産所有権のみならずその根底にある自己所有権を不断に侵害するもの、つまり個人を奴隷ないし他者の単なる手段として扱う装置として糾弾し、他方で、自己と財産への所有権を保全する最小限国家の正当性を擁護する。

自己所有権テーゼの批判者の中には、J.ロールズのように、個人の権利を正義の原理に由来するものとして捉え、生来の才能の配分を道徳的観点から見て恣意的なものと見なして福祉国家型自由主義を擁護する論者もいる。しかし、このテーゼに強い関心を示すのはむしろ、G.A.コーエンのように、マルクス主義を批判的に継承する政治哲学者である。コーエンこそは、'self-ownership'という名称の使用を英米の政治哲学界に広く普及させた人

物である。彼は、資本家による労働力「搾取」というマルクス主義の批判が自己所有権テーゼを暗黙の前提とすると考えるため、このテーゼを他の論者以上に重視してリバタリアニズム批判を行う。しかし、彼はこのテーゼを自律の理念や人格の尊重というカント的理念から切り離して、その魅力を減少させる。こうして彼は、リバタリアニズムの基礎を崩すと同時に、諸個人が自由に労働し、労働の成果の平等な配分に同意するようなユートピア社会を展望して、社会主義を道徳的理念として再生しようとする。

コーエン以前にマルクス主義的批判を展開したのは、C.B.マクファーソンである。彼は17世紀イングランド政治思想の研究を行い、個人の自由を所有のタームで捉え、諸個人が結ぶ社会関係を市場のタームで捉える「所有的個人主義」の偏狭さを批判した。その「所有的個人主義」の核にあるのが自己所有権テーゼである。マクファーソンは、このテーゼをレヴェラーズのリチャード・オーヴァトンやロックの中に見出し、これを市場で勝手に労働力を譲渡し処分することを許すテーゼとして捉える。とくに彼は、ロックがそのテーゼから出発し、財産獲得に関する制限を解除して、無制限の資本主義的財産所有を正当化したと解釈する。

自己所有権テーゼとジョン・ロック

自己所有権テーゼに着目する現代の論者の多くは、ロックをその古典的提唱者と見なす。ロックは、『統治二論』第2篇第27節で次のように述べている。「すべての人は自分自身の人身に所有権を持っている。彼以外の誰も、これには何の権利も持っていない」。ロックは、所有権の対象を示すのに、「自己」(self) という言葉ではなく、「人身」「身柄」「身体」を意味する 'person' という語を用いる。彼のテーゼは、厳密には「人身所有権」テーゼと呼ばれるべきだが、これは現代の論者の言う自己所有権テーゼに相当する。ロックは、人身所有権の主な根拠を、人間を創造し人間に対して所有権を持っている神が、上位所有者として、人間相互の恣意的な扱いや相互破壊を禁止する命令を出し、各人の周囲に排他的フェンスを立てたことに求める。ただし、現代のリバタリアンや批判者たちが自己所有権を何の制約も受けない絶対的な支配権として捉えがちであるのに対して、ロックはこれを自然法の制定者である神の意志によって制約されたものとして理解する。それゆえ、自殺の権利や自発的に他人の奴隷となる権利は、ロックの「自己所有権」(人身所有権) 概念には含まれない。彼はまた、所有権の主体が自らの「理性」によって法の枠を知り、自らの意志を導くべきことを強調する。

ロックは、このようなテーゼを前提として財産所有権論を展開する。それはしばしば労働所有権論と呼ばれるが、じつはロックは、「結合」の論理――すでに自分の身体や能力に所有権を持っている人間は、他者に依存せずに、労働を通じて、自分が所有しているものの一部を、一方的に外界の物体に延長し「結合」する、という論理――を使っている。ロックが人身と財産への所有権の正当化を行うのは、福祉国家型自由主義や社会主義の不当性を示すためではなく、国家による恣意的な権力行使を批判するためである。彼は、国家の統治者が、人身と財産への所有権としての広義の「所有権」(property) を、実定法によって確実かつ公平に保全する義務を負うことを強調する。

自己所有権テーゼをめぐる重要な問題

自己所有権テーゼに関しては、さらに考察されるべき重要な問題がある。第一に、自己所有という概念が整合的なものかどうかという問題がある。一部の論者は、所有関係が主体と客体を同一視するような再帰的関係でない以上、自己所有権を主張することは論理

的に不可能であって無意味であると主張する。これに対して、コーエンなどは所有関係の再帰性を主張し、なぜ所有関係が再帰的関係であってはいけないのかと反問する。彼らの論争を踏まえて整合的な自己所有権概念を作るためには、どのような再帰的関係を問題にするのかを明示し、いかなる仕方で所有の主体と客体を分離し、かつ関連づけるかを丹念に論じる必要がある。

第二に、自己所有権テーゼをどう根拠づけるのかという正当化の問題がある。ノージックの根拠づけに関しては、それが権利を基礎づけるのではなく、むしろ何らかの権利を前提とするのではないかという疑いが残る。かりに権利を捨象した単なる個別の「人格」から出発するとしても、なぜこれが排他的で包括的な所有という特定の権利を基礎づけるかについては、説明が必要である。他方、ロックの議論は、一神教を受け容れる人々にとってはかなりの説得力を持つかもしれないが、神の人間所有権の根拠をどう説明するかという難問を提起する。また、個人の人身所有権を正当化するには、排他性のみならず本人の包括的支配を根拠づける議論が必要である。現代では、一神教を前提とせずに世俗的根拠によって権利を基礎づけることも求められるだろう。

第三に、自己所有権テーゼがいかなる意義を持つかという問題がある。現代のリバタリアンは、このテーゼが財産所有権の正当化にとって不可欠の前提であるかのような想定を立てるが、それは彼らがロックの「結合」の論理を継承しているからである。しかし、各人の労働によって財産所有権を正当化するには、この「結合」の論理もその前提をなす「自己所有権」も必要ではない。他者が私の身体に何の権利も持っておらず、私が自分の身体に単なる使用権しか持たないと仮定しても、私は労働する権利を持っているのだから、私の労働に基づいて私の財産所有権を主張することはできるはずである。自己所有権テーゼが財産所有権正当化でどのような役割を果たすかは、再検討すべきである。

他方、自己所有権テーゼの固有の意義が改めて問われねばならない。これは「人身所有権」テーゼであって、財産所有権テーゼとは区別される。ロックは、絶対王政下における人身売買、苦役、恣意的な逮捕、投獄、拷問、超法規的処刑などを念頭に置いて、各人は自分の人身に所有権を持ち、他者はその人身に何の権利も持たないというテーゼを打ち出している。グロティウス以降の近代自然法／自然権の理論家たちも、「人身」と「財産」をともに「所有権」の対象として捉えはするものの、やはり両者を対比し、人身所有権に固有の意義を認めている。人身の自由や生命の安全を守る手段として、また個人の能力や四肢や臓器などを過酷な扱いや恣意的な扱いから保護する手段として、人身所有権がどれほどの意義を持つかが問い直されるべきである。

【主要文献】Robert Nozick, *Anarchy, State and Utopia*, Basic Books, 1974（嶋津格訳『アナーキー・国家・ユートピア』木鐸社, 1992）. G. A. Cohen, *Self-Ownership, Freedom and Equality*, Cambridge University Press, 1995（松井暁／中村宗之訳『自己所有権・自由・平等』青木書店, 2005）. C. B. Macpherson, *The Political Theory of Possessive Individualism*, Oxford University Press, 1962（藤野渉ほか訳『所有的個人主義の政治理論』合同出版, 1980）. John Locke, *Two Treatises of Government*, 1690; 3rd ed., 1698（伊藤宏之訳『全訳 統治論』柏書房, 1997）. 下川潔『ジョン・ロックの自由主義政治哲学』名古屋大学出版会, 2000.

（下川　潔）

事実と価値

〔英〕fact and value

近代の西洋倫理思想において、多くの論者たちが、事実と価値、存在と当為、記述と規範を二分する思考を展開してきた。それらの論者たちは、単なる事実認識とは異なるものとして道徳的価値の現象を捉え、その成り立ちを様々に説明する。たとえば、ハチスンは高次の「道徳感覚」によって徳は知覚されると主張する。ヒュームはこの知覚を「共感」作用に由来する「穏やかな情念」として捉え直す。他方、カントは自然必然性から自由な理性的存在者として自らを律することのうちに道徳の存立基盤を見出す。

現代の「メタ倫理学」(meta-ethics) では、こうした古典的思想を踏まえつつ、事実と価値の関係をめぐる問題が新たな角度から考察されている。主要論点は三つある。第一に、道徳語には非道徳語によって定義できない独特の意味があるか。第二に、事実判断から道徳判断を論理的に導出することはできるか。第三に、自然的性質とは別個の道徳的性質は実在するか。これらの論点をめぐり、事実と価値を峻別する論者は「自然主義」(naturalism) の陣営との間で論争を展開している。以下ではその歴史を大きく振り返ってみたい。

「善い」の定義不可能性

メタ倫理学の出発点はムアの『倫理学原理』である。この主著でムアは善悪の問題を科学的問題に解消する自然主義的立場を批判し、善悪の直接的把握に基づく倫理学を打ち立てている。

ムアは「善い」の定義問題を軸に論を展開する。ムアによれば、「善い」という形容詞には、いかなる語によっても定義できない独特の意味がある。たとえば、ある種の自然主義者は、「善い」は「快い」を意味するという定義を提出するだろう。だが、われわれは、「快いものは善いのか」と有意味に問うことができる。目下の定義からすると、この問いは「快いものは快いのか」という同語反復の問いと同じもののはずであるが、誰でも気づくように、二つの問いは別個である。そうであるとすれば、目下の定義は失敗している。およそ「善い」を定義する候補としてどのような語が挙げられても、同様の仕方でその失敗を示すことができる。この議論は「未決問題論法」(open question argument) と呼ばれて、メタ倫理学の歴史の中でその妥当性が検討されてきた。

ムアは、「善い」を定義するすべての試みは誤謬を犯しているとし、これを「自然主義的誤謬」(naturalistic fallacy) と呼ぶ。ただし、この命名はいくぶん誤解を招きやすい。ムアの考えでは、この誤謬は自然主義者のみならず、超感性的な語で道徳語を定義する形而上学者によっても犯されている。フランケナが指摘するように、「自然主義的誤謬」は、何であれ定義不可能なものを定義することの誤謬、すなわち「定義主義的誤謬」と見なさなければならない。

ムアの考えでは、定義不可能な「善い」は、単純不可分な非自然的性質としての善さを表している。たとえば人格の愛情や美的享受がこの性質を持つことは自明の真理として把握される他ない。このようにしてムアは一種の「直覚主義」(intuitionism) に立つ。

情動と指令

ムアの議論は強い影響力を持ち、プリチャード、ロス、キャリットといった直覚主義者が活躍していく。だが、1930年代以降は「非認知主義」(non-cognitivism) が勢いを強める。この立場によれば、そもそも道徳語の主要な機能は世界の諸特徴を記述することにあるのではない。主要な機能は発話者の情動や態度などを表出することにある。この立場に属す

るものとして、エアやスティーヴンソンの「情動主義」(emotivism)、ヘアの「指令主義」(prescriptivism) がある。

エアの情動主義は論理実証主義の展開の中で提案された。エアによれば、総合命題は経験的に検証可能なものに限り有意味である。しかし、道徳判断はこの条件を満たさない。ここから、道徳的概念は「まがいものの概念」であって、感情を表出するにすぎないと結論される。他方、スティーヴンソンは、対人関係の中で道徳語が果たす実践的機能を強調する。道徳語には「情動的意味」(emotive meaning) がある。そのために、われわれは道徳語を用いて感情や態度を表出し、聞き手の関心に変化をもたらすことができる。

ヘアは、道徳判断の持ちうる因果的な効果から、道徳判断を下すことにおいて発話者が遂行する事柄へと考察の焦点を移す。この見地から、道徳判断の特徴として、「指令性」と「普遍化可能性」(universalizability) が指摘される。道徳判断に指令性があるとは、道徳判断に誠実に同意する者は適切な状況の下でその道徳判断に従った行為をするように動機づけられるということである。また、普遍化可能性は道徳判断が事実判断と共有する特徴であって、普遍的性質の同じ状況について同じ判断を下さなければならないという論理的制約である。ヘアは、道徳判断が後者の特徴を持つために、道徳的議論には合理的側面があると言う。

「べき」の導出

直覚主義者と非認知主義者は、事実判断から道徳判断を論理的に導出することはできないという命題(いわゆるヒュームの法則)を支持する。たとえばプリチャードの考えでは、義務を適切に認識するために事実判断は必要であるが、義務はこの事実判断から推論されるのではなく直接的に把握される。また、ヘアによれば、指令性のない事実的な諸前提をどれほど集めても、そこから指令性を持った結論を論理的に導出することはできない。

これに対して、20世紀半ば頃から異論が唱えられていく。それは、事実と価値の峻別に対する自然主義者の反論という性格を帯びている。

アンスコムはアリストテレス主義の立場から疑義を突きつける。機械に油をささなければ機械に悪いという意味で、機械には油をさすべきである。特定の有機体が開花するためには特定の環境がなければならないという意味で、環境は有機体に必要である。これらの事例では、特別な道徳的意味をまとうことなく、事実的な意味において「べき」や「必要である」が導出される。導出不可能と言われる道徳的な「べき」は、神の法を想定した枠組みの心理的な残余物であって、催眠効果はあっても真性の意味を欠いている。

サールは言語行為論の立場から「べき」の導出事例を示す。「スミス、私はこの言葉をもってあなたに5ドル払う約束をします」とジョーンズが特定の条件下で発言したならば、この事実から、「ジョーンズはスミスに5ドル払うと約束した」、「ジョーンズはスミスに5ドル払うという義務を自らに課した」、「ジョーンズはスミスに5ドル払う義務がある」、「ジョーンズはスミスに5ドル払うべきである」というように、「べき」は適切に導出される。約束するとは自己を義務に拘束することであり、それは約束の「構成的規則」に他ならないとサールは言う。

実在論と反実在論

70年代以後、徐々にではあるがメタ倫理学に重要な変化が起こる。従来の議論の限界が指摘され、真の係争点は道徳語それ自体の定義や導出可能性ではなく、むしろ道徳判断の真偽と道徳的性質の実在であるという認識が広がっていく。

この見地から、今日、直覚主義と自然主義

は次のように定式化される。直覚主義は、非自然的性質としての道徳的性質の実在を主張し、この性質を参照することで道徳判断の真偽は決まるとする。自然主義は、この性質の実在を否定し、道徳判断の真偽はもっぱら自然的性質を参照することで決まるとする。これら二つの立場は、道徳判断には真理値があり、ある道徳判断は実際に真であると考える。それらは「道徳的実在論」である。

未決問題論法にはこのように定式化される自然主義を退ける効果はないとされる。たとえば、「水」と「H_2O」は同義でないが、その指示対象の同一性は経験的に発見される。それと同様、道徳語と非道徳語が同義でないとしても、それらの指示対象が同一の自然的性質であるということは経験的に発見されるかもしれない。ブリンクやレイルトンはこの角度から自然主義の構築を進めている。

他方、「反実在論」には二つある。「錯誤説」(error theory) によれば、道徳判断には真理値があるが、道徳判断はすべて偽である。この立場の代表的論者はマッキーである。マッキーによると、通常の道徳判断では道徳的性質の実在が想定されている。善い対象は指令的な「追求されるべきもの」という性質を備えており、その認識者を動機づけるとされる。だが、これはじつに奇妙な想定ではないか。この性質は自然的性質とどのように関係しており、われわれはどのような特殊能力によってその認識にあずかるというのか。この存在論的、認識論的な「特異性」(queerness) を真剣に考慮する限り、道徳的性質が実在しないという主張は説得力を持つ。通常の道徳判断は実在しない性質を対象に帰する錯誤に陥っており、ことごとく偽であるとマッキーは言う。

反実在論のもう一つは非認知主義であり、近年では「表出主義」(expressivism) と呼ばれることも多い。ブラックバーンは錯誤説との違いを指摘する。表出主義によれば、あたかも実在的な道徳的性質を記述しているかのように語るとき、われわれは自己の情動や態度などを世界に投影している。しかし、こうした道徳的実践は不適切なものではない。実在論的に見える道徳的現象を非実在論の立場から説明し擁護することは可能である。その試みは「準実在論」(quasi-realism) と呼ばれる。

【主要文献】 G. E. Moore, *Principia Ethica,* Cambridge University Press, 1903（寺中平治／泉谷周三郎／星野勉訳『倫理学原理』三和書籍，2007）. Charles L. Stevenson, *Ethics and Language,* Yale University Press, 1944（島田四郎訳『倫理と言語〔増訂第2版〕』内田老鶴圃，1990）. R. M. Hare, *The Language of Morals,* Clarendon Press, 1952（小泉仰／大久保正健訳『道徳の言語』勁草書房，1982）. John R. Searle, *Speech Acts: An Essay in the Philosophy of Language,* Cambridge University Press, 1969（坂本百大／土屋俊訳『言語行為――言語哲学への試論』勁草書房，1986）. David O. Brink, *Moral Realism and the Foundations of Ethics,* Cambridge University Press, 1989. J. L. Mackie, *Ethics: Inventing Right and Wrong,* Penguin Books, 1977（加藤尚武監訳『倫理学――道徳を創造する』哲書房，1990）. Geoffrey Sayre-McCord ed., *Essays on Moral Realism,* Cornell University Press, 1988. Alexander Miller, *An Introduction to Contemporary Metaethics,* Polity Press, 2003.

（都築貴博）

自生的秩序

〔英〕spontaneous order

「自生的秩序」はハイエクによって体系化された社会秩序概念である。それは、ヒューム、アダム・スミス、アダム・ファーガスンなどのスコットランド啓蒙思想における「意図せざる結果」としての秩序形成という概念を継承し、かつハイエクと同時代人の M.ポランニーの影響を受けつつ、ハイエクが「市場秩序とは何か」を説明するために提唱した社会秩序概念であった。

理性の限界

自生的秩序の概念とは「人間の諸事象に見られる大部分の秩序を諸個人の行為の予期せざる結果として説明する見解」である。それは「すべての秩序が計画的な設計によるとする見解」と鋭く対立するのであるが、その前提となっているのが「人間の理性には限界がある」という根本認識である。

ハイエクによれば、「個人の理性はきわめて制限されていて不完全」であり、「一人の人間は社会全体のちっぽけな部分以上のことを知りえない」ため、社会秩序全体を計画的に設計することは人間には不可能である。ハイエクにとって、イギリスの個人主義の最も著しい特徴は、その反合理主義的アプローチにこそあったのである(『個人主義と経済秩序』1949)。

自生的秩序＝多中心的秩序

しかし、計画的な設計によらなくとも、社会秩序の形成は可能である。ハイエクによれば、上位権力による命令がなくとも、個々人の間で互いの自発的行動が相互調整されるメカニズムが社会には備わっているのである。

ここで重視されるのは「法」(law) と「命令」(command) の区別である。この二つの概念の間での重要な相違は、「命令から法へと移るにつれて、どんな特定の行動を取るべきかに関する意思決定の源泉が、命令あるいは法を発する人から行動する人へと漸進的に移動するということである」。すなわち「特定の行動を導く目的と知識を権力と行為者の間に分割するその仕方が、一般的な法と特定の命令との間での最も重要な区別」なのである。その「法」の代表例がヒュームの言う「三つの基本的自然法」(所有の安定、同意による所有(権)の移転、および約束の履行)であった。

すなわち、自生的秩序とは、個々人に一般的な法の遵守を求めるだけで、それを遵守しさえするならば、どんな具体的な目的を目指すかは各個人の自由に任せる社会であるがゆえに、個々人の行動の間での相互調整がその法の枠内で自発的に行われる秩序なのである。これをハイエクは、M. ポランニーによる用語を借用して「自生的秩序」または「多中心的秩序」(polycentric order) と呼んでいる(『自由の条件』1960)。

社会における知識の利用

ハイエクによれば、市場経済はまさにこのような自生的秩序＝多中心的秩序として理解されるべきものである。それが中央計画経済よりも優れているのは、市場経済のほうが社会における知識を有効に幅広く利用できるという理由による。

市場経済における諸現象は、その時々の需要と供給に関する一時的かつ局所的な無数の具体的な諸事情に影響されて生起するものであり、それらの無数の諸事情に関する知識は、ある単一の計画主体が集中的に管理できるものとして存在しているのではない。むしろそれは、それぞれ自由に独立して活動する無数の経済主体の間で、断片的でしかも互いに矛盾しさえするものとして、社会全体に分散した具体的な「現場の知識」としてしか存在しえないのである。

社会全体に分散してしか存在しえない知識を有効に活用できるのは、ハイエクに言わせれば、多中心的秩序たる市場経済しかない。ハイエクの自生的秩序論の大きな特徴の一つは、このような「社会における知識の利用」という観点から、計画経済に対する市場経済の優位性を立証してみせた点にあったのである(『個人主義と経済秩序』1949)。

自生的秩序と政府権力

ただし、自生的秩序がレッセ・フェール(自由放任)を意味するわけではない。多中心的秩序として社会全体に分散する知識を有効利用する市場経済が正しくその機能を果たすためには、適切な法的枠組みが必要である。たとえば、詐欺やごまかしの防止には多くの立法活動が必要とされる。また公共財(費用を払わない人も、費用を払った人と同様に、同じ量の便益を受け取ることのできる財やサービス)や外部不経済の問題——たとえば公害などのように、他の人々に悪影響を及ぼすにもかかわらず、そのまま放任されれば、被害者に対して正当な補償がされない経済活動の問題——も市場では解決されない。したがって、このような場合には国が活動しなければならない。「国が何事もまったくしないという体制は、理論的に正当化することが不可能」なのである(『隷属への道』1944)。

つまり、自生的秩序＝多中心的秩序が正しく機能するためには、個々人の自由な活動に大まかな制約を課す法が必要不可欠であり、その法を制定し施行するという役割は依然として政府が果たさなければならない。ハイエクの自生的秩序論において退けられるのは、個人に対して特定の義務を課す「指令による統治」(government by orders)のみであり、どのような具体的な目的を目指すかは各人の自由に任せつつ、すべての個人が守るべき抽象的な規則のみを大まかに定める「規則による統治」(government by rules)は、むしろ市場競争の作用にとって必要不可欠なのである(『個人主義と経済秩序』1949)。

一般的な規則の自生的な出現

しかしながら、それと同時に、その自生的秩序論のもう一つの大きな特徴は、自生的秩序の作用を支える法が、初めから明文化されたものとしてあったのではなく、むしろ暗黙のうちに社会で遵守される習慣的な規則として始まったことを強調する点にある。

たしかに時代が下って、自生的秩序を支える一般的な規則を改善する必要が生じた場合には、政府権力の果たすべき役割が生じてくることは事実である。しかし、明文化された規則が最初から意図的に設計されたのではない。むしろ「人間の諸行為の結果ではあるが人間の設計の結果ではない」(アダム・ファーガスン)ものとして社会の中で暗黙のうちに守られるようになった習慣的な規則が、自生的に進化してきたのである。

そのような事実上すでに根づいている習慣的な規則がまず存在していたからこそ、自生的秩序は出現できた。明文化された法は、社会で事実上すでに実践されているルールを「発見」しようとする努力の中で徐々に明文化されていったのであり、けっして無の状態から「発明」されたのではなかったのである(『法と立法と自由』1973-79)。

人間の無知ゆえの市場競争の厳しさ

しかしながら、後年になると、ハイエクは自生的秩序の出現過程を必ずしもスムーズなものだと考えなくなっていった。というのも、「市場における自由競争は個人にとってむしろ大きな負担である」という認識をハイエクが深めるようになったからである。

もしも自由な市場競争が個々人の努力や徳性の程度にふさわしい報酬を必ずもたらすのであれば、それは個人にとっても望ましいものだろう。しかしながら、ハイエクによれば、

「われわれの目的と福祉の成就を支配する非常に多くの要素に関し、われわれがいずれもみな無知を免れがたい」がゆえに、努力が裏切られるという事態も往々にして発生するのである。したがって、その自由競争には無数の失敗が伴うことになる（『自由の条件』1960）。たしかに、社会全体の活力維持のためにはそのような自由競争は欠かせないであろう。しかし、個々人にとっては、それは望ましいものというよりも、むしろ負担であるかもしれないのである。

ハイエクは、当初は市場競争における自由を個人にとっても望ましいものと見なしていた。ところが、のちになると、自由な市場競争が社会全体の活力の維持には必要であるとはいえ、それは個人にとってはむしろ負担であるという認識を、ハイエクは深めていったのである（『法と立法と自由』1973-79）。

方法論的個人主義から集団淘汰論へ

このようにハイエクは、自由競争を個人にとって望ましいものと見る立場から、むしろ負担と見なす立場へと移行したために、自生的な秩序形成に関するハイエクの説明は、「方法論的個人主義から集団淘汰論へ」という理論的変遷を辿ることになった。

ハイエクが初めに依拠していた方法論的個人主義では、各個人の互いに独立した自由な行動の「意図せざる結果」として、一般的な規則が自生的に形成されると説明されていた。つまり、この場合は〈個人→全体〉という形で自生的な秩序形成が説明されていたのである（『科学による反革命』1952）。

ところが、ハイエクがのちに依拠するようになった集団淘汰論では、逆に〈全体→個人〉という形で説明されることになる。市場社会内部の個人はむしろ集団全体のためになる行動を強いられるのであるが、そうだとしても市場社会以外の社会に対する優位性それ自体を理由として、ある適切なルールが社会淘汰を生き残り、集団諸成員の間で結果的に根づくことで、自生的に秩序が形成されるようになるというのである。

しかしながら、その場合、そのルールを各成員が守るようになったもともとの動機自体は、ハイエクによると、集団全体としての優位性という真の理由によるものではなく、むしろ、そのルールを破った際に下されると信じられている呪術的な処罰を恐れるというきわめて非合理的な理由からだった。そのようなまったく別の理由からの「意図せざる結果」として、他の集団に優位する市場社会が結果的に出現してきたことを強調したのが、ハイエクの集団淘汰論だった（『致命的な思い上がり』1988）。このような集団淘汰論は、市場競争をめぐる個人と全体の利益の不一致に晩年のハイエクがいかに苦悩したかを物語っている。

このような市場社会における個人と全体の緊張関係は、はたして自生的な社会過程の中で解消されうるのだろうか——この問題が、ハイエクなきあとの自生的秩序論における重要な考察対象となっている。

【主要文献】F. A. Hayek, *The Road to Serfdom,* 1944（西山千明訳『隷属への道』春秋社，1992）. ——, *Individualism and Economic Order,* 1949（嘉治元郎／嘉治佐代訳『個人主義と経済秩序』〈ハイエク全集 3〉，春秋社，1990）. ——, *The Counter-Revolution of Science,* 1952（佐藤茂行訳『科学による反革命』木鐸社，1979）. ——, *The Constitution of Liberty,* 1960（気賀健三／古賀勝次郎訳『自由の条件』〈ハイエク全集 5-7〉，春秋社，1986-87）. ——, *Law, Legislation and Liberty,* 3 vols., 1973-79（矢島鈞次ほか訳『法と立法と自由』〈ハイエク全集 8-10〉，春秋社，1987-88）. ——, *The Fatal Conceit,* 1988. Roger Koppl ed., *Evolutionary Psychology and Economic Theory,* Elsevier, 2004. 山中優『ハイエクの政治思想——市場秩序にひそむ人間の苦境』勁草書房，2007.

（山中　優）

自然権

〔英〕natural right, right of nature
〔ラ〕ius naturale

　自然権は17世紀のヨーロッパに現れた新しい概念である。自然権は古代ギリシア以来の自然法の伝統の中から生まれた。近代の自然法はローマ法における自然法からも、また中世の自然法からも区別されなければならない。ローマ法の'ius'は行為の規範としての法と、法に適合する行為の正しさとしての権利との二つの意味を持っている。ローマ法研究者はこれら二つの意味を明確に区別し、前者を客観的iusと、後者を主観的iusと呼んでいた。このように、法と権利は相互に密接な関係にあり、権利は法を前提して成立する。ある行為の正しさ、すなわち権利は法の規範に照らして明らかになるのである。近代の自然法論者はこのような法と権利の関係を多かれ少なかれ受け継いでおり、自然権を近代的自然法との連関の中で生み出し、展開した。

H. グロティウス

　近代の自然法はH.グロティウスをもって始まる。グロティウスはトマスの自然法思想を多分に受け継ぎながらも、理性によって解明できる自然法の自立性を強調した。彼は非西欧世界の異教諸国民にも理解できる共通の規範としての自然法を探究したのである。グロティウスはアリストテレス的正義に基づく法よりもむしろ権利論による法体系の構築を目指した。彼は、すべての人間が生得的権利としての自然権を持つと言う。それは自己の生命、身体、自由、名誉の保全、生活に必要な自然物の所有、加害者に対する処罰であり、これらは他人に譲り渡すことのできない権利である。グロティウスはこの自然権が自然法と不可分のものであると言う。人間は社会的欲求を持つ存在であり、社会の平和と秩序の維持のためには他人の権利の尊重、約束の遵守、損害の賠償などのルールが必要であることを理性によって洞察できる。これが自然法である。グロティウスはまた国家の設立が必要であったと言う。人々は平和と秩序の維持のために、契約によって彼らの自然権を一人の支配者に全面的に委譲した。支配者は委譲された権力を行使して人々の安全と権利保護のために必要と考える法律の制定や行動を取る。

　ここで注目を引くのは、グロティウスが一方では、人民の自然権は全面的に、最後的に支配者に譲渡されたのであるから、人民の国家への抵抗は禁止され、また奴隷として国家に仕えることも合法的だと述べ、絶対主義的国家を擁護しながら、他方で極限状況に置かれた個人の国家への抵抗を容認し、また生存の必要のために他人の所有物を獲得すること（自然状態における共有権の回復）を許容していることである。抵抗権と共有権回復の容認によって、グロティウスは社会契約によっても国家へ譲渡されえない自然権があることを認めている。このようにグロティウスにおいては保守的な自然権理論とラディカルな自然権理論が共存している。

J. セルデン

　セルデンはグロティウスの思想の上記の二つの側面をイギリスの17世紀前半の政治状況の中で彼独自の仕方で発展させた。セルデンによれば、人間はすべて自由で合理的能力において平等であるが、自然状態の人間は理性によるよりもむしろ荒々しい力によって動物的な生活を送っていた。セルデンの言う自然権とはこのような、いかなる束縛もない「絶対的自由」に他ならない。しかしその後、自然法が神の命令（ノアの契約）として知られるようになった。セルデンは、自然法の違反には神の処罰が伴うことを指摘する。彼はグロティウスと異なって、自然法を理性と同一視

しない。彼は自然法にも国法にも命令権と拘束力が必要と考える。また契約によって国家が設立される際にも、処罰権力が重視される。セルデンは教会が人々に道徳的義務を課すことによって平和と秩序を保つ可能性に対しては強く懐疑的であり、彼は国家の絶対主義的権力こそ社会の平和を維持できると言う。セルデンによれば、いったん契約によって国家を設立した以上は、人々はその契約を遵守すべきであり、これを破棄することはできない。たとえ人民が国家によっていかなる損失や苦しみを蒙ろうとも、服従しなければならないという。

このようにセルデンは理論においてはグロティウス以上に徹底的に絶対主義の立場に立っていた。しかし、セルデンは当時の国王と議会の闘争においては議会派の立場に立ち、国王の主権と人民の自由の適切な均衡の回復を主張して、国王の専制と闘った。セルデンの理論と行動の間には必ずしも整合しないものが感じられる。しかし彼はまたイギリスの法律が農奴制を許容してきたことを根拠として奴隷制を肯定している。セルデンの言う自然権は一部の人民（議会派と新興ブルジョワ層）にとっては維持されるべきものであるが、他の人民にとっては国家設立の際の契約によって永久に失われたものと見なされているようである。

T.ホッブズ

ホッブズの自然権の概念を知るためには、まず彼の自然状態の理解を見る必要がある。ホッブズが想定する人類初期の自然状態では、人々は生来、平等であり、また相互に不信を抱いている。人々はまた所有をめぐって競争し、評判と名誉を求めて争う。そこに「万人の万人に対する戦争」が生ずる。自然状態は戦争状態に他ならない。人々は絶えざる恐怖と暴力による死の危険にさらされている。ホッブズによれば、戦争状態においては、何事も不正ではない。共通の権威と法がないところでは、正義も不正も所有権もないからである。ホッブズの言う自然権はこのような自然状態における個人の権利を指す。自然権とは、各人が自己の生命を維持するために、自分の判断によって時と手段を選び、自己の力を用いる自由である。しかし、各人が相互の不信と恐怖の中でこの自然権を持っている限り、誰も安心して人生を全うできる保証はない。

ホッブズによれば、人は死への恐怖と勤労によって生活物資を得ようとする意欲とから平和を希求する情念を持っていると同時に、平和を実現するための一般法則を発見する理性を持っている。その一般法則が自然法に他ならない。

ホッブズの言う基本的自然法はこうである。「各人は、平和を獲得する望みが彼にとって存在する限り、それへ向かって努力すべきであり、そして彼がそれを獲得できないときは、戦争のあらゆる援助と利益を求めかつ用いてよい」。この文の前半部分が基本的自然法であり、後半部分は自然権を述べている。続いて第二の自然法で、人は平和と自己防衛のためにそれが必要と思う限り、進んで彼の自然権を放棄すべきであるという。この自然法を実現するのが社会契約であり、国家（コモンウェルス）の設立である。ホッブズの言う社会契約とは、多数の人々が彼らの自然権を一人の人間または一つの合議体に譲渡し、これに平和と安全に関する主権的権力を委ねることに合意することである。社会契約の当事者は人民であり、その目的は平和と安全の確保である。その目的のために、人民自身が自発的に自分たちの自然権を主権者に譲渡するのである。

ホッブズによれば、主権者は人民の平和と防衛に関する唯一の判定者である。主権者は市民法を制定し、人民にその遵守を強制力をもって命令する権限を持つ。「主権者権力はあらゆるコモンウェルスにおいて絶対的たるべ

きである」。また国と国の間には共通の権威が存在しないので、主権者が自分が判断した敵国に対して戦争をすることは自然権によって合法的であるという。

しかしここで注意すべきことは、社会契約において人々の自然権がすべて主権者に譲渡されるのではないことである。ホッブズは社会契約の際に「すべての権利が移転されるのではない」と述べ、「臣民たちは、自分の身体を合法的に攻撃するものに対してさえ、防衛する自由を持つ」と語り、主権者への抵抗の権利を認めている。ホッブズは平和と秩序維持のために主権者に絶大な権力を認めながら、極限状況における人民の自己防衛と抵抗の自然権を容認しており、主権者と人民の間に緊張をはらんだ関係を残している。

革命期のラディカルな自然権論者たち
ピューリタン革命期に国王の専制政治に対して抗議し、人民と議会の権利を擁護した議会派の中に、自然権を主張した論者がいた。独立派のH.アイアトンの側近であったH.パーカーは「すべての生得的権力が服従する者たちにあるのだから、自分たちの破滅のために服従する契約を結ぶ者たち、またはそのように契約した者たち、自分たち自身の保存よりもそのような契約を優先した者たちは自分たち自身に対して重罪を犯したのであり、自然に対して反逆している」と述べた。パーカーはまた、「すべての支配は信託に基づく」と述べ、国王の権限が国民の信託に制約されると論じた。これに対して、W.ボールは同じく信託の概念を使用しつつも、国王に対してだけでなく、議会に対しても批判を向けた。ボールは言う。「彼ら〔イングランド国民〕は、信託を委託するまたは与えることによって、彼らの自然権を放棄するのではない。彼らは自然法によっても彼らの自由と所有物を防衛しようとしているのである。自然法は、人々が奴隷になりたいと思うか、または奴隷にされ

るかして、自然権を失うのでない限り、いかなる特別の法または国法も無効にすることはできない」。レヴェラーズに属するR.オーヴァトンは言う。「自然におけるすべての個人は誰からも侵害されず簒奪もされえない個人的所有権を自然によって与えられている。……というのは、自分自身である人間は誰でも自己自身に対する所有権を持っており、そうでなければ、彼は彼自身ではない。そしていかなる他人も同意なくしてこれにつけ入ることはできない。すべての人は生まれながらに平等であり、等しい所有権と自由を与えられている。いかなる人間も自然的本能によって彼自身の安全と福祉を求めるのである」。またA.アスカムはこう言う。「われわれの一般的ならびに本源的権利は財の所有や人間たちの所有の中に呑込まれてしまってはいないし、自然的であったものが現在、すべて市民的なものにされているわけでもない」。彼の言う自然的権利とは、自己防衛、生活必需品の獲得、犯罪者の処罰である。これらはけっして放棄も譲渡もできないというのである。

J.ロック
ロックの自然権の概念も、他の思想家たちの場合と同様に、自然状態、自然法、社会契約の思想と結びついている。ロックの言う自然状態は、神が世界と人間を創造したままの初期の状態であり、そこでは人間は自由であり、また互いに平等である。ただしその自由は無制限の自由ではなく、創造主が人間の理性に教えた自然法の範囲内での自由である。ロックによれば、自然法は、人間は創造主の作品であるから、各人は自己自身を維持すべきことを命じていると言う。この自然法から自己保存の権利、言い換えれば、自己の生命、自由、財産を守る権利という自然権が引き出されてくる。自然権は自然法に基づいているのである。しかし自然法はまたこの自然権に制限を加える。人間は相互に平等であるから、

各人は自己保存の権利を持つと同時に、他者のそれをも尊重しなければならない。なんぴとも他人の生命、自由、財産を傷つけるべきではない。ロックによれば、この自然法は神の意志であると同時に、各人の理性によっても洞察できるものである。このように自然状態には自然法が支配しているとはいえ、人々の間に公知の成文化された法律も、公知の公平な裁判官も、判決を執行する権力も存在しない。したがって、各人は他者から受けた違法行為に関する裁判官となり、また加害者を処罰する自然的権利を持つ。ロックによれば、この処罰権は殺人者を殺す権利を含み、また集団的には侵略者と戦う戦争の権利をも含むという。このようにロックの言う自然権は主に自己のプロパティ(生命、自由、財産)を維持する権利と処罰権を意味するが、この他に彼は『寛容書簡』において信教の自由を「神と自然によって各人に認められた権利」と述べており、これをプロパティの一つとしての自由に含めて自然権と見なすことができる。

上述のように、自然状態には人々に共通の法律、裁判官、執行権力が存在しないので、人々は危険と恐怖から免れず、安心して自己の生命、自由、財産を維持することができない。ロックによれば、そこで人々は自然状態の不都合から脱するために、自分たちのプロパティを保全する権利と処罰権を放棄し、人々の集合的統一体としての社会に委ねることに合意した。そして社会は共通の権力を持つ政府を設立し、この政府に人民のプロパティを維持する権限を信託した。これが社会契約である。ここに言う信託の概念はロックの自然権および政治思想を理解するうえで重要である。ロックによれば、政府は信託的権力にすぎず、したがって、もし立法府または執行権力が人民のプロパティの保障という政府設立の目的に反する行動を取るならば、政府は人民からの信託に反したのであり、その場合、人民はもはや政府の命令権力に服従する義務か

ら解かれたことを意味する。信託に反する政府に対する抵抗と自衛は人民が放棄できない自然権なのである。

自然権が17世紀の現在にも残るもう一つの領域は、ロックが今もなお自然状態にあると見なすアメリカである。ロックは、アメリカの先住民社会では土地所有権も政府もまだ確立していないので、先住民が利用していない土地は外国からの植民者が先住民の同意を得なくても占有する自然権を持つと言う。こうしてロックは各先住民部族の主権と土地の伝統的所有権を否定し、アメリカにおけるヨーロッパ人の植民地支配を自然法と自然権に基づく正当なものと主張し、これを奨励したのである。

【主要文献】John Selden, *De Iure Naturali et Gentium iuxta disciplinam Ebraecorum*, 1640. Thomas Hobbes, *Leviathan*, 1651(水田洋訳『リヴァイアサン』全4冊, 岩波文庫, 1954-85). Henry Parker, *Observations upon Some of His Majesties Late Answers and Expresses*, 1642. William Ball, *Tractatus de Jure Regnandi & Regni*, 1645. Richard Overton, *An appeale from the degenerate representative body*, 1647. Anthony Asham, *Of the Confusions and Revolutions of Governments*, 1649. John Locke, *Two Treatises of Government*, 1690(伊藤宏之訳『全訳 統治論』柏書房, 1997). Richard Tuck, *Natural Rights Theories: Their origin and development*, Cambridge, 1979. 三浦永光『ジョン・ロックの市民的世界——人権・知性・自然観』未来社, 1997.

(三浦永光)

自然主義的誤謬

〔英〕naturalistic fallacy

ムアが、倫理学における根本的な誤謬推理と見なすものを指すのに使った用語。主著『倫理学原理』で導入されるが、のちの著述には登場してこなくなる。倫理学の最も中心的な概念である「善」(good)は定義しうるとの仮定の下に、何か「善」以外のものを取り上げることによってそれを定義しようとする誤りのこと。

「善」の定義不可能性

ムアによれば、従来の倫理学説の多くがこの誤謬推理を一つの端緒として生じている。その代表は、善とは快楽であるとし、さらには、快楽だけが善であるとする快楽主義であり、そこでは、「自然的な」事物や事実への言及によって「善」の定義が試みられている。「自然主義的誤謬」という呼称は、とくにそうした「自然主義的倫理学」を念頭に置いての命名である。ただ、彼は、「神によって意志される」といった、超自然的な実在や事態を引き合いに出す、彼のいわゆる「形而上学的倫理学」も、実質的には同じ誤謬を犯しているのだとする。彼は、倫理学の諸見解の間の対立を解消し、倫理学を、科学に比肩しうる真に体系的な学とするためには、このような誤謬推理の存在を暴露することがまずもって必要である、と考える。

「善」の定義についてのムア自身の積極的な見解は、それについてはいかなる定義も可能でない、という否定的なものである。いかに定義的な命題を立てようとしても、われわれは、当該の誤謬を避けようとする限りは「善は善である」と語るより他にない。この見解の背景には、「定義」の本性に関する彼独自の考え方が潜んでいる。それは、定義とは、被定義項を構成する諸部分を分析して取り出すことである、という考え方である。したがって、定義とは本来、複合的な事物や性質についてのみ与えうるものである。ところが「善」は、ある単純で独特な思惟対象(a simple and unique object of thought)もしくは概念を指すのであるから、それを分解してその部分を析出することはできない。この意味で、それは「黄色い」という性質に類似しているとされる。もし、「黄色い」ものがつねに、ある一定の波長を持つ光線を発することから、その属性を挙げることによって「黄色い」を定義しようとするなら、われわれは、自然主義的誤謬に類する誤謬を犯すことになる。

以上からは、「善」に関する一切の命題は「分析的」ではありえず、それらは必然的に、「善」に何か他のものを結合する「総合的な」ものである、という帰結が導かれる。また以上から、「善」に関する命題は、他の命題を理由としてそこから推理されるのではなくして、ある種の「直覚」により「自明な」ものとして認識されるのである、とする一種の「直覚主義」(intuitionism)が唱導される。

倫理学の三つの問題

ムアは、「善」の意味に関わる以上の問題とは別に、倫理学にはもう一つの根本的な問題があることを指摘する。それは、「それ自体において善いものは何であるか」という問題、すなわち、「善」という性質が帰属する諸事物、「内在的に善い」諸事物は何であるか、という問題である。彼は、二つの問題の区別を見落とすことは倫理学において重大な結果を招くのであり、自然主義的誤謬の発生も、じつは両者の混同に由来する、と言う。たとえば、自然主義者が「善いもの」として、「快楽」や「進化」といった、何かたった一種類の事物や事実を取り上げるのは、彼らが「善いもの」をめぐる問題に、「善」の意味を問う姿勢をもって臨むがためである。こうして自然主義を否定するムアは、自らの積極的な意見としては、

人間的な交わりの楽しみと美しい対象の享受とを「内在的に善い」ものとして掲げる。

さらにムアは、倫理学には第三の根本的な問題があると言う。それは、われわれの「行為」を扱い、「われわれは何をなすべきであるか」と問うものである。この部門を、彼は「実践倫理学」(practical ethics) と呼ぶが、そこでは、「正」(right)「義務」(duty) といった、「善」以外の基本概念が考察の対象となる。ムアによれば、この問題への解答は、他の二つの問題への解答に大きく依存する。換言すれば、その問題の内実は、「内在的に善い」ものを達成するためにわれわれが採りうる「手段」を見出す、という問題である。すると、たとえば「義務」とは、「内在的に善い」ものを、採りうる他の諸行為よりもいっそう多く実現する行為である、とされる。こうして、実践倫理学におけるムアの立場は一種の功利主義であり、かつ、それはとくに「理想的功利主義」(ideal utilitarianism) と呼ばれるものである。

「なすべきこと」を認識するのには「善」についての認識が不可欠であるから、もとよりそこでも直覚が働かなければならない。しかし、ムアはその事実よりも、その場面では直覚だけでは不十分である点を強調する。つまり、われわれは、われわれの行為がいかなる因果的経路を辿って「内在的に善い」ものへと結びつくのかを正確に知らなければならない。よって、そこでは直覚と並び、現実世界についての因果的知識を得ることが肝要となる。ムアはこのように、とくに行為について問題となる「手段としての善」と、行為がその実現を目指す「目的としての善」とを明確に区別する。この両種の「善」の区別についての議論は、『倫理学原理』では、自然主義的誤謬の議論と並んで、種々の倫理学的見解を反駁する道具として駆使されている。

類似する他の見解との異同

英語圏の倫理学的諸説の中にはムアの見解と類似のものが散見されるが、その中でも、とくに彼の見解との微妙な差が問題になるものとして、二つのものが目を引く。一つは、同じく「直覚主義」と称される他の見解である。ムアの見解を「直覚主義」と呼ぶことにはある限定が必要である。彼は、われわれが「義務」や「正」について直覚しうるとまでは主張せず、彼の「直覚」はあくまでも「善」の認識だけに限られる。その意味で彼の直覚主義は、「義務」などについての直覚を唱える、ロスやプリチャードらのそれとは一線を画する。

いま一つは、いわゆる「ヒュームの法則」(Hume's Law) との関係である。ヒュームの法則とは、「である」(is) と「べきである」(ought) との身分の違いを主張し、かつ、前者だけを含む命題からは、後者を含む命題は導出できない、とする原則である。自然主義的誤謬に関する議論も、事実と価値の間の断層を主張する点では、これと同趣旨のものであると考えられる。しかし、両者を完全に一致すると見なすのは誤りであろう。第一に、ムアの「自然主義的誤謬」は、正確には誤謬「推理」ではなく、むしろ、言葉の定義の仕方に関する見当違いである。第二に、ムアでは、たとえば、行為に関わる「なすべきである」の命題が、「善」に関わる「である」の命題から導出される、というように、ある問題場面では、「である」から「べきである」への移行が行われている。

【主要文献】G. E. Moore, *Principia Ethica,* 1903 (寺中平治／泉谷周三郎／星野勉訳『倫理学原理』三和書籍, 2007). Paul Arthur Schilpp ed., *The Philosophy of G. E. Moore,* Open Court, 1942. Robert Peter Sylvester, *The Moral Philosophy of G. E. Moore,* Temple University Press, 1990.

(久保田顕二)

自然法

〔英〕natural law 〔ラ〕lex naturalis
〔独〕Naturrecht, law of nature

　自然法思想は古典古代から近代に至るまでヨーロッパ政治・社会・経済思想の中核をなす思想潮流であった。古代ギリシアに起源を持つ自然法思想は、とくにストア派の論者たちによって理性の法、すなわち、万人が従うべき普遍的で最も高次な道徳規範として発展させられ、ローマ時代には知識人の教養として受け入れられた。自然法思想は中世にはキリスト教神学と深く結びついたが、近代市民社会の登場とともにスコラ的啓示神学とは距離を置くようになり、人間の自然権や所有権、社会契約による国家設立を主内容とする社会哲学へと変貌する。

　近代自然法思想はホッブズ、ロック、ルソーに代表される社会契約論とグロティウス、プーフェンドルフに代表される大陸自然法学に分類されることが多い。ここでは近代自然法思想の一般的特質を説明したあとで、イギリス近代自然法思想（ホッブズ、ロック）と大陸自然法学（グロティウス、プーフェンドルフ）の二つの自然法思想の流れが18世紀にスコットランド啓蒙思想において合流し、批判的に受容されるプロセスを概観することにする。

近代自然法思想の一般的特質

　自然法とは、自然界あるいは人間の世界を恒久的に支配している普遍的な法（則）のことを指し、人間の作る慣習法や実定法の上位に位置すると考えられている。一般に近代の自然法思想においては、自然法は人間の自然、すなわち人間本性（human nature）から導き出され、人間はその理性能力によって自然法の格率を発見し認識するとされる。

　自然法の具体的内容については、自然法論者の間に必ずしも共通の了解事項が存在するわけではない。たとえば、ホッブズは『リヴァイアサン』（1651）の中で市民生活に平和と秩序をもたらすための19の自然法を挙げているのに対して、ロックは『統治二論』（1690）の中で自然法の存在自体は自明であるとしつつも具体的な自然法の内容を記述しておらず、初期の『自然法論』（1664）の中で聖書などに叙述された最大公約数的な道徳戒律を自然法の内容として挙げるに止まっている。また、グロティウスやプーフェンドルフの大陸自然法学の場合には、主にローマ法をモデルにしつつ市民生活を規制する具体的な自然法の内容を所有権を中心に詳細かつ網羅的に展開している。スコットランド啓蒙思想においては、自然法論は正義論とほぼ同義となり、道徳哲学の中に組み入れられていった。

　17〜18世紀にはヨーロッパの思想家たちの中心的な一大思想テーマであった自然法も、19〜20世紀に至ると、民族意識に基づいて法は形成されるとする歴史法学や正義の客観的な規準は存在しないとする法実証主義の登場によって自然法の存在が否定あるいは疑問視され、思想史の中心テーマからは徐々に後退していくこととなる。

ホッブズ

　近代自然法思想が発展するうえで最も重要な役割を担ったのがホッブズ、ロックのイギリス自然法思想である。とくにホッブズの果たした役割は決定的なものであった。ホッブズは当時発達の目覚ましかった幾何学的手法に強い影響を受けつつ、神への信仰を最終目的とした中世のスコラ的自然法を批判し、それを人間および社会の科学として再構成した。ホッブズの分解−統合の方法は、全体をまずその最小構成単位にまで分解し、その本質を分析して全体を再統合するものであったが、人間の最高善や最高目的（テロス）という伝統思想を否定した点できわめて近代的な思想で

あった。

ホッブズの自然法思想の最大の特色は、人間の自己保存の本能＝自然権（right of nature）からその議論を出発させた点にある。ホッブズのように人間本性の本質を一貫して自己保存と利己心に見出した近代自然法思想家は意外と少ない。ロック、ルソー、グロティウス、プーフェンドルフそしてハチスンらは人間の利己的傾向をある程度認めつつも人間の社会的本性（socialitas）を完全には否定していないからである。その結果、ホッブズの人間本性論はのちの思想家たちによって極端な利己主義説として批判の的にされていったのである。

近代自然法思想家たちは一般に社会契約の論理によって国家の設立を説明するが、ホッブズと彼以降の社会契約論者たちの間には大きな相違点がある。それはホッブズの社会契約には主権の絶対性を確保するための徹底した論理が用意されている点であり、その目的はコモンウェルスに平和と安定をもたらすことであった。

たとえば、社会契約の際、人々の自然権は主権者に完全に譲渡され、いったん主権者が決定されると、人民の主権者に対する集団的抵抗を封じるために、主権者と集合体としての人民との間にはいかなる契約関係の存在もホッブズは認めない。これはモナルコマキ（暴君放伐論者）の抵抗権思想に見受けられるように、国王と人民との間で交わされた統治契約が人民の抵抗権の根拠となっていたことをホッブズ自身が警戒していたためと思われる。ホッブズ以降の社会契約説では何らかの形で主権者に対する権力濫用防止のためのシステムが考案されている場合が多く、権力分立への志向性も見受けられる。

ホッブズが革命期イギリスの内乱状態に終止符を打つための政治理論を構築しようとしていたことは明らかであるが、ホッブズ以降の思想家たちの思想的課題は成熟しつつある近代市民社会を正当化する論理を築くことであり、主権の絶対性よりも主権の制限や混合政体の議論へとその関心がしだいに移行していくのである。

ロック

ロックは自由民主主義思想の原型を構築した思想家であると評されているが、ロックの自然法思想の真の意義は、イギリス市民革命期に生誕した近代市民社会を理論化した点にあると言える。ホッブズ、ロックとも新興ブルジョワジーが専制君主を打倒した市民革命の時代を生きた思想家である。しかし、彼らの思想的課題は必ずしも同一ではない。ホッブズ政治理論の主要な目的は、人々の自然権が相互に衝突しあう自然状態を脱却して、彼らの生命や自己保存を維持するためには主権の絶対性や国家の秩序が必要であることを主張することであった。一方、ロックは名誉革命後の立憲君主政的な混合政体を前提として、市民の自由と所有権、そして専制君主に対する革命権を擁護する理論を彼の社会契約論の中で展開しようとしたのであった。

ロックの社会契約論の基本的性格は彼の自然状態論の中によく表れている。ロックは自然状態においてすでに、人々の労働によって所有権が発生するメカニズムを説明し、さらには人々が労働によって得たその所有を相互に交換して経済的活動を行っている安定した社会を構想しようとした。したがって自然状態は基本的に平和な状態であり、国家設立の最大の目的は人々の所有権（生命・自由・財産）を保護することにある。ロック以降の自然状態論の特質はホッブズの自然状態論の批判にあり、そこでは基本的に国家を必要としない自立した商業的社会が描かれていくこととなるのである。

大陸自然法学

ホッブズ、ロックに代表されるイギリス自

然法思想と大陸自然法学との間には相互に思想的交流や思想的連関性があるが、その基本的性格にいくつかの相違点が存在する。大陸自然法学は人間の社会的本性を第一原理として市民生活を規制する体系的な道徳哲学を構築しようとした点に特徴があり、さらにはそれまで神学に支配されてきた自然法を世俗化しようとする傾向が強く受けられる。

古典古代から近代初頭に至るまで自然法の作者は神であると考えられてきた。しかし、グロティウスは「たとえ神が存在しなくても自然法はその効力を失わない」ことを示唆し、プーフェンドルフは自然法と啓示神学を明確に区別し分離すべきであると主張した。プーフェンドルフは『自然法に基づく人間および市民の義務』(1673：以下『義務論』と略記) の中で、自然法は現世における人間の外面的行為のみを規制する法であると述べている。たしかに両者は自然法を啓示神学から解放しようとしている点では共通しているが、自然法に普遍的な道徳的拘束力を残すという目的のために、自然神学的基礎を完全には否定することはできなかった。この課題はのちにヒュームへと受け継がれる。

大陸自然法学の持つもう一つの特質としては、古典的な市場経済学の端緒が見受けられる点が挙げられる。たとえばプーフェンドルフは、国家設立以前の自然状態においてすでに所有の交換に基づく商業的な社会の成立を認めており、経済的な分業の進展や社会階層の分化が貨幣を発生させると指摘し、市場においていかに事物 (商品) の価値が決定されるか、そのメカニズムを詳細に分析している。

こうした大陸自然法学が有している理論的特質、すなわち商業的社会を経済的に分析しようとする視点は市民社会理論を完成させようとしたスコットランド啓蒙思想にも受け継がれていくのである。

スコットランド啓蒙思想と自然法学

ホッブズやロックのイギリス自然法思想とグロティウスとプーフェンドルフの大陸自然法学は、スコットランド啓蒙思想においては意識的に区別されることなく受容された。そのきっかけとなったのが、グラスゴー大学「道徳哲学」講座初代教授カーマイケルが、プーフェンドルフの『義務論』を道徳哲学のテキストに選定したことであった。

カーマイケルはロックの所有論や抵抗権思想に強い影響を受けつつも、『義務論』に注釈を加え、大陸自然法学を道徳哲学の基礎理論として批判的に受容しようとした。カーマイケルは道徳哲学とは自然法学 (jurisprudentia naturalis) に他ならないと考えていた。しかしカーマイケルは大陸自然法学をそのまま受容しようとしたわけではない。カーマイケルは、プーフェンドルフが自然法と道徳神学を分離させようとした点にとくに不満を持っており、自然神学に基づいて自然法を再構築することでこれを克服しようとした。

このカーマイケルの課題をさらに深化させたのが次の講座継承者ハチスンである。彼は『義務論』に付けたカーマイケルの注釈は「テキストそのものよりもはるかに価値がある」と絶賛し、大陸自然法学に代わる自らの道徳哲学体系を構築しようとした。ハチスンはプーフェンドルフの自然法学をその体系の基礎に据えたうえで改良を試みた。ハチスンはカーマイケル倫理学の影響を強く受けつつ、彼独自の人間本性論と徳性論を新たに付け加えることで、プーフェンドルフ自然法学には希薄であった倫理学を充実させた。

ハチスンは、人間の内的感覚 (道徳感覚) や同感 (sympathy) が人間の行動を規制するプロセスを彼の倫理学の中で展開しようとした。しかし、ハチスンの道徳哲学の独自性は倫理学においては見受けられるが、所有論や社会契約説の部分ではロックとプーフェンドルフに多くを負っており、彼自身の独自性はあま

り見出せない。むしろ政治学の分野よりも経済学の領域において、大陸自然法学に芽生えつつあった商業社会の経済的分析という課題をそのままスミスに引き継がせた点に、ハチスンの思想史的貢献があったと言える。

ヒュームと自然法の世俗化

グロティウスやプーフェンドルフが追求しようとした自然法の世俗化の課題を継承し徹底させたのがヒュームである。グロティウスやプーフェンドルフにも自然法を啓示神学から分離し解放させようとする傾向は見受けられるが、自然法の作者が神であるという自然神学的根拠を否定すると自然法の道徳的拘束力が失われると彼らは考え、自然法の世俗化を徹底することができなかった。ヒュームはこうした近代自然法の限界を指摘し、自然法から神の概念を完全に取り払おうとした。

ヒュームにおいては自然法が正義(justice)とほぼ同義となる。ヒュームは、正義がなぜ成立しそれをわれわれがなぜ是認するのかという課題に取り組んだ。ヒュームによれば、「正義と不正義の感覚は自然から得られるものではなく人為的に起こ」り、「人間のコンヴェンションから必然的に生じる」とされる(『人間本性論』1739-40)。自然法が人間の自然から直接に導かれるという近代自然法の基本構図が明確に否定され、人々が正義を遵守するのは社会の効用を意識した結果であるとヒュームは主張する。さらにヒュームは、人間の道徳的判断を決定するのは理性ではなく感情であるとして、正義の有する効用性に対して人々は道徳的な是認を与えると指摘する(『道徳原理の研究』1751)。

自然法は神の命令であり理性によって認識されるという近代自然法の根本原理は、ヒュームによって完全に否定されたのである。ただし、ヒュームは正義の諸規則のことを基本的自然法とも呼んでおり、自然法の存在そのものを否定することは彼の意図するところではなかった。

スミスと自然法学

カーマイケルは、1727年にグラスゴー大学「道徳哲学」講座の専任教授に任命されるが、それは彼の晩年のことであり、18世紀初頭(1702-03)に行ったとされる彼の道徳哲学講義においてすでに、自然法学が講義の中心題目となっていた。この伝統はのちの講座継承者ハチスン、スミスにも少なからぬ影響を与えており、彼らの道徳哲学には自然法学あるいは法学(jurisprudence)は欠くことのできない科目となっていた。スミスは法学講義の中で、法学を学ぶ者が避けては通れない重要な自然法体系としてグロティウス、ホッブズ、プーフェンドルフ、コッケイの名を挙げている(『法学講義』Bノート、1766)。スミスは近代自然法の根幹となる原理である自然状態論や社会契約説を批判しているが、彼が思想形成をするうえで近代自然法学はきわめて大きな位置を占めている。スミスにおいて大陸自然法学とイギリス自然法思想は融合し統合され、新たな道徳哲学として再編されていったのである。

【主要文献】A.P.ダントレーヴ(久保正幡訳)『自然法』岩波書店, 1952. H.ロンメン(阿南成一訳)『自然法の歴史と理論』有斐閣, 1971. 福田歓一『近代政治原理成立史序説』岩波書店, 1971. I. Hont and M. Ignatieff eds., *Wealth and Virtue,* Cambridge University Press, 1983(水田洋/杉山忠平監訳『富と徳』未来社, 1990). 田中正司『アダム・スミスの自然法学』御茶の水書房, 1988. J. Moore and M. Silverthorne eds., *Natural Rights on the Threshold of the Scottish Enlightenment,* Liberty Fund, 2002. A. Broadie ed., *The Cambridge Companion to The Scottish Enlightenment,* Cambridge University Press, 2003. 前田俊文『プーフェンドルフの政治思想』成文堂, 2004.

(前田俊文)

自然法則

〔英〕laws of nature

自然法則をめぐる主な論点

自然法則をめぐっては、自然法則とはそもそも何かという形而上学的な問いとその自然法則についてどうやって知るのかという認識論的問いが論じられてきた。

形而上学的問いについては、二つの主要な立場がある。第一は自然法則は自然界の事物の振る舞いを拘束するような普遍性と必然性を備えた客観的規則である、という立場（必然性論、necessitarian theory）であり、第二は自然法則とは観察可能な対象間に成り立つある種の規則性だという立場（規則性論、regularity theory）である。この二つは排他的なものではなく、客観的な必然性を備えた経験的規則性だという立場もありうるが、これは規則性論の一種と分類される。歴史的には、必然性論は古くから存在したが、規則性論が明確な形で登場するのはヒューム以降である。

認識論的問いについては、理性によって自然法則を知るという合理主義の立場と経験によって知るという経験主義の立場、自然法則については知りえないという不可知論の立場などがある。必然性論を採った場合、その意味での法則についてどうやって知るのかが大きな問題となる。

もちろんこうした論争はイギリスだけで進められてきたわけではないが、自然法則をめぐる論争の歴史においてイギリスの哲学者たちが重要な役割を果たしてきたことも事実である。本項目では歴史的流れに沿って、自然法則をめぐる考え方がイギリス哲学やそれを源流とする現代英米哲学の中でどのように変化してきたのかを概観する。

中世における必然性論

イギリス哲学における自然法則に関する議論の出発点となるのは13世紀のグロステストであると言われる（当時はまだ自然法則という表現はなかったが）。グロステストはアリストテレスやガレノスの議論を下敷きに、観察からの一般化やその検証といった経験に定義や直観といった理性の働きを加えることで普遍（個物から独立なものとしての性質）についての必然的真理について知識を得ることができる、と考えた（これはのちの分類で言えば、合理主義と経験主義を折衷した必然性論ということになる）。グロステストはまた、二つのアプリオリな基本原理として、自然の斉一性の原理と自然の節約性の原理を認めた。グロステストの立場はロジャー・ベーコンやウィリアム・オッカムをはじめとしたその後の中世イギリスの哲学者に大きな影響を与えたとされる。

経験主義の発達

ニュートン力学の成立により、宇宙全体のあらゆる出来事を規定するような基本法則が初めて見出され、自然法則についての議論もその影響を受ける。これらの基本法則は「ベーコン的方法」によって発見されたと考えられた。ベーコン的方法とは、フランシス・ベーコンが唱道した方法であり、実験で得た個別の事実から帰納法を使ってより一般的な命題へと少しずつ進んでいき、最後に最も基本的な一般化（ベーコンは「形相」と呼ぶ）へと辿り着く方法のことである。つまり、ベーコンの路線は経験主義的な必然性論だということになる。ただし、ニュートンや他の科学者が実際に基本法則に辿り着いた方法がベーコン的方法ではありえないという点はしばしば指摘される。なお、自然法則という言葉もこの頃に現在の意味で使われるようになったようで、ニュートン自身『光学』において「自然法則」という表現を使っている。

ロックの『人間知性論』はベーコン的な楽観的見通しに対する異議と理解することがで

きる。ロックは経験世界についての知識の源泉として経験のみを認める経験主義者であったと同時に、法則というものが普遍的で必然的な関係を表すと考えていた。そこから出てくる結論として、ロックはわれわれが自然界に見出す規則性は法則に従っていると見なしてよいが、どういう法則に従っているのかはわれわれには分からない、と考えた（つまりロックは法則に関する不可知論を採ったと考えることができる）。

ロックのアンビバレントな立場を押し進めて自然法則に関する論争状況を一変させるような議論を提出したのがヒュームの『人間本性論』である。ヒュームは有名な懐疑的考察の結論として、因果法則とは観察された範囲での恒常的連接にすぎないと考える。法則の必然性は、宇宙自体の中に備わっている性質ではなく、われわれが因果法則を見る際に思考の習慣として割り当ててしまう必然性である。これは、規則性論の最初の明確な表明となっている。

科学哲学の成立と自然法則

19世紀前半には、J.ハーシェル、W.ヒューエル、J.S.ミルらが中心となって科学哲学、すなわち科学（とくにニュートン物理学）の本質や方法論を主な問題領域とする哲学の分野を成立させ、その中で自然法則の概念に対しても本格的な哲学的検討が始まった。とくに、ヒューエルはカント的な合理主義の立場から、物理学の基本法則にもアプリオリな部分があると主張し、また、経験を集めるのと同じくらいに概念を当てはめるという作業が重要であると主張して、経験主義の伝統に異議を唱えた。これに対しハーシェルやミルは、自然法則が反実仮想をもサポートするという意味で一種の必然性を持つことを認めつつ、しかもそうした必然性を持った規則性がベーコン的帰納で発見できると考えた。とくにミルは徹底した経験主義者として、自然法則がアプリオリに知られうるというヒューエルの考えに強く反対した。また、ベーコン的帰納の難点となるヒュームの懐疑主義に対しては、ミルは、そもそも答えようのない懐疑は相手にしないという、W.V.O.クワイン流の自然主義の立場を先取りするような立場を表明している。

しかし、こうした自然主義はミルの次の世代の科学哲学には受け継がれず、徹底した経験主義だけが受け継がれていった。20世紀前半に至って科学哲学の主流は論理実証主義となったが、イギリスにおける論理実証主義の代表格であるA.J.エアは意味の検証理論にのっとり、自然法則は定義かまたは単なる仮説であるかどちらかでしかないと論じ、自然法則が経験的であるとともに必然的真理だという考え方を否定した。これは自然法則の反実在論に近い立場である。

20世紀後半の科学哲学と自然法則

20世紀後半には、アメリカやオーストラリアでの分析哲学の隆盛とともに、英語圏の科学哲学は一つのまとまりを形成するようになった。以下でもとくに区別せず論じる。

自然法則が科学において果たす役割がこの時期に再検討された。とくに、C.ヘンペルの科学的説明のモデルにおいて自然法則は中心的な役割を果たす。ヘンペルによれば、ある観察に対する科学的説明とは、その観察を科学法則と初期条件から演繹する議論の形を取る（D-Nモデル）。これに対し、たまたま成り立っているような偶然的規則性からその観察を演繹してもそれは説明とは見なされない。また、因果性の概念分析においても、単なる偶然的継起と因果的継起を区別する基準として自然法則の概念がクローズアップされるようになった。ここに至って自然法則と偶然的規則性の違いを明確化する必要性が再認識され、様々な立場が登場することになる。

ここにおいて一つの主流のアプローチは、自

然法則を何らかの意味での必然性を持つ規則性だと分析したうえで、その「何らかの意味での必然性」が具体的にどういうものかを考えるというものである（これは広い意味での規則性論からの分析だと言える）。エアやR.B.ブレイスウェイトは、その規則性をわれわれがどう扱うか、というわれわれの側の態度に自然法則と偶然的規則性を分ける特徴があると考える。自然法則だから科学的説明において使われるのではなく、科学的説明においてその規則性を使うということによって自然法則となるのである。しかしこの考え方では未知の自然法則という考え方が意味をなさなくなる。

もう一つ、この時期における重要な貢献として、D.ルイスの可能世界意味論による自然法則の分析がある。自然法則は反実仮想もサポートする、すなわち「実際にはXは起きなかったが、もしXが起きていたらYが結果として生じていただろう」といった推論に自然法則を使うことができるという指摘は古くから様々な哲学者によってなされてきたが、それに具体的な意味を与えるのは困難であった。ルイスは、Xが起きたという以外の点で最も現実世界に近い可能世界ではYが起きるはずだ、という形に分析することで、反実仮想の推論に明確な形を与えた。この意味での反実仮想をサポートするタイプの規則性が自然法則である、というのがルイスの分析である。

以上のような規則性全般に対して、この宇宙で厳密には成り立つことのない理想的条件についての法則（たとえば慣性の法則）はどう扱うのか、外延的にまったく同じ規則性でも内包的には別の法則だという場合があるのではないか、といった問題が指摘されている。

こうした認識に立ち、D.M.アームストロングらは自然法則はそもそも個物間の規則性についての普遍命題ではなく、性質や傾向性といった普遍どうしの関係に関する単称命題だという必然性論の立場を提案してきた。規則性論者が法則の本体だと見なしてきた個物間の規則性は、性質間の関係から二次的に導出されるものであり、その性質間の関係が成り立つ限りにおいて、必然的に個物間の規則性も成り立つ。この立場に対しては、そもそも普遍の存在を認めるかどうかという形而上学の問題や、どういう普遍が関わっているかをどうやって経験的に知りうるのかという認識論的な問題が指摘されている。

他方、科学の実践において自然法則がどのくらい重要かという点については科学哲学の中で再検討が進んでいる。近年支持者を増やしている「科学理論の意味論的捉え方」の下、B.C.ファン・フラーセンやR.ギャリーらは科学理論の本体は普遍法則ではなくモデルであるという考え方を打ち出し、法則の重要性を否定している（つまり、普遍法則をベースとするニュートン力学は科学の典型と見なされてきたが、むしろ例外であったことになる）。

この他にも、自然法則を不可知論的に捉えるポパー派の立場や、フィクションとして捉えるN.カートライトの立場など、様々な捉え方が提案されてきている。自然法則については、立場の多様化と論争の深化が進んでいるというのが現状である。

【主要文献】John Losse, *A Historical Introduction to the Philosophy of Science,* Oxford University Press, 1972; 3rd ed., 1993（常石敬一訳『科学哲学の歴史』紀伊國屋書店，1974）．Sahotra Sarkar and Jessica Pfeifer eds., *The Philosophy of Science: An Encyclopedia,* Routledge, 2006. Martin Curd and J. A. Cover eds., *Philosophy of Science: The Central Issues,* W. W. Norton, 1998. D. M. Armstrong, *What is a Law of Nature?,* Cambridge University Press, 1983. Ronald A. Giere, *Science without Laws,* University of Chicago Press, 1999.

（伊勢田哲治）

自然保護運動

〔英〕nature conservation

　自然保護運動は、人間と自然との二項対立と相互作用を意識しながら、お互いに有益な関係を再構築しようとする社会的意義を持った行動形態である。しかし、「自然」（nature）は、元来は物事の「本性」や「理法」を意味し、宗教、政治、経済、法、科学、文学にまたがる多様な概念体系を示す。したがって人間と自然との思想的関係も錯綜している。ここではアニマル・ライツ、資源、エコロジーといった関連事項を含めて、現代イギリスの国民性の顕れとも言える自然保護運動の背景にある思想的枠組みを歴史的に辿る。

宗教と自然

　近代以前、自然の保護者は造物主たる神であった。ルネサンス期におけるネオ・プラトニックな概念「存在の大いなる連鎖」（the Great Chain of Being）は、神から卑小な生命体にまで連なる自然の連鎖の中間に人間を位置づける。神の似姿として理性を備えた人間は、本能的な動植物より優れた生物と見なされ、理想の自然状態とは本能が統御されたエデンの楽園であった。

　しかし、宗教的な権力が緩みだす17世紀からこの自然観は崩れ、人間と自然との関係は再構築されていく。神が慈愛深い存在と考えられ、人間の本性（nature）の追究と宗教の世俗化も進む一方で、人間も動植物への慈悲を義務として課される。地上の「おでき」と思われていた山岳地帯までも、人間に精神的・審美的快楽を与える神の意図（デザイン）として捉えられるようになった。

　新しい自然観は自然神学（natural theology）の発達も助長しながら、ニュートン、ジョン・レイやハットンに代表される天文学、動植物学や地質学といった自然科学を発達させ、人間中心的な自然観を徐々に揺るがしていく。18世紀における地層と化石の発見は、地球や動植物が『聖書』や人類のはるか以前から存在していたことを証明し、人間の優越性を決定的に打ち砕いた。人間の破壊的性質はその後も明らかにされていくが、一方ですべての被造物に何らかの役割が与えられているという宗教的信念は、野生動物や自然を保護する論拠として機能し続ける。

文学的・美学的な背景

　人間と自然はずっと疎遠な関係だったわけではない。中世でも田園生活に宗教的至福が追究されたし、民衆にとっても自然は迷信を介してきわめて身近な存在であった。そうした自然観は自然科学の発展にもあまり左右されることなく長い間存続する。

　ルネサンス期の牧歌や農耕詩は、古典的な文学的慣習に基づいた虚構ではあったが、審美的自然の枠組みを確保していたし、シェイクスピアの『お気に召すまま』に描かれた腐敗した宮廷生活に対峙する自由な森の生活は、自然の道徳的優越性を示唆している。

　ロックやルソーは自然状態について肯定的な政治的価値を付与したが、18世紀になって興隆した新しい感受性は自然をありのままの姿で捉えだす。「感受性文学」には現実の自然が反映され、ワーズワスを代表とするロマン主義文学において自然美の描写と賛美は一つのクライマックスを迎える。

　自然に対する美的感覚の変革は絵画・芸術の領域ではより顕著である。18世紀になってプーサン、クロード・ロラン、ローザなどヨーロッパから輸入された絵画中の自然が人々を魅了し、その風景熱は「ピクチュアレスク」という美的概念を浸透させ、「絵のような風景」を現実の自然の中に追求するまでに至る。ゲインズバラ、リチャード・ウィルソン、コンスタブルなどの画家たちは自然をキャンバスに写し取る。丘陵や森、廃墟まで備えた人工

的でありながら「自然な」風景庭園も出現した。さらには野性味溢れる山岳風景までもが崇高美と精神的な治癒力を兼備した再生の場とされ、人々は、湖水地方、ウェールズ、スコットランドのみならず、アルプスなど国外にまで観光旅行した。

こうした美意識の変革なしには、ワーズワスの「自然を教師にする」(『抒情歌謡集』1798)という自然観は生まれなかったであろう。故郷である湖水地方の風景美と共同体を愛した彼が1820年に出版した『湖水地方案内』は、急増しつつあった観光者用の案内書として書かれたが、44年にこの地方に鉄道建設が提案されると、自然・生活環境の保護のためのプロパガンダとして機能した。自然環境保護の先駆的な事例である。

都市と田舎

産業革命や農業革命は革命と言うほどの急激な変化ではなかったが、社会の近代化と資本の都市集中化をもたらす一方で、汚れた都市に対する美しい自然という固定観念を生んだ。18世紀後半から大規模に行われた囲い込みは、共有地と農業共同体を減少させ、都市への人口流出を誘発し、自由に許されていた自然と人間との融和的関係も崩れていった。

1851年の国勢調査では都市人口の比率が50％を超える。都市における資本の集中は、地方からも労働者を吸収しながら生活環境を悪化させたために、田舎は、都市の悪徳、虚飾、騒音、烟霧からの避難所であると同時に、仕事の緊張から解放される休息の場、道徳的な再生の場として理想化されていく。

ヘンリ8世の時代から貴族・地主階級は田舎に本拠を持ち、公園や戸外を散策したが、18世紀末からは裕福な中流階級も郊外に家を構え、庶民でさえ時おり休息を求めて田舎へと赴いた。19世紀から20世紀になってもロンドン郊外の自然を人々が保存しようとしたのは、彼らにとって田舎は伝統的に心の拠り所であったからだ。ウィリアム・クーパーは「神が田舎を創り、人間が都市を造った」(『務め』1785)と謳ったが、都市の成長が田園を保護したという逆説もまた真実である。

アメニティの思想

ラスキンは、ワーズワスの自然観を理論化するだけではなく、「知的能力」や「純粋な道徳の原則」を供給する自然の価値を認めることで自然保護の思想的土台を築いた(『近代画家論』1843-60)。土地が安全で、美しさを保ち、豊かな動植物を養うのであれば人類の貴重な財産になると主張し、美や知に対する人間の欲求が、生理的に快適な環境と不可分に結びついていることを指摘した。

貨幣価値では測れないが、自然環境や歴史的景観が住民に与える精神的安らぎや文化的価値を重んじるこの考え方は、「快適な環境」を追求するアメニティの思想と言える。現代のエコロジーや環境経済学の枠組みも、ラスキンの自然保護思想にすでに胚胎している。

この価値観はウィリアム・モリスにも共有されたが、湖水地方の環境保全を推進したローンズリー、共有地保存協会の弁護士ハンター、住居改善運動の指導者オクタヴィア・ヒルを経由して、ナショナル・トラストに継承され、さらにシビック・トラスト、イングリッシュ・ヘリテッジなど様々な環境保全運動へと浸透していく。ナショナル・トラストは、土地の購入と寄贈によって歴史的名勝や自然的景勝地の保護・保全を目的とする組織として1895年に設立され、その名は、慈善と自然保護がイギリスの国民的美徳でありアイデンティティであることを示唆している。

動物保護とアニマル・ライツ

動物保護の思想も自然保護の思想と並行して発達する。その思想的系譜は広教会派に遡る。ホッブズの説に対し、人間は生来本能的に慈悲深いのが自然だと考えられた。18世紀

になると、生物に対する慈悲を共有する感受性豊かな人は増えてくる。

しかし、動植物に対する知的関心を高めたのは、18～19世紀の自然誌・博物誌の大流行である。ビュフォンの『博物誌』が輸入され、国内でも数多くのナチュラリストが生態系や動植物と環境との繊細な関係について考察を深める。19世紀に動物愛護協会や野鳥保護法案を強力に推進したのも彼らであった。

19世紀以前にも進化論的な考え方は展開されていたが、ダーウィンは生存競争と自然選択を通じた進化が有機体生物の環境への適応過程であることを指摘し、生物と環境との相対的関係についての見方を決定的に変えた。他の動物と同等の有機体として人間も認識されたのである。

この考え方は、19世紀の生体解剖論争と絡んで、動物にも道徳的資格やアニマル・ライツを認める現代の動物愛護や動物解放の思想的基盤を提供していく。また同時に、生物共同体や生態系の探究を推進し、自然の秩序と人間との関係を定式化しようとする環境学をも確立していくことになる。

資源、環境、エコロジー

資源破壊に対する最初の問題提起はイギリスでは15世紀末にされた。人的要因による森林の荒廃を危惧して、14世紀末から15世紀末にかけて若木や森林地の保護が法的に進められる。イヴリンは『森(シルヴァ)』(1664)の中で森林破壊と海軍船艦建造用の木材不足を憂慮し、森林学の追究と、植林による森林保護と快適で有益な風景保全のための土地管理まで提案し、多くの大土地所有者に行動を促した。

しかし、自然資源への危機意識を最も高めたのはマルサスの『人口論』(1798)であろう。彼の理論は、ゴドウィンやコンドルセの楽観的社会改良理論への反駁であったが、地球が人類に供給できる資源に限界があるという考え方は、20世紀の後半になって科学的に証明され、環境保護運動に強力な理論的根拠と動機を提供することになった。

その中でエコロジー (ecology) という概念も生まれる。エコロジーはもともとドイツの生物学者ヘッケルが、生物どうしの関係やその生育環境についての探究を生態学 (Ökologie) と名づけたのが始まりである。それが1870年代に英訳されてecologyとなり、ダーウィンの進化論と微妙に呼応しあい、さらに環境学 (environmentalism) の意味をも包摂しながら浸透していく。この自然科学的概念は、社会的な関心を喚起し、1950～60年代になると自然と環境の保護・保全のための活動や研究をすべて抱合してしまう社会思想として定着していくことになった。

【主要文献】A. O. Lovejoy, *The Great Chain of Being: A Study of the History of an Idea,* Harvard University Press, 1936 (内藤健二訳『存在の大いなる連鎖』晶文社, 1975). Basil Willey, *The Eighteenth Century Background,* Chatto & Windus, 1940 (三田博雄ほか訳『十八世紀の自然思想』みすず書房, 1975). Keith Thomas, *Man and the Natural World,* Allen Lane, 1983 (山内昶監訳『人間と自然界——近代イギリスにおける自然観の変遷』法政大学出版局, 1989). Raymond Williams, *The Country and the City,* Chatto & Windus, 1973 (山本和平ほか訳『田舎と都会』晶文社, 1985). John Ruskin, *Modern Painters,* 1843-60 (内藤史朗編・訳『風景の思想とモラル』法蔵館, 2002). Charles Darwin, *The Origin of Species,* 1859 (八杉龍一訳『種の起原』上・下, 岩波文庫, 1990). John Evelyn, *Silva, or, A Discourse on Forest-Trees,* 1664. Thomas Robert Malthus, *An Essay on the Principle of Population,* 1798 (永井義雄訳『人口論』中公文庫, 1973). 平松紘『イギリス緑の庶民物語——もうひとつの自然環境保全史』明石書店, 1999.

(大石和欣)

実在論

〔英〕realism

　ある種の事物、またはある種の事実ないし状態が、実在するとする立場である。反実在論はこれを否定する。そのいずれに立つかは、ほとんどあらゆる領域（外界の存在、他人の心、過去や未来の存在、数学的対象の存在、普遍の存在、道徳的性質や美的性質などの領域）で議論の焦点となる。外界の存在に関しては、外界それ自体の存在も問題となるが、そこに含まれる物理的対象（たとえば、物理学における理論的存在者のようなもの）が実在するかどうかも問題となりうる。

　ある事柄について実在論の立場を採るということは、そういう事柄として記述される事物が、(1) 存在し、しかも (2) われわれから独立に存在すること、(3) そうした事柄を他のことに還元して別の事柄とすることはできないこと、(4) そうした事柄を表す言明は世界の一つの象面の端的な記述であり、世界における事実によって真または偽となるということ、(5) われわれはその事柄の真偽の認識に到達しうるということなどを主張する。反実在論はこれら主張のいずれかを否定し、懐疑論、観念論、概念論、消去論（還元論）、道具主義、構成論などの形を取る。たとえば懐疑論は (1) を主張する権利を否定する。観念論や概念論は (2) を否定する。消去論は、当の話題の成立を否定する。道具主義やエモーティヴィズムは (4) を否定する。社会的構成論は、知識は科学者が構成するものだとする相対主義のゆえに、(5) の否定に傾きがちである。もっと他の取り合わせも可能であろう。

　哲学の歴史において著名な議論は中世の普遍論争、近世における外界の存在の問題、現代では、数学的対象をいかに理解するかに関する議論（ダメットらの議論）、科学的実在論の成否をめぐる議論などがある。

普遍論争の起源と展開

　プラトンのイデア（形相）説は、西欧の思想的伝統の基礎をなしている。イデアや普遍という概念が導入されたのは、多種多様でありまた変化する経験的世界の存立や理解を可能にするためであり、イデアないし普遍は変化と多様の背後にあるものとして考えられた（一と多の問題）。イデアを個物を超越し独立に存在するものとしたプラトンに対し、アリストテレスは形相を個物に内在する普遍と捉え、普遍ないしイデアの存在がいかにして確立できるかという議論においてプラトンのイデア説を無限後退の議論であると批判した。しかし両者とも実在論には立っていた。いわゆる普遍論争は中世において始まる。

　問題を引き起こしたのは、ポルピュリオスの『エイサゴーゲー』のボエティウスによる注解であり、ここで類や種（普遍）は実体であるのか心の中だけのものか、物質的な実体か非物質的か、個物から離在するのか個物の中にあるのかという問題が生じた。最終的には多くの神学者たちが普遍の実在に反対するようになり、唯名論という立場を形成した（オッカムなど）。これは実在するものは個物のみとする主張であり、近代科学の多くの先駆者の立場に反映している。普遍の問題は 20 世紀にフレーゲ、ラッセル、ウィトゲンシュタイン、クワインらにより再生された。

近世における議論

　実在論 - 反実在論の問題は、より認識論的な色彩を帯びるようになる。デカルトは、心身二元論という形で近代的実在論を提唱した。しかし反実在論は、心的状態の実在に関して心身同一説、物理主義、機能主義の名の下に、還元論、消去論を展開する。他方、物質（外界）に関しては、実在論が認められそうであるが、物理的対象に関する直接実在論は懐疑論には案外弱い。

　また直接実在論に対して、知覚の成立には、

それを構成する認識の働きが必要であるという立場からの反論もありうる。知覚の成立には、知覚者の「知覚の処方」の適用が不可欠である以上、知覚表象（知覚の直接対象）と知覚の対象（物理的対象）との間には懸隔が存在する、と。これはカントの現象と物自体の場合も同じである。しかし知覚言語が実在論的な前提抜きでも成立するかどうか論争を生む。実在論は主張する。存在概念の基礎は物理的対象の実在にあり、われわれが物理的対象の実在を認めないなら、それは空虚な概念となろう、と。これに対し反実在論は物理的対象の実在よりも知覚を優先し、実在論とは異なる存在概念を提唱する。けれどもセンス・データから知覚の対象（物理的対象）を構築しようという反実在論（還元論）の議論は、今のところ不成功に終わっている。

議論の諸型

物理的対象の実在を支持する議論の一つの型は、そうした事柄についてわれわれの意見が一致する、あるいはそういう方向に収斂するという事実に基づく議論である。すなわち、このような意見の一致は、われわれから独立な実在があると考えることによって初めて可能になるという議論である。これに反対する議論の一つは、そういう意見の一致は実際は存在しないという議論であり、もう一つは、そういう意見の一致が見られることは認めるが、それを事物の実在的性質によるとはせず、われわれの本性の一様性つまり相互主観性によって説明する立場である（典型はカントの認識分析。しかし彼は、認識と対象との一致という観点を捨ててはいない）。

実在論は、意見の一致に基づく議論を用いて、言い張るかもしれない。たとえ対象の特定の性質を確定できなくても、ある何らかのものが独立存在していると主張できる、と。反実在論は答える。実在論は、そうした想定上の実在がわれわれの経験にどのように影響を及ぼしているかをまったく説明しえない、と。直観によって事態は知れると実在論が反論しても、それは空虚な応答にすぎない。

あるいはまた、知識の限界という考えを用いて実在論を定義し、それはわれわれの認識能力を超えた事実がありうるという信念のことだと言われるかもしれない。その場合、反実在論は、そういう事実はありえないと主張する。知識の限界という考えが実在論を成立させるように見えるのは、もしそういう限界があるなら、われわれは、知る力を超えた事実が存在しうる可能性を排除できないからである。しかし、もし当のものの全本性が、それを構成するわれわれの仕方に帰するのなら、そのものに関してわれわれが認知できないものは存在しえなくなる。この時、超認識的事実の存在を、単なる可能性としてでなく、現実だと主張するとすれば、実在論は懐疑論（不可知論）に転化するのではないか。

20世紀における実在論

実在論は感覚的知覚や科学的実在論の問題として盛んに論じられた。科学においては伝統的に、科学的知識の対象は認識者の心や行為とは独立に存在し、科学理論はわれわれから独立な客観的世界についての真理である、と考えられてきた。これは科学的実在論本来の主張に他ならない。それは、ある種の存在者の独立存在という存在論的主張と、それをわれわれは知りうるという認識論的主張とを持っていた。これに反対する立場としては、現象論や経験論、道具主義や構成論がある。

19世紀の終わりから20世紀の初めにかけて、分子や原子が実在するかという実在論の問題が、科学者の立場を二つに分けていた。一方には、現象論者、道具主義者、規約論者などの反実在論者（マッハ、デュエム、ポアンカレなど）があり、科学理論の真理という考えや、「理論的存在者」の実在性に懐疑的な態度を取っていた。これに対し、統計力学や相対

性理論の成功に支えられて、プランクやアインシュタインは、実在論を支援していた。しかしながら量子力学の発展は実在論的解釈を困難にし、科学者はいわゆるコペンハーゲン解釈に従い、道具主義に向かった。これに影響を受けた哲学者たちは、実在論を形而上学的な偽問題として捨てる傾向にあった。

科学実在論の諸相

この流れは20世紀後半からしだいに変化した。実在論を弁護する議論が、一つには真理概念を科学の核心概念とする、ポパーの道具主義批判に支えられ、また一つにはスマートや初期パトナムの「奇跡」議論によって勢いを盛り返した。奇跡議論は、もし科学理論の用いる理論的存在者が実在せず、理論そのものが全体として少なくとも近似的に真に近いものでないならば、科学の示している明白な成功は奇跡と言わざるを得ないという。もちろん奇跡議論は決定的なものではない。しかし1970年頃には、ボイドなどは実在論を否定するものは反科学の立場に立つものと見なすに至った。

けれども最上の説明であることは真であるということを意味しない。また観察次元で真であるということは、理論全体として真であるということを必ずしも意味しない。それは道具主義も求める目標である。議論は終わらない。ある実在論者は、理論全体が真であることを求めるのを止め、理論的存在者の実在を論証するか、もっと狭い局面での実在を求める方向に転じている(ハッキング、カートライト)。反実在論としては、パトナムの内在的実在論、ファン・フラーセンの構成的経験論、ファインの自然な存在論的態度(NOA)などがある。

意味論からの議論

1980年前後から、実在論とその反対の立場との伝統的な形式が変化を見せ始めた。それは多くをダメットの意味論に負う。彼は意味論を二分して、一つは文の意味をその真理値によって理解する立場(実在論)と、文の意味をその文を主張することを正当化する条件に関係づけて理解する立場(反実在論)とに分けた。後者の立場は前者の認める二値論理の否定、または排中律を否定するものとして理解される。肯定も否定も真ではない文には排中律は成立しない。深刻な問題は数学に関して生ずる。数学的言明が真であるというのと、それが証明可能であるというのは別のことである。しかしもし数学的真が証明可能性と同等なら、排中律は必ずしも成立しなくなる。証明可能性を検証可能性ないし主張可能性に置き換えても、同様な議論が成立しよう。これは、われわれから独立した存在を認めるか、存在するものはわれわれの構成したものであると主張するかという、実在論と反実在論の元の対立に対応する問題である。

実在論、反実在論という形而上学的旗印を守るためだけの論争は空虚であるが、いずれにせよ事態の分析をはみ出す事例を考察し、それを含み込む議論を作ることによって、事柄の理解は深化してきたのである。

【主要文献】Michael Devitt, *Realism and Truth,* 2nd ed., Princeton University Press, 1991. Michael Dummett, *Truth and Other Enigmas,* Haravard University Press, 1978(藤田晋吾訳『真理という謎』勁草書房,1986).David Papineau, ed., *The Philosophy of Science,* Oxford University Press, 1996. K. R. Popper, *Conjectures and Refutations,* Routledge & Kegan Paul, 1963(藤本隆志／石垣寿郎／森博訳『推測と反駁』法政大学出版局,1980).Hilary Putnam, *Realism and Reason,* 1983(飯田隆ほか訳『実在論と理性』勁草書房,1992).P. V. Spade, *Five Texts on the Medieval Problem of Universals,* Hackett, 1994. Crispin Wright, *Realism, Meaning, and Truth,* 2nd ed., Blackwell, 1993.

(神野慧一郎)

市民社会

〔英〕civil society 〔独〕bürgerliche Gesellschaft

市民社会の起源と成立条件

　市民社会という言葉は、第二次世界大戦以降、広く一般的に使われるようになったが、市民社会概念は多義的で、歴史的に変容しているので、概念内容を歴史的に検証する要がある。

　市民社会という用語の由来はラテン語のsocietas civilis にあるが、概念内容はまったく異なる。国家の構成員となり、国政に参加し献身することが市民権（citizenship）の内実をなしていた近代以前の共同体では、国家と社会の区別はなく、上のラテン語も国家と同義に解されていたからである。もとより、市民社会が私法関係を根幹とする限り、市民社会的関係自体は近代以前にも存在したことは言うまでもない。しかし、市民社会の自立・国家からの独立は、マルクスの言う歴史のカマド（人間の協同労働の場）としての市民社会における分業・交換関係の発展に伴って、個人の欲求充足の普遍的相互依存性とその自立性が認識されるようになったとき可能になったものであった。17世紀以降の思想家が、国家と個人、国家と社会の関係を逆転させ、市民社会の構築を意図し、市民社会理論を国家論の根幹に据えるに至った背景はそこにある。

　こうした意味で市民社会という言葉が使われ始めたのは16世紀以降のことである。その背景は、都市と農村との分業に基づく商品交換の担い手となった商工市民階級の登場と、それに伴う都市の形成にあった。中世都市は、剰余生産物の交換の場となった築城都市（Burg）の商人や製造業者が国王から自治権を付与されたことから生まれた市民の共同体であった。市民社会は、bürgerliche Gesellschaftというドイツ語の示すように、都市の市民の共同体として誕生したのである。しかし、都市の自治権は国王から付与された例外的特権にすぎないので、必ずしも市民社会の理念に即したものではない。市民社会は、所有の交換・分業関係が一般化し、すべての人間が交換関係を構成するところに成立するものであるからである。そうした市民社会の概念を最初に明確に描き出したのが近代自然法である。

近代自然法の市民社会論的構造

　近代自然法は、政府の形成以前の「自然状態」における所有の増大に伴って発生するトラブルを防ぐために結成された市民の共同体（市民社会）における所有の交換の秩序を維持するために必要な共通権力の確立を政治社会論の主題とするものであった。ホッブズやロックが「市民社会」を「政治社会」として捉えていたのもそのためであった。しかし、そのことは、彼らがアリストテレス以来の伝統思想に従って、市民社会と国家を同一視していたことを意味しない。彼らは、政府の成立以前の自然状態から出発したうえで、所有の交換関係からなる市民相互の私法的関係を維持するための市民の共同体としての市民社会の形成を意図し、その秩序の確立を政治社会論の主題としていたからである。

　こうした市民社会の根本原理を明確に表現したのがホッブズ自然法である。平和の維持と契約遵守を根幹とするホッブズ自然法は、市民社会の根本原理を表現したものであった。そうしたホッブズ自然法の市民社会論的性格は、彼が国家を所有の交換の正義を守るための人工物にすぎないと規定していた点にも端的に示されていると言えよう。

　こうした市民社会思想の本質をより明確に表現していたのがロックの『統治二論』である。ロックは、所有権の根拠を各人の身体（パーソン）の活動としての労働に求めることによって、万人が所有権の主体たりうる根拠を論証するとともに、所有の不平等を正当化する論理を展開している。彼は、そのうえで

所有の増大に伴って、政府の存在しない自然状態から、所有に関する争いを裁決する権力を持った市民社会への移行が必要になる理由を明らかにしている。ロックは、市民社会と政治社会を並置しながら、両者を概念的に区別し、所有の増大に伴って所有の保護を目的とする市民社会が形成される次第を論理化したうえで、所有権保護のために必要な「共通権力」とそのあるべき姿の解明を政治社会論の主題としていたのである。

こうしたロックの論理展開が商業の発達とブルジョワ階級の台頭を背景にしていることは明白である。彼が自然状態論と政治社会論との間に市民社会形成論を登場させたのは、彼の思想主題が戦士支配の封建体制や絶対王政に代わる商工農の市民の共同体としての市民社会の形成にあったためで、同意によるコモンウェルス形成論は市民社会の秩序維持のための手段にすぎず、国家は市民社会の侍女化されたのである。ロックは、商業の発達を背景に、封建的＝軍事的でない文民主体の、宗教権力からも自由な世俗的な政治権力としての「市民政府」(civil government) の確立を意図していたのである。

ファーガソンの文明社会論

市民社会は、ホッブズやロックにおいてはすぐれて commercial, secular, civilian, political な社会として観念されていたのであるが、17〜18世紀の人間が表象していた市民社会の観念には、その他に文明社会（civilized society）の観念がある。その代表者としてはヒュームやファーガソンらが挙げられるが、ファーガソンは、未開社会と文明社会との対比的考察を行い、アーツ（技巧）と商業の発達に媒介された商業文明社会と未開社会との差異を詳しく分析している。彼が文明化の指標を商業の発展と正規の政府の成立に伴う司法の整備、その帰結としての職業の多様化や階級分化、人権保障、マナーズの確立などを挙げているのも、こうした未開－文明の対比的考察に基づくものであった。

ファーガソンの『市民社会史論』は実際には文明社会論であったのであるが、彼がそれを市民社会史論と命名したのは、文明化が商業化と市民革命（市民社会の成立）の産物に他ならず、市民社会形成の目的自体が社会の文明化にある次第を見ていたためと言えよう。彼が未開→文明の四段階論的考察を通して、文明社会としての市民社会の形成史論を展開していたのはそのためであったのである。

ファーガソンは、そのうえで、専制のもたらす隷従→腐敗批判と並んで、文明化が人間の精神を腐敗させ、文明自体を没落させる経緯を詳説している。彼は、商業社会としての市民社会のはらむ病根をいち早く認識し、そうした文明のはらむ問題に独立＝自由＝徳性＝公共精神論で対処しようとしたのである。彼がシヴィックと言われるゆえんはそこにある。

ファーガソンは、後述のスミスと同様、個々人の生活手段（私益）の追求が意図しない目的（公益）実現に繋がる市民社会の精髄をはっきり認識しながらも、そうした手段の論理の自己目的化が人間の精神を腐敗させ文明を没落に導く次第を見抜いていたのである。しかし、彼は、いまだ所有の交換社会としての市民社会のポジ（積極的存在理由）を十分に基礎づける論理と倫理を欠いていたため、商業文明社会のネガの克服をシヴィック的な公共精神に求める他なかったのである。

アダム・スミスの市民社会論

こうしたファーガソンの市民社会論と根本前提を同じくしながらも、ファーガソンとは対照的に商業社会として市民社会の本質とその積極面を明確に概念化したのが、スミスの経済学説である。

スミスは、すべての人間が自然の性向に従って自分の生活改善のためにインダストリに励み、より多く儲けるためにいろいろ創意工夫

を重ねて独自の商品を開発することが、なまじ計画的にプランを立てるよりも、より良く全体の福祉に繋がるゆえんを経済学的に論証している。そのうえで、各人・各国の独自の創造物としての商品の交換が相互の利益になる次第を説いている。スミスの経済学は、そうした形で所有（自分に固有のプロパーなものとしての自分の労働の生産物）の交換社会としての市民社会のポジ、その創造性と共同性を理論的に解き明かしたものであったのである。スミスは、自分にプロパーなものの交換によるCommon-Wealthの実現こそが市民社会の理念であることを見ていたのである。

スミスが自らの経済学説を「自然的自由の体系」と呼んだ理由もそこにある。それは、一般に誤解されているような無制約の自由や、おめでたい万人幸福論を意味するものではなく、生物界と同じような弱肉強食、優勝劣敗の生存競争を前提するものであった。しかし、スミスは、アーツとインダストリの力で自然が改良され生産力が上昇する文明社会においては、誰でもまじめに働けば、所有の重大な不平等は伴うが、万人の生存がそれなりに可能になるので、人為や慣行で自然の営み（operation）を妨害したり自然の法（ノリ）を超えたりしなければ、自然に全体の福祉が実現されると考えていたのである。

スミスは、こうした自然的自由のシステムの前提条件として、『道徳感情論』では市民社会に生きる人間が守るべき倫理学を展開している。この書物の初版は、商業社会の秩序維持に不可欠な交換的正義を同感原理によって基礎づけることを中心主題とするものであった。スミスの同感倫理学は、万人の利己心を前提しながら、他人の同感を得られる範囲に自分の欲求を抑制することが不可欠な根拠を感情論的に論証することによって、市民社会の構成員が守るべき倫理を内面主体化したのである。スミスの思想は、所有の交換社会としての市民社会の自立性と公共性、国家に対する市民社会の優位を明確に論証したものとして、17～18世紀の市民社会論のエポックを画するものであったのである。

ヘーゲルとマルクスの市民社会論

日本の戦中・戦後の市民社会論はこうした近代の市民社会論の前提をなしていた独立・自由・平等思想を根幹にしたものであったが、上述のような市民社会思想の根本理念を最も明確に概念化していたのが、ヘーゲルの『法の哲学』の市民社会観である。ヘーゲルはそこで人間はプロパティ（自己に固有なもの）の所有者になることによって、初めて抽象的な存在（Sein）と異なる現実存在（Dasein）として社会的な交通主体となることができるという趣旨の思想を展開している。

この指摘は、所有の交換社会としての市民社会の核心を的確に衝いたものであるが、ヘーゲルは同時に市民社会を「欲求の体系」と規定することによって、市民社会を家族と国家の中間に位置する倫理の喪失態として捉えている。ヘーゲルは、人間の「非社交的社交性」を認めていたカントと同様に、各人の私的な欲求の追求が自然に公益の実現という意図しない目的の実現に繋がる市民社会の逆説を、「理性の狡知」として承認しながら、なおかつそうした市民社会の運動原理に否定的な評価を下していたのである。

こうしたヘーゲルの両義的な市民社会解釈は、市民社会における人間の経済活動の資本主義化に伴って、富追求が自己目的化し、人間の共同性実現の場としての市民社会が、マルクスの指摘するように、人間と人間との分離と対立、搾取・疎外の場へと転変してきた現実認識に基づくものであった。しかし、上述のヘーゲルの論理は、彼の市民社会論が、私益のみを追求する経済主体は普遍性を欠如しているから、見える手（Polizei）が普遍者の機能を代行する要があるという、J.ステュアート的な思想に立脚するものでもあった事実にも

注意する要がある。

ヘーゲルの市民社会論は、市民社会の資本主義化という現代的問題状況と当時のドイツの後進性を反映したものであったのである。問題は、この論理が18世紀の市民社会論者が構想していた利害に即した自立的社会組織の形成という、封建的共同体に代わる新しい共同体としての市民社会の公共性を否定し、その担い手を市民から剥奪して普遍的身分としての官僚の手に移し、終局的には国家に市民社会の資本主義化に伴う問題の解決を托するものであった点にある。ヘーゲルの論理は、市民社会の担い手の主体性・公共性を否定し、市民社会を国家に揚棄・解消するものであったのである。

こうしたヘーゲル国家論批判から出発したマルクスは、所有の交換社会としての市民社会のポジをはっきり承認したうえで、それが分業＝所有の関係（交通形態）のいかんによっては疎外に転ずる次第の論証を主題にしていたのであった。マルクスは歴史のカマドとしての市民社会の交通形態を問い直すことを通して、コミューンという名の新しい市民社会の構築を意図していたのである。

現代市民社会論の課題

19世紀以降の現代思想は、ヘーゲル市民社会論の論理に従って、市民社会の自立性や公共性を否定し、資本主義の矛盾克服の手段を国家に求めている。こうした動向は、資本主義の進展に伴って物象関係が支配的になった結果、自然の原理を離れた市民社会主体が腐敗し、自制力や公共精神を失ったため、見えざる手に象徴される自然の摂理が機能しなくなったことの必然的帰結であった。20世紀のケインズ主義的福祉国家論が市民社会を国家に吸収する結果になっているのも、故なしとしないのである。しかし、市民社会の国家への揚棄が、人間個々人の活力や創造性を否定し、意図しない帰結や社会的分業のメリットを減退させるだけでなく、市民の国家への依存・隷従→腐敗を導くことは、ファーガスンやスミスらの18世紀の市民社会思想家が指摘していた通りである。20世紀末における社会主義の全面崩壊の最大原因の一つがここにあったことは明らかである。

ポーランドの連帯革命を契機に改めて登場してきた現代市民社会論が、国家に吸収された市民社会の再生・復権を図ることによって、権力の横暴を抑制し、資本主義の暴走を制御しようとしているのは、上述のような市民社会と国家をめぐる歴史の動態に照応するものと言えよう。しかし、こうした市民社会ルネサンスが現代の現実に対処する力となるためには、コミュニケーションに基づく公共空間の創出や市民のグローバルな連帯の力で国家と資本に対する市民社会の「調整制御」機能を強化するだけでなく、国家に依存しない自立した共同生活の場の構築を模索していた市民社会思想の歴史からその精髄を虚心に学ぶ要があるのではないであろうか。

【主要文献】Thomas Hobbes, *Leviathan*, 1651（水田洋訳『リヴァイアサン』岩波文庫，1954-85）. John Locke, *Two Treatises of Government*, 1690（伊藤宏之訳『全訳 統治論』柏書房，1997）. Adam Ferguson, *An Essay on the History of Civil Society*, 1767（大道安次郎訳『市民社会史』白日書院，1948）. Adam Smith, *The Theory of Moral Sentiments*, 1759（水田洋訳『道徳感情論』岩波文庫，2003）. ——, *The Wealth of Nations*, 1776（水田洋監訳『国富論』岩波文庫，2000-01）. G. W. F. Hegel, *Grundlinien der Philosophie des Rechts*, 1821（高峯一愚訳『法の哲学』創元文庫，1953）. Manfred Riedel, *Studien zu Hegels Rechtsphilosophie*, 1969（清水正徳／山本道雄訳『ヘーゲル法哲学』福村出版，1976）. 田中正司「市民社会観」，田村秀夫／田中浩編『社会思想事典』中央大学出版部，1982.

（田中正司）

社会契約説

〔英〕social contract theory

「社会契約」は、政治的支配の正当性を契約に基礎づけようとする概念、すなわち、政治社会における支配の権限とそれへの服従の義務を、その政治社会を構成する主体の間の合意ないし契約に根拠を有するものとして説明しようとする概念である。それは17～18世紀の政治思想、とりわけホッブズ、ロック、ルソーの政治思想において、近代の主権国家を、コンヴェンショナルな人為的秩序として提示するのに中心的な役割を果たした。

立憲主義的契約論

一般に契約的な理念から政治的権威のあり方を考える思想そのものは近代以前にも存在していた。中世ヨーロッパでは、法学の伝統における契約概念(pacta, conventus, contractus)によって、支配者と人民との間の権利と義務の関係を規定する立憲主義的契約論の展開が見られた。有名なギールケのテーゼによれば、近代の社会契約説の範型は、中世の自然法思想の発展の中で形成されたが、この範型となる理論は、社会契約(Gesellschaftsvertrag)と統治契約(Herrschaftsvertrag)という二つの契約からなっている。論理的には、まず一つの共同社会を創設する前者が前提となり、その次に政治的権威をそれへの服従者の合意に依存させる後者が存在することになるが、歴史的には逆に、後者が中世を通じて展開されたのに対して、前者は社会の起源への問いを契機として中世終わりになって現れ、アルトジウス(c.1557-1638)が初めて二つの契約からなる社会契約説を確立したとされる。

しかし、アルトジウスの二つの契約に表されているのは、基本法の支配と同意による支配であり、そこから権力の制限と抵抗権の主張が導き出された。そこでは、コモンウェルス(国家)を設立する契約の主体、つまり国家を構成する権利主体は個人ではなく、累積的に存在する多様な団体であり、歴史的な身分制的秩序が前提となっている。また、支配する者と支配される者との区別を所与として、前者の後者に対する正しい統治を保障するために、統治契約に基づく伝統的な制限政体論が確認されている。

これに対して、近代的な意味での社会契約説は、個人を契約の当事者とし、社会を構成する主体と考えること、また統治契約を否定し、政治社会を形成するただ一つの契約を提示することを特質としている。

ホッブズ

イギリスにおいては、契約概念の政治的言語への分節化は、16世紀終わりから17世紀に顕著に見られ、contract, bargain, agreement, coaping, treatie, covenant [couenant] などが「契約」を意味する一群の語をなし、同意による支配とは異なる原理に立って相互的義務を基礎づけるための、新たな政治的言語として形成されていた。ホッブズは、契約(contract)を、諸個人の間の権利の相互的譲渡——各自が自らの権利を互いの利益を考慮して相互に与えること——と定義し、その中でも信頼に基づいてその履行が将来に委ねられる契約を信約(covenant)とした。信約の当事者は、権利主体としての平等な個人である。そこでは個人を析出する自然状態の概念と、その個人を権利主体として確立する自然権の概念が前提となっている。それによって、ホッブズは、立憲主義的契約論の前提する政治社会の自然性を否定して、国家の人為的形成の論理として社会契約説を提示するとともに、支配者と支配される人民からなる政治社会を所与とする垂直的な統治契約に訴えることなく、水平的な社会契約のみから、形成されつつあった近代国家における主権の正当性を論じた。

自然権

この転換において最も重要な契機となっているのは、伝統的に「自然法」(jus naturale) と呼ばれてきたものの主観化である。ホッブズはこれを「自然権」(right of nature) に置き換え、改めて「自然法」(lex naturalis, law of nature) に対置する。そこでは jus は人を義務づける客観的法としてではなく、個々の人間が有する自由、すなわち主観的権利として解釈された。ホッブズによれば、人間の行動の基準は最終的には生命運動の維持であり、各人にとって欲求の対象が何であれ、それが彼の生命運動を促進する限り、彼にとっての善である。ここに道徳的価値ないし規範は完全に主観化された。そのような善を追求することは個々人にとって自然的自由であり、権利である。これによって、人間は「政治的動物」であることが否定され、共通善を成員が分かち持つ共同体として政治社会が自然的に存在することは否定された。人間の自然状態は、主観化された権利を持つ個人の間の平等の状態であり、万人の万人に対する戦争状態を不可避的にもたらすものとして描かれた。そのような悲惨な自然状態に置かれることによって、人間の中では、「暴力的な (不慮の) 死」への恐怖という情念に導かれて、理性が働き始める。理性は、真に自己保存を実現する方法を計算する。それによって与えられる処方が自然法である。それは第一に平和を求めるように命じ、次にそのためにすべてのものに対する権利である自然権を互いに放棄するよう命じる。これが権利の相互的譲渡としての信約である。そして第三に自然法は、その信約の履行を命じ、それが正義と呼ばれるのである。これらの自然法の効力は、ホッブズにおいてはどこまでもその合理性に求められ、人を「内なる法廷において」、履行すべきであると考えるように拘束する。しかしそれは必ずしも、人を行為に移すよう義務づけるわけではない。そこで、処罰の恐怖によって、信約を履行し、自然法を遵守するように人を強制しうる共通の権力が必要となる。この共通の権力が主権的権力である。

絶対的主権

統治契約に代えて、『リヴァイアサン』では「人格」(person) と「授権」(authorization) の理論で、主権者の権力が基礎づけられる。人々は主権者に授権し、主権者を、自分たちが契約によって設立した国家の人為的人格を代表するものであることを認める。人々は、相互の信約によって、その主権者の行為を自らの行為とすることに同意したのであり、主権者の行うすべての行為に権限を与えたのである。したがって主権者の権利は絶対的 (absolute) である。すなわち、主権者のみが法を制定することができ、主権者自身は法から免除されている。この絶対的権力が強制力である根拠は、人々がその抵抗権を放棄していること、すなわち主権を持つ人に対して抵抗しないことのうちに存する。主権は、分割されえない。ホッブズによれば、人々の信約によって生み出される一つの結合としての国家は、人為的な人格であり、自然的人格によって代表されなければ存続できない。というのも国家としての統一は、群衆を一つの人格として代表するものの統一によってもたらされるからである。もし主権者によって代表されなければ、人々は、単なる群衆にしかすぎない。したがって彼にとって、混合政体や制限王政は、国家ではなく、むしろアナーキーなのであり、つねに反乱や内乱の原因が存在することになるであろう。

社会契約説のモデル

こうしてアルトジウスに代表される立憲主義的契約論のモデルとは、はっきりと異なるパラダイムに属する社会契約説のモデルが確立された。それは政治秩序の自然性を所与とせず、人間が政治的動物であることを否定す

る。自然状態と自然権の概念がそうした伝統の解体を徹底的に押し進め、代わって個人を単位とする政治秩序の構成の原理として社会契約がくる。契約としては、自然状態における結合契約だけが存在し、その中に分割不可で絶対的な主権の確立が内包されている。この主権の絶対性は、法を排他的に制定し、法によって制限されないことにある。

　契約理論の政治的機能はこれによってはっきりと逆転された。政治的権威を制限し、さらにはそれに抵抗する根拠を与えた立憲主義的契約論に対して、ホッブズは絶対的な主権に対する、臣民の絶対的服従を求めるために契約を論じた。彼の政治哲学の目的は、絶対的主権を本質とする近代国家の確立にあった。もっともこのように絶対化された主権は同時に非人格化され、抽象化された権力であり、その絶対性は、主観化された自然権に対応して、外面的な秩序の強制力としてのみ存在する。それは個人的自由の安全を保障しうる限りにおいて、服従を義務づけるのである。そうであることによって、ホッブズの絶対的主権の擁護は、絶対主義のイデオロギーであるよりも、近代国家の原理的弁証たりえたのである。その社会契約説は真に近代的な市民的社会契約論の原型である。なぜなら、まさしく機械論的自然像が確立され、人間が徹底的に個別化され、主観化された世界における政治秩序をそれは根源から提示しているからである。その意味で、リヴァイアサンは近代国家の本質なのである。

　しかし社会契約説は、人民の意志に国家の成立を依拠させるというその本質から、専制に対する人民の抵抗を正当化する可能性も内包している。ホッブズにおいてさえ、社会契約は、自己保存のための平和の必要性についての各人の判断に依拠しており、主権はそのような個々の私的な意志の集合によって初めて成立する国家の権力に他ならず、主権者が各人の生命を奪おうとするぎりぎりのところでは、各人は主権者への服従の義務から解放される。ロックはこの可能性を明確に実際的なものとし、革命の理論にまで展開した。

ロック

　ロックは、プーフェンドルフの「社会の起源と、政治権力の発展と範囲」を扱う政治学を媒介にして、社会契約説のモデルに従い、自然状態における自然権と自然法の同定から始め、その不都合を解決するための全員一致の「原始契約」(original compact) を通じた政治社会＝市民社会 (civil society) の成立を論じた。彼もまた統治契約を否定し、一つの社会を形成する合意としてのその原始契約には、政府の権威を確立する論理として、多数決による意思決定と「信頼」(trust) の原理が内包されていた。それによって政治権力は社会の同意と社会からの授権を通じて確立されることになり、最高の権力である立法権さえも、自然権の保障という目的のために働くべき一つの信託権力（信頼によって与えられた権力）にすぎないと考えられた。

　ロックにおいても、社会契約は人為的な秩序の確立を通じて、諸個人が有する自然的権力を、政治的権力に置き換える手続きであるが、彼においては、そのようにして確立される政治社会は、市民の構成する自律的な道徳的秩序として理解されている。人間が生来持っている自然的自由とは、自然法の範囲内で自分の行動を律してゆくことであるのに対して、社会における人間の自由とは、人々の同意によって国家の中に確立された立法権以外のどのような権力にも従属しないということである、と。このような自由は、人間が理性を持っているということに根拠を有している。というのも理性は、人間に自分自身を支配すべき法を教え、どの程度まで自分の意志の自由が許されているかを知らせてくれるから。したがって、人が市民であるためには理性の状態（成人）に達していなければならない。ロック

は、そのような理性的な主体が行動において準拠し、それに基づいて自らの行動が正しいかどうかを判断する法として、神法と市民法の他に、「世論ないし世評の法」(The Law of Opinion or Reputation) を挙げ、それが最も強い力を持つことを指摘している。こうして社会契約説の導き出す、自由な意志の合意による自律的秩序は、理性的主体を前提にした規律的な権力を通じて存続することになる。

こうした哲学的な論理とともに、ロックは、彼の時代になお優勢であったもう一つの契約の言語、すなわち立憲的契約論のそれも用いている。その伝統の中では人々は自然法や自然権に訴える代わりに、イングランド古来の国制 (constitution) に訴えて政治的支配者の権威の正当性を論じていた。彼の『統治二論』は 1680 年代のイングランドの国制論争に深く関わっていた。同意による支配や制限政体、権力分立の理論など、その議論は国制論争の言語であった立憲的契約論を反映しており、主権国家の確立を目指して徹底されたホッブズに比して、ロックの自然状態と社会契約の理論は穏健化されている。しかし、革命の正当化自体は、16 世紀ユグノーの議論に見られるような神との契約および統治契約を根拠とする立憲的契約論によるものではなく、より哲学的に一般化されたラディカルなものであった。

ルソー以後

ルソーは、初めて「社会契約」(contrat social) の語を用いて、より純粋に哲学的にその理論を徹底し、社会契約を通じた一つの公的人格としての国家の設立を論じた。その社会契約は、権利の無条件の全面的な譲渡であるが、「誰もが自分の人格とあらゆる力を共通のものとして、一般意志 (volonté générale) の至高の指導の下に置く」ことであるとされ、人民主権に基づき、市民の道徳的自由 (自律) によってなりたつ政治秩序として主権国家を概念的に定着させた。

このように社会契約は、近代国家の形成期に立憲的契約概念との対抗の中で、近代の主権国家の正当性を確立しようとした歴史的概念である。したがってその後はヒュームの批判に象徴されるように、歴史主義や実証主義の前に自然法的議論は説得力を失い、イギリスでは政治思想としては功利主義の前に退いていった。しかし今日、J.ロールズの『正義論』(1971) 以後、社会契約理論が再び着目されるようになった。それは政治秩序そのもの正当性の確立には関心を持たないという意味で、近代の社会契約説とは異なるものであるとしても、自由な諸個人の間の合意に基づく政治社会という道徳的理念が、なお今日の自由主義の中で持っている意味を再確認させるものである。

【主要文献】Thomas Hobbes, *Leviathan*, 1651 (水田洋訳『リヴァイアサン』全4冊, 岩波文庫, 1954-85). John Locke, *Two Treatises of Government*, 1690 (鵜飼信成訳『市民政府論』岩波文庫, 1968). Jean-Jacques Rousseau, *Du Contrat Social*, 1762 (井上幸治訳『社会契約論』中公文庫, 1974). Otto Friedrich von Gierke, *Natural Law and the Theory of Society, 1500-1800*, Cambridge University Press, 1934. 福田歓一『近代政治原理成立史序説』岩波書店, 1971. 飯坂良明／田中浩／藤原保信編『社会契約説』新評論, 1977. Michael H. Lessnoff, *Social Contract*, Basingstoke: Macmillan, 1986. David Boucher and Paul Kelly eds., *The Social Contract from Hobbes to Rawls,* London: Routledge, 1994 (飯島昇藏／佐藤正志ほか訳『社会契約論の系譜――ホッブズからロールズまで』ナカニシヤ出版, 1997). 佐藤正志「社会契約」, 佐藤正志／添谷育志編『政治概念のコンテクスト――近代イギリス政治思想史研究』早稲田大学出版部, 1999.

(佐藤正志)

社会主義

〔英〕socialism

社会主義とは貧困と差別を中心とする社会問題を社会的規模で解決しようとする思想または政策のことである。この定義に従えば、共産主義、無政府主義、社会民主主義はこれに含まれ、社会改良主義、福祉国家政策、ファシズムは部分的にこれと重なる。キリスト教社会主義は、名称としてはイギリス独自のものだが、大陸にもカトリックの側からの、社会主義思想が存在する。

ケントの農民一揆

1381年6月にイングランド東南部のケントで起こった農民一揆が、W.タイラー(d.1381)の指導の下に要求したのは、農奴制の廃止と賦役の金納化であって、社会主義的性格はなく、国王に正義を期待するという幻想から、タイラーは騙し討にあって殺され、一揆は敗北する。しかし、この一揆の精神的指導者とされる牧師 J.ボール(d.1381)の説教は、オックスフォードの宗教改革者 J.ウィクリフから継承した原始キリスト教的共産主義の主張であって、その頃書かれた W.ラングランド(c.1330-c.1400)の「農夫ピアズの夢」が、それを伝えている。

モアとベーコンのユートピア

T.モアと F.ベーコンは、テューダー絶対王朝の最高級官僚であり、モアの『ユートピア』(1515-16稿)とベーコンの『ニュー・アトランティス』(1614-18稿)は、イタリアの T.カンパネラの『太陽の都』(1623)とともに、近代初期の三大ユートピア物語とされる。ユートピア物語というのは、現実の社会とはまったく違った理想社会を描いたものなのだから、社会主義の体制変革論に通じる可能性を含みうるのだが、モアのユートピアが共産社会であるのに対して、ベーコンのユートピアは科学技術による現実社会の発展をそのまま認めている。

モアは、イングランドの羊毛が輸出商品となったために、牧羊業が小農民から耕地を奪っていることが、封建制度の解体による従士群の浮浪化と並んで、社会的混乱の原因だと考え、その対極に国民皆農で質素な生活の共産社会を描いたのだが、そのラテン語版では、貨幣のない共産制に疑問を表明したように、そういう社会の実現に関心を持ったわけではなかった。彼の関心は、利潤追求を主動力としない、小農民の平等で平和な社会への復帰にあったのである。

しかしこの作品は、近代社会の初期にそれを原理的に否定し、共産社会の全貌を可能な限り描いたものとして、のちの社会主義運動の中で注目された。ドイツ社会民主党の指導者の一人であった K.カウツキー(1854-1938)の『トマス・モアと彼のユートピア』(1887)はその典型である。彼は原始キリスト教についても、当時可能であった限りの社会主義という解釈をしている。

市民革命期の社会主義

私有財産の神聖と営業の自由を求める市民革命(1640-89)は、とくにイギリスでは議会主権の確立が中心だったので、社会主義思想を育てにくかったが、その前半の清教徒革命の中には、原始キリスト教的共産主義の諸宗派の他に、G.ウィンスタンリのディガーズ運動と J.リルバーンや W.ウォルウィンの平等派運動があった。両者の間に農村平等派とか真の平等派と呼ばれる人々があって、ディガーズが貧農集団による荒地の共同耕作、共同生活運動であり、平等派主流が平等な参政権を主張したのに対して、財産を含めた「すべての平等」を主張した。ディガーズは議会軍によって弾圧され、平等派は軍隊内部の討論で、国土に直接利害関係を持つものだけが政治参

加の権利を持つという上層部に押し切られて、反乱も敗北する。

カウツキーの同志であり論敵でもあったE.ベルンシュタインは、これらの社会運動についての研究を『イギリス大革命における社会主義と民主主義』(論文 1895；単行本 1908) として出版した。

議会改革と社会主義

平等派の中心的な主張であった参政権の拡大 (ただし女性と雇い人を除外) は、その後ずっとイギリスの社会運動の中心であり続けた。そのことは世界で初めて近代的議会政治が定着したことの表れであるが、そのためにかえって、すべての改革についての唯一の手段として、議会改革に頼る傾向を生んだ。とくに 1832 年の議会改革法 (選挙権の拡大) が Reform Act と呼ばれてからは、改革と言えばこのことを指すようになり、体制変革としての社会主義とはむしろ対立する内容を意味した。しかし、参政権運動が下層階級の地位改善運動である限り、社会主義と重なるところがあるのは当然で、1832 年の選挙法改正に取り残された労働者の運動としてのチャーティズムは、一方で C.キングズリ (1819-75) らのキリスト教社会主義者を生みだし、他方で J.ハーニー (1817-97) と E.ジョーンズ (1819-69) によるマルクスとの合流申し入れとなった。

産業革命期の社会主義

農業革命と産業革命は、ほぼ全国的な人口分布の変化と大量の労働貧民の発生を引き起こした。農村貧民を救うための、土地国有あるいは共有論は、土地所有権に触れざるを得ない。

この時期の農業 (農地) 改革論者として挙げられるのは、W.オーグルヴィ (1736-1819)、T.ペイン、T.スペンス (1750-1814) であり、19 世紀半ば以降、著作が繰り返して (時にはまとめて) 復刻されてきたが、直接に産業革命の衝撃を受けたのは、海路ロンドンに送る石炭の産地を背後に持った港町、ニューカースル・オン・タイン出身のスペンスだけである。彼は 1775 年にそこの哲学協会で「国民の土地財産の管理方式」と題する講演を行い、土地の教区共有に基づく民主的国家組織を提唱した。教区はたしかに教会制度上の区画であるが、スペンスは教会にまったく触れず、地主の土地所有権もまったく否定している。

アバディーン大学の教授であり、アダム・スミスの弟子でもあったオーグルヴィは、『土地所有権論』(1782) を匿名で出版し、上流階級に対して、土地の均等配分の方法を詳しく説明した。ペインは『農地の正義』(1797) で、土地の均等配分のための基金の設立を提案したが、スペンスは『子どもの権利』(1797) とニューカースル講演の出版によって、ペインを批判した。講演の初版 (1792) は、ペインの著書と同じ『人間の権利』(第 2 版から『真の人権』) と題されていた。

フランス革命期の社会主義

スペンスもペインも、いま述べた出版活動は、フランス革命と無関係ではありえない。ペインの『農地の正義』は、初めフランス語で、パリで出版された。革命の影響がイギリスの反体制運動を活発化させたことも、「ロンドン通信協会」「人民の友協会」「憲法知識普及協会」などによって知られている。それらが労働者の解放を目指していたことはたしかだが、イングリッシュ・ジャコバンと呼ばれた J.セルウォール (1764-1834) が、ロンドン通信協会を代表して掲げた要求は、毎年議会、普通選挙、結社の自由であって、直接に社会主義に関わるものではなかった。ただし、大衆動員という方法は、社会主義運動によって継承される。

フランス革命と啓蒙思想から直接の影響を受けたのは、セルウォールが「哲学上の父」と

呼んだ（のちに決裂）W.ゴドウィンであった。彼は非国教徒牧師から無神論に転じ、理性による人間の無限進歩（完全化可能性）を信じたので、無政府主義者となった。理性的人間の社会では、すべての人が労働し、財産は平等になり、家族制度と相続は廃止されると考えたのである。

女性解放運動の先駆者とされる M.ウルストンクラフトがゴドウィンとの結婚によって生んだメアリ(1797-1851)は、ロマン主義左翼の詩人シェリーと結婚して、社会批判の作品を残した。

産業革命期の社会主義

イギリスの産業革命期は 1760 年頃から 1830 年頃までと、考えられている。フランス革命はその途中に衝撃を与えて、社会問題を社会運動に転化させるのに貢献したのであるが、問題の自覚はそれとは独立に、イギリス社会の中で進行していた。R.オウエンとリカード派社会主義者たちがそれを代表する。

オウエンは、イギリス産業革命の中心であった繊維産業で成功した、実業家であった。彼は労働環境と生活条件の改善が、労働生産力の上昇をもたらすことに気づいて、成果を上げ、業界の注目と尊敬の的となったが、劣悪な条件（とくに児童労働の酷使）による低賃金・低価格を目指す同業者たちとの競争にかつためには、労働条件の法的規制が必要だとして、工場法制定の運動に取りかかる。業界の激しい反対にあって失敗した彼は、彼らの私利私欲の根底にある私有財産制度の廃止を主張して共産主義者となり、私財を投じて、私的所有と貨幣のない共同体を作った。資本主義の海の中の孤島としての共産村はアメリカにも作られるがまもなく崩壊し、彼の影響は、イギリスの労働運動と協同組合運動に残った。

リカード派社会主義者というのは、リカードの労働価値論によって、労働生産物に対する労働者の権利を主張した人々のことであって、ヴィーン大学の法学者 A.メンガー(1841-1906)が、この主張を労働全収権と名づけ、イギリスでの代表者として次の人々を挙げたことに始まる。ただし、メンガーは彼らがリカードの影響下にあったとは書いていないし、彼らの著作の中にそれを見出すのは難しい。

C.ホール(c.1745-c.1825)は『ヨーロッパ諸国の民衆に対する文明の影響』(1805)で、国家による土地の再配分と財産相続の廃止を主張し、W.トムソン(1775-1833)は、『富の分配の諸原理の研究』(1824)で私有財産と不労所得の廃絶を主張した。彼はオウエンの影響下に、アイルランドの自分の土地に共産村を作ろうとした。オウエンとともにベンサムの影響を受けたのだが、トムソンの平等主義に対してオウエンは独裁者だった。T.ホジスキンは、現存する不平等を封建制度の残存によると考えて、これが一掃されて「労働者と資本家の双方の性格を兼ね備えた」中産階級の広範な成立を期待した。以上の他にメンガーが挙げたのは、J.F.ブレイ(1809-97)、J.グレイ(c.1799-1850)、C.ブレイ(1811-84)、T.R.エドモンズ(1803-89)であり、彼がホジスキンを、マルクスとエンゲルスの「際立った源泉」としたことが、エンゲルスの反論を呼び起こしたが、これは明らかにメンガーの誤解であり、労働全収権論の共通性を言うべきだったのである。

マルクスとエンゲルスは、永くイギリスに住み、イギリス資本主義を研究した。とくにエンゲルスは産業革命の渦中のマンチェスターで『イギリスにおける労働者階級の状態』(1845)を書いた。しかしイギリスの社会主義運動に対する彼らの影響はきわめて限られていた。J.S.ミルは青年時代にサン・シモン派の社会主義の影響を受け、『経済学原理』(1848)で、資本主義経済の変化に言及したが、同時に、無知な労働者階級が選挙権を得て階級的

立法をすることを恐れ、彼らの教育に期待するとともに、知識人の複数投票権を主張した。ミルには『社会主義論』という遺稿があり、全体としてミルの思想の中の社会主義的傾向には、妻となったハリエット・テイラーの影響が強いと言われる。ハリエットの娘、ヘレン・テイラー（1831-1907）は、晩年のミルを秘書として助け、その後も様々な社会運動に参加した。

ミルの死後から19世紀末までの間に、三つの社会主義運動体が成立した。最も長命広範なのが、フェビアン協会であり、古代ローマの将軍ファビウスの戦術のように緩やかに目的を達成することを目指して、1884年に結成された。中心人物はS.ウェッブとB.ウェッブ夫妻で、中産階級知識人の参加が多く、労働運動とは関係がなかった。協会は水道・ガス・交通機関などの自治体所有を主張したので、ガスと水道の社会主義とか都市社会主義とか呼ばれたが、イギリス労働党の国有化政策の原点はここにある。

三つのうちの二つは、協会より早く1883年にH.M.ハインドマン（1842-1921）によって創られた社会民主同盟と、まもなくそれから分かれたW.モリスの社会主義同盟であって、ともにマルクス主義への傾斜を持ち、前者からはイギリス共産党の創立党員が出た。モリスは造本、家具、建築の領域で芸術と生産力、ラスキンとマルクスの統合を試み、建築についてはヴァイマール・ドイツのバウハウス運動に影響を与えた。カーライル－ラスキン－モリスの系譜という考え方もあるが、それは産業革命で労働が分業によって非人間化されたのに対して、カーライルが中世の職人の仕事の喜びを復活させようとしたことに関係する。20世紀初頭に現れるギルド社会主義は、それを受け継ぐ運動ではあるが、その内容は、A.ペンティのように明白に中世への復帰を唱えるものから、G.D.H.コールのようにギルドとソヴィエトの親近性を考えるものまで、多様であった。キリスト教社会主義も、キリスト教社会同盟（1899-1919）などによって復活する。

19世紀の最後の20年間に、労働運動の中に大きな変化が起こった。1888年には、炭坑労働者の地方組織が合同して、イギリス鉱山労働者連盟を結成し、スコットランドの炭坑労働者K.ハーディが国会議員選挙に立候補した。このときは彼は落選するが、その運動の中でスコットランド労働党が生まれ、92年に彼が当選して組織した独立労働党は、99年に労働党へ発展する。こうした変化を支えたのは、99年のガスと港湾の労働者のストライキの中で不熟練労働者の「一般組合」が組織されたことであった。

フェビアンをブレーンとするイギリス労働党は、20世紀全体にわたり、重要産業の国有化と社会保障・福祉国家の実現を目指して、イギリス社会主義を代表し続けた（ただし土地の国有化には触れていない）。労働党は何度か政権を担ったが、ロシア革命の衝撃で生まれた共産党は、1930年代の反ファシズム運動の中で一定の支持を得たものの、政治勢力としては一握りにすぎなかった。

【主要文献】G.D.H.コール（林健太郎／河上民雄／嘉治元郎訳）『イギリス労働運動史』全3冊，岩波書店，1952-57．水田洋／水田珠枝『社会主義思想史』東洋経済新報社，1958．マックス・ベア（大島清訳）『イギリス社会主義史』全4冊，岩波文庫，1968-75．アントン・メンガー（森田勉訳）『労働全収権史論』未来社，1971．都築忠七編『資料 イギリス初期社会主義』平凡社，1973．安川悦子『イギリス労働運動と社会主義』御茶の水書房，1982．都築忠七編『イギリス社会主義思想史』三省堂，1986．蛯原良一『リカードゥ派社会主義の研究』世界書院，1994．G. D. H. Cole, *A History of Socialist Thought*, 5 vols., London, Macmillan, 1953-61.

（水田　洋）

社会ダーウィニズム

〔英〕social Darwinism

1859年に刊行されたダーウィンの『種の起源』は、聖書の権威を根底から覆すものとして宗教界からの激しい反発を引き起こしつつ、19世紀後半の思想に多大な影響とインスピレーションをもたらしたが、人間を含めた生物の進化一般についての認識から一歩進んで、人間社会の形成と発展の法則的認識にまで進化論を拡張していこうとする知的潮流が現れていった。この潮流は一般に社会ダーウィニズム、あるいは社会進化論と呼ばれる。その影響は欧米各国の広範な思想家に及ぶが、イギリスにおいて関係する代表的人物としては、ウォルター・バジョット、ハーバート・スペンサー、グレアム・ウォーラスらが挙げられる。

ダーウィンとラマルク

ダーウィンは生物進化の主要因として生存競争を通した自然淘汰を説いた。資源の希少性と比べての母集団の増加圧力が有機体間での生存競争を生じさせ、この競争の中で有利な形質を持った個体が生き残る。ダーウィンによれば長期にわたる淘汰の蓄積的結果が、新しい種の創発と別の種の排除を生み出していくのである。とりわけダーウィンは、同じ種の中の個体間の競争が一番激しいものであると述べているが、生存競争という彼のこうした闘争イメージは、自らが認めているようにマルサスの『人口論』から影響を受けたものである。

また、広く社会進化論の中にはダーウィンの考えだけでなく、獲得形質の遺伝を主張したフランスのジャン・バプティスト・ラマルク（1744-1829）の考えも合流している。ビュフォンの影響を受けたラマルクは、新しい環境によって引き起こされる「内的感覚」（sentiment interieur）、すなわち新しい欲求によって新しい器官が生じ、継続的使用あるいは不使用によって変化したそれら器官は、親の世代から次の世代へと継承されていくと考えた。それに対してダーウィンは、1871年に刊行した『人間の由来』の中で環境の直接的作用をある程度まで認めてはいるものの、自然淘汰の重要性をなお一貫して維持し続けた。

ダーウィンとラマルクはともに、進化の普遍性を唱え、種を可変的なものとして捉えたが、ラマルクが進化を単純なものから複雑なものへと線的に把握したのに対して、ダーウィンは樹形図的進化の形態を想定している。また、遺伝はラマルクにとって成功した適応を伝達するものであるのに対して、ダーウィンにとってそれは変種の発生可能性を担保するものであり、環境の圧力からは独立した形で生存競争の中で顕在化していくものであった。さらに、ダーウィンが同種内での競争をまさに重視したのに対して、ラマルクは別の種との争いを強調すると同時に、劣った有機体が環境に適応し自己改善していく自然観を構想した。

社会進化論は社会ダーウィニズムと総称されることもしばしばであるが、思想家によってはむしろラマルクの影響を受け、環境に対する人間の能動的な適応能力を重視するがゆえに、社会ラマルキズムと呼ぶほうが適切な立場を採る論者も少なくない。ダーウィニズムとラマルキズムどちらの思想体系からより多くの影響を受けているかは、社会進化論者によって様々である。

ウォルター・バジョット

進化論の影響を受けたイギリスの思想家としては、ジャーナリストとして高名だったバジョットがまず挙げられる。彼は『自然学と政治学』（1872）の中で、進化論に依拠した歴史的発展の議論を展開している。バジョットによれば、前史的な人類は本能と感情に突き

動かされ、強者が弱者を殺戮する、そうした戦争という名の自然淘汰の下にある。この状況下で生存していくために、人々は集団を形成するが、これら集団は「慣習というケーキ」への盲目的服従や宗教への従属によってもっぱら成り立つものである。前史的な人類が依拠しているのは、一言で表現すれば模倣である。

そうした静態的状態から、合理的な討論によって指導された政府を持つ少数の民族が生じてくることで人類は新たな段階に進む。討論は知性の成長を促し、異なる意見に対する寛容を育み、さらにそれは人間の眠っていた創意を目覚めさせるのである。バジョットにとって、討論に依拠した社会はより優越した社会であり、西洋文明はまさにこの段階に達していると思われた。

こうした立論は『イギリス憲政論』(1867)の中にも垣間見られる。バジョットはこの中で、イギリスの統治機構を「実効的部分」と「尊厳的部分」とに分け、上流層の教育を受けた「1万人」を除けば、大半の国民は君主制がかもしだす威厳と神秘という演劇的効果によって服従することに同意すると指摘している。バジョットに従えば、社会における進化は不均等なものであり、イギリスのような社会は、大きな山のごとく人間の進歩が層のように折り重なっている。下層の群集は、2000年前とほとんど変わらない程度にしか文明化されておらず、偏狭で知性がない。それゆえに、内閣や議会にある権力の実体を理解することができないために、王室の権威が発する象徴を通して支配を受け入れているとバジョットは主張した。

ハーバート・スペンサー

イギリスを代表する社会ダーウィニズムの論者はスペンサーである。スペンサーは宇宙全体を通した質量と運動の恒常的変動から説き起こし、すべての進歩を同質のものから異質のものへ、また未確定のものから確定したものへという諸部分の差異化と統合として理解した。有機体に関して、彼は有機体それ自体と環境との均衡という観点から進化を構想している。この均衡を論じるにあたってスペンサーは、有機体が環境への適応を達成することによって行われる直接的な均衡化と、生存競争によってもたらされる間接的な均衡化とを挙げている。ここにはスペンサーによる、ダーウィンの自然淘汰の理論とラマルク的な直接適応の教説との総合という側面が見られる。スペンサーはダーウィンの著作の出版によって間接的均衡化を受け入れつつ、直接的な適応の重視も踏まえていわゆる「適者生存」の概念を案出することになる。

スペンサーによれば、社会の組織化には二つのタイプ、つまり軍事社会と産業社会がある。まず人類は軍事社会の下で、人口の圧力がもたらす戦争によって進化を遂げていく。すなわち、戦争を生き残るのに最も適した集団の形質が子孫に受け継がれ、征服によってより大きな社会統合が達成される。さらに軍事組織の編成がもたらす自発的な協働と合理的な知覚の要請が、逆説的に道徳や利他主義の意図せざる発展をもたらしていくことによって、人類の継続的進歩が達成されていくのである。こうして、人間性がより合理的になっていくにつれて、人類は戦争という手段からより平和的な手段を採用することになる。スペンサーは軍事社会から産業社会の移行という形で、この移行を描写している。

ただし、産業社会において適者生存という法則が失われてしまうわけではない。この新しい段階では「産業戦争」である市場競争が、肉体的にも知的にも優れた社会を拡張させ、劣った社会を衰退させていくのである。

ここからスペンサーは、レッセ・フェールのリベラリズムの擁護者として知られている。国家の活動の縮小は進化による自然な帰結であり、国家が市場を規制するために介入したり

失業対策を講じたりすることは、個人の自由を脅かすだけでなく、進歩を妨げるものであるとスペンサーは主張した。他方でスペンサーは帝国主義の反対者としても知られ、ボーア戦争を新しい野蛮であるとして徹底して批判した。

グレアム・ウォーラス

社会ダーウィニズムの影響は、フェビアン社会主義にも流入しており、その影響はリッチーやショーの中にも見ることができる。中でもウォーラスは、ダーウィンの進化論に立脚した社会心理学に基づいて、同時代の政治に関する分析と展望を試みたことで有名である。ウォーラスは反ラマルク主義の立場を厳格に保持し、個人の経験はのちの世代に受け継がれないと主張した。ここから彼は、衝動や本能が政治的行動の文脈において果たす重要な役割を明らかにし、いかに人々がイメージや象徴に基づいて投票を行ってしまうかについて指摘を行った。

それとともにウォーラスは『政治における人間性』(1908) や『大社会』(1914) において、同時代の「大社会」(great society) と呼びうる状況の中で人間性に大きな影響を及ぼしている環境改善の必要と可能性を模索し、教育、女性参政権を含めた代議制度、さらには官僚制の改善による意識的コントロールを追求した。人間の行動を意識的努力によって改善していこうとするこうした試みは、『社会的遺産について』(1921) や『思考というアート』(1926) で引き続いて取り組まれた。ウォーラスの政治心理学的分析は、アメリカ合衆国におけるウォルター・リップマンらにも影響を与えた。

社会ダーウィニズムと優生学

なお、社会ダーウィニズムと優生学、あるいは人種主義とは混同されてはいけないが、これらが密接な関係にあることは指摘されなければならない。イギリスにおける優生学の展開にあたっては、ダーウィンのいとこにあたるフランシス・ゴールトンをはじめとして、カール・ピアソンらの名前が挙げられる。

【主要文献】Charles Darwin, *On the Origin of Species: by Means of Natural Selection, or the Preservation of Favoured Races in the Struggle for Life,* J. Murray, 1859 (八杉龍一訳『種の起原』上・下, 岩波文庫, 1990). Walter Bagehot, *Physics and Politics, or, Thoughts on the Application of the Principles of "Natural Selection" and "Inheritance" to Political Society,* HS. King, 1872 (大道安次郎訳『自然科学と政治学』岩崎書店, 1948). ——, *The English Constitution: and Other Political Essays,* Chapman and Hall, 1867 (小松春雄訳「イギリス憲政論」,『世界の名著60 バジョット／ラスキ／マッキーヴァー』中央公論社, 1970). Herbert Spencer, *The Study of Sociology,* Williams and Norgate, 1873. ——, *Human Nature in Politics,* Constable, 1908 (石上良平／川口浩訳『政治における人間性』創文社, 1958). Peter Dickens, *Social Darwinism: Linking Evolutionary Thought to Social Theory,* Open University Press, 2000. Mike Hawkins, *Social Darwinism in European and American Thought, 1860-1945,* Cambridge University Press, 1997.

(井上弘貴)

奢侈論争

〔英〕luxury debates

奢侈(贅沢)が社会に与える影響をめぐる論争。17世紀から18世紀に、ヨーロッパの思想家・著述家たちがその賛否をめぐって激しい議論を繰り広げた。奢侈論争は、道徳哲学、政治思想、経済思想など様々な領域にわたる非常に幅広い側面を持っていた。

奢侈論争の起源

オランダ生まれでのちにイギリスに渡ったマンデヴィルの『蜂の寓話』が、主としてイギリスにおける論争の火付け役となったとされる。「私悪は公益」という『蜂の寓話』の副題に表現されるように、彼は奢侈の悪徳を認めながらも、それが社会全体に与える経済効果を強調した。彼の主張は「生命維持の活動に最低限必要なもの以外は、すべて奢侈である」という厳格な奢侈定義に基づいている。彼がこの定義を、奢侈に対する批判論の無意味さを暴くためだけに諷刺的に用いたのか、それともある程度まで真剣に捉えていたのか、という点については論者の間でも意見が分かれている。このマンデヴィルの極端な奢侈擁護論に対して、主として教会側から厳しい批判が寄せられ、『蜂の寓話』は焚書処分となる。スタフォードが編纂した *Private Vices, Public Benefits?* には、当時の反論が幅広く収録されており、マンデヴィルの影響力の大きさを窺い知ることができる。また、フランス人のフェヌロンによる『テレマコスの冒険』が1697年にフランスで出版され、同年には英語に翻訳されている。フェヌロンは、古代人の質朴な生活を理想とし、奢侈にまみれた現代(近代)を衰退した状態と見なした。だが、フェヌロンがイギリスの文脈でどの程度の影響力を持っていたかという点については、十分に研究されているとは言いがたい。

奢侈論争の思想的背景、および奢侈の特徴

フェヌロンとマンデヴィルの議論は、一見すると、奢侈の否定論と肯定論のように見えるが、実際には奢侈を悪しきものと見なす点では一致している。奢侈を悪徳と見なす発想の源には、主として共和主義とキリスト教の伝統がある。古典的共和主義には、極度に理想化された古代ギリシアやローマの市民像と、質素で公共精神に溢れた市民が政治を担ってこそポリスは繁栄しうる、という発想があった。この発想の裏側には、帝政化したローマがアジア的な奢侈の流入や軍事的規律の喪失によって衰退したという歴史的な認識に基づいて、奢侈が道徳的腐敗と軍事力の衰退をもたらすという危機意識があった。

キリスト教では、人間は生まれながらに原罪を負っていると考えられ、過度の(際限なき)欲望もその一つと見なされる。そもそもキリスト教には「金持ちが天国に行くのはラクダが針の穴を通るよりも難しい」という『新約聖書』中の言葉に見られるように、現世における快楽の享受に対しては基本的に否定的である。さらにこの二つの伝統と複雑に絡み合う形で、「自然に従って生きる」をスローガンとするストア派の禁欲主義の考え方も、不自然な欲望としての奢侈を非難するために用いられた。要するに奢侈擁護論とは、こうしたヨーロッパの伝統的な価値観に対する挑戦と見なされたのである。

必需品と区別された奢侈には、いくつかの特徴がある。一つは、必需品と奢侈品という区分自体が時代や地域によって変化すること。もう一つは、奢侈の本質は量的増加ではなく、質的改善にあることである。前者は、奢侈を一方的に糾弾する議論を相対化するために、奢侈擁護論の中で頻繁に指摘されていた(マンデヴィルやヒュームなど)。後者の質的改善は、奢侈に対する批判論の文脈で強調されていた。つまり、「人間の胃の腑には限界がある」と言われるように、どれほど豊かな財産を持

つ者も、消費する量には限界がある。だが、品質や性能の優れたものの賞味には実質的な限界がない。それらの質は人間がいわば想像の中で味わうものだからである。したがって必需品を超えた贅沢には際限がなく、ここから、奢侈への耽溺は個人を無限の欲望追求へと陥れ、ひいては国家をも滅ぼしかねないという認識が生まれてくる。

奢侈論争の政治的・歴史的側面

また奢侈論争は、先に共和主義と奢侈との関連について触れたように、そもそも政治的な意味合いを帯びていた。たとえば18世紀中頃には、コート・ホイッグ（宮廷派ホイッグ）の政治的方針（商業の覇権をめぐるフランスに対する強硬姿勢と、それに伴う公債累増の容認）を批判する野党側（カントリ派）の主張として、奢侈という主題は否定的に用いられることになる。また、より広い文脈では、古代社会との対比で、近代における奢侈の広がりを近代社会の衰退、腐敗の根拠とする議論もあった。

より歴史的に見るならば、当時の身分制社会では、奢侈は伝統的な身分制を支える記号として重要な役割を果たしていた。低い身分の者が、高い身分の者の衣服を着ることが許されるならば、奢侈的な行為や衣服が高貴な地位を示す指標として役に立たなくなってしまう。したがって、身分不相応な奢侈的行動・服装は伝統的な身分制の秩序を脅かすものとされ、イギリスでは、特定の財物の使用を限定する奢侈禁止法が17世紀初頭まで実施されていた。また法令の廃止後も、同様の危機感は奢侈批判論の中に生き続けた。

奢侈論争の展開

以上のように、奢侈の拡大とその擁護論は、宗教的・道徳的・政治的・文化的な価値観と対立するものと捉えられていたが、18世紀半ばから後半になると、経済的な発展を背景に、マンデヴィルの議論を引き継ぎながらも、それとは異なる奢侈擁護論が展開されるようになる。

ヒュームが1752年に出版した『政治論集』に収められた論説「奢侈について」（1760年には「技芸の洗練について」に題名が変更された）は、イギリスのみならず、フランスの啓蒙思想家たちにも影響を及ぼしたと言われている。「私悪は公益」というマンデヴィルの主張は、奢侈が私悪であることを前提にした逆説だったが、ヒュームは「最も奢侈的な時代は最も幸福な時代である」と主張して、私的にも公的にも奢侈がよい影響をもたらすことを強調した。ヒュームをはじめとして、18世紀中頃には、穏当な奢侈は無害である（あるいは経済的にも道徳的にもよい効果を持つ）という主張が現れるようになる。同時に、頑迷で厳格主義的な（主に聖職者による）奢侈批判に対して、奢侈の擁護は現世での快楽享受の肯定という意味もあった。ヒュームは無条件にあらゆる奢侈を擁護しているわけではないが、彼の議論はいかなる奢侈をも容認するかのように受け取られ、激しい批判が向けられたことは、18世紀においてもなお奢侈という言葉自体が否定的な含意を持っていたことを示している。

奢侈論争の経済思想史的意義

経済思想史の観点から見ると、マンデヴィルからヒューム、スミスへと奢侈の議論が受け継がれていくにつれ、奢侈を享受する主体が、放蕩に明け暮れる貴族から、より幅広い勤勉な生産者と見なされるようになってくる。つまり、結果として多数の生産者が雇用の機会を獲得することを理由に一部の特権的な貴族の浪費を認める消極的な擁護論から、勤勉な中流層が自らの労働の成果をもとに穏当な奢侈を楽しむことは文明化と経済発展がもたらす利点であるという積極的な擁護論へと移っていくのである。

また、ヒュームは『イングランド史』の中で、貴族による奢侈が、貴族の経済的基盤を掘り崩すことで絶対王政への道を敷くとともに、平民の生産活動を刺激することで、のちの自由な商業社会の出現を準備した、と主張した。この認識については、「意図せざる結果」として知られる論理の一例として、スミスが『国富論』の中で高く評価している。

　こうしてイギリスの奢侈論争は、一方で18世紀の著述家スモレットや聖職者などによる道徳的な批判を根強く残しながらも、大きな流れとしては経済学的な議論へと重点を移していく。たとえばJ.ステュアートやスミスたちは、奢侈が及ぼす道徳的な効果よりも、主として経済的な効果を論じるようになる（ベリーは、これを奢侈の「脱道徳化de-moralize」と表現する）。とはいえステュアートやスミスは、奢侈の道徳的・政治的な側面を無視したわけではなく、奢侈の経済的な利点が他のすべての欠点を解消すると考えていたわけでもない。むしろ、18世紀後半においてもなお奢侈がセンシティブな論点だったために、彼らは自らの議論の範囲を慎重に経済的効果に限定した、と考えるべきであろう。

　奢侈論争は、これまで経済思想史や政治思想史など、個別の学問領域で検討されることが多かった。だが当時の論争では、奢侈の道徳的・政治的・経済的側面がそれぞれ分離されることなく、一体として論じられていた点が重要である。また、イギリスと他のヨーロッパ諸国（とくにフランス）との間で、奢侈をめぐってどのような議論の伝播、交流があったかという点については、まだ十分な研究がなされていない。

【主要文献】Maxine Berg and Elizabeth Eger, "The Rise and Fall of the Luxury Debates", in *Luxury in the Eighteenth Century: Debates, Desires and Delectable Goods,* Palgrave Macmillan, 2003. Christopher J. Berry, *The Idea of Luxury: a Conceptual and Historical Investigation,* Cambridge University Press, 1994. David Hume, "Of Refinement in the Arts", 1752, in *Essays, Moral, Political, and Literary,* Liberty Classics, 1987（田中敏弘訳「技芸の洗練について」、『ヒューム政治経済論集』御茶の水書房、1983）. 川北稔『洒落者たちのイギリス史』平凡社、1993. Barnard Mandeville, *The Fable of Bees, or Private Vices, Publick Benefits,* 1714; 2nd ed., 1723; 2 vols., Liberty Classics, 1988（泉谷治訳『蜂の寓話』『続・蜂の寓話』法政大学出版局、1985、1993）. 坂本達哉「ヒュームにおける勤労・貨幣・文明社会」、大森郁夫編『市場と貨幣の経済思想』昭和堂、1989. John Sekora, *Luxury: the Concept in Western Thought, Eden to Smollett,* Johns Hopkins University Press, 1977. J. M. Stafford ed., *Private Vices, Publick Benefits?: the Contemporary Reception of Bernard Mandeville,* Ismeron, 1977.

（壽里　竜）

ジャーナリズム

〔英〕journalism

ジャーナリズムとは

　社会のニュースや出来事についての情報を集め、編集し、報道頒布する活動であるが、出来事の深層の本質にまで立ち入った論評も含まれる。具体的にはパンフレット、ニューズレター、雑誌、新聞、ラジオ、テレビ、本などの様々な媒体（メディア）のための執筆、編集およびそのマネージメントを指し、こうしたメディアそのものを指す場合もある。

　ジャーナリズムを他のコニュミケーション活動から区別する明確な境界線はない。伝統的なジャーナリズムの代表は新聞と雑誌で、一般的に言えば新聞はその日その日のニュースの報道に重きを置き、雑誌はニュースの背景をなす材料を扱い、解説や論説を中心とすると言えるが、両者の役割は重なっている。ラジオやテレビの場合にはむしろジャーナリズムと娯楽の境界線を引くことが困難であり、動画はジャーナリズムとドキュメンタリ映画との境にあると言えよう。

　ただ新聞的な面と雑誌的な面すなわち情報の正確で忠実な報道者としての役割とオピニオン・リーダーとしての役割は境界を定めるのが難しいのみならず、自らの立場を明確にしつつ、信頼のおける報道や報告をするという、ジャーナリストの直面する、時に両立困難な問題を表してもいる。ニュースが新聞社の持つ特定の調査方法によって「作られ」、「語られる」限りにおいて、読む側にそのニュースが責任あるものかどうかの判断と選択が任せられているということが重要である。

初期ジャーナリズム

　ジャーナリストという近代的な職業の歴史は比較的浅い。しかし公の出来事の記録媒体としての新聞の原型となるものは古く、すでに古代バビロニアに資料編集者がおり、ローマ帝国で B.C.59 年から社会的、政治的出来事を目立つところに張り出した日報 Acta Diurna があり、ジャーナリズムという言葉もこのラテン語デウルナ (diuruna) に由来する。中国でも 8 世紀半ばにはすでに公式の上意下達のメディア『邸報』が出ている。中世から近世にかけては貿易通商活動に必要な情報を集めたヴェネツィアの Gazzetta がある。しかし印刷術が発明されるまでは、ニュースの伝搬は私的な手紙や伝令や口頭の知らせが中心であった。

　1450 年頃のマインツでのグーテンベルクの活版印刷技術がニュースの普及になした役割は革命的である。始めて印刷された新聞は 1457 年ニュルンベルクであったと言われている。

　イギリスではエリザベス 1 世の頃はニュースを書く人は貴族のお抱えの者で、特定のタイプの情報提供者があてがわれていた。しかし教育も普及するにつれてもっと正確で安定した迅速なニュース報道をより多くの人が要求するようになると、これを市場として新聞が独自に利益を上げるビジネスとして成り立つようになる。ロンドンと地方間でニュースを交換したり、複数の新聞社の共同配信のような形でニュースが広められるようになった。イギリスの最初の新聞 *Weekly Newes* は 1622 年に、最初の日刊紙 *The Daily Courant* は 1702 年に出ている。17 世紀半ばには雑誌やニュースブック、回覧紙のような形の新聞が 20 紙ほどあった。ニュースは日刊でヨーロッパ全般に出回るようになった。一方最初の雑誌は 1594 年ケルンで出版されたとされ、以後書店が自ら出版した本についてのコメントを回覧で回したことが文芸誌の走りとなったように、フランスを中心に様々な実験的な雑誌が現れた。

言論の自由

いわゆる言論の自由や出版の自由の闘いはこうした初期ジャーナリズムの段階からすでに始まっている。1643年イギリス議会は報道を統制し、ジャーナリストの立場は苦しいものとなった。印刷業に携わっている期間よりも牢獄にいた時間のほうが長かった編集者もいる。1655年、クロムウェルは誰も国務省の許可なしに何も印刷してはならないと宣言した。王政復古後もさらにきつい統制がなされ、新聞に印紙税も課されるようになった。

ミルトンは、クロムウェルの共和制を支持しつつ、宗教の寛容を説くとともに、人間は理性を持つ神の似像として創られ、その理性は同時に選択の自由を伴うという信念から言論・出版の自由を擁護し、真理は裁判のような限りない討論の中から見出されると主張して、言論・出版の自由史上、画期的な意義を持つ『アレオパジティカ（言論の自由について）』(Areopagitica, 1644) を回覧パンフレットとして出したのであった。18世紀にかけての有力な雑誌、新聞の主筆たちはこのようなパンフレティーアの中から育っていったのであり、政治と宗教や信仰をめぐる論争が活発化したということが、それぞれの立場からの主張を印刷物の形で公の場で議論し、政治的な論敵を倒し支持者を広げるための手段としての新聞や雑誌を拡大していったのである。

雑誌では Tatler (1709-11)、Spectator (1711-12) がいわば知的なオピニオン・リーダーであったが、やがてもっと大衆的な雑誌や女性雑誌などが登場した。作家が文章力や才知を披露する場としても新聞や雑誌が使われていたが、しかしダニエル・デフォーやジョナサン・スウィフトといった小説家も、もとは自分の社会的、政治的見解をより多く、より説得的に語って人を動かそうという意図をもって文筆活動を始めたのであった。

ジャーナリズムは、近世に貴族、僧侶、富豪が握ってきた政治の実権に対する市民の権利を要求する第四階級 (fourth estate) と呼ばれることがある。印刷物と文筆活動家が一つの社会的、政治的な立場を代表するようになったのである。18世紀になってしだいにジャーナリズムの力は拡大し、新聞は革命的なトーンを帯びるようになり、フランス革命もジャーナリズムに大きな影響を及ぼした。

ジャーナリズムの支配

18世紀の後半にはロンドンには50以上の新聞があり、合衆国には40ほどあったが、印刷業が政党から独立するにつれ位置づけが変化し、知的な役割を持つようになるとともに、情報がそれとして買われるようになり、ジャーナリズムはビッグビジネスとなり、個人ではなく一つの会社がいくつもの新聞を所有し管理するようになった。

イギリス植民地であったアメリカ東部でも1690年に出た最初の新聞がイギリス政府に批判的であるとして即座に停止させられて以後、トマス・ペインのパンフレットなどが独立運動の理論的な拠り所となっていった。文筆家ベンジャミン・フランクリンが新聞を通して自由と連合の実現を呼びかけるなど、アメリカ憲法に唱われているように、言論の自由は市民の自由と平等を維持するために必須であると考えられたのであった。ジェファソンは「新聞のない政府か、政府のない新聞かを選ぶなら、後者を選ぶ」と宣言したのだった。こうしてアメリカの新聞界は世界をリードするようになる。

従来のニュースの性質を変えた要因の一つに New York Sun が労働者階級に広く新聞を売るための手法として、災害とか犯罪とか地方行政とかの「センセーショナル」な内容をスクープして載せたということがある。また木材パルプ、活版、情報収集などの印刷術その他の技術革新によるコストダウンによりいわゆるペニー・プレスもその後の新聞のありように決定的な変化をもたらした。

新聞雑誌の絶対数が増加するとともに、その種類も日刊紙、月刊誌、週刊誌、年間誌など多様になり、また情報をカバーする領域も広がって、ポール・ロイターが海外ニュースエージェントを置くなど国際的なニュース・サービスも始まった。

新しいジャーナリズムの特性

20世紀に入ってジャーナリズムはより専門的になり、組織化が進み、ジャーナリスト教育やマス・コミュニケーション学科というような専門領域も登場し、ジャーナリストの社会的な責任についての意識や議論も高まってきている。

今日のジャーナリズムの著しい特徴は *The Times* のような知的スタンダードの高いものとイエロー・プレスと呼ばれるタブロイド版等の大衆紙に2極化する傾向である。一方では尊厳と独立を維持しようとしながら経済的に苦労し、他方大衆紙が責任感とか真実追求よりもただスキャンダルや刺激を求める低趣味なものと化して、収賄や脅しの手段にも用いられるようになったという問題がある。

ジャーナリズムと法

ジャーナリズムと公衆との法的な関係は国によってかなり違っており、イギリスでは編集者に紙面（広告を含む）そのものに対する責任が問われ、たとえば名誉毀損罪はかなり厳しく、編集者が有罪とされる例も多い。アメリカでは言論に対して比較的寛大であり、情報提供者が情報源を明らかにしなくても咎められないケースが多い。昨今は新聞よりもテレビ放送の映像についての規制はかなり混乱しており、とくに青少年に対する教育的配慮による規制は必ずしも現実的、有効でないところがある。一方、全体主義国家ではいまだにジャーナリズムは国家の指導の下にあり、法のあり方も異なっている。

21世紀に入ってジャーナリズム活動はますます文章や活字から離れて感覚的で直接的な効果を及ぼす映像へと移り、その操作力や煽動効果も大きくなっている。写真、映画、テレビなど、フィルムや電波、電子技術によるマス・コミュニケーションの急速に発達した現代では放送ジャーナリズム、映像ジャーナリズム、フォト・ジャーナリズムの進出と影響力は多大なものがある。今日のテレビの普及はメディアのあり方を決定的に変化させ、政治的主張の発表の場であるよりも、分かりやすい報告と話題と人気の方向づけを担い、生活様式全体の流れを支配し始めている。それらは視聴者をますます受け身にさせ、受け取る側の批判や主体性を麻痺させる要因にもなっている。日本の場合には、漫画などによる文字離れをジャーナリズムがさらに促進しているのが現状である。さらにインターネットは、テレビの公的な放送の裏に私的な「おたく」の回路を作り、発信元の多様化と匿名性は情報の多様化と混乱をますます促進している。

【主要文献】清水英夫『マスコミの倫理学』三省堂，1990．内川芳美／森泉章編『法とジャーナリズム』日本評論社，1983．門奈直樹『ジャーナリズムの科学』有斐閣選書，2001．

（塚本明子）

主意主義・主知主義

〔英〕voluntarism / intellectualism

われわれの理論的認識の成立、実践的行為の動機づけやその判定などの場面において、知的要素と意志的ないし情的要素の働きのいずれに優位を認めるかに関して、主知主義と主意主義の対立が指摘されることがある。

17・18 世紀イギリスの道徳哲学者たちの場合を見ると、道徳的命題の直覚的把握の能力に関して、知性（理性）による把握を主張する意見と感性的知覚による把握を主張する意見の対立が見られた。カドワース、クラークらの知性主義（合理的直覚主義）と、シャフツベリ、ハチスンら道徳感覚学派の感情主義（感性的直覚主義）の対立である。

カドワース、クラーク

17世紀のケンブリッジ・プラトニストのカドワースは、道徳的善・悪、正・不正は意志によって任意に作為される事柄ではありえないとして、それらの区別の永遠不変の客観的実在性を、その非任意性、すなわち、神的意志ないし人間の意志からの独立性を主張することによって、確保しようとした。この主張は、道徳性の根拠を絶対的な主権者の意志に置くホッブズの見解、さらには道徳性をもっぱら神の意志に基づける神学者たちの主意主義的見解に対するアンチ・テーゼとして提出されたものであった。そしてその際カドワースは、このように永遠不変の客観的実在性を持つとされる道徳性の知識は、感覚的能力とは異なる上位の知性的直観によって与えられるとした（『永遠不変の道徳に関する論考』死後 1731）。

カドワースの見解を展開させたクラークは、行為の正しさ（rightness）を適合性（fitness）の観念によって説明する。「事物の間にはある必然的で永遠の相違が存在し、相異なる事物や関係相互間の適用には適合・不適合が自ずから存在する。この適合・不適合は何らかの実定的制定によるのではなく、事物の本性と条理のうちに変化することなく根ざしているので、事物自体の相違から不可避的に生じるのである」と言う。卑近な例を使って言えば、円と正方形とは形状において本質的に異なっており、この本来的相違のゆえに円い栓の正方形の孔への使用は不適合であり、円い栓は円い孔にこそ適合的に使用される。それと同じく人間の行為についても、諸々の関連する事情や関係に対する行為の適合・不適合を論じることができるとする。クラークが道徳的適合性として挙げる例を取れば、人々がすべての人の善ないし福利の増進に努めること、正義や公正の規則に従ってお互いを遇すること、無辜の人々の生命を危険から救うことなどが、その反対の行為に比べていっそう適切である。しかもこれらの行為は、実定的な契約や約束の有無にかかわらず、事柄自体の本質において適合的であるという。そしてこの適合・不適合は否定すべくもなく明白であるから、極端に愚鈍な精神、堕落した生活態度、邪悪な心根の持主は除くとして、知性を付与された人間によって直覚的に知られるとする（『自然宗教の不変の義務に関する論考』1706）。

シャフツベリ、ハチスン、ヒューム

カドワース、クラークらの合理的直覚主義者が、道徳性は「事物の本性」（nature of things）に基づくと主張したのに対し、感性的直覚主義者は、道徳性が「人間の本性」（human nature）に基づくことを主張し、しかも人間本性の感情面についての心理学的考察を重視してゆく。そうなると、行為の道徳的判断において、行為のもたらす外的結果よりも、動機や意図あるいは行為者の性格が着目され、それに伴って行為の正・不正よりは行為者の善・悪が論じられるようになる。行為の道徳

的価値は、行為が「事物の本性」への合致を命ずる理性の命令に従うことよりも、それが人間の本来的 (natural) で善良な性情 (affection) に由来することに置かれる。

シャフツベリは「被造物が善い・悪い、本来的・非本来的と評価されるのは、もっぱらその性情によるのだから、われわれの仕事は、いずれが善く本来的な性情であり、いずれが悪く非本来的性情であるかを吟味することであろう」と言う。この吟味は「反省的感覚」(reflected sense) の働きによってなされるとされる (『徳あるいは功績に関する研究』1699)。われわれはこの感覚によって自らの行為や性情を反省することによって有徳な人間になりうるのである。

このような考えは「道徳感覚説」(moral sense theory) を唱えたハチスンによっていっそうの展開を見た。ロックの認識論において、知識の素材となる単純観念は、外的対象に関わる感覚 (sensation) と精神自身の働きを対象とする反省 (reflection) によって与えられるとされたが、ハチスンにとっても道徳的観念は美的観念と同じく単純観念であって、たとえば関係の観念のような主観の意志に依存する複雑観念ではなかった。そしてその単純観念としての道徳観念を受容する内的感覚 (inner sense) として「道徳感覚」が想定された。「道徳感覚」とは、「行為がわれわれの観察するところとなったとき、それらがわれわれに及ぼす損得についての思惑に先立って、当の行為についての好感あるいは不快の観念を受け取るわれわれの精神の限定のことである」(『美と徳の観念の起源』1725)。

このようなハチスンの合理論批判の考えはヒュームに受け継がれ、ヒュームの道徳哲学を貫く一つの大きなテーマとなっている。ヒュームは主著『人間本性論』(1739-40) において、第3篇 (道徳論) を展開するに先立って、第2篇 (情念論) を書き、理性 (知性) 対感情 (情念) の問題を論じる。理性 (知性) が

われわれにもたらすのは、数学的知識のような論証的知識と経験的な因果推論による蓋然的知識とであるが、これらの知識が単独で行為を惹き起こす原因となることはない。行為を惹き起こす原因となるのは、ある事柄への欲求であり、われわれをして快を与えると見えるものに向かわせ、不快を与えると思われるものから退かせる情動 (emotion) である。理性によってわれわれに知識が与えられても、目的となるべき対象がわれわれの関心をひき、欲求されることがなければ、われわれは動き出さない。理性はそれ自体不活発 (inert)・非活動的 (inactive) であって、目的が予め欲求されたときにのみ、欲求実現のための手段に関する情報を提供するなどして、行為の「間接的原因」となりうる。

以上のように人間の行為、とくにその動機面において理性と情念の果たす役割を論じたのち、ヒュームは第3篇 (道徳論) において人間の行為に関する道徳的評価の問題に移る。「われわれが徳と悪徳を区別して、ある行為を非難すべきであるとか賞賛すべきであるとか断言する」のは、理性と感覚のいずれによってであるかと問い、「道徳的区別」は理性からではなく、道徳感覚から由来すると答える。道徳性の本質は理性によって見出されるような観念の関係や事実のうちに存するのではない。ヒュームは『道徳原理の研究』(1751) の中で、シャフツベリが道徳論の二つの体系 (道徳の基礎を「理性」から導き出す体系と「感情」から導き出す体系) の相違を教えてくれたと述べているが、ヒューム自身この二つの体系の相違を意識したうえで、後者の側に立って自らの道徳論を形成したのであった。

【主要文献】塚崎智「イギリス経験論の倫理思想」, 小熊勢記ほか編『西洋倫理思想の形成Ⅰ』晃洋書房, 1985.

(塚崎　智)

自由

〔英〕liberty, freedom 〔ラ〕libertas

社会的自由

　自由について論ずる際には、自由をめぐる二つの主要な問題を区別する必要がある。すなわち、(1) 因果律に決定されない行為が可能か否かをめぐる意志の自由の問題と、(2) 政治権力のあり方や社会的拘束との関連における個人の行為の自由（社会的自由）の内容や範囲、その正当化根拠という問題である。

　もちろん、両者は無縁なわけではない。行為の道徳性の前提として意思の自由を重視する社会的自由の捉え方も存在する。しかし、両者のいずれか一方が他方のあり方を全面的に規定しているわけではない。したがって、説明の錯綜を避けるため、ここでは、社会的自由という問題領域に焦点を絞り込むこととする。意志の自由については、「自由意志と決定論」などの関連項目を参照されたい。

二つの自由概念

　社会的自由についての理論的考察では、しばしば、消極的 (negative) 自由と積極的 (positive) 自由という区別がなされる。この区別は、すでに 20 世紀前半にフロムなどによって言及されていたが、その定着に大きく寄与したのは、1958 年にバーリンが行った講演、「二つの自由概念」であった。

　バーリンによれば、消極的自由とは、権力による干渉の不在であり、拘束からの自由である。積極的自由とは、個人の自己支配・自己統治の願望に由来しており、この意味での自由とは、個人が自らの主人であることである。これら二つの自由は、本来、異質な理想・価値を志向しており、混同されるべきではない。実際、積極的自由が「上位の自我」による日常的自我への支配として捉えられ、さらに、その「上位の自我」が国家や特定の集団と同一視される場合には、権力や拘束からの自由という消極的自由の志向と対立し衝突する可能性もある、とバーリンは警告した。

　バーリンは、冷戦期という文脈において、二つの自由概念をこのように論ずるなかで、社会主義やナショナリズムを具体例として積極的自由の危険性を指摘した。ただし、誤解されがちな点だが、バーリンは、積極的自由の人間的理想としての地位までも否認したわけではない。バーリンが強調的に注意を喚起したのは、消極的自由と積極的自由が予定調和的な関係にはないという点であり、その際、バーリンは、消極的自由と、自己統治の理想である民主主義との両立の困難さについても念頭に置いていたのである。

バーリン以後

　バーリンの講演以後、積極的自由の概念としての成立不可能性を主張する議論や消極的自由概念の洗練を試みる議論が頻出し、また、それらに意識的に対抗する積極的自由の擁護論も見られるようになった。この傾向を促した一つの事情として、バーリンの議論が概念的明晰さの点で必ずしも十分でなかったことが挙げられる。とはいえ、議論の精緻化が進み、また、並行して消極的自由か積極的自由かの二者択一を迫る論調が強まるにつれて、自由に絡む価値・理想の多様性や、その背後にある人間観の多様性に対するバーリンの鋭敏な感覚が見失われがちとなったことも否めない。

　しかし、1960 年代後半以降、二つの自由概念のいずれか一方に強く肩入れする傾向から距離を置く議論が、徐々に登場してきた。この種の議論は、消極的自由と積極的自由の区別そのものを放棄はしないものの、両者を際立たせて対立させるというよりも、むしろ、自由概念の多様性や、この多様性をもたらしている要因の把握に関心を向けていた。以下、こうした関心からの諸議論を踏まえて、説明を

進めることとする。

自由と対立する拘束・強制に着目する意義

自由という語は、人々の情緒を強く揺り動かす力を持つ。そのため、恣意的に理解され、機会主義的に用いられることすらある。たとえば、国家は、自由の擁護という名目で、兵士や市民の理不尽な死を正当化し美化しようとするかもしれない。他方、個人の側では、願望挫折の感情と不自由感との類似性に依拠して、恣意的で反社会的ですらあるような欲求充足のために自由を主張するかもしれない。

こうした明白な逸脱に至らない範囲内でも、自由は極度に多義的である。とはいえ、われわれは、自由という概念なしで、政治や社会を考え論ずることはできない。したがって、その多義性を整理し明確に把握することが理論的課題となる。これに取り組むのに役立つ一つの方法は、具体的に何が自由と対立する拘束や強制と見なされているかに着目することである。なぜなら、これによって、それぞれの自由概念の具体的内容を明確にし、相違点を判明にすることができるからである。

消極的自由の極限例——ホッブズの自由概念

上述の方法を用いて、消極的自由の主張の代表的例とされることのあるホッブズの議論を取り上げてみよう。ホッブズによれば、政治社会が確立している場合には、その構成員は、法が禁止も命令もしていない事柄について、すなわち、政治社会の目的である安全保障との関連で義務づけられていない事柄について自由であると言うことができる。

他方、政治社会の成立以前の自然状態あるいはそれに相当する状態での自由は、ホッブズによると、外的な障害や強制の不在を意味しており、それは自然的自由とも言い換えることができる。この自由は、じつのところ、かなり狭く定義されており、行為者の内面における恐怖心や合理的計算は自由に対する障害と見なされない。したがって、自由と脅迫は両立する。この前提からすれば、脅迫の下でなされた約束ですら、自由な意志によるものとして有効であり、義務づけの力を有していることになる。これが、拘束や強制を外的・物理的なものに限定し、主観的契機を極力排除しようとしたホッブズの自然的自由の定義に含意されている理論的帰結であった。

消極的自由に対する内的な拘束・強制

しかし言うまでもなく、自由と脅迫が両立可能であるという主張は、通常の考えに真っ向から対立しており、自由主義的伝統の中で強く否定されている主張でもある。ただし、これを否定するのであれば、脅迫によって生じた恐怖など、行為者の意志に影響する内面の状態も、自由に対する拘束・強制の要因に数えなければならないことになる。これは、法を自由と拘束と見なすベンサムなど、古典的な自由主義的主張に見られる立場である。

自由を阻害する要因は、さらに拡大解釈されることがある。たとえば、J.S.ミルの『自由論』では、習慣への無批判的な従属や偏った規範を内面化した結果としての狭隘な価値観なども、行為者の自由を阻害する障害として大きく扱われている。

内的阻害要因を認めることに伴う困難

このように、行為者の内面の状態を自由に対する阻害要因に含めると、自由を問題としうる範囲は大幅に拡大するが、その反面、自由か不自由かの判断に主観性の契機が入ってくる、という困難が生ずる。たとえば、屈強な強盗の脅迫は通常人には恐怖を引き起こし不自由をもたらすとしても、英雄や狂気の人にとっては自由を阻害する脅威にならないかもしれない、という困難である。この場合、脅迫と自由とが両立するか否かは、恐怖に対する本人の感受性に左右される。とすれば、脅迫による同意は義務的拘束力を持たないとい

う規範的命題は、通常人の感受性という相対的前提において成り立っているということになる。

また、特定の習慣や画一化傾向を自由の阻害要因と見なす見地の場合、歴史的文化的に制約されている可能性も見落とせない。そうした被制約性への自覚を欠くことは、自らの価値観の特権化の危険をはらんでいる。卓越した価値観を持つと自負する者から見れば、習慣に縛られて高貴な選択肢を選ぶことのできない人間の自律性には何らかの限界や欠陥がある、という見方に繋がりやすい。この立場と、自律性を欠く人間には強制あるいは矯正が必要だという反自由主義的な立場との距離は、さほど大きくないとも言えよう。

この危険性は、かつては、行為者の内面の状態をとりわけ重視する積極的自由概念に固有の欠陥であり、消極的自由はそれを特権的に免れていると見られがちであった。上掲の分析は、こうした見方には決定的な打撃となろう。とはいえ、この危険性ゆえに、積極的自由と同様にホッブズ的な極限例以外の消極的自由も、概念として成り立たない、と決めつけることはできない。それは、積極的自由と消極的自由のいずれもが共有している可能性にすぎない。したがって、さらに一歩進めて問う必要があるのは、この共通の問題点に対する二つの自由概念のそれぞれの姿勢に有意な差異があるかどうか、あるとすればどのような差異なのか、についてである。

行使概念としての積極的自由

二つの自由概念におけるこのような差異を捉える手がかりは、チャールズ・テイラーが提唱している機会概念（opportunity-concept）と行使概念（exercise-concept）との区別に見出すことができる。

行使概念とは、行為者がある特定の性質の行為を実際に行ったときにのみ、その行為者は自由と言える、とする考え方である。たとえば、定言命法に従って行為する自律的人間こそ真に自由であるとするカント的自由観は、積極的自由に内在する行使概念の特徴を端的に示していることになる。

機会概念としての消極的自由

対照的に、機会概念とは、行為者に自由な選択の機会が与えられていれば、その機会が活用されるか否かにかかわらず、当該の行為者は自由であるとする見方である。これは消極的自由の顕著な特徴と言ってよい（ただし、テイラー本人は、行使概念的な消極的自由概念が存在しうると考えている）。

たしかに、消極的自由概念における内的障害の捉え方は、一見したところ、積極的自由概念の場合と異なっていないかに見える。しかし、元来、消極的自由は拘束や強制の不在という事実を重視するがゆえに「消極的」なのであり、その結果として、内的であれ外的であれ障害が除去されたあとの行為者の行為の内容や性質の特定にも消極的である。

もちろん、この立場においても、行為者の自律性を損ねるような内的障害が同定される場合、その除去によって可能となる様々な行為を自律的と一般的に特徴づけることは可能である。しかし、消極的自由概念の場合、積極的自由概念とは異なり、行為遂行の事実を自由の試金石とは見なさない。たとえば、内的障害が除去されている限り、その除去により可能となる特定の行為が行為者の何らかの熟慮の結果として遂行されなくても、行為の機会は確保されているという理由で、行為者は自由であると認めてよい。消極的自由に内在する機会概念の観点からすれば、積極的自由には、内的障害が除去された状態における行為の選択の幅を許容しない不寛容なリゴリズムに陥る危険が潜在していることになる。

暗黙の前提を自覚化する必要

機会概念としての消極的自由の持つこのよ

うな柔軟性という強みは、特定の人間観や価値観に関与しない中立地帯に安住しているのに由来するのではない。行使概念と同様に、機会概念もまた、内的障害と自律との間の境界線を緩やかにではあれ何らかの形で引く必要を認める点で、価値や規範の領域にコミットすることは避けられない。

機会概念の強みは、むしろ、自らを含めた人間の可謬性や視野の限定性の感覚に由来している。それはまた、実践的可能性の感覚にも由来している。なぜなら、できるだけ多くの人々のために社会的自由を実際に確保しようとするのであれば、自由と不自由との区別において基準とすべき感受性や自律性の基準は、人格の理想としては敬意を払うべき英雄や聖者ではなく、大方の標準的な人間に求めせざるを得ないからである。

そのような前提に対し、歴史的に限定されていて文化的に偏狭だという指摘は依然としてありえるだろう。しかし、この消極的指摘は、自由と不自由の区別に際して、人間観に連動する何らかの前提を置くことの不可避性を解決するものではない。必要なのは、むしろ、その前提をつねに反省しつつ、より高度な人格的陶冶を阻害しない自由の条件を探ることであろう。そのためには、いまだ十分に省みられていない諸々の暗黙の想定を積極的に掘り起こし、理論的修正の有益な機会として活用することが必要である。

他者への視点と制度への関心の必要

たとえば、自由は、自由であるべき行為者にとって他者との関わりが必要かつ不可避だという重要な事実を、暗黙の前提としている。ミルの『自由論』における自由と寛容の主張は、自分が善と思うことを他者に押しつけようとするという意味で他者に強い関心を持つ社会に対して節度と自制を求めるものであって、他者への無関心が自由と寛容のための処方箋だったわけではなかった。そのことを踏まえつつ、寛容と自由は、他者に積極的関心を持たない傾向が強まりつつある現代社会においてどのように確保可能なのか、改めて問うてみる必要がある。

さらにまた、自由の要件として拘束や強制の不在に集中すると、自由を保障するための拘束や強制の必要や、政治権力の構成という問題が軽視されがちとなるという点にも留意が必要である。じつのところ、拘束や強制の不在という消極的自由の観点からでも、立憲主義的な権力制限ばかりでなく、自由の様々な制度的保障という見地から取り組むべき課題は少なくない。その取り組みの成果は、ミルがかつて『代議政治論』において先例を示したように、積極的自由の見地からの共和主義的制度論とはひと味異なった強みと特徴を発揮できるものと期待できるであろう。

【主要文献】Thomas Hobbes, *Leviathan,* 1651（水田洋訳『リヴァイアサン（1）』岩波文庫，1954/92）. John Stuart Mill, *On Liberty,* 1859（早坂忠訳「自由論」,『世界の名著38 ベンサム／J.S.ミル』中央公論社，1967）. Isaiah Berlin, *Four Essays on Liberty,* Oxford University Press, 1969（小川晃一／小池銈／福田歓一／生松敬三訳『自由論』みすず書房，1971）. John Gray, *Liberalisms,* Routledge, 1989（山本貴之訳『自由主義論』ミネルヴァ書房，2001）. David Miller ed., *Liberty,* Oxford University Press, 1991〔チャールズ・テイラーの論文などを収めたアンソロジー〕. 関口正司「二つの自由概念」,『西南学院大学法学論集』第24巻第1・3号，1991-92. Quentin Skinner, *Liberty before Liberalism,* Cambridge University Press, 1998（梅津順一訳『自由主義に先立つ自由』聖学院大学出版会，2001）.

（関口正司）

自由意志と決定論

〔英〕free will and determinism

　自由意志と決定論は近代イギリスにおいて「自由と必然」(liberty and necessity)として盛んに論争が行われ、神学、形而上学、認識論、道徳哲学にわたる重要な問題だった。論争は、決定論を受け入れそれと矛盾しない意味での自由意志を認める両立論者と、決定論を拒否し根源的な意志の自由を主張する自由意志論者の二つの陣営に分けることができる。ホッブズ、ロック、コリンズ、ヒューム、ケイムズ、ハートリー、プリーストリ、J.S.ミルは決定論を採る両立論者であり、ブラムホール、クラーク、リードは自由意志論者である。

　決定論とは「あらゆる出来事は何らかの形で前もって決定されている」とする立場であるが、何によって決定されるかで様々なタイプがある。神によって決定されているとする神学的決定論、機械論的因果関係に基づく物理的決定論、動機や性格などの心的因果関係に基づく心理的決定論、最善と思われることをする他はないとする倫理的決定論などがあり、どのタイプの決定論を採るかによって、自由意志との関係も変わってくる。

ホッブズとブラムホール

　ホッブズは非物質的な魂の存在を否定する唯物論者であり、人間の行動も自然現象と同じ原理によって因果的に説明する。機械論的世界観を採り、物理的決定論の立場に立つ。自発的な意志に基づくとされる行為も、ホッブズによれば、因果的な必然性の鎖の中にある。ホッブズにとって、自由とは「外的障害の欠如」であり、運動する物体は、流れる水のようにそれが妨げられない限り自由である。ホッブズは自由意志を否定せず、必然性と両立するとする両立論者である。人間の意図的行為は、熟慮に基づく行動と見なす。熟慮とは行為の善悪を想像すること、行為したい欲求と止めたい欲求が代わる代わる生じることである。熟慮における最終的な欲求が「意志」であり、意志に従って行動することが、人間の自由な行為となる。こうした熟慮の過程は、先行する原因によって決定されており、決定論と意志の自由は両立する。

　自由意志論者であるブラムホールからすれば、こうしたホッブズの自由意志の概念は、とうてい承服できるものではなかった。ブラムホールにとって、真の自由とは選択の自由であり、前もって決定されているところに自由はない。意志の自由と決定論は両立不可能なのである。ブラムホールによれば、無生物や動物、狂人には自由はなく、多くの自然現象は原因によって必然的に決定されている。しかし、理性的存在である人間は意志の能力を持ち、他の先行する原因なしに、意志が行為の原因となりうるのである。

ロック

　ロックも決定論を採るが、すべてを物理的に還元するのではなく、心的な用語で説明を行う心理的決定論の立場に立つ。ロックによれば、意志とは心的活動や身体的運動を始めたり止めたりする力である。「自分自身の心の選択や指示に従って、考えたり考えなかったり、動かしたり動かさなかったりする力を持つ限り、人間は自由である」。しかし、意志するしないの自由はない。意志は落ち着かなさ(uneasiness)によって決定される。様々な落ち着かなさ、欲求のうち最も差し迫ったものが意志を決定する。こうした決定論的枠組みの中で自由を認める点で、ロックは両立論の立場に立つ(『人間知性論』1690)。

　一方でロックは『人間知性論』第2版以降の加筆修正の中で、日常経験から明らかなように、人間は「欲求の遂行を保留する力」を持ち、それが自由の源泉であるとし、(不適切ながらも)自由意志と呼ばれるものの存在

を認める。さらに、大部分の場合は意志するしないの自由はないが、遠く離れた善を選ぶ際には意志する自由があると付け加える。こうした点を捉えてロックを自由意志論者とする解釈もあるが、ロックの認める自由意志は、きわめて限定的なものであり、自由意志論者の主張するものとは大きな隔たりがある。ロックの記述の揺れは、決定論的な枠組みの中で、日常経験における自由の意識をどう調停させるかという自由意志の問題を象徴している。

コリンズとクラーク

コリンズは、意志を保留する力があるとする点でロックは間違っていたとし、必然性からの自由はないとする。ホッブズのような唯物論的な物理的決定論とロックのような心理的決定論を結びつけ、自由とは外的障害からの自由であり、この意味の自由が必然性と両立するという両立論の立場に立つ。コリンズは意志するしないの自由がないだけでなく、複数の対象から一つを選ぶ自由もないとする。真偽－判断の関係と善悪－意志の関係は同じであり、より良く思えるものを選ぼうと意志する他はない。この点で、コリンズの決定論は倫理的決定論でもある。コリンズの著書はのちのプリーストリや、フランスのヴォルテールら唯物論者から高く評価された(『人間の自由に関する哲学的研究』1717)。

クラークは、決定論は道徳と宗教を破壊するものと考え、魂の非物質性を主張し、自由意志論の立場に立つ。行為者とは行為を始める力を持つものであり、行為者である人間には必然性に縛られず、自由を持つとする。コリンズの倫理的決定論を批判し、動機は行為に影響を与えるが、行為を引き起こすものではないという。物理的必然性と道徳的必然性を区別し、石が落下するという場合の必然性と正直な人には騙されないという場合の必然性はまったく別で、後者は比喩的な意味であり、本来の必然性ではないという(『神の存在と属性の論証』1705)。

ヒューム

ヒュームは両立論の立場に立ち、自由意志と決定論を整合的に調停しようとする。自由と必然の言葉の意味を明確にすれば、そこに対立はなく、論争も終結するという。必然性の観念とは、ある対象が他の対象につねに続けて起こること(恒常的連接)と一方の対象から別の対象への推理(習慣による心の決定)から生じる。因果関係の必然性は自然現象だけでなく、人間の行為にも及ぶ。人間の行為、動機、傾向性にも一定の規則性と斉一性があるからである。人間の行為は外面的には不規則であるように見えても、天候の不規則性と同様、内的な原理は斉一的である。自由とは「意志の決定に従って行為したりしなかったりする力」であり、必然性と両立する。

自由意志論者の主張する自由は、自発性の自由と無差別の自由との混同や誤った感覚から生じるとヒュームは言う。行為は意志に従うが、意志そのものは何者にも従わないように感じ、どの方向に意志を向けることも可能に思われるが、自分自身の中に自由を感じるとしても、観察者から見ればその行為は動機や性格から推理でき、必然性の鎖から逃れることはできない。ヒュームにとって「意志」とは、身体の運動や心の知覚を意識的に行う時に感じる内的な印象にすぎない。ヒュームは因果関係に関する独自の分析によって、必然性の概念から形而上学的な含意を除去し、経験主義的な整合的両立論を確立した。

ヒュームはさらに、決定論が宗教や道徳にとって危険なものではなく、むしろ本質的に必要なものだと言う。人間の行為は内的で持続的な性格が原因となり、そこに必然的結合があるからこそ、行為に責任が生じ、賞賛や非難の対象となる。また、法の根拠となる賞罰も、心に対して規則的な影響を与え、善行

を生み悪行を阻止する動機となると想定されるが、そこに因果関係があるからこそ有効なのである（『人間本性論』1739–40、『人間知性の研究』1748）。

ケイムズ、ハートリー、プリーストリ

ケイムズは、宇宙には偶然的なものはなく、自然界のあらゆる運動も精神界のあらゆる行為も因果の連鎖の中にあるとする決定論に立つが、われわれが内的に感じる自由意志の意識を重要視する。自由の意識は欺瞞的としながらも、賢明な錯覚であり、人間が良心を働かせ、道徳的行為者となるために不可欠のものであり、神の配慮によって人間にそれが与えられているとする（『道徳と自然宗教の原理』1751）。

ハートリーは、行為の原因となる先行する環境が同じならば、他の行為はできないとする決定論の立場に立つ。人間の心に対して機械論的立場を採り、「自分が欲求したり意志することを行う力」という日常的意味での自由意志と、先行する環境が同じでも別の行為をできるとか、動機を生み出す力を持つといった哲学的意味での自由意志を区別し、後者を否定する（『人間についての観察』1749）。

プリーストリもコリンズやハートリーに従って決定論を採る。ホッブズと同じく唯物論に立ち、そこから必然性の学説（決定論）が直接導かれると言う。意志することを行う力という意味での決定論と矛盾しない自由意志を認める両立論に立つ。プリーストリは哲学的な決定論（必然論）とカルヴィニズムの予定説（神学的決定論）との違いを強調する。予定説では両立論者が認める自由意志も否定され、道徳的行為を行う動機がなくなるが、必然論では動機と行為の必然的結びつきから、幸・不幸、徳・悪徳は本人次第ということになる（『哲学的必然性の学説の例証』1782）。

リード

こうした両立論的な決定論を退け、明確に自由意志論の立場に立つのがリードである。自由な行動ができるというわれわれの自然な確信は本質的で普遍的なものであり、こうした常識的な信念は証明できない第一原理であるとし、自由意志が存在する根拠とする。リードにとって自由とは意志を決定する力であり、そうした力を持つからこそ道徳的な責任が生じるのである。この力がなければ、責任も道徳的義務も非難も賞賛も無意味になるという（『人間の能動的力能』1788）。

リードの必然性や因果性の理解は決定論者と異なる。原因とは自分自身か他のものの中に変化を生む力を持つものである。リードは人間の行為に関して、先行する原因によって決定されているとする機械論的な決定論を否定するが、非決定論の立場に立つわけではない。人間の意図的な行為においては、行為者自身が原因となるのである。

「行為は最も強い動機によって決定される」という心理的決定論に対して、動機は忠告のような影響力を持つとしても行為を決定するわけではなく、動機なしの行為もあり、同じ状況につねに同じ結果を生じるような法則が存在することは証明されていないという。

リードは日常的な自由の意識や道徳的責任の考えをそのまま受け入れ、決定論を退けるというわれわれの日常感覚に近い立場を採るが、こうした態度は、スコットランド常識学派に受け継がれていく。

ミル

ミルは常識学派を批判し、決定論的両立論の立場に立つ。因果関係をヒュームに従って、一定不変の継起の関係であり、そこに神秘的な結びつきや強制はないとするが、人間の行動は一つの動機によって絶対的に支配されるものではなく、行動を起こす原因は制御可能だという（『論理学体系』1843、『ハミルトン

哲学の検討』1865)。

　ミルは宿命論と必然論（決定論）を区別する。宿命論は起こったことが原因の確実な結果であるという決定論だけでなく、抵抗しても無駄であり、妨げようといくら努力しようとも必ず起こるということを含んでいる。とくにミルが問題にするのは、われわれの行動は性格から生じ、性格は教育と環境によって決定されているため、それを変える力がないとするオウエン主義の環境決定論である。ミルはこの考えは誤りであり、われわれは意志すれば、自分を別の環境に置くことによって、自分自身の性格を形成できると言う。

　もっともミルは、性格を変えようとする意志そのものは、環境によって与えられることを認める点で、基本的にはあくまで決定論者である。しかしミルにとっては性格を変えることができるという意識こそが重要であり、習慣や誘惑に完全に支配されているわけではない点で、道徳的自由の感情であった。

　自由意志はミルにとって重要問題だったが、『自由論』はそれとは切り離されて理解されていくことになる。これは、その後の道徳的議論における自由意志の位置を象徴している。

自由意志と決定論——背景と特徴

　「自由と必然」論争は、17世紀のホッブズ、ブラムホールに始まり、18世紀に盛んに議論された。そこには、宗教的な対立とともに、近代科学的世界観と日常的感覚をどう折り合いをつけるのか、近代科学がもたらす（ように思える）道徳と宗教への脅威にどう答えるのかといった当時の哲学者、宗教家にとって無視できない重要な問いが含まれていたからである。両立論的決定論を採る哲学者は多かったが、これは当時は人気のない思想であり、自由意志論が全般に優勢であった。19世紀後半には、科学の浸透とともにこうした状況は徐々に変化する。自由意志の問題も事実問題というよりは概念の問題として捉えられるようになり、必ずしも道徳の不可欠の根拠とも見なされなくなっていく。自由意志は依然として哲学的には重要問題ではあるものの、18世紀のような切迫性を失ってゆく。

　最後に近代イギリスの「自由と必然」論争の特徴をまとめよう。第一に、それ以前の神学的な自由意志論争とは違い、神学的な論争も背景にあるものの、近代科学的世界観と日常的な自由意志の意識の調停が主要な問題になったこと。第二に、決定論を採る場合でも日常的な自由の意識を否定せずに両立させ、さらに信仰と両立させようとする調停的な方向性。第三に、議論においても論理性を重視し、概念や言葉を明確にすることによって問題を解決しようとする態度。こうした点は、多くの論者に見られる特徴であり、近代イギリス哲学の特徴を顕著に示している。

【主要文献】Vere Chappell ed., *Hobbes and Bramhall on Liberty and Necessity,* 1999. John Locke, *An Essay concerning Human Understanding,* 1690. Anthony Collins, *A Philosophical Inquiry Concerning Human Liberty,* 1717. Samuel Clarke, *A Demonstration of the Being and Attributes of God,* 1705. David Hume, *A Treatise of Human Nature,* 1739–40. *An Enquiry Concerning Human Understanding,* 1748（斎藤繁雄／一ノ瀬正樹訳『人間知性研究』法政大学出版局, 2004). Henry Home [Lord Kames], *An Essay on the Principles of Morality and Natural Religion,* 1751. David Hartley, *Observations on Man, his Frame, his Duty, and his Expectations,* 1749. Joseph Priestley, *The Doctrine of Philosophical Necessity Illustrated,* 1782. Thomas Reid, *Essays on the Active Powers of the Man,* 1788. John Stuart Mill, *A System of Logic,* 1843. ——, *An Examination of Sir William Hamilton's Philosophy,* 1865.

（岩崎豪人）

宗教改革

〔英〕Reformation

宗教改革は16世紀西欧における宗教運動であり、ローマ・カトリック教会の改革の域を超えて、M.ルターやJ.カルヴァンらが独自の教義や教会観を生み出し、新たなプロテスタント教会や教派を各地に登場させることになった。宗教改革による新しい思想や行動は、ローマ・カトリック教会への抗議（プロテスト）という意味で、プロテスタンティズムと総称され、それを担う人々がプロテスタントと呼ばれる。宗教改革は西欧全体の動きであるが、ここでの説明は、イングランドの宗教改革を中心とする。

概要

イングランドの宗教改革の直接の引き金は、直系男子の王位継承者を望んだヘンリ8世の離婚問題である。王は、兄嫁であったアラゴンのキャサリンとの結婚の際、教会法上は近親結婚となるため、教皇の特赦を得た。だが、この特赦にもかかわらず、男子を産まない彼女との結婚を王は無効とし、彼女と離婚してアン・ブーリンと結婚する。

特赦措置を無効にされた教皇はヘンリを破門し、これに対しヘンリは1534年の「国王至上法」によって、教皇ではなく自身を教会の長と宣言する。王は教皇権からイングランド教会を独立させ、T.クランマーをカンタベリー大主教に任命する。さらに、修道院解散を命じて、その財産を国庫に没収した。ヘンリの死後、クランマーの下で改革は前進し、エドワード6世（在位1547-53）時には、宗教箇条や共通祈祷書が制定され、教会統一が進められる。この後、メアリ1世（在位1553-58）によるローマ・カトリックへの揺り返しがあったが、エリザベス1世が戴冠して（在位1558-1603）、イングランド教会の総裁（the Supreme Governor）になるに及んで、共通祈祷書の改訂、さらに新たな宗教箇条として「三十九ヵ条」と通称される大綱の制定などを見て、イングランド教会は独特のプロテスタント国教会としての基本骨格を整える。

イングランドの宗教改革の意義は、教皇権からの教会独立に限定されない。教皇の介入を排して、イングランドが主権国家として確立するという、政治的意義も注目される。改革によって、イングランド王がイングランドの政治的、宗教的な支配者となり、教皇およびその支配下のヨーロッパ諸大国と対等の立場を、イングランドは獲得するに至った。

イングランドはスコットランドの宗教改革にも関与する。スコットランドでは、1530年代以降、ローマ・カトリック教徒がフランスとの結束を強める一方、カルヴァンの教えに立つプロテスタントは、イングランドとの友好関係を重視し、両者の対立が激化する。ジェイムズ5世の妃で、王の死後政治の実権を握ったギーズのメアリが、1559年にプロテスタントを迫害すると、彼らはメアリを筆頭とするローマ・カトリック教徒とフランスに戦いを挑んだ。

この改革戦争を率いたのがジュネーヴ帰りの長老派J.ノックスであり、改革を誓い合った「会衆」と通称される俗人プロテスタント信徒が彼を支えた。この戦争にイングランドが介入した結果、「会衆」が宗教的主導権を握り、議会は1560年に教皇の権威を否定して、カルヴァンの教説を基本にした信仰告白が制定された。だがその後、教会統治や礼拝様式をめぐって、ノックスの流れを汲む長老派と、イングランド教会の影響下にある主教派とが対立するようになる。1630年代にイングランド教会の礼拝様式などをチャールズ1世が強制すると、この対立は主教戦争と呼ばれるイングランド対スコットランドとの戦いに発展した。スコットランドに長老制教会が定着するのは、17世紀末のことである。

他方、アイルランドにとって宗教改革は、現在にまで至るイデオロギー対立の要因となる。東部ダブリン周辺のイングランド支配地域であるペイルは改革を受容したが、他地域ではローマ・カトリックが支持され続けた。1534年にはトマス・フィッツジェラルドの指揮下で反乱が起き、イングランド王への忠誠を拒否するに至る。その後もイングランドとアイルランドとの対立は続くが、強硬に抵抗していた北部アルスターが1605年に敗北すると、ジェイムズ1世はプロテスタント植民を進めていく。信仰を拒否され土地を没収されたアルスターの人々の不満は、1641年の反乱を引き起こし、数千のイングランド人入植者を虐殺したと言われる。この反乱の処理をめぐる対立は、ピューリタン革命（イギリス革命）の勃発を促した。

要因

とくに修正主義史観の登場後、要因や結果の評価も含め、宗教改革については多様な、かつ相対立する見解が見られる。広汎な影響力を持つ背景的な要因として、国民意識の台頭、活版印刷術の普及、ルネサンス的な批判精神などが指摘されることもあるが、より密接に改革に繋がる要因としては、研究史上、主に以下の5点が指摘されている。

（1）ヘンリ8世個人の気質、情熱や意志。この点では、宗教改革は上からの改革であり、その恐怖政治的、強制的な側面が強調されることもある。

（2）ヘンリ8世の側近T.クロムウェルの存在。彼は「革命」とも称される行政改革を企て、イングランドを主権国家に仕立てた。宗教改革は、そうした政治的改革の一局面と見なされることがある。

（3）反教皇主義の存在。改革まで決定的な分裂はなかったものの、王権と教皇権との関係はつねに友好的とは限らず、14世紀以降は、議会制度の発達に支えられて、様々な反教皇政策の展開が見られた。

（4）J.ウィクリフ以来のロラード派の伝統。この素地にプロテスタンティズムが浸透していったと見れば、改革は、いわば下からの運動として進展したと捉えられる。

（5）俗人における反聖職者・反教会感情の存在。俗人に課せられる過酷・頻繁な教会献金、教会や修道院の奢侈・堕落、さらに犯罪への世俗罰を免れる聖職者特権などに対して、俗人の反感が強まっていた。

（4）と（5）を疑問視する研究者もいる。彼らは、改革前のローマ・カトリック教会の良好な機能、教会への人々の従順さ、伝統意識の根強さなどを指摘する。彼らの研究では、改革の反ローマ・カトリック的、プロテスタント的性格よりも、国王権威への人々の服従を強調する傾向が目立ち、宗教改革は上からの強制として語られる。

諸原則

イングランドの宗教改革には、以下の7つの原則を指摘できる。

（1）イングランドの独立した教会を確立・維持すること。教皇の支配権を排除して、イングランド教会は自国の事情に応じて自らの礼拝などを定めることができる。大主教クランマーは、イングランド教会独自の英語による全国統一的な礼拝を徹底することを望み、これが共通祈祷書の制定に繋がった。

（2）聖書の権威を重視すること。すでに改革以前から英訳聖書の試みがなされ、改革直前には、W.ティンダルによる英訳聖書が海外出版されて、イングランドへ持ち込まれた。ヘンリ8世は1543年に全教区に聖書の常備を義務づけ、17世紀初頭には、ジェイムズ1世によって、欽定英訳聖書の刊行が決定された。聖書重視の姿勢は、聖職に任じられる際（聖職按手式）に、聖書を「神の言葉」と信じることを誓約させるほか、共通祈祷書に日課表を掲載して聖書朗読を義務づける点にも明らか

である。

(3) 原始教会との連続性、および使徒伝承（継承、継紹）を強調すること。イングランド教会は自身を、キリストに始まり、使徒が立てた原始教会との連続性において見る。その点で、宗教改革は新しい教会の設立ではなく、従来の教会を刷新して、使徒の原始教会が持つ正統性・普遍（カトリック）性を継承するものである。

(4) 伝統的職制を保持すること。イングランド教会は歴史的三聖職位、すなわち主教（監督、bishop：エピスコポス）、司祭（長老、priest：プレスビュテロス）、執事（deacon：ディアコノス）を聖書に即した尊重すべき職制として保持する。ただ、これら三聖職位は、それがなければ教会の普遍性が成立しない教会の本質部分というよりも、原始教会との連続性を保持するための外的な器とされる。

(5) 教父（教会師父）と総会議の権威を尊重すること。イングランド教会は、初代教会の教父（師父）の教え、そして4〜5世紀の4つの総会議（ニカイア、コンスタンティノープル、エペソ、カルケドン会議）の決議を、聖書解釈と教会制度の根本規範とし、それによって、原始および初代教会との連続性を確保する。これは、一方で、教会伝承を重視し、かつ聖書解釈における教皇の無謬性をいうローマ・カトリックに対する、他方で、聖書を読む個々人の解釈を強調しがちな大陸プロテスタントに対する、両面批判となる。この点でも、イングランド教会の立場は、「ローマとジュネーヴ」との間の「中道」、ヴィア・メディア（Via Media）に立つ。

(6) 礼典（サクラメント）を重視すること。礼典は人間とキリストとの結びつきを可視的に表す儀式である。イングランド教会は、他のプロテスタント教会と同様に、礼典として洗礼と聖餐のみを採用し、礼典執行の次第を共通祈祷書によって統一した。イングランド教会は、教義や神学を正面に据えて争うことを好まず、礼典執行の主体となる歴史的聖職位の継承、および礼典執行機関である教会共同体の生活を重んじた。

(7) 俗人信徒の権限を認めること。王（女王）は教会の総裁であるが、教会の絶対的支配者ではない。宗教改革自体が、ヘンリ8世の独断専決によって遂行されたというよりも、議会すなわち俗人信徒が制定した法によって進められた。教会統治などに関してイングランド教会では、教会会議とともに議会の議決が、歴史的に重要な役割を果たしてきた。

結果

宗教改革の結果、およびそれに伴う現象について、その評価にも多様な、かつ相対立する見解が見られる。これらの評価や見解を、4つの側面において整理しておく。

(1) 政治的側面について。宗教改革とともに、国家統治機構も構造転換した。G.エルトンによれば、ヘンリ8世の宗教改革の時代は「テューダー行政革命」の時代であった。王の秘書長官クロムウェルによって、中央行政機構の脱中世化が推進され、のちの議会主権・立憲君主制の確立に道を開く。改革された教会の統治や規律などは、王を長とする中央統治機構の下、議会制定法によって定められることになった。

(2) 社会的・経済的側面について。宗教改革と直接的な関連を持つのは、クロムウェルによる教会財産の国庫編入である。彼はまず、聖職者の初年度収益と十分の一税を国家財政に、さらに修道院解散によって修道院領を王領地に編入した。これらの財政措置は、戦時財政の運営という課題への対応だった。宗教改革以降強まったカトリック諸国の脅威のなか、16世紀のいわゆる「軍事革命」により、対フランス戦費だけでも、1540年代のそれは1520年代の4倍に達したと言われる。修道院解散などは、旧来の宗教体制の打破を狙いとするが、議会承認を要する直接税依存の伝

統的な財政政策の破綻が背景にあり、こうした財政破綻への緊急な対応という面を持つことは否めない。

(3) 宗教的側面について。宗教改革がどこまでイングランド住民と教会をプロテスタント化したか、という点には多様な見解がある。プロテスタント化として制度的に指摘できることは、イングランド教会への教皇の裁治権の拒否、教会堕落の原因となる教理・慣行・迷信の排除、聖職者の社会的地位の変化、礼拝様式の変更、共通祈祷書に基づく新たな様式による全国の礼拝統一化、聖書の普及などである。だが、こうして「カトリシズムを敗北させても」、宗教改革は「一体化したプロテスタント・イングランド」（a united Protestant England）を作ったのではない、と C.ヘイグは指摘する。

人々の宗教生活の実態へ降りれば、プロテスタント対ローマ・カトリック教徒という二元論の様相よりも、国教会批判派のピューリタンから国教忌避者までの間に広がる、一種のスペクトル的分散が、次のように存在すると言える。すなわち、1580年代には、大別して4種類のキリスト教徒を指摘できる。(i) イングランド教会のよりいっそうの改革を求めるピューリタン。彼らの考え方にも幅があり、体制内批判を超えて急進化し、国教会からの分離を主張する人々が出る。(ii) 国教会や教区体制に従順なイングランド教会信徒。(iii) 異論を声高に表出しないが、伝統を重んじる旧態依然としたローマ・カトリック信徒。(iv) イングランド教会を公然と拒否し、イングランド再改宗の意図さえ持つ、ローマ・カトリックの国教忌避者（Recusants）である。ただし、こうしたスペクトルに入らない、宗教の熱狂から一歩引いた「宗教離れ」した人々の存在も指摘されている。

(4) 文化的側面について。宗教改革は、印刷術の発達を背景に、ルネサンス的な古典復帰、および文芸などの発展を促した。古代教会への関心から教父文献の研究が進められ、古典語文献などが注目される。とくに、改革直前にイングランドに滞在したこともある D.エラスムスの聖書原典研究は、イングランド教会に大きな影響を与え、聖書の使徒的証言、原始教会の体制、聖職制度などへの関心を高めた。古典復興の機運は、文芸上、演劇の発展に繋がった。エリザベス期には、W.シェイクスピアを中心として、未曾有の演劇の黄金期を迎える。また、学校教育においては、聖職者教育中心の体制に替わって、古典学習を重視した俗人子弟の教育に、いっそうの関心が寄せられるようになった。

【主要文献】C. Haigh, *The English Reformation Revised*, Cambridge University Press, 1987. 八代崇『イギリス宗教改革史研究』創文社, 1979. ——『イングランド宗教改革史研究』聖公会出版, 1993. 指昭博「宗教改革」; 井内太郎「絶対王政と『行政革命』」, 岩井淳／指昭博編『イギリス史の新潮流』彩流社, 2000. 塚田理『イングランドの宗教』教文館, 2004. D. MacCulloch, *The Reformation*, Viking, 2004.

（山田園子）

十字軍

〔英〕crusades 〔独〕Kreuzzug 〔仏〕croisade

　十字軍とは、キリスト教徒の財産回復および内外の敵に対するキリスト教の防衛のため、教皇が宣戦布告する戦いである。通常、教皇ウルバヌス2世の呼びかけで出発した第1回十字軍の1096年からアッコンが陥落する1291年までのほぼ2世紀近くにわたる、パレスチナ地方に向けて派遣されたヨーロッパの軍事遠征を指す（東方十字軍）。これはいわば中世ヨーロッパ世界で発展した制度としての十字軍であり、教皇による呼びかけとそれに対する応答、十字架の印の携帯、参加者の贖宥状および特権の享受が不可欠の特質として挙げられる。これに対し、十字軍の思想に基づき、「キリスト教世界の解放」を掲げ異教徒や異端や教皇の政敵に対して起こす軍事行動もまた、広義の十字軍として捉えることが可能である（非東方十字軍）。さらに近代以降になると、特定の正統的と見なしうる信条に対立する勢力に対しての行動を、武力行使の有無にかかわらず、「十字軍」と称する場合もある。

歴史的前提

　十字軍運動は宗教的運動であるが、それ以上に同時代の多様で広範な諸問題と関わる複合事象である。ゆえに、前提も複数の社会状況が絡み合っている。第一に挙げられるのは、巡礼熱の高まりである（巡礼起源説）。世界の多くの宗教に共通して見られる聖所や聖地への巡礼願望と同様、ヨーロッパのキリスト教徒もエルサレム巡礼をローマ時代末期より信心の一形態として定着させていた。また教会も贖罪として巡礼を奨励したが、11世紀にはそれはキリスト教世界共通の心性となり、紀元千年を迎え世界の終末が近いという終末論に強烈に捉われた人々を、贖罪の旅である巡礼に駆り立てた。第二に挙げられるのは、聖戦思想の成立である。元来ヒッポの聖アウグスティヌスは異端抑止のために「神意に適う暴力」を容認していたが、中世ヨーロッパの教会は、叙任権闘争中にこれを拡大解釈し、正義のための武力行使を説いた。

　以上を背景としながら、人口増加や農地不足、地中海商業の活発化などの同時代のヨーロッパの社会経済的前提、また東方の地中海情勢の変化に対応して、十字軍運動という複合的な行動が展開されるに至ったのであった。

展開

　1095年11月、ウルバヌス2世は、クレルモン教会会議で、情熱を傾けて十字軍の勧説を行った。演説が終わると、聴衆は口々に「神、それを欲し給う」（Deus le volt）と叫び、教皇に聖なる行軍への参加の許しを乞うた。以降、「公式十字軍」は計8回にわたり派遣された（日本では第5回を数えず、7回とされるが、第1回から第4回まではほぼ意見が一致している）。また、これ以外にも、隠者ピエールの勧説によって出発した民衆十字軍や少年十字軍など、ほとんど非武装に近い民衆の巡礼団も、断続的に東方へ向かった。

　「諸侯の十字軍」と呼ばれた第1回十字軍は、唯一成功した十字軍であった。1098年にエルサレムを占領し、エルサレム王国をはじめとする4つの十字軍国家を建設した。十字軍士は巡礼を果たすとヨーロッパへ帰還する者が多かったため、十字軍国家はつねに人手不足に悩まされた。そこで、聖地に留まり防衛にあたるために騎士修道会が結成され、聖地で活躍した。以降、2世紀にわたり、十字軍国家はパレスチナ地方で一勢力として（彼らは「フランク人」と呼ばれた）、イスラム勢力と対峙した。

　しかし、間もなくイスラム勢力の巻き返しが始まり、1144年エデッサ伯領が奪回された。この事態をうけ、クレルヴォーの聖ベル

ナールが勧説を行い、第2回十字軍が組織され、フランス王とドイツ王が聖地へ向かったが、大した成果を上げることなく解散された。さらに、イスラム側には、エジプトにアイユーブ朝をたてたサラディンが登場し、1187年にエルサレムを奪回した。そこで、イングランド王、フランス王、神聖ローマ皇帝の第3回十字軍が聖地に赴いたが、聖地回復の目的は達成できなかった。

次の第4回十字軍は、傭船費用の未払いのため、ヴェネツィアの要求に応じ、アドリア海沿岸の都市ザラの征服に向かった。さらに、ビザンツ宮廷のクーデタに巻き込まれ、ついに聖地行きを断念し、目的を変えコンスタンティノープルを占領、1204年ラテン帝国の建設に至った。1217年の十字軍（第5回）は、イスラム側の本拠地エジプトのダミエッダを攻撃、一時占領した。1228年には、破門中にもかかわらず、神聖ローマ皇帝兼シチリア王であったフリードリヒ2世が、聖地に向かった。イスラム側の不協和音を背景に、彼は外交策を展開して一時聖地を回復するに至ったが、破門や協定を非難する現地軍から激しい不満を買い、十字軍国家は混乱した（第5／6回）。1244年エルサレムが再びイスラム側の手に落ちると、48年フランス王ルイ9世が単独で十字軍を再編し、シリアで十字軍国家の建て直しを図った（第6／7回）。彼は一度帰国し内政上の懸念を片づけ、1270年再び聖地を目指したが、途中テュニスで死亡した（第7／8回）。その後、1291年、ついに最後の拠点アッコンも陥落した。

2世紀にわたって東方へ派遣された十字軍は、度重なる失敗の結果として教皇権威を失墜させた。また、十字軍の参加者は、大きな経済的負担の反面、十分な利益を享受できなかったため、中小領主層の没落を招いた。代わって中世後期には、王権が伸張していく。他方、十字軍によって、東西の経済的・文化的交流は盛んとなった。十字軍の開始と軌を一にして、東西貿易は急速に発展した。また、イスラム文化やビザンツ文化の流入はルネサンスに影響を及ぼし、その他にも城郭建築などの土木技術が導入された。そして、異教徒との戦いを正当化する十字軍思想は、後世にも大きな影響を持った。

非東方十字軍

1135年、教皇インノケンティウス2世は自らの政敵に対して戦う者に贖宥状を発布した。こうして、十字軍は異教徒だけでなくキリスト教世界内部の敵に対しても差し向けられることとなった。非東方十字軍も、東方十字軍と同様、同時代の人々にとって意味あるものであった。

第一の敵は、対立教皇や神聖ローマ皇帝など、教皇の政敵であった。とくに、中世後期のイタリアでは、教皇に敵対するホーエンシュタウフェン家とギベリン（皇帝派）に対して、しばしば十字軍が派遣された。第二の敵は、異教徒であった。イベリア半島のイスラム教徒に対するレコンキスタやバルト海沿岸地方のヴェンド人に対する北の十字軍がある。後者はドイツ騎士修道会による東方植民であり、改宗と布教活動を目的としたことを一つの特徴とする。第三の敵は、異端であった。1208年教皇インノケンティウス3世はアルビジョワ十字軍を発動、南フランスで大きな勢力を広げていた異端カタリ派を殲滅した。15世紀にボヘミアのフス派に至るまで、しばしば強制的改宗手段として十字軍は用いられたのであった。

近現代の十字軍思想

教皇の呼びかけと贖宥状の発布という形式的要件を備えた十字軍は、宗教改革の時代を迎えた16世紀に終了する。教皇を「反キリスト」と断じたルターが、教皇によって送られる十字軍を非難したからであった。しかし、十字軍思想に基づいて、異教徒や異端あるいは

異人種に聖なる鉄槌を下すという発想や意識は以降も続いた。以後、十字軍思想はプロテスタンティズムに継受された。

ツヴィングリやカルヴィニズムは、教皇によって発動される十字軍を認めることはなかったが、宗教戦争の中で、神のために戦うという十字軍思想を受け継いだ。とくに、イギリス革命において、ピューリタンは、排他的な反カトリックを表明し、国教会との戦いを正当化した。革命後、ピューリタニズムは勢いを失うが、新たに再定義された十字軍思想を残した。ピューリタンによる十字軍思想の受容の結果、さらに移民を通じて、これはアメリカに伝えられた。

18世紀、十字軍は狂信的で愚かしい行為として啓蒙主義に否定された。しかし、19世紀には、十字軍は宗教的狂信と切り離され、ロマンの中に位置づけられることで好印象を獲得した。この過程で重要なのは、十字軍の宗教性が一掃され始めたことであった。また、自由な先進的ヨーロッパと専制の後進的アジアといった図式を前提とするオリエンタリズムと結びつき、十字軍は野蛮に対する文明の戦いとして再解釈された。その後、十字軍思想は表舞台から消え、長い断絶のあと、現代において再び登場する。

十字軍という概念は、イスラム世界と欧米世界の双方で今なお少なからぬ意味を持っている。2001年の9.11テロの黒幕と見なされたビンラディンは、それ以前に聖地を侵す「新十字軍」であるアメリカに対するジハードを訴えている。今日のイスラム世界では、自らに対して西洋が行うあらゆる敵対行為が「十字軍」になりうる。他方、同じく9.11テロの直後、アメリカのブッシュ大統領は「テロ行為に対する戦争」を「十字軍」と語り、物議をかもした。大統領は反イスラムという意味で「十字軍」という言葉を用いたのではないにしても、十字軍は西洋で歴史的に形成された一定の価値観のための戦いを含意しており、イスラム諸国はそれに反発したのであった。教皇の関与しない近現代の戦争について「十字軍」という言葉を用いるのは、歴史的に言えば、明らかな誤りである。しかし、神によって正しいとされるであろう戦い＝広い意味での聖戦として、十字軍は現代でも象徴的に用いられている。その際、欧米とイスラム双方にとって想起されるのは、西洋中世に誕生した十字軍思想とその実行であり、それが現代の「十字軍」という言葉に大きな意味を付与していると言える。

【主要文献】S. Runciman, *A History of the Crusades*, 3 vols., Cambridge University Press, 1951-54. K. M. Setton ed., *A History of the Crusades*, 2 vols., University of Pennsylvania Press, 1955-62. H. E. Mayer, *Geschichte der Kreuzzüge*, W. Kohlhammer, 1965. C. Morrisson, *Les Croisades*, Paris, 1969（橋口倫介訳『十字軍の研究』白水社，1971）．J. Richard, *L'Esprit de la Croisades*, Paris, 1969（宮松浩憲訳『十字軍の精神』法政大学出版会，2004）．S. Runciman, *The First Crusade*, Cambridge University Press, 1980（和田廣訳『十字軍の歴史』河出書房新社，1989）．N. Housley, *The Later Crusades: From Lyons to Alcazar, 1274-1580*, Oxford University Press, 1991. J. Riley-Smith, *What were the Crusades?*, 3rd ed., San Fransisco: Ignatius Press, 2002. 木村豊「十字軍」，『十字軍と騎士』〈世界の戦史4〉, 人物往来社, 1966. A.マアルーフ（牟田口義郎／新川雅子訳）『アラブが見た十字軍』リブロポート，1986. R. ペルヌー（福本秀子訳）『十字軍の男たち』白水社, 1989. 橋口倫介「十字軍」，『中世史講座 第11巻』学生社, 1996. 山内進『北の十字軍』講談社，1997. 八塚春児「十字軍」，『ヨーロッパの成長』〈岩波講座 世界歴史8〉, 岩波書店．1998. K.アームストロング（塩尻和子／池田美佐子訳）『聖戦の歴史——十字軍遠征から湾岸戦争まで』柏書房，2001. 山内進『十字軍の思想』ちくま新書，2003.

（古城真由美）

自由主義（リベラリズム）

〔英〕liberalism

リベラリズムは、J.グレイの規定に従えば、個人主義、平等主義、普遍主義、改革主義という4つの要素からなる、「人間と社会についての、きわめて近代的な性格を有する」構想である。この規定は、リベラリズムがそれら4つの要素で性格づけられた単一の構想であるという印象を与える。しかし実際には、リベラリズムには多様な形態が存する。

狭義のリベラリズムの多義性

広義のリベラリズムは、以下の二つの狭義のリベラリズムに区別される。すなわち、自由放任主義を基調とする18世紀の「古典的自由主義」と、世界恐慌によって自由放任主義的な市場経済への信頼が失われて以来の、経済活動への政府の介入を積極的に評価する「リベラリズム」である。なお、後者のリベラリズムが狭義のリベラリズムとして用いられるのは、主としてアメリカにおいてである。ヨーロッパでは、同様の政治的立場は「社会民主主義」とされている。この意味での「リベラリズム」は、福祉国家による財の分配によって社会的弱者に平等な配慮をなすがゆえに、「平等主義的リベラリズム」（egalitarian liberalism）と呼ばれることもある。なお、1970年代半ばに登場した「リバタリアニズム」（libertarianism）は、福祉国家による市場への強制的介入を批判し、市場の役割を重視する点で、狭義のリベラリズムの一つである「古典的自由主義」と軌を一にする（ただし、両者には相違点もある。「古典的自由主義」という呼称を定着させた、N.バリー『古典的自由主義とリバタリアニズム』1986を参照）。ともあれ、社会民主主義的な「リベラリズム」ないし「平等主義的リベラリズム」と、「古典的自由主義」ないし「リバタリアニズム」は、対抗関係にある。

以下では、狭義のリベラリズムに関しては、文脈によって訳語を使い分けることとする。

広義のリベラリズムの複雑性

広義のリベラリズムに関しては、「自由主義」ではなく「リベラリズム」という表記を用いる。というのも、「自由主義」という表記は、「自由」（liberty）を根本理念とする思想という一般的理解を表現しているが、この理解はリベラリズムの複雑性を的確に捉えていないからである（井上達夫『他者への自由』創文社、1999）。そもそも、自由を根本理念とする思想は、リベラリズム以外にも存する。たとえば無政府主義やマルクス主義といった、リベラリズムに批判的な革新思想は、リベラリズム以上に、自由ないし解放の実現をラディカルに目指している。

リベラリズムの内部でも、その根本理念に何を措定するかについて争いがある。以下の論者たちは、自由を尊重しつつも、それをいっそう根本的な他の理念からの派生物として扱う。リベラリズムの根本理念は、ロールズにとっては公正、R.ドゥオーキンにとっては権利ないし平等、ハイエクにとっては自生的秩序なのである。以上の論者に対し、バーリンとラズにとって、リベラリズムの根本理念は自由である。ただし、両者が念頭に置く自由は同じではない。バーリンは、〜からの自由、すなわち強制からの自由を意味する消極的自由と、〜への自由、すなわち自己支配としての自由を意味する積極的自由を区別した。彼は、消極的自由を根本理念とするリベラリズムを擁護する。ラズは、積極的自由と消極的自由の両方の要素を兼ね備えた「個人の自律」を根本理念とするリベラリズムを擁護している。

リベラリズムの古典的形態

次に、リベラリズムを思想史の観点から整

理する。17世紀のホッブズは、「自己保存の権利」をあらゆる正義と道徳の根源に置く意味において、「個人主義者」であった。彼によると、自然状態における人間は、万人の万人に対する戦争状態に置かれている。そこで、各個人は自然権（自己保存の権利）を相互譲渡し、その権利の保護を、絶対的な主権者に求めることになる（『リヴァイアサン』1651）。L.シュトラウスによると、「自己保存の権利の保護」を国家の機能と同一視する政治的教義を、リベラリズムと呼びうるならば、その創始者はホッブズである。

リベラリズムが、一貫した知的伝統として初めて結実したのは、17世紀の名誉革命期であった。ロックによると、自然状態にある人間は、自己の生命・自由・財産への権利を、すなわち所有権を有する。ところが、自然状態においては、所有権の享受は非常に不確実で、たえず他者の侵害にさらされている。そこで人間は、自然状態において有していた自由および平等の執行権を、政府に譲渡することによって、自身の自由および所有権をよりよく維持しようとする。もっとも、人間は、自らの生命は譲渡できない。というのも、神と自然は、人間が生命を放棄し、自分の存続を無視することを認めていないからである。もしも政府が、人民の過半数や全員の生命・自由・財産（および宗教）を危険にさらす場合は、人々はその政府への抵抗権を有する（『統治二論』1690）。ロックは、宗教的自由を擁護する議論も提示している。現世の政府の任務は人々の利益を保護・促進することである。為政者は、特定の宗教を臣民に説く権利を、神からも人間からも与えられてはいない（『寛容書簡』1689）。

18世紀のスミスは、古典的自由主義の原理を、最も影響力ある形で体系化した。彼は当時のイギリスに登場しつつある「商業社会」を、人間の自由を開花させるものとして正当化しようとした。商業社会においては、市場が健全に機能している限り、神の「見えざる手」によって、生産と雇用の循環が自動調整され、社会全体の利益が増進される。スミスはこの理解を前提として、国家の機能を、国防、司法、初等教育、公共事業に制限した。人民の利害調整については、人民自身に委ねるべきだとした。国家は社会への干渉を避け、放任すべきだという考えが、古典的自由主義の原理の一つとなった（『国富論』1776）。

18～19世紀のベンサムは、多くの点で古典的自由主義者であった。しかし、彼の道徳・政治哲学である功利主義（『道徳と立法の原理序説』1780執筆；1789出版）は、社会制度は合理的再計画にふさわしい対象であるという信念を含意するため、後代の非リベラルな干渉政策の根拠となった。彼はその意味で、古典的自由主義との最初の決裂を引き起こした。J.S.ミルの立場には、ベンサムのそれよりも古典的自由主義に近い側面がある。ミルによると、文明社会の成員に対して、本人の意志に反して権力を行使することが正当化される唯一の目的は、他者に対する危害の防止である。この危害防止原理は、他者に危害を加えない限り社会から干渉されないという、消極的な自由を擁護する原理と見なされた（『自由論』1859）。しかし、ミルの立場には、古典的自由主義から離れている側面もある。彼は、経済活動における生産と分配を区別したうえで、分配の方法は全面的に社会的選択の問題であるとした（『経済学原理』1848）。彼は分配の領域において、19世紀後半を通していっそう強くなってゆく干渉主義的・国家主義的傾向を、正当化したのである。

リベラリズムの現代的形態

1880年代および90年代（厳密に言えば20世紀に入るまで）には、ミルの不完全な古典的自由主義は、ヘーゲル哲学の影響を受けた修正主義的自由主義に取って代わられつつあった。その主要な擁護者であるT.H.グリーンは、

古典的自由主義者によって抱かれていた、非干渉としての消極的な自由概念に反論し、積極的な自由概念を提示した(『政治的義務の原理』1895)。20世紀初頭に、新自由主義(new liberalism)の指導的理論家の一人であるホブハウスは、ミルとグリーンの哲学の統合を試みた。彼は、干渉からの自由という古い観念を、分配的正義および社会の調和という理想に置き換えた(『自由主義』1911)。彼の新自由主義は、公然と社会主義を標榜してはいなかったイギリスの急進的世論を支配した。なお、M.フリーデンは、新自由主義の生成を学術的に跡づけた(『新自由主義』1978)。あるいはデューイは、福祉リベラリズムの創始者の立場から、イギリスのリベラリズムの歴史を振り返っている(『自由主義と社会行動』1935)。

第一次大戦の惨劇は、1815年(ナポレオン戦争の終結)以降に支配的であった自由主義世界を粉砕した。第二次大戦の衝撃は、至るところで国家活動を強化し、その領域を拡大した。ケインズは、自由放任と国家介入をめぐる議論に終止符を打ち、新自由主義の理念を具体的政策へと展開する道を開いた。彼の構想は、イギリスでは、社会主義的統制経済を支持するベヴァリッジ計画を生み出した。アメリカでは、戦争への参加が、ニュー・ディール政策における管理主義的傾向を助長した。戦時計画経済が比較的成功を収め、ケインズの経済理論に、実践的な裏づけが伴うことになる。大戦後の四半世紀は一般に、ケインズ主義の時代として特徴づけられている。

しかし、第二次大戦中およびその直後においてすら、古典的自由主義に与する思想家たちが存在した。ハイエクは、西洋諸国による社会主義的政策の採用は、長期的には全体主義をもたらすと警告した(『隷属への道』1944)。彼は、いったん放棄された古典的自由主義の道を進むべきだとしたが、その主張は英語圏では無視された。しかし、1970年代後半の、先進資本主義諸国における財政危機によって、彼の理論が広く注目されるようになった。現実政治では、80年代にサッチャリズムやレーガノミックスが登場した。こうした動向を経済面で支えたのは、国家介入を批判し、市場の役割を重視する新自由主義(neo liberalism)であった。これは、ホブハウスの新自由主義とは異なり、古典的自由主義への回帰を目指すものであり、アメリカでは新保守主義の経済政策と解されている。

リベラリズムの規範理論

第二次大戦後の思想界では、マルクス主義によるイデオロギー批判、論理実証主義や価値相対主義の台頭、および快の増大を正義と見なす功利主義の影響力が、実質的価値を学問的に論じることを難しくしていた。そうした中、ロールズの『正義論』(1971)は、リベラリズムを規範理論として論じる突破口を開いた。ロールズは、社会契約説を再構成した仮設的な原初状態を想定し、以下の正義の二原理を導出・正当化する。第一原理:すべての人に基本的諸自由が平等に認められる。第二原理:社会的不平等が認められるのは、それが公正な機会均等が保障されたうえでの不平等であり(機会均等原理)、その不平等によって最も恵まれない層に利益がもたらされる場合に限られる(格差原理)。彼は、リベラリズムの根本理念に、正義の二原理に基礎づけられた「公正としての正義」を据えている。なお、彼は格差原理によって、国家による基本財(権利と自由、機会と権力、富や所得など)の平等な分配に道を開いた。格差原理に注目すれば、彼のリベラリズムは、平等を根本理念とする平等主義的リベラリズムである。

ロールズのリベラリズムは、1970年代半ばより、リバタリアニズムから批判を受けた。リバタリアニズムは、ハイエクの古典的自由主義、ノージックの最小国家論、D.フリードマンやロスバードの無政府資本主義に分類され

る。ロックの自然権論を受け継ぐノージックによると、自分自身の身体と能力は自分のものであり、それらを用いて作り上げたものも自分のものである。それを国家が、税金として徴収して勝手に再分配するのは、強制労働に等しい。ゆえに、福祉国家を含む拡大国家の正統性は否定される（『アナーキー・国家・ユートピア』1974）。

共同体主義による批判を越えて

1980年代に入ると、リベラリズムとリバタリアニズムを含む広義のリベラリズムは、共同体主義からの批判を受けた。広義のリベラリズムは、善き生の追求は私事であるとし、国家が個人の善き生に関与することを禁じる。その結果、善き生の問題が個人の趣味や欲望に還元され、共同体に悪しき生が蔓延することになる。あるいは、共同体からの自由を主張する権利意識が高まり、他者の善き生に配慮しない状況が生じてしまう。

以上の批判をうけて、ロールズは政治的リベラリズムを提唱した。それは、善き生の教説に踏み込まないことによって、かえって、価値観を異にする市民による多元的な善き生の自律的な追求を実現しようとする、政治的構想である。政治的リベラリズムの根本理念は「公正としての正義」であるが、それはもはや、深遠な基礎を持たない。むしろそれは、近代立憲民主制社会に現存する重なり合う合意によって、表面的に支えられている（『政治的リベラリズム』1993）。彼の企ては、ローティによって高く評価されている（『偶然性・アイロニー・連帯』1989）。

ロールズとは異なり、リベラリズムは善き生の教説に踏み込むべきであるとの見解も提示された。ドゥオーキンは、挑戦モデルという善き生の教説によって、リベラリズムを包括的に基礎づける。彼のリベラリズムは、仮想的なオークションと保険を活用して提示される、「資源の平等」を根本理念とする平等主義的リベラリズムである（ドゥオーキン『至高の徳』2000；邦訳『平等とは何か』）。ラズは、福利の倫理という善き生の教説によって、リベラリズムを包括的に基礎づける。彼が提唱する卓越主義的リベラリズム（perfectionist liberalism）は、個人の自律を根本理念としたうえで、人々が自律的に善き生を追求できるように、政治的権威に対して、複数の善き選択肢を備えた環境を整備するよう要請する（『自由の道徳』1986）。

リベラリズムの理論的深化

リベラリズムには、以下の思想潮流からの批判もある。公民的共和主義、熟議的民主主義、「第2波」以降のフェミニズム、多文化主義、闘争的民主主義、レヴィナスや彼に影響された人々（デリダなど）の他者性の哲学、などからの批判である。リベラリズムは、原理的に受け入れがたい批判には反論しつつも、適切な批判や両立する批判については受け入れ、理論的に深化し続けている。

本項目の後半部では、ロールズの「狭義のリベラリズム」をめぐる批判・応答を中心に叙述を進めてきた。最後に、「広義のリベラリズム」を理論的に深化させるためには、思想史と規範理論の両面からのアプローチが必要となるであろうことを、指摘しておきたい。

【主要文献】John Plamenatz, "Liberalism", in P. P. Wiener ed., *Dictionary of the History of Ideas,* Vol.3, Charles Scribners's Sons, 1973（田中治男訳「自由主義」、『西洋思想大事典2』平凡社，1990）．Anthony Arblaster, *The Rise and Decline of Western Liberalism,* Blackwell, 1984. John Gray, *Liberalism,* Open University Press, 1986; 2nd, 1995（藤原保信／輪島達郎訳『自由主義』昭和堂，1991）．「特集 リベラリズムの再定義」，『思想』965号，2004．藤原保信『自由主義の再検討』〈藤原保信著作集9〉，新評論，2005．

（濱真一郎）

重商主義

〔英〕mercantilism, mercantile system
〔独〕Merkantilismus 〔仏〕mercantilisme

重商主義とは何か？

　重商主義という概念には時代的・政策思想的に様々な定義があり、それらを一括して再定義することは簡単ではない。この用語は、アダム・スミス以前にもその使用例を見ることができるものの、一般には『国富論』(1776) 第4編の「商業の体系」に始まり、19世紀ドイツでのF.リストやG.シュモラーらのMerkantilismusの使用がさらにイギリスに再輸入されて定着した。スミスは、「貨幣＝富」観、独占の擁護、貿易差額説の開発利用を柱とする批判的定義をこの用語に付与したが、以来、重商主義は論者の批判対象や目的に応じて様々な取り上げられ方をされてきたため、現在では科学的な分析概念とは見なしえないという見解も登場している。しかし、重商主義を封建制から資本主義への移行期における政治・経済事情と政策主体との関連を考慮して説明することは、この概念を明確化するうえで依然として有効である。

　西欧、とくにイギリスでは、封建的土地所有が解体され始めた15世紀末より産業革命がほぼ終結し資本主義が成立する19世紀初頭までの時期には、中世的な隷農身分を脱却した独立自営の農民層を中心とする小商品生産者が、生産の拡大につれて、一方では資本を蓄積して産業資本家になり、他方では大多数が自己の生産手段を失って賃金労働者になるという両極分解が進行した。スミスはこの過程を「先行的蓄積」と呼び、マルクスは「資本の本源的（原始的）蓄積」と表現したが、同時にこれは古い封建的な生産構造を残存させた絶対主義の政治権力（王権）に癒着しながら独占的利潤を獲得してきた特権的な商業資本中心の政策主体から、それと対抗しつつ自生的に発展してきた初期産業資本およびそれに随伴する新興の商業資本らの利害に沿って政策の比重が移っていくプロセスでもある。貢租収入と、諸規制や独占の擁護から得られる関税・特許料に支えられ富国強兵を目指した絶対主義国家の中で、農村ではエンクロージャーの進行を契機として都市の商業資本の支配する問屋制家内工業とは対立する農村マニュファクチュアが16世紀中葉以降台頭し、しだいに前者を圧倒するようになった。こうして育まれてきた初期産業資本は、17世紀の二度の市民革命（1642-49年のピューリタン革命と1688年の名誉革命）を経て絶対王制の経済的基盤を突き崩し、上記の両極分解の規模を拡大させながら資本のいっそうの蓄積が可能となるよう国家に政策の転換を迫っていく。

　通常、重商主義はこの全時期をカバーする経済を中心とした統治政策と言われているが、歴史上果たした本来的なその役割は、新たに台頭してきた産業資本の成長を助けて資本主義の成立を準備したことにあり、重商主義はそのための政策と政策思想、それを生み出した経済理論的諸認識の総体と考えられる。

二つの重商主義

　したがって、同じ重商主義でも市民革命を一つの画期として政策主体の異なる二つのタイプが見出される。市民革命以前の特権的商業資本の利益を優先する絶対主義的あるいは王室的重商主義（royal mercantilism）と、革命後に議会の多数派を占めた政治勢力が初期産業資本であるマニュファクチュア資本の利害を代弁した議会の重商主義（parliamentary mercantilism）がそれである。

　王室的重商主義については、17世紀後半のフランスのコルベール主義による産業規制と貿易統制を中心とした強権的なディリジスム（一種の統制主義）がその代表例である。これは、19世紀末にシュモラーが行った、国家お

よび国民経済形成の手段と見なす古典的な重商主義の定義に適うものであるが、絶対王政の再強化に帰着し資本主義化の進行にとって阻害要因になる場合もある。さらに近年では、王室的重商主義における独占の経済的意味をレント・シーキング活動に見る見解が登場した。それによると、レント・シーキングは、独占権販売者（国王・政府・議会）に対する商人や生産者の契約や裏面工作、時には賄賂などを手段とする経済行動と見なされ、そこでは中央集権的国家の重商主義政策は宮廷維持費や戦費などの財政上の必要を保護的立法による独占権認可料収入によって賄う手段として描かれる。

これに対して、議会的重商主義のイギリスにおける典型は名誉革命以後に登場したウォルポール体制である。その政策的基調は初期産業資本の保護であって、航海条例と関税制度に基づいて国民的マニュファクチュア（毛織物・金属工業）の原料調達と製品輸出の促進政策に穀物輸出奨励金制度などの農業保護を加えた連帯保護制度（solidarity protectionism）の制定、1694年のイングランド銀行の設立に代表される貨幣を資本化するための信用および公債制度や土地税と一般消費税を中心にした租税制度の整備、さらに居住地法などの各種の労働政策を通じて、資本と賃金労働者の創出が推し進められた。

したがって、ドイツにおいて領邦の財政論として発達した官房学が王室的重商主義に属したのに対し、19世紀前半にリストが提唱した工業や貿易の保護政策や19世紀初頭のフランスで展開されたナポレオンのいわゆる「大陸制度」などがイギリスにおける議会的重商主義の政策思想に通じるものである。

経済思想としての重商主義

これらの時期の経済思想は重商主義の定義以上に様々な展開を見た。自由と統制は独自の仕方で結合され、様々な場面に異なる意味合いを帯びて登場する。「営業の自由」に象徴される政策思想としての経済的自由は複雑な利害関係の中で表明されるケースが多かった。

経済政策思想が最も典型的に表れたのは外国貿易の部面である。イギリスでは16世紀末から17世紀前半にかけての貿易先進国オランダとの競争の中で、「貨幣（地金銀）＝富」観に基づく重金主義（bullionism）が取引差額説や個別的貿易差額説を伴って台頭し、東インドに金銀を輸出する東インド会社の貿易を経済的不況の原因と批判した。グレシャムやマリーンズらの攻撃に対してミッセルデンは『自由貿易論』(1622)を著して会社擁護の論陣を張ったが、さらにそれは二国間の貿易差額ではなくイギリス全体の貿易バランスを見る全般的貿易差額説を主張したトマス・マンの『外国貿易によるイングランドの財宝』(1664)で理論的に洗練化された。これら特権的貿易会社の「自由」貿易論は、市民革命以後、チャイルド、バーボン、ノース、ダヴナントらトーリ党に結集したトーリ・フリー・トレーダーズに引き継がれることになる。18世紀初めにはユトレヒト条約の付帯条項である英仏自由通商条項の批准問題をめぐって、ホイッグ党の新聞『イギリス商人』に依拠してまだ対外競争力に乏しい国民的産業の保護（そのための低賃金論）を主張し批准に反対したキングやジーらの保護政策の提唱に対し、トーリ党の『マーケイター、貿易復活論』紙上で対仏貿易の再開と自由貿易を主張したデフォーが対仏通商論争を展開した。18世紀中葉になると、各種の保護制度の下で国内市場の確保と対外競争力を強化した初期産業資本の中から自由貿易の要求が現れてきた。デフォーを先駆けとし大衆消費の基盤を作る高賃金論と結びつく自由貿易の主張は、ヴァンダーリント、ヒューム、タッカーを経てスミスに至る古典派自由貿易論の出発点となる。

とりわけヴァンダーリントやヒュームは、貿易差額の黒字によって国内に流入した貨幣が

製品価格の上昇の原因となって対外競争力を弱めるという、ロック以来の貨幣数量説の国際版である正貨の自動調整論を武器に貿易差額説を批判した。それに対し、貨幣の流入は物価上昇を引き起こすよりも利子率の引下げや有効需要の拡大を招いて就業を確保し国内市場を安定させるという理論的立場から、マンデヴィル以来の奢侈＝有効需要論を整理し信用・財政理論で補完させた貨幣的経済学の最初の体系を構想したのがJ.ステュアートである。彼は貿易差額説に固執した「最後の重商主義者」であると同時に、それを超えて、近代的な生産力を表現したヒュームのインダストリ概念を自らの経済理論の基底に据えた自由経済の運行原理の究明を通して、その不安定性と合理的な調整の必要を論じ、スミスに対峙する経済学のもう一人の創設者と見なされている。

重商主義時代に登場した経済理論の中には、政策思想の変遷と関連しながらも豊かな広がりを見せたものがある。たとえばペティは、富の源泉論において後年のカンティロンを想起させる自然の価値形成力を認める見解を混在させながらも、商品交換の基準を費やされた労働時間に求める労働価値論の萌芽的な認識を示した。この見解は生産過程を対象とする経済分析の中心を占めるものでなかったとはいえ、B.フランクリンや『貨幣・公債・利子論』(c.1738)の匿名の著者に受け継がれ、スミス以前の労働価値論の前史を飾った。

一方、貨幣をめぐる様々な考察はこの時代の多くの論者の主要関心を反映している。17世紀末に起こった摩損貨幣の改鋳問題に関する論争で、改鋳による貨幣の名目価値の引上げを容認したラウンズやバーボンの軽鋳論を批判して登場したロックの重鋳論は、貨幣価値を金属素材の価値で根拠づけてのちの貨幣＝金属学説に近い考え方を示している。利子論においては、法定利子率の引下げを主張するカルペッパー父子やチャイルドに対して、ロックやペティが利子率を流通貨幣の需給関係で決まるものと見なして批判したが、さらにロックらの利子論を批判して資本の貸付貨幣量との関連で論じるマッシーやヒュームの見解が現れた。

このように、重商主義期の経済理論はその多くが政策上の論争を繰り返しながら展開していくが、それと並行して経済思想でもいくつかの優れた認識が見られた。とくに18世紀に活躍した思想家たちは、自然法思想に関するロックの解釈を様々に批判し発展させながら社会経済の基本構造の変化を説明しようと試みるなかで、来たるべき時代への展望を可能にした。「私悪は公益」と唱え利己心の解放とそれが正義によって拘束される必要を説いたマンデヴィルをはじめ、経済的自由を前提にインダストリと貨幣を動因とする農工分離過程の進行を近代社会形成史として描き、英仏両国にわたって富国－貧国論争などの広範な論争を巻き起こしたヒューム、産業革命の開始を視野に入れながらイギリスの機械生産力の国際的優位と高賃金の経済論を主張したタッカーなどの登場は、重商主義の解体を推し進めると同時に古典派経済学への道を切り拓いたのである。

【主要文献】 L. Magnusson ed., *Mercantilist Economics,* Kluwer Academic Publishers, 1993. ——, *Mercantilism: the Shaping of an Economic Language,* Routledge, 1994. R. B. Ekelund, Jr. and R. D. Tollison, *Politicized Economies: Monarchy, Monopoly, and Mercantilism,* Texas A & M University Press, 1997. I. Hont, *Jealousy of Trade: International Competition and the Nation-State in Historical Perspective,* Belknap Press of Harvard University Press, 2005. 小林昇「重商主義」、経済学史学会編『経済思想史辞典』丸善, 2000. 竹本洋／大森郁夫編『重商主義再考』日本経済評論社, 2002.

(大森郁夫)

主権

〔英〕sovereignty

われわれは今日、主権を「究極の権限」ないし「最高の決定権」と定義して、主権者は誰かという問いを発する。しかし、近代以前のイングランドにおいて、このような問いは思いもよらぬものだった。何よりそれは、政治的現実として権限が一元化されたことも、権限がただ一人の人物や一つの機関に帰属したこともなかったからである。

名誉革命以降も、イギリスの思想家たちは、大陸人とは異なって国家（state）あるいは国家主権という用語を余り好むことなく、またポピュリズムを匂わせるルソー流の人民主権をも敬遠して、「議会主権」という独特な概念を展開してきた。

究極の主権者の曖昧

イングランド王国成立以前の小国家時代に、各国家はタキトゥスが『ゲルマニア』に描いたゲルマン的な首長を戴き、その首長の中には部族内選挙によって選出されるものもいた。彼らの権限は、主権概念を適用できないほど様々な制約に服していた。

13世紀以降、法学者により古代ローマの主権概念が掘り起こされ、この概念をイングランドへ適用しようという試みがなされてゆく。もっとも、この時代は、世俗権限である統治権に加えて、教会組織が教皇から高位聖職者、公会議などの権限体系を保有していた。

中世的な主権の概念を考える際に無視できないのは、「立法行為」の位置づけであろう。今日主権の第一の属性を成し、政治的意思の行使と解釈される立法行為も、12〜13世紀においては、国王さえもこれを恣意的に行う自由を持たなかった。原理的に言えば、国王は神と法の下にあり、さらに法は、神とは独立した「普遍法則」でもあり、神でさえその法に基づいて統治すると解釈されたからである。

「大憲章」（マグナ・カルタ）は、普遍的な権利を謳った立法ではなく、むしろヘンリ2世時の慣習の再確認であり、「法は変更されるべきでない」という格率を呼び覚ますためのものである。実際に国王は、人的にも仲間である伯（comtes）やバロン（barons）により側面から制約されており、1327年（エドワード2世）や99年（リチャード2世）の例に見られる無能な国王を廃位するという強硬手段も、別段革命的なものとは言えなかった。

13世紀中葉、法学者たちの見解の統一を目指した H.de ブラクトンが、判例法を整序し、またイングランド統治権限の解釈を精緻化した。ローマ法の強い影響下にいたブラクトンにより、憲政は「統治」（gubernaculum）と「司法」（jurisdictio）に分けられる。統治が布告、王例、その他国王の執行実務に係わるのに対し、権利の確定根拠は「古来からの慣習」にあると見なされ、この慣習は国王の誓約によりいったん認証されれば、変更も廃棄もされえないと説かれた。

国王の権限は至上だが慣習や法により「制限されていた」のである。このような学説の中から、中世後期に支配的となる法＝主権説が誕生し、法は国王の意思を指導するものと解釈されてゆく。ローマ法にも統治と司法の区別はあったが、ローマ皇帝による司法介入が一般的であったことを考えると、この時代のイングランド憲政の斬新さは明らかであろう。

一方、ヘンリ4世治下の「王座裁判所」主席裁判官の J.フォーテスキューは、慣習の優位と制約された国王という定説に、イングランドが「君主制、貴族制、民主制の混合物」であるという解釈を付け加えた。これはイングランド混合政体論として、18世紀まで主権論争を枠づけることになる。

以上のように、中世後期から近代初期に至るイングランドの統治構造はその重層性を特

徴とし、主権は、このように多元的な解釈を許容していたのである。

近代的な主権概念の浸透

スチュアート朝の内外の喧騒の中で、混合的政体や権力分立は国家を不安定のままにおく、と考える人々が国王側近から出て、主権論争に発展した。彼らが、大陸の王権論を手がかりとしたことは言うまでもない。『自由な君主制の真の法』を著したジェイムズ1世も、この論争に参入した一人である。20世紀の法制史家 F.W.メイトランドは、17世紀の主権論争が、(1)国王に帰属すると考える人々、(2)「議会における国王」に帰属すると解釈する人々、(3)法が主権者であると見なす人々の三者によって闘われたと述べている。

こうして、中世から近代への移行の過程で、イングランドにも J.ボダン流の主権理論の浸透と、大陸と同様な司法に対する統治の侵食が見られた。この点で、17世紀半ばの内乱の教訓をもとに「主権を有するものの名においてなら、自然の法に反せぬいかなることも法律となることができる」と述べ、「法命令説」を説いたホッブズの影響は決定的であろう。なるほどイングランドでそれを直接に信奉したものはいなかったとはいえ、ホッブズの『リヴァイアサン』は、主権論の位相を近代的なものにシフトさせるのに預かって力があった。

王権絶対化論の台頭に直面して、法やコモン・ローなど国王に対する横からの制約でなく、議会に主権が存在するという点を正式に確認するには、二つの革命を待たねばならなかった。とくに、議会が「国王を選ぶ」という先例を作った名誉革命により、議会優位は不動のものとなり、議会主権への道が開かれるのである。

二つの革命が主権論にもたらした副次的な成果は、司法の制度的独立であろう。1679年の「人身保護法」、89年の「権利章典」は、公民的自由の保障を鞏固にして、さらに1641年に星室裁判所および高等宗務官裁判所が廃止され、1701年の「王位継承法」によって、裁判官は主権者（国王）の恣意的介入の恐れから解放された。主権による侵害から私人を保護し、司法を主権行為の管轄外に置く作業が完了したのである。

主権分割という解釈とその克服

名誉革命を弁証した J.ロックは、中世的な法概念が近代的な立法概念に移行するまさしく転換点に位置している。ロックは『統治二論』において、主意主義の立場より立法権を国家に「形態、生命と統一を与えるべき魂」として国家設立の中枢に据えた。この立法は、理性的自然法と結び合わさった裁判規範の実証化、明文化を意味し、単なる司法慣行を超えた主権的な政治の可能性を開くものであった。

しかし他方で、ロックは「制定された恒常的な法に基づかない絶対的恣意的な権力あるいは統治は、すべて社会および統治の目的と両立しえない」と述べ、権力をいかに機構的に制限するか、というすぐれて現代的な課題にも取り組んでいた。こうしてロックは、執行権と立法権の分離など主権者の専横を防ぐ具体的方策を提示したのである。

ボリングブルックもまた、過渡的な主権思想家である。彼は『政党論』で、国家の存続維持のためどこかに絶対的かつ無制限な権力が存在しなければならないと述べ、また立法権こそが至上権力 (supreme power) であることを認める。しかしボリングブルックは、Constitution 自体を変更する議会の権力を否定した。その意味で、「憲法制定権力」は議会のみでなく国王にも分有されることになり、議会の専横に対する保障が組み込まれる。

ロックやボリングブルックが道筋をつけた名誉革命後イングランドの穏健な議会政治は、ヨーロッパ大陸の同時代思想家による羨望の対象となった。とくにフランスのモンテス

キュー、スイスのド・ロルムは、王家、貴族、平民が、それぞれ執行府、貴族院、庶民院を砦に、身分制度と権力分離をうまく組み合わせて主権を分有し、さらに主権を機能的に運用している国というイングランドのイメージを流布させた。

このような大陸人によるイギリス憲政の評価は、イギリス人のプライドをくすぐる。とくにオックスフォードの W.ブラックストン、T.ビーヴァー、エディンバラの A.ファーガスン、グラスゴーの A.スミス、ダブリンの F.S.サリヴァンが、講壇でモンテスキューの学説に言及し、『法の精神』をイギリス伝統の主権分割を定式化した書物であると讃えた。

こうして、主権分割論は 19 世紀半ばまで、真実に最も近い解釈としてイギリスの憲法学者たちに受け容れられるのである。この定説に従えば、アメリカ合衆国憲法でさえも、イギリスの三権分立が手本であり、その由来はイングランドにあると考えられた。

この権力分立という常識に挑んだのが 19 世紀の政治学者 W.バジョットであった。バジョットは『イギリス憲政論』の中で内閣のユニークな機能に注目して、「イギリス憲政に潜む機能の秘密は、行政権と立法権との密接な結合、そのほとんど完全な融合にある」と説き、イギリスの主権が各身分や各機関に分有されているとの説を退けたのである。

一方、コモン・ローに制約された主権の限定的運用という伝統主義に対して根本的な異論を提起したのは、立法権優位の思想を強く打ち出したベンサムであった。ベンサムは司法優位というイギリス憲政観が、議会主導による社会の漸進的改革の桎梏になると考え、それを議会（＝立法）優位の主権論で置き換えた。

このベンサムの考え方は、ロンドン大学で法理学を教えた J.オースティンにより継承されている。オースティンは、「法命令説」の立場から、コモン・ロー主義にかわる実定法主義のメリットを説いた。やや遅れて A.V.ダイシーが『憲法序説』の中で、議会の法律が最高位にあるという意味で議会主権を宣言したとき、最終的に裁判所や国王大権も「議会主権」には及ばないという解釈がイギリスに定着するのである。

イギリスは 1973 年以来 EC（EU）の加盟国であり、領域によっては上位規範としての EC 法の拘束を受けており、議会主権は権限においても実質においても揺らぎの中にある。「脱退」という決定をなしうるという意味においてイギリス議会はまだ主権を保持しているとはいえ、議会主権の及ぶ範囲は日々縮小されている。

このような中で、近年、主権を文面で確定し、EU 政体へモデルを提供できるような成文憲法を制定し、あわせて人権の保障についても明文化すべきだという論争が湧き起こっているのである。

【主要文献】F. W. Maitland, *The Constitutional History of England,* Cambridge University Press, 1908（小山貞夫訳『イングランド憲法史』創文社，1981）. C. H. McIlwain, *Constitutionalism: Ancient and Modern,* Cornell University Press, 1940（森岡敬一訳『立憲主義――その成立過程』慶応通信，1966）. W. Bagehot, *The English Constitution,* Oxford University Press, 1963（小松春雄訳「イギリス憲政論」，『世界の名著 60 バジョット／ラスキ／マッキーヴァー』中央公論社，1970）. A. V. Dicey, *Introduction to the Study to of the Law of the Constitution,* Macmillan, 1885（伊藤正己／田島裕訳『憲法序説』学陽書房，1983）. H. T. Dickinson, *Liberty and Property,* Holmes & Meier, 1977（田中秀夫ほか訳『自由と所有』ナカニシヤ出版，2006）.

（押村　高）

趣味

〔英〕taste

「趣味」(taste)は近代美学の中心概念である。趣味批判の学として初めて美学を構想したのはドイツ人のバウムガルテンであったが、趣味をめぐる議論が盛んであったのはむしろイギリスであった。その理由は市民社会の台頭とともに時代の転換期に価値観と美意識の確立に向けての議論が趣味をめぐっても興ったからである。むろん古代以来、趣味・趣向・好み（ラテン語 gusto）についての俗諺("de gustibus non disputandum"「好みは争えない」、"de gustibus aut bene, aut nihil"「趣味については良しとするか無とするかだ」など）はあったが、とくに近代における趣味論争の意味は、ルネサンス以降の個人の自立、趣味の多様性と多様性の中での基準の要請、古典的・伝統的規範の権威の衰退、そして思想史的には理性への懐疑による近代美学（感性学）の成立、といった状況と関連している。

味覚と趣味

語義的には、西洋近代語では「趣味」を表す語(taste, goût, Geschmack, etc.)はすべて「味覚」を本義としており、それが「趣味」の意味で使われるのは明らかに比喩的な転義である。古ラテン語の gustus（味覚；好み）もキケロやクインティリアヌスに「趣味」の転義例が認められている。17世紀のグラシアン(B.Gracián, 1601-58)に「趣味」の意味である 'gusto' の用例がある。イングランドでもそれ以前にシドニー(P. Sidney, 1554-86)において 'taste' が「趣味」の意で使われている。それでもあえて〈mental taste〉や〈internal taste〉といった語法も工夫された。美学上の範疇としての「趣味」は18世紀の趣味論争を経て定立される。

「味覚」と「趣味」とが同一の語(taste)によって表示されたのは、両者共通に次のような特徴を持つからであろう。(1)味覚も趣味も判別能力を含むこと。アディソンによれば、完璧な味覚の主は何種類もの紅茶を味わってから、その紅茶の色を見ずに種類を判別するように、きわめて精妙な趣味の持ち主は作品の美点や欠点を判別する(*Spectator*, No.409, 1712)。ヒュームもまた「繊細な趣味判断」(delicacy of taste)を論じて味覚と同様の判別力を持った趣味を評価する("On the Standard of Taste", 1757)。リードは、自然や芸術の卓越性を判別して快いとする知的能力を趣味と規定し、その名称(taste)は、食物を判別し快いと思う味覚(taste)からの比喩であると明記する(*Essays on the Intellectual Powers of Man*, 1785)。(2)味覚も趣味もともに快感を付随的に生ずること。ヴォルテールは両者の共通点として「良きものに敏感に快を覚える」ことを挙げる("goût", *Encyclopédie*, 1757)。(3)さらに、ともに他者の意見・理論や理性的判断とは別個に自律性を有していること。悟性的判断の真偽の基準の場合は対象の客観的内容によって検証可能であるが、味覚や趣味判断による好悪では、ヒュームの言うように事物に内在する性質によるのではなく個々人の心のうちに存する。さらにカントが議論したように(*Kritik der Urteilskraft*, 1790)、自分の舌と自分固有の美的体験において、つまり他人の体験・言説や規則によってではなく、味覚や趣味が作用する。そのように、趣味は原義的には好悪・快不快の判断であり、個人性に依存し、時代・民族・性差・年齢などによって千差万別であり、そして理性的・悟性的推論と対置される直感的認識能力とその判断を指す。

趣味論の台頭

17世紀末には、趣味を個人的な好みや感受性の意味として強調する文人や作家たちによる批評が台頭する。ウィリアム・テンプル

(William Temple, 1628-99)、ジョン・デニス (John Dennis, 1658-1734)、ジョージ・ファーカー (George Farquhar, 1676/7-1707) といった人々がそうした例であるが、彼らは文芸の分野での古典主義的規則への反発から、新しい趣味の時代の典型例としてシェイクスピアを評価しながら、作家各自が独自の規則を持つよう主張した。18世紀に入ってオーガスタン時代を迎えたブリテンは市民社会がいっそう発展し、政治・経済・趣味などにおいて市民個々人の自立が進むと、趣味の問題として社交上の洗練した振る舞い、都会的センス、芸術作品の鑑賞能力、庭園趣味などが論じられるようになる。文人や作家のみならずバーリントン卿やチェスターフィールド卿、チャンドス卿といった貴顕紳士自らも自分の趣味についての所信を書き綴った。前世紀の遺物である貴族的・宮廷的行動様式とは異なる、新興市民層の行動と生活の理念として趣味が論じられた。

また、新しい文芸ジャンルとして心理描写に特徴を持つ小説 (novel) が登場し、そしてその有力読者層に女性がいた。それは女性の社会的地位の向上を意味し、また、小説によって家庭生活の精神的充実や女性の感受性・趣味を豊かにした。こうして言論界では趣味の多様性、趣味の基準、そして趣味人の理想が主要な論点となった。アディソンは想像力、天才、新奇さなどについて評論し、第3代シャフツベリ伯は趣味が美的・芸術的対象と同時に道徳的判断においても作用することを強調して趣味人・審美家 (virtuoso) を生き方の理想とした (*Characteristics of Men, Manners, Opinions, Times*, 1711)。さらに当時の代表的な趣味論としてはヒュームとバーク、そしてジェラードの所論がある。

ヒューム
　ヒュームには「趣味と情念の洗練について」 ("Of the Delicacy of Taste and Passion") と「趣味の基準について」 ("Of the Standard of Taste") という二つの趣味論がある (*Essays Moral, Political, and Literary*, 所収)。前者論文の趣旨は、(1) 情念の洗練は幸福感を拡大するが、逆に悲惨を増大することもある。(2) 趣味の洗練によって情念を抑制して、より高次の情念へと止揚できる。(3) 趣味の洗練は、学問・自由学芸・芸術を介して達成される。(4) 趣味によって選良少数者の仲間が作られる。また「趣味の基準について」では、趣味基準たりうる良い作品の判断を得るには、諸感覚が健常であることに加えて、良い批評者に必要な5つの条件があるとされる。それは、(1) 繊細な趣味、(2) 豊富な作品体験・批評の実践、(3) 多くの作品の比較、(4) 先入観から免れていること、そして、(5) 良い判別力 (good sense) である。しかし、以上の限りの議論では、良い作品は上記の条件を備えた良い批評家によって認められるもの、上記の条件を備えた良い批評家とは良い作品を評価できる者、という循環論でしかない。そこでヒュームの議論は別の側面を示す。すなわち、2000年余以前の古代アテネとローマで喝采されたホメロスは今なおパリとロンドンで賞賛されている。ということは「美は事物に内在するのではなく、それを観照する者の心にしか存在せず、各人は別々の美を感じる」のであるが、「情念と人間本性の正しい表現」は時代を越えて評価される。こうしてヒュームは時代的に相対的な個々の趣味判断や流行とは別の評価基準として、人間本性が持っている良い判別力 (good sense) という判断基準を信頼する。また、ヒュームの趣味論の視点を、趣味に求められる繊細さが幸福に寄与するという点から功利論的に位置づけることもできる。美を「効用」(utility) とするヒュームの思想 (*Treatise of Human Nature*) からも、良い判別力を重視するのは当然であろう。

バーク

バークは美学史上の画期的な著『崇高と美の観念の起源』(*A Philosophical Enquiry into the Original of our Ideas of the Sublime and the Beautiful*, 1757) の第2版 (1759) の序論として「趣味について」("On Taste") を加えている。それがヒュームの趣味観に反対を意図して書かれたとも言われる。「趣味の論理学」としてバークが目指した趣味論の趣旨は、(1) 人間相互の日常的な交感を成り立たせているように趣味にも理性同様の同一基準があること、(2) 趣味能力を構成するのは感覚・想像力・判断力であること、の二点を出発点とする。そして、(3) 感覚という生理的反応については自然の斉一性に基づき万人共通であること、(4) 感覚の代理的機能である想像力もまた感覚の同一的反応と同じく万人共通である。

想像力の快は、その対象の自然的性質から起因する先天的なものと、類似物による模倣の快に由来する後天的・経験的なものと二種存在する。模倣への視点から、趣味の多様性が生成する。想像力では、差異を弁別する判断力ではなく類似を認識する機知 (wit) が機能している。そして後天的な判断力や知識が趣味判断に関与してくると趣味は多様に現れる。悪趣味は判断力の欠陥・未熟によって生れる。またバークでは判断力による快は、観察対象から直接得るような自然的なものではなく、想像力の快より劣るとされる。

ジェラード

ジェラードの『趣味論』(*Essay on Taste*, 1759) は近代イギリス趣味論の代表作である。その特徴は、きわめて体系的な議論であること、そして観念連合理論の援用である。まず、趣味の基本能力は想像力に基づくとされる。想像力は内的感覚 (internal sense) であり、外官よりも精妙な知覚をもたらす。その知覚は分類すると「新奇」「崇高」「美」「模倣」「調和」「滑稽」「徳」の7種になり、それぞれが独特の快を伴っている。もっとも、趣味と想像力とを結びつけるのはアディソン (「想像力の快」) による、美的快の知覚能力としての想像力説と同様であり、また想像力を内的感覚と同一視するのはハチスンの考え方でもある (*An Inquiry into the Original of our Ideas of Beauty and Virtue*, 1725; 4th ed., 1738)。それに対して、ジェラードの独創は想像力と観念連合説によって趣味論を展開するところにある。たとえば「崇高」は、その対象自体に崇高の特性を備えていない事物にあっても観念連合による作用でそうした対象を崇高と判断することが可能である。ある建物から受ける崇高とは、列柱の並びが力と持続感を、構造の全体が所有者の富と権力を、というように関連する諸観念の連合によって成立する。つまり、豊かな趣味は、どこまで観念連合を発揮できるかにかかっている。想像力は記憶を補完するとともに、自立的創作能力も持つ観念連合の能力そのものである。後者の能力は、ジェラードがその天才論において重視するものである。

リード

トマス・リードは『人間の知的力能』第8論文「趣味論」("On Taste") において趣味に判断力が含まれるとする。彼の知的能力論では「趣味」も「判断力」も別個の能力であり、趣味は自然美や芸術美を評価・鑑賞し、判断はある事柄に関する何かを肯定ないし否定する作用である。前者は美醜に関わり、後者は真偽に関わるが、それでもリードは「美の判断」という表現を使う。判断は対象の実在を肯定する判断である。リードが最大の批判をしたのはヒュームに代表される観念説であるが、その説による美は対象の内にではなく人間の感覚印象・感情の別名でしかない。それに対し、リードは美を実在として理解する。趣味に快を与える事物には何らかの卓越性がある。X は美しい、と言表するとき、それは体

験者の感情を表現しているのみならず、Xという主辞について美が実在していることを肯定する判断でもある。そして、美という卓越性は、存在の階梯においてより高次の卓越性に依存し、最終的には神という絶対の卓越性に帰着する。たとえば、ホメロスの作品の芸術的偉大さは作者であるホメロスの人格的偉大さゆえである。こうして美は知覚や認識の領域のみならず、道徳との対比において、趣味も道徳もともにコモン・センス的第一原理によって普遍性を有する。その意味においてリードは、趣味を美と善の両方において作用するとしたシャフツベリを継承している。

趣味論の意義

近代市民社会における市民の知的自立を啓蒙的に支援すべく、アディソンやシャフツベリらはジャーナリズム評論家やエッセイストとして、大学の哲学を私室や図書室へ、クラブや集会へ、食卓やコーヒーハウスへと移す努力をした。その際に、趣味は注目される格好の論点であった。また同じようにスコラ学的論理学の世俗化を目指してフランスのブーウール（Bouhours）が「棘のない論理学」（logique sans épines）を求めたように、そうした時代の傾向の一環としてドイツではバウムガルテンが感性的認識能力の学としての美学を立ち上げる。カントが「他国人が趣味批判と呼ぶものにドイツ人は美学という語を当てた」（『純粋理性批判』）と記した思潮であった。それはまた、近代人の自立志向の一環として、理性をはじめとする知的能力をめぐる哲学的議論の所産でもあった。趣味判断は知的能力の一つである。そして伝統的哲学では軽視されてきた感性の力能が趣味として定立されていく。そして経済と社会の発展は社交と芸術の新たな進展をもたらし、趣味能力のみならず趣味対象も自然美から芸術作品へと拡大する。富と徳との関係と並んで、富と美との均衡も追究されると、趣味判断は美にも徳にもともに向けられるよう求められ、市民社会の良き趣味人の理想像が生み出されていくのである。

【主要文献】〔本文中に参照した原典以外〕*Early Eighteenth-Century Essays on Taste,* facsimile re-editions, Scholars' Facsimiles & Reprints, Inc., 1972. 濱下昌宏『18世紀イギリス美学史研究』多賀出版, 1993. George Dickie, *The Century of Taste: the Philosophical Odyssey of Taste in the Eighteenth Century,* Oxford University Press, 1996. Dabney Townsend ed., *Eighteenth-Century British Aesthetics,* Baywood Publishing Company, 1999. Peter Kivy, *The Seventh Sense: Francis Hutcheson and Eighteenth-Century British Aesthetics,* 2nd ed., Oxford University Press, 2003. Denise Gigante, *Taste: A Literary History,* Yale University Press, 2005. 小田部胤久『芸術の条件――近代美学の境界』東京大学出版会, 2006.

（濱下昌宏）

情念と理性

〔英〕passion and reason

情念と理性を対立的に捉え、両者の関係を論ずることは、ヒュームが言うようにきわめてありふれたことである（『人間本性論』第2巻第3部第3節）。最も典型的な見解は、プラトンの魂の三分説の御者と馬の比喩に見られるように、人間を動かす力を持った情念を、より上位の原理である理性が統御するというものである。つまり、そこでは、情念を原理とする刹那的な衝動や個人的な欲望と、理性を原理とする長期的利害の計算や道徳とが人間の具体的な行為決定に関して対立する際に、後者によって前者をいかにしてコントロールするかが問題として語られている。

このように、理性と情念の関係という問題は、それぞれの能力自体の探究というよりは、人間の行為決定において普遍的に起きているこのような衝突、葛藤を意識することから始まる。したがって、理性と情念の関係が論じられる際の主要な論点は (1) 人間の意志や行為がどのように決定されるかという心の哲学に属する問題と、(2) 個人の欲求や欲望と相対的に独立して意志決定に影響しているように思われる道徳がどのように形成されるかという道徳哲学に属する問題とになる。

歴史的背景

(1)、(2) の問題は一貫して哲学の重要問題であり続けるが、これらが理性と情念という対立項を軸にして、哲学的に最も論じられていたのは17世紀から18世紀のことである。それ以前では、問題の中心となるのは理性と信仰、ないしは有限な人間の理性と、全能の神の叡智との関係であった。しかし、宗教がしだいにその力を衰弱させていき、人間の理性が優位に立ち、哲学的探究の主題を人間のあり方そのものに向けていくようになっていったとき、理性の対立項として情念が大きく取り上げられることになる。その背景には次のような経緯が考えられる。

近代ヨーロッパ哲学の大枠を築き上げたデカルトにおいては、理性は身体から切り離された純粋知性としてのコギトとして定立される。このようなコギトが独立自存する認識主体としての地位を占め、かつ、数学的に記述される客観的な宇宙を探究することによって近代の自然科学が誕生する。このことにより、理性は神への信仰に従属することを止め、真理の探究の最も基礎的な原理となり、学問は理性の自律的な営みとなる。そして理性の探究の視線は、探究の主体でもある人間自身へと向けられていく。いわゆる心身問題もこうした探究の文脈から生まれてくる。

デカルト自身も晩年の『情念論』で、純粋知性たるコギトではなく、現実に生きて生活している心身をともに備えた人間を、探究の主題に据える。デカルトは情念を純粋に精神的な現象としてではなく、心身の結合により、身体の働きに強く依存する現象として捉え、理性を上位の原理として置く従来の一般的な見解の枠を守っている。しかし、理性による人間の自己探求という流れの中で、理性と情念の関係を根底的に考え直そうという姿勢を見せている。

このような背景で近代のイギリス思想を鳥瞰してみれば、おおよそ次のようにまとめられる。上記の問題の (1) に関しては、人間を自然研究と同じ仕方で探究できる対象であると見なす自然主義的立場と、それに反対する立場の対立が見られる。前者はある意味で理性的探究の徹底化を意味するが、それは同時に理性の自律性という自らの依って立つ基盤を掘り崩すことに繋がっていく。後者は、理性を独立の原理として何とか守りたいという立場である。この立場の相違は自由意志を認めるかどうかという、道徳哲学に重要な帰結を持つ問題の扱いにも関係する。

(2)に関しては、宗教の影響力の衰退、道徳の世俗化に伴って、信仰に頼ることなく道徳を基礎づけることが課題となる。主要なものとして、理神論的な立場を受け継ぎ、理性によって道徳を基礎づけようとする合理論者と、これと異なり、人間本性自身に道徳的基礎を求める立場があり、さらに後者の中に、道徳を最終的には快苦に基づく自己利益に還元しようとする論者と、人間には本来的に道徳感情、道徳感覚が備わっていると主張する論者がいる。理性と情念の関係に関して言えば、最初のものが理性の立場、あとの二者は情念の立場、言い換えれば、道徳に神的な起源を求める立場と、人間本性に道徳の起源を求める立場とに分かれる。

このような大まかな見取り図をもとに、これらの問題についてイギリスの哲学者の代表的な立場をいくつか紹介し、情念と理性をめぐる議論の全体的な構図を概観する。まず、(1)についてからである。

ホッブズ

ホッブズは情念と理性の関係を自らの哲学の主題として明示的に示しているわけではない。しかし、彼の徹底した唯物論的自然主義的人間観は、情念と理性の関係を考えるうえで一つの典型的なモデルを提出している。ホッブズによれば、人間の精神的な働きを構成するものは感覚と欲望である。そして、人間の行為は様々な欲望の強さによって因果的に決定される。このような欲望の系列が行為に至る最終の項が意志と呼ばれる。すなわち、人間の行為は、欲望によって因果的に決定されることになる。そして、このような精神的作用は「コナトゥス」と呼ばれる身体の微小な運動によって最終的には説明されるとする。このように人間を自然的対象の一種と見なす立場では、理性も感覚の刺激に端を発する精神内の一現象として、感覚や欲望などと同列に置かれているように見える。したがって、いわゆる意志の自由も存在しないことになる。

ロック

ロックは、ホッブズほどに徹底した唯物論的人間観はとってはいないが、ボイルなどの微粒子仮説に大きな影響を受け、自然学の成果を下敷きにして自らの哲学を展開している。とはいえ、彼を自然主義者と呼ぶことには抵抗を感じるであろう。ロックは道徳の真理が証明可能であり、したがって、理性によって認識されるものと考える。『統治二論』においては、神の与えた自然法を、人間は自然状態においても理性によって認識すると考えているのである。

しかし、ロックはこのような理性による認識が直ちに行為に直結するとは考えていない。ロックによれば、人間はある対象の不在から生じる不快(uneasiness)に基づく欲求によって、行為へと導かれる。すなわち、人間の行為を決定するものは、快苦に基づく欲求であるとするのである。したがって、われわれは理性が、良いと判断することを実行するとは限らないし、悪いと考えることをしてしまうことがある。しかし、ロックは認識によって欲望を引き起こすという以外の仕方で、理性が行為に影響を与えうることを認める。それは、理性に対して、欲望に従うことを一時的に差し止める能力を認めることである。理性はこの間に、これとは反対の欲望の出現を促し、結果として最初の欲望に反対することができるというのである。ロックのこの考えは、「理性と情念の戦い」における人間の心の動きをうまく描いているが、理論的には不徹底であるという印象を残す。

ヒューム

ヒュームは彼独自の因果論に基づいて、人間の情念の細やかなあり方をその因果的条件とともに記述し、さらに、理性と情念の関係についても、徹底した自然主義的分析を加え

る。すなわち、理性の行為に及ぼす直接的な因果的効力を否定することによって、人間の行為の原動力のすべてを広い意味での情念に認める。「理性は情念の奴隷」であり、理性が情念に直接対立しているように見える道徳や長期的利害の計算も、理性が関与しているにせよ、因果的な力を持つのは理性ではなく、刹那的な欲望とは異なった形を取る情念（欲求）に他ならないとするのである。

われわれがそれらに対して理性の名を与えるのは、それらが精神に目立った動揺を引き起こさない「穏やかな情念」（calm passion）であるからに他ならない。理性は情念の対象や目的達成の手段に関する信念を提示することで、情念や欲求のあり方を変えるという間接的な仕方でしか、人間の行為に影響を与えない。したがって、自分の指に引っかき傷を付けることより、世界の破滅を選んだとしても、それはそもそも理性が関与することではないがゆえに、理性に反することとは言えないとするのである。

バークリーとリード

以上のような精神現象を自然主義的に捉えようとする流れに反対する代表的人物が、バークリーであり、リードである。バークリーはとくに情念論と言えるようなものは提示していないが、観念説の伝統を踏まえながらも、精神の能動性、自発性を主張し、精神現象の因果的決定論に反対する立場をする。

リードはバークリーの非物質論（精神と独立な物質的実体の存在の否定）という形而上学は受け継がなかったが、ヒュームに連なる自然主義的立場に根本的に対抗するためには、それらが基盤とする因果的決定論とは根本的に異なる主体者因果説を採ることが必要であると考える。リードによれば、真に原因と言えるものは、精神の能動的な作用によるもののみである。しかし、人間の意志は、まったく無差別の自由を持つというわけではなく、人間の自発的な行為は、精神に影響を与える様々な行為の原理の中から、どれに従うかを意志が選択することによって決定される。

情念は行為の原理のうちの動物的な原理を代表するものであり、理性は道徳と全体的な善の計算によって人間の行為を導くより上位の原理である。リードは精神の能動性、原因性を強調することにより、自然主義的流れの中で、低下する傾向にあった行為における理性の役割をより強調している。

道徳的合理主義者

このように人間本性についての理性的な探究の立場は、自然主義的態度を生み出し、その結果、ともすれば人間における理性の役割を低減させ、広い意味での情念の役割を増大させるという傾向を持つものであった。この点を踏まえて(2)の道徳の起源に関する問題をめぐっては以下のような立場がある。

宗教が衰退し、道徳の起源を神の啓示に頼ることが説得力を持たなくなってくると、理性にその基礎を求める立場が生じる。ただ、これは人間の理性が自律的に道徳を定めるというものではなく、理性によって宗教を基礎づけようとするいわゆる理神論的立場に繋がるものと考えられる。「理性に反することは神に反することである」というケンブリッジ・プラトニストたちをはじめとする道徳的合理主義者たちは、道徳的善悪の区別を理性によって捉えられる実在の普遍的な特徴であると考える。

また、神によって自然法が自然状態における人間に与えられているとするロックも、それは人間の精神に書き込まれているのではなく、理性によって発見されるものとして捉えており、理性の働きが強調されている。いずれにしても、道徳的判断が真偽を問いうるものと考えているところに特徴がある。

人間本性による道徳の基礎づけ

これに対して、理性は道徳の基礎を提示しえないと考え、道徳の起源を人間本性のあり方の考察に求める立場が (1) の問題に対する自然主義的な立場と関連して、強く主張される。このうち自己利益にその起源を見るのが、ホッブズや、マンデヴィルらである。彼らは、人間を動かすものは、快苦に基づく人間の利己的な欲望であると考えるがゆえに、道徳は基本的に自己利益に由来する利害の計算に基づく人為的なものであると考える。理性の働きは、利害の計算という非道徳的なものに限られることになる。

これと反対に、宗教にも理性にも依拠せず、しかし人間が本来道徳的存在であることを主張しようとしたのは、道徳感覚説論者である。その代表者であるハチスンは、行為や善悪の判断が快苦という心理状態に結びついていることを認めたうえで、すべてを自己の利害に帰着させるホッブズらの主張を否定する。人間は自然で公平な仁愛 (benevolence) という利他的な情念と、道徳的判断の基礎となる道徳感覚を本来備えていると主張するのである。われわれは自分の自己利益に合致するものを快と感じるのではなく、われわれの自然なこうした情念や感覚に合致する行為をなしたり、観察したりすることが、自然に快を生むとするのである。すなわち、道徳は人間の本性の普遍性を仮定する限り、人為的なものではなく自然なものなのである。

しかし、人間の自然のままの情念に、正義が要求するような普遍性を担わせることが困難であることから、ヒュームは、道徳的判断が、人間の行為などを見たときの観察者の快苦に存するというハチスンの構想を受け継ぐが、その種の快苦の重要な部分は共感 (sympathy) と合意 (convention) という人間本性の持つメカニズムによって生成してきた人為的なものであるとする。このような構想は、理性が人間を直接動かすものではないとの認識により、長期的利害の計算を、理性から人間本性のメカニズムに基礎を持つ社会的過程に移したものとなり、ホッブズらとハチスンらの主張を総合したものと言えよう。

情念と理性——その後

以上概観したように、近代初期における人間理性の確立は、人間本性の自然主義的探究を推進することになったが、その探究の過程で理性自身の力を弱め、情念の役割を大きくすることとなった。ヒュームの哲学がそれを良く示している。しかし、それ以降理性と情念という対立関係に基づく議論は衰えていく。それは人間本性を探究の基礎に据えるという方法が衰退していったからに他ならない。しかし、ここにおいて提示された問題と議論は、人間の行為が基本的に因果的なものかどうかという問題や、道徳を道徳以外の何らかの事実に還元できるかという自然主義的誤謬の問題などに形を変えて、のちの哲学に大きく影響していくこととなる。

【主要文献】René Descartes, *Les Passions de l'ame*, 1649 (野田又夫訳「情念論」、『デカルト 省察／情念論』中公クラシックス、2002). Thomas Hobbes, *Leviathan*, 1651 (水田洋訳『リヴァイアサン』全4冊、岩波文庫、1954-85). John Locke, *An Essay concerning Human Understanding*, 1690 (大槻春彦訳『人間知性論』全4冊、岩波文庫、1972-77). George Berkeley, *A Treatise concerning the Principles of Human Knowledge*, 1710 (大槻春彦訳『人知原理論』岩波文庫、1958). David Hume, *A Treatise of Human Nature*, 1739-40 (大槻春彦訳『人性論』全4冊、1948-52). Thomas Reid, *Essays on the Active Powers of Man*, 1788. Stephen Darwall, *The British Moralists and the Internal "Ought"*, Cambridge University Press, 1995. Susan James, *Passion and Action*, Oxford: Clarendon Press, 1997.

(石川 徹)

所有

〔英〕property, ownership 〔ラ〕proprietas
〔独〕Eigentum 〔仏〕propriété

　所有とは、存在する主体が自らの存在を可能にするために必要なモノを把持し支配していること、またそのモノ自体（財産）を意味する。前近代社会では、自分の身体・生命さえも創造主のものであり自分の支配下にはなく、モノの所有も神的世界秩序の一部として埋め込まれ相互に魂の宿った存在どうしの関係と理解されていた。それは現実社会において共同体的所有関係という形態を取る。明確な近代的所有（排他的所有）概念は、ジョン・ロックが、世界から自立した「自由な個人」の基盤を「生命・身体・自由・財産に対する自然権」＝「固有性」(property) と定義し、人格 (person) のモノに対する支配という意味での「自己所有権」(self ownership) 概念を確立したところから始まる。

私有正当化の過程

　所有思想は、共有状態における「使用」や「占有」のみを認め私利私欲を厳しく戒めたプラトン、それを批判し財産に対する配慮・責任および徳性の基盤として私有を正当化したアリストテレスを先駆として、共有思想と私有財産思想との相克として展開されてきた。中世神学思想は、創世記が描く原始共有状態を理想として、万人の「生存権」、その基盤としての必要物に対する「請求権」(ius ad rem) だけを認めた。トマス・アクィナスも排他的所有権 (proprietus) と峻別するために「使用支配権」(dominium utile) 概念を用いたが、これにより個人のモノに対する支配を明確化したため、排他的所有権としての「物的権利」(ius in re) に道を開くことになった。この方向は、ローマ教皇庁が、1279年フランシスコ会の「清貧と共有」戒律を異端として、ウィリアム・オッカムの抗弁（「使用権」と「処分権」との区別）を排斥し、1329年に所有を自然権と見なしたことによって加速された。

　イギリスでは、旧社会の崩壊を警告したトマス・モアの『ユートピア』(1516) における土地共有思想や私有財産制批判も見られるが、14世紀頃から封建的農奴制は解体し始め、それに代わる「謄本保有農」の自由土地保有権が15～16世紀頃までに事実上私有権化していった。こうした中で、フランシス・ベーコンの諸著作やジェイムズ・ハリントンの『オシアナ』(1656) は、土地所有や軍事能力と結合したマキアヴェッリ的徳性（ヴィルトウ）論を継承し、共和制の基盤を自由土地保有に見出した。

　明確な私有財産正当化論は、原始共有状態を前提に緊急時における請求権の復活を認めながらも、所有の正当な根拠を同意に求めた大陸自然法学者グロティウスおよびプーフェンドルフによって確立され、これがイギリスにも影響を与えた。しかしロバート・フィルマーは、同意の歴史的証拠はないとして、これを批判し、アダムの支配権がノアを介して彼らの息子たちに平等に継承されたとするジョン・セルデンの見解をも否定し、家父長権＝王権が永続的に相続されてきた歴史的事実を根拠に王権神授説を唱え、所有はすべて王に帰属するとした。『リヴァイアサン』(1651) において国家権力の根拠を社会契約に求めたトマス・ホッブズも、所有は統治なき自然状態では存在せず、統治者によって与えられるとした。彼は所有を生命・身体および富・生活手段さらに夫婦愛も含め広義に定義した。

　イギリス革命期においては、「パトニー論争」(1647) に見られるように、所有の根拠を「古来の国制」に求めたアイアトンらの独立派（『提案要綱』により王党派と妥協）と、所有を個人の正当な自然権として神法ないし自然法に訴えたリルバーンらのレヴェラーズ（『人民

『協定』に結実)とが対立したが、その他にウィンスタンリ率いるディガーズの共産主義運動なども出現した。

ジョン・ロック

ロックは『統治二論』(1690)において、原始共有状態においてさえも各人の人格(person)と労働(labour)および手の働き(work)はその人固有のものであり、その労働が何らの同意・承認も必要とせずに、他の人々の共有権を排除して排他的所有権を自然権として確立しうるという「労働による所有権論」を打ち立てた。これは、労働(生産)が自然物に価値を付与・創造し、人間が自然を変革・拡大し生存基盤や欲望対象(富)を増大しうるという発展的世界観を展望する。

しかしながらロックは、この排他的所有にも自然法制約があるとする。すなわち、他者にも十分で良い財産が残されていることが必要で、自己の利用しうる範囲を超えてはならず、物を腐らせてはならず、自己労働によって耕作できる土地所有に限定されなければならない(ロック的条件)。ところがロック自身、この制約は「貨幣の発明」によって突破されうるとして、財産の無限蓄積の方向に道を開いた。それは、自己労働の成果の剰余分から発生し、富裕化を進めるがゆえに正当であり、不平等は勤労の差の結果にすぎないというのである。

18世紀の展開

ロックの自己所有権が、他者の同意なく自然との直接的関係(労働)のみから導出されるのに対し、所有を含むすべての権利は「道徳感覚」に基づく社会的承認を得て初めて成立するとして、再度自然法学流の同意論を主張したのが、フランシス・ハチスンである。彼は、所有の根拠として先占(人より先に占有すること)と労働と移転・譲渡を挙げ、勤勉の動機づけのための私有の保障と、「公共性」基準による所有制限という二側面を示している。同様の見解は、ロックの労働による所有論を基礎に、自然法とハリントンの所有論を結合させ、それを「仁愛の原理」によって制限しようとしたジョージ・ターンブルにも見られる。

デイヴィッド・ヒュームも、ロックの自己所有権を批判し、所有は人間の作為と考案による正義の確立によって初めて成立するとした。人間は社会を基盤にして生きる他に道はないのだから、相互に相手の利益を認めあうことが自己利益になることを知る。これが「共通利害の一般的感覚」であり、これに基づいて「コンヴェンション(黙約)」が成立し、そこから共存ルールとしての正義が形成される。ヒュームは所有の安定こそが社会の安定の基軸である見なし、所有を正義の中核と見なす。そして所有の根拠を(1)現在占有、(2)先占、(3)時効、(4)添付(所有物からの派生・混合)、(5)相続に求めている。ヒュームの関心は、所有の安定による「技芸」(arts)と「勤勉」(industry)の刺激、それによる剰余の創出と富裕化にあった。

ヒュームとは別に、所有を人間本性に基づく自然の摂理によって説明したのはケイムズ卿である。彼は、土地への愛着のような財産に対する生得的愛情が存在するとして、私有の正当性を論じつつも、貨幣導入以後の過度の所有欲がもたらす堕落や奢侈を警告していた。同様の警告はアダム・ファーガスンにも見られる。

アダム・スミス

スミスは『法学講義』において、身体、評判、財産に対する基本的権利を自然権と定義し、所有権を自然権の中に分類していたが、所有権の根拠が曖昧で、社会的承認が必要であることから、結局「獲得された、後天的権利」と定義した。所有は、占有者の安定的所持への期待ないし愛着に対して観察者が共感し、その適宜性が認められたときに確立する。そ

の根拠となるのは (1) 先占、(2) 添付、(3) 時効、(4) 相続、(5) 自由意志による譲渡である。スミスは、先占の典型として自己労働による所有を挙げているので、「労働による所有」の論理を否定したわけではない。そして、所有様式の変化に応じて、歴史は狩猟→牧畜→農業→商業の四段階として発展し、政府形態も生産様式に規定されるとした。

『国富論』(1776) では、自己労働の成果を所有する生産者の余剰物交換を「分業と交換の原理」として考察し、不平等にもかかわらず普遍的富裕が実現することを論証した。その際、労働による所有を前提にした労働価値論を展開したが、資本主義的生産関係における商品価格を分析する際には、それとは異なる価格構成説と需要供給原理を採用した。

私有財産制批判

排他的所有権が確立すると、これを最大化することが社会全体の利益（最大多数の最大幸福）になるという功利主義が登場する。ジェレミー・ベンサムやJ.ミルは、労働のインセンティヴとしての私有を重視し、政府の重要な機能を私有権の保障に求めた。

これに対して、私有に伴う不平等を批判するラディカルな思想が生まれてくる。オーグルヴィ、スペンス、ペインらの土地改革思想は、土地や地上のすべてのものは人類共有の財産であるという自然法を根拠に、ロックの労働による所有論を利用して、独立自営農民の所有権を主張した。同様の主張は、プライスやカートライトにも見られ、ホジスキン、トムソン、グレイなどのリカード派社会主義の労働全収権論を生み出した。ゴドウィンの私有財産制批判は、それを擁護するマルサスの『人口論』(1798) 執筆の動機となった。R.オウエンは、私有財産制を克服するために、機械制工場における労働者教育と労働条件・環境の改善による性格形成原理と生産力上昇を提唱し、農業と工業の一体化した共同社会構想や協同組合思想を展開した。

この流れとは異なるが、所有を自由の基盤として不平等是正と再分配を説いたグリーン、土地の排他的所有を否定した『社会静学』(1850) 段階のスペンサー、有償土地国有化論を唱えた J.S.ミルがいる。こうした動きは、1884年設立のフェビアン協会の活動に継承され、ウェッブ夫妻、ショー、A.R.ウォレス、G.D.H.コールなどによるフェビアン社会主義を生み出した。このほか、労働が私有財産（富）を得るための手段（苦痛）となっている状況を批判し、美術工芸など自由な創造活動の中に労働の喜びを見たラスキンとモリスがいる。

こうしたイギリスにおける私有財産制批判の動きは、ルソーの不平等と私有財産批判、カントの人倫としての所有論、ヘーゲルの労働による人格性の外化としての所有論、プルードンの占有以外の私有を盗みとする批判、マルクスの物象化批判と共同所有論、アメリカのヘンリ・ジョージの土地国有化論など、各時代の各国諸思想とも密接に関係していた。

現代の所有思想

所有論はその後、私有か共有か、資本主義か社会主義かという、イデオロギー的対立軸の中で展開されたが、現在は、人間存在の問題として広範に論じられており、イギリスだけに限定しては論じられない。

起点となったのはロールズの『正義論』(1971) である。彼はカントの義務論的正義概念を継承し、功利主義が個人原理を社会に適用し効用＝効率最大化のために不平等格差を激化させていることを批判する。彼は、人間の意思決定に関わる価値の組み合わせを「社会的基本財」として提示し、そこに権利や自由、機会、健康、教養、所得や富、自尊を含めている。これはロックの広義の property 概念に通じる。この基本財を公正に分配するための正義の二原理は、(1) 基本的自由への平等な権利、(2) 公正な機会均等原理である。この

原則は具体的に、誰もが将来何が起こるか分からない「無知のヴェール」に覆われていることを根拠に、社会的・自然的偶然による不利益を補正する「格差原理」を導出する。これは最も不遇な人々の状態を最も改善する「マキシミン原理」によって「実質的な機会均等」を実現することである。

ロールズによれば、現実の所得分配は個人的努力や才能に正確に対応せず、多分に偶然や運に左右されている。才能でさえ個人に固有なものでなく、社会の共通資産である。それゆえ、「効率性」を尊重してある程度の不平等は容認されるものの、「公正な正義」実現のため所得再分配政策は必要である。

ロールズを批判して、功利主義の立場から「自己所有権」の絶対性と最小国家を唱えたのが、ノージックらのリバタリアニズム(自由至上主義)である。ノージックの『アナーキー・国家・ユートピア』(1974)は、ロックの自然状態論を使って、個々人から独立した社会的実体や国家はそもそも存在せず、「別個独立の人格」だけが存在し、その権利を保障するためにのみ国家は構築されると主張する。そして所有は、その取得手続きが正当であれば、どんな格差が生じようとも結果は問わないという「非パターン化原理」に基づく「権原理論」(entitlement theory)によって絶対化される。これを根拠に、ロールズの格差原理のような再分配案を「パターン化(最終結果)原理」として拒否し、相互の同意による成人間の契約を基盤とする市場機構と自由競争を賞揚する。これによれば、社会保障給付や勤労収入への課税は労働からの搾取(強制労働)と見なされる。

Entitlementをノージックとは正反対に、すべての人の基本的活動を保障する最低限必要な財の組み合わせと定義するのはアマルティア・センである。それは、適切な栄養を摂り早死を防ぎ病気の適切な治療を受ける生命活動だけでなく、文字を読み自尊心を持ち友人と交流しコミュニティに参加するなどの社会活動をするための物質的基盤を意味する。

センは、所有を物質的財そのものではなく、「財と人との関係」と理解し、真のニーズは、多様な人間が財によって何をなしうるかの「機能」だとする。この機能は、現在ある状態としての being だけでなく、何かをなす可能性としての doing からなり、そうした活動のいろいろな組み合わせを選び実現することが重要となる。それゆえ、ニーズの多様性に対応して財の分配も異なることになり、一律平等な所有原則は否定される。自らのニーズに見合った活動を自由に選択することができる所有状態が「潜在能力」(capability)であり、すべての人に「基本的潜在能力」を保障することが社会の目標となる。

現代においても所有をめぐる対立は、共有か私有かの根元的問題に由来し、「必要原理」(必要な人が受け取る)と「功績原理」(貢献した人が受け取る)の対立として、また形を変えて、協働や相互扶助を原則とする「共同体原理」と負担と受益を均等化する「市場原理」の対立として存在している。しかし現実社会では、それらは複雑に絡み合い、共存・補完しあって機能しており、どちらか一方に偏っては解決できない。さらに現代では、弱者保護、動植物・環境保全、堕胎、代理出産、臓器移植、知的所有権など、所有の問題は生命存在の問題と深く関わり、多岐にわたり複雑化している。

【主要文献】甲斐／稲本／戒能／田山『所有権思想の歴史』有斐閣新書, 1979. マクファーソン(藤野／将積／瀬沼訳)『所有的個人主義の政治理論』合同出版, 1980. リーヴ(生越／竹下訳)『所有論』晃洋書房, 1989. 日本法哲学会編『現代所有論』有斐閣, 1991. ライアン(森村／桜井訳)『所有』昭和堂, 1993. アタリ(山内訳)『所有の歴史』法政大学出版局, 1994. 立岩真也『私的所有論』勁草書房, 1997.

(生越利昭)

仁愛

[英] benevolence

「仁愛」はイギリス道徳哲学の主題の一つであるが、「慈愛」(charity)、「博愛・人類愛」(philanthropy)、さらには「慈悲」(pity, compassion) や善意 (good will) の概念とも密接な関わりを持つ包括的な徳性である。18世紀の道徳哲学においては、社会・政治思想としても重要な意義づけをされる。ここでは、関連する諸概念と合わせて「仁愛」の思想的意義とその変遷を辿ることにする。

ホッブズからクラークまで

仁愛は「成功・幸福を祈る」というラテン語に由来し、慈愛 (charity) よりも世俗的なニュアンスがある。後者が英語に入ってきたのは12世紀頃であり、キリスト教における神と人間の愛、隣人愛を主に意味したが、14世紀に仁愛が英語になるまでは時にその意味も含んだ。博愛 (philanthropy) が英語に入ったのは16世紀末だが、ベーコンが「人々の幸福を願うこと……それはギリシアの人々が人間愛 (philahthropia) と呼ぶものである」と言ったように (『エッセイ』1597)、仁愛と厳密には意味を区別できない。

ホッブズも「仁愛」、「善意」(good will)、「慈愛」を総括して「他者に対する善なる欲求」(desire of good to another) と定義したが、人間を支配する本能的感情としては「自己保存」(self-preservation) を中心に据えた (『リヴァイアサン』1651)。それに対して、カンバーランドはあえて「愛」(love) ではなく一般的対象への「意思行動」(an act of the will) を含意する「仁愛」を賞揚した。「理性ある人間どうしがすべての人々に最大の仁愛を抱くことで、個人個人およびすべての仁愛ある人々にとって最も幸福な状態を築く」ことを「自然法」の根源として掲げる (『自然法論』1672)。

サミュエル・クラークは仁愛と「普遍的な愛」(universal love) を同義に見なし、社会において正しいことを助長するだけでなく、「全般的に、最大限の努力を払って、すべての人々の福利 (welfare) と幸福を増進する」徳性として定義する (『自然宗教の不変の義務に関する論考』1706)。ホッブズに対峙して、神の仁愛、その陰影としての人間の仁愛と公共善 (public good) を重要視する態度はラティテューディナリアン (Latitudinarian) にも見られるが、18世紀哲学においてより顕著になっていく。

シャフツベリとバトラー

上述の流れをうけてシャフツベリは、神に具わる「あらゆるものの善への関心、仁愛の情 (an affection of benevolence)、全体への愛」は、同情、家族愛、友情、愛国心、博愛といった人間の「自然的感情」(natural affection) や「公共的感情」(public affection) を、生得的な「道徳感覚」(moral sense) を通じて導き、「私的善」(private good) との均衡を保ちながら「公共善」(public good) へ至らしめると主張する (『人間、風習、意見、時代の諸特徴』1711)。強制や打算にもよらない利他的な仁愛の行為を有徳とするが、この議論は、『蜂の寓話』(1714) においてマンデヴィルの辛辣な批判を浴びる。

近代イギリス良心論を完成させたジョゼフ・バトラーの哲学では、仁愛は隣人の幸福に対する情愛であり、「自己愛」(self-love) と並列される。両者は「公平無私」(disinterested) の場合もあるし、「利害的である」(interested) 場合もあり、何ら矛盾する原理ではない。自己愛に対して、軽視されがちな仁愛とのバランスを宗教的な「良心」の働きによって保つことがバトラーの主題であった。彼にとって、徳の完全な形態は全宇宙への愛であるが、これは神の徳性であり、人間の目指すべき徳性は仁愛や善意や慈愛と同義としての「隣人愛」(love of our neighbour) であるとする (『説教

集』1726；第2版1729)。しかし、仁愛・隣人愛を説きながらも、バトラーは階級差別を擁護し、博愛に支えられた人間平等の思想や人道主義的思想に辿り着くことはなかった。

スコットランド啓蒙思想と仁愛

仁愛の徳性はスコットランド啓蒙思想においてさらに深く議論される。ハチスンは仁愛を自己愛の対立概念として捉え、カンバーランドに倣って「徳性の内的源泉」(the internal spring of virtue) と言い、「他者への善意」(good-will to others)、「他者の幸福を望む感情」(the desire of the happiness of another) と定義する。さらにハチスンは、シャフツベリの「道徳感覚」を発展させ、仁愛が「道徳感覚」によって是認されることで、「公的に有益な行動」(publicly useful actions) を追求し、「自己是認の快」(pleasures of self-approbation) を喚起すると考える。「普遍的仁愛」(universal benevolence) は、「最大多数の最大幸福」(the greatest happiness for greatest numbers) を追求する功利主義的な考え方を胚胎するが、その根底には神学的形而上学がある。仁愛、つまり「理性を持った人間の公的かつ自然な幸福を追求する欲動」が道徳感覚によって是認されることで、神が「最も普遍的に公平無私な状態で仁愛を備えている」(benevolent in the most universal impartial manner) ことが証明されるとする (『美と徳の観念の起源』1725)。ハチスンの思想は、非国教徒の政治思想、アメリカ独立戦争、奴隷制廃止運動にも影響を及ぼしていく。

ヒュームは普遍的仁愛を人間の社会的徳性としては認めない。慈愛や慈悲、「公共的仁愛」(public benevolence) の追求は、「自然的徳性」として人間の本性に適合し快感を与えるが、「正義」(justice) には至らないと主張する。正義は個人に不利益や苦痛をもたらすことがあるが、「公共的利害への共感」(a sympathy with public interest) を通して道徳的是認 (moral approbation) を受ける「人為的」(artificial) かつ「公正」(equity) な法に基づくべきだからである (『人間本性論』1739-40)。行為の道徳性は、仁愛ではなく、公共の「効用性」(utility) を基準にして判断されることになる (『道徳原理の研究』1751)。

アダム・スミスも人間の仁愛を神の普遍的仁愛と区別する。人間は神によって仁愛を自己愛と一緒に賦与され、自己統制 (self-command) によって政治的に有益な「公共的仁愛」(public benevolence) へと総轄される。しかし、神こそがつねに最大量の幸福を生み出すように宇宙という巨大な機械を操っているのだから、人間は結局のところ神の「見えざる手に導かれて」いることを信じ、「人間性の利己的にして本源的な衝動」、すなわち「自己愛」に身をまかせるべきだ、と主張する。仁愛ではなく、「共感」(sympathy) を原理とする「自然な感情」が、「公平無私なる観察者」(impartial spectator) であり、「人間行為の偉大な審判者」となる (『道徳感情論』1759；第6版1790)。

社会的・政治的行為としての仁愛

隣人や貧しい人々への善意ある行為という意味で仁愛が用いられだしたのは15世紀初めであり、それまではキリスト教初期から慈愛 (charity) が適用されていた。18世紀の啓蒙思想によって、富、公共の利益、幸福といった概念と結び合わされることで、慈悲の感情を包含した仁愛、慈愛や博愛は、ともに組織的社会活動としての「慈善」という意味を与えられていく。貧困問題の解決策として救貧法が有効性を失う一方で、活性化した社会資本を背景に、都市には孤児院や巨大な慈善病院が次々に設立されていく。

道徳哲学の体系化に従い18世紀後半に興隆する感受性文学の中でも、慈悲、仁愛、慈愛、博愛が人間本性として中心的主題となる。感受性が豊かだと考えられた女性たちも、そ

れらを自らの徳性として、積極的に日曜学校や奴隷貿易廃絶運動などの地域社会・国家規模の慈善活動に参加していく。

　普遍的仁愛や博愛は18世紀末には重要な政治概念として機能した。フランス革命は「博愛」を「自由」「平等」と一緒に理想的美徳として掲げた。理性的非国教徒（Rational Dissent）の一人プライスは、「廉直」（rectitude）と合致する「理性的仁愛」（rational benevolence）を「本能的仁愛」（instinctive benevolence）と区別し（『道徳の主要問題』1758；第3版1787）、それをフランス革命の理念として認める（『祖国愛について』1790）。ゴドウィンもまた、仁愛や博愛は慈悲のような個人的感情を滅却し、「公平無私なる正義と理性」（impartial justice and reason）に基づき「一般的福利」（general welfare）を追求する徳性として考え、政府の必要性さえ否定する（『政治的正義』1793；第2版1796；第3版1798）。非国教徒的仁愛の理想は、体制派の批判を浴び、フランス革命の混乱に伴い失墜するが、19世紀初めの急進主義に形を残していく。

仁愛の盛衰と博愛精神

　良心論の衰退と並行して、仁愛は19世紀の思想的文脈の中で周縁的な概念になっていく。シジウィックはその理由として、この時代に浸透したベンサム的功利主義が「普遍的仁愛」や「純粋に普遍的な博愛」（pure universal philanthropy）以外に社会の最大幸福を生み出す行動原理を追求しだしたからだと指摘する（『倫理学の方法』1874）。しかし、ベンサム自身にとって、仁愛は必ずしも功利主義と矛盾するものではなかった。慈悲、善意、仁愛、博愛、慈愛といった感情は共感とともに、「象徴的な」（figurative）な意味での心理的動機であり、「善意は……功利の原理（the principle of utility）と完全に一致」し、「功利の命令（the dictates of utility）は最も広大かつ啓蒙された仁愛の命令（the dictates of the most extensive and enlightened benevolence）と同等である」と論じる（『道徳と立法の原理序説』1789；第2版1823）。

　また、資本・自己利益の追求の負の結果として貧困問題が深刻化していく19世紀の社会において、福音主義的な、あるいは人道主義的な慈善（charity/philanthropy）はきわめて重要な社会的機能を果たし、「仁愛」はそれに付随する概念になっていく。チャーティズム、慈善組織協会（Charity Organisation Society）、そしてフェビアン協会に受け継がれるキリスト教的社会主義の根底にも慈善や博愛の思想を見出すことはできる。しかし、19世紀前半に奴隷制廃止運動も盛り上がる一方で、海外における積極的な博愛事業の推進は、それらの概念に帝国主義的な意味を付与していった。

　18世紀的な仁愛の思想は、19世紀の社会的文脈の中で新たな慈愛と博愛の思想に取って代わられたのである。

【主要文献】Joseph Butler, *Fifteen Sermons Preached at the Rolls Chapel*, 1726; 2nd ed., 1729. Francis Hutcheson, *An Enquiry into the Original of Our Ideas of Beauty and Virtue,* 1725（山田英彦訳『美と徳の観念の起原』玉川大学出版部，1983）. David Hume, *A Treatise of Human Nature,* 1739-40（大槻春彦訳『人性論』岩波文庫，1948-52）. Adam Smith, *Theory of Moral Sentiments,* 1759; 2nd ed., 1790（水田洋訳『道徳感情論』上・下，岩波文庫，2003）. James Bonar, *Moral Sense,* George Allen & Unwin, 1930. D. D. Raphael, *The Moral Sense,* Oxford University Press, 1947. T. A. Roberts, *The Concept of Benevolence: Aspects of Eighteenth-Century Moral Philosophy,* Macmillan, 1973. 板橋重夫『イギリス道徳感覚派』北樹出版，1986. David Owen, *English Philanthropy 1660-1960,* Belknap Press of Harvard University Press, 1964.

（大石和欣）

人格

〔英〕person 〔独〕Person 〔仏〕personne

'persona' としての人格

　欧語の 'person' の訳語。ここでは「人格」をもっぱら欧語 'person' に対応する語と想定して論じる。'person' は、もともと「仮面、役割」を意味するラテン語 'persona' に由来する。'persona' はその後、三位一体の「父と子と精霊」のステイタスを示す「位格」をも意味するようになった。'persona' は、語源的には、'per-sono'（「音・声」(sono)を「通じて」(per)）すなわち「反響する、声を上げる」と同根であり、実際この二つの語は、仮面としての 'persona'（つまりは役者）がマスクを通じて拡声して劇の役割を演じる、という表象によって自然に結びつく。三位一体の場合も、三つの位格が互いに反響しあって一体をなしているのである。だとすれば、'person' すなわち「人格」にも、こうした原義が自ずと染み渡っていると考えることに不合理はない。そして、このような考え方に沿うならば、次の三つのことが直ちに予想されてくる。(1)「音・声」が関わるのだから、「人格」の存立契機に言語性が宿されているであろうこと、(2)「人格」に音や声を出す身体性が含意されるであろうこと、(3)「反響する」という意義から、「人格」概念は単独的にではなく相対する何かを前提した複数性の下で成立してくるであろうこと、この三つである。

実践と認識の主体

　さて、哲学における「人格」だが、それは基本的に主体概念の一つとして用いられてきた。とりわけ、自由な責任主体、あるいは権利主体という、実践主体として「人格」概念は用いられてきた。これは、上に示した語源である 'persona' の意義からして当然の成り行きである。けれども同時に、「人格」は、自我や主観の概念の代わりに、あるいはそれらと重ね合わされて、認識あるいは知覚の主体という意味でも用いられてきた。そして、こうした両義の下で現れる「人格」概念の探究という文脈において、ホッブズ、ロック、バークリー、ヒューム、リード、そして今日のパーフィットに至るまで、イギリス哲学の果たしてきた役割はきわめて重い。

ヒュームの「知覚の束」説

　まず、認識主体としての「人格」について見てみよう。この文脈で最大級の影響を今日まで与え続けているのはヒュームの議論である。ヒュームは、『人間本性論』第1巻第4部第6節において「人格同一性」を主題化する。人格同一性とは、文字通り人格が同じ人格であることであり、人格概念の基盤をなす関係性である。ヒュームは、人格同一性には「われわれの思考や想像に関するものと、われわれの情念や自分自身について抱く関心に関するもの」(T 253：『人間本性論』は T と略記し、参考文献中の1978年版の頁数を示す。以下同様)との二つがあり、まずは前者の認識主体としての人格の同一性を論じる。ヒュームは、人間、私自身、心、人格、といった概念を互いに交換可能なものとして使いながら、自我の確定的観念の存在は経験に照らして不可能であり、私自身の内に入り込むときには特殊な知覚に出会うだけだとして、こう断じる。「人間とは、想念できないような速さでもって次々と継起し、永遠なる流転と運動の内にある、様々な知覚の束あるいは集合に他ならない……心は様々な知覚が次々と現れる一種の劇場である」(T 252)。つまりヒュームは、そうした主体概念が実際には実体性のない可変的なものであるというのである。

架空の観念

　しかし、ではどうして「一つの」束、「一つの」劇場と言えるのか。これに対するヒュー

ムの答えは、「人格同一性はたんに架空の同一性にすぎない」(T 259) というものであった。ヒュームは、そもそも「同一性」を「異なる時間における比較による等性」と解する。これは、静物のように不変化なものを無中断で知覚している場合に最も明白に当てはまる同一性理解である。けれども、われわれは日常的に頻繁に、川、樹木、動物などの変化するものに、しかもその知覚が中断していても、同一性を帰属する。では、どういう意味で同一なのか。ヒュームは、それぞれの時間における観念間に関係性とりわけ共通目的が見取られるときには、不変化で無中断の対象を知覚しているときと同じ推移の滑らかさが想像に与えられ、そうした想像に対する影響の類似によって、変化して知覚が中断しているものにも同一性観念が帰せられるようになると論じる (T 253-8)。そして、こうした同一性の成り立ちは人格同一性にも当てはまる (T 259)。けれども、このような同一性はあくまで想像における「架空の」観念であって、人為的に想定されるシステムにすぎない。かくしてヒュームは、こうしたあり方をする人格同一性を「共和国」に譬えた (T261)。

以上の議論はいくつかの疑問を惹起するだろうし、ヒューム自身、『人間本性論』「付録」において不満を表明してもいるが、その要点は明快で、インパクトも大きい。事実、現代イギリスの哲学者パーフィットも、主著『理由と人格』の中で、ヒュームの人格同一性の議論に大きく触発されつつ、現代脳科学の知見をも加味しながら、人格同一性と合理性や道徳との絡み合いについて詳細に論じている。

バークリー人格論へ

では、ヒューム的な人格論の、人格概念一般に照らしたポイントは何だろうか。同一的な人格が「共和国」と同様、物理的事象ならざる「架空の」人為的想定であるとしている点で、事態的に、'persona' の原義を引きずる人格概念の言語性を強く打ち出した議論であると、まず言える。また、ヒュームの「知覚の束」説は明らかに、人格や心それ自身以外の視点からそれを眺める、という構図を持ち込んでいる。実際「劇場」や「共和国」の比喩は、それを眺め認識する視点がその外部に想定されている。ならばここには、人格自身とそれ以外という複数の視点が事実上織り込まれており、その意味で人格概念の複数性も顕現していると言えよう。

じつは、'persona' の原義を継承しているという点で、ヒュームの議論の素地は、それに先立つバークリーやロックの議論の中にすでに宿されていた。バークリーは、言葉は観念を指示するとは限らず、生活や行為への影響という観点から記号として導入されることがあるとして、そうした記号の例として、数や力、三位一体の 'person' そして人間の人格同一性に言及したのである (『アルシフロン』第 7 対話)。こうしたバークリーの人格概念には明らかに先の言語性が含意されているし、人々の生活や行為に牽引された理解であるという点で、複数性および身体性も考慮されている。もっとも、こうしたバークリーの議論は、ロックの人格論に対する批判に基づくものであった。同様な批判はのちにリードによっても提起された。では、そのように批判されるロックの人格論とは何か。

ロックの意識説

それは、人格そして人格同一性は「意識」(consciousness) によって確立されるという議論である。ロックは、『人間知性論』第 2 巻第 27 章において人格同一性を問題にする。ロックは「同一性」概念の適用について、人格、人間、実体の三つの場面を区別しなければならないとする (E 2.27.7:『人間知性論』は E と略記し、巻・章・節数を示す。以下同様)。すなわち、時空的に一つの起源を持つことに求められる実体の同一性、また同じ体制の身体

に求められる人間やその他の生物の同一性に対して、人格の同一性はそれらとカテゴリーが異なる。人格とは思考する知的な存在者であり、自分自身を自分自身として、思考するものとして考えることのできる者であり、それは意識によってのみなされ、この意識にのみ人格同一性は存する (E 2.27.9)。ここでの意識を一人称的で心理的な事象やその記憶と同一視することはできない。というのも、ロックは意識が及ぶ限り身体もまた人格に取り込まれると考えているからだし (E 2.27.11)、さらには、ロックの言う意識はラテン語の語源である 'conscientia'（共有知識）の意義を濃密に保持していて、そこからのもう一つの派生語「良心」と重なり合ってもいるからである。つまり、人格は、思考とは独立に捉えられる実体や人間と異なり、また価値中立的な心理的事象とも異なり、思考を本質とする、身体を持つ道徳的存在者なのである。

こうした捉え方の含意は、ロックが最終的に「人格とは行為とその功罪に充当する法廷用語である」(E 2.27.26) と断じたことによってさらに明白となる。この法廷用語説を素直に受け取るならば、人格は法廷での審議の中で立ち上がってくる概念だということになり、よって人格同一性の根拠となる「意識」とは、当人の心理的な事象とか記憶といったものと同じではなく、むしろ第三者が当人に課す「そうしたことを意識すべきである」という規範性として現出するものであると捉えたほうが真相に近いし、'conscientia' の意義にも沿うだろう。こうした道筋を見誤り、ロックの「意識」を心理的な記憶と同一視したとき、バークリーやリードが提起したような、意識が半分ずつなくなっていく人物の最初時と最後時は、共有記憶はなくても連続していて同一のはずなのに、人格同一性が帰せないではないかといった批判が招来される。また、今日の応用倫理の場面で展開される「パーソン論」——意識がある者のみが人格なので、意識のない新生児などの命を奪うことは許されうる——のような極端な議論も導かれるように思われる。いずれにせよ、こうしたロックの人格論は、人格の言語性・身体性・複数性という 'persona' に由来する性質をすべて併せ持っており、その限りバークリーやヒュームの議論の先取りになっていたと言えるだろう。

自由な責任主体

けれども、以上のロックの議論は実践主体としての人格論であって、認識主体としての人格の話ではないのではないか。いや、そうではないのである。ロックは「観念」を「思考の対象」と規定し (E 1.1.8)、思考と意識との連結性を強調する (E 2.1.11)。しかるに、すでに見たように、意識は人格同一性を決定するものであった。ということは、「観念」は人格において生成するということになる。「観念」が認識の材料である以上、ここには、認識主体はすなわち実践主体である、という見方が流れていたのである。換言するならば、実践主体が獲得するものとして認識や知識を捉える、という考え方が認識論の発端に胚胎されていたのである。ここに、認識主体と実践主体という人格の二つの位相がじつは融合していたという事情が顕わとなる。

実践主体としての人格については、ロックに先立つホッブズがすでに明確な定義を与えていた。ホッブズは、『リヴァイアサン』第1部第16章冒頭で「人格とは、その言葉や行為が、自分自身のものとして考えられる者、あるいは、真か偽かはどうあれ、それら言葉や行為の源となっている他の人やものの言葉や行為を代理するものとして、考えられるような者である」と述べる。そして、代理に伴う権限や許可、無生物や子どもの擬制による人格化などに言及してゆく。「声を上げる」'persona' としての人格の伝統的意義に完全に沿った、言語性・身体性・複数性をすべて備えた把握であり、明らかに、こうした把握仕

方の延長線上にロックの法廷用語・賞罰帰属主体として人格、そしてカント的な自由な責任主体としての人格、といった近現代的な人格概念を位置づけることができる。つまり、'persona' の原義は、現代の人格概念の中にも依然として生き続けているのである。

知識を所有する人格

しかし、自由な責任主体とするだけでは、実践主体としての人格を汲み尽くすことはできない。ここに、すでに論じた、実践主体と認識主体という人格の二つの位相の融合という事態を反映させなければ十全とは言えない。ここで注目されるべきは、再びロックである。ロックは『統治二論』第2論文第27節の中で「所有権」を論じるとき、その基点をなす契機として「人格」に言及するのである。それは、次の有名な一節である。「大地とすべての人間以下の被造物はすべて人間の共有なのだが、しかし、すべての人間は、自分自身の人格に対する所有権を持っている……彼の身体の労働とその手の働きは、固有に彼のものであると言ってよい」。そして、そうした労働によって自然から取り去るものは彼が労働を混合したものなのだから、彼の所有となる。有名な「労働所有権論」の提示である。

ロックは、しかし、無条件でこうした所有権の発生を認めてはいなかった。他の人にも十分なものが残されている場合のみ、そして腐敗させたり浪費したりしないという条件の下でのみ、労働による所有権の発生が認められると考えたのである。こうした条件は一般に「ロック的但し書き」と呼ばれる。しかるに、こうした規制の下で労働とともに立ち上がる所有権の基点に人格が据えられていたのであった。このことは逆に言えば、所有権発生の場でこそ人格が生成すると解することができる。こうした人格概念が身体性・複数性を具現していることは明らかだが、「ロック的但し書き」という規範は事実上言語的にしか

現れえない点からして、言語性をも体現していると言える。『統治二論』での人格 'person' もまた 'persona' の伝統的意義に沿った概念なのである。

しかるに他方で、ロックの言う人格は意識に支えられ、それゆえ「観念」と同時発生するものでもあった。実際、所有権の対象、所有権のあり方は、ロックの用語法の中ではすべて「観念」として語られねばならない。してみれば、ここには少なくとも、「観念」を所有するものとしての、ひいては認識・知識を所有するものとしての人格、逆に言うならば、知識の発生によって立ち上がってくるその所有主体としての人格、という人格観が事実上成立していたと言ってよい。つまり、現代の知的所有権・財産権の概念と直結しうるようなモダンな考え方が、認識論の出発点にすでにして形をなしていたのである。知識と融合する人格(筆者は「人格知識」と呼んでいる)、こうした着想こそイギリス哲学が 'persona' から導き出した、豊穣な人格概念であると言うべきだろう。

【主要文献】Thomas Hobbes, *Leviathan,* Cambridge University Press, 1991 (水田洋／田中浩訳『リヴァイアサン』河出書房, 1966). John Locke, *An Essay concerning Human Understanding,* Oxford University Press, 1975 (大槻春彦訳『人間知性論』岩波文庫, 1972-77). George Berkeley, *Alciphron,* in *The Works* Vol.3, Thomas Nelson and Sons, 1950. David Hume, *A Treatise of Human Nature,* Oxford University Press, 1978 (大槻春彦訳『人性論』岩波文庫, 1948-52). Thomas Reid, *Essays on the Intellectual Powers of Man,* Georg Olms, 1983. Derek Parfit, *Reasons and Persons,* Oxford University Press, 1984 (森村進訳『理由と人格』勁草書房, 1998). 一ノ瀬正樹『人格知識論の生成——ジョン・ロックの瞬間』東京大学出版会, 1997.

(一ノ瀬正樹)

人口論争

〔英〕population debates

　ここで対象となる「人口論争」は、人口論プロパーの視点ではなく、古代と対比された近代文明社会の把握と近代化政策に関連した広く社会経済思想史のコンテクストから考察される。以下では18世紀イギリスを中心とした、三つの人口論争をその代表的な論者に絞って取り上げることにする。

ヒューム−ウォレス論争

　モンテスキューの『ペルシア人の手紙』(1721)や『法の精神』(1748)に端を発する18世紀初めにフランスで始まった古代と比較した近代の人口をめぐる論争は、イギリスではヒューム−ウォレス論争として展開された。R.ウォレスは1745年9月に始まったジャコバイトの反乱の少し前に、エディンバラの哲学協会で、近代よりも古代のほうが人口がはるかに多かったという主旨の報告を行った。これがのちに彼が公刊することとなった『古代と近代の人口』(*A Dissertation on the Numbers of Mankind in Ancient and Modern Times...*, 1753)の草稿である。しかしこの草稿は、哲学協会の会長、モートン卿の手にあり、1747年5月にやっとウォレスの手に戻った。そこでウォレスはこの草稿かあるいはおそらくその改訂版を1751年の夏頃にヒュームに見せて、意見を求めた。

　ウォレスとは独立して、モンテスキューの諸説に批判を加えるべく人口論の構想を練っていたヒュームは、ウォレスに、のちの1752年1月に公刊された『政治論集』(*Political Discourses*)に収められることとなった「古代諸国民の人口について」(Of the Populousness of Ancient Nations)を読む機会を与えた。ヒュームの結論はウォレスとは反対に、近代のほうが古代よりもはるかに人口稠密だというものであった。

　このヒュームの人口論の公刊を機会に、ウォレスは、ヒュームに見せた原稿に最後の筆を加え、より詳細に展開するとともに、本文の頁数を超える「付録」を付してヒュームに反論したのであった。

　「人口論草稿」でウォレスは、古代の文献を広く利用して古代の人口を推定したうえで、それを近代ヨーロッパの人口と比較し、世界の人口は現在よりも古代のほうがはるかに多かったと結論づけた。

　彼が近代における人口減少の原因と見なした重要なものは、第一に奴隷制であり、奴隷は大切に扱われ、人口増加の妨げとはならなかったとされた。第二に古代の共共和国では、長子相続制がなく、財産の均等な相続が行われ、人口増加に有利であったとされた。第三に、近代が盛んな中継貿易によって農業が軽んじられているのに対して、古代の交易は、その範囲は狭く、それだけ農業が尊重されて人口増加に有利だったと主張された。

　最後に彼はスコットランドを念頭に置いた近代化の最善策として、富裕な地主層による農業尊重の教育を訴えた。

　ヒュームの「古代諸国民の人口について」の理解に不可欠なことは、それが彼の『政治論集』を構成する一編だという点にある。近代社会の「一般原理」の確立を目指すヒュームは、まず近代的生産力発展を原理的に把握する基礎を、近代的なインダストリ概念の下に、国民的産業活動の増大に求め、それを農工商の分化・発展という社会的分業から生じるものとして把握した。

　そのうえで、奢侈をこうした生産力の展開過程における、技術(arts)、とくに産業技術の進歩による「生活愉楽品と便益品」の消費と捉えている。こうした基本的視点から貨幣・利子・外国貿易・租税・公債の順に、近代社会の経済構造を論じ、その最後に取り上げたのが人口とインダストリの関係であった。

ヒュームは、ウォレスが人口推計を中心に据えるのとは逆に、人口の多寡を左右する「原因に関する研究」から始め、これに重点を置く。人口数の事実に関する研究では、ウォレスと異なり、古代の文献に対するきわめて大きな懐疑がヒュームの特徴である。

ヒュームは、重点を置く「社会的原因」を「家内状況」と「政治的状況」に分けて論じている。前者では、古代奴隷制の隷従と不平等が近代の召使の雇用制度と対比され、人口増大に対する後者の前者への優位が主張されている。政治制度に関しては、古代の小共和国と小土地所有制(財産分配の平等)の長所を認めながらも、それを相殺する大きなデメリットとして、古代共和国における戦争や党争などによる政治的不安定を指摘し、古代に対する近代の優位が主張されている。

さらに重要なことは、彼が古代社会における商工業の不振を重視していることである。近代的商工業の発展がもたらす農業の発展がヒューム人口論の要をなすと言える。

『古代と近代の人口』においてウォレスも、社会の政策および本質的構造を重視したものの、彼にとって第一に重要な仕事は人口数の計算とされ、きわめて不正確な人口推定に非常に大きな精力を費すこととなった。

ウォレスが人口を規定する社会的要因として重視したのは、すでにヒュームが批判した農本主義的な農業の尊重と発展、小土地所有制、および奢侈批判であった。とくに最後の論点は近代の奢侈の増大が農業生産を低下させ、人口を減少させたという主張である。すでに見たように、その論点でウォレスはヒュームと大きく異なっている。

たしかにウォレスは商工業一般を拒否し、単純に農業を重視したのではない。彼は農業とともに「それに役立つ諸技術」を重視し、これを装飾用技術から区別した。しかし、ウォレスは、ヒュームにおける近代的生産力発展の原理の明確な理解を欠いていた。

最後の「付録」で、彼はヒュームが示したいくつかの「譲歩」を指摘しているが、これらはけっしてヒュームの立場を根本的に覆すものではなかった。またこれに続く積極的な反論のうち、奴隷制や小共和国の政治的不安定に関する反論、さらにもっと重要な古代における商工業の不振に関する反論でも、本論の繰返しの域を出ず、説得力を持つものとは言えない。

ヤング-プライス論争

こうした人口論争はその後も続けられ、とりわけ1770年代に行われたヤング-プライス論争がその中心をなすものと言える。ウォレスと異なり、プライスは、1760年代以降激しくなったイングランドでのエンクロージャー運動による大農経営の展開と、それによる小農民の没落を直接の背景とした人口減少論を主張した。彼は『死後支払の考察』(Observations on Reversionary Payments, 1771) の付録において、小農制維持の立場から大農経営に反対する形で、改めて農業の重視を主張した。人口減少の重要な要因として奢侈批判を強調する点でも、彼はウォレスの流れを引き継ぐと言える。

プライスによれば、小土地所有制では、小農民は自らの土地の生産物によって家族を扶養しえたが、土地が少数の大農業者の手に入れば、彼らはその生活維持のために他人のために働くことになり、市場に出かけて必要なものを購入しなければならなくなる。こうした彼らの生活上の困難は結婚を妨げ、人口減少を引き起こすとされる。このようにして、プライスは基本的にエンクロージャーによる小農場の大農経営への転換に反対し、小土地所有制の維持こそ、経済発展と人口増大をもたらすと主張したのであった。

プライスに代表される小農制支持論に対して、最も有力な批判を展開したのが『政治算術』(Political Arismetic, 1774) におけるヤン

グであった。

プライスのように、小農制が支配的であった前世紀は、商工業と奢侈が展開する今世紀よりも人口が多かったという主張に対して、ヤングは、前世紀には商工業や奢侈の十分な展開がなかったから、農村に人口が多かったにしても、それは商工業に仕事を求められずに農村に留まったにすぎず、また農産物市場がきわめて限定され、それ以上の農業の発展は見られず、人口の増大は限定されていたのだと主張した。これは、商工業の発展と奢侈的消費の増大が農業の発展を促し、産業活動全体に刺激を与えて人口増大に繋がるという、ヒュームの「近代社会の原理」を形を変えて論述したものであった。

ヤングは生産性に関して小農制よりも大農経営のほうがいっそう高いことを事実として示すとともに、小農制から大農制への転換が人口の増減にもたらす結果については、耕地の牧草地化は農村に限定してみれば、人口の減少をもたらすことになるが、国民経済全体では、農業生産の発展は商工業の発展による雇用の増大とともに、人口を増大することは確実と主張したのであった。

マルサス―ゴドウィン論争

フランス革命の余波を受けた「イギリスにおけるフランス革命」期の人口論争では、プライスが『祖国愛について』(1789)において、フランス革命を絶賛したのに対して、エドマンド・バークが『フランス革命の省察』(1789)において反論し、私有財産制を擁護した。バークの主張は急進主義者たちの批判を呼び起こした。こうした時代の流れと思想史的背景の下で生じた人口論争のうち、最も重要なものがマルサス―ゴドウィン論争である。

ゴドウィンは主著『政治的正義』(*Political Justice*, 1793)において、人間の理性に基づき無限に進歩する無政府主義的平等社会を構想した。彼は罪悪や貧困が生じるのは政治・社会制度の欠陥が原因であるとし、私有財産制や国家権力を廃して平等な社会を実現すれば、罪悪や貧困は消滅し、人間と社会は完全なものとなると主張した。

こうした思想を批判したのがマルサスの『人口論』初版(*An Essay on the Principle of Population*, 1798)であり、その主な手段とされたのが人口の原理であった。

マルサスの人口原理は、よく知られているように、食料は人間の生存に不可欠なものであり、男女間の情欲は必要であり、将来もほぼ不変という二つの公準を立て、人口の増加率が食料のそれを上回り、そのギャップは必然的に人口増加の妨げとなり、貧困や罪悪を生み出すというものであった。したがって、ゴドウィンの言うように、私有財産制を廃し、平等社会が仮に実現したとしても、この人口法則の貫徹によって罪悪・貧困は不可避となり、平等社会は崩壊すると主張した。

『人口論』第2版(1803)では、ゴドウィンからの反論を考慮して、理性による結婚の抑制として新たに「道徳的抑制」が導入されたが、これは私有財産制の下でのみ作用する点が強調された。

【主要文献】ヒューム(田中敏弘訳)『政治経済論集』御茶の水書房, 1983. 羽鳥卓也『市民革命思想の展開』御茶の水書房, 1957. 永井義雄『イギリス急進主義の研究』御茶の水書房, 1962. ――『自由と調和を求めて』ミネルヴァ書房, 2000. 田中敏弘『社会科学者としてのヒューム』未来社, 1971. 坂本達哉『ヒュームの文明社会』創文社, 1995. 小林昇『経済学の形成時代』未来社, 1961. 白井厚『増補版ウィリアム・ゴドウィン研究』未来社, 1972.

(田中敏弘)

心身問題

〔英〕mind-body problem

われわれが心ないし精神と呼んでいるもの（思考、意志、感情、感覚など）と、脳を含む身体との間の関係はどのようなものであろうか。それらはまったく異なる二つの存在物であろうか。それとも、それらは同じ一つの存在物であろうか。このような問いは心身問題と呼ばれている。

心身問題の起源

魂（プシューケー）と肉体（ソーマ）との関係については、古代ギリシアより論じられてきたし、プラトンでは形而上学的な二元論が見出される。プラトンのプシューケーには、生命原理という側面だけではなく、非物質的な人格という側面も見出される。しかし、プラトンのプシューケーは意識や主観性とは無関係であった。たとえば、『テアイテトス』は知識とは何かを問題にした対話篇であり、そこでは感覚の主観性が問題となっているが、プシューケーとは結びついていない。感覚はソーマに属し、プシューケーには属さないからである。プシューケーという概念に主観性を入れる余地はなかった。プラトンを批判したアリストテレスにおいても同じことが言える。アリストテレスにいては、プシューケーとは、生物をして生物たらしめている形相であり、これが生物を無生物から区別する。プシューケーを持っているとは生きていることに他ならない。

デカルトの二元論

心身問題に明確な形を与えたのはデカルトであると言ってよいだろう。デカルトは精神を生命機能として捉えるのではなく、意識活動に限定した。デカルトによれば、心と身体は別々の実体であり、われわれはいずれか一方を他方なしに明晰かつ判明に捉えることができる。それゆえ、それらは実在的に区別される。心は思惟つまり意識を本質とする実体であり、身体は延長を本質とする別の実体である。しかし、それら二つの実体は、われわれ人間において合一してもいる。そして、両者の間には相互作用がある。心は身体に影響し、身体は心に影響を与える。デカルトは松果腺という脳の部位に相互作用の場所を求めた。

しかし、因果関係を類似した実体間の関係と見る伝統的な因果論の枠組みでは、心身の相互作用を了解可能なものとすることは難しい。このため、相互作用を否定する二元論も現れた。「機会原因論」（occasionalism）は、心身間の相互作用を否定した。この立場は、デカルト派のゲーリンクスやマルブランシュが主張したもので、真に原因たりうるのは神のみであり、通常原因とされるものは神が働く機会（きっかけ）にすぎない、と主張する。ゲーリンクスはこれを二つの時計の比喩で説明している。二つの時計があり、それらがまったく精確に同じ時刻を指しているとする。これは二つの時計の間に相互作用があるからではなく、時計職人がそれら二つの時計をつねに調節しているからである。二つの時計とは心と身体の比喩であり、時計職人とは神の比喩である。しかし、ライプニッツはこれを「絶えざる奇跡」であると冷やかした。それは「機械仕掛けの神」を持ち出すものである。ライプニッツも二つの時計の比喩を用いて、時計職人は二つの時計が後々まで合うように初めから巧みに作った、と主張する。これが彼の「予定調和説」である。ライプニッツは、いわばプログラムが予め組み込まれたモナドという実体を想定した。心身問題についてのライプニッツの考えは、「精神物理平行論」（psycho-physical parallelism）とも呼ばれる。つまり、心的出来事の因果系列と身体的出来事の因果系列は平行して生じるだけで、二つの

系列の間に因果関係はない。

あるいは、物理的なものから心的なものへの一方向だけの因果関係を認め、心的なものは脳過程の随伴現象ないし副産物にすぎないと主張する「随伴現象説」(epiphenomenalism) のような立場も登場する。これは19世紀の哲学者・生物学者のT.H.ハクスリーが提唱したことで知られている。彼は進化論の普及に努めたが、この説が進化論と適合すると考えた。心はあくまでも進化の過程で生じた副産物であって、進化の過程には影響を及ぼさない。

逆の随伴現象説も考えられる。逆の随伴現象説とは、心的出来事から身体的出来事への因果作用のみを認める立場である。これによれば、身体のほうが心の副産物であり、影のような存在になる。哲学者でこの種の二元論を主張した人はいないように思われるが、ある種の唯心論者ならば言いかねない立場ではある。

もっとも、現代の二元論者は、かつてのような実体の二元論ではなく、状態あるいは特性の二元論を採ることによって、相互作用説を維持することができる。ポパーは、二元論というより多元論を採り、心(自我)と脳との間の相互作用をテスト可能な仮説として提示している。

一元論

二元論のライバルとしては一元論がある。唯物論はもちろん一元論であるが、それ以外には、観念論(あるいは唯心論)や中立一元論、さらには二重側面説と呼ばれる立場もある。観念論 (idealism) の代表者はバークリーである。バークリーは物質的実体の存在を否定し、存在するものは心とその観念だけである、と主張した。中立一元論 (neutral monism) は、今でも一部の哲学者の間で主張される立場である。かつてウィリアム・ジェイムズがこの立場を採り、「経験」を基本的存在者とした。ラッセルも『心の分析』(The Analysis of Mind, 1921) でこの立場を採った。

中立一元論に似た立場として二重側面説 (double aspect theory) がある。それによれば、精神と物体は一つの実体の二つの側面にすぎない。たとえば、スピノザの「汎心論」では、神ないし自然という唯一の実体があり、それは無限の属性を持つが、われわれが認識するのは思惟と延長の二つであり、思惟の様態と延長の様態は同じものである。精神と身体は同じものをそれぞれ異なった属性の下で見たものである。ストローソンはその『個体と主語』で、「パーソン」(person) の概念は、論理的に原初的なものであり、心的状態を表す述語も物理身体的特性を示す述語もともに適用されうるような基本的実体である、と主張したが、これも二重側面説と言えよう。

唯物論

しかし、今日最も科学的に有力な答えは、唯物論または物理主義であろう。唯物論には、心的なものはまったく存在しないと主張する消去的唯物論や、心的なものは物理的なものに他ならないと主張する還元的唯物論などがある。

消去的唯物論 (eliminative materialism) によれば、信念や欲求と呼ばれるものは、悪魔や魔女と同様に、端的に存在しない。P.M.チャーチランドによれば、そうした常識心理学の用語は、未来の神経科学の用語によって置き換えられ、消去されるべきものである。

還元的唯物論 (reductive materialism) としては、哲学的行動主義や心脳同一説などがある。哲学的行動主義は、心的な語句を含む言明は、物理身体的な行動またはその傾向性に言及する語句だけを含む言明に翻訳可能である、と主張する。『心の概念』におけるライルの主張はこれに近い。しかし、すべての心的語句を行動ないし行動の傾向性を用いた語句に還元できるかどうかはきわめて疑わしい。

他方、心脳同一説は、あるタイプの心的状態（たとえば、痛み）が、あるタイプの脳過程（たとえば、ある神経繊維の興奮）と同一であると主張する。これは、1950年代にオーストラリアの心理学者のU.T.プレイスによって主張され、哲学者のJ.J.C.スマートによって展開されたので、「オーストラリア唯物論」とも呼ばれる。「宵の明星」と「明けの明星」が、意味を異にするが、同じ指示対象（金星）を持つように、心的状態を表す語と脳過程を表す語は、経験的事実として、同一の指示対象（神経生理学的過程）を持つ。この立場は、心身間にタイプ上の相関関係が存在し、両者を繋ぐ心理－物理法則が発見されるであろうと考える。

しかし、同じタイプの心的状態は、異なる生物種では、異なるタイプの神経生理学的過程によって実現されるように思われる。このことから、タイプの同一性ではなく、ある特定の心的状態がある特定の神経生理学的過程と同一であるというトークン同一説が考えられる。D.デイヴィドソンの「無法則的一元論」（anomalous monism）は、心理－物理法則の存在を否定し、心的なものは物理的なものに依存生起するが、前者を後者に還元することはできないと考える。

同一説に対して、心的状態を、それを実現する神経生理学的状態とは独立に、規定しようとするのが機能主義である。機能主義によれば、心的状態のタイプは、それが持つ機能的または因果的役割によって個別化される。つまり、当の心的状態は、それと(1)感覚刺激、(2)他の心的状態、および(3)行動との間の因果関係によって特徴づけられる。この立場は、様々な種類の物理主義と両立するだけではなく、様々な認知科学的アプローチを可能にするように思われる。しかし、機能主義も多くの反論に直面している。機能主義では、意識の持つ質（クオリア）を説明できないのではないか（「質の転倒」や「質の不在」））。さらに言えば、物理主義は、同一説であれ機能主義であれ、意識や志向性を説明できないとする議論も後を絶たない。

心身問題は、われわれの概念枠組み内部での軋轢にもよるように思われる。もし心身問題が解決可能であるとすれば、われわれは、われわれが現在持っている概念枠組みを根本的に修正しなければならないのかもしれない。

【主要文献】K. R. Popper and John Eccles, *The Self and Its Brain*, Springer, 1977（西脇与作／木村裕訳『自我と脳』上・下, 思索社, 1986). C. V. Borst ed., *The Mind-Brain Identity Theory*, Macmillan, 1970（米澤克夫ほか訳『心と脳は同一か』北樹出版, 1987). David J. Chalmers, *The Conscious Mind*, Oxford University Press, 1996（林一訳『意識する心――脳と精神の根本理論を求めて』白揚社, 2001). Donald Davidson, *Essays on Actions and Events*, Oxford: Clarendon Press, 1980（服部裕幸／柴田正良訳『行為と出来事』勁草書房, 1990). Daniel C. Dennett, *Consciousness Explained*, Boston: Little Brown, 1991（山口泰司訳『解明される意識』青土社, 1998). 中才敏郎『心と知識』勁草書房, 1995. 信原幸弘『心の現代哲学』勁草書房, 1999.

（中才敏郎）

進歩

〔英〕progress

近代を特徴づける他のいくつかの観念と同じく、「進歩」という観念もまたきわめて多義的である。たとえば、人間主体が外的世界を科学・技術によって「支配」する度合いの増大を「進歩」と表象することもできるし、他方、人間という生物学的存在が進化のメカニズムによってその身体的・知的・道徳的・審美的能力を発展させてきたプロセスを「進歩」と観念することもできる。また、人間相互間の生活形態、すなわち政治的組織や経済生活の形態がより複雑化・高度化する変化を「進歩」と呼ぶことも可能である。これら三つの進歩観念をさしあたり、それぞれ技術的進歩、生物学的進歩、社会的進歩と名づけることができる。もちろん、これらは截然と区別できるものではなく、それぞれが互いを支えあい、かつ制約しあう関係に立っている。

ホルクハイマーはかつて、近代の進歩思想は直截に「自然支配の理想」を実体化したものだと述べた。つまり進歩とは、人間が自然を支配・利用しうる程度を量化して、それを歴史というベクトルへと投影することによって、最も明晰に表象できる観念だというのである。これはまさに、上述の技術的進歩に焦点を合わせたものだと言える。

ベーコンとボイルにおける技術的進歩

フランシス・ベーコンこそは、このような技術的進歩の観念の先駆的提唱者だった。ベーコンは『ノウム・オルガヌム』(1620)において、自然に関する知識を探求することの目的を、はっきりと「人間生活へのメリットと利益」に置いた。彼の死後公表されたユートピア物語『ニュー・アトランティス』(1627)においても、この架空の国の科学研究機関「ソロモン館」の長老と呼ばれる人物は、この施設の目的が、「事物の原因や隠された働きについての知識、そして、人間の支配権(Human Empire)の限界を拡大し、あらゆることを可能にすること」にあると語っている。ベーコンは、世界そして自然に対する支配を、科学と技術を用いてますます拡張することこそが、人間にとって最も健全で崇高な営みだと信じていた。そこに、彼が人間の進むべき進歩の道筋を見据えていたことは疑いがない。

実用的科学の振興というベーコンの目標を継承・実現するために、1660年、ボイルを中心に設立された王立協会(Royal Society)のメンバーも、自然科学の目的は、自然を「支配」することによって人間生活を実際に改善することだと明言した。王立協会の中心的存在であったボイルは、キリスト教の教義を損なわないように細心の注意を払いつつ、神が世界を創造した目的の一つは「人間への善」にあったこと、地球とその産出物、とりわけ植物と動物が人間の利益と効用のために計画されたものであることを繰り返し強調した。ボイルは全世界を、人間にとって便利な生活品を供給する「倉庫」にさえ譬えたのである。このようないわば「自然への支配」を無条件に肯定する態度は、17世紀の間に急速に社会の指導者たちの精神を支配していった。17世紀末には、ニュートンの登場に象徴されるように、人間を取り巻く外的世界が普遍的な自然法則により合理的に運動するという信念が強められると同時に、人間は自然界を支配することによって、自らの運命に対してさえ影響力を及ぼしうるという自信が生まれつつあったのである。

18世紀スコットランド啓蒙の社会的進歩

18世紀になると、進歩への信仰は、新興中産階級の観点に立った啓蒙主義哲学者たちから強力に表明されることになる。彼らが、国家による干渉や貴族・教会の特権が一掃されれば、富は蓄積され社会はますます豊かにな

るという確信を得られたのは、まさに、社会的勢力を増大させつつあったブルジョワジーの体験を自らのうちに取り込むことができたからである。

コンドルセが『人間精神の進歩について』(1795)において、人類の抗えない進歩に対する絶対的信頼を表明する前に、スコットランド啓蒙の思想家たちが、人間社会の進歩に関して独自の図式を明らかにしていた。市場における個人相互間の競争は、ルソーから見れば人間を文明の惨禍に巻き込み堕落させるものだが、スミスにとっては、富と道徳とを同時に促進するものに他ならない。自由放任の原理に基づく競争的な市場社会でこそ、個人は自らの利益と富だけでなく、社会全体の富をも増大させるので、その結果、経済と社会の進歩が促される。スミスは、他国と彼自身の国の過去とを比較考察し、彼自身が属する時代と国が他のどこよりも進歩しているという結論を下した。

1760年代におけるスミスの『法学講義』は、気候や干渉的な政策によって妨げられない限り、社会の進歩は必ず発展の諸段階を辿り、自由市場資本主義へと向かうという主張を明らかにしている。スミスは同書で、社会の発展には狩猟時代、牧畜時代、農業時代、そして商業時代という四段階があると想定した。この進歩の原動力となったのは、増大する人口に食糧を供給するための人間の創意工夫である。それぞれの段階で、自らの利益を増やそうとする諸個人の努力が次の発展段階へと押し上げる圧力を生み出したが、個々人に許された革新の自由の度合いは、社会の進歩につれて徐々に拡大した。経済が、不断の技術革新を求められる工場生産の段階へと移行するにつれ、企業活動の自由は不可欠になっていったというのである。同じような社会の段階的発展説が、アダム・ファーガスンの『市民社会史論』(1767)やジョン・ミラーの『階級区分の起源』(1771)にも示されている。

スミスの四段階論に代表される18世紀の社会的進歩論は、現在の社会状況が過去から続く歴史的傾向の必然的結果だといういわゆる「ホイッグ主義的歴史観」の土台になった。ホイッグ主義からすれば、思想の自由と商業の自由とが現在のイギリスの国力の基礎である。この社会は抗えない経済的圧力に衝き動かされて、一連の段階を歩み、最終的に自由を奉ずる近代社会へと辿りついたのだというわけである。

19世紀における進化論と生物学的進歩

19世紀の思想の展開において進化論が徐々に伝統的世界観を凌駕していくプロセスは同時に、18世紀の道徳哲学が措定していた「人間本性の均質性」がそのリアリティを浸食されていく過程だった。

近代自然法論における「自然状態論」がすでに、人類が自然法の下で自然状態から徐々に文明状態へと到達したと想定する限り、聖書の語る「創造」神話に静かな亀裂を生んでいたことに注意すべきである。地球が伝統的な創造説の通り6000年足らずの歴史しか持たないとすれば、神は、人間をも、今日の人間とほとんど変わらぬ姿で地球上に創造したことになる。このように想定して初めて、聖書に記されている古代諸王朝が、人類の最初期の時代と符合する。したがって、この聖書に従った人類史の時間尺度に手が付けられない限り、自然状態を人類の原初的状態として真剣に受け取ることはできず、あくまでも社会分析のための便宜上のフィクションに止まっていたのである。スコットランド啓蒙の社会進歩モデルによれば、すべての社会は原始的な狩猟民生活から始まったということになるが、19世紀前半にはまだ、このような見解は宗教的には異端と見なされていた。

しかしながら19世紀初めまでに、地質学者たちは、地球が伝統的な「創造」の教義が認めるよりもずっと長い歳月を経てきたことを

明らかにしていた。それでもなお、地球が地質学上の長い年月を経たあとで、ようやく数千年前に人類が創造されたと考えられる限り、信仰箇条は守られていたのである。

当時、世界各地から次々と報告されていた未開の諸民族の生活の様子は、まだ一般に、神の啓示という賜物が失われたとき人類はいかに堕落してしまうかを示すものだと考えられていた。現代に生きる「未開人」たちが、人類の最古の状態、すなわち「自然状態」におけるわれわれの祖先たちに「相当」すると解釈されるに至るには、聖書が記述する古代諸王国のありようが、長期間にわたる「社会の進歩」の傾向がもたらした比較的最近の出来事であるように人類史の「時間の尺度」が過去へと引き伸ばされる必要があった。そうして初めて、ヨーロッパ社会の先史段階を例証するのに、現代の未開民族を用いることが可能になる。このとき同時に、現代社会も未開の狩猟採集民族の生活から徐々に発展して生じたという社会進化論が、リアリティを獲得したわけである。

そのような時間尺度の抜本的な再編成には、以下の三つの段階が決定的な重要性を持っている。

考古学的証拠

第一に、聖書が語る時代よりはるか昔、つまり地球がまだ今日のような形状さえ取っていなかった時代に、石器を使用する未開人が地球上に住んでいたことを示す考古学的証拠が次々と発見されたことである。1858年、2人の地質学者ウィリアム・ペンジェリーとヒュー・フォルコナーがイングランド南西部のブリックサムの洞窟を発掘し、そこから石器と絶滅動物の骨とをごく近くで発見し、石器を作る人間が遠い過去にそこで生活していたことを確信したのは、その象徴的出来事であった。それ以前は考古学者の間でも、「人類の年齢」をこのように過去に引き伸ばすことに反対し、考古学的発見が聖書の伝える人類史の時間尺度と合致していると主張する者が多かった。しかし、ペンジェリーとフォルコナーの発見をきっかけとして、人類の歴史は伝統的に考えられていたよりはるかに過去に遡ると唱える論文が多数発表されることになったのである。

ダーウィンの『種の起源』

第二に、1859年にダーウィンの『種の起源』が公刊されたことである。ダーウィンは同書で、生物のあらゆる集団は、本来は共通の唯一の祖先に由来するが、不断に働く自然選択のメカニズムに服することによって漸進的に新種へと多様化し、変化していくということを強力に主張した。たしかに、同書は「人類の起源」にはほとんど言及しなかった。しかし、ダーウィンの自然選択説は言外に、人類の祖先も他の生物種と同様に、他の種から自然選択を経て徐々に人間という新たな種へと進化したのであり、かつては、文化的のみならず生物学的にも原始的な中間的存在だった時期を長く過ごしたのだということを含意していた。ダーウィンの進化論が人類の起源にも適用されるには、人類の祖先が、聖書が認めるよりはるかに長期間にわたって未開人の時代を送ることが必要だったのである。

したがってダーウィンは、この自然選択のプロセスを、現代ダーウィニズムが考えるような長期間にわたる「無方向の変異」の集積としてではなく、人間という「生物の頂点」へと到る「進歩」の道のりだと考えていた。このように彼が当時の「進歩」思想に積極的に歩調を合わせたのは、「進化」という観念を保守層にも受け容れやすくするためにも不可欠の方策だった。もし進化のプロセスが道徳的に重要な「目標」へと必然的に向かうことによって神の目的を実現するものだとされれば、「神による創造」が「自然の進化」へと比較的平穏に置き換えられることが可能だったからである。

「過去の人類」の遺物としての未開民族

　第三に、人類学者たちが考古学とダーウィンの進化論とを拠り所として、同時代に生きる「未開民族」を、先史時代における人類のモデルとして積極的に取り扱い始めたことである。ダーウィン主義者でもあった考古学者ジョン・ラボックは、『先史時代』(1865)において、三つの章を当時の未開人の研究に充て、未開人の——すなわち先史時代人の——生活がいかに現代ヨーロッパ社会から遠く隔たったものであるかを丹念に叙述した。ラボックによれば、現代の未開人は、清潔感に欠け、信仰心も道徳心もほとんどなく、女性にも老人にも敬意を払わない。しかしながら、われわれの祖先たちも数千年の間——徐々に社会的進歩の階梯を登ってきたとはいえ——彼らと同じような生活を送ってきたのである。現代の未開人の姿は、文明人の「過去の姿」に他ならない。

　こうしてラボックは、社会的進歩の尺度を過去に大きく延長し、動物的存在から人類が進化してくるそのプロセスまでをも、そこに包含してみせた。われわれの石器時代の祖先が、今日の白人に比べれば文化的にも精神的にも劣っているのは、現代の未開人と同じだというわけである。つまり、未開人たちは「過去の人類」の生物学的・文化的遺物にすぎないと解釈されたのである。このようにラボックは、自らと現代の未開人たちの間に空間的な懸隔よりも、むしろ時間的な懸隔を置いてみせたのである。

進歩のための帝国主義的拡張

　19世紀の知性を支配していたのは、ダーウィンも歩調を合わせた「進歩の必然性」という信念だった。人間の精神や社会の発展には普遍的かつ必然的な階梯があり、これに沿って環境や経済的要因が人間社会を変化させるという想定は、18世紀の道徳哲学者たちが唱えた社会の段階的発展説に起源を持っていたのである。しかしながら、19世紀末から20世紀にかけてイギリスを震源として興隆した優生学は、このような「進歩の必然性」という観念とダーウィン主義的自然選択説とを結びつけた。当時の優生主義者たちは、ダーウィン自身を含めて、19世紀イギリス社会の産業化・都市化を背景とした貧困や犯罪の増大は、当時の社会においてもはや自然選択が充分に機能していないことを示すものではないかと危惧していた。他の動物と同様に人間も自然選択の法則から免れられない以上、人間社会が「退化」に陥らないためには、共同体の内部における生存競争を恒常的に維持することが必要だと唱えられたのである。

　それだけではない。ダーウィン自身がすでに、人間の知的・道徳的能力の進化には、民族や人種相互間での苛烈な生存競争が不可欠だと述べていた。20世紀初頭の優生主義者たちは、長引くボーア戦争における苦戦に直面して、帝国イギリスが今後も西欧の列強や諸民族に対抗して発展するためには、武力あるいは経済力によって他の国々や民族と厳しい生存競争を続けていかなければならないと主張した。カール・ピアソンのナショナリズム論に典型的なように、イギリスも、植民地主義と帝国の維持・拡張のために闘争し続けなければ進歩の道筋を閉ざされ、「文明の退化」という隘路に追い込まれてしまうという強迫観念に襲われることになるのである。

【主要文献】P. Bowler, *The Invention of Progress,* 1989（岡崎修訳『進歩の発明』平凡社, 1995）. S. Pollard, *The Idea of Progress,* 1968（舟橋喜恵訳『進歩の思想』紀伊國屋書店, 1971）. J. B. Bury, *The Idea of Progress,* 1932. J. Lubbock, *Prehistoric Times,* 1865. ——, *The Origin of Civilization and the Primitive Condition of Men,* 1870. K. Pearson, *National Life from the Standpoint of Science,* 1905.

（桜井　徹）

慎慮（思慮）

〔英〕prudence 〔ラ〕prudentia

　「慎慮（思慮）」とは、通常、現在から将来にわたって自分はどのような行動を取ったらよいかの判断（能力）を意味する。その場合の行動は自らの幸福追求への顧慮であり、その前提としての自己保存と自らの行動の自由（とくに私的所有の安全と増大）を保障してくれる各時代の歴史的環境と人間本性理解が重要となってくる。したがって、ここでは近代イギリス社会の 17 世紀社会契約説の思想家（ホッブズ、ロック）から 18 世紀商業社会の展開期の思想家（マンデヴィル、ヒューム、スミス）の「慎慮」の歴史的文脈を辿ろう。

ホッブズ
　近代人の能力の平等性を提示して、人間の闘争状態を国家成立の契機としたホッブズによれば、「知恵」（wisdom）とわれわれが呼ぶものが、「慎慮」と「学識」に区別され、経験が慎慮で、科学が学識とされる。さらに前者は経験と記憶に依拠し、ある人が当面の企図を持って、多数の過去の類似の行為と物事を見回し、それの諸成果を次から次へ考えるとき、もし、その人の観察が容易でも通常でもない場合、彼の「知力」（wit）は慎慮と呼ばれる（『リヴァイアサン』1651）。
　また、ホッブズは慎慮を「知的諸徳性」の一つであると指摘する。知的諸徳性とは人々が称賛し評価し自分自身の中にあることを意欲する精神の諸能力であり、「良い知力」という名称の下にあるとする。さらに、ホッブズは「力」（power）の考察の中で、人間の力とは善だと思われる将来の何物かを獲得するために現在保有している道具であるとする。これは、近い将来において自らが善（＝幸福）と思われるものを獲得するために、自らの知力を働かせることが他者より卓越的であることに積極的評価を下すものである。ホッブズは和戦処理において、われわれは他の人々に対してよりも「慎慮ある人々」（prudent men）に統治を委ねるものとする。これは、国家主権の人格化への前段階としての人間本性の競争・不信・誇りという主要な争いの原因を抑制・排除しようとする慎慮あるホッブズの描いた人間の姿だと言える。

ロック
　ロックの社会契約認識は、ホッブズと異なる自然状態と自然法の理解、さらに労働価値と私的所有の増大に起因しており、それは政治社会の個人の慎慮のあり方に反映する。
　ロックによれば、心には観念を得る二つの能力があるとしたうえで、その一つを「能動的力」（active power）、他方を「受動的力」（passive power）とし、さらに前者の中に「思考する能力」＝「知性」（understanding）を置く。これは、ロックの「知性」が、熟慮するところに行動の自由があるという自由意志論の核心へと関わる。すなわち、ロックは、自らの意志を決定するものは大きい善ではなく現在の欲望＝「落ちつかなさ」（uneasiness）であるとするが、これを取り除くことが幸福への第一歩であるとする。したがって、われわれの心は適正に考察し、提案されたある善（＝幸福）を検討するときに、すべての欲望について順次停止する力＝「自分の決定を停止する力」を持っている。われわれは幸福＝「自分の選ぶ善」を得るために、必然的に用心し、熟慮し、慎重になる。意志が行動を決定し、その行動が道徳的判断対象となる（『人間知性論』1690）。
　また、ロックは適正な行動を判定する法として、「世論ないし世評の法」を挙げ、われわれは社交的な交わりを通じて、行動の善悪を考え、ある行動を推奨したり嫌悪することに徳または悪徳という言葉を与えるとする。
　ここでのロックの幸福追求は、安定した市

民社会の個人の自由と慎慮が結ばれたものと言えるだろう。

マンデヴィル

マンデヴィルは道徳感覚学派の祖であるシャフツベリの利他的で生来有徳な人間像とその社会像を批判し、現実社会における本来の人間本性が富裕な商業社会を形作ったことを主張する(『蜂の寓話』第2版1723)。

マンデヴィルは人間を情念の複合体と捉え、人間行動の根本原理を「自己愛」に置く。明確に利己心を悪徳と定義することによって、私悪を文明社会の原動力として指摘する。さらに、マンデヴィルによれば、情念は理性によって克服されず、人間は情念をただ隠し、偽装する存在である。そして人間は過度な自己愛、すなわち自らのことを過大評価する偏愛性を持っていることを示す。この過度な自己愛こそ「自負」(pride)であり、自負を持つことは翻って、自らの名誉心と羞恥心の感情を持つことを意味するのである。

さらにマンデヴィルは、近代市民社会=裕福な社会における実践的な行為原理が政治によって道徳の基礎として設定されたとする。その行為原理を美徳と呼び、「美徳は追従が自負の上に生んだ政治的所産」であるとする。

さて、マンデヴィルの思索に慎慮を探るとすれば、先の自負心を持った人間の行動原理の内にあると言える。自らの利益と地位の保持と他者からの称賛を受けるという名誉、その反対への行為に羞恥心を覚えるということは、社会的存在としてのリアルな人間の慎慮ある行為に他ならない。

ヒューム

ヒュームは商業社会像を「洗練された時代」の産物として捉え、その環境下での人間本性を考察している。つまり、マンデヴィルと同様にわれわれは自己自身を驚くほど偏愛すると規定する。また、その感情が露骨に表現されたとき他者から不快さを表明されるが、この悪徳への強い性癖をわれわれは有する。したがって、「規制された自負」(well-regulated pride)が世間において是認や評価の対象になる(『人間本性論』第3篇「道徳について」1740)。

ヒュームによれば、社会的効用への「同感」、すなわち私的利益追求への対立を防止するための正義への「同感」は人為的徳であるが、自然的本性である「自負」は人生の指導に当たり有用であり、自らの仕事への意欲と直接の満足を自らに与える。「慎慮の目的はわれわれの行動を一般的慣習ないし習慣に適合させる」とヒュームが述べているように、「礼儀や礼節」(good-breeding and decency)という社会的慣習が偏愛的で過度の自負を避けることを「慎慮の目的」とするのである。このように自負の相互の対立を防ぐこと、すなわち「謙譲と相互的敬意の外見」を装うことへの容認とその自らの実践が互いの快適さを保持すること、その反対が悪徳であるという道徳性が「同感」の原理から提示される。

スミス

スミスはヒュームの「同感」の原理を精緻化することで、すなわち「公平な観察者」の概念を導入ことによって、状況における行為の一般的規則である「適宜性の感覚」(sense of propriety)への行為者と観察者の感情操作の相互的努力を明らかにしている。

スミスによれば、慎慮の徳は「優れた理性と理解力」と「自己規制」(self-command)の結合である。さらに、スミスは「上級の慎慮」(superior prudence)が徳の完全性としての慎慮のあるべき姿であり、それは最も完全な適宜性を持った行為であるとする。すなわち、上級の慎慮は自己規制の適切な程度に支えられること、別言すれば、その行使と持続的実践に必要な強い適宜性の感覚が働くことによって輝かしい徳となるのである(『道徳感情論』

1759；第6版 1790)。

　その一方で、スミスは、慎慮は「その個人の健康、財産、身分と評判、すなわち、彼のこの世での快適さと幸福が主として依存すると想定される諸対象についての配慮」が「本来の業務」であることを述べる。また、慎慮が本来の業務に向けられる場合、それは尊敬すべき資質であり、ある程度は愛すべく快適な資質とされるが、それ自身は非常に熱烈な愛情や感嘆や称賛を受ける権利を持つものではない。また、「慎慮ある人」は自己防衛的で謙虚であるが、自分の優れた知識と諸能力を確信したい気持ちを持ち、現在の快を犠牲にして継続的で大きなさらなる快を期待して勤勉に行動しようとする。

　このように、慎慮ある人が自己の諸能力に確信を持つことは紛れもなく「自負の本能」(instinct of pride) である。スミスは実社会における自負の本能が自らを年齢と境遇において自分たちと同等な人々と同じ水準に自分を保つように働き、また、彼らは自らの適切な地位を自らの「勇気と不動性」によって獲得するとしている。この適度な自負、すなわち自らの幸福と満足に貢献する「自己評価」(self-estimation) が、公平な観察者によっても快く感じられる。まさに、慎慮は、自らの自負＝過度の自己評価を自らの公平な観察者の構築（自己規制能力を働かせること）によって、社会的秩序の維持と私的利益追求の自由とその享受を可能とする実践的徳となりえたのである。

まとめ——慎慮の対象の変遷

　ホッブズは明確に知的徳として慎慮のありかを提示し、国家形成時における慎慮ある人への権利の委譲を示したことで個々人の幸福の基盤が社会秩序の確立にあったことを明らかにした。また、ロックが政治社会における個人の自由＝「追求の多様性」に焦点を当てたことは、公共的善としての秩序への配慮から解放されて、私的善を追求するための欲望を停止する力が個々人の慎慮のあり方として認識されたことを意味する。

　ここで、道徳感覚学派について触れておけば、彼らはこれまでの知性などの理性的判断能力を「道徳感覚」へ移行することで、それ自身を慎慮の代替物としたように思われる。したがって、道徳感覚を有した人＝慎慮ある有徳な人は利己的情動を適切な程度に抑制することによって、自らの社会的情動から公共的利益の支持を表明することになった。

　一方、実際の商業社会の発展と社交性を重視するマンデヴィル、ヒューム、スミスに至っては富の増大の主因としての人間本性解明への傾注が明確に窺える。その実証的考察過程において、自らの幸福（＝利益）と生活秩序の維持が個人の慎慮の主題であり、自己評価の適正表現としての自負の本能の社会化＝同感の原理＝公平な観察者の自己規制能力の発揮への議論が醸成していったと言える。ただし、産業革命以降、慎慮の徳は適切な自己規制機能を失い、啓蒙された自負心も野蛮なそれへ引き戻されたと言えよう。

【主要文献】Thomas Hobbes, *Leviathan*, 1651（水田洋訳『リヴァイアサン』全4冊，岩波文庫，1954-85)．John Locke, *An Essay concerning Human Understanding*, 1690（大槻春彦訳『人間知性論』全4冊，岩波文庫，1972-77)．Bernard Mandeville, *The Fable of the Bees*, 1723（泉谷治訳『蜂の寓話』法政大学出版局，1985)．David Hume, *A Treatise of Human Nature*, 1739-40（大槻春彦訳『人性論』全4冊，岩波文庫，1948-52)．Adam Smith, *The Theory of Moral Sentiments*, 1759; 6th ed., 1790（水田洋訳『道徳感情論』全2冊，岩波文庫，2003)．John Dwyer, *The Age of the Passions*, Tuckwell Press, 1998．伊藤哲『アダム・スミスの自由経済倫理観』八千代出版，2000．

（伊藤　哲）

崇高

〔英〕the sublime 〔独〕dos Erhabene 〔仏〕le sublime

「崇高」とは、18世紀イギリス(とくに、エドマンド・バーク)の美学を特徴づける美的範疇。古典的すなわち形式的で静態的な「美」の概念におさまらない、激しい心情変化を惹きおこす精神様態を、「美的=感性論的」(aesthetic)に価値づけるもの。したがって、美的な価値基準の主観化によって生まれた、すぐれて近代的な美学上の概念。20世紀以降は、現代社会の諸様相をえぐりだす実践的概念として、前衛芸術の理論、歴史表象の政治哲学、フェミニズム思想を中心に、「表象不可能性」をめぐる問題系とともに脚光を浴びている。以下では、このように射程の広い崇高概念を、西洋美学における「崇高」の歴史を念頭に置きつつ、バークの著作『崇高と美の観念の起源』(1757；第2版1759)の成立とその意義を軸に確認する。大まかには、イギリス崇高論前史、バーク崇高論の特徴といった手順で概観することになろう。

「崇高」のイギリスへの流入——偽ロンギノスとボアロー

そもそも「崇高」という美的概念は、紀元後1世紀の偽ロンギノスによる文体論『崇高について』に現れたもの。精神の偉大さを示す文体「崇高体」がそれである。この書は、16世紀後半までしばらく忘れられていた。1674年、フランス古典主義者ボアローによって近代フランス語に翻訳される。これにより、まさに「崇高」が爆発力をもって「近代」に甦ることになった。ボアローが、古今論争における古典派推進のため、この概念に触れたことで、逆説的に近代を画する概念として、いっそうの脚光を浴びることになった。ここに至り「崇高」は、悲劇作品の持つ固有の芸術性を指示するという新たな役割をも付加される。そして、このボワローの訳業こそ、同時代イギリスの思想家たちに多大な影響を与えることになった(ロンギノスの近代英語訳は、J.ホールによるものが1652年には存在した。だが、18世紀の崇高論興隆に影響したのは、ボアロー訳のほう)。

グランド・ツアーと山岳体験——デニス、グレイ、ウォルポール、そしてアディソン

時はすでに、18世紀の前半へと移行しつつあった。17世紀後半から18世紀前半のイギリスでは、M.H.ニコルソンによる研究『暗い山と栄光の山』(1959)が示すよう、上記のような修辞学上の「崇高」の伝統と並行して、現実世界でのエステティックな(美的=感性論的な)体験を基礎とする近代的な感覚変容が認められた。たとえば、J.デニス(恐怖の美学)やTh.グレイ(詩と宗教の融合)、そしてH.ウォルポールらのグランド・ツアー日記文学の興隆。そこに見られたアルプス越えに伴う「喜ばしき恐怖」(delightful horror)の体験の記述。あるいは、アディソンが日刊紙『スペクテーター』(1711-14)で展開した「想像力(imagination)の快」や「偉大な(great)もの」をめぐるエッセイの登場など。とくにアディソンは、ミルトン研究を通じて、偽ロンギノス流の詩論を展開する一方で、「広漠たる砂漠」「巨大な山脈」「ただ広い水面」など自然界の「是認しうる恐怖」(agreeable horror)を視覚表象に即して論じる(壮大さの美学)。いずれせよ、これら18世紀初期イギリスの文人たちによるジャーナリスティックな観察記録とその集積こそ、近代的な美的範疇たる「崇高」の誕生を下から支えていた実体的要素に他ならない(なお、18世紀崇高論の興隆を、1755年のリスボン大地震によるヨーロッパ不安に起因する時事的な反応と見る論もある)。

バーク以前の「崇高」の規定——ベイリー、ジョンソン、そしてシャフツベリ

1747年、すでにイギリスでは、J.ベイリーによる『崇高論』(*An Essay on the Sublime*)の刊行があった。この論考では、「広漠とした」(vast)事物が、感覚作用、次いで精神作用にいっそう高次の諸力をもたらすことが説かれていた。だが、「美」との対比がやや不徹底なこと、後代の崇高論者への影響が小さいことなどから見て、バーク崇高論の体系的記述に及ぶものではなかった。なお、ジョンソンの『英語辞典』(1755)のうちにも、「崇高」(the sublime)の項目が設けられている。ここでは、崇高は、「フランス語特有の言いまわしで、現在は英語化している」との規定を見た。しかし、このジョンソンにあってもいまだ、自然の崇高さとも言える、スコットランド高地地方に見られる野趣ある自然賛美(当時空前の旅行ブームがあった)に対しては否定的であった。そのほか1711年のシャフツベリ3代伯『人間、風習、意見、時代の諸特徴』の中にも、崇高をめぐる考察の痕跡は認められる。しかし、崇高を、神的＝宇宙論的な調和(いわば、古典的な調和の美)を讃美する形容語として見るにすぎず、美的範疇としてそれを主題化・体系化する意識は乏しかった。

エドマンド・バーク『崇高と美の観念の起源』

1757年(序論「趣味について」を付した改訂第2版は1759年)に、アイルランド生まれのバークが、ロンドンの書肆ドッズリから、『崇高と美の観念の起源』(*A Philosophical Enquiry into the Origin of Our Ideas of the Sublime and Beautiful*)を世に問う。このことは、近代的な美的範疇としての「崇高」の展開にとって、まさに一大画期であった。バークは、古典的な「美」の基準であった、均斉(proportion)や調和(harmony)あるいは美徳(virtue)によらない、別種の「美の論理学」の創出を模索する。「味覚＝趣味」(taste)の斉一性を基礎として構想されたバーク美学は、まさに五感に基づく「感覚主義的な美学」と言えた(この点は、ホガース美学とも繋がる)。そして、「苦」と「快」の感情をそれぞれ「崇高」(the sublime)と「美」(the beautiful)に振り分けるその手法は、生理学的な心理学ないし認識論と見なしうる。

また、バークの崇高論は、「苦」の感情経験という否定的契機を経ることで、いっそう高次の快感情の惹起——美と結びつく単なる「快」(pleasure)とは質的に異なる、より深遠な「歓喜」(delight)の状態——へと至るという、ダイナミックな心理過程を説明している。この点は、体系化された新たな美的範疇の導出をバークに見るうえで揺るがせにできない。というのは、このような崇高のメカニズムを哲学的に精緻化することで、いっそう原理的な「崇高の分析論」を展開したのが、1790年のカント『判断力批判』(*Kritik der Urteilskraft*)であったからである。カントにおいて崇高の問題は、美学上の主要概念として確固たる地位を得る。

バーク崇高論の反響——メンデルスゾーン、レッシング、そしてカント

1757年のバーク崇高論は、哲学的なレベルでは、カント『判断力批判』に引き継がれたと言ってよい。しかし、バークの著作への直接の反応は、刊行直後、むしろ他のドイツ学者たちからあった。M.メンデルスゾーンはバークの書の骨子を独訳・紹介したし、レッシングは全文独訳を試みた(最終的にレッシング訳は頓挫。ドイツ語初訳は、1773年のガルヴェ訳)。カントにおいても、『判断力批判』以前、1764年に、バークに影響され、エッセイ風の読み物『美と崇高の感情に関する観察』(*Beobachtungen über das Gefühl des Schönen und Erhabenen*)を書いている。ここでのカントは、崇高を一種の俗な流行語と

捉え、気軽な口ぶりで、ヨーロッパ諸国における国民間、男女間の気質の違いを論じた（むろん、バークの書は、イギリス国内でも、ジョンソン、レノルズ、スミスらからも賞賛を得た）。だが、いっそう深い崇高論は見られなかった）。

リオタールの崇高論、あるいは現代崇高事情──カントから再びバークへ

『判断力批判』は、崇高を、「数学的崇高」と「力学的崇高」に分類し、いっそう崇高理論を先鋭化させた。美も崇高も反省的判断力による美的判断であるが、「美」が外的世界の属性を強く反映するのに対し、「崇高」は人間性──自己内部の理性への信頼──を根拠に立ち現れる、と明確に規定した。ここに至り、近代崇高論はひとまず哲学的完成を見る。カントの崇高論は、自律し陶冶された「大人」にのみ許される理性理念に根ざした、きわめて人倫的なものであった。だが、このような理想的な理性を求めえないのが現代社会である。

「他者」の問題に積極的に発言し、現代芸術（アメリカ抽象表現主義の B.ニューマンの絵画）を、崇高概念により評価したフランスの哲学者リオタールは、最終的に、カント以上にバークの崇高論にコミットする（1988 年の『非人間的なるもの』および『ハイデガーと〈ユダヤ人〉』）。彼によれば、バーク崇高論には、カントが厳格な体系化の中で掬い損ねた枢要な要素が含まれている、と。それは、一言で言えば、「恐怖の美学」ということ。つまり、崇高を道徳界へと飛翔させ感性的な「苦」を高次の理性理念へと昇華させることを禁ずる態度のことだ。バークの場合、苦を感覚的かつ精神的なレベルで引き受けたままそこに留まり、それを「他者」として触知・受容する姿勢が認められる。リオタールの崇高論は、バークの理論の奥底にあるこのような事態を注視する。したがって、それは、出来事や完全な表象が「生起しない不安」の中「いま、ここ」をじっと凝視することを強調している。

このように、現代の「崇高」は、「表象不可能な」文化事象をめぐる思索とアクチュアルに切り結ぶ概念となっている。そして、こうした現代哲学上の崇高概念はじつに、バークのもとにあった、詩によって喚起される非再現的画像の「曖昧さ」（obscurity：一種の「苦」）を「崇高」の名の下に積極的に評価していく思考法の原理的応用だと捉えることもできると思われる（桑島、1998）。

【主要文献】 Edmund Burke, *A Philosophical Enquiry into the Origin of Our Ideas of the Sublime and Beautiful,* 1757; 2nd ed., 1759 (中野好之訳『崇高と美の観念の起原』みすず書房，1999). Joseph Addison, *The Spectator,* 1711-14. John Baillie, *An Essay on the Sublime,* 1747. A. Ashfield and P. de Bolla eds., *The Sublime,* Cambridge University Press, 1996. M. H. Nicolson, *Mountain Gloom and Mountain Glory,* 1959, University of Washington, 1997 (小黒和子訳『暗い山と栄光の山』国書刊行会, 1989). 桑島秀樹「E．バークにおける詩画比較論とその美学的基礎──『崇高と美』の分析より」, 日本イギリス哲学会編『イギリス哲学研究』第 21 号, 1998. ──「E.バーク美学成立における〈触覚〉の位置──崇高と優美」, 美学会編『美学』第 192 号, 1998.

（桑島秀樹）

スコットランド啓蒙

〔英〕Scottish Enlightenment

スコットランド啓蒙とは、ヨーロッパ啓蒙思想の18世紀スコットランドにおける展開である。17世紀のスコットランドは、ホッブズとかロックのいたイングランドに比べてはるかに遅れていた。しかし18世紀中頃から急速な近代化が始まる。この急激な社会の変化が知的刺激となり、後世に大きな影響を与えた多くの思想家を輩出した。スコットランド文芸復興とかスコットランド歴史学派と呼ばれていたこともあるが、1970年代半ば頃からスコットランド啓蒙という言葉が定着してきた。

スコットランド啓蒙の揺籃期

名誉革命後17世紀末の経済的困窮から、1707年のイングランドとの合邦（スコットランド独自の議会の喪失）を経て、ジャコバイトの乱（1715/45）を経験した18世紀前半が、スコットランド啓蒙の揺籃期であった。スコットランドの困窮をいかに克服するか。先進イングランドと合邦すべきか、あくまで独立国として進むべきか。合邦論争の中でスコットランド啓蒙の先駆者と言われているフレッチャーは『フレッチャー政治論集』(1732)にまとめられたいくつかの論稿において常備軍の是非、国防問題から、スコットランドだけでなくヨーロッパをも視野に入れた国制問題を論じている。彼が投げかけた諸問題は、スコットランド啓蒙盛期の思想家たちに受け止められることになる。

ハチスンも彼らに大きな影響を与えた。スコットランド啓蒙という言葉が最初に使用されたのは、W.R.スコット『フランシス・ハチスン』(1900)においてであった。アイルランドで生まれたハチスンは、グラスゴー大学で学び、のちに母校の道徳哲学教授となる。彼は、善悪に関する知識は、神に関する知識に関わりなく獲得しうると考えた。そして人間の幸福を道徳の中心に置いた道徳哲学の講義をラテン語ではなく英語で行い、多くの若者を魅了した。このようなハチスンは、当時の厳格な教会の長老会議から激しく非難されたが、新興貿易都市の大学として活気のあったグラスゴーの若い学生たちは、ハチスンを擁護した。A.スミスがグラスゴー大学に入学した1737年は、ハチスン擁護運動が盛り上がっていた頃であった。

スコットランド啓蒙の開花期

18世紀スコットランドの大学は、セント・アンドルーズ大学を例外として、イングランドのオックスフォードやケンブリッジよりも、活気と進取の気風があった。ギルド規制で開業できなかったワットに実験室を与え、蒸気機関の発明を支えたのはグラスゴー大学であった。大学人と実業界、法曹界、教会との間に交流があり、エディンバラには「ランケニアン・クラブ」「技術・科学・農業奨励協会」「選良協会」「エディンバラ哲学協会」、グラスゴーには「経済学クラブ」「文学協会」アバディーンには「アバディーン哲学協会」（賢人クラブ）といった各種文化団体があった。こうした中で1755年に『エディンバラ・レヴュー』が刊行された。同誌は編集者にフランス啓蒙の最新情報にも注目すべきだというスミスの書簡を掲載した第2号で廃刊に追い込まれたが、その12年後からエディンバラで『ブリタニカ百科事典』初版の刊行が始まっている。エディンバラと、グラスゴー、アバディーンの違いに注目し、近年、グラスゴー啓蒙、アバディーン啓蒙という用語も使用されるようになってきた。さらにイングランド啓蒙、アイルランド啓蒙、アメリカ啓蒙という用語も登場してきた。

スコットランド啓蒙の群像

スコットランド啓蒙の知識人の特徴は、関心が多岐にわたることである。裁判官であったケイムズ卿（H.ヒューム）は自分の専門領域である法律関係だけでなく、道徳・宗教論、文芸論、言語起源論、「女性史」（Progress of female sex,『人類史素描』第6論稿）についての著作があり、さらに「理性の諸原理によって検証する」という副題を付けた『ジェントルマン・ファーマー、農業改良の試み』（1776）といった著作も刊行している。ケイムズと同様裁判官であったモンボドー卿（J.バーネット）は、『言語の起源と進歩』全6巻（1773-92）とニュートンの原理の考察を付論とする『古代の形而上学』全6巻（1779-99）を上梓している。

モンボドーより3歳上のD.ヒュームは29歳の年に『人間本性論』（1739-40）を公刊したが、「印刷機から死産」したと自ら述懐しているように不評であった。しかし「道徳上の主題に実験的推論方法を導入する試み」という副題を持つ本書は、認識論・道徳論・正義論・統治論と多岐にわたり、人文・社会科学の古典として現代でも多くの研究者に注目されている。ヒューム自身は『人間本性論』以降自説を分かりやすくするためにいくつかのエッセイ集を出版する。とくに『政治論集』（1752）は、好評で、その出版により彼は、文筆家としての地位を確立する。その後ヒュームは、エッセイ集の改訂・増補と『イングランド史』の完成に心血を注ぐことになる。

ケイムズ、ヒューム、モンボドーは、1720年代に生まれた啓蒙盛期の群像の先輩格である。ケイムズは、オズワルド、クレイギーとともにオックスフォードから故郷に帰っていたスミスに学界デビューの機会（エディンバラ公開講義）を準備した。ヒュームは、定職のなかったファーガスンに、自らの弁護士協会図書館（現スコットランド国立図書館）司書職を譲り、さらにヒューム自身は無神論者という理由で大学教授職に就けなかったが、ファーガスン、スミスらが、大学教授職に着くことができるように尽力するのである。

エディンバラ公開講義が好評であったスミスは、1751年に母校グラスゴー大学の論理学教授に就任し、翌年に恩師ハチスンが担当していた道徳哲学講座に移り、道徳哲学（自然神学・倫理学・法学）と修辞学・文学の講義を担当する。前者の一部が『道徳感情論』（1759）として刊行され、本書の出版により、スミスはヨーロッパ大陸でも注目されるようになり、また、バックルー公の旅行付き添い教師という職を提供された。大陸旅行の経験と帰国後の研究の成果が『国富論』（1776）として結実する。しかしその母体となったのは、大学における講義であり、新興都市グラスゴーの経済学クラブにおける商人や製造業者たちとの議論や大学構内の実験室でのワットとの会話も経済学者スミスを育てたのである。スミスの弟子としては『階級区分の起源』（1771）『イングランド統治史論』（1787）の著者、ミラーが有名で、彼は1760年から40年余り、グラスゴー大学法学教授として名声を博し、彼の下から哲学者ヒュームの甥で法学者のD.ヒューム、議会改革、奴隷制反対で有名な第8代ローダーデイル伯（J.メイトランド）など多くの人材が巣立っている。スミスの後任には『常識原理に基づく人間精神の研究』（1764）の著者、リードがアバディーンから迎えられた。

この頃エディンバラでは、穏健派と言われるロバートソン、ファーガスン、ブレア、A.カーライルたちによって教会と大学の改革が進められていた。彼らは、厳格な正統派の規律よりも社会的秩序と法への服従を重視した。また文芸にも寛容で、活発な演劇論争があった。グラスゴーでは劇場が焼討ちされたが、エディンバラでは、宗教界の激しい批判にもかかわらず、J.ヒューム『ダグラス』を上演した。ファーガスンは、『演劇の道徳性』

(1757) を書き、さらに自ら、ロバートスン、カーライルとともに役者として舞台に立ったと言われている。フレッチャーが引き起こした民兵論争がこの頃再燃し、ファーガスンは、イングランドに導入された民兵制度をスコットランドにも適用することを求めて〈ポーカー・クラブ〉を結成した。そこには、常備軍論者のスミスも参加し、このクラブが、啓蒙の知識人と貴族やジェントルマンの交流の場となっていた。

穏健派のリーダーであったロバートスンは、教会総会の議長として活躍するとともに、エディンバラ大学総長でもあった。総長としてのロバートスンは、巧みな人事異動を主導し、専門外の自然哲学講義を難なくこなしていたファーガスンを道徳哲学講座に移し、これまでグラスゴーに比べて、また同じ大学の他の講座に比べても劣っていた道徳哲学講座の評判を高めた。彼の道徳哲学講義は好評で、グラスゴーのスミスの後任者、リードのクラスの 2 倍以上の学生を集めた年もあった。

教会と大学の改革がすすめられるなかで、ロバートスンの『スコットランド史』(1759)『カール 5 世史』(1769)『アメリカ史』(1777)、ファーガスンの『市民社会史論』(1767)『道徳哲学綱要』(1769)『共和制ローマ盛衰史』(1783)、ブレアの『オシアン論稿』(1763)『修辞学・文学講義』(1783) が出版された。

スコットランド啓蒙思想の特徴

スコットランド啓蒙の群像は、様々な領域で多くの業績を残している。また、同感の原理により市民社会の道徳を展開したスミスと、リードの伝統的な道徳観とでは、対立がある。このような多様性と対立をはらむスコットランド啓蒙であるが、彼らの主要な関心は、文明と人間にあった。名誉革命体制の枠組みの中で、北ブリテンとして急速に展開しつつある近代化を彼らは、文明化と捉えた。そして文明は人間に何をもたらしつつあるのかと問いかけた。文明のもたらす富は、人間を堕落させないか（富と徳の問題）。近代文明も古代ローマと同じように衰退しないか（ローマ史への関心）。文明社会の仕組みはどうなっているのか（国制と経済）。安全はどうして確保されるか（軍事制度）。また、人々の間でどのようにして意思の疎通が図られるか（言語・コミュニケーション論）。

様々な解答が出された。文明社会の洗練と社交性を称える論者もいたが、未開人の武勇と忍耐を評価する者もいた。文明化を分業社会の到来と捉えて、その弊害を告発する論者がいる一方で、分業の成果としての富裕を強調する者もいた。しかし歴史を未開から文明への進歩の過程と見なす点では、ほぼ一致していた。中でもスミス、ファーガスン、ミラーは未開と文明という図式を乗り越えて、狩猟、牧畜、農業、商業という生活様式の四段階論を展開した。そして財産制度統治制度を各段階の生産様式から解明しようとする、社会科学的思考が芽生えてくる。この側面に注目して、ロイ・パスカルは、彼らをスコットランド歴史学派と名づけ、1970 年代半ば頃までは、この用語のほうが、スコットランド啓蒙より一般的であった。

さらにスコットランド啓蒙は、分業と交換から成り立つ近代社会の仕組みを解明した『国富論』において経済学に到達した。その先駆は『政治論集』として公刊されたヒュームの経済論であった。また、ジャコバイトの亡命貴族 J. ステュアートは、ドイツのチュービンゲンで書き始めていた「最初の経済学体系」と言われる『経済の原理』を、帰国が許されてから故国スコットランドで完成させた。1767 年、『国富論』出版より 10 年前のことである。啓蒙の理性は、スコットランドにおいて経済学を生み出したと言える。

スコットランド啓蒙の解体と拡散

アメリカ独立宣言は、名誉革命体制を基本的に支持していたスコットランド啓蒙の群像に動揺を与えた。ブレア、カーライルは、植民地反乱を糾弾する説教をする。ファーガスンは、植民地側の正当性を説くプライス『市民的自由』批判のパンフレットを書き、のちにノース卿が派遣した強圧的なカーライル使節団の秘書としてアメリカに渡っている。スコットランド啓蒙の大半が反アメリカ的立場で武力行使も支持するなかで、スミスは独立宣言の数ヵ月前に出版された『国富論』の末尾で、財政的観点から、アメリカ植民地の放棄論を展開していた。早くから「主義においてアメリカ人」だと言っていたヒュームは、独立を容認することになると思われるが、独立宣言後2ヵ月足らずして死んでいる。

フランス革命が、スコットランド啓蒙の解体を進めた。革命が勃発したときスコットランド啓蒙盛期の群像の多くは晩年期にあり、スミスは、革命の翌年に死んでいるが、『道徳感情論』第6版(1790)の改訂に革命の影響があると言われている。ブレアは、愛国主義的な反フランス論の説教をした。また、カーライルに扇動されてスコットランドの文筆家の多くは革命に反対したと言われている。ファーガスンの遺稿集の中には、革命軍の強さの背景を解明しつつも愛国主義的な反フランス論が含まれている。ファーガスンの下で学び、彼の道徳哲学講座の後任者となったD.ステュアートは、1793年のスミス追悼演説の中で、世間では政治経済学と自由貿易論が危険思想と見なされていると述べ、のちに「経済学講義」において経済学に関する誤解を解こうと努めている。またステュアートは、「ヨーロッパにおける文芸復興以降の形而上学・倫理学・政治学の歩み」を、『ブリタニカ百科事典』第4・5・6版への補遺の巻頭に掲載する。これがスコットランド啓蒙の総括であり、終止符だと言われている。

アメリカ革命は、スコットランド啓蒙の群像に衝撃を与えたが、彼らの著作は、アメリカに流布し、教科書となり、皮肉なことに、彼らがジェファソンをはじめとして、アメリカの建国者を育てたのである。また、スコットランド啓蒙はドーヴァーを越えて、大陸にも波及し、フランス、ドイツなど多くの国で、彼らの諸著作が翻訳・出版されている。

【主要文献】R. H. Campbell and A. S. Skinner eds., *The Origins and Nature of the Scottish Enlightenment,* John Donald, 1982. I. Hont and M. Ignatieff eds., *Wealth and Virtue: The shaping of political economy in the Scottish enlightenment,* Cambridge University Press, 1983(水田洋／杉山忠平監訳『富と徳——スコットランド啓蒙における経済学の形成』未来社, 1990). V. Hope ed., *Philosophers of the Scottish Enlightenment,* Edinburgh University Press, 1984. R. B. Sher, *Church and University in the Scottish Enlightenment: The moderate literati of Edinburgh,* Edinburgh University Press, 1985. D. Allan, *Virtue, Learning and the Scottish Enlightenment: Idea of scholarship in early modern history,* Edinburgh University Press, 1993. P. Wood ed., *The Scottish Enlightenment: Essays in reinterpretation,* University of Rochester Press, 2000. T. Sakamoto and H. Tanaka eds., *The Rise of Political Economy in the Scottish Enlightenment,* Routledge, 2003. 水田洋「スコットランド研究のための書誌——とくにその啓蒙思想について」,『調査と資料』73・74号, 1980. 田中正司編『スコットランド啓蒙思想史研究——スミス経済学の視界』北樹出版, 1988. 田中敏弘編『スコットランド啓蒙と経済学の形成』日本経済評論社, 1988. 田中秀夫『スコットランド啓蒙思想史研究——文明社会と国制』名古屋大学出版会, 1991. 小柳公洋『スコットランド啓蒙研究——経済学的考察』九州大学出版会, 1999.

(天羽康夫)

スコットランド常識学派

〔英〕Scottish school of common sense philosophy, Scottish common sense school of philosophy

「スコットランド常識学派」は、18世紀「スコットランド啓蒙」の一翼を担う広義の「スコットランド哲学」を土台としつつ、デカルト以後の近代哲学の傾向、とりわけヒュームの「懐疑論」を、宗教（キリスト教）と道徳の擁護という立場から、（人間本性の基本構造としての）「コモン・センス」によって批判しようと努めた（大学と教会の）スコットランド知識人の著作活動に与えられた名称であるが、「スコットランド哲学」（もしくは「スコットランド学派」）という名称が狭義に用いられて「スコットランド常識学派」もしくは「スコットランド常識哲学」そのものを指す場合も多い。

大陸の「合理論」とイギリス（イングランド）「経験論」との両面批判をその特徴に持つという意味で、「スコットランド常識哲学」（とりわけその確立者トマス・リードの哲学）にはカント哲学との類似性が見られるという指摘がなされることもあるが、最近では、「経験」自体を可能ならしめる条件としての「コモン・センス」概念に新たな関心が寄せられている。ここでは「スコットランド学派」の名称の起源に言及したあと、「学派」（狭義）の主要メンバーの思想内容を「常識哲学」の形成と展開と制度化という流れの中で紹介することにしたい。

スコットランド学派

今日「スコットランド啓蒙」として知られている全般的内容に初めて「（スコットランド）学派」という名称を与えたのはエディンバラ大学「道徳哲学」教授のドゥーガルド・ステュアートであって、彼は『ブリタニカ百科事典』第4・5・6版「補巻」の第1・5巻に執筆した「ヨーロッパ学問史」（「ヨーロッパにおける文芸復興以降の形而上学・倫理学・政治学の歩み」）の末尾（1821）を「スコットランドの形而上学」（Metaphysical philosophy of Scotland）という表題に当て、ベーコンに始まる経験主義を新しい「精神の哲学」として受け継いだ「スコットランド哲学」をF.ハチスンから（自らの恩師）リードまでの流れとして描出することにより、いわば「スコットランド啓蒙」を総括する形で、広義と狭義での「学派」の特徴を明らかにした。

学問的方法としてのこの「スコットランド形而上学」（この場合の「形而上学」は「精神の解剖学」という意味）はステュアートによれば、その経験主義重視の側面において「ヒューム哲学」とともにリード以降の「常識哲学」の土台ともなるものであった。マコッシュの『スコットランド哲学』（1875）はこの枠組みを継承し、考察の対象をステュアート以降のトマス・ブラウンやウィリアム・ハミルトンにまで広げたものである。

常識哲学の形成——ケイムズ卿

「常識哲学」形成にあたっての最大の源泉と刺激要因はD.ヒュームの『人間本性論』（1739-40）であった。そこでは経験論の徹底としての「懐疑論」が当時の哲学の到達点として提示されていたからである。この『人間本性論』への最初の本格的な（認識論と道徳論からの）批判によって、道徳と宗教との擁護という形で「スコットランド常識哲学」形成への方向を準備したのがケイムズ卿（ヘンリ・ヒューム）である。その『道徳と自然宗教の原理』（1751）において彼は、「自然の基本構造」（constitution of nature）に基づく（外部的・内部的）「感覚」（senses）の権威論を展開しつつ、知識論では「本能的能力」（instinctive faculties）による——印象や観念の媒介を要しない——外部世界の直感的認識を強調し、道

徳論では特別な「感じ」(feeling) に基づく義務感の人間本性における内在性を強調した。彼の道徳論における「必然性の世界での欺瞞的な自由」という発想は「学派」に大きな課題を残しつつも、以上のヒューム批判の枠組みは、「精神の力能（機能）とその諸作用への注目」という厳密な方法を駆使したリードによって継承されることになる。

常識「学派」の形成——「アバディーン哲学協会」
　ケイムズの『道徳と自然宗教の原理』が出版された年にリードはアバディーン大学キングズ・カレッジの哲学教授（リージェント）に選任され、7年後の1758年に親友のジョージ・キャンベル（翌年にマーシャル・カレッジの学長、のちに神学教授）とともに別名「賢人クラブ」(Wise Club) とも言われる「アバディーン哲学協会」を設立した。上述のヒューム批判に基づく「常識哲学」的思考がスコットランド北東部の大学教授陣を中心とする討論団体（研究会）で定期的に議論されることによって（狭義の）「スコットランド学派」の母胎が形成されることになる。「協会」の主要なメンバーには、リードとキャンベルの他に、ジョン・グレゴリー、ジェイムズ・ダンバー（キングズ・カレッジ）、アレグザンダー・ジェラード、ジェイムズ・ビーティ（マーシャル・カレッジ）が含まれていた。彼らがのちに出版することになる諸著作はその大半がここで「朗読」され、内容とともにその「標準英語」（イングランド語）としての文体が吟味されたのである。
　リードがグラスゴー大学へ移籍したあと、「学派」の第一拠点としてのこの協会は「学派のアバディーン支部」ともなり、『修辞学の哲学』(1776) を刊行したキャンベルがこの支部の代表者の地位を占めるようになる。

常識「哲学」の確立——トマス・リード
　「アバディーン哲学協会」でのリードの報告の産物が『常識原理に基づく人間精神の研究』(1764) で、のちのグラスゴー大学（「学派」の第二拠点）での「道徳哲学講義」の成果が『人間の知的力能』(1785) と『人間の能動的力能』(1788) であった。最初の『常識原理』は「外部感覚」を通しての外的世界の「知覚」という精神作用の分析にその課題を限定しつつ、諸感覚 (senses) によって与えられる「自然の証言」(testimony of nature) に対する信頼性を強調することによってケイムズを継承しながらも、「感覚作用 (sensations) とこれによって知られる可感的性質との間の非類似性 (dissimilitude)」を強調することによって自己の体系の独自性を明示したものである。彼によれば「センセーション」は（この「非類似性」にもかかわらず）、精神の自然原理によって、可感的事物を「示唆」し、その存在についての「信念」(belief) を与えるのであって、いわば外的対象の「自然記号」なのである。この過程は、「われわれが本性上信じるように導かれ、日常生活上では理由も挙げられずに当然視しなければならない原理」としての「常識原理」に基づくとされる。
　『人間の能動的力能』では「自由意志に基づいて行動する存在」(free agent) が道徳的行為の条件として強調され、人間に与えられた賜物としての能動的「力能」の作動過程の説明として機械的・動物的・理性的行動原理の考察が行われる。「理性的行動原理」論における「利害感」と「義務感」との対比、および「道徳感覚」としての後者の優位性の論証が倫理学における彼の主要な課題であった。

「常識」哲学の展開——オズワルドとビーティ
　近代哲学の懐疑主義的傾向の土台（ルーツ）を「観念の理論」(theory of ideas) に見出したリードは、この「観念」媒介によってしか「知識」が獲得できないとする哲学者たちの主張を批判するために、（自らの）精神の諸「力能」とその諸「作用」への注目としての「精神

の解剖学」を樹立することによって、経験を成り立たせる根拠としての「コモン・センス」に到達したが、このリードの成果としての「解剖学」の展開の方向には関心を示さず、もっぱら「懐疑論」批判と「宗教」(および道徳)の(独断的)擁護の方向への展開を行ったのが、J.オズワルドとビーティであった。

『宗教擁護のための常識への訴え』(1766-72)を著したオズワルドは、スコットランド教会「総会」(最高宗教会議)議長も務めた聖職者で、当時の支配的な「穏健派」教会人の「企図による神の存在証明」(「議論」による証明)に疑問を呈し、宗教と道徳の基本的真理は「コモン・センスと呼ばれる人間に独自な知覚・判断能力」によって直感的に把握されると主張した。彼はアバディーン出身であるが「アバディーン哲学協会」とは無関係であった。

『真理の性質と不変性——詭弁と懐疑論への反論』(1770)を著したアバディーン大学マーシャル・カレッジ「道徳哲学教授」のビーティは、知識の相対性に帰結するヒュームの議論をとりわけ痛烈に批判しつつ、真理の基準としての「常識」(コモン・センス)を、「漸進的な論証によってではなく、瞬間的で直感的な衝動、教育や習慣にではなく自然に由来する衝動によって、真理を知覚し信念を呼び起こす精神の力能」と定義した。彼によればこの「力能」は、その対象が現れるときにはいつも、われわれの意志とは無関係に既存の法則に従って作用するので「センス」と見なしうるし、またすべての人類に同様な(「共通の」)仕方で作用するので「コモン・センス」と呼びうるものなのである。

常識「哲学」の制度化——ドゥーガルド・ステュアート

以上のリード、オズワルド、ビーティの著作の出版を見届けるかのように、これらスコットランド人の三著作を一括して批判の対象とするイングランド人プリーストリの著作が『リード博士の常識原理に基づく人間精神の研究、ビーティ博士の真理の性質と不変性——詭弁と懐疑論への反論——、およびオズワルド博士の宗教擁護のための常識への訴え、の検討』(1774)として刊行され、またカントの『プロレゴメナ』(1783)でのこの『検討』が紹介されることよって、「スコットランド常識学派」を代表する「トリオ」という考えが一般に定着することになる。しかし「精神の解剖」を強調するリード哲学と、「常識」の権威を独断的に主張するオズワルドとビーティの思想とは、その傾向が著しく異なり、両者は峻別されるべきものである。このことをプリーストリへの反批判という形で明確に指摘したのがステュアートであった。

彼は「エディンバラ王立協会」でのリード追悼講演(1802)において、リード哲学への反論と「コモン・センスの諸原理」という用語そのものへの批判——「学者の決定から大衆の声への上訴を容認することによって、自由な探求の精神を阻害し、民衆の誤りの強化に力を貸している」という批判——に言及した際に、類似の表現様式を用いている他の著作家の見解との差異を明らかにしつつ、「コモン・センス」用語の曖昧さを避けるために、これに代えて「信念の基本法則」(fundamental law of belief)という名称を用いるよう提案した。その内容は「この世には私自身以外の知的存在がいる」、「自然の将来の行程は過去の行程と類似しているであろう」という類の「直感的真理」であって、彼によればリードが訴えた「コモン・センス」とは、「それがなければこの世のすべての業務が直ちに停止することになるあの人間本性の基本構造(constitution of human nature)」なのであった。

ステュアートは1785年にファーガスンの後任者としてエディンバラ大学の「道徳哲学」教授に就任し、そこでの25年間にわたる講義活動によってエディンバラを「学派」の第三

の拠点に築き上げた。その講義の第 1 部門（「精神解剖学」）と第 2 部門（倫理学）がそれぞれ『人間精神の哲学』（1792; 1814; 1827）と『能動的・道徳的力能論』（1828）として刊行された。第 3 部門（政治学）は新しい学問（「政治経済学」）として出版が予定されていたが、これは実現せずにその講義ノートだけが『著作集』に収録されている。彼の『道徳哲学要綱』（1793）は第 1・第 2 部門の概要を示したものである。

海外への普及（アメリカとフランス）

ステュアートによるリード哲学の体系化（制度化）によって、広義の「スコットランド学派」としての「スコットランド啓蒙」は終焉を迎えると考えられるが、狭義の「学派」としての「スコットランド哲学」は、国内的にはエディンバラ大学のブラウン（ステュアートの後任者）やハミルトン（論理学教授で『ステュアート全集』の編集者）らによって継承され、対外的にはアメリカとフランスの学界（および教育界）に大きな影響を及ぼすことになる。

アメリカへの普及は、「常識哲学」派の諸著作の内容がキリスト教伝道にふさわしいものと見なされて、新大陸の長老派系諸大学の教養科目テキストとして幅広く利用されたことに由来し、フランスへの普及は、ロック経験論の「感覚論」的展開としてのコンディヤック哲学（およびその「相対主義」的・「唯物論」的展開）への反発を意図する大学教授たち（ロワイエ＝コラール、ヴィクトール・クーザン、およびテオドール・ジュフロワ）が、対抗手段として「普遍的原理」の存在を強調するリード＝ステュアート哲学を（「講壇哲学」として）採用したことによる。とりわけジュフロワによるステュアートとリードの翻訳・解説はフランスへの普及にあたって多大の貢献をなした。

【主要文献】Thomas Reid, *An Inquiry into the Human Mind on the Principles of Common Sense,* 1764 [*The Edinburgh Edition of Thomas Reid,* Series Editor: Knud Haakonssen, Vol.2, edited by Derek R. Brookes, 1997]（朝広謙次朗訳『心の哲学』知泉書館, 2004）.

―, *Essays on the Intellectual Powers of Man,* 1785 [*The Edinburgh Edition of Thomas Reid,* Vol.3, text edited by Derek R. Brookes; annotations by Derek Brookes and Knud Haakonssen; introduction by Kund Haakonssen, 2002]. Dugald Stewart, *Dissertation: Exhibiting the Progress of Metaphysical, Ethical, and Political Philosophy, since the Revival of Letters in Europe,* 1815, 1821, in *The Collected Works of Dugald Stewart,* 11 vols., 1854-60; reprint with an Introduction by Knud Haakonssen, Bristol: Thoemmes Press, Vol.1. James McCosh, *The Scottish Philosophy, Biographical, Expository, Critical, from Hutcheson to Hamilton,* 1875; reprint, Thoemmes Press, 1990. *Scottish Common Sense Philosophy: Sources and Origins,* edited and introduced by James Fieser [Vol.1: James Oswald, *An Appeal to Common Sense in Behalf of Religion,* 1766-72; Vol.2: James Beattie, *An Essay on the Nature and Immutability of Truth,* 1770; Vol.3-4: *Early Responses to Reid, Oswald, Beattie and Stewart*; Vol.5: *A Bibliography of Scottish Common Sense Philosophy*]. 篠原久『アダム・スミスと常識哲学――スコットランド啓蒙思想の研究』有斐閣, 1986. Paul Wood, "Introduction: Dugald Stewart and the Invention of 'Scottish Enlightenment'", in ― ed., *The Scottish Enlightenment: Essays in Reinterpretation,* University of Rochester Press, 2000. George Davie, *The Scotch Metaphysics; A Century of Enlightenment in Scotland,* 2001. 長尾伸一『トマス・リード――実在論・幾何学・ユートピア』名古屋大学出版会, 2004.

（篠原 久）

スコラ哲学

〔英〕scholastic philosophy
〔ラ〕philosophia scholastica

　西欧中世を通じて、学の営みは、主として修道院、教会などの附属学校において、またやがて成立した大学において行われ、それら教育機関の教師によって担われた。このような特徴のゆえに、この時期の学のあり方が「スコラ（schola：学院・学校）学」と呼ばれ、その主要な領域である哲学と神学はそれぞれ「スコラ哲学」、「スコラ神学」と呼ばれる。スコラ哲学は、学校という場で営まれたという点で、古代哲学や近代哲学と区別されるだけではなく、次のような特徴を持っている。まず、古代においては、哲学をはじめとする世俗の学を担っていた人々と、聖なる学を担うキリスト教の理論家（教父）とは基本的に別々であったが、スコラ学においては、前代から両系統の学を引き継ぎ、世俗の学を基礎教養として、その上に聖なる学である神学（ないしは医学・法学）が積み上げられるといった教育カリキュラムが成立し、教師・学者の多くは両系統にまたがって教育・研究をした。スコラ哲学を担った人々はキリスト教徒であり、多くは学僧であり、世俗の学によって訓練された自らの理性を働かせて、権威としてのキリスト教の教説を理解することが目指された。

8世紀後半～10世紀

　フランク王、のちの西ローマ帝国皇帝カール大帝（c.742-814）はヨーロッパの相当広い範囲を統治下に置き、修道院などの学校教育の整備を指令し、有力な学者を集め、神学論争を奨励するなど、知的活動の振興に努めた。これによって起きた文化の再興をカロリング・ルネサンスと言う。ヨーク（イングランド）の教師であったアルクィヌス（アルクィン）は、アーヘンの宮廷学校長として教育カリキュラムの整備に取り組んだ。それは、この古代に成立していた自由学芸（artes liberales：7科からなり、中でも弁証学 dialectica が重要）を基礎教養としての哲学として整え、そのうえで神学を学ぶという構想であった。現代に至る伝統となった教育システムはここに始まると言うことができ、スコラ哲学の始まりをここに置くことが可能である。

　アルクィヌスの周囲には学問のサークルができており、その流れの中で、やがて、アイルランド出身のヨハネス・スコトゥス（通称エリウゲナ）が、ギリシア教父の思想遺産を西欧に導入することを含む活動をし、新プラトン主義的色彩の強い『ペリ・ピュセオン（自然区分論）』を著し、後世に影響を与えた。この時期、アルクィヌスもエリウゲナも、哲学によって培われた理性が教会の教え（権威）を理解するのに役立つと楽観的に考えていた。

11世紀

　やがて、弁証学に身を置いて、神学の権威に異議を唱える人々が出てくる。ベック修道院長（ノルマンディー）ランフランクスと対決したトゥールのベレンガリウスや、ペトルス・ダミアニを批判した弁証学者たちである。哲学と神学、理性と信仰との緊張関係が生じた状況に、「スコラ学の父」と目されるカンタベリーのアンセルムスが登場して、スコラ学の方法とも言うべき「理解を求める信仰」（fides quaerens intellectum）を提示した。彼はまず信仰から出発すべきだとしつつも、そこから始まる理性的探求は権威への信を前提せず、自らが信じていることを理解したいという目的の下になされる徹底的に理性的な探求であるべきだとした。彼が提示した神の存在証明はこの立場でなされた探求であり、後世に大きな影響を与え、賛否両論を引き起こした。その神についての探求は、弁証学を踏まえつつも、人間の差し当たっての神理解から出発し、

それを超えたあり方へと突き出ていく思索の一つの典型を示しており、後世に大きな影響を与えた。

12世紀

11世紀後半、文法学を背景とし、弁証学（論理学）を舞台にして普遍論争が起き、当初は実在論派（reales）と音声言語論派（vocales）が対立した。後者は普遍、すなわち類（「動物」など）や種（「人間」など）は、多くの個物に付けられた共通の音声のかたち（vox）としての名前に他ならないと主張したのに対し、実在論派は事物の側に個物と並んで何らか普遍的なもの（res）を考えるという従来の見解を保持した。この対立の中でペトルス・アベラルドゥス（アベラール）が登場する。彼は音声言語論者であったが、その弱点を自覚し、問題を考えるに際して、〈音声ことば－もの〉関係という従来の枠組みに、〈音声ことば－理解（intellectus）〉関係を加え、さらに後者を主体にした普遍の理論を構築するに至り、「普遍であるのは、音声ではなく、ことば（sermo）ないし名前（nomen）である」と主張した。これによって、アベラルドゥスの学派は唯名論派（nominales）と呼ばれるようになった。

アベラルドゥスも学校の教師として活動したが、当時は、パリ、シャルトルなどの地に諸学校が栄え、有力な教師の下に弟子たちが集まって学派を形成し、それぞれの独自の主張を掲げて、時に互いに対立した。パリの中だけでも多くの学校、学派があった。そのうちの一つ、プティ・ポン（小さい橋）周辺に学校を開設したアダムの弟子たちは「アダム派」ないし「プティポン派」と呼ばれ、その特徴ある論理学（弁証学）の主張は、のちにオックスフォード大学の論理学に受け継がれることとなった。

パリのサン＝ヴィクトール修道院附属学校（シャンポーのグイレルムス（ギョーム）が開設）には、サン＝ヴィクトールのフーゴー、リカルドゥスなどがおり、「ヴィクトール派」として知られる。たとえば、フーゴーは、哲学を理論学、実践学、機械学、論理学の4分野に区分し、全学問の体系的説明を企て（『学習論（ディダスカリコン）』）、あるいは体系的な神学を展開する（『キリスト教信仰の基礎』）などした。

シャルトルの司教座聖堂付属学校を拠点にした「シャルトル学派」は、自由学芸のうち数学系4科の研究をプラトン『ティマイオス』断片およびそれに関連する注釈の研究に結びつけ、「プラトン主義」とキリスト教のことばにおける創造という神学とを重ね合わせた思想を展開した。シャルトルのベルナルドゥス（ベルナール）、ギルベルトゥス・ポレタヌス、シャルトルのティエリー、コンシュのグイレルムス（ギョーム）らが次々と活動した。

イギリス出身の教師たちも、ソールズベリのヨハネス（ジョン）、ムランのロベルトゥスなどが、パリその他の学校で活躍した。

アベラルドゥス『然りと否』は、神学上の様々な問題に関して、聖書や教父などの権威から相反する主張を取り出して並べたものであり、読者に知的探求を促すものであった。ペトルス・ロンバルドゥスは、この方式を踏襲して、神学の全体系にわたる『命題集』を著したが、これはやがて中世を通じて神学の標準的教科書となり、教師たちはこれに対する注解をし、あるいはこれをめぐって問いを立てて討論を行うという仕方で、教育・研究をするようになった。

13世紀

12世紀後半から、これまで知られていなかったアリストテレスの著作とそれに関するイスラムの学者による研究が西欧に入ってきて、それによってスコラ哲学の流れは大きな刺激を受け、一段と活発な展開をした。また、大学がまずパリに、やがてオックスフォードそ

の他に成立して、これまで諸学校が林立して互いに競っていた状態から、より広い学者・学生の集団による研究教育の場が形成された。加えて、ドミニコ会、フランシスコ会という托鉢修道会が成立して、そこの学僧たちが大学における活動を担う大きな力となっていった。

　論理学（弁証学）においては、前代の普遍論争などが刺激となって項辞（terminus：命題を構成する要素）の意味論が展開しており、それ以前の古論理学（logica vetus）と区別されて当世風論理学（logica modernorum）と呼ばれる活動となりつつあったが、これに加えて、アリストテレス『分析論後書』『詭弁論駁論』などがラテン語に翻訳されて研究されるようになり、論理学の体系全体が充実した。中でも『分析論後書』は、論証的知識の獲得についての方法として、神学に大きな影響を及ぼしもした。また、アリストテレスの『形而上学』『ニコマコス倫理学』などが、イブン＝シーナー（アヴィセンナ）、イブン＝ルシュド（アヴェロエス）をはじめとするイスラム哲学者たちの研究とともに流入し、西欧の哲学・神学者は大きな刺激を受け、世界の永遠性の主張などに、キリスト教の教説を保持しつつどう対決するか、対応を迫られた。

　この時期、パリ大学では、フランシスコ会とドミニコ会の有力なスコラ学者が輩出した。前者にはヘイルズのアレクサンデル、ボナヴェントゥラらがいた。彼らは新しいアリストテレス哲学には批判的な傾向が強く、伝統的なアウグスティヌス主義を重んじ、知よりも神を愛する意志的・実践的働きを重視し、理論的にも意志主義（主意主義）的傾向があった。これに比して言えば、ドミニコ会の学者たちは、異端に対して理論闘争を行うという修道会の創立の精神に由来してか、知的・理論的探求を重視する面が強く、理論的にも知性主義（主知主義）的傾向があり、アリストテレス哲学を受容しつつキリスト教の教説と調和的なものとしようとする志向が特徴的である。アルベルトゥス・マグヌスはギリシアとイスラムの科学や哲学がキリスト教思想に有益であることをいろいろな面にわたって提示した。また、スコラ哲学全体を通じて第一人者と目せられるトマス・アクィナスは、アリストテレス哲学とキリスト教信仰を総合する体系を構築し（『神学大全』）、理性的探求と啓示が調和的に接合した形而上学的思索を核とする全体を提示した。

　他方、パリ大学より少し遅れて成立したオックスフォード大学は、パリの学校出身者が創立に関わっており、パリの学問の流れの分流として始まったが、ことに論理学や自然学において、特徴ある発達をした。代表的学者としては、光学への関心や数学的方法で知られるロバート・グロステスト、実験的精神で知られるロジャー・ベーコン、論理学のシャーウッドのウィリアムやロバート・キルウォーディら、数学的自然学を進めたブラッドワーディンらマートン・カレッジの「オックスフォード・カリキュレーターズ」グループがいる。

14世紀
　14世紀には、スコトゥス主義とオッカム主義が対立しつつ発展し、また、トマス・アクィナスへの賛否両系統の議論が生成し、イギリス系の哲学がフランスやイタリアにも強い影響を及ぼした。他方、ドイツではアルベルトゥス・マグヌスの活動を継承したドミニコ会派の人々が、フライブルクのディートリッヒ、マイスター・エックハルトなど、神秘主義的色彩の強い思想を展開した。

　フランシスコ会のヨハネス・ドゥンス・スコトゥスは、イギリスとパリにまたがって活動し、トマスを批判しつつ、精緻な議論を展開し、存在概念の一義性、個物の直覚的認識、個体化の形相的原理（「このもの性」）、神の全能と連動した様相概念の考察など自説を展開

した。明証的に知られる事柄として、直覚的認識や自明な知とそれらに基づき論証されるもののみを認める立場に立ち、トマスの構築した神学体系を壊す傾向の主張を展開した。

同じくフランシスコ会のオッカムのウィリアムは、概念としてのことばが普遍であるとする唯名論の立場に立ち、オックスフォード大学の論理学の流れを集大成する論理学体系を提示し、これを駆使して、トマス、スコトゥス双方の形而上学的体系を批判しつつ、論理学的な認識理論や神学的議論を展開した。たとえば、個物の直覚的認識を、その個物を指示する項辞を知性が把握する仕方の一つとして説明した。また、彼においては多くの事柄が論証によって知られることではなく、信じる対象となった。スコトゥスもオッカムも倫理学においては意志主義者であり、神を愛する意志を善悪を判別する知性よりも優位に置く立場を採った。

このほか、実在論の擁護者ウォルター・バーリーや、ジョン・ウィクリフら、イギリス人の活躍が目立つ。また大陸の大学には、オックスフォード系の論理学が浸透した。

フランスでは、ジャン・ビュリダンが、思弁文法と関わる独特の論理学体系を展開し、自然学においては近代自然科学の先駆けと目される衝動力（impetus）論を提示した。その他、自然哲学者ニコル・オレームの天動説・地動説についての検討や魔術批判など、前代からの問題意識の変化が見られ、アリストテレスの教説に飽き足らずに、さらなる探求をしようとする動きが窺われる。

15世紀以降

ルネサンスの人文主義的古典研究や自然科学など新しい知の営みへの志向が高まるが、大学がそうした知的探求の場となるケースがないわけではないにしても、パリ大学など大勢は伝統的な内容を脱することができず、活力を失っていき、他方で大学以外の場でなされる学問研究が台頭した。たとえば、1530年コレージュ・ド・フランスが王立教授団として発足し、パリ大学ではなされえない、人文主義的古典研究が始まった。また、のちに近代自然科学と呼ばれるようになる流れに属する人々や、近世哲学史に登場する16〜17世紀の哲学者の多くは、大学以外の場で活動した。中世スコラ哲学・神学を継承する活動をしたスアレスのような人も出はするが、こういう状況において、スコラ哲学（＝学校哲学）は、瑣末なことについて議論を玩ぶ、役に立たない知として旧弊の典型と見られるようになったのである。

【主要文献】アラン・ド・リベラ（阿部一智／永野拓也／永野潤訳）『中世哲学史』新評論, 1999. J.マレンボン（中村治訳）『初期中世の哲学』勁草書房, 1992. ——（加藤雅人訳）『後期中世の哲学』勁草書房, 1989. 上智大学中世思想研究所編『中世思想原典集成』第6-20巻, 平凡社, 1993-2002.

（清水哲郎）

正義

〔英〕justice 〔ギ〕dikaion, dikaiosyne
〔ラ〕justitia 〔独〕Gerechtigkeit 〔仏〕justice

I 古代から近代まで

　人類はいつの時代にも社会の中で協働し相互に扶助する生活を営んできた。社会の協働と相互扶助を維持するために各人の社会的行動を評価して規律づけ、社会の資源と負担を各人に分配する価値基準が正義である。ヨーロッパ思想では、正義の観念は古代ギリシア哲学において基本的に成立し、その後キリスト教とローマ法が合流して、近代自然法思想として高度の発展を遂げたのち、現代の様々な正義論の潮流へ繋がっている。以下では、古代・中世の正義論、17世紀の近代自然法思想、18世紀のD.ヒュームとA.スミス、19世紀のJ.ベンサムとJ.S.ミルを中心に正義論の発展を概説する。

古代・中世の正義論

　紀元前5世紀のギリシアでは、正義・法（dikaion）は自然（physis）か人為・慣習（nomos）かという問題が議論された。ソクラテス、プラトン、アリストテレスらは自然的正義・自然法の存在を示そうと努め、近代自然法思想の源流となる。

　ソクラテスは、正義とは国法に従うことであるという遵法的正義を主張した。プラトンは『国家』で理想の国制を、晩年の『法律』では次善の国制と国法のあり方を考察した。正義は、国家を構成する統治者・軍人・営利者の3階層が自己の仕事に専念するとき、また人間の魂における理性・気概・欲望の3能力が自己の役割を果たして調和しているときに実現する。

　アリストテレスは全般的正義と特殊的正義を区別した。全般的正義は適法的なこと、国家共同体の共通の利益を目指すことであり、勇気・節制などあらゆる徳を含む完全徳である。特殊的正義は平等（均等）であり、分配的、是正的、交換的正義を含む。分配的正義は国家が共同の財・公職・名誉などを人々の価値に比例して分配すること、是正的正義は裁判官が刑罰・賠償により加害者と被害者を均等化すること、交換的正義は交換における均等化である。

　アリストテレスは、正義・法と国家の基礎を人間の社会的本性に求めた。自然的正義（自然法）は自然に基づくものであって変化せずどこでも同一の妥当性を有するが、人為的正義（成文法や慣習）は可変的であるとされた。しかし他方で彼は自然法が可変的であるとも述べており、自然法の自然性・不変性と人為性・可変性との関係はその後の自然法思想史における大きな問題となる。

　中世のトマス・アクィナスによれば、宇宙を支配する神の永遠法が人間理性に刻印されたものが自然法であり、それを社会生活に適用したものが実定法である。彼は全般的正義と間接的正義を区別した。全般的正義は共通善を目的とする適法的正義であり、間接的正義は他者を対象とする正義であって分配的正義と交換的正義に分かれる。

近代自然法思想

　古代・中世には国家が社会的分配において重要な役割を果たしていたために分配的正義が重視された。しかし近代になると市場経済が分配の主役となり国家の役割は市場の前提条件を整えることに限定されていく。この歴史的変化を反映して、17〜18世紀には正義がしだいに交換的正義だけを意味するようになり、分配的正義は後景に退いていった。

　近代自然法の父H.グロティウスは、アリストテレスを継承して、自然法を理性的かつ社会的な人間本性から基礎づけた。彼は生命・身体・自由の侵害を禁ずる自然法のように「人

間意志の領域外のこと」に関する自然法と、「人間意志によって導入された」私的所有権に関する自然法とを区別し、人間は労働が必要になったときに労働成果の私的所有権を合意によって導入したと主張した。

グロティウスも交換的正義(補充的正義)と分配的正義(帰属的正義)を区別したが、分配的正義は国家による共同の財や公職の分配という伝統的意味を離れて富者の貧者に対する慈善を意味するようになる。交換的正義は国家に強制される完全権であるのに対して、分配的正義は強制されない不完全権とされた。

T.ホッブズは基本的自然法と特定自然法を区別した。自然状態では万人の万人に対する戦争が生じるので、人々は基本的自然法に従って平和を求め、第二の自然法(特定自然法)に従って他人の生命・身体・労働成果に対する自然的自由を相互に放棄しあう。これによって各人は各人自身の生命・身体・労働成果に対する自由を相互に保障しあい、私的所有権と正義が成立する。

S.プーフェンドルフは、基本的自然法、絶対的自然法、相対的自然法を区別した。人間は自然状態を離れて協働と相互扶助を持続させるために基本的自然法によって「社会性を涵養し維持する」ことを命じられる。他人の生命・身体・自由の侵害を禁ずる絶対的自然法はあらゆる状態のすべての人間を義務づけるのに対して、私的所有権に関する相対的自然法は、人々の合意によって導入される私的所有制度に依存している。

J.ロックは政府の起源については社会契約論を受け入れたが、私的所有権の起源については社会契約論を拒否した。彼は「どんな明示的な契約もなしに人々が所有権を持つに至ったかを示す」(『統治二論』)ために、身体・労働の私的所有権から生産物・土地の私的所有権を引き出した。

ヒューム、スミス、ベンサム、J.S.ミル

ヒュームは私的所有権と政府の起源を人々の合意(convention)から説明してグロティウス以来の人為的正義論を復活させた。

スミスは、所有権と政府の起源はいずれも合意によらないと考えた。彼は自然的正義の規則(自然法)の形成と発展を公平な観察者の共感から、また政府の起源と発展を権威と功利の二原理から説明した。

スミスは、生命・財産・自由に関する交換的正義さえ保障されれば、市場経済の働きによってすべての人々が富裕になることを示して、富者の貧者に対する慈善としての分配的正義は国家による強制を必要としない不完全権であるとするグロティウス以来の近代自然法思想の見解に経済学による裏づけを与えた。

19世紀には資本主義の発展に伴う大衆的貧困の拡大とともに分配的正義が再び正義論の中心主題となっていく。

ベンサムは自然法思想を批判し、実定法は「最大多数の最大幸福」という功利の原理に基づくべきであるという功利主義を主張した。ミルは功利主義を継承しつつ、人間にとっての安全の重要性から正義は絶対性という性質を持ち通常の便宜から区別されると考えた。

【主要文献】Aristotles, *Ethica Nichomachea* (高田三郎訳『ニコマコス倫理学』岩波文庫, 1971-73). T. Hobbes, *Leviathan,* 1651 (水田洋訳『リヴァイアサン』岩波文庫, 1954-85). J. Locke, *Two Treatises on Government,* 1690 (宮川透訳「統治論」,『世界の名著 27 ロック／ヒューム』中央公論社, 1968). D. Hume, *A Treatise of Human Nature,* 1739-40 (大槻春彦訳『人性論』岩波文庫, 1948-52). A. Smith, *The Theory of Moral Sentiments,* 1759 (水田洋訳『道徳感情論』岩波文庫, 2003), J. S. Mill, *Utilitarianism,* 1863 (伊原吉之助訳「功利主義論」,『世界の名著 38 ベンサム／J.S.ミル』中央公論社, 1967).

(新村　聡)

Ⅱ　現代

「イギリス的」正義論はあるか

　正義をめぐる現代の哲学的議論に、「イギリス的」要素はあるか。現代正義論は、アメリカ合衆国の理論家 J.ロールズの『正義論』を中心に議論されるのが通例である。イギリスの三人の理論家、D.ミラー、P.ケリー、A.スウィフトがそれぞれ行った現代正義論のスケッチでも、ロールズの理論の紹介と批判が中心である。彼らの議論は、社会正義 (social justice) ないし分配的正義 (distributive justice) を主題として定め、その際社会正義の観念自体を無意味として退けた F.ハイエクに対する論駁を行うなど、論じ方にも共通性があるが、「イギリス的」正義論には言及していない。

　哲学、倫理学および社会科学全般で、英語によるロールズ研究が膨大な量に上ることから、現代正義論が「英語圏」の議論と見なされる傾向もある。その中で特殊イギリス的正義論があるかは明らかでない。英語圏内で研究者が大学を行き来することも多いため、そうした区別に意味がないのも事実である。

　イギリス人、ないし主としてイギリスの大学で研究、教育歴のある論者による正義論という枠を設けても、その枠内で多様性があることは当然である。たとえば B.バリーは普遍妥当的な正義の理論を探求しており、相対主義や多文化主義の厳しい批判者であるが、J.グレイの相対主義、B.パレクの多文化主義なども現代イギリスの正義をめぐる議論の一部と言える。現代正義論を、広く「現代政治理論」を意味するものと見なせば、O.オニールのカント主義的正義論、A.センによる厚生経済学の立場からの分配的正義論（基本的潜在能力の平等主義）のほか、J.ラズの完成主義的リベラリズム、P.ハーストの多元的アソシエーション主義なども含まれるだろう。ロールズに対する批判者として、H.L.A.ハート、B.ウィリアムズらの貢献も見逃せない。こうした多様性を前提としたうえで、(1) ロールズ以後の正義論が方法論上の二つの点でイギリス哲学の伝統を継承していることを指摘し、さらに (2) ロールズの影響下にある現代イギリスの理論家として、バリーとミラーの二人を簡単に紹介しよう。

正義の概念分析

　正義という価値に関わる概念 (concept) を日常言語のレベルで分析することに始まって、正義概念のより具体的な構想 (conceptions) を導き出し、それらの規範的優劣を、社会科学の多様な分野を参照しながら競うのが現代正義論の主たる方法である。山岡龍一の指摘によれば、価値の多元性の承認と理に適った議論による規範の探求を両立させる、この「分析的政治哲学」という方法の起源の一つを、20世紀半ばのオックスフォードにおけるバーリンやハートの研究と教育に見出すことができる。ロールズ自身も 1952 年から 53 年に研究員としてオックスフォードで学んでいる。

社会契約論の復権

　社会正義ないし分配的正義が問題となる前提として、「社会の基本構造」の正統性は、その構造を規制する原理に自由で平等な存在としてのあらゆる個人が合意できるかどうかにある、という正統性の観念がある。そうした合意が可能な原理を探求する方法としてロールズは、「原初状態」における、合理的な当事者による正義原理の選択という思考実験を用いた。現代正義論を特徴づけるこれらの要素は、ホッブズやロックの社会契約論に由来する。ロールズによる契約論の復権からは、大きく分けて、合理的選択論を援用した契約論 (contractarianism) と、「理に適った」(reasonable) という観念を中心とする契約論 (contractualism) との、二つの方向性が生じた。ロールズや以下に触れるバリーらは後者の立場に立つ。

バリーと「不偏性としての正義」

バリーは契約論を洗練し、「不偏性」（impartiality）として特徴づけられる正義の構想を提出した。ロールズとの相違は、バリーが正義原理を選択する当事者に自己についての十分な情報を認めること、当事者が相互に無関心ではなく、「理に適った合意に対する欲望」を持つのを前提とすること、の二点である（ロールズは、「無知のヴェール」の背後にいる当事者にはそうした情報や欲望を認めていない）。

その結果バリーによれば正義原理は相互利益追求のためにではなく、理に適った拒絶可能性という道徳原理（お互いに平等なものどうしの関係では、相手にどのような行為をすることが不正であるかは、その相手がその行為を「拒絶する理由」を持ちうるかどうかによって決まる）から導かれることになる。この原理自体はバリーがT.スキャンロンと共有するものだが、バリーはこの原理を、「一階の」（first-order）具体的な行為規則ではなく、「二階の」（second-order）より一般的な、分配的正義や政治的決定形成に関わる規則だけに適用する点に、バリーの理論の立憲主義的、手続き主義的特徴があると考えられる。

ミラーと「功績」の原理

ロールズが原初状態から導いた「正義の二原理」は、基本的権利の平等（第一原理）、経済的、社会的に有利な立場を得るための機会の平等（第二原理に含まれる「公正な機会均等原理」）、社会的、経済的不平等が許されるのは、そうした不平等自体が「最も恵まれない人」の利益になる場合だけであるという主張（第二原理に含まれる「格差原理」）からなる。市場社会主義の理論で知られているミラーは、ロールズの正義原理のうち格差原理を、ソーシャル・ミニマムの原理（ニーズに応じた分配）と、功績の原理とを組み合わせたものに置き換えるという批判を行っている。

このうち功績の原理は、適正な市場を通じて発見される各人の「功績」ないし「真価」（desert）に応じた分配が認められるべきだと主張するもので、市場社会主義と、各人の社会に対する相対的貢献度に応じた分配という古典的で直観的な分配的正義の構想とを結びつけたものとも考えられる。この点でミラーは、功績という観念そのものを回避するロールズとも、同じく市場社会主義の正義論を展開しながら、功績を貢献度ではなく「努力の程度」に置き換えるJ.ローマーとも著しい対照をなしている。ただし、ミラーの議論がとくにイギリス的であるかは明らかでない。彼の議論のうち、功績と責任を結びつける部分は、現代正義論の代表的な論争の一つであるR.ドゥオーキン以来の「何の平等か」論争（政府が責任をもって平等な分配を行うべき事物とは何か、言い換えれば不平等が個人の責任として容認されるべき事物とは何かをめぐる論争）の延長線上にあり、その点では一般的な性格を持つからである。

【主要文献】John Rawls, *A Theory of Justice,* Harvard University Press, 1971. Brian Barry, *Justice as Impartiality,* Oxford University Press, 1995. 川本隆史『ロールズ』講談社, 1997. David Miller, *Principles of Social Justice,* Harvard University Press, 1999. 飯島昇藏『社会契約』東京大学出版会, 2001. Will Kymlicka, *Contemporary Political Philosophy,* 2nd ed., Oxford University Press, 2002（千葉眞／岡崎晴輝訳者代表『新版 現代政治理論』日本経済評論社, 2005）. David Miller, *Political Philosophy,* Oxford University Press, 2003（山岡龍一／森達也訳『政治哲学』岩波書店, 2005）. Paul Kelly, *Liberalism,* Polity Press, 2005. Adam Swift, *Political Philosophy,* 2nd ed., Polity Press, 2006.

（谷澤正嗣）

絶対主義

〔英〕absolutism 〔仏〕absolutisme

絶対主義とは、国王に権力が集中し、中央集権的な君主政が支配する方式、形態、思想を意味する。この潮流は、16世紀頃から18世紀にかけて中世的な封建制度から近代的な国家確立の過度期に生じた、ヨーロッパの絶対王政の時代の特色をなす。とくにイングランドの絶対王政は、カトリック教会の宗教的権威が、ルネサンスや宗教改革といった知的潮流により崩れ、プロテスタント教会が樹立されるなか、近代国家を国王の下に樹立しようとして国王の世俗的権力を強化していく過程において生じた。一方、フランスの絶対王政は、中央と地方との結合を図りながら、中間団体（社団）に特権を付与することにより支えられて発展していった。

統治形態の特徴として、地方の領主・貴族が掌握していた行政の中央集権化、国王に忠実な官僚組織の整備、常備軍の設置、法と秩序といった司法の確立、徴税の集権化による国家財政の拡大が挙げられ、国王は名実ともに王国の最高主権者として統治した。イングランドのテューダー朝、フランスのブルボン朝、スウェーデンのヴァーサ朝、プロイセンのフリードリヒ2世治下にこのような統治形態が見られた。

こうした絶対王政が台頭してきた主な原因としてマルクス主義的解釈、歴史的解釈、軍事的解釈といった三つの解釈がある。

マルクス主義の「階級均衡論」による解釈では、貴族や領主といった旧封建地主階級と新興ブルジョワ階級との間の調停者として絶対君主が登場し、絶対王政が発展していった。

絶対王政が、王権側・哲学者・聖職者・法学者・行政関係者などにより形成されたと見る歴史的解釈では、王権を強化するイデオロギーとともに、人間の意図的営為の結果生じた体制となる。

絶対王政形成の要因を軍事改革に求める解釈では、15世紀後半以降、戦争の規模や戦費が拡大し、人材と戦費を調達するために、国王側が議会の干渉を退けて絶対王政が生じたとされる。もちろんこれらの三つの解釈は矛盾するものではなく、相互補完的であると言えよう。

定義の曖昧さ

絶対的（absolute）という語は16世紀に出版された作品の中で用いられていたが、絶対主義という語は、フランス語で1799年、英語とドイツ語では1830年に初めて用いられたとされる。

これまで、絶対主義と言えば、国王が国制、伝統、慣習、国の代表的機関などからいかなる制約も受けずに、その全権力を行使することを意味し、国王の恣意的権力の行使も含意して、専制政治と同義であると理解されてきた。しかし、近年の研究では、神の法や自然法に国王が従うことは前提とされており、絶対的が必ずしも恣意的あるいは専制的を意味しないと理解されている。また当時、国によって君主権力の強弱の相違が見られたため、絶対主義に関する解釈は研究者の間でも統一されていない。神の法、自然法、実定法などの法や議会による制約も加味して、制限的な絶対主義（limited absolutism）、穏健的な絶対主義（moderate absolutism）など曖昧な語が用いられたこともあり、近年、絶対主義の定義をめぐる誤解を避けるため、あえてこの用語を学術論文で使用することを避ける傾向も見られる。

理論の形成

絶対主義の理論を支えた当時の重要な思想家として、フランスのボダンやボシュエ、イングランドのホッブズやフィルマーの名が挙げられる。

絶対主義

ボダンは『国家論』の中で、司法による制限がなく、権力の点では他に従属しない最高かつ主権の権威の絶対性を説いた。「主権とは国家の絶対的で永続的な権力である」。その属性の一つとして、国王のみが唯一の法の創造者となる。ここに、主権論が確立されたのである。彼の理論の根拠となったのは、自然法や聖書に基づく王権神授説、そして国家は家族形態が拡大したものであるがゆえに国王を家族の長にたとえた父権論であった。

しかし、ボダンは、人々や彼らの所有に対する国王の絶対的権力を支持していたわけではなかった。いかなる制約も受けないとされた国王が、神の法、あるいは自然法に拘束され、自らの良心に基づき国の基本法あるいは実定法に従うことは、当時の知の潮流において前提となっていた。ボダンは、そうした前提の下、国王をフランスの慣習法の下に位置づけたとされる。ただし、共同体はこれらの法を国王に課すことはできず、その不履行から国王に対して抵抗することは認められなかった。つまり、ボダンにとって国王が絶対的であるということは法律の拘束を受けないことを意味した。こうした彼の主権論が絶対主義の理論の基礎を築くこととなる。

ボダンから影響を受けて国王の絶対的権力を支持する理論を構築したのはホッブズとフィルマーである。ホッブズは、『リヴァイアサン』の中で、社会契約説によって人々が自然権を放棄し、それを主権者に譲渡したため、国家創設後の意思決定の権限はすべてその主権者に委ねられると主張した。人々がいったん譲渡した以上、その主権者に対する法的制約はなく、ここに絶対的な主権が確立する。

同様に、フィルマーも『家父長論』の中で主権者に対するいかなる法的制限も排除し、国王が自由裁量の権力を行使できるとした。フィルマーの理論で特徴的なのは、もっぱら神学理論に依拠して国王権力を父権にたとえ絶対的主権の理論を構築したことである。

フランスのブルボン朝ルイ14世の時代を生きた司教ボシュエは、『政治学』の中でボダンの概念とホッブズの議論に、より神学的要素を付け加えた。ボシュエは、王権神授説を擁護し、国王は人々の利害を守るため神によってつかわされており、地方の僭主から臣民を保護する役割を担うため、中央集権化された強力な権力が必要となると説いた。ボシュエによると、国家における国王は、普遍世界の神のような存在となる。そして、人々は個々の諸権利を主権者に譲渡し、それらを保障してもらう。彼の理論でも絶対的君主が擁護された。ただし、ボシュエも、恣意的権力と絶対的権力の区別をし、国王の統治が専制的にならないように、法を遵守すること、神がつねに判断しているなどの道徳的制限を設けている。

かくして、王権神授説、あるいは社会契約説から、世俗君主の権力が最高位に位置づけられ、主権が確立された。こうした理論が絶対主義体制の基盤を擁護した。

イングランドの絶対王政

イングランドでは、バラ戦争で勝利したヘンリ7世がテューダー朝を開始して、絶対主義の時代に入ったと言われている。この治世に、行政や司法の整備として枢密院や星室庁などの官僚的政治機関が設けられた。これらの組織では、従来のように貴族の血筋のみに重きを置かず、ジェントリや中間階層からも有能な人材が登用された。また税の徴収という財政面も整えられて、王権が強化され、絶対主義の基盤が整備されていった。

続くヘンリ8世は、ローマ教皇の権威を退け、自らイングランド国教会の「首長」となり、聖・俗の権威の最高点に達した。宗教改革を行い、修道院の解散とその土地没収によって、イングランドにおけるローマ教皇の権威の失墜と税収入を拡大させ王権を強化した。さらに、常備海軍も設けてのちの海外発展を

準備した。ヘンリ8世のこの時代に絶対主義が確立されたとされる。

ヘンリ8世によって確立された絶対主義の体制が最盛期に達したのはエリザベス1世の時代と言われている。教会の「統治者」となったエリザベスは、枢密院を中心に王国を統治し、議会の権限を縮小し、45年間の治世に議会を召集したのはわずか10回であった。また、ジェントリを治安判事に登用し、地方を中央に取り入れた行政機構を整えていった。

エリザベスの晩年には絶対王政に対する批判が独立自営農民層など中間階層から生まれた。この批判が政治的領域で表面化したのが、エリザベスの後継者スコットランド王ジェイムズ6世(イングランドではジェイムズ1世)の時代である。

1603年にジェイムズはイングランド王も兼任したが、国王権力をめぐってイングランド議会としばしば対立した。国王側は、議会の同意なく国王の自由裁量によって権利を行使できる「国王大権」の範囲を拡大して王権の強化を図った。国王を支持する法学者たちは、国王の「通常の権力」と「絶対的権力」の区分をして、それを正当化した。対立が目立つなか、議会側は1621年に「大抗議」を出し、国政に関する議会の権利を主張した。

1960年代以降に見られた修正主義による歴史解釈では、こうした国王側と議会との対立はさほど多くなく、実際には、両者には思想上の「コンセンサスと調和」があり、両者間の政治的妥協が見られたとされる。

ジェイムズの息子チャールズ1世の治世では、議会との対立が激化した。国王側は、船舶税を「絶対的大権」と主張し、議会を無視して重税を課したため、議会が1628年に「権利の請願」を提出し、議会の権利を国王に確認させた。しかし、チャールズはカンタベリー大主教ロードを登用し、その後11年間「ロード体制」の下で議会は開かれることなく、専制的な政治を行った。彼の治世は、ピューリタン革命と国王処刑により幕を閉じた。

その後、1688年の名誉革命を経て、立憲君主制に移行したことにより、絶対王政が終焉を迎えた。

1615年から1789年まで三部会が機能しなくなっていた典型的なフランスの絶対王政と比べると、イングランドの絶対王政は、王権がつねに絶対的権力を保持していたわけではなく、コモン・ローなどの法、そして議会による制限を伝統的に享受してきたため、通常理解されている絶対主義とは異なる特徴を帯びていたと言えよう。

【主要文献】G. Burgess, *Absolute Monarchy and the Stuart Constitution,* Yale University Press, 1996. J. H. Burns ed., *The Cambridge History of Political Thought 1450-1700,* Cambridge University Press, 1991. N. Henshall, *The Myth of Absolutism: Change and Cointinuity in Early Modern European Monarchy,* Longman, 1992. J. Miller ed., *Absolutism in Seventeenth-Century Europe,* Macmillan Education, 1990. Francis Oakley, "The Absolute and Ordained Power of God in Sixteenth- and Seventeenth-Century Theology", *Journal of the History of Ideas* 59, 1998. ——, "The Absolute and Ordained Power of God and King in the Sixteenth and Seventeenth Centuries: Philosophy, Science, Politics, and Law", *Journal of the History of Ideas* 59, 1998. 大野真弓『イギリス絶対主義の権力構造』東京大学出版会, 1977. 中木康夫『フランス絶対王制の構造』未来社, 1963. 成瀬治『絶対主義国家と身分制社会』山川出版社, 1988. 二宮宏之『全体を見る眼と歴史家たち』木鐸社, 1986.

(小林麻衣子)

センス・データ

〔英〕sense data

感覚に与えられたものであり、直接知覚の対象とされる。1910年頃から、ムアやラッセルによって意識的に用いられ始めたが、言葉だけはそれ以前にすでにウィリアム・ジェイムズなどによって用いられていた。わが国では「感覚与件」「感覚所与」などと訳される。

センス・データの導入

19世紀後半、イギリスではヘーゲルの影響の下、ブラッドリーなどを代表者として、実在が観念や経験から独立して存在することを否定する観念論が大きな影響を持っていた。この哲学的風潮に反対したのが、かつてそれらに傾倒していたムアやラッセルであり、彼らは、イギリス観念論者に対して、感覚的知識を擁護する立場を打ち立てようとした。その際に導入されたのが、感覚的知識の基礎をなすと考えられたセンス・データである。

ムアがこの言葉を導入したのは、「感覚」がしばしば感覚する働きと感覚される対象の両方を指すのに用いられ、それが哲学者の混乱を招いているので、感覚の働きと明確に区別された対象を示す言葉が必要であると考えたからである。

ムアとともにセンス・データを広めるのに寄与した哲学者がラッセルである。彼は、われわれが直接的に事物を意識することで得られる知識を「見知りの知識」と呼んだが、この中で、感覚によるものの対象がセンス・データとされた。また、知覚されていないときにもセンス・データが存在すると考え、それをセンシビリアと呼んだ。

センス・データが知覚を解明するうえで重視されたのは、まず、センス・データが、実際に物体が存在する場合だけでなく、錯覚や幻覚の場合にも生じ、さらに、知覚されるがままの存在であると考えられていたため、物体の知覚において生じるような誤りから免れていると考えられたのも大きな理由の一つである。

センス・データと物体

当時の哲学者の多くは、センス・データと物体の関係を見出そうとした。まず、センス・データは外的な物体の表面の一部であるという立場がある。これは、素朴実在論と呼ばれるものをその代表とするが、ホワイトヘッドのように知覚者と対象の位置関係を理論に取り込み発展させたものも含まれると考えられている。しかし、この場合、センス・データは、知覚者の身体状態や、知覚の環境などによって変化するものであり、その異なるセンス・データを同じ物体の表面に帰属させるという問題が生じる。

また、現象主義的な立場から、センス・データと物体の関係が論じられる場合もある。これは、古くはJ.S.ミルの議論に見られるもので、外界がわれわれが知覚する現象から構成されるとする立場である。初期のラッセルは、物体をその現れの全クラスと同一視することを主張した。また、H.H.プライスは、厳密には現象主義者ではなく物に該当する未知の物理的占有物という概念を持ち出しているが、それへの言及は、標準的なセンス・データとその変容体、そしてセンシビリアからなる集合体（これをプライスは家族体と呼んだ）によってなされるとする点で、ある種の現象主義的理論と言えるものを展開した。

代替言語としてのセンス・データ

当初、センス・データの存在は、事実に関するものとして捉えられた。しかし、エアやG.A.ポールは、センス・データを言語的に解釈し直した。エアによれば、知覚の対象がセンス・データであるとする立場は、事実について述べたものではなく、物体を知覚すると

いう通常の言語とは異なる言語を採用したものであるすぎない。ここには、ウィトゲンシュタイン以来の哲学の目的を言語分析に置く思想が背景にある。さらに彼は、知覚者や知覚状況が異なる場合に生じるセンス・データをすべて異なるものと明確に規定した。そして、これらの定義のうえで、物体の知覚に関する言語を、センス・データに関する言語で翻訳することによってわれわれの経験的知識の内容をより明確なものにしようとしたのである。このようなエアの立場は、言語的現象主義と呼ばれることもある。

センス・データ理論への批判

20世紀前半に多くの哲学者を巻き込んだセンス・データ理論は、やがて様々な批判を受けることになった。オックスフォード日常言語学派や物理主義の台頭もその大きな一因である。オースティンは、『知覚の言語』において、センス・データ理論の重要な論拠となる錯覚事例を取り上げ、日常言語学派の観点からこれを攻撃した。彼によれば、たとえば、水に半分つけられた棒が曲がって見えるとき、知覚者は曲がった何かを見ているわけではない。知覚者が見ているものは、曲がって見える棒なのである。また、センス・データが物体の信念に対する客観的証拠とはなりえないという基礎づけ主義に対する批判もなされた。これには、物体の信念がそもそも特別な証拠を必要としないというオースティンのような批判や当時の心理学の影響の下、知覚の対象が知覚者の経験や予期などによって変容する主観的なものであることを論拠とするものなどがある。また、W.S.セラーズも、センス・データは認識的ではないがゆえに不可謬であるだけで、認識的なために可謬的な知識の基礎とはなりえないことを論じ、センス・データ理論を徹底的に批判した。これ以外には、経験の内容が現に知覚されているセンス・データだけでは語り尽くせないという批判もなされた。

センス・データを言語的なものとして捉える立場に対しては、物質言語からセンス・データ言語への翻訳の不可能性が指摘されている。これには、センス・データ言語は、それが翻訳しようとしている物質に言及することなしには成り立たないという批判や、ある物質言明を仮説的なセンス・データ言明で表現しようとすると、そのセンス・データ言明はほぼ無限に存在するので、翻訳が成立しないという批判がある。なお、センス・データ理論は代替言語でしかないという主張そのものも、セラーズやR.J.ハーストなどによって批判されている。

センス・データ理論の衰退

多くの批判の結果、センス・データ理論は急速に力を失った。もっとも、20世紀後半においても、F.ジャクソンやH.ロビンソンのように、センス・データの支持者がいないわけではない。また、センス・データという言葉自体は現代でもしばしば用いられている。しかし、知覚の哲学における科学的考察が重要視される現代においては、それは、身体に対する物理的刺激の結果生じる現象としてのみ扱われがちであり、その言葉は、本来のセンス・データ理論との関係は薄いと言える。

【主要文献】A. J. Ayer, *The Foundations of Empirical Knowledge,* 1940（神野慧一郎／中才敏郎／中谷隆雄訳『経験的知識の基礎』勁草書房, 1991）. J. L. Austin, *Sense and Sensibilia,* 1962（丹治信春／守屋唱進訳『知覚の言語』勁草書房, 1984）. Bertrand Russell, *The Problems of Philosophy,* 1912（高村夏輝訳『哲学入門』筑摩書房, 2005）. G. E. Moore, *Some Main Problems of Philosophy,* 1953. H. H. Price, *Perception,* 1932; 2nd ed., 1950. Frank Jackson, *Perception: A Representative Theory,* 1977.

（戸田剛文）

占星術・魔術

〔英〕（占星術）astrology
　　　（魔　術）magic, witchcraft, sorcery

魔術

　魔術とは、ある時点で公式に承認されている世界観や因果関係（現代の場合は科学）とは異なる、超自然的な諸力や因果関係に働きかけ、個人や集団の可視的・不可視的な目標を達成しようとする試みであるが、魔術と魔術以外の行為・存在の境界は曖昧で、時代と場所によって変化する。魔術（magic）の語源は、古代ペルシャにおいて、呪術や占を行うゾロアスター教の司祭・博士を示した「マギ」（magi）であるとされる。

　魔術の起源は先史時代に遡り、現在もなお、全世界に多様な形式で存在する。体系化の度合いで見れば、習慣・伝承から個人的思い込みに至るまでの、単純で直接的なもの（たとえば単純で即物的な「縁起かつぎ」の類）から、きわめて複雑で高度な世界観と技法を備えたもの（錬金術・占星術など）まで各種の段階が存在する。また、その手段と目的から見れば、白魔術（悪魔などの邪悪な力に頼らず、自他の利益と幸福の増進を図るもの）と黒魔術（邪悪な力を借り、他者への攻撃、不正な力や富の獲得を意図するもの）に大別できる。さらに、白魔術のうち、現代であれば「生活の知恵」「技術」「科学実験」と呼びうるようなものを「自然魔術」と呼ぶ場合もある。

　宗教と魔術は相互に深い関係にあるが、後者のほうが、対象に、より操作的と言えるであろう。この性質は、世界観の争いと相まって、とくに強力な一神教が出現した場合、魔術が異端として激しく攻撃される原因ともなる。西洋ではキリスト教の体制化とともに、それ以前から存在していた魔術は、それがキリスト教的に説明できる場合以外には、敵視・異端視され、少なくとも、公式の場からは、久しく追放された。しかし、中世後期からルネサンス期に入ると、古典復興とともに、プラトン主義などに含まれる「神秘主義」も復活され、古い魔術も復権し始めた。この段階における魔術は、もはや単なる利己的な自然操作の意図を超え、事象の研究を通じて、その背後にある隠れた力や秩序を探求する性質を帯びてきていた。その後、神秘主義の影響を強く残しながらも、この「復活した」魔術（自然魔術）は、のちの自然哲学・科学に、探求への強い動機と、その研究過程で蓄積された知識を伝えていくことになる。

占星術（西洋占星術）

　占星術（astrology）は、天体とその運動が地上（月下界）に与える影響を研究し、現在および将来に起こることを知ろうとする魔術の一種であるが、暦とも深く関わっている。現代では自然科学の一分野たる天文学（astronomy）と区別されているが、両者は本来同根である（これは訳語の「天文」〔中国の天変占星術に由来〕についても同様である）。本稿では西洋占星術をその歴史と性質から二種類（全般占星術／出生占星術）に大別する。

　占星術もまた、古くから、多くの文化に見られる。天体への畏敬の念や農作業から発生したものであろう。西洋占星術は、古代シュメール・バビロニアに起源を持つ。この萌芽的占星術は、天文現象の地上一般への影響を見るため、包括範囲が大きく、必然的に天下国家の吉凶を占うものとなり、暦の支配とも相まって、大規模な専制国家の祭祀と結びついた。これを全般占星術（general astrology）と呼ぶ。全般占星術は支配者の術であり、普及する性質のものではなかったため、占星術の「原型」に止まり、しだいに衰退した。

　代わって占星術の主流を占めるようになったのは、個人の運命を占う出生占星術（genethlialogy）である。これは前4世紀以降、カルデア人（前7世紀頃からバビロニアを支配）の

占星術と、地中海世界の宿命論が結びついて成立した、ヘレニズムの産物であり、オリエント的専制国家の衰退と「個人」の相対的重要化とも関連しているものと思われる。

技術的には、全般占星術のような漠然としたものから、天体の配置の数学的・幾何学的操作に重点が置かれるようになった。占いが、誕生時の惑星の位置と相互関係を黄道十二宮（獣帯）上に図示したホロスコープ（horoscope）をもとに行われるため、たんにホロスコープと呼ばれることも多い。まさに運命を「算出する」術で、霊感などは不要で再現性があり、一種の合理性を持つ。結果は決定論的で、個人の自由意志は否定される。現在一般に「西洋占星術」と呼ばれているものは、ホロスコープとその派生形であるが、決定論については、必要に合わせて、緩和されているものが多い。

占星術と宗教・魔術・科学

占星術は、その決定論によって神の絶対性や個人の自由意志を否定するため、体制化したキリスト教から排斥されるだけでなく、政治支配者による利用や弾圧を受けることも少なくなかった。その一方で、占星術は近代初期までの世界観（現代からは往々にして「神秘主義」とされる）と深く結合し、その理論的背景ともなっていった。占星術の「マクロコスモス（大宇宙、天体）とミクロコスモス（小宇宙、人体）の照応」という思想は、ギリシアの科学・哲学（プラトンやピュタゴラスなど）を経て、ユダヤ・エジプト・アラビア、さらには初期キリスト教の諸思想とも融合し、3世紀頃までに「ヘルメス主義」（Hermeticism）を形成した。これは哲学・神学的側面と、火による操作（ヘルメス科学、錬金術。またこの作業自体を「魔術」と呼ぶこともある）を重視する物質・技術的側面を持つ。ヘルメス主義はイスラム世界での継承と展開ののち、中世後期からヨーロッパに流入し、ルネサンス以降、18世紀初頭まで、大きな知的運動を形成した。いわゆる「科学革命」の推進者たち——ニュートンとその後継者に至るまで——も、多かれ少なかれ、その影響下にあり、そこから直接・間接の原動力を得ていた。

魔術のその後

18世紀以降、魔術は、近代科学に取って代わられることで、再び、公式な知的世界から姿を消してゆく。しかし、19世紀以降、哲学・心理学・人類学・宗教学・歴史学・社会学などの「研究対象」として、再検討されることとなる。こうした研究は、「近代科学以前の、すでに克服された迷信」という単純で否定的な見方から、「独自の価値を持つ、広範囲にわたる文化現象」として評価する、より精密で肯定的な見方へと向かってきている。

一方、人々の中で脈々と生き残ってきた魔術は、現代でも、なお多くの支持者を有している。その理由は、従来の価値観や共同体の急速な変化がもたらす不安や、環境問題などによって引き起こされた科学への不信、マスコミやインターネットで魔術の情報に接触する機会が増えたことなどであり、多くは人々にとくに強い不安を抱かせる、医療・健康や運命に関係している。この種の、「現代の魔術」の中には、何らかの形で、正統科学の体裁に影響を受けているものも、少なくない（疑似科学）。しかしこうしたものは、歴史的な魔術や占星術とは、区別されるべきであろう。

【主要文献】アレン・G.ディーバス（川崎勝／大谷卓史訳）『近代錬金術の歴史』平凡社, 1999. S.J.テスター（山本啓二訳）『西洋占星術の歴史』恒星社厚生閣, 1997. 中山茂『西洋占星術——科学と魔術のあいだ』講談社現代新書, 1992.

（嘉陽英朗）

千年王国

〔英〕millennium, millenarianism, chiliasm

定義と区分

千年王国を求める思想（以下では千年王国論と呼ぶ）や運動は、歴史上、様々な時代と場所に姿を現している。千年王国論とは、広義にとれば救世主の出現によって地上に理想的な王国が誕生し、それが世の終わりまで続くという終末論の一形態である。しかし、この思想をユートピアや終末論一般から区別し、思想史的な概念として用いるときには、もう少し厳密な定義が必要となる。通常、千年王国論はユダヤ＝キリスト教的な伝統に位置づけられ、その典拠は『旧約聖書』の「ダニエル書」や『新約聖書』の「ヨハネの黙示録」に求められる。「黙示録」20章6節には、「第一の復活にあずかる者は、幸いな者、聖なる者である。……彼らは神とキリストの祭司となって、千年の間キリストとともに統治する」とある。この箇所は、選ばれた聖徒がキリストとともに支配者となり、終末の「最後の審判」まで続く「千年王国」があることを示唆している。

後世の神学者や聖職者たちの間では、この「千年」をどのように解釈するかで大論争が生じた。当然考えられるのは、「千年」を字義通りに解釈して、地上へのキリスト再臨と「最後の審判」まで続く千年王国の実現を信じる立場であり、これを千年王国論と定義することができる。千年王国論は、さらに(1)キリストの再臨を千年王国に先立つとする前千年王国論と、(2)再臨を千年王国のあとに置く後千年王国論とに区分できる。前者は、近い将来に再臨を期待することが多く、急激な変革を待望する人々によって支持されやすかった。後者は、遠い未来に再臨を置くため、漸進的な改革を志向する人々と結びつく傾向にあった。他方で、「千年の間」を比喩的なものと考え、千年王国論を否定する立場は、(3)無千年王国論と呼ばれる。だが、この立場も世の終わりを想定しており、終末論に属することは言うまでもない。

中世からピューリタン革命まで

中世のキリスト教会では、アウグスティヌスに代表される正統派の神学者が大きな影響力を持ち、千年王国論は異端的な教説と見なされた。しかし、黙示録を字義通り解釈する伝統は、抑圧された民衆や異端的な預言者によって受容され、千年王国論は抵抗の思想として生き続けた。千年王国を求める思想や運動は、天災や疫病、飢饉といった社会的危機の時代に噴出することが多く、11～13世紀の十字軍派遣や修道院創立に際して、あるいは14～16世紀の農民一揆や宗教運動に伴って出現した。その思想は、1381年のイギリス農民一揆におけるジョン・ボール（John Ball）、1419年以降のボヘミア・タボール派運動におけるマルティン・フスカ（Martin Húska）、1524-25年のドイツ農民戦争におけるトマス・ミュンツァー（Thomas Müntzer）などに見ることができる。また12世紀の修道院長フィオーレのヨアキム（Joachim of Fiore）は、歴史の全過程を三位一体説に従って〈父〉の時代、〈子〉の時代、〈聖霊〉の時代という3つに区分して、第三の〈聖霊〉の時代を、輝かしい「愛と歓喜と自由の時代」と描き、後世に大きな影響を与えた。

中世の千年王国論を洗練し、発展させたのは、16～17世紀イギリスのピューリタンであった。宗教改革以後のイギリスでは、ヘブライ語で聖書を研究したり、黙示録を歴史的に解釈する傾向が強まり、トマス・ブライトマン（Thomas Brightman）やジョゼフ・ミード（Joseph Mede）といった神学者の功績により、17世紀前半には前千年王国論が広く信仰された。この信仰は、同時代に進行した三十年戦争やピューリタン迫害といった社会的危

機の産物でもあった。この信仰を受け継いだのが、ピューリタン革命期の独立派や第五王国派などのグループである。彼らは、カトリック教会やイングランド国教会の打倒を目指し、ローマ教皇や国王チャールズ1世を「反キリスト」と見なす前千年王国論を主張し、国王派の打倒や国王の処刑、革命の急進化に貢献した。

たとえば、独立派牧師のトマス・グッドウィンは、長期議会でなされた1646年の説教において、「キリストは諸王の王であり、聖徒の王である。キリストは、彼の関心事を追求しており、彼の王国は、ますます近いものになっている。彼は、王国を力ずくで手に入れる。われわれは、現在そのうねりの渦中にいる」と述べた。ピューリタン革命の指導者オリヴァー・クロムウェルは、1653年7月の指名議会開会にあたり、千年王国論的信念を込めて演説した。「イエス・キリストは、今日、あなた方の召集によって認められた。あなた方は、神のために出席しようとする意欲によって神を認めた。あなた方は、貧しき被造物のなしうる限り、今日がキリストの力の現れる日であることを明らかにしたのである」。この時期の千年王国論は、革命思想として評価することができる。

近現代の千年王国論

その後も千年王国論は革命や変動の時代に現れ、18世紀のアメリカ独立革命やフランス革命に際して、あるいは産業革命期のイギリスで少なからぬ役割を演じた。とくに英米では千年王国論が普及し、イギリスではジョゼフ・プリーストリやトマス・スペンス (Thomas Spence)、ロバート・オウエンといった急進主義者や初期社会主義者には、この思想が認められる。

またアメリカ植民地において、本国イギリスを批判するために動員されたのが千年王国論であった。かつて本国で革命思想として機能したものが、皮肉にも本国批判の武器となった。独立宣言が出された1776年、コネティカットの牧師サミュエル・シャーウッドは、「反キリスト」が、植民地を抑圧するイギリスであることを確信して、「時は切迫している。……イギリス帝国のこの動乱は、反キリストの没落と転覆、キリストの教会の未来の栄光と繁栄に関する預言の実現へと導くだろう。間もなく、この世の王国が、わが主とキリストの王国となるだろう」と述べた。

以後、アメリカのプロテスタント系教会では反カトリック的な千年王国論が広く定着した。モルモン教、セブンスディ・アドヴェンティスト派、エホバの証人（ものみの塔）などは現在に至るまで、この思想を教義の中心に据えている。近代の千年王国論を特徴づけるのは、18世紀アメリカのジョナサン・エドワーズ (Jonathan Edwards) 以来、明確になっていく後千年王国論への傾斜であろう。そこでは、科学や技術の進歩と千年王国の完成が並行するものと説かれ、進歩の時代における千年王国論の特色を見ることができる。

他方で、抵抗や革命の思想という特色は、ヨーロッパの労働運動や農民運動、さらには被抑圧民族の抵抗運動や独立運動へと受け継がれていった。千年王国論は、E.J.ホブズボームが描いたように、19世紀イギリスの労働運動やイタリアのラザレッティ運動、19〜20世紀南スペインのアナーキスト的農民運動やシチリア島の農民運動の中に見出される。また文化人類学や宗教社会学の成果が明らかにしたように、千年王国論は、ニュージーランドの先住民族マオリ族による抵抗運動や北米先住民族によるゴースト・ダンス、メラネシアのカーゴ・カルト運動の中にも認めることができる。最近では、千年王国論が東南アジアや中国、日本における民衆運動の重要なエネルギー源であったと指摘されている。たとえば、それは、上座部仏教文化圏に属するスリランカやタイの宗教運動やキリスト教の影響

を受けた中国の太平天国の乱、仏教のミロク信仰に基づく日本の宗教運動などに見られる。このように千年王国運動は、世界中の広範な地域において認められ、政治的・経済的・社会的に抑圧された人々の救済を求める運動として展開した。しかし、その場合、千年王国論の概念が、かなり拡張されて用いられており、冒頭で述べた厳密な定義から逸脱するものがあることを付記しておきたい。

最後に見逃すことができないのは、千年王国論の中にある差別的・排他的な特色である。この特色は、選ばれた聖徒がキリストとともに支配者になるという選民思想と分かちがたく結合しており、特定の時代に限られることなく見出される。たとえば、中世の十字軍時代の千年王国運動には反ユダヤ・反イスラム的な傾向が強く、17世紀イギリスの千年王国論には強烈な反カトリック・反オスマントルコの意識が表明されていた。この傾向は近現代の千年王国論にも引き継がれており、欧米の科学技術と進歩を称賛する思想は、第三世界の「未開と野蛮」を蔑視し、あるいは教化する思想にたやすく転化するものであった。また、ナチス前夜の千年王国論の中で「ドイツ民族共同体」の意義が強調され、近年の日本や韓国、アメリカの新興宗教の中で排他的で独善的な千年王国論が説かれていることも忘れてならない点である。

【主要文献】Norman Cohn, *The Pursuit of the Millennium: Revolutionary Millenarians and Mystical Anarchists of the Middle Ages,* London: Secker & Warburg, 1957（江河徹訳『千年王国の追求』紀伊國屋書店，1978）．Peter Worsley, *The Trumpet Shall Sound: A Study of 'Cargo' Cults in Melanesia,* London: MacGibbon & Kee, 1957（吉田正紀訳『千年王国と未開社会——メラネシアのカーゴ・カルト運動』紀伊國屋書店，1981）．E. J. Hobsbawm, *Primitive Revels: Studies in Archaic Forms of Social Movement in the 19th and 20th Centuries,* Manchester University Press, 1959（水田洋ほか訳『素朴な反逆者たち』社会思想社，1989）．Vittorio Lanternari, *Movimenti religiosi di libertà e di salvezza dei popoli oppressi,* Milano: Giangiacome Feltrinelli Editore, 1960（堀一郎／中牧弘允訳『虐げられた者の宗教——近代メシア運動の研究』新泉社，1976）．B. S. Capp, *The Fifth Monarchy Men: A Study in Seventeenth Century English Millenarianism,* London: Faber & Faber, 1972. C. Garrett, *Respectable Folly: Millenarians and the French Revolution in France and England,* Johns Hopkins University Press, 1975. J. F. C. Harrison, *The Second Coming: Popular Millenarianism, 1780-1850,* London: Routledge & Kegan Paul, 1979. Ulrich Linse, *Barfüßige Propheten: Erlöser der zwanziger Jahre,* Berlin: Wolf Jobst Siedler Verlag, 1983（望田幸男ほか訳『ワイマル共和国の予言者たち——ヒトラーへの伏流』ミネルヴァ書房，1989）．安永壽延『日本のユートピア思想』法政大学出版局，1971．鈴木中正編『千年王国的民衆運動の研究——中国・東南アジアにおける』東京大学出版会，1982．田村秀夫編『イギリス革命と千年王国』同文舘，1990．——編『千年王国論』研究社出版，2000．三石善吉『中国の千年王国』東京大学出版会，1991．岩井淳『千年王国を夢みた革命——17世紀英米のピューリタン』講談社，1995．

（岩井　淳）

想像力（構想力）

〔英〕imagination 〔ラ〕imaginatio
〔独〕Einbildungskraft

　18世紀後半から19世紀初頭におけるロマン主義（復興）運動を代表する詩人たち、とくにW.ブレイク、W.ワーズワス、S.T.コールリッジ、J.キーツ、P.B.シェリーは、「創造的想像力」（creative imagination）を信じ、フランス革命では達成できなかった至福千年（apocalypticism）の現出を象徴する独自の作品を残そうとした。以下、知的直観（intellectual intuition）と連動する「創造的想像力」説のイギリス美学・文学史における位置づけを検討する。

カントの「産出的構想力」

　カントは、われわれの認識が知覚に基づくことを疑わなかった。しかし、その知覚は、外界から受けた多様な感覚的印象を「先験的」（アプリオリ）、あるいは「超越論的」に一つの形象へと総合する「産出的構想力」の働きなしに成立しないことを指摘した（『純粋理性批判』1781；第2版1787）。カントはD.ヒュームが『人間本性論』（1739-40）に記した「感覚器官に関する懐疑」を突き詰め、われわれの精神の「構想力」による生産的な働きによって、空間や時間の感性的純粋直観から知覚が成立し、認識が生み出されることを明らかにしたのである。ただしカントは、プラトン的知的直観による認識能力は認めなかった。当時の想像力説では、ロックの経験主義的認識論を踏襲し、過去の記憶を連想の法則に従って再生産する想像力の働き（「再生的構想力」）しか認めなかったが、カントによる「産出的構想力」の指摘は、これを修正する画期的なものであった。

　カントはさらに、理性の理念に形象が与えられたような「崇高なもの」を捉え、快・不快の感情を生み出す構想力の働きを指摘（『判断力批判』1790）。それは、次世代のドイツ・ロマン派のノヴァーリス、シュレーゲル、シェリングにおいて、われわれに精神の自由を体験させるような芸術を生む美的想像力、すなわち「創造的想像力」説へと発展した。

　なお、訳語であるが、明治、大正期における西洋哲学の受容を経て、カントの用法に従い想像力の「超越論的総合」作用を論じる場合、「構想力」を用いる傾向が定着している。三木清『構想力の論理』（1937-43）は有名。

想像力と空想（力）

　S.T.コールリッジは、プラトン、プロティノス、クザーヌス、ブルーノを愛読し、またカントの『純粋理性批判』や『判断力批判』に心酔した。そして彼は、ドライデン、アディソン、ジェラードなどが同義的に使っていた「想像力」と「空想（力）」（fancy）とを峻別した（『文学評伝』1817）。コールリッジによると、「空想」とは、記憶の一つの様式にすぎない。「空想」は、連想の法則に従って、過去の様々な体験が機械的に組み立て直されたもので、カントの「再生的構想力」にあたる。コールリッジはカントに従い、「悟性」（understanding）を感覚が捉える現象を整理し、概念を生む機能とするが、「悟性」は「空想力」と交わり、ロック、ベーコン、ホッブズ、D.ヒュームたちの唯物論的な感覚的印象に基づいた「推論的認識」（discursive reasoning）を生む。

　一方、コールリッジによると、「想像力」は超感覚的な「心の眼」（'the mind's eye'：シェイクスピア『ハムレット』1600年頃初演、1603年出版）である「理性」（あるいは「理性（ロゴス）の光を受けた悟性」）の知的直観力と連携し、過去の記憶に囚われずに、一つの有機体（an organic whole）を生み出し続ける（週刊誌『友』1809.6-1810.3）。その途上で生まれた独創的作品は芸術家の「天才」（genius）

を示し、「精神と客体」、「普遍性と具体性、観念と形象など、相反するものを融合」する「創造的想像力」の象徴となる（『文学評伝』）。

「想像力」を「空想力」より優位に置くコールリッジの姿勢は、のちに、T.E.ヒューム（「ロマン主義と古典主義」死後 1924）や T.S.エリオット（『詩の効用と批評の効用』1933）によって反論された。20世紀のリアリズム文学では、ジョイスや V.ウルフの「意識の流れ」に見られるように、記憶／空想に活性化される想像力の働きを重視した。

「創造的想像力」とイギリス・ロマン派詩人たち

コールリッジは、キリストの福音を信じる者に与えられる「創造的想像力」を、崇高な芸術作品を生み出すための「第二の想像力」（secondary imagination）と呼ぶ（『文学評伝』）。彼にとって「崇高なもの」とは、各部分が神から与えられる「絶対理性」の光を「透過する」（『友』）ことで全体としての統一を保ち、生命を感じさせるものを意味した。キーツの「想像力が美と捉えたものこそ真実」という手紙の言葉（1817）においても、科学的真理ではなく、形而上学的真理へとわれわれを導く創造的な「形而上学的想像力」（metaphysical imagination）が称えられる。

ニュートン『光学』（1704）は 18 世紀の自然哲学に君臨し、トムソンたち文壇でも、ニュートンは新たな美の発見者としてもてはやされた。しかし、バニヤン『天路歴程』（第 1 部 1678）、E.ヤングの『夜想』（1742-45）、スウェーデンボリやバークリーの著作に親しんでいたブレイクにとって、物体を作る微粒子の引力の法則による運動がわれわれの感覚を形成するというニュートン力学は、精神の自由な力を抑圧するユリゼン（Urizen）的悪を意味した。

ブレイクにとって、「一輪の野の花に天国を、／掌の中に無限を／ひとときの中に永遠を捉える」ための想像力は（「無垢の予兆」1801-05 頃作）、「知覚の扉が洗い清められる」と始動し、「すべてのものをあるがままの、無限なものとしてわれわれの眼に現れさせる」（『天国と地獄の結婚』1790-93）。W.ワーズワスも想像力の、「偉大なもの」からの「荘厳な契約の啓示」（'visitings of awful promise'）を捉える知的直観力を称えた。ワーズワスの想像力は、われわれに「自己実現と自己自身の価値を思う」幸せを与え続ける力であった（『序曲』1799 年頃着手、死後 1850）。それは他者への「共感」、「知的な愛」（intellectual love）が深まる喜びの体験を可能にした。永遠の真理の発見と道徳的向上の喜びに芸術的表現を与える想像力の働きは、ヴィクトリア朝の美術評論家ラスキン『近代画家論』（1843-60）でも強調された。

P.B.シェリーは、詩人を、「非公認の、この世界の立法者」と位置づける。詩人は、「未来が現実の上に投げる巨大な影を映す鏡」を提供するからである（『詩の弁護』1821 作、死後 1840）。シェリーによると、詩人の想像力は「時代の精神」が求めるものを時代に先駆けて直観し、これに形象を与えることで人々を改革に向けての行動へと導く。D.H.ロレンスにも通じるこのような「黙示録的想像力」（apocalyptic imagination）は、カッシーラーが言うところの、神話、芸術、宗教など広範な文化を形成する象徴を生む（『シンボル形式の哲学』1923-29）。

「創造的想像力」説の成立まで

「創造的想像力」は、ギリシア時代から啓蒙期に至るまで支配的であったアリストテレス『詩学』に由来する模倣説（Mimesis）や、「存在の大いなる連鎖」（Great Chain of Being）、さらにはニュートンの『光学』に見られる世界観と相容れない。しかし、ロマン主義時代以前からも、過去や現実の状態を静視するだけの受動的な想像力に満足できず、現実と理

想、感覚的なものと超感覚的なものなどが共存し、より完成に近い状態を具現する能動的な想像力と、それがもたらす快感情を重視した人たちがいた。シェイクスピアや、ケンブリッジ・プラトニストたち、ミルトン、アディソンらである。

ジョン・スミスは、道徳的善の実践を通して、理性が感覚化し、神のイメージを捉える「内的感覚」(inward sense)、あるいは「霊的感覚」(Spiritual sensation)のような「想像力」(Imaginative Powers)が生じたとき、絶対善に関して単なる推論以上の「神的知識」(Divine Knowledge)が深まり、心の平安が得られるという(「神に関する知識に至るための真の方法」、『説教選集』死後1660)。

アディソンは、「大いなる」自然に触発された想像力が、創造主を瞑想する喜びへとわれわれを導くという(『スペクテーター』412号、1712)。「大いなるもの」(Great)を捉える驚異と喜びは、のちにエイキンサイドの『想像力の喜び』(1744)の主題となった。E.バークの『崇高と美の観念の起源』(1757)には、カント『判断力批判』へと続く、美と崇高の判断に伴って想像力が生む快・不快の感情の分析がある。

「エコロジカルな想像力」

1990年代に入り、アメリカで定義づけられた「緑の文学批評」(ecocriticism)では、時空に縛られた日常意識の「異化」(defamiliarization)や「脱中心化」(decentering)を図ることで、「人間(ロゴス)中心的想像力」による環境破壊を阻止する試みに焦点が絞られる。生命の共同体としての自然生態系(全体)を中心に置き直し、その生態系を構成する一員(一部分)にすぎないわれわれと、「他者」としての自然との新たな「共生」(symbiosis)を模索するための手段として、「エコロジカルな想像力」(environ- mental imagination)の必要性が叫ばれている。

【主要文献】John Smith, "The True Way or Method of Attaining to Divine Knowledge", 1660(矢内光一訳「神に関する知識に至るための真の方法」、『横浜国立大学人文紀要第1類哲学・社会科学』34号, 1988). Immanuel Kant, *Kritik der reinen Vernunft,* 1781; 2nd ed., 1787(高峯一愚訳『純粋理性批判』河出書房新社, 1989). ——, *Kritik der Urteilskraft,* 1790(坂田徳男訳『判断力批判』河出書房新社, 1989). Samuel Taylor Coleridge, *Biographia Literaria,* 1817(桂田利吉訳『文学評伝』法政大学出版局, 1976). Percy Bysshe Shelley, "A Defence of Poetry", 1821(森清訳注『詩の弁護』〈英米文芸論双書 5〉, 研究社, 1969). 三木清『構想力の論理』, 1937-43；岩波書店, 1967. Marjorie Hope Nicolson, *Mountain Gloom and Mountain Glory*: *The Development of the Aesthetics of the Infinite,* 1959(小黒和子訳『暗い山と栄光の山』国書刊行会, 1989). 岡本昌夫『想像力説の研究』南雲堂, 1967. James Engell, *Creative Imagination,* Harvard University Press, 1981. 新井明／鎌井敏和編『信仰と理性——ケンブリッジ・プラトン学派研究序説』御茶の水書房, 1988. 濱下昌宏『18世紀イギリス美学史研究』多賀出版, 1993. Lawrence Buell, *The Environmental Imagination,* Harvard University Press, 1995.

(和氣節子)

第一性質・第二性質

〔英〕primary qualities / secondary qualities

　第一性質と第二性質の区別は、様々な物体の性質（大きさ、形、色、熱さ、味など）の間に何らかの存在論的、認識論的な区別が行えるという主張を行う。そのルーツは、古くはアリストテレスの四性質理論にまで遡るが、第一性質・第二性質という表現が初めて明確に現れたのはロック（『人間知性論』1690）においてである。しかし、第一性質・第二性質という表現こそ見られないものの、実質的に近い内容の性質間の区別は、すでにロック以前の多くの自然哲学者たちによって提出されていた。さらに、それぞれの性質の定義や具体的なリストには、論者の数と言ってよいほどの多様性が見出される。

アリストテレスと近代機械論

　アリストテレスによると、月下界に存在する四要素（火、空気、水、土）を構成する最も根本的な4つの対立性質は温－冷、乾－湿であり、これらは、それ以上は還元されない「第一」の性質と呼ばれる（『生成消滅論』335-33 B.C.）。そして、物体の他の様々な性質（重い－軽い、固い－柔らかい、粘りがある－脆いなど）は、これら四性質から派生したものであると考えられた。ここで注意すべきは、アリストテレスが考えた第一の性質とは、あくまでも質料形相論という独自の形而上学の中で機能するものであり、現実における知覚可能な物体の性質とは考えられていなかったという点である。すなわち、存在論的には、(1) まず可能態である第一質料が想定され、(2) 次いで形相としての第一の性質がそれに加わることで、(3) われわれが知覚する現実態としての物体（第二質料）が実現されるものだと考えられた。

　これに対し、近代機械論者たちは、第一性質から他の性質が派生するのだという還元テーゼは維持しつつも、質料形相論を破棄し第一性質を現実の物質から分離不可能な性質と考え、さらにそのリストとしては機械的な性質（大きさ、形、運動など）を挙げた。こうして、アリストテレスの第一性質（温－冷、乾－湿）は今や、二次的な、派生的な性質として捉え直されるに至った。

ガリレオ

　近代的な第一性質・第二性質の区別を初めて提出したと言われるのが、ガリレオである。ガリレオによれば、物質についてわれわれが想像するときには、それが形、他の物と比べた大きさ、位置する場所や時間、運動あるいは静止、他の物体との接触あるいは非接触、一または複数の数、を必ず持つという必然性がある（『偽金鑑識官』1623）。対照的に、いわゆる第二性質（色、味、音、匂いといったもの）は物質の必然的な付帯物ではなく、感覚の助けなく理性や想像力のみでわれわれはこれらの性質を見出すことはできない。これら色、味、匂いといった性質は、現実の物体の中に存するのではなく、ただわれわれの意識の中にのみ存在するのだとされた。

　ここには、まだ萌芽的ながらも第一性質・第二性質の区別に相当するものが現れている。実際、ガリレオは運動と接触を「第一の偶有性」（primi accidenti）と呼び、実在的な幾何学的性質と、意識の中にのみ存する感覚的性質とを区別していることが確認される。しかし、第一性質の定義やリストはいまだ素描的であり、さらに第二性質の存在論的身分も不明確なままであった。

ガッサンディーチャールトン

　原子論的な思想がイギリスに本格的に導入されたのは、エピクロス主義がガッサンディを経由してチャールトンによって紹介されたことによる。チャールトンは、デモクリトス

に依拠しながら、原子の本質的特性（essential properties）として、相同性（consimilarity）、大きさ（magnitude）、形（figure）、重さ（gravity）を挙げる（『フィジオロジア』1654）。これら4つの原子の特性が物体の概念分析により導かれる本質的な性質であるのに対し、白さ、黒さ、甘さ、冷熱といった性質は、複数の原子のある一定の位置や配列とわれわれの身体構造との間の関係によって偶然的に生じる性質である。それはあたかも、正義や不正義が、法との一致・不一致によって決まる、つまり慣習によるのと似たものだというデモクリトスの説をチャールトンは踏襲している。こうして、チャールトンが行った第一性質・第二性質の区別は、原子の本質的特性と偶然的性質との対比に依拠するものであるが、古代原子論からの引用に大きく依存するチャールトンの議論は、認識論的な反省に欠けている欠点が指摘できるだろう。

デカルト
　デカルトは代表的な近代機械論者としてしばしば言及されるが、古代の権威によらない方法論的懐疑により土台から認識論を再構築した点においても、同時代の原子論者、機械論者と異なる特異な位置を占めている。デカルトは、物体が大きさ、形、運動、位置、持続、数といった性質を持つことをわれわれは明晰判明に知覚するが、それとは対照的に、物体が感覚に関係する色、匂い、味といった性質を持つことの本性についてわれわれは無知であると述べる（『哲学原理』1644）。これは、デカルトが規定した実体二元論の一つの帰結である。デカルトは、心と物体とが明晰判明に区別されるという議論から、両者の間に実在的な区別が存在するとしたが、同様に、物体の本性もただ延長のみに存することが明晰判明に知覚されると主張した。しかしこれと対照的に、心と物体（身体）との緊密な統一から生じる快苦、光、色、音、匂い、味、熱さ、硬さといった性質は、本当はどのようなものであるのか、われわれはその本性を明晰判明に認識することができない。
　以上のような明晰判明知に依拠したデカルトの第一性質・第二性質の区別は、独自の数学的自然観によってより良く表現されるものと思われる。デカルトは、自らの自然学において、幾何学的証明が適応可能である分割、形、運動といった対象のみを認めると述べているが、デカルトによる性質間の区別は、こうした数学的対象と数学的対象でないものの間の線引きと一致する。デカルトは『世界論』『光学』といった自然学の著作において、外界物体の本性とわれわれの知覚内容との類似、非類似という観点からも第一性質・第二性質の区別にあたる主張を行っているが、こうした彼の主張の根底には上記の数学的自然観があったものと思われる。

ボイル—ロック
　ボイルは、その理論的主著（『形相と性質の起源』1666）において第一性状（primary affections）、第二性質（secondary qualities）という語を近代機械論——ボイルは「粒子仮説」（Corpuscular Hypothesis）とも呼ぶ——に初めて導入し、さらにロックにも甚大な影響を与えた重要な人物である。ボイルはチャールトンら同時代の原子論者に倣い、物質を「延長し、分割可能で不可侵入な実体」と考え、それに運動が加わることによって物質が実際に分割されることで、物質から不可分な偶有性である大きさ、形が生じるとした。ボイルはこれら粒子の大きさ、形と、そこから生じる粒子の姿勢、順序、一定の粒子構造である組織（texture）といった偶有性を第一性状と呼び、より単純でない色、味、匂いといった第二性質から区別する。とりわけ、第二性質に対応する実在物の粒子構造を指す組織という語を創出し、粒子の配置（disposition）という仕方で第二性質を実在物に確保した点が、そ

れまで第二性質を意識の中にのみ置いたり、その本性を不明のままにしたりしていたガリレオやデカルトと大きく異なる。

ボイルは、第二性質を「より単純でない」(less simple) 性質だと規定しているように、第一性質・第二性質の区別が、科学理論としての粒子仮説の持つ単純性、分かりやすさ、説明力といったプラグマティックな利点によるものであることを強調した。ロックはこれに従いつつ、他方で (1) ボイルの粒子仮説を自らの認識論的な枠組みである観念説に取り込み、(2) 各性質の定式化を行った点において、ボイルの議論をある意味において洗練化させたと考えられる。

ロック(『人間知性論』1690) によれば、まず (1) 心の中の観念と、物体における性質とが区別される。たとえば、白の観念と黒の観念が太陽からの光の粒子の有無によって説明されるように、現れとしての観念と、原因としての物体の性質とが注意深く区別されねばならない。そして狭義での物体の性質とは、心の中に観念を産み出す物体の能力 (Power) であると定義される。(2) 第一性質 (primary Qualities) とは、どんな状態に置かれようとも物体から分離不可能な性質のことであり、具体的なリストとしては固性、延長、形、可動性などが挙げられる。そして、物体がこれら第一性質による衝撃によりわれわれの感官に作用することによって、われわれの中に色、音、味といった様々な感覚を産み出す物体の能力のことを、ロックは第二性質 (secondary Qualities) と呼ぶ。こうして、観念と性質を区別し、物体の傾向性(能力)としての第二性質を初めて明確に定式化した点が、ロックの性質理論に特徴的である。

ロックから現代まで

ロックによる物体の第一性質・第二性質の区別は、一世代あとのバークリー(『人間の知識の原理』1710) の批判によって、長らく維持不可能なものと考えられてきた。しかしバークリーの批判は、色、味、音などを第二性質としたうえで、第二性質が第一性質から分離不可能である(たとえば、テーブル固有の木の色なしでテーブルの延長のみを思い浮かべることができない)という現象分析に依拠しているため、ボイルやロックの議論を正確に批判していないという評価が定着しつつある。現代の英米哲学でも、ロックによる性質間の区別がほぼそのままの形で維持可能であるという見解がマッキー、マッギンといった論者たちによって擁護されているほか、ロックの議論は、現代での多くの論点(第一性質・第二性質の区別という存在論的、認識論的な問題のみならず、クオリア、スーパーヴィーニエンス、道徳的実在論といった論点)に対しても古典的な土台を提供している。しかし、すでに見てきたように第一性質・第二性質の区別は様々な観点から捉えることが可能であり、そうした多層的な理解はわれわれの道具箱を豊かにさせ、われわれの哲学的な問題への多様なアプローチを可能にしてくれるだろう。

【主要文献】 Aristotle, *De Generatione et Corruptione*, 335-33 B.C.(戸塚七郎訳『生成消滅論』岩波書店, 1968). Galileo Galilei, *Il Saggiatore*, 1623(山田慶児／谷泰訳「偽金鑑識官」,『世界の名著 21 ガリレオ／ホイヘンス』中央公論社, 1973). René Descartes, *Principia Philosophiae*, 1644(小林道夫ほか訳『哲学の原理』朝日出版社, 1988). Walter Charleton, *Physiologia: Epicurico-Gassendo-Charltoniana*, 1654. Robert Boyle, *The Origin of Forms and Qualities*, 1666(赤平清蔵訳『形相と質の起源』朝日出版社, 1989). John Locke, *An Essay concerning Human Understanding*, 1690(大槻春彦訳『人間知性論』全 4 冊, 岩波文庫, 1972-77).

(青木滋之)

大学

〔英〕university

オックスフォードとケンブリッジ両大学の起源と発展

　大学はヨーロッパ中世社会に、神学、医学、法学、7 教養諸科など高度な学問・知識を学び教える人々の団体・組合（universitas）として自然発生的に誕生した。ボローニャ大学とパリ大学がその原型だとされる。12世紀後半から 13 世紀初頭にかけて成立したオックスフォード大学とケンブリッジ大学（オックスブリッジと略称される）は当初、パリ大学に倣って組織された。大学の運営やカリキュラム、教授形態、試験、学位制度いずれもパリのそれを踏襲したものであった。しかしやがて、裕福な有志篤志家たちによって次々に学寮（カレッジ）が創設されていくにしたがい、学寮を基本組織とした学寮制大学（Collegiate University）への独自の発展を遂げていく。ルネサンス・宗教改革期には人文主義新学芸の思潮に洗われて「ジェントルマン教育理念」が標榜されるとともに、両大学はテューダー絶対王政の下で確立されたイングランド国教会体制に組み込まれ、国教会の牙城と位置づけられて聖職者や廷臣など支配エリートの再生産を担うことになった。

オックスブリッジの改革

　国家と教会の厚い庇護の下、豊かな基本財産を持った両大学はやがて、閉鎖的な特権団体と化して、学問や教育の流れから取り残されていく。科学革命や産業革命は、おおむね大学の外のアカデミーやロイヤル・ソサエティなどを中心に展開されていった。18世紀の長い低迷と沈滞を経て、大学が近代社会に不可欠な制度・装置として再生するのは、学位試験制度改革に始まる 19 世紀を通じての大学改革を経たあとのことであった。二度にわたる王立調査委員会による実態調査とその勧告に基づく議会立法を通じて、両大学は学寮制度を基本としつつも、幅広い社会階層にその門戸を開き、カリキュラムの幅を広げ研究理念を受容して近代大学へと脱皮していった。

ロンドン大学の設立

　ロンドン大学はオックスブリッジに対抗するイングランド第三の大学として首都ロンドンに誕生した。最初にユニヴァーシティ・カレッジが詩人 T.キャンベルなどの急進主義者や功利主義者、非国教徒により株式会社として設立され（1826）、続いてこの宗教色を排した「神なき大学」に対抗してキングズ・カレッジが国教派の人々によって設立された（1829）。いずれのカレッジも通学制を採用して教育費を抑え、新興中流市民階級の子弟を対象に近代科学や医学を含む広範なカリキュラムを提供したが、学位授与権は持たなかった。次いで 1836 年、勅許状により、両カレッジの学生をはじめ一定の学生に対して試験を実施し学位を授与する機関が、ロンドン大学という名称の下に設立された。この試験機関としての大学の機能はやがて植民地にまで拡大されてユニークな学外学位制度を生んだ。また 1878 年にはイギリスで初めて女性に学位を授与した。

　研究・教育機関としてのロンドン大学が新たに発足したのは 1900 年のこと。以来、インペリアル・カレッジやロンドン・スクール・オブ・エコノミクス、そして病院など多数の研究教育施設をゆるやかな形で傘下に吸収・統合して、イギリス最大の連合制大学となっていった。

市民大学の勃興

　19世紀中葉以降、イングランド各地の地方産業都市に、オックスブリッジやロンドンとは異なる独自の特徴を持った一群のカレッジが次々に設立され、やがて「市民大学」（Civic Universities）と呼ばれる一つのまとまった大学群を形成することになった（建物が赤煉瓦で造られていたことから「レッドブリック」とも呼ばれる）。これらのカレッジや大学はいずれの場合にも、地方都市に高等教育の恩恵をもたらし、地元産業の要求に応えることを旗印に、地元産業界の有志篤志家や地方自治体そして多くの市民の支援を得て設立され発展したものであった。市民大学の設立には大学拡張運動、医学校、科学技術教育運動のいずれかがその前身ないし背景としてあった。

先駆けとなったのは 1851 年にマンチェスターの綿貿易商 J.オーウェンズの遺贈によって創設されたオーウェンズ・カレッジである。これに続いてリーズ（ヨークシャー科学カレッジ、1874）、ブリストル（ユニヴァーシティ・カレッジ、1876）などにもカレッジが設立された。

市民大学は最初から「大学」として設立されたわけではなく、まずカレッジとして発足した。枢密院の議を経て勅許状（royal charter）によって大学として認められない限り、独自の学位授与権を持つことはできなかった。カレッジの学生にはロンドン大学の学位取得への道が開かれていたけれども、カレッジが大学昇格を果たすことは「都市の誇り」でもあった。かくて市民挙げての大学昇格運動が展開され、その結果、カレッジはやがて勅許状の獲得に成功して大学昇格を果たしていった。

スコットランドとウェールズの大学

スコットランドには中世以来、大学が存在していた。セント・アンドルーズ（1412）、グラスゴー（1491）、アバディーン（1494）、エディンバラ（1582）の 4 大学である。前 3 者は司教により聖職者の養成を目的に設立された。一方、エディンバラ大学は市議会の主導の下、「スコットランド教会と国家に奉仕する有能な人材」の養成を標榜して設立された、宗教改革後の所産であった。スコットランドの大学もパリ大学の範型に倣って組織されたが、イングランドの大学のような学寮を基本組織とする大学には発展せず、学部を中心とする大陸の大学と類似の発展パターンを辿った。貧しく、学生の年齢が低く、その教育水準は中等教育レベルだとされる一方、国民の幅広い階層に開かれた「国民の大学」として独自の「民主的伝統」を誇るとともに、18 世紀にはオックスブリッジの沈滞・低迷を尻目に F.ハチスン、A.スミス、T.リードなどいわゆる「スコットランド啓蒙」の担い手となる人材を輩出した。医学の分野でもエディンバラの名声はヨーロッパ全域に及んだ。

1826 年には王立委員会が設置されて、4 大学すべてを対象に調査が実施された。その調査に基づいて出された勧告は 1858 年スコットランド大学法に盛り込まれ、大学近代化の出発点となった。以後、スコットランドの大学改革はイングランドのそれと併行し対抗しつつ、紆余曲折を経ながら進められていく。

一方、ウェールズに大学を設立する計画は 15 世紀からあったが、その計画が実現を見たのは 19 世紀になってからのことであった。聖職者の養成を目的としてランペーターにセント・デイヴィッド・カレッジが設立され（1827）、将来のウェールズ大学設立が期待された。だが、その道のりは遠かった。様々な努力が重ねられて、まず、アバリストウィス（1872）、カーディフ（1883）、バンガー（1884）にそれぞれユニヴァーシティ・カレッジが設けられた。これらの三つのカレッジで構成されるウェールズの「国民大学」としての連合制ウェールズ大学が創設されたのは 1893 年のことであった。

工科大学の創設と新大学の実験・革新

市民大学の誕生以降のイギリスの大学地図を大きく塗り替えたのは 1960 年代のことである。60 年代はかつてない高等教育の拡張期であり、高等教育に対する広範な需要に応え

るべく、様々な方策が採られた。その主なものは既存の大学の拡充、既存の高等教育機関の大学への昇格そして大学の新設である。既存の高等教育機関としては上級工学カレッジ(College of Advanced Technology, CATs)があったが、高等教育に関する包括的な調査報告書『ロビンズ報告書』(1963)の勧告に沿って、同カレッジ群は工科大学(Technological Universities)へと昇格した。

同じくロビンズ勧告に基づいて新設された新大学(New Universities)も、「数の圧力」に対応するための措置であった。ただし、これらの大学には同時に、大学教育の実験と革新も期待された。学問の専門分化が著しく、デパートメンタリズムの弊害が問題となりつつあるなかで、「学問の新地図」を描くことが目指されたのである。サセックス(1961)、イースト・アングリア(1963)などがこうして誕生した。

新大学の特徴は市民大学と比較してみるといっそう顕著になる。新大学は国家による高等教育の計画的整備という観点から、設立当初より国庫補助金の支給に預かり、自由な実験と革新を可能にする学位授与権を認められて、緑豊かな広大なキャンパスと最新の建物群を持っていた。なお、1962年に創設されたキール大学は新大学の先駆をなすものであり、その大胆な大学教育の試みは「キールの実験」として知られた。

1969年に設立されたオープン・ユニヴァーシティも壮大な実験を志向した新しいタイプの大学である。入学資格を問わず成人であれば誰でも、どこでも学べ、テレビやラジオなどあらゆるメディアを活用する開かれた大学というのがその理念であった。国庫補助金を一切受けないイギリス唯一の私立大学であるバッキンガム大学の誕生(1974)も新しい動きであった。

ポリテクニク・高等教育カレッジの大学昇格

1960年代後半に既存の種々のカレッジの統合により、ポリテクニクという名称の新たな公立の高等教育機関が設立されて以降、イギリスの高等教育制度は「二元構造」を持つものとして知られてきた。一方に自治権と学位授与権を有する伝統的な大学からなる「私的部門」があり、他方にポリテクニクなど地方自治体の管轄下に置かれて研究機能を持たず、技術的・応用的な学問分野に傾斜した「公的部門」があるという構造である。しかし、この高等教育の「二元制度」はまず、ポリテクニクや主要な高等教育カレッジに法人格が付与されて地方自治体の管轄下から離され(1988年教育改革法)、次いで「大学」の名称の使用が認められ自治権と学位授与権が付与されて(1992年継続・高等教育法)解体された。かくて一挙に約40校の大学が新たに誕生し、高等教育は再び大学に一元化された。

古い歴史と伝統を有するオックスブリッジから誕生したばかりの「新しい大学」(「1992年後大学」とも言う)まで、それぞれ個性豊かなイギリスの大学は、異なる時代と社会背景の下に生まれ、発展し、そして今大きく変貌しつつある。

【主要文献】E.アシュビー(島田雄次郎訳)『科学革命と大学』中央公論社, 1967. V.H.H.グリーン(安原義仁/成定薫訳)『イギリスの大学——その歴史と生態』法政大学出版局, 1994. M.サンダーソン(安原義仁訳)『イギリスの大学改革1809-1914』玉川大学出版部, 2003. H.J.パーキン(新堀通也監訳)『イギリスの新大学』東京大学出版会, 1970. R.D. Anderson, *Universities and Elites in Britain since 1800*, London, 1992. R. D. Anderson, *British Universities: Past and Present,* London, 2006. J. Mountford, *British Universities,* Oxford, 1966.

(安原義仁)

大航海時代

〔英〕Age of Great Voyages, Age of Discovery

大航海時代は、15世紀から17世紀半ば、ヨーロッパ人の航海と探検および征服活動によって、全世界的規模で、民族や文化などの相互交流が開始された時代である。その結果、世界全体を一つの経済システムに組み込む動きが始まると同時に、ヨーロッパ諸勢力の政治的優位が徐々に確立されるに至った。かつては「地理上の発見」の時代とも言われた。具体的には、15世紀から16世紀、スペインとポルトガルによって勢力範囲が確定する時期と、17世紀、それに対してイギリスとオランダが挑戦する時期の二つに区分できる。

背景

13世紀末から、西ヨーロッパ地域では、東地中海を起点として西地中海からジブラルタルを越えて大西洋に至る海上貿易ルートがすでに開発されており、ヴェネツィアやジェノヴァ出身のイタリア商人が活躍していた。彼らは東地中海で激しく争っていたが、14世紀後半にヴェネツィアが勝利を収めると、結果としてジェノヴァ商人たちは西へと目を向け始めた。というのも、地中海商人たちは、香辛料をはじめとするアジア産品の直接取引および大量かつ安全な輸入のため、アジア諸国に向けての交易ルートの開発に、積極的な熱意を持っていたからである。オスマン帝国の強大化も、その願望にますます拍車をかけた。

一方、イベリア半島では、14世紀半ばまでにレコンキスタを完了したポルトガルが、隣の大国カスティーリャとたえず緊張関係にあった。ポルトガルは、ジェノヴァ商人の促しや「プレスター・ジョンの伝説」（遠方のキリスト教国がイスラム教徒を挟撃するため連携を求めているというもの）による宗教的熱意の後押しもあり、これに応えるため大洋へと向かった。

スペイン・ポルトガルの時代

15世紀初め、ジョアン1世治下、対岸の北アフリカのセウタを攻略したポルトガルは、エンリケ航海王子の下、西アフリカ航路開拓に乗り出した。1418年マデイラ諸島、40年アゾレス諸島などの大西洋の島々に到達、植民活動も行われた。1445年にはヴェルデ岬を通過、60年にシエラレオネへ到達、エンリケの死後、70年には象牙海岸に至った。ジョアン2世は、さらに南を目指し、1487年にはバルトロメウ・ディアスを隊長とする大遠征隊を派遣、翌88年にアフリカ最南端である喜望峰へ到達した。

この時期、ポルトガル王に大西洋航海の許可と援助を求める人々の中に、ジェノヴァ出身の商人クリストファー・コロンブスがいた。彼はカナリア諸島の植民活動にも興味を示すなど、西方への関心を高めていた。1484年頃、ポルトガル王ジョアン2世に大西洋航海の援助を懇請するも断られたので、69年カスティーリャ女王イサベルとアラゴン王フェルナンドの結婚によって統一されたばかりのスペインに移り、女王に西回り航海を提案した。女王はイスラム最後の拠点グラナダ攻撃のため、当初コロンブスの提案には慎重な姿勢を見せた。しかし、彼は説得を続け、1492年グラナダ陥落直後、ようやくスペイン王室の許可を取りつけることに成功した。コロンブスは、サンタ・マリア号を旗艦とする3隻の船舶と約90人の乗組員を集め、1492年8月3日南スペインのパロス港を出発、10月12日大西洋横断に成功、新大陸に到達した。コロンブスは、1504年までに計4回の航海を行ったが、その地をアジアと信じたままであった。1499年以来探検を続けたアメリゴ・ヴェスプッチにより、未知の大陸と主張され、「アメリカ」と名づけられた。

大西洋横断成功をうけ、ポルトガルとスペ

インは新発見された土地の領有権をめぐって交渉を開始、1494 年に、ヴェルデ岬の西 370 レグアの子午線より東をポルトガル、西をスペインの土地とするトルデシリャス条約を結んだ。1497 年、ポルトガルのマヌエル王はヴァスコ・ダ・ガマに 4 隻の船隊を与え、インド航路開拓に向かわせた。翌 1498 年、ガマはインドのカリカットに到着、大量の香辛料を持ち帰り、インド航路は完成した。さらに、1500 年に派遣されたカブラルの船隊は、インドへ向かう途中、方向を誤認して南アメリカ大陸東海岸沿いに漂着、その地を「ブラジル」として、トルデシリャス条約に従いポルトガルの植民地とした。

スペインも、領土支配優先権の主張のためにモルッカ諸島への到達が最重要課題であった。そこで、1519 年マゼラン隊がスペイン王の援助の下、大西洋に向けて出航した。一行は南太平洋をまわって、1521 年モルッカ諸島に到達、途中マゼランは非業の死を遂げるが、隊は 22 年にスペインへと帰着し、世界周航が成し遂げられた。両国は、モルッカ諸島の領有権をめぐって対立したが、1529 年サラゴサ条約によって勢力範囲が確定した。

こうして、アジアでは、ポルトガルがイスラム商人や中国人や日本人たちの貿易ルートに進出した。ポルトガル人は 1510 年ゴアに総督府を置き、続いてマラッカやモルッカ諸島の一部を占領、香辛料取引に参入した。さらにマカオへ寄航、1543 年には日本の種子島へ漂着し、アジア貿易の中心的な勢力となった。

一方、アメリカ大陸では、スペインが探検と征服活動を展開した。1521 年にはコルテスがアステカ王国、33 年にはピサロがインカ帝国を滅ぼした。スペインは次いで鉱山などの経営に乗り出し先住民を使役したが、過酷な労働や疫病流行で人口が激減すると、アフリカからの黒人奴隷の輸入で補った。16 世紀半ばペルーでポトシ銀山が発見され、スペインはヨーロッパ最大の富裕国となった。

スペインとポルトガルのアメリカとアジアへの進出は、まず、国際商業の中心を地中海から大西洋へと移した。それによって、同時にネーデルラント、イギリス、フランスの経済も活発化した。また、アメリカで採掘された銀は、「価格革命」という物価の上昇現象を引き起こす一因となった。

イギリス・オランダの参入

16 世紀後半になると、イギリスも海外発展事業に乗り出した。それ以前にも私的事業として商業目的の航海や探検は行われていたが、イギリスでは、16 世紀後半、急激に深刻化した大不況を背景に、まず北方航海を望む声が高まった。というのも、イギリスの重要な産業であった毛織物を中国に売りさばき、国内の社会不安を回避するためであった。そこで、イギリスは、北極を越えて東に進む北東航路と、アメリカ大陸の北を越えて西に進む北西航路を試みた。1550 年代初め、ロンドン商人の出資の下、中国を目指して送り出された船団は、ロシアに到着、英露間の通商が開始された。イギリスはジェンキンソンの下さらに北東進出を図り、ロシア貿易はそれなりの成果を上げるが、不穏な中東情勢が障害となり、北東航路の試みは潰えた。

一方、エリザベス 1 世治世下に入ると、二つの側面において、以降の時代におけるイギリスの海外進出を決定づける変化が起こった。それは、第一に 1600 年のイギリス東インド会社の設立であり、第二に大西洋への進出である。大規模な資本を必要としたために事業の発展が緩慢であったアジア貿易に対して、大西洋への進出は急速に進んだ。16 世紀初めカボット父子が先鞭をつけていた北西航路も 1550 年代の大不況に促され、再開された。当初、大西洋における事業の中心は、本国に銀を運ぶスペイン船団を狙う海賊行為であった。事実、1570 年代、エリザベス 1 世は、公式的にはスペインとの対外関係を保とうとしてい

たため、開戦を主張する声には慎重な態度を取ったが、その一方では、海賊たちによるスペイン商船掠奪を公認していたのである。中には、ジョン・ホーキンズのように、スペイン領カリブ海地域での黒人奴隷需要の高まりから、海賊行為と並行して奴隷貿易を行う事業も試みられた。とくに、フランシス・ドレイクがカリブ海でペルーから輸送される金銀を乗せたスペイン船団の略奪に成功すると、イギリスの海賊はスペインからも恐れられる存在となった。彼はまた、イギリス人として初の世界周航を達成したことでも知られる。

1570年代には、イギリス海賊によるスペイン船襲撃と並んで、過剰人口のはけ口やスペイン勢力への対抗のために、海外植民地の開発が唱えられた。その対象はスペインやポルトガルが勢力を確立していない地域、とくに北米であった。植民事業の先駆けは、1584年、エリザベス1世の寵臣であったウォルター・ローリーが北米に建設しようとした植民地であった。この植民地は女王にちなんでヴァージニアと名づけられるが、先住民との抗争などにより失敗する。イギリスは、1607年、ヴァージニア会社の下、初の恒久的植民地の設立に成功した。

イギリスによるアメリカ大陸への進出に並行して、オランダも海外発展事業に乗り出し、急激に台頭した。1581年に独立を宣言したオランダがとくに目覚ましい成長を見せたのは、海外貿易においてであった。大西洋方面では、オランダはカリブ海とブラジルへ侵入し、西アフリカの奴隷貿易を手中に収めたが、ポルトガル植民者の根強い抵抗に遭い、17世紀半ばには撤退した。しかし、キュラソー島などを拠点として、オランダはヨーロッパ各国の植民地物産の中継貿易を担い続けた。一方、アジアへの進出においても、オランダは目覚ましい成功を遂げた。とくに、1602年、香辛料貿易の独占を目指し、東インド会社が設立されたことが大きな転機となった。1619年、ジャワ島に建設したバタヴィアは、東アジア事業の中心地となった。オランダの事業はポルトガルとの抗争を招き、しばしばイギリスと合同でポルトガル船の襲撃や略奪を行った。その結果、海運と軍事技術に勝るオランダは、ポルトガルから香辛料貿易独占のための重要拠点と通商権奪取に成功した。1641年にはついにマラッカを占領、東南アジアと東アジアの海上貿易において巨大な勢力となった。

以上のような海外事業における勢力図の転換によって、大航海時代は終わりを告げた。以降、イギリスが航海法によってオランダの海外貿易独占の阻止を試みるなど、ヨーロッパ諸国が制海権をめぐってしのぎを削る時代が始まるのである。

【主要文献】B. Penrose, *Travel and Discovery in the Renaissance 1420-1620*, Harvard University Press, 1952（荒尾克己訳『大航海時代──旅と発見の2世紀』筑摩書房，1985）．J. H. Parry, *The Age of Reconnaissance*, Weidenfeld & Nicolson, 1963．『大航海時代叢書』〈第1期1-11巻，別巻〉，岩波書店，1965-70．『大航海時代叢書』〈第2期1-25巻〉，岩波書店，1984-95．ラス・カサス（染田秀藤訳）『インディアスの破壊についての簡潔な報告』岩波文庫，1974．J.H.エリオット（越智武臣／川北稔訳）『旧世界と新世界1492-1650』岩波書店，1975．クリストーバル・コロン（林屋永吉訳）『コロンブス航海誌』岩波文庫，1977．I.ウォーラーステイン（川北稔訳）『近代世界システム』I・II，岩波書店，1981．増田義郎『大航海時代』〈ビジュアル版世界の歴史13〉，講談社，1984．増田義郎『略奪の海カリブ』岩波書店，1989．樺山紘一『ルネサンスと地中海』〈世界の歴史16〉，中央公論社，1996．長谷川輝夫／大久保桂子『ヨーロッパ近世の開花』〈世界の歴史17〉，中央公論社，1997．高橋均／網野徹哉『ラテンアメリカ文明の興亡』〈世界の歴史18〉，中央公論社，1997．

（古城真由美）

ダーウィニズム

〔英〕Darwinism

ダーウィンの進化論

　進化のアイディアはすでに古代ギリシアのアナクシメネスなどに見られる。しかし、アリストテレス哲学とキリスト教の世界観の影響の強い西欧中世には、進化論が登場する余地はなかった。ルネサンス以降の自然科学の発展、さらに啓蒙思想を経て進化論の地盤が用意されていく。近代的な進化論を展開したのはラマルクとダーウィンであったが、ラマルク説は現在では歴史的な意義しか認められない。これに対して、ダーウィンの独創的な貢献は進化の諸機構の解明、すなわち自然淘汰説（theory of natural selection）にあった。この自然淘汰説を中心にしたダーウィンの進化論をダーウィニズムと言う。1930年代には、突然変異、遺伝的組み換えおよび自然淘汰を進化の本質的要因と考えるネオ・ダーウィニズムが登場した。これはダーウィン説と集団遺伝学を総合したもので、「進化の総合説」とも呼ばれる。60年代には、木村資生が自然淘汰万能論を排し、分子進化の研究から「中立説」を提唱した。

　ダーウィンは、若いときから人間の問題にも関心を持ちつつ、ミミズやランやよじのぼり植物、サンゴ礁などの個別研究を続けながら、生物進化という大きなテーマに取り組み、しかも、経済学や哲学の多くの文献を読破していた。ダーウィンは生物進化に関するアイディアをすぐには発表せず20年もかけて資料を集め周到な分析を行った。1840年代には、彼は生物進化に関する未公刊の著作を用意し、56年から種に関する大著（生前は未公刊だが、現在『自然淘汰』の表題で公刊されている）を準備しつつ、アルフレッド・ウォレスの論文をきっかけに、大著を縮小した摘要という形で59年に『種の起源』を世に問うた。そうした研究過程でのダーウィンの創意と学問的貢献は、とりわけ自然淘汰説にあった。この説こそまさにダーウィン進化論の、ダーウィニズムの核心であると言えよう。

ダーウィンの自然淘汰説

　ダーウィンの理論は科学的な理論でありけっしてイデオロギーではないにもかかわらず、なぜダーウィニズムと呼ばれるのか。それはたしかに生物進化に関する実証的理論であるが、しかし同時に、それは西欧の伝統的な信念への重大な（破壊的な）挑戦という意味合いをも有していたからである。E.マイアー（1988, 1991）は、ダーウィンが挑戦した当時の基本的信念（伝統的世界観）をいくつか挙げている。そのうち三つはキリスト教的世界観に関わるもので、神による世界の創造、世界の定常性、「神のデザイン」論である。さらに、プラトンの本質主義に基づく信念、アリストテレスと中世の神学以来の目的論的世界観、あるいは人間を唯一無比の存在とする人間中心の世界観などである。こうした伝統的信念を突き崩すという点で、ダーウィン理論はまさに革命的なものであった。

　それでは、伝統的信念に代わるダーウィン理論とはいかなる性格のものなのか。マイアー（1991）は5つの特徴を挙げている。第一に、世界の進化的変化を唱える説、第二に、すべての生物の共通の由来を唱える共通起源説、第三に、種数の増加に関する説、第四に、進化的変化は漸進的であるとする説、第五に、上にも述べた自然淘汰説、の5つである。最初の二つは大方の支持を得ているが、とくにダーウィンの理論的貢献によるというものでもない。第三、第四の説は現在も論争が続けられており、広範な説得力を持たない。第五の自然淘汰説こそダーウィンの独創的な説であり、ダーウィニズムと言えばこれをおいて他にないと言えよう。

　さて、ダーウィニズムの核心をなすダーウィ

ンの自然淘汰説について、少し詳しく見ていこう。

自然淘汰は生物進化の主要な要因であり、生物種を変化させる最も重要な機構である。ダーウィンはいくつかの観察から出発し、特定の結論に到達した。第一に、種のどの個体も独自なものである。すなわち、どの種の内部にも形態・生理・行動などに関する個体の変異がある。第二に、生物体には非常に大きな繁殖力がある。そして第三に、餌、配偶者、住み場所などの資源は限られている。これらの観察からダーウィンは、次のような結論を導き出した。ある個体群の個体数は多少とも一定に保たれているから、産まれた子どものすべてが生き残るわけではない。だから、限られた資源をめぐる生存闘争は不可避的に起こる。なお、生存闘争という用語をダーウィンは、同種個体間、異種個体間の闘争に用いるだけでなく、生活の物理的条件との闘争など、比喩的な意味でも用いていることに注意する必要がある。こうした闘争の結果、ある変異個体は他のものより多くの子孫を残し、両親の特徴を次の世代へ伝え、進化的変化が自然淘汰によって生じるのである。

社会生物学と利己的遺伝子論

このダーウィン進化論を人間本性の立ち入った分析にまで押し進めたのが、エドワード・ウィルソンの社会生物学であった。この社会生物学は社会性動物の行動を遺伝子に基づいて説明するもので、ウィルソンが1971年に提唱し、その後75年から本格的に展開した学説である。ウィルソン（1978）は、人間の遺伝的特性、生得的行動、社会文化的進化、攻撃行動、男女の求愛・繁殖戦略、利他主義、宗教などについて、進化生物学的な考察・推論を行った。80年代後半からは、人間行動生態学あるいは進化心理学などと呼ばれる学問領域が誕生し、心や精神活動までも含めたヒトの行動に関する進化生物学的アプローチからの研究が急速に進展している。

ところで、ダーウィンの自然淘汰説では個体を単位としており、生物個体は自分の適応度（ある遺伝子型を持つ個体が次世代に残す子孫の数）を上げるという意味での利己的行動を取る。また、そうでなければ個体は生存して子孫を残すことはできない。ところが、生物の中には、自分の適応度を下げて相手の適応度を高める行動、すなわち利他的行動が見られる。こうした利他的行動は従来の個体中心の淘汰説では説明がつかない。

そこで、遺伝子レベルで適応度を定義し直すW.D.ハミルトンの血縁淘汰説が提唱され、これによって利他的行動の説明が可能になった。たしかに利他的行動では自分の適応度を下げることになるが、しかし、自分の適応度を下げたとしても、血縁関係にある他個体の適応度を高めれば、その場合の血縁関係の度合いと血縁個体の数を掛け合わせて、これを自分の適応度に加算したもの、すなわち包括適応度（inclusive fitness）はむしろ大きくなるのである。こうした血縁淘汰説の包括適応度の概念を用いたプロセスで利他主義の進化が説明されることになった。

ドーキンスは、血縁淘汰の単位が集団ではなく遺伝子であることを明確にして、個体レベルで利他的な行動も、遺伝子レベルで見れば利己的であると唱えた。いわゆる「遺伝子の利己主義」ないし「利己的な遺伝子」の理論である。しかし、この理論によれば、人間を含む生物個体は遺伝子の「乗り物」（vehicle）、「生存機械」（survival machine）とされるため、遺伝的決定論ではないかと批判される。同じ批判がウィルソンにも向けられるが、ウィルソンは、遺伝子だけで決定されるのではなく文化との相互作用によって人間社会は形成されるとして、後成規則（epigenetic rules：解剖学的、生理学的、行動的ならびに認知的特徴を一定の方向に切り開く規則性）の概念を導入した。もちろん彼は文化の特有

性を認めるが、文化は遺伝的な基礎を持つシステムであることを強調する。しかし、そうした仕方で文化の複雑性を正当に取り扱うるかという批判もあり、論争となっている。

ポパーのダーウィニズム批判

　従来の通説的な理解では、ダーウィンの自然淘汰説はマルサスの影響を受けたものと見なし、自然淘汰を、外部からの圧力によって弱者を排除し最適者を残すスクリーニングのように解する。このスクリーニングを推進するのが生存闘争であり、それによって自由は制約される、ということになる。この捉え方では、淘汰はたんに外部つまり環境からの圧力でしかなく、生物体の内部からの淘汰はまったく考えられない。

　ポパー（1984）によると、ダーウィニズムの古い解釈では、ただ環境からの淘汰圧のみが能動的であり、生物体自身は完全に受動的であって、生物体内部から出てくるのは偶然任せの変異のみである、ということになる。

　これに対して、ダーウィニズムの新しい解釈によれば、生命の環境世界への適応は、生命自身が案出したものである。すなわち、適応というのはけっして受動的なものではなく、むしろ生物体が案出したという意味で能動的なものなのである。

　ポパーは、ダーウィニズムの楽観的解釈ということで、マルサス、ダーウィンの言う生存闘争を、自由を拡張する積極的な契機として捉え、これによって個体ないし個人のイニシアティブが発揮されると見なす。ポパーによれば、自然淘汰はむしろ、生物体の内部からの圧力なのである。

　こうしたポパーの解釈は、生物体の能動性を前提としている。なぜ生物体は能動的なのか。生命の第一の問題は生きることないし生き延びることであるが、そのためには食料を確保し、生命を脅かすものを退けたりそれから逃れたりしなければならない。つまり、生物体の生存はきわめて能動的な営みなのである。ポパーによれば、生命とは問題解決の過程であり、生命にとっての最重要な問題は「よりよい生存条件、より大きな自由、よりよい世界、有利なニッチの探求」である。

　しかし、生物主体の能動性、合目的な活動も、それを制約する環境条件の中でのみ可能である。たとえば、進化の方向性を切り開こうとする生物体の能動性が、何らかの環境条件によって阻止されることもありうるし、そうした妨げがむしろかえって新たな方向への進化の契機になることもありうる。環境の圧力を逆手に取るといった意味での、生物体のしたたかな能動性も考えられるのである。

　それゆえ、環境の圧力と生物体の能動性を相容れないものと考えるべきではない。実際には、環境の圧力が働く場面において、同時に、環境への適応可能性を有する生物体の能動性が働いている。つまり、環境と生物体を一つのシステムとして捉えることが必要なのである。

　すなわち、ポパーの批判は是とされるとしても、生物体の能動性を一面的に強調することはできないのである。

【主要文献】Charles Darwin, *On the Origin of Species,* 1859（八杉龍一訳『種の起原』上・下，岩波文庫，1990）. Charles Darwin, *The Descent of Man,* 1871（池田次郎／伊谷純一郎訳「人類の起原」，『世界の名著 39 ダーウィン』中央公論社，1967）. Ernst Mayr, *Toward a New Philosophy of Biology,* 1988（八杉貞雄／新妻昭夫訳『進化論と生物哲学』東京化学同人，1994）. ――, *One Long Argument,* 1991（養老孟司訳『ダーウィン進化論の現在』岩波書店，1994）. Edward O. Wilson, *On Human Nature,* 1978（岸由二訳『人間の本性について』ちくま学芸文庫，1997）. Karl Popper, *Auf der Suche nach einer besseren Welt,* 1984（小河原誠／蔭山泰之訳『よりよき世界を求めて』未来社，1995）.

（入江重吉）

多元主義

〔英〕pluralism

多元主義、あるいは多元論とは一般に、複数の事物や価値、また文化の存在について、その一方が他に還元されないようなあり方を指す。この語には通常「主義」と訳される語尾 (-ism) が含まれているが、必ずしも特定の学術的ないし政治的立場を指すものではなく、しばしば物事の様態を表すのに用いられる。

哲学における多元主義

大きく言って、西欧の哲学的伝統は原理の多元性ではなく一元性を目指してきた。その意味で多元主義の伝統は比較的新しい。ライプニッツはモナド説により存在の多元論を唱えたが、それらモナドの予定調和を想定している点では一元論的である。またヘルダーは、諸民族がそれぞれ固有の重心を持つとした点で文化的多元論の先駆とされるが、人類史を「神の現れ」と見なし、諸民族を包摂する摂理を想定した点では一元論的である。だが20世紀には、この多元性それ自体が徐々に肯定的な評価の対象となってゆく。

19世紀末にはドイツ観念論が支配的であったイギリスの哲学界は、ムアやW.ジェイムズの観念論批判を契機に大きく転換し、さらにウィトゲンシュタイン哲学がこの主題を言語論的・認識論的に展開させた。そこでの問題は、存在の多様性よりもむしろ認知活動における差異である。認知的多元論とは、様々な言語＝実践（一般的に言えば文化）はわれわれの認知過程と信念体系の形成に対して決定的重要性を持ち、異なる文化に属する人々は異なる世界観を有するという見解である。たとえば、古代の神話的な世界観と近代の科学的世界認識は、そこに生きる人々にそれぞれ非常に異なる信念体系を与える。これは評価概念の多元論、つまり推論の合理性や主張の正当性は文化や時代によって大きく異なるという見解に通じ、普遍的合理性の概念に対して根本的な挑戦を投げかける。認知的多元主義は合理性概念を通じて道徳哲学における正当性の問題へと波及することになる。

道徳的多元主義

道徳的多元主義は、人間が抱く多様な善、つまり諸々の道徳的価値、規範、理想、義務、徳の相互還元不可能性を唱える。たとえば正義と慈悲は別個の徳であり、しばしば両者の要求は実際的な場面で相互に衝突する。こうした価値の衝突がたんに事実上のものであるのか、それとも原理的なものであるのかは議論の余地がある。諸価値の完全な収斂を前提とする一元論を一方の極とし、諸価値の原理上の調和不可能性を宣言するラディカルな多元論を他方の極とすると、両者の中間には様々な立場が可能である。道徳的多元主義はD.ロスの義務論、I.バーリンの価値多元論、M.ヌスバウムとA.センによる基本的潜在能力の観念などに見出せる。しかしながら、複数の善を真正なものと認めると、それらの間の優先順位に関する問題が生じる。多元主義は、道徳的ディレンマに対するアルゴリズム的な回答を拒否する（問題を解決する定型的な手法は存在しない）が、しかし実践的な判断の合理性を認める。B.ウィリアムズによれば、ディレンマの存在は、道徳的諸問題においてわれわれがより繊細な認識を要求されていることの兆候である。

価値の多元性が個々の文化の独自性と関連づけられる場合、それは文化多元主義と呼ばれる。この見解によれば、一方の文化における道徳的実践を他方の文化の道徳的尺度に従って評価することは適切ではない。こうした見解は相対主義の問題を引き起こす。文化相対主義とは、相異なる文化的実践の間には行為を理解し評価する共通の尺度や語彙が存

在しないとする立場である。相対主義とは異なり、多くの多元主義者は人間が追求可能な価値の多様性には一定の限界があることを認め、また一部の基本的な諸価値は複数の文化において妥当するという立場を採る。

宗教的多元主義

宗教における多元主義の考えはキリスト教の歴史を通して理解できる。古代から中世にかけて、教会は自らの教義が絶対的真理であり、また教会なくして救済の道はないと考える排他主義 (exclusivism) を前提としてきた。だが、宗教改革運動とそれに続く一連の宗教戦争を通じて、キリスト教徒は他の教義および宗教に対する寛容を学ぶようになる。包摂主義 (inclusivism) とは、一つの宗教が最終的な真理を含み、他は部分的な真理を含むとする立場である。ロックの寛容論はこれに該当する。ある宗教は、それが部分的にせよ真理を含んでいる限りにおいて許容される。

多様な宗教的背景を持つ人々が頻繁に交流する現代において、排他主義的態度はますますその力を弱めている。宗教的多元主義とは、妥当な宗教的教義ないし救済の道が複数存在するとする立場である。J.ヒックはその代表的存在であり、彼はカントの現象と本体の区別に準じ、唯一の宗教的な真理ないし実在が様々な宗教的伝統において相異なる仕方で理解され表現されていると論じる。この見解によれば、真なる信仰を得る道は多様であり、したがって、ある宗教の他の宗教に対する優越性が否定される。だが、そもそも宗教が何らかの意味で絶対的真理と分かちがたく結びついている以上、ある宗教が自らと教義を大きく異にする他の宗教の真理性を認めることには困難が伴うのも確かである。

政治における多元主義

アメリカ政治学において多元主義という語が主として政治過程における利益の多元性を指すのに対し、イギリス政治学における多元主義とは、国家の権力独占に反対し、社会に存在する多様な団体に独自の権威を認める立場を指す。メイトランドは法人擬制説に反対して団体の実在説を唱えたが、彼が援用したO.ギールケの中世団体法研究は政治的多元主義の形成に少なからぬ影響を与えることになった。フィッギスは団体人格実在説に基づいて教会の権利を擁護し、さらにバーカー、ラスキ、コールは家族や地域社会などの共同体、クラブや労働組合などの結社の存在の独自性を強調し、国家権力の相対化を唱えた。

近年、イギリス政治学において多元性という言葉は文化的・民族的な複数性の擁護という多文化主義の文脈において頻繁に現れている。これは20世紀初頭の政治的多元主義の直系というよりもむしろ、イギリス・ナショナリズムの再検討という文脈から生じたと考えるのが適切である。多文化主義をめぐるパレク、キムリッカ、タリー、B.バリーらの議論は道徳的多元主義、政治的リベラリズム、およびアイデンティティ・ポリティックスをその理論的基礎とし、そこから寛容、民族の自治権、市民権のあり方などを論じている。だが他方、政治的多元論と最近の多文化主義を一つの「イギリス的伝統」の異なる現れとして理解する試みも登場してきている。

【主要文献】Maria Baghramian and Attracta Ingram eds., *Pluralism,* Routledge, 2000. Ruth Chang ed., *Incommensurability, Incomparability and Practical Reason,* Harvard University Press, 1997. John Hick, *An Interpretation of Religion,* Macmillan, 1989. Paul Hirst ed., *The Pluralist Theory of the State,* Routledge, 1989. Martin Hollis and Steven Lukes eds., *Rationality and Relativism,* MIT Press, 1982. Paul Kelly ed., *Multiculturalism Reconsidered,* Polity Press, 2002.

(森　達也)

ダンディズム

〔英〕dandyism 〔仏〕dandysme

19世紀初めのロンドンに起源を持ち、とくにボー・ブランメルと呼ばれた人物（George Bryan 'Beau' Brummell, 1778-1840）に関連づけられた男性の装いの様式、そしてそれに伴う価値観や行動形態を指す言葉である。

歴史的背景

'dandy' の語源は定かではないが、ダンディズムの思想史的意味について考える際に示唆的なのは、その言葉が定着した時代に、カーライルが『衣装哲学』（Sartor Resartus, 1836）第10章で批判的に述べていることである。それによれば、「ダンディとは、衣装を身に着けた男で、その職業、任務、そして存在自体が衣装を身に着けることにある男である。彼の魂、精神、資金、そして身体的能力のすべてが、格好良く賢明に着こなすという一つの目的のために英雄的に捧げられている。したがって、他の者は生きるために装うのに対し、彼は装うために生きるのである」ということになる。この「装うために生きる」という姿勢においてこそ、服飾は美学となるのである。

男性による服飾などの外見の誇示は、すでに1760-70年代に、マカロニというクラブ周辺で熱狂的社会現象として見られたが、それは主に大陸帰りの貴族の子弟たちが、大陸仕込みの服飾や食事やマナーをひけらかすというものであった。それは伝統社会の身分的秩序が急速に崩れつつあったこの時期のイギリスにおいて、上流社会の若者たちがあえて差別化を図ることで行った抵抗と観るべきものであり、ダンディズムとは本質を異にする。

伝統社会においては、衣食住がすべて身分に応じて様式化されていた。今日の眼から見て無意味と思われる装飾もその社会の世界像の中で意味づけられたものである。その伝統社会の世界像と社会秩序は、18世紀中に議会制が確立し産業革命が展開するなかで最終的な崩壊に至り、個人の自由と目的合理性の追求を基本とした近代社会が急速に到来したのであった。しかし、18世紀末から19世紀初頭を生きたブランメルの服飾と生き方は、カーライルの言う「着るために生きる」ことを本質とし、伝統的な身分の主張とも近代的な機能性の追求とも無縁であり、それゆえにブランメルは階層を問わず、国境を超え時代を超えてカリスマたりえたのであった。

ボー・ブランメルの服飾と生き方

平民に生まれたボー・ブランメルは、父が仕えていた貴族の庇護で、イートン校からオックスフォードのオリエル・カレッジに進学した。在学中に服装のセンスで注目され、やがて摂政の宮（Prince Regent）であった皇太子ジョージの知遇を得寵愛を受け、皇太子のいわばファッション・アドバイザーとして、ロンドン社交界の寵児となっていった。ブランメルの服飾はけっして奇をてらったものではなく、当時の紳士たちに普通に見られる長ズボンと上着であったが、裁断の良さでそれらが皮膚の一部であるかのように体に密着しているのをよしとした。色はできるだけ地味で、装飾は控えめである一方で、下着は純白でクリーンであることを求めた。また鬘は着けず、髭はきれいに剃り上げていた。

これらの外見の特徴が示しているのは、その無意味性、無目的性である。純白の下着に、体型そのままの地味な色の上下、それは着ている者が何者であるか、何の意図でそれを着ているかの解釈を拒絶するが、この不可解さが逆説的に現実の利害を超越した内面のあり方を示唆してやまないこととなる。唯一凝っていたネクタイは、糊付けした幅広で帯状の長く白い布で、その結び方が複雑で無限に多様であり、仕上がった形は本人でも予測不能の、したがって模倣不可能なものであった。こ

のようなコード不明性は、装いの目的の解釈不可能性に拍車をかけ、ブランメルのカリスマ性を高めることとなったのであった。

　服装と並んでブランメルを特徴づけていたのは、18世紀的感傷性（sentimental）とは対照的な、クールで超然とした姿勢であった。世間的利害からまったく自由と見えた彼の発言や行動は、身分や地位を超えた個としての絶対的な存在感を顕現するものとなった。したがって、ブランメルの美学は、彼の失脚において完結する。彼は、体形の変化に悩んでいた皇太子を、「太っちょ」などと揶揄して不興を買い、ギャンブルによる借金も重なってイギリスから逃亡し、フランスで客死した。しかしこの、最も社会的地位の高い人物を見下す態度、そして利益でなく破滅を賭していたかに見える金銭感覚といった、「存在を認められること以外の見返りを求めない殉教者的姿勢」（カーライル）こそが、彼がいかに人間関係や利害関係に相対化されない生き方を全うしたかを証明していると言ってよい。

同時代と後世への影響

　ブランメルの生き方に象徴されるダンディズムは、利害を超越した内面とその内面から発するオリジナリティの尊重、人間関係に左右される相対的価値意識の拒絶、個として存在することの絶対性の追及などの姿勢において、ロマン主義の崇高の美学と重なる。バイロンは、ブランメルを同時代の最も重要な人物三人のうちに数え、そのダンディズムは、何一つ目立ったところのない衣服を、揺るぎなく端正に着こなしていることにあるとした。しかしバイロン自身は、ブランメルとは逆の方向を取った。緩やかな服で不自由な足を隠し、ネクタイを拒否し、東方趣味を強調したが、奇をてらう姿勢は皮肉なことに容易に解釈を許すところとなったのであった。

　ブランメルのライフスタイル全般は、フランスで、とくにボヘミアンと呼ばれる一派の人々において模倣されたが、それは19世紀フランスのブルジョワ社会への軽蔑と反発の姿勢によって醸成された気分に形を与えるものであった。服装はむしろ凝ったものとなり、超然としたクールさは失われ、怠惰で退廃的な生活態度がことさら示されたが、このスタイルは19世紀後半の象徴主義の詩人や芸術家たちに影響を与えた。ボードレールは、ダンディズムに深い関心を持ち、ダンディを目指すものは、自己自身の内に美の理念を涵養すること以外の仕事を考えてはならず、つねに崇高であることを志向していなくてはならない、と述べているが、時代が世紀末に近づくと、ロマン主義の理念の中心にあった内面の真実への信念が崩壊し、内面を離れた美のための美の追求へと向かうのであり、ボードレールはその境界に位置していたと言える。

　ブランメル以後の紳士服は彼の服にある簡素さを受け継いで基調としつつ、より機能性を追及したものとなって今日に至っている。19世紀末の唯美主義を代表するオスカー・ワイルドは、これに抗して華美で装飾的な要素の強い装いの復権を図ろうとしたが、この流れは変わることはなかった。男性の服飾のあり方が問題となるとき、そこには必ずブランメルのダンディズムの何らかの要素が関係してくることは確実である。

【主要文献】Thomas Carlyle, *Sartor Resartus,* 1836. Venetia Murray, *An Elegant Madness: High Society in Regency England,* New York, Viking, 1998. Claire Nicolay, *Origins and Reception of Regency Dandyism: Brummell to Baudelaire,* Ph.D. dissertation, Loyola University of Chicago, 1998. 深井晃子『世界服飾史』美術出版社, 1998.

（広瀬友久）

知識と信念

〔英〕knowledge and belief

知識は信念あるいは意見から区別されてきた。人がかくかくであることを知っている場合、かくかくであることは真であるが、人がかくかくであることを信じている場合、かくかくであることは真であるとは限らない。しかし、知識と信念はどのように関係しているのか。両者の関係は、認識論における最も重要な問題の一つであり、知識の種類、知識の条件などの問題と関わっている。

知識と信念の区別の起源

知識と信念の区別は古代ギリシアにまで遡る。プラトンは知識（エピステーメー）と信念（ドクサ）を峻別した。対話編『テアイテトス』では、知識とは何かという問題が追及されているが、知識とは、たまたま真である信念ではなく、ロゴス（正当化する根拠）を伴った真なる信念でなければならない、と論じられた。もっとも、『テアイテトス』では、ロゴスとは結局、一種の知識を与えるものと見なされて、この分析は循環する（209A 以下）。そして、『テアイテトス』はこの問題に何の決着もつけないまま終わっている。

『テアイテトス』の議論は、知識が信念に何かが付け加わったものであり、知識と信念との間に何らかの連続性があるという考えを示唆している。『メノン』によれば、正しい思惑も知識も正しい結果を生む点では違いがない。しかし、思惑を「原因（根拠）の思考」によって縛りつけることによって、それは永続的な知識となる。しかし、プラトンの他の議論では、知識と信念とはまったく異なるものであって、両者の間にはいかなる接点もないように見える。知識と信念は、認識の対象も、それを捉える作用もまったく異なるものであると考えられているように思われる。プラトンは知識の対象をイデアと名づけ、感覚的な事物から離れて在るものと考えた。イデアは、肉体から解き放たれた理性ないし知性によってのみ認識されるものである。

知識と信念の関係について、「知っている」は「信じている」を含意すると考える立場（含意説）もあれば、A.ダンカン＝ジョーンズやH.A.プリチャードのように、知識と信念は相容れないものであると考える立場（非両立説）もある。また、A.D.ウズリーのように、知識と信念は別個のものであり、いずれか一方なしに他方が存在しうるし、共存もしうると考える人もいる（分離可能説）。カール・ポパーは、認識論が追求すべきものは客観的な知識であって、主観的な信念ではない、と主張し、「認識主体なき認識論」を追求した。これらの多様な意見の背後には、知識をどう捉えるかについての意見の相違がある。

知識の種類

知識と呼ばれるものは一枚岩ではない。第一に、「いかにするかを知っている」（knowing how）と「かくかくであることを知っている」（knowing that）の区別がある。前者は、「君はパソコンの使い方を知っているか」とか「君は泳ぎ方を知っているか」とか問われる場合の「知っている」である。これは主体の能力を問うていると思われる。他方、哲学では最も普通の意味として、「かくかくしかじかであることを知っている」（know that）という場合の「知っている」がある。われわれは地球が丸いこと、2＋2＝4であることを知っている。この区別は、とりわけG.ライルによって『心の概念』において強調された。

第二に、「暗黙知」（tacit knowledge）と呼ばれるものがある。「われわれは語ることができる以上に多くのことを知っている」と述べたのはマイケル・ポランニーである。彼は、ゲシュタルト心理学を引き合いに出して、われわれが人の顔を識別するときに、部分的な

個々の細目については明確に語ることができなくとも、それらを統合して全体を捉えることに注目している。われわれは、注目していない詳細または手がかりについての補助的な気づきに基づいて、気づいている整合的な全体を知覚する。ポランニーの言い方では、われわれはあるものへと注目する（attend to）ために、あるものから注目する（attend from）。たとえば、顔の諸部分から顔の全体へと注目する。もしわれわれが細目へと注意を向け変えるならば、遅かれ早かれ、全体は見失われる。また、われわれは注目を向けているもの自体を、別のものへと注目するための補助的な手がかりとすることができる。ピアノを習うとき、われわれはまず指へと注意を向けるが、次にはそこから音楽へと注意を向けるのである。彼はこれを暗黙知の機能的構造と呼ぶ。

ポランニーはこのような統合化が知覚だけではなくすべての認識において起こると考えた。われわれはつねに補助的な手がかりから注目するので、われわれの認識全体を明示的にすることはけっしてできない。言い換えれば、客観的な知識という理想はけっして実現できない。しかし、われわれの知識は主観的ではなく、個人的（personal）である。ポランニーにとって、暗黙知はたんに知識の一つではなく、知識そのものである。「すべての知識は暗黙知であるか、あるいは暗黙知に根ざしている」とポランニーは言う。

第三に、「見知りによる知識」（knowledge by acquaintance）と「記述による知識」（knowledge by description）の区別がある。この区別と同種の区別は、すでに19世紀の哲学者ジョン・グロートらによってもなされていたが、よく知られるようになったのはラッセルによって用いられてからである。ラッセルは「真理の知識」と「事物の知識」を区別する。ラッセルは、この区別は、フランス語でのサヴォワール *savoir* とコネートル *con-naître*、あるいはドイツ語のヴィッセン *wissen* とケネン *kennen* との間の区別に当たる、と言う。前者は「かくかくであることを知っている」という場合の知識であり、その場合、知っていることは真であると言える。

後者は、見知りによる知識と記述による知識に区別される。事物は、それが推論の過程を経ず、直接気づかれる場合、見知りによって知られる。他方、事物は、それがこれこれの性質を持ったものとして記述されうる場合、記述によって知られる。日常的には、前者は「面識がある」という意味での「知る」であり、後者は「理解している」という意味での「知る」である。私はソクラテスを見知ってはいないが、アテナイの哲学者であり、プラトンの師である、などの記述によって知っている。しかし、ラッセルの場合、見知りの対象は、センス・データ、記憶、内観、自我、普遍に限定され、物理的対象は見知りの対象ではない。

ゲティア問題

プラトンの『テアイテトス』以来、知識とは正当化された真なる信念である、というのが標準的な定義であった。

しかし、1963年にアメリカの哲学者E.L.ゲティアは2ページ半の論文をイギリスの哲学雑誌『アナリシス』に投稿した。ゲティアは、人があることについて真なる信念を持っており、しかも、それには正当な理由があるのに、その人はそれを知っているとは言えない事例を挙げた。これはゲティア反例と呼ばれている。

一つの例はこうである。サチコとイチローがある採用試験を受けたとする。サチコは次の連言命題について強い証拠を持っていると仮定する。

（1）イチローは採用されるであろうし、かつイチローはポケットに10円持っている。

たとえば、サチコはその会社の社長からイ

チローが採用されるであろうと聞いていたし、少し前にイチローのポケットの中を見たとすればよい。ところで、(1)は次の命題を論理的に含意する。

(2) 採用されるであろう者はポケットに10円持っている。

サチコはこの論理的含意を理解しているものとし、(1)に基づいて(2)を受け入れるとする。彼女が(1)を信じるのは正当であるから、彼女が(2)を信じるのは正当である。しかし、採用されるのはサチコであり、サチコはポケットに10円を持っているが、サチコ自身はこれらのことを知らないとする。すると、(1)は偽であるが、(2)はたまたま真である。それゆえ、(2)は真であり、サチコは(2)が真であると信じており、彼女が(2)を信じるのは正当であるが、彼女が(2)を知っているとは言えない。

要するに、真なる信念を持っており、その信念は普通はもっともだと思われる仕方で獲得されているのに、知識とは言えないような場合がある。それゆえ、知識の標準的な定義には何かが欠けているように思われる。そして、多くの哲学者がその欠けた条件を見出そうと努力してきた。

一つの即席解決は、ゲティア反例が推論を含んでいることに目をつけ、もし初めの信念が偽であるならば、偽なる信念が論理的に含意する命題は知られえない、という条件を付加することである。しかし、ゲティア反例は推論を含まない仕方でも構成できる。私は車の窓から羊を見たと信じるとしよう。しかし、私が見たのは羊の絵の看板であったとする。しかし、私の信念は偽ではなく、私には見えないが、看板の背後に羊がいた。ゆえに、羊がいるという私の信念は真であり、私がそう信じるのは正当であるが、私は羊がいることを知っているとは言えない。

知識の正当化

知識の定義の中に相反する方向が含まれているように見える。知識は真理であるから、私の知らないところで私が知っているかどうかが決まるという考えにも一理がある。しかし、知識は信念でもあるのだからそれはおかしいとも言える。認識主体はその信念を正当化する要因のすべてを認知できなければならないという見解は正当化の「内在説」(internalism)と呼ばれ、必ずしもそうである必要はないという見解は「外在説」(externalism)と呼ばれる。

外在説では、一定の条件が満たされていれば、たとえ主体がそれを認識していなくとも、知識を持っていると言える場合がある。他方、内在説は、一定の条件Pが成立するだけではなく、主体は条件Pが成立していると信じていなくてはならない、と考える。言い換えれば、内在説は、条件Pだけでなく、主体はその条件Pが真であると信じている、という新たな条件を加える。

内在説

内在説には、「基礎づけ説」(foundationalism)と「整合説」(coherentism)がある。信念の正当化はすべて別の信念からの推論によるとすれば、正当化はつねに条件付きである。つまり、Aが正当であるのは、Bが正当である場合であり、Bが正当であるのは、Cが正当である場合である、……など。このような無限遡行を避けるには、推論を含まない正当化がなければならない。つまり、他の信念によって正当化される必要のない正当な信念(基本的信念)がなければならない。これが基礎づけ説の主張である。たとえば、A.J.エアは『経験的知識の基礎』で、現象主義的な基礎づけ説を展開した。他方、整合説は、信念Bが正当であるのは、それをメンバーとする信念の組の整合性にそれが寄与する限りにおいてである、と主張する。たとえば、W.セラーズは正当化に関して全体論的な整合説を採った。

ここで整合性とはたんに無矛盾性だけではない。整合性があるとは、信念の間に矛盾がないだけではなく、それらが相互説明的（mutually explanatory）でもあることである。もしAをBが正当化し、BをCが正当化し、CをAが正当化するというように、正当化が環状になっても構わない。それらが相互説明的であれば、知識と呼ばれてもよいのである。

外在説

外在説には因果説（causal theory）と信頼性説（reliability theory）とがある。因果説は、知識の第四の条件として「ある事実が、それに対する主体の信念の原因である」という条件を付け加えて、ゲティア反例を排除しようとする。というのは、ゲティア反例のサチコの信念はたまたま真であり、それを真とする事実はサチコの信念の原因ではないと考えられるからである。他方、信頼性説は因果説を補完するものと見られる。真である正当な信念は、もしそれが信頼できる方法によって得られるならば、知識であると考えることができる。知識とは経験的に信頼できる信念であると言ってもよい。しかし、信頼性とは何かについては様々な意見がある。

知識は分析可能か

ゲティア反例以来、哲学者は、知識がどのような種類の真なる信念であるかを述べようと努力してきた。これらの見解では、知識は信念によって説明されるべきものであり、信念と何か他のものとの連言に分析されるべきものである。しかし、ティモシー・ウィリアムスンは『知識とその限界』において、知識が信念に従属するのではなく、知識が中心となる認識論を提案している。いったんわれわれが、信念は知識に概念的に先立つという考えを仮定するのを止めれば、われわれは知識の概念を使って、正当化や証拠の概念の解明を試みることができる、とウィリアムスンは主張する。彼によれば、知識は独特の心的状態であり、信念と何か他のものとの連言に分析されえない。ウィリアムスンの提案は知識論と心の哲学に新たな視座を提供している。

【主要文献】K. R. Popper, *Objective Knowledge*, Oxford: Clarendon Press, 1972（森博訳『客観的知識』木鐸社，1974）. Gilbert Ryle, *The Concept of Mind*, Hutchinson. 1949（坂本百大／宮下治子／服部裕幸訳『心の概念』みすず書房，1987）. Bertrand Russell, *The Problems of Philosophy*, Oxford University Press, 1912（高村夏輝訳『哲学入門』ちくま学芸文庫，2005）. Michael Polanyi, *The Tacit Dimension*, Routledge, 1966（高橋勇夫訳『暗黙知の次元』ちくま学芸文庫，2003）. Edmund Gettier, "Is Justified True Belief Knowledge?", *Analysis* 23, 1963, pp.121-23. A. J. Ayer, *The Foundations of Empirical Knowledge*, Macmillan, 1969（神野慧一郎／中才敏郎／中谷隆雄訳『経験的知識の基礎』勁草書房，1991）. Wilfrid Sellars, *Science, Perception and Reality*, Routledge & Kegan Paul, 1963（神野慧一郎／土屋純一／中才敏郎訳『経験論と心の哲学』勁草書房，2006）. Jonathan Dancy, *An Introduction to Contemporary Epistemology*, Blackwell, 1985. Timothy Williamson, *Knowledge and its Limits*, Oxford University Press, 2000.

（中才敏郎）

チャーティスト運動

〔英〕Chartist movement, Chartism

運動の起源

チャーティスト運動は、およそ1838年から10年間継続した選挙権拡大を求めた議会改革運動であり、下層中産階級と連携した労働者階級による最初の全国的な政治運動であった。普通選挙権の要求は、すでに、17世紀のレヴェラーズの政治綱領に掲げられ、18世紀末、フランス革命に刺激されて再び政治課題として浮揚した。1820年代には、ペイン主義、ベンサム主義などの急進主義者が選挙権拡大を主張した。この頃彼らの間では女性の選挙権を要求すべきか否かの議論が始まっていた。

1830年には、バーミンガム政治同盟（Birmingham Political Union）など一連の政治同盟が結成され、第一次選挙法改正運動がスタートした。しかし、1832年に成立した議会改革法は、財産資格制限を残したため、下層中産階級ならびに労働者階級の選挙権を排除することになり、彼らの間に挫折感が広がった。チャーティズムは「ナイフとフォーク、バターとチーズの問題」でもあった。

1820年代末には、労働者階級の貧困・失業の克服を目指して、オウエン主義者の組織、イギリス協同組合知識普及協会（British Association for the Promotion of Co-operative Knowledge）などによって協同組合が各地に設立され、また労働組合も工業地帯で活動を開始した。こうして全国的な規模の大衆運動へと発展する素地が準備された。政治的主張と経済的要求とが絡み合っていたから、チャーティスト運動の10年間に訪れた三回の不況期に、運動はそれぞれの高揚期を迎えることになった。

人民憲章と「第一次請願」

1836-38年に、不況の到来とともに、チャーティスト運動が誕生した。1834年に成立した「新救貧法」によって、貧困・失業はいっそう深刻化し、36年6月、かつてオウエン派に属していたH.ヘザリントン（Henry Hetherington）、W.ラヴェット（William Lovett）らが、オウエンのコンミュニタリアニズム（共同体主義）に限界を感じ、過激派とも手を組んで、階級的自立を示す名を冠したロンドン労働者協会（London Working Men's Association）を結成した。この協会は、1838年に、次の主要な要求6点からなる「人民憲章」（People's Charter）を公表した。(1) 成年男子普通選挙権、(2) 平等な選挙区、(3) 議員の財産資格の撤廃、(4) 議員への歳費の支給、(5) 毎年の議会選挙、そして (6) 秘密投票であった。チャーティスト運動という名称は、この「人民憲章」に由来している。当初、リーダーたちは女性の選挙権を容認していたが、女性を含めると実現が困難になるとの判断から、要求は男子に限定された。

1839年、憲章の実現を目指し、議会に120数万の署名を添えて、「請願」（のちに「第一次請願」と呼ばれる）を提出するが、235票対46票で否決された。今日ゼネストと呼ばれる、国民休日（National Holiday）を呼びかけたリーダーの多くが逮捕、投獄あるいは流刑されると、彼らの釈放を求めるデモが各地で起こった。モンマスシャーのニューポートでは、武装したデモ隊と軍隊が衝突し、死者24人、負傷者40人に上る事件となった。この敗北を契機に、運動の内部には、戦術をめぐって穏健派（the moral force）と実力派（the physical force）との対立がきわだってきた。穏健派の主要なリーダーとなるヘザリントン、ラヴェット、J.B.オブライエン（James Bronterre O'Brien）らは、かつてオウエン主義の影響下にあったから、啓蒙・教育・宣伝など平和的手段に訴える戦術を採った。他方、武装蜂起を含む過激な行動を辞さない実力派には、F.オコナー（Feargus O'Connor）、

G.J.ハーニー（George Julian Harney）らがおり、運動の主導権は実力派の側に移っていった。

両派のリーダーには、新聞の編集・刊行に携わる人物が多かった。前者、穏健派のラヴェットは The Charter を、ヘザリントンは The Poorman's Guardian を、オブライエンは The Southern Star といったぐあいである。後者、実力派の雄オコナーはチャーティスト新聞の中で最も多くの部数を刊行した Northern Star を武器にしていたし、ハーニーは Red Republican を、E.ジョーンズ（Ernest Jones）は People's Paper を刊行して、運動を最後の局面まで指導し、マルクスやエンゲルスと連携するようになった。硬軟両派の戦術の間で、また信仰と世俗の間で揺れ動いた T.クーパー（Thomas Cooper）も The Illuminator などを通じて影響力を与えていた。チャーティスト新聞の競演さながらであった。大衆運動にとって独自のマス・メディアが不可欠であるというイギリスの伝統が生きていた。

全国憲章協会と「第二次請願」

チャーティスト・グループは当初、それぞれ独立の地方組織からなっていたが、1840年7月、オコナーによって、中央の指導組織となる全国憲章協会（National Charter Association）が結成された。会費を支払う会員制の地方支部と、そこから選出された執行委員が中央の指導部を形成した。執行委員は原則として有給の専従活動家から構成された。この組織原則にも、1835年に結成されたオウエン派の万国全階級協会（Association of All Classes of All Nations）の先例があった。エンゲルスは、全国憲章協会を世界最初の合法的労働者政党と評価した。

1842年の不況をきっかけに、運動は新たな高揚期を迎えた。300万の署名を集めて「第二次請願」が提出されたが、再び下院はこれを拒否した。失業と貧困の状態がイングランド北部工業地帯に広がり、各地でストライキが頻発した。武器製造職人が住む地域と重なっていたから、武装闘争が噂された。政府は軍隊を派遣し、鎮圧の意志を示した。The Illustrated London News や Punch, or the London Charivari には、民衆と治安当局との小競り合いのイラストが掲載され、騒然とした状況がビジュアルに報じられた。オコナー、ハーニー、クーパーらの指導者が逮捕・投獄され事態は鎮静化に向かった。

実力派の戦術は、平和的手法に徹するオウエン主義と対極をなすものとはいえ、釈放されたオコナーは「土地計画」と呼ばれる事業を推進した。1845年、チャーティスト協同土地組合（Chartist Co-operative Land Society）を設立した。小額の出資金を支払う組合員による一種の協同組合が土地を購入して、そこに組合員が入植する計画である。この組合は改組を繰り返しつつ、最後には、全国土地会社（National Land Company）という株式会社に改められた。事実上、オウエン主義の枠組みの中での構想であった。1844-48年にかけて、全国5ヵ所の土地が購入されたが法的に承認されず、オコナーの事業は失敗した。

「第三次請願」と運動の終息

全ヨーロッパを巻き込んだ、不況と革命の年、1848年4月、オコナーはロンドンのケニントン・コモンで大集会（オコナーによれば30万人、当局の発表1万5000人、The Sunday Observer は5万人と推定）を開催した。「第三次請願」は、570万の署名を集めたと豪語されたが、精査の結果、多くの偽造が含まれていることが判明し、チャーティストの信用を大いに損ねることになった。これ以後、運動は急速に衰退した。1850年代を通じて、なお全国憲章協会は存続し、若干のチャーティスト新聞は刊行されたものの、その命脈は尽きていた。1848年以降、多くのチャーティストが他の目標（協同組合・労働組合・教育改

革・禁酒運動など）に向かったが、それらの新たな活動の中にチャーティスト運動の継続を示すものはなかった。

遺産

人民憲章の要求6点はことごとく実現することなく、運動は終息した。その時代にしては、要求が急進的と思われ、社会不安の象徴と受け取られたからである。ロマン主義者トマス・カーライルはその著作 Chartism の中で民主主義に敵対する姿勢を示したが、それは時代の意識状況を象徴する見解であった。しかし、20世紀の初頭にかけて、これらの要求のほとんどが——1858年に議員の財産資格の撤廃、72年に秘密投票、1911年に議員歳費の支給、そして28年に選挙区の平等・女性選挙権が——実現する。

イギリスの女性選挙権の実現は、他の先進国と比べ意外に遅かった。男性リーダーたちも、当初、女性選挙権を擁護し、一部の女性たちが活発に運動に参加していた。彼女たちは、各地で女性チャーティスト協会を組織し、集会やデモのためにティー・パーティを開き、プラカードや旗を作り、自らそれに参加した。警察・軍隊と対峙したとき、投石・罵りなど積極的に活動した。だが、多くの女性たちは、夫の賃金が低く、職場に進出したが、家事や育児が疎かになることを恐れていた。選挙権よりは、家族賃金、家族投票を要求する傾向が強まった。女性の運動は、やがてヴィクトリア後期の社会状況の特徴となる男性優位の潮流に飲み込まれていった。

国際連帯の進展という点で、チャーティストの貢献は大きい。1830年代初頭から、イギリス労働階級はその経験を積んでいたが、運動の後半期には、オウエン主義者によるドイツ人亡命活動家、W.ヴァイトリングらとの接触を契機に、ラヴェットやハーニーなどの活躍によって恒常的な交流が始まり、国際労働者協会（いわゆる「第一インターナショナル」）の運動へと繋がっていった。その影響は植民地にも広がった。たとえば、1854年にオーストラリアのヴィクトリア州、バララートの金鉱で労働条件改善の闘いがチャーティストの要求と結合して、バララート改革同盟（The Ballarat Reform League）と名のる組織が結成された。「オーストラリア民主主義の誕生」と評価され、民主主義の国際的波及に貢献した。チャーティスト運動は労働階級の権利の獲得に貢献したばかりではなく、近代社会の民主主義制度の確立にとって不可欠の一歩であった。

【主要文献】J. F. C. Harrison and Dorothy Thompson, *Bibliography of the Chartist Movement,* Hassokcs, 1978. Gregory Claeys ed., *Chartist Movement in Britain, 1838-1850,* 6 vols., Pickering & Chatto, 2001. Dorothy Thompson, *The Chartists, Popular Politics in the Industrial Revolution,* Maurice Temple Smith, 1984（古賀英男／岡本充弘訳『チャーティスト運動——産業革命期民衆政治運動』日本評論社，1988）. ——, *Outsiders: Class, Gender and Nation,* Verso, 1993（古賀秀男／小関隆訳『階級・ジェンダー・ネイション——チャーティズムとアウトサイダー』ミネルヴァ書房，2001）. 古賀秀男『チャーティスト運動の研究』ミネルヴァ書房，1975. 古賀秀男『チャーティスト運動の構造』ミネルヴァ書房，1994. 土方直史『ロバート・オウエン』〈イギリス思想叢書9〉，研究社，2003.

（土方直史）

長老派

〔英〕Presbyterians

長老派の教会体制

16世紀の宗教改革運動の中で、とくにスイスの改革者は改革教会にふさわしい新しい教会体制として、聖職者（牧会者、教師）と会衆から選出された信徒長老、執事が協力して各個教会の運営や規律維持にあたる長老教会制を採るようになった。改革者はこうした体制は新しく採用したものではなく、使徒時代に行われていた正しい教会体制を復活したものと考えていたようである。これこそが正しい教会体制であると主張する者たちが、やがて「長老派」と呼ばれるようになった。

住民全員は教区に組織され、教区相互の協議会は教会や市政の問題さえ論じた。カルヴァン主義の伝播とともに長老教会制もオランダ、フランス、ブリテン島、東欧に拡がったが各地で採用される折には変更が加えられた。

16～17世紀のスコットランドではノックスやメルヴィルらの努力により長老教会は国家教会となった。この場合地域や国家の各段階に階層的会議を置いて統制・運営にあたり、聖職者などの任免、信仰告白や教会規律についての決定や変更を行っていた。

イングランドではエリザベス1世時代にカートライトらによって、長老教会制を国家教会体制として採用する提案が出され、議会にもそうした案が出されたが女王に拒否された。しかし密かに長老教会制を目指す組織や会議を自分たちの間で創る動きは、かなり根強く続けられた。やがてオランダ亡命者のジェイコブやエイムズらは、会衆の自発的結集による各個教会形成を目指す「会衆主義者」（以下「独立派」と表記）となったが、17世紀初めまで独立派も国教会からの分離を否としており、この点が分離派などの分派とは異なっていた。長老派・独立派は、ともに主教制の国教会体制を批判するピューリタンの積極的な改革派であったが、カートライトらも上級の会議による統制を小さくする考えだったため各個教会形成の方針は違っていたものの、両派は各個教会内の運営には共通する点も多く、両派が鋭く対立することはなかった。

長老派・独立派の対立

1630年代以降、新大陸で独立派が'New England Way'と呼ばれる形で独自の教会を形成し、その影響がイングランドにも及び、他方国教会の改革派への抑圧も強まってくると独立派（一部は長老派）の中からオランダや新大陸に亡命する者が続出した。こうしてイングランドの革命期までには、独立派は国教会の教区の組織外に、自らの会衆教会を結成する権利を要求するようになったのであった。

革命期の議会側では、同盟したスコットランド側の要請もあって、ウェストミンスター神学者会議でイングランドにおける長老教会制の採用を適切とする助言が議会に提出され、議会法令によって長老教会制を国家教会とする決定が行われた。しかし法令でスコットランドに近い教会自体の上位機構が各個教会に強い統制を行う体制が構想されたため、独立派は分派と結んで強く反対し、他方、国家の教会統制を重視するエラストゥス主義者からも反対が出て、長老教会制の定着は阻害された。

このように宗教上の長老派・独立派の対立が深まった頃、国王との早期妥協・親スコットランドの立場を取る「政治上の長老派」と国王との対決を目指して軍隊の支持を得ていた「政治上の独立派」が現れて対立した。宗教上の長老派・独立派と政治上の長老派・独立派は長らく一致すると見なされてきたが、20世紀半ば以降、宗教上の教派名と政治上の党派名は峻別されるようになってきた。

結局、独立派・諸分派などによる反対、軍隊の権力掌握により、イングランドでは国家

教会は名目的に法令による長老制教会であったが、実質的にはこれはまったく定着できず、国家教会の聖職者の少数が長老派であったのみで、多くの主教制支持者が正規の職に留まっていた。実質的な国家教会は長老派・独立派と一部の分派が運営に協力し、その外に諸分派が条件付きで良心の自由を与えられる、かなり幅広い寛容な教会体制になった。

イングランド王政復古後の長老派

王政復古後、長老派は一時、復活した主教制国教会への「包括」を期待したが、それは成らず長老派、独立派、諸分派は同じく国教会に服従しない教派として厳しく抑圧された。名誉革命後「寛容法」によりプロテスタント非国教徒には、一応信仰の自由が与えられ長老派は一団体として活動できるようになった。スコットランドでは国家教会を長老制教会とする法令が成立して、その立場が回復されたのであった。

今や国教会の外の一団体となってしまったイングランド長老派は、独立派とかなり積極的に協力して非国教徒の立場を守っていた。両派は共通の基金や説教講座を設け、両派の「調停条項」さえ協議・作成していた。しかし長老派内にアルミニウス主義への傾斜やユニテリアニズムへの逸脱もあって、正統カルヴァン主義の立場を守る独立派と疎隔を生じ、この協力関係は18世紀半ばまでにほぼ消滅してしまった。しかし両派には親近関係があり、1922年には合同して、合同改革派教会（United Reformed Church）を作り上げたのであった。

ブリテン島以外では、アイルランドのアルスター地方には、スコットランドなどからの移民によって、多くの長老派が居住しておりこのことが現代に至るまで北アイルランド紛争の一因ともなっている。また新大陸、インド、アフリカなどの植民地にも長老教会は拡大していき、アメリカ合衆国では、最も有力な教会の一つとなったが、内部で長老教会のあり方をめぐる対立も生じた。

長老派の諸教会は基本的にカルヴァン主義の立場に立っており、その多くはウェストミンスター神学者会議が作成した「信仰告白」、「大教理問答書」、「小教理問答書」、および教会統治規程などを基本的に受け継いでいる。その礼拝様式はカルヴァン主義の立場に立って簡素であり、信仰の中心を神の言葉の説教に置いている。このように長老教会は英米を中心としたアングロ＝サクソン文化の、一つの重要な要素となってきたのであった。

【主要文献】A. H. Drysdale, *History of the Presbyterians in England,* 1889. W. A. Shaw, *A History of English Church during Civil Wars and under the Commonwealth,* 2 vols., 1900. W. Haller, *The Rise of Puritanism,* Columbia University Press, 1938. C. Bolam et al., *The English Presbyterians from Elizabethan Puritanism to Modern Unitarianism,* George Allen & Unwin, 1968. P. Collinson, *The Religion of Protestants,* Clarendon Press, Oxford, 1978. M. Prestwich ed., *International Calvinism 1541-1715,* Clarendon Press, Oxford, 1985. 松谷好明『ウェストミンスター神学者会議議事録〈抄〉――ピューリタニズムと市民革命の接点』一麦出版社，1996.

（青木道彦）

直覚主義

〔英〕intuitionism

知識論および倫理学において「直覚」(intuition)を重視する学説。哲学史に登場するのは19世紀になってからで、カント以降のドイツ・ロマン派哲学の影響を受けた W.ハミルトンらによる。

直覚主義は、確実知や善悪の基準が「意識」などの直覚能力により直接無媒介的に把握されると説く。

20世紀前半にプリチャード、ロスらによって倫理学における直覚主義が提唱されたが、当時の哲学的状況は必ずしも好意的ではなかった。しかし近年、直覚主義を継承する試みがなされている。

W.ハミルトンと古典的直覚主義

T.リードの哲学の不徹底を批判したハミルトンは意識一元論を主張した。リードによれば知覚能力は知覚対象の実在に関する信念をもたらす。他方、知覚者が自己とその能力の行使を知るのは意識能力によってであり、知覚能力とは区別される。これに対しハミルトンは知覚対象と知覚者の双方は意識によって直接無媒介的に把握されると説いた。すなわちリードとは別の意味での意識能力が直覚能力として要請されたのである。

その際ハミルトンは「直接的認知」(presentative cognition)と「間接的認知」(representative cognition)を区別する。「直接的認知」とは事物を「それ自体で」、それが自らを「提示する」(present)ままに把握することであり、事物がまさしく「面と向かって」(face to face)知られるという意味において「直覚」である。ハミルトンによると、この種の「直覚」は11世紀にアンセルムスらに知られていたが、のちのスコラ哲学・近世哲学では忘れられてしまったという。

ともあれ、主観・客観の関係を説明し知識の可能性を説明するのが近代知識論の課題だが、「意識」という直覚能力を要請するハミルトン哲学などの「直覚派」(intuitive school)を連合心理学に依拠する古典的経験主義の立場から反論したのが J.S.ミルである。彼は直覚主義が連合心理学や功利主義など経験主義の伝統とは一致しないことを明らかにし、古典的直覚主義のはらむ問題状況を明らかにした。

トマス・リードの常識哲学

ハミルトンが想定した直覚能力は事態の直接無媒介的な把握である。これに対してリードの著作に登場する直覚能力はロックの「直覚的知識」(intuitive knowledge)である。しかしこれは諸観念の一致・不一致の知覚を意味し、観念学説を否定したリード哲学では認められていない。

むしろリードは命題の自明性(self-evidence)に関連してしばしば「直覚的」(intuitive)という表現を用いている。リードによれば命題はその内容が理解されるだけの場合と理解とともにその真偽が是認・否認される場合とがある。命題の真偽に関する是認・否認は信念である。そして命題が信じられる際、「真理の光をそれ自身に」持っているのが自明な(self-evident)命題である。すなわち真偽の論拠が他の命題にある「論証的」(discursive)な場合と区別され、「直覚的」な信念と言われる。

リードは命題の自明性をその真偽に依存させる。自明かそうでないかは真偽の識別の仕方を待つからである。命題内容の理解が必然的に命題の真偽に関する信念を伴う場合がある。たとえば「地球は太陽の回りを公転する」などであり、カントの分析判断に相当する。

ユークリッド幾何学やニュートンの自然哲学などの公理命題の場合は、学を構成する一連の諸命題間の推論的連関の考察がいくつか

の基礎命題に対してその真理性の是認を要求する。リードは同様の学的要請は形而上学・自然神学・道徳哲学でも妥当するとしてそれぞれに他の命題からは導かれない「第一諸原理」(the first principles) を提出している。

　ある種の命題はこの二つ以外の仕方でもその真偽が識別される。とりわけ、外界・他者・自我・自然の斉一性に関する「自然な信念」(natural belief) がそれにあたる。この種の命題はしかし分析判断や公理の場合ほど明らかではない。概念的表現は決まっておらず、学的体系以前の認知に属するからである。またこの場合にはしばしば「常識」(common sense) が拠り所となるが、これには各人がそれぞれの見解を主張する事態が容易に起こりうる。

　そうした事態を想定してリードは常識的命題に関してはその性格ゆえに直接的な論証は要しないが、各人の見解の一致をもたらすべく間接的な論証は可能であり、またその必要があると主張する。間接的な論証としては、(1) ある常識的命題を否認する者の論説が首尾一貫しないことを指摘する「対人論法」(argument ad hominem)、(2) ある常識的命題の否認が不合理な帰結を招くとする「帰謬法」(argument ad absurdum)、(3) 人間の言語と行動がある命題の常識的性格を示唆するとの観察などである。

　以上、命題の自明性がその真偽の識別の仕方に依存する三つのケースだが、「真理の光をそれ自身に」持つという自明な命題に対し、リード哲学ではこの「真理の光」に特化した直覚能力は想定されていない。むしろそれは命題の真偽を識別する人間の認知システムに相対化されているのであり、概念、判断、推論といった諸能力が行使される状況に対する熟慮の結果として非論証的に真偽が識別された命題を「直覚的」と形容するに止まっている。

現代の直覚主義

　20世紀の前半に倫理学において直覚主義の復権がプリチャードやロスらによって試みられた。しかし論理実証主義の情緒説が主流であった当時の哲学的状況は直覚主義のような道徳上の認知主義 (cognitism) が好意的に受け止められる環境ではなかった。

　自明な倫理的原理が「直覚」されるとする主張に対する異論は主に二つである。一つは倫理的原理が必ずしも自明ではないことである。もう一つは「直覚」ゆえに自明とされた倫理的原理に対する可謬性が排除されることである。

　こうした異論に対して最近「穏健な直覚主義」(moderate intuitionism) の立場から応答が試みられている。たとえばR.アウディは道徳的知識 (moral knowledge) の見地から倫理的原理の真理性 (truth) の把握と同原理の自明性の把握を区別する。その際、直覚主義者は真理性の把握についてのみ直覚能力を認めればよいのであり、自明性の把握については様々な考察や正当化の議論を容認するべきだと主張される。

【主要文献】Thomas Reid, *Philosophical Works,* with notes and supplementary dissertations by William Hamilton, Georg Olms Verlag, 1983. John Stuart Mill, *Autobiography,* 1873（朱牟田夏雄訳『ミル自伝』岩波文庫，1960）. Robert Audi, "Moral Knowledge and Ethical Pluralism", in John Greco and Ernest Sosa eds., *The Blackwell Guide to Epistemology,* Blackwell, 1999.

（朝広謙次郎）

庭園

〔英〕garden

庭園に関する哲学的・体系的思想（庭園美学）は、近年までほとんど書かれていない。しかしイギリスは例外である。それはたんにイギリスの気候や土地が庭園に向いているといった理由によるばかりではない。イギリスは18世紀に「風景式庭園」(landscape garden) ないし「イギリス式庭園」(the English garden) という独自の様式を生み出した。それにより豊かな庭園思想が花開いたのである。一般にヨーロッパでは18世紀まで幾何学的・人工的・左右対称的な閉ざされた庭、整形式庭園が中心であった。それに反し風景式庭園は風景画を思わせる自然風の開かれた庭である。部分的先行例は他国にも見られるものの、それが一つの庭園様式として確立するのは、18世紀イギリスで背景となる思想運動が起きたからであった。風景式庭園はイギリスの哲学者や詩人によって生み出されたと言っても過言ではない。以下これを中心に述べる。

閉ざされた庭から開かれた庭へ

従来の「閉ざされた庭」(hortus conclusus) を支えたのは、生の自然を人間の罪と神の呪いの象徴とするキリスト教思想、および都会や世間を堕落した世界とする道徳哲学思想だった。そうした汚れた外部を遮断した閉ざされた庭は、エデンの園、さらに聖母マリアと重ねられた。イギリスでもたとえばH.ホーキンズ『聖処女』(1633) にそうした思想が見られる。モアの『ユートピア』(1516) も、哲学的討論の場としての庭の伝統を引き継ぐ（ただしユートピア市民が持つ庭は、誰でも入れるという意味で開かれている）。

とはいえすでに17世紀初頭には、風景式庭園を予感させる自然の不規則性への嗜好が散見できる。たとえばシドニー『アルカディア』(1590) やウォットン『建築要諦』(1624) など。またF.ベーコンが『エッセイ』所収の「庭園について」(1625) で、「自然の荒野」に似せて造られた「ヒース」（荒れ地）の導入を説いたことは大きな影響を残した。

風景式庭園を生み出すうえで、強い衝撃をもたらしたのは内乱期（ピューリタン革命期）である。そのことはクロムウェル政権の書記ミルトンの『失楽園』(1667；1774) の描くエデンが、「精妙な人工によって花壇や凝った刺繍花壇の形に育成されず」、「豊穣な自然」に溢れ、風景式庭園の重要な先駆となったことからも予想されよう（なおピューリタン政権の近くにいたマーヴェルの詩「アプルトン屋敷」「庭」も名高い）。なるほど一般にピューリタンは、豪奢な庭園を現実に破壊した。しかし他方で千年王国説に基づき、新たな庭園運動を開始する。実際彼らはイギリス全土を第二のエデンにするという構想をしばしば述べている。そうした運動の中心にいたのが、ハートリブであった。ハートリブのサークルは、王政復古期以降の科学革命を支えたものとして注目されているが、庭園に関しても、公共善へと開かれた農業の改良（「普遍農業」）や植林を喧伝し、時に開かれた庭に近い計画を提唱している。たしかにイヴリン『イギリスの楽園』のように、彼らの重要な庭園思想は未刊に止まる（ただし王政復古後に出た彼の『森』(1664) は広く読まれた）。しかし匿名『豊穣の計画』(1652)、R.オースティン『果樹論』(1653)、ビール『ヘレフォードシャーの果樹園』(1657) など、公刊された革新的な書物もある。

さらに風景式庭園の直接の先駆として、王政復古期のエピクロス主義的な庭園思想がある。それを主に担った王党派は田園と自然の美的快を称揚した。その典型はテンプルの『エピクロスの庭』(1685) であり、そこでは18世紀に流行語となる「シャラワジ」(Sharawadgi)という謎の語（中国語？　日本語？）で、不規則的中国庭園の美が紹介されている。またこの時期の自然科学の発達は、生の自然への美的態度を促した。

風景式庭園の誕生と展開

実際に風景式庭園が造られるようになる18世紀初頭、影響力の強かった思想家としてシャフツベリが挙げられる。彼は『モラリスト』(1709)で、「自然」の「原初の状態」、「粗い岩、苔むした洞穴、不規則的で人手の加わらないグロットや砕け散る滝」を称揚し、逆に「君主の庭園における整形的な模造品」を批判した。とはいえこうした発言は、以上の伝統を引き継ぐものにすぎない。

実質的に風景式庭園を生み出すうえで重要だったのは、新聞という新しいメディアで広く市民的公共圏に訴えたアディソンである。彼が『スペクテーター』414号・477号(1712)など多くの箇所で、人工的整形庭園を批判し、自然風の風景庭園を提唱したことは、たとえばスウィッツァー『田園の相貌』(1718)などに見られるように、実際の造園に強い影響をもたらした。その際アディソンが主張した「美化された農園」は、徳と快を融合するものとして18世紀に流行。さらにアディソンの影響を受けた詩人ポウプは、『バーリントン卿への書簡詩』(1731)で、「ぐるり四方は見よ壁だ」と閉ざされた整形庭園を批判し、「すべてにおいてけっして自然を忘れるな」「すべてにおいて土地の精霊の伺いを立てよ」と要請し、「田園を呼び入れる」開かれた庭を主張した。ポウプの言葉は、のちに造園家や理論家に繰り返し引用された。

以後、多くのイギリス文人が庭園思想を開陳する。18世紀半ば以降は、庭園を自然そのものに見せるイリュージョニズムの美学と、そこに諸感情や「夢想」の喚起を求めるプレ・ロマン主義的美学が優勢となる。詩人シェンストンの『造園断想』(1764)はその嚆矢であ

り、ケイムズ卿『批評の原理』(1762)、G.メイスン『造園設計論』(1768)、ウェイトリ『現代造園論』(1770)、W.メイスン『イギリス式庭園』(1772-81)、さらにチェインバーズ『東洋庭園論』(1772)やアリスン『趣味論』(1790)など、そうした傾向の主要著作である。これらは当時活躍した造園家ブラウンの様式と親近的であり、それを擁護するものと言える（チェインバーズはブラウンに嫉妬していたが）。

ピクチュアレスクと風景式庭園の終焉

これらの庭園論では、景観に絵画的な統一性と一目瞭然性を与えることが多く要請されたが、風景式庭園と絵画とを関係づける傾向はすでに18世紀初頭から見られた。上述のシェンストンは言う。「造園に関する現代イギリスの趣味を追及するには、優れた風景画家こそ最適の設計者だ」。この傾向は、18世紀末から19世紀初頭にかけての「ピクチュアレスク」の美学で顕在化する。ギルピンの『三試論』(1792)や彼の多くの旅行記、プライス『ピクチュアレスク論』(1794-1810)、ナイト『風景』(1794)、同『分析的探究』(1805)などに結実するこの美学は、絵画を規範として庭園を考えることで先のブラウンの庭を批判し、粗く多様で錯綜した庭を推奨した。それは庭園の純粋視覚的な面——テクスチャー、構図、色、明暗——を強調し、最終的には抽象的モダニズムの美学に近づく。

しかしそうなると庭園は存在理由を失う。ピクチュアレスクな抽象的・視覚的諸性質は、生の自然にもまったく同様に見出せるからである。同時に自然を人工によって造るという風景式庭園に内在する倒錯は、生の自然との一体化を称揚するロマン主義によって批判された。しかも国内道路や鉄道の整備による近代ツーリズムの誕生により、生の自然へのアクセスも容易になる。さらに都市ブルジョワの勃興、貴族の没落、庭園が公共的でなく私

秘的なものになったことも相まって、19世紀以降、従来の大規模な風景式庭園は造られなくなる。

19世紀以降の展開

以後は風景式庭園の行き過ぎを反省し、むしろ整形式との折衷が主流となる。この時期の庭園思想は、レプトンの諸著作に見られる（彼の思想は18世紀の遺産を引き継ぐが）。またイギリスの植民地主義的拡大に伴い、外来の植物が多く取り入れられる。たとえば、レプトンを引き継ぐラウドンの著作にそうした傾向が見られる。

風景式庭園を生み出したことでイギリスは造園の国としての威信を獲得した。18世紀後半の代表的文人、H.ウォルポールは、イギリスが「世界に造園の真の模範を与えた」と宣言する（『造園における現代的趣味の歴史』1785）。こうしたイギリスの国家アイデンティティを支えるものとしての庭園は、風景式庭園が極小化したものとも言うべき19世紀後半以降の「コッテージ・ガーデン」や「ナチュラル・ガーデン」の思想にも見られる。たとえばW.ロビンソンや、アーツ・アンド・クラフツ運動とも親近的なジーキルといった人々の著作である（ロビンソンの『野生の庭』(1870)や『イギリスの花の庭』(1883)は現代でも読まれている）。

19世紀以降のイギリス庭園思想として特筆すべきもう一つの点は、ブルジョワ的な住まいとの融合である。コッテージ・ガーデンもその例と言えるが、そうした住まいとの一体化は先のレプトンの思想にも明瞭に見られた。さらにそれはピクチュアレスクの美学と緩やかに結びつきつつ、大規模な都市計画に拡張してゆく。ベラミやモリスのユートピア思想に影響を受けたE.ハワードの『明日の田園都市（ガーデン・シティ）』(1892；第2版1902で同タイトルに変更)も、その延長線上に位置づけられよう。

こうした（広い意味でピクチュアレスク的な）庭園と住まいの一体化、およびその拡大は、アメリカで発達し現在世界中で実践されるランドスケープ・アーキテクチャーに受け継がれた。たとえばカナダ人だがイギリスで活躍したタナードは、「庭園から風景へ」を主張するが（『現代風景における庭園』1938；改訂版1948、など）、それもそうした文脈で捉えられよう。

【主要文献】Blanche Henrey, *British Botanical and Horticultural Literature before 1800*, Oxford University Press, 1975. Christopher Thacker, *The Genius of Gardening: The History of Gardens in Britain and Ireland,* London: Weidenfeld & Nicolson, 1994. Ray Desmond, *Dictionary of British and Irish Botanists and Horticulturists,* London: Taylor and Francis, 1994. 安西信一『イギリス風景式庭園の美学』東京大学出版会，2000.

（安西信一）

ディガーズ

〔英〕Diggers

17世紀のピューリタン革命において、第一次内乱の終了後、1649年4月1日日曜日、G.ウィンスタンリとW.エヴェラードに率いられた20名から30名の農民がサリー州にあるセント・ジョージの丘の共有地を掘り返し、にんじんや豆などの種をまき始めた。彼らは何を目指していたのか。ここではディガーズの目的やその社会的背景について明らかにしたい。

ウィンスタンリとディガー運動の開始

ディガー運動の指導者と目されるウィンスタンリは、運動開始前の1648年から49年初頭にかけて5つの宗教的パンフレットを刊行した。そこには千年王国到来の切迫感が満ち溢れており、反聖職者主義、反国教会、神秘主義、聖霊信仰など、当時の諸セクトと共通する志向を見出すことができる。こうした中でウィンスタンリは、恍惚状態の中で三度「ともに働き、ともにパンを食べよ。このことを全世界へ宣言せよ」という神の声を聞き、ディガー運動へと向かっていくことになる(『正義の新しい法』1649)。この運動の目的が「何かをすることではなく、何かを言うこと」、すなわち千年王国が近いことを示す象徴的なものであったという見解があるのもこのためである。

しかし、この運動は単なる宗教的な運動とは異なって、政治的・経済的な平等を追求するという世俗的な側面を持っており、さらに独自の要求を持つ農民が参加したことにも注目すべきである。

たとえば、ディガーズを代表してウィンスタンリは議会と軍隊に次のように訴える。「マナー領主とジェントリから成り立っている議会は、後見裁判所から自由になったように、妨げなしに自らの囲い込み地を持つべきであり、一方、兵士となる他に、税金を払い、あるいは無料宿営を与えた民衆は、すべての荒蕪地、共有地、国王派の土地についての自由を等しく持つべきである」(『議会と軍隊への新年の贈り物』1650)。ここには内乱の体験に基づく農民たちの現実的・世俗的な要求があり、しかもその要求する土地は無限定なものではなかった。また、彼らが運動へと踏み出す背景には、1649年の1月に国王が処刑されて、イングランドが現在、自由なコモンウェルスになったという認識があることにも留意しなければならない。

ディガーズとディガー運動

ウィンスタンリや農民たちは、共有地を掘り返し始めたゆえに、ディガーズと呼ばれることになるが、彼らは当初、自分たちのことを「真のレヴェラーズ」と呼んでいた(『真のレヴェラーズの旗は進む』1649)。これはJ.リルバーンたちレヴェラーズが主に政治的平等しか主張せず、経済的平等にはほとんど触れることがなかったので、土地の共有を主張する自分たちこそが「真のレヴェラーズ」であるということを意味したものである。このことから、とくに20世紀の歴史家の間で、この運動は社会主義運動の先駆として有名になり、ディガーズとは土地から切り離された無産者たち、あるいは「主人なき者」(masterless men)であると考えられることになった。

しかし、近年の地方史研究の進展はディガーズ個々人の経歴を解明しつつある。これによると、ディガーズの大部分は在地の小屋住農(cottagers)であり、中には親族関係で結びつく者もいるが、主にコバム教区の住民であった。そして、運動壊滅後もウィンスタンリ自身が教区委員や救貧委員などを務めたように、大多数の者がこの教区に住み続けている。セント・ジョージの丘に作られたコロニーが、近隣の住民の反発によって壊滅状態になっ

たあと、8月からの新しいコロニーの建設場所にコバムが選ばれたのは偶然ではない。ここではメンバーは70名ほどに増加し、地元の住民からの援助も享受できたという。

また、この地域では領主と農民との間に、共有地の用益権をめぐって、長期にわたる軋轢があり、以前から農民による共有地の無断居住（squatter）運動が展開されていた。このようにディガー運動は意外とその地域に密着した運動であったと言うことができるのである。しかし、そこのマナー領主は聖職者でもあり、ウィンスタンリの思想に異端の臭いをかぎつけ、ディガーズの不品行をあげつらい、ディガー運動の鎮圧に乗り出すのである。その結果、この地での活動は1650年4月に終止符を打たざるを得なかったが、短期間とはいえ、少なくとも他の9つの州（ハーフォードシャー、レスターシャー、ケント、ベッドフォードシャー、ミドルセックス、バッキンガムシャー、ノーサンプトンシャー、グロスターシャー、ノッティンガムシャー）で同様の運動が展開されたことは、この運動の基盤の広さを示しているものと言えよう。

ディガー運動と『自由の法』

ディガー運動が鎮圧されてから2年後、ウィンスタンリによって、1652年2月に『自由の法』が印刷され、公にされた。しかし、その基本的な枠組みはディガー運動の最中である1649年のうちに構想されていたものであるという。これにはクロムウェルへの献辞があり、商取引の廃止、必要に応じた財の分配、成年男子普通選挙による議会の選挙、教会や聖職者の廃止、無償の義務教育など現在のコモンウェルスに対する改革案が示されている。ウィンスタンリはディガー運動の経験により、コモンウェルスが成立したにもかかわらず、その機構が十分に機能していないことを再認識させられた。「傲慢で貪欲な」特権的意志がいまだはびこっているのである。彼はその改革をクロムウェルに託したのである。

しかし、コモンウェルスについて、ウィンスタンリと異なる構想を持つクロムウェルは、その期待に応えることはできず、『自由の法』は葬り去られることになる。この改革案が再び日の目を見るのは、その約250年後、1895年にベルンシュタインがそれをトマソン・コレクションから再発見するのを待たねばならなかったのである。

【主要文献】G. Sabine ed., *The Works of Gerrard Winstanley, with an Appendix of Documents Relating to the Digger Movement,* Cornell University Press, 1941. C. Hill, *The World Turned Upside Down: Radical Ideas During the English Revolution,* Temple Smith, 1972. J. Gurney, "Gerrard Winstanley and the Digger Movement in Walton and Cobham", *Historical Journal* 37/4, 1994. A. Bradstock ed., *Winstanley and the Diggers, 1649-1999,* Frank Cass, 2000. 田村秀夫『イギリス革命思想史』創文社，1961．菅原秀二「クロムウェルとウィンスタンリ——コモンウェルスの形成に向けて」，田村秀夫編『クロムウェルとイギリス革命』聖学院大学出版会，1999.

（菅原秀二）

帝国

〔英〕empire 〔ラ〕imperium

　帝国とは、狭義には本国による植民地支配を意味するが、広義には統治者による多様な宗教・民族・言語集団への支配を意味する。ヨーロッパのほとんどの帝国の起源が、古代ローマにあるように、「ブリテン帝国」の起源も、古代ローマにある。英語のempireの語源となったのは、ラテン語のimperiumであった。帝国研究は、従来、19～20世紀の解明に集中してきたが、以下では、思想史研究のテーマとしての「帝国」が、前近代との連続性や関連性を密接に持つことから、古代ローマ以来の帝国の系譜に力点を置きたい。

「インペリウム」概念の変遷

　共和政期のローマで生まれたインペリウム概念は、多様な語義を持つ。大きく区分すれば、(1)「命令」や「命令権」という意味から、(2) 空間的に「命令の及ぶ範囲」つまり「帝国」という意味に転じ、(3) 帝政期になると「皇帝 (imperator) の統治する国家」という意味を加えていった。第三の語義は、日本語の「帝国」に最も近いものだが、ラテン語や英語には第一、第二の語義があることに注意する必要がある。中世になると、(4) 王国や領邦といった「個別の領域内での支配権」という新たな意味がフランスなどで主張され、この語義が中世末のスコットランドやイングランドにも伝わった。近世では、この第四の語義が重要になるが、それは、国外に向けて個別の主権を宣言するだけでなく、支配領域内の多様な地域に対して支配権を主張するという二重の機能が存在したことを忘れてならない。

　個別の領域内での支配権という語義は、中世末になると各国語で表現された。注目すべきは、英語での最初の用例が、イングランドよりもスコットランドで見られたことである。15世紀のスコットランドでは、フランスから積極的に法学を学んでおり、その影響下で「帝国」という言葉が表明されるに至った。1469年に、スコットランド議会は、ジェイムズ3世への期待を込めて、国王は「彼の王国内において完全な司法権と自由な帝国 (ful Jurisdictioune and fre Impire)」を有していると宣言した。これは、イングランド国王ヘンリ8世が、1533年の上告禁止法 (教会裁判においてイングランドの法廷をこえて、教皇へ上告することを禁止した法) の前文において述べた「このイングランドの王国は一つの帝国 (an Impire) である」という声明よりも、60年以上早いものであった。このスコットランドの先進性には留意する必要がある。ただし、ここでの「帝国」は、まだスコットランドとイングランドを包括する「ブリテン帝国」という概念ではなかった。それらは、スコットランドやイングランドといった個別の領域内での支配権を主張するものであった。

「ブリテン帝国」と「植民地」の誕生

　それでは、スコットランドとイングランドにまたがる「ブリテン帝国」という概念は、どのようにして誕生したのであろうか。そもそも「ブリテン」という言葉は、「ブルータス」伝説に由来する。ブルータス伝説とは、古代トロイアの滅亡に際して、イタリアに逃れたアエネアスが、ローマを建国したという神話をさらに発展させて、アエネアスのひ孫にあたるブルータスが、誤って父を殺害したためにローマを離れることを余儀なくされ、様々な地を航海したのち、アルビオンという島に辿り着き、この島の支配者だった巨人を退治して王となり、島を「ブリテン」と名づけたというものである。ブルータスに付き従った臣下は「ブリトン人」と呼ばれた。この伝説は、中世の歴史物語、わけても12世紀初期に成立したジェフリ・オブ・モンマスの『ブリタニア列王史』によって普及した。

モンマスの著作は16世紀になっても影響力を持ち、とくに1540年代においてヘンリ8世と、エドワード6世の摂政サマセット公によって推進されたイングランドとスコットランドの合同運動の中で、政治的に利用された。「ブリテン帝国」なる概念は、歴史家アーミテイジが実証的に跡づけたように、ブルータス伝説を援用して、スコットランドの服従を要求した40年代のイングランド側の複数の著述から生み出された。

具体例を挙げれば、1547年に、イングランドのジェイムズ・ヘンリソンは、ブルータス伝説とコンスタンティヌス大帝の偉業に触れて、次のように述べた。かつて「一人の皇帝の下にあったブリテン全土は、一人の皇帝の下にあり続け、その時スコットランドとイングランドは一つの帝国（one Empire）であった」。ヘンリソンは、「この王国が、今やイングランドこそ、グレート・ブリテンの帝国（thempire of greate Briteigne）の唯一の首座と命じたこと」を示したかったのである。

これに対して、スコットランドの何人かの著述家は、イングランドの主張に反対し、論争となった。そのうちの一人である聖職者ロバート・ウェッダバーンの著作と推定される『スコットランドの苦情』（c.1550）は、スコットランドの従属化を危惧して、次のように述べた。イングランド人は、「スコットランドが最初に居住された時、それがイングランドの植民地（colone）であったことを立証する」ように企んでいる。ここでの「植民地」は、国外における入植地を意味する、英語での最初の用例であった。

このようにイングランドとスコットランドの複雑な関係の中から、「ブリテン帝国」や「植民地」といった用語が誕生した。16世紀中葉において両国は、まったく別の国家ではなく、安定した「複合君主国」でもなかった。両国は、支配を追求したり、服従を拒否したりという相互作用を繰り返しながら、「ブリテン帝国」や「植民地」という概念に行き着いたのである。

帝国の現実的基盤

16世紀中葉に「ブリテン帝国」の概念は誕生したが、それは、まだ帝国としての内実に欠けていた。ブリテン帝国が、概念に止まらず、現実的な基盤を獲得するには、16〜18世紀中に、いくつかの出来事を潜り抜ける必要があった。その支柱になるのは、第一に、宗教改革を達成したイングランドとスコットランドで共通して見られたプロテスタント国家の理念である。この理念は、反カトリック主義という形で両国に共有された。とくにイングランドの場合、ピューリタンによって強く主張され、当初はスペインとの、17世紀後半からはフランスとの戦争遂行を理論的に後押しした。この理念は、カトリックが根強かった隣国アイルランドへの移民や征服を正当化するためにも、しばしば用いられた。

第二の支柱は、ピューリタン革命期の帝国建設において頻繁に見られた「自由」を尊重する態度である。イングランドは、ピューリタン革命において、1649-51年にアイルランドとスコットランドを征服し、52年以降にオランダやスペインと戦争を行うなどして、実際に帝国拡大の道を模索するようになった。その中で、古代ローマの歴史家が提起した「自由と帝国」の問題は、革命期のイングランドにとって他人事ではない課題となった。この課題は、国王不在となったイングランドが、共和国でありながら帝国を実現できるのか、自由を維持しながら帝国を達成できるのかという問題でもあった。

この問題に取り組んだ代表的な思想家は、共和政のために尽力したJ.ハリントンである。1656年に出版された彼の『オシアナ』は、これまで、土地所有（土台）が国家形態（上部構造）を決定することを説いた「唯物論」の書物として知られてきた。しかし、正確には「帝国（Empire）」には二種類ある。国内に関する

ものと、国外の属州に関するものである。国内の帝国は土地領有に基礎を置いている。……土地支配あるいは所有の割合あるいはバランスが、帝国の性質を決定する」とあり、『オシアナ』は帝国論の書物として読み直すことができる。

ハリントンは『オシアナ』の序文で、「今では、この共和国［オシアナ、つまりイングランド］の属州（provinces）となったマルペシア［スコットランド］やパノピア［アイルランド］について」言及している。両属州は、オシアナのために貢献することになる。「島々であるこれらの国々の状態は……神によって、一つの共和国になるように予定されているように思われる」。この記述は、革命期にアイルランドとスコットランドが征服され、史上初めてイングランドによる両国議会の合同がなされ、統合が実現したという、「複合国家」における帝国的展開を反映したものであろう。

しかし、ハリントンの主要な関心は、属州への拡大を語るよりも、オシアナの自由を維持することに向けられた。彼は、キケロやリウィウスといった古代ローマの政治家、歴史家や「古代の知恵の唯一の回復者」と呼ばれるマキアヴェッリの著作から豊富な引用を行っている。彼は、古代ローマをモデルに、そこから教訓を学びながら、イングランドが、共和国の自由を失わずに、帝国的発展を続ける方法を模索した。彼以外にもミルトンなどの思想家は、古典古代から多くを学び、そこから17世紀への教訓を読み取ろうとした。

第三の支柱は、17世紀後半から明確になる商業活動や海外貿易を重視する姿勢である。「貿易と帝国」の結びつきを、説得的に立証したのは、ロンドンの医師で、重商主義の理論家としても知られるニコラス・バーボンであった。彼は、貿易と帝国が緊密な関係に入ったことを見通して、1690年に『貿易論』を発表した。彼は、貿易のメリットを数え上げたあ

とに、次のように主張した。「貿易の最後の利益は、それが帝国の拡大に資するというものである。そして、もしも世界帝国、または広大な広がりを持つ領土が再び世界に興隆しうるものとすれば、それはおそらく貿易の助けを借りて、すなわち陸上における軍隊よりも、むしろ海上における船舶の増加によって、成し遂げられると思われる」。商業活動や海外貿易を重視する帝国論は、18世紀になってもヒュームなどによって提示された。

このようにブリテン帝国は、16〜18世紀を通して宗教・政治・経済に関わる主要な支柱を獲得した。それらによって帝国は、たんに概念に止まるものでなく、またブリテン諸島に止まるものでもなく、現実的な基盤を持って、アメリカやアジアに拡大するようになった。

近年の帝国史——帝国主義とコロニアリズム

以上、イギリスの帝国成立史を辿ってきた。イギリス以外の帝国史にも視野を広げると、これまでの帝国研究は、19〜20世紀、とりわけ1870年代からの「帝国主義の時代」に集中してきた。もちろん、この時代、列強間の競争の過程で世界分割が進行し、その結果、第一次世界大戦が起きている。それは、ホブソンやレーニンが指摘したように、歴史上画期となる時代であった。とくにレーニンは、「資本主義の最高段階」として帝国主義を位置づけた。しかし最近の研究は、資本主義の歴史に限定せず、前述のように古代以来の帝国の系譜を探る傾向にある。また、資本主義の歴史を対象としても、帝国主義時代に限定されず、帝国史は幅広く研究されるようになっている。その代表的な研究が、19世紀中葉の自由貿易が盛んになった時代でも、帝国拡大が顕著であったことを明らかにしたギャラハーとロビンソンによる「自由貿易帝国主義」論であり、17世紀以降の帝国の発展を「ジェントルマン資本主義」論によって説明しようと

したケインとホプキンズの議論である。

　第二次世界大戦以後、欧米や日本の植民地の大半は独立に向かった。だが、政治的に独立しても、旧植民地は、宗主国に対して経済的に依存することが多く、完全な自立の道は険しかった。こうした世界的な経済格差に起因する「南北問題」を背景にして、1960年代以降に従属理論や世界システム論が登場した。ただ、従来の帝国史研究は、ホブソンやレーニンからウォーラーステインに至るまで、政治的・経済的要因を重視するものが多数を占めていた。これらに対し近年では、支配する側にも、支配される側にも、意識や文化の問題が大きく作用していると指摘され、帝国意識やコロニアリズムが研究対象として積極的に取り上げられている。さらに、植民地独立後も持続する文化帝国主義の状況を分析し、そこからの脱却を目指すポストコロニアリズム論にも注目が集まっている。帝国意識やコロニアリズム、文化帝国主義は、植民地や従属地側の問題であると同時に、長年にわたる帝国支配の負の遺産でもあり、帝国研究が抱える現代的な課題であろう。

　最後に、近年の帝国研究は、2001年9月11日の「同時多発テロ」事件以降の世界情勢やアメリカ合衆国の覇権的行動と連動して、活況を呈している。2000年に原著が出版されたネグリとハートによる『帝国』は、そうした文脈で話題になった書物の一つである。彼らは、「帝国」を「脱中心的で脱領土的な支配装置」と規定し、これが「たえず拡大し続ける開かれた境界の内部に、グローバルな領域全体を漸進的に組み込んでいく」という独自の見解を示した。それは、政治的・経済的な実体を伴わない、情報社会における「新しいグローバルな流れ」と言える。これに対して「帝国主義」は、「ヨーロッパの国民国家による、それ自身の境界を越える主権の拡張」と規定され、「帝国」に代替される旧来の体制と見なされる。このような新たな帝国論を、これまでの研究とどのように架橋できるのか、それも今後の研究課題の一つとなるだろう。

【主要文献】J. Gallagher and R. Robinson, "The Imperialism of Free Trade", *Economic History Review* 6, 1953（川上肇訳「自由貿易帝国主義」, G. ネーデルほか編『帝国主義と植民地主義』御茶の水書房, 1983）. P. J. Cain and A. G. Hopkins, *British Imperialism: Innovation and Expansion, 1688-1914*, London: Longman, 1993（竹内幸雄／秋田茂訳『ジェントルマン資本主義の帝国Ⅰ』名古屋大学出版会, 1997）. Linda Colley, *Britons: Forging the Nation, 1707-1837*, New Haven: Yale University Press, 1992（川北稔監訳『イギリス国民の誕生』名古屋大学出版会, 2000）. David Armitage, *The Ideological Origins of the British Empire,* Cambridge University Press, 2000（平田雅博／岩井淳／大西晴樹／井藤早織訳『帝国の誕生——ブリテン帝国のイデオロギー的起源』日本経済評論社, 2005）. M. Hardt and A Negri, *Empire*, Harvard University Press, 2000（水嶋一憲ほか訳『〈帝国〉』以文社, 2003）. 川北稔『工業化の歴史的前提』岩波書店, 1983. 木畑洋一編『大英帝国と帝国意識』ミネルヴァ書房, 1998. 平田雅博『イギリス帝国と世界システム』晃洋書房, 2000. 藤原帰一『デモクラシーの帝国』岩波新書, 2002. 吉村忠典『古代ローマ帝国の研究』岩波書店, 2003. 山本有造編『帝国の研究』名古屋大学出版会, 2003. 歴史学研究会編『帝国への新たな視座』青木書店, 2005. 岩井淳「二つのブリテン帝国と連合王国」, 松本彰／立石博高編『国民国家と帝国』山川出版社, 2005. 小野功生／大西晴樹編『〈帝国〉化するイギリス——17世紀の商業社会と文化の諸相』彩流社, 2006.

（岩井　淳）

ディセンター

〔英〕Dissenter

ディセンター（非国教徒、Dissenter, Nonconformist）とは国教に対して異論を唱える宗派を指す。したがって、イギリスのディセンターは、広義には国教徒（Anglican）を除くすべてとなり、ピューリタンのみならず、ユダヤ教徒やカトリックなどを含む。しかし、狭義には、重要な集団であったプロテスタント非国教徒を指す。ローマ・カトリックから16世紀に分離独立したイングランド国教会は、本来プロテスタントであったものの、権力に妥協的、権威主義的で、カトリックは言うまでもなく急進的なプロテスタントに対しても、寛容を認めずに抑圧した。そして1559年に公布された『公式祈祷書』が強制された。ヴォルテールが『イギリスだより』（1733）でイギリスを信仰の自由の国として賛美した程度の寛容を実現するためにも、非国教徒にとっては国家教会制（Church and State）の下での長い闘いが必要であり、国教会の穏健化が必要であった。

17世紀のディセンター——抑圧と名誉革命の寛容

ピューリタン革命には市民的権利の実現をはじめとして様々な争点があったが、信仰の自由も争点であった。内乱の中で非国教徒は熱狂的ともなれば、権力争いにも巻き込まれ、党派対立を深めて分裂した。長老派、独立派、会衆派、バプテスト、クェーカー、第五王国派などが主であるが、他にも弱小の宗派があった。独立派と護国卿クロムウェルが支配した空位時代（共和国時代）には信仰の自由が実現するかに思われたし、ミルトンの『アレオパジティカ』（1644）のような言論の自由と寛容を求める小冊子も出た。しかし、国教会制度に反対したピューリタン諸派が寛容を勝ち取ることは容易でなかった。王政復古後の騎士議会は国家教会制支持者の独壇場となり、1662年の信仰統一令によって非国教徒牧師900人が教会から追放された。王政復古体制を定めた反動的なクラレンドン法典は非国教徒に容赦なく弾圧を加え、1665年の5マイル法は国家教会制に忠誠を誓わない限り都市から5マイル以内に居住することを禁じたし、73年の審査法によって非国教徒は公職から追放された。アシュリー（初代シャフツベリ伯）のような高位の長老派さえ圧迫された。

名誉革命（1688-89）が自由を求める人々によって遂行され、プロテスタント国王を迎えたので、非国教徒にも希望が持てるかに思われた。アシュリーの盟友であったロックも『寛容書簡』（1689）を世に出して、プロテスタント非国教徒の公認を説いた。彼の『キリスト教の合理性』（1695）は宗教的自由主義の形成に大きな影響を与えた。ナント勅令廃止によるフランスの新教徒ユグノーの亡命者は受け入れられたが、大陸のカトリック諸国と対立していた17, 18世紀のイギリスではカトリック解放は期待できなかった。1689年の寛容法はきわめて限定的で、国王至上権を認め、国教会の三十九ヵ条信仰箇条を受け入れた非国教徒には刑ă法を免除したが、大半の非国教徒は公職に就けない二級市民のままであった。この法に反対した400人の国教会牧師は忠誠拒誓者として別の教会へ分離していった。

18世紀のディセンターの思想と行動

18世紀のイギリスにおいて非国教徒の信仰の自由と自由主義への貢献には目を見張るものがあった。1707年のスコットランドとの合邦が長老派教会を公認したことで、国教会の全面支配は崩れた。ハチスンとターンブルに始まるスコットランドの穏健主義はイングランドの啓蒙的非国教主義に大きな影響を与えた。トーランドはカトリックからプロテスタント非国教徒に転じ、さらに汎神論者となったし、J.バトラーは非国教徒から国教会に転

じた。このように、転向はありふれた現象であったが、重要なのは理性的非国教徒が中核となって、宗教と道徳の自由主義的展開を推進したことである。

デフォー、リチャード・プライス、プリーストリなどの活動と自由主義の浸透につれてプロテスタント非国教徒はしだいに地位を高めていく。とりわけ各地のディセンター・アカデミーの活動は重要であった。人口でも富でもイングランドの1割ほどのスコットランドに4大学があり、大学は啓蒙の拠点であったのに対して、イングランドにはオックスフォード、ケンブリッジの2大学しかなく、しかも18世紀には沈滞してもいた。したがって、両大学から排除された非国教徒にとって各地に設けられた非国教徒学院は格好の教育機関であった。それはイングランドにおける大学の不足を補う教育と研究を担った。デヴォン、ランカシャー、ロンドン、ウェールズが重要な拠点となり、中でもテュークスベリ、ノーサンプトン（ここには長老派のバクスターの継承者として著名なドッドリッジの学院があった）、ウォリントンは最も有名である。

理性的非国教徒と急進派

ロンドン近郊のニューウィントン・グリーンにはR.プライスがいて、非国教徒知識人（理性的非国教徒）の拠点となった。彼らは理性を重視し原罪観を拒否した。彼は多くの交友を持ち、熱狂に反対して穏健な自由主義を広めた。トマス・ホリス（アメリカの大学に共和主義文献を贈った）、ジェイムズ・バー、アンドルー・キッピス、ホーン・トゥック（国制知識普及協会の創設者）などである。彼はまたエリザベス・モンタギュー（女性の権利を擁護）を介して、シェルバーン伯爵（政治家）やプリーストリと知り合った。彼ら急進派、理性的非国教徒知識人は、フランクリンとアメリカに同情的であり、議会主権を振りかざすグレート・ブリテン政府の強硬策を横暴と見ていた。彼らは、分け隔てのない、自由の友であることを目指していた。彼らの著作は枚挙に暇がないが、とりわけプライスの『市民的自由』（1776）は、アメリカ革命を支持した著作の中で最も有名となった。そこには平等な人権の思想が力強く表現されていた。

一時的に非国教徒は減少したが、1730年代からのメソジスト運動、中葉の福音主義の復活によって、非国教徒の数は増加に転じた。1770年までにアメリカでの非国教徒の繁栄に勇気づけられて、非国教徒は強固な集団となった。しかし、彼らの多数はアメリカ独立戦争に反対した。彼らはフランス革命を支持したが、それゆえにプリーストリは1791年のバーミンガム暴動で家を焼かれ、アメリカに亡命せざるを得なくなった。18世紀イギリスの急進派知識人の多くはペインやゴドウィンも含めて非国教徒であった。彼らは共和主義的傾向（プライス、バー、ペイン）を持つとともに、千年王国的傾斜（プリーストリ）もあるなど、その思想の傾向は多様であったが、彼らは民衆よりの啓蒙思想家として、信仰の自由の主張によっても、抑圧された少数派の地位向上運動においても、重要な役割を果たした。

【主要文献】Knud Haakonssen ed., *Enlightenment and Religion: Rational Dissent in Eighteenth-Century Britain,* Cambridge U. P., 1996. Caroline Robbins, *The Eighteenth-Century Commonwealthman,* Harvard U. P., 1959; 2nd ed. Liberty Fund, 2004. Irene Parker, *Dissenting Academies in England,* Octagon Books, 1969. Harry Dickinson, *Liberty and Property,* Weidenfeld & Nicolson, 1977（田中秀夫監訳／中澤信彦ほか訳『自由と所有』ナカニシヤ出版、2006）. Isabel Rivers, *Reason, Grace, and Sentiment,* 2 vols., Cambridge U. P., 1991-2000. J. B. Schneewind, *The Invention of Autonomy,* Cambridge U. P., 1998.

（田中秀夫）

デザイン論証

〔英〕design argument

　西洋中世のキリスト教世界では、信仰対象としての神が存在していることが疑われることのない大前提であった。しかし、キリスト教が他宗教と接触していくうちに、護教論として自然宗教（合理論的神学）の範囲で神の存在を証明する論証が要請された。その論証の一つがデザイン論証である。

　その論証とは、神は自分の目的に適う企画（デザイン）に従って自然を創造したから、自然を分析すれば神の企画を発見できる、そこで自然のうちに企画を発見できれば、その企画を創造した神は存在しなければならないというものである。

　デザイン論証は、他の論証に比べて、自然の探求から出発して、神の企画を発見したうえで神の存在を証明するという経験論的証明の性格を持っている。近代のイギリス哲学は経験論的傾向が強かったので、経験論の立場からデザイン論証の批判を行い、また批判の批判を行っている。

　ここではその代表的哲学者として、デイヴィッド・ヒュームとJ.S.ミルのデザイン論証批判を取り上げ、またR.M.ヘアのヒュームへの反批判を取り上げる。

ヒュームとミルのデザイン論証批判

　ヒュームは、『自然宗教に関する対話』で対話者の一人フィロによって彼の立場を表現している。われわれは経験的事実として繰り返し石が落下していることを観察しており、落下の結果から重力という原因を帰納的に推理することができる。また既成の家を見たとき、家を建築家が作ったことを確実に結論できる。なぜなら、この種の結果からこの種の原因を経験的に繰り返し観察することができるからである。しかし建築家が家を造ったことと神が宇宙を創造したこととを、同じように類比できない。デザイン論証は、建築家と家の関係を、神と宇宙との関係に投影する神人同形同性論であるが、こうした類比はきわめて多くの不一致点を無視しているから、類似の原因を推測し、憶測し、想定しているだけである。デザイン論証は、経験に帰せられず、また反駁不可能な論証でもない。経験的な事実や類似の事例から少しでも離れると、それに比例して証拠が減少していき、ついにはきわめて弱い類比となり、類比の蓋然性が減少する。このように論じて、ヒュームはデザイン論証に対する懐疑論を展開した。

　一方、ミルは『宗教三論』の中で、ヒュームのデザイン論証批判を前提するが、さらに19世紀の物理学の進歩を利用し、物理学が証拠を提出する事実がどこまで宗教的伝統を覆すかを問う。ミルは創造者を証明する証拠を先天的証明と後天的証明に分け、前者は主観的な観念や確信から外的客観的事実を推論する「明白な先決問題要求の誤り」であるとして退けている。一方、後天的証明は、計画による証明つまりデザイン論証であり、帰納法によって試験できる唯一の科学的性格を持っているとする。計画による論証とは、自然に見られる計画性を観察した結果、計画者である神が存在したに違いないと推論するものである。ミルは、知性を持った人間が特定の目的のために作った事物の特徴に類似した事物が、この自然世界の中にかなり発見されるが、こうした人間の作る物に似ながら、しかも人間の力を超えた事物は、超越的な英知的存在によって創造されたに違いないと信じる理由があると一応言う。

　しかし、デザイン論証は帰納法というよりは類比（analogy）である。類比は、AとBの条件の下で他の事物に類似した事物は、条件Cの下でもそれに類似するという点で、帰納法と共通する。しかし帰納法では、条件AとBとはCに依存しているとか、Cに関連する

条件であることが以前の経験的事例の比較によって確証されているのに対して、類比はこの点が確証されていない。デザイン論証は、似ていることが少ない場合や似ていることが全然ない場合よりも、類似点がかなりある場合には、それらの類似点のゆえに知性による創造が可能であると言えるだけである。

たとえば、目の構造は目を持つすべての動物が物を見ることができるようにする企画を持っている。この企画を持つ構造はこれを計画した超自然の精神的存在を証拠立てていると主張される。このデザイン論証の前の部分は、目を持つ動物一般が共通に持つ類似性である。この推論の根拠となる事例の数は無数であることは認められるとしても、この推論は一致法、相違法、剰余法、付随的共変法という帰納法のうちの最も弱い一致法に基づくだけである。そこから直ちに視覚を生み出した超越的知性的意志を必然的に推論するわけにはいかない。なぜなら、この推論を結びつける環は、超越的知性的意志の存在だけでなく、ダーウィンやスペンサーが主張した最適者生存の原理である可能性の方がいっそう高いからである。推論の環としての進化論の強い可能性は、神の目的論的創造理論の証拠を非常に減少させている。そこで超越的知性的意志の存在を必然的に論証するには、進化論的説明を否定しなければならないが、それは困難である。したがって、目の構造のデザイン構造から直ちに超越的知性的意志の存在を推論するわけにはいかない、とミルは論じている。

こうしてミルは、現在のところ自然の中の適応現象が知性による創造であるという解釈に好都合で優位の蓋然性があることを認めるが、デザイン論証は、神の存在を支持する確定的な論証ではなく、蓋然性を与える論証にすぎないという。他方でミルによれば、たとえ進化論によって目的論的に自然現象を説明し得たとして、それは神の存在と両立し得る解釈であり、神の存在を否定することにはならない。なぜなら、進化論的法則を神が設定した可能性があるからであり、この可能性を否定しない限り、進化論のみが目的論的に自然を説明する唯一の理論であると断定することもできない。こうしてミルは、無神論ではなく、懐疑論の立場に立った。

R.M.ヘアの反批判

R.M.ヘアは「道徳と宗教」の中で、ヒュームが経験的事実を物理学の対象領域だけに認めて、道徳、宗教の領域で確証と見なされる経験ないし事実を無視していると考える。たとえば人間の道徳法則はその人間が行っていることを見て確証できる。しかも人間の脳生理学によれば、人間の事実確認が一部で人間の言語用法を含めた主観的原則に依存し、認識には精神が積極的役割を果たすことが認められている。そこで、物理学的事実の信念さえ人間の側の関与に基づくという。こうしてヘアは、ヒューム・ミルの行った物理学的事実に基づくデザイン論証批判の論拠に対して、日常言語学派の立場からの反批判を行ったのである。

【主要文献】David Hume, *Dialogues concerning Natural Religion,* John Valdimir Price ed., Routledge, 1991（福鎌忠恕／斎藤繁雄訳『自然宗教に関する対話』法政大学出版局, 1975). J. S. Mill, *Three Essays on Religion, 1874, Collected Works of John Stuart Mill,* Vol.X, University of Toronto Press, 1969. R. M. Hare, "Morals and Religion", in —— *Faith and Logic,* Basil Mitchell, George Allen & Unwin, 1957.

（小泉　仰）

哲学協会（学会）

〔英〕philosophical society

ロンドン王立協会

　イギリスにおける学会一般の起源はロンドン王立協会（Royal Society of London）に求めることができる。1660年にクリストファー・レン、ロバート・ボイルら12人の創立メンバーによって設立されたこの学会の目的は、物理学的・数学的な実験的学問の奨励にあった。実際の活動は、毎週、会員が集まって実験を見学したり、科学的な話題について討論したりすることであった。1662年からは出版も勅許されて書物の刊行を行うようになったが、当学会の機関誌である *Philosophical Transactions* は現在も発刊されており、今日まで継続している学術的な定期刊行物としては世界で最も歴史の古いものである。この学会には専門の科学者だけではなく富裕なアマチュア——しばしば科学者たちの経済的な後援者であった——も会員として含まれていたが、ニュートンやボイルら、科学革命期の主要な科学者が会員であった当学会は、伝統的な自然学とは装いを一変した近代自然科学の存在意義を認知させる制度的な象徴としての意味を担ったのである。

エディンバラ哲学協会

　会員制で、定期的に報告・討論のためのミーティングを持ち、会報を発行するという、上の王立協会の方式が以後のイギリスにおける諸学会の原型を形作った。18世紀に入るとイギリスの文化の中心はイングランドからスコットランドへと移り、その地で文化の興隆の一つの核となったのが club や society として各地に創設された大小様々な知的組織体であった。それらのうち比較的規模が大きいものが本項目の主題である哲学協会に相当するものと言えようが、その代表的事例が、大学もあったスコットランドの両都市に設立されたエディンバラ哲学協会（以下「エ哲」と略記）とアバディーン哲学協会（「ア哲」と略記）であった。以下その輪郭を瞥見しておこう。

　哲学協会の典型をなす「エ哲」は、数学者でありスコットランドへのニュートンの紹介者でもあるコーリン・マクローリンを中心に1737年に創設された。直接の前身として1731年に創られた「医学知識向上学会」（the Society for the Improvement of Medical Knowledge）を持つ「エ哲」の主要な目的は、医学をはじめとする自然科学の知識の向上にあった。天文学などの自然諸科学の当時の急速な発展を考えればそれは当然と言えようが、他方で「エ哲」の会員にはヒュームやケイムズ卿といった人文・社会系の学者も含まれており、政治と宗教以外の話題は自由に議論されていた。また創立当初より、「学会員の少なくとも三分の一は哲学と医学以外の職業のものとする」設立のいわば理念があった。ここで言う哲学を職業とする者とはほぼ大学教授に相当する。すなわち、「エ哲」の会員は狭義の大学人に限られず、市井の学者、法曹家や政治家、地主、農業家、技術者といった人々が会員に含まれていたのである。したがって地域の関心事である農業改良といったテーマも会の議論の対象とされていた。

アバディーン哲学協会

　「エ哲」に比較するとその寿命は短かったが、アバディーンにもアバディーン哲学協会（1758-73）があった。常識学派の殿将T.リードや自然科学者デイヴィッド・スキーンらを創立者とするこの学会は、別名賢人クラブとして一般に知られていた。会員のほとんどはアバディーン大学の二つのカレッジ（マーシャルおよびキングズ・カレッジ）のスタッフによって占められていたのである。しかし医学や自然科学への関心が相対的に強かったとはいえ、会員たちの学問的関心はきわめて多様

であり、会報に掲載された論文には、修辞学、道徳論、社会理論なども含まれていた。また地域に密着した課題である肥料や農作物に関する農業改良の話題も会のテーマとしてしばしば取り上げられていた。さらに「ア哲」では、人間に関する学と、自然に関する学を帰納的方法で統一しようとする方法の統一という姿勢があった。この方法論的な思想は当地の哲学者ターンブルに由来するものであって、地域の哲学者の考えを忠実に継承するものとして、これも地域との密着性を物語るものと言える。

哲学協会の特徴

以上の二事例を参考にして、固有名詞ではない、普通名詞——と言ってもそれはけっして超歴史的な普遍という意味ではなく歴史的な規定を受けたものであるが——としての「哲学協会」の基本的特徴を抽出してみたい。その第一の特徴は構成員の多様性である。19世紀以降、現代に至るまでのいわゆる学会を構成するのは、基本的に特定の分野の専門家——しかもその圧倒的部分は大学人——であるが、18世紀前後のいわゆる哲学協会の会員には、分野を異にする狭義の学者はもとより、政治家、法曹家、地主といった学問のアマチュアも含まれているのが通例である。これに関連して、第二の特徴として学会の討論テーマや、会報で発表される論文の主題は、医学や自然科学を一応の中心にしながらも、その範囲が広範な分野にわたっていることを指摘できる。さらに第三の特徴として、地域との密着した関係を挙げることができる。すなわち、学問そのもののコスモポリタン的な特質は尊重しつつも、地域との密接な関係を明示的・暗示的に重視することが哲学協会を特徴づけているのである。上記に述べたように会員に学問のアマチュアであるにもかかわらず当地の有力者が含まれているのはその表れであるし、地域に密着した実践的な課題(とりわけ農業改良の問題)が討論や論文の主題としてしばしば取り上げられることもそのことを裏書きしている。

哲学協会型学会の終焉

「ア哲」が1773年で幕を閉じたことは上に記したが、「エ哲」も83年にエディンバラ王立協会(Royal Society of Edinburgh：この学会は現在も存在している)へと発展しその歴史を終えている。「エ哲」のこの終焉は普通名詞としての哲学協会の消長にとってもまた象徴的である。19世紀に入ると地質学会、天文学会、動物学会など、自然科学関係の個別学会が陸続と設立されるようになった。近代科学に固有の専門分化に相応した学問の制度化が顕在化し始めたのである。こうした近代科学の進展を後背にしては、専門を異にする学者はもちろん、そのうえ学問のアマチュアまで包含し、その専門領域も曖昧な哲学協会型の学問的組織が時代の趨勢に合致しなくなったのは歴史の必然と言えよう。

【主要文献】R. Emerson, "The Philosophical Society of Edinburgh: 1737-1747", *British Journal for the History of Science* 12, 1979. ——, "The Philosophical Society of Edinburgh: 1748-1768", *British Journal for the History of Science* 14/47, 1981. The Royal Society of Edinburgh, *The Royal Society of Edinburgh: 1783-1983*, Latimer Trend & Company, 1983. R. Emerson, "The Scottish Enlightenment and the End of the Philosophical Society of Edinburgh", *British Journal for the History of Science* 21, 1988. P. Wood, "Science and the Aberdeen Enlightenment", in P. Jones ed. *Philosophy and Science in the Scottish Enlightenment,* John Donald Publishers, 1988. 長尾伸一『ニュートン主義とスコットランド啓蒙』名古屋大学出版会, 2001.

(只腰親和)

哲学的急進派

〔英〕philosophic radicals

哲学的急進派とは

「哲学的急進派」(ベンサム派) は、ホイッグ党とトーリ党の二大政党の背後から、議会の全面的な改革を求めて台頭してきた。急進派の人々は、まったく異なったグループからなり、同一の見解を持っていないが、彼らはベンサムの作り出した急進的な理論と、それに基づくジェイムズ・ミルの実践的な活動を共通の基盤としていた。

「哲学的急進派」の信念は、われわれの意識の起源が外的対象にあり、ある意識から他の類似した意識へと連想するという、経験主義と連合心理学にある。また急進派の人々は、人間の行為が多くの快と最小の苦痛を望むことによって導かれるとするベンサムの心理的快楽主義を支持する。さらに、彼らにとって最も重要な政治的課題は、代議政治の実現——議論の自由を通して最大幸福を実現すること——であり、そのためにも議会改革を行うことが最重要課題であった。上の哲学的課題と政治的課題に、ジェイムズ・ミルはリカードの政治経済学とマルサスの人口論という社会科学的論拠を加え、功利主義を基盤に矛盾のない資本主義を実現しようとした。要するに、「哲学的急進派」は社会科学を単純な法則に還元して、理性的な科学にしようとしたのである。

また、「哲学的急進派」は、フランスの「ジャコバン的急進主義」と異なるイギリス「国産」の急進主義であった。すなわち、漸進主義でも過激主義でもなく、憲法の枠の中で急激に目的に到達しようとする立場である。トクヴィルはフランス急進主義との違いを、(1) 院内での多数派を目指し、合法的方法に訴える、(2) 私有財産の承認、(3) 宗教の必要性を尊重、(4) 恵まれた環境と十分な教育、という諸点に見出している (トクヴィル『イングランド・アイルランド紀行』)。

『ウェストミンスター・レヴュー』

「哲学的急進派」の主張は、主に同派の機関誌『ウェストミンスター・レヴュー』(1824年創刊) ——トーリの『クォータリー・レヴュー』やホイッグの『エディンバラ・レヴュー』に対抗して刊行される——を通して広められた。ベンサムはほとんど寄稿しなかったが、バウリングが主筆となり、ミル父子、G.グロート、オースティン兄弟、ロウバックらが執筆した。創刊号でジェイムズ・ミルは、貴族階級の一派でありながら中道を装っている『エディンバラ・レヴュー』を批判し、当時のイギリス貴族、国教会、法曹界に痛烈な打撃を与えた。創刊号は予想以上の売れ行きを示し、その後の号も含めてジェイムズ・ミルは8篇、J.S.ミルは14篇を寄稿した。しかし、バウリングと対立したため、ミル父子とその同志たちが『ウェストミンスター・レヴュー』に関係していたのは、1828年までの4年間にすぎなかった。

1836年に創刊された『ロンドン・ウェストミンスター・レヴュー』は、J.S.ミルを実質的な主筆とした『ロンドン・レヴュー』(1835年創刊) と従来からある『ウェストミンスター・レヴュー』を合併したものである。同誌を通したJ.S.ミルの活動は、1832年の選挙法改正後の総選挙で急進派の議員 (ジョセフ・ヒューム、グロート、ロウバック、ブラー、モールズワースなど20名) が急速に進出したものの、院内の急進派の指導力不足を訴えることであった。カナダの前総督ダラム卿を革新政党の党首に擁立しようとしたり (「急進派とカナダ」1837)、「革新政党の再編成」(1838) で、強力な指導者に統率される革新政党を樹立することの必要を訴えた。以下、「哲学的急進派」を代表するベンサム、ジェイムズ・ミル、J.S.ミルの見解を中心に同派の動

向を辿ることにする。

ベンサム

「哲学的急進派」の精神的指導者はベンサムである。彼は表立った活動はしなかったものの、著作などを通して民主主義を徹底させるべく議会改革の必要を説いた。すなわち、『議会改革の計画』(1817)や『急進的議会改革法案』(1819)などの著書を通して、青年男子普通選挙権、秘密投票、選挙区の平等化、毎年選挙の実施を訴え、議会改革に不徹底であったトーリ、ホイッグの両党を批判した。ただし、ベンサムは私有財産の安全は重要であることを強調し、急進主義が危険ではないことを訴えた(『急進主義は危険ではない』1819-20執筆)。その点でフランスの急進主義と異なり、労働者ではなく革命的性格を持たぬ中産階級(新興ブルジョワ)を基盤とするものであった。

ジェイムズ・ミル

「哲学的急進派」の中心人物はベンサムではなくジェイムズ・ミルであった。彼はベンサムの功利主義とハートリーの連合心理学によって急進主義に哲学的基礎を与え、さらにそれらにマルサスの人口原理とリカードの経済学を関連させることによって、公的政策に理論的論拠を加えた。彼が『ブリタニカ百科事典』の補巻に寄稿した「教育論」(1819)と「統治論」(1820)は、哲学的急進派の立場をよく表明している。彼の教育論は、人間の性格は観念連合の原理を通して環境によって作られるという信念に立ち、教育の目的を人々の幸福の増大のための手段としたことである。すなわち、観念の連鎖に強く働きかける習慣と快苦を手段として、社会にとって有益な人間を形成することが教育の目的であると見なした。

また、ジェイムズ・ミルの「統治論」は哲学的急進派の人々の教科書となった。この論文は、急進派の特徴である反貴族的な立場から、代議政治をより強く進める目的で書かれたもので、政府の目的は不足しがちな物資を多くの人々に分配し、社会の成員全体の幸福を最大限保障することにあるとする。その目的を達成するための手段として、権力とその権力の濫用を防止する保障とが必要であり、代議政治だけがそのような機関を持ち、社会の利害と一致させることができるとする。そのためにも代表者の任期を短縮する必要があり、さらに議論が広範かつ活発に行われるために出版の自由が保障されねばならぬと考えた。結局、ジェイムズ・ミルは、中産階級によって指導される代議政治だけが、最大幸福の増大という政府の目的を達成できると見なした。

マコーリとベンサム派の論争

このジェイムズ・ミルの「統治論」に真っ向から批判を加えたのが、バビントン・マコーリであった。すでにジェイムズ・ミルは『ウェストミンスター・レヴュー』創刊号で貴族階級の立場に偏っている『エディンバラ・レヴュー』を批判していたが、マコーリは『ウェストミンスター・レヴュー』の批判に応えるべく『エディンバラ・レヴュー』にジェイムズ・ミル批判を載せた。このマコーリの批判に対して「ベンサム派」のトマス・ペロネット・トムソンが『ウェストミンスター・レヴュー』誌上で応酬し、1829年から30年にかけてそれぞれの評論誌上で論争が行われた(ジェイムズ・ミル自身は応じなかった)。論争は、急進的な議会改革に反対するホイッグと、民主主義を徹底しようとする「哲学的急進派」の政治的な利害の対立となって表面化したのである。

また論争は、政治学の方法を問う問題にまで発展した。というのも、ベンサムが主張する「最大幸福の原理」(the greatest happiness principle) は、個人の利己的な利益が社会全体の利益と一致するという前提の下で成り立

ち、マコーリの批判は自己の幸福と社会全体が求める幸福は必ずしも一致するものではないということを指摘することであったからである。つまり、政府の目的を「最大幸福の原理」という人間性の一般的な原理から導き出そうとするジェイムズ・ミルの方法に対し、マコーリは個々の経験的な事実を重視して政治学の方法は帰納法によらねばならぬとした。そして、この論争が J.S. ミルの方法論の形成に重大な影響を与えることになり、彼は双方の方法を受け入れ、帰納と演繹を統一する方法を『論理学体系』(1843) に反映させたのであるが、この点にも功利主義的思考方法に対する修正が見られる。

J.S. ミル

ジェイムズ・ミルの長子 J.S. ミルは、次世代を担う「哲学的急進派」の後継者として、幼い頃より父から英才教育を施されて育った。J.S. ミルもベンサムの見解によってものの考え方に統一性が与えられただけでなく、人間社会の実際的改革に心を惹かれ、父の期待に応えるべく「功利の原理」(the principle of utility)を世に広めることを自らの課題とした。J.S. ミルの「ベンサム主義者」としての活動は、1822 年に少数の仲間(トゥック、エリス、グレアム、ロウバックら)と「功利主義者協会」(Utilitarian Society)を創り、ベンサム主義の研究とその指導に携わった。また『ウェストミンスター・レヴュー』にも頻繁に寄稿して、哲学的急進派の代表的論客となっていった。

しかし、父による一方的な教育は分析する習慣しか育てず、深刻な「精神の危機」に直面する。その背後には、18 世紀に代表される啓蒙的理性主義の限界があった。すべてのものを普遍的・理性的なものによって捉えようとする立場では、人間の個性的・歴史的な側面が軽視されてしまい、それらの特性を強調する「ロマン主義」の立場が「18 世紀に対する 19 世紀の反動」として生じた。J.S. ミルはコールリッジらの「ロマン主義」の精神を受容することで「危機」を克服し、ベンサムの量的快楽主義に修正を施して快楽に質的な差のあることを認めた。そして彼は、改革を主張する「急進派」の人々も、コールリッジやワーズワスらの保守派の人々の持つ側面(社会の秩序・維持)の必要に気づいたのである。

J.S. ミルは哲学的急進派を偏狭なベンサム主義という非難から解放し、より完全な急進主義の哲学を確立しようとした。彼にとって功利主義の立場は終始変わらなかったものの、ロマン主義の受容や社会主義への接近は、環境決定論や極端な利潤追求を容認する「哲学的急進派」に対して反省を迫るものであった。

【主要文献】Jeremy Bentham, *Plan of Parliamentary Reform*, 1817, in John Bowring ed., *The Works of Jeremy Bentham*, Vol.III, Edinburgh; reprint, 1962. James Mill, "Essay on Government", 1818; ——, "Essay on Education", 1824/25, in Terence Ball ed., *James Mill, Political Writings*, Cambridge University Press, 1992 (小川晃一訳『教育論・政府論』岩波文庫, 1983). John Stuart Mill, "Reorganization of the Reform Party", *London and Westminster Review* XXXII, April 1839, in *Collected Works of John Stuart Mill*, Vol.VI, University of Toronto Press, 1982 (山下重一訳「革新政党の再編成」,『国学院法学』第 27 巻第 3 号, 1990). 永井義雄『ベンサム』〈人類の知的遺産 44〉, 講談社, 1982. 永井義雄『イギリス急進主義の研究』御茶の水書房, 1962. 山下重一『ジェイムズ・ミル』〈イギリス思想叢書 8〉, 研究社, 1997. 矢島杜夫『ミル「論理学体系」の形成』木鐸社, 1993.

(矢島杜夫)

デモクラシー

〔英〕democracy

　デモクラシーは、その起源を古典古代のアテナイのポリス政治に有している。それは、王政に取って代わって成立した市民共同体の政治であり、共和主義的なものであった。公民権を得た市民は法の下に自由と政治的平等を獲得し、それゆえ言葉だけを武器とする公的領域を政治の世界として構成した。このような政治を、アリストテレスは、主人奴隷関係を軸にした主人的支配と対比し、自由人相互の政治家的支配と定義した。アーレントによれば、その政治をアテナイの人々は、イソノミアと呼んでいたが、イソノミアとは、「市民が支配者と被支配者に分化せず、無支配関係の下に集団生活を送っているような政治組織の一形態」なのである。

　古典古代のアテナイにおいて初めて出現した政治は、当時の思想家たちによって統治形態論の枠組みで捉えられた。統治に参与する人数によって分類され、「デーモス」（民衆）の「クラティア」（支配）としての「デモクラティア」すなわちデモクラシー（民主政）が、君主政や貴族政と同列に並べられたのである。ペルシャ戦争を契機に無産市民が市民権を得たあとでのアテネ民主政の現実に対する失望と批判が、プラトンやアリストテレスらの思想家によっても共有されていた。民衆の政治的能力や市民的徳に対する不信ゆえにデモクラシーが民衆を煽動する独裁者によって容易に専制へと転落する可能性を見ていたのだ。現代にまで繋がる、民衆の政治参加をその本質とするデモクラシーに対する不信あるいは批判は、ここに端を発している。

　デモクラシーという用語は、近代においても用いられたが、それは古代ギリシアの統治形態論の範疇を出ず、それゆえ、否定的なものであった。デモクラシーが体制や政治行動を正当化するための用語として肯定的な価値を得るのは、第二次大戦以降のことである。

　イギリス史の文脈でデモクラシーを論じるには、17世紀のピューリタン革命（イギリス革命）と共和主義者ハリントン、ホッブズやロックなど思想家、19世紀の功利主義者ベンサムとJ.S.ミルについて言及するのが妥当であろう。もちろんピューリタン革命は、そもそもデモクラシーを目標としていたわけではなかったが、その理念を現代に甦らせるのに大きな役割を果たしたのである。

ピューリタン革命

　ピューリタン革命を牽引したピューリタンは、国王専制から自分たちの信教の自由を守るということに止まらず、王政に代わる別の体制を構想し、自らが政治の主体たりうるという「新しい」見方を提供した。治者と被治者の分離を所与とし、統治を国王や貴族の占有物とするような観念を、払拭したのである。

　ピューリタンの熱狂が去ったあとに姿を現したのがレヴェラーズである。彼らは人民主権論を前提とした議会改革案を議会軍の指導者クロムウェルに提示した。議会を国権の最高機関として位置づけただけでなく、これまでのような身分や特権を代表するものではなく国民全体を代表するものとした。それは、財産による資格制限を撤廃し自然権に基づく成年男子の普通選挙権の要求と結びついており、これまで政治過程から排除されてきた民衆を政治社会の正当な一員として承認することを要求するものであった。民衆自らの政治への参加を求めたという意味で、共和主義的デモクラシーとも言うべきものを示していた。

　ハリントン、ホッブズ、ロックの思想は、この革命運動に対する、それぞれの応答であり、新たなデモクラシー観念の形成に寄与していく。

ハリントン

ポーコックの「再発見」によって、その意義が再評価されたのが、共和主義者ハリントンである。ハリントンは、今日、われわれが民主化と呼ぶような事態を的確に捉えていた。封建社会から近代社会への転換を、土地所有制に着目することで大土地所有制が解体し自由土地所有農民が出現してくる過程の中に読み取り、その政治的意味を明らかにした。大土地所有制に基づく貴族制に王政の基盤があり、その基盤の解体こそが王政の崩壊の原因である。自由土地所有農民の出現とは、民衆が政治的主体として登場してきたことに他ならない。それゆえ、内乱の灰燼の中から復活してくるべきは、「勝利した軍隊によって樹立される民衆政」である、と。かかる歴史認識に立って、これまで政治過程から疎外されていた民衆を政治の主体とする共和国のあるべきモデルを提示した。それゆえ彼の思想は、18世紀の大西洋を挟む革命を担った人々に影響を与え、受容されていった。

ホッブズ

ピューリタン革命の課題が、身分制的秩序を所与のものにした政治システムの変革であったとすれば、『リヴァイアサン』(1651)でのホッブズの課題は、身分制秩序を支えていたアリストテレス・トマス的論理を根底から突き崩し、国家を人々の同意による人為の産物として形成するという哲学の変革であった。アリストテレス・トマス的論理によれば、自然の中に資質の優劣が存在し、それゆえ上下の身分秩序と支配服従関係は自然の中に根拠を持っていた。これに対してホッブズが前政治的状態としての自然状態に見出したのは、「自然は人々を、心身の諸能力において平等に創った」ということである。人々は自由で平等な存在として生まれた。このような個人の社会契約によって、国家は形成されるとすることで、ホッブズはデモクラシーの新たな原理、すなわち政治社会を構成する原理（福田歓一）の形成に寄与した。だが、もちろん、自然状態を戦争状態として描くホッブズが、民衆の自律や公徳心に信頼を置いていなかったことは明らかである。それゆえ、彼が導き出した国家は、秩序（平和と安全）をもたらすために国民を臣民として支配する絶対主権国家であった。

ロック

ロックは基本的にホッブズによる哲学の変革を継承し、社会契約説によって国家論を組み立てた。だがホッブズとは違い、ロックには人間に対する基本的な信頼があり、自然状態を平和な状態と捉えた。それゆえ、政治の役割を人々の生命・自由・財産の保全という最小限に限定した権力制限的な、それゆえ自由主義的な国家論を展開した。それでも革命に遅れてやってきた世代の一人であるロックにとって、革命による騒乱と宗教的熱狂、そして、政治的平等を求めて「聖徒の支配」を打ち立てようとする試みなどは、まさに狂気の沙汰であった。この急進主義に対する幻滅は、政治的領域における平等（政治参加）ではなく、労働を主とする経済的領域での自由と安全をこそ求めさせた。「議会における国王」という伝統的な混合政体論の理念を、権力の暴走を抑止する権力分立という新しい観念に置き換え、また、暴走した権力を廃する革命権について規定するなど、まさにのちに定式化されるリベラル・デモクラシーの原型を打ち立てたのである。

ベンサム

セイバインは、デモクラシーを、法の支配によって権力を制限することで市民的自由を求める自由主義的なロックの系譜と、政治的平等に重きを置き政治参加を求める共和主義的なルソーの系譜とに分けている。18世紀のルソーにとっては、デモクラシーとは、市民

的徳を、広がりにおいても強度においても拡大する手段であった。これに対して、19世紀イギリスにおいてデモクラシーの実現を求めた功利主義者のベンサムは、明らかにロック的系譜に連なっている。人々が苦を避け快を求め、利益や欲求の充足を求めることは自明の前提であり、政府の行動の本来の目的は、「最大多数の最大幸福」として定義される一般的効用の達成であると考えていた。支配者に民衆の諸欲求に注意を払わせ、一般的効用の実現を図るには、デモクラシーこそが最も効果的な手段であったのだ。普通選挙、秘密投票、任期1年の議会など、これらの目標を達成するために考えられたものである。

ミル

トクヴィルの影響を大きく受けたミルは、社会の平準化とともに人々が個性を失い画一化していくことに危惧の念を抱き、そして煽動され動員された大衆による専制を何よりも恐れていた。だがミルは、ベンサムと同じようにデモクラシーを積極的に評価した。社会の同調圧力の下で深刻に脅かされている個々人のアイデンティティ、個性、自尊心、そして公徳心などの涵養は、私的次元を超えた公的領域に関与させるデモクラシーによって可能であると考えたのである。政治参加を煽動政治や大衆動員とは明確に区別したミルは、デモクラシーをベンサムのように社会的功利の観点から捉えるだけではなく、ルソーのよう民衆に対する社会的教育の観点からも見ていたのである。

20世紀になると、それまでの運動を通じて大衆が普通選挙権を獲得し、政治過程に入ってきた。それは一見すると政治的には民主化された世界の体現のように思えたが、強力な指導者による煽動によって動員された大衆が、まさに自由を圧殺する全体主義の担い手になった。大衆の動員による全体主義や共産主義という新たな専制の復活は、民衆に対する信頼を失わせた。民衆に対する不信や恐怖は、民衆の政治参加を最小限（投票の自由）に押し止め、消極的自由を代議制によって保障しようとするリベラル・デモクラシーに行き着く。だが、このようなリベラル・デモクラシーの帰結は、政治から疎外された民衆のアパシーであり、煽動され街頭に動員されるポピュリズムであり、官僚支配である。であればこそ、政治参加を政治教育の機能として積極的に評価するルソーやミルの伝統、遡れば17世紀の共和主義的デモクラシーの伝統の復権も意味を持っているのである。

【主要文献】 Michael Mendle ed., *The Putney Debates of 1647: the Army, the Levellers and the British State*, Cambridge University Press, 2001（大澤麦／渋谷浩訳『デモクラシーにおける討論の生誕——ピューリタン革命におけるパトニー討論』聖学院大学出版会, 1999）．渋谷浩編訳『自由民への訴え——ピューリタン革命文書選』早稲田大学出版部, 1978. J. G. A. Pocock ed., *The Political Works of James Harrington*, Cambridge University Press, 1977. Thomas Hobbes, *Leviathan*, 1651（水田洋訳『リヴァイアサン』全4冊, 岩波文庫, 1954-85）．John Locke, *Two Treatises on Government*, 1690（鵜飼信成訳『市民政府論』岩波文庫, 1968）．J. S. Mill, *Considerations on Representative Government*, 1861（水田洋訳『代議制統治論』岩波文庫, 1997）．George H. Sabine, *The Two Democratic Traditions*, 1952（秋元ひろと訳『民主・自由・平等——政治哲学的考察』公論社, 1991）．Jack Lively, *Democracy*, 1975（櫻井陽二／外池力訳『デモクラシーとは何か』芦書房, 1989）．福田歓一『民主主義とその展望』岩波新書, 1977. 千葉眞『ラディカル・デモクラシーの地平——自由・差異・共通善』新評論, 1995. Bernard Crick, *Democracy: A Very Short Introduction*, 2002（添谷育志／金田耕一訳『デモクラシー』岩波書店, 2004）．

（的射場敬一）

天才

〔英〕genius

　原義的には「守護霊」(genius) が「天才」の意味を担うようになった点が近代天才論の特徴の一つである。17世紀は「天才の世紀」とも呼ばれるが、それはケプラー、ガリレオ、ニュートン、デカルト、パスカル、スピノザ、ライプニッツなどの、後世にも影響を与えた大思想家が輩出したからであった。その場合、「天才」とは独創的で時代の転轍期をなすような思想を生んだ人物に付す尊称である。

　天才の要件とは、「卓越した能力」（ジョンソン博士）、模倣と対比的な「独創」(originality)（ヤング）、「生得的能力」といった含意を持ちつつ、それに注目しだした時代背景にも顧慮する必要がある。また、各国による天才論の違いも興味深い。ブリテンの場合、第3代シャフツベリ伯、アディソン、エドワード・ヤング、ウィリアム・ダフ、ジェラードといった論者が天才概念を扱っている。そのような18世紀の思想家が天才について論じているのは、同じ時代に「芸術」が理念的に総括されて論じられ始めたという流れと無縁ではない。

〈genius〉の勝義としての「天才」

　古代ギリシアでは「天才」は〈mania〉や〈daimon〉という語に即して論じられたが、近代天才論では〈genius〉が相応する。18世紀では新古典主義の精神と、18世紀から19世紀にかけてのロマン主義の思潮とでは、天才論の基礎が異なっている。前者では天才という特異な芸術家ないしその才能を合理的に説明しようとする傾向があり、後者では、天才の独創性を神秘的ないし非合理的な説明に委ねようとする特徴を持っている。

18世紀の天才論

　ディドロによって天才の実例として挙げられるシャフツベリは、ロックと対比されて独創性が評価される（『百科全書』項目〈génie〉）。アディソンは天才を二種に分け、第一種は技芸・学問の助けなしに天賦の才能のみにより作品を作り出す者、第二種は技芸・学問に即して自分の才能を磨き発揮する者である。第一種の場合、フランス人の言う〈bel esprit〉の教養と社交による洗練とは別種の「粗野で途方もない」高貴な美しさを創造する。洗練が技芸や学問によって必然的に模倣的になるのと対照的である。また第二種の天才では、伝統的文化や学問による訓練を介して才能を発揮するとされる。アディソンはそうした二種の天才を併置することで、過剰な天才崇拝に陥ることなく合理的で穏当な議論をしている (*Spectator*, No.160, Sept. 3, 1711)。創作上の規則破りの自由を天才に帰すのはジョンソン博士である (Preface to *The Plays of William Shakespeare*, 1765)。彼は、伝統や因習や従来の規則に囚われずに新しい機軸を打ち出すという革新的役割を天才に見出す。規則や慣例が社会的恣意の産物であるのに対して、天才は本来の自然を表現する者であり、その具体例がシェイクスピアである。シェイクスピア評価は、19世紀のハズリットやコールリッジを待つ前に、すでにジョンソン博士によって始まっていた。ベン・ジョンソンがシェイクスピアにおける古典的教養の欠如を難じたり、ミルトンがせいぜい「空想の子ども」と揶揄したりしていたときに、アディソン、ポウプ、そしてジョンソン博士によるシェイクスピア評価が、天才論の台頭と重なってなされていた。いわゆる三一致の規則をシェイクスピアが破っている点も、「総合的天才」にふさわしい、と逆にその才能を称えられた。

ヤング

　ヤングは「独創的」という形容でシェイク

スピアを評価する (*Conjectures on Original Composition*, 1759)。彼の定義による天才は「目的に対して普通必要とされる手段なしに偉大な業績を挙げる能力」であり、「見えざる手段」を使う。学問の場合はそうした助けがないために労苦とそれによる成果を誇りに思い規則を重視し模範例を尊重する。ヤングは二種類の天才を区別して「小児的」と「成人的」とに分ける。前者はスウィフトのように、保護や教育と教養と学問を必要としているのに対して、後者はシェイクスピアのように成熟しているので自然の手から生まれる。前者はアディソンの分類では第二種の天才であろう。天才と学問との対比、また独創と模倣との対比もまた、天才論の定法である。

天才崇拝──19世紀ロマン派

天才論の背景としては、近代において主潮となっていた進歩の思想、科学主義、文明化への合理主義的啓蒙、古代以来の創作規則の権威、といったことへの挑戦があり、また、単なる民主化とか平等な個人を超えた〈独創的個人〉への期待があったのだろう。すなわち、独創の賞賛、模倣の蔑視、古典的権威的規則への従属の忌避、人類や個人の能力の無限の進歩・可能性への期待、といった心情であり、ロマン主義の台頭と表裏一体であった。

ダフ

天才礼賛ではなく、創作規則との関係で批評するのでもない、美学的な天才論はダフとジェラードによって始まったと言える。新古典主義的天才論と位置づけられる。ダフ『独創的天才論』(*Essay on Original Genius*, 1767) は、上記のヤングのような天才即独創というのではなく、天才を生得的才能と広義に捉えたうえで、独創性のある天才に目を向ける。独創とは「新しい平凡でない何かを発見する生得的能力」である。天才の構成要素として想像力、判断力、そして趣味が挙げられる。まず、想像力が観念を集積して新たな観念連合を作り出すことで独自の創造物や自然界にない事物を創作すると、次に判断力はそうした観念の比較・関係づけ・類似性を見出して創作物の真理性や効用を測る。想像力は判断力が十分機能していない若年にあっては過剰に働いて構想・感情・表現において不適切な結果を招くが、判断力によってバランスが取られる。

それまでの天才と規則的知識との対立という捉えかたを超え、判断力が創作の際に芸術規則に反することもなす、と考える。判断力こそが天才的な構想と狂人の夢想とを分かつ能力である。また、自然的生得的能力と学芸・技芸とは対立しあうものではなく、後者によって天才は高められる。ただし、ダフの取り上げる独創的天才が詩の分野に限られるのは、画家・雄弁家・音楽家・建築家・哲学者などでは先行する学問・技芸の蓄積を踏襲せずには大成できないからである。そして独創的天才が原始に近い非文明化社会に現れる理由は、古い時代ではどの試みも新しく最初のものとなりうること、古い時代の習慣は文明化社会の場合の複雑・過度の洗練・混乱から免れていること、文明化社会には失われた自然と人間本姓とが調和した余裕と静けさがあること、そして諸規則や批評による制限がないからである。

ジェラード

ヤングやダフよりいっそう体系的に理論化された天才論はジェラード『天才論』(*Essay on Genius*, 1774) であり、カントにも影響を与えたほどであった。彼によれば、天才は科学的発見や芸術的創作に発揮されるが基本能力としては創意 (invention) である。それが欠けていれば、いかなる努力・技芸・勤勉があっても模倣か凡庸でしかない。逆に規則や規律から外れ粗野であっても新奇さ・難解さ・威厳があれば創意が評価される。創意は二種に

区別され、二種の天才に対応する。第一種の天才とは、ホメロスのように先行する模範例がないままに創作しながら完全作に達しているような例である。第二種の天才とは、先人の作品をモデルとしながらさらに改良して完全にまで高めた場合である。創意の基礎にある知的能力は想像力である。それは感覚のように実在的事物に拘束されず、記憶力のように知覚印象の持続を保証するのではなく、はるかに多くの視野へと広げる。判断力もまた協働する。想像力による奔放さや時に気まぐれや過剰な飛躍を、未熟で矛盾した段階からより整序された方向へと規制するのは判断力である。このようにジェラードは天才の狂信的崇拝を抑止して合理的な理解の範囲に止める新古典主義の立場である。

天才論の意義
　近代は市民社会の発展によって特徴づけられるが、そこでは新時代の文化や道徳が求められ、また読者層の拡大とジャーナリズムの発展を見た。時代の転換期は旧来の因習的規範ではない新規の独創が求められ、いわば天才待望の時期ともなる。学識や教養を身につけた大学士とは対照的なシュエイクスピア、都市的洗練とは対比的なロバート・バーンズ、宮廷文化とは無縁の『オシアン』などは天才的独創の範例であった。作為や規則に対する人間的自然の生命力・知的能力が内在的に持つ創造性への再評価が、趣味論と並んで近代の天才論を興した。近代の天才論の特徴は(1)「独創」「創意」をキーワードとしていること、(2)「よき趣味」という判断力に焦点が当てられていること、(3)模倣論を見直したことである。天才論はロマン主義の時代に入ると理想の芸術家像と重なって、社会的には逸脱しても、また社会的に疎外されても自由奔放で独創を発揮する天才・芸術家のイメージを理想化するようになる。

【主要文献】〔本文中の参照文献以外〕J. Engell, *The Creative Imagination: Enlightenment to Romanticism,* Harvard University Press, 1981. P. Murray, *Genius: the History of an Idea,* Blackwell, 1989. 濱下昌宏『18世紀イギリス美学史研究』多賀出版, 1993. 小田部胤久『芸術の逆説——近代美学の成立』東京大学出版会, 2001.

(濱下昌宏)

道徳感覚学派

〔英〕moral sense school

　道徳の規定根拠を「主権者の意志」とするホッブズや、「神の意志」とするカルヴィニズムの道徳観は、人間の理性とは何か、神の意志とは何か、道徳的判断とはどのような判断なのかといった数々の難問を生んだ。シャフツベリを主祖とし、アダム・スミスにまで至る「道徳感覚学派」は、われわれの美的・道徳的判断がいかにして生じてくるかに注目することを手始めとして、われわれがこの世界でどのような仕方で認識および行動するように決定づけられている「人間的自然(人間本性)」(human nature)であるのか、人間的自然の「構造」(constitution)「性向(傾向性)」(propensity, inclination, disposition)を観察し、時にはその構造の合目的的連関の解剖図を描く試みを通して、これらの難問に挑んだ学派である。以下に、この学派の歩みを概観しておくことにする。

シャフツベリとハチスン

　シャフツベリによれば、われわれには「秩序と均整の観念あるいは感覚」(the idea or sense of order and proportion)が強く刻印されているので、われわれは、自然の形成力をただ漫然と見ているだけではなく、自然が形成する全体の調和・秩序に「美」を感じそれを賞賛し愛するよう性向づけられている。したがって、「邪悪」や「卑劣」などといった道徳的な区別も、立法者の意志や神の意志によって作られたものではなく、自分がその一部となっている全体(仲間、家族、同胞などの「種」や「システム」)との調和への愛(あるいはそれらとの調和を乱すことでバランスを失う情動への嫌悪)を持つわれわれの性向から自然に生じてきたものであるとされる。

　また、ハチスンによれば、利害や意志とは無関係に諸観念を受け取り、快苦の知覚を持つよう必然的に決定(determine)する「感覚」(sense)をわれわれは持っているが、この感覚はいわゆる五官のような「外的感覚」だけではない。われわれは無限の多様性があるかと思われたものの中に「斉一性」(uniformity)や「統一性」(unity)を見出すときに、自分の利害や意志とは無関係に快を感じ、それを「美しい」と呼んで区別する「内的感覚」を持っている。また、他者に対する利他的な情動(「仁愛」benevolence)を見るときも、自分の利害や意志とは無関係に、特殊な快を感じ、それを道徳的に区別するよう決定する感覚、いわば「道徳感覚」(moral sense)とも呼ぶべきものをわれわれは持っているとハチスンは考えた。

　したがって、シャフツベリやハチスンの観察した人間的自然とは、自然の傾向性に抗ってでも対象の正当な認識を能動的に敢行することに固執するデカルト的な理性や、道徳的言語をある仕方で用いることの利益計算を行い選択する合理的な個人ともまったく異なり、全体への調和にとって合目的的なものに快の感情を、全体の調和を乱すものに不快の感情を抱く、いわば本能的な傾向性に導かれて、美的・道徳的な区別をするようにすでにして決定されている自然であった。

デイヴィッド・ヒューム

　われわれの美的・道徳的判断は、正当性・合理性に固執する理性によって自律的かつ能動的に生み出されたものではなく、むしろ本能的な傾向性に導かれて受動的かつ必然的に感じずにはいられないものであるというシャフツベリやハチスンの洞察を、ヒュームは大幅に拡張した。ヒュームによれば、われわれは不断に流動する諸知覚のただ中で、次に何が起きるのかを予期したいという「希望と恐怖」や「安定して考え、話したい」といった感情を抱いて生きている。そして幸いなことに、

人間的自然には、これらの感情を満たすために合目的的な奉仕をする想像力（imagination）の働きを観察することができる。

たとえば、想像力は、通時的な人格の同一性や外的事物の連続的・独立的存在についての信念を虚構する。また、この世界は繰り返しの現象であると想像し、様々な現象には「原因」があると想像して、「原因」の形さえも想像する。さらにはこのようなやり方において同様であるように感じられる他者たちとの間で互いの心を想像（「共感」sympathy）しあう。そして、その結果、身近にいる他者たちとともに様々な一般名辞の適切な用法を互いに確認しあいながら、一般名辞を用いて諸知覚を分類整理する習慣を身につける。この習慣の有用性は徐々に信頼を得て広まり、結果的には見知らぬ人々の間にさえある程度斉一的な認識や行動の仕方が定着していく。

われわれを襲う感情と、それに奉仕する想像力のおかげで、われわれは他者と協調して世界についての信念を語りあい、「不便」を感じるときには他者と協調してそれを改変する工夫をなすこともできる。ここで言う「不便」には、「偏愛」（partiality）が含まれる。ヒュームはわれわれに付与されている「道徳感覚」が誰に対しても安定的かつ強力に作用し、ハチスンが言うような「人類への普遍的情愛」に結実するとは楽観視していない。たしかに利他的側面をまったく持たない人はいないであろうが、それでもわれわれが他者に対して感じる共感は自分との類似や距離感に応じて変動してしまうし、その他様々な原因によって、美的・道徳的感情の「真の基準」を自称できる資格のある人はほとんどいない。しかし、それでも、自分の立場に固執する「自己愛の言語」だけで立場の異なる人と会話をすることへの不便を感じる感情に導かれて、「現実」についての見方や語り方を他者と共有しあうための一般名辞の用い方のルールが探られ、定着していく。たとえばある性格について「道徳の言語」を用いる場合には、その性格を持つ人自身の快苦、あるいはその性格に近づく人の快苦に共感して「美徳」「悪徳」を語る、いわば「一般的観点」(some steady and general points of view) を採るというルールが暗黙のうちに生成し、このルールを守ることで、人は「道徳の言語」を用いて「現実」について判断するメンバーの一員として承認されるようになる。もちろん、「道徳の言語」を用いた判断の仕方において相互にある程度信頼できるようになるからといって、われわれの「偏愛」という不便が十分に克服されるわけではないが、だからといって、ヒュームはホッブズのような社会契約論的発想を受け入れようとはしない。なぜなら、「正義」に関する厳格な法を作り、その適切な形態や運用法を探りあうといったやり方で、つまり「治療不可能」な偏愛を「緩和するよう努力する」というやり方で人間的自然は推移しているとヒュームは観察したからである。

このように人間的自然における認識や行動は「一種の本能あるいは必然性に案内 (guide)」されているという洞察を拡張したヒュームであったが、そのような本能（感情とそれを最もよく満たす形を合目的的に探る想像力）を付与した「原因」としての神のデザインについての思弁を飛翔させることにはヒュームは一貫して慎重であった。感情と想像力の産物であるわれわれの認識は「真理」の名に値するほど厳しい吟味には耐えることができないからである。

アダム・スミス

スミスはヒュームの「共感」についての理論に大きな変更を加えた。スミスにとって「共感」とは、「想像上の立場交換」をしたときに観察者が感じる共感的な感情と被観察者の元の感情との「協和（一致）」(concord) であるから、「同感」と訳すのがふさわしいような事態である。スミスの観察によれば、われわれ

は行為者の動機に同感するとき、その行為の「適切さ」(propriety) を是認し、その行為の受益者の感謝に同感するとき、その行為が「褒賞」に値すると判断する。しかも、行為者は同感されることに快を感じ、観察者は同感することに快を感じるので、行為者は観察者の同感を得るように自分の激しい感情の程度を低め、また観察者は自分の想像の弱さを強めるという暗黙のルールが生じて、「社会の調和に十分なだけの相互の対応」が生まれている。つまり、行為者は、利害に関わりを持たない「第三者」としての観察者による同感を得ようとして自己愛を自然と自己規制するようになり、その結果、社会にある程度の調和が生まれるとスミスは観察している。

また、これはたんに他者の賞賛を得たいという「虚栄心」にすぎないのではないかという批判には、スミスは次のように対応している。すなわち、われわれは自分自身について判断を下すとき、「人類が実際に彼を眺める仕方でよりもむしろ、もし人類がより事情を知っているならば眺めるような仕方で、自分を眺める」と。われわれは「想定される公平で十分に知識のある観察者」の「賞賛に値することへの欲求と非難に値することへの嫌悪」もまた持っているというのがスミスの観察であった。

そして、スミスの観察はさらに周到である。スミスによれば、「良心、胸中の同居人、内部の人、われわれの行為の偉大なる判事であり裁決者」である「公平な観察者」の視点によって自分の感情を訂正できる「有徳の人」ばかりでなく、「とにかく賞賛を得たいという浅薄な欲求」に支配されがちな人が多いが、この弱点もまた一般的規則の顧慮によって行動を規制する「義務の感覚」(sense of duty) によって補われ、各自の虚栄心によって社会秩序が破壊されてしまうことはない。また、人間的自然においては「分業」が多くの利益をもたらしているので、とかくわれわれは分業のもたらす利益を予測する「人間の知恵」によって分業を採用するようになったと誤って思い込みがちだが、実際は、何かと何かを交換しようとする「人間的自然における性向」の緩慢ではあるが必然的な結果として分業が広まり、その結果、各自の意図をはるかに超えて社会の利益が増進している、とも洞察している。感情と想像力の本能的な案内の結果を誰一人として完全には見越すことのないままに、人間的自然が個人の意図を超えた秩序を形成していくという「道徳感覚学派」に特有の洞察を、スミスは社会史、経済史の豊富な事例で例証し、有名な「見えざる手」というメタファーで活写していると言えよう。

【主要文献】Anthony A. C., Earl of Shaftesbury, *Characteristics of Men, Manners, Opinions, Times,* 1711. Francis Hutcheson, *An Inquiry into the Original of Our Ideas of Beauty and Virtue,* 1725; 4th ed., 1738（山田英彦訳『美と徳の観念の起原』玉川大学出版部, 1983）. David Hume, *A Treatise of Human Nature,* 1740（大槻春彦訳『人性論』岩波文庫, 1948-52）. ──, *An Enquiry concerning Principles of Morals,* 1751（渡辺峻明訳『道徳原理の研究』哲書房, 1993）. ──, *Dialogues concerning Natural Religion,* 1779（福鎌忠恕／斎藤繁雄訳『自然宗教に関する対話』法政大学出版局, 1975）. Adam Smith, *The Theory of Moral Sentiments,* 1759; 6th ed., 1790（水田洋訳『道徳感情論』岩波文庫, 2003）. 板橋重夫『イギリス道徳感覚学派』北樹出版, 1986. 斎藤繁雄／杖下隆英／田中敏弘編『デイヴィッド・ヒューム研究』御茶の水書房, 1986. 田中正司『アダム・スミスの自然神学』御茶の水書房, 1993. 濱下昌宏『18世紀イギリス美学史研究』多賀出版, 1995. 坂本達哉『ヒュームの文明社会──勤労・知識・自由』, 1995. 柘植尚則『良心の興亡──近代イギリス道徳哲学研究』ナカニシヤ出版, 2003. 佐藤康邦『カント『判断力批判』と現代』岩波書店, 2005.

（勢力尚雅）

徳（徳倫理学）

〔英〕virtue 〔ギ〕aretē 〔ラ〕virtus
〔独〕Tugend 〔仏〕vertu 〔伊〕virtù

徳倫理学とは何か

　J.ベンサム、J.S.ミル、H.シジウィック以来の功利主義と18世紀ドイツの哲学者I.カントに由来する義務論とによって代表される、近・現代倫理学は、「行為の正しさ」だけを問題とし、規則に準拠する行為が帰結としてもたらす利害の計算とか、行為が準拠する規則の普遍化可能性とか、もっぱら外在的視点から行為を評価する傾向が見られる。これを批判して、内在的視点から行為者の性格や動機づけを問題とするのが、徳倫理学である。

　古代ギリシアの哲学者にとって、倫理学は「性格の優秀さ（＝善さ）」という意味での「徳」（aretē）に関わるものであったから、すべて徳倫理学であった。その意味で、現代の徳倫理学は、功利主義、義務論に代表される近・現代倫理学への懐疑に発する、古代ギリシアの倫理学の復権であると言いうる。

　功利主義や義務論が「行為の正しさ」の問題に関わるのに対して、徳倫理学は「性格の優秀さ（＝善さ）」の問題に関わり、いかなる性格が善い人柄を形成するかと問う。したがって、道徳的に正しい行為の指針をではなく、道徳的に正しい行為がそこから生じる善い性格・人柄についての説明を提示する。

アリストテレスの徳論

　古代ギリシアでは、「徳」とは事物が発揮する能力や機能の「優れていること（＝善さ）」を意味する。人間に固有の能力である魂を優れたものにすることが徳であるとしたソクラテスをうけて、プラトンは、理性・気概・欲望という魂の三区分に応じて、知恵・勇気・節制、ならびにそれらの魂の三部分相互の調和を図る正義という四元徳を説いた。

　これに対してアリストテレスは、魂の善さ、つまり、徳に即した活動こそ幸福であると主張し、徳を「知性的徳」と「習性的徳」とに分類した。前者は理性に固有の活動を促す徳であり、教育を通じてのみ獲得されうる。後者は魂の非理性的な部分が理性に従う場合の徳であり、訓練と習慣によってのみ獲得されうる。このように「習性的徳」の基礎は非理性的な性向であるが、この徳の行使のためには「知性的徳」の判断が必要となる。というのも、徳の行使は、たとえば、恐怖や平然さを感じるとき、これらの感情を「然るべきときに、然るべきことに基づいて、然るべき人々に対して、然るべきものを目指して、然るべき仕方で」抱くことを要求するからである。その際、適正な判断とは感情の過不足についての判断であり、アリストテレスは、徳を一般的に特徴づけるために過多と過少の中間、つまり「中庸」（mesotēs）という考えを用いる。彼にとっての中心的徳は、「中庸」の原理に基づいて感情や行為を導く実践的な知、すなわち「思慮」（phronēsis）に他ならない。

　「習性的徳」から行為することは、過多と過少の「中庸」に一致して行為することである。それゆえ、不徳とは、それ自体としては道徳的に無記（＝中立）な情動や感情が過多であるか過少であるかであって、「中庸」に一致していないということである。たとえば、臆病とは恐怖が過多で平然さが過少であることであり、蛮勇とは恐怖が過少で平然さが過多であることであって、両方とも勇気がそれである「中庸」に適ってはいない。

　徳は、理論的原理を学ぶことによってではなく、道徳的訓練によって、すなわち、道徳的に洗練された「ポリス（＝共同体）」の中で適切に育てられることによって習得される。その意味で、優れた性格を育む善い「ポリス（＝共同体）」の構築が不可欠となる。ここに、アリストテレスにおいて、倫理学が政治学に包摂される理由を認めることができる。

トマス・アクィナスの徳論

アリストテレス倫理学を継承しつつ、中世キリスト教の立場から徳論を学的に体系づけたのはトマス・アクィナスである。彼は、人間の魂を構成するものとして、古代ギリシア以来の理性・気概・欲望に、アウグスティヌスの唱える意志を付け加える。

トマスは、徳を、それを通じて人間本性が完成へともたらされる「魂の活動的な善い習性」と定義する。アリストテレスと同様に、徳を「知性的徳」と「習性的徳」とに二分するが、後者の徳に分類される、公共善に向けて意志を陶冶する正義も、実践的な知を洗練する思慮も、欲求や感情を純化する節制や勇気も、それだけでは自惚れという罪に陥りかねず、神の法を完全には遵守することができない。それゆえ、プラトン以来の四元徳は、信仰、愛、希望という神学的徳(=キリスト教的三元徳)によって補完される必要がある。神の恩寵の下でこれらの徳を行使することを通じてこそ、人々は、人間本性の完成という究極的目的を達成することができるばかりか、神との永遠の交流の中で完全な幸福を獲得することができる。

近代における徳論の衰退

ルネサンス期イタリアの思想家マキアヴェッリは、伝統的な「徳」の理論に対抗して、野心家は君主として成功するためには、いつ有徳であるべきではないかを知ること、暴力と欺瞞を用いる用意ができていることが必要であると説く。そう説くことによって、彼は「徳」(virtù)を構成する人間の根源的力という側面に目を向け、「運命」(fortuna)に果敢に立ち向かう主体的で能動的な人間像を提示しようとしているのである。彼はまた、偽善や虚栄のような悪徳が、現実の政治においては有益な帰結をもたらすのに対して、伝統的な意味での「徳」は公益に資することはないと断じている。同じ「徳」の名の下に伝統的な「徳」を否定し、野望すなわち自己利益の追求を肯定するこの考え方は、マンデヴィルの「私悪は公益」という考え方に受け継がれる。

これに対して、ホッブズとロックは、自己利益の追求を肯定しながらも、自己利益は道徳規則を採用し、それを遵守することを要求すると論じる。彼らの議論は、なぜ利己的な個人が他人への公平もしくは寛大な扱いを命じる規則に従うことが合理的であるかという問いに答えるものである。また、啓蒙主義は、道徳規則がローカルな習慣や伝統という特殊なものによってではなく、普遍的な人間本性によって根拠づけられなくてはならないと説く。こうして、近代の主だった道徳理論においては、何が道徳規則であるか、なぜそれらが義務として拘束力を持ちうるか、という問題にもっぱら関心が向けられ、徳への関心は希薄となる。

ハチスンとヒュームの徳論

近代の徳倫理学の系譜で注目するべきは、18世紀のスコットランドの道徳哲学者、第3代シャフツベリ伯、ハチスン、ヒューム、A.スミスらの道徳理論である。彼らは、是非善悪についての道徳的判断は、美醜についての審美的判断と同じく、直接的な感情によると考えた。

ハチスンは、徳が「事物の本性」にではなく「人間の本性」に基づくと主張するシャフツベリを継承し、徳を自然な性向と見なす。また、同じくシャフツベリが強調した「仁愛」(benevolence)を中心的な徳として徳の目録に付け加える。「仁愛」は、家族、近隣から全人類にまで及ぶ人々の利益や幸福を願い、自分を他人と、ひいては全人類と結びつける社会化機能を有する性向である。そして、この「仁愛」を動機とする行為を自分の利害に囚われずに道徳的に善いと評価するのが「道徳感覚」(moral sense)に他ならない。ハチスンは、ケンブリッジ・プラトニストの主張する「永

遠の法」を認めないばかりか、理性を手段にのみ関わるものであるとし、究極目的についての判断や道徳的評価は感情や感覚(センス)の機能であるとする。

ヒュームは、ハチスンの考え方を継承し、理性が情念の奴隷であり、情念によって示される目的の手段にのみ関わるものであるとする。徳もまたこの情念によって定義する。「自然的徳」の説明において、ヒュームは、人間の心的諸性質の中でも、愛情や自負を生み出すものが徳であり、憎悪や自卑を生み出すものが悪徳であるとする。また、道徳の起源の研究において、行為ではなく、行為がそこから生じてくる持続的な性質もしくは性格を考察するべきであることを強調している。

「自然的徳」は、仁愛、勇気、正直、寛大、様々な自然的能力(慎慮、忍耐、節制)、雄弁、ユーモア、清潔などを含む。これらの「自然的徳」に対しては、それらに出会うどの機会にも、人々はごく自然にその是認に向かう感情を抱くとされる。

しかし、正義の徳に関しては事情が異なる。正義が公共善(＝公益)に資するのは、人為的に考案された諸規則の組織全体が共同して働く場合に限られる。そして、この組織全体の是認に向かう感情、すなわち「共感」が、正義を「人為的徳」として評価する。たとえば、すべての契約的義務がそこから生じる、約束の遵守は「人為的徳」である。政府も正義の維持と外的脅威からの防衛とのために工夫されたものである。したがって、政府に対する忠誠心も「人為的徳」に他ならない。

ヒュームの説明の基礎には、ごく普通の人間心理に関する心理学的分析がある。それによれば、他人に対する原初の「共感」と、感情の相互的やり取りの中で各人が享受する喜びによる「共感」の強化とが、愛や自負を徳として機能させる。そして、ヒュームは、「一般的規則」によって偏向を正された「共感」を根拠に、徳についての基本的判断の根底には

人類共通の普遍的な同意があると主張する。

カントとヘーゲル

カントは、ヒュームとは異なり、感情が道徳を基礎づけうるとは考えなかった。もっとも、感情の中には道徳に先行し、それに資する性向が存在することは認める。しかし、これが道徳に役立ちうるのは、理性によって導かれる意志の働きのうちに組織化されている場合に限られる。カントにとって、道徳性における完成は、感情の統御と自己制御である。その限り、どんな感情もそれだけで道徳的な行為をもたらすことはありえない。

ヘーゲルは、感情と理性との分離・対立、現実と義務との乖離のゆえに、カントの道徳理論は具体的な道徳的実践を導くことができないとし、アリストテレス以来の徳倫理学の伝統を、近代という時代に復権しようとする。ヘーゲルは、カントの「道徳性」(Moralität)に対抗する「人倫」(Sittlichkeit)という概念を通じて、人間の生の多様な側面を内容とする具体的な関係を基礎に、道徳の問題を、形式的で無内容な義務や規則の問題としてではなく、人々によって具体的に生きられる善い生の問題として、しかも、それを可能にする共同体構想とも絡めて展開する。

現代の徳倫理学

現代英語圏で徳倫理学が提唱されるようになったのは、G.E.M.アンスコムの論文「近代道徳哲学」(1958)がきっかけである。この論文で彼女は、「道徳的義務」という概念を捨て去るべきであると提言する。神的立法者を含む神学的枠組みの下でしか意味を持ちえない道徳的義務という概念を、そうした枠組みが失われたところで用いるのは錯誤を犯すことになるからである。そして、アリストテレスに戻って、道徳的に善い人柄を定義する性格の習性をこそ研究するべきであると説く。

徳倫理学を説くA.マッキンタイアやB.ウィ

リアムズらは、功利主義や義務論などが要請する「不偏性(＝公平)」(impartiality)の理想は、私が具体的にどう行為するべきかを直接導いたり、動機づけたりすることができない、私不在の外在的視点を前提としていると批判し、まず何よりも、内在的視点を重要視するべきことを強調する。彼らによれば、この内在的視点を欠くならば、具体的な道徳実践を導くことができない。

さらに、功利主義や義務論は、人々が規則の単なる機械的な適用を超えて、特殊な状況に適切に(＝道徳的に)対応していること、道徳的に善い人がただ義務を果たしているだけではなく、善い心情をもってこれを果たしていること、これを見逃している。そればかりか、愛、友情、誠意のような、個人の性格に根ざす美徳を説明することができない。徳倫理を説く論者はこのように批判する。愛、友情、誠意は、道徳的に善い生き方をしようとする人にとって不可欠の心情である。もっとも、これらの心情は非理性的なものであり、愛されている人や友人への偏向を伴わざるを得ない。そこで、この偏向は「不偏性(＝公平)」の立場から徹底的に排除されるべきであるかと問われるが、それに対する彼らの答は否である。なぜなら、それはアイデンティティの崩壊に繋がるからである。

徳の形成にとって重要なことは善い人柄、善い性格の形成であり、それを可能とする善い共同体の構築である。また、徳に要求される実践的な知こそアリストテレスの「思慮」に他ならない。これは、何がなされるべきかを一般的な規則として定式化したり、導出したりする能力ではなく、状況に制約されたものへの感覚に裏づけられた知であり、その限りで、行為を直接導く知である点に優れた特徴がある。

このように説く徳倫理学に対しては、安易に常識的直観に寄り添って、倫理学の持つ現実批判の機能を鈍らせるものではないかという批判、また、善き人柄・性格の形成を可能とする善き共同体の再興という発想自体が一種の時代錯誤ではないかという批判がある。

【主要文献】Alasdair MacIntyre, *After Virtue,* 1981(篠崎栄訳『美徳なき時代』みすず書房, 1993). Bernard Williams, *Ethics and the Limits of Philosophy,* 1985(森際康友／下川潔訳『生き方について哲学は何がいえるか』産業図書, 1993). 日本倫理学会編『徳倫理学の現代的意義』〈日本倫理学会論集29〉, 慶応通信, 1994. Roger Crisp and Michael Stole eds., *Virtue Ethics,* 1997. Richard Norman, *Moral Philosophers,* 2nd ed., 1998 (塚崎智／石崎嘉彦／樫則章監訳『道徳の哲学者たち』ナカニシヤ出版, 2001). James Rachels, *The Elements of Moral Philosophy,* 3rd ed., 1999(古牧徳生／次田憲和訳『現実をみつめる道徳哲学』晃洋書房, 2003). Stephen Darwall ed., *Virtue Ethics,* 2003.

(星野　勉)

トーリとホイッグ

〔英〕Tories and Whigs

ステュアート期のトーリ

　語源的にはトーリとは *Toraidhe* すなわちアイルランド語の追い剥ぎ、不法な家畜泥棒に遡る。ホイッグの側から与えられた蔑称である。政治的な意味を持ってくるのは、チャールズ2世（治世 1660-85）時代、カトリック教徒であることを公然と示した王弟ヨーク公ジェイムズ（国王としての治世 1685-88、イングランド王としてはジェイムズ2世、スコットランド国王としてはジェイムズ7世）を王位継承順位から排除するか否かで国論が二分された 1670 年代のいわゆる「排斥法危機」(Exclusion Crisis) からである。トーリは王権の神からの叙任を主張し、また厳格な王位継承順位の維持を図るためジェイムズの即位を支持したのであった。1688 年の名誉革命においてトーリは、フランスに亡命しルイ 14 世の庇護の下にあるジェイムズを支持するジャコバイトと、ウィリアム3世・メアリ2世の共同王位を承認する勢力に分裂し、一時弱体化した。しかし名誉革命体制の安定化とともに地方地主層 (landed interest) を中心とする強い支持を受けたこと、1702 年から 14 年まで国王の座にあったアン女王がトーリに好意的であったことなどから議会内で大きな勢力となった。とくに 1710-14 年のオックスフォード伯ロバート・ハーリ政権下では一時閣僚がトーリでほぼ独占されるに至った。しかしアンが亡くなりステュアート朝が断絶し、ハノーヴァ選帝侯ジョージがジョージ1世として即位するに及んで、トーリの勢威は急速に低下した。これは一つにはスペイン継承戦争（1702-13）においてハノーヴァがフランスと激しい陸戦を交えていたにもかかわらず、トーリが戦費調達のための地租増徴を危惧してヨーロッパ大陸の陸戦への介入に消極的で早期の講和を望んだため、ジョージの憤りを買っていたことに起因する。

ハノーヴァ期のトーリ

　ジョージ1世そしてその子ジョージ2世（治世 1727-60）においてトーリは文字通り「万年野党」であった。彼らは選挙区のレベルではなお地主層の強い支持を受けていたが、宮廷・ホイッグ大貴族の「懐中」に多くの選挙区が入り、これらが私物化された状況ではトーリの政権返り咲きは望むべくもなかったのである。さらにトーリ内部に深刻な対立が存在していた。すでにアン女王治世末期から、ハノーヴァ朝を打倒し、ステュアート家——1701 年のジェイムズ2世の死後は、その長子ジェイムズ・エドワード・ステュアート（老僭王）——の復位を図るジャコバイト (Jacobites) と、ハノーヴァ家の即位を容認するハノーヴァ派トーリ (Hanoverian Tories) の内部対立は収拾できないレベルに達していたと言える。

　1715 年のジャコバイト反乱においてイングランドのトーリでハノーヴァ朝打倒のために反乱に参加する者は少数に止まった。にもかかわらず、イングランド・スコットランドの双方において、その勢力の大きさについては史家の間でも一致しないものの、ジャコバイトが隠然たる勢力を有していたこと、そして彼らの思想、ジャコバイティズムが、18 世紀ブリテン社会において階級の壁を超えて広く浸透していたことは疑いえない。彼らの組織的な行動が終息するのは、1745-46 年のジャコバイト反乱が失敗に終わったときであった。

　ジャコバイトと異なり、ハノーヴァ派トーリは合法的な手段によって政権の座にあるホイッグへの攻撃を目指した。そのため彼らは、政権ホイッグに反発して下野した在野ホイッグ (Opposition Whigs あるいは Independent Whigs) と議会内で提携関係を持ち「カント

リ連合」を結成した。そしてこのカントリ連合はたんに議会内での連合に止まらず、大規模に新聞・雑誌を用いた議会外キャンペーンも行ったのである。彼らは相携えて宮廷＝政府の腐敗・堕落を攻撃した。したがって18世紀中葉の議会内の党派対立はかつてのような〈ホイッグ対トーリ〉ではなく〈宮廷（Court）対地方（Country）〉に転じたと見る研究者もある。しかしながら在野ホイッグが時に政権側と妥協してしまうことがあったのに対して、トーリの多くはジャコバイトの脅威がほぼなくなった1746年以降もハノーヴァ朝にとって依然「敵」であった。

ジョージ3世（治世1760-1820）は、1714年以来の「ホイッグ優位」の時代において低下した国王権力を復活させるため、国王大権を擁護するトーリの政権入りを容認した。しかしこれが皮肉にもこれまで野党時代において維持されてきたトーリの求心力を失わせることになった。トーリが一つのイデオロギーを持つ政治集団として認められるのは、フランス革命勃発以降のことである。対フランス戦争を強硬に推進する小ピット（首相在任1783-1801, 1804-06）政権、リヴァプール伯（首相在任1812-28）政権はトーリ政権と見なしうるものである。だが、19世紀のピット、リヴァプール政権の政治理念と、17世紀末のトーリ形成期の政治理念を同一視するのは不可能であろう。草創期のトーリにとって最も重要なことは王権神授説に定められた順位で王位の継承が行われること、国と国教会の厚い紐帯を維持すること、そして地主の利害に立った政策であった。その一部は19世紀においても当てはまるにしても、1832年の第一次選挙法改正は議会政治に大きな変化をもたらした。すなわち貴族、地方地主名望家の勢威に支えられた Tory は近代的政党としての保守党（Conservative Party）にしだいに相貌を変えていくのである。

ホイッグ――ジョージ3世即位（1760）まで

ホイッグはもと牛追いを意味するスコットランド語 whiggamore に由来した。そして内乱期においては長老派内の急進派をしめすもので、本来はトーリ側から付けられた蔑称である。1670年代の排斥法危機においてヨーク公（のちのジェイムズ2世）の王位からの排除を強硬に主張した Exclusionists がホイッグの原点である。彼らの思想は、議会は国王の継承順位さえも変更しうると見なしていること、国制を危うくし臣民の自由・所有権を侵害する悪しき国王には抵抗さえも認めている点で明らかに『統治二論』を著した時期のジョン・ロックの所論に近い。しかし名誉革命後は、むしろ名誉革命で得られた政治的成果「名誉革命体制」（Revolution Settlement）の維持を図るとともに「財政革命」による銀行、証券業の隆盛を背景に「金融利害」（monied interest）に接近する者が多数を占めるようになる。いわゆる政権ホイッグ（ministerial Whig）、宮廷ホイッグ（Court Whig）と言われる者がそれである。1714年のジョージ1世の即位以降の「ホイッグ優位」は彼らの勢力を膨張させた。ロバート・ウォルポール（首相在任 1721-42）、ヘンリ・ペラム（首相在任1743-54）は国王の有するパトロネージを巧みに利用して議会内上下両院で安定多数を形成していた。ホイッグ内にはなおも草創期の主義を守ろうとし体制化したホイッグを批判するオールド・ホイッグ、カントリ・ホイッグと呼ばれる集団は存在したが政権を脅かす存在までにはならなかったのである。

ホイッグ――ジョージ3世即位（1760）以降

1760年のジョージ3世の即位はこのホイッグ優位の体制を大きく覆すことになる。「ペラム派の虐殺」と言われる政権ホイッグの下野は、彼らの議会内での勢力を大きく低下させることになった。しかし他方、ホイッグが少数勢力に成り下がったことで、彼らは彼らが

本来有していた原理・原則に立ち返ることになる。ロッキンガム侯の下に集まった「ロッキンガム・ホイッグ」がそれである。周知のようにロッキンガム・ホイッグの論客 E.バークは、ともすれば党派（faction）と同一視され、政府にとって危険視された「政党」（party）は国政上なくてはならぬ名誉ある存在であることを示し、自らの政治集団の正統性を示したのであった。だがホイッグはなおかつての実力を取り戻すには時間を必要とした。フランス革命勃発後、1794 年彼らは小ピットと提携し政権入りしたポートランド公派と、野党に回ったフォックス派に分裂する。フォックス派はなおオールド・ホイッグ的な立場を維持し、議会改革、選挙制度改革、非国教徒への寛容の拡大を訴えた。そして彼らの主張は1832 年についに第一次選挙法改正という形で結実したと言えるである。選挙法改正後 Whig の語は徐々に使われなくなり、Liberals が代わって用いられるようになる。そして 1868 年グラッドストン首相のとき政党名としての自由党 'Liberal Party' の語が定着するのである。

【主要文献】B. W. Hill, *The Growth of Parliamentary Parties, 1689-1742*, 1976. ─, *British Parliamentary Parties, 1741-1832*, 1985. J. R. Jones, *The First Whigs*, 1961. Henry Horwitz, *Parliament, Policy and Politics in the Reign of William III*, 1977. Geoffrey Holmes, *British Politics in the Age of Anne*, revised ed., 1987. W. A. Speck, *Tory and Whig: The Struggle in the Constituencies 1701-1715*, 1970. David Hayton et. al., *History of Parliament: 1689-1715*, 5 vols., 2002〔議会史財団刊行のシリーズ〕. Linda Colley, *In Defiance of Oligarchy: The Tory Party 1714-1760*, 1982. John Brewer, *Whig Ideology and Popular Politics at the Accession of George III*, 1976. Frank O'Gorman, *The Rise of Party in England*, 1975. ─, *The Emergence of British Two-Party System, 1760-1832*, 1982. Paul Langford, *The First Rockingham Administration 1765-1766*, 1973. L. G. Mitchell, *Charles James Fox and the Disintegration of the Whig Party*, Oxford, 1971. J. Ehrman, *The Younger Pitt*, 1969; 1983; 1996. John Derry, *Politics in the Age of Fox, Pitt and Liverpool*, 1990. John A. Phillips, *Electoral Behavior in Unreformed England*, Princeton, 1982. Frank O'Gorman, *Voters, Patrons and Parties: The Unreformed Electoral System of Hanoverian England 1734-1832*, Oxford, 1989. Harry Dickinson, *Liberty and Property*, 1977（田中秀夫監訳／中澤信彦ほか訳『自由と所有』ナカニシヤ出版, 2006）.

（松園　伸）

奴隷解放

〔英〕emancipation of slaves

奴隷制廃止へのプロセス

イギリスにおける奴隷解放の第一歩は1772年に判決が下されたサマセット裁判である。実定法上に奴隷制度の規定がないことを理由として逃亡奴隷の解放を認めたこの判決は「イングランドに足を踏み入れた瞬間に奴隷は自由になる」とする法諺を確立した。これによりイギリス国内の奴隷制度は無効となったが、奴隷貿易や本国外での奴隷制度は依然として続いていた。これらを廃絶するために1787年に奴隷貿易廃止協会が設立され、組織的な奴隷反対運動が展開された。「近代型のプロパガンダ活動の最初の成功例」と言われるように多くのパンフレットの発行、議会への請願、全国・地域レベルでの奴隷制反対組織の結成、奴隷プランテーション製砂糖の不買運動、奴隷廃止を訴えるメダルの発売など様々な形態で運動が展開された。短命で終わるもののフランス国民議会が実行した植民地奴隷制の非合法化は、サント・ドマング黒人共和国を実現したばかりでなく、イギリス国内における解放の機運を高めた。

小ピットは新しく獲得した領土での奴隷貿易禁止および奴隷人口比率の上限を設定する命令を1805年に発令する。さらに1807年に奴隷貿易廃止法が、33年に奴隷制廃止法が成立する。これにより帝国内の奴隷解放が実現した。イギリス奴隷制度の中心はカリブ海域砂糖プランテーションであったが、18世紀末になるとキューバやブラジル産砂糖との競争にさらされ、イギリス領産砂糖は割高になっていく。安価な砂糖の輸入要求は、本国内に議席を有していた奴隷制を擁護するプランテーション所有者たち、いわゆる西インド諸島派の議会内外での影響力を弱めた。奴隷制廃止の背景にはこのような経済的要因がある。イギリスは強力な外交交渉により各国に奴隷貿易廃止の圧力を加えるが、そこには人道上の要求ばかりでなく、軍事力を背景にした経済的要因もあった。

解放に至るプロセスは複雑で、経済的要因、人道的・思想的要因のいずれが解放を決定づけたのかについて長い論争がある。奴隷制批判の主張にも、奴隷貿易を否定するが奴隷制度そのものの存続は容認するものや、帝国内奴隷制度を否定しながら外国の奴隷制度を容認するものなど様々であった。

人道主義による奴隷制反対運動

奴隷解放運動の主要な担い手はクェーカー教徒や福音主義者であった。キリスト教徒たちは長い間、アウグスティヌスやトマス・アクィナスの教説や選民思想を利用して奴隷制を容認していた。白人優越の見地から、奴隷主による黒人の道徳的教化の手段として奴隷制を積極的に位置づける見解さえ存在していた。17世紀末にキリスト教徒の中でも平等主義を強く志向する北米のクェーカー教徒が奴隷貿易に関与しないことを宣言する。当初はクェーカー内の規律にすぎなかったが、1783年ロンドンのクェーカーが行った奴隷貿易廃止請願を契機に対外的な運動へと発展した。

これに呼応したのがトマス・クラークソンら人道主義者たちであった。クラークソンによる貿易商人や西インドの黒人奴隷調査の報告は世論に大きな影響を与え、福音主義のクラパム・セクトを指導していくことになるウィルバーフォースを運動に参加させることに成功した。クラパム・セクトは議会の内外で奴隷制廃止に精力的に取り組んでいく。またメソディストのウェスリ派も運動を支持した。クラパム・セクトやウェスリ派は政治的には保守的で、上からの保護という姿勢に貫かれた人道主義的改革というスタンスを取っていた。こうした姿勢が急進主義者と一線を画す一因となる。

権利論からの奴隷制批判

奴隷制一般についてホッブズは、人類の生存にとって必要であれば人間を支配する権利が認められるとしてその存在を容認した。これに対してジョン・ロックは、生命の権利は原理的に譲渡しえないものとする立場から奴隷制を否定した。ただし、公正で合法的な戦争による捕虜を奴隷にすることは認めており、すでに存在していた黒人奴隷を正当化した。自然権に立脚する議論も人種差別とは無縁ではない。モンテスキューは自然法、道徳いずれからも奴隷制は容認できないものとして批判した。しかし、黒人蔑視から彼らを人間の範疇に含めず、黒人奴隷を批判の対象から外している。権利論からの黒人奴隷批判を明確に展開したのはルソーである。ルソーは高貴なる未開人という想定を持っていたために黒人蔑視を払拭して、自然権に基づく黒人奴隷制批判を明確に展開した。

経済学からの奴隷制批判

フランクリンや重農主義者デュポン・ド・ヌムールは、労働を強制されている奴隷労働は勤勉に働く必要がないので賃金で比較した労働生産性が自由労働よりもはるかに低いこと、また過酷な労働に起因する奴隷主との対立関係は生産性をより悪化させると指摘した。アダム・スミスも奴隷を使役するのに要するコストが高いことや、奴隷の生活を効率的に監督することが困難であるとして、自由労働に近づくほど経済効率が向上すると指摘した。スミスは古代奴隷制、中世農奴制の解体を歴史的必然と見ており、その延長上に黒人奴隷の解放も展望していたと言ってよい。スミスの弟子ジョン・ミラーは経済効率論に加えて、奴隷と奴隷主という家族法内部での雇用関係を廃棄し、近代的な雇用関係に置き換えるべきとする文明史的な議論も行った。

保守的政治家のエドマンド・バークも即時的な奴隷解放には反対したものの、漸次的な奴隷貿易の縮小を通じて奴隷制度の消滅を提案した。奴隷貿易縮小と同時に黒人に所有権を認めることで、家族と財産の所有による経済的に自立した主体の形成を意図しており、西インド諸島だけではなく、アフリカの文明化をも意図した奴隷解放論であった。

奴隷解放論の広まり

奴隷解放運動はロマン派の文学者たちにも影響を与えた。ウィリアム・ブレイクにとって黒人奴隷は重要なモチーフの一つであり、イギリス植民地支配の欺瞞性を告発し、黒人と白人の共存への期待を詩作に込めた。サウジーやワーズワスも奴隷の過酷な運命を作品にした。自然的な基礎がない人為的な産物として奴隷制の存在理由を否定したメアリ・ウルストンクラフトは、奴隷支配と男性による女性支配との同一性に着目して奴隷制批判を女性解放論へと展開していった。選挙法改正運動で知られるジョン・カートライトやロンドン通信協会のトマス・ハーディ、フランシス・プレイスなどの急進主義者たちも奴隷解放の支持を表明したが、国内問題を優先すべきとする理由から急進主義者によって担われた改革運動の中では奴隷解放は消極的に扱われることが多かった。

【主要文献】E. Williams, *From Columbus to Castro*, Harper & Row, 1970（川北稔訳『コロンブスからカストロまで』岩波書店，1978）. Z. Gifford, *Thomas Clarkson and the Campaign against Slavery*, Anti-Slavery International, 1996（徳島達朗監訳『アボリショニズムの社会史』梓出版社，1999）. J. Walvin ed., *Slavery and British Society 1776-1846*, Macmillan, 1982. 池本幸三ほか編『近代世界と奴隷制』人文書院，1995.

（柳沢哲哉）

ナチュラル・ヒストリー

〔英〕natural history

natural history は、ラテン語 historia naturalis の訳語で、さらにギリシア語の istoria（探求して知る）と physis（内発的な力で生成・発展・死滅する、形あるもの）に至る。ここから、人工でない、あるがままの有形の物を、探し集め、観察し、記録し、知識を蓄積するという、根本的な意味が生じた。

この語は自然誌、自然史、博物学、博物誌などと訳されるが、その違いは、日本での受容の時期や形態のみならず、この概念自体の変化と多様性をも反映している。自然誌が一般には静態的・無時間的な古典的概念を表すのに対し、自然史は進化論以降の動態的・時間的な近代的概念を表すと考えるのが、概念史や字義の上で適切と思われるが、一般には混用され、近年は自然史が優勢である。一方、博物学は、幕末に、中国の『博物志』（3世紀頃）から採られた語である。「博物」は元来「物知り」を意味し、対象は自然に限られないが、明治初頭、公式に自然誌を示すものと定義された。現在、博物館と訳される museum も、語源こそ古代アレクサンドリアの総合教育施設ムゼイオン（ミューズの殿堂）にあるが、むしろ神殿の宝庫（宝物や戦利品、珍品などが奉納・供覧される、美術館の起源でもある）の系譜にあり、これも本来は自然物に限られない。museum と自然誌の結びつきは、個人の趣味的蒐集が大学などの研究教育施設になってゆく 17 世紀後半からである。なお本項では訳語を自然誌で統一した。

自然誌の起源

現存最古の体系的自然誌は、アリストテレスの著作であろう。その学問体系中、自然学は重要で、動物学はさらにその中心的存在であった。知を求めて効用を離れ、自ら動物に関する知識を集積、構造・機能に基づく論理学的分類へと進み、そこから自然の階梯（単純から複雑に至る自然物の漸進的体系）の思考に到達した。これを受け継ぎ、植物・鉱物に拡張したのが、弟子のテオフラストスである。このギリシアの自然誌は、自然学（physica：自然哲学 natural philosophy に近く、個別事象から原因・本質の解明を志向する）にとっての手段であるが、自然誌が手段か、それ自体目的たりうるのかは、方法論や社会的要求とも関係して、現在にも通じる問題である。

ギリシアの自然誌から、実用・娯楽に役立つ部分を摂取、普及させたのが、ローマ人であり、とくにディオスコリデス（1～2 世紀、小アジア）の本草学とプリニウス（1 世紀）の『自然誌』（*Naturalis historia*：これが natural history の語を決定づけた）は、後世の権威となった。一般にローマの自然誌は独創性や体系性を欠くが、より実用的で、農業や土木建築などにまで自然誌の編纂を行い、産業誌（history of trades）の基礎をも築いた。この後、中世にかけて自然誌は、俗化されて寓話や怪奇趣味に堕する一方、キリスト教の被造物蔑視と異教徒文化攻撃により、修道院の医学・薬学を残して欧州を追われ、小アジアやアラビアで継承された。さらに、筆写に頼るため、自然誌に不可欠な精度も損なわれた。

自然誌の復権

欧州の自然誌の復権は 15 世紀に始まる。中世後期からの古典復興や世俗の大学の発生に加え、世界周航による視野の拡大と未知の品々の流入が好奇心をかき立て、経済発展も知識の編纂と普及を要請、加えて印刷術が有力な手段を提供した。他方、宗教においても、自然の地位が創造の栄光を示すものへと高められたため、「自然の体系」（system of nature）の理解が信仰上の重要目標となり、自然誌は新たな価値を帯びた（自然神学）。

まず 15 世紀後半のイタリアでギリシア古

典の精密な翻訳がなされ、プリニウスが相対化された。大学・医学校を中心に薬草園・標本の整備や古典の翻訳・研究が活発になり、自然を自ら観察する態度も復活した。16世紀のドイツ・プロテスタント文化圏では、古典を離れ、地域に根ざした植物学者が多く活躍した。大規模な自然誌では、ゲスナー（スイス）が旅行や文通で標本や情報を集め、『動物誌』を著した。植物・鉱物の研究は未完に終わったものの、ゲスナーの研究には効用を離れた純粋性が見られ、分類法などで時代を先取していた。他にもアルドロヴァンディ（イタリア）が蒐集を駆使した斬新な講義と大規模な著作で知られ、その影響は17世紀半ばのヨンストン（ポーランド生まれ、スコットランド系）の著作（オランダ語訳）を通じて、同時代の日本にまで及んだ。

　この復権を一般の水準で支えたものは好奇心で、この時代の大著には混沌とした性格が残る。権力者や富者の間に、従来の宝物や美術品だけでなく、自然誌、考古学、民俗学などに関わる蒐集・展示が流行した。プラハのルドルフ2世はその典型で、錬金術や自然魔術の研究者たちを惹きつけた。こうした蒐集の中から、より真剣に、自然誌的な整理・分類・記録を行うものも現れ始めた。

　この頃から、化石が、その成因と年代で、宗教上の難題を提起し始めた。ゲスナーやダ・ヴィンチ、鉱山学のアグリコラ、陶工パリシー、膨大な蒐集と著作の「遅れてきたルネサンス人」17世紀のイエズス会士キルヒャーなどの化石研究は、自然誌から自然史への転化を準備した。

17世紀

　イギリスでは、8世紀の修道士ベーダがプリニウスをもとに自然誌を研究した。16世紀には農書や自然魔術の分野で独自色が現れ、フィッツハーバートやターナー、プラットなどの生活百科的著作は、身近な自然誌でもあった。natural historyと、その担い手naturalistが英語に現れたのは、16世紀後半である。

　17世紀に入ると、イギリスは自然誌の近代化と普及に積極的貢献を始めた。まずベーコンが、知ることを至上とした学問に人類の進歩という社会的使命を加え、実験と帰納的手法を重要な手段とした。このことが膨大な自然誌を要求して、多数の一般愛好家（ヴァーチュオーゾ、マン・オブ・サイエンス）の協力を不可欠とし、自然誌の普及を促進した。ベーコン、ハートリブ、アンドレーエ、カンパネッラなどが描いた17世紀的ユートピアが、自然と技術の強力な研究教育機関を備えているのは象徴的である。この理念は、17世紀後半、ロンドン王立協会などの団体と、その通信網や機関誌で、一歩を踏み出した。しかし当時の状況では、資金と活動の両面で好事家ジェントリに依存せざるを得ず、地域の自然誌や農業誌、産業誌などが試みられたものの、高い水準を保つのは困難であった。他方、一流の科学的業績は、自然誌よりむしろ数学、物理学、粒子論的化学、天文学、解剖学など、より機械論的で分析的な、自然哲学の分野で達成される傾向が強かった。

　こうした中、レイは、動・植・鉱物の三界に及ぶ緻密な研究を行い、とくに『植物誌』（1686-1704）と『植物分類法新論』（1682；増補版1703）は、種の基本的概念など、近代植物学の基礎を築いた。一方、レイの探求の原動力となった自然神学の篤い信仰は、『創造の御業に顕れた神の英知』（1691）となり、知識人や聖職者の科学に対する不安を払拭、その推進に強い動機を与えた。また通信による「分業体制」は、網羅的で膨大な自然誌に加えて、「地方誌」を生み出した。レイの初期の著作はその好例である。これらは自然と郷土への愛を通じて、自然誌を親しみやすくした。

　近代的な博物館も誕生した。旅行家トラデスカント父子とアシュモールの蒐集がオックスフォード大学に寄贈され、1683年「アシュ

モレアン博物館」となり、研究教育機関として活用された。フランスで医学とトゥルヌフォールの植物学を学び、膨大な蒐集を行い、大英博物館（1753）の基礎を作ったスローンも活躍し始めた。さらにイギリスでもこの頃から園芸が大衆化し、種苗業者や園芸家が、植物学者に混じって活躍していた。

大陸ではパリ王立植物園が一大中心となり、アマチュア中心のイギリスと対照的であった。普及事業も活発で、トゥルヌフォールの植物学が、その理解しやすさで大成功を収めていた。17世紀後半は、自然誌の近代化と普及——「甘美な科学」(scientia amabilis)への道——により、次の隆盛期を準備した。

18世紀

18世紀に入ると、リンネ、ビュフォン、ルソーが相次いで現れた。リンネは1735年、三界を扱う『自然の体系』(Systema Naturae)を発表、その植物学が生殖器官による分類で注目されると、植物の収集と分類・体系化に集中し、『植物の種』(1753)で、種の呼称に徹した二名法を確立した。これらは各国の協力者と弟子により死後も拡張され続け、自然誌の普及をいっそう促進した。対照的に、個物の記述と研究を重視したのは、パリ王立植物園長ビュフォンである。強大な国力をも駆使した『自然誌』(Histoire naturelle, 1749-88)は、その文人趣味で人気を博した。ビュフォンは人間を万物の尺度と見、『自然誌』各論の冒頭に人間を置いた。リンネも人間の動物視で非難されたが、ビュフォンはより徹底していた。のちには地球と生命の発生にも無神論的解釈を試みて、自然誌から神を事実上除去し、一方で非可逆的な時間・歴史の概念を加えた。これは弟子のラマルクから進化論に至る、自然誌から自然史への転化を決定づけた。

同じ頃、イギリスの百科全書を契機に、フランスでディドロとダランベールの『百科全書』運動が起こり、ケネー、ヴォルテール、コンドルセらが参加した（百科全書派）。その多くは脱宗教的、唯物論的、機械論的で、文明の進歩に期待する啓蒙主義を共有したので、科学はより世俗化し、革命の混乱ののち、技術との結合を強固にした。ルソーは当初ビュフォン、ついでリンネの植物学に傾倒し、自然愛好の拡大と深化に寄与した。ルソーも百科全書派に属したが、より文明批判・自然主義的で、のちに離脱した。その自然主義は、啓蒙と反啓蒙を問わず、複雑な影響を与えた。

社会科学でも、方法論、人間と社会の考察、技術や産業など、まだ多くが自然誌と不可分であった。ことに「啓蒙」時代のスコットランドではこの傾向が強く、ヒュームの歴史方法論——『宗教の自然史』など——やスミスの人間・社会観察は、その好例であろう。ここでも先進的集団は近代科学へ移りつつあったが、この領域の専門分化が進む19世紀前半まで、影響を及ぼした。

イギリスでは、大英博物館のバンクスらにより、やや遅れてリンネ植物学が広められた。バンクスはクック船長の世界周航などを通じて大量の標本を収集・研究し、リンネのコレクション購入と自然誌推進団体「リンネ協会」創設を発案、キュー植物園の育成や農業改良をも行い、国力の発展に合わせるように、イギリスを自然誌の中心地にした。同じ頃、国内有用植物を中心としたカーチスのロンドン植物園も開かれ、出版（1787：最古の植物雑誌『ボタニカル・マガジン』刊行）や講演を行った。こうした媒体で、植民地や探検家による目新しい標本や風俗画が紹介され、ナショナリズムや探検のスポーツ性とも絡んで、自然誌ブームを招来した。

自然神学を契機に、それまで嫌悪された「ありのままの自然」に対する感覚が大きく変化し、有用性や伝承を超えた賛美や畏敬の念が広く生じてきたのも、この時代である。18世紀中頃からは、自然愛好の行楽客や旅行者が急速に増加し、庭園や美術もその嗜好を反映

した。ホワイトの『セルボーンの博物誌』(1789) を代表に、健全な娯楽として、一般向けの自然誌が流行、クラブなども結成された。こうした動きのいくつかは、のちの自然保護・動物愛護の基礎となったが、それは一方で、大規模な開墾や工業化による自然の喪失、植民地主義、科学の制度化の表れでもあった。

19世紀

19世紀初頭、一般の自然誌熱はリンネを中心にますます盛んであったが、学界では大きな変化が始まっていた。革命中に旧王立植物園を自然誌博物館に改組・拡大したフランスで、ラマルク、キュヴィエ、カンドルらが前世代の自然誌から脱却する一方、ドイツで細胞も発見され、生命現象をより客観的・分析的に見る近代生物学が発展し始めた。新しい「科学」は国家的事業となり、職業的「科学者」(scientist) がこれに従事した。

イギリスでは少し遅れて、19世紀中頃まで、古い自然誌が影響力を保持した。しかしダーウィンの進化論も完成する70年代になると、ここでも科学は、世俗化と専門分化の段階を迎えた。科学の特定の一分野だけに、永年の教育・研究を要する時代が到来し、人の心を捉える大きな物語が消滅すると、一般の自然誌熱は冷め、特殊な趣味とされた。これ以降、自然誌は、データ収集や教育の地味な役割に限定されるのみならず、急速な進歩から取り残された「博物館行き」という印象すら、もたれるようになり、残りは園芸や観光、文学や絵画などの芸術や娯楽に吸収された。しかし自然誌的思考には、ルソー、ホワイト、ロマン派の人々、エマソンやソローのように、新しい科学と技術への真剣な問題提起もあり、景観保護や動物愛護から、のちに科学者をも巻き込む環境保護運動へと発展した。生態学やエコロジー、環境保護団体が現れたのも、この19世紀末である。

現代の自然誌

次の時代は、分析・実験・普遍性を標榜する科学と大規模技術の時代となり、自然誌は科学の亜流に甘んじた。しかしその間に、資源と環境の問題が顕在化し始め、「正統科学」もこれを無視できなくなってきた。また、科学の進歩自体が自然の力を再認識させる（たとえば生物工学の進歩と生物資源観の拡大）事例もあり、再び、自然を全体的・歴史的に捉えることが要求されるようになった。環境の保護や復元、環境教育から、国家や企業の資源戦略まで、その目的は多岐にわたり、時には対立さえ含むものの、生態系の多様性と全体性を重視する自然誌は、「生命誌」「環境科学」とも言うべき、より広がりを持った存在として、再生しつつある。

【主要文献】西村三郎『文明の中の博物学──西欧と日本』上・下, 紀伊國屋書店, 1999. 木村陽二郎『ナチュラリストの系譜──近代生物学の成立史』中公新書, 1983. 松永俊男『博物学の欲望──リンネと時代精神』講談社現代新書, 1992. キース・トマス (山内昶訳)『人間と自然界──近代イギリスにおける自然観の変遷』法政大学出版局, 1989. マイケル・ハンター (大野誠訳)『イギリス科学革命──王政復古期の科学と社会』南窓社, 1999. ヴォルフ・レペニース (山村直資訳)『自然誌の終焉──18世紀と19世紀の諸科学における文化的自明概念の変遷』法政大学出版局, 1992. 樋口秀雄責任編集『日本と世界の博物館史』〈博物館学講座 第2巻〉, 雄山閣出版, 1981. 大場秀章編『Systema Naturae ──標本は語る』〈東京大学コレクション XIX〉, 東京大学総合研究博物館, 2005. *Oxford English Dictionary,* 2nd. ed., Oxford: Clarendon Press, 1989.

（嘉陽英朗）

日常言語学派

〔英〕school of ordinary language philosophy

「日常言語哲学」(ordinary language philosophy)という名称は、第二次世界大戦が終結した 1945 年以降約 20 年間にわたり、主としてイギリス、とりわけオックスフォードで盛んであった種類の哲学を指すために使われるが、この名を使ったのは、この傾向の哲学を敵視した人々であった。「プラグマティスト」(pragmatist)や「論理実証主義者」(logical positivist)が自らそう名のったのとは異なり、「日常言語哲学」を実践したライル、オースティン、グライス、ストローソンらの哲学者たちは、自分たちが「学派」であるとは見なしておらず、むしろ自分たちの間の相違の方をより強く意識していたようである。

敵対者たち

「日常言語学派」の哲学者たちは二群の人々から敵視された。その一つは、1936 年に出版された論理実証主義者エアの『言語・真理・論理』の伝統的哲学に対するはっきりした軽蔑的態度に激怒した、旧世代の哲学者と真剣な善意の読書人たちである。これらの人々の目には、古いタイプの観念論者の高邁さやルーズなレトリックを意識的に退けた「日常言語哲学者」たちは、論理実証主義者と同類の、不遜な偶像破壊主義者に見え続けたようである。たとえば、'deliberately'（熟慮して）、'intentionally'（意図して）、および 'on purpose'（わざと）という三つの行為の仕方の間の違いを論じたオースティンの論文は、行為の責任帰属に影響しうる要因の間にある、従来気づかれてこなかった相違を浮かび上がらせるという、明確な哲学的意義を持つ論文であるが、そのタイトルは「インクの三つのこぼし方」であった。インクのこぼし方を題材にしたのは、哲学者たちの先入見にまだまつわりつかれていない例を選んだからであるが、同時にこのタイトルが、故意に高邁さを排し、従来の哲学と一線を画す態度を示したものであることも明らかであろう。

もう一つの敵対者は、日常言語へのこだわりを、愚かな逸脱であり、現代的な研究成果に対する裏切りであると見なしたラッセル、ポパー、エアらの科学主義的なモダンな哲学のリーダーたちである。これらの哲学者たちは、明晰さを重視する態度を「日常言語哲学者」たちと共有していたが、そのために何が必要かについては考え方が非常に違っていた。テクニカルな用語の導入や大胆な包括的理論の提案にしばしば冷ややかな視線を向けた「日常言語哲学者」たちの態度は、この人々には、真剣で骨の折れる理論化の作業の代わりに、重箱の隅をつつくような些事の詮索に終始する異端的堕落と写ったようである。

後期ウィトゲンシュタイン

ここで事情を複雑にしているのが、ウィトゲンシュタインの存在である。後期ウィトゲンシュタインの名は、しばしば「日常言語哲学」に結びつけられて想起される。実際、哲学的な理論というものの可能性を全面的に否定し、哲学的問題は言葉が祭りを始めることによって生じるのであり、「言葉を形而上学的使用から日常的な使用へと連れ戻す」（『哲学探究』第 1 部 116 節）ことにより解消されるべきものであると主張した後期のウィトゲンシュタインの態度は、明らかに日常言語を強調するものであったし、彼はオックスフォードの哲学者たちの最も注目した同時代人でもあった。

しかし、ウィトゲンシュタイン自身はオックスフォードを哲学的には不毛の地と見なしていたし、ウィトゲンシュタインの言うことに一面の真実を認めつつも、全面的に信奉するわけでもないオックスフォードの哲学者たちの都会的でクールな態度は、彼の気性には

耐えがたいものであったであろうから、ウィトゲンシュタインが自らを「日常言語学派」の一員と見なすことはまったくありえなかった。また、オックスフォードの哲学者たちも、哲学的理論の否定や、哲学的問題が言葉を日常の用法へと連れ戻すことにより解消されるべきものであるというウィトゲンシュタインの考えを全面的には受け入れなかったのである。

哲学のスタイルと方法論

「日常言語学派」の人々の哲学の特色の一つは、その議論が日常的な言葉で行われたことである（このようなスタイルは、少し前のムアの内にもすでに現れていた）。また「日常言語哲学者」たちは、科学が日常言語に依存すると考えていた。科学は専門用語に依存するが、専門用語は日常言語によるか、他の専門用語によって定義されて導入されるし、定義に使われる専門用語も究極的には日常言語で説明ないし定義されざるを得ない。この意味で日常言語は基礎的な位置を占めるのである。

さらにオースティンによれば、日常言語は、人々から価値あるものと認められ、長い期間にわたる淘汰を生き延びてきた諸区別を含んでおり、それらは哲学者が肘掛け椅子に座って構想する区別の体系より、しばしばはるかに精妙かつ健全である。オースティンはそれまでの哲学が過度の単純化によって、ものごとを歪めて捉えてきたという現状認識に基づいて、このような問題を回避するためには、関連する語句が使われる様々な文脈を網羅的に検討することが一つのよい方法であると考えていた。日常言語は、事柄そのものについての最後の言葉ではないが、最初の言葉ではあるというのが、オースティンの示した処方箋である。

この処方箋は、「日常言語学派」の信条の核心をなすものと見なされ、しばしば誇張され戯画化されて批判されてきた。今日でもしばしば「日常言語学派」に対しては、「日常言語の分析は必要ではあっても、十分ではない」という批判が口にされるが、オースティンらは、そもそも日常言語の分析さえしていれば十分だとは主張していない点に注意が必要である（この点で、「言葉を形而上学的使用から日常的な使用へと連れ戻す」ことを哲学の唯一の正しい方法であると述べているように見えるウィトゲンシュタインとオースティンらとの間の違いは小さくない）。

もう一つ「日常言語学派」に対して向けられる、これと密接に関連した批判に、日常言語について分析しても事柄そのものを分析したことにはならないという批判がある。この批判に対するオースティンの答えは、「何をいつ言うべきか、どんな状況でどの語を使うべきかを吟味する際、われわれはたんに言葉だけに目を向けているのではなく、言葉を使って語ろうとしている実在にも目を向けている。われわれは、言語に対する研ぎ澄まされた意識を、現象に対する最終の裁定者としてではないが、現象に対するわれわれの知覚を研ぎ澄ますものとして、利用しているのである」（「弁解の弁護」、『オースティン哲学論文集』）というものであった。

体系的理論に対する態度

「日常言語哲学」に対してしばしば向けられるもう一つの批判は、その成果が断片的で体系性を欠いているという批判である。「日常言語哲学者」は、理論的な専門用語の導入や大胆な一般化、理論化に対してしばしば冷淡な態度を取った。バーナード・ウィリアムズによれば、'piecemeal'（少しずつ）という言葉が当時のほめ言葉の一つであった。限定された問題点を一つずつ取り上げ、それに対して事細かな吟味を徹底的に加えることが、評価されたのである。

ウィトゲンシュタインの場合には、哲学理論などというものはそもそもナンセンスであっ

た。哲学的な問題は、理論構築により解決が与えられるような種類の問題とはまったく別種の困惑なのであり、治療によって解消されるべきものであったからである。

これに対してオースティンらが大胆な一般化や性急な理論化の内に見て取ったのは、それまでの哲学の失敗を繰り返す危険であった。従来の哲学は、あまりに早くあまりに多くのことを解決しようとして、重要な細部を無視したり過度に単純化したりしてしまい、結果として得られる理論が荒唐無稽になったり脆弱になりすぎたりして挫折してきたと考えられたのである。理論は、本質的に場違いであるのではなく、当時の哲学の現状においては、時期尚早だと考えられたのであり、走れるようになる前に歩けるようになる必要があると考えられたのである。

その後の展開

しかし、それならば、一般化や理論化は、未来永劫に時期尚早であり続けるわけではないことになる。実際やがてオースティンは、(1) 一定の明確な意味と指示を伴って何かを言う行為である発語行為 (locutionary acts)、(2) 何かを言うことによって相手の考えや行動に影響を及ぼす行為である発語媒介行為 (perlocutionary acts) および、(3) 何かを言う際に同時に遂行される、何かを命令したり約束したり言明したりする行為からなる発語内行為 (illocutionary acts) の区別を導入して、今日言語行為論 (speech act theory) と呼ばれている分野を創出するに至る。ストローソンも、時空的連続性を持つ実体的個体に、指示と述語づけの標的としての基礎的な位置を認める記述的形而上学の定式化へと踏み出した。またグライスも、日常言語の用法の記述や分析が概念に対する誤った分析をもたらすことを防ぐためには、体系的な言語理論が必要であるとして、語句や文の慣習的意味を発話者の意図によって分析する意味の理論と、会話の一般原則によって、会話の含み (conversational implicature) が生ずる仕組みを説明する会話の理論を定式化し、現代の語用論 (pragmatics) の基礎を築くことになったのである。

このような理論化の流れは、1960年前後から盛んになって行った。また他方で、数理論理的分析手段の発展により、以前には不可能であった文脈依存的な表現、反事実的条件文、様相言明、信念文などの体系的意味論的分析が可能になったこともあり、日常言語である自然言語 (natural language) の分析に人工言語 (artificial language) がある程度使えるようになってきた。こうしていわゆる「日常言語哲学」は、現代の哲学の中に発展的に吸収されて行ったのである。

【主要文献】J. L. Austin, *Philosophical Papers,* Oxford University Press, 1960; 3rd ed., 1979（坂本百大監訳『オースティン哲学論文集』勁草書房, 1991). ──, *Sense and Sensibilia,* Oxford University Press, 1962（丹治信治／守屋唱進訳『知覚の言語──センスとセンシビリア』勁草書房, 1984). ──, *How to do Things with Words,* Oxford University Press, 1962; 2nd ed., 1975（坂本百大訳『言語と行為』大修館書店, 1978). H. P. Grice, *Studies in the Way of Words*, Harvard University Press, 1989（清塚邦彦訳『論理と会話』勁草書房, 1998). P. F. Strawson, *Individuals,* Methuen, 1959（中村秀吉訳『個体と主語』みすず書房, 1978). L. J. J. Wittgenstein, *Philosophisce Untersuchungen,* 1953; 3rd ed. with English translation, Blackwell, 2001（藤本隆志訳『哲学探究』大修館書店, 1976；黒崎宏訳『ウィトゲンシュタイン『哲学的探求』第Ⅰ部・読解』,『同第Ⅱ部・読解』産業図書, 1994, 1995).

（山田友幸）

ニュートン主義

〔英〕Newtonianism

ニュートン主義とは、ニュートンの自然哲学が同時期および後世に及ぼした直接的・間接的な影響の総体ということであろう。しかし、直接的な影響に限定しても、その内容は多岐にわたっている。それは科学的な領域だけではなく、思想・文化的領域のほとんどに見出される。

ニュートン主義の形成

ニュートン主義は、デカルト主義との対決を通して形成されたと言っても過言ではない。ニュートンは『自然哲学の数学的原理』、いわゆる『プリンキピア』（1687）において、運動の三法則（慣性の法則、加速度の法則、作用・反作用の法則）と重力（万有引力）の法則を用いて、地上の物理学と天体の物理学を初めて統一的に説明し、古典物理学を確立した。ニュートンは、その運動法則の定式化においてデカルトに多くを負っているが、延長（物質）と衝突しか認めないデカルトの機械論的哲学に対して、力の概念を導入し、ケプラーの法則を近似的に包摂して、デカルトの宇宙論（渦動説）を退けた。ニュートンはまた、『光学』（1704）において、色と光についての新しい理論を提唱した。彼は二つのプリズムを用いて、太陽光が複合的であることを証明したが、それは単なる観察によるだけではなく、人為的な実験によって、色彩についての定量的な関係を引き出した。

ニュートン主義に対する抵抗は当初からあった。デカルト主義者はもちろん、ホイヘンスやライプニッツは、ニュートンの「力」が、スコラ哲学の「隠れた質」を持ち込むものだと批判した。しかし、ニュートンの影響はすでに彼の生前中に現れている。ニュートンは1703年に王立協会会長となり、その人脈を着々と形成していった。天文学者のエドモンド・ハリーは、『プリンキピア』の冒頭に熱烈な頌詞を書き、その出版と宣伝に献身的に努めた。聖職者のリチャード・ベントリーは、ニュートンの助言を求めて、第1回のボイル講義（1692）を行った。やはりボイル講義（1704-05）を行ったサミュエル・クラークも、『光学』のラテン語訳だけではなく、ライプニッツとの論争を通じて、ニュートン主義の宣伝に励んだ。クラークはまた、ニュートン主義の宗教的側面の普及にも貢献した。クラークは、神の永遠性と無限性を空間と時間に見出したが、この神は、「神は時間と空間を構成する」というニュートンの神でもあった。

エディンバラ大学の数学教授であったデイヴィッド・グレゴリー（David Gregory, 1659-1708）は、イギリスではいち早くニュートンの物理学を講義した。34歳で夭逝したロジャー・コーツ（Roger Cotes, 1682-1716）はニュートンの最年少の弟子であったが、『プリンキピア』第2版（1713）の編集のために努力した。グレゴリーはのちにオックスフォード大学の天文学教授となり、コーツはケンブリッジ大学の天文学と自然哲学の教授になったが、いずれもニュートンの尽力によるものであった。エディンバラとオックスフォードで学んだジョン・キール（John Keill, 1671-1721）も熱烈なニュートン主義者であり、1690年代にはオックスフォードで最初にニュートンについての講義をした。

フランスのユグノーの家系に生まれ、イギリスに移住した人々で、数学者のド・モアブル（Abraham de Moivre, 1667-1754）や物理学者のデザギュリエ（John Theophilus Desaguliers, 1683-1744）もまたニュートン主義の普及に寄与した。オランダでは、哲学者のスフラーフェザンデ（Willem Jacob 'sGravesande, 1688-1742）やライデン瓶の原理の発見者ミュッセンブルック（Petrus van Musschenbroek, 1692-1761）がニュートン主義の擁護

者であった。彼らは『光学』に見られる実験的手法を強調した。

ニュートン主義の確立

やがて世代が代わって、ニュートンより50歳以上年少の弟子たちが登場する。1725年にエディンバラ大学の数学教授となったコーリン・マクローリン（Colin Maclaurin, 1698-1746）は、『ニュートンの哲学的諸発見』を著し、ヘンリ・ペンバートン（Henry Pemberton, 1694-1771）は『プリンキピア』第3版（1726）の編集にあたり、『アイザック・ニュートン卿の哲学の一考察』を著し、1748年にはケンブリッジ大学のグレシャム講座教授となった。大陸でのニュートン宣伝に重要な役割を果たしたヴォルテールも、おそらくニュートンを原文で読んだことはなかったと思われるが、ペンバートンの著作によってニュートン物理学についての知識を得たと思われる。いずれにせよ、ヴォルテールの『ニュートン哲学概要』が大陸でのニュートン主義の普及に一役買ったことは言うまでもない。。実際、ニュートン主義に対する抵抗はフランスで最も強かった。『光学』を別にすると、ニュートン主義がデカルト主義を凌駕したのは、1730年代になってからであり、モーペルテュイ（Pierre Louis Moreau de Maupertuis, 1698-1759）といった新世代が台頭してからであった。

『プリンキピア』と『光学』

一口にニュートン主義と言っても、ニュートン哲学のどの面に人々が引きつけられたかについては、大きな相違がある。ニュートンの二つの主要な著作である『プリンキピア』と『光学』を見比べても、その相違は明らかである。前者は、幾何学的方法によって証明された厳密な演繹体系の形式を取っており、読まれるよりも語られるほうがはるかに多い「古典」であった。いち早く『プリンキピア』の書評（1688）を書いたロックも、数学的な詳細を抜きにして、その意義を要約した。多くの人々は、解説書を通してのみ、『プリンキピア』に触れることができた。

他方、後者は英語で書かれたこともあり、はるかに多くの読者を獲得した。「本書での私の意図は、光の諸性質を仮説によって説明することではなく、推理と実験によってそれらを提案し、証明することである」とニュートンは冒頭で述べている。本書ではまた、「疑問」の形で、ニュートンのエーテル仮説や物質論、神学、そして方法論が述べられている。最後の疑問では、分析の方法が総合の方法に先立つべきこと、そして、分析とは「実験と観察」を行い、それらから「帰納」によって一般的結論を引き出すことであり、「実験哲学」においては仮説を考慮すべきではない、と述べられている。言うまでもなく、これは『プリンキピア』第2版の「一般的注解」でも繰り返される。

ダランベールは「ニュートン主義」の多義性を見逃していない。彼は、『百科全書』の「ニュートン主義あるいはニュートン的哲学」の項で、ニュートン主義についての三つの異なる見方を挙げている。第一は、それを「粒子哲学」の一種、つまり新たな物質論と見る意見であり、第二は、新しい方法を提案した実験哲学と解する見方、そして、最後に、数学的な動力学（ニュートンの言う rational mechanics）と見る意見である。しかし、後世は自分たちにとって都合のよい面だけを取り上げて、ニュートンのイメージを作り上げたように思われる。すなわち、『プリンキピア』の科学的成功は『光学』の実験的方法によるというイメージである。ニュートンの実験哲学の方法こそがデカルトの思弁的な自然学を凌駕した。これがおおむね後世の一般的な知識人のニュートン像であった。

ニュートン主義の拡大

啓蒙のヒーローとしてのニュートン像を最もよく表しているのは、アレクサンダー・ポ

ウプの詩句であろう。

　自然と自然の法則は夜の闇に隠れていた。
　神は言った。ニュートンよあれ、と。すると、すべてが明るくなった。

　ニュートン主義はジェイムズ・トムソン（James Thomson, 1700-1748）やデイヴィッド・マレット（David Mallet, 1705-1765）などの詩人たちにも浸透していった。

　早くからニュートン物理学が教えられていたエディンバラ大学で学んだデイヴィッド・ヒュームがニュートン主義に傾倒したことは不思議ではない。ヒュームは『人間本性論』の副題で、彼の目標を「実験的推理方法を精神上の主題に適用する試み」と表現した。「精神上の主題」とは、論理・道徳・政治・文芸批評に及ぶ。ヒュームはニュートンの自然学に匹敵するような「人間学」の構築を目指したのであり、その方法が「経験と観察」に基づく「実験的推理方法」である。ヒュームがとりわけ強調したのは、観念連合の法則である。心の観念は、類似、近接、因果の関係によって連合する。ヒュームはこれを精神界の引力の法則になぞらえた。しかし、ヒュームにおけるニュートン主義はそれだけではない。ヒュームはしばしば、自然現象の究極的な原因はわれわれにとって接近不可能であり、われわれにできることは、せいぜい、自然の現象をできるだけ少数の原理によって示すことである、という。これもニュートン主義の一つの側面であった。

ニュートン主義の行方

　ニュートン主義が万能でないことは、ニュートン主義者のカントも気づいていた。『判断力批判』でカントは、第二のニュートンが現れて有機的な存在としての「ひと茎の草」の産出を自然法則によって説明できると期待すべきではない、と釘を刺している。

　ニュートンの「力の形而上学」に対する抵抗は、ニュートン主義の確立以後もくすぶり続け、その後の物理学は、力の形而上学を回避する方向に進んだ。その流れは、オイラー（Leonhard Euler, 1707-1783）を経て、ラグランジュ（Joseph Louis Lagrange, 1736-1813）の『解析力学』（Méchanique analytique, 1788）で頂点を迎えたと言えよう。それは形而上学なきニュートン主義と言えるかもしれない。19世紀の実証主義はさらにこの方向を追求していったと言えるであろうし、ついにはマッハやデュエムによるニュートン批判へと繋がっていくのである。

【主要文献】Samuel Clarke, *A Demonstration of the Being and Attributes of God,* 1705. Henry A. Pemberton, *A View of Sir Isaac Newton's Philosophy,* 1728. Colin Maclaurin, *Account of Sir Isaac Newton's Philosophical Discoveries,* 1748. Voltaire, *Éléments de la philosophie de Newton,* 1738. *Encyclopédie; ou, Dictionnaire raisonné des sciences, des arts, et des métiers,* 1751-72. David Hume, *A Treatise of Human Nature,* 1739-40（大槻春彦訳『人性論』全4冊，岩波文庫，1948-52）. Richard S. Westfall, *Never at Rest: A Biography of Isaac Newton,* Cambridge University Press, 1980. A. Rupert Hall, *All was Light: An Introduction to Newton's* Opticks, Oxford: Clarendon Press, 1993. I. B. Cohen and George E. Smith eds., *The Cambridge Companion to Newton,* Cambridge University Press, 2002.

（中才敏郎）

人間本性

〔英〕human nature, humanity
〔ラ〕natura hominis, humanitas

人間本性は人間の自然

　人間のあり方や心身の諸機能に、共通して見られる特性を、一般に「人間本性」または「人間性」と呼ぶ。「人性」とも略称される。
　原語に即して言えば、「人間本性」は「人間の自然」である。それでは同じ言葉が自然と本性との二義にわたるのはなぜか。もともとnature はギリシア語の「ピュシス」(physis) のラテン語訳「ナートゥーラ」(natura) に由来し、「オノズカラ生ジタモノ」を意味した。生物、無生物を問わず、それは人為によらないという意味で、日本語の「自然」にあたる。
　そして自然には、「生ジタ時カラ、ソノモノニ備ワッテイル固有ノ性質」つまり「本性」があって、あるものを他のものから区別しているのだ、と普通考えられている。本性とは自然をかくあらしめる徴表なのである。

自然と人間と神

　ところで自然が自ずと生じたと同様に、人間も自ずと生まれたとすれば、人間は自然の一部と考えられる。もともと古代ギリシアには、宇宙の万物を秩序づける運動原理が自然に宿っていて、これにより自然は自律的に存在し発展するという思想が存在した。この場合、人間もまた同質の小宇宙と見なされるから、自然の把握が人間の自然＝本性の理解に通じ、その逆が自然の把握に繋がるとされた。
　しかし一方では、人間を「理性」(nous) を持つ存在として、他の自然とりわけ動物と区別する考えも登場した。ただしその理性は、感覚と運動の主体である肉体と結びついているため動物性を脱しきれず、そのままでは事物の「正しい知識」(epistēmē) への到達も、理想とされる「行為＝徳」(aretē) の実現も容易ではない。そこで理性の力を借りつつ動物的な肉体からの離脱を図るとともに、理想とされる生活を目指す様々な思索と実践方法が考えられた。
　古代末期に登場したキリスト教は、ギリシア・ローマの自然観・人間観を微妙に引き継ぎながら、「神ノ似姿」(imago Dei) として創られた可謬的人間が、神から許された「理性」(ratio) を頼りに、広く自然と人間の本性とを把握し統御する立場を確立していった。
　人間は、神と自然との中間者として、この世の成り立ちと、おのれの道徳的義務を知らねばならないという自覚が、自然や人間観察の経験的な手法を育成し、近世における自然科学の成立を促進する結果を生んだのである。

人間本性の多様な顔

　このように、人間を人間以外の自然と類比するか、別視するか、特別視するかは、時代や思想家により論が分かれる。それに伴い、人間の自然である人間本性がいかなるものか、どうあるべきかの見解にも隔たりが生じた。こうして人間本性をめぐる解釈や主張は、歴史の流れの中で多義多様なものとなり、それを定式化することは、きわめて困難な問題と化した。むしろ、人間本性は時代や場所・社会や文化とつねに相対的であるのだから、これに揺ぎない普遍性を与えることは無意味だ、とする主張が今日では主流を占めている。
　しかし、異なる社会や時代に生きる人間という同一の種に、通底する一般的な性質をまったく認めないとなれば、歴史を辿ることも文化を比較することも不可能に近い。人間本性の研究について、様々な時代環境の中で、あまたの試みが飽くことなく行われてきたというこの歴史的事実が、それを物語っている。ことに 17〜18 世紀のイギリス哲学は、進んで「人間本性」の研究を主題とした。ここでは時代と思想家を限って、イギリスにおける人間本性研究の変遷を辿ることにする。

フランシス・ベーコンと学の大革新

「学問と技術と人間のあらゆる知識との全般的革新」を目指すベーコンは、人間が現有する学問・学説と、未開拓の領域についての精査を行ったのち、人間に本性として付与されている「知性」(intellectus)の整備に取りかかる。事物の新しい探求には、何よりも「理性」(ratio)の完全な使用と知性の支援が必要であった。本性的機能である「感覚」(sensus)も吟味に値する。感覚のもたらす直接的知覚は、事物の正確な告知を欠くことがきわめて多いから、どうしても「実験」(experimentum)により不足を補訂してやらねばならない。ベーコンが言う実験とは、機器の使用を意味しない。多数の事例を分析して、そこから必然的な結論を導く帰納的方法を指す。「経験」(experientia)と同義と言ってよい。一方感覚経験から知覚情報を受け取る精神の状態はどうか。かりに人間の知性が平滑で、いわば「タブラ・ラサ」(tabula rasa：何モ書カレテイナイ書板)なら、事物の光を正しく受け止めることができよう。しかしそこには生得的または外来的な多数の「イドラ」(idola：幻影)が取り付いていて、しばしば降り注ぐ光を歪めてしまう。本性の働きを昏ませ、自然の知識の発見を阻むこれらの先入見に、ベーコンは複数の自著でたびたび言及するが、数や名称は必ずしも同一ではない。それらが、(1)「種族のイドラ」(人間という種族の本性に由来する幻影)、(2)「洞窟のイドラ」(人間個々人に固有の本性に基づく幻影)、(3)「市場のイドラ」(人間相互の交わりから生じる幻影)、(4)「劇場のイドラ」(架空の哲学説などに起因する幻影)の4種にまとめられるのは、『ノウム・オルガヌム』(Novum Organum：新機関、1620)である。彼はイドラの打破により、従来の自然探求で常用された「予知概念」に代えて、新しい「自然ノ解釈」(interpretatio naturae)の推進を目指したのである。

神の記した2冊の書物論

『ノウム・オルガヌム』の冒頭には、「知ハ力ナリ」(scientia est potentia)で始まる有名な金言が記されている。続きを読まず、この一句だけで、ベーコンを近代技術知の促進者、逆に今日に続く自然破壊の元凶と解するのは正しくない。「知識ハ力デアル。原因ガ知ラレナケレバ、結果ハ生ゼラレナイカラダ。ナゼナラ自然ハ服従スルコトニヨッテデナケレバ征服サレナイノデアッテ、自然ノ考察ニオイテ原因ト認メラレルモノガ、作業ニオイテハ規則ノ役目ヲスルカラデアル」。

別の著作で、神は人間に2冊の書物を与えたもうた、とベーコンは書く。神の言葉を記した聖書と神のみわざが記された自然という書物である。前者からは「神ノ意志」(voluntas Dei)を読み取り、そこに啓示されている善悪についての知識を人間は身につけねばならない。後者からは、そこに明示された「神ノ権力」(potestas Dei)を読み取り、自然と世界についての知識を深めることが肝要だ、と。

こうしてベーコンは、両書の研究により、領域の異なる神学と自然哲学が、高慢や誇示のためではなく、愛と実用を目指して進歩発展することを期待した。神の意志が示す道徳を遵守しつつ、人間の本性を磨き、同じ神の権力が明示された自然を正しく読み解くことに努めれば、それ以上のことは知らずとも、またなすことはできなくともよい。人間はただ自然に奉仕するのみ、というのがベーコンの真意である。彼の人間本性観は、来世の救済を語らず、現世での戒律厳守と勤勉を重視する、カルヴィニズム信仰により支えられていたのである(『学問の進歩』1605)。

トマス・ホッブズの人間観

ホッブズはガッサンディやデカルトの影響を受け、「幾何学においてのみ用いられてきた方法」(a method that hath been used only in geometry)、すなわち演繹的推論を使って、哲

学三部作『物体論』『人間論』『市民論』をラテン語で書き上げた。人間本性を扱った論考には、他に英文の『人間本性』もあるが、彼の主張の多くは、主著『リヴァイアサン』(Leviathan, 1651)の中に集約されている。

彼は人間を機械論的に読み解こうとした。外的物体が感覚器官を通して人間の心に生じさせた「運動」(motion)は、あたかも外的な物質がそこにあるかのような想像を引き起こす。これを「感覚」(sense)と呼ぶ。すべての思考はこの感覚から始まる。脳に蓄えられた感覚が「記憶」(memory)であり、知識はこの二つを基礎とする。こうして感覚が供与した多くの映像を記憶していることが「経験」(experience)である。夢も幻影も想起も理解も、感覚に基づく思考の構想力の所産に他ならない。この場合、思考を導くものは名前とその結合からなる言葉であって、思考作用は必ずしも外的実在と対応しない。このようにホッブズは、感覚論と唯名論の立場を採る。

外的事物は、人間の内部に感覚とは別に、「情念」(passions)と呼ばれる運動を引き起こす。欲求・意欲・愛はそれに近づこうとする努力であり、嫌悪・憎悪はそれから遠ざかろうとする努力である。前者は「喜び」の感情を、後者は「不快」の感情を感覚に宿す。喜びをもたらすものが「善」であり、「不快」をもたらすものは「悪」である。もとより善悪は主観的なものにすぎないが、この場合はあらかじめ引き起こされた欲求の運動によって、その人の意志は決定されてしまうため、「意志の自由」は否定される。

自己保存を求めて

情念の考察を通じてホッブズは、人間の欲求が本来利己的なものであるがゆえに、個々人の欲求も、互いに対立しあうことを明らかにした。なまじ人間本性の諸能力は平等に作られているため、彼らは同じ目標達成にも平等な希望を抱いて、その享受がともに不可能と知ると互いに敵対し、相手を倒そうと努力してやまない。わが身の安全を保障する共通の権力も法もない「自然状態」(state of nature)においては、各人に「自然権」(jus naturale, natural right)と呼ばれる「彼自身の自然、つまり彼自身の生命を維持するために、気まま勝手に自分の力を用いる自由」が認められる。しかし自然の状態は「万人ノ万人ニ対スル闘イ」(bellum omnium contra omnes)だから、死を恐れ、快適な生活に憧れる情念は、戦争状態からの脱却を求める。そこで各人の理性が発見する「自然法」(lex naturalis, natural law)によって、先の自然権は制限され、同時に他人もまた自分同様に、理性の法に従うことを前提とした絶対的な国家主権が、契約によって樹立されるべきだ、とホッブズは説く。人間の感覚から出発し、恐怖と希望、快・不快、善・悪などの情念の基準を人間の自己保存に求め、そこからさらに社会契約論に進む彼の手法は、自然主義と功利主義の立場に立つものであった。

ジョン・ロックの人間可謬観

ロックの生きた17世紀には、ボイル、シドナム、ホイヘンス、ニュートンら新科学や医学の巨匠たちが登場して、新しい自然観や学説を次々に打ち立てていった。探求の対象は総じて外的世界である。彼らは空想的思弁や質的解釈の呪縛から知性の解放を図り、自然の外部観察や実験に専念した。このように事物事象に照明を当て、それに関する知識を獲得する機能が、人間本性に固有な「知性」(understanding)である。しかしその知性そのものを考察する「骨折り」は、とかく忘れられがちであった。「知性をある距離を置いて自分自身の対象とする」という、知性の自己経験に即した、しかも内観的研究の試みを、ロックは始めて体系的に推し進めた。

ロックによれば、人間の心は文字を欠いた「白紙」(white paper, tabula rasa)に似て、知

識の素材である観念は、すべて「経験」（experience）により心に記される。有限で可謬的な人間が、確実な知識＝真知に向かうためには、人間本性に巣食う邪魔物を除去せねばならない。（1）思想の記録や伝達に不可欠な言葉の曖昧さと混乱、（2）生得観念説や三段論法の信奉、（3）不可知なものに対する無制限な好奇心、がそれである。とくに最後の障害を排除するには、人間の知識に限界を定めることをおいてない。ロックは、知性の役割を探り、人間本性が陥りやすい陥穽を指摘して、その処方箋を示す仕事を、彼の哲学主著『人間知性論』の課題とした。「人間の真知の起源と絶対確実性と範囲を研究し、あわせて、信念、臆見、同意（といった蓋然的知識）の根拠と程度を探求する」ためには、心の「物性的考察」（physical consideration）をできるだけ避け、「事象記述の平明な方法」（historical, plain method）、つまり知性が、事物事象に携わるさまを観察し、それをありのままに記述する方法が大切である。これはロックが知友シドナムから学んだ、優れて自然主義的な臨床医学の観察方法であった（『人間知性論』1690）。彼が人間を可謬的存在と見なす姿勢は、彼の政治論や寛容論にも色濃く表れている。

デイヴィッド・ヒュームと人間本性論

よく知られるように、ヒュームはニュートンが自然研究に用いた実験的＝経験的推理法を借りて、新たな「人間学」（science of man）の構築を目指した。具体的には「人間の本性」（human nature）を、「経験と観察」というこの国と時代にふさわしい道具を使って、探ろうという試みである。およそどんな学問でも、人間本性と無関係なものはない。だからいったん人間本性の諸原理が解明されれば、それを基礎に持つ諸学問の体系化が可能だ、とヒュームは考えた。ヒュームは、同じ経験や観察で心理と行為を眺めたが、信仰が篤いベーコンやロックと違って、理性よりも「情念」（passions）を重視した。彼は主著『人間本性論』の第1巻「知性論」を、印象と観念からなる知覚の分析、観念の起源、知識や信念の吟味に充てる。ここでは経験論の伝統を守って観念説経験論の道を歩むが、観念説ではわれわれから独立した外界の存在の論証は不能だから、懐疑論に陥らざるを得ない。第2巻「情念論」では各種の情念の経験的考察と関連して、それらの情念を共有する同感（sympathy）の構造が検討される。ヒュームによれば、われわれを様々な行動に駆り立てるのは、情念であって、理性ではない。理性は推理能力により情念に仕える奴隷として語られる。第3巻「道徳論」では、行為に影響を及ぼす道徳的善悪の区別が、理性によるのではなく、快苦の感情に基づき判定される。ここでも主役は情念である。情念の様態は、強弱と激しさと穏やかさによって決まる。利害得失や周囲への同感から、自らの情念の抑制を選ぶ場合もあり、他者への配慮を深める動機として働く場合もある。こうしてヒュームは、神や理性の助けを受けることなく、日常生活を営む人間の本性を洞察して、人間の自然主義的解明に新たな分野を拓いた（『人間本性論』1739-40）。

【主要文献】Francis Bacon, *The Advancement of Learning*, 1605. ——, *Novum Organum*, 1620（服部英次郎／多田英次訳『ベーコン 大革新』〈世界の大思想6〉,河出書房, 1966）. Thomas Hobbes, *Leviathan*, 1651（田中浩訳『リヴァイアサン』第1部, 河出書房, 1962；水田洋訳『リヴァイアサン』全4冊, 岩波文庫, 1954-85）. John Locke, *An Essay concerning Human Understanding*, 1690（大槻春彦訳『人間知性論』全4冊, 岩波文庫, 1972-77）. David Hume, *A Treatise of Human Nature*, 1739-40（大槻春彦訳『人性論』全4冊, 岩波文庫, 1948-52）. 寺中平治／大久保正健編『イギリス哲学の基本問題』研究社, 2005.

（平野　耿）

ノルマン・コンクェスト

〔英〕Norman Conquest

1066年のノルマンディー公ギョーム（ウィリアム）を首長としたノルマン人によるアングロ＝サクソン王国の征服を指す。日本語では、ノルマン征服と訳されることもある。

イングランドは、ケルト系のブリトン人が居住していたが、ローマ帝国時代に帝国領内に組み込まれ、ローマ人の支配を受けた。西ローマ帝国崩壊（476年）後、ゲルマン諸部族の侵攻によって、アングロ＝サクソンの諸王国が成立。アングル族、サクソン族の部族の法が持ち込まれ、ローマ法はイングランドにはほとんど残存しなかったが、ローマ人の法文化に触発され、部族の法律を成文化するという試みが生まれた。

アングロ＝サクソン法

今日伝わっているイングランド最古のアングロ＝サクソン法は、560年に王位に就いたケント王エセルベルト（Ethelbert）の法律であると言われる。王あるいはその近臣によって発布された各種の成文法は、大陸とは異なり、ノルマン・コンクェストに至るまでは、アングロ＝サクソン語あるいは古英語で書かれていた。さらに、国王によって発布された各種の成文法のほか、州、郡、村などの種々の地方法廷の判決によって口承された伝統が地方法（local law）を形成していた。

ノルマン・コンクェスト以前のアングロ＝サクソンの法制はおおむね、とくに治安の維持などを対象とした国王の成文法およびそれに基づく諸判決と、自由人の権利義務関係を審判した地方ごとに異なる種々の慣習法からなっていたと考えられる。ノルマン・コンクェストは、このようなアングロ＝サクソン法に大きな変容をもたらし、のちのイングランド法の形成に重要な影響を及ぼすことになる。

ノルマン征服

ウィリアムを首長とするノルマンディー公家は、912年以降、西フランク王国の一地方を領有していた豪族である。987年に西フランクのカロリング朝の王権が断絶し、カペー王朝によるフランス王国が誕生したが、当時のフランス王国は極端に封建的分裂が進行し、王権といえども領邦権力の一つにすぎなかった。ノルマンディー公も形式的には、フランス王と封建的主従関係にあったが、事実上はほとんど独立していたと言える。

1066年1月、アングロ＝サクソン古来のチュルディチ（Cerdic）家の王統を継ぐイングランド王エドワード懺悔王（Edward, the Confessor, 在位1042-66）が病没。嗣子がいなかったため、国内外の三人による王位継承争いが起こった。まず懺悔王の側近で義弟にあたるウェセックス伯ハロルドが、国王選立の場である賢人会議（Witenagemot）の貴族を牛耳り、いち早く国王の指名を取り付け、ハロルド2世（Harold II）として即位した。

またノルウェー王ハーラル3世（Harald III）も、クヌート王（デンマーク王で1016-35年の間イングランド王を兼ね、デーン王朝を築いた）時代の北欧大帝国の再現を狙い、王位継承をもくろんでいた。先代マグヌス王と懺悔王の先代ハルサクヌート（在位1040-42）との間にはイングランド王位後継の約束があったと言われている。

他方、フランス王国北部の領邦を支配していたノルマンディー公ギョームも、エドワード懺悔王との血縁関係に基づく血統権と、生前に懺悔王から得ていたとされる後継約束に基づき、正統なる王位継承者であることを主張。エドワード懺悔王は、上記デーン王朝によるイングランド支配の間（1016-42）、大陸のノルマンディー公家に亡命していた関係もあり、ノルマンディー公ギョーム（ウィリアム）と親交があり、1051年にカンタベリー大司教を介して、さらに64年には他ならぬ同じ

く王位継承を主張したハロルド伯を通じて王位後継の約束を伝えていたと言われる。

ハロルド2世の電撃的な即位に対して、ノルウェー王とノルマンディー公は、それぞれ自己の王位継承権を主張し、兵を動員してイングランドへ上陸。まず、ノルウェー軍と対峙したハロルド2世は、「スタンフォード橋 (Stamford Bridge) の戦い」で激戦の末、勝利を収め、ノルウェー王を戦死させたが、ヘイスティングズ (Hastings) に上陸したウィリアム軍との決戦を余儀なくされたハロルド2世は、一昼夜にわたる戦闘の末、ついにウィリアム公の騎兵隊の前に攻略されることとなった（ヘイスティングズの戦い）。

ウィリアムは、その後、全イングランドをほぼ制圧し、同年、ウェトスミンスターにおいてヨーク大司教より、懺悔王の正統な後継者としてイングランド王ウィリアム1世として戴冠され、ノルマン王朝を樹立した。

封建制度

ノルマン征服によってイングランドは、ノルマンディー公家の環海峡支配圏の一部となった。イングランドでは、征服王朝としての力を背景に、強力な王権の確立が進められた。と同時に、ノルマン・コンクェストによって大陸のレーン制が持ち込まれたことによって、すでに形成の萌芽が見られたイングランドの「封建制度」(feudalism, feudal system) が急速に成立していくことになる。

封建制度の核心は、君臣間における封土授受と軍役奉仕、すなわち「騎士役保有」と「軍事的土地保有」にある。ウィリアム1世は、直臣のノルマン貴族に、旧アングロ＝サクソン貴族の領地を踏襲させるとともに、各貴族の封建所領に対し、国王に奉仕すべき軍役としての騎士役を課し、各封建所領内に騎士役数に見合う騎士所領の創設を命じた。征服王によって進められたこの騎士役賦課は、イングランドに初めて本格的な封建的軍事的土地所有制を導入し、イングランド社会の封建化を一気に促進するものとなった。

古くからのアングロ＝サクソン貴族は全体としては、政治の表舞台から退いてしまい、入植集団としてのフランス貴族が、封建社会の支配貴族になったという事情から、イングランドの封建制の成立は、王権の強化と同時進行するという特徴を持つ。ウィリアムの直属封臣たるバロンは、国王とともに新しく獲得した土地を守るという、王権と共通の利害を持った運命共同体的な性格を帯びていたがゆえに、国王と直臣貴族との間の封建制度上の関係は、イングランドにあっては集権的方向に作用したのであって、封建制度の確立は、封建的分裂ではなく、王権の集権化と相まって進行することになったのである。

ウィリアムは晩年に、国内の治安上の危機に直面したこともあって、国内地方貴族への支配体制を固めるために、1086年に直臣だけでなく全貴族、全ナイトを対象にして、ソールズベリで征服王への忠誠を宣誓させた。また1085年にはグロスター会議で、「ドゥームズデイ・ブック」(Domesday Book) の編纂を命じた。この有名な全国検地台帳の作成は、中世西ヨーロッパには他に類を見ない事業であり、先述の「ソールズベリ誓約」とともに、ウィリアム征服王の強力な集権的支配体制の確立を象徴するものであると言えよう。

一般的慣習法

征服王朝としての実力を背景に、強力な集権化を実現したウィリアム1世であったが、その統治の基本姿勢は、アングロ＝サクソン民族とノルマン民族との融和を推し進めるという方式を採用していた。征服王は、サクソン的伝統の儀式にのっとって即位式を挙げるなど、エドワード懺悔王との後継約束とともに、血統権に基づくイングランド王位の後継であることを正当化しようと努めた。中央政庁において懺悔王時代の賢人会議を踏襲する

とともに、地方では自由民の参加するサクソン州法廷を維持するなど、サクソン的伝統を尊重した統治方式を採った。とりわけ、征服前におけるサクソン貴族所領の寄進事情を調査させ、征服前の懺悔王時代の慣行を裁判司法の基準としたことは、その後のイングランドの司法制度の発達において重要な意味を持った。

このように、征服王の強力な国王集権体制は、一方で征服王朝の軍事力を背景に推し進められたと同時に、他方でサクソン的慣行の尊重という賢明な統治政策によって支えられたものであった。とりわけ、サクソン的伝統を尊重しつつ、サクソン的慣行とノルマン的慣行の融合に努めた統治方式は、その後のイングランドのコモン・ロー、すなわち地域的慣習法とは別の王国共通の一般的慣習法を生み出していく基礎を提供したと言えよう。

こうした統治政策は、その後のヘンリ1世(1100-35)時代の1120年前後に編纂された「ヘンリ1世の法」(Leges Henrici Primi)によって継承され、さらにヘンリ2世(1154-89)時代のクラレンドン法(1166)、ノーサンプトン法(1176)などの諸法令によって体制化されていく。とくに注目されるのは、巡回裁判制度の確立である。州法廷、郡法廷の開廷運営を、ノルマン・コンクェスト以前の慣行を踏襲して規律し、かつそれを中央政府が任命する全国巡回裁判官団の統轄下に置くことによって、従来の地方裁判体制を合理化しながら、それを中央の国王裁判権へと集権化させていく体制が確立した。こうした諸立法と諸判例の蓄積の中で、封建的慣習法として王国共通の一般的慣習法が形成されていったのである。

このようにヘンリ2世時代に起こった王政の集権的な発展は、封建制を媒介としながら進められたものであった。またジョン王(在位1199-1216)時代の「マグナ・カルタ」とは、以上のような形で確立した封建社会のルールを再確認したものであったと言える。

ノルマン・ヨーク説

ノルマン・コンクェストの史実は、その後近世に入って、絶対主義的王権の台頭を前にして、「ノルマンの軛〔くびき〕」によって失われた古来のサクソン人の自由の復活という神話的歴史解釈を生み出すことになる。

絶対君主制を信条とするステュアート朝のジェイムズ1世が即位すると、コモン・ロー法曹や庶民院は、反王権闘争のために、コモン・ローをノルマン・コンクェスト以前からイングランドに存在した古来の法として捉え、「古来の国制」(Ancient Constitution)論を展開し、イングランド人の古来の自由を主張するに至った。すなわち、コモン・ローは「王国の古来の基本法」であり、臣民の自由と議会の特権は、コモン・ローによって保障された「古来の疑いえない権利」である、と。そして、封建的文書の「マグナ・カルタ」は、古来の法を再現し、臣民の古来の自由を確証した文書として捉え直され、いわゆるマグナ・カルタ神話が生み出されていくのである。

以上のような、ノルマン・コンクェスト以前の古来の法によって国王権力に対する「法の支配」を確立し、もって臣民の自由を保障しようとする言説は、イギリス立憲主義を誕生させるものとなった。

【主要文献】C. W. Keeton, *The Norman Conquest and the Common Law*, 1966. F.W.メイトランド(小山貞夫訳)『イングランド憲法史』創文社, 1981. 青山吉信『イギリス封建王政の成立過程』東京大学出版会, 1978. 宮沢霊岸『封建制と王政』ミネルヴァ書房, 1968. 鶴島博和「イングランド──ヨーロッパ形成期におけるその位置と構造」『岩波講座 世界歴史8』岩波書店, 1998. 土井美徳『イギリス立憲政治の源流』木鐸社, 2006.

(土井美徳)

パノプティコン

〔英〕panopticon

　パノプティコンとは、19世紀イギリスの法律家、ベンサムによって提案された円形監獄のことである。これは、ギリシア語からのベンサム自身の造語であり、すべてを (pan) を見る場所 (opticon) という意味であった。周知の通り、パノプティコンにおいては、中央の看守、監督者は、全施設を継続的に監視することができるが、仕切りと採光の調節により、獄房の囚人は、自分がいつ監視されているか分からないという構造になっていた。完全で継続的な監視の完成体がそこには見られるのである。

　以下においては、まず、パノプティコンの特徴を説明し、パノプティコン導入のためのベンサムの働きかけを見てみたい。また、パノプティコンは、1975年に出版されたフーコーの『監獄の誕生』において近代以降の監視社会の象徴として捉えられており、一般的にも、パノプティコンはベンサム自身の構想した社会の縮図であるという解釈が広く支持されているが、ベンサムの思想全体におけるパノプティコンの位置づけについても確認しておきたい。

パノプティコンの特徴

　ベンサムが刑務所構想に強く関心を抱くようになったのには、1779年の制定法の下、イギリスの新刑務所委員会の委員にもなったハワードの影響があった。パノプティコンのアイディアを、ロシアに滞在していた弟のサミュエル・ベンサムから学んでいたベンサムは、進歩的なハワードの思想に共感していたこともあり、ハワードの上記委員会委員への任命以降、イギリスの刑務所問題をパノプティコンによって解決すべきであると強く考えるようになる。そして、1790年代からは、パノプティコン実現のための働きかけを本格化することになった。

　ベンサムのパノプティコンの特徴は、バウリング版ベンサム全集第4巻の「パノプティコン、別名、監視施設」やデュモンにより編集された『民事および刑事立法論』に収められた「パノプティコン」から知ることができる。

　パノプティコンの第一の特徴は、冒頭で見たように、囚人を、実質的に、つねに監視下に置くことができるということである。ベンサムは、これにより、囚人の悪習を改善できると考えていた。また、監視者の補佐、下級の職員などによる囚人への虐待なども防ぐことができるとされていた。さらに、パノプティコンは、通常の刑務所よりもはるかに少ない職員によって管理できるため、経済性も追求できるとした。

　経済性に関しては、請負経営を導入しようとしたことも、パノプティコンのプランの大きな特徴である。刑務所請負業者が、政府から報酬を受け取り、その見返りに囚人を保護し、扶養する。その際、囚人が刑務所において一定率以上死亡した場合、請負業者には罰金が課せられるため、刑務所の環境、囚人の安全、健康状態なども、その非人道性が問題になっていた当時の刑務所よりは改善されると考えられた。さらに、請負業者は、刑罰の代わりに、囚人に労働させ、その収益の一部を取得することもできるとされた。この制度により、囚人は、労働の習慣を身につけることもできるし、労働の収益の一部を給与として得ることもできるため、それを貯蓄して、社会復帰に備えることもできると考えられたのである。

パノプティコン導入への働きかけ

　ベンサムは、以上のプランを実現するため、1791年、当時の首相のウィリアム・ピットに、パノプティコンをロンドンに建設するこ

とを提案した。1794年には、議会による建設用地取得の許可が出たが、近隣の土地所有者の反対に遭い、パノプティコンの建設は見送られてしまう。その後も、イギリス政府に執拗に働きかけたのであるが、1811年に、パノプティコンのプランは、議会によって最終的に拒絶されてしまった。この一件は、ベンサムの政府不信を強め、のちに、ベンサムが哲学的急進派に加わり、普通選挙の実施を強く提唱する一因となった。

『監獄の誕生』とベンサム

冒頭でも述べた通り、フーコーの『監獄の誕生』は、ベンサムの思想全体の解釈にも大きな影響を与えるものであった。ただ、フーコーの議論、あるいは、フーコーを通じた議論には、以下のような一定の限定が必要であろう。

第一に、ベンサムのパノプティコンが監視社会の象徴であるとするフーコーの議論は、パノプティコンにおける、監視者、刑務所請負業者の巨大な権力を相殺するいくつかの工夫を見落としているように思われる。まず、ベンサムは、市民がパノプティコンを訪問することを許可することで、監視者の権力濫用を継続的にチェックし、コントロールできると考えていた。また、刑務所請負業者は、報告書、会計書の出版も義務づけられていたし、さらに、すでに述べたように、囚人の死亡率が平均よりも高い場合には、罰金を払わなければならなかった。これらの点を考慮すると、何の限定もなく完全なる支配の道具としてパノプティコンを捉えることはできないだろう。

第二に、フーコーの議論を通じて、パノプティコンをベンサムの社会の縮図、あるいは「ベンサムの社会の小宇宙」(バーミュラー)と解釈することにも限定が必要である。まず、パノプティコンの目的は、囚人のコントロールではなくリハビリテーションであった。すでに見たような、パノプティコンにおいて囚人に労働の習慣をつけさせるというプランも、リハビリテーションの一環であろう。ベンサムの基本的な立場とは、各々の当事者が自身の利益に関する最善の判断者であるというものであった。パノプティコンは、刑務所以外にも、たとえば、救貧施設においても適用されるものであったが、それは、自身の行動や事柄に責任を持たすことができないとベンサムが考えた人々のためのものであった。また、ベンサムがパノプティコンのプランを自らの政治理論に適用しようとしたのは事実であり、憲法典の構想の多くは、パノプティコンでの議論を応用する形で展開されている。しかしながら、ベンサムがコントロールしようとしたのが、市民ではなく、公務員であったことにも留意すべきである。代表民主制の提唱、パブリシティの重視、世論法廷の構想からも明らかなように、パノプティコンにおける監視者と囚人の関係は、むしろ主権者である市民と公務員の関係に置き換えられる。ベンサムの憲法典においては、毎年選挙の実施、立法府、行政府に対する徹底した情報公開の要求、幅広く行われうるリコール制などにより、公職者たちは、市民により、文字通り、監視されるのであった。

【主要文献】J. Bentham, *Panopticon; or the Inspecion-House*, in J. Bowring ed., *The Works of Jeremy Bentham*, Vol.4, Russell & Russell, 1962. J.ベンサム著／E.デュモン編（長谷川正安訳）『民事および刑事立法論』勁草書房, 1998. J.ディンウィディ（永井義雄／近藤加代子訳）『ベンサム』日本経済評論社, 1993. 永井義雄『ベンサム』〈人類の知的遺産 44〉, 講談社, 1982. 小松佳代子『社会統治と教育——ベンサムの教育思想』流通経済大学出版会, 2006.

（戒能通弘）

バプテスト

〔英〕Baptists

17世紀にイギリスで発生したプロテスタントの主要な教派。国教会の幼児洗礼を否定し、自ら信仰を告白する「信仰者の洗礼」（believer's baptism）を強調することから、あだ名が教派名となった。

バプテストの起源

バプテストの起源を16世紀大陸再洗礼派との連続性に求める見解は、近年ではしだいに薄らいでいる。むしろイギリスのピューリタン運動の中にその出自を求めることができる。迫害のために国教会から分離するに至った初期セパラティストのJ.スミスの群れは、迫害を逃れるために1608年にアムステルダムへ亡命した。そこで接触したメノナイト派の影響の下で再洗礼を採用したが、多数派は洗礼執行者の権威をメノナイト・ウォーターランド派に求めて同派と合同した。T.ヘルウィス率いる少数派は多数派と袂を分かち「亡命は誤りである」と述べて、1612年に帰国しロンドン郊外サザークで伝道を開始した。これが「キリストは万人のために死んだ」という普遍恩恵救済説を信奉するジェネラル・バプテスト（General Baptists）の起源である。

他方、「キリストは選ばれた者のために死んだ」という特定恩恵救済説を信奉するパティキュラー・バプテスト（Particular Baptists）も出現した。パティキュラー派は、1630年代に国教会に対して半分離の立場を採る独立派会衆教会の牧師H.ジェイコブの教会から発生した。1633年にS.イートンが国教会からの完全な分離を唱えて信仰告白を表明できない幼児にまで再洗礼を施した。1638年にJ.スピルズバリが「洗礼は幼児でなく、信仰者のためにある」と述べて「信仰者の洗礼」を初めて採用した。しかしながら、そのときの洗礼方式は灌水礼（affusion）であった。S.ライトの最近の研究によれば、1640年代初頭において、ジェネラル派、パティキュラー派のいかんを問わず、全身を水に浸すことによって、イエスの十字架による死と復活を象徴する浸礼（immersion）を自発的に執行する運動が起こり、現在のバプテストの洗礼方式である信仰者の告白と「浸礼」が始まった。

平信徒型教会と「良心の自由」

バプテストはピューリタン革命勃発までにイギリスに根を下ろし、革命期は迫害機構である星室庁や高等宗教裁判所の崩壊のために自由に活動できるようになった。その頃の顕著な特徴は、牧師が世俗的労働にも従事するという「平信徒牧師型教会」（lay-pastorate church）という点にある。たとえば、ヘルウィスはジェントリ、イートンはボタン製造工、スピルズバリは靴下製造工、ジェネラル派の指導者T.ラムは石鹸製造工、パティキュラー派の指導者W.キッフィンは貿易商人となっている。この背景には教会員が貧しく十分な牧師給を支払えなかったという点以外に、国教会の聖職位階制を否定する「反聖職者主義」（anti-clericalism）がバプテストに刻印されていた。これが、国教会聖職者による、バプテスト説教者は「無学で貧しい」という「職人説教師」（mechanik preachers）、「桶説教師」（tub preachers）批判に繋がり、パティキュラー派の群れを牧会していたピューリタン小説家ジョン・バニヤンが、鋳掛屋でもあったゆえんである。

バプテストの指導者が平信徒層であったという事実によって、革命期において教会と国家の分離を主張する彼らの「（傷つきやすい）良心の自由」（liberty of tender conscience）の闘争は、レヴェラーズの社会運動にまで高められていった。M.ヴェーバーは「良心の自由」を諸々の人権に先行する第一次的人権として捉え、「完全な寛容および国家と教会の分

離を主張した……意味での最初の宣言は……イギリスのバプテスト派の決議であろう」と述べている。ヘルウィスは国王へ「国王は死すべき人間であり、神ではありません。それゆえ、臣民の不滅の魂に対して法律や法令を作ったり、霊的領主を置いたりする権力を持たないのです」と訴えて獄死した。パティキュラー派は「個人の良心の自由を賦与することは統治者の義務である」とさえ表明している。革命期に政治的党派としてレヴェラーズが登場し、「良心の自由」以外に成人男子の選挙権を主張したが、ロンドンのジェネラル・バプテスト派やセパラティストの諸教会が組織的基盤をレヴェラーズに提供していたことをM.トルミーは検証した。

「良心の自由」の保証を求めO.クロムウェルのニューモデル軍に参加したバプテストは革命の高揚期に、政治的に以下の三方向に分解した。第一は、「人民協定」という法による支配を唱えるレヴェラーズに参加したグループ。第二は、神による支配を樹立すべく、聖者が武器を行使して神の来臨を待望するという千年王国論を信奉する第五王国派に参加したグループ。最後は、クロムウェルの共和政治、護国卿政治下で保証された「良心の自由」の下で教団を組織化するために、教会の説教者や会員を自分たちの洗礼方式である浸礼の受浸者だけに制限し、当時社会秩序の破壊者を意味した「アナバプテスト」(大陸再洗礼派)との同一視を恐れて政治的には穏健な態度を取る正統派グループである。正統派の流れは王政復古までに、297のバプテスト教会を設立したと言われている。

王政復古以降の発展

王政復古期の迫害に際してもクェーカー同様、バプテストはよく耐え、名誉革命の宗教寛容法により公認されイギリス社会に地歩を固めた。19世紀の宗教センサス(1851)では、メソディストに次いで自由教会第二位の礼拝出席者(58万人)を数えている。ただし、パティキュラー派が全体の8割を占めており、ジェネラル派は、18世紀に興隆したユニテリアンの影響により減少し、それに代わって大覚醒運動に刺激されたD.テイラーが指導するニュー・コネクション派が台頭した。19世紀になると、正統派が持っていた受浸者のみに陪餐を制限するという厳格な態度はしだいに緩和され、イギリスではジェネラル派、パティキュラー派などが合同して、バプテスト・ユニオンが結成された。

ブリテン帝国の拡大に伴ってバプテストも海外植民地において広がりを見せた。インド伝道は18世紀末にW.ケアリーから始まり、北米植民地では信教の自由が保証されたロードアイランドに1639年に設立されたR.ウィリアムズの教会が起源だと言われている。アメリカ合衆国では南北戦争のときに奴隷所有者を牧師として容認する保守的なサザン・バプテストと、それを容認しないアメリカン・バプテストに分裂した。アフリカ系アメリカ人にもバプテストは浸透し、その教会人口の3分の2はバプテストである。日本には、ペリー艦隊の元水夫であり、人力車を発明したJ.ゴーブルによって1860(万延元)年に入ってきた。

【主要文献】Murray Tolmie, *The Triumph of the Saints*, Cambridge University Press, 1977 (大西晴樹/浜林正夫訳『ピューリタン革命の担い手たち』ヨルダン社, 1983). 大西晴樹『イギリス革命のセクト運動〔増補改訂版〕』御茶の水書房, 2000. Barry R. White, *The English Separatists Tradition*, Oxford University Press, 1971. 浜林正夫『イギリス宗教史』大月書店, 1987. Stephen Wright, *The Early English Baptist, 1603-1649*, Boydell Press, 2006. William L. Lumpkin ed., *The Confession of Faith*, Judson Press, 1959. 斎藤剛毅編『資料 バプテストの信仰告白』ヨルダン社, 1980.

(大西晴樹)

ピクチュアレスク

〔英〕picturesque〔仏〕pittoresque〔伊〕pittorésco

「ピクチュアレスク」は、18世紀後半のイギリスで「崇高」(the sublime)に代わって登場した美学・芸術学上の概念。優美、崇高と並ぶ美的範疇。「絵のように」自然を見る美的態度のこと。アルカディア風の17世紀イタリア風景画——グランド・ツアーの手土産としてのクロード・ロランの絵——のごとくに、自然を眺める美意識に象徴される。ウェールズ、スコットランド高地地方、イングランド湖水地方などへの自然探訪熱と連動して展開(ピクチュアレスク・トラベル)。「クロード・グラス」(大英博物館蔵)と呼ばれる特殊な携帯用レンズを使用し、自然をクロードの絵画様に錯視する視覚文化現象にまで発展。一方で、この時期イギリス(上流階級が多く存在したイングランド)で流行した「風景式庭園」の造園術と呼応し、自然の芸術作品化を担った。非対称性、不規則性、多様性、粗雑さ、野生味、廃墟などの積極的な評価に貢献。その後現在まで、「ピクチュアレスク」は、都市景観論、環境芸術論、紀行文学論、建築美学、観光政策学など、様々な表象文化の領域で関心を集めている。以下では、ギルピン、プライス、ナイトという代表的なピクチュアレスク論者——いずれも上流階級に属したイングランド人——を取り上げ、18世紀後半から19世紀初頭にかけての「ピクチュアレスク」の様相を概観する。

ウィリアム・ギルピン

イングランド北部・カンバーランドの名家に生まれたギルピン(1724-1804)は、芸術的素養に満ちた家庭で育った。オックスフォードに学んだ彼は、まず宗教教育家として教育改革に取り組む。この改革を進めるなか、造園術や経営学など実践的な分野を習得することを奨励。宗教改革家だった祖父の伝記を著し、伝記作家としても名声を得る。このような中、イングランドの片田舎を徒歩旅行し、スケッチ画やメモ類を蓄積。それらをまとめて出版したのが、最初のピクチュアレスク論たる、1782年の『主としてピクチュアレスクの美と関わる、ワイ河と南ウェールズ地方の各地などに関する諸観察』であった(本書は、ワーズワスが1798年にワイ渓谷のティンターン・アビイを訪れた際に携えられた)。この「観光ガイド」は好評を博し、彼によって次々と、「イングランド西部各地およびワイト島」篇、「ケンブリッジ、ノーフォーク、サフォーク、エセックス各地」篇、「森の国——ハンプシャー・ニューフォレスト眺望」篇など、「ピクチュアレスク美」探訪挿絵ガイドが刊行されていく(1777年にボールダーの教区牧師になり、このような徒歩旅行が急増)。結果、ピクチュアレスクが、半世紀にわたって、イングランドの美的趣味を示す代名詞となった。

サー・ユーヴィダル・プライス

ギルピンのガイドブックが引き起こした「ピクチュアレスク熱」をうけて、この概念をいっそう思弁的に整理し、美的範疇の一つとして明確に位置づけたのは、プライス(1747-1829)である。イングランド西部へレフォードシャーの大地主の家に生まれた彼は、イートン校、オックスフォードで学び、1768年には、早くも父祖の地所(フォックスリ)を相続する。若い時はロンドン社交界で「マカロニ(洒落者)」として名をはせたが、地所の相続、結婚を機にフォックスリに落ち着くと、古典語の音韻研究とともに、景観美学の研究に励んだ。彼の景観研究は、ピクチュアレスク・トラベルの興隆期と一致するが、むしろ土地改良に対する関心からのものだった。プライスによる景観美学は、1794年の『ピクチュアレスク論——崇高と美の比較』に結実する。表題からも明ら

かなように、本書は、1757年のバーク崇高論『崇高と美の観念の起源』を強く意識したもの。プライスは、バークが規定した「崇高」と「美」という二分法を軸に、第三の範疇としてピクチュアレスクを定位した。プライスによれば、「ピクチュアレスク」は、「美と崇高の間の位置」(a station between beauty and sublimity) に納まるべきものとされる。なお、こうした「ピクチュアレスク」の定義は、20世紀半ばの都市美学に援用され、二つの機能主義建築、すなわち合理主義（ル・コルビュジェ）と有機主義（F.L.ライト）の中間項を探る試みの中で、再び脚光を浴びる。プライスはまた、ピクチュアレスクな景観の特徴として、「粗雑な質感」「非対称性」「没形式性」を説くことで、著名な風景式庭園作家〈ケイパビリティ〉ブラウンの「滑らかで」「規則性のある」造園法をも批判する（このブラウン批判は、次のナイトにも共通）。

リチャード・ペイン・ナイト

プライスと年齢も生地も近かったナイト (1750-1824) は、バーク美学を、また別の仕方で批判的に継承した。ナイトは、イングランド西部ヘレフォードシャー、ワームズリ・グレンジに、富裕な製鉄業主を祖父として生をうけた。少年期は病弱で自宅で学ぶ。だが1767年、青年期に入ると、家の財力に任せイタリアなどヨーロッパに数年間遊学。このとき古代彫刻美術——とくに男性器イメージ——に興味を抱く。帰国後、1780年からは国会議員（1806年まで）。翌年にはディレッタント協会会員となり、当代きっての趣味人と目された。ナイトは、バーク崇高論の導出原理たる「感覚作用」分析に関心を持ち、そこからピクチュアレスクの含意をいっそう明確に示そうとした（なお、男根崇拝をめぐる秘儀的研究のためプライスとは袂を分かつ）。重要なのは、1805年の著作『趣味の諸原理をめぐる分析的探究』での試みである。ナイトは、連合心理学に依拠し、精神内での「観念連合」の重要

さを説く。彼によれば、外的対象の属性がじかにピクチュアレスクをもたらすのではない。むしろ「眼の習慣」(habit of viewing) に基づく、経験的観念と混じりあった曖昧な印象の総体こそがピクチュアレスクを生む、という。このことを、翻って絵画制作に即して考えると、色彩の問題となる。ナイト曰く、ピクチュアレスクな風景を描出するには、「快を与える色彩の結合」が重要で、けっして純粋な「原色」が必要なのではない、と。

19世紀から現在に至る「ピクチュアレスク」の継承と変貌

こうして、ピクチュアレスク概念は、「イギリス・ロマン派」の詩人たちへ、ターナー、コンスタブルら風景画家たちへと、さらに様々な影響を与えながら拡散していく。産業革命の進展とともに都市が拡大すると、中産階級や労働者のための居住空間や公園など市民のための環境・景観政策を論じる概念として新たな展開を見る（ハワードらの田園都市構想）。とくに、失われいく森林や河川などの保護政策の指針として、「ナショナルトラスト」のような運動とも関連しながら、新たな意義を見出されている。

【主要文献】William Gilpin, *Observations of the River Wye, and Several Parts of South Wales, etc. Relative Chiefly to Picturesque Beauty; made in the Summer of the Year 1770*, 1782. Uvedale Price, *An Essay on the Picturesque, as Compared with the Sublime and the Beautiful*, 1794. Richard Payne Knight, *An Analytical Enquiry into the Principles of Taste*, 1805. M. Andrews, *The Search for the Picturesque: Landscape Aesthetics and Tourism in Britain, 1760-1800*, Stanford University Press, 1989. 安西信一『イギリス風景式庭園の美学』東京大学出版会, 2000.

（桑島秀樹）

批評

〔英〕criticism

批評とは

批評家 critic という言葉はギリシア語の見極める人 (kritikós) に由来し、古代ギリシア語のクリテ χριτης (krités：理性的な判断をする人、理性的な分析、価値評価、解釈、観察をする人) からきている。krit は切る、境界を定めるという意味である。批評 (critique, criticism) は様々な対象についてとくに自分の観察したことについての、判断なり解釈を公に多くは雑誌など定期的な出版物の形で発表するのが典型的であるが、狭義には批評する対象に同意せず、反対する立場を採ることを意味する。いずれにせよ批評は権威をもって指令したり、意志を現実化したりするということではなく、民主的に判断することが肝要であるから、議論の余地がないような批評は批評ではない。また議論や解釈は本来知識や洞察力の裏づけを必要とするので、批評は一定の学問的分野をなす基盤を持つ。しかし時には美的な対象をより深く鑑賞するための助けとなるような努力も批評活動に入れられ、つねに学問的な論述の形式を取るとは限らない。

一方、政治の分野ではたとえば外交政策批評と言えば反対の立場を表し、批評が反社会的な振る舞いの道具になることもある。

本来的で創造的な批評とは、批評された者の利益になることを目的として、妥当で理屈にあった意見を述べる、コミュニケーションの一形式である。芸術批評の場合は、たとえばジョン・ラスキンがそうであったように、こうした「意見」が新しい芸術運動のチャンピオンとなって新しいスタイルを生み出すこともあるし、また批評が新しい芸術の媒体を認めさせることもある。たとえば写真がアートとして認められるようになったのも批評家の力であった。

今日では批評家は専門家、アマチュアを問わず無数におり、対象も音楽批評、映画批評、演劇批評から、レストラン批評、漫画批評、広告批評などほとんど制限がない。

哲学的な文脈での批判 (critique, Kritik) は、自らの限界を理解させようとする努力でカント批判哲学に繋がる。もっと広い意味ではマルクスの政治経済批判のように特定の教義や原理の限界を示すという意味合いになる。ただ critique (批判) と criticism (批評) には同じ形容詞 critical (批評の、批判的な) 形があるために、混同の可能性が残る。Criticism という言葉が英語に現れたのは 17 世紀初頭で、この critique と critic (批評家) の同音異義を避けるためとされるが、他の言語では criticism に匹敵する言葉は多くない。ドイツ語のKritizismus という語はシェリング、シュレーゲル、ヤコービ、ヘーゲルなどによって用いられていた。criticisme (フランス語), criticismo (イタリア語) は今日ではカント哲学についてのみ用いられる。

美術批評

美術批評は 18 世紀末から 19 世紀初頭のフランス、とくにディドロに始まったとするのが定説である。美術展覧会が多く催される都市空間の成立と批評を受容する一定の読者層やそれを掲載するメディアの形成などの条件が初めて満たされたことがその有力な根拠である。美術批評は当初「通」や「目利き」の言葉であり、印象批評の系譜の根本となった。19 世紀末のドイツで学問的な美術史研究が確立されて以降、美術史と美術批評との関係はしばしば問題視されてきた。詩人の印象批評は、実証的な美術史研究とは明らかに違う方向性を持っている。この両者の分離を解消しようとした試みが第二次世界大戦後のアメリカに生起したフォーマリズム批評である。それとともに、批評の中心がニューヨークへと

移行したと言えよう。

文芸批評

文芸批評は文芸についての論述であるが、特定の作品の評価とともに、記述、分析、解釈のみならず、文学についての原理や理論や、美学、詩学、修辞学についての議論を含んでおり、批評全体を代表するものと言えよう。

ギリシア時代には「批評家」（kritikos）は「文法家」（grammatikos）と分けられたがローマ時代にはその区別ははっきりしない。批評家は正しい語法を調べるだけの文法家より高い地位にあり、語や文の解釈に当たったと言われている。文芸批評にあたる仕事は哲学者や修辞家のものであった。

中世期には critic は危険な病という意味以外にはあまり使われなかったが、ルネッサンス期に修辞学が復活したとき、スコラ学者に対して、学芸復興に携わる文法家、批評家、文献学者などが評価された。エラスムスの場合批評の技術（ars critica）は聖書解釈を含んでいたが多くは古代文献の編纂と校訂に限定され、批評はギリシア語またはラテン語の著作をよくするもの、あるいは古代の詩人の詩行について、本来の詩人の言葉とそうでないものとを区別するいわゆる本文校訂（text critique）を意味していた。スカリゲルは広義の批評の概念を打ち出し、『詩論』でギリシアとローマの詩人の比較をしている。

イタリアで批評家 critica の語が用いられるようになったのは 16 世紀末のことであり、批評が文法と修辞学に隷属する地位から「詩学」として独立したのは 17 世紀フランスにおいてである。

18 世紀にイギリスで批評についての意識や議論が増し、哲学的な「判断の原理」（ジョンソン博士）としての批評が追求され、ポウプは批評とはあら探しではなく、よき趣味の人、知者が真の批評家であるとした。ヘンリ・ヒュームは『批評の原理』の中で批評の基盤を連合心理学に置こうとした。

これに対して感情移入に基づく歴史的な方法が主としてドイツで始まり、ヘルダー、ゲーテ、フンボルトを経てシュレーゲルのロマン主義の批評理論へと繋がり、さらに 20 世紀の解釈学へと移ってゆく。

ここでいくつかの批評理論の系譜を辿ってみよう。

ミメーシス

プラトンは芸術家はものの本質（イデア）の模倣（実際の物理的対象）の模倣をするとして否定的な立場を取ったが、その後のプラトニストは芸術は、知的な形式と美と善の直接の表現であるとした。プロティノスは美を芸術と同等とするが芸術から生まれた「作品」は不完全で、詩人の優れた知性（ヌース）によって初めて美が認知される、という。再現の説で最も影響があるものはアリストテレスの詩学である。模倣はアリストテレスによって現実を媒介する人間の基本的な能力として分析され、再評価され、芸術人生と呼応しつつも作品としての構造的な秩序を達成しなければならない緊張関係をすでに認めている。

ロマン主義

主観的な批評の歴史の中で大きなインパクトを与えたのはロマン主義である。その伝統はまず 17 世紀から 20 世紀にかけての「想像力」（imagination）の様々な意味に象徴されている。想像力はプラトンのヌースにあたり、カント、シェリング、シュレーゲルがコールリッジの哲学と批評を通してイギリスのロマン主義に大きな影響を与えた。また芸術の最高の達成が「天才」（genius）によるという考え方も重要である。たとえばモーツァルトやダ・ヴィンチを天才と認めない者はいないであろう。

もう一つのキーワードは感情ないし情緒（emotion）で、たしかに T.S.エリオットは詩

において知性が情緒と同じほどに重要であると力説したが、今日でもワーズワスの定義 'emotion recollected in tranquility' は批評の常識と言ってよい。

ただ、異なった文化の持つ相対性が顕著になるにつれ 20 世紀には普遍的ないし自発的と考えられてきた前提が覆され、精神分析や現象学など、読者の主観性へと中心が移ってくる。20 世紀に入って W.B.イェイツ、W.スティーヴンズ、R.G.コリングウッドらはコールリッジ同様、経験論の常識的な伝統に反対しながらも、ロマン主義者と違って想像的な力を言語的創造性に結びつけている。

批評の実践において読者の位置づけとその主観的な過程が中心になるということは、テクストは読者がその意味を正確に捉えるべき言語的構造として扱う必要はないということになる。テキストそのものが無意識的な運動に満ちており、その意味も読者がテクストの構造に自ら関わることで変わってくることになる。20世紀には人間の心の本性とプロセスを出発点とする哲学的・心理学的な理論が目覚ましく発達し、われわれの無意識のプロセスや存在論的な条件に目が向けられることになった。

形式、構成

作品やテキストを構造を持った自己充足的なものとして見る体系的な方法はむしろ古い伝統があり、修辞学が復活した折に演説よりも書かれた文学作品に応用された。近代ではアウエルバッハとクルティウスが、修辞学が文学史研究に役立つことを立証した。批評に言語的転回（linguistic turn）をもたらした哲学者や言語学者は従来形式とか構造と呼ばれてきたものの意味合いを一新し、古典時代の修辞学的表現が注目されるようになった。しかし、古典的修辞学は様々な言述の「効果」を狙うものであったのに対して、ロシア・フォルマリズムと新批評（New Criticism）は文学的な言語の特定の性質を発見することを目指していた。ポスト構造主義の理論は特別に文学的なディスコースというものを認めない。イーグルトンは古典的な「効果」に復帰すべきだという説を展開しているが、実際にはそれは政治的な効果を意味している。

T.S.エリオットは年代記的な文学史を否定し、ギレン（Claudio Guillen）とブルーム（Harold Bloom）は伝統の概念を構造主義とフロイトの精神分析の観点から作り直し、クリステヴァの用語である間テキストを唱えるなど、従来の伝統とか影響という批評概念は多方面で挑戦を受けている。あらゆるテキストは他のテキスト（文学的なものもそうでない物も含めて）の多層的な転移が重なったものであるとする間テクスチュアリティには意識的な模倣やアリュージョンとともに、無意識的な引用も入っている。

【主要文献】『批評の方法』全 12 巻，大修館書店，1972-74. 篠田一士『ヨーロッパの批評言語』晶文社，1981. クルツィウス（松浦憲作ほか訳）『ヨーロッパ文芸批評』みすず書房，1991. 丹治愛『知の教科書 批評理論』講談社，2003. ノースロップ・フライ（海老根宏訳）『批評の解剖』法政大学出版局，1980. 大橋洋一編『現代批評理論のすべて』新書館，2006.

（塚本明子）

ピューリタニズム

〔英〕Puritanism

　ピューリタニズムを定義するのは難しい。実際に、ピューリタニズムという術語を使用することの有効性について、否定的な見解を述べている研究者もいる。これはもともとこの言葉がその状況に応じて、相手を非難する際に使われた曖昧なものであり、したがって、統一された、一貫した実体を持っていなかったという理由によるものである。つまりピューリタニズムとはピューリタンが置かれた周囲の状況、とくに国教会との関係によって決まってくるという性格を持っていたのである。そこでここでは、16世紀と17世紀に分けてピューリタニズムの諸相を概観し、ピューリタニズム急進化の契機となった予定説と千年王国論をめぐる問題について触れたあと、資本主義と宗教倫理についてのヴェーバー仮説の研究状況と近年の言語論的転回以降のピューリタニズム研究について展望したい。

16世紀のピューリタニズム

　カトリックを復活し、プロテスタントを弾圧したメアリ1世の時代(1553-58)に、難を逃れて大陸に亡命した多くのプロテスタント教徒がエリザベス1世の治世の開始とともにイングランドに戻ってきた。大陸でジュネーヴ・モデルの神政政治に触れた彼らにとって、エリザベス時代に復活した国教会にはカトリック的な儀式や制度が残っており、容認できるものではなかった。そこで彼らは聖書の厳格な解釈に従って、国教会からこれらの不純なものを浄化し(purify)、国教会の内部からの改革を目指したのである。こうして1560年代から、このような改革者がピューリタンと呼ばれるようになり、その改革の理念や彼らが構築する文化がピューリタニズムとなったのである。

　まず彼らは教会にある装飾物を批判し始めたのであるが、中でも「祭服」についての論争や反対運動には大きなものがあった。ついで、1570年代に入ると、国教会の主教制度が批判の対象となり、さらにそれは「クラシス」(classis)運動として展開されることになる。「クラシス」運動とは、下から「クラシス」、すなわち「長老会」を創って、いわば国教会の制度をジュネーヴ・モデルに合わせようとしたものであると言えよう。しかし、このような改革運動は1593年のピューリタンを弾圧する法の制定によって、ひとまず終止符を打たれることになった。その結果、この後の彼らの運動は説教活動に重点が置かれるようになるのである。

17世紀のピューリタニズム

　1603年にスコットランド王ジェイムズ6世がイングランド王ジェイムズ1世として即位すると(同君連合)、ピューリタンは新しい国王に期待し、「千人請願」(millenary petition)を提出する。それをうけて、1604年に国教会との妥協を図るため、「ハンプトンコート会議」(Hampton Court Conference)が開催されるが成功せず、この後もピューリタンの迫害は続いた。そのため多くのピューリタンがヨーロッパ大陸に亡命し、あるいは新大陸に新天地を求めたのである。アメリカの神話となった有名な「ピルグリム・ファーザーズ」(pilgrim fathers)もその一端である。

　一方で、チャールズ1世が1625年に即位すると、W.ロードが重用され、教会の儀式を重視する「アルミニウス派」(arminians)が国教内で強い力を持つようになる。そしてロード派は自らの主張に反対するすべての者をピューリタンと呼ぶようになった。それには国教会内にいる反対派のみではなく、国教会の外にいた「分離諸派」(separatists)も含まれていたのである。こうしてピューリタンという言葉の持つ意味は拡大し、それと同時に

ピューリタニズムも急進化して国教会崩壊への道が開かれるのである。

1640年代の内乱の開始とともに、国教会、とくに主教制の解体が進行し、バプテストやクェーカーなどの多様なセクトが公然と活動を開始した。そして、クロムウェルら独立派が政権を握ることによって、諸セクトに対する「良心の自由」が保証されることになったのである。なぜピューリタニズムは急進化したのであろうか。それにはロード派の国教会支配による圧力の強化に加えて、予定説の解釈のあり方や千年王国論の受容も寄与していたのである。

しかし1660年の王政復古のあと、ピューリタンは国教会再建を図る一連のクラレンドン法典によって、厳しく弾圧され、その急進性は急速に失われた。名誉革命後の1689年、「寛容法」（Toleration Act）によって彼らにも信仰の自由は保証されるようになったが、依然として公職からは排除され続けた。この間に、ピューリタンはしだいに「非国教徒」（dissenters）と呼ばれるようになる。

予定説の解釈をめぐって

R.T.ケンドルはイギリスのカルヴァン主義者の中に、予定説をめぐる解釈の相違があることを見出した。ここにピューリタニズムが急進化した、一つの鍵がある。

まず、予定説を知的システムとして捉えた「信教的」（credal）カルヴァン主義者がいる。彼らは「救いの確信」については、人間に答えられない問題であり、万人のために死んだキリストのみが救いの保証であると考えた。ここでは人間の行為は問題とされておらず、受動的な信仰の教えが説かれた。ここから世俗的な側面では、権威に服従させることを促す教会の役割が重要視されることになる。これはカルヴァンの教え自体に近いものであった。

これに対して、「実験的」（experimental）カルヴァン主義者においては、予定説が個々人の信徒の生き方に重要な役割を果たしたことが示される。すなわち人間は「救いの確信」を求めて自発的であらねばならず、それを証明するのがその際の善行であるというのである。この論理が社会的に拡大適用されると、反キリストと戦い世の中を神聖なものに変えることが善行となり、「救いの確信」となる。これはカルヴァンというよりもべザらその後継者の教えに近い。そして、こうした予定説の能動的解釈によって、ピューリタニズムの急進化が説明されるのである。

しかし、内乱期には民衆的セクトが簇生し、ピューリタニズムはさらに急進化する。これらのセクトの背景には、「体験的」（experiential）予定説の解釈があったという。彼らは人間中心主義的な「実験的」予定説の解釈に反発し、信仰すなわち「救いの確信」は聖霊の直接的な啓示として「体験」されると主張する。こうして彼らは聖徒となり、心の中で達成された神の国は外部の世界にも転用されることになった。

この三者の予定説の相克の中で、正統と異端、寛容と不寛容、国教会とピューリタンの境界がたえず流動化することになったのである。

千年王国論

ピューリタニズム急進化のもう一つの背景に、千年王国論の受容の問題があった。千年王国論とは、黙示録的な世界の理解によって、イエスの再臨と至福の千年を待望する終末論である。16世紀からすでにイギリスでは終末の前兆が語られてきたが、この黙示録的待望論が本格的に受容されるのは17世紀に入ってからであり、とくに内乱期にはラディカルな前千年王国論が変革を推し進める重要な力となった。

もともとカトリックにはアウグスティヌスなどの無千年王国論があった。すなわち未来の千年王国を否定し、キリストと聖徒による

千年の支配とは、地上における教会が勝利する全歴史の期間と同一であるというのである。これに対して17世紀の初め、後千年王国論者は聖徒の支配による神の千年王国が漸進的に到来したあとに、キリストの再臨と最後の審判が続くと主張することになる。しかし、ロードらによる迫害の激化につれて、千年王国到来の前にキリストの再臨があり、劇的な変化を望む前千年王国論が主張されるようになってくる。この前千年王国論は内乱期に、独立派によって主に主張され、王を倒す推進力となった。まさに反キリストとの戦いは目の前で進行していたのであり、キリストと聖徒の輝かしい統治はこの地上で、この戦いに勝利した暁にやってくるのである。

同じ前千年王国論であっても、内乱の混乱の中で出現する民衆的諸セクトの千年王国論は独立派のそれとは内容を異にする。彼らは、「体験的」予定説あるいは「反律法主義」(antinomianism)に基づき、聖徒の心の内面でのキリストの再臨を説く霊的千年王国論を唱えたのである。もちろんこれは聖徒の内面に止まるのではなく、キリストの王国の完成へ向けて、現世での運動が展開されることになる。W.ウォルウィンとレヴェラー運動、G.ウィンスタンリとディガー運動、クェーカーと「子羊の戦い」などがその例である。

しかし、王政復古に伴い千年王国到来の切迫感は失われ、革命思想としての千年王国論はその歴史的役割を終えるのである。

宗教倫理と資本主義

この問題はM.ヴェーバーが「プロテスタンティズムの倫理と資本主義の精神」と題する論文を発表したことによって始まった。ここで提起されているのは、近代資本主義に特有なエートスである「資本主義の精神」とプロテスタントの「禁欲的職業倫理」との親和性である。すなわち「資本主義の精神」は、勤労の成果を「救いの確証」とするカルヴァン主義などの禁欲的プロテスタンティズムにその淵源があるということである。

このヴェーバー・テーゼはいわゆる「大塚史学」に取り込まれ、イギリス資本主義発達史の中で「ピューリタニズム」と「ヨーマン」との結合が図られることになる。独立不羈の中産層である「ヨーマン」は、ピューリタニズムにより勤労や禁欲の精神を育んで経済的に成功し、絶対王政に寄生する封建勢力を打倒して、新しい市民社会の主体、あるいは産業資本家となっていくというのである。

こうしてヴェーバー・テーゼは近代資本主義の起源やその発達をめぐって、広範な論争を引き起こし、論文発表後1世紀近く経ている今もなお継続している。ここで膨大な論争史を振り返る余裕はないが、もちろんその後の研究の進展で、とくにヴェーバーが使用した史料や研究文献、そしてヴェーバーの研究方法に関して、いくつかの根本的な問題があったことが判ってきている。今や「大塚史学」が乗り越えられつつあるのと同様に、ヴェーバー・テーゼ自体にも解体のメスが入りつつある。その有力なものの一つが「言語論的転回」以降のピューリタニズム研究に示されているアプローチなのである。

「言語論的転回」とピューリタニズム研究

「言語論的転回」とは文字通り言語を重要視し、言語が織りなすテキストが現実の社会を構築するという立場である。

この問題がピューリタニズム研究において顕在化するのは、いわゆる「ランターズ実在論争」が契機であった。すなわち、ランターというセクトは実在せず、モラルの逸脱を規定しつつ、そのモラルを守るために発明された言説であり、想像とプロパガンダの産物であるというのである。これに対して、多くの研究者から激しい批判が寄せられ、ランターズの実在も不在も証明できないけれども、何かがなければランターズ批判のパンフレット

も生まれるはずもなく、まったく実在しないということに関しては否定的な結論で終わった。

しかし、もともとピューリタンという言葉自体が状況の産物であったことに留意したい。この言葉は相手を批判する際のレッテルとして使用されたものであり、最初に実体があったわけではない。つまり、これはある状況の関係性の下で構築されていくものなのである。ピューリタニズムの定義の難しさの背景にあるのは、こうした問題であった。

最近の『ガングリーナ』(1646)をめぐる研究では、このような問題が明確に意識されている。『ガングリーナ』とは諸セクトを批判した文書であり、従来の研究ではこれを史料として、この記述から諸セクトの実体を実証していた。しかし、この研究では史料がテキストとして読まれ、それがどのように社会的意味を構築したか、あるいはそのテキストをめぐる政治の網の目の分布はどうなっているのか、という問いがテーマとなっている。ここに従来の研究とは異なるスタンスが示されているのである。このような新しいアプローチによって、ピューリタニズム研究の新たな展開が期待されるのである。

【主要文献】P. Collinson, *The Elizabethan Puritan Movement,* Jonathan Cape, 1967. C. Durston and J. Eales eds., *The Culture of English Puritanism, 1560-1700,* Macmillan, 1996. J. Spurr, *English Puritanism 1603-1689,* Macmillan, 1998. R. T. Kendall, *Calvin and English Calvinism to 1649,* Oxford University Press, 1979. 大木英夫『ピューリタン――近代化の精神構造』聖学院大学出版会, 2006. 今関恒夫『ピューリタニズムと近代市民社会――リチャード・バクスター研究』みすず書房, 1989. 大西晴樹『イギリス革命のセクト運動』御茶の水書房, 1995. 田村秀夫編『千年王国論――イギリス革命思想の源流』研究社出版, 2000. Max Weber, "Die protestantische Ethic und der Geist des Kapitalismus", in *Archiv für Sozialwissenschaft und Sozialpolitik,* 1905(梶山力訳『プロテスタンティズムの倫理と資本主義の精神』有斐閣, 1938;大塚久雄訳『プロテスタンティズムの倫理と資本主義の精神』岩波書店, 1989). Ann Hughes, *Gangraena and the Struggle for the English Revolution,* Oxford University Press, 2004.

(菅原秀二)

ピューリタン革命（イギリス革命）

〔英〕Puritan Revolution (English Revolution)

イギリス史上の17世紀は、動乱の時代であった。この時代のヨーロッパは、16世紀とは対照的に、未曾有の異常気象に襲われた。各地で不作や飢饉が間断なく続き、局地的な暴動・一揆や大規模な反乱・戦争が頻発するという事態に見舞われた。ヨーロッパ各国は、「17世紀の全般的危機」と呼ばれる試練をくぐり抜ける必要に迫られた。17世紀初頭には「新興国」であったイギリスも例外ではなく、様々な「危機」と遭遇した。それは、スペインのネーデルラント攻撃に端を発するヨーロッパ規模での経済不況であり、三十年戦争に起因する国際的な緊張状態であり、絶対王政による政治的・宗教的弾圧でもあった。

しかし、イギリスは、ピューリタン革命（1640-60）と名誉革命（1688-89）という二つの革命を経ることによって、ヨーロッパを代表する大国となり、18世紀にはヨーロッパや新大陸の覇権をめぐり、フランスと争うまでに成長した。「イギリス革命」（the English Revolution）という呼称は、当初、名誉革命を示すことが多く、ピューリタン革命は「大反乱」（the Great Rebellion）と呼ばれた。だが、19世紀以降「ピューリタン革命」という用語が定着し、それが「イギリス革命」と解釈されるようになった。最近では、ピューリタン革命と名誉革命を併せて「イギリス革命」と見なす見解もある。

ピューリタン革命の原因

1603年、エリザベス1世死去の報を受けて、スコットランド王ジェイムズ6世が、イングランド王ジェイムズ1世として即位した。これによりイングランドとスコットランドは、別々の議会を持ちながら同じ国王によって統治される「同君連合」となり、1649年まで続く初期ステュアート朝が開始された。しかし、この王朝の歩みはけっして平坦ではなく、王権と議会との政治的対立、国教会によるピューリタン弾圧、国王の恣意的課税に対する議会の反発などによって特徴づけられ、ピューリタン革命を引き起こす諸要因が醸成された。

ジェイムズ1世は、ピューリタンの宗教的要求を退けたが、彼らと同じく国王と対立したのが、ジェントリを中心にした社会層であった。ジェントリは、16世紀ころから無給の治安判事を務め、商工業にも積極的に関与して地方社会の「名望家」として実力を蓄え、議会の庶民院に選出されることも多かった。常備軍を持たず、有給の官僚組織を欠くイングランドの絶対王政にとって、ジェントリの協力を取り付けることは、安定した統治の第一条件であった。だが国王は、王権は神の権威に由来するという王権神授説を振りかざし、「国王・貴族院・庶民院」という三者のバランスを重んじるイングランドの伝統的国制を無視しがちであった。庶民院議員は、議会を軽視する国王に違和感を覚え、イングランド固有の法体系であるコモン・ローを拠り所に、「古来の自由」への侵犯に抵抗した。

こうした宗教的・政治的争いに拍車をかけたのは、国王側の経済政策である。新興のジェントリやヨーマンを中心にした人々は、土地の集積を続ける一方で、地域の農業改良を指導して生産力の向上に貢献し、当時最大の輸出産業であった毛織物工業にも従事していた。しかし、スペインのネーデルラント攻撃に伴うアントワープ市場の閉鎖（1585）を契機にして、輸出先を失った毛織物工業は極度の不振に陥り、1620年代のイギリス社会は深刻な不況に見舞われた。もちろん、毛織物工業の側もフランドルの亡命者から技術を学び、多様な製品の開発に努め、薄手の完成品「新毛織物」を新たな輸出品とした。だが国王の政府は、不況に対する抜本的な対策をせず、むしろ財政難を打開するために独占権を濫発し、

特定の産業や特権商人を保護するだけであった。ここでも議会と王権との対立関係は深まっていた。

1625年、ジェイムズが死去すると、彼の息子のチャールズが即位した。このチャールズ1世は、前王と同じく王権神授説を信奉しており、議会の同意を得ない外交を行い、臨時の課税を強行した。こうした国王大権の行使に対して、議会は、1628年、「権利の請願」を起草し、国王に提出した。ところが、国王は、いったん「権利の請願」を受諾したものの、翌年には議会を解散し、反対派の議員を投獄して、以後11年にわたり議会を開催しない専制政治を行った。国王と側近は、星室庁裁判所と高等宗務官裁判所という国王大権裁判所を用いて、反対派の議員やピューリタンを弾圧した。

専制政治を行う一方で、国王は、財政難を解決するために、議会の同意を得ない課税に踏み切った。彼は、国王大権によって関税(トン税・ポンド税)を強化しただけではなく、騎士強制金(騎士の位を受けない地主に対する罰金)を新設したり、独占権を濫発したりして、多くの人々の反発を招いた。1635年、海港都市だけに限定されていた船舶税が全国に拡大されると、37年には元議員のジョン・ハムデンが支払い拒否の闘争を開始した。もはや修復しがたい溝が、王権側と元議員やピューリタンの間にできつつあった。これらの専制政治に加えて、チャールズの政府を国民から決定的に離反させ、革命の重要な要因を形成したのは、国王の宗教政策である。チャールズ1世は、1625年、フランスからカトリックの王妃アンリエッタ・マリアを迎えただけではなく、様々な親カトリック政策を展開し、ピューリタン弾圧を進めた。こうした政策は、当然、チャールズがカトリックの復活を意図しているという疑惑を高めた。

国王の専制政治や親カトリック政策に、真っ向から反発したのはピューリタンである。彼らは、絶対王政の将来に不安を感じる一部のジェントリやヨーマンに後援され、特権商人に対して不満を抱く新興商人にも受け入れられた。革命前夜には、ピューリタンと後援者のジェントリや商人を結ぶ反対派のネットワークが形成されつつあった。それは国内に止まるものではなく、新大陸やオランダにまで及んでいた。

ピューリタン革命の展開

ピューリタン革命の発端は、隣国スコットランドの暴動から始まった。1637年、チャールズ1世とロード大主教は、長老教会主義を国教にしていたスコットランドに、イングランド国教会の儀式と祈祷書を強制した。これに対してエディンバラでは暴動が生じ、スコットランドとの間に戦争(第一次主教戦争)が起きた。国王は、戦費調達のために議会を召集することになり、11年ぶりに議会が開会された。1640年4月に開催された議会は、国王の意向に従わず、わずか3週間余りで解散されたので、短期議会と呼ばれる。チャールズは、なおもスコットランド問題にこだわり、同年7月、再び戦争(第二次主教戦争)を起こしたが、スコットランド軍に敗北し、賠償金の支払いを迫られた。国王は、その支払いのために再度、議会を開かなければならず、1640年11月に議会を召集した。この議会は、その後、12年半継続したので長期議会と呼ばれた。

約500名の庶民院議員(イングランドとウェールズから選出)を中心にした長期議会は、国王の思惑とは反対に、様々な改革を断行した。議会は、まず専制政治の人的支柱であったストラフォード伯と大主教ロードを逮捕し(1640年11・12月)、前者は翌年5月に、後者は45年1月に処刑された。次に議会は、専制政治を阻止し、絶対王政の支配機構を打破する諸立法を制定していった。少なくとも3年に一度の議会召集が定められ(1641年2月)、議会の同意なき課税が禁止さ

れ（同年6月）、星室庁裁判所と高等宗務官裁判所という二つの弾圧機関が廃止され（同年7月）、船舶税の不法性が宣言された（同年8月）。注目すべきは、これらの諸改革が、ほぼ満場一致の形で進められたことである。

だが、1641年秋くらいから、国教会体制の廃止をめぐって、議会内部には分裂の兆しが見え始める。議会は二つに分裂し、1642年に議会派と国王派の間で内戦が勃発し、オリヴァー・クロムウェルらの軍事的勝利により議会派が優位に立った。議会派内では、国王に妥協的な長老派と徹底抗戦の独立派が対立したが、レヴェラーズや軍隊の支持を受けた後者が主導権を握った。ピューリタンの中でも分裂が起こり、スコットランドの教会体制をモデルにした長老派に代わり、会衆教会を設立した独立派がしだいに優勢になった。さらに急進派として、非カルヴァン主義的なディガーズやランターズ、分離主義を実践したバプテストやクェーカーなどが革命期に誕生した。分離主義者は独立派と並んで、信者集団からなる個別教会を樹立した。ピューリタンの多くは、カトリック教会や国教会を「反キリスト」とする千年王国論を主張し、革命の急進化に貢献した。

1649年に国王チャールズ1世は処刑され、共和政府が樹立された。ジェントリ出身のクロムウェルは、財産と参政権の平等を求めたレヴェラーズを抑圧する側に転じた。彼は、国王派の拠点となったアイルランドとスコットランドを征服し、1652年には両地域の併合が宣言された。とくにアイルランドでは、大規模な土地没収が強行され、事実上の植民地化が進展した。1653年には、ピューリタンをはじめとする千年王国論者の期待を担い、各地から信仰篤き者の推薦を受け、彼らを指名する指名議会が開催された。だが、その急進的な改革案に驚いた穏健派の人々がクロムウェルと手を結び、同年12月、議会は解散され、彼を護民官とするプロテクター政権が発足した。1658年にオリヴァーが死去すると、息子のリチャードが護民官に就任したが、革命末期の混乱を収拾することはできず、60年には王政復古となった。しかし、ピューリタン革命の諸成果（議会主権、政治的・経済的自由、信教の自由など）は摘み取られたのではなく、王政復古期を経て、名誉革命によって追認された。

ピューリタン革命の中心にいた政治家や聖職者の多くは、排外的な反カトリック意識を表明し、「反キリスト」を敵視する終末論や千年王国論を説いて、内戦の遂行に寄与し、「神に選ばれた民」からなる共和国を建設しようとした。その意味で、革命期の思想は、単純に近代思想とは言えないだろう。これに比べ、革命期の重商主義政策は後世に繋がるものであった。クロムウェルは、プロテスタント諸国との争いを望んでいなかったが、1651年10月の航海法はロンドン商人らによって支持された。この法は、本国と植民地の貿易を直結し、イギリスとヨーロッパ諸国の貿易でもオランダの中継貿易を排除して、翌年から始まる英蘭戦争の原因となった。1654年4月にオランダと平和条約が締結されると、クロムウェルは、宿敵スペインへの攻撃を開始し、翌年5月にはジャマイカを占領し、英西戦争へと発展した。ジャマイカを中心にしたカリブ海植民地には、移民が入植し、のちに黒人奴隷制も導入され、砂糖プランテーションが発達した。革命期には、オランダやスペインと対抗して、製品市場を拡大し、原料・食料供給地を獲得することに成功しており、その意味で革命は、のちの商業革命や植民地帝国建設に多大な影響を与えたと言える。

ピューリタン革命の解釈

ピューリタン革命をイギリス近代化の画期とする見方は、19世紀のホイッグ史学以来、成立していたが、この事件を「ブルジョワ革命」として位置づけたのは、クリストファー・

ヒルである。マルクス主義史家ヒルは、革命300周年を記念する1940年に『イギリス革命 1640年』を出版し、この革命が1789年のフランス革命と同じく、封建制から資本主義への移行を画する、イギリス史上の「ブルジョワ革命」であることを印象づけた。ヒルの書物は活発な議論を呼び、「封建制から資本主義への移行」をめぐる論争、「ジェントリ論争」、「17世紀危機論争」と並んで、戦後の欧米史学界をにぎわせた。日本では浜林正夫が、「半封建的半ブルジョワ的な」ジェントリ層などの存在に留意して、領主権の徹底的廃止が行われなかったピューリタン革命を「早熟で妥協的な市民革命」と規定した。

ヒルをはじめとするマルクス主義史家の前に立ちはだかったのは、「ネオ・トーリ史家」とも言えるトレヴァ=ローパーである。彼は、ヒルが革命を、封建的貴族や領主層と資本主義的ジェントリや商工業者の間の階級闘争と見たことに異議を申し立てた。彼は、内戦を「宮廷」の官職にあずかる大ジェントリに対する没落する中小ジェントリの反乱と捉え、新たに「宮廷」対「地方」という対立概念を提起した。これ以後、「ジェントリ論争」などを経て、中央に偏重した従来の研究に対する反省が生まれ、地方史研究が隆盛していった。革命期の地方史研究は、州ごとの地域性や党派構成の多様性を実証的に明らかにしたが、ジェントリ支配の連続性を強調し、トレヴァ=ローパーの見解を補強するものが多い。近年では、「ピューリタン革命」論や「ブルジョワ革命」論を批判する修正主義という新動向が有力となり、地方史や政治史、社会史といった分野で精緻な分析を進め、革命による変化・断絶があったという説に異議を申し立てている。

しかし、地方史や政治史研究によって、細部が解明される一方で、革命全体の輪郭はぼやけてしまい、その性格規定は曖昧なまま残されてしまった。今後は、名誉革命と併せてピューリタン革命の意味を問い、商業革命や産業革命との関連で革命を位置づけるといった長期的なパースペクティヴが必要になろう。また、時間軸だけでなく空間軸においても視野を広げ、イングランドのみならずウェールズ、スコットランド、アイルランドを含めた「ブリテン国家」にとって、さらにアメリカ植民地を射程に入れた大西洋世界にとって、この革命が持った意味を追究する作業が求められる。

【主要文献】Christopher Hill, *The English Revolution, 1640*, London: Lawrence & Wishart, 1940; 3rd ed., 1955 (第2版：田村秀夫訳『イギリス革命』創文社，1956). R.C. Richardson, *The Debate on the English Revolution*, London: Methuen, 1977; 3rd ed., 1998 (初版：今井宏訳『イギリス革命論争史』刀水書房，1979). J. G. A. Pocock ed., *Three British Revolutions: 1641, 1688, 1776*, Princeton University Press, 1980. B. Bradshaw and J. Morrill eds., *The British Problem, c.1534-1707: State Formation in the Atlantic Archipelago*, London: Macmillan, 1996. H.R.トレヴァ=ローパーほか（今井宏編訳）『17世紀危機論争』創文社，1975. 浜林正夫『イギリス市民革命史』未来社，1959；増補版，1971. 今井宏『イギリス革命の政治過程』未来社，1984. 岩井淳『千年王国を夢みた革命――17世紀英米のピューリタン』講談社，1995. 大西晴樹『イギリス革命のセクト運動』御茶の水書房，1995；増補版，2000. 岩井淳／指昭博編『イギリス史の新潮流――修正主義の近世史』彩流社，2000. 岩井淳／大西晴樹編『イギリス革命論の軌跡――ヒルとトレヴァ=ローパー』蒼天社，2005. 小野功生／大西晴樹編『〈帝国〉化するイギリス――17世紀の商業社会と文化の諸相』彩流社，2006.

（岩井 淳）

平等

〔英〕equality

近現代の英語圏の道徳・政治哲学においては、社会契約説、市場社会論、功利主義、現代正義論がそれぞれ独自の仕方で平等論を展開している。また、不平等の是正を掲げる社会運動や福祉国家を通じて平等の理念が影響・実現されてきた。ここでは、歴史的展開にそって平等をめぐる理論と実践を概説する。

社会契約説

従来の平等論の背景（ストア主義、キリスト教、博愛）から独立して、近代的な平等論を最初に提示したのは、ホッブズである（『リヴァイアサン』1651）。それは、事実的平等から規範的平等を導く議論である。人間の心身の能力はおおむね等しく、最弱者も協力すれば最強者を倒しうる。それゆえ各人は自己保存のためにその力を思いのままに行使する自由、すなわち自然権を持つ。かくして拘束力ある規範の存在しない自然状態で人間は相互不信に陥り、万人の万人に対する戦争が帰結する。この戦争状態における死への恐怖がコモンウェルス形成の動機となる。コモンウェルス成立は所有の確定でもあり、その結果として社会的不平等が生じる。

ロックは、自然状態における人間が権利・義務に関して平等で、相互に支配・従属関係にないとする（『統治二論』1690）。その根拠は、人間は神の理性的被造物であってその間に階層秩序が見られないこと、欲求に関して人間が平等に創られていることである。各人のプロパティを保全するために統治が設立されるが、腐敗することなく蓄積可能な貨幣の登場は財産の不平等をもたらす。ロックは、貨幣利用への暗黙の同意をその帰結としての経済的不平等への同意と見なし、これを正当化する。

個人の同意に基づいて国家の正当性を示す社会契約説では、契約当事者の対称性（自然的平等）が理論的に要請される。この自然的平等論は私的所有・経済的不平等の正当化と不可分であり、こうした問題構成は近代自然法学からヒュームやスミスにまで共通する。

レヴェラーズ

ピューリタン革命期に千年王国論の影響も受けつつ政治的平等を掲げたのがレヴェラーズである。発言権を持たない政府に対して個人は服従義務を負わないという社会契約論的な発想で成人男子普通選挙を要求したことに表れているように、その思想の中核をなすのは自然法に基づく権利論（生得的権利の擁護）である。リルバーン、オーヴァトンらの指導者に率いられ、独立派の提案要綱に対抗する国政案として人民協定を提出し、共和政の樹立、法の下の平等、議会権限の強化などを要求する。しかし、経済的平等を求めない点で貧農など最下層の期待に応えるものではなく、最終的には独立派指導者クロムウェルの弾圧により運動の影響力は失われる。

これに対してウィンスタンリを指導者とするディガーズは、経済的不平等の原因を土地の私有に見出し、土地共有を原則とする新たな共同体の創設を目指した。レヴェラーズとディガーズは十分な成果を挙げられなかったが、新興所有者層の利害を反映したピューリタン革命の際に、持たざる者の要求を掲げた急進性には大きな意義がある。

市場社会論

18世紀スコットランド啓蒙思想は、市場（商業社会）に即した包括的な社会認識を提示する。この市場社会論を代表するのがヒュームとスミスである。ヒュームの正義論は、コンヴェンション概念に基づく規則功利主義的な議論を通じて所有権を正当化したものであり、一見すると平等（分配的正義）論を欠く。

しかし、『道徳原理の研究』(1751) の平等論は断片的ながらも注目に値する。そこでヒュームは、功績に応じた分配と平等な分配を比較し、限界効用逓減法則と類似の発想で後者に一定の意義を認めつつ、実行可能性の見地から完全な平等を退ける。とはいえ、包囲戦や飢餓によって生存権と所有権が対立する状況では、既存の所有権制度がその有用性を失って停止され、必要に応じた分配がなされうるとして、平等主義の可能性も示唆する。

スミスは、占有者の合理的期待と観察者の共感に基づいて私的所有を正当化し、それに伴う不平等を維持し富者を貧者から保護するために、統治が形成されたと指摘する。とはいえ、商業社会の最貧者は未開社会の最富者より裕福な暮らしを営みうる。等価交換と分業を軸とする市場を通じて全般的富裕が実現し、生活必需品が最下層まで行き渡るからである。このような洞察はあくまで当時の商業社会に即したものであり、そのまま現代に通用するわけではない。むしろスミスが、市民社会の基底にあり市場を規制する価値として正義（フェア・プレイ）を重視したこと、市場の負の側面（道徳感情の腐敗、公共心の欠如）を見据えていたこと、これらは現代の平等論に一定の示唆を与えうる。

なお、18世紀末には市場社会論と異なる系統の平等論も登場する。一つは、女性の地位向上や機会均等を説いてフェミニズムの先駆となったウルストンクラフト『女性の権利の擁護』(1792) である。もう一つは、私有財産制の廃棄を展望し無政府主義の先駆となったゴドウィン『政治的正義』(1793) である。

功利主義

制度であれ行為であれ、その評価の際に関係者の幸福を公平に重みづけること、すなわち不偏性は功利主義の構成要素の一つである。功利主義は、総和最大化という点が注目されるが、不偏性という形で平等を理論の基礎に据えている。

ベンサムは、最大幸福という究極目的から派生する副次的目的（安全、生存、豊富、平等）を設定する。その中で安全（個人の権利の保護）が最優先とされるのは、安全が保障されたうえで生存や豊富（経済的繁栄）が可能になるからである。立法の意義は安全の保障にあり、平等（財の分配）については、限界効用逓減法則を考慮して、安全と両立する範囲で追求すべしという指針になる。これを踏まえてベンサムは福祉政策を論じ、救貧の対象を労働不可能な貧困者に限定すること、貧困の救済および予防を目的とする全国慈善会社の設立などを提唱する。なお、救貧法改革や公衆衛生の普及に尽力し、福祉国家論の先駆者でもあるチャドウィックは、ベンサム功利主義から大きな影響を受けている。

ミルの平等論は両義的な経済認識と不可分である（『経済学原理』1848）。市場における相互行為を通じて個人は知的・心的能力を改善しうる。それゆえ、市場における競争は経済的合理性に加えて個性の陶冶という意義を持つ。とはいえ、私有財産制の下では、初期条件や機会の平等が十分に保障されず、競争が不公正にならざるを得ない。この現状に対する処方箋が停止状態論である。それは、富の不平等が存在せず、各人が自己利益の追求に専念する必要のない理想状態であり、ミルは労働者階級の連合を通じてこうした将来社会を展望している。

不平等の是正

19世紀は階級対立や貧困など資本主義の矛盾が明らかになり、労働者が不平等の是正を掲げて立ち上がった時代である。工業化と機械化の進展に伴い失業した手工業者によるラダイト運動は、一連の労働・社会運動の先駆である。

労働者による最初の大規模な闘争は、1830年代後半から50年代前半にかけてのチャー

ティスト運動である。その背景には、選挙法改正運動に共同で取り組んだにもかかわらず、1832年の第一次改正で中産階級だけが恩恵を受けたことに対する不満がある。具体的には、人民憲章の実現を目指し、成人男子普通選挙、無記名投票、毎年改選、議員の財産資格の廃止、歳費の支給、平等選挙区という6項目の要求を掲げた。オコナー、ラヴェットを指導者として、救貧法反対運動とも連動し大きな広がりを見せる。全国大会を開催し数百万の署名を集めて請願を三度提出するが議会に拒否され、急進的な活動方針への批判もあり、成果を挙げることなく終息した。

オウエンは、環境が個人の性格形成に及ぼす影響を重視する(『新社会観』1813)。この環境決定論は、ニュー・ラナーク紡績工場の経営時に、労働環境の改善(労働時間の短縮、児童労働の禁止)を通じて、生産性を向上させた体験に基づく。労働者の貧困と堕落を引き起こすのは、私的所有と競争という資本主義の本質であり、その改善の必要性を説く。このような人間観と社会経済認識を踏まえ、高度の生産性、成員の自主管理、平等な分配を特長とする協同組合社会を構想し、渡米して協同組合ニュー・ハーモニーを運営する。しかし、これは彼自身の資金や心ある資本家の理解を前提にした構想であり、長続きしなかった。空想的社会主義の側面は否めないが、ナショナル・ユニオンを組織化するなど、社会主義思想の発展に大きく貢献したと言える。

福祉国家

資本主義への対抗構想として一連の労働・社会運動を通じて鍛え上げられたのが社会主義である。とりわけマルクスとエンゲルスは、労働者による階級闘争、生産手段の社会化、高度に発達した資本主義から社会主義への移行、という明確な展望を示した。社会主義の台頭は自由主義の変化も促し、それは福祉国家の思想的基盤となった。その一つが、従来の自由放任ではなく、個人が自由を行使しうる環境の整備を国家の役割とする新自由主義(社会的自由主義)である。もう一つは、産業国有化など市場への介入(集産主義)を通じて漸進的改良を目指し、のちに労働党の母体となったフェビアン協会である。また19世紀末から20世紀初頭にかけて実施された一連の社会改革、とりわけ第一次世界大戦前の自由党内閣の社会政策(労働争議法、国民保険法)は福祉国家の成立を準備するものであった。

福祉国家の基本理念を明示したのは、ベヴァリッジである。社会保障を貧困の克服手段と位置づけた『社会保険および関連サービス』(いわゆるベヴァリッジ報告、1942)、のちに発表された二つの報告書(『自由社会における完全雇用』1944、『自発的活動』1948)を通じて、次のような福祉政策の包括的プランを提案する。第一に、基本的ニーズに対する社会保険であり、これは均一拠出・均一給付を原則として、最低限の生活を保障する(ナショナル・ミニマム)。第二に、社会保険の拠出が困難な市民に対する公的扶助である。第三に、個人が国家に依存しすぎないための措置(最低限以上の生活を可能にするものとしての貯蓄の奨励、相互扶助・慈善を目的とする活動の促進など)である。

第二次世界大戦後、ゆりかごから墓場までをスローガンに採用し福祉の充実を掲げた労働党が政権を獲得し、アトリー内閣の下で、国民保険法や国民扶助法の制定、全国民を対象とする無料の医療サービスの提供など一連の社会福祉政策が実施された。それがのちの政権にも継承され、福祉国家はさらなる発展を遂げる。しかし、福祉支出による財政悪化や慢性的な経済危機を背景にして誕生した保守党サッチャー政権は、福祉政策の見直しに着手する。国際的にも1980年代以降は新保守主義の台頭に伴い、福祉国家の再編成が焦眉の課題となる。

現代正義論

　幸福の最大化を唯一の目標として明確な分配原理を欠くとされる功利主義の代案を示すために、社会契約説を現代的に再構成したのが、ロールズ『正義論』(1971)である。原初状態の契約当事者は、相互に無関心、かつ現実社会における自己の境遇を知らないという想定（無知のヴェール）の下で、いかなる善の構想を追求するにあたっても必須の社会的基本財の量のみ考慮し、正義の二原理を選択する。第一原理は基本的自由の平等な保障であり、各人は他者のそれと両立する限り最大の平等な基本的自由を持つ。第二原理は不平等の許容条件を示すものであり、社会的経済的不平等は、公正な機会均等が保証され万人に開かれた職責や地位に付随し（公正な機会均等原理）、最も恵まれない成員に最大の便益をもたらすものでなければならない（格差原理）。

　このように原初状態でマキシミン推論（予想される最悪の結果が最もましなものを選択すること）を通じて導出された正義原理は、熟慮された道徳判断と合致することで正当化される（反省的均衡）。のちの論考では、カント的構成主義や重なり合う合意を提唱して方法論の精密化を図り、財産所有民主制を提起するなど正義原理の適用も試みている。

　センは何の平等かという観点からロールズの問題点を指摘する。それは、基本財の量に焦点を合わすために、個人が財を用いて何をなしうるかという視点が欠落し、結果的に障害の有無など各人の多様性を適切に扱えないことである。これに対してセンは、機能（人がなしうること）に注目し、機能の集合と定義される潜在能力（なしうることの幅）のうち基本的な部分を平等にすること（基本的潜在能力の平等）を説く。その特長は、財の量や効用（主観的満足度）でなく潜在能力を基準にすることで、個人の福祉についてより客観的で十全な評価が可能になる点である。なお、ロールズやセン以降も、福祉国家の設計理念（ワークフェア、ベーシック・インカム）は規範理論の主題の一つである。また、イギリス経験論との関連では、ミラー『社会正義の原理』(1999)は概念分析と実証的方法を併用しつつ、功績・必要・平等の観点から正義を包括的に考察している。

【主要文献】Thomas Hobbes, *Leviathan,* 1651（水田洋訳『リヴァイアサン』全4冊, 岩波文庫, 1954-85）. John Locke, *Two Treatises of Government,* 1690（伊藤宏之訳『全訳 統治論』柏書房, 1997）. David Hume, *An Enquiry Concerning the Principles of Morals,* 1751（渡部峻明訳『道徳原理の研究』哲書房, 1993）. John Rawls, *A Theory of Justice,* Harvard University Press, 1971（矢島鈞次監訳『正義論』紀伊國屋書店, 1979）. 有江大介『労働と正義——その経済学史的検討』創風社, 1990. 川本隆史『ロールズ——正義の原理』講談社, 1997. Norman Barry, *Welfare,* Open University Press, 1999（齋藤俊明/法貴良一/高橋和則/川久保文紀訳『福祉——政治哲学からのアプローチ』昭和堂, 2004）. David Miller, *Principles of Social Justice,* Harvard University Press, 1999. 鈴村興太郎/後藤玲子『アマルティア・セン——経済学と倫理学』実教出版, 2001. 土方直史『ロバート・オウエン』研究社, 2003. 鈴木信雄責任編集『経済学の古典的世界1』日本経済評論社, 2005. 小峯敦編『福祉国家の経済思想——自由と統制の結合』ナカニシヤ出版, 2006. 水田洋『新稿 社会思想小史』ミネルヴァ書房, 2006.

（島内明文）

評論誌

〔英〕reviewing periodicals, literary magazines, critical reviews

イギリスにおける「定期刊行物」(periodicals) としての「雑誌」(magazines) の起源は通常『ジェントルマンズ・マガジン』(1731-1907) に求められ、その「書評」部門が18世紀半ばに始まり、その頃から書評を中心とする「評論誌」(reviews) が刊行されることになる。ここでは主として18世紀と19世紀における代表的な「マガジン」と「レヴュー」を (後者に力点を置きつつ) 取り上げることにする。

『ジェントルマンズ・マガジン』とその追随者

エドワード・ケイヴがロンドンで創刊した月刊誌『ジェントルマンズ・マガジン』は文字通り (情報の)「倉庫」(magazine) であって、他の出版物 (主に新聞) からの抜粋集として出発したが、やがて独自の文芸批評・創作詩・出版情報などをも掲載し始め、サミュエル・ジョンソンを執筆・編集者 (彼による「議会討論」の編集は1740年以降) に迎えることによってその名声を確立する。この出版の成功は多くの「模倣者」(追随者) を生み出すが、最大のライバルとなったのがジョン・ウィルフォードを中心とするロンドンの出版業者たちによって翌年に刊行された『ロンドン・マガジン』(1732-85) であった。両者は出版情報としての「ブック・リスト」の精密度でも互いに競い合うことになる。のちに『ジョンソン伝』を書くボズウェルは『ロンドン・マガジン』の重要な執筆者であった。

この両者のスコットランドでの模倣者が『スコッツ・マガジン』(1739-1817) であって、ロンドン発の「マガジン」よりも正確で新鮮な「スコットランド情報」を盛り込むことを意図したものである。のちに『ブリタニカ百科事典』初版 (1768-71) の編集をも務めることになるウィリアム・スメリが18世紀後半段階の『スコッツ』の編集を担当し (1759-65)、「出版業界のナポレオン」と言われたアーチボルド・コンスタブルが19世紀前半段階での刊行を (『エディンバラ・レヴュー』とともに) 引き受けることになる。『スコッツ・マガジン』は1817年以降『エディンバラ・マガジン・アンド・リテラリー・ミセラニー』と名称を変更したあと廃刊に追い込まれたが、1927年にダンディーで新シリーズの『スコッツ』が刊行され、1989年には「スコッツ・マガジン250年」を記念する書物が出版されている。

『マンスリー・レヴュー』と『クリティカル・レヴュー』

イギリスにおける最初の (書評に専念した)「評論誌」はレイフ・グリフィスによってロンドンで創刊された『マンスリー・レヴュー』(1749-1844) であった。グリフィスは「引用と要約」という特徴を持つ18世紀当時の書評の伝統を守りながらも、専門的知識を持つ一部の読者ではなく広範囲の読者層を対象としつつ、多様なそれぞれの領域に専属の書評スタッフ (たとえば歴史分野にはギルバート・ステュアート、神学分野にはウィリアム・ローズ) を配するという新機軸を打ち出した。『マンスリー』は「反国教会」と「親ホイッグ」の立場を表明していた。

この『マンスリー』の模倣者でロンドンでのライバルとなったのがトバイアス・スモレットを初代の編集者とする月刊誌『クリティカル・レヴュー』(1756-1817) で、『マンスリー』とは逆の「国教会寄り」、「親トーリ」、「伝統的価値の擁護」という立場を鮮明にした。この立場は政治・宗教面で「リベラル」な方向に転換する時期もあったが、文芸面ではコールリッジやサウジーの執筆陣の下で保守的な側面が尊重された。

スコットランドでの「レヴュー」の展開

エディンバラ大学「道徳哲学教授」ドゥーガルド・ステュアートの教え子たちによる「季刊」誌『エディンバラ・レヴュー』（1802-1929）の創刊によって、「評論」の内容はそれまでの「引用と要約」という18世紀的伝統を脱して 'Literature' の一分野としての 'Criticism' の領域に入っていくことになるが、このスコットランド・エディンバラ発の『レヴュー』には二つの先行者があった。一つは2号雑誌に終わった18世紀の『エディンバラ・レヴュー』(1755-56)で、もう一つは35号まで継続した月刊誌『エディンバラ・マガジン・アンド・レヴュー』(1773-76)であった。

前者の18世紀『エディンバラ』は、アレグザンダー・ウェッダバーンを編集者としてスコットランド教会内の「穏健派」グループの牧師たちによって刊行されたもので、書評の対象がスコットランドの刊行物に偏していたことと、教会内の「福音派」グループから激しい批判が寄せられたことによって継続が不可能になり、定期刊行物としては失敗に終わったが、その第2号に掲載されたアダム・スミスの寄稿文「『エディンバラ・レヴュー』同人たちへの手紙」は、書評の範囲を拡大するよう提案しつつ、自らヨーロッパの学界展望を行ったもので、とりわけその英仏における文芸・哲学の比較論は一読に値する。

後者の『マガジン・アンド・レヴュー』はギルバート・ステュアートとスメリを編集者として、『ジェントルマンズ』および『スコッツ』の「マガジン」的娯楽要素と、『マンスリー』および『クリティカル』の「レヴュー」的要素との合体を意図して刊行されたものであった。この『エディンバラ・マガジン・アンド・レヴュー』では従来の「評論誌」におけるものとは異質の非常に「厳しい書評」が掲載され、これへの反発がその早期の刊行停止の理由にもなったと言われているが、それらの厳しい書評を執筆したギルバート・ステュアートの躍動的な「批評」が、19世紀『エディンバラ・レヴュー』の 'Criticism' に連なる側面を持つとの指摘もある。

『エディンバラ・レヴュー』と『クォータリー・レヴュー』

127年間継続することになる『エディンバラ・レヴュー』は、「道徳哲学教授」D.ステュアートの教え子のうちの「評論」4人組と言われるフランシス・ジェフリ、ヘンリ・ブルーアム、フランシス・ホーナー、およびシドニー・スミスたちによって創刊されたもので、「スコットランド啓蒙」の中核としてのアダム・スミス、トマス・リード、およびD.ステュアートの思想の多面性を遺産として引き継ぎ、親ホイッグ的立場から、教育や政治の領域では「改革」の精神を打ち出し、経済問題では「自由貿易」の立場を明らかにした。

「月刊」の『マンスリー・レヴュー』に代表される従来の（要約・内容紹介・引用型）「書評」とは異なり、19世紀『エディンバラ』での「レヴュー」（最初の編集者はジェフリ）は、評者の個人的見解と文体とを重視しつつ、厳選した対象著作の問題点を詳細に論ずる「論文」（article）の形を採用したため「季刊」の形態を取ることになり、出版者としては『スコッツ・マガジン』を刊行していたコンスタブルを迎えることができた。その多彩な執筆陣にはジェフリの他にウォルター・スコット、トマス・カーライル、ウィリアム・ハズリット、マコーリらが含まれていた。

18世紀に『マンスリー』に対抗して『クリティカル』が出現したように、この『エディンバラ』のホイッグ的立場に対抗して現れたのがロンドンを本拠地とする保守的立場の『クォータリー』(1809-1962)であった。『エディンバラ』の立場に反感を覚えたスコットが、ジョン・マリ（2世）を出版者に、ウィリアム・ギフォードを編集者（26年以降はスコッ

トの義父ジョン・ギブスン・ロッカートが担当)に迎えて出発した『クォータリー』は、伝統的道徳、貴族的権威、国教会制度を尊重したが、ロッカートの編集の下ではドイツ文学の紹介という新機軸をも打ち出した。

『ブラックウッズ・エディンバラ・マガジン』と『ウェストミンスター・レヴュー』

『エディンバラ・レヴュー』へのスコットランドでの対抗者が月刊誌『ブラックウッズ・エディンバラ・マガジン』(1817-1980)で、出版者のウィリアム・ブラックウッドは反ホイッグ的立場だけではなく、出版業界のライバルであるコンスタブルへの対抗意識をも前面に打ち出した。その初期の主要な三執筆者はロッカート、ジョン・ウィルソン(エディンバラ大学「道徳哲学教授」トマス・ブラウンの後任者で、筆名はクリストファー・ノース)、およびジェイムズ・ホッグであった。『クォータリー』に見られるドイツ文学への関心は『ブラックウッズ』でのロッカートの試みを継承したものである。

これに対して『エディンバラ』と『クォータリー』の双方の立場を「功利主義思想」の立場から両面批判することを意図してロンドンで創刊されたのが季刊『ウェストミンスター・レヴュー』(1824-1914)であった。これはベンサムの資金力を後ろ盾に、ジョン・バウリングを編集者、ミル父子(ジェイムズとジョン・ステュアート)を主要な執筆者として始められたもので、その創刊号に掲載された父ミルによる『エディンバラ・レヴュー』誌の「総評」(子ミルが『エディンバラ』全巻を通読して父のために論文ノートを準備したもの)は、ブリテンの政治体制に関する「急進派のマニフェスト」となったものである。第2号でのこの「続編」は「父の監督の下に」子ミルが執筆したもので、批判の対象は『クォータリー』に向けられていた。

子ミルは1830年代の(『ロンドン・レヴュー』を吸収した)『ウェストミンスター』の実質上の編集者となり、政治・経済・文芸などの領域における執筆によって世論を指導する立場につくことになるが、文芸面でその後に大きな影響を及ぼすことになったのが、ジョージ・ヘンリ・ルイスとマリアン・エヴァンズ(のちのジョージ・エリオット)であった。前者は批評上の「相対主義」と「実証主義」(realism)という新しい視点を打ち出し、後者は前者の影響の下に多様な文芸批評を実践することによって、1850年代の『ウェストミンスター』の活力源となった。この季刊「評論誌」が当時の出版状況の速度に合わせて月刊誌に変更して以来、「評論」はより短文となりその質が低下していったと言われている。

【主要文献】John Stuart Mill, *Autobiography,* 1873 (朱牟田夏雄訳『ミル自伝』岩波文庫, 1960). John Clive, *Scotch Reviewers: The "Edinburgh Review", 1802-1815,* Cambridge, Mass., 1957. Joanne Shattock and Michael Wolff eds., *The Victorian Periodical Press: Samplings and Soundings,* Leicester University Press, 1982. Alvin Sullivan ed., *British Literary Magazines,* 4 vols., Westport & London: Greenwood Press, 1983-86 [Vol.1: *The Augustan Age and the Age of Johnson, 1698-1798*; Vol.2: *The Romantic Age, 1798-1836*; Vol.3: *The Victorian and Edwardian Age, 1837-1913*; Vol.4: *The Modern Age, 1914-1984*]. Biancamaria Fontana, *Rethinking the Politics of Commercial Society; The Edinburgh Review 1802-1832,* Cambridge, 1985. William Zachs, *Without Regard to Good Manners: A Biography of Gilbert Stuart, 1743-1786,* Edinburgh University Press, 1992. ―, *The First John Murray and the Late Eighteenth-century London Book Trade: With a Checklist of his Publications,* Oxford University Press, 1998.

(篠原　久)

ファシズム

〔英〕facism 〔独〕Fashismus 〔伊〕fasisimo

ファシズムとは、第一次世界大戦後の1920年代初頭から第二次世界大戦終結（1945）に至る約四半世紀間にかけてイタリア・ドイツ・日本などで出現した政治運動、政治・経済体制、政治・経済・社会思想（イデオロギー）の総称。国家権力の絶対的支配を主張するので全体主義（全体主義国家）とも言う。

ファシズム発生の因

第一次世界大戦直後、戦争に関係した諸国は、アメリカを除き、深刻な経済的危機（経済システムの破壊によるインフレ、大量の失業者・貧困者などの発生）に襲われた。それと同時に世界史上初の社会（共産）主義国家（ソ連）の登場は、資本主義諸国家に深甚なる政治的脅威を与えた。その際、資本主義経済体制の基盤が弱いイタリア・ドイツ・日本などの国々へ与えた衝撃（資本主義の危機や社会主義革命の恐怖）は甚大であった。そこでこれらの国々では、危機回避のために「強力な国家」を目指す一党独裁的な政治・経済体制を構築しようとした運動と実践が起こった。それがファシズム発生の因となった。

ファシズムの諸類型

ところで一口にファシズムと言っても、その運動形態、政治・経済体制、思想（イデオロギー）内容については、国によって様々に異なる。たとえばファシスタ党（イタリア）やナチ党（ドイツ）は、最初は大戦後の極度に不安定な政治・経済状況の中でイギリス・アメリカ・フランスなどの資本主義大国に対する羨望・反感から、「非」資本主義の立場を掲げた。その際ファッショ政党は、「民族の再興」というナショナリズム（民族の誇りと優秀性を強調する排外主義的国家主義）を、国民大衆、とくに社会的組織力の弱い中産層（資本家層には資本家団体、労働者階級には労働組合という強力な支持組織があった）に訴えかけて党勢拡大を図った。

そして政権獲得の可能性の見えてきた段階になると、ファッショ政党は資本主義打倒を唱える共産主義に対して共闘するという点で大（独占）資本家層と吻合し、一方では旧権力組織を十分に活用しながら、人権と自由を主張する人民の抵抗を抑圧し、他方では議会、政党、組合などの民主的組織を破壊して、最終的にはファシズム独裁を確立していった。ファシズムが「ブルジョワ独裁」の一変種と言われたのはこのためである。またファシズム運動の指導者たちは、中産層を組織したという意味で自分たちの運動を「下からの革命」あるいは「国民革命」と自画自賛した。

これに対して日本では、明治維新後薩長藩閥政府は非近代的な「大日本帝国憲法」を制定して「神聖不可侵な天皇」という支配思想を構築し、イギリス・アメリカ・フランスなどの大国やソ連に対抗するためには強力な国家的統一が必要であるとして絶対主義的・非民主主義的な支配を強行していった。そして世界大恐慌の発生（1929）後の大不況を打開するために、「満州事変」（1931）を通じて本格的なアジア侵略を開始した軍閥・官僚内閣は、議会・政党・組合などの民主的組織を破壊していった。日本のファシズムが「上からの組織化」、「天皇制ファシズム」あるいは「軍部ファシズム」と呼ばれたのはこのためであった。

ファシズム体制の共通点

以上ファシズム体制の相違点について述べてきたが、いくつかの基本的な共通点がある。まず第一に、これら三国はいずれも19世紀60～70年代に近代国家になったため、英・米・仏などの先進国家と比べて資本主義的経済体制の基盤が弱く、また歴史的に人権・自由を保障する政治・法制度の確立がきわめて

不十分であった。そのためこれらの国々では、「強力な国家」形成という旗印を掲げたカリスマ的政治指導者(ムッソリーニ、ヒトラー、日本では東条英機などの軍部指導者)の下に、国民大衆が偏狭な民族主義的侵略行動に駆り立てられていった。

　第二に、以上のことと関連して、これらの国々は先進諸国の植民地主義を批判して世界再分割を要求し、自国の領土拡張政策(イタリアのエチオピア侵略、ドイツのポーランド進攻、日本の中国侵略)や軍事行動を正当化した(日本の八紘一宇・聖戦などのフレーズ)。

　第三に、これらの国々はそもそも資本主義国であったから、一方では「非」資本主義を掲げて先進大国に対抗する方案を採り、他方では資本主義体制を守る立場から「反」共産主義を提唱した。またこれらの国々は、1930年代に入ってから同盟を結び、イギリス・アメリカなどから「悪の枢軸国家」とネーミングされた。

イタリアのファシズム

　ファシズムは世界史上初めてイタリアにおいて出現した。イタリアは戦勝国であったにもかかわらず戦後極度の経済的危機に陥っていた。このときムッソリーニ(1883-1945)率いる「ファシスタ党」がローマに進軍し(1922.10.28)し、国王の承認の下にファッショ政権を確立した(10.31)。

　ムッソリーニはもともとは社会党幹部であったため、ファシズムは社会主義の一変種ではないかと誤解されたこともあった。しかしこの政権は、国民の結束(ファッシ)を図るために「労使協調主義」と無制限の市場経済主義(利潤至上主義)に反対する国家主導型の「計画経済」を主張するとともに、階級や個人よりも「民族」を重視する「ナショナリズム」を掲げて資本主義的大国や共産主義国家(ソ連)に反対した。こうしてムッソリーニは1934年までに大(独占)資本家層と吻合し、ファシズムという名の一党独裁的な政治体制を確立した。その後このファシズム国家は、エチオピア侵略(1935-36)、国際連盟脱退(1937)、「日独伊」三国同盟を締結したが(1940)、わずか3年間で連合国側に無条件降伏し(1943)、ここに世界初のファシズム国家が崩壊した。

ドイツのファシズム(ナチズム)

　第一次世界大戦の敗戦国ドイツは極度の経済的ダメージを受けた。こうした国家的窮状を救うために、戦勝国側の数々の「ドイツいじめ」(天文学的な賠償金要求など)を非難し、また階級対立論によってドイツ国民の統一と団結を妨げる共産主義の危険性に警鐘を鳴らし、ドイツ民族の誇りと優秀性を喧伝しながら登場したのが、「国民社会主義ドイツ労働者党」すなわち「ナチ党」(ナチズムの名称はここからきた)であった。

　そしてこの「ナチ党」が最初に国民的に認知されたのは、ヒトラー(1889-1945)率いる「ビアホール一揆」(1923、ミュンヘン)の決起のときであった。その後ナチ党はわずか10年足らずで第一党になり(1932)、翌33年1月30日にはヒトラーがヒンデンブルク大統領から首相に任命された。

　その直後、ヒトラーは電光石火のように全権を掌握し(1939.3.24)、議会・政党・労働組合を解体してナチ党による「一党独裁」体制を確立した。これ以後、ヒトラーは1939年9月1日にはポーランドに進攻(第二次世界大戦の勃発)し、イギリス・アメリカなどの連合国側と闘ったが、45年5月に無条件降伏し、ナチズム体制が壊滅した。

日本のファシズム

　日本は明治維新後近代国家に転換したが、薩長藩閥政府はきわめて封建的な大日本帝国憲法を発布(1989.2.11)して絶対主義的な政治を強行したため、議会政治や政党政治が十

分に発達せず、官僚と軍閥が政治の主導権を握った。彼らは列強と伍するために必要であると称して、朝鮮・中国などのアジア諸国の侵略を正当化し、またそうした政府の行動を国民が反対するのを封ずるために言論・思想・集会の自由を制限し、「一党独裁」的な政治体制を確立していった。そして、昭和期に入ると、軍閥・官僚政府が満州事変（1931）、日中戦争（1939）、太平洋戦争（1941）を強行し、全国民を第二次世界大戦へ巻き込んでいった。しかし、1945年8月15日に日本は「ポツダム宣言」を受諾して連合国側に無条件降伏し、ここに日本ファシズムが崩壊した。

その他の国々のファシズム

ところで1920～30年代にはファシズム運動現象が世界的に見られた。この場合、先進資本主義大国批判、反共産主義、弱者の立場からの自国の資本主義体制批判など、その性格と対応は多様であった。

こうした運動としては、イギリスのモーズリー（Oswald Ernald Mosley, 1896-1980）による「イギリス・ファシスト同盟」（1932設立）、フランスのモーラス（1868-1952）の「アクション・フランセーズ」（1899設立）がある。また東欧諸国では、多数のファッショ的な独裁政権、たとえばハンガリーのホルティ政権（1920）、ポーランドのビルスッキー政権（1928）、オーストリアのドルフス政権（1934）、ルーマニアのアントネスク政権（1940）などが成立した。そのほか、ヨーロッパ諸国の中では、枢軸国側を支持したスペインのフランコ政権（1936）が有名。

モーズリーの「イギリス・ファシスト同盟」

ファシズムは民主的な政治・法・経済制度が確立されず、基本的人権の保障が稀薄であった後進諸国に発生した。ではイギリスでファシスト運動が起こったのはなぜか。

モーズリーは最初保守党議員となった（1918）が、のち労働党に入り（1924）、マクドナルド労働党内閣のランカスター公領相となったが（1929）、失業救済策が容れられなかったため辞任し（1930）、新党（ニュー・パーティ）を結成したが（1931）、それが「イギリス・ファシスト連盟」となった（1932）。第二次世界大戦中には枢軸国を支持して投獄された（1940）。戦後再び新党を結成して（1948）、国際的なネオ・ファシスト運動の指導者として活躍した。ネオ・ファシズムとは第二次世界大戦後のファシズム的傾向をいうが、1950年代のアメリカにおける反共主義によってリベラリズムを抑圧したアメリカのマッカーシズムや、60年代の西ドイツの民族主義的・国家主義的な国家民主党などがその例。しかしモーズリーの例からも分かるように、現代先進国社会においても、不平等社会の顕在化——資本主義に固有の矛盾——に対する国民の不満をそらすために対外的仮想敵を設定して、ナショナリズムを喚起し、マス・メディアを操作しつつ強力な政治指導体制の確立を目指す、新しいタイプの独裁的ファシズムの思想が現出する危険性がある。

【主要文献】H. Arendt, *The Origins of Totatitalianism*, New York. 1951（大久保和郎／大島通義／大島かおり訳『全体主義の起源』みすず書房, 1972-74）. 丸山真男「ファシズム」,『政治学事典』平凡社, 1954. 安部博純『日本ファシズム研究序説』未来社, 1970. 田中浩「全体主義」,『経済学大辞典Ⅳ』, 東洋経済新報社, 1980. 田中浩「ファシズム」, 田村秀夫／田中浩編『社会思想事典』中央大学出版会, 1982. M. Mayer, *They thought they were free: The Germans 1933-45*, University of Chicago Press, 1955（田中浩／金井和子訳『かれらは自由だと思っていた』未来社, 1983）. Carl Schmitt, *Die Diktatur*, Berlin, 1921（田中浩／原田武雄訳『独裁』未来社, 1991）. 田中浩『カール・シュミット』未来社, 1992.

（田中　浩）

フェミニズム

[英] feminism

「フェミニズム」とは、性の違いによって生じた女性に対する不平等を不当なものと見なし、その是正を求める主張のことを指す。この言葉がイギリスで広く使われるようになったのは20世紀以降であったが、男性と比べて女性が不利な立場に置かれていることに対する不満や疑問の声は、それ以前にも様々な形で表明されていた。近代イギリスでフェミニズム的な異議申し立てを行った代表的な思想家としては、18世紀末のメアリ・ウルストンクラフト、19世紀前半のウィリアム・トムソン、19世紀中葉のキャロライン・ノートン、19世紀後半のJ.S.ミル、20世紀前半のヴァージニア・ウルフが挙げられる。

フェミニズムは、家庭内の男女関係のあり方や教育環境・政治的権利・法的地位における男女差といった、具体的な問題に即して説かれる実践性の高い思想である。そのため、その思想は必ずしも哲学的に精緻化されるとは限らず、またフェミニズムを主張する思想家の間でも、男女平等の実現のために何を重視するのかは、時代状況や社会的立場の違いによって様々に見方が異なる。とりわけ、男女の同一性を主張する「平等派」と、男性とは異なった女性の独自性を強調する「差異派」の間には、フェミニズムの誕生以来、根深い対立と葛藤が存在してきた。ここでは代表的なフェミニストたちの思想を概観しながら、近代イギリスにおけるフェミニズム論の展開を跡づけることにする。

メアリ・ウルストンクラフト

近代イギリスにおけるフェミニズムの創始者とされるのは、ウルストンクラフトである。1789年のフランス革命の勃発後、革命政府が示した公教育の方針に男女平等の原則が貫かれていないことに失望したウルストンクラフトは、『女性の権利の擁護』(1792) を著して、「理性・徳・知識」には性差が存在しないことを主張した。

それ以前にも、すでに17世紀末には高教会派のメアリ・アステルが、デカルト哲学の二元論に基づいて知性における性差を否定し、女性のためのアカデミーの創設を求めていた（『淑女たちへの重大な提言』第1部1694、第2部1697）。ウルストンクラフトはアステルと同様、精神における男女平等を説きながら、ロックの観念連合説を援用して、女性が教育と環境によって理性の行使を阻まれてきたことを指摘した。さらに、ルソーが『エミール』(1762) の中で男女の差異を美化して描いたことを批判して、共和主義的な徳の担い手を男性のみに限定せず、女性にも政治的発言権や経済的独立を獲得させるべきであると訴えた。

ウルストンクラフトは、「平等派」フェミニズムの基盤となる要求を包括的に提示したが、この主張は強い反発を招き寄せた。福音主義者のハナ・モアは、性差を人間の本質的な区別と見なす立場から、ウルストンクラフトの議論を危険視し、女性は神への服従精神を身につけている点で、男性よりも優れた宗教実践を行いうると論じた（『現代女子教育制度批判』1799）。女性固有の特性を打ち出すことで、女性の地位を高めようとするモアの主張は、「差異派」フェミニズムの基本的立場を示すものとなった。

ウィリアム・トムソン

19世紀に入って、ウルストンクラフトの「平等派」フェミニズムを継承したのは、トムソンである。トムソンは、フランスのサン＝シモン主義やフーリエ主義を受容したアナ・ウィラーの協力を得て、『人類の半数である女性の訴え』(1825) を発表し、この中で女性参政権の獲得をフェミニズムの重要課題として位置づけた。

イギリスでは1820年代、功利主義者を中心として選挙権拡大の要求が高まったが、その中で影響力を持ったジェイムズ・ミルは、女性の利益が父親や夫の利益に含まれることを理由に、女性を有権者から排除した（「統治論」1819-20）。トムソンは、同じ功利主義の立場からこれに反対し、女性はいかなる家庭環境にあっても男性と利益が一致するわけではなく、また女性から参政権を奪っても社会全体の利益が増すことにはならないと主張した。トムソンによれば、既存の結婚制度の下では女性が隷属状態に置かれており、だからこそ既婚女性には積極的に政治的権利が与えられなければならないという。

トムソンは、こうして家庭内の権力関係を問題にしながら、さらに資本主義的な自由競争の下では男女の労働者の間に不平等が生じると論じて、結婚の自由と分配の平等に基づいた協同組合論を構想した。

キャロライン・ノートン

議会改革運動の結果、1832年に第一次選挙法改正が実現したが、この改正によって有権者が「男性」（male person）と定義されたため、女性の参政権は法文上明確に否定された。またヴィクトリア時代には、宗教に加えて科学や医学の言説が男女の能力差を力説するようになり、男性を政治や経済といった公的領域へ、女性を家庭内の私的領域へと区分する考えが強まった。

このように男女の差異を「自然」なものとするイデオロギーを利用しながら、女性の法的地位の改善を求めたのが、社交界で知られていたノートンである。ノートンは、自らの不幸な結婚生活をもとに、『19世紀における女性にとってのイングランド法』(1854)を執筆し、コモン・ローに定められた男女の不平等な扱いに修正を迫った。当時のイングランドの法律では、既婚女性は夫の庇護下に入ることで法的人格を失い、妻の財産や子どもの親権はすべて夫に属すると考えられていた。これに対しノートンは、男性が女性よりも優位にあることを認めたうえで、女性はその弱さゆえに男性から「保護を受ける権利」を持つと主張して、遺棄された妻の財産保有を要求した。

1857年には婚姻訴訟法が制定され、別居した妻の財産権が認められた（既婚女性の財産所有が一部可能になったのは1870年）。こうした法改正の背後には、同時期のバーバラ・ボディションらによる請願活動の努力もあったが、ノートンの主張は、「差異派」の論理がフェミニズムの成果を引き出しうることを示す一つの実例となった。

ジョン・ステュアート・ミル

ヴィクトリア時代に性差が強調されるなか、父親ジェイムズ・ミルの主張に反して、1867年、女性参政権の要求を初めて下院に提出したのが、J.S.ミルである。この動議は否決されたが、ミルは妻ハリエット・テイラーの影響を受けて『女性の従属』(1869)を刊行し、自由主義と功利主義の立場から「平等派」フェミニズムの主張を理論化した。

ミルによれば、男性に対する女性の従属は、奴隷制度と同様、歴史的に慣習化されてきたものにすぎず、その原因を「女性の本性」に求めることはできない。人間の性格が教育と環境によって作られる以上、本性における性差は解明不可能だからである。またミルは、家庭内の夫婦の支配服従関係が次世代に不正義を教え込み、さらに女性の能力が十分に発揮されなければ、社会全体の利益が損なわれるとして、女性を従属させる法律が、人類の進歩の障害になっていることを論証した。

法律上の男女平等を求めるミルの主張は、やがて女性参政権運動の穏健派の指導者ミリセント・フォーセットに受け継がれた。19世紀末から20世紀初頭にかけては、パンクハースト母娘の戦闘的行動が刺激となって運動が活発

化し、第一次大戦後の 1918 年には、30 歳以上という制限つきで女性参政権が認められた。さらに 1928 年には、21 歳以上の男女に同等に選挙権・被選挙権が与えられ、ついに政治的権利における男女平等という、フェミニズムの最も象徴的な課題が達成されることになった。

ヴァージニア・ウルフ

このような成果が見られたのち、制度的保障のみでは解決しきれないフェミニズムの問題に光を当てたのが、小説家のウルフである。

ウルフは、女子学生への講演をもとにした『自分だけの部屋』(1929) の中で、女性が精神的自由と経済的独立を勝ち取ることの重要性について論じた。19 世紀後半には、エミリ・デイヴィスをはじめとする教育改革論者の活動によって、女性の高等教育の場が拡大していたが、男性を中心とする学問世界の中で、女性は依然として周縁的な位置に留めおかれた。ウルフは、男性優位の文化の下で、女性が自らの意志を抑える態度を内面化してしまうことを指摘し、こうした態度を克服するために、女性が職業を持って知的活動に携わることの意義を説いた。

またウルフは、女性が創造的仕事を成し遂げるためには、世代を越えて引き継がれた女性独自の伝統を取り戻す必要があると考えて、女性作家の系譜を重視した。女性の経験を一つの連続体として捉えるこの見方には、たしかに「差異派」の要素が含まれていた。ウルフはさらに、男性的発想が戦争を引き起こすのに対し、女性の特性は平和の実現に役立つと唱えて、フェミニズムを反戦論と結びつけた(『3 ギニー』1938)。

フェミニズムの多様化

女性の社会進出が広がった 1960 年代後半には、「ウィメンズ・リベレーション」(日本での俗称「ウーマン・リブ」)と言われる運動が盛り上がった。男女の形式的平等が達成されるまでの時代とは区別して、「第二派フェミニズム」と呼ばれるこの運動は、「個人的なことは政治的である」という命題の下、セクシュアリティや家族という私的領域の中にある権力関係の解明を目指した。

家父長制的な女性抑圧の意識化を促し、北米で主流となったラディカル・フェミニズムに触発されながら、イギリスでは、ニュー・レフト運動と連携した社会主義フェミニズムが影響力を発揮した。その中心的論者であったジュリエット・ミッチェルは、マルクス主義的な資本主義分析にフェミニズムの視点を持ち込み、家族を「生産・再生産・セクシュアリティ・子どもの社会化」という 4 つの構造から分析する必要性を説いた(「女性、最も長い革命」1966)。

こうしたフェミニズムの理論上の分岐に加えて、さらに 1990 年代以降には、人種、宗教、階級、セクシュアリティなどの違いによる、女性どうしの分断という問題が浮かび上がった。「女性」という集合的カテゴリーの自明性が問い直されるなか、複数形の「フェミニズムズ」という言葉が生まれるほど、フェミニズムは多様化しつつある。

【主要文献】Mary Wollstonecraft, *A Vindication of the Rights of Woman*, 1792 (白井堯子訳『女性の権利の擁護』未来社, 1980). John Stuart Mill, *Subjection of Women*, 1869 (大内兵衛/大内節子訳『女性の解放』岩波文庫, 1957). Virginia Woolf, *A Room of One's Own*, 1929 (川本静子訳『自分だけの部屋』みすず書房, 1988). 水田珠枝『女性解放思想史』筑摩書房, 1979. Jane Rendall, *The Origins of Modern Feminism: Women in Britain, France and the United States, 1780-1860*, Macmillan, 1985. Barbara Caine, *English Feminism 1780-1980*, Oxford University Press, 1997. 竹村和子『フェミニズム』岩波書店, 2000.

(梅垣千尋)

福祉国家

〔英〕welfare state

福祉国家の一般的定義

福祉国家とは、市場経済体制の下で、国家が積極的に社会政策や経済政策を実施することによって、国民の福祉に責任を持つ政治体制のことを意味する。福祉国家（welfare state）という概念は、ナチス国家のような戦争国家（warfare state）に対して、「ゆりかごから墓場まで」国民に最低限度の健康で文化的な生活を保障する国家という宣伝用語として使われたのだが、第二次世界大戦後、ヨーロッパ各国の主として社会民主主義政党によって各国民共通の実現目標となるに至った。

イギリスの福祉国家

モーリス・ブルースは、福祉国家とは、「1834年の救貧法改革に現れているような、発展は自然の成り行きに委せよ、と説いた近代の経済制度がもたらした現実の社会問題と害悪を匡正するために、長年にわたって積み重ねられた国家による社会福祉の努力の集積である」としている（秋田成就訳『福祉国家への歩み』法政大学出版局、1984、29頁）。そして、彼は、福祉国家のメルクマールを次の5点にまとめて示している（同上書、524-5頁）。

(1) 必ずしも稼得力に相応し、また保険と扶助の両者に理念の根拠を置くとは限らないが、すべての人に、つねに、文化的生活を送るうえで国民としての最低限の所得が保証されていること。

(2) 生計の資の獲得力を中断、または喪失させる生活上の事故に対して、名目的には完全に保険制度による保護が与えられていること。

(3) 家族の資力によって、その子どもを十分養護できるように、家族手当による子どもへの特別の保護が与えられていること。

(4) 大部分の個人が自力で賄うことのできる以上の、高い共通の基準により、そして、受給者個人の利益になるとともに、社会全体の利益という観点から提供される総合的な給付・教育および保健サービスが存在すること。

(5) 金銭給与より、むしろ、物および人によるサービス、すなわち住宅の提供、老人ホーム、児童福祉、ホームヘルプ、学校給食、その他の環境、および福祉サービスが存在すること。

イギリス流の革命

福祉国家は、「戦争（warfare）のためにできるのなら、なぜ福祉（welfare）のためにできないのか」という、二度にわたる大戦を経験したイギリス国民の根本的な問いかけとコンセンサスによって生まれたのである。1942年の有名な報告書の中で、「ここに提案した社会福祉計画は、ある点で一種の革命である。しかし、それはより重要な点において、過去からの自然の発展である」とW.ベヴァリッジは述べている。そして、その計画の革命性とは、「拠出の見返りとして与えられる最低生活水準に達するまでの給付——権利としての、また資力調査なしの給付を与える」という生存権の思想にあった。イギリス国民は、ここに初めて、健康で文化的な最低限度の生活を営む権利を有することになった。逆に言えば、国家は、すべての国民に対して、公共教育、医療サービス、年金給付、失業保険、公衆衛生などの増進を図ることによって、社会福祉を提供する責任を負うことになったのである。

救貧法体制

イギリスには、もともと救貧法という制度があった。この制度は、1601年、エリザベス朝における救貧法制定に遡ることができる。それは、貧困と貧民をどのように扱えばよいか、という問題に対するイギリス流の解答であっ

た。貧民を放置しておけば、社会騒擾の原因となる。支配体制の安定を保つためには、この問題を教区の責任において処理する。実際には、教区税を納める富裕な資産家の恩恵的負担によって、この問題に対処しようとしたのである。

しかし、18世紀から19世紀にかけての産業革命の進行は、大量の貧民を生み出した。ここに負担の増加に対する資産家の不平不満は頂点に達し、1834年の救貧法改革となったのである。この改革は、当時の支配的思潮となっていた個人主義と自由放任主義を忠実に反映するものであった。自己責任と自助（self help）が、そのキーワードであった。貧困からの脱出は、自助によらねばならないとされた。自由競争を原理とする資本主義経済の下では、勝者と敗者が当然生まれる。それは優勝劣敗の法則の結果であり、勝者はその努力と能力のゆえに、敗者はその怠惰と無能のゆえに、それぞれの運命に至るのである。したがって、貧民は自らの貧困の責任を負わねばならない。このように考えられた。

改正された救貧法は、貧民をその個人的欠陥のゆえに罪ある者と見なし、懲罰として家族解体のワークハウスに収容し、劣等処遇という過酷な扱いをし、スティグマ（stigma：汚名）という社会的烙印を押した。ワークハウスは、人々が恐れる監獄同然の施設となった。このようにして、貧民を救済しようとするのではなく、むしろ救貧を受けようとする人々を抑止しようとしたのである。

救貧法調査委員会の発足

このような救貧法体制は、当然人々の恨みと憎悪の対象となった。そして、19世紀を通じて、貧困はイギリス市民社会を分裂させるほどに蓄積されていった。この救貧法体制に調査のメスが入れられたのは、ようやく20世紀になってから、すなわち1905年の王立救貧法調査委員会の発足によってであった。貧困を自己責任や自助によって解決するという、個人主義や自由放任主義の限界がようやく一般に認められてきたのである。

救貧法調査委員会は、1909年になって報告書を出した。しかし、その報告書は、多数派報告書と少数派報告書に分かれていた。貧困の責任を個人のものと見るか、それとも社会的なものと見るかによって、委員会は多数派と少数派に分かれた。多数派は、救貧法体制の継続の上に諸政策を提案していた。これに対して少数派は、貧困の根本原因を社会構造と救貧法体制に見出し、この救貧法体制を廃止することと、国家の責任において防貧の体制を樹立するというラディカルな解決策を提案していた。そして、国民すべてに健康で文化的な文明国民としての最低限の生活水準の保障、すなわち「ナショナル・ミニマム」という新しい観念を提起していた。それは、国家の性格の根本的変化、すなわち夜警国家から福祉国家への転換を意味していた。この少数派報告書を起草した人は、フェビアン協会を指導したウェッブ夫妻である。

福祉国家の建設

当時政権の座にあった自由党のロイド・ジョージやW.チャーチルは、多数派報告書に基づいて社会政策を実施していった。それが、ロイド・ジョージの「人民予算」（1909）を財源とする1911年の国民保険制度などの「リベラル・リフォーム」である。救貧法体制が、いかに強固なものであったかが分かる。しかし、国家は、社会問題に責任を持つ積極国家へと決定的に変貌した。

1945年から51年にかけて、C.アトリー率いる労働党政府は、ついに救貧法体制を廃止し、ベヴァリッジ報告書に基づいて「ナショナル・ミニマム」を実現する大規模で画期的な社会政策を実施して、ここに福祉国家を建設するに至ったのである。個人主義（self help）に代わって、コレクティヴィズム（state help）

が、時代の精神になった。イギリス人は、長い歴史の過程を経て、ここに新しい社会的責任の体制を確立したと言える。

福祉国家の危機

しかしながら、福祉国家の歴史は、ここで完結を迎えたわけではない。1970年代になると、先進資本主義諸国で「福祉国家の危機」が叫ばれるようになった。それは、1973年の石油ショックを契機とする戦後高度経済成長の終焉を背景としていた。各国は深刻な経済不況と年率10％を超えるインフレの進行、財政収入の悪化と財政支出の増加などに苦しむことになった。とりわけイギリスの状況はひどかった。「イギリス病」の蔓延、イギリスの解体などと、マスコミは騒ぎ立てた。国民は長期の不況と失業者の増大、インフレの高進、イギリスを支配するのは政府か労働組合かを問うストライキの頻発などによって生活の不安に襲われ、他方では、福祉国家の廃止を求める新保守主義の勢力が抬頭してきた。そこで、1979年に登場したのが、サッチャー保守党政権である。

サッチャー政権は、福祉国家の廃絶を公約し、個人の自己責任と自助を国民に求め、「小さな政府」の実現を図っていった。1980年代には、このような「サッチャー革命」が進行した。実際、サッチャー政権は「イギリス病」を根治するために、市場原理主義を貫徹し、財政赤字とインフレを退治するために、多くの国営企業を民営化するなど思い切った政策を次々と実施していった。

「平等」に代わって「自由」が、時代のキーワードとなった。社会的弱者を国家の責任において救済し、結果の平等を達成して市民社会の格差をなくして安定を図るという思想は後景に退いて、自由化の名の下に社会的強者に有利な規制緩和や自由競争が奨励された。ここに再び、強者と弱者の間に社会的格差が拡大していった。民営化政策などによってた

しかにイギリス経済は活気を取り戻した。しかし、他方では、社会的弱者は、経済的淘汰の過程で追い詰められていった。

だが、福祉国家は、終焉を迎えたわけではない。さすがのサッチャー政権も、福祉国家を廃止することはできなかった。歴史は逆戻りできない。国家の社会的責任は、もはや動かしがたいイギリス国民のコンセンサスになっていた。サッチャー政権も福祉予算を廃止するとか、カットするわけにはいかず、実際には、社会福祉費をこれまでの支出項目から他の支出項目に多く振り向けるという社会政策の修正を実施したのである。10年余に及ぶサッチャー政権下で、イギリス福祉国家は新たな変貌を遂げていった。

第三の道

過酷で非情な市場原理主義と市民社会の分裂に疲れたイギリス国民は、労働党の若きリーダーに政権を託した。1997年、圧倒的多数で下院を制したブレア政権は、国民を福祉依存症にする社会政策ではなく、また、福祉国家を敵視するサッチャー政権の政策でもなく、welfare to work（働くための福祉）という新しい概念を掲げて福祉国家の改革に取り組んだ。その政策は、国民を福祉の単なる受益者や消費者にするかつての福祉国家ではなく、他方諸悪の根源を福祉国家に見るサッチャー主義でもなく、国家が個人に働く意欲を持たせ、様々な社会的チャンスの平等化を図る諸条件整備国家となる、いわゆる「第三の道」を追求しようとするものである。すなわち、福祉の思想を国家による「救済」から「奨励」へと変え、それに基づいて個人の自立を図る職業教育や技能教育など社会政策の充実と社会福祉予算の効率的配分を考える、ということである。それは、福祉国家の質的変革、言い換えれば、「どのような福祉国家であるべきか」という新しい福祉国家像の探求を意味する。そして、そのことは、イギリス国民への問い

かけでもあった。

イギリス福祉国家の課題

1997年、ヨーロッパ各国のGNPに占める社会支出の割合は、デンマークが31.4％、フィンランドが29.9％、スウェーデンが33.7％、ドイツが29.9％、フランスが30.8％、オランダが30.3％、である。イギリスは26.8％で（Katrougalos and Lazaridis, *Southern European Welfare States,* 2003, p.21）、政府は相対的に低い比率の福祉関係費しか支出していないのである。この点から見るならば、現状では、イギリスはけっして福祉先進国とは言えない。福祉国家のモデルは、多くの場合、北欧諸国に求められている。

しかし、高度の福祉水準を実現し、そして維持していくためには、国家予算の大きな割合を社会保障費に支出しなければならない。国民は、その所得の大きな割合を納税しなければならない。このような「高福祉・高負担」の問題は、北欧諸国でも深刻化している。国家は、どこまでその社会的責任に耐えられるのか。人々は、一方的に国家の社会的責任を求める前に、自分たち自身の問題として福祉国家のあり方を考えねばならなくなっている。

この点で、イギリスでは、市民たちの自発的な福祉活動や慈善活動がきわめて活発であり、これらの市民社会における活力が福祉国家を支え、補完していると言えよう。これらは、social helpとか、mutual helpと言われ、市民が国家のみに頼らず、コミュニティの活力を生かそうとするもので、イギリス市民社会の成熟を物語っている。英語でpublicとは、みんなの、すべての人に開かれた、という意味で、各地域の図書館、市民ホール、公園など、また都市全体がパブリックなものとして市民によって維持・保存されている。イギリスの福祉国家では、このような民間のNGOやNPOの活動、そして市民の社会参加やボランティア活動などが、総体として彼らの言うコモンウェルスを作り上げているのである。

福祉国家の完成されたモデルとか完結した形態とかはなく、市民は政党や政治家とともに、福祉国家のあるべき姿を未来に向かってたえず議論し、探求し、形成していかねばならないのである。

【主要文献】G. Esping-Andersen, *Welfare State in Transition,* Sage Publication of London, 1996（埋橋孝文監訳『転換期の福祉国家』早稲田大学出版部, 2003). ——, *Social Foundations of Postindustrial Economics,* Oxford University Press, 1999. P. Pierson ed., *The New Politics of Welfare State,* Oxford University Press, 2001. C. Jones ed., *New Perspectives on the Welfare State in Europe,* Routledge, 1993. J. Peck, *Welfare State,* The Guildford Press, 2001. M. Bruce, *The Coming of the Welfare State,* Batsford, 1961（秋田成就訳『福祉国家への歩み』法政大学出版局, 1984). 大沢真理『イギリス社会政策史』東京大学出版会, 1986. 東京大学社会科学研究所編『福祉国家』全6巻, 東京大学出版会, 1984-85. 名古忠行『イギリス社会民主主義の研究——ユートピアと福祉国家』法律文化社, 2002. ——『ウェッブ夫妻の生涯と思想——イギリス社会民主主義の源流』法律文化社, 2005.

（名古忠行）

普遍化可能性

〔英〕universalizability

　ヘアによって1950年代中頃に作られた用語。ヘアによれば、普遍化可能性とは価値判断の論理的性質であり、いかなる価値判断も、普遍的(universal)原則を含意するという意味で普遍化可能であるが、以下では道徳判断について述べることにする。

普遍的、個別的、一般的、限定的

　普遍化可能性が道徳判断の論理的性質であるなら、いかなる道徳判断も普遍的原則を含意する。しかし、その原則は必ずしも一般的(general)で単純な原則であるとは限らない。なぜなら、ヘアは「普遍的」を、大まかに言えば、「個体に言及しない」という意味で用いているからである。

　ヘアの用法に従えば、「誰でも祖国のために戦うべきだ」に比べて「虚弱でない男性なら誰でも祖国のために戦うべきだ」は「限定的」(specific)である(逆に、後者に比べて前者は一般的である)が、どちらも個体に言及していないので普遍的である。これに対して、「虚弱でない日本の男性なら誰でも日本のために戦うべきだ」に比べて、「日本人なら誰でも日本のために戦うべきだ」は一般的(general)である(逆に、後者に比べて前者は限定的である)が、どちらも日本という個体に言及しているという意味で個別的(singular)であり、普遍的ではない。このように、一般的であるか、それとも限定的であるかの区別は相対的であるが、普遍的であるか、それとも普遍的でないかの区別は絶対的である。

普遍化可能性と道徳判断

　ヘアの主張では、たとえば、「この状況において、花子は太郎に真実を語るべきだ」という個別的判断が道徳判断であるためには、この個別的判断は「この種の状況において、誰でも他者に真実を語るべきだ」という原則を含意していなければならない(この原則は、「この」という個体への言及を含んでいるが、「この種の」となっているので、普遍的である)。したがって、私がこの個別的判断を道徳判断として下しているなら、私は「この種の状況において、誰でも他者に真実を語るべきだ」という普遍的原則を受け入れる用意がなければならない。さもなければ、私はこの個別的判断を道徳判断として下してはいない。

普遍化可能性は論理的性質か

　普遍化可能性がなぜ道徳判断の論理的性質であるのかについて、ヘアはいくつかの理由を与えている。

　(1) 道徳判断は一定の規準(criterion)を前提に下されるのだから、同じ規準が満たされる限り、同じ道徳判断が下されなければならない。したがって、いかなる道徳判断も潜在的に普遍的である。

　(2) 道徳判断は理由によって支持されなければならない。したがって、同じ理由が当てはまる限り、同じ道徳判断が下されなければならない。このことは、いかなる個別的な道徳判断も普遍的な道徳原則を前提していることを意味する。

　(3) 道徳語の第一義的な意味は、人に行為をするよう指図するという意味、すなわち指図的意味であるが、道徳語は、これとは別に、記述的な意味も持っている。記述的意味は、記述的意味を決定する普遍的規則を前提している。したがって、個別的記述判断が普遍化可能であるのと同様に、道徳判断も普遍化可能である。

　(4) 「なければならない」(must)や「べきである」(ought)は真理様相と義務様相を表す。これらの語が真理様相を表す場合、これらの語を含む個別的判断は何らかの妥当な法則に似た普遍的命題に基づいて必然性を主張

している以上、義務様相についても同様である。

(5) いくつかの状況について、それらを記述する道徳外（nonmoral）の普遍的性質がまったく同じであるにもかかわらず、人が異なる道徳判断を下すなら、その人は矛盾を犯すことになる。なぜなら、道徳的性質は、道徳外の性質に随伴している（supervenient）からである。

しかし、(1)〜(3)の理由に対しては従来から批判がある。規準や理由や記述的意味規則の中に何らかの個体への言及が含まれていても、それらは規準や理由や記述的意味規則でありうるからである。

また、(4)については、それが道徳判断の普遍化可能性の十分な根拠となりうるか、いまだ十分な検討がなされておらず、さらに(5)については、道徳的性質の随伴性を否定することなく、道徳判断の普遍化可能性を否定することができるとの見解もあり、したがって、普遍化可能性が道徳判断の論理的性質であるか否かについては現在も論争中である。

普遍化可能性と公平性

ヘアは『道徳的に考えること』（*Moral Thinking*）において、彼のメタ倫理学説から規範倫理として選好功利主義が導かれると主張している。その議論は、すでに触れた道徳語の指図的意味（道徳判断の指令性）も加えて相当複雑なものになっている（ヘアがどのような意味で前者から後者が「導かれる」と言っているのか、それ自体がしばしば議論の的である）が、要点を簡潔に述べれば次のようになる。

私がある状況において道徳判断を下すとき、私は、道徳判断の普遍化可能性によって、その判断を一つの適用例として含む普遍的原則を受け入れる用意がなければならない。そしてそのことは、私が私の行為の影響を受ける誰の立場にあっても、私はその原則を受け入れる用意がなければならないということである。すると、私は、私自身の選好を含めて、私の行為の影響を受けるすべての人々の選好を私自身において再現しなければならない。そのうえで、私が自愛の思慮だけに基づいて判断する場合と同様に、私は私自身の選好と私自身において再現された他者の選好を全体として最も充足する行為をしなければならない。

しかし、ここで問題になるのは、公平性ないしは公平な観点である。たとえ効用が最大化されるとしても、私が私の行為の犠牲者の立場に立つとき、私はその行為をすることを望まないだろう。それでも私はその行為をするべきだと私が言うには、私はその犠牲者の立場からいったん距離を置いて、私自身を含めて関係するすべての人々の選好を公平な観点から扱わねばならない。けれども、この公平な観点は、はたして普遍化可能性から導かれるだろうか。逆に言えば、普遍化可能性から導かれるのは、せいぜいのところ、私は私の行為の影響を受けるすべての人々の選好を私自身において再現しなければならない、ということだけではないだろうか。

このように、ヘアの言う道徳判断の普遍化可能性には、これまで述べてきた、主として二つの問題が残されているのである。

【主要文献】R. M. Hare, *Freedom and Reason,* Oxford University Press, 1963（山内友三郎訳『自由と理性』理想社、1982）. ―, *Moral Thinking*, Clarendon Press, 1981（内井惣七／山内友三郎監訳『道徳的に考えること』勁草書房、1994）. Nelson T. Potter and Mark Timmons eds., *Morality and Universalizability,* D. Reidel Publishing Company, 1985. Soshichi Uchii, "Sidgwick's Three Principles and Hare's Universalizability", in *Memoir of the Graduate School of Letters* 38, Kyoto University, 1999.

（樫　則章）

普遍と特殊

〔英〕universals and particulars

個物は特殊（particular）であるが、その性質は普遍（universal）である。普遍とは、ある種類の事物のすべてについて当てはまる性質のことである。たとえば、赤さ（redness）は赤い事物のすべてについて当てはまる性質であり、普遍である。

特殊は、具体的なものと抽象的なものに分けられる。前者は時間空間的に存在するものであり、後者は時間空間的に存在しない特殊である。物質的事物や出来事は前者であり、数1、2などは後者である。普遍は、性質と関係に分けられる。性質は一つの対象において例化（instantiate）される。たとえば、あるバラが赤い場合、赤さがそのバラにおいて例化されると言われる。

ところで、抽象的・普遍的なものは、具体的な個物、つまり特殊とは別個にあると言えるのだろうか。それとも、抽象的・普遍的なものは具体的な個物の集まりの名前にすぎないのだろうか。

普遍実在論と唯名論

この問題は、ヨーロッパ中世以来、「普遍論争」として知られてきた。真に存在するものは個物ではなく普遍であり、普遍は個物に先立って（ante rem）存在するという主張は「普遍実在論（あるいは実念論）」（realism）と呼ばれる。他方、存在するのは個物だけであり、普遍は音声（flatus vocis）でしかないという主張を「唯名論」（nominalism）という。両者の中間に位置するのが「概念実在論（あるいは概念論）」（conceptualism）である。これは、普遍性や一般性をわれわれの心のうちに位置づけ、われわれが事物を概念の下に包摂する能力を持っており、それにより一般化や分類をなすことを指摘する。唯名論も、概念ではなく語について同様の主張をする。つまり、語はその本性は特殊であるが、表現において一般的である、と言われる。最後に、心像論（imagism）と呼ぶ立場がある。これはH.H.プライスが付け加えたものであるが、唯名論者が語に与えている役割を心像に帰属させる立場である。

普遍論争

プラトンのイデア論は存在論的には普遍実在論と言える。ただし、イデア論が普遍論だとすれば、である。たしかに、イデアは普遍であるが、それはパラダイムであり模範でもあったから、イデア論はまず価値論であって、それを普遍論とだけ見ることはできない。アリストテレスは、イデア論を批判し、普遍は実在するが、個物に内在するのであって（in re）、個物と離れては存在しない、と考えた。

普遍が先か特殊が先かのこの論争はボエティウスによって始められたとされる。ポルピュリオスの『エイサゴーゲー』（アリストテレスのカテゴリー論入門）に対する彼の注釈は普遍論争の口火を切ったと言われるが、彼自身の見解はアリストテレス的で、普遍（類と種）は事物に内在するが、それと切り離して理解されるというものであった。

この論争は中世の12世紀にいちばん激しかった。フランスの神学者アベラールはその立役者の一人であるが、どちらかと言えば反実在論であった。しかし、普遍をたんに言葉にすぎないと見なす唯名論を支持することはなく、概念（sermones）として実在するという立場（概念実在論）を採った。14世紀のウィリアム・オッカムは普遍は語にすぎないという極端な唯名論を採ったことで知られている。オッカムは、当初は、普遍が論理的存在でしかないと主張した。それは語の意味であり、事物の自然的記号である概念に対応する（事物の）規約的な記号である。「普遍」という語は、いわばメタ言語に属する。その場合、しかし、

事物がクラスを構成し、われわれはそれを把捉する、ということは前提されている。実際、オッカムはのちには概念論を受け入れるようになっていった。

抽象観念

近世哲学、とりわけイギリスの哲学者たちは唯名論をはっきりと主張するようになる。ホッブズは、言葉だけが、多くの個物に当てはまることによって、普遍となりうると主張した。普遍の問題は、抽象観念あるいは一般観念について、それらは、心がそれらを思い抱く際、一般的であるかまたは特殊的であるか、という問題として議論された。

ロックは、『人間知性論』の第3巻で、言葉は観念を意義表示（signify）する、という。ロックは、存在するものはすべて個物（特殊）であるとする唯名論を採るので、一般名辞はどのようにして意味を持つのかという問題が生じる。一般名辞は無差別に多くの個別的事物に当てはめられる。しかし、名辞が観念を意義表示するとすれば、一般名辞は抽象観念を意義表示するのでなければならない。抽象観念は知性の抽象作用によって得られる。知性は個別的観念から特殊性（時間や場所など）を捨象することによって抽象観念を得る。たとえば、三角形の一般観念は等辺でも二等辺でも不等辺でもないとともに、そのすべてでもある。

バークリーは『人間の知識の原理』の序論でロックの抽象観念説を攻撃した。バークリーはある種の抽象能力を認める。たとえば、われわれは胴体のない頭を想像できる。しかし、われわれは別々に存在することが不可能な性質を分離して思い抱くことはできない。たとえば、運動する物体とは別個の運動という観念を形成することはできない。色のない延長の観念も同様である。さらに、特定の性質を捨象することによって形成される一般観念がある。人間一般や三角形一般の観念である。

しかし、われわれは白人でも黒人でも黄色人種でもない人間を想像することはできないし、斜角でも直角でもないし、等辺でも不等辺でもない三角形を想像することはできない。観念はすべて特殊な個別的観念である。

しかし、個別的観念を一般的に用いることはできる。特定の三角形は同じ種類の他のすべての三角形を表示ないし代表することによって一般的になりうる。私が「三角形の内角の和は二直角である」と証明するとき、なるほど私が用いている三角形は特殊なあれやこれやの三角形であるが、その証明においては特殊な点は言及されていない。それゆえ、その証明は他のすべての三角形に当てはまるのであり、それは、この証明が三角形の抽象観念について行われたからではない。

ヒュームは、これを「最も偉大で、最も価値ある発見の一つ」と呼んだ。ヒュームは、『人間本性論』でこう述べた。「一人の偉大な哲学者［バークリー］が、この点に関して一般に認められていた説を論駁して、すべての一般観念は一定の名辞と結びつけられた特殊観念に他ならず、この名辞がより広範な意義表示を観念に与えて、時に応じてそれと似た個別観念を思い起こさせる、と主張した」と。

ラッセル

ラッセルは、『哲学の諸問題』において、普遍を、センス・データや自我と並んで、見知り（acquaintance）の対象の中に含めた。彼の立場は伝統的な経験論とは違っていた。彼は、「もしわれわれが白さあるいは三角形性という普遍を避けたいと思うならば、われわれはある特殊な白い斑点あるいはある特殊な三角形を選び、何かが白いまたは三角形であるのは、それがわれわれの選んだ特殊と然るべき仕方で類似している場合である、というであろう。しかし、その場合、求められている類似は普遍でなければならないであろう」という。ラッセルによれば、バークリーやヒュームは、「普

遍として性質だけを考え、関係を無視した」ために、普遍を避けることができると考えたのである。

ラッセルは、『人間の知識』では、特殊は普遍の集まりに他ならないという大胆な主張を展開した。たとえば、私が同時に持つ様々な経験の集まりがある。ラッセルはこれを「共現前関係の完全な複合体」（complete complex of compresence）と呼ぶ。これがいわば特殊であり、これが繰り返して起こることは論理的に不可能ではないが、経験的にはきわめてありそうにない、とラッセルは言う。

ストローソン、ダメット、アームストロング

ストローソンは、普遍の同定は個物の同定に依存するのであって、その逆ではない、と考えた。「ソクラテス」という語によってどのような特殊が意味されているかを知ることには、ソクラテスを同定するのに役立つ何らかの事実を知ることが含まれている。他方、「知恵」という語によってどのような普遍が意味されているかを知ることには、何かそのような事実を知ることは含まれていないのであり、たんにその言語を理解することだけが含まれている。

ダメットは、ストローソンが二種類の対象の区別の規準を出していると思い込んでいる、と批判している。概念に対応する普遍があるかどうかは、その概念表現の理解だけで決められるものではない。普遍が存在するかどうかは、それに対応する記述を満たすものがあるかどうかにかかっている。その場合、どのような普遍があるかは、対象についての事実によるであろう。たとえば、デイヴィッド・アームストロングの普遍論はこの考え方にそっている。それはアポステリオリな普遍論であり、普遍に関するアポステリオリな実在論である。

この問題において注意すべきことは、個物だけが存在するという主張を、独立に存在するものは個物だけであるという主張と混同すべきでない、ということである。後者の主張は前者ほど極端なものではない。それは個物優先の思想であって、普遍排除の思想ではない。しかし、同じことは普遍についても言えるであろう。

【主要文献】P. V. Spade, *Five Texts on the Medieval Problem of Universals,* Hackett, 1994. H. H. Price, *Thinking and Experience,* Hutchinson, 1953. John Locke, *An Essay concerning Human Understanding,* 4th ed., 1700（大槻春彦訳『人間知性論』全4冊，岩波文庫，1972-77）．George Berkeley, *A Treatise concerning the Principles of Human Knowledge,* 1710（大槻春彦訳『人知原理論』岩波文庫，1958）．David Hume, *A Treatise of Human Nature,* 1739-40（大槻春彦訳『人性論』全4冊，岩波文庫，1948-52）．Bertrand Russell, *The Problems of Philosophy,* Oxford University Press, 1912（高村夏輝訳『哲学入門』ちくま学芸文庫，2005）．——, *Human Knowledge: Its Scope and Limits,* 1948. P. F. Strawson, *Individuals,* Methuen, 1959（中村秀吉訳『個体と主語』みすず書房，1978）．Michael Dummett, *Frege,* Duckworth, 1973. D. M. Armstrong, *Universals and Scientific Realism,* 2 vols., Cambridge University Press, 1978.

（中才敏郎）

ブルームズベリー・グループ

〔英〕Bloomsbury group

　20世紀の初頭に、ロンドンのブルームズベリー地区で活動した知識人のグループで、略称はブルームズベリー。L.スティーヴンの子女のうちの4人（トウビー、ヴァネッサ、ヴァージニア、エイドリアン）と、ケンブリッジ大学トリニティ・カレッジの読書クラブ「深夜会」（the Midnight Society）のメンバー（L.ストレイチー、C.ベル、L.ウルフ、S.シドニー＝ターナー）を中心に成立し、のちにR.フライ、D.グラント、J.M.ケインズ、D.マッカーシー、M.マッカーシー、E.M.フォースター、S.ウォーターロー、D.ガーネット、G.ショーヴ、J.ストレイチー、M.ストレイチー、H.T.J.ノートンらが加わった。

成立と背景

　グループ成立のきっかけは、1905年2月に、ケンブリッジ大学の秘密結社「使徒会」（the Apostles Society）のメンバーを中心に1899年に結成されたサークル「深夜会」の集まりが、ブルームズベリー地区ゴードン・スクエア46番地のスティーヴン宅で開催されたことであった。同所にはトウビーとヴァネッサ、ヴァージニア、エイドリアンが、1904年に他界した父レズリーの抑圧的で陰鬱な記憶の残るハイド・パーク・ゲイトから逃れるように移り住んでおり、自由な生活を試みていた。当初はトウビーがケンブリッジの友人たちと話すために自宅で開催した集いであったが、ヴァネッサとヴァージニアも参加するようになり、この二人の女性が参加したことで、会には大きな変化がもたらされることになった。集まりは毎週木曜の夜10時から12時まで開かれたが、財産と教養のある男どうしが、酒、煙草、軽い食事のあるくつろいだ雰囲気の中で、文学、哲学、宗教、政治についての議論を楽しむという「使徒会」以来の会の伝統に、深夜まで男性を相手に臆することなく議論を挑む、大胆で自由奔放な二人の才媛が加わることで、きわめて独特な親密圏が誕生したのである。

　のちにケインズが回想しているように、グループにおける闊達な議論を支えていたのは、かつて「使徒会」のメンバーだったG.E.ムアが『倫理学原理』（1903）の中で提唱した「人間的な交際の快楽」や「美しい対象の享受」が「それ自身において善いもの」であることを疑わない美的な「宗教」であり、その「最大の利点の一つ」は「道徳を不要にしてくれた」ことであった。スティーヴン家に充満していた陰鬱なヴィクトリア朝的な道徳からの解放を望んでいたヴァネッサやヴァージニアはこの「ムアの宗教」を受け入れ、以後、二人はグループの中心的存在となる。トウビーの突然の病死に打ちのめされたヴァネッサが1907年にC.ベルの求婚を受け入れると、ヴァージニアはエイドリアンとともにフィッツロイ・スクエア29番地に転居し、以後、同所は、ヴァネッサの住むゴードン・スクエアとともに、同グループの会合の場となった。

後期印象派展と良心的兵役拒否

　内輪での親密な会話の中で充足していたグループのメンバーが外部の社会と関わりを持つようになったきっかけは、1910年にフライが中心となってブルームズベリー地区のグラフトン・ギャラリーで開催した「マネと後期印象派」展であった。「使徒会」出身で、ニューヨークのメトロポリタン美術館のキュレイターを務め、すでに美術批評家としても有名だったフライは、ベル夫妻の紹介でゴードン・スクエアでのグループの会合に参加するようになったばかりであったが、フランスで活躍する新しい画家たち――セザンヌ、ゴーギャン、ゴッホ、マティス、ピカソ、ドラン、ルオー、モーリス・ドニら――の作品をイギリ

スに紹介するというフライの企画に、フランス文化に憧れを持っていたグループのメンバーは賛同し、運営に協力するなかで、自分たちが追求している新しい感受性の具体的なありようを展覧会の中に見出した。とくに批評家としてのC.ベルとL.ストレイチー、画家としてのヴァネッサとグラント、そして小説家としてのヴァージニアは、後期印象派の絵画から決定的な影響を受けることになった。

だが他方、同展覧会に向けられた一般大衆からの嘲笑と非難は、グループのメンバーに、自分たちの新しい価値観が外部の社会の不寛容の対象となっているという自己理解をもたらすことになった。その結果、メンバーたちは、秘密結社の如く狭い殻に閉じこもりがちになると同時に、外部の社会に抗してでも自分たちが大切だと信じるものを守ろうとする傾向を示すようになった。

そのようにしてグループ内に芽生えた信条は、第一次大戦期に、反戦運動と良心的兵役拒否という形で現れた。C.ベルは『いますぐに平和を』というパンフレットを刊行し、ロンドン市長に発禁処分を受け、エイドリアンはブルームズベリー地区のベドフォード・スクエアに置かれた反戦派議員の組織「民主的支配のための同盟」（UDC）の事務局で働き、L.ストレイチーは「徴兵反対国民会議」（NCC）と「徴兵阻止の仲間」（NCF）に参加し、徴兵制反対の論陣を張った。そして戦時下で徴兵制が施行されると、メンバーの多くは良心的兵役拒否を申し出て、審判を受けた。戦争や徴兵制について、すべてのメンバーが同じ考えを持っていたわけではなかったが、橋口稔が言うように、のちにフォースターが述べた「国家を裏切るか友を裏切るかと迫られたときには、国家を裏切る勇気を持ちたい」という「私の信条」は、メンバー全員に共有されていたと言っても過言ではない。

成果と消滅

1910年代後半には、C.ベル『芸術』(1916)、L.ストレイチー『著名なヴィクトリア朝人たち』(1918)、ヴァージニア・ウルフ『夜と昼』(1919)、ケインズ『平和の経済的帰結』(1919)、フライ『ヴィジョンとデザイン』(1920) などと、メンバーの大きな成果が発表されるようになり、20年代になると、人々のグループへの関心と評価が一気に高まり、メンバーたちは社会的な成功を収めた。

だが、皮肉にも、ヴァネッサの回想にあるように、「古いブルームズベリー」の親密な人間関係はすでに第一次大戦期に失われていた。1920年3月に、グループの過去を次の世代に語り継ぐための「メモアール・クラブ」(the Memoir Club) が結成され、メンバーが移り住んだサセックスを中心に、1960年代頃まで断続的に集まりが開催されたが、それは文字通り、回想のための会合であった。ヴァネッサの息子クウェンティンが述べているように、20年代はブルームズベリーのイメージが形成された時期であると同時に、ブルームズベリーが赤く輝き燃えさしとなってゆっくり消えていった時代でもあったのである。

【主要文献】S.P. Rosenbaum ed., *Bloomsbury Group Reader,* Blackwell, 1993. Quentin Bell, *Bloomsbury,* Weidenfeld & Nicolson, 1968 (出淵敬子訳『ブルームズベリー・グループ──二十世紀イギリス文化の知的良心』みすず書房，1972). 橋口稔『ブルームズベリー・グループ──ヴァネッサ，ヴァージニア姉妹とエリートたち』中央公論社，1989. 平井俊顕『ケインズとケンブリッジ的世界──市場社会観と経済学』ミネルヴァ書房，2007. Berel Lang, "Intuition in Bloomsbury", *Journal of the History of Ideas* 25/2, 1964. Tom Regan, *Bloomsbury's Prophet: G.E. Moore and the Development of His Moral Philosophy,* Temple University Press, 1986.

（小田川大典）

分析哲学

〔英〕analytic philosophy

歴史的呼称としての「分析哲学」

　BBCで行われた連続講演をもとに論文集として刊行された『哲学の革命』(1956)という本がある。これは1950年代半ばという時点において、当時のイギリスの哲学者たちが、19世紀末から1950年代中頃までのイギリス哲学の発展を回顧し、展望したものである。そこでは、20世紀のイギリス哲学において、19世紀後半に支配的であったブラッドリーらの絶対的観念論ないしヘーゲル主義的一元論に対するムア、ラッセルによる批判から始まって、ラッセルとホワイトヘッドの共著『プリンキピア・マテマティカ』(1910-13)へのフレーゲの影響、ラッセルとウィトゲンシュタインの論理的原子論、論理実証主義、ムアの概念分析の方法、日常言語学派へと展開してきた様子が概観されている。その中でストローソンは、これらは各々傾向を異にしながらも「一言で異論なく表現されるある共通点」を持っているとし、それを「分析」という言葉で表している(「分析」に関して共通の考えが存在したというわけではないと彼は断っているが)。歴史的呼称としての「分析哲学」という用語は、この分析重視の哲学動向に対して用いられてきたものである。

「論理分析」の二つの形

　ラッセル、前期ウィトゲンシュタイン、論理実証主義者らは当初、分析の手段としてフレーゲとラッセルとに帰されるべき記号論理学(命題論理と述語論理)を用いたので、彼らの方法は「論理分析」と呼ばれる。この方法においては、ある命題は多かれ少なかれその意味が等しい別の命題を構成することによって分析されるが、第二の命題は少なくとも第一の命題の表現形式によって隠されていた意味の構造を明瞭にしなければならない。

　論理分析を唱えた人々は一般に、命題に分析を施していくと、意味の一切の複雑性が完全に明瞭化されたような世界の究極的要素を直接描写する命題としての「原子命題」に到達するはずであると考える傾向があった。たとえば論理分析は「論理的原子」に終着点を持つと考えた時期のラッセルは、それを「センス・データ(感覚所与)」、つまりある色を持つ、形ある広がりといった知覚の直接的描写であると考えた。1930年にイギリスにもたらされた論理実証主義でも、いわゆる「検証命題」は当初センス・データ命題であると考えられた。

　ラッセルが1905年に提示した「記述の理論」は、「哲学的分析の模範」(エア)と称えられたが、彼がとくに着目したのは「確定記述」(英語において定冠詞theを含んだ唯一性を表す語句)である。フレーゲはそれを特定のものを名指す固有名として扱ったので、「現在のフランスの国王」という句もまた非現実的対象(プラントン的イデア)を名指すことになる。しかしラッセルによれば確定記述は見かけ上は語として命題の中に現れていても、けっして固有名ではない。「『ウェーヴァリー』の著者」という句は「誰かxが『ウェーヴァリー』を書く」という「命題関数」であるというのが彼の論点の柱であった。そのような観点からは、たとえば「スコットは『ウェーヴァリー』の著者であった」は、「xは『ウェーヴァリー』を書いたということ、そしてもしyが『ウェーヴァリー』を書いたとすればyはxと同一であることがyに関してつねに真であるということ、さらにスコットはxと同一であるということがxに関してつねに偽ではない」にパラフレーズされるべきだと提案したのである。このときその著者が現実に存在する場合には、この命題の真偽は「スコットはその現実に存在するあるものと同一であった」ということの真偽のみによって決まってくる。しかしそ

の著者が存在しない場合には、下線の部分が偽であるので命題全体は偽となる。このような分析の仕方からすれば「現在のフランス王は禿頭である」は端的に偽となる。「現在のフランス王」は実際には存在しないからである（「丸い四角」「ケンタウルス」などの非現実的存在者を指示するように見える語句を含む命題もこれに準じて分析される）。

　前期ウィトゲンシュタインも同様の分析の観念を持っていたが、「命題の意味の確定性のテーゼ」から要請される「要素命題」の思想には、プラトニズム的意味論が残っている。「要素命題は名の連関、連鎖である」、「名は命題において対象を代表する」、「対象が名の意味である」。この「対象」に関しては「単純なもの」、「成立していることがどのようであってもそれについて語りうるもの」、「プラトンにおいても、『それは説明されえず、名指されうるだけである』」と言われている。この意味での「対象」が、真であれ偽であれ要素命題が有意味であるために存在しなければならないとされているのである。この「対象」という概念の理解のためには、次の発言が示唆的である。「『[現実に]存在しないものをいかにして想像できるのか』と尋ねられたら、多分答えは『……[現実に]存在する諸要素の[現実に]存在しない結合を想像するのだ』となるように思える。ケンタウルスは[現実に]存在しないが、[その構成要素たる]人間の頭と胴と腕と馬の脚は[現実に]存在するのである。『だが[現実に]存在しているどんな対象ともまったく異なった対象だって、想像できるのではないだろうか』——それに対し『いやできない。要素、つまり個体[＝対象]は存在しなければない。もし赤さや丸さや甘さが存在しなかったら、それらを想像しえない』と答える傾向があるだろう」（『青色本』）。よって「対象」とは、「時間的」で「移ろいやすい」「センス・データ」ではなく、「不変・堅固・厳密」で「無時間的」とされる『哲学の諸問題』

(1912)の時期のラッセルの「可感的質」(sensible quality)としての「色」などの普遍者であると考えられる。「赤いものは破壊されうるが、赤さは破壊されえない。だから『赤』という語の意味は赤いものの存在とは独立している」（『哲学探究』）。ここでは、「赤」という名の意味の同一性を保障するものとして破壊不可能な赤さの存在が想定されている。だがこのように色を「対象」と見なすことは「要素命題の相互独立性のテーゼ」と抵触し、いわゆる「色排除問題」（たとえば「これは赤い」が「これは青い」を論理的に排除すること）に対処できないのではないか。彼はこの時期この問題は、要素命題とは度合いを付与された色などに関する命題であり、「これは赤い」などの日常的色彩命題は、諸要素命題の論理和と論理積で分析可能という方向で解決可能という見通しを抱いていた節がある（「論理形式について」1929）——もちろん度合いを数字で表現する以上ここでも排除問題が再度起こってくることに彼はのちに気づいたのであるが。

それ以後の「分析哲学」

　しかしいずれにせよ上記のような分析の方法がイギリス哲学を支配したのは、30年代前半までのことである。それ以後はより単純なものへの追求という形態の分析だけが唯一の哲学の方法ではないと気づかれるようになったが、それには後期ウィトゲンシュタインの言語観の変化も影響していると考えられる。彼は30年代前半に前期の分析の観念を完全に捨て去るが、それと平行して「言語ゲーム説」の構想が展開されつつあったのである。

　戦後の分析重視の哲学活動には、二つの流れがある。一つは、主に米国におけるカルナップやクワインなどの流れで、「人工言語学派（再構成学派）」と呼ばれる。彼らは初期の分析哲学者たちと同様に、記号論理学からその着想を受け継いでいる。彼らは必ずしも究極的要素へ到達することを目標とはしなかった

にしても、記号論理学の道具立てを用いて、一見混乱した不正確なものの代わりに、明瞭で秩序整然としたもの（人工言語）を提示しようとしたのである。

　もう一つは、ムアや後期ウィトゲンシュタインの影響の下に主にオックスフォード大学の哲学者によって行われた活動の流れで、「日常言語学派」と呼ばれる。この学派は一般に、日常的言葉の表現形式に細心の注意を払う態度を共有した。そこでは「分析」が求められるにしても、一つの言語の枠内でのあまり判然としない表現形式からより判然とした表現形式への、あるいは誤解を招きやすい表現形式から明瞭な表現形式へのパラフレーズを見出すという形で行われる。たとえば真理の本性や存在の本性を問題にする場合に、「真の」という形容詞や「存在する」という動詞の出てくる文を、これらの表現が出てこずまたそれらの同義語も出てこない文へ翻訳することによって行おうとするようなやり方である。

「分析」重視の二つの流れの方法の相補性

　これらの流れの各方法はある程度互いに補いとなるものである。それは、人工言語学派においては、構成された典型の単純さは、それが実際の用法の複雑さと対照されれば実際の用法を解明するための助けとなりうるだろうし、日常言語学派においては、日常言語の働きの観察を行うことは単純化された典型を適切に構成するためにぜひ必要であるという理由からである。その観点から、冒頭で言及した本の中でストローソンは、分析哲学の課題を次のような二つの課題——それらはさらに二つずつの課題に分けられる——と規定している。

　まず第一は、哲学の「批判的」課題である。(1)「治療的」課題。伝統的形而上学では常識に衝撃を与えるばかりではなく、何か受け入れがたい非常に奇妙な結論が導き出されることがあるが、それはそこで用いられて用語が日常的用法と食い違っているからであるということがしばしばある。この「概念的歪み」を矯正するためには、「その形而上学的使用」を「日常的な使用」へと連れ戻し、「歪みを生じさせる圧迫の源」を突き止めなければならない。「治療的」態度とは、当面の課題を、そのつどの哲学的な概念的歪みの治療と見なす態度である。(2)「体系的研究的」課題。それは単なる治療という目的からいったん離れて、「様々な言語形式や論述型や概念型に関して、……より立ち入った検討と、より体系的な整理や記述に乗りだす」という態度である。

　第二は、哲学の「想像的」課題である。(1)「説明的」課題。われわれの概念機構の全体の理解のためには、それがどんな働きをするかだけではなく、なぜそれがそのように働くか知らなければならない。これは「われわれの思考の本性が、世界の本性やわれわれ自身の本性にどのように根ざしているか」を説明しようとする企てである。そのためには、「われわれの経験が根本的に異なっていると想像してみることによって、われわれの概念枠はどのように修正される必要があるか」を考察してみることが有効である。(2)「発明的あるいは構成的（形而上学的）」課題。これは「世界の本性が根本的に異なっていないにもかかわらず、異なった概念的枠組みを媒介としていかに世界がわれわれに見えるかを顧みてみる」企てである。このような意味で「想像的な」哲学者（たとえばバークリー）が実際に行ってきたことは、「常識人」(plain man) が見る世界と同一な世界を異なった角度から見てみる企てと見なせる（かくして彼らが、実在の変装を看破して世界の本質を発見したと主張してきたのは根拠がないということになる）。

今日における「分析的」哲学とは

　ところが70年代の後半から今日まで英語圏においては、表立って「分析哲学」を標榜する哲学者はあまりいなくなった。今日英語圏の哲学界においては、認識論、言語哲学、形

而上学の分野に多くのパラダイムが出現し、哲学の問題と方法についてのコンセンサスはないに等しい。しかしそれにもかかわらずローティは、「［英米の］大部分の哲学者は多かれ少なかれ広義においては『分析的』であると言われてもよい」（『プラグマティズムの帰結』1982）と述べている。それでは広義において「分析的」哲学の特徴はどのようなものであると考えたらよいであろうか。

一つは、言語重視の哲学を「分析哲学」と呼ぼうとする考え方である。「言語論的転回」という用語で英語圏の現代哲学を特徴づけようとしたローティは、人工言語学派と日常言語学派の両方の傾向を指して用いたようである。しかし最近分析哲学とは「ポスト・フレーゲ」の哲学であり、言語の哲学がその主題の基礎であるというダメットの主張が議論を呼んでいる。彼の定義によれば、「分析哲学」とは、思考に関する哲学的理解は言語の説明によって与えられなければならないとする哲学のことである。ここでそれと対照されているのは、思考（意識の志向性）が言語による理解に先行している、哲学は思考を第一に探究すべしと主張する現象学や一部の英語圏の哲学者の主張である。ダメットのこの定義は、ハンス＝ヨハン・グロックが指摘しているように、事実認定というよりは「ある種の約定」としてよく理解される。その約定の目的は、「彼が価値あるものと見なしている種類の哲学の境界設定を行うこと」である。

先述のローティは今や何が哲学的問題であるかの主題は重要でなくなり、その「スタイル」が重視されるべきであると述べている。哲学者に必要な能力は「論証を示す能力」、「どんな論証の中にも欠陥を見出す」とともに、「どんな見解に関してもそのために構成可能な見事な論証を構成する能力」である。「分析哲学的」態度とは、「純然たる知性、問題解決能力」を持って哲学的問題（何がそれであるかは哲学者によって異なる）に携わる態度である。

D.フェレスダールによれば、分析哲学を特徴づけるものは、「哲学的な問題に対する個々の取り組み方」のみある。それは「論証と正当化」、つまりある哲学的立場を受け入れたり、拒否したりするための理由に強い関心を払う態度である。彼によれば、哲学に「分析的に」携わるべきである理由は、それが「よい哲学」であるからという理由だけではなく、「個人的な倫理や社会的な倫理に関わる理由」のためである。他者を説得しようとする場合に、強制や単なる修辞的技巧によってではなく、「理性的な論証」を用いて行うということは、他者を自律的で理性的存在者と見なすことである。だがそうすると、「分析哲学」を哲学の一動向と見なすのは誤りであるということになるので、「分析的／非分析的」という区分はあらゆる哲学に「横断的」であり、合理的論証に与えている重要性次第で、大陸圏の哲学者の中にも程度の差こそあれ「分析的」哲学者がいることになる。ここまで広げると「分析哲学」という用語の出自を無視することにも繋がりかねないが、「開かれた哲学」という方向性を継承する定義として注目に値する。

【主要文献】 *The Revolution in Philosophy,* with an introduction by Gilbert Ryle, Macmillan, 1956（福鎌達夫訳『改訂 哲学の革命』関書院新社，1957）．R. Rorty, *Consequences of Pragmatism: Essays, 1972-1980*, University of Minnesota Press, 1982（室井ほか訳『哲学の脱構築』御茶の水書房，1985）．Michael Dummett, *Origins of Analytic Philosophy,* Duckworth, 1993（野本和幸訳『分析哲学の起源』勁草書房，1998）．P. M. S. Hacker, *Wittgenstein's Place in Twentieth-Century Analytic Philosophy,* Blackwell, 1996. Hans-Johann Glock ed., *The Rise of Analytic Philosophy,* Blackwell, 1997（吉田ほか訳『分析哲学の生成』晃洋書房，2003）．

（米澤克夫）

ベイズの定理

〔英〕Bayes' theorem

18〜19世紀の確率論において、有限回の試行の結果からある原因が作用している確からしさを求める問題が、「逆問題」(inverse problem) と呼ばれた。これは、現代的に言えば、観察結果に基づいて仮説の確からしさを定める問題に相当する。逆問題の解決はまずベイズによって示され、のちに、それとは独立にフランスのラプラスによっても示された。現代の確率論で「ベイズの定理」と呼ばれるものに対応する明示的な表現は、ベイズよりもむしろラプラスの「確率の逆算法」に見出すことができる。ベイズの定理を用いて仮説の確証の論理を解明しようとする現代の哲学的立場は、ベイズ主義と呼ばれる。

ベイズの原論文とプライスの「付録」

トマス・ベイズ (Thomas Bayes, 1702-61) は、長老派の聖職者であると同時に、数学と科学に通じ、1742年にはロイヤル・ソサエティの会員に選ばれた。それは主として微積分学に関するニュートンの理論をバークリーの批判 (『解析家』1734) から擁護した業績によるものと考えられている。

逆問題の解決を含む論文「偶然の学説における一問題の解決に向けた試論」(1763) は、彼の死後、同じく長老派の聖職者であったリチャード・プライスにより、彼の手になる解説と、ベイズの本文に含まれる「諸規則の、いくつかの個別的な事例に対する応用を含む付録」を付して、ロイヤル・ソサエティの機関誌に発表された。

ベイズの論文が扱った問題は、「(蓋然性の程度が) 知られていない出来事が生じた場合と生じなかった場合の数が与えられたとき、それが (1回の試行で) 生ずる蓋然性が、任意の二つの数の間にある見込みを求める」ことである。その直接的な応用例としては、宝くじのようなくじを引く際に、これまで10本に1本の当たりがあった場合、くじ全体に含まれている当たりの比率が 1/9 から 1/11 の間である見込みの正しさの度合いを求めるというような問題が考えられる。しかし、プライスの「付録」は、そのような問題に先立って、これまでの観察で一様に生じた事象に対する確信の度合いの問題を扱っている。この議論は、経験に基づく蓋然的な推理に関する推理についてのヒュームの議論への応答を意図したものと考えられている。

プライスとヒューム

ヒュームによれば、相伴って生ずる二つの事柄を一度限り観察したときに、その間に必然的な関係が見て取れないとすれば、同種の相伴を何度繰り返して観察したあとにも、そこに必然的な関係を認める理性的な根拠はない。恒常的に相伴う二つの事柄の間に必然的関係を認め、その一方が生じるときに、もう一方もまた生ずることを確信するようにするものは、理性には基づかず、習慣に規定される精神の作用なのである。

プライスは、同種の出来事がすべての試行で一様に生ずるとき、次の試行で同じ出来事が生ずる蓋然性が 1/2 と 1 の間にある見込みを求める場合にベイズの結果を応用し、p回の試行でつねに同じ出来事が生じたとき、次の試行で同じ結果が生ずる蓋然性が 1/2 以上である見込みは、その反対の見込みに対して、$2^{p+1}-1$ 対 1 の高さであると述べる。そしてこれが、一様に同じ出来事が繰り返し起こるのを観察することに基づいて、次の機会にも同じ出来事が生ずるであろうという確信することの、理性的根拠であると主張する。

ラプラスの逆算法と「定理」の現代的定式化

ラプラス (Pierre-Simon Laplace, 1749-1827) の確率の逆算法は、「出来事によ

る原因の蓋然性についての覚書」(1774)で示され、『確率の哲学的試論』(1814)では、その第六原理として定式化されている。それは、観察された事象について、それを生み出しうる互いに背反な原因がいくつか考えられるとき、そのうちの一つの原因が働いた確率を求める問題への解答として提出された。

ラプラスの第六原理を記号式で表現すれば以下の通りとなる。観察された事象 e の可能な原因が c_1 と c_2 の二つである場合、e の条件の下で c_1 が存在する確率 $P(c_1, e)$ は、次の通りである（ラプラスは、c_1 と c_2 がアプリオリに等確率である場合を基本とし、そうでない場合をその変形として述べている。下の式は c_1 と c_2 が等確率とは限らない一般の場合である）。

$P(c_1, e) = P(e, c_1) / (P(c_1) P(e, c_1) + P(c_2) P(e, c_2))$

現代におけるベイズの定理の定式化には、いくつかのヴァリエーションがあるが、その一つは次のようなものである。背景知識 g の下で互いに背反ですべての可能性を尽くす n 個の仮説のリストを $h_1, h_2, ... h_n$ とする。このとき、証拠 e が得られた場合の、n 個の可能な仮説のうちの任意の仮説 h_j の確からしさ（仮説 h_j の事後確率）は次のように求められる。

$P(h_j, e\&g) = P(h_j, g) P(e, h_j\&g) / \Sigma_i P(h_i, g) P(e, h_i\&g)$
$(1 \leq i \leq n)$

ラプラスの結果との対応は明らかであろう。

ベイズ主義とその批判

ベイズの定理が述べているのは、仮説の事後確率は、証拠が得られる前の仮説の確からしさ（事前確率）と、仮説を用いずに、背景知識に照らして得られる証拠の予測確率、および、仮説を用いた場合の予測確率によって定まるということである。ベイズ主義は、証拠に基づいて信念の度合いが改定される過程がこの定理に従う合理性を持つとする。

20世紀の確率論において、まずケインズは、確率を、信念の度合いではあるが、合理的な基準に基づいて客観的に一つに定まるものと見なす論理説を採った。これに対して、確率を、個人によって異なりうる主観的な信念の度合いと見なす主観説が、ラムジーらによって唱えられた。今日、ベイズ主義と主観説はほぼ同じものとして扱われるが、整理の仕方によっては、論理的ベイズ主義と主観的ベイズ主義を区別したり、ベイズ派の中で個人主義者と客観主義者を区別する場合もある。ベイズ主義を採用することに伴う諸問題の解決をめぐってベイズ主義者のうちで意見が分かれるのに対して、ベイズ主義そのものに反対する立場としては、確率を事象の生ずる客観的な頻度として解釈する頻度説、客観的事象に内在する傾向と見なす傾向説がある。ベイズ主義者が、ベイズの定理と帰納推理を結びつけるのに対して、帰納推理の合理性を否定し、反証主義を掲げるポパーが、確率の傾向説を採るように、確率の哲学的解釈の相違は、科学の方法の理解をめぐる相違と結びついている。

【主要文献】Thomas Bayes [with an introduction and an appendix by Richard Price], "An Essay towards solving a Problem in the Doctrine of Chances", *Philosophical Transactions* 53, 1763. Pierre-Simon Laplace, *Essai philosophique sur les probabilités*, 1814（内井惣七訳『確率の哲学的試論』岩波文庫, 1997). Andrew I. Dale, *A History of Inverse Probability: From Thomas Bayes to Karl Pearson*, Springer, 1991; 2nd ed., 1999. John Earman, *Bayes or Bust?: A critical examination of Bayesian confirmation theory*, MIT Press, 1992. D.ギリース（中山智香子訳）『確率の哲学理論』日本経済評論社, 2004. 内井惣七『科学哲学入門』世界思想社, 1995.

（伊勢俊彦）

ベーコン主義

〔英〕Baconianism

　主に科学論の分野で使われている言葉で、自然についての個々の感覚的経験、すなわち観察と実験の記録を生のデータとして、そこから帰納法により法則的知識が得られるというF.ベーコンに由来する考え方を指す。この考え方は、経験を超越した思弁を排して、つねに経験的あるいは実験的検証に依拠する近代科学の実証的性格を代表するものである。

仮説形成と数学的定式化

　通例、ベーコンの思想に欠けていた側面として仮説の形成や数学の使用が挙げられる。これらはいずれも自然の探究に不可欠の道具である。数学の使用については、すでに同時代のガリレオが大成功を収めている。ガリレオは、『天文対話』や『新科学対話』の中で自然学において数学的明証性を求めること、自然現象に数学的証明を適用することについて述べていた。

　仮説の形成について言えば、すべてが経験からの連続的な帰納によって達成されるわけではなく、経験からの帰納によらない仮説を用いて説明しなければならない多くの事象があることを指摘しなければならない。直接に、あるいは道具を使って観察することができない事物、たとえば陽子や電子は理論的存在であるが、科学の理論はわれわれが直接に観察できるものを指示していない用語を用いて構成され、その統一的な説明と演繹された検証可能な理論的予測の提示によって成果を挙げている。ベーコン的帰納法に対して仮説演繹法が主張されるゆえんである。

　そこでベーコン主義に対し、現象を統一的に説明するための原理としてそれ自体は経験からの帰納によらない仮説の役割を重視する考え方が対置されうる。また、科学史家のT.クーンのように、「ベーコン的科学」として実験を重視する物理科学の型を一方に置き、数学的定式化を重視する型をこれに対置する考え方がでてくる。

ニュートンと仮説

　ニュートンは『プリンキピア』の中で仮説について述べている。すなわち、実験哲学においては現象からの帰納によって推論された命題に注目すべきことを説き、想像される反対の仮説を退ける。また、「一般的注解」には「私は仮説を立てない」という言葉がある。この言葉は重力の未知の原因に関してのもので、実験的検証にさらされないような仮説の疑わしさをいうものであり、仮説がおしなべてそうだという意味ではない。事実、ニュートンの業績において仮説が一定の役割を果たしたと言われる。しかし、上述の言葉が後世に大きな影響を与えて、仮説の積極的な役割を認めないベーコンの帰納的実証的な方法論を支持する立場を広めることになった。

自然の予断と自然の解明

　フランシス・ベーコンの構想する『大革新』は人生に対する価値と効用のための学問、人間の利益と偉大さの基礎を据える学問の建設に道を開くものである。その第2部にあたる『ノウム・オルガヌム』が全体の要である。『ノウム・オルガヌム』は新しい知識についての新しい方法の書であり、経験からの帰納が中心になっている。その背景に、自由に放っておかれた知性に対する不信があった。ベーコンによれば、自然の精細さは知性の精細さに勝っているので、知性の自発的な活動は自然を相手にするとき失敗する。知性は放っておかれると個々の経験から性急に最も一般的な命題に飛躍し、あとから中間の命題を導き出そうとする。ベーコンはこのやり方を退ける。個々の経験から順を追ってしだいにより一般的な命題へと進み、そして最も一般的な命題

に到達するのは最後でなければならない。

　感官の知覚から出発する新しくて確実な道をベーコンは求めている。これまで人は経験に本腰を入れずに、精神の思索と作りごとに時間を費やしてきた。第一原理からの演繹はこれに属する。それは、自然に対して用いられる人間の推理であって「自然の予断」と呼ばれる。従来の自然研究の現状はこのようなものであった。自然の予断は、正当な仕方で自然から取り出される推理としての「自然の解明」とは異なる。そこでベーコンはまず自然の予断を招く知性の自発性を抑制する。

　「自然は服従することによってでなければ征服されない」という言葉は、何よりも知性の自発性を抑えることを意味している。知性は放っておかれると怪しげなものになるので、指図され助けられる必要がある。人間の知性は翼を与えられるべきではなく、跳躍をしないよう重しを付けられるべきである。この重しに当たるのが個々の経験的事実であり帰納法であった。ベーコンの思想の特徴がこの点によく表れている。放っておかれた知性の活動に対する厳しい警戒は、ベーコン自身もその影響下にあった当時の思想状況と無関係ではない。

イドラ論

　われわれの知性には上の指図があれば十分なはずであるが、しかし人間知性は歪んだ鏡に似て個々の経験的事実からくる光をすでに誤った形で受け取っている。それゆえ、事物からくる光をまっすぐに受け取ることができるように、あらかじめ知性の鏡を平坦に磨いておかなければならない。知性に取り付いて深く根を降ろし、知性の鏡を歪ませている諸々の幻影を取り除くこの作業はベーコンのイドラ論としてよく知られている。「種族のイドラ」、「洞窟のイドラ」、「市場のイドラ」および「劇場のイドラ」がある。

　種族のイドラは人間という種族に固有のものである。目的因のように人間の本性に属するものを自然の本性に持ち込む傾向はその一例である。また、知性は意志と感情に染められていることから、対象に即してではなくむしろ自分にとって都合のよい思い通りの学問が生じる。

　洞窟のイドラは各人に特有のものである。すなわち、各人は個人的な洞窟を持っていて、その制限のために事物からくる光を遮ったり弱めたりする。特定の学問への過度の愛着は他の研究に空想を持ち込む。また、古いものあるいは新しいものの愛好によって知性は影響される。また、教育や習慣によって起こる知性の歪みもこれに属する。

　市場のイドラは人間相互の交際から生じるものである。言葉によって人々は結ばれるが、間違った言葉の使用は知性を混乱させ、空虚な論争に引き入れる結果になる。実在しないものの名称、その規定が混乱している名称が使われる場合がこれにあたる。

　劇場のイドラは架空の芝居がかった世界を作り上げる現在と過去の哲学を指す。詭弁的な哲学、経験的な哲学、迷信的な哲学に分類されていて、第一のものはアリストテレスの哲学、第二のものは錬金術師やギルバート（『磁石論』の著者）の哲学、第三のものはピュタゴラスやプラトンの哲学をそれぞれ指している。

アリストテレス批判

　ベーコンがイドラ論に力を入れているのはそれだけ障害の大きさを物語っている。とりわけ、アリストテレスに対する批判は洞窟のイドラや劇場のイドラでも目立っており、彼の論理学によって自然哲学は台無しにされたという根本的な批判が見られる。これに対して、ベーコンの「ノウム・オルガヌム」はアリストテレスの論理学に取って代わる新しい論理学の意味を持っていた。その目的は、知性を導いて自然をあるがままに探査し、物体

の法則を見出すことである。アリストテレス批判はガリレオの『天文対話』や『新科学対話』にも見られ、その新しさがともにアリストテレスの権威に対抗してのものであることが判る。中でも、論理学が発見への刺激という点から見れば幾何学にはるかに劣るなど、論理学に関する批判にベーコンと共通するものがある。

自然誌と実験誌

　イドラ論を通して啓発された知性は自然の解明に向かう。自然の解明は経験から一般的命題を引き出す部門と一般の命題から新しい経験を引き出す部門とに分かれる。経験をどのように自然の解明に役立てるかはベーコンにとって重要な部分である。ここで言う経験は現象の原因の発見を目的として収集された経験である。そして、その蓄積である「自然誌」と「実験誌」が、そこから一般的命題を引き出すために、知性に提供される基礎データになる。自然誌は自然の自由な活動における観察の記録であり、実験誌は人間の技術によって圧迫された自然の観察の記録である。事物の本性は後者においてよりよく顕れるとされる。また、経験は、それが実験である限りで、最も優れた論証であるとも言われている。これらのことから、実験重視をベーコンの思想の大きな特徴として挙げることができる。

　自然誌と実験誌の収集は労力と費用を要する一大事業であり、自然の解明の成否を決める基礎である。ベーコンの『ニュー・アトランティス』では、自然の研究を目的とした研究所「ソロモン館」の研究者たちの仕事に実験の収集、試行がある。基礎データの収集がここでは共同作業になっていることが判る。しかし、これらの基礎データはまだ多様かつ乱雑であるから「事例の表」へと整理される。知性は次に「帰納法」によって指導され、表から一般的命題の発見に至る。

帰納法

　ベーコンの帰納法は「展示の表」、「排除の表」ないし「否定的事例の表」、「肯定的事例の表」によって完成される。展示の表は、たとえば熱の本性を研究しようとする場合、熱が見出される事例の表(現存の表)と熱が欠如している事例の表(不在の表)と熱が増減する事例の表(程度の表)の三つである。これらの表から、熱のあるところには必ずあり、ないところにはなく、その増減に応じて増減するような一般的性質を発見すれば、それが熱の本性である。

　しかし、直ちにその発見に向かう前に、排除の表がある。排除の表は熱の本性に関係がなく、したがって除外してよい事例の表である。このように、まず否定的事例から出発してあらゆる排除をしておくことが必要である。なぜなら、われわれが最初から肯定的事例に向かうと、想像や憶測や間違った概念の入り込んだ命題が生じるからである。こうして確実性の段階を踏んだのち、最後に肯定的事例、すなわち熱の本性が何であるかを明らかにする事例が述べられる。ベーコンが見出した熱の本性は「運動」であった。これが自然の解明の一例である。

【主要文献】J. Stephens, *Francis Bacon and the style of science,* University of Chicago Press, 1975. Francis Bacon, *Novum Organum* (服部英次郎訳『ノヴム・オルガヌム』河出書房新社, 1973). 石井栄一『ベーコン』清水書院, 1977. 内井惣七『科学哲学入門』世界思想社, 1997. 小林道夫『科学哲学』産業図書, 2003. I.ハッキング (渡辺博訳)『表現と介入』産業図書, 1986.

(丹下芳雄)

封建制

〔英〕feudalism 〔仏〕féodalité

封建制の概念

「封建制」とは、17世紀になって初めて用いられた言葉で、中世ヨーロッパの社会を理解するために用いられた概念である。その語はラテン語の封土 feodum に由来する。この概念は不確かで、その意味は論者によって広狭かつ多岐にわたって用いられているので、それに明確な定義を与えるのは困難である。

封建制は、通常、封土を媒介とした主君と家臣との間で取り結ばれる主従関係を指す。これは、誠実義務に基づいて自由に結ばれるゲルマンの従士制と、主君が家臣に対して土地を授与するローマの恩貸地制に起源を持つとされる。両者の結びつきは、9世紀から11世紀に、カロリング帝国がノルマン人やイスラムなど周辺諸民族の侵入によって解体、分権化が生じたときに起こった。こうして自立した諸権力は、国王にまで至る封建的階層秩序を生み出し、それはとくに北フランスのライン・ロワール間において典型的に展開した。

封建的主従関係は互いが義務と権利を有する双務契約である。すなわち、主君が家臣に保護を与え、封土の保有を認めるのに対し、家臣は主君に一定期間の軍役奉仕、助言、財政支援を行うことが期待された。また、封建的主従関係は、臣従礼（オマージュ）による象徴的儀礼によって結ばれた。それは、誠実宣誓と托身儀礼（両手を合わせて主君の両手の間に置く行為）と封土の授与（土地を象徴する小枝や土塊の手渡しなどの象徴的身振り）からなる。封建契約は個人間の契約であり、違反があれば破棄も可能であったし、複数の主君と封建契約を結ぶこともできた。こうして封建契約を通じて封建的階層秩序が形成される。国王は、その頂点に立つ最高封主であった。

ただし、人的紐帯のシステムとしての封建制について、これをあくまで社会の副次的要因にすぎず、政治的序列編成の背後に国家的秩序が厳然として存在していたとして、近年レノルズが異議を唱えていることも見逃すべきではないだろう。

封建社会論

一般には、西欧中世では、封建制が社会を規定する重要な要素として大きな影響を及ぼした。社会はまさに「封建社会」だったのである。封建化について、デュビィのフランス・マコネ地方の研究が戦後強い影響力を持った。中世初期の領主は、直接経営する直営地と農民に貸与される小作地からなる「古典荘園」を支配していた。領主は、賦役や貢納、結婚や死亡の際の土地保有権の移動など様々な制限を農民に課し、人格的支配も行った。10世紀半ばから有力領主は城砦を建築し、そこを拠点にして一円的な城主支配圏（シャテルニー）を形成し、その領域内の住民に、軍事的保護者かつ治安維持者としてバン（罰令を伴う強制権）を行使し、課税した（バン領主制）。この際、領主は農民を従属化、武装能力のある者を封臣とした。こうした城主支配が各地に多数出現した結果、カロリング的地域秩序は解体し、封建化が進んだとされる（「封建革命」）。

ただし、この「変化」は、紀元1000年頃の西欧一般に見出せる現象と考えることはできない。たとえば、ドイツのようにバン領主制があまり浸透しなかった地域もある。地域により異なる過程と進度で「変化」が進んだ結果、各地で複数の封建社会が出現したと考えるべきである。

イングランドにおける封建制の形成

イングランドの封建制は、アングロ＝サクソン期からの自生的発展に、ノルマン征服による強力な王権の支配という要素が加わり、

大陸とは異なる独特の発展を遂げることとなった。

イングランドでは、アングロ＝サクソン期（おおよそ5世紀頃から1066年のノルマン征服まで）にすでに、主君への軍事奉仕とその見返りとしての土地保有や領主制の出現と発展など封建制の萌芽となるものが認められていた。これらの理解については、スタッブスからステントンに継受されたゲルマニスト的社会像が通説とされる。すなわち、移住当初のアングロ＝サクソン社会は、ゲルマン社会に特徴的な原始氏族制的であったが、部族国家間闘争やヴァイキングなどの外来者との戦いに直面するなかで統合され、また、一人の人物の支配が実現していく過程において、社会の構成員の自由が喪失し、血縁制原理が崩壊し、軍事的主従関係が生じた結果、社会が封建化したと見なすものである。

一方、対立学説であるロマニストは、次のように反論する。移住当初からアングロ＝サクソン社会は領主とその従属民からなる領主制的社会であり、これが先行するローマン・ブリテン時代の隷属的「ウィラ」体制に適合的であったため、両体制が合体して封建社会に移行したと主張したのであった。

ノルマン征服の史的意義と封建制の発展

独自の封建制の発展を見せつつあったイングランドに、突然外部から衝撃が加えられた。1066年のノルマン征服である。まず、イングランドにおける封建制成立に、ノルマン征服の果たした意味について論争が戦わされた。ノルマンディー公によって封建制が導入され、既存の体制は一変したとする断絶・導入説と、逆に、封建制はすでにアングロ＝サクソン期より実現されつつあり、征服は一過性の影響にすぎないという連続説が、二大潮流であった。結局、征服以前にも封建制と類似の秩序形成への動きがあったことは間違いないが、封建制の原理は外から導入され、その後の社会を律する秩序となったとされた。

イングランドの封建制は、ウィリアム1世により国王と直属封臣との間に設定されていたが、約1世紀後のヘンリ2世時代には、直属封臣からその配下の騎士へ封土の再下封が進行し、下級騎士にまで及ぶ貴族社会全体の秩序となった。

こうして成立したイングランド封建制の特質は、封建制を主軸とする国制がアングロ＝サクソン末期に進んでいた一国的統治組織を継受し整備することで、集権的封建制を達成したことであった。つまり、通常、封建制は権力の分有を一つの本質とするのであるが、イングランド封建制は、11世紀末の時点でフランスに比しても中央権力の強さが際立っていたのである。12世紀、ヘンリ1世治下で、文書行政の確立、クリア・レギスの強化、財務府の独立、巡回裁判制の開始など集権的傾向が新たな発展を見せ、さらに、ヘンリ2世治下では、陪審制や巡回裁判制の確立、「シェリフ審問」「武器条令」、教会裁判権の制限など王権強化が進み、一般に言う「封建王制」が確立するに至った。ただし、同時に王権は貴族権力の制約を受けざるを得なかったし、有効な統治を行うために、封建制に由来する人的関係に依存せざるを得なかったことも注意すべきである。

バスタード・フューダリズム

13世紀に入ると、交換経済の発展などの社会変化を背景に、封建制も変質した。第一に、中間領主（土地を付与した領主と直接的な関係を持たない者）が出現する。男系の断絶によって、騎士の封土が分割されたためであった。第二に、騎士が地主化した。戦うことを生業としていた者が土地を所有する貴族になったのである。その結果、兵の徴集が困難となり、エドワード3世治下までに、軍役奉仕に対して金銭による報酬を支払うという正式な契約を結ぶことに基づいた主従関係が広

まった。これを契機として、14・15世紀の社会に、政治的腐敗と堕落を招いた。大貴族の下には、このような金銭による私的契約で結ばれた私兵が結集し、彼らは平時には主君の権威を背景に各地で無法を働いた。

C.プランマーは、以上のような中世末期イングランドの政治的混乱と無秩序をバスタード・フューダリズム（擬似封建制度、庶子封建制度）と呼んだ。すなわち、バスタード・フューダリズムの歴史的意義については、従来説がその秩序破壊的側面を強調していたように、否定的な見解が主流を占めていたのである。

これに対し、1945年、K.B.マクファーレンは、バスタード・フューダリズムを、土地を媒介とする従来の封建的主従関係が金銭を媒介とする個人的契約関係に代わり、忠誠の伴わない人的結合関係が発達した社会状況と捉え、積極的に評価した。また、彼はこれがそれ以前の封建制とは本質的に異なる14・15世紀の社会に独特の社会関係であるとする。金銭契約であるバスタード・フューダリズムは、インデンチュアと呼ばれる文書で契約され、それに基づいて、従者は戦時には兵力として平時には家政で主君に奉仕した。この見返りに、主君は賃金を支払い、お仕着せを与えた。地方の有力貴族の下には、このような契約に基づいたジェントリたちが集まり、アフィニティ（類縁集団）と呼ばれる集団を形成した。

バスタード・フューダリズムの性質と意義をめぐっては、これ以降も実証研究の進展と同時に、様々な点が明らかにされてきた。たとえば、M.ヒックスは、地方の有力諸侯が一地域内の中小領主層と結んだ契約を通じて、安定した秩序を維持しようとしていた側面を指摘した。また、A.ポラードは、北部においては伝統的な封建制が同時に存続し、金銭授受が主従関係の絆の希薄化を必ずしも招くものではないことを指摘した。これ以外にもバスタード・フューダリズムの様々な側面が明らかとされている。いまだ議論され続けるバスタード・フューダリズムは中世末期イングランドにとって不可欠の社会現象なのであり、今後このような視点からこれを捉える必要性があろう。

【主要文献】M. Bloch, *La societe feodale,* Paris, 1939（堀米庸三監訳『封建社会』岩波書店，1995）．K. B. McFarlane, "Bastard Feudalism", *Bulletin of the Institute of Historical Research* 20, 1945. F. L. Ganshof, *Feudalism,* Longman, 1952（森岡敬一郎訳『封建制度』慶應通信，1968）．F. M. Stenton, *The First Century of English Feudalism 1066-1166,* Clarendon Press, 1961. S. Reynolds, *Fiefs and Vassals: the Medieval Evidence Reinterpreted,* Oxford University Press, 1994. P. R. Coss, "Bastard Feudalism Revised", *Past and Present* 125, 1989. M. A. Hicks, *Bastard Feudalism,* Longman, 1995. オットー・ヒンツェ（阿部謹也訳）『封建制の本質と拡大』未来社，1966．青山吉信『イギリス封建王制の成立過程』東京大学出版会，1978．鶴島博和「11，12世紀イングランドのfeodum概念について」，『西洋史研究』新輯9，1980．新井由紀夫「15世紀前半のイングランドに於けるジェントリとアフィニティ」，『史学雑誌』95-8，1986．梁川洋子「中世末期イングランドにおけるバスタード・フューダリズムの流行」，『西洋史学』177，1995．H.K.シュルツェ（千葉德夫ほか訳）『西欧中世史事典――国制と社会組織』ミネルヴァ書房，1997．アンソニー・ポラード「イングランドにおける後期封建制度――リッチモンドシャーの場合」，笠谷和比古編『公家と武家――その比較文明史的研究』国際日本文化研究センター，2004．佐藤彰一／池上俊一／高山博編『西洋中世史研究入門〔増補改訂版〕』名古屋大学出版会，2005．

（古城真由美）

法実証主義

〔英〕legal positivism

「法とは何か」という問いは、古代ギリシア以来の法哲学・法思想史上の難問である。法実証主義は、その難問に答えようと試みる立場の一つである。法実証主義の基本的主張は、自然法論との対比において示すことができる。自然法論は(1)自然法と実定法の二元論と(2)「法と道徳(正義も含む広義の道徳)融合論」を主張する。対する法実証主義は、(1)実定法一元論と(2)「法と道徳分離論」を主張する。以下では英米を中心として、法実証主義の理論展開を辿りたい。

法実証主義と自然法論

「法とは何か」という問いに答えようとする学問的営みを振り返れば、古代ギリシア・ローマの時代から19世紀までは、自然法論が優勢であった。しかし、近代国家法が整備される19世紀には、実定法一元論などを意味する法実証主義がしだいに支配的になった。イギリスでは、18世紀後半から19世紀にかけていち早く自然法観念を批判し、実定法一元論を説いたベンサムがいる(『法一般論』1782執筆、1945出版)。彼の法-主権者命令説は、J.オースティンに継承され、古典的分析法理学の伝統が生まれた(『法理学領域論』1832、『法理学講義』1863)。19世紀のドイツでは、法典ができると、法典の中の制定法を絶対視する法律実証主義(ないし制定法実証主義)が強くなった。19世紀のフランスでも、ナポレオン法典を絶対視する注釈学派が支配的になった。

ケルゼンの法実証主義

20世紀の代表的な法実証主義者は、プラハ出身のケルゼンである。彼は、新カント学派の方法二元論や価値相対主義を前提にして、法理論を展開した。法学は、当為の世界にある実定法を「不純なもの」を交えずに、徹底した規範論理主義に基づいて分析すべきものとされている。ここでの「不純なもの」とは、様々な倫理的価値判断やイデオロギーの要素と、政治学や社会学で言う事実的要素である(『純粋法学』1934；第2版1960)。

ハートの法実証主義

20世紀後半のもう一人の代表的な法実証主義者は、H.L.A.ハートである。彼はベンサム的伝統を継承しながら、洗練された法実証主義理論を展開した。彼はさらに、オースティンの法-主権者命令説に修正を加えることを通じて、自らの法概念論を形成した。その意味でハートは、ベンサムやオースティンの古典的分析法理学の伝統を継承している。

ハートは『法の概念』(1961)で、日常言語学派の手法などを駆使し、近代国家法の特徴・構造を解明しようとした。彼は、銃を持った銀行強盗が銀行員に「金を出せ」と命令する状況の分析から出発する。この例は、法は制裁を伴った主権者の「命令」であるという、オースティン的な法-主権者命令説をモデルとする。しかしそのモデルでは、近代国家法の特徴は適切に説明できない。国家法は単なる命令ではないからである。そこで、「命令」に代えて「ルール」の概念が導入される。ルールは、義務賦課的ルールと権能付与的ルールに区分される。義務賦課的ルールである一次的ルールしかない法以前の社会では、ルールは静態的・非効率的・不明確である。そうした欠陥を是正するために、変更のルール、裁定のルール、承認のルール(「認定のルール」という訳語もある)が導入される。

変更のルールは、社会的変化に応じて、従来のルールを改廃したり新しいルールを創造したりする権能を誰かに付与し、その手続を定めるルールである。裁定のルールは、ルール違反の有無やルールの解釈をめぐる争いを

解決する権能を誰かに付与し、その手続を定めるルールである。承認のルールは、その国ないし社会において遵守されるべきルール、しかも妥当（法的に有効）なルールが何であるかを定めるルールである。これら三種類のルールは、法以前の社会における一次的ルールに関するメタ・ルールであるため、二次的ルールと呼ばれる。

　承認のルールは、その国において遵守されるべき妥当な法的諸ルールが何であるかを特定する重要なルールである。承認のルール自体は、裁判官などの公務員たちの間におけるコンヴェンションとして存在する。承認のルールに妥当性を付与するものは何もないから、それは「究極的ルール」であるとされる。一次的ルールしかなかった法以前の社会は、二次的ルールが加わることで、法的社会に移行する。近代国家法の中心には、このような一次的ルールと二次的ルールの結合が存する。

司法的裁量論をめぐって

　ハートによると、法的ルールには意味の明確な「核」の部分と意味の不明確な「半影」の部分がある。当該事件に関係する法的ルールが存在しないとか、ルールがあっても曖昧であるようなハード・ケース（難事件）では、裁判官は司法的裁量を用いて事件を処理しており、司法的立法を行うものとされる。

　ハートの司法的裁量論には、R.ドゥオーキンからの批判がある。ハード・ケースの司法的裁定では、法実証主義者の言う「ルール」とは違った性質や機能を持つ「原理」（principle）が用いられている。原理は、ルールの解釈を方向づけたり、ルールの適用を左右したり、ルールとルールの衝突を解決したりする働きをする。原理は道徳的なものではあるが、裁判官たちの間で受容され、裁判官を拘束している。したがってハード・ケースにおいても、司法的裁量は用いられてはいない。またハートの言う承認のルールないし系譜テストによっては、このような原理は適切に捉えられない。系譜テストとは、妥当な法的諸ルールとそうでないものを、その内容ではなく、その系譜（pedigree）によって判断するテストを意味する（『権利論』1977）。

厳格な法実証主義

　ドゥオーキンの批判を受けて、法実証主義者たちは二つのグループに分かれた。法実証主義者たちをそれらのグループに分けたのは、系譜テストないし源泉テーゼ（後述）に対する対応の仕方の違いであった。第一のグループは、系譜テストないし源泉テーゼに固執する立場である。つまり立法行為、司法的決定、慣習などの社会的事実に照らして同定・確認されうるものしか法ではないとする立場である。これは「厳格な事実」に照らして法の同定がなされるとする意味で、「厳格な法実証主義」（hard legal positivism）と呼ばれる。また、そのようにして同定できない道徳的原理などを法から排除するという意味で、「排除的法実証主義」（exclusive legal positivism）とも呼ばれる。この立場を唱えるのは、ラズやS.シャピロらである。彼らによれば、立法行為、司法的決定、慣習などの社会的事実のみに照らして同定できるものしか法ではない。そのようにして同定できないもの（ドゥオーキンの言う原理も含めて）は、法ではない。

　ここで、ラズが提示する源泉テーゼについて確認しておこう。法体系の存在と内容の同定・確認のための識別基準には、実効性や制度的性質に加えて、源泉（source）がある。源泉とは、法がそれによって有効であるところの諸事実であり、法の内容を同定する際に用いられる諸事実である。立法や司法的決定といった人間行動の諸事実が源泉であり、それによって同定されるものだけが法なのである（『法の権威』1979、『公共領域の倫理』1994；第2版1995）。厳格な法実証主義の背後には、立法行為や司法的決定などの社会的事実は誰

にとっても明白だが、道徳的判断や道徳的原理は諸個人によって意見の異なりうる論争的なものであるという考え方がある。つまり、法の同定・確認には、諸個人の道徳的判断・考慮などを関与させてはならないという考え方である。

ソフトな法実証主義

法実証主義の第二のグループは、系譜テストや源泉テーゼに固執しない立場である。これは「ソフトな法実証主義」ないし「包摂的法実証主義」(inclusive legal positivism) と呼ばれている。代表的な提唱者としては、J.コールマンやW.J.ワルチャウらが挙げられる。両者にとって承認のルールはあくまでもコンヴェンションである。しかし、承認のルール次第では、ドゥオーキンの言う原理なども法でありうる。さらに、承認のルールが道徳的原理を、法の中に組み入れることもありうる。

ハートも、『法の概念』(第2版、1994)の「補遺」で、ソフトな法実証主義を擁護している。彼は、承認のルールが、道徳的諸原理や実質的な諸価値を、法的妥当性の基準として組み入れることがありうることを認めている。なお、ドゥオーキンは、ハートは「明瞭な事実説」を採っていると批判した。これは、「法が何かを許可している」「法が何かを禁止している」といった法命題が真であるのは、主権者の命令や立法部による制定といった「明瞭な事実」がある場合のみである、という説である(『法の帝国』1986)。しかしハート自身は、「明瞭な事実」がなくても法が道徳的諸原理を組み入れる場合があることを認める、ソフトな法実証主義を擁護している。したがって、ドゥオーキンのハート批判が成功しているかについては、議論の余地があるだろう。

規範的法実証主義

ハートは、法についての一般的な記述的理論を展開し、「法と道徳分離論」を唱えた。しかし近年、法実証主義の「法と道徳分離論」を、法についての記述的テーゼではなく、規範的テーゼとして捉えようとする動きが現れている。J.ウォルドロンによると、法実証主義は、規範的テーゼとして提示されるべきである。すなわち、法と道徳の分離は、道徳的・社会的・政治的観点から望ましいことであり、是非とも必要なことである。法実証主義を規範的な立場として理解すべきだとする論者としては、T.キャンベル、マコーミック、G.ポステマ、S.ペリー(そして、おそらくラズ)らが挙げられる。規範的法実証主義の伝統は、ホッブズやベンサムにまで遡ることができる。

規範的法実証主義に対しては、否定的な見解もある。すなわち、法実証主義は、法についての概念的・分析的な主張をしており、その主張は、ベンサムのような一定の法実証主義者が持っていたであろう綱領的ないし規範的な関心と混同されるべきではない。オースティン以降の古典的分析法理学ないし分析的法実証主義における伝統的な考え方は、記述的テーゼとして理解されてきたのである。

法実証主義は、こうした新しい理論展開を通じて、「法とは何か」という問いに答えるうえでつねに省みられる存在であり続けるだろう。

【主要文献】H. L. A. Hart, *The Concept of Law*, 1961; 2nd ed., 1994(矢崎光圀監訳『法の概念』みすず書房、1976). Roland Dworkin, *Taking Rights Seriously*, Harvard University Press, 1977(木下毅／小林公／野坂泰司訳『権利論〔増補版〕』木鐸社、2003；小林公訳『権利論Ⅱ』木鐸社、2001). Joseph Raz, *The Authority of Law: Essays on Law and Morality*, Oxford University Press, 1979. ジョセフ・ラズ(深田三徳編訳)『権威としての法』勁草書房、1994. 深田三徳『現代法理論論争』ミネルヴァ書房、2004. 井上達夫『法という企て』東京大学出版会、2003.

(濱真一郎)

法の支配（立憲主義）

〔英〕rule of law (constitutionalism)

概観

ダイシーは『憲法序説』（1885）で議会主権と法の支配をイギリスの憲法原理であると述べたが、主権の思想と法の支配は緊張関係にある。議会は国民を代表するから、世論が望んでいる限り法の支配は維持される。しかし、法の支配は、他国民に対して拒否され、また、主権の実質的担い手が行政部に移れば、必要・便宜の犠牲になることがある。19世紀後半、イギリスは行政部の権力を強化して東アジアを窺い、日本ともいわゆる不平等条約を結んだ。福沢は、法より力が支配する国際社会の現実を、「金と兵とは有る道理を保護するの物に非ずして、無き道理を造るの器械なり」と評している。「金と兵」のうしろには、予算議決権をもつ立法部、軍隊の指揮権をもつ行政部があった「有る道理」をつかさどる司法部の影響力は、外交に及ばなかった。

法の支配の概念を大別する一つの指標は、人権の保障を要素に含めるか否かである。広義の理解によれば、公権力の作用する道筋を予測可能にする法が適用されていれば充分であり、それは〈良き法〉の支配である必要はない。立法部は、抽象的な法を具体的事件に先行して一般的に制定し、行政部と司法部がこれを運用するが、立法の内容に制約はない。これに対して、形式的・手続的な要件に加え、実体的な人権の保障を法の支配の要素であるとする立場がある。そこで裁判所に期待されるのは、個別事件の機械的な処理でなく、紛争解決のルールを定立する独立した機関として人権救済に寄与することである。

古来の国制

法の支配が立憲主義の原理として結実したのは、17世紀イギリスにおける国王と議会の抗争を通じてであった。E.クックが国王に対して述べたブラクトンの言葉「国王はなんびとの下にもあるべきでないが、神と法の下にあるべきである」は有名である。ここにおける法とは、中世以来国王の通常裁判所で発達してきたコモン・ローを指す。これは、王国の一般的な〈慣習〉であるが、専門家により蓄積された実務の英知という性格も備える。のちにブラックストンは、コモン・ローを「ゴシック様式の古城」に譬え、時代の変化に応じ、使用される城内の部屋も変わってきたと述べた。この比喩は、コモン・ローの歴史性と実用主義を巧みに表現している。

コモン・ローは、国王の特権から庶民の入会権までも包含しうる多様で具体的な権利関係であり、〈古来の国制〉（ancient constitution）の核心と考えられた。これがなければ、国王の特権と人民の自由は均衡を失い、前者から専制が、後者から無秩序が生ずるとJ.ピムは言う。この国制は、のちにバークも言う通り、人間の記憶を超えて継続してきたと〈推定〉され、〈時効〉により正当化された。

この古来の国制を確認しなければならないほど、国王と国民の間の調和が崩れていたのが17世紀イギリスの状況であった。国王は、議会の同意なく課税し、貸付を強要したため、古来の国制を尊重するよう議会から求められた。この過程で古来の国制は、マグナ・カルタに象徴され、権利請願（1627）で確認されるなど、〈最初の憲法〉として行政部を制約した。このとき議会は、立法部ではなく最高裁判所として、国民の〈古来の権利〉を確認する態度を取った。しかし、古来の国制は、内戦で犠牲を払った無産の兵士に参政権を認めず、平等主義的な民主制には否定的であった。

ホッブズ批判

古来の国制の確認によって権利を保障するやり方は、〈自然法〉や〈根本法〉の概念と協働しながら、共和制時代以降も余勢を保って

いた。クロムウェルを王位に就けようとする助言には、古来の国制への復帰により独裁を抑制する意図があったと言われる。

しかしすでに、慣習の調整力は色褪せ、これに代わる力として主権が説かれた。ホッブズは、主権を握る権力者が、人智・神慮に発するいかなる法にも拘束されないことを説き、主権者の〈命令〉こそ法であると論じた。この法命令説は、〈法の支配〉よりも〈人の支配〉を唱道する印象を与え、自然法と根本法の観点からG.ロウソンが、また、コモン・ローの観点からM.ヘイルがこれを批判している。

ローソンは、国家以前に「共同体」が存在すると説き、人間の心に神が記した「自然法」の下、すでに私有財産権は確立していると論じた。そして、これを保護する政府と共同体との関係を規律するのが、「根本的な憲法」(fundamental constitution)である。この憲法を変更するときは、通常の議会でなく、共同体の同意が要求される。他方、ホッブズは、万人戦争論により、共同体の自立を否定した。

ヘイルは、ノルマン征服にもかかわらず古来の国制が継続してきたことを説きつつ、恣意を排した確実な法による統治を擁護した。たとえば、民兵団の指揮権が国王大権であることを認めながらも、それは古法が示す以下の二要件に服する、とヘイルは論じる。(1)いかなる国民も、各自の意に反して海外に派兵されない。(2)議会の同意がなければ、戦費は調達できない。このような制約は、非常時の軍事活動を妨げると想像されるが、まれにしか起こらない状況ではなく平時を念頭に置くならば、法の支配こそ統治のモデルであり、その下において、国民は「自ら富裕になろうとする気概」を持てる。これに対し、ホッブズは、戦時の常態化を前提にして、国政全般にわたり、政府に大きな裁量を認めた。

革命の成果

17世紀の憲法闘争は、名誉革命によって終結した。その成果の一つ、権利章典(1688)では、〈古来の権利〉を〈宣言〉するという体裁が守られた。また、法の支配は、司法制度の面でも進展した。すでに、ブシェル事件(1670)で陪審の自律性が確認され、人身保護法の改正(1679)も実行されていたが、さらに、反逆罪公判法(1696)で対審制が整備され、王位継承法(1700)では、裁判官の身分が保障された。

議会の立法は、特定の私人や地方だけに関する個別法律が中心で、一般に消極的であった。他方、裁判所の法創造への期待は高く、スコットランドでは1707年の合邦により固有の議会が失われて、その傾向は強まった。イングランドでは、王座裁判所でマンスフィールド伯が商事法の体系化に取り組んだ。

もっとも、議会の主権が名誉革命により確立し、この無上の権力を法的に拘束できない憲法は、のちにオースティンによって〈実定道徳〉に分類される。しかし、ロックは、立法権を至高の権力としながらも、それが以下の要件に服するという。① 法は公知の一般法であり、平等に適用される。② 法の目的は人民の利益である。③ 同意なく所有権者に課税しない。④ 立法権を他に授権しない。また、ブラックストンは、『イングランド法釈義』(1765-9)で、大学に学ぶ将来の立法者たちに、コモン・ローの原型を歴史的かつ合理的に体系化してみせた。そこには、議会によって企てられるコモン・ローの変更は〈古来の国制〉を崩すという警告が込められていた。

スコットランド啓蒙

スコットランドの代表的哲学者ヒュームとスミスは、自然法を重視するスコットランドの法伝統やハチスンの影響などの下、前世紀に結実した法の支配を哲学的に深化させた。

ヒュームは、〈古来の国制〉を自由の理想とは考えなかったが、慣習の本質について考察し、〈コンヴェンション〉の理論を呈示した。

コンヴェンションとは、利己的な人間が有限な資源を私有化しようと試行錯誤するうちに、共益感覚が生じて社会規範になったものである。ヒュームは、この社会規範の展開に伴う経済的自由の発展を論じたが、それは、政府の介入を排除した形で市民社会が自律的に生成する過程でもあった。このような法哲学は、各個人の意思の合致によって予め目的を設定する社会契約論とは一線を画する。

スミスは、「イングランドの法は、つねに自由の味方であり、とりわけ、公平な陪審員を注意深く選ぶという点にかけて比類無き美点を持つ」と述べている。陪審は、スミスの論じる〈公平な観察者〉の現実的形態であった。この観察者は、当事者の行為の〈原因〉を探索・評価し、これにふさわしい〈結果〉が行為者に帰せられることを要求する。この要求が満たされるとき、観察者に〈同感感情〉が抱かれ、保護されるべき〈権利〉は確証される。

スミスは、この同感理論によって私法上の諸権原を検証し、権利の歴史的発展を論じるが、その基底には、より根源的な「生命・身体に対する権利」があった。また、採取経済に典型的な無主物先占が、権原の原型とされている。スミスの論じる公平な観察者は、歴史の基層を忘却せず、引照すべき基準にする。

功利主義の対案

ヒュームとスミスの下で、〈法の支配〉は人間の自由と固く結びつき、経済的権利を自由に交換する場を市民に保障する原理になった。それは、政府の予防的な政策介入よりも、裁判所の事後的な紛争解決と折り合いがよい。

司法の役割に期待するこのような法哲学を批判し、議会立法の原理として功利主義を提唱したのがベンサムである。ベンサムにとって、法とは、最大多数の意欲を明確に表現する体系のことである。法は、専門家の技能でも、人間の直観により把握される道徳原理でもなく、世論に支持され、社会の〈快楽〉を最大化する〈政策〉、または、これを効率的に実現する〈手段〉であった。

ベンサムは、議会立法による包括的な〈法典化〉を説く一方、同感概念、自然権概念を否定し、とりわけ、不文法のコモン・ローを攻撃した。ベンサムは、ブラックストン批判において、裁判官が実際に行っているのは、既存の法の〈宣言〉ではなく〈立法〉なのだから、立法の指導原理である功利主義に従うべきだと論じた。もっとも、当事者の快苦を秤量するだけの判決は場当り的で、すべての一般的規範の存在を否定しかねない。そこで、オースティンは、功利主義が評価する対象を個々の行為ではなく、ルールであるとした。また、ベンサムは、裁判官の独立を裁判官の専制であるとして、その選任と解任の権限を人民に与えること、さらに、裁判の公開を強調して、裁判所が、世論による評価に服し、「神殿から劇場に」なることを勧めた。

伝統の変容

ベンサムの制度設計に見られる合理性は、イギリスの法伝統から見ると異質であったが、その伝統自身も変化していた。バジョットは、立法権と執行権が〈内閣〉において実質的に融合し、権力分立制は消滅したという。やがて内閣は、主要な法案提出者になった。慣習の支配する静態的な時代は終わり、制定法による積極的な社会改良が求められていた。

19世紀後半のイギリス社会は、集権的組織へと変わりつつあった。「社会は一つの巨大な機械へと転換する。」これは、J.F.スティーヴンがミル批判で述べた言葉である。のちにスティーヴンは、イングランド刑事法の〈法典化〉を試みるが、それは、この「機械」が作動するメカニズムの一部を表現したものであった。この法典化は、警察制度の近代化、公式判例集の発行、上位裁判所の統合などと相まって、法の予測可能性を高め、広義の〈法の支配〉を実現しようとするものであった。

このような社会の変化とともに、学識のあり方も変ってきた。ホッブズの法命令説が〈分析法学〉として発展し、増大する制定法や判決の整理にも有用な理論として注目された。この法学に批判的な〈歴史法学〉は、法と社会の有機的な関係性を重視したが、他方、〈委任立法〉の増加に伴い、議会と世論を離れて行政官の技術が政策実現を左右するという現実も進行していた。このことは、大学教育にも影響した。大学は、単なる専門家ではなく教養あるジェントルマンの育成を目指していたが、今や、知の実用化・専門化を迫られた。

法の支配と現代

ダイシーが展開した法の支配論は、上述したイギリス社会の変化に対する警鐘であった。ダイシーは、大陸型の法制と比較しながら、イギリスの通常裁判所が恣意的権力を排除し、法の下の平等を実現してきたと述べ、裁判所が果たす人権救済の役割を高く評価した。

しかし、アメリカの裁判所とは違い、違憲立法審査権のないイギリスの裁判所は、立憲主義の実現という点から見て限界を持っていた。そこで、ダイシーは、「裁判官によって作られた憲法」（judge-made-constitution）が、国民生活に根ざす〈自生的な秩序〉である点を強調した。これは、法律専門家の理性的営為が社会の要請に応える力を持つという伝統的な議論であるが、選挙権の拡大は、かつての自生の秩序の内部に亀裂を生んでいた。

ダイシーの法の支配論に対しては様々な批判が寄せられるが、積極国家の現状に対応していないという指摘は有力である。W.A.ロブソン『正義と行政法』（1928）は、伝統的な通常裁判所が、社会の必要性よりも個人の権利を擁護し、資本制を強化してきたと指摘する。そのうえで同書は、中立的な国家権力による財の再分配を説き、そのための機関として行政部が管轄する審判所（tribunal）に期待した。これに対し、C.K.アレン『法と命令』（1945）は、法解釈による正義の一般的実現が、当座の政府による個々の政策遂行とは異質である点を強調する。フランクス報告書（1957）も、通常裁判所は審判所の法解釈を審査しうると結論し、伝統的な司法制度を重んじた。

〈古来の国制〉論以来、〈法の支配〉原理は行政部を制約してきたが、新たな試練に直面して久しい。ヒュワート卿『新しい専制』（1929）は、17世紀の国王の圧政を「古い専制」と呼び、これに匹敵する「新しい専制」として、人民の福祉を大義とする官僚制のパターナリズムを批判した。だが、総力戦の経験と福祉行政の展開は、強力な行政権と複雑な法体系をもたらした。ハート『法の概念』（1961）は、こうした現代法に伏在する〈法の支配〉の構造を明らかにするとともに、社会をゲームに見立て、参加者の視点を持たなければ法の存在は見えてこないと論じた。ただし、法の良し悪しは、個人の道徳的評価に委ねられた。

【主要文献】伊藤正己『法の支配』有斐閣，1954．戒能通厚編『現代イギリス法事典』新世社，2003．内田力蔵『法改革論』信山社，2005．J. W. Gough, *Fundamental Law in English Constitutional History*, Clarendon Press, 1955. D. Lieberman, *The Province of Legislation Determined: Legal Theory in Eighteenth- Century Britain*, Cambridge University Press, 1989. G. Burgess, *The Politics of the Ancient Constitution: An Introduction to English Political Thought 1603-1642*, Macmillan, 1992. J. W. Carins, "Scottish Law, Scottish Lawyers and the Status of the Union", in John Robertson ed., *A Union for Empire: Political Thought and the British Union of 1707*, Cambridge University Press, 1995. J. Jowell, "The Rule of Law Today", in J. Jowell and D. Oliver eds., *The Changing Constitution*, 4th ed., Oxford University Press, 2000. 土井美徳『イギリス立憲政治の源流』木鐸社，2006．

(山本陽一)

保守主義

〔英〕conservatism

保守主義は、前近代的な身分制社会や宗教的権威へのノスタルジーには還元できず、一般に変化を嫌う保守感情のような無歴史的なものとも区別される。保守主義は一個の近代思想であり、理性の全能を信じる啓蒙合理主義へのアンチテーゼとして登場した。合理主義者が理性の抽象的で一般的な原理に従って社会の創造・再編を試みるのに対し、保守主義者は(1)人間理性の限界を認め、原理や法則の約束する未知の結果よりも慣習や伝統として蓄積された既知の経験に信を置く(懐疑主義)。(2)社会を均質的な要素の機械的結合ではなく、多様で異質な諸力が一定の調和を保っているものと見る(社会の複雑性の感覚)。(3)社会の改良にあたり革命や復古のラディカリズムを退け、必要に応じて問題を処理することをよしとする(漸進主義)。

しばしば(1)は伝統主義として、(2)は社会有機体説として教義化されるが、それらは理性への懐疑から派生した主張であり、必ずしも保守主義の本質的要素ではない。保守主義の保守たるゆえんは、未来や過去のある状態を理想視せず、現存社会秩序の中で達成された文明の水準を保持しようとする「現在の享受」にある。その本領は、新たな現実の創造よりも変化する現実への無類の適応力であり、新しい価値と多様な既得権との間で最も現実的な妥協点を発見しながら、社会秩序の継続的進化の方途を探るプラグマティズムである。単なる現状 (status quo) 維持の主張であるとか、変革への懐疑や抵抗を説くのみで、特定の体制や政策を正当化する確固とした教義性や体系性に乏しいという批判は、裏返せば、保守主義が状況への柔軟な対応力に優れているということでもある。

だがそれだけに保守主義者には、「おまえは何を保守したいのか」(What will you conserve?) という「気まずい問い」(ディズレーリ『カニングズビィ』1844) がつねに付きまとう。保守主義の歴史が、自由主義および社会主義との間での体制原理の座をめぐる闘争の歴史である前に、保守主義内部の正統と異端の争いの様相を呈してきたのはそのためである。

18世紀の保守主義

保守主義的な要素はフッカー、ヒューム、ボリングブルックなどにも見ることができるが、それらを一つの政治思想にまとめて保守主義の聖典となったのは、バークの『フランス革命の省察』(1790) である。バークの思想は、革命による破壊に衝撃を受け、保守すべきものの発見とその自覚的選択・擁護に至る保守主義生誕の経緯を伝えている。

バークにとっての保守すべきものは、名誉革命体制である。旧体制からのラディカルな断絶を目指したフランス革命とは異なり、名誉革命は制限政府・法の支配・混合政体・寛容を統治原則とした「古来の国制」の確認に主眼を置いていた。イギリスの国制を特徴づけるのは連続性の原理である。イギリス人の権利は法、制度、習俗の中で承認された慣行としての権利であって、フランス人の抽象的な人権ではない。イギリス憲法体制は、一定の政治的実践が時間の経過によって権威を持つ「時効」(prescription) の体系である。そこに内蔵された知恵は、歴史の試練を経て社会の共有資産となった「偏見」(prejudice：古来の意見)であるがゆえに、個人の私的な理性よりも信頼に足るのである。

抽象的な理性信仰への批判、多様な自発的結社からなる多元的な市民社会像、「現在と過去のパートナーシップ」としての政治など、バークが取り上げた論点は現代に至るまで保守主義のカノンの地位を占めている。しかしそこには保守主義にとって負の遺産となる要

素もあった。一つは、人間の自然的不平等を前提とした「自然的貴族」の観念の前近代性である。バークによれば、政治家に求められるのは具体的状況に照らして最適の思慮的判断を下す能力であるが、これは「財産と教養」にめぐまれた少数者のものとされた。

もう一つは個人と社会の関係をめぐるアンビヴァレンスである。バーク自身はアダム・スミスの市場学説の信奉者であり、その保守思想の最大の功績も、法や習俗が自由と背馳せず、むしろその真の基盤になりうることの発見にある。しかしその社会有機体説は、ドイツ観念論を摂取して国家に個人の人格的完成の場を見るコールリッジや、F.H.ブラッドリーの「私の位置とその義務」(My Station and its Duties) の倫理学に影響を与え、あらゆる種類の個人主義を批判する共同体論的保守主義の端緒にもなったのである。

19世紀の保守主義

保守主義の第二の画期は19世紀中葉の選挙法改正時代に訪れたが、その主役は思想家ではなかった。度重なる選挙法改正は、大衆の支持獲得をめぐる近代政党政治への参入を保守党に余儀なくした。これを保守主義の危機と見て、それぞれにマス・デモクラシー状況への対応策を講じたのは、ディズレーリとソールズベリの二人の政治家である。

ディズレーリの出発点は、身分制社会を前提として君主制、貴族院、混合政体、国教会のような伝統的諸制度を固持するトーリイズムにあった(『イギリス憲法の擁護』1835)。だが保守主義がデモクラシー化を生き延びるためには、この「保守の原則」にも相応の近代化が不可欠である。その第一は、身分制ヒエラルキーから階級ヒエラルキーへの社会構造の転換に伴い、富裕な商業資本階級の政治的自覚を促すことである。第二は、選挙権のさらなる拡張に積極的な社会立法と社会政策を組み合わせ、台頭著しい労働者階級の中に保守党の権力基盤を創造することである。ディズレーリは保守党の「三つの偉大な目的」として、国民的諸制度の維持と大英帝国の繁栄に加え、大衆の境遇の改善を挙げた (「クリスタル・パレス演説」1872)。ここには、富者と貧者の「二つの階級」をパターナリズムによって「一つの国民」(One Nation) に再統合する巧妙な政治戦略が示されている。

他方、そのあとをうけて保守党党首となったソールズベリは、公共政策と投票を取り引きするディズレーリの近代トーリズムを「保守主義の降伏」と断じた。保守の要諦は、大衆に支持基盤を求めながら、「ハイ・ポリティクス」に関する権限は統治エリートの手中に確保する「統治術」(statecraft) によって、民衆政治の到来を遅らせることにある。これ以降の保守党は、ディズレーリとソールズベリの政治技術を使い分けながら、基本的に1945年まで「自然の統治政党」としての外見を維持していくことになった。

20世紀の保守主義

第二次世界大戦の終結とともに到来した労働党との二大政党時代は、保守党を社会主義、福祉国家、テクノロジーの発展のような集産主義 (collectivism) 文化の問題に直面させた。しかし政策立案のイニシアティブを労働党が独占する状況下で、保守党は「中道路線」(マクミラン、バウ・グループ) によって、戦後政治のコンセンサスとなった福祉国家の共作者の地位をかろうじて維持することに甘んじた。保守主義が第三の画期を迎えたのは、経済的自由主義を保守の政策として掲げるサッチャリズムの登場をきっかけに、保守主義の同一性が問題視された20世紀後半である。

サッチャリズムにおける市場や個人の選択への自由主義的関心と「法と秩序」への権威主義的関心の合流には、戦後集産主義体制の清算というそれなりの歴史的必然性があった。しかしそのイデオロギー的硬直化と強権的な

政治手法は、バーク以来の保守の伝統であったプラグマティックな問題解決へのアプローチや、寛容の精神に基づく合意の政治の消滅という代償を伴った。とくに伝統的な保守主義者からの反発を招いたのは、新保守主義の中の過度に自由主義的な要素である。R.スクルートンによれば、近代人の社会的帰属への渇望に応えるために、保守主義は国民国家の基底に契約以前の「超越的な絆」を回復させ、「ネイションの擁護」に努めなければならない（『保守主義の意味』1980）。個人の存立にとっての家族や地域社会、あるいは宗教のような共同性の契機の意義を説くことは、現代保守の一つの方向性である。

共同体論的な方向で保守主義を教義化するスクルートンとは対照的に、オークショットは早くから保守的な「気質」(disposition) を個人主義と結びつけていた。政府の役割は、各人の自由な活動を承認しつつ、法の一般的ルールを制定・執行することに限定される。統治に関する保守気質は、とかく過熱しやすいわれわれに代わって懐疑派の役割を務めようとするところに表れる。それゆえ「統治については保守的だが、他のあらゆる活動ではラディカルであるとしても、何ら不整合ではない」（『政治における合理主義』1962）。合理主義の「完全性の政治」への批判や伝統の規範力を「暗示」に止める点など、保守主義の本質にある懐疑主義を強調するオークショットの思想は、リベラルな保守主義の可能性を再認識させるものとなっている。

保守主義の現在と未来

現代では、自由主義者や社会民主主義者も「伝統」のようなかつて保守のものであった観念を多用している。これは保守主義の思想が政治的言説のうちに定着してきたことの一つの証拠である。その一方で保守主義の歴史は、それが自らの同一性を求めて理論的教条化に傾斜すればするほど、保守の政治的実践を特徴づけていた状況対応性が後退するという背理を暴露した。集産主義の「大きな政府」への批判で結集した新保守主義勢力も、グローバル資本主義を志向する「市場」派とそれに抗して昂進する「ナショナリズム」派とに二極化する様相を示している。

かつて保守主義が革命、デモクラシー、高度産業化社会と次々に押し寄せる政治的近代の波を乗り越えてきたのは、矛盾を恐れず個人と共同体の間を柔軟に行き来する思想の弾力性と、対抗イデオロギーとの間で大胆な妥協をしてでも、社会秩序を安定的に維持しようとする政治のプラグマティズムがあればこそだった。一方でそのことは、保守主義がリベラル・デモクラシーの余白に寄生したものにすぎず、体制原理上のオルタナティヴではないと考える根拠にもなる。他方、すべからく政治という営為が、秩序創設とその維持という二つの課題を負ったものであるとすれば、政治の中には必ず保守主義の要素があるとも言える。「現在の享受」をそれ自体一つの価値と見なす保守主義は、繰り返し「おまえは何を保守したいのか」の問いの前に立たされるのである。

【主要文献】Michael Oakeshott, *Rationalism in Politics and Other Essays*, 1962. Noel O'Sullivan, *Conservatism*, J. M. Dent & Sons, 1976. Roger Scruton, *The Meaning of Conservatism*, Macmillan, 1980. W. H. Greenleaf, *The British Political Tradition*, 3 vols., Methuen, 1983-. David Willetts, *Modern Conservatism*, Penguin Books, 1992. 添谷育志『現代保守思想の振幅——離脱と帰属の間』新評論，1995. A.クイントン（岩重政敏訳）『不完全性の政治学——イギリス保守主義思想の二つの伝統』東信堂，2003.

（中金　聡）

ポストコロニアリズム

〔英〕postcolonialism

　ポストコロニアリズムとは、1978年に出版されたE.サイード『オリエンタリズム』を先駆として、アカデミズムの内外で議論されている思想傾向の総称であるが、その内実は多様で、文学批評、政治理論、実践的解放運動、テキスト読解のある方向、と様々である。共通点としては、植民地主義の結果である支配・被支配の関係の文化的反映の追究、他者・異文化の理解または無理解、といったことが挙げられる。

　「ポスト」（〜以後）という形容が付く思潮としては「ポスト印象派」「ポスト構造主義」「ポストモダニズム」などがあるが、いずれにしても主要な役割を果たした思潮（印象派・構造主義・モダニズム）に対して、時間的にその思潮以後の、そして主旨もそれへの否定、脱皮、反定立、止揚といった内容を意味している。ポストコロニアリズムの場合、18世紀から20世紀にかけて列強によって世界規模で展開された歴史的な植民地主義時代の後遺症の思想的総括と理解できるだろう。すなわち植民地体制によって刻まれ残された負の遺産をうけて、被支配者・被害者たち、またはその次の世代が、自国の被植民地化の歴史を見つめて自分と自分を支えた文化を止揚的に発展させて生まれたものである。いわば植民地主義はいまだ終焉していないという認識を基調として、現代社会におけるその残滓や痕跡を追究する思潮である。

被植民地人による文化および精神批判

　ポストコロニアリズムを一つの批判的立場として確立した代表者はサイード（パレスチナ生れ、1935-2003）、ホミ・バーバ（ボンバイ生れ、1949-）、スピヴァク（カルカッタ生れ、1942-）の三名であろう。三人とも旧植民地出身であることに加えて英文学者であるという共通点は示唆的である。パレスチナ、インドのみならず、植民地体験およびそれに準ずる体験、すなわち宗主国が自分の祖国に君臨・支配しており、それとの力関係において自らの生活・人生・精神を設計することを余儀なくされたという体験を経た知識人は、旧植民地状態にあった地域である旧満洲、朝鮮半島、台湾、香港、アフリカ、中近東、中南米などに数限りなく存在する。そうした国々にあっては独立後も、本国ないし宗主国の体制（政治・経済・軍事・教育、他）に順応かつ従属して身の処し方や成功を目指すならばいざしらず、そうした権力構造上の統制ないし強制と、抵抗する自発的・伝統的思考やプライドとの狭間にあって、文化やナショナリズムのあり方をめぐって、必然的に生まれるジレンマが思想や文学を創出してきた。

サイード以前

　アメリカ大陸もコロンブスの航海によってその歴史を西洋史の一部に組み入れられるが、土着のインディアンには独自の宗教・習俗があった。また奴隷としてアフリカより移住せられた黒人は、白人支配者の下で独自の言語や精神を剥奪された。

　近代の西洋列強による植民地主義の犠牲者の代表はアフリカと中東そして中南米であった。植民地体制からの独立を目指す民族解放闘争の一環として比較文化論的視点も立てられる。人種的偏見と差別に対する戦いについては、フランス植民地のアルジェリアで解放闘争を指導したフランツ・ファノンが『黒い皮膚・白い仮面』(1952)において鋭い考察を残している。黒人にとって自己認識する場合、支配の白人によって作られた言説の支配の方が自らによる自己認識よりも強いという問題提起である。

　また中南米において征服者である白人と現地人のインディオとの混血が進んだ結果、一

見ナショナリズムの克服（クレオール主義）がありそうであるが、混血はたんに強者による同化でしかなかった。原住民はけっして野蛮でも西洋文明に遅れているものでもないという研究はレヴィ＝ストロース『野生の思考』（1962）など文化人類学者たちによって唱えられたが、それ以前に、たとえばカルペンティエルの小説『失われた足跡』（1953）が含意していたことである。

サイード

　エジプト人の両親からキリスト教徒としてパレスチナに生まれ、アメリカのコロンビア大学英文学教授として活躍したサイードは、半ば亡命者的知識人という自己規定を持ち続けた。彼は画期的な著『オリエンタリズム』によってポストコロニアリズムの道筋をつけた。彼が参照するのは「中東」をめぐる主に18世紀後半から20世紀中葉にかけての旅行記・小説などであるが、それらの作者は当時その地域で権力を振るった国々、すなわち英仏の作家である。そうした著作はロマンチックなエキゾティシズム（異国趣味）に満ちているが、実際には征服者・支配者と被征服者・隷属者との権力関係が反映されている書き方にサイードは注目する。前提としての偏見は、非西洋人は西洋人より劣っていて自らを表象・代弁することはできないということ、そして「オリエント」地域とされるのはインドであれアフリカであれ中国であれ、どこであれほぼ同じということである。そうした偏見は自らを映す鏡の裏面であり、オリエントの他者性・異質性・遠方性・敵対性を明示することによって、他ならぬ西洋人の傲慢な自己規定を意味していた。異質な他者は疎外することを必要とする。つまり、オリエンタリズムとは西洋人が自己認識のために必要とする特定の見方・表象を指し、「オリエントを支配し再構成し威圧するための西洋のスタイル」であり言説である。サイードの議論に対しては、西洋にはその内部にユダヤ人やロマ人（いわゆるジプシー）という"東洋"が内在していることを見過ごしている、といった批判がある。

ホミ・バーバ

　ホミ・バーバはサイードほど多作・多才ではなく、またスピヴァクほど戦闘的ではないとしても、脱植民地過程に付随する精神的屈折を身をもって体験し理論化しようとしているように見える。つまり彼が歴史・国家・教育・文化・人種などについて論ずる際に提示して適用する概念は、「アンビヴァレンス」（価値両義性）、「ハイブリディティ」（異種混交）、「ミミクリ」（擬態）、「ステレオタイプ」（固定観念）、「スプリッティング」（亀裂）、「イン・ビトゥインネス」（中間領域性）などの、一義的・一貫性的・一元論的に規定できないことを示すものである。被植民地社会では諸観念は歴史と社会的現実を反映して必然的に多層的となり、単なるイデオロギーによる支配に止まらない。まさに植民地において、伝統・国家・文化といった基本的観念の曖昧さや、自己（家庭・故郷・秩序）と他者（異郷・逸脱）との境界の不確定性が、言説として如実に現れる。異種混交の中間領域に政治的・文化的権威が介入して、知的言説が特定の政治的価値を担った記号となる。そうした事態を明らかにするのがコロニアリズムへの批判となる。そしてバーバの理想は、民族的意識をナショナリズムではなくインターナショナリズムの方向へ導き、コロニアルな場をコロニアリズムから分離してポストコロニアルな地平を切り開き、中間領域の異種混交的文化的言説を分析することで新たな文化の多様な模索をすることにある。しかし、そうしたバーバのユートピア的で楽天的な文化主義的姿勢が批判されている。

スピヴァク

スピヴァクは、インドで生まれ育って大学卒業後の大学院からアメリカに渡る。デリダの脱構築 (deconstruction) 概念を功利的に援用して、あらゆる分野での脱構築的解体や読解を主張する。文学批評に関してコロニアリズムの歴史と関係させて文学テキストを読むことを主張し、ダニエル・デフォー『ロビンソン・クルーソー』やシャーロット・ブロンテ『ジェーン・エア』といった19世紀イギリス文学の生産と受容とが、その植民地言説においていかに帝国主義の歴史と深く結びついていたかを明らかにする。また西洋知識人の限界を指摘して批判するのは、彼らが権力・欲望・利害のネットワークが異種混交的であることを明らかにし、さらに社会的他者である非西洋人や下層階級への関心を促したことを評価しながら、じつは彼ら自身がイデオロギー的にも知的・経済的生産活動においても自分が批判する当の構造の中に組み込まれているという自覚が欠如しているからである。彼女のさらなる功績は、フェミニズム批評、インドのカーストにおける最貧民サバルタン研究、既存の学問制度批判、そして彼女がポストコロニアル理性批判と呼ぶ業績である。それらにおいて、旧植民地出身の知識人が、近代植民地主義が解体した以降に出現した新たな政治的軍事的経済的文化的支配形態であるネオコロニアリズムや、富裕層と多国籍大企業による世界支配であるグローバリゼーションの現状にあって、情報産業のネットワークの中で土着的文化を切り売りするエージェントとなっている(「ネイティヴ・インフォーマント」)ことを批判する。

ポストコロニアリズム批判と将来

アントニオ・ネグリとマイケル・ハートによる『帝国』(Empire, 2000) は、〈帝国〉をもってポストコロニアリズムに代わる新たな参照枠としようとする。なぜなら、ポストコロニアリズムが批判対象とする権力の近代的形態や近代的主権という考え方はすでに過去の遺物であり、その理論家たちが主張する差異・移動性・異種混交性の概念はむしろ今日の資本の戦略と世界市場のイデオロギーを支えてしまっているからである。

政治・社会・文化における権力の支配・被支配の関係は植民地主義の延長においてではなく、グローバリゼーションという現状の中で再定義が求められている。ポストコロニアリズムのキーワードであったた白人優越主義、西洋中心主義、奴隷制、植民地支配、家父長制的、さらには言語帝国主義といった諸観念が歴史的過去のものとなったかどうかは議論の余地があるが、なおもポストコロニアリズムの有効性を信ずるのであれば、それがいわば心理的解放ないし代償ではないという理論的保証を明確にする必要があろう。

【主要文献】Edward W. Said, *Orientalism,* 1978 (今沢紀子訳, 板垣雄三／杉田英明監修『オリエンリズム』上・下, 平凡社ライブラリー, 1993). *Power, Politics, and Culture: Interviews with Edward W. Said, with Gauri Viswanathan,* 2001 (大橋洋一ほか訳『権力, 政治, 文化——エドワード・W・サイード発言集成』上・下, 太田出版, 2007). *Conversations with Edward Said, with Tariq Ali,* 2006 (大橋洋一訳『サイード自身が語るサイード』紀伊國屋書店, 2006). Homi K. Bhabha ed., *Nation and Narration,* 1990. ——, *The Location of Culture,* 1994 (本橋哲也ほか訳『文化の場所——ポストコロニム位相』法政大学出版局, 2005). Gayatri C. Spivak, *Death of a Discipline,* 2003 (上村忠男／鈴木聡訳『ある学問の死』みすず書房, 2004). ——, *A Critique of Postcolonial Reason: Toward a History of the Vanishing Present,* Harvard University Press, 1999 (上村忠男／本橋哲也訳『ポストコロニアル理性批判』月曜社, 2003).

(濱下昌宏)

民兵論争

〔英〕militia issue or debate

民兵とは

　民兵と訳されているミリシアはもとはたんに兵力のことで、現在では補助部隊（auxiliary forces）を意味する。日本語の訳と同じ意味にこの言葉が使用されたのは、16世紀末から18世紀末にかけてだけである。封建領主の私兵は、民間から徴集されたので民兵に違いないが、それ以外に兵制はないのだから、制度的には問題となりえなかったし、氏族制度が残存していたスコットランドでも、同様であった。スコットランドで民兵が問題になるのは、1707年のイングランドとの合邦に関してである。

　イングランドでは、エドウィン・サンズがイングランドのカトリックのミリシアと言ったときには、領主権力とはもちろん、国家権力とも関係がなかった。クロムウェルの鉄兵団も、ミリシアとは言わなかったにせよ、信仰によって自主的に編成されて、国家（国王）権力に対抗する議会側の兵力だったのである。

トレンチャードーモイルの民兵論

　名誉革命は無血革命ではなかった。ウィリアム3世は手兵を率いてアイルランドに渡り、ボイン川の戦闘を指揮したのである。彼はその後も大陸を転戦して勝敗を重ねた。1690年代イギリスの常備軍（国王軍）論争は、こうしたウィリアムの行動と大陸の戦乱状態を背景とし、フランスとのレイスウェイクの和約をきっかけとして生まれた。その中でトレンチャードとモイル共著の匿名パンフレット『常備軍は自由統治に反する』は、対案として次のようなミリシアを示して、これ以外の構成の軍隊では、どの国民も自由を維持したことがなかったと言っている。それは「国王が司令官であり、貴族たちは彼らの城と名誉によって高級指揮官たちであり、自由地保有者たちはその保有権によって軍の部隊であって、ヨーロッパのすべての地方で、原始的な勢力均衡を確立した人々は、ミリシアの構成をこのようにした」。

　イギリス以外の、自由地保有者がいない国では、下級騎士と農奴が該当するのだろう。どこでもそうだというのは、主張の普遍妥当性を強調するための論法だろう。しかも、常備軍というのも、実際には国王の私兵があるだけで、それを国軍としたときの統帥権が問題なのである。したがって、オランダ駐在の6箇連隊の代わりに、必要に応じて民兵を送ればいいというこのパンフレットの意見に反対して、デフォーは『最近のパンフレットへの若干の省察』で、国王は彼らに命令することができないし、彼らもその命令を受け付けないと言っている。彼の政治論の傑作とされる『議会が同意した常備軍は自由統治に反しない』によれば、予算を握っている議会が統制する限り、常備軍は危険ではないのであり、「財布の力は剣の力に等しい」のである。財布の力のほうが強いと言わなかったのは、大陸の戦乱を知っていた彼が、民兵は使いものにならないと考えていたことに、対応するだろう。

　トレンチャードはその後も、ゴードンの協力を得て（ゴードン主導説もあるが）、常備軍問題を含む広範な評論活動を続け、週刊誌『カトーの手紙』（1720.11.5-1723.12.7）による評論は、長い序文をつけた4巻本にまとめられて、18世紀半ばを越えて版を重ねた。トレンチャードの死後、問題はボリングブルックによって継承されたと言えるが、週刊誌『クラフツマン』（1726.12.5-c.1752）への寄稿によれば、論点は統帥権（善良な王か邪悪な大臣か）と軍事費の問題に移っていた。常備軍の効用そのものは否定しないのである。兵士の将校への忠誠が危険であり、部隊の民間宿泊が民衆生活を圧迫するという反論は、二つの

論点に含まれるとしても、労働人口の軍事的転用の弊害を指摘したことは、新しい着眼であった (*The Craftsman*, 1728, Nov. 9; 1730, Jan. 17; 1731, Jul. 24)。

このような論点の移行は、問題がすでに常備軍か民兵かではなく、常備軍と議会および国民生活の関係に単純化されてきたことを、示すように見えるかもしれない。たしかにそれは、ロンドンおよびイングランドでは事実であるかもしれないが、氏族制度が強固に残存するスコットランドと、最初の植民地であるアイルランドでは、問題はそのように単純ではなかった。

フレッチャーの民兵論

それは1707年合邦より10年早く書かれたのだが、合邦によって議会も法律もイングランドに吸収されたスコットランドに、民兵を抱えて残存する貴族と氏族首長の問題を、予測していたかのようである。下級貴族のフレッチャーは、エディンバラ大学に籍を置いたのちに大陸旅行に出かけ、そこで得られた歴史的教養と、スコットランド政界での経験を著作活動の基礎とした。政治的経験というのは、チャールズ2世の支持を利用したローダーデイルの過酷なスコットランド統治(とくに常備軍政策)への抵抗であった。フレッチャーによれば、ミリシア再建の必要は、スコットランドに限らず、歴史的必然の結果であって、1500年以降、国王が傭兵常備軍に頼るようになり、貴族が統率する民兵制度が衰退したのは、誰かの悪だくみによるのではなく、学問の復活、印刷・磁針・火薬の発明という、火薬を除けばすべて祝福すべき事件がもたらしたものであり、文明は奢侈を生み、奢侈を追う貴族たちは、臣下の軍役奉仕の代わりに地代を要求するようになって、民兵制は亡びたのである。「かつて臣民たちは自分たちの手に剣を持つことによって、彼らの自由に対する真の保証を得ていた。今や他のすべてにまさるこの保証は失われた。それだけではない。国王が民兵を支配することによって、剣も国王の手中に入ったのである」。

国王が握った民兵と傭兵常備軍との双方に対抗してフレッチャーが提案するのは、文明社会の国民皆兵制による民兵復興である。戦時でも農工商の様々な職業が行われる国では、全員が軍事訓練を受けるのでなければ、必要人員を抽出することができないと彼は言い、訓練のためのキャンプをスコットランドに一つ、イングランドに三つ、設立することを提案した。一対三というのは、人口の比率ではあるが、彼はスコットランドの後進性を認めながら、同時に4つのキャンプを基礎とするブリテン連邦の構想によって、スコットランドをイングランドへの従属から解放しようとしたのである。

合邦とジャコバイト反乱

合邦は、それまでの同君連合から、スコットランドの地位をさらに低下させた。1745年のジャコバイトの反乱で、ハイランドの民兵は、南下してロンドンを脅かすまでになったのだが、政府が大陸から呼び戻した常備軍の反撃にあって、潰滅した。この敗戦によって、氏族首長は裁判権を奪われ、ハイランドはウェイドの軍用道路による監視下に置かれた。この道路は、1715年のジャコバイトの反乱のあとでウェイドによって作られ、逆に45年の反乱軍に利用されたのだが、再び支配の道具に転じたのである。

このような従属状態からの脱却の努力が、18世紀半ば頃からの学芸復興または啓蒙と呼ばれる文化活動を生み出した。その中で民兵論が復活したのは、当然であろう。七年戦争(1756-63)やアメリカ革命(1776)が議論を活発化したことも、言うまでもない。この時期の代表的な民兵論者として、カーライルとファーガスンがいるが、ファーガスンは、各人が土地と武器を持って政治に参加するとい

う古代共和国の理想を掲げながら、名誉革命体制を支持することに矛盾を感じていた。しかもなお彼は、フランス革命の農民軍の勝利を民兵制度の成果として、晩年にはスイスの民兵の訓練に涙を流したのである。

カーライルのスミス批判は、もちろん『国富論』における常備軍優位論に向けられたものであるが、ファーガスンもまたスミスへの私信で、教会、大学、商人へのスミスの批判には同調しながらその反民兵論には反対することを、明らかにした。それにもかかわらず、それが防衛論であったこと自体が、問題の変質を表していた。

分業体制と常備軍

スミスの常備軍論は二重の意味で分業論に支えられていた。第一に、分業による生産力の上昇によって富裕になった文明国は、常備軍を維持するだけの経済的余裕を持つから、ボリングブルックが憂慮したように、労働力の不生産的転用という問題はない。第二に、生産だけでなく破壊と殺人にも、分業の効果はあって、専門化は軍事的効率を高めるから、文明国は、経済力と軍事力の結合を享受することができるのである。

しかしスミスは、こうした常備軍制度を、無条件に称賛したわけではなかった。それは彼が、分業が労働者を単純な作業に閉じ込めて愚昧化することを、知っていたからである。それを彼は、軍事的精神の衰えと表現しているが、戦争の技術を「あらゆる技術の中で最も高級なもの」と考えていた彼としては、困惑すべき事態であった。

フランス革命期の民兵論

ファーガスンはフランスの農民軍が、戦功が直接に報われるために旺盛な士気を持っていると評価した。しかしアイルランドでは、フランスからの侵攻に備えて官製ミリシアが組織されたが、内部分裂で機能せず、反イギリス民兵であるユナイテッド・アイリッシュメンが、フランス軍に期待をかけたのである。

【主要文献】Edwin Sandys, *Europae Speculum: or a View or Survey of the State of Religion,* Hague, 1629〔稿 1599〕. John Trenchard and Walter Moyle, *An Argument, shewing, that a Standing Army is Inconsistent with a Free Government, and Absolutely Destructive to the Constitution of English Monarchy,* London, 1697. Daniel Defoe, *Some Reflections on a Pamphlet lately Publish'd, entitles, an Argument shewing that a Standing Army is Inconsistent with a Free Government, and Absolutely Destructive to the Constitution of the English Monarchy,* London, 1697. ─, *An Argument shewing, that a Standing Army, with consent of Parliament, is not Inconsistent with a Free Government, &c.,* London, 1698. John Trenchard and Thomas Gordon, *Cato's Letters: or Essays on Liberty, Civil and Religious, and Other Important Subjects,* 4 vols., London, 1724. Andrew Fletcher, *A Discourse concerning Militias and Standing Armies; with relation to Past and Present Government of Europe and of England in Particular,* London, 1697. ─, *A Discourse of Government with relation to Militias,* Edinburgh, 1698. Adam Ferguson, *Reflections previous to the Establishment of a Militia,* London, 1756. ─, *An Essay of the History of Civil Society,* London, 1767. Alexander Carlyle, *The Question relating to a Scots Militia Considered,* Edinburgh, 1760. ─, *The Justice and Necessity of the War with our American Colonies Examined,* Edinburgh, 1777. ─, *A Letter to his Grace the Duke of Buccleugh on National Defence: with Some Remarks on Dr. Smith's Chapter on that Subject, in his Book...,* Edinburgh, 1778. J. R. Western, *The English Militia in the Eighteenth Century: The Story of a Political Issue 1660-1802,* Routledge & Kegan Paul, 1965. John Robertson, *The Scottish Enlightenment and the Militia issue,* John Donaldson, 1985.

(水田 洋)

名誉革命

〔英〕Glorious Revolution

　一般にはイングランド国王ジェイムズ2世（スコットランド王としては7世）が王位を失いフランスに亡命してから、ウィリアム3世とメアリ2世が共同王位に就くまでの一連の政治的諸事件を指している。「名誉」の名は少なくともイングランドでは、革命にありがちな流血が最小限に抑えられたこと、そして革命によってイングランド本来の「議会における国王」(King in Parliament)、政府・貴族院・下院（庶民院）の三者の抑制と均衡によって維持されてきた「古来の憲法」(ancient constitution)が取り戻されたことを祝する意味もあると思われる。

革命までの経過

　1670年代末にヨーク公ジェイムズ（のちのジェイムズ2世）が自身のカトリック信仰を表明したことから端を発する「排斥法」(Exclusion crisis)はヨーク公の排除を主張するホイッグと、継承順位通りの即位を望むトーリの激しい政争を生み、「最初の政党時代」(first age of party)を招来した。当初庶民院においてホイッグは優勢であったが、宮廷＝政府トーリ側は徐々に攻勢を強め、1683年には「ライハウス陰謀事件」(Rye House plot)を暴露し、国王チャールズ2世およびヨーク公暗殺の計画があるとしてホイッグ指導者ウィリアム・ラッセル卿(Lord William Russell, 1639-83)、アルジャノン・シドニー(1622-83)はいずれも死刑に処せられた。ホイッグ最大の指導者初代シャフツベリ伯はオランダに逃れたがその地で客死、彼の侍医でありブレーンでもあったジョン・ロックも亡命を余儀なくされホイッグの退潮とTory Reactionと呼ばれる状況は明らかであった。1685年チャールズが亡くなりジェイムズが即位するとチャールズの庶子モンマス公(James Scott, 1st duke of Monmouth, 1649-85)が反乱を起こしたが容易に鎮圧されモンマスも死罪となった。

　ジェイムズの政策の中心は国王大権の強化とカトリック教徒の保護であった。彼は庶民院をカトリック教徒を含む王党派で独占('Packing')する目的で、地方政界で実力を持つ治安判事(justice of peace)や選挙管理委員会(board of regulators)の任命に干渉した。またとくに自治都市選挙区(parliamentary boroughs)には「権限開示令状」(Quo warranto)を発行しその自治体の要職に王党派をつけることで選挙を有利に進めようとした。1673年制定された審査法(Test Act)のためカトリック教徒の公職就任が阻まれていたことから、ジェイムズは国王大権（と彼が見なす）「法の一時停止権」(suspending power)を利用し87年と88年に信仰自由宣言(declaration of indulgence)を発し、非国教徒迫害を禁じた。これは当然次に審査法自体の停止を予想させるものであった。ジェイムズは信仰自由宣言を国教会で朗読することを求めたため、国教会のカトリック化を危惧した7名の主教はこの朗読を拒否し、彼らは逮捕・起訴された。このいわゆる「七主教事件」は革命の帰趨に大きな意味を持っていたと考えられる。「排斥法危機」において世俗のトーリと国教会は手を携えてジェイムズの王位継承を支持していた。それは彼らがなお王権神授説に沿った継承を望み、それがイングランド社会の権威的秩序の要である「国と国教会」(Church and State)を維持する最善の手段と考えられたからであった。しかし「七主教事件」によってトーリと国教会は神授説の堅持を採るか、それともイングランドのカトリック化を採るかというディレンマに立たされたのであった。トーリ・国教会聖職者の大多数は逡巡はしたものの結局は国教会の護持を選んだ。名誉革命を「国教会革命」(Anglican

Revolution）と称する研究者がいるのも理由のあることである。

ジェイムズの亡命とウィリアム、メアリの即位

1688年2月頃には、4名のホイッグとともに2名のトーリ指導者そしてヘンリ・コンプトン（上の「七主教」の一人、ロンドン主教，1632-1713）はひそかにオランダにいるオラニエ公ウィレムと連絡を取り、彼らはジェイムズ2世のカトリック化政策、とくに軍士官へのカトリック登用、議会選挙への干渉を批判し、オラニエ公と彼の軍事力をもってジェイムズの専制政治を止める交渉に入り始めた。1688年11月、ジェイムズに男子が生まれ（ジェイムズ・エドワード・ステュアート、いわゆる老僭王）、ジェイムズの死後も、プロテスタントとして育てられたジェイムズの妹メアリの即位は絶望になり、カトリック教化政策が続くと考えられた。そこで上記の7名（Immortal Seven と尊称された）は正式にオラニエ公に招請状を送り彼のイングランド上陸を促した。オラニエのイングランド上陸決定は、オランダの当時の国際的な状況を反映したものであった。彼はブランデンブルク選帝侯と提携して反ブルボン的な姿勢を強めていた。折しもフランスのルイ14世はドイツへの派兵を進めており、ドイツのプロテスタント系諸侯が敗北することはひいては西ヨーロッパの勢力バランスを崩し、オランダもフランスの脅威にさらされることを意味していた。オラニエはイングランドとスコットランドを自陣営に付けることでフランスの軍事力を掣肘できると考えたのであった。彼は11月5日イングランド、トーベイに上陸した。これをうけてジェイムズはオラニエと戦う意志を示したが、カトリック以外に彼の麾下に入る者は少数に止まり、ジェイムズの軍隊は解体し始め12月ジェイムズはフランスに亡命した。

ここでイングランドでは短期間ではあるが「空位期」（interregnum）が生じた。ホイッグ、トーリはいずれも無政府状態が生ずることを危惧し、約60名の貴族はオラニエ公に奏上文を提出し、政府の実権を掌握することと早期の総選挙と議会招集を求めた。オラニエ公はこの時点では国王ではなかったので一般に「暫定議会」（Convention parliament）と言われる。暫定議会はその名とは裏腹に革命、そしてそれを前提にして形成された「名誉革命体制」を考えるにあたってきわめて大きな歴史的意義を有していた。暫定議会においてトーリは革命のラディカルな性格を極小化しようとした。王権神授説の理論的な瓦解を防ぐため、ジェイムズ「不在」の間、オラニエ公を形式的に摂政として扱う案、王位継承順位でオラニエ公に勝る妻メアリを女王として、オラニエ公を女王夫君とする案などを構想していた。またジェイムズの亡命についても、トーリはあくまでも彼の「自発的な退位（abdication）」であると解釈していた。これに対してホイッグは、ジェイムズの治世とウィリアムの治世の間にはっきりとした断絶を見ていた。ホイッグによればジェイムズは国政を省みず「逃亡」（desertion）したのであり、この時点で王位は「空位」（vacant）となったのであった。そして新しい国王は、新たに選ばれた下院議員と聖俗の貴族によって王位を認められるのである。暫定議会は、オラニエがあくまでも国王たることにこだわり、メアリに対して従属的な地位に立つことを認めなかったこともあり、激論の末ホイッグの路線に近い形で決定された。しかし新しい国王の就任はトーリとホイッグの妥協の産物であったことも否定できない。王位は「ウィリアムとメアリの共同王位」という憲政史上でも稀有な形を取ることになる。またvacantといったホイッグ的な表現が採用される一方、abdication というトーリ的な表現も採用された。かくして1689年2月暫定議会はまずオラニエ公とメアリに対して「権利宣言」（Declaration of Rights）を奉呈し、これとともに王位をも二人

に「奉呈」した。そしてウィリアムとメアリは宣言と王位の両方を受け入れたのであった。宣言はチャールズ２世とジェイムズ２世の専制的な政治を非難しつつ、（1）議会は頻繁に招集されねばならないこと、（2）選挙は政府の干渉のない自由なものでなければならないこと、（3）議員の院内での発言について院外で責任を取らされることはないこと、（4）法の一時停止や法の適用除外などの国王大権行使には議会の同意が必要なこと、（5）課税や平時の常備軍維持についても議会の承認が必要であることを列挙していた。一見すると権利宣言と王位が同時に議会から奉呈されたことは、権利宣言が二人の国王即位の「条件」とされたかのごとくである。しかし国王の側は権利宣言を「受納」したものの、これが国王即位の条件とは見なさなかった。国王側は、将来議会が権利宣言を国王の「言質」として利用し、もし国王＝政府が権利宣言の条項と背反するような行為に及んだと議会が判断した場合には、国王への忠誠義務が解除される、すなわち抵抗権による政府の解体に及ぶと危惧したのであった。名誉革命とはトーリとホイッグの妥協の側面が強いが、その一方王権と議会の側にも妥協が存在していた。

ともあれ、晴れて国王となったウィリアムとメアリによって権利宣言は、若干の修正を加えて議会制定法「権利章典」（Bill of Rights）となりいまに至っている。なおスコットランドにおける名誉革命の受容も単純なものではなかった。ジェイムズはもとスコットランド王家であったステュアート家の出身であり、彼を廃位することにはイングランド以上の抵抗感があったと考えられる。事実スコットランドはジェイムズとその子孫たちの王権を主張するジャコバイティズムの牙城となっていくのである。またオランダ出身のウィリアムとイングランドには、ドーヴァーを隔てて対峙するフランスとの対抗という共通の利益・紐帯が存在したのに対し、スコットランド人にとって彼らがウィリアムと利益を共有しているという意識は強くはなかった。それでもなおスコットランドがウィリアムらの王権を支持したのは、ジェイムズのカトリック教化政策が、スコットランドにおいて優勢な長老派教会を覆すのではないかという危機感からであり、権利章典のスコットランド版とも言うべき「権利要求」（Claim of Right）ではジェイムズが「制限君主制から、専制的独裁的な権力へ憲法を改変した」ことが強い調子で非難された。そしてスコットランドにおいては権利要求は権利章典より強く君主－臣民間の契約として理解され、以後王権とスコットランドの利害が衝突するたびに、権利要求が双務的な契約関係であることをスコットランド側は主張したのであった。

名誉革命体制

名誉革命は王権を「君臨すれども統治せず」と呼ばれる立憲君主制に変えたと俗に言われてきた。はたしてそうであろうか。ウィリアムは特定の政治家が「首相」のごとく振る舞うことを好まなかった。また彼は「政党の虜」にならないためホイッグ、トーリのどちらの政党にも傾斜しすぎることなく、両者を巧みに操作することで自らの意志を通そうとした。議会に対してもしばしば「拒否権」（veto）を行使し、上下両院を通過した法案を王権の力によって葬り去ったのであった。しかし名誉革命以降のイングランド議会は大きく変貌していた。議会はチャールズ２世、ジェイムズ２世時代の失敗をうけて以後の国王に対して彼らの治世を通じて無条件に金銭を譲与しなくなった。王室費（civil list）は抑制され、一般的な政府支出は議会（とりわけ下院）の厳しい目にさらされることになる。ウィリアムの治世（1689-1702）、次のアン女王の治世（1702-1714）ではフランスとの激しい戦争が展開された。そのため国王は戦争遂行のため議会の課税承認や国債発行承認に頼らざるを

得なくなった。チャールズ、ジェイムズの時代のように「無議会」の年はありえない。議会の毎年開会は常態となりそれは現在までイギリス議会に続く慣行である。

　権利宣言そしてそれに続く権利章典は王権に多くの制限を課したが、臣民の権利については新しく権利を創出するというよりも従来臣民が享受してきた権利を再確認する傾向が強い。Revolution の本質は Revolve（回転すること、つまり循環史観によって悪しき政治が善政に回帰する）と考えたのももっともなことである。しかし1689年の「寛容法」(Toleration Act) はカトリックとユニテリアンを適用から除外しているものの、イングランド国教会以外の教会の存在を国家が公認し、私的で小規模な集会であるという条件の下で非国教徒の礼拝を容認した点で画期的なものであった。1707年のイングランド-スコットランド合同に伴いスコットランドにも同様の法律の必要性が指摘され 12 年スコットランドにも寛容法が制定され、長老派である Church of Scotland 以外の信仰も限定的に容認されたのである。イングランドとスコットランドで信仰上の寛容で大きな差はなくなったことになる。

　また言論の自由についても革命後大きな進展があった。出版物による検閲は従来「出版取締法」(Licensing Act) によって認められてきたが、1695年議会が時限立法であった同法を更新しなかったことから検閲制度は廃止された。その結果イングランドではジャーナリズムが急速に成長することになる。政府は名誉毀損罪や印紙税などを課すことである程度言論機関をコントロールしようとしたが、もはや政府が言論を直接統制することは不可能な状況であった。このように名誉革命とその後の 10 年余は新しい権利の創出が若干は見られたもののそれ以後の発展はほとんどないと言ってよい。審査法は依然として廃止されず完全廃止は 1828 年のことであった。名誉革命はたしかに一つの改革ではあったが、その後の「名誉革命体制」はむしろ体制の固定化の方向に向かっていった。この体制が再び見直され、ラディカリズムが勃興するのは18世紀末、アメリカ独立革命、フランス革命を待たねばならなかったのである。

【主要文献】*Bishop Burnet's History of his own Time*, 6 vols., Oxford, 1833. *Cobbett's Parliamentary History of England*〔とくに第5巻〕. *Memoirs of Sir John Reresby*, Andrew Browning ed., London; 2nd ed., W. A. Speck and Mary Geiter eds., 1991. David Ogg, *England in the Reigns of James II and William III*, Oxford, 1955. J. R. Jones, *The Revolution of 1688 in England*, London, 1972. J. R. Western, *Monarchy and Revolution: The English State in the 1680s*, 1972. W. A. Speck, *Reluctant Revolutionaries: Englishmen and the Revolution of 1688*, 1988. Robert Beddard ed., *The Revolution of 1688*, 1991. Jonathan Israel ed., *The Anglo-Dutch Moment: Essays on the Glorious Revolution and its World Impact*, 1991. 浜林正夫『イギリス名誉革命史』上・下，1981-83. 松園伸『イギリス議会政治の形成——最初の政党時代を中心に』，1994.

（松園　伸）

メソディスト

〔英〕Methodist

「メソディスト」は「堅苦しい人」というほどの意味で、1740年代前半、ジョン・ウェスリが弟チャールズ・ウェスリやジョージ・ホイットフィールドらの協力を得て始めたイギリス国教会改革運動に参加する人々に付けられたあだ名であった。その改革運動は道徳革正運動も含んでいたので、このあだ名がある。間もなく付けられた当人たちも、メソディストと自称するようになった。メソディスト運動は、ウェスリ存命中は国教会内部の改革運動であったが、彼が亡くなる（1791）と間もなく独立してメソディスト教会が発足し、アングロ＝サクソン諸国をはじめ、世界各国に拡がる有力教会に発展した。

ウェスリのメソディスト運動

18世紀のイギリス国教会のキリスト教は啓蒙主義に傾き、その説教も一般に合理的道徳に基づく穏健な市民生活を勧めるだけのものに終わりがちであった。聖霊が人々の内面に働きかけて、彼らの生活を内側から潔める、という聖化の教えを説くウェスリの説教は国教会から忌避され、1738年秋には彼は国教会の講壇から締め出されるに至った。しかし翌春、神聖クラブ以来の同志、ホイットフィールドから、アメリカ伝道に赴かねばならないので自分が始めたキングズウッド（ブリストル郊外の教会の無い、風紀の悪い炭坑町）での野外説教を続けてくれ、と頼まれた。この依頼によって、ウェスリは4月2日、3000人の聴衆に向かって最初の野外説教を行った。以後野外説教はウェスリ伝道の有力な手段となり、彼はこれを体力の続く限り続けた。国教会に出席しない、あるいは国教会から見捨てられた無数の民に福音を伝えようとするなら、野外説教は不可避であった。

ウェスリやホイットフィールドらの説教の聴衆の中にはしばしば感情の興奮を叫び声や痙攣や卒倒などで示す人々が見られる。合理主義的で穏健とされる国教会の聖職者や平信徒からメソディストが忌避されたのは、こういう宗教的生理現象のためでもあった。

しかし国教会の、むしろ保守的な、いわゆる高教会（ハイ・チャーチ）的な聖職者をもって自任していたウェスリには国教会から離れる意志は無かった。したがって彼は自分の聴従者を徐々に、班会（band：モラヴィア兄弟団に倣ったもの。そこでは5-7人の信者が集まって互いに信仰を励ましあっていた）、組会（class）、会（society）へと組織した。これらの集まりは定期的に会合し、互いの信仰生活を監視しあい、信仰の理解を深めあうものであった。この組織の頂点に立つ者はウェスリであり、一種の独裁的監督体制が成立した。メンバーの増加と地域的な広がりのため、いっそう効率的な監督制度の必要上、1744年にはウェスリ兄弟ら6名の国教会聖職者と4名の平信徒説教者によって年会（conference）が設けられて、教義的・組織的問題の統一化が計られるようになった。1746年の年会はメソディスト会のさらなる発展に対処してウェスリの監督を助けるために、イギリス全体を7個の巡回区（circuit）に分割した。その各区をウェスリの職務の代行者としての説教者（assistant）が巡回して、会の活動を監督する体制を整えた。このアシスタントはのちに監督（superintendent）と呼ばれるようになった。

ウェスリの存命中は、メソディスト会のメンバーは国教会の聖礼典を受けることになっていた。ところが1766年にアメリカ植民地伝道を始めると、植民地には国教会聖職者でしかもメソディストに好意を持つ者が少ないことが判った。止むを得ずウェスリ自らが1784年に2名の平信徒を司祭に叙任し、アメリカ合衆国に派遣した。国教会制度では司祭のみによる司祭叙任は無効なので、ウェス

リのこの行為は、止むを得ぬとはいえ、メソディスト会の独立教会化を志向するものであった。同様の意味を持った法的手続きをも、ウェスリは1784年に執った。その年、彼は「宣言証書」(The Deed of Declaration) と通称される、年会の法的地位を確定する証書を作成し、年会は彼の歿後礼拝所への説教者任命権を握る法人的団体となることが確定した。彼の歿後4年にして、イギリスのメソディスト会は独立した教会となった (1795)。メソディストは18世紀末から19世紀初めにかけて、英米両国に発生した信仰的「大覚醒」の波に乗って数的に増大したが、教会の分裂の繰り返しは避けられなかった。

メソディズム発展の社会経済史

18世紀がメソディズム発展の時代であるが、当時から1世紀前のピューリタニズムの成長が社会経済史的には「囲い込み運動」(による農民の都市移住)——同じ現象の教会史的側面が国教会による貧民に対する牧会責任の放棄——によるものであったのときわめて似ている。メソディストの場合も、下層農民・都市労働者の多くは国教会の牧会活動から見離されていた。それは一つには、当時の国教会が啓蒙主義的合理主義に傾いていて、下層社会の住民の内面的苦悩を把握しえなかったからである。さらに、もう一つの理由は、下層民が国教会の教区教会が数多くある地域から、数が少なくて牧会的配慮が行き届かない地域へ流入したからである。かつての囲い込み運動によって経済力を蓄えた郷紳 (ジェントリ) が、その資本を投じて軽工業を起こし、雇用を創設した地域が、国教会の教区が少ない地域だったのである。元来、国教会の基盤はイングランド南部・南ミッドランド・南東部・東部の各州である。そのうちの南東部 (ミドルセックス、サリー、サセックス、ケント各州) と、18世紀に入ってから産業革命が進展し始めた北西部 (ランカシャー、チェシャー) を較べてみると、南東部の教区数は北西部の約7倍 (面積は後者は前者の半分しかない) である。人口の推移であるが、南ミッドランドのハンティンドンシャーの人口増加率は1801-31年において41%であるのに対して、北西部のランカシャーでは98％に達している。産業革命期に生じた下層民の精神的空白こそ、「心情の宗教」としてのメソディスト運動が燎原の火のように拡がってゆくフロンティアであった。運動の開始を告げるホイットフィールドとウェスリの野外説教も、国教会から見離された精神的に荒廃した貧困の底にある炭坑町 (キングズウッド) の住民相手の、心情を揺さぶる説教だったのである。

19世紀においても、ウェスレイアン・メソディスト教会 (分裂を繰り返した——分裂の理由は教理上の問題より教会政治の問題がほとんどであったと言われる——メソディスト各派の中で最も有力な教会。1932年に他派と合同) は、北西部工業地帯の伝道で多くのメソディスト労働者を得、さらに彼らの中から少なからぬメソディスト経営者を育てた。ウェーバーが引用するウェスリの言葉によれば、「われわれはすべてのキリスト者に、できる限り利得するとともに、できる限り節約することを勧めねばならない。が、これは結果において、富裕になることを意味する」からである (大塚久雄訳『プロテスタンティズムの倫理と資本主義の精神』より)。

2000年現在で、イギリスのメソディスト信者数は80万。合衆国の信者数1300万が世界各国で最も多い。全世界で1900万とされる。

【主要文献】R. E. Davis, *Methodism*, Penguin, 1963. E. Troeltch [O. Wyon trans.], *The Social Teaching of the Christian Churches*, University of Chicago Press, 1976. 山中弘『イギリス・メソディズム研究』ヨルダン社, 1990. 野呂芳男『ウェスレー』清水書院, 1991.

(澁谷 浩)

メタ倫理学

〔英〕metaethics

　伝統的に道徳理論は規範的要素とメタ的要素を含んでいる。規範的要素とは「善き生とは何か」「いかなる行為が正しく、また不正であるのか」「何をなすべきか」といった実質的な問題に関する考察である。他方メタ的要素とは「このような倫理的な問題に答えようとしているときわれわれは何をしているのか」「このような問いに対して合理的な結論を導くことはできるのか、またそれは真偽を問えるものなのか、それは知識と呼べるものなのか」といった問題に関する意味論的、認識論的、存在論的、心理学的考察である。

　このメタ的要素のみが独立し、倫理学の一分野として確立されたのはG.E.ムアが『倫理学原理』(1903)において果たした「分析的転回」による影響が大きい。ムアによれば、倫理学に限らず他のすべての哲学で見られる論争の原因は、答えを求めている問いがいかなる問いであるのかをまず理解しようとしないで、その問いに答えようと試みている点にある。「何をなすべきか」という規範的な問いに答える前に、まずは「それ自体において存在すべきものは何か」を考察しなければならず、そしてこの問いはさらに「それ自体において善いものとは何か」という問いに分析される。倫理学の中心問題はこの「善とは何か」であり、まず初めにこの問いに取り組まなければならないのである。

　以下ではムア以降のメタ倫理学の変遷を三期に分けて辿るが、同じ英語圏でもイギリスとアメリカの間にはそのアプローチに大きな違いがある。アメリカのメタ倫理学は科学的な自然主義（経験主義）に基づく傾向が強いが、イギリスは非自然主義（直覚主義）の傾向が強い。ここではイギリスのメタ倫理学の動向にのみ焦点を絞る。

第一期(1903-)──自然主義 vs. 直覚主義

　ムアは「善は定義不可能であり、直覚（直観）によってのみそれを知りうる」という非自然主義的な主張を提起したが、彼の独自性はこの主張それ自体よりも、この主張を論証するために採用した方法論にある。それは「未決問題」論法に基づいた「自然主義的誤謬」批判である。もし「善」が功利主義者の言うように「快適な」を意味するならば、「快適であることは善いことか」という問いは「善いことは善いことか」と同一の問いとなり、問いとしては意味をなさない（解決した問い）。しかし実際は「快適であることは善いことか」は問いとして有意味（未決の問い）であり、それゆえ「善」を「快適な」によって定義することはできない。これは「善」を「善」以外の概念、たとえば「より進化した」や「神によって意志されている」によって定義しようとしても同様の結果となるため、そのような試みはすべて誤謬であるとムアは結論づけた。善は黄色という特性と同じく客観的で実在的な特性であるが、ただ直覚によってのみ把握される単純で分析不可能なものであるため、自然科学や他の経験科学の主題とはなりえないのである。

　またムアは「善」のみが唯一の規範的概念であり、その他の規範的概念はすべて「善」に還元されうると考えていた（価値一元論）。たとえば「正」とは「可能な限り最大の善を生み出すこと」を意味するとして、善を実現するうえでの有用性と結びつけていた。しかしムアと同様に直覚主義的な実在論者であったH.A.プリチャードやW.D.ロスは「善」のみならず「責務」や「正」も分析不可能な概念であると主張した（価値多元論）。ロスによると、それ自体で自明的に真である規範的で評価的な命題は「何が善であるのか」に関わるのみならず、「何が正であるのか」にも関わっている。それゆえ正は善と同様に定義不可能な客観的特性であり、それらは相互に還元不

可能であるため、この点でムアは誤謬を犯しているとロスは論じている。

第二期（1940-）——非認知主義 vs. 認知主義

直覚主義者たちは道徳的概念は分析不可能と見なす一方で、その客観的妥当性を認めていた。それゆえ何が善で何が正であるのかの判断には真偽が存在すると考えていた。このような見解に対して論理実証主義の影響を受けたA.J.エアは、なぜ道徳的概念が分析不可能であるのかと言えば、それはいかなる特性も指示しておらず、われわれはそれを用いてたんに自らの情動や態度を表明しているにすぎないからである、という主張を提起した。ある命題について真偽が言えるのはそれが分析的であるか、それとも経験的に検証可能である場合である（意味の検証理論）。しかし「Xは善い」はいずれの命題でもないため無意味な命題であり、倫理的価値についての人々の争いに見えるものは、実際は事実の問題についての争いにすぎない。このエアの説は「情動主義」と呼ばれるが、この説が単なる「主観主義」と異なるのは次の点にある。「Xは善い」という道徳的判断が自らの感情（私はXが好きだ）を語っているならば、それはある心理学的事実ついての言明であり、真偽を問うことができる（主観主義）。しかし感情の表出（Xが好きだ！）であるならば何も言明していないがゆえに、その判断の真偽を問うことはできないのである（情動主義）。

この情動主義はウィトゲンシュタインの下で学んだC.スティーヴンソンによっていっそう精緻化された。スティーヴンソンによれば「Xは善い」という道徳的判断には記述の意味と情動的意味が備わっている。前者は「私はXを是認する」という主観的事実を意味しており、それゆえこの部分には真偽が存在する。他方後者は他人をして自分と同じ態度を取らせるようにする力（「磁力」）であり、「あなたもXを是認せよ」という提言を行っている。

道徳語はこの情動的意味を含んでいるため、強い感情を表出し、相手の感情的反応を惹起する力動的用法に適している。したがって「Xは善い」という判断はこの二つの意味が包含された「私はXを是認する、あなたも是認せよ」という判断であると解釈される。このような分析からすれば「Xは善い」という判断はXが有する性質についての客観的事実判断を述べているのではないことになり、倫理的な問題についての争いの真因は、話者の関心および態度における不一致となる。太郎は「Xは悪い」と、花子は「Xは善い」と判断したならば、事実に関してはそれぞれが「私（太郎）はXを是認しない」、「私（花子）はXを是認する」という判断を行っているのであり、この二つの事実命題は両立可能であるため、矛盾は存在しない。それゆえ双方が争っているのは他方に自分と同じ態度（「あなた（花子）もXを否認せよ」、「あなた（太郎）もXを是認せよ」）を取らせるという情動的意味においてである。この態度の不一致は合理的な仕方では解消することができないため、説得的な方法を用いる必要があるとスティーヴンソンは論じている。

直覚主義から情動主義への移行にはウィトゲンシュタインの後期哲学が影響を与えている。言語は対象を指示することによって意味を有するのであり、その指示体が言葉の意味であるとムアらは考えていた（意味の指示説）。そして「善」は自然的、経験的な対象を指示していないため、それは非自然的な対象を指示しているとムアらは結論づけた。しかし後期ウィトゲンシュタインから影響を受けた哲学者は、言葉の意味とはその指示体ではなく、その用法であり、人々によってそれはいかなる仕方で用いられているのかによって定まるという立場を採用するようになった。スティーヴンソンらはこの「意味の使用説」に則して道徳語の分析を行っている。また後期ウィトゲンシュタインの影響は道徳的言説について

の新たな見解をもたらした。それは科学的な合理性・客観性が唯一のパラダイムではなく、各実践にはそれに内在した合理性・客観性が存在するという見解である。意味の使用説と実践内合理性という考えは二つの潮流を生むことになった。一つはR.M.ヘアのように情動主義を推し進める流れであり、もう一つは認知主義への流れである。

ヘアは情動主義を批判的に摂取したうえで「指令主義」という立場を提起した。ヘアは道徳的判断が情動的な意味を有することを認めるが、そこに理性の働きも見出し、普遍化可能な命令としてこの判断を捉えている。道徳的判断は聞き手の態度や行動に変化を与える道具だとスティーヴンソンは考えていたが、その実際の機能は「命令」にあり、何をすればよいのかを聞き手に言うために用いられるものである。ヘアによれば、評価語は指令的な意味と記述的な意味を併せ持っており、「これは善い車だ」で用いられている「善い」は「車が欲しいなら、この車を選びなさい」という推奨の働きのみならず、その車はその車を善いものとする一定の特徴(加速や減速がスムーズだ、乗り心地がよいなど)を有していることを意味している。この特徴をヘアは「善にする特性」と名づけ、これが「善い」の記述的な意味を構成していると述べている。

さらにヘアはアリストテレスの実践的三段論法を復活させ、次のような仕方で道徳的判断・推論の合理性を説明している。「動物を食べることはつねに悪だ」という大前提と「太郎は肉を常食している」という小前提が与えられているならば、「太郎は悪いことをしている」という結論を導くことができる。これは妥当な推論であり、前提を受け入れるならば帰結も受け入れることが論理的に要求される。このように道徳的結論を演繹的に導くことは可能である。しかしながらそのためには、大前提が規範的な言明(道徳原理)であることが必要となる。この大前提そのものを演繹的に導くことができないため、いかなる原理を大前提とするか、したがって何が善で何が悪であるのかの最終的な判断は個々人の自由な選択に基づくとヘアは論じている。

このヘアの指令主義に対して認知主義・記述主義を標榜する哲学者たちから批判が提起された。しかしその批判は直覚主義に依拠したものでない。エアからヘアまでの哲学者が道徳判断の情動的・指令的意味に拘泥するのは、その判断が有する行為への動機づけ、行為指針性を確保するためであった。しかしながら、ある行為を行う「理由」、ある行為を選択する「理由」に注目して分析を行うならば、認知主義であっても道徳的判断の合理性と行為指針性をともに説明することが可能であると以下の哲学者たちは主張している。

S.トゥールミンが行った道徳語の分析の特色は、倫理学の問いを「何が善であるか」から「道徳的判断の十分な理由づけとは何か」へとシフトさせた点にある。それゆえ「Xをなすべし」という当為言明も「Xをする十分な理由が存在する」という行為の理由についての事実言明に置き換えることをトゥールミンは主張している(十分な理由に基づく分析)。道徳的判断は科学的判断とは異なった独自の理由づけの様式を有しており、この道徳に独自の論理を探求することによって、道徳的判断の客観性は確保されうるのである。

P.フットは、道徳語の適切な使用はその語の規則によって定められており、何が善で何が悪であるのかを個々人が自由に決めることはできないとしてヘアを批判している。道徳語は人間の善き生と関連した一定の特性群と本質的、概念的に結びついており、それゆえわれわれの信念とは無関係に、人間に危害を与えるものは悪であり、有益なものは善であるという立場をフットは主張している(新アリストテレス的自然主義)。

P.ギーチは「善い」という道徳語はつねに推奨という意味を含んでいるわけではないこと

を論理的に示し、記述的意味よりも評価的意味のほうが必ずしも第一義的ではないことを主張している。たとえば、「もし彼が善い人であるならば、私は彼を信用することができる」と「彼は善い人だ」という二つの前提が与えられているならば、肯定式を用いて「私は彼を信用することができる」という結論を導くことができる。この推論が妥当であるためには多義性の虚偽があってはならず、ゆえに「善い」はこの二つの前提において同一の意味を有していなければならない。大前提の「善い」は非主張文（埋め込み）で用いられているので、その意味に推奨の役割はない。ならば小前提の主張文であっても「善い」は推奨の意味を有してはいないことになるのである（フレーゲ－ギーチ問題）。

これらの哲学者の提起（および J.サールの言語行為論）は「事実／価値」、「存在／当為」といったメタ倫理学において所与と見なされていた二分法を再考させる契機となった。

第三期（1980-）──実在論 vs. 反実在論

これまでのメタ倫理学を振り返ると、その分析方法として意味論が主要な役割を果たしてきた。しかし J.L.マッキーによれば、われわれが通常用いている道徳語は、価値は客観的で指令的な実体であることを暗に前提しているため、意味論の分析では道徳的判断を真にする「道徳的事実」なるものは存在するのかという問題に答えることはできない。認識論的な問いに答えるためにも、まずは存在論的な問いを解決する必要がある。そしてマッキーによれば、道徳的事実といった「奇妙な」実体を想定して道徳的判断や議論を行うのは誤りであり、そのような事実は存在しないのだという見解を示している（誤謬理論）。

このマッキーの説に対しては実在論者である J.マクダウェルから、道徳的事実が奇妙なものに映るのは凡俗な科学主義に囚われているからであるという批判が提起されている。論理実証主義による事実や知覚、記述といった概念の理解は狭隘であり、われわれの世界は道徳的事実をその構成要素とするほど豊かなものである。われわれは道徳的事実に対する感応性を「第二の自然」として、陶冶によって獲得する。非認知主義者が想定しているような仕方では道徳語の記述的要素と評価的／表出的要素を区別することはできず、この二つの要素はシームレスに結びついているとマクダウェルは論じている。

他方非認知主義の立場から S.ブラックバーンは、実在論を支持せずとも道徳的真理や客観性という概念は確保できると提起している。道徳的事実とはわれわれの態度が世界の側に投影されたものであり、われわれはそれを世界の実在的な特性として見なしているにすぎない。しかしながらこの幻想はわれわれの道徳実践を可能にするものとして有益な幻想であり、マッキーのように捨て去る必要はない。われわれの態度から独立した道徳的事実によって道徳的真理が定まるのではなく、われわれの道徳的判断が表明する態度の形成過程に瑕疵がない場合、その判断は道徳的に真であり、客観的でもある（準実在論）。

この実在論と反実在論の論争は現在も続いているが、昨今は再び道徳感情についての研究が盛んになりつつある。今後のメタ倫理学研究の動向に注目されたい。

【主要文献】W.Sellars and J.Hospers eds., *Readings in Ethical Theory,* Appleton-Century-Crofts, 1952; 2nd ed., 1970（現代倫理研究会訳『現代英米の倫理学』福村書店，1959）. P. Foot ed., *Theories of Ethics,* Oxford University Press, 1967. G. Sayre-McCord ed., *Essays on Moral Realism,* Cornell University Press, 1988.

（福間　聡）

モラル・エコノミー

〔英〕moral economy

『過去と現在』誌第30号(1971)に掲載されたE.P.トムソンの論文「18世紀イングランドにおける群集のモラル・エコノミー」は、18世紀イングランドにおける一次資料の分析を通じてモラル・エコノミー(道徳的経済)の概念を提起し、その後の歴史分析や社会分析に大きな影響を及ぼした。ここでは、その後に生み出された研究成果については末尾に主要文献を示すに止め、トムソン自身のモラル・エコノミー概念について見ることにする。

トムソンによる提起

「モラル・エコノミー」という用語そのものは、19世紀30年代に、機械化が進展し人間関係が物質化していくことに対する批判として、ロマン主義者ロバート・サウジーやチャーティストの運動家ブロンティア・オブライエンなどによって用いられた。したがって、それらの場合、人間関係が市場経済化し非道徳化していくことに対する危機意識を表明し、人間生活における道徳性の意義と重要性を強調する用語として用いられていた。しかし、トムソンはそのような時代批判としてよりも、18世紀イングランドの食糧暴動における民衆行動の型と規範の歴史的意味を解明する概念としてモラル・エコノミーを用いた。

トムソンがモラル・エコノミーについて最初に言及したのは、『イングランド労働者階級の形成』(1963)においてであった。しかし、そこでは、民衆暴動には民衆の自発的な直接行動と当局や上層部の人々によって操作された行動との二形態が存在し、前者の民衆行動は慣習に基づく「古い温情主義的モラル・エコノミー」によって正当化されていたことを指摘するに止まっていた。これに対して、彼は上記の論文で初めて、18世紀イングランドを通じて繰り返された民衆の食糧暴動を系統的に分析し、それらの民衆行動に見られる共通の型と規範を析出している。上記の論文が発表されてのち、トムソンの分析や分析方法に対して批判や論争が繰り返されたが、彼はそれらに一切答えることなく、他の主題について論文を書き続けた。しかし、1991年に出版された『共通の慣習』において、彼は上記の論文を収録しただけでなく、新たに「モラル・エコノミーの論評」と題する長文の1章を設け、それまでなされた批判や論評に答え、同時にモラル・エコノミーの概念をより明確化することに努めている。

モラル・エコノミーの概念

トムソンによれば、18世紀を通じてイングランドにおける民衆の食糧暴動は、地域的な相違があるにしても 1709, 1727-29, 1740-42, 1756-57, 1766, 1773, 1782, 1795, 1800-01 年と繰り返し発生した。「高度に敏感な消費者意識」に伴われた民衆の蜂起は、しばしば南部および東部イングランドという穀倉地帯で、農業改良と並行して発生した。そうした事実は、18世紀の労働階級および民衆の消費生活において、小麦を原料とする白パンがますます大きな比重をしめるようになり、彼らの生活が穀物(小麦)とパンの価格によって左右されるようになったことを示している。それらの生活必需品の場合、ポリティカル・エコノミー(政治経済学)が想定するように「需要の弾力性」は認められず、需要はむしろ「非弾力的」であり、民衆はそれらの価格にきわめて敏感であった。

民衆暴動の正当化理由

しかし、トムソンによれば、18世紀末、少なくとも1770年代までは、地方の治安判事や当局者の中に、あるいは制定法やコモン・ロー(慣習法)の中にも民衆に対する温情主義的モデルが存在した。そのモデルでは、穀物

の売買は公共の市場で農業者から消費者に対して直接なされるべきであった。市場では、鐘が鳴らされると最初に、適切に監督された度量単位の下で少量の穀物、小麦粉その他を購入する機会が消費者に与えられるべきであった。彼らの必要が満たされたのち、第二の鐘が鳴らされ、その時点で資格を認められた商人たちが購入することを許された。そのような手続きによらない買占めや見本買い、独占などは禁じられ、商人が他市場で転売し利益を上げるための購入は認められなかった。とりわけ製粉業者やパン焼業者は、自分の利益のためではなく、地域社会のために公正な手取りで働くべきものと考えられていた。それらのことは、通常の時期には忘れられていたが、18世紀を通じて、緊急時には政府や地方当局者を含め、ジェントリなどの温情主義者たちがつねに訴え続けたモデルであった。その意味で、彼らは、当然かつ世襲の権利としてそれらのモデルの一部を採用していた民衆の「捕囚」でもあった。そして、民衆自身も、彼らの行動の正当性の感覚の一部をそれらのモデルから引き出していた。

民衆と温情主義的支配層の相違

しかし、民衆のモラル・エコノミーと温情主義者のそれとは、次の点で決定的に異なっていた。第一に、前者は直接的かつ具体的であり、その見方と利害関心においてより狭量であった。第二に、前者においては、地域社会のコンセンサスと民衆の倫理が直接行動を是認したのに対して、温情主義者のモラル・エコノミーにおいては秩序への価値意識が直接行動を是認させなかった。民衆の経済は依然として地域的であり、穀物がとりわけ不足の時期には、それらは生産された地方で消費されるべきであった。そうした感情が支配的であったとき、欠乏時における地域外への穀物輸送と輸出は、民衆の間にとくに深刻な感情を生じさせた。トムソンによれば、世紀半

ばに奨励金による穀物輸出に伴って最悪の憤激が生じた。そして、同じ事態は穀物価格が異常に高騰した1795年と1800年に再現された。それらの時期には、民衆行動のほこ先は輸出業者に向けられ、輸送を妨げるために道路が封鎖された。輸送中の車から積荷が降ろされ、その場で「価格が設定」され、販売された。港に停泊している船は襲われ、運河を破壊し河口を閉鎖するという脅迫さえなされた。

民衆のモラル・エコノミーの下では、民衆はとりわけ度量衡の変更に敏感であった。彼らは慣習的に公共市場で必要な食料を少量ずつ購入することができ、それゆえに度量衡のわずかな変更にもしばしば激しく抵抗した。世紀が進むにつれて、製粉業者がますます民衆暴動の対象となった。製粉業者はパン価格の公的規制外に置かれ、彼らは穀物価格のいかなる騰貴も消費者に転嫁することができたからである。そのため、1791年ブラックフライアーズ橋のたもとにあるロンドンで最初の蒸気製粉所が襲撃によって燃えつきたとき、民衆は喜びの歌を歌い、街頭で踊った。もちろん、パン販売業者の店にも小暴動が繰り返され、民衆はそこでしばしばパンの「価格を設定」し、販売した。

民衆行動の特徴

18世紀を通じて、そうした民衆行動に特徴的な型と規範を示す例を挙げるとすれば、1740, 1756, 1766, 1795, 1800年の「蜂起」である。トムソンによれば、それらに見られる特徴は、第一に、行動における規律である。第二に、それらは数世紀前に遡りうる行動の型を示しており、その行動の中心が「価格を設定する」点にあったことである。そして、驚くべきことに、そうした行動の型はしばしば、1580-1630年の「規則勅令集」における食糧不足時の緊急措置を正確に再現している点である。18世紀にはそうした直接行動

の型は疑いなく従来見られなかった新しい地域に広がっているにしても、それらの間には多くの類似性と継続性を認めることができる。とりわけ東部と西部イングランドの多くの地域において、民衆は当局が「法律」を強制するのを拒否したので、当局に代わって自分たち自身でそれを強制しなければならなかったと主張した。彼らは、自分たちの行動を当局に代わって法と正義を「代執行」するものと見なしていた。

モラル・エコノミーの歴史的性格

　民衆のモラル・エコノミーと直接行動をさえていたのは、伝統的な権利や慣習の尊重と合法性（正当性）の観念であり規範であった。したがって、直接行動の多くを指導したのは炭鉱夫、錫細工職人、織布工、靴下製造職人などの「労働貧民」と呼ばれる社会階層であり、直接行動そのものも食糧不足や穀価高騰を契機として引き起こされたにしても、その行動はたんに経済的な性格に限定されるものではなかった。トムソンによれば、民衆のモラル・エコノミーは政治的な性格を持つものとしてのみ規定することはできないとしても、「共通の安寧」を志向した限り、温情主義的な為政者ないし当局者と共通の前提にたち、その意味で政治的性格をも帯びていた。つまり、モラル・エコノミーとは、18世紀イングランドという市場社会への過渡期において、伝統的な慣習に基づく社会的規範を意味するものであった。しかし、トムソンによれば、モラル・エコノミーは、18世紀末から19世紀初頭にかけて、市場社会の確立とアダム・スミスに代表されるポリティカル・エコノミーの台頭とともに衰退し消滅していった。

【主要文献】E. P. Thompson, *The Making of the English Working Class,* 1963; revised ed., Penguin Books, 1986（市橋秀夫／芳賀健一訳『イングランド労働者階級の形成』青弓社, 2003）. George Rudé, *The Crowd in History: A Study of Popular Disturbances in France and England, 1730-1848,* 1964; revised ed., Lawrence and Wishart, 1981（古賀秀男／志垣嘉夫／西嶋幸右訳『歴史における群集——英仏民衆運動史 1730-1848』法律文化社, 1982）. James C. Scott, *The Moral Economy of the Peasant: Rebellion and Subsistence in Southeast Asia,* Yale University Press, 1976（高橋彰訳『モラル・エコノミー——東南アジアの農民反乱と生存維持』勁草書房, 1999）. E. P. Thompson, *Customs in Common: Studies in Traditional Popular Culture,* 1991; reprint, The New Press, 1993. 近藤和彦『民のモラル』山川出版社, 1993. James B. Murphy, *The Moral Economy of Labor: Aristotelian Themes in Economic Theory,* Yale University Press, 1993. 音無通宏「モラル・エコノミーとポリティカル・エコノミー」『経済学史学会年報』36号, 1998. 山根徹也『パンと民衆——19世紀プロイセンにおけるモラル・エコノミー』山川出版社, 2003.

（音無通宏）

モラル・フィロソフィー

〔英〕moral philosophy

本項の課題

ここでの対象項目であるモラル・フィロソフィー（以下、叙述の便宜上おおむね「道徳哲学」と表記）の輪郭は比較的容易に同定できそうに見えるが、現実は必ずしもそうではない。アダム・スミスは『国富論』(1776)の中の学問の分類に言及したくだりで、道徳哲学を倫理学 ethics と等置している（ただしスミス自身あるいは彼の時代の道徳哲学が狭義の倫理学と同一のものでなかったことについては後述）。道徳哲学を倫理学と同義と見なすことは現代においても共通で、イギリスの哲学者であるラファエルが道徳哲学を、「価値と規範、正と不正、善と悪の観念、なされるべきこととなされるべきでないこと、についての哲学的考察」（『道徳哲学』1981）と定義的に述べているのは、その一例と言えよう。

もしこのような古今の先例に従えば、この項は狭義の倫理学について解説を求められていることになる。しかし本事典の他の項目において倫理学に関わる諸項目が個別に取り上げられていること、また、モラル・フィロソフィーという項目をあえてこの事典の一項として設ける趣旨を考えると、倫理学とまったく同義の意味でのモラル・フィロソフィーの解説がここでの役割ではないと解せられる。以下では道徳哲学というディシプリンがイギリスにおいて、倫理学と密接な関係を有しながらも単なる倫理学には還元できない固有の存在感を持った時代に焦点を当てて問題を考察することにしたい。

イギリス的な道徳哲学の形成

ヨーロッパ各国とりわけイギリスにおいて、道徳哲学が他の大陸諸国と異なる独自の個性を持つに至った歴史的画期は、宗教改革によって与えられた。倫理学がソクラテス以来の由来を持つ学である以上、古代からつづく連綿とした継続性を見て取ることはけっして誤りではない。しかしトマス・アクィナスに代表されるスコラ哲学の中世ヨーロッパにおける圧倒的影響力を考えると、宗教改革が、ローマ・カトリック教会の権威から自由に聖書を解釈する気風を一般的に普及させ、道徳の問題についても道徳哲学者たちにキリスト教の過度の制約から自由で独自な考察を可能にする機縁を提供したことは否定できない。

このような歴史的な背景の下に登場して、その後のイギリスにおける道徳哲学の基本的方向を定める役割を果たしたのがホッブズであった。本項の以下での議論に関係する限りにおいてホッブズの所論の特徴を要約すると、(1) 倫理学の伝統的な課題である善悪は、個々人の欲望と嫌悪の対象と定義される。こうして善悪の規定から宗教的・形而上学的な前提が剝ぎ取られ、善悪は個々人に応じた相対的なものと見なされる。(2) 諸個人は同等の自然権を持つ平等の存在と捉えられ、諸個人のそれぞれの善を追求する行動が是認され、したがって利己的な個人が議論の前提とされる。(3) 諸個人の利己的な行動が是認される自然状態は「万人の万人に対する戦争」という戦争状態を帰結し、平和を維持するために各人は自然法に従って社会契約を結ぶことによって主権が導出される。このような論理的な道筋によって最終的には絶対主権が容認されるが、後続の課題との関連では、従来は基本的に人－神という枠組みで考察されていた問題を、人－人あるいは人－政府という枠組みへと転換させたことが大きな意味を持っている。

スコットランドの大学と道徳哲学

道徳哲学におけるホッブズによるこうした新たな問題の提起、とりわけ彼の利己的な人間把握に対しては、たとえばケンブリッジ・プラトニストやマンデヴィルといった彼以後

の哲学者たちがそれぞれの立場から応答したが、ホッブズ以降のイギリスで本項目のモラル・フィロソフィーにとって固有の意味で重要なのは18世紀スコットランドにおける大学での動向であろう。というのは18世紀になってスコットランドの諸大学で道徳哲学の専任教授ポストが設けられ、道徳哲学が明確な制度的基盤を持つようになったからである。旧来スコットランドの各大学の最も基礎的な学部 (the Faculty of Arts) では、毎学年の新入生を卒業時まで一貫して教育するリージェントによる教育が施行されてきた (イングランドのオックスフォード、ケンブリッジ両大学ではチューターが少数の学生にすべてを教えるチューター制度)。まだ学問の細分化が進んでいなかった時代とはいえ、一人のリージェントが当時の大学生の基本的教養を構成するすべての学科を教えることには教育効果の面で無理があった。そこで自然哲学や論理学と並んで道徳哲学の専任教授のポストが設けられ、道徳哲学が大学の一学科として公認されたのである。これまで基本的に個別の思想家の書斎から発信される学問であった道徳哲学がこうして明示的な制度的基盤を持ったことは、この学の存在感を示すのに大きな意味を持った。学者＝大学人という等式が必ずしも当てはまらない当時のイギリスにあって、たとえばハチスン、アダム・スミス、リードはグラスゴー大学で、ファーガスン、ドゥーガルド・ステュアートはエディンバラ大学でそれぞれ道徳哲学の教鞭を執っていた。これらの人々はいずれも当時のイギリスを代表する知識人であり、彼らが一様に大学人であったことはこのスコットランド啓蒙期の道徳哲学と大学の結びつきが強かったことを示している。イギリスの学問史上においてモラル・フィロソフィーという名辞が最も明確なイメージを結ぶのも、こうした制度的基盤に支えられた18世紀のスコットランドにおいてであった (上の学者の中ではステュアートのみ19世紀初頭まで活躍)。そこで以下、このスコットランド啓蒙期の道徳哲学について立ち入って検討することにしたい。

まず上記の人々に代表されるこの時期のスコットランドの諸大学における道徳哲学課程の大きな特色として、それが包括する範囲の広範さを指摘できる。リチャード・シャーは、当時の大学の道徳哲学課程で教えられたその学の内容を現代流の学科に翻訳すると、心理学、倫理学、宗教 (学)、政治学、歴史、文学評論など15分野以上に及ぶとしている。シャー自身はこの広範さについてやや揶揄的に述べていると思われるが、スコットランド啓蒙期における道徳哲学の管轄領域が人間と社会に関する事柄の広い範囲に及んでいたことは事実である。したがって冒頭に示したように道徳哲学＝(狭義の)倫理学という等式が道徳哲学についての一般的な理解だとすれば、スコットランド啓蒙期の道徳哲学はその顕著な例外をなすことになる。例外がある意味で典型をなすという、イギリス学問史上の一つのパラドックスをスコットランド啓蒙期における道徳哲学に見て取ることができよう。

この時期の道徳哲学が広範な領域をカバーした理由としては、スコットランド啓蒙期のこの学の専門家の多くが自然法学の枠組みを前提にしていたことを指摘できる。彼らがそうした枠組みを前提にしていたのは、イギリス内部での思想的継承関係では自然法思想に立脚している前世紀のホッブズ、ロックの学問的遺産を受け継いだこと、大陸からの影響としてグロティウスやプーフェンドルフの自然法学を受容したことをその理由として挙げることができる。自然法とは元来、自然、人間、社会を貫く普遍的な理法であって、自然法を学の前提にしていると考察の範囲は当然にも狭義の人間だけには止まらないのである。実際、上記の道徳哲学者たちは人間を考察する際にほぼ一様に、(1) 個人として、(2) 家族の一員として、(3) 国家の一員としてというよ

うな多面的なアプローチの仕方を採用している。

領域の広範性というスコットランド啓蒙期の道徳哲学の特徴は、方法論の上でのその経験論的基調によっても支えられている。認識の起源を感覚に求めるロックの認識論を基本的に容認するスコットランドの道徳哲学者たちは、いわゆる感覚（五感）の基盤の上に moral sense あるいは common sense という概念装置を想定して、そういう概念装置を通じて道徳主体としての人間の問題を掘り下げていく。そのような経験的探求が空間的に発展していけば、探求のメスは単なる孤立的な個人から社会における個人という方向に広がっていくし、時間的に発展すると、現代から過去への歴史的探求ということが論理必然的な帰結となる。かくしてスコットランド啓蒙期の道徳哲学に、近代的な社会科学としての「経済学の生誕」（スミス）や「社会学の起源」（ミラー）の「栄誉」が担わせられるのである。

スコットランドの道徳哲学が、狭い意味での倫理学の枠を超えてこうした広範な領域を対象にするようになった客観的背景としては以下の点を指摘できる。言うまでもなく、それは資本主義の最先進国イギリスにおける市場的な人間関係の発展である。商品交換を通じた人間関係が発展、定着するのに応じて、国家とは区別される（市民）社会という範域の実在が徐々に明らかになってくる。すると狭い意味での倫理学の課題も、孤立的な個人の次元のみでは十分に解決できず、社会倫理という視点からの考察が不可避になる。この点は、牧歌的なケーニヒスベルクの哲人カントが独我的な実践理性による道徳哲学を展開した（できた）のとは好個の対照をなしていよう。また倫理と密接に関係しているにもかかわらず、倫理学のみでは処理できない事柄が生じ、よりマクロなあるいは異なった視角からの問題接近も必要とされる。その意味で18世紀スコットランドにおいて富と道徳との緊張関係が重要な課題となったことは象徴的である。アダム・スミスにおける経済学の成立はこの問題を一つの機縁にしていたのである。

道徳哲学から道徳科学へ

このようにスコットランド啓蒙期の道徳哲学は、独我的な個人倫理の枠を超えた社会への志向性を持っていたが、19世紀に入ると状況は変化する。道徳哲学をその出生地とする経済学が個別科学として自立することを通じて、社会に関する学問に関しては伝統的な道徳哲学に代わって道徳科学（moral science）あるいは社会科学（social science）というカテゴリーが使用され、現実的な存在感を持つようになった。呼称からも分かるように新しいカテゴリーは、価値自由な自然科学を範としている。社会に関する諸学は規範的色彩を脱色して個別の科学として独立する方向を目指し、他方、伝統的な名辞を保持する道徳哲学は規範学としての倫理学の役割をもっぱら担うことになったのである。

【主要文献】T. Hobbes, *Leviathan*, 1651（水田洋訳『リヴァイアサン』全4冊，岩波文庫，1954-85）. F. Hutcheson, *A System of Moral Philosophy*, 1755. A. Smith, *An Inquiry into the Nature and Causes of the Wealth of Nations*, 1776（水田洋監訳『国富論』全4冊，岩波文庫，2001）. R. Sher, "Professors of Virtue: The Social History of the Edinburgh Moral Philosophy Chair in the Eighteenth Century", in M. Stewart ed., *Studies in the Philosophy of the Scottish Enlightenment*, 1990.

（只腰親和）

モリヌークス問題

〔英〕Molyneux problem

モリヌークスのロックへの手紙

アイルランドの学者ウィリアム・モリヌークス（あるいはモリニュー）によって提起された問題で、ジョン・ロックが言及したことによって広く知られるようになり、ライプニッツ、バークリー、ディドロ、コンディヤックらを巻き込み、近世認識論の展開に一つの道標を与えた。ロックは、1694年に『人間知性論』第2版を刊行し、第2巻第9章第8節にモリヌークス氏から手紙で提起された問題だとして、次のように記している。「生来の盲人で、今や成人している人が、同じ金属でできていて、同じくらいの大きさの立方体と球を触覚によって識別できるよう教わったので、それぞれを触ったならば、どちらが立方体でどちらが球かを言い当てることができると想定してみよ。そのとき、立方体と球がテーブルの上に置かれて、さらにはその盲人が見えるようになったとも想定してみよ。このとき問題。彼は、視覚によって、それらに触る前に、どちらが球でどちらが立方体であるかを識別し言い当てることができるか」。これがモリヌークス問題である。

モリヌークスはアイルランドの弁護士および国会議員であり、著書『新屈折光学』で知られた光学の専門家でもあった。ロック哲学を信奉し、ロックと手紙で交流するなか、上の問題を1693年3月2日付けの手紙でロックに書き送ったのである。けれども、デジレ・パークの研究が明らかにしたことだが、じつはそれに先立つ1688年7月7日付けでモリヌークスはロックに手紙を送っており（その手紙はオックスフォード・ボードリアン図書館に収められている）、そこにすでにモリヌークス問題の最初のヴァージョンが記されていた。それには、先の問いだけでなく、次の問いも最後に付け加えられていた。「あるいは彼は、それらが20フィートまたは100フィート彼から離れてあったとしても、それらまで手が届くかどうかを、自分の手を伸ばす前に視覚によって知ることができるか」。つまり、もともとのモリヌークス問題には視覚による距離判断についての第二の問いも含まれていたのである。なぜ第二の問いが落とされたのか。この点、モリヌークス問題のミステリーと言ってよいだろう。

ロックの答え

ともあれ、モリヌークス問題に対してロックは、第一の問いだけを念頭に置きつつ、しかも「最初に見たときには」というモリヌークス自身の記述にはない限定を加えたうえで、先の開眼盲人は球や立方体の視覚的経験がないのだから、答えは「ノー」、識別できない、と論じた。この問題は、立方体や球のような幾何学的概念は経験によって得られるのか、それとも生得的に備わっているのか、という普遍的係争点に関わっている。

しかし、こうしたロックの「ノー」という答えは、一次性質と二次性質というロック哲学の基本的区別との整合性という点で、微妙な混乱をもたらす。すなわち、ロックが「形」を一次性質として、つまり感覚とは独立な物質の内在的性質として捉える以上（『人間知性論』第2巻第8章第9節）、「形」は諸感覚に通底する種的に同一の性質のはずなのに、まさしく「形」を問題にしているモリヌークス問題に対しては「形」を二次性質的な感覚の次元で論じており、ここに混乱が見られるのである。もっとも、ロックの一次性質の捉え方からすれば、モリヌークス問題の第二の問いが落とされていることは説明できそうである。第二の問いは視覚による距離判断を問題にしているが、ロックにおいて、距離の測定を構成する「延長」や「数」も一次性質であり（『人間知性論』第2巻第8章第9節）、感

覚には依存しない性質である。よって、距離概念の核心があたかも感覚的次元にあることを前提しているかのような第二の問いは、ロックにとって不適切な問いに思われたのではないか。しかし、ならば、第一の問いもまた不適切ではなかったか。この点、さらなる解明が待たれる。

ライプニッツと「イエス」応答の系譜

ところで、ロック『人間知性論』に沿って『人間知性新論』を著したライプニッツは、モリヌークス問題に対して、「最初に見たとき」というロック的制限を外したうえで、「イエス」、識別できる、と答えた。幾何学についての生得的な知識・定義に照らして識別できるというのである。こうした「イエス」応答の系譜は、20世紀のギャレス・エヴァンズに至るまで綿々と続く。

バークリーの貢献

こうした対立のなか、議論のいっそう明快な整理をもたらしたのは、バークリーの『視覚新論』である。バークリーは、ロック的な混乱を払拭し、そもそも視覚観念と触覚観念は種的にも異質であり、両者の結びつきは身体運動を介した習慣的なものにすぎないとして、モリヌークス問題に完璧なる「ノー」の答えを提示したのである。バークリーは、そもそも開眼盲人は「最初に見たとき」は背景と対象との区別さえできないとする(『視覚新論』第110節)。こうした答えの背景には、一次性質と二次性質との認識的相違はないとするバークリーの有名な議論がある。しかし同時に、彼の解答は「最初に見たとき」というロック的問題設定を受け継ぐものでもある。バークリーにとってモリヌークスの開眼盲人の例は、形の認識のみならず、距離、大きさ、位置など、認識の基本図式すべてに関わる試金石としての意義を持つものであった。このことは、モリヌークス問題の第二の問いについてバークリーが知っていたのではないかという推測を可能にする。実際バークリーはモリヌークスの息子のチューターとして、問題の詳細を知れる立場にあった。いずれにせよ、バークリーの議論は、身体運動を介して視覚と触覚が結びつくという論点も含めて、現代の感覚的認知の研究にまで影響を及ぼし続けている。

思考実験としての問い

モリヌークス問題は、「最初に見たとき」という条件の下で臨床的・実証的に検証するという方向にも発展した。けれども、チェセルデンの実験やディドロの『盲人書簡』が伝えているように、こうした臨床的検証によっては確定的な答えを得ることはできない。開眼盲人は、「最初に見たとき」は、眼の痛みを感じたりして、見るという事態に到達しえないからである。だとすると、モリヌークス問題は、事実上検証不能な、理念的な問題であることが浮かび上がる。おそらくモリヌークス問題は、どのように認識が発生してきたのか、という認識論お得意の発生論的問いが巻き込まれねばならないある種倒錯的な構造を浮き彫りにする、鮮やかな思考実験としての価値を持つ問いなのではなかろうか。

【主要文献】John Locke, *An Essay concerning Human Understanding,* Oxford University Press, 1975 (大槻春彦訳『人間知性論』全4冊, 岩波文庫, 1972-77). Godfried Wilhelm Leibniz, *Nouveaux essais sur l'entendement humain,* 1966 (米山優訳『人間知性新論』みすず書房, 1987). George Berkeley, *An Essay towards A New Theory of Vision,* in *The Works*, Vol.1, Thomas Nelson and Sons, 1948 (下條信輔／植村恒一郎／一ノ瀬正樹訳『視覚新論』勁草書房, 1990). Désirée Park, "Locke and Berkeley on the Molyneux Problem", *Journal of the History of Ideas* 30, 1969.

（一ノ瀬正樹）

唯美主義

〔英〕aestheticism

　イギリス思想史における「唯美主義」とは、一般に、1860年代後半から90年代にかけての「唯美主義運動」（Aesthetic Movement）に典型的に見られた、美についての独特の見方、すなわち、芸術や自然がもたらす美を、道徳や実用性といった日常生活において支配的な価値よりも重要なものとして——あるいはそうした価値と対立するものとして——捉える見方を指し、同時代における「芸術のための芸術」（l'art pour l'art）、「世紀末」（fin de siècle）、「デカダンス」（decadence）といった様々な思潮を派生物として含んでいる。

　古来、ヨーロッパにおいては「詩（または芸術一般）の役割は、人を教え、かつ楽しませることにある」というホラティウス的芸術観が支配的であったが、唯美主義の最大の特徴は、そうした芸術の教育的役割や実用性を重視する見方に抗して、美の自律性を強調し、道徳的教訓や実用性を芸術にとっての夾雑物と見なした点にあった。そして、道徳や実用性が支配する実生活から芸術を切り離し、美的価値の自律性と優位性を唱えた点において、唯美主義は、ピューリタン的な道徳的リゴリズムや功利主義といった同時代の支配的思潮とは対立関係にあったと言えよう。

　以下では、代表的な思想家を挙げながら、唯美主義の発生、展開、影響について見ておきたい。

唯美主義の発生

　イギリスにおける唯美主義の前史を辿るならば、芸術や自然が与える美に、道徳や実用性とは異なる独自の価値を見出そうという試みは、すでにフィリップ・シドニーやシャフツベリ伯（第3代）によってなされており、18世紀末にはロマン派に、19世紀半ばにはラファエル前派に引き継がれる。人間の営みにおける美的価値の優位性という主張や、芸術や自然から詩的洞察を得る豊かな想像力を持ちながら——あるいは持っているがゆえに実生活においては哀れなまでの無能さを露呈する詩人という芸術家像など、のちに唯美主義の特徴と見なされる要素は、すでにロマン主義にも現れており、そのため唯美主義がロマン主義の一形態と見なされることも少なくない。

　しかし、唯美主義は、美に、道徳や実用性といった他の価値に対する圧倒的な優位性と自律性を認めた点において、芸術や自然の倫理的価値・宗教的価値に固執し続けたロマン主義やラファエル前派主義とは、決定的に異なっている。そして、唯美主義がイギリスにおいて成立する際に大きな役割を果たしたのは、美的価値の自律性を理論化したドイツ観念論の美学と、フランス象徴主義（さらにはその起源であるエドガー・ポーの詩論）であった。R.V.ジョンソンが言うように、イギリスにおける唯美主義は、ロマン主義を母体としつつ、大陸からの深い影響の下に成立したと言えよう。

スウィンバーン

　I.スモールによれば、イギリスにおいて道徳に制約されない美という唯美主義の核心を最初に述べたのはスウィンバーンであった。彼は、ラファエル前派の詩人D.G.ロセッティとフランスの象徴主義者T.ゴーチェ——その小説『モーパン嬢』（1835）には唯美主義宣言と呼ぶべき序文が付されている——の圧倒的な影響の下、美の追求という至高の目的に比べればキリスト教倫理は無に等しいという唯美主義的な確信を抱くようになった。

　スウィンバーンの唯美主義の要諦は『詩と評論についてのノート』（1867）で述べられている。同書は、ヴィクトリア期の厳格な倫理観に反するエロティシズムや瀆神を描いた彼の『詩とバラッド』（1866）に浴びせられた批

判に対する応答のパンフレットであるが、彼はそこにおいて、美の探求としての芸術は、いかなる道徳的制約からも自由でなければならないという主張を——おそらくはイギリス思想史上初めて——行っている。

唯美主義についてのまとまった作品を残すことはなかったが、飲酒癖の悪化、生活の荒廃、肉体の衰弱に苦しみながら晩年を過ごしたスウィンバーンの姿は、唯美主義者についての典型的なイメージの原型となった。

ペイター

スウィンバーンの議論がもっぱら創作に力点を置いた芸術論としての唯美主義に止まっていたのに対し、人間の生の営みそのものを「芸術の精神で」扱い、イギリスの唯美主義の流れを決定的に方向づけたのは、オックスフォード大学ブレイズノーズ・カレッジのフェローであったペイターであった。彼は主著『ルネサンス』(1873) において、先のジョンソンのいわゆる「観照的唯美主義」(contemplative aestheticism)——非日常的な観照による美の享受を説く唯美主義——を展開している。

同書の「序文」においてペイターは、唯美主義の核心が芸術や自然のもたらす美の印象を識別する感受性——ペイターはそれをM.アーノルドに倣って「想像的理性」(imagina-tive reason) と呼ぶ——の陶冶にあると論じているが、そこには、スモールが指摘するように、1860年代から70年代にかけてH.スペンサー、J.サリー、A.ベインらが行った、美的知覚についての心理学的研究の知見が援用されている。すなわち、人間の活動を、単なる自己保存のための活動と、それ自体が目的である活動に区別し、後者を「美的」(aesthetic) なものと呼び、その本質を快の印象に求めたスペンサーらの議論を踏まえつつ、ペイターは、美とは相対的なものであり、そのありようは、美の印象を識別する認識主観の感受性に依存すると述べている。ただし、そ

のことは美が単なる主観的なものにすぎないということを意味してはいない。むしろ、個々の美しい対象には、それぞれに美の印象を生み出す固有の力が備わっており、認識主観は、そうした快をもたらす特殊な力を的確に識別することによってのみ、深い感動を得ることができるのである。そして、自然や芸術における美しい個々の対象が美や快の印象をもたらす特殊な力を識別することによって深く心を動かされるという営みにおいて、芸術を創作する者と鑑賞する者の境界は曖昧となり、さらには両者に加えて、個々の美の印象の本質を言葉によって的確に再現する——いわゆる「印象批評」(impressive criticism)——批評家が大きな役割を果たすことになる。文芸批評の起源が唯美主義に求められるゆえんである。

しかし、ペイターによれば、研ぎ澄まされた想像的理性による美の享受という唯美主義的営為は、単なる自己保存を目的とした日常生活によって次の二つの形で脅かされる。まず第一に、日常生活において支配的な単なる知性は、芸術に形式と内容の区別を持ち込み、作品に主題や内容に対する応答責任を強いる——たとえば内容として道徳的な教訓を求める——ことで、形式と内容の分裂を悪化させがちである。想像的理性に最も理想的な美の印象がもたらされるのは、音楽のように形式と内容が融合するときであるが、絵画や詩には形式と内容が分裂する危険性が不可避に伴う。ゆえにペイターは「あらゆる芸術は音楽の状態を憧れる」とし、芸術作品を取り上げる批評の主要な任務として「個々の作品が、形式と内容の融合という意味で、音楽の法則にどの程度接近しているかを評価すること」にあると述べている。

第二に、日常生活は、型にはまった習慣への同調を強いることによって人々の思考を妨げ、美の享受を濁らせる。ペイターはそうした流れに抗すべく「結論」において次のような主張を試みている。いずれ死ぬことを運命

づけられた人間にとっては、その限られた時間の中で得られる数限りある脈搏だけが人生のすべてなのであって、その中で追求すべき目的は、何か特定の「経験の果実」ではなく、感受性の陶冶によってのみ到達しうる豊饒な「経験そのもの」に他ならない。したがって、泡沫のような人生を有意義に過ごすただ一つの方法は、日常生活を支配する習慣や偏見に囚われることなく、想像的理性を洗練し、知的な興奮と偉大な激情を享受すること――「硬い、宝石のような炎によって燃えること」――である、と。

この「結論」は、チェスタトンがのちに指摘したように、「刹那を楽しめ」という当時においてはあまりに過激な享楽主義を胚胎していたために数多くの激烈な批判を招き、物静かな哲学者であったペイターは「本書を手にした青年を惑わすかもしれない」という理由で1877年の第2版から「結論」を省いている。

ペイターの思想は、彼の教育を受けたG.M.ホプキンズ、L.ジョンソンのみならず、A.シモンズ、ジョージ・ムア、イェイツらに様々な影響を及ぼすことになった。そして、その最も悪名高い継承者となったのが、彼の教え子であり、『ルネサンス』を「美しいデカダンスの花」と讃えたワイルドである。

ワイルド以後

ワイルドの唯美主義の骨子は彼の小説『ドリアン・グレイの肖像』の増補版（1891）に付された「序文」で述べられている。ワイルドの思想は概ねペイターの見解を踏襲したものであったが、自然よりも力強く美の印象をもたらす芸術というペイターの見解を、絵画において重要なのは事物の再現ではなく色彩の配合と構図だというホイッスラーの反写実主義を援用しつつ、芸術の作為性や人工的な世界への礼賛という、より過激な見方へと発展させた点は注目に値する。いわば、ワイルドにおいて、美は、道徳や実用性の支配する日常生活のみならず、過去の芸術がミメーシスの対象としてきた自然的な事物からも切り離されてしまったのである。

運動としての唯美主義は1890年代に最高潮を迎え、以後は衰退の一途を辿るが、唯美主義が提起した問題は20世紀以降も様々な形で引き継がれている。とくに重要なものとして、芸術の自律性を唱え続けている「自律主義」(aesthetic autonomism) と芸術の社会的役割を強調する「道具主義」(aesthetic instrumentalism) の論争や、美の探求が半ば意図せざる結果として持ちうる政治性という「政治的審美主義」(political aestheticism) をめぐる議論などを挙げることができよう。

【主要文献】Algernon Swinburne, *Notes on Poems and Reviews,* 1866（岡地嶺抄訳「詩と評論へのノート」，――訳編『イギリス詩論集（下）』中央大学出版局，1981）．Walter Pater, *Studies in the History of the Renaissance,* 1873; 4th ed., 1893（別宮貞徳訳『ルネサンス』富山房百科文庫，1977）．Oscar Wilde, *The Picture of Dorian Gray,* 1890; revised and expanded ed., 1891（福田恆存訳『ドリアン・グレイの肖像』新潮文庫，1962）．I. Small ed., *The Aesthetes: A Sourcebook,* Routledge & Kegan Paul, 1979. E. Prettejohn ed., *After the Pre-Raphaelites: Art and Aestheticism in Victorian England,* Rutgers University Press, 1999. R.V. Johnson, *Aestheticism,* Methuen, 1970（中沼了訳『唯美主義』研究社，1971）．I. C. Small, "The Vocabulary of Pater's Criticism and the Psychology of Aesthetics", *The British Journal of Aesthetics* 18/1, 1978. T. J. Diffey, "Aesthetic Instrumentalism", *The British Journal of Aesthetics* 22/4, 1982. 富士川義之／加藤千晶／松村伸一／真屋和子／荒川裕子『文学と絵画――唯美主義とは何か』英宝社，2005. 小田川大典「崇高と政治理論」，日本政治学会編『年報政治学』2006/II，木鐸社，2007．

（小田川大典）

優生学（優生主義）

〔英〕eugenics

優生学（優生主義）とは、19世紀後半のイギリスを震源として、文明社会では有害な遺伝形質が充分に淘汰されないために人間の退化が進んでいるのではないかという危機意識をてこに、人間集団の遺伝形質の改善を図ろうとした思想運動をいう。その提唱者フランシス・ゴールトンを優生学に立ち向かわせた重要な動機の一つが、ダーウィンの『種の起源』を読んだことだった。自然選択理論を中核とするダーウィンの進化論は、ゴールトンの優生学の屋台骨だったのである。20世紀に入り、優生学が英米で大きな社会的影響力を及ぼし始めるとともに、優生学は、人間の優れた遺伝的資質の増大を図る積極的優生主義（優生学）と、劣った遺伝的資質の減少——ひいては消滅——をもくろむ消極的優生主義（優生学）とに、概念上区分されるようになる。

マルサスにおける優生主義的危機感

優生学を一つの経験科学として確立しようという運動はゴールトンに始まるとはいえ、優生主義的な危機感に基づく社会の人口構造への強い関心は、遅くともマルサスにおいてすでに現れている。彼は、『人口論』（初版1798）において、両性間の性欲を前提とすれば人口は幾何級数的に——すなわち等比級数的に——増大するはずだと述べた。しかしながらマルサスは、すべての階層の人口増加が等しく問題を引き起こすと考えていたわけではなかった。人口問題へのマルサスの憂慮は、実際には、救貧法制がむしろ貧困層の人口増加を促して、社会に対する経済的負担を増大させているという優生主義的な危機意識と連動していたのである。現状の救貧法は深刻な貧困問題を解決するどころか、家族を扶養する計画をきちんと立てられない貧困層の人口増加をかえって促して、社会全体の食糧事情を悪化させている。マルサスは、社会の中間層こそが知的進歩に最も適しているから、富裕層や貧困層の人口を減らし、中間層の人口を増やすような政策を採用するのは、社会の義務だと考えていたのである。

優生学の創唱者フランシス・ゴールトン

優生学の創唱者であり、優生学（eugenics）という語の考案者でもあるゴールトンは、『遺伝的天分』（1869）において、傑出した業績を上げた人たちの家系を詳細に調査し、彼らと近い血縁関係にある人のほうが遠い関係にある人たちより、顕著な業績を上げる傾向がずっと高いことを統計学的に示した。ここから彼は、人間の重要な能力の形成においては「環境」より「遺伝」がはるかに重要であることを確信したのだった。

ゴールトンが関心を寄せたのは、人間社会における自然選択の働きであった。自然選択が動物界に働けば、社会性と知性とを備えた存在が最適者として生存するはずだった。しかし彼によれば、現代社会では人類全体の知的レベルを上昇させる必要があるにもかかわらず、文明は、その福祉と医療によって自然選択の法則の厳格な働きを妨げる傾向を持っている。文明は、未開の地でなら死に絶えたであろう弱者を保護する。裕福な家庭の病弱な子が、貧しい家庭の頑健な子どもより、子孫を残す可能性が高い。

しかし、ゴールトンは、人類の遺伝的改善が最重要の課題であると社会の構成員が合意し、人間にも——家畜の場合と同じく——遺伝の理論が妥当するとあまねく理解されれば、人類の血統を計画的に改善することが可能だと考えた。「将来世代の性質のコントロールは、現在世代の権能の範囲内にある」（『遺伝的天分』）という信念が、彼の優生学をまさに衝き動かしたのである。したがって、ゴールトンの勧める賢明な政策とは、不適者の出生率を

抑制する一方、適者を早く結婚させて彼らの生殖力を上げることに帰したわけである。

人種・民族相互間での自然選択

人間集団の内部に自然選択説が適用されるのと並行して、民族・人種相互間の関係にもまた、自然選択の法則が当てはめられていった。その先駆けとなったのは、A.R.ウォレスであった。彼はゴールトンと違い、人間社会で弱者が相互扶助により援助されるようになったのは、自然選択が停止した証拠ではなく、自然選択が人間の身体的形質でなく精神的・道徳的特徴に対して働くようになったことの表れだと考えた。すなわち、人間の精神的能力が自然選択に服して以来、生存に有利な精神的・道徳的変異が少しずつ蓄積していった結果、人類のうちでより優れた集団が数を増す一方、より未開で野蛮な集団が死に絶えるに至ったというのである。

重要なのは、この冷徹な自然選択の法則が今や、民族・人種相互間の闘争において働いているとウォレスが考えた点にある。ウォレスによれば、そのメンバーが洞察力、自制心、協調性、道徳感覚を備えている高等な民族が、そうでない民族を征服するというのは、自然選択の当然の帰結である。今も通用している自然選択のプロセスによって、人類の精神的・道徳的能力は不断に改善していく一方、アメリカ大陸のインディアンやオーストラリアのアボリジナルなど先住民は必然的に滅亡していく運命にあるというわけである。こうしてウォレスは結果として、人種・民族相互間の衝突・征服を自然選択理論によって説明し去ると同時に、ヨーロッパ諸国の植民地支配を生物学的に正当化することになった。

ダーウィンの優生思想

ダーウィンもまた、『人間の由来』(1871) の中で、自然選択理論を、人間へ直截に適用するに至った。ダーウィンによれば、未開社会では肉体的・精神的に虚弱な者はすぐに除去されるが、文明社会は、福祉事業や医療によってこの過程を懸命に妨害している。彼もまた、知性や道徳性で劣る下層階級が急速にその数を増やしていくことを警戒していた。

しかし他方、ダーウィンはウォレスに倣い、知的能力による自然選択が現在もなお働き続けていると考えていた。だから、「国民の退化」の可能性に対するダーウィンの解決策は、人間社会で今も働いているこの自然選択の作用を妨害しないことに帰着する。彼は、「男女両性とも、心身のいずれかの働きが著しく劣る場合は結婚を差し控えるべきである」(『人間の由来』)とは考えていたが、国家が強制的に「生殖の自由」を制限すべきだとは言わなかった。むしろ彼は、現代社会において自然選択が充分に作用するように生存競争を維持すべきだと主張したのである。

その半面、ダーウィンは、人種相互間で生存競争が続いていることについては、これを正面から肯定した。彼は、文明社会との接触・闘争の結果衰亡していく未開の諸民族の姿には、まったく同情を感じていないように見える。ダーウィンは、文明社会と未開社会との人種間の「生存競争」は直ちに未開社会の滅亡という結果に終わるのであり、今後もこの自然選択は進行していくはずだと冷徹に考えていたのである。この「自然選択による未開民族の必然的滅亡」というロジックこそ、ダーウィンが19世紀の植民地主義に対して与えた巧妙な免罪符だった。

優生学の尖鋭化

優生学に対する社会一般の反応は、20世紀に入ってから大きく好意的に変化してきた。とくにイギリスでは、長引くボーア戦争を背景として、自国の兵士を供給する労働者階級の心身が、都市化・スラム化のために退化しつつあるのではないかという懸念が生じていた。この国家的危機感に対して、優生学は、国

民全体の適応度（fitness）を高めることこそ国家の存続・繁栄のために決定的に重要だという解答を提示したのである。

ゴールトンが現実に提案する優生学的政策の多くが、消極的優生主義よりも、優れた才能を持つ階層に多くの子孫を残すよう奨励する積極的優生主義に関するものだった。しかし、彼はダーウィンと同じように、このような政策を国家が強制することにはきわめて慎重だった。彼はむしろ、合理的基礎を持つ国民宗教や世論によって、優生学の慣習化を目指したのである。

しかし、20世紀を迎えると、優生学主義者たちの謳う政策はゴールトンにおけるような曖昧さを投げ捨て、「生殖の権利」を正面から踏みにじる方向へと動き出していく。外科医ロバート・レントゥルは、『民族の陶冶——あるいは民族の自滅？』（1906）の中で、広範囲にわたる「退化した者」に対する強制的な断種を何の躊躇もなく提言した。優生学はすでにゴールトンの存命中に、強制的断種によって「不適者」の減少をもくろむ過激な消極的優生主義へと化していったのである。一部の階層を標的とするこのような強硬な主張は、けっして少数の変わり者のみによって提唱されたわけではない。のちに「ゆりかごから墓場まで」の社会保障制度を提案したことで知られるベヴァリッジもまた、1906年の論文で、一部の独立できない「雇用不適格者」からは生殖権を剥奪すべきだと主張していたのである。

一方、ゴールトンもまた、このような国家的懸念に乗じる形で、優生学の有用性を唱えるようになった。彼は、優生学の実践によって自国の民族の平均的性質が向上すれば、「われわれは、莫大な帝国的好機をつかむのに、より適した存在になるだろう」と請合った。ゴールトンにとっても、民族相互間の生存競争は今もなお持続していた。イギリスはその植民地主義により世界的な拡大を続け、その血統を全人類に及ぼす可能性を持っているから、母国イギリスにおける遺伝的資質の改善は、人類全体の遺伝形質を改善することに必然的に繋がる。「自らの進化に積極的に介入する人類」というゴールトンの理想は実際、植民地主義によるイギリスの世界支配の夢とも結合するように巧妙に再構成されたのである。

優生主義と帝国主義

したがって、ゴールトンの継承者で、ロンドン大学のゴールトン記念優生学講座の初代教授に就任したカール・ピアソンが、そのレイシズムを顕わにして、イギリスの帝国主義的拡張と植民地主義を説いたのもけっして怪しむに足りない。彼にとっては、不適者の死という「痛み」を必然的に伴う「生存競争」こそが、人類の「進歩」の要因だった。したがって彼は、イギリス国内における遺伝的「弱者」が社会的慈善や国家に扶助されてその人口を殖やしていくことを警戒しただけではない。彼によれば、植民地に多くの優秀な人材を送り込むことによって、現地の「劣った」人種・民族を一掃し、かの地に支配権を確立する一方で、他の列強との間の武力——そして経済力——による「生存競争」に勝ち抜くことだけが、帝国イギリスの繁栄を可能にする。こうして、国内における優生主義運動は、国外に向かっては帝国の拡張・覇権を推し進めるための生物学的基礎としても機能したのである。

【主要文献】D. Kevles, *In the Name of Eugenics*, 1985（西俣総平訳『優生学の名のもとに』朝日新聞社, 1993）. C. Darwin, *The Descent of Man, and Selection in Relation to Sex*, 1871（池田次郎／伊谷純一郎訳「人類の起原」、『世界の名著39 ダーウィン』中央公論社, 1967）. F. Galton, *Hereditary Genius*, 1869. K. Pearson, *National Life from the Standpoint of Science*, 1905. 桜井徹『リベラル優生主義と正義』ナカニシヤ出版, 2007.

（桜井　徹）

ユートピア

〔英〕utopia

 一般に「理想郷」と訳される。イギリスの人文主義者T.モアのラテン語の著作『ユートピア』(1516)に由来する。ギリシア語の否定を意味する ou (not) と場所を意味する topos (place) から無理にラテン語化した単語で、「どこにもないところ」を意味する。ギリシア語の良くを意味する eu (well) と topos を組み合わせた「良いところ」の意味にもかけている。そこから、現実には存在しえない想像上の理想世界や、そうした理想への熱望を一般的に指す言葉となった。理想世界は、ある程度閉ざされた遠隔の世界に設定されやすい。他方、理想主義への偏重や実行の非現実性を批判する用語にもなっている。

広義化するユートピア

 モア以後約500年、より良い理想世界の諸制度・生活様式・国土計画の描写を通じて、現実改革を試みる思想が、芸術・政治・科学の諸分野で論じられてきた。その過程でユートピアは、語源となったモアのそれよりも広義な用語となった。

 理想世界への願望自体は有史以来存在した。エデンの園のような原初の理想時代神話や、14世紀イギリスで作られた詩「お菓子の国」のような豊穣と快楽の国、夢や幻想の世界なども、たしかに理想世界願望の一形態ではある。だが、社会描写が不十分で抽象的な理想世界は、現実改革を放棄しないモアの意識とは一致しない。他方、千年王国思想や社会主義の影響を受けたユートピアは、改革への熱意高揚や諸制度・改革手段の理論化に傾くと、ありえぬ世界を通じて現実世界を批判したモアの試みとは隔たりが生じる。ユートピア思想の中のこうした差異に注意が必要だろう。

トマス・モアの『ユートピア』

 『ユートピア』は、モアが外交使節としてフランダース滞在中に筆を執り、翌年完成出版した作品で、学識と経験を備えた船乗りラファエル・ヒュトロダエウスが、新大陸などで見聞した諸国、とくにユートピア島についてモアらと対話する形式を取る。第1巻では、同時代の西欧諸国の政治・経済・法における不正と道徳退廃が批判される。第2巻は、ユートピア島を理想社会と見るヒュトロダエウスの物語が大半を占める。異教徒であるユートピア人は、20名ほどからなる世帯を核に、農村や都市からなる共和制国家を構成し、古典古代と同様の有徳教育を受け、私有財産を廃した共有制共同生活を営んでいる。

 だが、原題『社会の最善政体について、そしてユートピア新島についての楽しさに劣らず有益な黄金の小著』は、この作品が単純ではないことを示している。まず、社会の最善政体とユートピア新島は同一ではない。さらに、作品中のモアは、ユートピア社会の基盤である共同生活制や貨幣のない共有制や宗教や戦争方法に関して不条理に思えることがあるという。そしてそこには「実現の希望を寄せるというよりも、願望したいものがたくさんある」と述べている。想像世界の報告(第2巻)は最善政体のひな型ではなく、第1巻と同様、それを論じるための苗床なのである。

 また、モアは有益なだけではなく、読んで飽きない楽しい書物であることも意図している。同時代の航海記や実在人物を織り込み、対談や物語で話を展開し、地名や人名の言葉遊びや機知・諷刺(金の便器で財貨への嫌悪感を育む、羊が人間を食らい国土を破壊する)を多用して、文学性も追求している。『ユートピア』は、社会に関する哲学思想と独特の文学手法とが結びついた人文主義の一つの成果なのである。

モア以前のユートピア

モア以前から存在した西洋の理想世界の中には、『ユートピア』やその後のユートピアに影響を及ぼしたものがあった。古典古代においては、プラトン『国家』が、ソクラテスと友人との対話を通じて、地上のどこにも存在しない理想都市国家——哲人王を頂き、有徳市民育成・私有財産抑制・管理統制の仕組みを持つ——を構想した。この国家や、彼が他作品で伝える技術国アトランティスは、その後のユートピアの手本となった。また、実際の都市国家の諸制度も後世に影響を与えた。

ユダヤ・キリスト教世界は、代表的なユートピアを構想しなかった。だが、世界の破局、千年王国の樹立、救世主の再臨、最後の審判という終末史観は、間接的だが重要な影響を及ぼしている。終末の千年王国自体はユートピアではない。しかし、来たるべき世や千年王国への憧憬は理想世界願望と重なり、真の信仰者による完璧な王国像は理想社会の諸制度や規範に影響した。ただし、キリスト教社会の西欧中世では、ユートピアをめぐる重要な変化はなかった。

ベーコン『ニュー・アトランティス』

モア以後、旅行者などの第三者が想像上の理想社会の諸制度・生活様式を物語る、『ユートピア』に倣った作品が西欧各国で著された。イギリスを代表するのは、アトランティスから書名を採ったF.ベーコン『ニュー・アトランティス』である。太平洋の未知のキリスト教君主国に漂着した船乗りの物語の中心は、科学教育機関ソロモン館の描写である。この機関は、事物の原因や秘密の運動を明らかにして人間の自然支配を可能な限り実現することを目的とする。そして、そのために実験設備や研究所が準備され、研究員が実験や科学技術の習得や知識普及に努めている。ベーコンは、ユートピアにおける科学の役割という新視点をもたらした。

革命期のユートピア

多様な宗教政治勢力が理想の国家をめぐって抗争した17世紀イギリスでは、多種のユートピアが論じられた。共和派のハリントンは『オシアナ』で、土地を有する市民が政府を統括する法制度を持つユートピアを描いた。千年王国を志向し貧農民の共有制コミュニティ建設を試みたディガーズの指導者ウィンスタンリが『自由の法』で描いたのは、土地を共有し階級制を排した共和制度の綱領だった。この他、長期議会に献辞されたハートリブ『マカリア王国』、穏健派清教徒を代弁したS.ゴット『ノワ・ソリマ』、水平派を代弁した無名氏『タイラニポクリト』、反革命的ユートピア『ニュー・アトランティス』の続編二作やM.キャヴェンディッシュ『きらめく世界』などがある。法制度や体制の綱領論議を中心とするこれらのユートピアは、文学的評価は高くないものの、理想社会を模索した同時代のイギリスを反映している。

18～19世紀のユートピア

ユートピアは18世紀に入り、文学との隣接領域で発展した。デフォー『ロビンソン・クルーソー』は、架空の漂流者による一からの理想世界構築の詳細な物語である。諷刺文学の傑作スウィフト『ガリヴァー旅行記』が伝える不思議な想像上の国々は、同時代の悪弊や人間一般の愚昧さも体現した逆理想世界でもあった。また、政治・経済・社会・科学技術における進歩理念の浸透は、理想社会の理論を扱う哲学思想を発展させた。

他方、産業革命は農村社会の崩壊、大量の都市労働者とその劣悪な労働環境などの問題を発生させた。これらの問題を批判分析して、理想社会への改革を唱えたのが初期社会主義であり、イギリスではR.オウエンがこれを代表した。労働者の貧困や勤勉性欠如は労働環境に原因があるとする彼は、資本家が適切な手段を取ることで社会改善が可能だと考え、

環境を整備した工場やコミュニティでそれを実践した。初期社会主義者は、その実践を手本として理想社会が実現できると考えた。19世紀後半マルクス主義が初期社会主義をユートピア的社会主義（Utopischer Sozialismus）と批判したことは、ユートピアの意味を混乱させた。労働者の階級闘争と理想社会の実現を関連させる自らの立場を科学的なものとする視点から、それを欠いたオウエンらをユートピア的としたことは、ユートピアを非科学的と見なす語法を促した。だが、科学的社会主義は、モアやウィンスタンリに見られる私有財産否定の共有制ユートピア構想をコミュニズムの先駆と評価している。歴史展開の必然的な結果としての理想社会実現を説く社会主義思想の発展は、ロシア革命に始まる20世紀の共産主義社会建設をユートピアの実現と見る視点に繋がった。

資本主義批判でありながら中世にも共感していたW.モリス『ユートピアだより』の描く21世紀イギリスは、別のユートピアを提示した。資本主義の悪弊を革命で根絶した共産制社会であるこのユートピアでは、機械化が進んでいるものの、人々が手作業中心の工業・農業・芸術活動などの活動に喜んで従事し、統制的政府ではなく地域共同体が社会を支えている。

また19世紀末までには、多くのユートピアは異空間に構想されるよりも、異時間である未来に構想されるようになる。背景には、植民地化による地球上での人類未到達地の消滅という現実と、人類の進歩という歴史意識の定着が考えられる。

現代におけるユートピア

独特の文学手法と形式を用い、理想社会の諸制度・生活様式を議論するユートピアの意義は、現代でも失われてはいない。人間理性や科学技術の進歩に対する懐疑や、世界大戦で明らかになった全体主義や人間性への不信は、20世紀になり、理想的ユートピアに替わり、避けるべき世界である逆ユートピアすなわちディストピア（劣悪を意味するギリシア語 dys + topos からなる造語）の発展を、とくに文学領域で促した。ハクスリー『すばらしい新世界』が科学技術によって管理された一見理想的な未来社会における人間感情や倫理の喪失を、G.オーウェル『1984年』が個を無視した全体主義国家による厳格な言論統制と巧妙な思想監視体制をそれぞれ描いている。理想社会として20世紀に現実化したソ連などの社会主義国家の多くが、徐々に停滞して同世紀末までに解体したことも、理想的ユートピア像を揺るがした。現実批判と改革契機の提示がユートピアの伝統であるならば、ディストピアの意義は、今後も注目される。さらに、ユートピアの役割で注目されている分野が環境である。環境破壊の阻止に止まらず、エコロジーに考慮した持続可能な社会の諸制度・生活様式が理想とされる現在、W.モリスの示したようなユートピアが注視されている。

【主要文献】トマス・モア（澤田昭夫訳）『改版 ユートピア』中央公論新社, 1993. 澤田昭夫監修『ユートピア』荒竹出版, 1986. 川端香男里『ユートピアの幻想』講談社, 1993. ウィリアム・モリス（五島茂／飯塚一郎訳）『ユートピアだより』中央公論新社, 2004. 田村秀夫『増補 イギリス・ユートウピアの原型』中央大学出版部, 1978. A.L.モートン（上田和夫訳）『イギリス・ユートピア思想』未来社, 1967. 田村秀夫『ユートウピアと千年王国』中央大学出版部, 1998. クリシャン・クマー（菊池理夫／有賀誠訳）『ユートピアニズム』昭和堂, 1993.

（森　弘一）

ユニテリアニズム（ユニテリアン主義）

〔英〕Unitarianism

ユニテリアニズムは、キリスト教の正統的教説とされる三位一体論を否定し、神の単一性を信じる考えを総称する英語である。神は父、子、聖霊の三位格と一つの実体において存在するという三位一体論に対して、ユニテリアニズムは神を唯一の位格からなる唯一の実体として捉える。だが、その単一性の理解は多様であり、ユニテリアニズムという語は特定の教説や教派とは直結せず、反三位一体論に立つ多様な概念や教派を包括する。ユニテリアンという語の最初の使用例として、1687年に出版されたS.ナイの『ユニテリアン概史』が指摘されることがある。ユニテリアニズムの一般的な傾向として、合理主義やヒューマニズムへの傾斜が強調されることがある。ユニテリアニズムの語の包括性を考慮し、この項目末尾で、アリウス主義などの関連用語にまとめて説明を加えた。

歴史

ユニテリアニズムの起源は、早くは使徒時代に、さらに初期教会のアリウス主義やモナルキア主義に求められる。現代に至る反三位一体論の本格的な展開は16世紀の宗教改革に始まる。1553年に焚殺された、ナヴァラ王国トゥデラ出身のM.セルヴェトゥスが、ユニテリアニズムの先駆者かつ、その主張ゆえの初の殉教者と一般に言われる。16世紀半ば以降、ポーランドやトランシルヴァニアで、反三位一体論を唱える宗教集団が登場し、ポーランドではF.ソシヌスが、トランシルヴァニアではF.ダヴィドがユニテリアン運動を展開した。ただし、ソシヌスの運動や思想はソシヌス主義（ソッツィーニ主義）と特称され、ユニテリアニズムから区別する学者もいる。ユニテリアンには、神の単一性とともに、寛容や必須教義の最小限化の主張、公式信条への反感、聖書の歴史的研究といった点で、共通点がある。

イングランドおよび海外での展開

イングランドでは、16世紀からオランダ経由でユニテリアニズムの導入が始まり、17〜18世紀には、J.ビドルの影響下でソシヌス主義が根を下ろすようになる。クロムウェル政権期に、ビドルは『ラコウ・カテキズム』の英語版を出版し、1650年代末にはソシニアンの集会をロンドンに設立した。J.ロックの救貧法案に影響を与えたとされる、博愛主義者のT.ファーミンは、1640年代にはJ.グッドウィンの会衆に加わっていたが、50年代半ばにビドルを知ってから、反三位一体を支持するようになる。彼の考えには、イエスは肉体をまとった神だとする、サベリウス主義的傾向が指摘されることがある。

1689年のいわゆる寛容法においても、ユニテリアニズムは寛容の対象外だったが、18世紀以降も、その高い倫理性が人々を引き寄せた。とくにJ.プリーストリは1768年にユニテリアン派の説教師になり、多くの集会を設立した。1774年には、国教会から分離したT.リンジが、ユニテリアンを公然と名のるイングランド初の教会を、ロンドンに設立した。1813年に、反三位一体に対する刑罰規定が廃止されて、ユニテリアン教会は公認され、25年には「ブリテンおよび海外ユニテリアン協会」が結成される。19世紀半ば以降、J.マルティノーらの影響下でユニテリアニズムは、人間の善性などを強調する超教派的な傾向を持つようになる。マルティノーの友人、H.ホークスは伝道のために1890年に個人的に来日し、福澤諭吉の支援下、慶應義塾の学生の英語教育にも関与した。ユニテリアンは、教育機関として、オックスフォードのマンチェスター・カレッジなどを支えた。定期刊行物としては、プリーストリによる *Theological*

Repository やヒッバート・トラストによる *The Hibbert Journal* などがある。

ニューイングランドでは、1785年に最初のユニテリアン教会が立てられた。各教会の自立と民主的運営を唱える会衆派の中で、ユニテリアンはとくにリベラルな一派を占め、19世紀初頭になると会衆派から分離して、1825年には「アメリカ・ユニテリアン協会」を結成した。1961年にユニテリアンはユニヴァーサリストと合体する。ユニテリアン・ユニヴァーサリストは、教義としての三位一体論を拒否するが、反三位一体論を集団の共通信条としては要求しない。

ユニテリアニズムに関連する語について

(1) アリウス主義 (Arianism) は、アリウス (c.250-c.336) らに始まる、父・神と、子・イエスとの異質性を強調する考えである。アリウス主義によれば、子以前に神が存在し、子は神の意志により万物に先立って創造される。したがって、神が父ではなく、子が存在しない時があったとされる。神のロゴスの先在 (pre-existent) を認め、このロゴスは子の身体に入るとされるが、子は神と同質ではなく、あくまで神に従属すると考えられる。

(2) モナルキア主義 (Monarchianism) は、神のモナルキア、つまり唯一性・独裁性を強調する、2〜3世紀に現れた見解である。二つの正反対の議論が見られる。一つは、人間イエスを強調して神のモナルキアを守るという議論、もう一つは、子の神性を強調して、神自身がこの世に顕現したとする議論である。

(3) ソシヌス主義 (ソッツィーニ主義、Socinianism) はファウストゥス・ソシヌス (1539-1604) の思想と活動に淵源を持つ。神の位格を父なる神のみとし、子は人間とする。ただし、子は普通の人間ではなく、聖霊を通じて処女懐胎された完璧な人間とされ、復活と昇天において不死性と神性に至ったと考える。神のロゴスの先在を言わず、かつロゴス自体についても、アリウス主義と異なった考えを持つ。

(4) サベリウス主義 (Sabellianism) については、サベリウス (d.260) が代表的主張者とされ、様態論と呼ばれることもある。神をあくまで単一の実体とし、父・子・聖霊は本質においてあくまで同一者だが、この単一神の三つの顕現・様態とされる。三位一体説が三位格一本質を唱えるのに対し、サベリウス主義は一本質三役割をいう。

(5) ユニヴァーサリスト (Universalist) は、この項目との関連では、最終的に万人が救済される、と信じる人々を指す。アメリカ合衆国では、ユニヴァーサリストの多くがユニテリアンであり、1961年には両者が合体して、「アメリカ・ユニテリアン・ユニヴァーサリスト協会」が設立された。万人救済説に立って、他宗教も救いのための手段と見なし、キリスト教の枠組みを超える志向を持つ。

【主要文献】H. J. McLachlan, *Socinianism in Seventeenth-Century England,* Oxfofd University Press, 1951. C. G. Bolam et al. eds., *The English Presbyterians from Elizabethan Puritanism to Modern Unitarianism,* George Allen & Unwin, 1968. D.クリスティ＝マレイ(野村美紀子訳)『異端の歴史』教文館, 1997. 土屋博政『ユニテリアンと福澤諭吉』慶應義塾大学出版会, 2004.

(山田園子)

ユーモア

〔英〕humour

　ユーモアとそれがユーモア感覚（sense of humour）を持つ人に引き起こす笑いは優れて人間的な現象である。ユーモアのない社会は考えられないし、極度の逆境の中では生きるために必要不可欠にもなる。

　ユーモアの本質が何についてはいくつかの説がある。

ユーモアは優越性の意識である

　プラトンはユーモアにつきものの笑いが不真面目であり、とくに自分が強く優位にあるという自己欺瞞に陥って「おのれを知らない」人を笑うとき、そこに軽蔑や悪意が込められている、と否定的であった。同様な不信の念はエピクテトスにも見られる。アリストテレスも中庸を保ったユーモア感覚を持つべきとし、抑制を失ったり、ことあるごとに人を笑わせようとやっきになったりしないように警告している。キリスト教教父たちもまた笑いには慎重であった。もっともイエス自身の言行には微笑とユーモアが認められる。

　このような悪意に通じる優越性の自覚からくる笑いという発想の近代の代表者はトマス・ホッブズである。ホッブズは誇り（pride）が人間の感情の中で最も重要であること、笑いが他人あるいは過去の自分に対して優位にあることの自覚に由来すること、それが他人に弱み（infirmity）を発見することでさらに補強されることなどを述べている。

　たしかにいわゆるユーモア話には人の身体や性格の欠陥、文化や教養の不足や不器用さを笑いものにする内容のものが多いが、それがすべてではない。ユーモアに典型的な地口とか言葉の遊戯には優越性は関係ないし、からかいにはしばしば愛情が込められ、純粋なゲーム感覚で楽しまれるものもある。また優れた喜劇役者の演技や言葉に笑うとき、われわれはその機智や説得性をむしろ尊敬している。またユーモアは笑いを伴うが、笑いと同じではないし、笑いはユーモアだけに対する反応でもない。この優越の説はユーモアのある一部を説明するものと言えよう。

ユーモアは「ずれ」の面白さである

　もう一つの有力な説はユーモアを規範からの逸脱ないし文脈の「ずれ」という観点から説明する不一致（incongruity）の説と呼ばれるもので、ホッブズ理論の限界を指摘したハチスンの理論に由来する。この説はショーペンハウアー、ケストラー、キルケゴール、ベルクソン、カントなど多くの哲学者たちを惹き付けてきた。概念や言語使用の枠を外したり、違えたりしてそこに生じる文脈や意味の「ずれ」を楽しむユーモアはいわば故意になされるカテゴリー・ミステイクであり、メタファーやアイロニーとも共通点を持つ。それは「ずれ」を意識させるが、何をどのように逸脱したかを説明しない。この点でドラマティック・アイロニーに通じる。

　ノンセンス・ユーモアも、論理的に不合理な帰結を使うこと（non sequiturs）もまともな期待を裏切る面白さで、「ずれ」を楽しむものである。ジョークは瞬間的ユーモアと言えようが、特定のジョークが使い古されるとそのジョークの文脈をわざと破るメタ・ジョークが出てくることもある。ベルクソンの有名なバナナの皮で滑って転んだ人の例は機械的な放心から、本来の滑らかな行為から外れている、というおかしさであり、「ずれ」であるが、転んだ人を眺めて笑っている人の靴に別のバナナの皮が付いていたら、さらなるジョークが出てくるだろう。

　この種のユーモアは基本的に見たり聞いたりする人のユーモア感覚に大きく依存する。背景の文脈を解さない人や異なった習慣を持つ人には「ずれ」がなかなか通じない。習慣的

なコンテクストを破壊する面白さは、逆に文化的な相対性によって容易に失われてしまう危うさでもある。

また「間違い」や「逸脱」は本来危険や不安を呼ぶもので笑うこととはほど遠いということがある。知らない人がおかしな顔をすれば、子どもは泣き出してしまう。しかし家族がすれば面白がって笑うであろう。一方サインを送って「ずれ」を分かりやすくして不安を取り除くと、今度は興ざめにならないとも限らない。

いずれにせよ、ユーモアがユーモアとして鑑賞され、楽しまれるためには、一種の審美的「距離」が必要で、現実的な脅威から守られていなければならない。そこに刺激と実害のなさとの微妙なバランスが必要になり、発信者は受け取る側に応じてその都度調整しなければならない。

ユーモアは抑制抑圧からの解放である

もう一つの説はリリース説で、アリストテレスが提唱者だという見解もある。シャフツベリ伯は喜劇が抑制された、自然な自由な精神を解放すると述べ、ハーバート・スペンサーも心が大きな真剣なものから小さな些細なものへと急に移動させられ、溜められたエネルギーが勢い余って笑いとなる、と説明している。これは20世紀のフロイトの、機智 (Witz) が、理性によって抑圧されたエネルギーを発散させるという説に通じるものである。限りあるエネルギーが塞き止められたり溢れたりという (擬) 科学的な用語がこの種の説の特徴である。

ユーモアの周辺

今日ではこのほかユーモアを身体的な笑いの構え (disposition) とする説もある。しかし面白いということが即笑いの「構え」に入ることだと言えるかどうか、動物やロボットとか宇宙人の間にもユーモアがあるかどうか、などの問題が残る。

芸術との関連では、テッド・コーエンはジョークとアートとの重要な類似関係として、受け取る側に補完の作業を要求し、理解する人たちの連帯感を作り、一種の「目利き (通)」の世界を作るということを指摘している。しかし、芸術作品は何度も鑑賞されるのに、ジョークは一回で消費されてしまう。

ジョナサン・スウィフトやベケットの作品に見られるブラック・ユーモアは、グロテスクなイメージとともに諷刺やナンセンスと結びつく。どこでユーモアや笑いが非倫理的になるかは昔からの問題であるが、邪悪なジョークに対する笑いにはわれわれの内にある邪悪な性格が現れているのだという説もある (Ronald de Sousa)。ただユーモアは一つの解釈におさまらないというところに特徴があるだけに、倫理的に邪悪と決めつけられないのもその本質の一つである。

【主要文献】アンリ・ベルクソン (林達夫訳)『笑い』岩波文庫, 1976. Jan Bremmer Herman, *A Cultural History of Humour*, 1997. John Morreall, *The Philosophy of Laughter and Humour*, 1994. Thomas Hobbes, *The Elements of Law, Moral and Politic*, 1650. Francis Hutcheson, *Thoughts on Laughter*, 1725. Ted Cohen, *Jokes*, University of Chicago Press, 1999.

(塚本明子)

世論

〔英〕public opinion 〔仏〕opinion publique

輿論（よろん）と世論（せろん）

英語の「パブリック・オピニオン」について日本語の「世論」を用いて解説するためには前置きが必要である。今日「世論」は「せろん」とも「よろん」とも読まれる。戦後の漢字制限によって「輿」が使用できなくなり、「輿論」の当て字として「世論」が用いられるようになったからである。しかし、戦前には「世論」と「輿論」は明確に区別されており、前者は「その暴走を阻止すべき私情」、後者は「尊重すべき公論」であった（佐藤卓巳『メディア社会』岩波新書、2006）。本項では「パブリック・オピニオン」の訳語表記として「世論」を用いるが、イギリスにおけるその意味内容は時代と論者に応じて「輿論」とも「世論」とも表記されるべき性格のものである。

世論の概念

これまでに試みられた世論の定義は約50にも上るという。世論という語を構成する「パブリック」と「オピニオン」のそれぞれに古代ギリシア・共和政ローマ以来の複雑な来歴があることを思えば、その数の多さは驚くべきことではないが、イギリスにおける政治的語彙としての複合語「パブリック・オピニオン」の理解のためには、最小限、次の三概念を区別する必要がある（以下の概念整理は、プライスの著書に依拠する。主要文献参照）。

第一に、18世紀中葉、啓蒙期フランスで誕生しイギリスへと伝播された世論の古典的概念。この概念では、「パブリック」は「オピニオン」の形容詞と考えられており、公共的問題に関して、特定可能な個人ないしは集団が、公開の場で表明する主張を意味する。

ところが、20世紀初頭になると「パブリック」は「オピニオン」の持ち主を意味するようになり、世論は「公衆の意見」（opinion of a public）となる。この時期には、政治的思考の中に他の様々な集合的概念（たとえば「群衆」「大衆」「階級」「民族」など）が登場する。この時期の世論をめぐる議論は、そうした他の集合体と「公衆」との差異を定義しその本性を明らかにすることを中心に展開される。これが世論の社会学的概念である。

次いで、1930年代になると、社会調査技術や統計学、心理学の発達を背景に、世論とは「ある指定された人口集団内部での諸意見の集計」に他ならず、世論調査をまって初めて明らかにされるものとする、世論の「集計的な『一人一票』概念」が登場する。

以下では、古典的概念を中心にイギリスにおける世論概念の成立と変容を概観する。

前史

世論の歴史が必ず言及する「民の声は神の声」（Vox populi Vox Dei）という格言が初めて記録されたのは中世初期（8世紀）、カール大帝に宛てたイングランドのアングロ＝サクソン人神学者アルクィヌス（アルクィン）の書簡においてであると言われる。しかしそこでの「民の声」は今日的な民衆の自発的な意思ではなかった。むしろそれは支配者による意図的な民衆操作、支配機構内部での反対派粛清の口実、宮廷革命の大義名分などのために捏造される場合が多かった。また、教会政治の領域でも同様に教皇派・反教皇派双方が自己正当化のためにこの格言を利用することができた。そして、教権と俗権の分化・対立の激化に伴いこの格言はしだいに後者が前者を批判するための武器となっていった。政治社会運営における統治と同意に関わる基本的概念としての世論の歴史は、世俗化された近代国家の誕生とともに開始する。

「インタレスト」による政治社会の制圧

17世紀半ば、「神の声」を僭称する王党派

と「民の声」を自認する議会派との内乱の中で、ホッブズは臆見という意味での意見を排して新しい政治の科学を樹立しようとした。その頃フランスから流入してきた「インタレスト」(interest)の観念は、イギリスにおいても人間行動の基本的動機づけとして、さらには国家統治術の枢軸的観念としても、理性・意見・情念といった他の同種の観念に優越する地位を獲得していった。

マーチモント・ニーダムの小冊子の表題として一世を風靡した『インタレストは嘘をつかない』(*Interest Will Not Lie or a View of England's True Interest*, 1659) は、17世紀後半のイギリスに流布する最も有名な格言となっていった。いわゆる「長い18世紀」イギリスの政治社会を席巻したのは、個人的な経済的利害関心という意味を超えて、個人ないしは集団が保有する権益、影響力、人脈や地盤、つまりは血縁と地縁を中心とする緊密な利権構造という意味でのインタレストであった。

コート（政権派）対カントリ（反政権派）に対応する、貨幣所有を中心に組織化された利権構造（マニィド・インタレスト）と土地所有を中心に組織化された利権構造（ランディッド・インタレスト）の対立がこの時期の特徴であった。カントリ・トーリの代表的イデオローグであったチャールズ・ダヴナントはモダン・ホイッグが依拠する公債制度は人々の「意見にすがりつく」不安定なものだと批判した。

「インタレスト」の主観化と「オピニオン」の台頭

世論は、ダヴェナントが擁護しようとした「ランディッド・インタレスト」への対抗運動として登場する。その際、「インタレスト」から「オピニオン」への力点の移動に関して重要な役割を果たしたのが、ヒュームである。ヒュームはイギリスにおける世論の古典的概念の創始者と称されることもあるが、その位置づけは単純ではない。たしかに彼は「政府の第一原理について」(1741) において、「政府の基礎は意見だけ」という「格率」について論じ、「インタレストについての意見」(opinion of interest) が「国中に、あるいは実力を掌中に握る人々の間に広まっていけば、それはどんな政府にも大きな安心感を与えるだろう」と述べている。ただしヒュームにあって、「インタレストについての意見」は、現存する特定の政府が社会にもたらす安定感や利便性についての各人の感覚・信念として定義され、「インタレスト」そのものが主観化・個人化されている。

そこには、あなたがインタレストだと思うもの (your opinion of interest) に照らして、私がインタレストだと思うもの (my opinion of interest) を形成することによって成り立つ商業社会のあり方への洞察が存在する。ロックの評判法、スミスの「公正な観察者」概念もこうした文脈に即して理解されなければならない。18世紀末になると、「パブリック」という形容詞を付された「オピニオン」は、堅固な客観的実体性を有する利権構造という意味での「インタレスト」に対抗する組織化のシンボルになっていく。

世論の黄金時代

イギリスにおいて世論は、「ランディッド・インタレスト」に基礎を置く緊密な利権と人脈のネットワークとしての地域共同体を基盤として制度化された公式の権力構造から排除されてきた人々——典型的には新興工業都市に住むミドル・クラス——による議会改革運動として出現した。世論という語彙自体は、1780年代にフランスの財政家ネッケルの著作を通してイギリスに流布され、ペインの人権論とアメリカ独立戦争の実践およびルソーの人民主権論とフランス革命の実践に鼓吹された急進派による議会改革運動を、何よりもま

ず世論の運動として展開させていった。ウィルクスの扇動に始まり、1779年のヨークシャー協会の結成と各州への拡大、憲法情報協会 (1780)、ロンドン通信協会 (1792)、人民の友協会 (1792) などの自発的政治結社の誕生と政治ジャーナリズムの興隆は、この時期の顕著な特徴である。まさしくハーバーマスの言う「批判的公論」の黄金期である。

　ハーバーマスに批判的な社会史家ドロア・ワーマン (Dror Wahrman) によれば、実際上の世論の最盛期はむしろ1810年代末から20年代初めにかけてであるという。すなわち、1819年8月16日、ナポレオン戦争後の経済不況への不満に端を発するマンチェスターのセント・ピーター広場で起こった民衆運動に対する官憲による弾圧事件（ウォータールーの勝利に対する皮肉としてピータールーの虐殺と呼ばれる）と、ジョージ4世の王妃キャロラインに対する離婚訴訟事件 (1820) をきっかけに、「パブリック」という語に非暴力性と成人男性の特権的事項としての政治という観念が付着することによって、世論こそが「人間の一切の価値の偉大な究極の裁定者」と見なされるようになった。その典型がベンサム晩年の著作（『悪政に対する安全保障』1822-23、『憲法典』第1巻 1830）に見られる「世論法廷」(Public Opinion Tribunal) の考え方に他ならない。

「真の公衆」から「幻の公衆」(Phantom Public) へ

　イギリスでもフランスでも世論は正邪善悪を判断する司法的機能を有するものとして表象され、また「民の声」が引き合いに出されることで、ヨーロッパの音声中心主義からすれば最も直接的な真理の現前と見なされた。しかし19世紀を通じての選挙権の拡大は、すべての有権者が必ずしもつねに正しい世論の担い手ではないという懐疑を生み、ブライスの『近代民主政治』(1921) のように「真の公衆」の条件を定義する試みがなされるようになる（社会学的概念）。その1年後に出版されたリップマンの『世論』(1922) は、メディア環境の急速な変化によりブライス的な「真の公衆」そのものが幻影になりつつあることを鋭く指摘し、世論の集計的概念の隆盛に道を開くことになった。たんに「量」だけが問題になるマス・オピニオンの猛威に対してパブリック・オピニオンをどう再構築するかは、イギリスだけではなく現代政治にとって最重要の課題の一つと言えよう。

【主要文献】David Hume, *Political Discourses,* 1752 (小松茂夫訳『市民の国について』上・下, 岩波文庫, 1982). James Bryce, *Modern Democracies,* 2 vols., 1921 (松山武訳『近代民主政治』全4冊, 岩波文庫, 1929-30). Vincent Price, *Public Opinion,* Sage, 1992. Dror Wahrman, *Imagining the Middle Class,* Cambridge University Press, 1995. ——, "Public Opinion, Violence and the Limits of Constitutional Politics", in James Vernon ed., *Re-reading the Constitution,* Cambridge University Press, 1996. Jürgen Habermas, *Strukturwandel der Öffentlichkeit,* Suhrkamp (細谷／山田訳『公共性の構造転換〔第2版〕』未来社, 1994). 添谷育志「世論」, 佐藤／添谷編『政治概念のコンテクスト——近代イギリス政治思想史研究』早稲田大学出版部, 1999.

　　　　　　　　　　　　　　　（添谷育志）

ラファエル前派

〔英〕Pre-Raphaelite Brotherhood

ラファエル前派の誕生

ラファエル前派とは、1848年のロンドンにおいて、ロイヤル・アカデミーの伝統的なあり方を批判して新しい芸術の創造を目指したイギリスの青年たちによって結成されたグループである。このグループの中心になったのは、D.G.ロセッティ、J.E.ミレー、W.H.ハントの三人で、さらに彼らの友人であるJ.コリンソン、T.ウルナー、F.G.スティーヴンズ、ロセッティの弟W.M.ロセッティが加わった。

ラファエル前派は、その名称が示すように、ラファエル以後のアカデミックな芸術を想像力がなく人為的な歴史的絵画だとして退け、ラファエル以前のイタリア絵画に見られる自然を素直に誠実に描く様式を再生させようとした。彼らは、ルネサンスには批判的で、むしろ14世紀中世の時代に理想を見た。そこに、近代になって失われた道徳的な誠実さと健康な生活を再発見したのである。彼らが求めたのは、近代社会によって歪められる以前の自然で素朴で清新な芸術であった。

イギリス・ロマン主義の思想

このラファエル前派誕生の背景として、産業革命以降の社会の大きな変化が人間から自由な創造力を奪ったとして工業化の影響を鋭く批判し、むしろ誠実に信仰生活を送り、素朴な自然との関係を重視した中世の人々の芸術を再評価したJ.ラスキンやロマン派の詩人キーツらの深い影響があった。このように、ラファエル前派の人々は、近代資本主義社会の病弊をきびしく告発して、人間性の豊かでみずみずしい創造力を回復させようとしたトマス・カーライルらイギリス・ロマン主義の思潮に属すると言えよう。

ラファエル前派の人々は、やがてきわめて革新的で斬新な諸作品を制作し、発表し始めた。彼らは匿名で、ただ彼らの作品にPRBという頭文字をサインして発表したので、世間では様々な評判を呼んだ。彼らは聖書から様々な宗教的な題材を取り上げたり、中世の伝説や文学の中からロマン主義的な主題を好んで採用したりした。そして、14世紀イタリア絵画の深い宗教的雰囲気に満ちた、精妙にして飾らない率直さを高く評価し、彼らの作品の中でも熱心にそれらを生かそうとした。

技術的には、19世紀の科学思想に影響を受けて、科学的な正確さと精密な描写が、自然を描く場合でも、宗教的な主題を描く場合でも、ひたすら彼らの求めるところであった。さらに、自然の光の中で明るい色彩を作品の上に表現しようとして、下地に白を塗り、その上に少しずつ絵の具を加えて描くことによって、従来の絵画には見られない澄明な外光を画面の上に再現するという新しい手法を開発した。これも、自然を忠実に描出しようとする彼らの思想が現れたものである。

社会的評価

ハントやミレーが発展させたスタイルは、明るい雰囲気、活発で鋭い描写、微小なものを忠実に再生するようなものであった。彼らは、聖書の中からきわめて詩的で象徴的なテーマを彼らの作品の上に再現した。他方、ロセッティの場合は、かすんだ夢見るような雰囲気、彫刻的で暗示的な明暗法などを特徴としていた。生命力に満ち、清新さに満ちたヴィジョンの表現が、ラファエル前派の人々の作品を従来のものから際立たせていた。

1850年に、彼らは、ラファエル前派の機関誌として、「詩、文学、美術における自然についての諸考察」という副題を付けた『ザ・ジャーム』を公刊し始めた。しかし、彼らの活動は、必ずしも順風に恵まれたものではなかった。その意味を明らかにしないで、頭文字PRBを彼らの作品にサインするという秘

密結社めいたやり方、またアカデミックな伝統を無視した画法などから、多くの人々の非難を受けた。その中でも、C.ディケンズは、彼らが美の伝統的な理想を無視しており、宗教的な彼らの主題と厳密な彼らの科学的画法とは矛盾していると厳しく批判した。にもかかわらず、美術評論家J.ラスキンは、ラファエル前派の芸術を断固として擁護するために立ち上がったのである。

ラファエル前派の盛衰

ラスキンは、19世紀イギリスの代表的な美術評論家で社会思想家でもあった。彼は、『近代画家論』(Modern Painters, 5 vols., 1843-60)や『建築の七燈』(Seven Lamps of Architecture, 1849)を著してゴシック風建築様式を高く評価し、同時にラファエル前派の芸術を強く支持した。オックスフォード大学美学教授となったラスキンから直接強烈な影響を受けたのが、のちにロセッティの弟子となるバーン＝ジョーンズとウィリアム・モリスである。彼らがオックスフォード大学卒業後結成したモリス・マーシャル・フォークナー商会(のちのモリス商会)を、ラスキンは熱心に訪れて彼らの活動を鼓舞した。

しかしながら、ラファエル前派の運動は、長続きしなかった。1853年には、ミレーがロイヤル・アカデミー准会員に選出されたことを契機として、54年までに彼らは一緒に展覧会を開くことを止めた。そして、彼らはそれぞれのコースを辿っていった。グループの中で最も技巧的に優秀な才能を持っていたミレーは、アカデミーの世界で成功を収めるようになった。ハントの精密な描写法は、ラファエル前派の原則に最後まで忠実であり、J.ブレットやW.インチボルトの風景画に継承され、さらに発展させられた。

後期ラファエル前派

ラファエル前派は、グループとしては消滅したとはいえ、彼らが開発した様式は、イギリスの1850年代から60年代にかけて広く影響力を持ち続けた。とりわけロセッティは、彼の周囲に若くて熱烈な崇拝者たちを持った。W.モリスとバーン＝ジョーンズらは、『ザ・ジャーム』に倣って『オックスフォード・アンド・ケンブリッジ・マガジン』を創刊して、ラファエル前派の新しい展開を図った。

1857年には、彼らはロセッティを中心としてオックスフォード・ユニオンの天井壁画やモリス夫妻の新婚家庭となるレッド・ハウスを設計・施工し、内装と外装を共同制作した。こうして生まれた新しいグループは、週末になるとレッド・ハウスに集うようになり、「後期ラファエル前派」と称されるようになった。彼らの作品は、感覚的で神秘的なロマン主義的性格を持ち、中世風の理想主義的様式を強く前面に出して行った。モリスはゴシック建築や民衆芸術を高く評価し、バーン＝ジョーンズは叙情的で耽美な中世主義的傾向を深めていった。のちにモリスは詩人でデザイナー、そして小説家にして社会思想家となり、バーン＝ジョーンズは自らの天分を発揮して画家としての成功を収めた。彼らの思想は、後世のアーツ・アンド・クラフツ運動やアール・ヌーボーに深い影響を与えることになった。

【主要文献】レナード・バリルリ(高階秀爾訳)『現代の絵画4 ラファエル前派』平凡社, 1974. 岡田隆彦『ラファエル前派──美しき〈宿命の女〉たち』美術公論社, 1984. 大原三八雄『ラファエル前派の美学』思潮社, 1986. 松浦暢『宿命の女』平凡社, 1987. 名古忠行『ウィリアム・モリス』研究社, 2004.

(名古忠行)

利己心

〔英〕self-interest, selfishness

「利己心」(self-interest)あるいは「自己愛」(self-love)は近代のイギリス道徳哲学において中心的な問題であった。17世紀から19世紀にかけて、イギリスのモラリスト（道徳思想家）の多くがこの問題について論じている。ここでは、利己心（自己愛）をめぐるモラリストたちの議論を辿り、その特徴をまとめることにする。

17世紀

議論の出発点となったのはホッブズの人間観である（『リヴァイアサン』1651）。ホッブズは人間の本性を利己的なものと捉えた。人間にとって究極の目的は「自己保存」(self-preservation)であり、幸福とは自己の欲求が満たされ続けることに他ならない。そして、自己の保存や幸福のために、人間は力を欲する。この「力への欲望」が人間に共通する本性である。さらに、自然の状態では、人間は、生命を守るために思い通りに力を用いてあらゆることを行う自由を持つ。この自由こそ、人間にとって自然の権利である。

ホッブズの人間観をいち早く批判したのはカンバーランドである（『自然法論』1672）。カンバーランドによれば、人間には利己的な性向だけでなく社会的（利他的）な性向もある。人間は、初めはもっぱら自己の善を求めるが、理性が発達すると自己の社会的な性向に目覚め、共通の善も目指すようになる。

他方、ホッブズの人間観をいくらか継承したのはロックである（『統治二論』1690）。ロックによれば、人間は、自分の身体を所有しており、身体の労働によってその成果を自らの所有とする。「所有権」(property)は人間にとって自然の権利である。ロックは所有への欲求を人間の根源的な本性と考えており、その意味で、ロックの人間観は利己的なものである。ただし、自己保存に代えて所有を人間本性の中心に据える点で、また人間をより理性的な存在と見なす点で、ホッブズの人間観とは異なる。

18世紀I

18世紀に入って、利己心をめぐる議論が本格的に始まった。まず、シャフツベリは、ホッブズやロックに反対して、人間の社会性を強調した（『人間、風習、意見、時代の諸特徴』1711）。人間には、個人の善を導く「自己情動」(self affections)の他に、公共の善を導く「自然的情動」(natural affections)があって、両者は究極的には一致する。

次に、マンデヴィルは、シャフツベリを批判して、人間の利己性を主張した（『蜂の寓話』1714；第2版1723）。人間は様々な情念からなっているが、それらは自己保存の本能に通じており、それらの中心には「自己愛」がある。しかし、こうした情念が人間に社会を形成させ、人間を社会的にする。とくに、貪欲・虚栄・奢侈といった悪徳が社会を繁栄させる。「私人の悪徳こそ、公共の利得をもたらす」(private vices, public benefits)のである。マンデヴィルはこのように論じて、利己的な情念の重要性を唱えた。

一方、ハチスンは、シャフツベリを擁護し、マンデヴィルに抗して、人間本性における利他的な性向の地位を極限まで高めようとした（『美と徳の観念の起源』1725）。ハチスンによれば、徳の真の起源は「仁愛」(benevolence)である。名誉心や野心といった情念は利己的な動機であり、それらに基づく行為はけっして有徳ではない。

また、ジョゼフ・バトラーは、独自の人間本性論に基づいて、「良心」(conscience)による自己愛の支配を説いた。同時に、自己愛を合理的で冷静な原理としていわば格上げしたうえで、自己愛と良心が一致することや、自

己愛と仁愛の間に対立や競合がないことも証明しようとした（『説教集』1726；第2版 1729）。

18世紀 II

18世紀半ばには、利己心をめぐる議論は新たな段階に入り、人間が利己的か社会的かということよりも、利己的な人間がいかにして社会的になるかということが論じられるようになった。まず、ヒュームは、利己的な情念が反省によって向きを変え、自らを抑えるようになること、人々が共通の利害を互いに意識し——「黙約」（convention）——、社会のルールを確立すること、さらに、人間が「共感」（sympathy）を介して他人や社会の利益を配慮するようになることを明らかにした（『人間本性論』1739-40）。

次に、ハートリーは、ヒュームの影響を受けて、人間が社会的になる過程を「観念連合」（association of ideas）によって説明した（『人間についての観察』1749）。既存の観念は連合して新たな観念を生む。具体的には、感覚に始まり、想像・野心・利己心・共感・敬神を経て、道徳感覚に至る。こうして利己的であった人間が社会的になっていく。

また、アダム・スミスは、ヒュームの考えを展開して、人間は「公平な観察者」（impartial spectator）からの共感を求めて自己愛を抑え、さらに自己の内に良心を形成し、良心に従って自己を規制するようになると論じた。そして、自己愛を道徳的に認めたうえで、個人が正義の法の範囲内で私益を自由に追求することが、公益を促進することにもなる——「見えざる手」（invisible hand）——と主張した（『道徳感情論』1759；第6版1790、『国富論』1776）。スミスが示したのは、利己心に基づく市民社会の倫理であった。

他方、リードやプライスといった合理主義者たちは、利己心を正当化する議論に反対したが、利己心を否定したわけではない。プライスは利己的な感情にも一定の役割を認めており（『道徳の主要問題』1758）、リードは「利害感」（sense of interest）を理性的な原理として重視している（『人間の能動的力能』1788）。

19世紀 I

18世紀の終わりには、利己的な人間を前提としたうえで、個人の利益と社会の利益の調和を目指す議論が現れた。それがベンサムの功利主義である（『道徳と立法の原理序説』1789）ベンサムはまず、人間を快楽と苦痛によって支配される存在と規定した。そのうえで、スミスのように、個人が私益を自由に追求することで公益が自然に実現されるとは考えず、最大多数の最大幸福を求める「功利原理」（principle of utility）に基づく立法によって、私益と公益の調和を人為的に図ろうとした。

19世紀になると、貧困や不平等などの社会問題を背景にして、人間を利己的な存在とする考え方に対する反発も強まった。とくに、当時の政治経済学の人間観——私益の最大化のみを目的とする「経済人」——に対して、多くの批判がなされた（カーライル『衣装哲学』1834、ラスキン『この最後の者にも』1862、など）。

こうした反発や批判をうけて、利己心の問題について再考したのがジョン・スチュアート・ミルである。功利主義者・政治経済学者でありながらも、商業精神の害悪を自覚していたミルは、利己的な人間が社会的になる過程について論じた（『功利主義』1863）。人間は、他人と協力するうちに、他人の利益を自分のものと感じるようになる。そして、社会の連帯が進むと、他人の善を実際に考え、さらに、自分が他人に配慮する存在であると思うようになる。ミルの議論は18世紀の連合心理学を受け継ぐものである。

19世紀 II

19世紀後半には、「利己主義」対「利他主義」という図式が定着し、利己心の問題もその中で議論されるようになった。議論の多くは連合心理学によって利己主義から利他主義への移行を説明しようとするものであったが、「進化」によって移行を論証しようとするものも現れた（スペンサー『倫理学原理』1893、ハクスリー『進化と倫理』1894）。

こうした方向に対して、功利主義者のシジウィックは、連合心理学的な説明の限界を指摘しつつ、利己主義と功利主義（利他主義）の関係について考察した（『倫理学の方法』1874）。利己主義と功利主義はともに合理的な原理であるが、私益を最大化する行為が公益を最大化するとは限らない。それゆえ、両者は完全には一致しない。

他方、ヘーゲルの考えを取り入れながら、利己主義／利他主義の対立を乗り越えようとする議論も生まれた。トマス・ヒル・グリーンは、人間を孤立的な個人とする見方を否定し、個別的な自己を普遍的な自己の一部と捉えた。そのうえで、個人の幸福や利益よりも「自己実現」（self-realization）が重要であると主張した（『倫理学序説』死後1883）。

また、ブラッドリーは、グリーンの考えを継承し、ミルの功利主義やカントの義務論を批判して、特定の「社会関係」に基づく倫理を提唱した（『倫理学研究』1876）。グリーンやブラッドリーの議論は利己主義／利他主義の区別が不適切なことを示したものであるが、彼らの唱える「自己実現」は利己心の問題を覆い隠すことにもなった。

議論の特徴

利己心をめぐるイギリスのモラリストたちの議論は、同時代のフランスやドイツの議論と比較すると、概して利己心を肯定しており、その点に第一の特徴がある。ホッブズやロック、マンデヴィルやヒュームやスミス、ベンサムやミルは言うまでもないが、シャフツベリやバトラー、合理主義者や観念論者も利己心に一定の地位や役割を認めている。

第二の特徴は、利己心を正当化しようする試みが数多く見出される点にある。適度な利己心は人間が生きるために必要不可欠である、あるいは、私益の追求は結果として公益をもたらすことになる、といった主張が、3世紀にわたる議論の至るところで見られる。利己心の正当化の試みが成功しているかどうかは別として、そうした主張がイギリス流の個人主義や自由主義を支えてきたことは間違いない。利己心が近代のイギリス道徳哲学にとって中心的な問題であった理由は、まさにそこにある。

【主要文献】Henry Sidgwick, *Outlines of the History of Ethics for English Readers,* 1886; 5th ed., Macmillan, 1902. Albert O. Hirschman, *The Passion and the Interests: Political Arguments for Capitalism before its Triumph,* Princeton University Press, 1977（佐々木毅／旦祐介訳『情念の政治経済学』法政大学出版局、1985）. Milton L. Myers, *The Soul of Modern Economic Man: Ideas of Self-Interest, Thomas Hobbes to Adam Smith,* University of Chicago Press, 1983. Stefan Collini, *Public Moralists: Political Thought and Intellectual Life in Britain 1850-1930,* Oxford University Press, 1991. Ellen F. Paul, Fred D. Miller and Jeffrey Paul eds., *Self-Interest,* Cambridge University Press, 1997. Kelly Rogers ed., *Self-Interest: An Anthology of Philosophical Perspectives,* Routledge, 1997. Pierre Force, *Self-Interest before Adam Smith: A Genealogy of Economic Science,* Cambridge University Press, 2003. 寺中平治／大久保正健編『イギリス哲学の基本問題』研究社、2005. Michael B. Gill, *The British Moralists on Human Nature and the Birth of Secular Ethics,* Cambridge University Press, 2006.

（柘植尚則）

理神論（自由思想）

〔英〕deism (free thought)

　理神論はその父と呼ばれたハーバート（チャーベリーの）に始まり、「理神論者の聖書」を出版したティンダルで最盛期を迎えた後衰退していくが、理神論者はその過程で多様な論議を展開した。キリスト教という啓示宗教を基盤とする社会において、彼らは万人の理性が明かす神の観念に基づく自然宗教を真の宗教と見なし、キリスト教批判を展開した自由思想家と言える。しかし、公権力を保持する国教会の下で公然とキリスト教批判を行うことは、教会権力からの弾圧を意味した。キリスト教信仰はたんに信仰箇条の集合体を意味しない。信仰は教理、信心、制度からなる複合体であり、主教統治の正当性、教会の神聖、聖書の真実性と権威に関する観念を含んでいた。国教会による神学的、道徳的統制の勢力下にあって、彼らはどのように教会の神聖に挑戦を始めたのか、4人の理神論者に焦点を当てて考えることにする。

チャールズ・ブラント

　ブラントは剽窃、独創性の欠如、貧弱な文体を強調されて過小評価されがちな論争家だが、啓蒙期の新しい宗教概念の形成期において、非正統的思想家の見解を拾い上げてその喧伝に努めたと言える。

　ブラントは弟子と公言しているだけに、ハーバートへの言及は多い。『世俗人の宗教』(1683)では、自分の著作はハーバートによる宗教の5つの普遍的原理に基づくと述べ、『理性の神託』(1693)の中の「理神論者の宗教の概要」と「自然宗教について」では、その5つの概念とともに、自然宗教の普遍性、真の宗教行為から神の肖像、犠牲、聖職者の仲介を排斥すること、真の宗教は聖職者が唱える秘義にではなく道徳にあることが主張され、力点は反聖職者主義に置かれた。『世界霊魂、または死後の人間の魂に関する古代人の見解の歴史的叙述』(1679)では、万人の心に刻印された来世の観念を利用して、聖職者と立法者は徳の教化のために神話の体系を作り上げたが、不滅の霊魂を信じなくても有徳な生活を送れる人もいるとさえ示唆する。

　『トマス・ホッブズ氏の最後の言葉、または遺産』(1680)では、ホッブズの宗教に関する理性主義的な見解を集め、『自然法を犯さない奇蹟』(1683)では、スピノザの『神学・政治論』から、聖書の奇蹟は自然現象であるか、あるいは比喩的・強調的な表現であるというスピノザの主張を提示する。

ジョン・トーランド

　トーランドの『キリスト教は神秘的にあらず』(1696)は、三位一体論の秘義に関する教理論争中に出版された。トーランドはロックの経験論的認識論と推理機能としての理性を神学に適用し、「反理性」、「超理性」という概念は、哲学的には観念の「矛盾」、「欠如」であり、ともに「無」であり、観念が得られない秘義は「無」であるとする。キリスト教は理解しうる宗教として意図されているから、信仰は理性を超えたものへの盲目的な同意ではなく、理性を基盤とした確実な知識とそれへの同意である、秘義はキリスト教の成立過程で、聖職者の術策により異教から導入されたものにすぎないと主張される。以後、秘義のない自然的理性に一致した「真のキリスト教」の概念はナザレ派原始キリスト教へと同定されていく。

　『ジョン・ミルトンの歴史・政治・雑録著作集』全3巻(1698)を皮切りに、エドモンド・ラドロー、ハリントンなどの共和主義者の思想を名誉革命後の時代に復活させた。王位継承法を擁護した『自由なイングランド』(1701)は、議会の権限によるプロテスタントの王位継承を保障すると同時に、ウィリアム

3世と行政権力の肥大化を牽制する旧ホイッグの見解の表明である。常備軍問題でも、国王の専制化を阻止する反常備軍キャンペーンの一翼を担った。また、旧ホイッグと「コモンウェルスマン」への誤解を解消するため、ピューリタン革命期の共和制は、暴君あるいは不当な為政者からの解放であり、暴政から「自由国家への転換」であって、共和国とは特定の形態ではなく、公共の福利を追求する独立した共同体を意味すると言明した。

『セリーナへの手紙』（1704）の最初の3篇、「偏見の起源と力」、「異教徒の霊魂の不滅性の歴史」、「偶像崇拝の起源と異教信仰の理由」は、実質的にはキリスト教の教理、儀式、聖職者の職務についての歴史的解明であり、第4書簡では唯一実体しか認めないスピノザの体系では運動が説明できないと指摘し、第5書簡では運動は物質の本質的要素であるとして、物質の活動性を主張した。

『ユダヤ教の起源』（1709）は彼の異端的聖書解釈の典型である。「モーセ五書」は彼の著作ではなく、彼はエジプトの僧侶で、スピノザの汎神論と類似したエジプト古代神学を習得したが、偶像崇拝や迷信に陥ったユダヤ人に対して通俗的な宗教的儀式を導入し、また、為政者としてその統治を正当化するため、超自然的ペテンに頼ったと指摘される。

新約聖書の正典批判は『アミュントール、またはミルトン伝弁護』（1699）で開始する。正典、外典、偽書をめぐる歴史的混乱の後、現在の正典はようやく360年の公会議で確立されたと指摘する。晩年の『ナザレ派、またはユダヤ人・異邦人・マホメット教徒のキリスト教』（1718）では、アムステルダムでの『バルナバ福音書』写本の発見を契機に、この福音書を媒介にイスラム教徒がキリスト教徒の一宗派であるとの証明を試み、ユダヤ教、キリスト教、イスラム教の神学的連続性を主張すると同時に、原始キリスト教は神の単一性と徳の実践を説いたと主張した。

『パンテイスティコン』（1720）では、汎神論者にとっての神と宇宙論が説かれる。彼らは宇宙の他に永遠なる存在を認めず、宇宙の無限性と永遠性を信じる。彼らは神と宇宙を一体化させた汎神論により第一原因としての神を放逐し、キケロに倣って自然法を道徳律とすることで、聖職者の術策による偶像崇拝と迷信に堕落した既成キリスト教に代わる合理的な自然宗教を信奉するとされる。

アンソニー・コリンズ
コリンズは晩年のロックからその能力を高く評価され、『人間知性論』の理解者として信頼を置かれた。『理性の使用に関するエッセイ』（1707）では、トーランドと同様、ロックによる観念の一致・不一致というテーゼを用いて、命題は理性に従った理解できるものか、理性に反するものかのいずれかであり、それ以外のカテゴリーの余地はないとして秘義を否認した。ロックを出発点としながら、ロックが容認した理性を超えた真理を明確に否定した。また、物質の思考能力の可能性の示唆に止まったロックと異なり、霊魂は物質であり、物質に思考能力が可能である、とクラークとの論争において主張した。

『自由思想論』（1713）では、宗教に関する問題について、世俗人は自由に思考する（to think freely）権利と必要性があると主張する。導き手と称する聖職者は信頼できないとして、歴史的に聖職者批判を展開する。(1) 聖職者の見解に一致は見られず、(2) 国教会の教理は矛盾し理性に反し、(3) 彼らは聖書の正典やテキストを不確実にし、(4) 聖書を聖職者の都合のいいように翻訳する、と指摘する。神の正しい観念、聖書の正典、国教会教義の信奉および戒律と礼拝の実践について、自分の立場をしっかり定めるには、彼らに頼らず、自分で自由に思考する以外ないと結論する。

『キリスト教の基盤と根拠について』（1724）には出版後2年間で、35篇の反駁書が書かれ

た。キリスト教の真実性の論拠とされる預言の成就の問題が分析されていたからである。旧約聖書のメシアに関する預言は、新約聖書のイエスにおいて比喩的にしか成就していないと論証した。これは新約聖書と旧約聖書の間の実質的な関係を否定し、キリスト教を揺るがすことを意味した。

マシュー・ティンダル

ティンダルは初期の宗教的著作で反三位一体論論争に関与し、『三位一体とアタナシオス信経について両大学の聖職者へ宛てた書簡』(1694)で、ロックの「観念」を用いて、理性を超えるものと理性に反するものは信仰の対象から除外し、信仰の主題を「明晰判明な観念」に限定した。初期の政治的著作には、低教会派とミルトンの影響が見られる。『キリスト教教会の権利』(1706)は20篇以上の反論を引き起こした。聖職制、教会統治において、教会が世俗人から独立した権限を持つことを否定し、国教会の高教会派に敵対したからである。教会は民主的共同体であり、聖職制は使徒からの継承として要求できず、聖職者が神への敬虔と人間への善を遂行する能力を認められることに基づくとした。さらに、国教会が迫害と非寛容へと逸脱した理由は高教会派に求められ、異教の僧侶の術策が生み出した祭儀と秘義を継承した聖職尊重主義が批判される。

1730年70歳過ぎに、『創造とともに古きキリスト教、または福音は自然宗教の再公布』を出版した。「理神論者の聖書」と呼ばれたこの著作には、以後10年間で150篇以上の返答が書かれた。自然法に基づく自然宗教の十分性を主張し、さらに外的啓示に基づく啓示宗教と自然宗教の一致を説いて、啓示と自然の二重構造を廃棄した。彼の自然宗教弁護論は既成キリスト教への批判に裏づけられており、魂の救済は正統信仰にあると説く聖職者により党派抗争と迫害が生まれたが、その考えは自然宗教に付加された誤った宗教観念から生じたのだと主張する。真の宗教が課す道徳的義務を果たすことが神の意に適うことであって、特定の宗派・教会に属することではそれは得られないと説いた。

理神論者が教会に対して掲げた真の宗教とは、自然的理性に一致し万人に理解しうる宗教であり、啓示宗教から誤った宗教観念を取り去った自然宗教で、彼らの中には聖職者によって秘義が導入される前のナザレ派原始キリスト教と特定する者もいた。彼らが自然宗教を論拠に展開してきた啓示宗教批判は、理性によって理解しえない教理の否認に始まり、教会制度、聖書、さらにはキリスト教の存立基盤にまでに及んだ。それは既成キリスト教が生み出した党派抗争、迫害、非寛容への根源的な解決を歴史的、理念的に追及した結果と言える。聖職者の独占的権力に対して自由を求めた彼らの諸活動は18世紀ヨーロッパに伝達された。

【主要文献】Charles Blount, *The Oracles of Reason,* 1693; reprint, Routledge/Thoemmes Press, 1995. John Toland, *Christianity Not Mysterious,* 1696; critical ed., The Lilliput Press, 1997. Anthony Collins, *A Discourse of Free-Thinking,* 1713; reprint, Garland Publishing, 1978. Matthew Tindal, *Christianity as Old as the Creation,* 1730; reprint, Routledge/Thoemmes Press, 1995. L.スティーヴン（中野好之訳）『十八世紀イギリス思想史』上・中・下，筑摩書房，1969〔原著1902〕. James O'Higgins, *Anthony Collins: The Man and His Works,* Nijhoff, 1970. F.ヴェントゥーリ（加藤喜代志／水田洋訳）『啓蒙のユートピアと改革』みすず書房，1981〔原著1971〕. Robert E. Sullivan, *John Toland and the Deist Controversy: A Study in Adaptations,* Harvard University Press, 1982. J. A. I. Champion, *The Pillars of Priestcraft Shaken: The Church of England and its Enemies, 1660-1730,* Cambridge University Press, 1992.

（三井礼子）

粒子論

〔英〕theory of particle

　万物はそれ以上に分割できない微細な粒子と真空からなり、前者は後者に還元されるとする考え方であり、連続観よりも不連続観、有機的より無機的、機械論的自然観に傾きやすい。粒子論は科学的検証を経ない哲学的、形而上学的な立場と理論、観察、実験の裏づけを持つそれとに大別されるが、後者はさらに、分子的段階に止まる見解と原子論さらには素粒子論に至るそれとに分けられる。

古代ギリシアでの前史

　古代ギリシア固有の神々の意図、振る舞いによって万物の生成変化を説明しようとした神話的説明を捨て、観想的、客観的観点から万物の根源（〔ギ〕arche）を探求した自然学者は、哲学の端緒とともに、粒子論形成の前史を醸成した。すなわち、タレスが水、アナクシメネスが空気、ヘラクレイトスが火に一元的根源を求めたのち、エンペドクレスが地水火風を不生不滅の四根とし、アナクサゴラスは四根に限らず、無数、無限の「種子」を認めた。

原子論

　だが、いまだ質的差異を根源に許すこの立場に対して、量的違いのみを認めて古代「原子論」（atomism）の創始者となったのはレウキッポスとデモクリトスであり、万物の変化、運動は形、配列、位置だけの異なる「原子」（〔ギ〕atomon〔英〕atom）の集合、離散とその中を原子が動く「空虚」（〔ギ〕kenon）のみに由来する、と説く。原子論は、プラトンはむろん、アリストテレスとも相容れなかったが、後者には、真空を否定した元素的な思考法はあった。そして、古代末期、ヘレニズム時代でエピクロスは、デモクリトス流の原子論を継承し、人間は死により原子に解体されるから、死後の世界に煩わされない「心の平静」をうるという快楽主義を称揚した。

近世初期の原子論とロック

　キリスト教神学に根ざす中世哲学で原子論が忌避されたのは自然だが、聖職者の中には万物の「最小粒子」（〔ラ〕minima）の内的変化で自然の変化を論ずる傾向も見られた。しかし、近世ルネサンスを迎えると、原子論は他の古代諸哲学とともに復活した。すなわち16〜17世紀に入るとフランスのガッサンディは原子の不滅性と空虚のみを認めて感覚論を唱え、エピクロス的倫理を再生させた。さらに、イギリスの自然哲学者、化学者、ボイルは錬金術的神秘性に反対し、実験、観察を強調して原子論を主導し、たとえば、金は一種類の原子からなるから化学的に金を合成することは不可能と断じた。なおトリチェリによる真空の発見は上記の方向を後押しし、また、ニュートンをはじめとする当時の多くの自然哲学者は陰に陽に原子論に与した。

　しかし、自己の哲学の重要な契機として原子論的仮説を受容したのはロックである。彼は物体的実体の本質を「名目的」と「実在的」に二分し、後者をアリストテレス・スコラ的なアニマ的、有機的存在に代えて原子による構造と捉え、いわゆる「微粒子論的仮説」（corpuscularian hypothesis）と名づけた。だが、その形而上学的で詳細不明の実相のため、それを不可知な「諸物自体」とし、その探求とそれによる感覚発生などの解明は自然哲学者に委ねて、自らは諸観念の考察に専心した。

科学的原子論

　以上の哲学的原子論に対して、その科学的解明は19世紀に至り、イギリスのドルトンによって一時期を画した。すなわち、彼は原子記号を作り、原子量を計算して化学変化に関する諸法則を原子論によって説明し、当時広

く一般に受け入れられた。ただし彼は、たとえば酸素、水素、水などの分子を構成する原子の数や組合せについてはイタリアのアヴォガドロの修正をうけた。後者はさらに、同種または異種の原子の組合せと結合の仕方によってきわめて多くの分子が生じると説明し、分子論と原子論の基礎を置いた。

素粒子論へ

だが、やがて原子は1個の原子核 (atomic nucleus) とそれを取り巻き、その周りを雲状に、しかし周期的に自由に回る複数の電子 (electron) から成立つと言われ、ラザフォードは原子核の存在を実証したが、のちに両者を媒介する中間子 (meson) が予告、発見された。

のみならず、さらに原子核が陽子 (proton) と中性子 (neutron) からなること、原子の種類は原子核を構成する陽子と中性子の数によって決まり、陽子の数が原子番号であることとなって、粒子論は、電子、光子 (photon：波動でなく粒子としての光)、陽子、中性子、中間子などを一括して素粒子 (elementary particle) と呼ぶ素粒子論へと発展した。素粒子は質量、電荷、崩壊性などをはじめ種々の性質を備えるが、さらに一定条件下ではその相互作用によって互いに転化しあう特異な性質を持つものがある。そして、数百種の素粒子が発見されているが、それらは (1) 電子や近年注目を集めている中性微子 (neutrino) のように質量の有無が問題となり貫通力の強いレプトン (lepton)、(2) 陽子、中性子、中間子などを代表とし、素粒子の多くがそれに分類されるハドロン (hadron)、(3) 光子などを一部とするものの3種 (属または族) に分類される。

クオーク

しかし、さらにハドロン属の粒子は三つのクオーク (quark) の集まりと見なすモデルが考えられ、クオークは上記 (2) に取って代わり、粒子論はさらに進展した。なお、これらの素粒子論の発展は同時に、ボーア、プランクらを嚆矢とする量子力学、アインシュタインによる相対性理論などの新物理理論の案出に呼応し、逆に前者は後者の前進を促した。また、以上の他にいまだ検証はされないが、その存在が推定される素粒子があり、素粒子論もまた未来に開かれている。

【主要文献】P. Gassendi, *Syntagma Philosophiae Epicuri,* 1658. R. Boyle, *Sceptical Chemist,* 1661. J. Locke, *An Essay concerning Human Understanding,* P. H. Nidditch ed., Oxford at the Clarendon Press, 1975（大槻春彦訳『人間知性論』全4冊，岩波書店，1972-77）. J. Dalton, *New System of Chemical Philosophy,* 3 vols., 1808-27. 渡辺靖志『素粒子物理入門』培風館，2002. 相原博昭『素粒子の物理』東京大学出版会，2006.

（杖下隆英）

良心

〔英〕conscience 〔ラ〕conscientia

「良心」（conscience）は近代イギリスの道徳哲学における主題の一つであった。近代イギリスの良心論を代表する思想家は、17世紀のケンブリッジ・プラトニストたち、18世紀のジョゼフ・バトラーとアダム・スミス、19世紀のJ.S.ミルとダーウィンである。ここでは、これらの思想家の良心論を概説しながら、近代イギリス道徳哲学における「良心」の変遷を辿ることにする。

ケンブリッジ・プラトニスト

近代イギリス良心論を誕生させたのは、ケンブリッジのプラトニズムである。その創始者であるウィチカットによれば、人間の内には「理性と良心の光」があり、それが人々に善悪を知らせ、それに基づいて人々は行為する（「宗教問題における理性の効用」1644）。また、プラトニズムの中心的な存在であったカドワースによれば、良心は自己の行為の正邪について判断し、さらに情念や欲望を抑制する（『自由意志論』死後1838）。このように、プラトニストたちは良心を反省的で統制的な原理と考えた。そして、人間を、良心によって反省し、それに従って行為する存在——18世紀の用語で言えば「道徳的行為者」（moral agent）——と捉えた。

ただし、道徳的行為者という考えを打ち立てることが、プラトニズムの直接の目的であったわけではない。プラトニストたちが目指したのは、ホッブズやカルヴァンの主意主義（道徳は主権者や神の意志に依拠するという立場）に反対して、道徳が（意志とは関わりなく）永遠で不変であることを論証することであった。その中で、永遠不変の道徳を認識し実践する主体のあり方が問題にされ、道徳的行為者の観念が確立されたのである。そして、この道徳的行為者の観念は18世紀の良心論の前提条件であった。その意味で、プラトニズムは18世紀の良心論を準備するものであった。

ジョゼフ・バトラー

近代イギリス良心論における一つの完成と言えるのは、バトラーの「良心」である。バトラーは、良心を人間の本性における「本来の統治者」（proper governor）と捉え、そこから道徳的行為者の観念を導いた（『説教集』1726；第2版1729）。

バトラーによれば、人間本性は「良心」「自己愛・仁愛」「欲求・情念・情愛」という三つの階層からなる一つの体系であり、良心は人間本性の体系の頂点に位置している。それは「自己の心情、気質、行為を是認・否認する」反省的な原理であり、同時に「われわれの本来の統治者となるべく、すべての下位の原理、情念、行為の動機を指導・統制するべく、心中に置かれた」統制的な原理である。人間が道徳的行為者であるのは、この良心による。そして、良心は「本性と種類において、他のすべての原理に優越し、優越するという自らの権威を持つ原理」である。バトラーはこの権威を「自然的な至高性」（natural supremacy）と呼び、市民政府の合法性に譬えた。もっとも、究極的には、バトラーにとって良心は神の意志を表すものであり、その権威は人間本性の作者である神に基づいていた（『宗教の類比』1736）。

バトラーはさらに、良心と自己愛の関係について考察した（この問題の原型は、「徳と利益」に関するシャフツベリの議論のうちに見出される）。そして、両者が一致すること、道徳的行為が自己愛による正当化を必要とすることを主張した。それによれば、適度な自己愛は良心によって是認され、良心に基づく行為が自己満足を与えるのであり、両者の一致は「神の道徳的統治」によって保証されている。また、人間は本性上、自己に関わるもの

に強い感受性と関心を持っているから、道徳的行為が自己愛に反しないように見えることが必要である。しかし、だからといって、自己愛が良心よりも上位にあることにはならない。良心と自己愛に関するバトラーの主張は、良心の自然的至高性という基本的な立場と矛盾するものではない。

バトラーの良心論は、18～19世紀の合理論や直覚主義に決定的な影響を与えることになった。とくに、本来の統治者という考えは──「良心」が「知性」「理性」「常識」「道徳的能力」と言い換えられたとはいえ──忠実に継承されている。

アダム・スミス

バトラーの「良心」と根本的に異なるものとして、近代イギリス良心論におけるもう一つの完成と言えるのは、スミスの「良心」である。スミスは良心を一つの心理的な作用と理解し、それを「想定された公平な観察者」(supposed impartial spectator) の感情と規定した。また、良心の形成について考察し、それを通じて道徳的行為者の観念を確立した(『道徳感情論』1759；第6版1790)。

スミスによれば、特定の利害から離れ、公平な判断を下すためには、「第三者」の立場に立たなくてはならない。このことは、自己について反省する場合にも妥当する。「われわれは自分自身の行動を、誰か他の公正で公平な観察者がそれを検討するであろうとわれわれが想像する通りに、検討しようとする」。そして、「この内なる裁判官 (judge within) によってのみ、われわれは、自分自身に関係する事柄を適切な形と規模で見ることができる」。こうした想定された公平な観察者が良心に他ならない。ただし、スミスの「良心」は、実体的な能力ではなく、共感を介した一連の心理的な作用であり、あるいは、その結果としての道徳感情である。それは、道徳判断が他者の感情に依拠するという、ハチスンやヒューム の観察者理論や感情論を展開したものであった。

さらに、良心の形成に関しても、スミスはハチスンやヒュームの説明を発展させた。それによれば、人間の本性には、他人から是認されたいという欲求──「相互共感」(mutual sympathy) への欲求、「称賛への愛」(love of praise) ──があり、それが端緒となって、良心が形成され、人は道徳的に行為するようになる。だが、一方で「称賛に値することへの愛」(love of praise-worthiness) もあり、それが良心を基礎づけ、人を真に道徳的な行為者にする。そして、「有徳な人」(man of virtue) とは、良心の命令に従い、自己愛に抗して、自分の行動を統治する人物である。それはバトラーの「道徳的行為者」にきわめて近い。

スミスは、観察者理論や感情論の立場から、「内なる観察者」という新たな良心概念を提示した。そして、良心を何らかの感情として規定し、その形成について考察するという方法は、ミルやダーウィンのいわゆる良心起源論に継承されることになった。

J.S.ミル、ダーウィン

だが、ミルとダーウィンはスミスの良心論をすべて継承したわけではない。

ミルによれば(『功利主義』1863)、良心とは「義務の内的強制力」(internal sanction of duty)、すなわち、人を義務へと内面から動機づけるものであり、「義務感」(sense of duty) に他ならない。それは主観的で後天的な感情である。そして、この良心を形成させるのは「同胞と一体化したいという欲求」や「同胞との一体感」であり、同時にそれらが良心に拘束力を与えている。ミルの場合、良心は、道徳的行為へと拘束する感情と見なされてはいるが、道徳判断を行う作用とは考えられていない。

他方、ダーウィンによれば(『人間の由来』1871；第2版1874)、良心は「社会的本能」

(social instincts)に由来し、他者の意見によって導かれ、理性、利己心、宗教感情に支配され、教育と習慣によって強固にされる。その結果、良心は(呵責、悔恨、後悔、恥辱といった)複雑な感情となる。ダーウィンにおいては、良心は自己に対する反省の作用と捉えられている。だが、その規定は曖昧で多義的である。また、良心がいかにして道徳判断を下すのか、あるいは、自己に対する反省がいかにしてなされるのか、その具体的な説明は見られない。

ミルやダーウィンの良心起源論は、近代イギリス良心論の終焉を示している。

良心論の盛衰――その背景

近代イギリス良心論は17世紀に誕生し、18世紀に完成し、19世紀に終焉した。最後に、その背景について述べておきたい。

近代イギリス道徳哲学において良心が重視されたのは、一つには、良心が自己愛に対抗する原理と見なされたからある。遅くとも18世紀には、自己愛は時代の支配的な精神になっていた。バトラーが良心と自己愛の一致を主張したことは(また、スミスが自己愛を道徳的に正当化しようとしたことは)、それをよく示している。こうした状況を背景にして、自己愛に対抗する原理として良心が重んじられ、良心論が盛んになったのである(もっとも、バトラーは、自己愛を合理的で冷静な原理として格上げし、スミスは、自己愛を道徳的に正当化することで、良心の後退への道を開くことになった)。

では、なぜ良心論は衰えたのか。19世紀のイギリス道徳哲学において(良心を先天的な道徳的能力と捉える)直覚主義に代わって(良心を派生的なものと見なす)功利主義や進化論が主流になったこと、また、18世紀以来の連合心理学が良心を解体したことが、その理由としてよく挙げられる。だが、良心論の衰退には、やはり自己愛の支配が深く関わっていた。

そのことを表しているのは、一つは「功利主義」である。功利主義とは、自己愛(利己心)を認めたうえで道徳を打ち立て、それによって幸福を最大化しようとする立場である。それは道徳を幸福に基づかせるものである。したがって、良心を自己愛に対抗する原理とする必要はない。18世紀の「良心」はその役割を終えたのである。そして、もう一つは「義務感」である。スミスは義務感を、良心が自己愛のために自己欺瞞に陥った際に必要とされるものと考えた。ミルはそれを良心と見なしたのである。このことは、良心が自己愛に対抗する原理として役に立たないとされたことを意味する。つまり、18世紀の「良心」は義務感に取って代わられたのである。

このように、近代イギリス良心論の盛衰の背景には、自己愛がつねに存在していた。

【主要文献】Joseph Butler, *Fifteen Sermons Preached at the Rolls Chapel,* 1726; 2nd ed., 1729. Adam Smith, *The Theory of Moral Sentiments,* 1759; 6th ed., 1790 (水田洋訳『道徳感情論』上・下, 岩波文庫, 2003). James Bonar, *Moral Sense,* George Allen & Unwin, 1930. D. D. Raphael, *The Moral Sense,* Oxford University Press, 1947. 浜田義文「近代イギリスにおける良心の概念」, 金子武蔵編『良心――道徳意識の研究』〈日本倫理学会論集〉, 以文社, 1977. Gilbert Harman, *Moral Agent and Impartial Spectator: The Lindsey Lecture,* University of Kansas Press, 1986. V. M. Hope, *Virtue by Consensus: the Moral Philosophy of Hutcheson, Hume, and Adam Smith,* Oxford University Press, 1989 (奥谷浩一/内田司訳『ハチスン, ヒューム, スミスの道徳哲学――合意による徳』創風社, 1999). 柘植尚則『良心の興亡――近代イギリス道徳哲学研究』ナカニシヤ出版, 2003.

(柘植尚則)

ルネサンス

〔英〕Renaissance

　イギリスにおけるルネサンスは、広義には、およそ1450年から1650年頃までの期間に、古典古代文献の実践的かつ修辞術的な読解を通じて展開された一連の思潮や文化を含むが、狭義にはテューダー朝(1485-1603)期に開花した人文主義の思惟様式を指す。古典古代の文献研究から人間や政治社会への洞察を引き出そうとするイタリア人文主義の流れは、フィチーノに代表される新プラトン主義を介して自然哲学やキリスト教神学と接触し、またヨーロッパに広がった宗教改革に伴う各国の政治史的事情とも関連しあいながら、イギリスを含む北方諸国へと波及していった。

　15世紀以降のイギリスでは、古代ギリシア文献のラテン語訳の輸入——とくに中世の注釈家の手を経ないプラトンやアリストテレスのギリシア語原典からの翻訳書の収集——や印刷技術の発達などによって、古典古代の文献研究が盛んになっただけでなく、マキアヴェッリ、リプシウス、ジャンティエ、ボダンら初期近代ヨーロッパの重要な思想家の著作が紹介され、神学・哲学・文芸・倫理学・政治学といった学科区分を超えて、いわゆるテューダー・ヒューマニズムの思潮が発展することになった。

　ここでは「ルネサンス」や「人文主義」といった用語の歴史的な概念規定の問題には立ち入らない。むしろ定義をいったん棚上げにしたうえで、イギリスにおけるその思想的展開を、主にテューダー朝期とステュアート朝初期における政治論と人文主義との関連を中心として辿ることで、ルネサンスのイギリス的相貌の一側面を描くことにしよう。

14～16世紀イギリスにおける政治的人文主義——アリストテレスのイギリス化

　人文主義の当初の担い手は、宮廷人、貴族、有力政治家、高位聖職者であった。イタリアにおける成立当初の人文主義は、宮廷や貴族の威信を増す装飾物であり、外交交渉に有用な古典の知識を提供する実用手段であった。しかししだいに人文主義は、政治の手段に止まらず、政治に義務と目標を提供する倫理的規範の役割をも獲得する。イギリスにおいては、J.フィッシャー、R.フォックスらによって、人文主義が宮廷から大学やグラマー・スクールへと広められ、古典に接する人の数が増えるとともに、古典は「統治の秘儀」(=「君主の鑑」論)や「法学的政体論」の源泉としてだけでなく、「実践的な市民政治の理想」の源泉とも見なされるようになっていった。

　14世紀末から15世紀にかけて、J.ガウアー、J.リドゲイト、T.ホクリヴといった人たちによって、思慮や正義などの徳による統治を政治の枢要とするアリストテレスの政治観がイギリスに導入されていた。これらの後1470年代にフォーテスキューは、公益のための政治的統治と君主の私益のための専制的統治とを区別するアリストテレス－トマスの図式を継承しつつも、政治的統治の特徴を議会の同意に見出すことで、アリストテレス政治学のイギリス版とでも言うべき主張をなした。

　16世紀に入ると、イタリアへの留学は最先端の人文主義の輸入経路となり、T.ラプセット、T.スターキー、G.リリーらの「パドゥア・グループ」が輩出する。そしてこの時期、公益のための統治術たる政治学は、レス・プブリカ論ないしコモンウェルス論として語られるようになる。T.モア、T.エリオット、T.スミス、J.ノックス、スターキーらにとって、政治とは、絶対権力と対比される公益に立脚した統治を意味し、それは、君主制や共和制といった統治形態を超えてそれらを包摂する公共空間としてのレス・プブリカ＝コモンウェルスにおいてなされる、実践的徳に基づいた活動であった。

古典から吸収された正しい知識に基づいてコモンウェルスが統治されねばならないこと、またその統治に人文主義者が貢献しなければならないことが、こうして広範囲に信じられるようになっていった。

キリスト教的人文主義──コレットとエラスムス

イタリアでの勉学経験を通じて15世紀後半のイギリスにルネサンスの息吹を持ち込んだ人物としては、W.グローシンやT.リナカーの名が挙げられようが、中でも重要なのは、フィチーノの影響を受けて、人文主義と結合したプラトン主義的キリスト教神学をイギリスに伝えたJ.コレットであろう。コレットは、1496年からオックスフォード大学でパウロ書簡についての講義を行い、また、古典教育のためにロンドンにセント・ポール学校を創設した。彼はスコラ主義的な教義体系重視の神学を批判しつつ、神と人間との相互的な愛に基づく生の刷新を主軸として聖書を実践的に読解する姿勢を重視した。

コレットと交流してプラトン主義を学んだエラスムスは、『痴愚神礼賛』(1509)やアルミニウス主義に繋がる『自由意志論』(1524)を著し、イギリス国教会の教義にも影響を与えた。ギリシア語とラテン語に精通したエラスムスは、聖書の読解に際して、個人の宗教的体験を中心としつつ、純化された文献学をもって聖書原典に立ち返ることを強調した。宗教改革や敬虔主義とも共通するこうした超越的プラトニズム神学と実践的態度の重視こそが、エラスムスによって強められたイギリスのキリスト教的人文主義の特徴であったのである。エラスムスは、ヨーロッパ各地を歴訪し、ケンブリッジ大学においてギリシア語講義を担当するなど、16世紀のイギリス人文主義に大きな影響を与えたが、彼の人文主義的宗教の見解が成熟したのはイギリスにおいてであった。

ユートピアとレトリック──トマス・モア

プラトン的理想主義、アリストテレス政治学、古典古代以来のレトリックの伝統、エピクロス派やストア派の思想、キケロ的ローマ主義、そして上記のキリスト教的人文主義。これらを結合させた点で、テューダー・ヒューマニズムを代表する著作と言えるのは、やはりモアの『ユートピア』(1516)であろう。『ユートピア』は、コモンウェルス全体の根本的治療のための理想的模範を、人々を説得するための強力な武器たる雄弁を用いて提示した作品であった。そこでは、「弁論における最大の誤りは、日常の言葉、つまり共通の感覚によって認められた言葉の使用から離れることである」というキケロのレトリックについての教えが遵守されている。すなわち実例の迫真性と言語の平明さ流麗さをもって、普遍的教訓が具体的・可視的・体感的に提示され、楽しさと有益さとの結合、および哲学と雄弁との結合が志向されているのである。

以下、『ユートピア』に表明されたモアの思想を見てみよう。

モアは、倫理の基準を幸福に置くエピクロス派とストア派を高く評価したうえで、それらが幸福たる最高善を全人類に適用可能な徳とするキケロの主張や、キリスト教的自然法と矛盾しないことを示そうとする。すなわちモアは、幸福、快楽、最高善、徳、神の被造物としての自然法、自然的理性を巧みに結合した倫理思想を提示する。それは、古典古代とキリスト教古典の人文主義的結合によって、現実のヨーロッパ・キリスト教社会を批判し、その根本的改革の道筋を示唆しようとするものであった。

コモンウェルスに平和と秩序を確立するための統治組織については、モアは、秩序の確立と生活の物質的安定、そして精神の自由と洗練を統治の目的とする。そのために、選挙による統治者の選出や、重要問題の議会における解決、社会福祉の完備、生活必需品の公

平な分配を定めた法の必要、財産共有制と貨幣の廃止、教育による学者育成と学者身分による統治職の独占、教育を補完する処罰規律としての奴隷刑、などが提唱される。

また、ピコ・デラ・ミランドラを尊敬していたモアは、ユートピアにおける宗教の核心を、純粋な理性に基づく普遍的な有神論に置き、宗教的寛容を主張する。寛容は、平和への配慮からのみならず、宗教的純化による真理の顕現への期待という（キリスト教的）人文主義の観点からもまた、要請されているのである。

こうして、モアの『ユートピア』に代表されるテューダー・ヒューマニズムは、コモンウェルスを公的徳に支えられた公共的政治社会として再建するという倫理的目的と、それがキリスト教に体現される普遍的教説と矛盾しないという確信とによって支えられていた。

16世紀末〜17世紀前半の「反政治」──マキアヴェッリのイギリス的受容

16世紀中頃になると、イギリスにもマキアヴェッリのインパクトが及び始める。R.アスカムによって「無神論者マキアヴェッリ」像が提示され、R.モリソンやW.トマスによって「世俗的現実主義者マキアヴェッリ」が部分的に受容される。16世紀末頃から、マキアヴェッリズムのイメージとともに、政治を反宗教的・反道徳的な策謀の領域とする思潮もまた台頭する。C.マーローやT.キッドの舞台、T.フィッツハーバートの著作の中で、政治は世俗の知恵に依存した不完全で私益追求的な悪徳として否定的に描写される。この時期のイギリスにおいて、政治に対する否定的なイメージは、政治を厭う神学者や作家の作品のみならず、政治を徳の営みとする政治的人文主義者の著作のうちにも見出され、ルネサンス政治論の逆説的な背景ともなっている。この時期における政治と非道徳性との結合イメージは、マキアヴェッリを経た「近代的」人文主義が抱え込まざるを得ない道徳政治論の両義性の自覚の結果でもあった。

ルネサンスの新プラトン主義や新ストア主義に見られる観想的生活への憧憬や運命への諦観という「非政治」の契機、また、デ・ファクトな実力政治の現状を目の当たりにして形成される「反政治」の意識は、エリザベス1世からジェイムズ1世の時代の人文主義者たちの内部に根強く存在していた。この時代の人文主義者たちによる「活動的生活」や「政治的思慮」といった「公的政治」の強調が、自らのうちに存在するこうした「非政治」や「反政治」との内的緊張関係を自覚したうえでのものであったことが、しばしば指摘される。ルネサンス期の公的政治世界が「社会が虚構の劇場であることを認識しながらの役割演技」の場であるとされるゆえんである。

文芸と「政治的なるもの」──シェイクスピア

モアと並ぶイギリス人文主義の巨星がシェイクスピアである。シェイクスピア作品の政治哲学的意義を現代において改めて強調したA.ブルームによれば、シェイクスピアの作品は、古典的政治哲学の主要課題であった道徳と政治の関係を鋭く扱っている点で、深い意味において政治的である。「われわれは、道徳的な現象を理解しない政治学は未熟であり、正義に対する熱情によって霊感を与えられていない芸術作品は取るに足らないものであることに気がついている。シェイクスピアはこれらが分化する以前に作品を書いたのであるが、われわれは、……彼にあってはその二つが互いに侵食しあってはいないことを感じ取る」（ブルーム）。

ブルームによれば、『ヴェニスの商人』や『オセロー』は、ヴェニスという寛容で自由な共和都市を舞台に展開されるところの、自由都市とはまったく異質な要素──ユダヤ教とキリスト教、民族とコスモポリタニズム──を扱っており、『ジュリアス・シーザー』は、戦

勝と秩序設立の英雄の徳を賞賛するローマ共和国が、平和な帝国へと転換を遂げるポイントに位置するところの、カエサルを扱っている。シェイクスピアの劇作品は、歴史家や政治家のレトリックが及びもつかないレベルにおいて、人間の普遍性と都市の特殊性との葛藤の問題、すなわち哲学と政治の複雑な絡み合いの問題を、提示しているのである。

古典読解に触発されつつ、人間の複数性に発する人間の普遍的共通性と共同体の歴史的特殊性を双方ともに視野に収めながら、なお自己保存のための政策科学には解消されない賢慮に基づいて遂行される高貴な学。それが人文主義の政治学であった。

新たな知の再編と人文主義の変質——フランシス・ベーコン

17世紀以降、政治的人文主義とマキアヴェッリズムとの狭間で、ルネサンス思想はしだいに教養から技術知へと方向転換をし始める。「政治」をめぐる毀誉褒貶から距離を置いて、国家秩序を維持するための中立的な統治技術として政治を捉える視点は、W.ローリーらによって提示されていた。しかし、こうした経験知的技術論を独立した方法論として発展させた哲学者F.ベーコンの登場をもって、イギリス・ルネサンスは、合理的政治秩序理念の具現化の時代へと舵を切り始めることになるのである。

ベーコンは、新たな帰納法による実験科学的な自然理解を採用することによって、三段論法のうちに自然理性が表現されるとするスコラ主義的自然理解を批判し、「服従による征服」すなわち実践的必要に基づく自然統御を主張した。政治論については、ベーコンは、基本的には人文主義的教養の政治学の枠内に止まりつつも、政治学の「可能性の技術」としての側面にも着目した。彼はマキアヴェッリを積極的に摂取しながら、政治学を倫理学や道徳論から切り離し、政治学の課題を、技術的合理性に基づいて国家の維持・繁栄・拡大を図るべく、作法と仕事と統治のあり方を示すことであるとしていった。ベーコンが、政治的知の中心的な役割を、変転する現実に臨機応変に対処しつつ社会の安定と繁栄を達成するためのいわば政策科学に収斂させていったとき、人文主義的教養を中心としていたルネサンス思想は、大きな転換点を迎えることになったのである。

【主要文献】Thomas More, *Utopia,* 1516（澤田昭夫訳『ユートピア』中公文庫, 1993). Francis Bacon, *The Advancement of Learning,* 1605（成田成寿訳「学問の発達」,『世界の名著 20 ベーコン』中央公論社, 1970). ——, *Novum Organum,* 1620（桂寿一訳『ノヴム・オルガヌム』岩波文庫, 1978). E.カッシーラー（三井礼子訳）『英国のプラトン・ルネサンス』工作舎, 1993. 菊池理夫『ユートピアの政治学』新曜社, 1987. 木村俊道『顧問官の政治学』木鐸社, 2003. 塚田富治『トマス・モアの政治思想』木鐸社, 1978. ——『カメレオン精神の誕生』平凡社, 1991. 寺中平治／大久保正健編『イギリス哲学の基本問題』研究社, 2005. A.ブルーム（松岡啓子訳）『シェイクスピアの政治学』信山社, 2005. C.モリス（平井正樹訳）『宗教改革時代のイギリス政治思想』刀水書房, 1981. F. Caspari, *Humanism and the Social Order in Tudor England,* University of Chicago Press, 1954; 1968. M. Peltonen, *Classical Humanism and Republicanism in English Political Thought 1570-1640,* Cambridge University Press, 1995. F. Raab, *The English Face of Machiavelli,* Routledge, 1964. R. J. Schoeck, "Humanism in England", in A. Rabil, ed., *Renaissance Humanism,* Vol.2, University of Pennsylvania Press, 1988. Q. Skinner, *The Foundations of Modern Political Thought,* Vol.1, Cambridge University Press, 1978. R. Weiss, *Humanism in England during the Fifteenth Century,* Blackwell, 1941.

（厚見恵一郎）

レヴェラーズ

〔英〕Levellers

名称と組織

　レヴェラーズとはピューリタン革命期、とりわけ1647年から49年にかけて精力的な活動を展開した急進的政治集団の呼称である。J.リルバーン、R.オーヴァトン、W.ウォルウィンの三人を理論的・実践的指導者とする。そのほか、J.ワイルドマン、E.セクスビー、M.ペティらがその主要な活動家であった。Levellersはわが国では「水平派」もしくは「平等派」としばしば訳されてきたが、levelという動詞が「（建造物などを）倒壊する」という意味を持つことから、「所有権と公権力とを倒壊しようとする者」たち、「民衆的混乱以外の一切の統治を望まぬ者」たちという意味で当時は用いられた。つまり、レヴェラーズは敵対勢力から不本意に付けられた、アナーキストと同義のあだ名であった。

　彼らが歴史の舞台に登場したのは1645年頃と推定される。地方における彼らの活動が確認されないわけではないが、彼らは主にロンドンとその周辺の都市部で小親方、徒弟、手工業者、店舗経営者などを支持基盤に、署名・請願運動や政治パンフレットの出版などの運動を展開した。そして、この支持層の多くはロンドンの分離派諸教会、とりわけバプテスト派の教会員であった。レヴェラーズの主張は宗教的寛容、法制度改革、言論・出版の自由、独占批判などと多岐に及ぶが、それは彼らが参政権を持たない、よって伝統的な国制の下では救済されない民衆の多様な声を代弁していたからである。そしてその際に、自然権や生得権といった人間の生まれながらの権利に引照して主張を展開するところに、彼らの政治思想の最大の特色があった。

　こうした点から彼らを「不可侵の人権を擁護した最初の世俗的政党」（D.ウットン）と評価する見解もあるが、彼らの集団としての統一性やイデオロギー的同質性を過大視することは適切ではない。彼らには綱領もなければ正式な組織もなく、上記の三人の指導者の間にすら様々な思想の相違が見出される。彼らはルーズな混成集団であったのである。

軍への接近

　しかし、そうしたレヴェラーズもしだいに組織的な行動を展開するようになる。彼らは1647年頃にはパーティ・カラー（海緑色 seagreen）のリボンを帽子につけて活動するようになっていたが、この時期を境に議会軍に急速に接近していく。

　1646年6月、第一次内戦で国王軍に勝利した議会軍は、しかし、深刻な危機に見舞われていた。国王との和平を画策する議会が、反抗勢力の解消と財政難の克服という二つの理由から、早くもアイルランド遠征を前提にした軍の解隊・分割計画を画策し始めたからである。このことは、前年から給料の未払いなどの劣悪な待遇に悩まされていた兵士層を急進化かつ政治化させた。彼らはアジテイター（agitator）あるいはエージェント（agent）と呼ばれる代表委員を選出して自らの窮状を軍幹部に訴えるとともに、軍全体を兵士の利害を代弁してくれる政治勢力に変えようとする。この動きは、各連隊から選出される士官2名・兵士2名の代表委員と軍幹部とによって構成される軍総評議会（General Council of the Army）と呼ばれる組織の設置にまで至ることになった。

　軍総評議会は多数決原理の機能する全軍組織であったが、それが必ずしも全軍の最高意志決定機関であると見なされていたわけではない。むしろ、軍幹部は兵士を説得し、全軍の統一を維持するための機関として、これを利用しようとしていた。しかし、レヴェラーズの認識はそれと大きく異なっていた。彼らによれば、軍総評議会の創設は軍の従来の権

力構造を解体させ、最高権威が総司令官から軍総評議会へと転換されたことを意味した。彼らは自らの政治理念の兵士層への浸透化を積極的に推し進め、これによって軍の外部から軍総評議会をコントロールしようとする。すなわち、レヴェラーズは自らの政治構想を軍の実力によって実現する路線を採ることになったのである。

成文憲法の構想

　1647年10月28、29日、11月1日、パトニーで開催された軍総評議会およびその特命委員会において、レヴェラーズの作成した成文憲法草案『人民協約』(*An Agreement of the People*)が審議された。これを「パトニー討論」という。国家形態として一院制議会の共和制モデルを採った『人民協約』は、それに署名するすべての人間に選挙権を付与せんとする構想であり、文字通りの社会契約の実現を図るものであった。だが、「討論」はかかる選挙権規定が財産権の破壊を、よってアナーキーをもたらすという軍幹部H.アイアトンの反論に遭って紛糾し、結局、『人民協約』は棚上げされてしまうことになる。

　しかし、レヴェラーズの構想は国王処刑（1649）後に訪れる共和制イングランドにおいて、まったく意味を持たなかったわけではない。1648年に第二次内戦が国王軍の敗北の下に終了すると、アイアトンとリルバーンは急接近を始める。そうした中でアイアトンの執筆した『軍の抗議』という文書はパトニーでの彼の発言を忘れさせるほど急進的な改革案を提示したものであった。その後、彼らは新『人民協約』の起草を目指すという点にまで合意し、実際、新『人民協約』の草案が軍の士官評議会の審議（ホワイトホール討論）にかけられたのである。

　しかし、そこでもレヴェラーズと軍幹部とは、信仰の自由の条項をめぐって再び対立する。結局、前者はまだ審議も終了せぬうちにそれを『第二次人民協約』として出版してしまう（彼らはのちに『第三次人民協約』も作成している）。かたや、軍幹部は『軍幹部の人民協約』の作成に力を注ぎ、1649年1月、それを前年12月「プライド大佐のパージ」（軍に背く長老派議員の武力追放）によって「残部」(Rump)と化した庶民院に提出するのである。だが、このレヴェラーズと幹部の両『人民協約』は、信仰の自由の条項を除けば、けっしてその差異は際立ったものではない。結局『人民協約』そのものは採択されなかったが、53年に成立するO.クロムウェルの護国卿制下の成文憲法「統治章典」の前身が『軍幹部の人民協約』であるとすれば、レヴェラーズの理念とパトニーでの経験がそこに生かされていると言っても、あながち間違いではないであろう。

むすび

　政治集団としてのレヴェラーズは、1649年の武力抵抗がクロムウェルに鎮圧されることによって解体する。しかし、自然権と社会契約を中核とする彼らの政治思想は、王政復古以後、J.ロックを含むホイッグ急進派の理論家たちへと受け継がれることで、近代の政治原理の重要な源泉の一つになった。民主主義の理念、運動、制度が問われ続ける限り、レヴェラーズはその研究素材として、今後もけっして色あせることはないであろう。

【主要文献】H. N. Brailsford, *The Levellers and the English Revolution,* Cresset Press, 1961. 山本隆基『レヴェラーズ政治思想の研究』法律文化社, 1986. A. Woolych, *Soldiers and Statesmen,* Oxford University Press, 1987. 大澤麦『自然権としてのプロパティ』成文堂, 1995. 大澤麦／澁谷浩編訳『デモクラシーにおける討論の生誕』聖学院大学出版会, 1999. 友田卓爾『レベラー運動の研究』渓水社, 2000.

（大澤　麦）

歴史法学

〔英〕historical jurisprudence

歴史法学とは一般的には法の歴史性を強調する学派を指す。この意味での歴史法学は、ヴィーコ、ヘーゲル、コーラー、モンテスキューなど、多くの思想家によって論じられた。

モンテスキューによると、普遍的な人間理性が具体的な諸事情へ適用されることで導き出されるのが「あるべき」実定法であるが、国によって事情は異なるから、ある国はその国に固有の実定法を有することになる。この諸事情にあたるのが自然環境、生活様式、宗教や商業、政治構造や国民の一般精神などであり、また歴史である。彼は社会的・歴史的に法制度を比較し、上の諸条件との関係において法を把握しようとした。法とこれらの諸条件との相関性が「法の精神」なのである。

各社会に固有の法が歴史的・社会的に形成されてきたものであるとのモンテスキューの理解と方法論的な自覚は後世に大きな影響を与えた。モンテスキューはコントにより社会学の先駆と見られているし、デュルケムによって比較法学の開拓者として位置づけられている。また彼は法社会学および歴史法学の先駆者でもある。

しかし、法学・法思想史において歴史法学という言葉は限定的に使用されている。この意味での歴史法学は、「民族精神」が法の歴史的発展の主な要因であると論じた19世紀のドイツにおけるフーゴー（G. Hugo）、サヴィニー、プフタ（G. F. Puchta）の歴史法学、もしくは原始社会の法現象を分析し、そこから現代法への進歩を跡づけるという方法を採ったイギリスのメインの歴史法学を指す。

ここでは、両者の歴史法学と、近年注目されるに至った新たなスコットランド啓蒙の歴史法学について概観することにする。

サヴィニーの歴史法学

サヴィニーは、統一ドイツ実現のための手段として統一法典の制定を主張したティボー（A. Thibaut）に対する反論として、1815年に『歴史法学雑誌』を創刊するとともに巻頭論文を執筆した。それによると、法は言語や習俗と同様に「民族の共同の確信」から現れるものであって、民族に固有の性質を持つ。さらに、それは民族とともに成長し、民族とともに死滅するものである。したがって、サヴィニーによれば、法は抽象的思弁によって作り出されるものではなく、見つけ出されねばならないものであり、歴史は自分たちの状態を認識するための唯一の道だとされるのである。ただし、法はもともと習俗や慣習として人々の意識の中で存在するが、文化の発展とともに法曹の意識に帰属するようになり、法曹法として形成されてゆくと考えられているから、体系的感覚と歴史的感覚を備えた法曹による法典作成が否定されているわけではない。

サヴィニーは民族精神の歴史法学を唱えたが、彼の歴史研究の対象はドイツに固有のゲルマン法ではなく古代ローマ法であった。民族精神の理論は棚上げされたと批判され、サヴィニーがロマン主義ではなく古典主義の流れの中に位置づけられるゆえんである。また、このローマ法重視の態度は、ロマニステン（ローマ法派）の歴史法学に反発したアイヒホルン（K. F. Eichhorn）やベーゼラー（G. Beseler）などのゲルマニステン（ゲルマン法派）の歴史法学を生み出すこととなった。

もっとも、サヴィニーの課題は、ドイツに継受されたローマ法を歴史的に研究し、多くの領邦に分裂していたドイツにおいて統一的な法の体系を打ち立てることであった。この作業はドイツ慣習法を体系づけたプフタに受け継がれ、さらにそこから体系化・概念化の進んだドイツ私法学であるパンデクテン法学が形成されるに至った。さらにイギリスのオースティンはサヴィニーのローマ法体系の影響

を受けたと言われている。

なお、アメリカでも1880年代にドイツの法典編纂論争と同様の論争が起こった。フィールド（D. D. Field）らの法典化運動に対して、カーター（J. C. Carter）が反対するという形で論争が行われたのであるが、カーターは、コモン・ローでは人々の慣習や、慣習から導き出される正義についての社会的基準の中に裁判所の判決の基礎が見出されねばならず、人々の慣習から離れた抽象的立法はそれ自身脆弱であるだけではなく、害悪をもたらす危惧があると論じたのである。

メインの歴史法学

メインの主著である『古代法』によると、歴史法学の目的は「古代法に反映される人類の最も初期の観念と現代思想との関連を指摘する」ことであり、そうすることで法の進化の過程を把握し、進化の一般法則を見出すことである。彼によって採られた歴史的方法とは、古い地層の研究から現在の地質が明らかになるように、原始社会の法現象を分析し、そこから現代法への進化を跡づけるという方法である。それと同時に、東洋、とくにインドにおいてまだ生き残っていた古代の法観念や制度を発展の過程の中に位置づけ、比較するという比較的方法が採られる。

メインは法の進化について次のような法則を提示する。初期の段階では、法観念は「王の裁定（判決）」に見られるが、その後「慣習法」へ、さらには「法典」へと進化する。変化する社会的必要性と世論に応じて、安定的な法が社会と調和するための手段として、法的擬制、衡平（個別的正義）という観念、立法が用いられる。ただし、人間の社会は進歩的社会と停滞的社会もしくは静止的社会に区分でき、法は進歩的社会、すなわちヨーロッパ諸国においてのみ進歩するとされる。

さらにメインによれば、進歩的社会における初期の社会は、社会関係が身分によって支配される社会であったが、歴史の進展とともにその従属関係が漸次的に解体する。社会秩序は個人の自由な合意に基づいて形成されるようになり、身分は契約関係に取って代わられる。これが有名な「身分から契約へ」という法発展の定式である。

メインの歴史法学は、歴史分析を欠くオースティンの分析法学への批判、また自然法思想や社会契約論など、非科学的な法学に対する不満と批判から、科学的な方法として提唱された。しかし、メインは法と経済的・社会的要因との関係についてはほとんど究明することがなく、これはヴィノグラドフによって課題として引き継がれることになった。

ヴィノグラドフはメインの講座とともに、メインの歴史法学を継承し、社会的経済的諸条件と法理念との関係を研究の目的とした。メインの影響により、イギリス法制史についての実証的な多くの研究が現れ、また文化人類学の確立が促されたとも指摘されている。

スコットランド啓蒙の歴史法学

スコットランド啓蒙とは1760年代から90年代のスコットランドで起こった第一級の知的活動であり、ヒューム、アダム・スミス、ケイムズ卿、ジョン・ミラー、ファーガスン、ロバートスンなどが代表的人物である。彼らは時にスコットランド歴史学派とも称されることがあるように、その多くによって法と社会の分析に歴史的方法が採用されていた。

この歴史的方法とは、「推測的歴史」（conjectural history）（もしくは「理論的歴史」「自然史」）と呼ばれるものであり、諸要因との関連性において法を把握しようとする試みであった。彼らはモンテスキューの強い影響下にあり、スコットランド啓蒙の哲学者たちは自らモンテスキューの後進であると自認していた。最も成功したモンテスキューの後継者として、ケイムズ、スミス、ジョン・ミラーの名前が同時代人たちによって挙げられ

ていた。

モンテスキューによって列挙された法のあり方を決定する諸要因の中でも、彼らがとくに重要で決定的だと考えていた要因は、狩猟や牧畜、農業、商業に大別される生活様式であった。彼らによれば、人類は狩猟と漁獲に始まり、牧畜、農業、そして商業へと続く段階的な発展を辿る。法もまたその発展に応じて進化しなければならないのである。

ある発展段階では、どのような法が「あるべき」法なのだろうか。各歴史段階での法の原理（あるいは「あるべき」法）を指すのにしばしば自然法という言葉が用いられるが、その具体的な内容は各論者の道徳理論によって裏づけられることになる。たとえば、スミスの場合は「公平な観察者」の理論であるし、ケイムズの場合は道徳感覚論、ヒュームは功利の原理であった。ヒュームには『イングランド史』という大部の書物があるが、唯一の体系書である『人間本性論』において歴史的方法が明確に適用されているわけではない。だが、内的な条件と外的な条件から功利に基づいて自然法が生じるという説明は、外的環境の変化（＝歴史）に応じて自然法も変化することが含意されており、歴史性を当然に帯びることになる。

また法学は歴史的に研究することで科学となる。ケイムズによれば、「法は、野蛮人の間の未発展な法の形態から、連続的な変化を通して、文明化された社会における最も高い状態の発展に至るまで歴史的に跡づけられた場合にのみ、合理的な研究（「法の科学」）となる」のである。

スコットランド啓蒙の歴史法学にとって直接の批判の対象は、ヒュームの社会契約論批判に典型的に見られるように、自然法と社会契約論であった。だが、新たな商業社会の幕開けを自覚した啓蒙の思想家たちによって、スコットランド社会の発展と法の改良が念頭に置かれながら、その批判作業が行われたことが見逃されてはならない。

歴史法学の意義

18世紀後半に黄金時代を迎えたスコットランド啓蒙はその後急速に活気を失う。サン＝シモンとマルクス、J.S.ミルがファーガスンやミラーを称え、ヘルダーが『歴史哲学』においてミラーやロバートスンに言及することがあったが、スコットランド啓蒙は次世紀には概して見失われてしまう。

スコットランド歴史法学はドイツ歴史法学に時代的に先行していたが、サヴィニーの著作準備のための文献リストにヒューム、スミス、ケイムズの著作を見ることができる程度で、学派間の直接的な継続性を確認することはできない。

歴史法学は科学としての法学が備えるべき歴史研究の重要性を説いた。それにより法の歴史的相対性が強調され、科学としての法学はそれ以前の思弁的な自然法思想と決別することになった。

また、自然法との決別は、メインの歴史法学という例外はあるものの、ドイツの概念法学あるいはイギリスのベンサムやオースティンの法理論に見られるような、実定法のみを法学の対象とするという実証主義的態度を法学にもたらすことになったのである。

【主要文献】Charles Louis de Secondat Montesquieu, *De l'Esprit des Lois,* 1748（野田良之ほか訳『法の精神』岩波文庫, 1989）. Henry James Sumner Maine, *Ancient Law,* 1861（安西文夫訳『古代法』信山社, 1948; 1990）. Adam Smith, *Lectures on Jurisprudence,* Report dated 1766（水田洋訳『法学講義』岩波文庫, 2005）. Henry Home, Lord Kames, *Historical Law Tracts,* 1758. ——, *Sketches of the History of Man,* 1774. David Hume, *A Treatise of Human Nature,* 1739-40（大槻春彦訳『人性論』岩波文庫, 1948-52）.

（竹村和也）

連合心理学

〔英〕associationist psychology

　知的活動の基本的原理は観念連合である、とする心理学である。観念連合というのは、意識の中で観念が、同時に、または継起的に生じて作る型のことである。そうした連合の法則を知れば、それは自然現象の研究に自然法則が役立つように、意識現象の研究に役立つと考えられた。主として18世紀のイギリスにおいて形成された説である。もちろんヴント以前は、一般に心理学と哲学とが分離しておらず、とくに初期の連合心理学は心理学というより哲学の説であった。代表的論者はハートリーやヒュームである。後期（主として19世紀）の代表者は、ミル父子、ベイン、ウィリアム・ジェイムズらである。現代では主流をなす説ではない。

　連合心理学は、現代の心理学が成立するために通るべき一つの階梯であったが、その基本的パラダイムである意識の機械論的原子論（要素論）は、感情や意志、あるいは心の創造性や能動性を必要とするような領域の解明に向けられた場合、研究の枠組みとして窮屈であり、とくにその分析的発想はゲシュタルト心理学から批判を受けた。またその方法である内観は、客観性を欠くとして、20世紀に入ると実験心理学や行動主義から厳しく批判された。しかし経験によって表象の世界が形成され学習されるという、連合心理学の背景にあった経験論は、パヴロフの条件反射に基づく学習心理学や行動主義などになお生き延びており、方法としての内観は、心理学が被験者の内観報告（たとえば意図や感じの）を重要なデータと見る限り、なお有効である。

起源と成立

　観念連合という概念の成立は、近世的な意味での観念という概念の成立を前提する。それゆえ、それはデカルト、ロック以後の概念である。しかし観念連合という心理的事実そのものは体系的な心理学が成立する以前から知られていた。アリストテレスは実際そういう事実を取り上げて論じている（『自然学小論集』）。ホッブズまたしかりである。ただ彼らは観念連合という表現をまだ持たなかった。観念連合という用語はロックに由来する。

　連合心理学の一つの源泉は、デカルトの心の哲学とその内観的な方法とにあった。デカルトはフランスの哲学者であったが、ロック、バークリー、ヒュームたちは、彼の思想に強い影響を受けた。「観念連合」という表現中の「観念」という言葉は、ロックがおそらくデカルトから取り入れたものである。デカルトの心身二元論は、心の世界という独立の次元を設立したという意味で、観念連合説成立の素地を開いていた。

ロックの観念説

　ロックはしかし、合理論者デカルトにおける観念を経験論者の観念に置き換えた。つまりロックにより、観念はデカルトの言う内在観念ではなく、感覚を基礎とするものとなった。プラトンやデカルトにとっては、イデアないしイデーを見るということは真実在の認識に他ならなかったが、経験論者ロックにとっては、観念は、実在する対象とは別のものであった。連合心理学の成立は、観念（知覚）と実在する対象という区別に存しているとも言える。ロック以後の連合心理学は、彼流の観念理解つまり観念説に基づき発展した。

　ロック自身について言えば、観念とは心が自らの中に知覚するもの、思考の対象であり、心と知覚とに依存する存在である。観念は、一方で、感覚の観念と反省（内官）の観念（これは感覚の観念についての覚知であり、つまり第二階の覚知である）とに分けられるが、他方で、観念は単純観念と複合観念とに分けられる。複合観念は単純観念を複合することによっ

て形成され、その意味で、観念連合を通じて推論が進行することになる（しかし彼は、このような複合に対しては連合という言葉を使わない）。なおロックの心は、感覚や反省の観念の他に、抽象観念、自我の観念などをも含む。

ロックの観念説は、ハチスン、バークリー、ハートリー、ヒューム、コンディヤックらにそれぞれの形で受け継がれた。バークリーはロックと同様、観念連合説は採ったが（連合という言葉は用いていない）、心の要素から抽象観念を削除した。ヒュームはさらに徹底し、自我の観念も内観によっては得られないとして、それを心の要素から削除した。

継承と展開

ある観念と別の観念とが結びつく連合は、積極的な意味を持つこともあるが、また、誤った想念に導くこともあろう。ハチスンやロックは、否定的な面に注意を向けた。ヒュームやハートリーは、観念連合の建設的な面を主として取り上げた。観念が、時間的または空間的に近接していることや、相互の類似などに基づいた結びつきの法則性を持ちうるという考えは、ヒュームやハートリーの哲学の重要な要素であった。

ハートリー

ロックの観念説はハートリーにおいても観念連合説の基礎であったが、後者は、前者における知識の二源泉（感覚と反省）を一つに、すなわち感覚のみにしようとした。それゆえ彼の観念説は感覚論に転化した。しかもハートリーの主要関心事は、感覚からの観念の生成よりも感覚や観念の相互の連合ということにあった。彼の観念連合説はイギリス経験論とくにロックの知識論に依存していたが、彼の主要関心事はロックのものではなかった。

ハートリーは、ロックと同様、機械論的哲学をデカルトからではなくボイルやニュートンから受け継いだ。彼の心理学の体系は、粒子の振動とエーテル仮説とによって感覚を説明するという点ではニュートンの考えに基づいていた。他方 J.ゲイはロックの考えを用いて観念連合を倫理学や心理学に導入し、道徳感覚の内在観念説を経験論的立場から批判していたが、ハートリーはゲイを読んで観念連合説に進んだ。彼の主要な目標は本当は道徳にあった。けれどもハートリーは、認識論的、心理学的考察を具体的な物理的な基礎の上に置こうとして、神経系の解剖や脳の刺激によって起こる運動についての、生理学的な議論を展開した。彼の体系は心身の並行論的二元論に立っていたが、その理論構造も、感覚の本性を振動によって説明する議論と観念連合説という並行する支柱を持っていた。

ハートリーによれば、外的対象が感覚器官の神経に印象を与えると、その感覚は神経を構成している微細な粒子の振動を引き起こす。これら粒子は驚くほどすばやく容易にエーテル中に動いて、脳の中のしかるべき神経端末の髄質の粒子へと感覚を伝える。感覚は脳に伝わると意識に現れ、短時間その痕跡が残る。その痕跡が繰り返しによって強化されると、それは単純観念となり、永続的に残留して観念連合により複合観念を作る元となる。観念連合は学習の唯一の原理であるのみならず、彼の言語論、否、全体系の基礎である。

ハートリー自身は、自然や人間を神の意図によって作られたものとする立場に立っており、事物の価値は自然神学の脈絡の中で理解されるべきものと考えていたが、彼の観念連合の理論は、唯物論的含みを回避しようという彼自身の試みにもかかわらず、科学から目的因という考えを追放し作用因と質料因のみを残す、という大きな動きの一部をなした。彼の説はベインによって、さらに生理学的、実験科学的な方向に推し進められた。

ヒューム

ハートリーに比べるとヒュームの観念連合

に関する議論は、認識論の議論（哲学の議論）であり、心理学としては議論を広く展開し詳細な議論をしたものではない。けれども彼が遠くはデカルト、またベーコン、ホッブズ、ニュートン、ロックから引き継いだ機械論的世界観や経験的の科学的方法は、観念連合の考えを科学的理論に向かわせるものではあった。

科学的な成果ということを離れて言えば、ヒュームの観念連合説は、彼の哲学、とくに知識論の中で重要な役割を果たしている。彼は知的活動（因果的推論）の説明のために、観念連合の議論を必要としたからである。

人間の理解を直接の知覚を超えて広げうるものは想像力である、と彼は考える。というのは彼にとって、事実に関する推論はすべて因果性による推論であるが、因果性の成立はそれを想像力に負うているのだからである。それゆえその限りにおいて、推論は想像力に基づいて遂行されるものである。ただしこのとき、想像は理性に対立する意味のものではない。想像が理性に対立するものとして理解されているときは、論理的推論も蓋然的推論も含まない意味での想像（空想）である。しかし想像はいつも空想であるわけではない。ヒュームにとって、ある場合、想像はむしろ人間の知性である（もちろん合理論者の言う知性ではないが）。つまり知性とは、想像力の一般的で相当程度に確立されたものに他ならない。むろん想像力は観念を自由に再配列し、再結合しうる。そうした想像をいかなる場合に信頼しうるのか、また信頼しうる根拠はどこにあるのか。想像力を導く何らの原理もないのなら、観念の結合はまったくの偶然に委ねられることになり、そこから何らかの規則性をもって複合観念、たとえば因果関係が形成されることはないであろう。

ヒュームにおける因果性と観念連合説

複合観念を作る観念連合のために、観念間に成立する性質としてヒュームが取り出すのは、類似、近接、原因結果の関係の三つである。これらは因果性にどう関わるか。彼の説明方針を述べておく。彼は因果性について論ずるとき、原因や結果の概念を分析するという方法は採らない。彼の因果性の分析は因果関係の分析である。そして因果関係の要素として彼の見出すのは、近接、原因の時間的先行、原因と結果との恒常的連接の三つである。これが因果関係の場合の観念連合を成立させる。しかしそれだけではまだわれわれが実際に用いるところの自然的関係としての因果関係ではない。自然的関係としての因果関係は、彼によれば、因果関係についての経験の反復（反復の記憶）によって得られる。

観念を機械論的に連合する能力は、「宇宙のセメント」であり、ヒュームにとってきわめて重要である。ただ彼が、観念連合説のみで人間の知的活動を説明し尽くせると考えていたかどうかは明確ではない。しかしヒュームの観念連合の議論が、経験を可能にする条件の探求でもあったのは間違いない。その意味で、観念連合説は、ヒュームの場合、知的活動を説明するための必要条件をなすと言える。観念間に成立する原理が上記三つかどうかは、経験的な問題であろう。

【主要文献】George Berkeley, *New Theory of Vision,* 1709（下條信輔／上村恒一郎／一ノ瀬正樹訳『視覚新論』勁草書房，1990）. E. G. Boring, *A History of Experimental Psychology,* 2nd ed., Prentice Hall, 1950. David Hartley, *Observations on Man,* 1749. Thomas Hobbes, *Humane Nature,* 1650. David Hume, *A Treatise of Human Nature,* 1739-40（大槻春彦訳『人間本性論』全4冊，岩波文庫，1948-52）. Francis Hutcheson, *An Inquiry into the Original of our Ideas of Beauty and Virtue,* 1725. John Locke, *An Essay concerning Human Understanding,* 4th. ed., 1700（大槻春彦訳『人間知性論』全4冊，岩波文庫，1972-77）.

（神野慧一郎）

ロイヤル・ソサエティ

〔英〕Royal Society of London

1660年に設立されたロイヤル・ソサエティ（ロンドン王立協会）は、イタリアのアカデミア・デル・チメントや、フランスの科学アカデミーと並ぶ世界で最も古い科学学会の一つである。協会の目的は元来、メンバーによる自然科学そのものの推進にあったが、現在では関連した様々な事業（研究資金提供、ジャーナルの出版、公開授業、科学政策への助言など）にも活動の範囲を広げている。

以下では、イギリスの哲学思想と深い関係のあった設立時に主な焦点を当てながら、協会の歴史を辿っていくこととしたい。

起源（1640年代半ば）

協会の起源は、設立者の一人であったウォーリスの回想によれば、設立時のメンバーでもあったウィルキンズ、ウォーリス、ボイル、レンといった自然哲学者たちが1645年からロンドンのグレシャム・カレッジなど数ヵ所で毎週会合を繰り返し、当時「新哲学、ないし実験哲学」と呼ばれていた新しい自然哲学の成果について話し合ったことに起因する。新哲学においては、実験観察による新たな発見の実用的価値が力説され、その点においてベーコンからの決定的な影響が見られる（ただしウォーリスは、ベーコンに加えガリレオも新哲学の先駆者として名を挙げる）。

その後、ウィルキンズ、ウォーリス、ボイルら中心メンバーがオックスフォードに移動してからは、彼らにペティ、ウォード、ウィリスらが加わり実験哲学クラブを形成し、のちにロンドンのグループと合流することになる。

設立（1660年）

ロイヤル・ソサエティの設立は1660年、チャールズ2世による王政復古の年に、グレシャム・カレッジの天文学教授であったレンの講義に続き、同カレッジで12名の自然哲学者たちが「自然－数学的な実験的学問のためのカレッジ」を設立しようと意図したことに起因する。ただし、ロイヤル・ソサエティ（The Royal Society of London for Improving Natural Knowledge）という言葉が正式に採用されたのは、1663年の王立憲章においてである。

協会が設立された1660年代は、協会にとって最も重要な年であった。まず、1662年にはチャールズ2世から認可を得ることで初の王立憲章（Royal Charter）が発布され、「王立」という権威が初めて公式に協会に与えられるとともに、役員の選出方法、会議の運営方法、独自の出版権などが与えられた。実験哲学の促進という面でも、1662年には敏腕の実験家であったフックが実験責任者として協会に雇用され、65年には協会の秘書であったオルデンバーグの編集により『フィロソフィカル・トランザクションズ』の刊行が開始された。この『トランザクションズ』は、継続して刊行されている自然科学系の定期刊行物としては世界最古の雑誌となっている。

目的と実際の活動（1660-1700年）

当初の協会の目的は、何よりも自然誌・実験誌の拡張にあった。それは、1663年の王立憲章で採択された、従来の討論を中心としたスコラ学への不満を表出した「言葉には何も宿らない」("Nullius in Verba") という協会のモットーに最もよく表れている。その一例として、全宇宙の自然誌を扱うという途方もない計画を協会が抱いていた事実をオルデンバーグは報告しているが、しかしこれは他方で、場当たり的な自然誌の収集や報告に陥りがちであった初期協会の理論的脆弱性を示すものでもあった。また、会員の三分の二以上がアマチュアの自然科学愛好家によって占められていた事情から、毎週の会合実験は必ずしも純粋な科学的動機によるものだけではなく、ジェ

ントリや貴族層の会員には、会合実験を一種の娯楽として考えていた者も多かった。こうした背景には、協会が当初見込んでいた基金や施設の計画が頓挫し、会員費を目当てに多くのアマチュア会員を勧誘せざるを得なかったという事情が存在していた。

そのため、真剣な科学者たちは会合に出席しなくなるという皮肉な結果が生じた。さらに、会員として名を貸すだけで会合には出席しない高名な学者も少なくなかった。ケンブリッジ・プラトニストのモア、カドワースらはこういった範疇に入る。さらに派閥間の対立からの会員脱退といった事情も手伝い、17世紀末には、協会の存立すら危ぶまれるような状況に陥っていたことが報告されている。

批判と擁護（1660-70年代）

上記の組織運営での困難に加え、協会はその実験哲学の擁護という観点からも課題を抱えていた。大学では、アリストテレスの権威に基づいたスコラ哲学が依然として教えられ、大陸からは新しいデカルトの哲学が紹介されつつあった。さらに協会設立以後も、実験哲学はしばしば揶揄の対象とされた。旧哲学からは、因習を破壊し新奇な事柄ばかりに目を奪われる浅薄な輩と非難され、さらに他ならぬパトロンであったチャールズ2世自身ですら、ペティの空気の測量を笑い物にするありさまであった。こうして、主に1660年代から1670年代にかけて、学問として実験的知識を正当化するための様々な方途が採られた。

自然誌探求による新発見からの擁護

これが協会の設立時に最も頻繁に見られた実験哲学の擁護であり、パワー『実験哲学』(1664)、フック『ミクログラフィア』(1665)、スプラット『王立協会史』(1667)、グランヴィル『プラス・ウルトラ』(1668)などが代表的な著作として挙げられる。いずれも、旧哲学の討論を主体とした学問が、近年の自然誌探求によって凌駕された点を力説している点において共通している。たとえば、パワーとフックの著作は、顕微鏡による自然誌の拡充を主眼としながらも、他方でともにその序論において、古代においては推測の域を出なかった天球（マクロ）や原子（ミクロ）レベルの領域での望遠鏡、顕微鏡による新発見の威力を大々的に宣伝していることが確認される。

スプラットの『王立協会史』は、協会にとっての初の正史であるが、パワーやフックと同様に、独断的なスコラ学の討論の不毛さを言葉へと霧散するだけの砂上楼閣に譬え、それに代わり、物そのものに対し手や目を勤勉に働かせることの重要性を訴えている。この『王立協会史』を補強拡張したグランヴィルの『プラス・ウルトラ』も、その副題「アリストテレスの時代からの知識の進歩と前進」が示唆するように、自然科学の各分野での新たな知識が、古代の時代よりいかに拡張されてきたかを叙述している。とくに強調されているのが、望遠鏡や顕微鏡、気圧計、空気ポンプ、光学レンズといった人工的な測量器具を用いての自然誌 (Natural History) の拡張である。とりわけ協会会員のボイルによる発見物が、われわれの自然に対する支配力を向上させ生活の利便性を高めることが力説され、旧哲学に対する新哲学の優位性が主張されている。

認識論的な擁護

しかし、実験哲学はしばしば旧勢力から「懐疑論」というレッテルを貼られ、学問を職人のレベルまで貶めるものと危惧されることも多かった。それゆえ、単なる自然誌の拡張に加え、知識観の変革（実験的知識の身分の格上げ）がリアルな問題として浮上した。協会を擁護する認識論者たちが採った方途とは、一般命題の組み合わせによるアプリオリな自然探求を原理的に批判し、それに代わる代替的な経験を基礎とするモデルを提供することであった。グランヴィルとロックがそのような

認識論的反省を提供しているが、彼らの認識論は、独断に対し懐疑によって建設的な制限を加えることから、「建設的懐疑論」(constructive skepticism) と呼ばれる。

グランヴィルの『独断化の虚栄』(1661) は、様々な懐疑的な命題（心の本性とは何か、心身相関はいかにして可能か、感覚はいかにして作用するのか、等々はわれわれには分からない）によって、独断的なスコラ学を掘り崩すことを主眼としている。さらに、懐疑的な議論の一環として、ヒュームに先立ち、原因－結果を結ぶ因果そのものは観察不可能という重要な事実を指摘する。われわれに与えられるのは感覚的な結果のみであり、原因への推論は不可謬ではない。それゆえ、われわれはアプリオリに自然法則を打ち立てることはできない事が結論づけられる。

ロックの『人間知性論』(1690) は、アプリオリな自然学の可能性を否定するグランヴィルの議論を拡張しつつ、さらに経験論的な認識論を全般的に押し進めることとなった。すなわち、グランヴィルに見られた不必要なデカルト的要素（コギトや公準の優位性、生得性）を意識的に排除し、経験を知識の出発点とする経験論哲学を確立することで、実験哲学を支える認識論体系がイギリスで初めて確立されることに多大な寄与を行ったのである。「読者への手紙」でボイルやニュートンの下働きを標榜し、協会会長であったペンブルクに献じられた『人間知性論』は、協会会員によって大変な好意をもって迎えられ、「一人の人間によってこれまで書かれた最良の著作」と評せられた。このことからも、『人間知性論』が協会の認識論的な基礎づけに重要な役割を果たしたことが窺える。

その後の展開（1700年～）

ロックとニュートンによる実験哲学の流布により、協会の実験的知識の擁護は一応の解決を見た。その後、大きな知的変革は見られないものの、組織制度の観点からは、協会は成長の時期を迎えることになる。ニュートンが協会会長に選出された1703年を前後に、組織運営に本腰が入れられるようになり、会員数が増加し、会員費も定期的に納められることで、運営が安定し始めた。さらに、1840年代には純粋な科学的業績のみによって会員が選ばれるようになり、裕福なアマチュア層からの選出が絶たれたことで、専門的な科学学会としてのアイデンティティが確立されることになった。その後、20世紀に入り、科学政策などにも影響力を持つようになった点については、冒頭で触れた通りである。

こうして、現在では1000人を超す会員を擁するに至った協会ではあるが、その設立期には組織運営、会員数の確保、アイデンティティの確立、実験哲学の擁護といった様々な側面において難題を抱え、その歴史は必ずしも平坦な道ではなかった。安定した組織として成長するまでには、少なくとも半世紀以上もの時間を要したのである。

【主要文献】Joseph Glanvill, *The Vanity of Dogmatizing*, 1661. Henry Power, *Experimental Philosophy*, 1664. Robert Hooke, *Micrographia*, 1665. Thomas Sprat, *The History of the Royal Society*, 1667. Joseph Glanvill, *Plus Ultra: or, the Progress and Advancement of Knowledge Since the Days of Aristotle*, 1668. John Locke, *An Essay concerning Human Understanding*, 1690（大槻春彦訳『人間知性論』全4冊，岩波文庫，1972-77）. Charles Richard Weld, *A history of the Royal Society, with memoirs of the Presidents*, 1848. Henry Lyons, *The Royal Society 1660-1940: A History of its Administration under its Charters*, Cambridge University Press, 1944. Michael Hunter, *Science and Society in Restoration England*, Cambridge University Press, 1981（大野誠訳『イギリス科学革命』南窓社，1999）.

（青木滋之）

ロマン主義

〔英〕romanticism

ロマン主義とその位置

歴史的概念としてのロマン主義は、古典主義や啓蒙主義に対抗する文芸・思想運動として、1800年前後からヨーロッパ各地で展開され、1850〜60年代にリアリズム・自然主義に取って代わられた思想運動を指す。それは、古代ギリシアに始まり18世紀に頂点に達するヨーロッパの合理主義や啓蒙主義の普遍主義的な人間観・世界観・規制に対する、個々人の非合理的な感情と想像力の復権と反逆であり、個々の具体的な地域、歴史、民族からの反逆でもあった。

それは思想史上は、ルネサンスに始まる近代啓蒙主義とその政治経済的実現としてのフランス革命や産業革命などの近代(化)によって触発された、自我の拡大と自己主張であるとともに、支配的となりつつある「近代」に対する根本的な批判でもあった。それはまた、西洋キリスト教世界における、神の支配に代わる近代的自我のさらなる拡大という世俗化の文脈で位置づけることもできる。

つまりロマン主義は思想史的には、中世キリスト教の普遍的支配を打倒した近代の機械論的世界観や啓蒙主義という近代合理主義の新たな「普遍」の支配に対抗して、これを克服しようとして新たに興った再帰的な自己再生運動であると言える。この自己再生の苦悩が、近代社会の到来に対する、一方での不安や嫌悪あるいは挫折感と、他方でのその超越への欲求と無限への憧憬という、近代に対するロマン主義特有の矛盾した態度を生んだ。たとえば、F.シュレーゲルの「イロニー」という自己創造と自己破壊の葛藤も、C.シュミットによって指摘された機会原因論によるロマン主義のアンビヴァレントな政治的態度も、フランス革命などの近代に対するロマン主義の「挫折の思想」の特徴である。

各国のロマン主義

ロマン主義は地域的には、ドイツ、イギリス、フランスなどの各地で興り、イタリア、スペイン、ロシア、アメリカ、日本などにも及ぶが、それぞれの地域の歴史背景と発展段階によって性格が異なる。ドイツでは、啓蒙主義の文化の諸規範とフランス革命への反抗から生まれ、とくにドイツ固有の文化と文学を意識するとともに超越的観念的幻想的色彩を持った。ドイツのロマン主義に特徴的な急進性と観念性は、イギリスと比べたときの市民社会の発展の違いに由来すると思われる。イギリスのロマン主義は、フランス革命や産業革命に触発されつつもそれらへの挫折や批判を契機として生まれたが、ここでは市民社会の順調な発展を踏まえた自由のいっそうの拡大とともに、他方でその過剰な近代化を抑制する近代批判も展開するという調和的役割を果たした。これに対し、古典主義の力が根強いフランスではドイツやイギリスに遅れ、それらのロマン主義の紹介から始まり、主観性や党派性の強いものとなった。

文学と哲学思想

ロマン主義はそのジャンルでは、人文科学や社会科学から絵画や音楽まで、人間の知的芸術的営みの全分野に及ぶ。文学においては、理性・調和・規範を至上価値とする18世紀の古典主義に対し、ルソーの『新エロイーズ』や『告白』、ゲーテらの「疾風怒濤」(Sturm und Drang)の感情の解放と直観の重視、さらにはイギリスにおけるT.グレイやJ.トムソンらの感傷や叙情というプレ・ロマン期から準備された感情革命、散文に対する詩と想像力の優越、および自我の拡大と個性の開花の時代を現出した。ロマン主義におけるこの自我の解放の精神は、人間における無限の追求として文学化され、たとえばW.ブレイクにおけ

る超現実の幻想世界、W.ワーズワスの自然と瞑想の哲学詩、S.T.コールリッジの幻想詩や想像力の文学論、W.スコットにおける歴史と物語の発見、P.B.シェリーの自由と無限進歩、J.キーツの理想美の追求、G.G.バイロンのヒロイズム、ノヴァーリスの『青い花』と魔術的世界などに代表される。

またロマン主義の哲学思想は、近代の経験論や二元論的認識を超えようとするもので、ドイツでは、シェリングの自然と精神の同一哲学やフィヒテの自我の哲学に代表される。イギリスでは、ロックから W.ゴドウィンや D.ハートリーに至る経験論や機械論的因果論に対して、たとえば新プラトン主義やスピノザ主義の復興さらにはカントのドイツ観念論の影響を受けたコールリッジの理念(Idea)哲学・積極哲学が挙げられる。また宗教思想では、啓蒙主義の理神論や無神論に対する汎神論の復活や感情重視のシュライエルマッハーの思想などとして現れる。

政治経済思想と自然観

さらに政治思想では、ロマン主義は、ロックやルソーの社会契約思想やベンサム功利主義のような近代の個人主義と原子論的社会構成および産業社会化に対して、プレ・ロマン派としてのE.バークの保守主義を先駆として、時間・歴史・民族・伝統を重視し、パトリオティックな感情や有機体的な社会像を表明して、近代化によって失われた共同性の回復を主張した。たとえばワーズワスは崩壊する農村共同体の復活を、コールリッジはバークを引き継ぎつつJ.ベンサムの議会主権論の「単純な統治構造」や権力集中に抗して、イギリスの均衡ある多元的国家システムを主張して、新たな公共的市民像や文化国家論を構想した。

また経済思想では、ロマン主義は、シスモンディやA.ミュラーのような、資本主義化に抗する小市民の立場からの反発や共同体の回復を主張するとともに、R.サウジーのように、人道主義の立場から人間の機械化と疎外に抗して、A.スミスや産業社会とそれを支える商業精神や功利主義を批判し、パターナリズムから社会主義にまで接近した。しかし、ワーズワスが愛してやまなかった湖水地方の「独立自営の小農民(statesmen)の共和国」も、農業革命と急速な資本主義の進展による農民の没落でその階級的基盤を失った。

さらに、ロマン主義は自然観においても革命をもたらした。17世紀科学革命によって成立した機械論的力学的世界観は、〈人間 vs. 自然〉という二元論的で機械論的な近代の自然観とそこでの人間による自然への支配を確立した。これに対してロマン派は、コールリッジの用語で生成された自然を意味する「所産的自然」(natura naturata)に対して、創造原理としての「能動的自然」(natura naturans)を重視する、生成的で生命論的な自然観とその創作理論を提示した。18世紀啓蒙主義において自然は、「人間における自然」すなわち理性によって整序され支配されるものとされたのに対し、この世紀を通してしだいに「自然」が「山川草木」といった具体的自然として再発見され賛美されるようになったが、その頂点にワーズワスがいる。

こうしてロマン主義は、文学、哲学、政治、経済、自然観などすべての分野において、人間解放原理から抑制原理へと転化した近代への批判とそれを超えようとする自我再生の原理であって、人間と世界の再発見と拡大を促すものであった。つまり、ロマン主義運動は、分析・分解・整理し再構成する能力にすぎない悟性や合理主義の機械論という近代の「死の哲学」に対して、「生きた哲学」(コールリッジ)という新しい包括的な全体知や内発的な創造の知の革命であって、とくに今日のポスト・モダンの知的状況の中で多くの示唆を含むものである。

イギリス・ロマン派第一世代

　イギリス・ロマン主義の運動は、大きく1800年頃に始まる前期（第一世代）と後期（第二世代）に分けられる。第一世代は、1770年代に生まれ湖水地方 (the Lake District) を中心に活動したワーズワス、コールリッジ、サウジーらのいわゆる湖畔詩人派 (the Lake Poets) で、第二世代とは異なり、青年期にフランス革命に共感し、W.ゴドウィン、J.プリーストリ、D.ハートリーらの合理主義的急進主義に学んだが、しだいにフランス革命と合理主義や楽観論への失望を通してロマン主義を形成した。

　ワーズワスは、『ランダフ主教への書簡』(*A Letter to the Bishop of Llandaff*) に見るようにフランス革命に共感しこれに身を投じたが、しだいにフランス革命に失望し保守的な態度を取る。ワーズワスは、『抒情歌謡集〔第2版〕』(*Lyrical Ballads*, 2nd ed., 1800) で民衆の詩語を論じ、『シントラ協定論』(*On the Convention of Cintra*, 1809) でスペイン人民論、共同体擁護論、パトリオティズム論など、「民衆的共同性」の回復を主張した。また、湖水地方に定住したワーズワスは『湖水地方案内』(*Guide to the Lakes*, 1810) を出版したが、詩「マイケル」(Michael) や「兄弟」(Brothers) などに見るように、自らの故郷であり自然と共同体の聖地である湖水地方の崩壊に対して、自然・家族・郷土・共同体への愛の再建を訴えた。湖水地方は狭隘な山間地で農業革命やエンクロージャーの影響は遅かったが、自由土地所有農民（フリー・ホルダー）の共同体は崩壊していった。さらに、ワーズワスは湖水地方の自然の保存と開発の調和にも心を砕いた。

　コールリッジは、フランス革命の中に近代個人主義のアナーキーとこれを終焉させるための独裁の病理を見て革命を批判し、さらに、サウジーらとともにフランス革命の理想を「一切平等団」(Pantisocracy) のユートピアで実現しようとしたが失敗した。さらにコールリッジは、一方でドイツ哲学を受容し『フレンド』(*The Friend*, 1809-1810) でルソーとフランス革命の思想を狭隘な「形而上学的政治学」(meta-politics) として批判して独自の積極哲学を展開するとともに、さらには『政治家提要』(*The Statesman's Manual*, 1816) や『俗人説教』(*A Lay Sermon*, 1817) で、時代精神である商業精神・イギリス経験論・自由主義を批判し、その根底にある功利主義社会の過剰な個人主義と欲望および共同性の崩壊の病理を批判した。そのうえでコールリッジは、『教会と国家』(*On the Constitution of the Church and State*, 1832) において、悟性・理性の区別とそのジン・テーゼによる理念の哲学とそれに基づく政治学として、均衡の取れた有機体的国家論と、これを支える市民の教育と「文化的共同性」の創出のための国民教会 (national church) 論をはじめとする積極国家論を展開した。

　サウジーは桂冠詩人で歴史家だが、何より文明批評家である。彼は『トマス・モア卿──社会の進歩と展望に関する対話』(*Sir Thomas More: or, Colloquies on the Progress and Prospects of Society*, 1829) で資本主義批判・近代批判を展開した。それは、家父長制的で有機体的な国家像からするA.スミスと自由主義国家観への批判であり、改良主義やオーエン社会主義から福祉国家像まで展望する。

　また、イギリス・ロマン主義の第一世代は文学においても、合理主義的で規制的な古典主義からの自我の脱却・拡大を行った。ワーズワスは『序曲』(*The Prelude*, 1850) 他の抒情詩を、コールリッジは「老水夫の歌」や「クブラ・カーン」などの幻想詩や『文学評伝』(*Biographia Literaria*, 1817) の想像力の文学理論を展開し、スコットやサウジーは時間空間を超えた歴史小説や歴史叙述で、人間と文学の領域を拡大した。

イギリス・ロマン派第二世代

　イギリス・ロマン主義の後期（第二世代）は、フランス革命後に生まれ第一世代のようなフランス革命への挫折の経験がない世代である。彼らは、フランス革命後の第一世代の保守化を「転向」として批判し、むしろ純粋な形でフランス革命の自由と人間解放の理念を継承しこれを政治や文学の場で実現しようとした急進性に特徴がある。その運動は、ナポレオン戦争から自由主義的改革へ向かう、イギリスのアンシャン・レジームの抑圧とそれからの解放の時代を象徴するものであった。それはたとえば、シェリーの「西風の賦」や『鎖を解かれたプロメテウス』などの詩、およびロマン主義を代表する詩論『詩の弁護』（*A Defence of Poetry*, 1821）や『議会改革の哲学観』（*A Philosophical View of Reform*, 1819-20）における「詩による無限の改革」論、詩による共同性の回復という「詩的共同性」論、アイルランド解放運動への参加、バイロンのヒロイズムやギリシア独立運動への参加、ブレイクのフランス革命賛美やキーツの理想化されたギリシア美の追求などに示される。第一世代は湖水地方に拠ったが、第二世代のうちシェリーとキーツはイタリア、バイロンはギリシアを目指すなど南欧・地中海文化圏への志向があった。

　イギリス・ロマン主義は19世紀後半のイギリスで、たとえばJ.S.ミルの思想形成や『自由論』などの個性論や社会観に見るベンサム功利主義の修正、T.カーライルの文明批判や英雄崇拝、M.アーノルドの文化国家論、J.F.D.モーリス、C.キングズリ、J.H.ニューマンらの国教会改革運動やオックスフォード運動、J.ラスキンやW.モリスらの芸術社会主義など、大英帝国の繁栄と功利主義の時代にあって、これを抑制するヒューマニズムや国家と社会における文化、価値、市民のあり方を指し示す近代批判の思想系譜として継承された。

ロマン主義と現代

　ヨーロッパのロマン主義は、19世紀半ば、科学的合理主義、自然主義、功利主義などの圧倒的な時代潮流に取って代わられるが、人間の個性と自我の拡大、感情の復権、想像力の文学と生の哲学、時間と歴史への視野拡大、近代化によって失われた家族や地域への愛という共同性の復権、近代を超える全体知や「物語」・「神話」の復権、機械論的自然観から有機体的自然観への転換、産業化と功利主義へのヒューマンな視点からの批判など、ロマン主義が提起した課題と遺産は大きい。それは、近代批判や自由主義の再検討とその自己克服という今日の近代後の課題に対して豊かな示唆を含んでいる。

【主要文献】L. R. Furst, *Romanticism,* Methuen, 1969（上島建吉訳『ロマン主義』研究社，1971）．水田洋／水田珠枝「ウィーン体制期の思想」，『岩波講座 世界歴史 18』岩波書店，1970．C. Brinton, *Political Ideas of the English Romanticists,* Russell and Russell, 1962. R. J. White ed., *Political Tracts of Wordsworth, Coleridge and Shelley,* Cambridge University Press, 1955. 岩岡中正『詩の政治学——イギリス・ロマン主義政治思想研究』木鐸社，1990．

　　　　　　　　　　　　　（岩岡中正）

論理実証主義

〔英〕logical positivism

論理実証主義は、ウィーンに生まれた科学的哲学である「ウィーン学団」(〔独〕Wiener Kreis〔英〕Vienna circle)に対して、外部から与えられた名称で、他にも「論理的経験論」(logical empiricism)、「科学的経験論」(scientific empiricism)、「新実証主義」(neo-positivism)などの呼び方がある。この立場の大きな特徴は、論理実証主義という呼称が示しているように、第一に現代の記号論理学の成果をもとに、言語の論理分析により命題の明晰化を図ることによって哲学の問題を解決、あるいは解消するところにある。そこから分析哲学の中に数えられるが、イギリスの日常言語学派の分析哲学からは区別されなければならない。第二に、経験的に検証される命題のみ有意味な命題であり、そうでない形而上学の命題を無意味な命題として形而上学を否定し、実在認識を科学にのみ限ることである。

ウィーン学団の成立

ウィーン学団は、物理学者と知られるE.マッハが占めていた、ウィーン大学の帰納科学の哲学の講座に招かれたM.シュリックを中心に形成された学団である。シュリックは、物理学を学んだ人であったが、伝統的な哲学の問題にも深い関心を抱いており、その周りに、哲学者、科学者、数学者などが集まり、反形而上学的な科学的哲学の立場を主張するグループができた。その代表的なメンバーとしては、M.シュリックをはじめ、R.カルナップ、H.ファイグル、P.フランク、O.ノイラート、F.ヴァイスマンらがいた。

哲学的グループとしては小規模なものであったが、これらメンバーによって1928年に「マッハ協会」が設立され、次いで翌29年に、ノイラートを中心にまとめられた「科学的世界把握——ウィーン学団」という宣言を出し、自らの立場を明らかにした。それによると、論理分析の方法と、それと結びついた新しい経験論の立場を採ることによって、科学的世界把握を遂行し、異なった科学の専門領域を百科全書的な意味で統一する「統一科学」を学団の大きな目的としていることが主張されている。さらにウィーン学団は、H.ライヘンバッハが主催する「ベルリン経験哲学協会」と一緒になって、『エアケントニス』という機関紙を発行して、活発な学会活動をするようになった。この『エアケントニス』は1930年から38年の間に8巻刊行されたが、第8巻は『ザ・ジャーナル・オブ・ユニファイド・サイエンス(エアケントニス)』と改題され、40年には刊行が中断された。

イギリスでの受容

ウィーン学団の先駆思想、あるいは影響を受けた思想として、ヒュームやJ.S.ミル、マッハの実証主義あるいは経験論、マッハ、ボルツマンらの経験科学の基礎や方法・目的についての考察、ラッセル、ウィトゲンシュタインらによる記号論理学(初めの頃は論理計算とも呼ばれていた)とその実在への応用、ヒルベルトらの公理論、そして倫理学の面ではベンサム、ミルらの幸福主義と社会学におけるコント、スペンサーらの実証的社会学の成果が挙げられている。また最も直接影響を受けた思想としては、ラッセル、ウィトゲンシュタインによる論理的原子論(logical atomism)の哲学がある。とくにウィトゲンシュタインの『論理哲学論考』はこの学団でバイブルのように読まれていた。

ここから分かるように、論理実証主義の思想は、イギリス経験論の伝統およびラッセルによる記号論理学の大成という、イギリス哲学の伝統や成果と直接結びつくものであった。

この論理実証主義を広くイギリスに知らしめたのは、A.J.エアである。エアは、オックス

フォード大学の学生であったとき、チューターであった師の G.ライル教授の仲介により、シュリックのもとに学びに行き（このときアメリカの W.クワインも一緒になった）、わずか25歳で『言語・真理・論理』を書き、翌年（1936）に出版した。この本の序文でエアは、同学団についてラッセルやウィトゲンシュタインの影響と並んで、バークリーやヒュームのイギリス経験論との繋がりを強調している。同書はウィーン学団の思想をコンパクトにまとめており、広く読まれた。また英語での文献ということもあり、その翻訳も含め、論理実証主義の思想が世界に広まるうえでも、大きな役割を果たした。

論理分析

ウィーン学団の中心思想は、形而上学や神学的思考を排して、科学的な世界把握を目指すことである。その基本的な態度は、科学にはわれわれが探究できない深遠のようなものは存在せず、すべては経験から説明され、したがって人間にとって解くことができない謎といったものは存在せず、すべてが人間にとって近づき得るものであるという立場である。それゆえ人間の経験を超えたところに深遠な真理を求める形而上学は否定される。しかしその形而上学の否定の仕方は、形而上学の述べていることは曖昧、無意味であり、その表現を論理分析によって明晰にすると、その述べていることは、無内容で問題でも何でもない無意味な擬似問題（pseudo problem）になるというものである。

論理分析の方法は、ラッセルの論理的原子論の哲学において採用された方法から来ている。われわれは世界を命題によって捉え、表現しているが、記号論理学によれば、命題は直接経験によってその真偽が検証できる要素命題（原子命題）に分析でき、この要素命題が「および」「または」などの論理的結合子によって結びつけられた命題が複合命題（分子命題）

である。逆に言えば複雑な命題も、論理学的には要素命題に分析、還元され、その真偽が決まってくることになる（還元主義）。要素命題の真偽（真理値）によって全体の真偽が決まってくる命題を総合命題と言い、実在認識に向かう命題はこの総合命題となる。したがってこのような論理分析を認めず、経験を超越したものの認識に向かう形而上学や神学は否定されることになり、その述べている命題は無意味なものとなる。それにもかかわらず、形而上学者が何か理論的に有意味なことを述べていると考えているのは、日常の伝統的な文法に騙されているからであり、それを論理学的に正しく捉えれば、そのような命題は理論的な内容（もちろん感情的な内容は別である）を何も述べていない、無意味な命題になるという主張である。

さらに記号論理学によれば、命題には、要素命題の真理値が真偽いずれの値を取ろうとも、つねに真なる命題がある。形而上学者が経験を交えない純粋な理性推理によって真理を求めていたとしたら、そのような命題を求めていたことになる。しかしかかる命題は、基本的には「pはpである」というような同語反復（トートロジー）であり、主語に含まれているものを分析して述語に持ってくる分析命題である。したがって分析命題は、アプリオリではあるが、実在については何も述べていない、形式的、論理的にのみ真なる命題である。したがってここに、形而上学の命題の否定とともに、カントのアプリオリな総合判断（総合命題）の存在も否定されることになる。

検証可能性の理論

論理実証主義においては、形而上学は否定され、科学の命題のみが有意味な命題として認められる。この科学の命題の有意味性は、その命題が経験によって、その真偽が検証されることに基づくという検証主義の立場である。

これが「命題の意味はその検証の方法である」という検証可能性の原理（verifiability principle）である。この検証をめぐる議論が、しばしば悪名高いと言われる論理実証主義の検証可能性の理論である。

検証の問題としては、直接的な経験を表す基礎命題（要素命題）とは何かという問題と、そのような基礎命題によって、たとえば科学の理論や法則がどのようにして検証されるのかという問題がある。前者については、基礎的な経験的命題は、最も原初的な直接経験を表すセンス・データ（感覚所与）のようなものではなく、観察者の名が入り、時間・空間的な規定を持った観察命題としてのプロトコル命題が採用された。このプロトコル命題によって科学の命題は検証されることになるが、そこに完全な検証性を主張すると、科学の命題は無意味となってしまう。科学の理論や法則は、普遍的な命題として、時間・空間的な制約を越えて、過去・現在・未来、あらゆる場所における事象に言及しており、それをすべて実際に検証することはできないからである。したがって、検証原理は、理論的に検証可能ならばその命題は有意味であるという、あくまで検証可能性の原理である。しかしこの検証の問題は困難な問題であることが明らかとなり、種々の理論が出たが、解決には至らなかった。

倫理学

論理実証主義においては、倫理学の命題も検証されるものとなる。この立場に立って倫理学を展開したのが、エアの倫理の情緒理論（emotional theory of ethics）である。倫理の問題は、美学や宗教の問題と並んで、価値に関する問題である。しかし論理実証主義の立場からすれば、善い、悪いという倫理的価値を表す命題も、有意味な命題ならば、事実を表す命題となる。したがってエアによれば、倫理的命題は、たんに情緒を伴った表現にすぎないとされ、たとえば「金を盗むことは悪い」は、「金を盗むこと!!」と書け、この感嘆符によって道徳的な非承認の感情を表していることになる。

ウィーン学団の影響

ウィーン学団は、パリのソルボンヌ大学やコペンハーゲンなどで「統一科学」のための国際会議を開き、国際的な活躍が見られた。しかしシュリックが1936年に不幸な死に方をし、またナチスの執拗な干渉もあったため、主要なメンバーがアメリカやイギリスを中心に外国へ移住したりしたために、同学団は38年には事実上解散した。しかしこの論理実証主義の思想は、外国での主要なメンバーの活躍もあり、世界的に広がった。

とくにアメリカに渡ったカルナップは、ウィーン学団の中で最も活躍した一人であったが、もともと概念の明晰化ということで相通ずるところのあったプラグマティズムの影響を受け、新たな理論展開をした。一方ウィーン学団の影響を受けたクワインは、ハーバード大学の教授として、アメリカの哲学界をリードする人となった。クワインが、分析的真理と総合的真理の峻別および還元主義を経験主義のドグマとして批判したことは有名である。

【主要文献】A. J. Ayer, *Language, Truth and Logic,* 1936（吉田夏彦訳『言語・真理・論理』岩波書店，1955. ── ed., *Logical Positivism,* 1959. R. Carnap, *Der Logische Aufbau der Welt,* 1928. 坂本百大編『現代哲学基本論文集』Ⅰ・Ⅱ，勁草書房，1986-87. 神野慧一郎編『現代哲学のバックボーン』勁草書房，1991. V. Kraft, *Der Wiener Kreis,* 1968（寺中平治訳『ウィーン学団』勁草書房，1990）.

（寺中平治）

論理主義

〔英〕logicism

　論理主義とは、数学は論理学の一部であると主張する立場である。それゆえ、論理学の概念や原理だけに基づいて数学を導き出すことが、論理主義にとっての課題となる（ただし、この場合の「論理学」には、外延ないし集合も論理的対象として含まれる）。

　論理主義のこのプログラムは、19世紀末から20世紀の初めにかけて、とりわけフレーゲとラッセルによって押し進められたが、同時にまた、彼らの試みが抱えていた困難はその限界をも明らかにした、と長い間見られてきた。しかし近年、とくにフレーゲについての検討に基づいて、論理主義の可能性が改めて主張されており、重大な論争点となっている。

フレーゲ——数の文脈的定義と明示的定義

　フレーゲは、幾何学が、論理学に還元されない空間的直観に基づくと考えたので、数学全体が論理学から導出されるとは主張しなかった。しかし彼は、算術は論理学のみに基づくと考え、『算術の基礎』において、論理的概念のみを用いて数を定義することを試みた。

　フレーゲは、知覚や直観によっては捉えられない数を定義するために、「語は文の連関の中でのみ意味を持つ」という「文脈原理」に訴える。数詞が現れる文全体の意味を確定することで、数詞の指示対象である数を文脈的に定義するという戦略を採るのである。

　フレーゲはまず、数詞を含む言明（「木星は4つの衛星を持つ」）は、ある概念にある数が帰属することを述べる言明（「概念『木星の衛星』には数4が帰属する」）であると主張する。そのうえで彼は、「概念Fの数」によって表される数を、確固とした同一性を持つ対象として定義するためには、別の装いの下で現れる当の数を、まさに同一の数として再認する文（「概念Fの数＝概念Gの数」）の真理条件を与えねばならないとする。そのためにフレーゲが提起するのが、「概念Fの数と概念Gの数が同一であるのは、FとGの間に一対一対応があるとき、かつそのときに限る」という、いわゆる「ヒュームの原理」である。

　しかしフレーゲは、ヒュームの原理を数の十全な定義として認めなかった。この原理は、「概念Fの数＝ジュリアス・シーザー」のような、数詞以外の語を含む同一性文の真理値を確定することができず、そのことは、ヒュームの原理が「そもそも数とは何か」を明らかにする定義ではないことを意味する、とフレーゲは考えたからである（「シーザー問題」）。

　そこでフレーゲは、ヒュームの原理による数の文脈的定義を退け、概念の外延という装置に訴える明示的定義を提示した。つまり、二つの概念間に一対一対応があることを、それらが「等数である」ということにして、「概念Fの数」を『概念Fと等数である』という概念の外延」として定義するのである。

　以上のような数の一般的定義に基づいて、個々の数（自然数）の定義が与えられる。まず、0は、論理的語彙のみを含む「自己自身と同一でない（ξ≠ξ）」という空な概念に帰属する数として定義される。次に、（概念「0と同一である」には、ただ一つの対象0が属するので）「概念『0と同一である』に帰属する数」として、1が定義される。以下同様にして、「＜2＞＝概念『0か1と同一である』に帰属する数」……のようにして、無限の自然数が導出可能であることが示される。

ラッセル——パラドックスとタイプ理論

　しかし、概念の外延に訴える明示的定義は、フレーゲの試みを破綻へと導く要因となった。概念の外延、つまり集合に関するパラドックスがラッセルによって指摘され、その元凶はフレーゲが（『算術の基礎』に続く『算術の基本法則』において）外延に関する公理として採

用した基本法則Vにあることが判明したからである。

パラドックスは次のようなものである。「xはxの要素でない」という条件を満たす集合をすべて集めた集合Rを考える。さて、RはRの要素か？（1）RはRの要素だとしたら、Rは、Rを定義する条件を満たすはずだから、Rの要素ではない。（2）RはRの要素でないとしたら、Rは、まさにRを定義する条件を満たしているから、Rの要素である。どちらの想定からも、その否定が帰結してしまう。

ラッセル自身は、ホワイトヘッドとの共著『プリンキピア・マテマティカ』において、パラドックスに陥らない論理主義の実現を目指した。彼は、パラドックスの原因を、自分が自分の規定する条件に当てはまるかを問う自己言及にあると考え、それを避けるために、「あるものを定義する際、そのもの自身を含む全体に言及してはならない」という悪循環原理を基本方針とする、タイプ理論を構築した。

タイプ理論では、個体はタイプ0、個体の集合はタイプ1、個体の集合の集合はタイプ2……というように対象領域が階層化され、各タイプは自身より一つ下のタイプの対象のみを要素として持ちうるとされる。これによって、問題の自己言及が避けられるのである。

そして、タイプ理論では、数は個体の集合の集合（タイプ2の集合）として定義される。つまり、0は空集合の集合、1は一つの個体からなる集合の集合……と定義される。

しかし、タイプ理論にも問題があった。タイプ理論から数学を導出するには、いくつかの仮定が加えられなければならず、それらの仮定が論理的真理という身分を持つことは疑わしかったのである。問題視された仮定は、「無限公理」「乗法公理」「還元公理」である。

たとえば、タイプ理論では、（フレーゲが「0と同一」という概念を用いて1を定義したように）0から始めて後続の数を、帰納的方法によって、数以外の対象の存在を前提せずに導出していくことができない。そのやり方では、たとえば、0と、0を要素とする集合を用いて定義される1のタイプが異なってしまうからである。そこで、無限の自然数を同タイプの「個体の集合の集合」として定義するためには、「世界には無限に多くの個体が存在する」という無限公理が必要とされるのである。しかし、無限公理が論理的真理であることは疑わしく、それを前提することは、当初の論理主義の企てからの離反を意味する。

新論理主義

こうして、過去の遺物と見なされるようになった論理主義であるが、1980年代以降、再び重大な論争点となっている。C.ライトが、『算術の基礎』の検討に基づいて、外延に訴える定義を持ち出さなくても、ヒュームの原理を2階の述語論理に公理として加えるだけで、自然数を公理化したものであるペアノ算術が、矛盾に陥ることなく導出されること（「フレーゲの定理」）を示したからである。ライトらの立場（新論理主義）によれば、ヒュームの原理は、厳密な意味では定義ではないが、数に関して成り立つ一種の分析的真理であり、そこから算術が導出されることは、算術が分析的真理であることを保証する。新論理主義に対しては多くの反論も提起されており、論争は現在も進行中である。

【主要文献】G. Frege, *Die Grundlagen der Arithmetik*, 1884（野本和幸／土屋俊編『フレーゲ著作集2　算術の基礎』勁草書房，2001）．B. Russell, and A. N. Whitehead, *Principia Mathematica*, 1910; 2nd ed., 1927（岡本賢吾／戸田山和久／加地大介訳・解説『プリンキピア・マテマティカ序論』哲学書房，1988）．C. Wright, *Frege's Conception of Numbers as Objects*, Aberdeen University Press, 1983. 三平正明「論理主義の現在」，飯田隆編『論理の哲学』講談社，2005.

（小草　泰）

論理的原子論

〔英〕logical atomism

「論理的原子論」は、ラッセルが自らの哲学的立場を表すために1911年に初めて用いた言葉であるが、ラッセルとの相互影響の中でウィトゲンシュタインが『論理哲学論考』において展開した哲学的立場にも適用される。また現在でも論理的原子論は、変容されながらも多かれ少なかれ分析哲学の内部において継承されている。その原子論は、科学的分析ではなく「論理的分析」(logical analysis) に基づくという意味で「論理的」と形容されるのであるが、それには形而上学的側面と方法論的側面がある。

ラッセルの論理的原子論

ラッセルの論理的原子論に関して最も重要なのは、そこに託された哲学史上の改革の意義である。ラッセルは、ヘーゲルの強大な影響の下に当時イギリスにおいても支配的であった観念論的な絶対一元論 (Absolute Monism) に反旗を翻して実在論的な多元論を展開するための基本テーゼとしてこの論理的原子論を提唱した。実際、その命名は1911年だが、ラッセルがその立場を採ったのは、1899年から1900年にかけて、当時のイギリス・ヘーゲル主義の主唱者であったブラッドリーやマクタガートらの立場をムアとともに拒絶したときであったと回想している。その意味では、分析哲学そのものを誕生させたのが論理的原子論であったとさえ言える。

ラッセルが想定していた形而上学的な意味での論理的原子論とは、一言で言えば、「各々独立な複数の対象が存在し、世界はそれらからなる複合体としての事実 (fact) によって構成されている」という主張である。事実の中でも最も基礎的な事実は、単一の個体とその属性または複数の個体とそれらの関係によって構成される複合体であり、「原子的事実」(atomic fact) と呼ばれる。そして、原子的事実を基本単位としながら論理的結合によって組み合わされたものが「分子的事実」(molecular fact) であるとされる。

外的関係の理論と分析的実在論

ブラッドリーらの観念論的な絶対一元論の中心にあったのは、主語述語形式の文のみを扱う伝統的論理学を背景として「すべての関係はその関係項の性質によって基礎づけられている」と主張する「内的関係」(internal relation) の理論であった。各対象はそれ以外の諸対象に対して何らかの関係を持っていると考えられるため、この理論に従うと、結果的に世界全体と同等の複雑さが各対象に内包されることとなり、また、各対象を全体から切り離して「分析」することはその存在論的実相を見失わせると解釈されるので、もっぱら「総合」的な探究に基づく絶対一元論が推奨されることとなった。

これに対しラッセルは、関係文をも対象とする現代論理学を利用しながら「関係は、それに対応するいかなる複雑さもその関係項において必要としない」とする「外的関係」(external relation) の理論を自らの論理的原子論の中核に位置づけた。そして、複雑・曖昧な命題や概念をより単純・明確なものへといったん分析したうえで、できるだけ形式的に厳密な方法で包括的理論を再構成することが、存在論的探究にとって有効な方法であると主張し、自らの立場を「分析的実在論」(Analytic Realism) とも呼んだ。

ラッセルは、論理的原子論のとくに形而上学的側面に関してその後大きく自らの立場を修正していったが、外的関係の理論のような基本部分やその方法論的側面は一貫して保持し、分析的手法を数学の哲学から科学哲学、知識論へと順次拡大しつつ適用していった。

ウィトゲンシュタインの論理的原子論

ウィトゲンシュタインは、言語哲学的観点から論理的原子論をより徹底かつ明確化することにより、次のような形而上学的主張を『論理哲学論考』の中で行った。(1)すべての命題は、原子的な事態(state of affairs)の存在を主張する原子命題から真理関数的に構成されるものとして唯一の形で分析できる。(2)原子命題は相互に独立である。(3)命題中の名前は、完全に単純な対象を指示している。

これら三つの主張のうち、ラッセルは(1)については同意しなかった。彼は「すべての」「少なくとも一つの」などの量化表現を含む命題は真理関数的に構成できないと考え、それらには「一般事実」「存在事実」という特殊な事実が対応すると主張した。また、(2)・(3)については、それらの主張を明示的には行わなかったが、とくに初期においては、単純な対象からなる原子的事態として、センス・データからなる直接知に対応する事態を想定していたことが窺われる。これに対しウィトゲンシュタインは、言語が成立するためにアプリオリに要請される事項として上の三つを明示的に主張している反面、原子的事態や単純な対象が具体的にいかなる内容であるのかをほとんど述べなかった。

結局ウィトゲンシュタインは、原子命題の候補と考えられた「これは青い」「これは赤い」などの色命題が相互に独立とは言えないことなどから、これらの形而上学的主張をその後完全に放棄してしまった。それのみならず、そもそも哲学的文脈において命題を分析することの方法論的有効性をも疑うこととなり、いわゆる「言語ゲーム」「使用としての意味」などを中心概念とするまったく異なるスタイルの言語哲学的考察へと向かった。

論理的原子論のその後と現在

ラッセルとウィトゲンシュタインの論理的原子論は、その後の分析哲学の展開に正負両面で大きな影響を与えた。カルナップ、ノイラートなどの論理実証主義者たちは、形而上学は棄却した一方で論理的原子論の方法論を受け入れ、それらをより具体的な形で追究した。彼らは、直接的経験を表すような「プロトコル文」(protocol sentence)が原子命題に対応するものだと考え、すべての文がプロトコル文に還元可能である言語へと科学的および日常的言語を再構成することを試みたが、結局は失敗した。そしてその後、後期ウィトゲンシュタインの影響による日常言語学派の台頭やクワインによる全体論(holism)的言語観に基づく論理実証主義批判の結果、論理的原子論は後退を余儀なくされた。

しかし、標準化された言語に基づく理論において量化の対象となるもののみを存在者として認めるクワインの「存在論的関与」(ontological commitment)の原理なども、その源泉はラッセルの論理的分析の方法だと考えられる。またアームストロングは、「事態」を基礎的存在者として位置づけるウィトゲンシュタインの論理的原子論を踏襲しながらその主張を相対化することによって、その形而上学的側面の再構築を試みている。そして何よりも、外的関係の理論とそれに基づく多元論は、いくつかの修正や限定を要するにせよ、分析哲学のみならず現代哲学全般においてすでに基調となっていると考えてよいだろう。

【主要文献】Bertrand Russell, "Analytic Realism", 1911, in *The Collected Papers of Bertrand Russell*, Vol.VI, 1922. ——, *Logic and Knowledge*, 1956. Ludwig Wittgenstein, *Tractatus Logico-Philosophicus*, 1922(野矢茂樹訳『論理哲学論考』岩波文庫, 2003). David Malet Armstrong, *A Combinatorial Theory of Possibility*, Cambridge University Press, 1989.

(加地大介)

人　名　篇

ア

アクトン卿
Acton, John Emerich Edward Dalberg; 1st Baron Acton　1834–1902

ナポリに生まれる。祖父はナポリ首相。ミュンヘン大学で学び、ランケ史学の影響を受ける。1858年よりイギリスに定住、上下院議員となる。自由主義的なカトリックの立場から、教皇無謬性の教理を批判、有名な格言「あらゆる権力は腐敗する。絶対的権力は絶対に腐敗する」を残す。ケンブリッジ大学近代史欽定講座教授に就き (1895–1902)、『ケンブリッジ近代史』叢書を編纂。

【主要著作】*Lectures on modern history,* 1906.

（遠山隆淑）

アディソン、J.
Addison, Joseph　1672–1719

イングランド、ウィルトシャーのミルストン生まれの随筆家、詩人、劇作家、政治家。オックスフォード大学在学中に古典、とりわけラテン詩に文才を発揮し、ドライデンに奉じた詩が認められて4年間のヨーロッパ見聞旅行のチャンスを与えられる。ホイッグ党のキット・キャット・クラブ (Kit-Cat Club) 会員。帰国後に書いた詩の成功をきっかけに官界・政界の要職に就き、そのかたわら、スティールが創刊した『タトラー』誌の主筆として活躍する。日刊紙『スペクテーター』をスティールと主宰してイギリスのジャーナリズムの基盤を確立する。その軽妙洒脱で洗練された文章は文学、哲学、風俗・風習、寓話など幅広い話題に及ぶ。『スペクテーター』に連載された「サー・ロジャー・ド・カヴァリー」(Sir Roger de Coverley) の巧みな人物描写は近代小説の誕生を予感させる。悲劇『カトー』も絶賛された。

【主要著作】*The Tatler,* 1709–11. *The Spectator,* 1711–14（朱牟田夏雄訳『『スペクテーター』紙随筆選』,『世界人生論集 5』筑摩書房, 1963). *Cato,* 1713.

（井上治子）

アトウッド、W.
Atwood, William　d.1712

17世紀末から18世紀初頭のイギリスの政治論者、法律家。1701年に渡米しニューヨークの主席裁判官に任命されるが、翌年に解任され帰国。熱烈なホイッグ党員で、憲法史の該博な知識に基づきながらフィルマーらの論を批判し、議会と人民の権利を主張した。

【主要著作】*The Fundamental Constitution of the English Government,* 1690.

（的射場瑞樹）

アーノルド、M.
Arnold, Matthew　1822–88

サリー州レイラム出身。トマス・アーノルドの長男。ラグビー校、オックスフォード大学ベイリオル・カレッジ卒業後、ホイッグ党政治家でもある枢密院教育委員会議長ランズダウン侯爵の私設秘書、非国教系学校担当の勅任視学官 (1851–86)、ニューカースル勅命基礎学校調査委員会委員、トーントン第二段教育調査委員会委員、オックスフォード大学詩学教授 (1857–67) を勤める。

とくに教育行政官としての欧州視察から、国家による中等教育制度や民主主義にふさわしい国民文化に関心を持つ。階級文化に注目し、中産階級のピューリタン的狭溢さ（ヘブライズム）に対してヘレニズム的な教養を涵養する役割を国家に期待した。文芸批評から社会批評にわたって広教会派の視点から秩序のための教養を論じ、シジウィックから、教養の開祖と評された。詩人としては、ロマン派とモダニズムを架橋する。

【主要著作】*Poems,* 1853. *Essays in Criticism,* 1865. *Culture & Anarchy: An Essay in Political and Social Criticism,* 1867–69（多田英次訳『教養と無秩序』岩

波文庫, 1965). *The Complete Prose Works of Matthew Arnold*, R. H. Super ed., 11 vols., 1960–77.

(米　典子)

アーノルド、T.
Arnold, Thomas　1795–1842

ワイト島出身。オックスフォード大学欽定歴史学講座教授（1841–42）。ヴィーコの新科学やドイツ新歴史運動家ニーブールの歴史発展法則に共鳴。高教会派批判、国家論、ラグビー校改革は広教会派の形成を導いた。

【主要著作】*Pinciples of Church Reform*, 1833. *History of Rome*, 3 vols., 1838–43.

(米　典子)

アルクィヌス〔アルクィン〕
〔英〕Alcuin　〔ラ〕Alcuinus　735–804

イギリス出身の哲学者・神学者。ヨーク周辺の出身で、ヨークで学び、やがてそこで教師となったが、その学識を評価されてカール大帝に招かれ（780）、アーヘンの宮廷学校長として教育カリキュラムの整備に取り組んだ。それは古代末期に成立した自由学芸（artes liberales, 文法、弁証、修辞の文系3科、算術、幾何、天文、音楽の数学系4科の計7科目からなる）に、道徳哲学を加え、全体を、文法学を予備学とし、論理哲学（弁証、修辞）、道徳哲学、自然哲学（数学系4科）という哲学の三区分に対応するものとする構想であったと推定される。彼は以上の古代の世俗の学を継承する諸科目（中でも弁証学 dialectica が重要である）を基礎教養として、そのうえで神学を学ぶカリキュラムを考えており、学校における教育と研究を特徴とするスコラ哲学の始まりをここに置くことが可能である。アルクィヌスの周囲には学問のサークルができており、それなりの哲学的討議がされていた形跡がある。また、彼はカール大帝の下で異端との対決にも学識を発揮した。イギリス哲学史のみならず、西欧中世スコラ哲学史の冒頭に挙げられるべき学者と目される。著作に、『弁証学』その他の自由学芸の教科書、『聖霊の発出について』『異端フェリクスとの対決』など神学論争に関するもの、聖書注解などがある。

【主要著作】*Gramatica*, c. 800（山崎裕子抄訳「文法学」, 上智大学中世思想研究所編『中世思想原典集成6　カロリング・ルネサンス』平凡社, 1992). *Dialectica*, c. 800. *Libri VII adversus Felicem*, 790–800.

(清水哲郎)

アレグザンダー、S.
Alexander, Samuel　1859–1938

オーストラリアに生まれたユダヤ人の哲学者。20世紀前半のイギリスで実在論的形而上学者として活躍した。主著は『時間、空間、神性』(1920)。従来の哲学が時間の概念を軽視してきたことを批判し、動的な「時空」こそがあらゆる存在の母体であると説く。時空の究極の要素は「点―瞬間」と呼ばれる。時空は「パースペクティブ」と呼ばれる点―瞬間の集まりに分割され、様々なパースペクティブの「運動」が複合されることによって、物質、生命、精神へと宇宙は創発的に進化していくと主張される。このような進化が生ずるのは、より高い構造を生み出そうという創造的原理（「奮起」nisus と呼ばれる）が時空に備わっているからである。精神の次に創発によって生み出されるより高い秩序が「神性」(deity) である。アレグザンダーの哲学はベルクソンやホワイトヘッドと並ぶ「過程の哲学」の代表と言われる。

【主要著作】*Moral Order and Progress*, 1889. *Space, Time and Deity*, 2 vols., 1920. *Beauty and Other Forms of Value*, 1933.

(中釜浩一)

アンスコム、G. E. M.
Anscombe, Gertrude Elizabeth Margaret

1919–2001

アイルランド生まれ。オックスフォード大学卒業後、ケンブリッジの研究生としてウィトゲンシュタインに師事、1970年から86年までケンブリッジ大学哲学教授。ウィトゲンシュタインの遺稿管理者の一人で、遺著の編集・英訳・入門書を通してその思想を紹介するとともに、自らも心の哲学・道徳哲学など幅広い分野に貢献した。『インテンション』では、意図的行為を単なる身体の動作から区別する基準は、行為に先行する意志作用（原因）の有無ではなく、行為者が一定の記述の下に行為の理由を知っているかどうかであるとし、現代の行為論に大きな影響を与えた。

【主要著作】*Intention,* Blackwell, 1957; 2nd ed., 1963（菅豊彦訳『インテンション──実践知の考察』産業図書, 1984）. [With P. T. Geach] *Three Philosophers,* Blackwell, 1963（野本和幸／藤澤郁夫訳『哲学の三人──アリストテレス・トマス・フレーゲ』勁草書房, 1992）. *Collected Philosophical Papers,* 3 vols., Blackwell, 1981.

（追分晶子）

アンセルムス（カンタベリーの）
〔英〕Anselm〔ラ〕Anselmus）of Canterbury　1033–1109

中世の代表的な神学・哲学者。北イタリアのアオスタに生れ、長じてのちノルマンディーのベック修道院に入り、院長ランフランクスの弟子となる。1078年に同修道院長、さらに93年にカンタベリーの大司教となり、以後イギリスと大陸にまたがって活動した。

スコラ哲学史におけるアンセルムスの思索の最大の意義は、信仰と理性的探求の関係を自覚的に確立したところにある。その関係を表す有名な言葉が「理解を求める信仰」(fides quaerens intellectum)、「我信ず、しかして理解せん（理解せんがために信ず）」(credo ut intelligam) である。すなわち、彼は、権威に依拠して信じるのみで理性的探求を軽んじる態度、および理性的探求に立脚して信仰に異議を唱える態度の双方を諌めて、まず信じるところから出発したうえで、自己の信の根拠を、聖書の権威に頼ることなく理性的に探求するという姿勢を提唱した。彼が提示した、有名な神の存在証明は、このような探求の一例である。また、彼の理性的探求は、たんに弁証学的に整ったものに止まらず、人間が理解できるところから出発しはするが、それを超えた存在にいくぶんかでも迫ろうとする形而上学的なものとなった。アンセルムスの探求のあり方は、以降のスコラ哲学・神学に大きな影響を与えたため、彼は「スコラ学の父」と呼ばれる。

【主要著作】*Monologion,* 1076（長澤信壽訳『モノロギオン』岩波文庫, 1946）. *Proslogion,* 1077–78（長澤信壽訳『プロスロギオン』岩波文庫, 1942）. *Cur Deus Homo,* 1094–98（長澤信壽訳『クール・デウス・ホモ──神は何故に人間となりたまひしか』岩波文庫, 1948）.

（清水哲郎）

イヴリン、J.
Evelyn, John　1620–1706

ヴァーチュオーゾ（学芸愛好家）、日記作家。サリー州ウットン生まれ。オックスフォードとミドル・テンプル法学院で学んだ。革命中は王党派として大陸へ逃れ、フランス・イタリアで芸術・建築・造園・都市計画・化学・医学などを学ぶ一方、党派の違いを越えた幅広い人脈を形成して、のちの活躍の基礎を築いた。王政復古後は、王立協会の設立に重要な役割を果たし、疫病・大火・戦争における衛生・救助・復興などの職務において信望を得た。著作 *Sylva*（『森』1664）では植林や農業、園芸の知識を集大成し、*Fumifugium*（『フミフギウム（煤煙追放論）』1661）ではロンドンの石炭煙害の状況と対策を述べた。前者は版を重ねながら拡大、永く親しまれ、後者は近年、環境問題への先駆的な提言として再評

価されている。有名な『日記』は、没後の発見と編集になるものである。ロンドンにて死去。

【主要著作】*The Diary of John Evelyn*, E. S. de Beer ed., Oxford, 1955.

（嘉陽英朗）

ヴィクトリア女王
Queen Victoria　1819–1901

ハノーヴァ朝最後のイギリス君主。生誕地はロンドン。1837年に即位後64年間に及ぶ治世は、産業革命によりイギリスの経済発展が成熟に達し、海外植民地を拡大した大英帝国の繁栄の時代であり、ヴィクトリア朝と呼ばれている。政治に深い関心を寄せ、初期にはピールよりメルバーンを支持し、またパーマストンには同調せず、保守主義に傾いた後期にはディズレーリに共鳴しグラッドストンには批判的であったが、「君臨すれども統治せず」の姿勢を堅持した。立憲君主として恪勤し、また夫アルバートを敬愛し潔癖な私生活を貫いた女王は、中産階級の道徳堅固な生活と理想をよく代弁し、リスペクタビリティに基づくヴィクトリアニズムと呼ばれるこの時期の風潮の模範となった。夫の死後長い隠遁生活を送ったため批判を招いたが、1876年に初代インド女帝の称号を贈られ国務に復帰、在位50周年と60周年には盛大な式典が挙行され、女王の名声は内外に不動のものとなった。

（鈴木　平）

ウィクリフ、J.
Wycliffe [Wyclif], John　c.1320/30–84

イギリスの神学者、宗教改革者。ヨークシャーに生まれ、オックスフォード大学で学び、やがて同大の教師となる。1374年、イングランド政府と教皇庁の争いに関して、教皇庁を批判する文書を著し、議会には教会の権能を制限する権利があることを主張し、イングランド国王エドワード3世により、教皇庁との交渉に起用された。1378年の教会大分裂（シスマ）以降、教皇庁批判はより先鋭となり、聖書の権威を第一とし、教皇の権威を否定する議論を展開し、賛同者とともに聖書の英語訳を企てた（1392年頃完成）。聖餐については化体説を否定し、また、信徒の、聖職者を媒介としない、神との直接の関係を主張するなど、当時のカトリック教会の教説を批判する思想を展開した。1380年、弟子たちを「貧しき説教者」として各地に派遣し、自らの思想を宣伝し始めたが、そうした活動が、ワット・タイラーの乱（1381）に影響を与えたという嫌疑を受け、82年、カンタベリーの大司教に異端の宣告を受け、オックスフォードから追放されるに至った。

彼の死後、その思想は広く伝わり、その聖書は支持者たちによって流布し、国内ではその影響を受けたロラード派の改革運動が長く続いた。また、国外でもフスやルターの宗教改革運動に影響を与えることとなった。他方、1415年、コンスタンツの公会議において、異端として断罪され、28年にその遺体が掘り起こされ、焼かれた。

【主要著作】*De civili dominio*, before 1377. *De ecclesia*, 1378–79. *De eucharistia*, 1380.

（清水哲郎）

ウィズダム、J. T. D.
Wisdom, (Arthur) John Terence Dibben　1904–93

イギリスの哲学者。エセックス州レイトン生まれ。ケンブリッジ大学でムア、ブロード、マクタガートらに学ぶ。1952-68年同大学教授。論理的原子論から出発したが、1930年代半ば以降ウィトゲンシュタインの影響で日常言語を重視する。哲学の目的を、様々な言語表現の用法（あるいは存在の様々なカテゴリー）間の異同や関係の詳細な把握に置き、「他我」「神」などを分析した。

【主要著作】*Other Minds*, 1952. *Philosophy and*

Psycho-Analysis, 1953.

(伊佐敷隆弘)

ウィチカット、B.
Whichcote, Benjamin 1609–83

イギリスの神学者・説教者・倫理学者。ケンブリッジ・プラトン主義の創始者・指導者。シュロップシャーのストゥクに生まれ、1626年ケンブリッジ大学エマニュエル・カレッジに入学。1633年同カレッジ・フェロー、36年トリニティ教会日曜午後説教師、45年同大学キングズ・カレッジの学寮長、50–51年同大学副総長。1651年長老派の旧師A.タックニーと論争。王政復古によりケンブリッジの職を解かれ、その後ロンドンの二つの教会で聖職を歴任。旧約聖書・箴言20:27に拠って人間の理性を「主のともし火」と捉え、神から付与された各人の理性に従うことが真の信仰であるとして（「理性に背くことは神に背くこと」）、個人の理性と利他主義を核にして、カルヴィニズムの決定論に反対し、ホッブズの利己主義・唯物論・無神論を批判し、宗教的寛容を説いて、ケンブリッジ・プラトン主義の基礎を据えた。

【主要著作】*The Works of the Learned Benjamin Whichcote*, 4 vols., 1751.

(矢内光一)

ウィトゲンシュタイン、L.
Wittgenstein, Ludwig Josef Johann 1889–1951

ウィーン生まれ。リンツの高等実科学校卒業後、ベルリン・シャルロッテンブルクの工科大学を経て、マンチェスター大学工学部の研究生となる。その間飛行物体の研究、数学、数学の基礎へと興味は移り、1911年フレーゲの勧めでケンブリッジ大学にラッセルを訪ね、翌年入学。ラッセルとフレーゲの論理学と認識論を研究。1914年世界大戦勃発とともに母国の軍隊に志願兵として入隊し、生死の境でトルストイの『要約福音書』を読み一種の回心を経験。除隊後の1919年ウィーンの教員養成所に入り、翌年から26年4月まで低地オーストリアの小・中学校で教師生活。1922年前期の主著『論理哲学論考』を出版。その書物は論理実証主義の思想形成に大きな影響を与えた。1928年直観主義の数学者ブラウワーの講演に刺激を受けて翌年ケンブリッジ大学に再入学し、『論理哲学論考』で博士号を取得。翌年トリニティ・カレッジのフェローとなる。1938年イギリスに帰化。翌年ムアの後任として教授に就任。後期の主著『哲学探究』（第Ⅰ部・第Ⅱ部）は死後2年後の1953年に遺稿集として出版された。そこで彼はプラトニズム的意味論と写像説と真理関数的構造説に基づく前期の言語観、および中期の検証原理の立場を自己批判して意味の使用説と言語ゲーム説を唱え、日常言語学派に大きな影響を与えた。だが言語観の変化にもかかわらず、「独我論の厳格な貫徹形態」としての「純粋な実在論」、つまり現象主義は生涯変わらなかったという解釈も近年出されて、論議を呼んでいる。

【主要著作】*Tractatus Logico-Philosophicus*, Pears and McGuinness trans., 1961（奥雅博訳『論理哲学論考』〈ウィトゲンシュタイン全集1〉, 大修館書店, 1975）. *Philosophical Investigations*, Anscombe and Rhees ed., 1953（藤本隆志訳『哲学探究』〈ウィトゲンシュタイン全集8〉, 大修館書店, 1979）.

(米澤克夫)

ヴィノグラドフ、P. G.
Vinogradoff, Paul Gavrilovitch 1854–1925

ロシア出身の中世史学者で、歴史法学派の法哲学者。モスクワ大学を卒業後、ドイツ留学を経て同大教授となる。政府と対立して渡英し、オックスフォード大学教授に就任、これを生涯の地位とした。パリにて死去。法の原則への世論の影響力に着目し、法の環境適

応性という進化主義的な法史観を主張した。

【主要著作】*Common Sense in Law,* 1913; 3rd ed., 1959（末延三次／伊藤正己訳『法における常識』岩波文庫，1972）．

（多胡智之）

ウィリアム１世
William I, the Conqueror　1027/8–87

1066年にノルマンの征服王朝を樹立。フランス王国北部の領邦を支配していたノルマンディー公ギョーム（Guillaume）は、後継子がいないエドワード懺悔王（Edward, the Confessor, 在位 1042–66）の死去に伴い、王位継承権を主張してイングランドに外征。懺悔王の死後、側近で義弟のウェセックス伯ハロルドが賢人会議の指名によってハロルド２世としていち早く国王に即位。これに対し、ウィリアムは、懺悔王との血縁関係に基づく血統権と、生前に懺悔王から得ていたとされる後継約束に基づき、正統なる王位継承者であることを主張してイングランドへ上陸。ヘイスティングズの戦いで勝利を治め、イングランドを制圧したのち、ウェストミンスターでヨーク大司教より、イングランド王ウィリアム１世（在位 1066–87）として戴冠される。征服王朝としての力を背景に、全土地所有者に国王への忠誠を強制した「ソールズベリ誓約」に見られるように、強大な王権を確立した。

（土井美徳）

ウィリアム３世
William III　1650–1702

名誉革命を完成させた人物。オランダ名はオラニエ公ウィレム。オランダにてオランダ独立の英雄ウィレム１世（沈黙王）の家系に生まれた。1672年にオランダ総督に任命されると、同年の第三次オランダ戦争で奮戦した。1688年、妻メアリの父であり、親フランスで専制を強めるジェイムズ２世の政権からの排除を進めるイギリス議会の要請を受け、オランダ軍を率いてイングランドに上陸、国王をフランスに追放した。1689年２月に国王の政治での権限を制限する「権利宣言」（the Declaration of Right）を承認し、ウィリアム３世として即位。これが名誉革命である。同年12月、権利宣言は「権利の章典」（Bill of Rights）として立法化された。同年５月には「寛容法」（Act of Toleration）を制定し、非国教徒への寛容を認めた。1702年に落馬事故により死去。

（遠藤耕二）

ウィリアムズ、B.
Williams, Bernard Arthur Owen
1929–2003

イギリスの倫理学者。エセックス生まれ。オックスフォード大学を卒業後、ロンドン大学、ケンブリッジ大学、カリフォルニア大学などの教授を歴任したのち、オックスフォード大学へ戻る。功利主義に代表される規則中心的な道徳理論を批判し、行為者の性格や、特定の人々との特別な関係を重視する行為者中心的道徳を主張したことで知られている。また、科学的客観性と倫理学の客観性を区別して、科学では実在論を受け入れたが倫理学では実在論を拒絶した。そして、行為の理由は道徳的事実ではなく、各人のコミットメントによる主観的動機が存在する場合にのみ行為の理由があると主張した。

【主要著作】*Problems of the Self,* Cambridge University Press, 1973. *Moral Luck,* Cambridge University Press, 1981. *Ethics and the Limits of Philosophy,* Fontana, 1985（森際康友／下川潔訳『生き方について哲学は何がいえるか』産業図書，1993）．

（鶴田尚美）

ウィリアムズ、G. L.
Williams, Glanville Llewelyn　1911–97

20世紀イギリスの刑法学者。ウェールズに生まれ、ケンブリッジ大学などを卒業後、

1968年から78年まで、ケンブリッジ大学教授（イギリス法を担当）。20世紀イギリスを代表する刑法学者であるが、法哲学にも造詣が深く、論理実証主義の立場から、ジョン・オースティン以降の法概念論争の無意味性を論じ、日本の法哲学会にも大きな影響を与えた。

【主要著作】*Learning the Law,* 1945（庭山英雄／戒能通厚／松浦好治訳『イギリス法入門』日本評論社，1985）．

（戒能通弘）

ウィリアムズ、R.
Williams, Raymond Henry 1921–88

20世紀の小説家、批評家、文化理論家。ウェールズのライアンファイハンジェル・クロコーニーの鉄道信号係の子どもとして生まれる。奨学生としてケンブリッジ大学トリニティ・カレッジで文学を学び、第二次大戦中は対戦車部隊に従軍、戦後はオックスフォード大学の成人教育部の講師を経て、ケンブリッジ大学教授に就任。1950年代の中頃にソ連共産党と既存の左翼運動の路線への懐疑を強め、ニュー・レフト運動の創始者の一人となる。『メーデー宣言』（1967, 1968）では中心的役割を果たした。

【主要著作】*Culture and Society 1780–1950,* Chatto & Windus, 1958（若松繁信／長谷川光昭訳『文化と社会』ミネルヴァ書房, 1968）． *The Long Revolution,* Chatto & Windus, 1961（若松繁信／妹尾剛光／長谷川光昭訳『長い革命』ミネルヴァ書房, 1983）． *The Country and the City,* Chatto & Windus, 1973（山本和平訳『田舎と都会』晶文社, 1985）． *Marxism and Literature,* Oxford University Press, 1977.

（小田川大典）

ウィルキンズ、J.
Wilkins, John 1614–72

17世紀イギリスの哲学者。ファウズレーに生まれ、オックスフォード大学で学ぶ。同大学ウォーダム・カレッジとケンブリッジ大学トリニティ・カレッジで学寮長を勤めたのちにロンドンに移住、王立協会（1662年創立）の創立メンバーとして活躍した。また、ロンドンやチェスターなどで牧師としても活動した。王立協会が提唱する実験主義的科学の普及に努め、コペルニクス、ケプラー、ガリレオによる天文学を一般読者向けに解説する本を記した。また、様々な機械を研究し、機械的技術の工夫という実践的分野での業績も残した。そのほかにも暗号解読や言語の研究を行い、科学者どうしのより円滑なコミュニケーションを目指して普遍言語を探求した。宗教に関しては広教主義に立ち、独断を排して宗教的寛容を唱えた。

【主要著作】*The Discovery of a World in the Moone,* 1638. *Mathematical Magick,* 1648. *An Essay Towards a Real Character and a Philosophical Language,* 1688.

（西村正秀）

ウィルソン、J. C.〔クック・ウィルソン、J.〕
Wilson, John Cook 1849–1915

ノッティンガム出身の哲学者。オックスフォード大学で教育を受け、生涯にわたって同大学で教鞭を執る。アリストテレスやプラトンに関する研究も残すが、哲学に関する彼の講義録や手紙などを集めた *Statement and Inference*（1926）が主要業績になる。日常言語への信頼性に基づいて実在論を擁護し、プリチャードやW. D. ロスに影響を与え、また、間接的にはのちの日常言語学派（オックスフォード学派）に連なる水脈の一つとなっている。

【主要著作】*Statement and Inference,* 1926; reprint, Thoemmes Press, 2002.

（成田和信）

ウィンスタンリ、G.
Winstanley, Gerrard 1609–1676

清教徒革命期における最左翼党派ディガーズ（真正水平派）の指導者。ロンドンにおいて毛織物商を営むが、革命期における混乱により破産。1643年サリー州に移り、神秘的な宗教体験と聖書をもとに神学の著作を著す。私有財産と社会的不平等の起源を堕落した人間の私欲と自惚れにあるとしながら、ウィンスタンリは、貧困と搾取なき自由な土地を求めて、1649年4月、セント・ジョージの丘で貧しい農民たちを率いてディガーズの運動を開始。そこで仲間とともに自治的な共同生活を始めるが、地主の妨害を受け、翌年軍隊により弾圧される。その後ウィンスタンリは、土地私有および賃金労働の廃止を唱え、1652年2月『自由の法』を出版する。それは、理性と公正さに基づく自由で新しい国家のあり方を構想した社会主義ユートピアの先駆けであるとともに、ブルジョワ革命により見落とされた社会正義の再生に向けたプロレタリア闘争の歴史的な一例であったと言える。

【主要著作】*The Law of Freedom,* 1652.

（山口正樹）

ウィンチ、P.
Winch, Peter Guy　1926–97

イギリスの哲学者。ロンドンに生まれ、オックスフォード大学に学ぶ。ウェールズ大学講師、ロンドン大学教授、イリノイ大学教授。ウィトゲンシュタインの言語ゲーム論を社会科学の分野に応用し、解釈学的方法の第一義性を唱える。クーンのパラダイム論とともに合理性や通約不可能性に関する論争を呼び起こした。

【主要著作】*The Idea of a Social Science,* Routledge & Kegan Paul, 1958（森川眞規雄訳『社会科学の理念』新曜社，1977）. *Ethics and Action,* Routledge & Kagan Paul, 1972（奥雅博ほか訳『倫理と行為』勁草書房，1987）.

（森　達也）

ウェスタマーク、E. A.
Westermarck, Edward Alexander
1862–1939

20世紀始めにイギリスやフィンランドで活躍した社会学者、人類学者。ヘルシンキ生まれ。ロンドン大学の社会学教授を務めるかたわら、ヘルシンキ大学、オーボー大学でも教授を務めた。倫理学での功績として、道徳判断は知性ではなく感情に基づくという道徳的主観主義を主張し、道徳判断を科学的に探究することが重要である、と説いたことが挙げられる。

【主要著作】*The Origin and Development of the Moral Ideas,* 2 vols., 1906–08.

（米原　優）

ウェスリ、J.
Wesley, John　1703–91

イギリスの宗教家。メソディスト運動の創始者。リンカンシャー、エプワースに生まれる。オックスフォード大学を出て、国教会の聖職者となる。一時生まれ故郷の教区司祭の父を執事（curate）として助け、大学に戻り個別指導教員（tutor）となり、学生の宗教団体「神聖クラブ」をも引き受けた（この団体のメンバーがメソディスト〔堅苦しい人間〕とあだ名された）。1738年5月、ロンドンのモラヴィア兄弟団系の集会で、ルターの著作の信仰のみによる救いに関する記述が朗読されるのを聴いたとき、彼は回心を経験した。彼は、イエスを主と信ずる信仰によって義とされる（救われる）ことを信ずるに至ったのであるが、救われた者の内面にはイエスの霊（聖霊）が入って、彼を内面から潔め、善行をなさしめることをも信じた。ウェスリの信仰の特徴は、聖霊の働きを強調するとともに、聖霊に導かれつつ善行を行う人間の主体性をも評価するところにもあった。彼の信仰はこの特徴ゆえにアルミニウス主義と呼ばれる。彼は終生国教会の聖職者としての立場を維持し、国教会を

内側から改革する運動として、メソディスト運動を展開したのである。彼の弟のチャールズ・ウェスリ (1707–88) も兄の良き協力者であり、讃美歌作者として有名である。

【主要著作】*The Works of John Wesley,* Abingdon Press, 1983–(『ウェスレー著作集』新教出版社, 1960–73). *The Journal of John Wesley,* Epworth Press, 1938 (山口徳夫訳『標準 ウェスレー日記』新教出版社, 1984).

(澁谷 浩)

ウェッブ、B.
Webb [née Potter], (Martha) Beatrice 1858–1943

イギリスの社会問題研究家。自由主義的なブルジョワ家族の娘として育ち、娘時代にハーバート・スペンサーやジョゼフ・チェンバレンらと知り合い、チャールズ・ブースの下で、ロンドンの貧民調査を行った。とりわけ労働者の生活状態や貧困の実態に関心を持ち、1892年にはフェビアン協会で活躍していたシドニー・ウェッブと結婚し、以後、シドニーとともに労働者の生活や運動について多くの著作を残し、社会改良のために働いた。

【主要著作】*The Cooperative Movement in Great Britain,* 1891. [With Sydney Webb] *History of Trade Unionism,* 1894 (荒畑寒村監訳『労働組合運動の歴史』日本労働協会, 1973). [With Sydney Webb] *Industrial Democracy,* 1897 (高野岩三郎監訳『産業民主制論』法政大学出版局, 1969). *The Case for the National Minimum,* 1913. *My Apprenticeship,* 1926.

(安川悦子)

ウェッブ、S.
Webb, Sidney James 1859–1947

イギリスのフェビアン社会主義者。1859年7月13日、ロンドンの下町で誕生。1878年に文官公開試験に合格し、81年には植民地省一等書記官となる。この頃からA.コントの体系的研究を始め、土地改革連合に参加。そこで会ったG. B.ショーの勧めで1885年5月1日にフェビアン協会に加入する。以後、同協会の実質的なリーダーとなって、フェビアン社会主義の形成に努める。1892年にはビアトリスと結婚し、ウェッブ夫妻として多産な協同研究・実践活動を始めた。協同組合や労働組合や地方自治の開拓者的な調査・研究から、画期的な「ナショナル・ミニマム」の観念を打ち出した。第一次世界大戦中から労働党に接近し、1918年には労働党の新綱領『労働党と新社会秩序』を起草した。第一次労働党内閣で商相、第二次労働党内閣で植民地相を務めた。

【主要著作】[With Beatrice Webb] *The History of Trade Unionism,* 1894 (荒畑寒村監訳『労働組合運動の歴史』日本労働協会, 1973). [With Beatrice Webb] *Industrial Democracy,* 1897 (高野岩三郎監訳『産業民主制論』法政大学出版局, 1969).

(名古忠行)

ウェルズ、H. G.
Wells, Herbert George 1866–1946

イギリスの小説家・評論家。ケント州のブロムリーに生まれ、ロンドンの理科師範学校にて生物学を学ぶ。同校にて進化論生物学者T. H.ハクスリーの影響を受ける。理科教師を勤めたのち、1895年『タイム・マシン』の発表により空想科学小説のジャンルを開拓した。初期の著作活動は自然科学的知見を交えた想像力により未来世界を描き出す空想科学小説に集中するが、第一次世界大戦を境に、社会進化論に依拠した文明批評、社会主義思想へと変容する。環境への適応を人類の進歩のダイナミズムと見なすことにより、近代における人類の物質的経済的享楽への自己満足と驕慢に対して警鐘を鳴らし続けた。ロンドンにて死去。

【主要著作】*The War of the Worlds,* 1898 (中村融訳『宇宙戦争』東京創元社, 2005). *The Outline of History,* 1920 (長谷部文雄／阿部知二訳『世界史概観』

上・下，岩波書店，1966).

(西澤真則)

ヴェン、J.
Venn, John　1834–1923

イギリスの論理学者。ハルで生まれ、ケンブリッジ大学を卒業後、1862年に同大学で講師となる。30年近く論理学研究に取り組んだのち、大学史などの歴史研究に転じた。ブールの熱心な信奉者であり、『記号論理学』でジェヴォンズらの修正提案に対して元のブールの論理代数を擁護した。ヴェンの最も有名な貢献は、三段論法の妥当性を判定するために「ヴェン図」と呼ばれる方法を考案したことである。すでに18世紀には同様の方法がオイラーにより工夫されていた（オイラー図）。だが、ヴェンの方法は、（空クラスに対応する領域に影を付けたり、命題の存在含意に関する彼の考察を明確に反映しているなどの点で）オイラー図とはやや異なる。現在では、どちらの図も「ヴェン図」と総称されている。ほかに、確率論や帰納論理学の業績がある。

【主要著作】*The Logic of Chance*, 1866. *Symbolic Logic*, 1881. *The Principles of Empirical or Inductive Logic*, 1889.

(三平正明)

ウォーバトン、W.
Warburton, William　1698–1779

18世紀イギリスの聖職者、論争家。ニューアークに生まれ、ブリストル地方司祭を経てグロスター主教となり、同地で死去。『教会と国家の提携』（1736）と『神の使節モーセに関する論証』（1738–41）の両著作で名声を高めた。前者では、エラストゥス主義とロックの社会契約説に訴え、イギリス国教会と審査法を擁護した。後者では主に、来世の教義への理神論者の批判に対し、モーセも来世について語らなかったが、それは摂理が現世に現れていたからであるとして啓示を擁護した。また同書の文字起源論もヨーロッパで知られ、デリダに影響を与えている。さらに、ヒュームの宗教論を批判し、出版を中止させもした。ポウプの遺言執行人であり、シェイクスピアの編集も行った。彼の性格と著述は、短気で好戦的なことで有名であった。

【主要著作】*Works*, 7 vols., 1788–94. *The Divine Legation of Moses Demonstrated*, 2 vols., 1738–41; 5th ed., 1766.

(會澤久仁子)

ウォーラス、G.
Wallas, Graham　1858–1932

20世紀前半のイギリスの政治学者、フェビアン社会主義者。イングランド北東部のサンダーランド生まれ。オックスフォードを卒業後、シドニー・ウェッブと知り合いフェビアン協会の会員になるが、ウェッブらのエリート主義的傾向への疑問や、チェンバレンの関税政策を協会が支持したことに対する反対から、1904年に脱会。のちにロンドン・スクール・オブ・エコノミクスの政治学教授になる。ダーウィンの進化論に立脚した心理学的考察に基づく政治学の考察を進め、衝動や本能といった人間性の中の非合理的側面が、政治において果たす役割の大きさを指摘する一方で、思考によってそれら非合理的側面をコントロールする可能性を追求した。

【主要著作】*Human Nature in Politics*, Constable, 1908（石上良平／川口浩訳『政治における人間性』創文社，1958）. *The Great Society: a Psychological Analysis*, Macmillan, 1914（大鳥居棄三訳『社会の心理的解剖』大日本文明協会事務所，1921）.

(井上弘貴)

ウォラストン、W.
Wollaston, William　1659–1724

18世紀イギリスの道徳哲学者。スタッドフォードシャーに生まれ、ケンブリッジ大学で修士号を取得。聖職に就いたのちロンドン

に移り、ユダヤ教や古典の研究に専念。同地で死去。死の直前に出版された『自然の宗教』が、1万部を超えて版を重ねた。

その主張は、道徳と宗教の基礎を自然本性に求める合理論である。すなわち、物事をその通り表す命題は真であり、物事を表す行為が真であることが道徳性である。真理を発見するのは理性であり、理性は、幸福を目指す自他の存在を幸福にする義務を明示する。そして、この理性と真理による幸福追求は、自然界に示された神の意思に従う自然宗教でもある。この合理論的倫理学は、18世紀には高く評価されたが、ハチスンやヒューム、ベンサムによって批判された。

【主要著作】*The Religion of Nature Delineated,* privately printed, 1722; published, 1724.

(會澤久仁子)

ウォーリス、J.
Wallis, John　1616–1703

17世紀イギリスで活躍した数学者、自然哲学者、文法学者、神学者。オックスフォードで幾何学教授を生涯務めたほか、ウィルキンズらとともに王立協会の設立に尽力。無限算法の基礎づけに貢献し、無限大を表す記号∞を創出したほか、10版を重ねた文法書は、とくに音声学の分野で後世に多大な影響を与えた。

【主要著作】*De Loquela* and *Grammatica Linguae Anglicanae,* 1653; 5th ed., 1699. *Arithmetica Infinitorum,* 1656.

(青木滋之)

ウォルウィン、W.
Walwyn, William　1600–81

17世紀イギリスの内乱期における民衆運動、レヴェラー運動の指導者の一人。ウスターシャーの裕福なジェントルマンの次男として生まれ、1619年にロンドンの絹織物商の徒弟に入る。その後、独立して冒険商人組合の一員となり、シティ内のセント・ジェイムズ・ガリックヒース教区に居を構える。この教区では教区会の最も活動的な構成員となり、閉鎖的教区会の打破に一定の役割を果たした。また、この間に回心を経験し、普遍救済論の立場から良心の自由を強力に主張した。その後、レヴェラー運動に参加し、ロンドンの大衆請願を組織する際に、主導的な役割を果たした。しかし、1649年に逮捕されたのち、彼はこの運動から身を引き、晩年は医療活動に従事した。

【主要著作】J. R. McMichael and B. Taft eds., *The Writings of William Walwyn,* The University of Georgia Press, 1989. 渋谷浩編訳『自由民への訴え——ピューリタン革命文書選』早稲田大学出版部, 1978.

(菅原秀二)

ウォルポール、R.
Walpole, Robert; 1st Earl of Orford　1676–1745

イングランド、ノーフォーク州の旧家に生まれ1701年にホイッグとして下院入り。18世紀初期のトーリとの激しい抗争の中で党内実力者として頭角を現す。1708–10年陸相。しかしトーリ政権下の1712年陸相時代などの不正を追及され議会で弾劾される。1714年アン女王が死去しハノーヴァ朝ジョージ1世が即位後は「ホイッグ優位」(Whig Supremacy) の中で大蔵第一委員 (First Lord of Treasury) に就任。しかし党の内紛によって17年辞任。しかし南海会社のバブル事件 (South Sea Bubble) の収拾に成功しジョージ1世の信認を得、以後 (制定法上の役職ではないが) 首相 (prime minister) として1742年まで20年以上にわたってその任にあった。彼の政治家としての特徴は優れた財政の才、議会操縦の巧みさ、対仏協調をはじめとする穏健な外交政策 (「ウォルポールの平和」*Pax Walpoliana* と言われた) などであろう。しかしトーリ

や反ウォルポール派ホイッグ側から見れば、彼は議会・選挙区の双方に腐敗を組織したとされ、非難された。そして1741年下院総選挙でウォルポール支持のホイッグは大きく後退しこれを機に首相職を辞任し、オーフォド伯に叙され一線から退いた。

(松園　伸)

ウォレス、A. R.
Wallace, Alfred Russel　1823–1913

進化理論家。ウェールズ生まれ。自然史に関心を向け標本採集で生計を立てようと、アマゾンに続き、マレー諸島に滞在する。のちにウォレス線と名づけられる動物相の境界を見出し生物地理学に貢献。ダーウィンに送付した新種の誕生過程についての論文で独自に自然選択説に至ったとされ、リンネ協会での連名の発表と『種の起源』出版のきっかけを作った。獲得形質の遺伝を認めず、自然選択のみを進化の原動力だと考えたが、人間精神の誕生は高度な知的存在の導きによるとも主張した。その後半生には、心霊主義、土地国有化、反ワクチン、社会主義などの論考を発表し、機会の平等と自由、そして知性と道徳性の発展を実現する社会改革を求めた。

【主要著作】*The Malay Archipelago*, 1869（新妻昭夫訳『マレー諸島――オランウータンと極楽鳥の土地』上・下，ちくま学芸文庫，1993）．*Land Nationalisation*, 1882. *Darwinism*, 1889.

(藤田　祐)

ウルストン、T.
Woolston, Thomas　1670–1733

イギリスの宗教思想家。ノーサンプトンに育ちケンブリッジのシドニー・サセックス・カレッジで学ぶ。母校のフェローとなり聖職にも就くが、オリゲネス研究を通して、聖書の記述を比喩的に解釈すべきという主張を行うようになり、激しい批判を浴びてフェローの職を失する。理神論者A.コリンズが聖書解釈に関して引き起こしていた論争にも加わり、イエスの復活や処女懐胎といった奇蹟についての聖書の記述を事実と見なすべきではないとして、1727年から6本の論考と反論への応答を発表するが、告訴され獄死する。

【主要著作】*The Old Apology for the Truth of the Christian Religion against the Jews and Gentiles revived*, 1705. *Moderator between an Infidel and an Apostate*, 1725; 3rd ed., 1729. *Six Discourses on the Miracles of our Saviour and Defences of his Discourses*, 1727–30.

(小林優子)

ウルストンクラフト、M.
Wollstonecraft, Mary　1759–97

著述家、「女性解放思想の先駆者」。ロンドンに生まれ、専制的な父親の家庭で育つ。プライスらから啓蒙思想を学び、従属を嫌って自由を求め、著述活動などで生計を立てたが、家族への援助も惜しまなかった。結婚制度に否定的ながら、妊娠などのためゴドウィンと結婚。娘の出産直後、産褥敗血症のため急逝した。

『女子教育考』で著述活動を始め、『人間の権利の擁護』(1790)ではバークに反論して神聖な権利としての人権や理性を謳うフランス革命の理念を称揚し、対等な人間関係を疎外する階級制度を批判した。

『女性の権利の擁護』(1792)では人類の半数を占める女性は男性と同等な理性的存在であり平等な権利を付与されるべきであるとした。無知や隷属状態に女性が置かれているのはそれを強いる境遇が原因であり、その境遇改善と美徳を身につけるための女子教育が重要であると主張した。この書はフェミニズムの古典とされている。

『スカンジナビアからの手紙』(1795)では北欧社会を考察しつつ人間と自然との一体感を称賛し、感性の役割をより重視した。未完の小説『女性の虐待、あるいはマライア』

(1798)でも同様で、抑圧的な社会で自由に生きようとする女性どうしや母娘の感情的交流、セクシュアリティでさえ主体的に選び取る女性を描いた。

【主要著作】*A Vindication of the Rights of Men,* 1790. *A Vindication of the Rights of Woman,* 1792（白井堯子訳『女性の権利の擁護』未来社, 1980）. *Letters Written during a Short Residence in Sweden, Norway, and Denmark,* 1796. *The Wrongs of Woman; or, Maria,* 1798（川津雅江訳『女性の虐待あるいはマライア』あぽろん社, 1997）.

（板井広明）

ウルフ、V.
Woolf, (Adeline) Virginia　1882–1941

イギリスの女流小説家。文芸批評家レスリー・スティーヴンの娘としてロンドンに生まれ家庭で教育を受けた。父親の死後、妹Vanessa（のちにClive Bellの妻のなる）と二人の弟 Thoby, Adrianとともにロンドンへ移り、文学、芸術運動ブルームズベリー・グループの中心となる。1906年、Thobyが病死して以来神経症に苦しむ。1912年、批評家Leonard Woolfと結婚、処女作品 The Voyage を書き上げる。夫と Hogarth Press を設立し、自分達の小説やマンスフィールド、T.S.エリオットの作品などを出版。リアリズムから出発しながら思想史的小説や両性具有のテーマ、また意識の流れ（Stream of Consciousness）その他の新しい革新的なアイディアと手法を生かし、モダニズムの先駆けとなる。文芸・社会評論家、またフェミニスト、パシフィストとしても活動する。川に投身自殺。

【主要著作】*To the Lighthouse,* 1927（御興哲也訳『灯台へ』岩波文庫, 2004）. *The Waves,* 1931（川本静子訳『波』みすず書房, 1999）. *Mrs. Dalloway,* 1925（富田彬訳『ダロウェイ夫人』角川文庫, 2003）.

（塚本明子）

エア、A. J.
Ayer, Alfred Jules　1910-89

20世紀のイギリスを代表する分析哲学者。イートン校、オックスフォードのクライスト・チャーチで教育を受けた。1932年にウィーン大学に赴き、ウィーン学団の影響を受ける。母国に帰還後、『言語・真理・論理』では、検証可能な経験的内容を持つ文のみが有意味であるとする、いわゆる検証原理を打ち出し、論理実証主義の若き旗手として脚光を浴びた。また『経験的知識の基礎』では、感覚与件を言語的なものとしつつ、知覚内容の現象主義的分析を展開した。彼の哲学は伝統的な経験論の立場と言語分析の手法を融合させることによって哲学的問題を解こうとするもので、当時の哲学に多大な影響を及ぼした。倫理学においては情動主義を主張したことで知られている。ロンドン、オックスフォードの教授職を歴任し、70年にはナイトの爵位を授与された。

【主要著作】*Language, Truth and Logic,* V. Gollancz, 1936（吉田夏彦訳『言語・眞理・論理』岩波書店, 1955）. *The Foundations of Empirical Knowledge,* Macmillan, 1940（神野慧一郎／中才敏郎／中谷隆雄訳『経験的知識の基礎』勁草書房, 1991）. *The Problem of Knowledge,* Macmillan, 1956（神野慧一郎訳『知識の哲学』白水社, 1981）. *The Central Questions of Philosophy,* Weidenfeld, 1973（竹尾治一郎訳『哲学の中心問題』法政大学出版局, 1976）.

（戸田剛文）

エヴァンズ、G.
Evans, (Michael) Gareth Justin　1946-80

イギリスの分析哲学者。ロンドンに生まれ、オックスフォードで学ぶ。34歳で病没。遺稿『指示の諸相』で、様々な指示表現（指示詞、固有名など）とそれが表す思考を考察し、「それらの思考は指示対象そのものの存在に依存

する」とするラッセル的直観と、「対象は意義の下で捉えられる」というフレーゲ的洞察の両方に立脚する独自の立場を展開した。

【主要著作】*The Varieties of Reference*, Oxford University Press, 1982.

(小草　泰)

エッジワース、F. Y.
Edgeworth, Francis Ysidro　1845-1926

「無差別曲線」の考案で知られるイギリスの功利主義経済学者。アイルランドに生まれ、オックスフォード大学を卒業し、同大学の教授(1891-1922)となる。王立統計学会会長、王立経済学会副会長、『エコノミック・ジャーナル』誌の初代編集長などとして活躍。

【主要著作】*Mathematical Psychics: An Essay on the Application of Mathematics to the Moral Sciences*, 1881. *Papers Relating to Political Economy*, 3 vols., 1925.

(本郷　亮)

エリウゲナ、J. S.
Eriugena, Johannes Scottus　c.800/25-c.877

9世紀を代表する神学者で、哲学者。アイルランドの出身で、8世紀半ば頃大陸に渡り、カール2世(在位840-77)に仕え、宮廷学校の教師、のちに校長となった。『予定論』(850-51)はその理性主義的傾向を理由に、断罪されたが、王の保護により難を免れた。カール2世の命により、偽ディオニュシオス・アレオパギテースを訳して(860-62)、後世に大きな影響を与えた。主著は、『ペリ・ピュセオン』である。全5巻からなる膨大な作品で、新プラトン主義とギリシア・ラテン教父のキリスト教哲学から、独創的な体系を作り上げた。同書はその汎神論的傾向のゆえに、1225年異端宣告を受け、焚書処分を宣告された。

【主要著作】*De divina praedestinatione*, 850-51. *Periphyuseon*, 864-66〔今義博訳「ペリフュセオン(自然について)」、大谷啓治編訳・監修『中世思想原典集成6 カロリング・ルネサンス』平凡社，1992〕．

(石川裕之)

エリオット、G.
Eliot, George　1819-80

19世紀イギリスの小説家。本名は Mary Ann Cross、旧姓 Evans。バーミンガム近郊の町ナニートンに生まれる。メソディスト派の土地管理人の父の下に育ったが、近隣のインテリ層の影響で宗教を哲学的に考察する方向へ転じ、スピノザや D.F.シュトラウスの著作を翻訳し、やがてロンドンへ出て『ウェストミンスター・レヴュー』(*Westminster Review*)を編集する一方で、フォイエルバッハの著作を翻訳出版した。1856年より小説を書き始めるが、そこでは彼女の宗教への洞察から得たテーマである、内面を持った自由な個人が、人間関係の中でいかに共感を広げていくかという問いが基調となっている。それは、代表作*Middlemarch*で、様々な価値観を持つ登場人物の、現実社会に直面した時の内面の葛藤において、リアリティを与えられている。

【主要著作】〔小説〕*Scenes of Clerical Life*, 1858. *Silas Marner*, 1861. *Middlemarch*, 1872〔工藤好美／淀川郁子訳『ミドルマーチ』全4巻，講談社文芸文庫，1998〕．*Daniel Deronda*, 1876.〔翻訳〕L. Feuerbach, *The Essence of Christianity*, 1854.

(広瀬友久)

エリオット、T. S.
Eliot, Thomas Stearns　1888-1965

アメリカ生まれのイギリスの詩人、批評家。ハーバードを経て、ソルボンヌ、オックスフォードに学び、仏文学、ギリシア哲学、インド哲学、心理学などを修めた。1922年、主筆となった*Criterion*誌創刊号に長編詩『荒地』を発表、神話や古典からの引用と具体的現実描写をランダムに交錯させる技法で、20世紀初頭の西欧の精神的荒廃を象徴的に表現

した。彼は、この近代化に伴う精神の不毛の克服の契機を、ロマン派のように個人の内面に求めることはもはや不可能と観て、神話や伝統社会の様式の持つ象徴的意味を、現代の具体的状況にいかに機能させるかを表現の内に模索していったが、その姿勢から宗教的にはアングロ・カトリックへの傾斜を深めた。

【主要著作】〔詩〕*Love Song of J. Alfred Prufrock*, 1915. *The Waste Land*, 1922. *Ash-Wednesday*, 1930. *Four Quartets*, 1944.〔評論〕*Tradition and the Individual Talent*, 1920. *The Idea of a Christian Society*, 1939. *Notes towards the Definition of Culture*, 1948.『エリオット全集』全5巻．中央公論社，1960．

（広瀬友久）

エリザベス1世
Elizabeth I 1533-1603

テューダー朝の女王（1558-1603）、ヘンリ8世と第二王妃アン・ブーリンの子としてグリニッジで誕生。母の刑死で一時、王位継承権を失ったが、のちに回復し宮廷で古典的教養を身につけた。異母姉メアリ1世のカトリック復帰の下で、彼女がプロテスタントの期待を集めたため、反乱加担の疑いで一時投獄。姉の死後25歳で即位、宗教上は父の中道政策に戻り、礼拝統一法などで国教会を確立した。スペインとの対決を避けていたが、その支援で元スコットランド女王メアリが策動すると、彼女を処刑してスペインと対決し、1588年アルマダ戦争に勝利した。エリザベスは優れた決断や演説、有能なセシル父子らの補佐で、議会や国民の支持を受けたが、対外戦争やアイルランド反乱への出費も多く、治世後に財政難を残すことになった。

（青木道彦）

エルトン、G. R.
Elton, Geoffrey Rudolph 1921-94

歴史家。ドイツのテュービンゲンで生まれ、1939年に家族とともにイギリスに移住、その後ドイツ名エーレンベルクからエルトンに改名した。67年にケンブリッジ大学教授となる。1530年代のT.クロムウェルの下での行政改革の重要性を説いて（テューダー行政革命論）論争を巻き起こし、国制史を中心としたその後の歴史研究に多大な影響を与えた。

【主要著作】*Tudor Revolution in Government*, 1953. *England under the Tudors*, 1955.

（山本信太郎）

エンゲルス、F.
Engels, Friedrich 1820-95

ライン地方バルメンの富裕な紡績業者の子として生まれる。ヘーゲル左派の思想から出発し、しだいに社会主義思想へと転換していき、マルクスの思想形成に貢献する。『国民経済学批判大綱』(1844)を執筆し、マルクスとは、『ドイツ・イデオロギー』(1845-46)、『共産党宣言』(1848)などを共筆する。1848年のヨーロッパでの革命敗北後、マンチェスターの父の会社で働き、マルクスを経済的に支援するとともに、国際労働運動に関わる。『反デューリング論』(1878)、『空想から科学へ』(1880)を出版。マルクスの死後は、その遺稿をもとに『資本論』第2・3巻を編集・刊行する。

【主要著作】*Die Lage der arbeitenden Klasse in England*, 1845（杉山忠平／一條和生訳『イギリスにおける労働者階級の状態』上・下，岩波文庫，1990）．*Der Ursprung der Familie, des Privateigentums und des Staats*, 1884（戸原四郎訳『家族・私有財産・国家の起源』岩波文庫，1965）．

（水田　健）

オーヴァトン、R.
Overton, Richard fl.1640-63

ピューリタン革命期のレヴェラーズ運動の指導者の一人であるが、素性や経歴については不明な点が多い。オランダからの帰国後、T.ラムの一般バプテスト派教会の教会員とな

る。非合法出版所を営み、劇作家、政論家として多くの著作を世に送った。当初は宗教的迫害の不当性、寛容政策の有益性を説いていたが、J.リルバーン、W.ウォルウィンらとともにレヴェラーズを組織した後は、国家の構成原理にまつわる理論の構築に向かう。人間理性の称揚と人間の生まれながらの自由・平等とが彼の政治思想の基本前提であり、そこからイングランドの法的・政治的伝統の批判を展開するとともに、J.ロック『統治二論』を彷彿させる自然権（プロパティ）理論、人民主権論、抵抗権理論などを説いた。

【主要著作】*Man's Mortality*, 1643. *A Remonstrance of Many Thousand Citizens of England*, 1646（渋谷浩編訳『自由民への訴え』早稲田大学出版部, 1978, 所収）. *An Appeal from the Degenerate Representative Body*, 1647（前掲書, 所収）.

（大澤　麦）

オーウェル、G.
Orwell, George　1903-50

20世紀イギリスの小説家・政治的文筆家。本名はEric Arthur Blair。インド在住の税官吏の次男としてベンガル州に生まれる。イートン校に学ぶが、大学には進学せずビルマの警察官となる。植民地主義への不満から退職し、都市社会の最下層の生活を選び、パリやロンドンで皿洗い、家庭教師、書店の助手などをしながら放浪生活を送る。労働者階級の生活苦の経験から民主的社会主義に傾倒する。1936年のスペイン内乱では全体主義に対抗して人民戦線側の国際義勇軍に参加し『カタロニア賛歌』を著す。第二次世界大戦中はBBCの極東宣伝放送を担当し、ファシズムへの抵抗を表明する。ロンドンにて死去。

代表作『1984年』では、人間の言語、思考生活の一切を支配操作する全体主義の帰結として人間の紐帯を喪失した孤独の恐怖を示した。資本主義と社会主義との二者択一的な対立の中に全体主義への傾向を読み取り、多様性を排除する一元的な思考方法を問題視した。

【主要著作】*Down and Out in Paris and London*, 1933（小野寺健訳『パリ・ロンドン放浪記』岩波書店, 1989）. *Homage to Catalonia*, 1938（都築忠七訳『カタロニア賛歌』岩波書店, 1992）. *Animal Farm*, 1945（高畠文夫訳『動物農場』角川書店, 1991）. *Nineteen eighty-four*, 1949（新庄哲夫訳『1984年』早川書房, 1972）.

（西澤真則）

オウエン、J.
Owen, John　1616-83

ピューリタン革命期の独立派牧師。オックスフォードシャーに生まれ、1632年にオックスフォード大学クィーンズ・カレッジを卒業、35年に同校を修了し、聖職者に叙任される。1643年ころ教区牧師となり、長期議会でも説教し、議会派を支持。宗教的には独立派に接近し、従軍牧師も経験。1652年にはオックスフォード大学の副総長となり、58年のサヴォイ宗教会議では中心的役割を果たすが、王政復古により影響力を失う。その後も独立派神学や宗教的寛容を主張した。

【主要著作】W. H. Goold ed., *The Works of John Owen*, 24 vols., London, 1850-55.

（岩井　淳）

オウエン、R.
Owen, Robert　1771-1858

ウェールズ出身の企業家。ロンドンでの修業やマンチェスターでの労務管理を経て28歳でニュー・ラナークの工場支配人となり、義父デイルの温情的経営を継承して労働環境を改善し、同時に高い生産性を上げたことから社会改良家としての名声を得た。

思想の中心は、社会環境を決定要因とする性格形成原理である。既存の宗教や結婚制度を批判し、児童教育を重視、博愛精神と合理的知識の浸透による最大多数の最大幸福の実現を構想した。アメリカのニュー・ハーモニーでは労働貨幣や協同生活を実験するも挫折、

帰英後は支持者とともに労働者の協同組合運動に接近しつつ原理の完成と普及に努めた。

社会主義の父とされるほか、啓蒙思想や功利主義、千年王国思想との関わりも研究されている。

【主要著作】*A New View of Society: or Essays on the Principle of the Formation of the Human Character,* 1813-14（白井厚訳「社会にかんする新見解」、『世界の名著 続 8 オウエン／サン・シモン／フーリエ』中央公論社、1975）. *Report to the County of Lanark of a Plan for relieving Public Distress and removing Discontent,* 1820（永井義雄／鈴木幹久訳『ラナーク州への報告』未来社、1970）. *The Life of Robert Owen, Written by himself, with Selections from His Writings and Correspondence,* Vol.1, London, 1857（五島茂訳『オウエン自叙伝』岩波文庫、1961）.

（村井路子）

オークショット、M.
Oakeshott, Michael Joseph　1901-90

政治哲学者。ケント州チェルスフィールドに生まれ、ケンブリッジ大学で歴史を専攻。1952年にラスキの後任としてロンドン・スクール・オブ・エコノミクスの政治科学教授に就任。ブラッドリーやコリングウッドの影響を受け、新実在論が時代の潮流となる中での観念論の刷新を自らの最初の学問的課題とした。『経験とその様態』においては「歴史」「科学」「実践」各々の経験様態の固有性を論じ、『政治における合理主義』では実践を理論的（あるいは哲学的）知識の応用と考える合理主義に反対。伝統的行動様式と暗黙知を尊重する政治的保守主義および習慣道徳の擁護に帰結する。その後観念論からの逸脱は顕著となり、後期ウィトゲンシュタイン哲学に類する立場を採る。『人類の会話における詩の声』では、人間生活を多様な「声」による果てしなき会話の隠喩により表現し、他の諸実践に対する哲学の特権性を否定。この見解は晩年に「市民哲学」(civil philosophy)として結実

し、政治社会は会話と同じく特定の利害や目的に仕えるもの（企業的結社）ではなく、個別的利害と無関係な公共的関心事としての権威および法が保障する「市民状態」に体現されるとした。

【主要著作】*Experience and its Modes,* Cambridge University Press, 1933. *Rationalism in Politics,* Methuen, 1962; new ed. 1991（澁谷浩ほか訳『保守的であること』昭和堂、1988）. *On Human Conduct,* Clarendon Press, 1975（野田裕久訳『市民状態とは何か』木鐸社、1993）.

（森　達也）

オースティン、J.
Austin, John　1790-1859

イギリスの法律家で、分析法学派の法哲学者。裕福な製粉業者の長男として生まれ、若くして陸軍に入隊し将校となる。退役後、法律家として活動を始め、この間にサラ・テイラーと結婚。彼女を通じてベンサムと出会い、門下となって功利主義を受け継いだ。

法律家を辞めてのち、ロンドン大学初代法理学教授に任命され、講座を開く。聴講生にはJ.S.ミルら多くの著名人がいたが、ほどなくして講座が閉鎖されたため、同職を辞任。彼の主著『法理学領域論』は、この講義の始めの部分である。その後、法学院でも同種の講座を担当するものの、これも短期間で打ち切られた。教職を退いてからは、いくつかの委員会に参加しながら諸外国を転住し、最後はイギリスに帰国。ウェイブリッジに定住し、同地で死去した。

彼の死後、J.S.ミルの協力を受けたサラ夫人によって、彼のロンドン大学での講義案が『法理学講義』として出版された。

その理論が法の定式化として主権者命令説を唱える点で彼は法実証主義者であったが、同時に、実定法が合致すべき神の法を功利性原理で説明する点で功利主義者でもあった。

彼の法理学は今日ハートらに批判的に継承

され、イギリス法理学の礎となっている。

【主要著作】*The Province of Jurisprudence Determined*, 1832; 2nd ed., 1861. *Lectures on Jurisprudence: Or The Philosophy of Positive Law*, 1863; 5th ed., 1885.

（多胡智之）

オースティン、J. L.
Austin, John Langshaw　1911-60

ランカスター生まれのイギリスの哲学者。1929年オックスフォード大学ベイリオル・カレッジに入学、33年オール・ソウルズ・カレッジのフェローとなり研究活動を始める。以来、1940年から5年間情報将校として軍務についた以外は、52年同大学ホワイト記念道徳哲学教授を経て、48歳の死の年まで同大学および同大学出版局で重職を兼務し、ハーバード大学やカリフォルニア大学でも講義を行った。

ギリシア古典の研究から出発し、その素養の下、言語の日常的な用法に対する綿密な分析により知覚、真理、他人の心などに関する従来の見解を批判的に検討して、ライル、グライス、ストローソンらとともに日常言語学派の中心人物となる。さらに、日常の言語使用において「私は約束します」のように「言うことが行うことである」ような行為遂行的発話を見出し、これをもとに発語行為、発語内行為、発語媒介行為からなる言語の一般理論としての言語行為論を展開して、のちの語用論発展の基礎を築いた。その影響は哲学に新たな研究領域を創出したに止まらず、言語学研究、とくに生成文法の分野で著しい。

【主要著作】*Philosophical Papers*, 1961; 2nd ed., 1970（坂本百大監訳『オースティン哲学論文集』勁草書房, 1991）. *How to Do Things with Words*, 1962; 2nd ed., 1975（坂本百大訳『言語と行為』大修館書店, 1978）. *Sense and Sensibilia*, 1962（丹治信春／守屋唱進訳『知覚の言語』勁草書房, 1984）.

（髙橋　要）

オズワルド、J.
Oswald, James　1703-93

スコットランドの牧師、哲学著述家。スコットランド本島最北の教区ダネトで牧師を務めていた父のもとで誕生。エディンバラ大学で学ぶ。父の死後ダネトの牧師になり、その後メトヴェンに転任。ゲール語と英語で説教し高く評価されるが、教会内における穏健派の台頭により大学と教会での昇進を実質的に断たれる。議長を務めた1766年の長老派教会総会で穏健派を激しく糾弾。神学に常識哲学を応用し、穏健派知識人の道徳哲学、ヒュームの懐疑論を批判した。

【主要著作】*A Sermon Preached at the Opening of the General Assembly of the Church of Scotland*, 1766. *An Appeal to Common Sense in Behalf of Religion*, 2 vols., 1766-72.

（青木裕子）

オッカム、W.
Ockham, William of　c.1285-1347/9

ロンドン近郊、サリー州のオッカムに生まれ、若くしてフランシスコ会に入会した。オックスフォードに学び、『命題集』についての講義を行うが、異端の嫌疑をかけられ、1324年にアヴィニョンの教皇庁に召喚された。清貧をめぐる論争で教皇ヨハネス22世と対立し、1328年にはアヴィニョンを逃れて、バイエルン公ルートヴィヒ4世の庇護を得た。以後はミュンヘンに留まり、教皇権と世俗権に関する論争に活躍し、ミュンヘンで没した。

従来のスコラ学に含まれていた多くの無用な形而上学的要素を「必要なくして実在を増やしてはならない」という思考節約の原理（いわゆる「オッカムのかみそり」）にのっとって除去することに務め、厳密な推論のための手段として独自の論理学を打ち立てた。

個物のみが実在であり、普遍的なものとは多くの個物に共通する概念としての名辞にすぎず、精神の外に実在してはいないとする徹

底した唯名論を主張した。そして個物を認識する直覚的認識こそがすべての明証的認識の基礎であると考えたことから、直覚的認識の対象とはなりえない神学的命題は信仰によってのみ基礎づけられるとして、知識と信仰を分離した。また普遍的なものの実在を否定したことにより、神の創造に普遍的イデアが先行することを否定し、神の意志の絶対的自由を強調することによっても、哲学と神学の分離を明確にした。

【主要著作】*Summa totius logicae*（渋谷克美訳注『オッカム大論理学注解』創文社、1999-2005）. *Super quattuor libros sententiarum subtilissimae quaestiones. Quodlibeta septem.*

(降旗芳彦)

オーブリ、J.
Aubrey, John　1626-97

17世紀イギリスの好古家。ヘレフォードシャーの小地主の家に生まれる。当時の社会的名士の多くと交友関係を持ちつつも、本人は市井の研究者。生前は無名だったが、存命中に書きためていた著名人の短い伝記が1813年に『著名人の伝記』（*Lives of Eminent Men*）として、98年に『名士小伝』として出版され、伝記作家として注目された。

【主要著作】*Brief Lives,* Oliver L. Dick ed., The University of Michigan Press, 1957（橋口稔ほか訳『名士小伝』冨山房百科文庫 26, 1979）.

(大西章夫)

カ

カー、E. H.
Carr, Edward Hallett　1892-1982

イギリスの外交官、国際政治学者、歴史家。ロンドンで生まれ、マーチャント・テイラー校を経て、ケンブリッジ大学で古典学を学ぶ。1916年に外務省に入り、第一次世界大戦後のパリ講和会議に出席、その後、パリ大使館やリガ公使館などに勤務する。しかし、1936年に外務省を去り、ウェールズ大学で国際政治学担当教授となる。第二次世界大戦中は情報相外国部長、次いで『ザ・タイムズ』の論説委員を兼ねることになった。1946年に大学の職を辞し、その後の生涯をロシア革命以降のソヴェト・ロシア史研究に捧げた。その成果は影響力のある浩瀚な書物として刊行されている。

【主要著作】*A History of Soviet Russia: the Bolshevik Revolution, 1917-1923,* 3 vols., Macmillan, 1950-53（原田三郎ほか訳『ボリシェヴィキ革命 ソヴェト・ロシア史 1917-1923』全3冊、みすず書房、1967-71）. *What is History?*, Macmillan, 1961（清水幾太郎訳『歴史とは何か』岩波書店、1962）.

(菅原秀二)

カドワース、R.
Cudworth, Ralph　1617-88

イギリスの哲学者・神学者。ケンブリッジ・プラトン主義者の中で最も組織的な議論を展開した人物。サマセットのオーラーに生まれ、1632年ケンブリッジ大学エマニュエル・カレッジに入学、ウィチカットの指導を受ける。1639年同カレッジ・フェロー、44年同大学クレア・ホールの学寮長、45年同大学ヘブライ語欽定講座教授、54年同大学クライスツ・カレッジの学寮長。1660年王立協会設立とともに同協会フェロー。娘ダマリス・マサム（1658-1708）はジョン・ロックの親友として知られる。

近代科学が進展するなかで唯物論的・無神論的風潮が強まることを憂慮し、他方、カルヴィニズムの予定説に反対して人間の意志の自由を確保しようとし、自由と必然の問題と無神論論駁を中心に据えて、世界の可視的物体的体系と区別される真の知的体系としての神学・形而上学を樹立することを目指した。古今の決定論の網羅的な批判を試み、同時に、

道徳的な価値・観念の絶対性、それを捉える神与の人間理性への信頼と人間の道徳的責任を説く、その組織的・体系的な議論には、人間理性への信頼、信仰と道徳の内的関連、宗教的寛容、反ホッブズ主義、反カルヴィニズムなどのケンブリッジ・プラトン主義の思想的特徴が一貫して見られる。

【主要著作】*The True Intellectual System of the Universe*, 1678. *A Treatise concerning Eternal and Immutable Morality*, 1731. *A Treatise of Free Will*, 1848.

（矢内光一）

カーマイケル、G.
Carmichael, Gershom　1672-1729

グラスゴー大学「道徳哲学」講座初代教授。ロンドンに生まれエディンバラ大学で学ぶ。カーマイケルがどのような思想家であったのかはいまだ研究途上であるが、彼の弟子であるハチスンはカーマイケルを高く評価していた。カーマイケルの最大の功績はグロティウス、プーフェンドルフの大陸自然法学を道徳哲学の基礎理論として導入した点にある。彼の道徳哲学の講義は、プーフェンドルフの『自然法に基づく人間および市民の義務』(1673)をテキストとして用い、それに注釈を付け加えるというスタイルで行ったと伝えられている。その際、彼はライプニッツのプーフェンドルフ批判の論理を援用し、自然法と神学との新たな再結合、すなわち自然神学によって自然法学を基礎づけるという方法論を確立した。政治理論においてはプーフェンドルフの社会契約説を受容したが、抵抗権を補強するためにロックの信託理論も取り入れている。

【主要著作】*Supplementa et Observationes ad Puffendorfii De Officio Hominis et Civis*, 1718; 2nd ed., 1724. *Breviuscula Introductio ad Logicam*, 1720; 2nd ed., 1722. *Synopsis Theologiae Naturalis*, 1729.

（前田俊文）

カーライル、T.
Carlyle, Thomas　1795-1881

19世紀イギリスの歴史家、社会批評家。スコットランドの石工を生業とする厳格なカルヴァン派の家に生まれ、牧師となるべくエディンバラ大学に学んだが、在学中深刻な懐疑に陥った。数学の教師をしたのち、エディンバラに戻り、大学で法律を学んで批評活動を開始、のちにロンドンに移り、チェルシーで没した。議会制を確立し、産業革命からヴィクトリア時代へ向かう時代のイギリスの状況に、個人の物質的欲望の追求に肯定的な啓蒙思想や功利主義、そしてその背後にある相対主義的価値観や機械論的自然観によって対応することを拒否する一方、ヒューム的懐疑主義の影響から伝統的信仰には戻らず、ゲーテやドイツ観念論にヒントを得て懐疑主義の克服を模索、個人的利害打算に基づいた行動様式を徹底的に放棄することによる、欲望からの自由と存在の絶対性の回復の可能性を、自然的超自然主義として提唱した。歴史は利害を超越した英雄の決断で進行すべきものとする立場からの、彼の近代化批判の姿勢は、ロマン主義から20世紀の存在論への橋渡しをする性格を持つものであった一方で、エゴイズムを否定するその極端な理想主義的傾向ゆえに、イギリスで穏健な社会改革が進行するに連れて、急速に影響力を失っていった。

【主要著作】*Sartor Resartus*, 1834. *History of the French Revolution*, 1837. *Heroes, Heroworship, and the Heroic in History*, 1841. *Past and Present*, 1843. 『カーライル選集』全6巻, 日本教文社, 1962-63.

（広瀬友久）

カルヴァウェル、N
Culverwell [Culverwel], Nathaniel [Nathanael]　c.1619-51

イギリスの哲学者・宗教思想家。ケンブリッジ・プラトン主義者の一人。ロンドンに生まれ、1633年ケンブリッジ大学エマニュエル・

カレッジに入学、42年同カレッジ・フェロー。ウィチカットの影響を受け、旧約聖書・箴言20:27 の「主のともし火」を人間の理性と捉え、信仰と理性の調和を図る考え方を展開した。自然法を論じている点でも注目される。

【主要著作】*An Elegant and Learned Discourse of the Light of Nature*, 1652.

（矢内光一）

カンバーランド、R.
Cumberland, Richard　1632-1718

　自然法論者として知られるカンバーランドは、ケンブリッジ大学に学び、ブランプトン、スタンフォードで受禄聖職者を務め、1691年にはピーターバラの主教に任命された。彼の処女作で主著でもある『自然法論』は——少なくとも部分的には——ホッブズへの批判的応答だと言われるが、同書の性格づけはそれほど容易ではない。

　カンバーランドによれば、自然法とは、人間の理性に向けて「公共善」という目的を課する、神の意志に由来する規範である。この公共善を達成するための手段として、人々に「普遍的仁愛」が命ぜられる。公共善が実現されるとき、自然法に従う諸個人には、最大の幸福が自然的報酬として付与されるのである。

　たしかに彼はホッブズに対抗して、人々の間には事実として、敵意・反目よりも相互的仁愛を多く観察できると述べる。しかし、彼の主眼はむしろ、規範としての相互的仁愛を各人が履行することによって最も効果的に公共善が達成されることを論ずる点にあった。しかも、カンバーランドが仁愛という語で要求するのは、片務的な慈善行為では必ずしもなく、各人が、市場の平和を乱さずに、市場での相互行為に参加することであった。

　『自然法論』の出版後、彼の後半生の関心は古代ユダヤ研究へと向けられたが、その成果である2冊の著書が公刊されたのは死後になってからであった。

【主要著作】*De Legibus Naturae Disquisitio Philosophica*, 1672.

（桜井　徹）

ギボン、E.
Gibbon, Edward　1737-94

　歴史家。サリー州パトニーのジェントリの家に生まれる。幼少期は病弱で正規の教育を満足に受けることができなかったが、一人古典に親しむ。1751年14歳でオックスフォード大学に入るも、カトリックへの改宗が父の怒りを買い、ローザンヌのカルヴァン派の牧師の下に送られた。16歳から5年間滞在し、フランス啓蒙思想の影響を受けた。

　1764年のローマ訪問で大著『ローマ帝国衰亡史』（全6巻、1776-88）の着想を得た、という。1770年の父の死による遺産は彼に自由をもたらし、72年には執筆のためにロンドンに移り住み、74年には下院議員となり83年まで務めた。1776年に出版された第1巻はベストセラーとなり、「ローマ帝国に関する唯一無二の歴史家」としての名声と富を彼にもたらした。それは、史実に対する無比の正確さと深い学識とあいまった、人々に読まれる優れた文体によってもたらされた。ローマ帝国の歴史を「宗教と野蛮の勝利」として描いたが、悲劇の根源には共和政の自由を押し殺した専制皇帝の勃興があると見ていた。反専制の立場から、フランス革命も大衆の熱狂に支えられた専制として批判的な立場を取った。

【主要著作】*The History of the Decline and Fall of the Roman Empire*, 6 vols., 1776-88（中野好夫／朱牟田夏雄／中野好之訳『ローマ帝国衰亡史』全11冊，筑摩書房，1976-94）. *Memoirs of My Life*, 1827（中野好之訳『自伝』筑摩書房，1994）.

（的射場敬一）

キャロル、L.
Carroll, Lewis　1832-98

本名 Carles Lutwidge Dodgson。イングランド、ダーズベリ生まれの数学者、論理学者、写真家、作家、詩人。オックスフォード数学教授。ドジソン家は保守的なイギリス国教徒で、彼は早熟であったが病弱で、吃音でもあった。ラグビー校からオックスフォード大学のクライスト・チャーチ・カレッジに入学、最優秀の成績で卒業し、同校の数学講師の地位を得て、以後26年勤めた。多才で歌や物真似や物語の達人でもあった。本名のラテン語へのもじりである Lewis Carroll のペンネームを用いて作家として活動。鞄語（portmanteau）その他の言葉遊びやナンセンスに満ちた物語や詩で大人も子どもも魅了してきた。多数の雑誌に創作を寄稿していたが学寮長リデルの娘たち三姉妹との付き合いから『アリス』の名作が生まれた。初版の挿絵はJ.Tenniel。

【主要著作】*Alice's Adventures in Wonderland* 1865（高橋康也/高橋迪訳『不思議の国のアリス』新書館、2005）。*Through the Looking Glass,* 1872（安井泉訳『鏡の国のアリス』新書館、2005）。

(塚本明子)

キャンベル、G.
Campbell, George, 1719-96

18世紀スコットランド穏健派牧師。出生地にあるアバディーン大学マーシャル・カレッジの学長、神学教授。説教を発展させた『奇蹟論』でヒュームを批判。すぐに仏・蘭・独語に訳された。ヒュームは反論したが、死の床でもキャンベルの『修辞学の哲学』を読んでいた。

【主要著作】*A Dissertation on Miracles: Containing an Examination of the Principles advanced by David Hume, Esq, in an" Essay on Miracles",* 1762. *The Philosophy of Rhetoric,* 2 vols., 1776.

(荒 恵子)

キルヴィントン、R.
Kilvington, Richard c.1302-61

14世紀中葉のイギリスの哲学者、神学者。ヨークシャーのキルヴィントンで生まれる。オックスフォード・カリキュレーターズの一人。1320年代に書かれた『難問集』では、数学的計算よりも論理的技法によって、論理学や自然学、認識論の問題を取り扱っている。ペトルス・ロンバルドゥスの『命題集』に関する注釈やアリストテレスの『生成消滅論』や『自然学』についての研究も残している。

【主要著作】*Sophismata,* c. before 1325（『難問集』）.

(中才敏郎)

ギルバート、W.
Gilbert, William c.1544-1603

医師、自然学者。コルチェスター生まれ。ケンブリッジにて医学を修め、ロンドンで開業。医師会の要職を歴任する。早くから磁石研究に携わる。航海者との交流を機に、船用羅針儀の研究に勤しむ。磁気的引力と磁石の方位を示す力は同じであることを示し、地球が巨大な磁石であること、また羅針儀の伏角を説明した。磁力を宇宙力と捉え、地球は真空中を動くとして、ケプラー、ガリレオに大きな影響を与えた。

【主要著作】*De Magnete,* 1600.

(荻間寅男)

クック、E.
Coke, Edward 1552-1634

ケンブリッジ大学を卒業後、法曹学院インナー・テンプルで国内法について学び、1578年から法律家として活動。その後、1589年から庶民院議員としても活躍し、92年から93年まで庶民院の議長を務める。1593年から94年まで国王の最高の法律顧問である法務総裁に就任。1606年から人民間訴訟裁判所の主席裁判官を、13年からは王座裁判所の主席裁判官を歴任。その後、国王ジェイムズ1世と対立して1616年に失脚。1620年代からは公的活動の舞台を議会に移し、庶民院のリーダー的存在として反王権闘争を展開。「権利の請

願」の作成において主導的な役割を果たす。古来の法としてのコモン・ローによる法の支配と臣民の自由および議会の特権の古来性を主張し、「古来の国制」論を展開。彼が執筆した『イングランド法提要』と『判例集』は、コモン・ロー理論の基礎となった。

【主要著作】*The Institutes of the Laws of England*, 1628-44. *The Reports*, 1600-15.

（土井美徳）

グッドウィン、J.
Goodwin, John   c.1594-1665

ノーフォーク生まれ。ケンブリッジ、クィーンズ・カレッジのフェローを経て、1633年末にロンドン、コールマンストリート、セントスティーヴンズの教区牧師となる。内戦中は議会派を一貫して支持し、クロムウェル軍の行動や国王処刑を正当化する文書を発表した。だが、議会派ピューリタンの正統教説だったカルヴァン主義の予定説などを否定し、長老派や独立派の神学者と論争するに至る。さらに、国教会制度を嫌い、長老派やクロムウェルの教会体制をも批判して、教区の外で自分の会衆を率い、宗教的寛容や政教分離を求める文書を発表した。内戦中の政治的言動を理由に、王政復古時に教区牧師から放逐され、その後、疫病で没したと言われる。18世紀末にウェスリが彼の義認論に注目する。

【主要著作】*Right and Might Well Met*, 1649; excerpt, in A. S. Woodhouse ed., *Puritanism and Liberty*, J. M. Dent and Sons, 1938（澁谷浩抄訳「資料10 正義と力の調和」，澁谷浩編訳『自由民への訴え』早稲田大学出版部，1978）．

（山田園子）

グッドウィン、T.
Goodwin, Thomas   1600-80

ピューリタン革命期の独立派牧師。ノーフォーク州に生まれ、1617年にケンブリッジ大学クライスツ・カレッジを卒業、20年に別のカレッジを修了。在学中にピューリタン神学の影響を受け、修了後に改宗。1632年に同大学トリニティ・チャーチの牧師職に就くが、大主教となったロードの弾圧を受け、牧師職を辞任した。その後、ロンドンで独立派牧師として非公式の活動を始めるが、ロードの迫害により、1639年にオランダのアルネムに亡命し、長期議会開会後に帰国。以後、ロンドンで独立派会衆教会を設立・維持しながら、長期議会に招かれ、千年王国論的な説教を行い、議会派を鼓舞した。ウェストミンスター宗教会議では、長老派に対抗する集団として宗教的独立派の指導者となり、国王処刑後もクロムウェルの信任を得た。1650年にはオックスフォード大学のカレッジ長となり、58年のサヴォイ宗教会議では、ジョン・オウエンとともに中心的役割を果たすが、王政復古により影響力を失った。その後もロンドンで教会を設立し、著作活動に励み、独立派神学を主張した。

【主要著作】*The Works of Thomas Goodwin*, 12 vols., London, 1996.

（岩井 淳）

グッドハート、A. L.
Goodhart, Arthur Lehman   1891-1978

20世紀イギリスの法理（法哲）学者。アメリカに生まれ、イエール大学、ケンブリッジ大学を卒業後、1931年から51年までオックスフォード大学法理学教授。イギリスにおいては、19世紀後半に厳格な先例拘束性の原理が確立したが、後の裁判を拘束する判決理由を決定する方法の確立を目指す。オックスフォード大学のH.L.A.ハートの前任者でもある。

【主要著作】*Essays in Jurisprudence and the Common Law*, 1931.

（戒能通弘）

グライス、P.
Grice, (Herbert) Paul　1913-88

バーミンガム生まれのイギリスの言語哲学者(ミドルネームで自称することが多く、初期の論文を除いてPaul Griceと署名している)。ブリストルのクリフトン・カレッジ、次いでオックスフォード大学コーパス・クリスティ・カレッジで学び、1939年同大学セント・ジョンズ・カレッジのフェローに選出される。軍務についた時期を除き1967年まで同職にあり、カリフォルニア大学バークレー校に移るが、79年の退職後も死の年まで教鞭を執った。

オースティンの影響を強く受け日常言語学派の主要メンバーとなるが、その方法論を超えて会話の理論を提出した。話し手が意味していることを会話の格率を用いて言葉の慣習的な意味から体系的に導くことができるとの主張は、語用論研究の基礎を築くと同時に、今日のコミュニケーション理論に多大な影響を与えている。

【主要著作】*Studies in the Way of Words*, 1989 (清塚邦彦訳『論理と会話』勁草書房, 1998). *The Conception of Value*, 1991. *Aspects of Reason*, 2001.

（高橋　要）

クラーク、S.
Clarke, Samuel　1675-1729

18世紀イギリスの哲学者、神学者。イングランド東部ノリッジに生まれる。ケンブリッジ大学でデカルト哲学を学ぶ一方、ニュートンの物理学により深く傾倒する。同大学で神学を修め、イギリスの様々な教会で牧師として活動した。自然宗教と啓示宗教を、それぞれ無神論と理神論から擁護する哲学を唱えた。まず、自然宗教については、神は無限の存在者であること、世界は神の意志によって創造されたこと、時空間は神の属性として無限であること、物体は不活性な有限の存在者であること、魂は非物質的で自由意志を持つことを主張した。次に、啓示宗教については、人間の無知や先入見を理由に、啓示の必要性を主張した。以上の見解は、1704年と05年の二つのボイル講義で提出されている。

また、1715-16年に交わされたライプニッツとの往復書簡では、ニュートンの代弁者として、神の本性、時空間の本性、物質の本性、奇跡などの諸問題について論争を行った。倫理学に関しては、道徳的義務は、人間や神といった存在者の間に成立している客観的関係から導かれるという主張を唱えた。

【主要著作】*A Demonstration of the Being and Attributes of God*, 1705. *A Discourse concerning the Unchangeable Obligations of Natural Religion, and the Truth and Certainty of the Christian Revelation*, 1706. *A Collection of Papers which passed between the late Learned Mr. Leibniz, and Dr. Clarke, in the Years 1715 and 1716. Relating to the Principles of Natural Philosophy and Religion*, 1717 (米山優／佐々木能章訳「ライプニッツとクラークとの往復書簡」,『ライプニッツ著作集 9 後期哲学』工作舎, 1989).

（西村正秀）

クラークソン、L.
Clarkson [Claxton], Laurence　1615-67

ピューリタン革命期、ロンドンとイーストアングリアを中心に活動した。元議会軍説教者。ランカシャで出生、ロンドンで獄死。自らの罪意識を断ち切るために善悪の観念自体を否定し、被造物のうちに宿る神は聖化された者の行為一切を是認するとし、外的法制度を否定した。

【主要著作】*A Single Eye All Light No Darkness; or Light and Darkness One*, 1650.

（西村裕美）

グラッドストン、W. E.
Gladstone, William Ewart　1809-98

イギリスの政治家、首相(1868-74、80-85、86、92-94)。生誕地はリヴァプール。1832年

にトーリ党下院議員となる。1843年にピール内閣の商務相を務め59年に自由党へ入党。パーマストン内閣の蔵相として活躍した。1867年に自由党党首となり、翌年首相に就任。この第一次グラッドストン内閣は、初等義務教育制度の導入、秘密投票制の採用、官吏任用試験の導入、陸軍将校職の買官制度の廃止、アイルランド土地法の制定などの改革を実行した。一度は政界を引退したが、ディズレーリの帝国主義政策を批判し復帰、第二次内閣を成立。腐敗選挙防止法、第三次選挙法改正による有権者の拡大、小選挙区制の本格導入などを実現した。また、第三・四次内閣では、積極的にアイルランド自治法案を提出したが否決された。1894年に辞職するまで議会制度改革を試み、自由主義の理想を追求し続けた政治家であった。

【主要著作】*The Gladstone Diaries*, 14 vols., 1968-94.

(鈴木　平)

クラレンドン伯
Hyde, Edward; 1st Earl of Clarendon 1609-74

イギリスの政治家、歴史家。ウィルトシャー生まれ、オックスフォード大学卒業。チャールズ2世の側近として王政復古に尽力、新政府を指導。グレート・テュウ・サークル（フォークランド子爵の邸宅があるグレイト・テュウで開かれた学術的サークル）の中心メンバーでホッブズは友人だったが、『リヴァイアサン』出版後は敵視し、批判を書いた。

【主要著作】*A Brief View and Survey of the Dangerous and Pernicious Errors to Church and State, in Mr. Hobbes's Book Entitled Leviathan*, 1676.

(梅田百合香)

グランヴィル、J.
Glanvill [Glanville], Joseph　1636-80

17世紀イギリスの哲学者。プリマスに生まれる。オックスフォード大学を修了したのち、ウスター教会の牧師となる。旧来のアリストテレス主義、熱狂、無神論を独断論として批判、科学と宗教の真なるあり方を探求した。ケンブリッジ・プラトニズムへの関心を示す一方、王立協会の実験主義的科学に強く傾倒し、1664年に同協会のメンバーとなった。彼の哲学は懐疑論的性格を有している。神学と数学を除き、すべての知識は感覚から獲得される。だが、感覚の脆弱さゆえに自然の本性は不可知であり、われわれは経験に基づく蓋然的信念の獲得に努めなければならない。因果性についても、因果自体は知覚されえず、二つの出来事の恒常的随伴から推論されたものであると主張し、ヒュームの思想を先取りした。また、独断論批判と関連して、魔女の存在を科学的見地から主張した。

【主要著作】*The Vanity of Dogmatizing*, 1661. *Plus Ultra: or, the Progress and Advancement of Knowledge, Since the Days of Aristotle*, 1668.

(西村正秀)

クリフォード、W. K.
Clifford, William Kingdon　1845-79

イギリスの数学者・哲学者。エクセターに生まれ、ロンドン大学とケンブリッジ大学に学ぶ。1871年にロンドン大学の数学・力学の教授に就任。マデイラ諸島にて結核の療養中に死去。『信念の倫理』(1879)で、不十分な証拠に基づいて信念を形成することは不道徳であると唱え、ジェイムズの批判を招いたことで知られる。

【主要著作】*The Common Sense of the Exact Sciences*, 1885.

(今村健一郎)

グリーン、T. H.
Green, Thomas Hill　1836-82

19世紀後半を代表するイギリス理想主義の大成者。ヨークシャーのバーキン生まれ。1歳

のときに母親を亡くし、父であるヴァレンタイン・グリーンの手によって、ラグビー校入学まで育てられる。ラグビー校では、ヘンリ・シジウィックと出会う。1855年にオックスフォード大学ベイリオル・カレッジに入学し、大学改革の先導者であったベンジャミン・ジョウェットに教えを受ける。卒業後、そのまま同カレッジに残り、1878年に道徳哲学の教授となり、亡くなるまでその地位に留まった。原子論的な感覚に基づくイギリスの伝統的な経験論を批判し、経験に先行する自己意識に立脚した「絶対的観念論－理想主義」(absolute idealism) を展開した。また、快楽主義を批判し、共通善の追求に根ざした自己実現の倫理学を構想した。その思想はニュー・リベラリズムの潮流に大きな影響を与えた。

【主要著作】 *The Prolegomena to Ethics*, A. C. Bradley ed., Clarendon Press, 1883 (友枝高彦／近藤兵庫訳『グリーンとその倫理学』培風館、1932). *Lectures on the Principles of Political Obligation and Other Writings*, Paul Harris and John Morrow eds., Cambridge University Press, 1983 (北岡勲訳『政治義務の原理』駿河台出版社、1952).

(井上弘貴)

グレシャム、T.
Gresham, Thomas c.1518-79

商人・財政家。裕福なロンドン商人である父の下で実務を経験し、1551年にはアントヴェルペンにおける国王代理人に任命された。エリザベス1世治下にも財政顧問として重用され、ネーデルラント大使を歴任、また、重臣セシルとともに悪貨の改鋳に取り組んだ。私財によって王立取引所とグレシャム・カレッジを設立。彼の名を冠するグレシャムの法則は、貨幣改鋳を進言するエリザベス女王への書簡がもとになったとされている。

(山本信太郎)

グロステスト、R.
Grosseteste, Robert c.1170-1253

イギリスのサフォークに生まれた。オックスフォード大学で教鞭を執り、総長となる。その後、リンカンの司教として教区の聖職者の風紀改革に努めた。大学時代、彼は、アリストテレス『分析論後書』と『自然学』の注釈を行った。しかし目的論的な立場は採らず、幾何学的な方法を追及し、ロジャー・ベーコンを通して、近代精神の先駆けとなる。オックスフォードの学問研究の伝統を作り上げた中心人物の一人である。彼の経歴には不明な部分が多く、また多くの著作を残したが、その執筆年代はどれも不明である。彼の哲学は、光の哲学と呼ばれ、新プラトン主義と、アラビア哲学との総合である。

【主要著作】 *De luce* (須藤和夫訳「光について」、熊田陽一郎ほか訳『キリスト教神秘主義著作集3 サン・ヴィクトル派とその周辺』教文館、2000). *De Veritate Propositionis* (須藤和夫訳「真理論」、箕輪秀二編訳・監修『中世思想原典集成 13 盛期スコラ哲学』平凡社、1993).

(石川裕之)

グロート、G.
Grote, George 1794-1871

19世紀イギリスの歴史家、政治家。ケント州生まれ。パブリック・スクールでラテン語やギリシア語の教育を受けたのち、家業の銀行業を引き継いだ。1819年にJ.ミルと出会い、彼の思想に大きな影響を受けた。まもなくベンサムとも出会い、彼の草稿を用いて『人類の現世の幸福に対する自然宗教の影響の分析』を偽名で著し、宗教的信念が有害であることを説いた。1832年の選挙法改正後に下院議員となり、急進派の中心人物として活躍した。1841年以降は文筆活動に専念し、ペリクレス指導によるアテネ民主政を賞賛する『ギリシア史』などを著した。なお、弟に哲学者のジョン・グロートがいる。

【主要著作】*Analysis of the Influence of Natural Religion on the Temporal Happiness of Mankind*, 1822. *History of Greece*, 1846-1856.

（児玉　聡）

グロート、J.
Grote, John　1813-66

兄はJ.S.ミルの盟友で功利主義者ジョージ・グロート。ケント州生まれ。ケンブリッジ大学卒業。同大学道徳哲学教授。哲学を議論する「グロート・クラブ」（のちの「グロート協会」「道徳科学協会」）設立。シジウィックに影響を与え、ムア、ラッセルと連なるケンブリッジ哲学の形成に貢献した。道徳哲学では、人間の感覚や幸福追求、幸福に関する学問を認めつつ、快楽追求のみを強調する快楽主義や、義務や自己犠牲を要求する理念についての人間の理解を無視した功利主義を批判。『功利主義哲学の検討』では、J.S.ミルの功利主義は理想主義であるとの批判を初めて提示し、また義務や正義の問題は特殊社会的関係を基礎にすべきで、一般的抽象の道徳原理で扱われるべきではないと主張した。兄とは反対に功利主義を批判し、幸福論（eudaemonics）や徳論（aretaics）を提唱した、J.S.ミル-シジウィックを繋ぐ哲学者である。

【主要著作】*Exploratio philosophica*, 1865. *Examination of Utilitarian Philosophy*, 1870.

（芝田秀幹）

クロムウェル、O.
Cromwell, Oliver　1599-1658

ピューリタン革命の政治的・軍事的指導者、独立派のリーダー。ハンティンドンの小ジェントリの家に生まれ、ケンブリッジ大学シドニー・サセックス・カレッジに入学するが、父親の死去により中退。在学中にピューリタン神学の影響を受け、その後、ピューリタンに改宗。1620年に毛皮商人の娘エリザベスと結婚。チャールズ1世統治下の1628年の議会召集で初めて議員となるが、翌年、議会は解散され、以後11年間、開かれなかった。1640年の短期議会に選出された彼は、長期議会にも選ばれ、42年の内戦勃発以降は軍士官としての才能を開花させる。議会では独立派議員として国王派や長老派と対抗し、戦場ではニューモデル軍の指揮官として活躍した。1640年代の内戦では、レヴェラーズや宗教的セクトに足場を置く一般兵士層の支持を得ながら、45年のネーズビーの戦いなどによって議会軍を勝利に導くが、47年のパトニー会議では独立派軍幹部と兵士層の対立が浮き彫りになる。1649年の国王処刑では中心的役割を果たし、レヴェラーズを弾圧し、53年には『統治章典』によってプロテクターに就任した。1650年代には、スコットランドとアイルランドを征服し、カトリック国スペインと戦った。反面、「航海法」に端を発する対オランダ戦争には消極的であった。ピューリタン革命は、1658年の彼の死により、終息に向かう。王政復古に際して、遺体は掘り出され、さらしものとなった。

【主要著作】W. C. Abbott ed., *The Writings and Speeches of Oliver Cromwell*, 4 vols., Oxford University Press, 1988.

（岩井　淳）

ケアード、E.
Caird, Edward　1835-1908

イギリス新ヘーゲル主義の哲学者。スコットランドに生まれ、グラスゴー大学とオックスフォード大学で学ぶ。グラスゴー大学道徳哲学教授、オックスフォード大学ベイリオル・カレッジの学寮長となった。兄のジョン・ケアードとともにイギリス観念論哲学の主導的地位にあった。ドイツ観念論哲学に学んで、当時優勢だったA.ベインやJ.S.ミルらの経験論に対抗し、友人のT.H.グリーンらとともにのちのイギリス観念論哲学に大きな影響を与えた。カント哲学の詳細な研究から出発して、合

理主義と経験主義、科学と宗教の調和を目指すが、ヘーゲル的な観念論によって、それが達成されると考えた。哲学の最重要課題は人間性と神性との関係性の問題にあるとし、宗教的概念に進化的説明を与えた。

【主要著作】*A Critical Account of the Philosophy of Kant*, 1877. *Hegel*, 1883. *The Critical Philosophy of Immanuel Kant*, 1889. *The Evolution of Religion*, 1893.

（岩崎豪人）

ゲイ、J.
Gay, John　1685-1732

イングランド、デヴォン州のバーンステーブル生まれの詩人、劇作家。ロンドンの絹織物商の徒弟から文筆家に転じ、ポープに捧げた『田園遊戯』で文壇デビューし、多くのパトロンに恵まれて詩やパンフレット、劇作を発表して人気作家となる。ポープやスウィフトと親交を結び、A.フィリップスの田園詩をからかった牧歌詩『牧夫の週日』や、宮廷人の虚栄心などを諷刺した『51篇の寓話詩』などを著す。文学史上に彼の名を残した『三文オペラ』はロバート・ウォルポール卿を揶揄した諷刺喜劇であり、62夜連続上演という画期的な記録を達成して、イギリス・オペラ喜劇の嚆矢をなす。

【主要著作】*Rural Sports*, 1713. *The Shepherd's Week*, 1714. *Fifty-one Fables in Verse*, 1727. *Beggar's Opera*, 1728（中川龍一訳『三文オペラ』早川書房、1953）.

（井上治子）

ケイムズ卿
Home, Henry; Lord Kames　1696-1782

スコットランド啓蒙を代表する法曹知識人。スコットランドのベリック州に生まれ、1723年に弁護士となるが、ジャコバイトの嫌疑をかけられたことや、有力なパトロンを持たなかったこともあって出世が遅れた。1752年にスコットランド高等民事裁判所常任判事（ordinary lord of the Scottish Court of Sessions）となり、以後ケイムズ卿を名のるようになる。哲学では、ヒュームの懐疑論に対抗し、その道徳論と認識論を批判した『道徳と自然宗教の原理』を著し、彼の議論はリードのコモン・センス哲学に継承されていった。そのほか、『法史論集』(1758)、『衡平法の原理』(1760)をはじめとした法学関係の著作だけでなく、『批評の原理』、『人類史素描』など多くの著作を著した。スミスを取り立てるなど、スコットランド啓蒙思想家の庇護者的な役割を果たした。また、限嗣封土権の廃止を訴えたり、リンネル産業振興や農業改良運動に積極的に関与したりするなど、スコットランドの近代化に尽力した。

【主要著作】*Essays on the Principles of Morality and Natural Religion*, 1751. *Elements of Criticism*, 1762. *Sketches of the History of Man*, 2 vols., 1774; 2nd ed., 1778.

（川名雄一郎）

ケインズ、J. M.
Keynes, John Maynard　1883-1946

ケンブリッジに生まれ、マクロ経済学の主唱者として知られる経済学者。父 John Neville も著名な論理学者・経済学者。父の友人のマーシャルに経済学を学ぶ。青年期にはブルームズベリー・グループに加わりG.E.ムアの倫理学の影響を深く受けた。ウィトゲンシュタインとの交友やその縁者であるハイエクとの論争も有名である。市場経済には貯蓄＝投資バランスの不均衡による崩壊の危険性がつねに内在していることを指摘し、『雇用・利子および貨幣の一般理論』において、不況時には政府が有効需要を喚起する財政政策を発動することで危機を回避できるというケインズ政策を提唱した。ケインズ主義は大恐慌の被害を蒙った各国の経済政策に多大な影響を与えたが、彼の真意は、不確実な未来に向けて

投企を行う企業家精神（アニマル・スピリット）への働きかけにあった。若い頃に没頭した『確率論』においても、長期における期待値は数量的に計測不可能であるという根源的な不確実性として社会現象を捉えている。ケインズは経済学を道徳科学の系譜にあると捉えたが、その観点からの思想体系全体の解明が待たれる。

【主要著作】*A Treatise on Probability*, 1921. *The End of Laissez-Faire*, 1926（宮崎義一ほか訳「自由放任の終焉」,『貨幣改革論 若き日の信条』中央公論新社, 2005）. *The General Theory of Employment, Interest and Money*, 1936（塩野谷祐一訳『雇用・利子および貨幣の一般理論』東洋経済新報社, 1983）.

（太子堂正称）

ケストラー、A.
Koestler, Arthur　1905-83

ハンガリー、ブダペスト出身の作家・思想家。1945年、イギリスに帰化。ジャーナリストとして出発したが、小説も書き、政治活動家、科学史家、科学思想家としても知られる。父はユダヤ人だが母はオーストリア人なので、正統派ユダヤ教の定義ではユダヤ人ではない。シオニズムにも関心を持ち、物議を呼んだ『ユダヤ人とは誰か』を著す。現在のユダヤ人が集団改宗したハザール帝国の子孫だとする主張で、反ユダヤ主義者に利用されることもある。しかしながら、ユダヤ教やユダヤ民族において大切なのは血統ではなく、聖書であり歴史意識なので、事実だとしても、あまり意味がない。科学史や科学思想に関する著作は多数邦訳されているが、日本の近現代史との関連では、『ハスとロボット』が注目に値する。ケストラー特集が組まれた『現代思想』1983年6月号では、国内外の識者による多面的な分析がなされている。

【主要著作】*The Sleepwalkers*, Macmillan, 1959.

（立花希一）

ケルヴィン卿
Thomson, William; Lord Kelvin
1824-1907

イギリスの物理学者。ベルファストに生まれ、グラスゴー大学とケンブリッジ大学を卒業し、パリでも学ぶ。1846年から99年までグラスゴー大学の自然哲学教授、のちに学長。

静電気の鏡像法を1845年に発表。1848年に絶対温度目盛を提唱し、のちに国際単位系で基本単位の一つ熱力学温度に彼の名が付けられた。1851年にはクラウジウスと独立に熱力学第二法則を得た。同じ頃ジュール－トムソン効果を見出す。電磁気現象をエーテルの力学として理論化する試みはマクスウェルの電磁気学の形成に寄与し、地球物理学、流体力学、応用数学などでも業績を残した。力学を物理学の基礎と考えたが、渦原子仮説は超弦理論の先駆とも言われる。理論的研究に加え、測定機器の考案と改良にも終生、携わるとともに、大西洋横断海底電信線敷設を指導して成功させ、ナイトの称号、のちに男爵位を受けた。

【主要著作】*Mathematical and Physical Papers*, 6 vols., 1882-1911.

（森　匡史）

ゲルナー、E. A.
Gellner, Ernest André　1925-95

20世紀の社会哲学、人類学者。パリに生まれ、プラハ、イギリスに育ち、オックスフォード大学を卒業。ロンドン・スクール・オブ・エコノミクス、ケンブリッジ大学で教鞭を執ったのち、プラハの中央ヨーロッパ大学ナショナリズム研究センター所長に就任。彼の関心は哲学、社会学、人類学など多岐にわたるが、啓蒙の理想を反相対主義的立場から擁護した点では一貫している。産業社会の不均等な発展過程からナショナリズムが発生すると論じた彼のナショナリズム論は大きな反響を呼び、数少ない包括的な理論として影響を与え続け

ている。

【主要著作】*Nations and Nationalism,* Blackwell Publishing, 1983（加藤節監訳『民族とナショナリズム』岩波書店, 2000）. *Words And Things: An Examination Of, And An Attack On, Linguistic Philosophy,* Routledge, 1979.

（石川涼子）

ケンプ・スミス、N.
Kemp Smith, Norman　1872-1958

ダンディーで生まれ、セント・アンドルーズ大学で学んだ（1888 年入学）。彼の洗礼名は、Norman Duncan Smith であり、Duncan は母親の姓であるが、結婚して以来、妻の名を採り、ケンプ・スミスとして知られることを好んだ。デカルト、ヒューム、カントについて優れた研究を残した碩学である。彼のヒューム研究は、ヒュームを懐疑論者とするそれまでの流れに抗して、自然主義者として解釈し、今日のヒューム解釈の基本的方向を樹立したものである（1905）。彼自身、自然主義者であり、ホワイトヘッドに共鳴している。研究のスタイルは、歴史的であると同時に、分析的であり、論理的整合性のみならず、事実としての整合性を重んじた。最後の地位はエディンバラ大学教授である。

【主要著作】*Studies in the Cartesian Philosophy,* 1902. *Prolegomena to an Idealist Theory of Knowledge,* 1924. *The Philosophy of David Hume,* 1941. *New Studies in the Philosophy of Descartes,* 1952.

（神野慧一郎）

コーエン、G. A.
Cohen, Gerald Allan, 1941-

現代の政治理論家。カナダ生まれ。反共時代のモントリオールで、ユダヤ系工場労働者の家庭に育つ。マギル大学、オックスフォード大学に学び、ロンドン大学で教鞭を執ったのち、1985年からオックスフォード大学教授。マルクスの歴史的唯物論を分析哲学の手法を用いて再構成した 1978 年の著作は、分析的マルクス主義の嚆矢となり、1995 年の著作によって自己所有権という名称を普及させた。

【主要著作】*Karl Marx's Theory of History: A Defence,* Clarendon Press, 1978; expanded ed., Princeton University Press, 2000. *Self-Ownership, Freedom, and Equality,* Cambridge University Press, 1995（松井暁／中村宗之訳『自己所有権・自由・平等』青木書店, 2005）. *If You're An Egalitarian, How Come You're So Rich?,* Harvard University Press, 2000（渡辺雅男／佐山圭司訳『あなたが平等主義者なら, どうしてそんなにお金持ちなのですか』こぶし書房, 2006）.

（石川涼子）

コックバーン、C.
Cockburn [née Trotter], Catharine　1674/9-1749

イギリスの哲学者、劇作家。ロンドンに生まれ、独学で語学や論理学を習得する。若くして 5 つの戯曲を発表。またロックの思想に深い関心を持ち、『ロック氏の人間知性論の擁護』において、T.バーネットによるロックの批判を論駁。バーネットは、道徳的判断は理性の力なしで直接に行われると主張したが、コックバーンは、道徳的判断は経験に基づく推論によって行われているが、非常にすばやくなされるため、われわれは推論していることに気づかないだけであると述べ、ロックが道徳に十分な認識論的基盤を与えていること、また彼の主張が魂の不滅という考えを妨げるものではないことなどを示した。

【主要著作】*A Vindication of an Essay concerning Human Understanding [A Defence of Mr. Locke's Essay of Human Understanding],* 1702.

（畠山明香）

コップ、A.
Coppe [Cobbe], Abiezer　1619-72

イングランド共和制期を中心に、ロンドンで活動した。ウォリックで出生。オックスフォードを中退後、説教者として中・西・南部で活動。王政復古後はサリーに移り、同地で死去。富者の財産所有を批判。魂に宿る神は暴言、泥酔、性の放縦など一切の行為を是認するとして「瀆神法」違反で投獄された。法制度を否定し善悪を超越することで、罪意識からの解放を唱えた。

【主要著作】*A Fiery Flying Roll*, 1650.

(西村裕美)

ゴドウィン、W.
Godwin, William　1756-1836

イギリスの政治著作家、小説家。アナーキズムの先駆的な理論家。ウィズビーチ(ケンブリッジ)生まれ。牧師になったのち、フランス啓蒙思想に接して文筆活動に専念するようになる。百科全書派をイギリスに紹介し、既存の政治的、社会的、宗教的な諸制度の転覆を主張。フランス革命後、1793年に最も重要な著作である『政治的正義』を出版。個人の判断を制限するものすべてを否定し、いかなる政府も人間本来の精神的向上を阻止すると述べ、のちにアナーキズムと広く呼ばれるような思想を提示。純粋理性の絶対的な支配、国家も私有財産制度も必要としない富が平等に分配された社会を構想。これはのちにオウエンのような社会主義者やシェリーのようなロマン派詩人たちにも影響を与えた。ほかにゴシック小説『ケイレブ・ウィリアムズ』などを著し、心理小説の先駆的な小説家としても知られる。また、彼の利己心に対する理性と慈悲の勝利への信念を論駁したマルサスとの論争は有名。妻は、『女性の権利の擁護』を著したメアリ・ウルストンクラフト。娘は、小説『フランケンシュタイン』の作者で詩人シェリーの妻メアリ・シェリー。

【主要著作】*Equality concerning Political Justice, and its Influence on General Virtue and Happiness,* 1793. *The Adventures of Caleb Williams,* 1794.

(髙山裕二)

コベット、W.
Cobbett, William　1763-1835

イギリスの政治著作家。ファーナム(サリー)生まれ。父から教育を受け、農場労働者になるが、2年後の1784年に入隊。1792年アメリカに移住し、反ジャコバンの言論活動を精力的に行う。1800年帰国。雑誌『ポリティカル・レジスター』を発刊し、「間違った政府」が困窮の原因であると訴えた。チャーティスト運動の先駆者であると同時に、中世的世界に関心を抱いた農業家として知られる。

【主要著作】*History of the Protestant Reformation,* 1824-27. *Rural Rides,* 1830.

(髙山裕二)

コリングウッド、R. G.
Collingwood, Robin George　1889-1943

イギリスの哲学者・歴史家・考古学者。湖水地方のカートメル・フェルに生まれ、ラグビー校を経てオックスフォード大学ユニヴァーシティ・カレッジ卒。後年同大教授(1935-41)。

考古学者としても重要な業績を残した彼にとって、「すべての歴史は、歴史家自身の精神における過去の思考の再演(re-enactment)である」とのテーゼを含む彼の歴史哲学は、生涯にわたる彼の中心課題であった。また、エアの論理実証主義への反駁として、F.H.ブラッドリーらの観念論やクローチェらイタリア哲学の影響を受けつつ、「問と答の論理学」と「絶対的前提」による独自の形而上学を発展させたが、これも歴史哲学と密接に関連している。さらに彼は、芸術・宗教などに関しても哲学的著作を残し、その影響は哲学のみならず広い分野に及んでいる。

こうした広範な思考を展開した彼は、とりわけ全体主義の台頭した晩年、政治への熾烈

な関心を表面化させ、政治哲学に関わる著作も著した。これらは長年顧みられることはなかったが、近年では再評価されつつある。

【主要著作】*An Essay on Philosophical Method*, Oxford University Press, 1933. *An Autobiography*, Oxford University Press, 1939（玉井治訳『思索への旅——自伝』未来社，1981）．*The Idea of History*, Clarendon Press; revised by W. J. van der Dussen, 1993（T. M. Knox 編，小松茂夫／三浦修訳『歴史の観念』紀伊國屋書店，1970）．

（春日潤一）

コリンズ、A.
Collins, Anthony　1676-1729

イギリスの哲学者、理神論者。ミドルセックスのヘストンに生まれ、イートンおよびケンブリッジのキングズ・カレッジで学ぶ。霊魂の非物質性と不滅性を否定し、唯物論を採る。そして決定論を展開し、すべての行為は必然的であるとする一方で、自らの意図に従い行動するという意味で人は自由であるとし、必然性と自由は両立可能であると主張する。宗教に関しては、人は自由思想の権利と義務があると考え、信仰の基礎を理性に置く。旧約聖書に書かれた預言が新約において実現したと示すことが、キリスト教の真性の唯一の証明となるが、イエスが字義通りに預言を実現したとは言えないと主張し、大きな論争を引き起こした。

【主要著作】*A Discourse of Free-Thinking*, 1713. *A Philosophical Inquiry concerning Human Liberty*, 1717. *A Discourse of the Grounds and Reasons of the Christian Religion*, 1724.

（小林優子）

コール、G. D. H.
Cole, George Douglas Howard　1889-1959

イギリスの社会理論家。ケンブリッジで生まれ、オックスフォード大学を卒業。ラスキやトーニーらとともに、イギリス社会主義思想家の第二世代を代表する。青年時代にウィリアム・モリスの思想に深く影響され、社会主義者になることを決意。第一次世界大戦の前後の期間、ギルド社会主義運動の理論家として活躍する。フェビアン協会にも加入するが、ウェッブ夫妻を官僚的社会主義者と批判して脱退。一元的国家論に対抗して多元的国家論を展開する。一時期イギリス内外に多大な影響を与えたが、大戦後まもなくギルド社会主義運動は衰退する。1920年に母校のオックスフォード大学に帰り、経済学を講義し、44年には社会政治理論の教授となる。他方で、1931年に新フェビアン調査局を結成し、39年にはフェビアン協会を再建して同年から50年まで会長を務めた。1952年には同協会の議長に就任した。

【主要著作】*The World of Labour*, 1913. *Social Theory*, 1920（野田福雄訳『社会理論』河出書房新社，1963）．*Guild Socialism Restated*, 1920.

（名古忠行）

ゴールトン、F.
Galton, Francis　1822-1911

優生学の創唱者として有名なゴールトンはまた多才な人であり、多方面に業績を残している。バーミンガムに生まれ、ロンドンのキングズ・カレッジで医学を、ケンブリッジ大学で数学を修めた。

1850年から2年間、彼はアフリカ南西部に旅行し、その旅行記によって広く探検家として知られるようになる。1860年代には、高気圧（anticyclone）という語を案出するとともに、初めて近代的な天気図を作成し、天気予報の基礎を築いた。また、遺伝法則の統計学的調査にも乗り出し、その過程で、人間の指紋が一生不変であることを確認し、指紋分類学の先駆者となった。

彼は詳細な家系調査から、あらゆる種類の才能が遺伝することを確信し、この信念から、人間集団の遺伝形質を改善しようとする優生

学の構想を練り上げたのである。しかし、彼自身は、性急な社会改革ではなく、長期的な教育および世論による優生学の慣習化を目指した。

【主要著作】*Hereditary Genius,* 1869. *Inquiries into Human Faculty and Its Development,* 1883.

(桜井　徹)

コールリッジ、S. T.
Coleridge, Samuel Taylor　1772-1834

　イギリス・ロマン主義詩人、批評家。デヴォン州の教区牧師の父の9男に生まれる。9歳で父と死別後、ロンドンのクライスツ・ホスピタル校へ入学、生涯の友のC.ラムと出会う。ケンブリッジ大学に進学後、一時期、フランス革命支持の急進的ユニテリアンとなり、R.サウジーとともに政治・宗教講演を行う。1798年にワーズワスとの共作『抒情歌謡集』を匿名出版。巻頭を飾る「老水夫の歌」は、「クブラ・カーン」「クリスタベル」とともにロマン派の代表的幻想詩。

　プラトンやドイツ観念論哲学を読みながら、独自の思想体系を構築。「共感的批評の原理」での美の説明、『文学評伝』の想像力説、1808-18年の哲学やシェイクスピア、ミルトンに関する講演などには、福音のキリストの「普遍(の愛)の中に在って、生きている個」を対象とする「宗教」が芸術を生む(『政治家必携の書――聖書』)、という彼の信念が伺える。病弱ゆえに長年処されたアヘンの中毒に苦しみ、湖水地方から単身ロンドン、ハイゲートの友人ギルマン医師宅に移り、以後亡くなるまでの18年間はそこで詩作を含む執筆活動を続けた。

【主要著作】"On the Principles of Genial Criticism Concerning the Fine Arts", 1814 (「共感的批評の原理」, 小黒和子編訳『方法の原理』法政大学出版局, 2004). *Biographia Literaria,* 1817 (桂田利吉訳『文学評伝』法政大学出版局, 1976). *The Statesma's Manual,* 1817 (東京コウルリッジ研究会編『政治家必携の書――聖書』研究』こびあん書房, 1998).

(和氣節子)

コンウェイ、A.
Conway [née Finch], Anne　1631-79

　17世紀イギリスの哲学者。兄の師であったH.モアとの文通を通じて哲学の指導を受け、その後47歳の若さで死去するまで彼との深い交流が続いた。生涯を通じて激しい頭痛と闘いながら、様々な治療を試み、彼女の病気を治そうとした一人であるF.ヘルモントからカバラ教の影響も受け、晩年にはクェーカー教徒となる。死後にラテン語に翻訳され出版された『古代と現代の哲学の諸原理』において彼女は、デカルト、ホッブズ、スピノザを批判し、神は唯一の実体であるが、あらゆる創造物のうちにその最高度の完全性において現れていると述べた。神の自由にして必然的な意思から流出した創造物は、一方で物質でありながら様々な度合いで生命(精神)を持ち、身体あるいは物質と協働して生気論的に運動する。精神と物質の区別は様態の違いであって本質的なものではない。この著作はヘルモントを通じてライプニッツの知るところとなり、彼は『人間知性新論』の中で彼女に言及している(同書第1章)。

【主要著作】*Principia philosophiae antiquissimae et recentissimae,* 1690 [*The Principles of the Most Ancient and Modern Philosophy,* 1692].

(畠山明香)

サ

サウジー、R.
Southey, Robert　1774-1843

　イギリス・ロマン派第一世代(湖畔派)の詩人、伝記作家。ブリストル生まれ。オックスフォード学生時代はゴドウィン流急進主義者で、コールリッジとアメリカに「万人平等共

同体」(pantisocracy：造語) の建設を試みた。しかし、13 年に『ネルソン伝』を書き、桂冠詩人となった頃にはトーリ党派となる。*A Vision of Judgment* で反体制主義のバイロンやシェリーを「悪魔派」と非難し、バイロンの反撃を受けた。

【主要著作】*The Life of Nelson*, 1813. *A Vision of Judgment*, 1821.

（和氣節子）

シェイクスピア、W.
Shakespeare, William　1564-1616

16～17 世紀イギリスの劇作家・詩人。ストラットフォードの町の有力者の長男に生まれ、1582 年結婚するも数年後に家族を残し上京。劇団で下積み生活から舞台演出や脚本執筆も担う。

1593 年疫病による劇場閉鎖で活動の場を失うと、自作の物語詩『ヴィーナスとアドニス』を当時の文壇の若きパトロン、サウサンプトン伯に献呈。初めての自作出版となったこの詩がベストセラーとなり、翌年『ルークリース凌辱』を出版。詩人として身を立てようと考えたふしもあるが、劇場再開により劇作に戻る。劇作家として経済的に恵まれ、1610 年代初めには引退して故郷で余生を過ごした。伝記的資料が乏しく、架空人物説すらある。

生涯三十数作の劇作は、劇場閉鎖までの習作期、劇場再開と宮内大臣一座の幹部としての喜劇期、傑作の多くが書かれた 17 世紀初頭の円熟期、後進の台頭と創作の倦怠が見られる 1610 年代の晩年期、の 4 期に分類できる。彼の作品の主潮が、喜劇期以前の 16 世紀では人生の味と楽しみなどと前向きなのに対し、円熟期以降の 17 世紀では人生の闇と諦めと赦しなどの退行的な静けさへと変化するのは、彼の人生経験や時代思潮からだとも、地球寒冷化に伴う社会全体の活力減退からだとも考えられる。若さと美、時と死、愛と憎しみ、外見と内実、レトリック不信、清教徒批判、裏切りと赦しなど、1609 年出版の『ソネット集』に見られるテーマは、彼の劇作にも姿を変えながら再三登場している。

【主要著作】劇作のほとんどは、新潮文庫（福田恆存訳）、白水社 u ブックス（小田島雄志訳、1983）などで邦訳あり。また『CD-ROM 版 シェイクスピア大全』（新潮社、2003）で全作品の原文および邦訳 180 本を入手可能。

（大西章夫）

ジェイムズ 1 世
James I　1566-1625

イングランド王（1603-25）。スコットランド王ジェイムズ 6 世（1567-1625）。スコットランドのメアリ女王とダーンリ卿の子。エディンバラで生誕。父は 1567 年に爆死。その 5 ヵ月後に母が退位を迫られたため若干 1 歳でスコットランド王に即位。人文主義の教育を受け、のちに多くの作品を残す。摂政による統治を経て、1584 年に親政に乗り出す。1589 年デンマークの王女アン・オブ・デンマークと結婚。スコットランド教会や貴族に対して強硬と妥協を使い分け巧みに統治。周辺の高地地方と低地地方の平定に取り組み、比較的安定した政権を持つ。

1603 年イングランド女王エリザベス 1 世の死後、イングランド王も兼任（同君連合）。腹心ダンバー伯とダンファームリン伯にスコットランドの統治を一任し、イングランドに居を構え、両国を統治。1605 年 11 月 5 日、ガイ・フォークスらカトリックから命を狙われる（火薬陰謀事件）。1607 年アルスター植民地化政策を開始。同年、二つの王国の実質的な統合案を断念。『欽定訳聖書』（1611）を刊行。寵臣政治を行い、イングランド議会と課税や外交政策をめぐって対立。

イングランド史では、王権神授説を主張し議会の伝統を脅かす専制的君主と評価されていたが、1960 年代以降に見られた修正主義に

より再評価されてきた。スコットランド史ではステュアート朝の中で最も成功した国王であったと言われている。

【主要著作】*Daemonologie*, 1597. *The True Lawe of Free Monarchies*, 1598. *The Basilicon Doron*, 1599. *The Workes*, 1616.

（小林麻衣子）

ジェヴォンズ、W. S.
Jevons, William Stanley 1835-82

論理学者・経済学者。リヴァプール生まれ。ロンドンのユニヴァーシティ・カレッジで化学・数学・経済学を学ぶ。マンチェスターのオウエンズ・カレッジおよび母校で論理学・経済学を教え、母校の教え子の中に7名の日本人留学生もいた。J.S.ミルを批判して『純粋論理学』で記号論理学を、『科学原理』で科学の確率論的方法論を主張し、『経済学の理論』で数理経済学を主張し、限界効用理論、一物一価の法則を基礎とするミクロ経済学を提案し、限界革命を担う。『石炭問題』で天然資源の経済学的分析の先達となり、『国家と労働』で自由放任主義を修正、国家による介入を容認する。

【主要著作】*Pure Logic*, 1864. *The Principles of Science*, 1874. *The Theory of Political Economy*, 1871; 2nd ed., 1879（寺尾琢磨改訳『経済学の理論』日本経済評論社，1981）. *The Coal Question*, 1865. *The State in relation to Labour*, 1882.

（井上琢智）

ジェラード、A.
Gerard, Alexander 1728-95

アバディーンの宗教家・美学者。アバディーン大学のマーシャル・カレッジで道徳哲学、神学を学ぶ。フォーダイスに師事、キャンベル、リードと交友。ベーコン、ロック、ヒューム、フォーダイスらの影響下、教育論を展開。のちの『天才論』に連なる人間本性論的な探究方法を行う。1759年、ヴォルテールらの趣味論の訳（第3版で削除）に自説を付す『趣味論』を出版し、ハチスン、ヒューム、そして、アバディーン学派の人々の諸説を綜合する。後年は穏健派の聖職者として活躍した。

【主要著作】*An Essay on Taste*, 1759. *An Essay on Genius*, 1774.

（桑島秀樹）

シェリー、P. B.
Shelley, Percy Bysshe 1792-1822

イギリス・ロマン主義詩人。南部イギリス、サセックスの准男爵の長男として生まれる。イートン校からオックスフォード大学へ進学するが、パンフレット『無神論の必然性』を出版し、在学1年も経ずに放学処分となる。ゴドウィンの無政府主義、自由主義に賛同し、やがて彼とウルストンクラフトの長女メアリに恋した。妻の自殺後、メアリと正式に結婚。イギリスを永遠に離れた。スイスやイタリアでバイロンとも親交を持つ。イタリアで海難事故に遭い、30歳にならずして溺死。精神の自由や美、愛の理念を想像力で具現し、社会に真の道徳的幸福をもたらすことの意義と同時にその難しさを描いた作品が特徴。

【主要著作】*Alastor*, 1816（佐藤芳子／浦壁寿子訳注『アラスター，または孤独の霊』創元社，1986）. *Prometheus Unbound*, 1820（田中宏／古我正和訳『解き放たれたプロミーシュース』大阪教育図書，2000）. *A Defence of Poetry*, 1821作，1840刊（森清訳注『詩の弁護』〈英米文芸論双書 5〉，研究社，1969）.

（和氣節子）

シジウィック、H.
Sidgwick, Henry 1838-1900

19世紀イギリスの道徳哲学者。ヨークシャー生まれ。ケンブリッジ大学卒業後、同大学の道徳哲学教授に就任。在任中、女性の教育環境の向上を目指し、ニューナム・カレッジ創設に多大な貢献をした。

主著『倫理学の方法』は、人々の日常的な道徳的思考において用いられる三つの方法、すなわち直覚主義、功利主義、利己主義を中立的かつ批判的に解説し、それぞれの相互関係を明らかにする試みであった。彼はこれらの方法を人々の常識道徳に照らし合わせて綿密に検討し、直覚主義と功利主義の方法は調停しうるものの、功利主義と利己主義はどちらも同程度に合理的であり、両者の対立可能性は「実践理性の二元性」として解決されないまま残ると結論した。本書は、功利主義擁護論よりもむしろ道徳的行為の合理的根拠の探求であったが、のちの『政治学原理』では立法の究極的な基準としての功利主義が展開され、『経済学原理』ではJ.S.ミルなどの古典派経済学が擁護された。

彼の倫理学は、古典的功利主義の完成形と見なされるだけでなく、常識道徳と道徳理論の関係を検討することから道徳の問題を考察した点で、J.ロールズなどの現代倫理学にも大きな影響を与えた。このため『倫理学の方法』は道徳哲学の名著との誉れが高い。

【主要著作】*The Methods of Ethics*, 1874. *Principles of Political Economy*, 1883（田島錦治／土子金四郎訳『経済政策』早稲田大学出版部，1897〔第3部のみ〕）. *Outlines of the History of Ethics*, 1886（竹田加寿雄／名越悦訳『倫理学史』上・下，刀江書院, 1951）. *The Elements of Politics*, 1891.

（山本圭一郎）

シドニー、A.
Sidney [Sydney], Algernon 1622/3-83

共和主義の政治思想家。ロンドンに生まれる。詩人の P.シドニー卿は大叔父にあたる。内乱では議会派側で戦い、1652年に残部議会に参画した。のち護国卿政治で罷免され、王政復古後は大陸で生活を送った。1677年に帰国し、ライハウス陰謀事件に連座して処刑された。『統治論』でネイションの自由を論じ、僭主への反乱を擁護した。

【主要著作】*Discourses concerning Government*, 1698.

（和田泰一）

シャーウッド、W.
Sherwood, William of c.1200/5-c.1266/75

イギリスの論理学者。オックスフォード大学で学び、そこで教えた。「スポジチオ」（指示）の理論を展開し、「あらゆる」とか「すべての」のように、単独で用いられることはなく、他の語といっしょになって用いられる非自立的な語（シュンカテゴレーマ）について論じた。ペトルス・ヒスパヌスと並ぶ論理学者の一人である。

【主要著作】*Introductiones in logicam,* c.1250（『論理学入門』）.

（中才敏郎）

シャフツベリ伯（初代）
Cooper, Anthony Ashley; 1st Earl of Shaftesbury 1621-83

野党ホイッグ党の党首として党を率いた人物。本名はアンソニー・アシュリー・クーパー。1621年ドーセットで生まれた。1667年に大蔵府委員に就任すると、アーリントン国務卿らとともに「カバル」（Cabal）の一員として行政を担い国王チャールズ2世を支えた。1672年にはシャフツベリ伯という爵位を授かり、大法官にも任命されたが、国王が70年に締結した「ドーヴァーの密約」（the secret Treaty of Dover）の親フランス・親カトリック的内容に脅威を感じ、73年に議会が提出した「審査法」（Test Act）に賛成したため大法官を罷免され、カバルも崩壊した。またカトリック教徒のヨーク公の即位に反対してモンマス公の擁立を図るが失敗。1682年にオランダへ亡命し、同国で客死した。ロックは彼の侍医であり、大法官任命後に秘書として活動した。

（遠藤耕二）

シャフツベリ伯（第3代）
Cooper, Anthony Ashley; 3rd Earl of Shaftesbury　1671-1713

　ロンドン生まれ。イングランドの道徳哲学者、美学思想家。徳と美の直観的能力として道徳感覚（moral sense）を重視、のちのハチスンやバトラーなどに影響を与える。また美と芸術についての研究を深め、美の宇宙論的思索や無関心的美的体験（disinterestedness）の定立者として近代美学の先駆者という評価もある。初代伯である祖父はホイッグ党の領袖であり、父2代伯の死後爵位と上院議員職を継承するが健康を理由に政界を引退、のちは持病の喘息に悩まされながら著述に専念、静養のために滞在していたナポリにて逝去する。プラトニストであり、国教会信者。祖父の侍医でもあったジョン・ロックに教育を委ねられ古典語に堪能であった。晩年は絵画を介しての道徳教育は可能かという問いを追究したが未完に終わる。

【主要著作】*Characteristics of Men, Manners, Opinions, Times*, 1711; revised ed. 1713.

（濱下昌宏）

ショー、G. B.
Shaw, George Bernard　1856-1950

　ダブリン生まれ。イギリスの劇作家、批評家であり、近代演劇の確立者。アルコール依存症に近い酒飲みの父親に苦労し、20歳の時ロンドンに出て社会問題への関心を強める。マルクスの『資本論』の影響を受け、S.ウェッブらとともにフェビアン協会を設立する。革命でなく社会改革による人類の進歩を唱える。1880年代中頃から美術、音楽、演劇の批評を始め、また劇作家として52編の戯曲と17編の未完の小品を残した。イプセンの研究に始まり、その戯曲においては、慣習的な社会の虚飾を暴き、ユーモアと機知に溢れた作品を書いた。人間は限りなく進歩するという「創造的進化」の哲学を、その作品で描いている。第一次大戦中は、非戦論を唱える。1925年、ノーベル文学賞を受賞する。晩年、第二次大戦前の独裁者を諷刺し、人類の未来に警告を発する。

【主要著作】〔戯曲〕*Man and Superman*, 1903（市川又彦訳『人と超人』岩波文庫，1958）．*Back to Methuselah*, 1918-20（相良徳三訳『思想の達し得る限り』岩波文庫，1931）．〔社会評論〕*The Intelligent Woman's Guide to Socialism and Capitalism*, 1928（藤本良造訳『資本主義・社会主義・全体主義・共産主義』角川文庫，1954）．

（安井俊一）

ジョウェット、B.
Jowett, Benjamin　1817-93

　イギリスの教育者、ギリシア語研究者、聖職者。生誕地はロンドン。1842年にオックスフォード大学ベイリオル・カレッジで修士号を取得、大学の個別指導教師となり、同年イギリス国教会の助祭、3年後に司祭に任命された。1840年代に大陸旅行をきっかけにヘーゲル哲学に傾倒し、また大学改革やインド行政改革に関りつつ神学研究を進め、聖パウロの使徒書簡について独創的な注釈を発表。1855年にギリシア語欽定講座の教授となった。聖書解釈に関し異端的見解を公言したため（1860）、イギリス国教会から批判された。1860年代以降、大学副総長就任中（1882-86）も大学行政や教育改革に尽力しつつ精力的に研究を行った。アリストテレスやプラトン、トゥキュディデスなどのギリシア語文献の翻訳家、自由主義的な教育界の指導者、またオックスフォード理想主義の牽引者として学内外に大きな影響を及ぼした。

【主要著作】*Thucydides*, 1881. *Aristotle's Politics*, 1885. *Plato's Republic*, 1894.

（鈴木　平）

ジョン（ソールズベリの）
John of Salisbury　c.1115/20-80

12世紀を代表する人文主義者で、教会行政家、政治思想家。イングランドのソールズベリに生まれる。フランスに留学し、アベラール、さらにシャルトル学派の下で学んだ。12世紀半ば、イングランドに戻り、テオバルドゥス、次いで1161年後継者となったトマス・ベケットと二代のカンタベリー大司教に仕えた。ベケットの時代になると国王と教会の対立はいっそう深刻となり、1170年ベケットは暗殺される。彼は『聖トマス伝』を執筆、ベケットの列聖に尽力した。晩年はシャルトルの司教となりその地で亡くなった。教育の書『メタロギコン』では、真理の探究による人格の陶冶を重要課題とし、また『ポリクラティクス』では自然法の実定法に対する優位、法の支配——つまり王もまた法の下にあること——などを主張して、近代イギリス社会のよき伝統の形成に寄与した。

【主要著作】*Polycraticus*, 1159. *Metalogicon*, 1159-60.

(石川裕之)

ジョンソン、S.
Johnson, Samuel　1709-84

ジョンソン博士と称せられ多くの人の敬愛を集めた、イギリスの辞書編纂者、批評家、詩人、伝記作家。中等学校中にラテン語やギリシア語を修得しオックスフォード大学に進学するが、貧困のため学位取得前に退学して教師となる。1737年にロンドンに出てジャーナリストとして生計を立てながら、詩、伝記、散文悲劇などの多種の分野の執筆に携わり文壇の大御所となる。雑誌の体裁を持つエッセイ集『ランブラー』などの定期刊行誌を創刊し、豊かで調和ある散文体を用いて深い洞察力に満ちた人間観察を展開する。散文物語『ラセラス』は道徳的寓話として成功して6版を重ね、同年出版されたヴォルテールの『カンディード』と並び評されて海外でも盛んに翻訳される。独力で完成させた『英語辞典』は、その定義の正確さによってのみならず、機知に富み個性豊かで洗練された感性、鋭い眼識力、古典や文学の深い造詣よって裏打ちされた独自の用例によってもまた英文学史上特筆すべき業績として評価され、現代においてもなお興味深い読み物となっている。1765年にシェイクスピア全集8巻を編纂し、72歳で『イギリス詩人伝』を出版する。不屈の時代精神を体現した迫力あるその人柄は、ボズウェルの伝記によって今日までつぶさに伝えられている。

【主要著作】*The Rambler*, 1750-52. *A Dictionary of the English Language*, 1755. *The Idler*, 1758-60. *Rasselas, Prince of Abyssinia*, 1759（朱牟田夏雄訳『幸福の追求——アビシニアの王子ラセラスの物語』思索社, 1948；吾妻書房, 1962）. *The Edition of the Plays of Shakespeare*, 1765（吉田健一訳『シェイクスピア論』思索社, 1948；創樹社, 1975）. *The Lives of the Poets*, 10 vols., 1779-81（諏訪部仁訳『サヴェジ伝』審美社, 1975；『福原麟太郎著作集2』研究社, 1969）.

(井上治子)

ジョンソン、W. E.
Johnson, William Ernest　1858-1931

イギリスの論理学者。ケンブリッジに生まれ、ケンブリッジ大学を卒業後、同大学の講師となる。伝統的論理学やブール、ヴェンの論理代数を背景にして、認識論や形而上学にまで及ぶ広義の『論理学』を著した。ラッセルへの批判も含まれている。また、ケンブリッジの若き世代（ケインズ、ブレイスウェイト、ブロード、ラムジーら）に影響を与えた。

【主要著作】*Logic*, 3 vols., Cambridge University Press, 1921-24.

(三平正明)

シラー、F. C. S.
Schiller, Ferdinand Canning Scott 1864-1937

イギリスの代表的なプラグマティスト。デンマークに生まれ、オックスフォード大学に学び、コーネル大学講師、オックスフォード大学フェロー、チューターののち、南カリフォルニア大学教授。自らの哲学を「ヒューマニズム」と称す。人間を実在の形成者と見なし、宇宙におけるその力と発展とを主張。真理問題を価値問題から捉え、個人の意識と自由意志とに特権性を与え、「人間は万物の尺度である」を原理とする主意主義的な哲学を形成。イギリス心霊学会の会長も勤めた。

【主要著作】*Riddles of the Sphinx*, 1891. *Studies in Humanism*, 1907.

(冲永宜司)

シンガー、P.
Singer, Peter Albert David　1946-

オーストラリアの哲学者。メルボルンに生まれ、メルボルン大学で学んだのち、オックスフォード大学のR.M.ヘアの下で研究。1977年から93年までオーストラリアのモナシュ大学教授。1999年からアメリカのプリンストン大学教授。2005年からはメルボルン大学教授を兼任。

選好功利主義の立場から、動物解放運動(食肉および動物実験の禁止ないしは厳しい制限を求める運動)を擁護し、絶対的貧困にあえぐ人々への積極的援助は単なる慈善ではなく義務であり、また障害新生児に対する安楽死は正当化されると主張。多方面から批判や反発を招いているが、これら以外にも、人々の日常的な道徳意識に挑戦し続けている。

【主要著作】*Practical Ethics*, Cambridge University Press, 1979; 2nd ed., 1993 (山内友三郎/塚崎智監訳『実践の倫理』昭和堂, 1991；第2版, 1999). *Rethinking Life & Death*, Oxford University Press, 1995 (樫則章訳『生と死の倫理』昭和堂, 1998). *One World*, Yale University Press, 2002; 2 nd ed., 2004 (山内友三郎/樫則章監訳『グローバリゼーションの倫理学』昭和堂, 2005).

(樫　則章)

スウィフト、J.
Swift, Jonathan　1667-1745

ジャーナリスト、諷刺作家。イングランド出身の父母を持ち、ダブリンに生まれる。トリニティ・カレッジを卒業し、遠縁のW.テンプルの秘書や地方教会の司祭などを経て、聖パトリック教会の首席司祭(Dean)に就任。内心はイングランドでの栄達を望んでいたが、ついに果たせなかった。ダブリンにて没。

初めホイッグに近かったスウィフトは、ボリングブルック創刊の『エグザミナー』でホイッグ批判へ転じた。ハノーヴァ王位継承後のウォルポール時代には在アイルランドというカントリ(地方)の立場からコート(宮廷=政権)批判を貫く。W.ウッドの鋳貨(半ペンス)事件に際しての『ドレイピア書簡』による抗議行動は、半植民地アイルランドの窮状を見かねての発起であるとともに、貨幣的利害(monied interest)を押し頂く腐敗ホイッグに対する抵抗であったとも言える。その『ガリヴァー旅行記』はコートーホイッグに付きまとう近代性を痛烈に諷刺した。

彼の墓碑銘には「自由のために闘いし者」と刻まれている。土地財産に基づく古来の自由への憧憬が、その思想の根底にあった。

【主要著作】*A Tale of a Tub*, 1704 (深町弘三訳『桶物語・書物戦争 他一篇』岩波文庫, 1968). *The Battle of the Books*, 1704 (同訳書). *The Drapier's Letters*, 1724 (山本和平訳『書物合戦・ドレイピア書簡 ほか3編』現代思潮社, 1968). *Gulliver's Travels*, 1726 (平井正穂訳『ガリヴァー旅行記』岩波文庫, 1980).

(林　直樹)

スウィンバーン、R.
Swinburne, Richard　1934-

イングランド中部のスメジック生まれ。オックスフォード大学で哲学を修める。哲学的神

学者、キリスト教護教論者として著名。有神論と神信仰の合理性を弁証する三部作『有神論の整合性』『神の存在』『信仰と理性』およびキリスト教独自の教義を弁証する四部作『責任と贖罪』『啓示』『キリスト教の神』『摂理と悪の問題』を完成。確率論に依拠した論証を展開。

【主要著作】*The Evolution of the Soul*, Oxford: Clarendon, 1986〔ギフォード講義〕.

(間瀬啓允)

スキナー、Q.
Skinner, Quentin Robert Duthie 1940-

現代イギリスの政治思想史家。イングランドのオールダムに生まれ、ケンブリッジ大学を卒業後、同大学クライスツ・カレッジのフェローとなり (1962-)、政治科学教授 (1978-96)、歴史学欽定教授 (1996-2007) を歴任する。初期近代の政治思想を専門とし、共和主義の伝統に着目することでヨーロッパ思想史の読み替えを行い、20世紀後半に盛んになった共和主義研究を主導するとともに、近年はこの伝統を自由のネオ・ローマ理論として彫琢することを試みている。既存の思想史研究を厳しく批判し、言語行為論やコリングウッドの歴史哲学を援用しながら、思想家の意図の再現を主要な目的として思想のコンテクストを重視する研究手法に厳密な哲学的基礎づけを与えた方法論上の業績も大きく、英米における思想史・政治哲学研究に大きな影響を与えている。

【主要著作】*Foundations of Modern Political Thought*, 2 vols., 1978. *Liberty before Liberalism*, 1998 (梅津順一訳『自由主義に先立つ自由』聖学院大学出版会, 2001). *Visions of Politics*, 3 vols., 2002.

(川名雄一郎)

スタウト、G. F.
Stout, George Frederick 1860-1944

イギリスの哲学者・心理学者。イングランド北東部のサウスシールズに生まれ、ケンブリッジ大学に学ぶ。セント・アンドルーズ大学などで教え、『マインド』の編集にも携わる。移住先であるオーストラリアのシドニーにて死去。師のジェイムズ・ウォードの体系を発展的に継承し、スピノザやホッブズの影響の下、独自の心理学の哲学を構築した。

【主要著作】*Analytic Psychology*, 1896.

(今村健一郎)

スタッブ、H.
Stubbe [Stubbes], Henry 1632-76

イギリスの著述家・内科医。リンカンシャーに生まれ、ヘンリ・ヴェイン卿の援助の下でオックスフォード大学に学ぶ。ヴェインの求めにより長老教会派を攻撃する扇動的なパンフレットを著し、またロイヤル・ソサエティを痛烈に攻撃したことでも知られる。博識で知られ、チョコレートの効用やイスラム教に関する著作を遺している。

【主要著作】*A Light Shining out of Darkness*, 1659.

(今村健一郎)

スターン、L.
Sterne, Laurence 1713-68

アイルランドに生まれ、ケンブリッジ大学卒業後聖職に就くが、そのかたわら『トリストラム・シャンディ』を出版し、独自の諷刺やユーモア、時には卑猥で病的とも言える感傷癖で一世を風靡し、一躍ロンドン社交界の寵児となる。この小説は、奇妙なイラストや脚注、白紙や墨塗りのページなどが随所に挿入された脱線だらけの型破りな構成を持つが、「意識の流れ」に忠実に沿って語られるという、20世紀のV.ウルフやJ.ジョイスによって完成される「意識の流れの文学」の手法を先取りし、S.リチャードソンと並び評される。人気作『センチメンタル・ジャーニー』は結核療養のために滞在したフランスとイタリアの旅行記である。

【主要著作】 *The Life and Opinions of Tristram Shandy*, 1760-67（朱牟田夏雄訳『トリストラム・シャンディ』〈世界文学大系76〉，筑摩書房，1966；岩波文庫，1969）．*A Sentimental Journey through France and Italy*, 1758（村松達雄訳『センチメンタル・ジャーニー』岩波文庫，1952）．*The Sermons of Mr Yorick*, 7 vols., 1760-69.

（井上治子）

ステア卿
Dalrymple, James; 1st Viscount Stair 1619-95

スコットランドの法学者。グラスゴー大学で教育を受け、同校哲学教師の経歴を経て、1648年に法曹となる。1671年には高等民事裁判所裁判長となり、81年に『スコットランド法提要』を出版する。これはローマ法、封建法、慣習法を素材にスコットランド法を自然法という包括的原理に基づき体系化した書物である。『提要』は現在でもスコットランド法の法源である。

【主要著作】 *Institutions of the Law of Scotland*, 1681; revised ed., 1693.

（竹村和也）

スティーヴン、J. F.
Stephen, James Fitzjames 1829-94

19世紀イギリスの法学者。ケンジントンに生まれ、ケンブリッジ大学で学んだ。1869年からインド総督の法律顧問として赴任、制定法の起草に取り組んだ。帰国後、『自由・平等・友愛』でJ.S.ミルの『自由論』を批判し、自由は法的・道徳的な拘束によって初めて可能になると説いた。1879-91年に高等法院の裁判官を務め、刑事法の法典化に尽力した。

【主要著作】 *Liberty, Equality, Fraternity*, 1873.

（小畑俊太郎）

スティーヴン、L.
Stephen, Leslie 1832-1904

19世紀イギリスの思想史家。『イギリス人名辞典』（*The Dictionary of National Biography*）初代編者の一人。ロンドン生まれ。ケンブリッジ大学卒業後しばらくして、ロンドンで雑誌の編者となる。文芸評論家としても活動しながら出版した『18世紀イギリス思想史』は好評を博したが、哲学的著作である『倫理の科学』は哲学的に洗練されたものとは言いがたく、友人でもあったH.シジウィックからも批判された。彼の倫理思想は功利主義とH.スペンサーの影響を受けたもので、行為の評価基準として、感覚的存在者の快苦ではなく、社会有機体の保存を提示する進化論的道徳理論を展開した。晩年には、彼の思想史研究の延長にある『イギリスの功利主義者たち』がある。なお、J.S.ミルを批判した法律家のJ.F.スティーヴンは彼の兄であり、小説家のV.ウルフは娘である。

【主要著作】 *The History of English Thought in the Eighteenth Century*, 1876（中野好之訳『十八世紀イギリス思想史』上・中・下，筑摩書房，1985）．*The Science of Ethics*, 1882. *The English Utilitarians*, 1900.

（山本圭一郎）

スティリングフリート、E.
Stillingfleet, Edward 1635-99

ケンブリッジのセント・ジョンズ・カレッジで学び、1657年サットン教区司祭、89年ウスター主教。*Irenicum*（1659）で、教会の平和と統一はキリストが命じた義務である、しかし、教会統治形式は神の法によって定められておらず、信徒はこの点で教会の合法の統治者に従うべきであり（為政者は外的事柄を定める権利を持つ）、分離は罪である、しかし、法に適っていない教義や儀式の教会（ローマ教会）と交わらないことは罪ではない、と国教会をもとにする広教主義の考えを展開。*Origines Sacrae*（1662）では、聖書は神の言葉であり誤りがない、人間の心が確実と考え

ることは誤りうる、しかし、神は慈愛により、理性の原則に従う明確な認識を確実な知識として人間に与えていると論じた。*A Discourse in Vindication of the Doctrine of the Trinity* (1697)では、三位一体は聖書に基づく真理であるとしてユニテリアンを批判、トーランドと基礎が同じ、観念をもとにするロック認識論をも批判して、ロックとの間で論争となった。

(妹尾剛光)

スティール、R.
Steele, Richard 1672-1729

アイルランド生まれの文筆家、政治家。オックスフォード大学に進学するが志願して軍務につき、そのかたわら喜劇などを発表して文壇に迎えられる。軍を去って週3回発行の『タトラー』を創刊し、アディソンがその主要執筆者となる。タトラー廃刊後、日刊紙『スペクテーター』をアディソンと主宰する。政治や社交界の情報誌と新聞という性格を兼ね備えたこの定期刊行誌は、風俗、娯楽、道徳、旅行など幅広い日常的な題材をカバーする新しい種類の読み物として読者を獲得し、近代小説の誕生のための土壌を用意する。ホイッグ党の広報部主筆としてトーリ党の旗手スウィフトに対抗して論陣を張り、また自ら官界や政界でも活躍する一方で、次々と新しい定期刊行物を企画・発行してジャーナリズムという新ジャンルの確立に寄与する。

【主要著作】*The Tatler*, 1709-11. *The Spectator*, 1711-14(朱牟田夏雄訳『『スペクテーター』紙随筆選』〈世界人生論集5〉, 筑摩書房, 1963). *Conscious Lovers*, 1722.

(井上治子)

ステュアート、D.
Stewart, Dugald 1753-1828

18世紀スコットランドの哲学者。エディンバラに生まれ、エディンバラ大学で自然哲学、道徳哲学、論理学、修辞学などを修めたのち、同校で数学、道徳哲学を教える。故郷にて死去。哲学ではヒュームの懐疑主義と対立、コモン・センス哲学を擁護する立場を取り、リードの正統的後継者とされる。1800年に道徳哲学から独立した彼のポリティカル・エコノミー講義では、統治と立法の理論が峻別され、内容的には多くをスミスに負うと言われる。聴講生にはJ.ミルのほか、『エディンバラ・レヴュー』の創刊に携わったF.ジェフリらがいた。『ブリタニカ百科事典』第5版の補巻(1816, 21)に収録された「ヨーロッパにおける文芸復興以降の形而上学・倫理学・政治学の歩み」の執筆、スミスやW. ロバートスン、リードらの伝記の執筆でも知られる。

【主要著作】*Elements of the Philosophy of the Human Mind*, 1792. *Outlines of a Course in Moral Philosophy*, 1793.

(福田名津子)

ステュアート、J.
Steuart, James 1713-80

A.スミスと同じスコットランド人で、同時代の経済学者。エディンバラ大学で学んだ法律家であったが、1745年のジャコバイトの乱に加担したため、十数年にわたってヨーロッパ大陸での亡命生活を送った。その間に経済学の研究を進め、イギリスに帰国後1767年に経済問題の考察を一つの科学として確立する意図を持つ大著を刊行した。

ステュアートは明確な歴史意識によって、当時のヨーロッパにおいて封建制の崩壊とともに民衆が経済的に独立し、利己心によって自己の利益を追求する近代社会が出現しつつあると認識して、それの経済システムを農業と工業との分業が基軸となって商品と貨幣が流通する市場経済として把握した。だがステュアートの場合、スミスと異なって生産モデルとして資本制生産が想定されていないため、市場経済の発展の原動力は消費需要による貨

幣支出の増大に求められ、また市場における需要と供給の均衡は短期的にしか実現せず市場経済はつねに不均衡に陥る可能性をはらむ不安定なシステムであるから、それの安定のためには為政者の「巧みな手」による不断の調整が必要であると強調される。さらに国際貿易は本質的に一国から他国への富の移転であるとする立場から主権者による貿易管理の必要性を説いている。ステュアートの経済思想はスミスの自由主義的な学説と対立する性格を持ち、20世紀のケインズの経済学に繋がる面があるとされる。

【主要著作】*An Inquiry into the Principles of Political Economy,* 1767 (小林昇監訳『経済の原理』全2冊, 名古屋大学出版会, 1993-98).

(八幡清文)

ストローソン、P. F.
Strawson, Peter Frederick 1919-2006

20世紀イギリスを代表する分析哲学者。ロンドンに生まれ、オックスフォード大学を卒業。ライルの後任として1968年に同大学の教授に就任し87年に退職。

「指示について」(1950)においてラッセルの記述理論の批判を展開したのち、形而上学や超越論哲学を忌避する当時の分析哲学の潮流にありながら、『個体と主語』(1959)において、「記述的形而上学」のプロジェクトを掲げつつ、人間の思考の概念図式から存在論を導出する「超越論的論証」を展開した。続く『意味の限界』(1966)は、自身の企てを『純粋理性批判』に見つけるカント研究である。

しかし、その後、超越論的論証に基づく懐疑論論駁の可能性を断念し、『懐疑論と自然主義』(1985)では、人間本性に根ざす枠組みは正当化もされないが疑いにもさらされないとするヒュームや後期ウィトゲンシュタインの「自然主義」に懐疑論の解決を求めるようになった。「自由と憤り」(1962)における決定論と責任との調停策も、憤りなどの対人的態度は決定論的世界像に基礎づけられえないが、だからといって差し控えられもしないという見地に基づく。

【主要著作】*Individuals: An Essay in Descriptive Metaphysics,* Methuen, 1959 (中村秀吉訳『個体と主語』みすず書房, 1978). *The Bounds of Sense: An Essay on Kant's 'Critique of Pure Reason',* Methuen, 1966 (熊谷直男ほか訳『意味の限界――「純粋理性批判」論考』勁草書房, 1987). *Freedom and Resentment and Other Essays,* Methuen, 1974. *Skepticism and Naturalism: Some Varieties,* Columbia University Press, 1985.

(久米　暁)

スピヴァク、G. C.
Spivak, Gayatri Chakravorty 1942-

インド西ベンガル州カルカッタ生まれ。カルカッタ大学卒業後渡米、コーネル大学においてポール・ド・マンの指導を受け、W. B. イェイツに関する研究で博士号取得。ジャック・デリダ『グラマトロジーについて』を英訳、その長編序文の卓越した内容が注目を浴び、欧米の学会にデビュー。現在、コロンビア大学教授。彼女の業績はフェミニズム批評、サバルタン研究、西洋および旧植民地出身の知識人批判、と多方面である。

【主要著作】Gayatri C. Spivak, *A Critique of Postcolonial Reason: Toward a History of the Vanishing Present,* Harvard University Press, 1999 (上村忠男／本橋哲也訳『ポストコロニアル理性批判』月曜社, 2003).

(濱下昌宏)

スプラット、T.
Sprat, Thomas 1635-1713

17世紀イギリスの詩人、哲学者。オックスフォードのウォーダム・カレッジに学び、ウィルキンズの推薦で1663年に王立協会のフェローに選出される。協会初の正史である『王立協会史』は、討論を中心としたスコラ哲学

の教義主義に対し、ベーコン的な実用主義の観点から、注意深い自然観察や実験による協会の成果を宣揚し、協会の初期の興隆に多大な貢献を行った。

【主要著作】*The History of the Royal Society of London*, 1667.

（青木滋之）

スペンサー、H.
Spencer, Herbert 1820-1903

19世紀後半、英語圏だけでなくヨーロッパ大陸や日本にも大きな影響を与えた哲学者。ダービーに生まれ、急進的な非国教派の文化環境で育つ。鉄道技師として10年ほど働いたのち、『エコノミスト』誌の編集者になりロンドンへ移る。人間性が完成する理想社会における倫理の定式化を目指した『社会静学』を出版後に退職し、以降は在野の哲学者として活躍。スペンサー理論の最大の特徴は、自然への一元化、すなわち人間や社会も自然の因果性の下にあり自然法則に従うという前提である。その自然法則の中心をなすのが、獲得形質の遺伝というラマルク理論、自ら「適者生存」と名づけたダーウィン理論、物理法則に基づく多様化・複雑化という三要素を取り入れた、独特な進化法則である。この進化概念を軸に、19世紀後半を通じて、自ら「総合哲学」と呼ぶ体系の構築を目指していく。また、個人の自由を最大化するために国家の活動領域・役割を縮小する必要があると一貫して主張し、最小国家の理念を正当化するために社会有機体論を用いた。『人間対国家』では、国家による社会改革を推進する思潮を厳しく批判し、「自由放任」を唱道する「個人主義」の中心的な思想家と見なされた。

【主要著作】*Social Statics*, 1851. *The Man versus the State*, 1884. *A System of Synthetic Philosophy*, 1862-96.

（藤田　祐）

スマート、J. J. C.
Smart, John Jamieson Carswell 1920-

オーストラリアの哲学者。ケンブリッジに生まれ、グラスゴー大学、オックスフォード大学で哲学を修め1950年にアデレード大学哲学教授として着任。1976年からオーストラリア国立大学の哲学教授となり、現在同大名誉教授。心の哲学では、強固な物理主義の立場を採り、心脳同一説を支持する「オーストラリア唯物論」の論客として知られている。また、倫理学では、功利主義の立場を採り、行為を功利主義的判断の対象とする行為功利主義を擁護し、これに対する規則功利主義を「規則崇拝」に傾きがちだとして退けた。

【主要著作】*Philosophy and Scientific Realism*, London: Routledge & Kegan Paul, 1963. [With Bernard Williams] *Utilitarianism: For and Against*, Cambridge, 1973.

（奥田太郎）

スミス、A.
Smith, Adam 1723-90

18世紀スコットランド啓蒙思想の中心的人物。道徳哲学者にして古典経済学の父。スコットランドのカーコーディに生まれ、グラスゴー大学で生涯の師ハチスンと出会う。その後オックスフォード大学へ留学。帰郷後、エディンバラ公開講座で認められ、母校の論理学教授に就任。翌年、道徳哲学講座の教授。1759年に『道徳感情論』を公刊。1764年にバックルー公爵の家庭教師となりヨーロッパ大陸へ遊学。当地でケネーや他の重農主義者に接したことが、のちの『国富論』執筆に影響を与えたと言われている。後年はエディンバラに住まい、関税および塩税委員などの要職をこなす。また両著の改訂に専念。1790年に死去。

『道徳感情論』で、公平な観察者による同感の原理から正義の徳性を解明し、感情論的社会形成論を展開。また効用論や決疑論を批判することで自然な諸感情交流による社会的個

人の道徳行為原理＝徳性論を著す。『国富論』では国富を労働に求め、重商・重農主義を批判し、自然的自由の体系から適正な競争による商業社会論を著す。その深遠な思想は後世の政策と研究に多大な影響を与えた。

【主要著作】*The Theory of Moral Sentiments,* 1759; 6th ed., 1790（水田洋訳『道徳感情論』全2冊，岩波文庫，2003）．*An Inquiry into the Nature and Causes of the Wealth of Nations,* 1776; 3rd ed., 1784（水田洋監訳／杉山忠平訳『国富論』全4冊，岩波文庫，2000-01）．

（伊藤　哲）

スミス、J.
Smith, John　1618-52

ケンブリッジ・プラトニスト、自由主義的神学者。ノーサンプトンシャーに生まれ、ウィチカットの影響を受ける。魂は神と徳についての共通観念を生まれつき備えるが、感覚や情念に妨げられ真の観念を得られないとし、教義習得より実践での魂の浄化を重視した。

【主要著作】*Select Discourses,* 1660（矢内光一抄訳「神に関する知識に至るための真の方法」、新井明／鎌井敏和編『信仰と理性』御茶の水書房，1988）．

（三井礼子）

スミス、T.
Smith, Thomas　1513-77

ヒューマニスト。エセックス州出身。ケンブリッジ大学の初代ローマ法欽定講座教授。エドワード6世、エリザベス1世の下で国務大臣などを歴任。テューダー朝イングランドの経済問題の打開策を議論した対話篇や、国制・社会構造を分析した著作を残した。

【主要著作】*A Discourse of the Common Weal of this Realm of England,* 1581（出口勇蔵監修『近世ヒューマニズムの経済思想』有斐閣，1957，所収）．*De Republica Anglorum,* 1583; 3rd ed., 1589.

（門亜樹子）

スワインズヘッド、R.
Swineshead, Richard　fl. c.1340

14世紀中葉のイギリスの哲学者、神学者。オックスフォード大学マートン・カレッジのフェロー。『計算の書』を著し、その書名から「計算者」の称号が付けられた。彼を含むオックスフォードの一連の学者たちを「オックスフォード・カリキュレーターズ」と呼ぶゆえんでもある。『計算の書』は、「質の増大と減少」などの運動や変化をめぐる自然学の問題に数学的技法を適用したものである。

【主要著作】*Liber calculationum,* c.1350（『計算の書』）．

（中才敏郎）

セルデン、J.
Selden, John　1584-1654

法学者、政治家、オリエント研究家。サセックスに生まれる。オックスフォード大学と法学院を卒業、弁護士となった。1617年『十分の一税の歴史』を著し、十分の一税が神の意志であることを否定した。庶民院議員としてトン税・ポンド税の賦課に反対、「権利の請願」の起草にも参加した。1635年、オランダ人グロティウスの『自由海洋論』に反対して国王大権に基づく『閉鎖海洋論』をラテン語で発表、海洋の支配は法律上合意の上で実質的に確立されると述べて、イングランドの海上主権を主張した。革命政府は議会主権に基づく『閉鎖海洋論』への脚色を意図して、英語訳をニーダムに依頼した。セルデン自身は、独立派の要求に賛同できず、1649年政界を引退していた。

【主要著作】*Mare Clasum seu De Dominio Maris,* London, 1635. *Of the Dominion, Or, Ownership of the Sea,* M. Nedham trans., London, 1652.

（大西晴樹）

セン、A.
Sen, Amartya Kumar　1933-

インド・ベンガル地方に生まれる。1959年ケンブリッジ大学で経済学博士号取得。1998年ノーベル経済学賞受賞。デリー大学、ロンドン・スクール・オブ・エコノミクスなどを経て、ハーバード大学経済学および哲学教授。

センは、経済的財や主観的な効用によって、貧困や社会的厚生を判断する既存の厚生経済学を批判し、人々の善き生（well-being）を基礎として、個人がその社会の中で実現可能な生き方の幅である潜在能力（capabilities）および財の特性と財の利用関数からなる諸機能（functionings）を提示した。この二つの概念は人間の生における経済的側面のみならず、政治的自由、積極的政治参加の可能性といった政治・社会制度的側面および人間の自由を含むものであり、厚生経済学・社会選択論・開発経済学といった多様な分野に大きな影響を与えている。センはまた自由の持つ多元性・多様性とその相互連関性に注目しながら、行為主体的自由と福祉的自由という概念を提起している。

【主要著作】*Poverty and Famines: An Essay on Entitlement and Deprivation,* Oxford, 1981（黒崎卓ほか訳『貧困と飢饉』岩波書店，2000）．*On Ethics and Economics,* Oxford, 1987（徳永澄憲ほか訳『経済学の再生──道徳哲学への回帰』麗澤大学出版会，2002）．*Inequality Reexamined,* Oxford, 1992（池本幸生ほか訳『不平等の再検討──潜在能力と自由』岩波書店，1999）．

（松井名津）

タ

ダイシー、A. V.
Dicey, Albert Venn　1835-1922

法学者。レスター州生まれ。母校オックスフォード大学ヴァイナ講座教授、イギリス法を教える（1882-1909）。*Law Quarterly Review* 創刊に参画。自由主義・個人主義を基調とした法学を展開した。イギリス憲法学の古典とされる『憲法序説』では、大陸諸国の憲法、行政法（とくに仏）との比較から、コモン・ローがイギリスにおける自由の伝統の生成に果たした中心的役割を強調、名誉革命後の憲法の特質を、議会主権と法の支配との二大原理に集約した。『法律と世論』では、19世紀における立法に対する決定的影響を世論に見出しつつ、世紀後半には世論が、個人的自由の領域への国家干渉を認める「集産主義」へ移行したことを指摘した。

【主要著作】*Introduction to the Study of the Law of the Constitution,* 1885; 8th ed., 1915（伊藤正己／田島裕訳『憲法序説』学陽書房，1983）．*Lectures on the Relation between Law and Public Opinion in the England during the Nineteenth Century,* 1905; 2nd ed.,1920（清水金二郎訳『法律と世論』法律文化社，1972）．

（遠山隆淑）

ダーウィン、C.
Darwin, Charles Robert　1809-82

生物学者。シュルーズベリー生まれ。エディンバラ大学での医学の学習を断念し、ケンブリッジで自然史研究に踏み出す。ビーグル号に乗船し、南米やオセアニアを回って、5年ほどフィールドワークを行う。帰国後はロンドンで自らの進化理論を発展させ、その後ケント州ダウンに移る。大著を準備していたが、1858年に届いたウォレスの論文が自分の理論と類似していると考え、リンネ協会で同論文を含めた連名での発表を行い、翌年『種の起源』を出版。そこでは、共通の祖先からの分岐によって類縁の種が生じるという共通起源説と、生存競争において環境により適応している個体が子孫を多く残すために、生物が環境に適応するように進化していくという自然選択説を展開する。これは、目的に適った器官を神の意匠に帰するデザイン論への批判であった。『人間の由来』では、社会的本能に基

づく道徳の進化の説明など、人類の進化を自らの理論で分析し、性選択のメカニズムを明らかにした。

【主要著作】*The Voyage of the Beagle,* 1839（島地威雄訳『ビーグル号航海記』上・中・下, 岩波文庫, 1959-61）. *On the Origin of Species by Means of Natural Selection, or the Preservation of Favoured Races in the Struggle for Life,* 1859（八杉龍一訳『種の起原』上・下, 岩波文庫, 1990）. *The Descent of Man and Selection in Relation to Sex,* 1871（長谷川眞理子訳『人間の進化と性淘汰』Ⅰ・Ⅱ, 文一総合出版, 1999-2000）.

（藤田　祐）

タッカー、A.
Tucker, Abraham　1705-74

18世紀イギリスの哲学者。ロンドン生まれ。オックスフォード大学で学んだのち、サリー州ドーキングで文筆家として生涯暮らした。1756年から彼の主著となる『自然の光』の執筆を開始。68年に最初の4巻をエドワード・サーチという偽名で出版し、彼の死後、残りの3巻が出版された。彼の倫理思想は、ロック流の認識論とハートリー流の心理学理論に大きな影響を受けたもので、自己の快楽を追求する個人が、全体の幸福の促進を目的とする道徳規則に従うべきなのは、究極的には全能かつ博愛なる神による来世の賞罰があるからだと説いた。本書は出版当初から好評で、ペイリーやマルサスや他の神学的功利主義者に影響を与えたことで知られる。

【主要著作】*Freewill, Foreknowledge and Fate,* 1763. *The Light of Nature Pursued,* 1768-77; 2nd ed., 1805.

（児玉　聡）

ダメット、M.
Dummett, Michael Anthony Eardley　1925-

ロンドン生まれの哲学者。オックスフォード大学名誉教授。フレーゲ研究、直観主義（intuitionism）数学の基礎づけ、意味理論（theory of meaning）を中核とした言語哲学、そしてそれらに基づく反実在論（anti-realism）的形而上学などによって、とくに1970年代から90年代にかけて分析哲学における主潮流の一つを創出し、主導した。

ダメットは、認識論主導型から言語哲学主導型への「言語的転回」の帰結として分析哲学を捉え、その転回を始動させた哲学者としてフレーゲを高く評価した。そしてフレーゲが示した言語哲学上の基本概念を意味理論の構築のために利用した。一方、彼は後期ウィトゲンシュタインの「使用としての意味」という発想にも触発され、それを体系的に展開するために直観主義論理を利用した。そして、意味理論の要件として、真偽二値原理（bivalence）の拒否、意味の中心相としての主張可能性（assertibility）条件、徹底的（full-blooded）かつ分子論的（molecular）理論化などを提示した。そのうえで、数学的対象、過去、他者、物体などについて語る言明の意味は、これらの要件を満たすという意味で反実在論的である意味理論によって解明されるべきだと主張し、それに基づく形而上学的考察を展開した。

【主要著作】*Frege: Philosophy of Language,* Duckworth, 1973. *Elements of Intuitionism,* Oxford University Press, 1977. *Truth and Other Enigmas,* Duckworth, 1978（藤田晋吾訳『真理という謎』勁草書房, 1986）.

（加地大介）

ターンブル、G.
Turnbull, George　1698-1748

18世紀スコットランドの神学者、道徳哲学者。エディンバラとグラスゴーの中間に位置するアロアに生まれ、エディンバラ大学で神学を修め、アバディーン大学でリージェントに就任。その後、家庭教師としてヨーロッパ

を歴訪、帰国して牧師を務める。ニューカースル公のために、ジャコバイトに関する情報を収集する目的で滞在していたオランダのハーグで死去。在学中に理神論者トーランドと書簡を交わして宗教的寛容を唱えるが、1732年の作では、クラークを論駁したティンダルを批判し、啓示宗教を擁護した。政治的にはホイッグを支持し、モールズワースと書簡を交わしている。道徳哲学に関しては、ニュートンの方法論を適用しようとした最初の人物と言われるほか、自然法学に対する造詣も深く、ハイネッキウスを翻訳したことで知られる。

【主要著作】*Christianity neither False nor Useless, Tho' not as Old as the Creation,* 1732. *The Principles of Moral Philosophy,* 1739.

(福田名津子)

チェインバーズ、E.
Chambers, Ephraim　1680-1740

18世紀前半の百科事典編纂家。湖水地方のケンダルに生まれ、グラマー・スクールを卒業後、ロンドンに出て『百科全書』の構想を得、これを独力で完成させた。二つ折り版2巻で出版されたこの『百科全書』は相互参照方式の採用による諸項目の体系的叙述など、フランスの『百科全書』(1751-80)をはじめ、以後の百科事典編纂のモデルを提供した。

【主要著作】*Cyclopaedia, or, An Universal Dictionary of Arts and Sciences,* 1728; 2nd ed., 1738.

(中野安章)

チェスタトン、G. K.
Chesterton, Gilbert Keith　1874-1936

イギリスの作家、批評家。ロンドンの不動産仲買人の家庭に生まれ、セント・ポール校卒業後、ロンドン大学美術学校に学ぶ。1922年にカトリックに改宗。数々の雑誌に投稿し、逆説趣味を用いた知的で諷刺的な作風を特徴とする。評論、小説、エッセイ、詩と幅広い分野で活躍し、とくにディケンズやショーらの文学批評で高く評価されている。探偵小説のFather Brownシリーズでも有名。

【主要著作】*Dickens,* 1906 (渡部昇一ほか訳『G.K.チェスタトン著作集 評伝篇』春秋社、1991-95、所収)。*Orthodoxy,* 1908 (安西徹雄訳『正統とは何か』春秋社、1995)。

(安富由季子)

チャーチル、W.
Churchill, Winston Leonard Spencer 1874-1965

政治家、作家。オックスフォードシャー、ウッドストックの名門貴族の家に、保守党の政治家の長男として生まれた。陸軍士官学校を卒業後軍役につく。そこで自学自習と執筆の習慣を身につけた。1900年に政界に転じた。1905年に自由党内閣の植民相次官になったのを皮切りに閣僚を歴任した。1939年、第二次大戦が始まると海軍相として復帰し、翌40年5月にはチェンバレンのあとを継いで戦時連立内閣の首相となった。ファシズムに対する一貫した批判、不屈の闘志と雄弁によって国民を鼓舞し、反ナチス陣営を勝利へと導いた。第二次大戦後はソ連の政治を専制政治として批判した。作家としても多くの著作を残したが、『第二次大戦回顧録』(6巻、1948-53)の功績によって首相在任中の1953年にノーベル文学賞を受賞している。

【主要著作】*The Second World War,* 6 vols., 1948-54 (毎日新聞社訳『第二次大戦回顧録』全24冊、毎日新聞社、1949-55)。

(的射場敬一)

チャールズ1世
Charles I　1600-49

イングランド、スコットランド、アイルランド王(1625-49)。ジェイムズ6世・1世とアン・オブ・デンマークの次男。スコットランドのダンファームリンで生まれ、イングランドで育つ。兄ヘンリが1612年に病死した

ため、父の死後25年に即位。同年、フランス王アンリ4世の王女アンリエッタ・マリアと結婚。ロンドンに居を構え、スコットランドの統治を有力貴族に一任。イングランドではたびたび衝突した議会を長期にわたり閉会。1637年にイングランド国教会の祈祷書をスコットランド長老派教会に強制導入したため、翌年「国民契約」を結んだスコットランド側と一戦を交えた（主教戦争）。のちに、イングランドとアイルランドも巻き込んで内戦が生じた（ピューリタン革命）。イングランドでの裁判の結果、有罪となり1649年ホワイトホールで斬首刑に処せられた。芸術をこよなく愛し、宮廷文化の発展に多大な貢献をした。

【主要著作】*Eikon Basilike,* 1649〔チャールズの名で出版されたが、実際の著者はJ.ゴードンと言われている〕.

（小林麻衣子）

チャールズ2世
Charles II　1630-85

イングランド、スコットランド、アイルランド王（1660-85）。ロンドン聖ジェイムズ宮殿に生まれる。ピューリタン革命におけるネーズビーの戦いで敗れ、ジャージー島からフランスに亡命。1649年父王チャールズ1世の処刑によりチャールズ2世を名のり、スコットランド軍を率いてクロムウェル軍に反撃するがウスターで敗退。以後フランス、オランダで亡命生活。1658年クロムウェルが死去すると王政復古の気運高まり、60年マンクらの活躍によりブレダ宣言を発表し帰国、王政復古を実現。クラレンドンを重用し、革命中の重商主義政策は継承しつつ、革命の責任を不問に付す方案を採り復古体制の確立を目指すが、宗教上の寛容政策では失敗。クラレンドン失脚後、ドーヴァーの密約などカトリックに対する寛容政策を打ち出し、議会と対立。カトリックの王弟ジェイムズの王位継承を排除する動きを引き起こした。科学に関心を持ち、王立協会を保護し発展に寄与した。

（梅田百合香）

チューリング、A.
Turing, Alan Mathison　1912-54

20世紀イギリスの数学者・計算機科学者。ロンドンに生まれ、ケンブリッジ大学を卒業後、同大学特別研究員となる。第二次大戦中はドイツ軍の暗号解読に貢献し、戦後はコンピュータの開発に従事。1954年に自殺。論文「計算可能な数について」（1936）で、計算可能という直観的概念を捉えるために「チューリング・マシン」という仮想機械を提示して、ヒルベルトの決定問題を否定的に解決した。この仕事は、コンピュータの理論的基礎を据えた画期的業績である（計算機科学の父）。また、論文「計算機械と知能」（1950）では、機械が知能を持つかどうかを判定するために一つの模倣ゲームを提案した。この判定基準は「チューリング・テスト」と呼ばれ、人工知能をめぐる議論に多大な影響を与えている。

【主要著作】"On Computable Numbers, with an Application to the Entscheidungsproblem", *Proceedings of the London Mathematical Society* 42, 1936-37. "Computing Machinery and Intelligence", *Mind* 59, 1950（藤村龍雄訳「計算機械と知能」, D.R.ホフスタッター／D.C.デネット編（坂本百大監訳）『マインズ・アイ（上）』TBSブリタニカ, 1984).

（三平正明）

チリングワース、W.
Chillingworth, William　1602-44

17世紀イギリスの神学者。オックスフォード生まれ。オックスフォード大学トリニティ・カレッジで学ぶ。名づけ親のW.ロードと親しく庇護を受けたが、信仰や教義の確実性を懐疑し、1629年から30年にローマ・カトリックへ改宗。しかし1634年には再び国教徒に戻り、以後アングリカンの聖職者となって40年には聖職会議に議席を得た。親友フォーク

ランド子爵のグレート・テュウ・サークルの中心メンバーで、卓越した弁証家として有名であり、同じメンバーのホッブズも友人であった。信仰における理性の使用を重んじ、再改宗後は宗派間の争いに関し平和主義の立場を採り、様々な教義を持つ宗派を広く包容する国教会を主張。ピューリタン革命では王党派に属し、国王軍の従軍牧師として仕えた。

【主要著作】*The Religion of Protestants a Safe Way to Salvation*, 1638. *A Sermon Preached at the Publike Fast before His Majesty at Christ-Church in Oxford*, 1644.

(梅田百合香)

ディー、J.
Dee, John 1527-1609

哲学者・数学者。ロンドンに生まれ、ケンブリッジ大学で学んだのち、主にフランスで諸学問を研究、若くして学者としての名声を博した。エドワード6世治下に宮廷入りし、とくにエリザベス1世の宮廷で、女王お抱えの学者・占星術師として活躍した。膨大な蔵書を有したことでも有名。他方、同時代から怪しげな魔術師としての悪名も付きまとい、晩年には天使との交信に没頭するなどした。

【主要著作】*Monas Hieroglyphica*, 1564.

(山本信太郎)

ディケンズ、C.
Dickens, Charles John Huffam 1812-70

イギリスの小説家。下級官吏の長男としてポーツマスに生まれるが、父親が借財不払いで投獄されたため幼くして工場で働くことを余儀なくされる。苦学して速記者、新聞記者となり、見聞した風俗をスケッチ風に描いた *Sketches by Boz* (1836) を機に小説家としての経歴を開始。1837年の *The Pickwick Papers* で爆発的人気を博し、一躍作家としての地位を確立する。私生活では、1836年に結婚したキャサリンとの間に10人の子どもを儲けるが、50年代半ばから家庭生活は崩壊、家族と別居し、若い女優と関係を持つに至る。作家としては、文筆活動に加えて、雑誌編集や社会慈善事業、自作公開朗読など多忙を極めた。1870年、探偵小説 *The Mystery of Edwin Drood* を未完のまま急死。ディケンズは、ヴィクトリア朝の経済的繁栄の裏に潜む社会悪を暴き、唯物主義、拝金主義によって歪められた人間の姿を鋭い洞察力とペーソスをもって描き出した。その強烈な人物造形、劇的な物語展開、個性的な語りは、俗物的との批判も受けたが、ドストエフスキーやトルストイ、カフカといった様々な作家たちから高い評価を得ており、19世紀最大の文豪という地位は不動のものとなっている。

【主要著作】*Oliver Twist*, 1838 (小池滋訳『オリバー・トゥイスト』ちくま文庫, 1990). *The Old Curiosity Shop*, 1841 (北川悌二訳『骨董屋』ちくま文庫, 1989). *A Christmas Carol*, 1843 (小池滋/松村昌家訳『クリスマス・ブックス』ちくま文庫, 1991). *David Copperfield*, 1850 (中野好夫訳『デヴィッド・コパフィールド』新潮文庫, 2006). *Bleak House*, 1853 (青木雄造/小池滋訳『荒涼館』ちくま文庫, 1989). *Hard Times*, 1854 (田中孝信/山村元彦/竹村義和訳『ハード・タイムズ』英宝社, 2000). *Little Dorrit*, 1857 (小池滋訳『リトル・ドリット』ちくま文庫, 1991). *A Tale of Two Cities*, 1859 (中野好夫訳『二都物語』 新潮文庫, 1985). *Great Expectations*, 1861 (山西英一訳『大いなる遺産』新潮文庫, 1997).

(安富由季子)

ディズレーリ、B.
Disraeli, Benjamin 1804-81

政治家、首相、小説家。生誕地はロンドン。1876年にビーコンズフィールド伯 (1st Earl of Beaconsfield) に叙せられた。ユダヤ系の家庭に生まれ、のちにイギリス国教会に改宗。1820年代から出版した小説が有名となる。1837年にトーリ党から出馬し当選。保守党の

若手グループに属し、穀物法を擁護、ピールの穀物法廃止を批判した。庶民院で頭角を表し、1852年より三度ダービー内閣の蔵相を務めた。1867年に労働者階級の選挙権拡大を認める第二次選挙法改正法案を実現。翌年首相に就任するも総選挙で自由党に敗北したが、1874年に政権を奪取。トーリ・デモクラシーと呼ばれる一連の社会改革諸立法を実現した。グレート・ブリテン主義の立場に立ち、スエズ運河の買収(1875)や女王のインド女帝宣言(1878)、ベルリン会議におけるロシアの南下の阻止(1878)など強硬な帝国外交政策を進めたが、80年の総選挙で自由党に敗北、責任を取って辞職した。

【主要著作】*Benjamin Disraeli Letters,* 4 vols., 1982-87.

(鈴木　平)

テイラー、C.
Taylor, Charles　1931-

現代カナダの哲学者・政治学者。モントリオールに生まれ、マギル大学で歴史学を、オックスフォード大学で哲学を修めたのち、『ニュー・レフト・レヴュー』の創刊に携わる。1976-79年にはチチリ社会政治理論教授に。マギル大学で教壇に立つかたわら、ケベック新民主党副党首を務めるなど現実政治にも関与。1970年代にはヘーゲル研究者として知られる。1980年代以降はアイデンティティの現象学的・系譜学的分析に基づくアトミズム批判と自由主義再生の議論により、共同体主義の代表的論客と見なされ、多文化主義をはじめとする現代思想の様々な論争に影響を与えた。

【主要著作】*Hegel,* Cambridge University Press, 1975. *Sources of the Self: The Making of the Modern Identity,* Harvard University Press, 1989. *The Ethics of Authenticity,* Harvard University Press, 1991(田中智彦訳『〈ほんもの〉という倫理——近代とその不安』産業図書, 2004).

(田中智彦)

テイラー、H.
Taylor, Harriet　1807-58

ロンドン生まれ。18歳のとき、イズリントン出身の実業家ジョン・テイラーと結婚。1830年その美貌と才知がJ.S.ミルの目に止まり、恋愛関係に。夫の死後1851年正式に結婚するが、数年後に結核の治療を受けていた南仏アヴィニョンで没した。彼女の評論は大西洋両岸の(第一次)フェミニズム運動に影響を与え、ミルも『自伝』の中で、その知的影響を高く評価した。

【主要著作】"Enfranchisement of Women", 1851.

(髙山裕二)

テイラー、J.
Taylor, Jeremy　1613-67

17世紀イギリスの聖職者、宗教的著述家。ケンブリッジの理髪師の家に生まれ、ゴンヴィルアンドキーズ・カレッジに給費生として学ぶ。W.ロードに認められるが内乱後ウェールズに隠遁、王政復古後はアイルランドのダウンとコナーの主教となる。カトリックとは異なるイングランド独自の決疑論の構築、宗教的寛容の提唱、信仰修養書の執筆、修辞的技法において名声を得た。

【主要著作】*A Discourse of the Liberty of Prophesying,* 1647. *Holy Living,* 1650.

(梅田百合香)

ティレル、J.
Tyrrell, James　1642-1718

政治理論家、歴史家。ロンドンに生まれ、グレイズ・イン、オックスフォード大学などで学ぶ。その後オークリーに移り、治安判事などを務める。オックスフォード時代にロックと知り合い、親友となる。王位排斥法危機(1679-81)の際には、ロックとともにフィルマーの『家父長論(パトリアーカ)』に対する

批判を展開した。主著は『家父長は君主にあらず』。晩年には歴史論、国制論を執筆した。
【主要著作】*Patriarcha non monarcha*, 1681.

（朝倉拓郎）

ティロットソン、J.
Tillotson, John　1630-94

17世紀イギリスの聖職者、カンタベリー大主教。ヨークシャーに生まれ、市民革命期と共和制期にケンブリッジで学ぶ。王政復古期の説教や著作でイギリス国教会の立場から、カトリシズム、高教会派、非国教徒（ディセンター）、広教主義および無神論を批判し、チャールズ2世に認められるが、1680年代のチャールズ2世末期およびジェイムズ2世統治期には冷遇を受けた。名誉革命期に、「われらの解放者」としてウィリアム3世・メアリ2世を支持した。

【主要著作】*The works of the most reverend Dr. John Tillotson, lord archbishop of Canterbury*, R. Barker ed., 12 vols., 1742-44.

（伊藤宏之）

ティンダル、M.
Tindal, Matthew　c.1657-1733

イギリスの理神論者。デボンのビア・フェラーズに生まれ、オックスフォード大学のリンカン・カレッジおよびエクセター・カレッジで法学を学び、オール・ソウルズ・カレッジのフェローに就く。ジェイムズ2世治下にカトリックに転向、のちにイギリス国教会に復帰。主著『創造とともに古きキリスト教』では、神は創造と同時に、理性に基づく完全な宗教を人類にもたらしたと主張する。啓示はその宗教に何かを加えたり取り除いたりすることは出来ず、人は理性を用いて完全なる神を知り、理性により知られる義務を遂行すべしと説く。この著作はのちに理神論のバイブルと言われるようになる。

【主要著作】*The Rights of Christian Church asserted, against the Romish, and all other Priests who claim an Independent Power over it*, 1706. *Christianity as old as the Creation*, 1730.

（小林優子）

ティンダル、W.
Tyndale, William　c.1494-1536

初めて出版された英訳聖書の翻訳者として知られる。

グロスター州に生まれる。生年については、最近の研究で1491年という説もある。オックスフォード大学モードリン・ホールで学士と修士を修めた。

グロスターに戻るとチャプレン兼家庭教師としてウォルシュ卿家で雇われる。エラスムスやルターの影響を受け、ギリシア語原典を利用した聖書翻訳を進めた。しかし当時は聖書の翻訳は認められていなかった。そのためロンドン司教タンスタルに許可を求めるが認められず大陸に渡った。

1525年にはケルンで最初の『新約聖書』翻訳の4つ折り版の出版を試みて一部を印刷したが、通報により当局に差し押さえられてしまう。そこでウォルムスに逃亡し、8つ折り版で1526年に出版した。この聖書こそ初めて印刷された英訳聖書である。さらに彼は宗教改革的著作を次々に発表。中でも『キリスト者の服従』はヘンリ8世にも好印象を持たれたと言われるが、改革者の中では例外的にこの王の離婚に異議を唱えた。

アントワープに移ると1530年にヘブライ語原典を利用して翻訳した『モーセ五書』を、34年には『新約聖書』の改訂版を出版したが、翌年にブリュッセル郊外のビルボルデに投獄された。投獄中も聖書翻訳を進めたが、1536年10月6日に処刑された。

彼の翻訳は欽定訳に至るまでのほとんどの英訳聖書の底本となった。欽定訳においてもその影響は大きい。ギリシア語やヘブライ語からの翻訳であったというだけでなく、小さ

なサイズで出版されていることも彼の翻訳聖書の大きな特徴である。

【主要著作】*The New Testament,* Worms, 1526. *The Pentateuch,* Antwerp, 1530〔実際には特定の書名はつけられていない〕. *The New Testament, Duly Corrected and Compared,* Antwerp, 1534.

(山崎かおる)

デヴリン、P.
Devlin, Patrick Arthur; Baron Devlin 1905-92

アバディーン(スコットランド)生まれ。ケンブリッジ大学卒業後、弁護士、裁判官、国際労働機構(ILO)の審判官として活躍。犯人識別の誤りによる冤罪事件を分析した「デヴリン・レポート」が刑事法制度・実務に大きな影響を与えた。「ハート−デヴリン論争」では、売春などの不道徳行為に対する法的規制を擁護する主張をし、ハートの批判を受けた。

【主要著作】*Easing the Passing,* 1985(内田一郎訳『イギリスの陪審裁判〔新装版〕』早稲田大学出版部, 1997).

(内藤　淳)

デフォー、D.
Defoe, Daniel c.1660-1731

ジャーナリスト、小説家。商人の子としてロンドンに生まれる。長老派に属したため、非国教徒学校を卒業して商人となるが、破産後は政治に接近。ウィリアム3世を擁護してその厚い信頼を獲得、アン治世にはR.ハーリを支えイングランド・スコットランド合邦に貢献した。『ザ・レヴュー』でジャーナリズムの父、『ロビンソン・クルーソー』で近代小説の父としての地位を確立。ロンドンにて没。

デフォーは古来の自由を否定し、商業(交換関係と分業)に基づく近代の自由を称揚。国王の常備軍は自由と何ら矛盾しないとした。商業の源流を地中海南・東岸の古代王国に求め、後代の商業導入によってイングランドは土地隷属的な生活様式から解き放たれたとし、マニュファクチュアの発展が国力の基礎になったことを洞察。同国における生産力優位を認識して自由貿易論と高賃金論を唱えた。

古来の自由は貴族の争いを招いたにすぎず、国王(ヘンリ7世)によって導入された商業が貴族の力を弱めたとする彼のヴィジョンは、ヒュームらの歴史観に繋がるものである。

【主要著作】*The True-Born Englishman,* 1701. *The History of the Union of Great Britain,* 1709. *Robinson Crusoe,* 1719(平井正穂訳『ロビンソン・クルーソー』上・下, 岩波文庫, 1967-71). *The Complete English Tradesman,* 1726; 5th ed., 1745. *A Plan of the English Commerce,* 1728(山下幸夫／天川潤次郎訳『イギリス経済の構図』東京大学出版会, 1975).

(林　直樹)

デ・モーガン、A.
De Morgan, Augustus 1806-71

19世紀イギリスの数学者・論理学者。インドでイギリス軍人の家庭に生まれ、ケンブリッジ大学を卒業後、ロンドン大学数学教授となる。ロンドン数学協会初代会長。ブールに先んじて、論理を代数的手法で考察し、その過程で得たデ・モーガンの法則で有名。「議論領域」(universe of discourse)という重要な概念を導入し、また、哲学者ハミルトンと「述語の量化」をめぐって論争した。デ・モーガンの最も独創的な仕事は、伝統的三段論法では関係を含んだ推論が扱えないことを指摘し、論理学史上初めて関係の論理を本格的に考察した点にある(関係の論理の祖)。この仕事は未完に終わったが、のちにパースやシュレーダー、タルスキに引き継がれ、関係の代数として展開された。その流れの中で、現在標準的な量化論理が、フレーゲとは独立にパースによって形成された。

【主要著作】*Formal Logic,* 1847. *On the Syllogism and Other Logical Writings,* Peter Heath ed., Yale University Press, 1966.

(三平正明)

トインビー、A. J.
Toynbee, Arnold Joseph 1889-1975

イギリスの歴史家。ロンドンに生まれ、オックスフォード大学ベイリオル・カレッジに学ぶ。ロンドン大学教授、王立国際問題研究所研究部長などを歴任。

トインビーの歴史思想は、通常「ナショナリティ」「文明」「高等宗教」という中心概念の変遷に従い、三区分される。中でも「文明」を歴史研究の基本単位とした『歴史の研究』は、「挑戦と応戦」などのユニークな彼の概念とともに世界的に広く紹介され反響を呼んだ。だがその壮大な体系ゆえ事実解釈や体系の妥当性などについて多くの批判を浴びた。

日本では近代化という問題射程での受容が主流を占め、時に国粋主義的な色彩を帯びることもあった。こうした受容傾向のためか、他の二時期をも含め彼の歴史思想全体を貫く核心部分はいまだ十分に解明されたとは言いがたい。

【主要著作】*Nationality and the War,* Dent and Sons, 1915. *A Study of History,* Oxford University Press, 12 vols., 1934-61（下島連他訳『歴史の研究』全25巻，経済往来社，1969-72）. *Civilization on Trial,* Oxford University Press, 1948（深瀬基寛訳『試練に立つ文明』社会思想社，1975）. *An Historian's Approach to Religion,* Oxford University Press, 1956（深瀬基寛訳『一歴史家の宗教観』社会思想社，1967）.

(春日潤一)

ドゥオーキン、R.
Dworkin, Ronald Myles 1931-

マサチューセッツ州生まれ。ハーバード大学とオックスフォード大学で学び、オックスフォード大学法理学教授、その後、ロンドン大学ユニヴァーシティ・カレッジ教授。

法を道徳とは独立したルールと見る（ハートなどの）法実証主義の考え方を批判し、実定法の背後にそれを支える道徳的原理が存在すること、それは法準則とともに裁判官を拘束する規準になることを主張した。そうした原理の基本を「平等な配慮と尊重を求める権利」とそこから派生する個人の基本的権利の承認に求め、そこに社会的目標や福利に対する優先性（「切り札」性）を見出して、反功利主義的な権利基底的道徳論・正義論を展開した。各人の選好を平等に扱うという観点から民主的多数決原理を評価する一方、その前提として特定の基本権の不可侵を主張（「外的選好」排除のため）。また、「資源の平等」を支持する立場から市場メカニズムを擁護しつつ、自然的社会的偶然による各人の差異を是正するための再分配の必要性を唱えた。

1986年の『法の帝国』では、「純一性」の概念を用いて「法の根拠」や国家権力の正当性を統合的に考察した理論を提示。他方、1993年の『ライフズ・ドミニオン』では中絶や尊厳死に関する考察も行っている。

【主要著作】*Taking Rights Seriously,* 1977（木下毅／小林公／野坂泰司訳『権利論［増補版］』木鐸社，2003；小林公訳『権利論Ⅱ』木鐸社，2001）. *Sovereign Virtue,* 2000（小林公／大江洋／高橋秀治／高橋文彦訳『平等とは何か』木鐸社，2002）.

(内藤　淳)

ドゥンス・スコトゥス、J.
Duns Scotus, Johannes 1265/6-1308

スコットランドに生まれ、15歳頃フランシスコ会に入会し、1291年には司祭に叙階された。オックスフォードとパリで神学を修め、1305年にパリで神学の学位を得るが、07年にはケルンに派遣され、08年にその地で没した。

フランシスコ会のアウグスティヌス主義の伝統を継承しつつアリストテレスを受容して、トマス・アクィナスと対立する独自の立場を築き、また厳密な概念的区別に基づく精緻な

論証を展開したことから、「精妙博士」(Doctor subtilis)と称された。その思想は後世に多大な影響を及ぼし、スコトゥスの信奉者たちによりスコトゥス学派が形成された。

無限であることを最も完全な神の観念として捉えることから、神の意志に無限の自由を認め、神の意志が善によって規定されることはなく、むしろ神の意志することが善であるとして、神の意志は何ものにも拘束されず、したがって人間の知性によっては捉えがたいと考えた。こうしてスコトゥスはオッカムのさらに徹底した主意主義を準備するとともに、知性と信仰との分離を促した。

普遍の実在に関しては、トマス同様実念論の立場を採りつつも、トマスのように個物の個別性が質料に由来するとは考えず、個物に個別性を与えるものは、普遍的形相でも質料でもなく、「このもの性」(haecceitas)であるとして、個別的形相の実在を主張した。

【主要著作】*Opus oxoniense. Reportata parisiensia. Quodlibet. Tractatus de primo principio.*

（降旗芳彦）

ドーキンス、R.
Dawkins, Richard　1941-

ケニアのナイロビ生まれ。オックスフォード大学にてノーベル賞受賞のニコ・ティンバーゲンのもとで学んだ動物行動学者。「ダーウィンのブルドッグ」と称されたトマス・ハクスリーと同様に、ダーウィニズムの熱烈な擁護者として「ダーウィンのロットワイラー（ドイツのロットワイル地方原産の牧畜犬・番犬）」とも称される。ドーキンスによれば、自然淘汰の単位は集団でも個体でもなく、遺伝子である。たとえば、個体のレベルで利他的な行動が遺伝子レベルで見れば利己的ということになる。こうした遺伝子中心（利己的遺伝子論）の立場から、個体は遺伝子にとっての単なる「生存機械」(survival machine)、「乗り物」(vehicle)と見なされる。ドーキンスのそのような理解に対しては、遺伝的決定論だという批判がある。

【主要著作】*The Selfish Gene,* 1976（日高敏隆ほか訳『利己的な遺伝子』紀伊國屋書店, 1991）. *The Extended Phenotype,* 1982（日高敏隆ほか訳『延長された表現型』紀伊國屋書店, 1987）.

（入江重吉）

トーニー、R. H.
Tawney, Richard Henry　1880-1962

父の勤務地カルカッタで誕生。オックスフォード大学在学中から、盟友ベヴァリッジ、ウェッブ夫妻との交友から社会事業に従事し、労働党に入党、卒業後には労働者教育に参加する一方で、大学の教壇にも立った。

第一次世界大戦に従事して負傷したが、戦後、労働党の政策立案に関与。自ら専門とする経済史学会を創設し、1931-45年ロンドン大学で経済史教授、16・17世紀の経済史史料の編集を進め、この時期の農業問題、宗教と経済活動の関係を論じ、ジェントリ論争をまきおこすなど、鋭い問題提起を続けた。

【主要著作】*The Religion and the Rise of Capitalism, A Historical Study,* Harcourt, Brace, 1926（出口勇蔵／越智武臣訳『宗教と資本主義の興隆』上・下, 岩波文庫, 1959）. "The Rise of the Gentry, 1558-1640", *The Economic History Review* xi, No.1, 1941（浜林正夫訳『ジェントリの勃興』未来社, 1957）.

（青木道彦）

トムソン、E. P.
Thompson, Edward Palmer　1924-93

ケンブリッジ大学出身の社会史家。共産党歴史グループやニュー・レフトの中枢に関わる。ウォリック大学の初代社会史研究所所長。18世紀イングランドの慣習や公正観の固有性を重視した研究により「モラル・エコノミー」論を提唱した。ロマン主義研究や反核運動でも知られる。

【主要著作】*The Making of the English Working*

Class, London, 1963（市橋秀夫／芳賀健一訳『イングランド労働者階級の形成』青弓社, 2003）.

(村井路子)

ドライデン、J.
Dryden, John　1631-1700

17世紀イギリスの詩人・劇作家。ノーサンプトンシャーの清教徒地主の家に生まれ、ケンブリッジ大学トリニティ・カレッジを1654年卒業して共和政府に仕官。クロムウェルの死の翌年1659年に護国卿追悼詩を発表するが、60年にはチャールズ2世を正義の女神に譬えた『アストレア帰還』を発表してその王位復帰を祝した。前年の英蘭戦争とロンドン大火を主題とした歴史詩『驚異の年』を1667年発表し、翌年桂冠詩人に（公式の称号としては初めて）任命。共和制時代に閉鎖された劇場の再開に尽力し、王立協会（Royal Society）の特別会員として国語改革委員会に属した。「イギリス批評の父」としての彼の名を確立した『劇詩論』(1668)や、ジェイムズ2世の王位継承を支持した『アブサロムとアキトフェル』(1681)など、王政復活期を代表する作品を次々と発表。押韻弱強五詩脚「ヒロイック・カプレット」を駆使した巧みな諷刺が彼の作品の特長。名誉革命（1688）では、ジェイムズ2世の国王廃位に反対して桂冠詩人の地位剥奪。しかし晩年も執筆意欲旺盛で、ウェルギリウスの個人全訳(1697)、『デカメロン』『カンタベリー物語』などを抄訳・翻案した『古今寓詩集』(*Fables, Ancient and Modern*, 1700) などの精華を残した。

【主要著作】*The Works of John Dryden*, Hugh T. Swendenberg, Vinton A. Dearing, and Edward N. Hooker general eds., 20 vols., University of California Press, 1956-2000. *Annus Mirabilis: the Year of Wonders 1666*, 1667. *An Essay of Dramatick Poesie*, 1681. *Absalom and Achitophel*, 1681. 千葉孝夫訳『ジョン・ドライデン悲劇集』上・下, 中央書院, 1992-96. 竹之内明子訳『恋ぞすべて』日本教育研究センター, 1986.

(大西章夫)

トーランド、J.
Toland, John　1670-1722

イギリスの理神論者。アイルランドに生まれカトリック教徒の家庭に育つが、のちに長老派に改宗する。グラスゴー大学、エディンバラ大学、そしてオランダのライデン大学で学ぶ。ロックの認識論を継承し、それを宗教に関して徹底させた。主著『キリスト教は神秘的にあらず』では、宗教において矛盾や理解不可能なものはなく、神秘と言われるものは異教的な儀式が入り込んだもので、聖職者の作為の結果であると主張し、社会に大きな衝撃を与えた。この著作は1697年に禁書処分を受けるが、多くの人々による論争を生じさせた。晩年は汎神論に傾き『パンテイスティコン』を著した。

【主要著作】*Christianity not Mysterious*, 1696（海保眞夫抄訳「神秘的でないキリスト教」, 佐藤敏夫編『キリスト教教育宝典 V』玉川大学出版部, 1969）. *Letters to Serena*, 1704. *Pantheisticon*, 1720.

(小林優子)

トレヴァ＝ローパー、H. R.
Trevor-Roper, Hugh Redwald; Baron Dacre of Glanton　1914-2003

イングランド、ノーサンバーランドのグラントンに生まれる。オックスフォード大学クライスト・チャーチ・カレッジで学び、1957年からオックスフォードで教鞭を執った。決定論的、定向進化的な歴史観を排し、「ネオ・トーリ」の見地から、17世紀イングランド研究などを多数刊行。クリストファー・ヒルらのマルクス主義史観と真っ向から対立した。大戦直後の政府の依頼がもとになったナチズム研究もある。社会変動における大衆運動や暴力の問題を問い続けた。

【主要著作】*The Lsat Days of Hitler*, Macmillan,

1947; University of Chicago Press, 1992（橋本福夫訳『ヒトラー最期の日』筑摩書房，1975）. *Religion, the Reformation and Social Change and Other Essays*, Macmillan, 1967（小川晃一／石坂昭雄／荒木俊夫抄訳『宗教改革と社会変動』未来社，1978）．

（山田園子）

トレヴェリアン、G. M.
Trevelyan, George Macaulay 1876-1962

イングランド、ウォリック州ウェルカムに生まれる。20世紀イングランドを代表する歴史家。ハロー校在学中すでに歴史学に強い関心を抱き、ケンブリッジ大学トリニティ・カレッジに進む。ここで「ウィクリフ時代の時代のイングランド」と題した論文をまとめ1898年同カレッジ・フェローに就任。1903年に大学をいったん離れるが27年に復帰し同大、近代史勅任教授を務める。1940年トリニティ・カレッジ学長を兼任し51年退職。

トレヴェリアンはそのミドルネームからも分かるように19世紀の偉大なホイッグ史家トマス・バビントン・マコーリを大叔父としている。そしてトレヴェリアン自身もホイッグ史家の「嫡流」と言うべき存在であった。主要著作『アン女王時代のイングランド』や『第一次選挙法改正期のグレイ卿』などは名誉革命以降のイギリスの漸進的な立憲君主制、議会制民主主義を高く評価する立場から著されている。

【主要著作】*Lord Grey of the Reform Bill*, 1920. *History of England*, 1926. *England under Queen Anne*, 3 vols., 1930-34. *English Social History*, 1942.

（松園　伸）

ナ

ニーダム、M.
Nedham [Needham], Marchamont
1620-78

共和主義のジャーナリスト、政治思想家。バーフォードに生まれ、オックスフォード大学で学ぶ。初めは議会派の報道誌『英国速報』、のちに王党派の報道誌『国政速報』の執筆者、編集者となった。50年代にはミルトン、ホールらと公的な報道誌『政治速報』に共和主義的な内容のパンフレットを数多く掲載するが、王政復古を契機に解雇された。サルスティウスやマキアヴェッリの影響を受けて自由国家を論じ、有徳な市民の平等な自由と政治参加、混合政体を主張した。医学にも造詣が深く、ガレノスの医術を批判した。

【主要著作】*The Case of the Common-Wealth of England stated, or, The equity, utility, and necessity, of a submission to the present government*, 1655. *The Excellencie of a Free State*, 1656.

（和田泰一）

ニュートン、I.
Newton, Isaac 1642-1727

イギリスが生んだ最大の物理学者。リンカンシャー、ウールスソープに生まれ、ケンブリッジ大学トリニティ・カレッジで学ぶ。1669年には、アイザック・バロウの後任としてルーカス講座教授に就任。1672年には王立協会会員となり、87年には『プリンキピア（自然哲学の数学的諸原理）』を刊行した。1696年には造幣局に入り、99年には造幣局長官に任じられた。1703年には王立協会会長となり、終生その地位にあった。1704年には『光学』を刊行している。

力学では、運動の三法則（慣性の法則、加速度の法則、作用・反作用の法則）と万有引力の法則を用いて、地上の物理学と天体の物理学を統一的に説明できることを示して、古典物理学を確立した。数学では、二項定理や流率法（微積分学）を発見し、その優先権をめぐってライプニッツと争った。光学では、プリズムを用いた実験を行って、新しい光学理論を提示している。観察に基づく実験哲学者

を自任する一方で、錬金術や聖書年代学に強い関心を持っていた。ケインズによって「最後の魔術師」とも呼ばれるゆえんである。

【主要著作】*Philosophiae Naturalis Principia Mathematica*, 1687; 2nd ed., 1713; 3rd ed., 1726 (河辺六男訳「自然哲学の数学的諸原理」,『世界の名著 26 ニュートン』中央公論社, 1971). *Opticks: or, A Treatise of the Reflexions, Refractions, Inflexions and Colours of Light*, 1704; Latin ed., 1706; 3rd ed., 1717/18 (島尾永康訳『光学』岩波文庫, 1983).

(中才敏郎)

ニューマン、J. H.
Newman, John Henry 1801-90

ロンドン出身。オックスフォード大学オリエル・カレッジのフェロー、聖マリア教会主任聖職者。*Tracts for the Times* (1833-41) を発行しながらオックスフォード運動を指導するうちに、ローマ・カトリックに改宗 (1845、オラトリオ会)。ダブリンのカトリック大学学長 (1854-58) ののち、枢機卿 (1879)。

使徒伝承以来の信仰箇条を礼拝の一部として掲げる普遍教会への復帰・霊の覚醒を訴えた。バトラーの蓋然性 (probability) を当初支持したが、信仰の深まりを生ける事実として捉える人格的立場から、蓋然性を収斂し神を認識する確実性 (certitude) を確信する。一方、神学を頂く知的秩序を習得し知性を涵養することが大学に学ぶ目的であり、教育を職業的訓練にすれば堕落するとした。同時代の自由主義を批判したが、自身の神学もスコラ学の伝統や当時の教皇至上主義から自由であった。第二バチカン公会議以降、エキュメニズム (教会一致運動) の先取りとして高く評価される。

【主要著作】*The Scope and Nature of University Education*, 1852 (田中秀人訳『大学で何を学ぶか』大修館書店, 1983). *Apologia pro Vita Sua*, 1864 (巽豊彦訳『アポロギア』エンデルレ書店, 1948; 1958). *An Essay in Aid of A Grammar of Assent*, 1870. *The Via Media*, 1877.

(米 典子)

ネイミア、L. B.
Namier, Lewis Bernstein 1888-1960

ユダヤ系ポーランド人の家庭に生まれ、1911年オックスフォード大学ベイリオル・カレッジ卒業。1913年イギリス国籍取得。同年合衆国滞在中にアメリカ独立革命期のイギリス議会政治史を著す志を立てるが、第一次大戦中の従軍や宣伝活動のため中断を止むなくされる。しかし「ジョージ 3 世即位当時の政治構造」(1929)、「アメリカ独立革命期のイングランド」(1930) は手稿史料を駆使した徹底した実証主義で、個々の政治家の地縁・血縁から政治史、議会史を組み立てていく彼の方法論は従来のマコーリ、トレヴェリアン的なホイッグ史観とはまったく異なるものであり、史学界に賛否両論を巻き起こした。第二次大戦の勃発は彼のヨーロッパ史への関心を呼び起こしはしたが、ユダヤ人擁護・シオニズム運動のためイギリス議会史研究は中断した。戦後彼は「議会史財団」の中心的なメンバーとなり、自身、この財団から *The History of Parliament 1754-90* の部分の執筆を委嘱され、病をおして取り組んだが、完成を見ず亡くなった。同書はジョン・ブルックとの共著の形で 1964 年 3 巻本で上梓された。議会史財団はネイミアの遺志をうけ現在も *The History of Parliament* を継続刊行中である。

(松園 伸)

ネヴィル、H.
Neville, Henry 1620-94

共和主義の政治思想家。バークシャーのウィンザー近郊に生まれ、オックスフォード大学で学ぶ。1651 年に残部議会に参画し、主に外交政策で活躍した。クロムウェル体制に反対した共和主義者で、友人のハリントンの影響を強く受ける。1675 年にはマキアヴェッリの全集を翻訳した。『甦ったプラトン』で王

と貴族の所有のバランスを壊す絶対君主制を批判し、古来の国制を主張した。

【主要著作】*Plato redivivus,* 1681.

(和田泰一)

ノージック、R.
Nozick, Robert 1938-2002

20世紀アメリカの哲学者。ロシア系のユダヤ人移民の子としてニューヨーク市のブルックリンに生まれる。プリンストン大学大学院で学んだのち、若干30歳でハーバード大学の正教授となる。彼の業績として有名なのは、自己所有権（労働所有権）理論に基づいてリバタリアニズム（自由至上主義）を哲学的に擁護し、ロールズ的な再分配理論への批判を行ったことである。彼の関心は政治哲学に止まらず、認識論や形而上学、決定理論に関する論文も数多い。

【主要著作】*Anarchy, State, and Utopia,* Basic Books, 1974 (嶋津格訳『アナーキー・国家・ユートピア』木鐸社，1992). *Philosophical Explanations,* Belknap Press of Harvard University Press, 1981(坂本百大ほか訳『考えることを考える』青土社，1997). *The Nature of Rationality,* Princeton University Press, 1993.

(福間　聡)

ノックス、J.
Knox, John c.1514-72

スコットランドの宗教改革者。政治思想史においては、'最左翼の'抵抗権思想を説いた人物として知られる。

ハディントン近郊の農村に生まれ、セント・アンドルーズ大学で教育を受ける。プロテスタント説教者ジョージ・ウィシャート（George Wishart）に強く影響された結果、彼はガレー船漕ぎの苦役に始まる波乱の生涯を歩むことになる。1549年に服役から釈放され54年までエドワード6世期のイングランドに滞在した。その後1554年から59年まで大陸に亡命し、カルヴァン、ブリンガーら改革派の指導者と交流した。この時期ノックスは、『女たちの奇怪な統治に対する最初の高鳴り』をはじめとする4つのパンフレットを書いた。女性の統治が神の法に違反すること、臣下のうちでも貴族に、誤った君主に代わって宗教を改革する責任があること、一般の人々も真の神礼拝と教会の確立に努めるべきとし、革命的な言説として衝撃を与えた。

1559年の5月に始まる宗教改革戦争において彼は、イングランド政府と軍事援助を得るため交渉した。さらに他の宗教改革者とともに、「スコットランド信仰告白」とのちの『規律の書』の原案作成にあたり、新教会の信条と実践計画を練った。ノックスは、1559年7月以来、エディンバラのセント・ジャイルズ教会の牧師という立場であった。1572年に病没する。

彼は、ミサを偶像礼拝と認識し廃棄すべき罪業であるとしたため、その手段として抵抗権思想を編み出した。正しい信仰の維持は行政の責任であり、これをなしえない政府は抵抗されるべきであった。この思想は危険視されたが、彼の革命戦略は成功した。妥協なき思想家であり政治的な才覚も持つ、まさに稀有の指導者であった。

【主要著作】*The Works of John Knox,* 6 vols., David Laing ed., Edinburgh, 1846-64.

(富田理恵)

ハ

バイアー、K.
Baier, Kurt 1917-

オーストラリア生まれの道徳哲学者。メルボルン大学、オーストラリア国立大学、ピッツバーグ大学で教鞭を執った。アネット・バイアーとは夫婦。

彼によれば「殺人は不正である」のような

道徳上の確信はその真偽を問いうるものであり、道徳的観点によってそれがテストされる。そして道徳的観点自体は、普遍性などのいくつかの原理によって特徴づけられるとしている。

【主要著作】*The Moral Point of View*, 1958.

(神崎宣次)

ハイエク、F. A.
Hayek, Friedrich August von 1899-1992

オーストリア生まれの経済学者、社会哲学者。1974年にノーベル経済学賞を受賞したが、その貢献は経済理論に止まらず、法学、政治学、心理学、思想史などの幅広い範囲に及んでいる。一時期フェビアン社会主義に傾倒したが、法学と政治学の博士号を取得したのち、L.v.ミーゼスの下で経済学の研究に打ち込む。オーストリア学派の一員として資本理論や景気循環論に業績を挙げケインズと論争を繰り広げたが、一方で両者は終生認め合う友人でもあった。1938年にナチスを避けイギリスに帰化。『隷属への道』(1944)を著した頃から社会哲学に研究の軸足を移す。独自の知識論に基づきながら計画経済を理性の暴虐と厳しく批判し、自然と人為の中間領域である「自生的秩序」の概念を展開することで現代自由主義哲学の第一人者となった。また心理学の著作である『感覚秩序』は現代の脳生理学や認知科学の議論を先取りした独創的なものであり、その人間観も含めて社会哲学との関連を探求することが現在の研究の焦点となっている。

【主要著作】*The Sensory Order: An Inquiry into the Foundation of Theoretical Psychology*, 1955 (穐山貞登訳『感覚秩序』春秋社, 1989). *The Constitution of Liberty*, 1960 (気賀健三ほか訳『自由の条件』春秋社, 1986-87). *Law, Legislation and Liberty: A New Statement of the Liberal Principles of Justice and Political Economy*, 1973-79 (矢島鈞次ほか訳『法・立法・自由』春秋社, 1987-88).

(太子堂正称)

ハーヴィ、W.
Harvey, William 1578-1657

『諸動物における心臓と血液の動きに関する解剖学的研究』(*Exercitatio anatomica de motu cordis et sanguinis in animalibus*) で血液循環説を唱えた解剖学者・生理学者。ケント州フォークストン生まれ。ケンブリッジで学んだのちに留学したイタリアのパドヴァ大学で、当時の先端的な解剖学を修め、医学博士を取得した。帰国後ロンドンで医師として働き、ジェイムズ1世やチャールズ1世の侍医も務めた。内科医師会ではラムリ講座講師として解剖学を講じた。ヒトを含む多種類の動物の観察と実験とを通じて、血液が心臓の活動により心臓と末梢との間をたえず循環していることを証明し、ガレノスの解剖学・生理学を修正した。

【主要著作】*Exercitatio anatomica de motu cordis et sanguinis in animalibus*, 1628 (岩間吉也訳『心臓の動きと血液の流れ』講談社学術文庫, 2005). *Exercitatio anatomica de circulatione sanguinis*, 1649. *Exercitationes de generatione animalium*, 1651.

(瀧田　寧)

バーカー、E.
Barker, Ernest 1874-1960

アレクサンダー・リンジと並んで、イギリス理想主義を継承する20世紀前半における政治思想家。古典ギリシアの政治思想研究から出発し、アリストテレス主義者としてあるべき理想を追求する政治学のスタイルを一貫して保持した。また、イギリスにおける多元的国家論者の一人として知られる。国家を法的結社と規定し、それのみが持つ強制力の存在を認めつつ、各人の人格発展のために市民が必要とする外的条件の保障としての国家を構想した。第二次世界大戦の勃発をうけて、

1940年代前半には「討論による政治」を擁護するデモクラシー論を展開した。グリーンの影響を色濃く受け、イギリス理想主義に立脚した政治思想の構築にその特色がある。

【主要著作】*Political Thought in England from Herbert Spencer to the Present Day,* Williams and Norgate, 1915（堀豊彦／杣正夫訳『イギリス政治思想IV』岩波書店, 1954）. *Reflections on Government,* Oxford University Press, 1942（足立忠夫訳『現代政治の考察——討論による政治』勁草書房, 1968）. *Principles of Social and Political Theory,* Clarendon Press, 1951（堀豊彦／藤原保信／小笠原弘親訳『政治学原理』勁草書房, 1969）.

（井上弘貴）

パーカー、H.
Parker, Henry　1604-52

政治理論家。サセックスで生まれ、リンカンズ・インで法廷弁護士の資格を得る。内乱期には、始めは長老派、のちに独立派の論客として活躍する。主著『国王陛下の最近の回答と発言の若干に関する考察』は、議会主権の擁護論として大きな影響を与えた。

【主要著作】*Observations upon Some of His Majesties Late Answers and Expresses,* 1642（渋谷浩編訳『自由民への訴え』早稲田大学出版部, 1978, 所収）.

（朝倉拓郎）

バーク、E.
Burke, Edmund　1729/30-97

アイルランド、ダブリン生まれの政治家、政論家。近代保守主義の祖として知られる。理神論を諷刺した『自然社会の擁護』と美学論文『崇高と美の観念の起源』の成功によって文筆家としての名声を得るが、その後、政界に転身、1765年には下院議員に選出された。以後、1794年に引退するまで、内外の諸問題に目覚ましい活躍を見せた。1770-80年代のバークは、ジョージ3世登位後の新しい専制（官職授与などを通じた私党の形成）との対決、アメリカ植民地擁護、経済改革など、自由の擁護者、穏健な改革者としての相貌が強い。しかし、フランス革命に臨んでは、そこに自由の危機を見て、革命批判の書『フランス革命の省察』を著した。『省察』は、直接的には、革命に共鳴するイギリス国内の急進主義者を批判するための時論の書であるが、今日では保守主義政治哲学の聖典としての地位が広く認められている。フランス革命の進行につれて、反革命干渉戦争を唱道するなど、バークの主張は過激化してゆくが、彼の思想の変節いかんをめぐっては研究者の間でも見解が分かれている。

【主要著作】*A Philosophical Enquiry into the Origin of our Ideas of the Sublime and Beautiful,* 1757; 2nd ed., 1759（中野好之訳『崇高と美の観念の起原』みすず書房, 1999）. *Reflections on the Revolution in France,* 1790（半澤孝麿訳『フランス革命の省察』みすず書房, 1997）.

（中澤信彦）

バクスター、R.
Baxter, Richard　1615-91

17世紀イギリスのピューリタン牧師。シャーロップシャーに生まれ、キダーミンスターで長年聖書の教えを説く職である説教師を務めた。革命期、一時議会軍の従軍牧師となる。その後ウスターシャーで、聖書の教えに教会が一致する運動を始めた。王政復古後、説教職を失ったため、信徒の実際的問題を扱う著作の形で、聖書の教えを説く。聖書講解の記述を事由に、一時投獄される。ロンドンで死去。

バクスターは、生活の全領域に働く、聖書のいのちと恵みを説いた。そして、聖書の教理を、規律正しく日常生活に適用しようとした。直接信仰に関わらないと見られやすい領域も、聖書の権威の下に置こうと努めた。こうして、職業生活は、聖書と教会に仕える中

に位置づけられた。良心の自己審査を説くのも、キリストの贖いの恵みへと導くためであり、あくまでも聖書を信仰の根拠に据える。

近年の牧会神学の方法に引きつけ、バクスターは、具体的な人間的問題に対し直接答えを出すために聖書を用いた、と誤解されるかもしれない。しかし、具体的問題を扱うやり方は、説教をできなかったとき、止むなく採ったものである。また、信徒の抱える問題を取り上げるのも、聖書全体が語っている教え、すなわち罪からの救い主であるキリストへと信徒を向かわせるためであったと思われる。

【主要著作】*The Saint's Everlasting Rest,* 1650; Regent College Pub., 2004. *Gildas Salvianus: the Reformed Pastor,* 1656; Kessinger, 2006（抄訳，梅津順一『ピューリタン牧師バクスター——教会改革と社会形成』教文館，2005，所収）．*A Christian Directory,* 1673; Soli Deo Gloria Pubns, 1997（抄訳，前掲書，所収）．

（古川順一）

ハクスリー、T. H.
Huxley, Thomas Henry 1825-95

生物学者。ロンドン郊外イーリング生まれ。チャリングクロス病院で比較解剖学を修めた後、ラトルスネーク号に乗船し、おもにオーストラリア周辺を周航しながら研究を行う。帰国後ロンドンで教授職を得て、ダーウィン擁護の論陣を張る。自然法則を探究する科学研究から超自然的要素を排除すべきだとする科学的自然主義を唱道し、不可知論（agnosticism）という言葉も生み出した。晩年には、無目的な自然を強調することによって、自由放任の個人主義を批判するとともに、人間社会を生存競争に促すマルサスの人口圧を強調することによって、平等を目指す急進的な社会変革も批判した。

【主要著作】*Evidence as to Man's Place in Nature,* 1863（八杉龍一／小野寺好之訳『自然における人間の位置』河出書房，1955）．*Evolution and Ethics,* 1893-94（小林傳司／小川眞里子／吉岡英二訳『進化と倫理——トマス・ハクスリーの進化思想』産業図書，1995）．

（藤田　祐）

バークリー、G.
Berkeley, George 1685-1753

ロックとヒュームを繋ぐイギリスの経験論哲学者であるが、マルブランシュの影響も指摘される。1685年アイルランドの生まれ。ダブリンのトリニティ・カレッジに学んだのち、1709年聖職者となる。1724年頃からバーミューダにカレッジの設立をもくろむが、31年挫折。1734年クロインの僧正に任ぜられ、53年オックスフォードで死去。

その哲学は、「存在するとは知覚されることである」という原理に象徴される。この原理によって、知覚不可能な物質の実体が心のうちに観念を産むというロックの図式が退けられる。その結果、外的諸事物は観念の集合となる（観念論）。また言語についての先駆的な洞察もあって、一般名辞が、抽象観念によってではなく、語の用法によって説明されたり、さらには「引力」などの科学用語はその道具的性格のゆえに存在意義があるとも論じられている。最も初期の『視覚新論』は、事物を構成する視覚的要素と触覚的要素の関係を経験論的に分析したものとして、観念論を離れても意義のある著作である。

【主要著作】*An Essay toward a New Theory of Vision,* 1709; 4th ed., 1732（下條信輔／植村恒一郎／一ノ瀬正樹訳『視覚新論』勁草書房，1990）．*A Treatise concerning the Principles of Human Knowledge,* 1710; 2nd ed., 1734（大槻春彦訳『人知原理論』岩波文庫，1958）．*Three Dialogues between Hylas and Philonous,* 1713; 3rd ed., 1734. *De Motu,* 1721; 2nd ed., 1734.

（中谷隆雄）

バーケンヘッド、J.
Berkenhead, John　1616-79

ジャーナリスト。内戦中に王党の週刊紙『メルクリウス・アウリクス』を出し、正確な情報と機知（ウィット）で議会派紙『メルクリウス・ブリタンニクス』に対抗した。庶民の出だが、W.ロードの下で才能が開花した。チャールズとともにフランスに亡命し、叙爵される。王政復古で最初の出版検閲官となるが、より強力な規制を掲げるレストランジュに追い落とされた。王党を貫き下院議員にもなった。王立協会員。

（吉村伸夫）

ハーシェル、W.
Herschel, William (Frederick)
1738-1822

ドイツ生まれのイギリスの天文学者。1757年イギリスに渡り、音楽家となるが、73年頃から反射望遠鏡を次々と製作して観測を行い、81年に天王星を発見した。さらに、約2500の星雲、約850の二重星を発見し、宇宙空間中の太陽系の運動を突き止め、恒星分布から銀河系の形状を考察して恒星天文学を開拓した。また、太陽の赤外放射を発見した。

【主要著作】*The Scientific Papers of Sir William Herschel*, 2 vols., 1912.

（森　匡史）

バジョット、W.
Bagehot, Walter　1826-77

ジャーナリスト、評論家。サマセット州に生まれ、ロンドン大学で学ぶ。家業の銀行業を手伝うなか、岳父ウィルソン創刊の *The Economist* の主筆を務め、多方面にわたる評論を数多く残す。『イギリス憲政論』では、非合理的要素（伝統、象徴など）が政治において果たす役割の重要性を闡明し、国制を、劇場的効果によって国民から服従を獲得する「尊厳的部分」（君主、貴族〔院〕）と、行政を担う「実効的部分」（内閣、庶民院）とから考察すべきとした。また、金融論の古典とされる『ロンバード街』では、イングランド銀行の「最後の貸し手」としての責任を明確化し、中央銀行論を初めて打ち立てた。

【主要著作】*The English Constitution,* 1867; 2nd ed., 1872（小松春雄訳「イギリス憲政論」、『世界の名著60 バジョット／ラスキ／マッキーヴァー』中央公論社, 1970）. *Lombard Street,* 1873（宇野弘蔵訳『ロンバード街』岩波文庫, 1941）. *Physics and Politics,* 1872（大道安次郎訳『自然科学と政治学』岩崎書店, 1948）.

（遠山隆淑）

ハズリット、W.
Hazlitt, William　1778-1830

ロマン主義時代の代表的な画家、哲学者、批評家。ケント州メイドストン生まれ。ユニテリアン派牧師の父に連れられ、幼少期を独立直後のアメリカで過ごす。帰国後、父の希望で牧師となるべく、ロンドンのユニテリアン派の大学で学ぶが、1年で退学し、シロップシャー州の実家で哲学と文学を独学。ユニテリアン説教師として近くを訪れたコールリッジと出会い、ワーズワスやラムとも面識を得る。肖像画家を志すが挫折。ロンドンに移り、ジャーナリストとして『エディンバラ・レヴュー』などに寄稿。多彩な比喩と激烈な文体で知られる。代表作として、同時代の代表的人物についての評論を集めた『時代の精神』がある。

【主要著作】*Essay on the Principles of Human Action,* 1805. *Characters of Shakespeare's Plays,* 1817. *The Spirit of the Age,* 1825（神吉三郎訳『時代の精神』講談社学術文庫, 1996）.

（小田川大典）

バターフィールド、H.
Butterfield, Herbert　1900-79

歴史家。ケンブリッジ大学に学ぶ。1938-52

年、Cambridge Historical Journal誌編集者、のち母校教授。イギリス史を自由な国制の発展史と考えたいあまり直線的進歩の歴史として描くことを批判し、研究者ではなく研究対象の側が属するコンテクストの理解を求める『ホイッグ史観批判』で名をなす。一方、『ジョージ3世と歴史家たち』ではネイミアを批判して政治への民衆の影響を評価（非ユートピア的ホイッグを自認）。『近代科学の誕生』では「科学革命」の語を初めて用いるなど科学史研究でも新機軸を打ち出す。また、偶発的要因を重視する初期のナポレオン研究以来の関心を受け、神意に沿う外交を求めるキリスト教的で悲観論的な国際政治史を書く。ポーコックへの影響も大きい。

【主要著作】 *The Whig Interpretation of History*, 1931（越智武臣ほか訳『ウィッグ史観批判』未来社）. *The Origins of Modern Science 1300-1800*, 1949（渡辺正雄訳『近代科学の誕生』講談社）. *George III and Historians*, 1957.

（村井明彦）

ハチスン、F.
Hutcheson, Francis 1694-1746

18世紀イギリスの道徳哲学者。アイルランドに生まれる。グラスゴー大学では神学教授シムソンの下で学び、卒業後は牧師補の資格を得るが、ダブリンに長老派の学校を新設する際に招聘され、経営を任される。ダブリン滞在中にモールズワース卿を通じて第3代シャフツベリ伯の影響を受け、『美と徳の観念の起源』では、ロックの認識論を踏まえつつ道徳感覚を提唱し、仁愛という利他的動機を道徳的善と規定する。『情念論／道徳感覚の例証』では、理性主義者バーネットとの往復書簡をきっかけに、J.バトラー『説教集』の影響も受けつつ、道徳心理学的考察をさらに展開する。そして、グラスゴー大学道徳哲学教授に着任、当時の慣例であったラテン語による講義を改めて、英語で講義し、熱心な教育姿勢で多くの学生に感銘を与える。弟子の一人であったアダム・スミスは、「忘れえぬ師」と評している。この大学での講義は、『道徳哲学入門』、『道徳哲学体系』として刊行されている。道徳感覚理論の大成者であり、自然法学を踏まえた社会科学的な洞察は、ヒュームとスミスに批判的に継承され、スコットランド啓蒙思想の展開に大きな影響を与えた。また、「最大多数の最大幸福」という表現を用いており、功利主義の先駆者とも見なされる。

【主要著作】 *An Inquiry into the Original of our Ideas of Beauty and Virtue*, 1725（山田英彦訳『美と徳の観念の起原』玉川大学出版部、1983）. *An Essay on the Nature and Conduct of the Passions and Affections. With Illustrations upon the Moral Sense*, 1728. *A Short Introduction to Moral Philosophy*, 1747. *A System of Moral Philosophy*, 1755.

（島内明文）

バックル、H. T.
Buckle, Henry Thomas 1821-62

19世紀ヴィクトリア期の歴史家。ケント州リーで、エリザベス治下ロンドン市長職にあったサー・カサバード・バックルを先祖に持ち、船舶会社バックル・バグスター・バックルを所有する一族トマス・ヘンリ・バックルと妻ジェーンとの間の一人息子として生まれた。19歳で父を亡くしたが、家業に就くことはなく、旅行、読書、チェスを楽しんだ。母に捧げ、母の記念とした『イングランド文明史』2巻によって名声を獲得した。それは実証哲学や生物進化論などの影響下にあって、統計学などを用いた科学的手法を用いてイングランドを中心に他の文明との比較を通じて文明の進展を実証しようと試みた壮大な比較文明史とも言うべきものであった。一般の人々の精神の発達や知性の徳性に対する優位発達、自然環境の人や社会に与える影響などきわめて個性的な文明史で、各国語に訳されて一世を風靡した。日本でも福澤諭吉や田口卯吉など

明治期の知識人に多大な影響を与えた。
【主要著作】*History of Civilization in England,* 2 vols., 1857-61. *Miscellaneous and Posthumous Works of Henry Thomas Buckle,* Helen Taylor ed. with a biographical notes, 3 vols., 1872. *The Life and Writings of Henry Thomas Buckle,* Alfred Henry Huth ed., 2 vols., 1880.

(安西敏三)

ハート、H. L. A.
Hart, Herbert Lionel Adolphus　1907-92

ハロゲット（ノース・ヨークシャー）にてユダヤ系の家系に生まれ、オックスフォード大学で古代史・哲学を学んだのち、衡平法弁護士として活躍。第二次大戦後、母校の哲学講師を経て、同大学法理学教授。日常言語学派の哲学を法理学に適用し、20世紀の法理論に大きな影響を与えた。

法を主権者の命令と見るオースティンを批判し、「ルール」概念に基づいて、個人の行動を規律する一次的ルールと、その一次的ルールの承認・変更・裁定に関わる二次的ルールとの結合として法を捉える独自の法実証主義理論を提示した。後者の中の、「いかなるルールが法的ルールであるか」を識別する「承認のルール」を法体系の基礎と位置づけ、一次的ルールのみからなる前法的世界に二次的ルールが導入されることに法的世界を特徴づけた。

人間の本性や環境に関する真理から論理的に導出される「自然法の最小限の内容」があり、法と道徳はそれを共有するとしつつも、法と道徳、「在る法」と「在るべき法」を区別することが法への道徳的批判を確保する意味で利点があると主張して、「法に内在する道徳」を唱えるフラーと対立した（ハート－フラー論争）。また、ミルの「危害原理」を支持する立場から、同性愛や売春などの不道徳行為を法で処罰することを批判し、私的道徳領域における個人の自由への法的規制を最小限にすべきことを主張した（ハート－デヴリン論争）。
【主要著作】*The Concept of Law,* 1961（矢崎光圀監訳『法の概念』みすず書房，1976）．

(内藤　淳)

バトラー、J.
Butler, Joseph　1692-1752

18世紀イギリスの道徳哲学者、神学者。バーク州に生まれる。長老派の牧師となることを同派の信徒であった父親が望んでいたため、地元のグラマー・スクールで学んだのち、非国教徒のアカデミーに進学、古典語や数学を学ぶ。在学中には、当時の代表的な哲学者サミュエル・クラークとの間で、彼の著作『神の存在と属性の論証』をめぐり何度か往復書簡を交わし、早くも哲学的才能の片鱗を示す。学問的関心もあって国教に改宗、オックスフォード大学オリエル・カレッジに入学する。卒業後は聖職者の道を歩み、ブリストル主教などを歴任、最終的にはダラム主教となる。

『説教集』は、初期の赴任先ロールズ・チャペルでの説教を刊行したものである。そこでは、人間本性が徳性に適合するよう構成されており、この本性に従うのが徳であること、良心は人間本性という階層的体系の最上位に君臨し、自己愛・仁愛・欲求・情念に対する道徳判断を行い、それらを統制する反省的原理であること、道徳的行為において良心と冷静な自己愛とが一致しうることを説く。『宗教の類比』では道徳論の基礎となる神学上の主題を扱い、理神論批判をも展開する。良心と自己愛に即して道徳的行為者を明確にする一連の議論は、道徳認識論における理性主義や直覚主義に大きな影響を与えた。

【主要著作】*Fifteen Sermons preached at the Rolls Chapel,* 1726. *The Analogy of Religion, Natural and Revealed, to the Constitution and Course of Nature,* 1736.

(島内明文)

バトラー、S.
Butler, Samuel　1835-1902

ヴィクトリア後期の哲学者、作家、音楽家、画家、作曲家。ノッティンガムシャーの国教会聖職者の家系の長男として生まれる。聖職者となるべくケンブリッジ大学聖ヨハネ・カレッジで学ぶが、信仰に疑問を抱くようになり、父トマスと対立、聖職に就くことを拒む。家族から精神的、経済的に独立するために、ニュージーランドに移住し、牧羊業を営む。移住先でギボン『ローマ帝国衰亡史』とダーウィン『種の起源』の影響を受ける。帰国後、ロンドンにて、生涯の友となるエリザ・サヴェイジと出会う。ユートピア（nowhere）を逆綴りにした表題の諷刺小説『エレフォン』、ダーウィンを批判しラマルクを擁護する独自の進化論を展開した『古い進化、新しい進化』、死後出版の自伝的小説『万人の道』など。

【主要著作】*Erewhon*, 1872. *Evolution, Old and New*, 1879. *The Way of All Flesh*, 1903.

（小田川大典）

ハートリー、D.
Hartley, David　1705-57

18世紀イギリスの哲学者、医師。ハリファックス近辺に生まれ、聖職者を目指してケンブリッジ大学で修士号を取得するが、三十九ヵ条への同意をためらい、医師になる。ロンドンやバースで診療と研究を行い、バースで死去。

『人間についての観察』では、ニュートンによる流体中の粒子の振動に関する説を生理学に応用し、これと連合とを基礎に精神作用を説明した。すなわち、感官への外的事物の衝撃は神経から脳へと脊髄白質中の粒子の振動として伝わり、この振動が脳で感覚や観念、運動を引き起こす。そして振動の連合と反復が複合的振動の傾向性を生むと同時に、感覚の連合が観念連合および複合観念を生む。また行為も、赤ん坊に見られるように、自動的反射運動が感覚や観念と連合され反復されるうちに、意志的行為が可能になり、いっそう習熟すればそれがほぼ自動的にさえなるとして、緩やかな決定論を採った。さらに道徳と宗教について論じ、道徳的発達の心理学として6つの次元（想像、野心、利己心、共感、神への愛、道徳感覚）を辿って徳が完成し、加えて道徳規則の発展と神の善性とによって将来・来世の完全な幸福を期待できるとした。

その広範な理論は、同時代のプリーストリやユニテリアン派に支持され、19世紀のJ.ミルら連合心理学派の先駆ともなった。

【主要著作】*Observations on Man, his frame, his duty, and his expectations*, 1749; 2nd ed., 1791.

（會澤久仁子）

バニヤン、J.
Bunyan, John　1628-88

文筆家、聖職者。ベッドフォード近くのエルストゥ生まれ。鋳掛屋に生まれて初歩的教育のみで家業に入り、内戦では議会派に従軍。退役直後の結婚で冒瀆的言動が一変した。『溢れる恩寵』（1666）に見える苦悩を経て非国教徒の教会に入り、説教が人気を呼んで正式な地位を得るが、王政復古ですべてを失う。半年ほど説教を続けて逮捕され、その後12年間のほとんどを州監獄で暮らした。1672年の寛容令で出獄し、非国教徒の苦難期も各所で説教した。ロンドンでも頻繁に説教し、J.オウエンが高く評価した。1676年の短期入獄時に有名な『天路歴程』第1部を完成し、78年に出版した。滅びの町を出たクリスチャンが数々の危機を克服して天の都に至るまでを、話者の見た夢として語る寓話である。

彼の英語には聖書の英語と当時の口語が融け合っており、物語の才や性格描写の鮮やかさとともに瞠目に値する。民衆が熱烈に愛したほぼ唯一のピューリタン文学作であろう。第2部はクリスチャンの妻子の旅路を描くが、これを含む完全版が出たのは1784年である。宮

廷が彼の人気の利用をもくろんでも廉潔を貫いたが、仲違いした父子のために雨中を旅して熱病を発し、死去した。
【主要著作】*Grace Abounding to the Chief of Sinners*, 1666. *Pilgrim's Progress*, 1678（竹友藻風訳『天路歴程』岩波書店）.

（吉村伸夫）

ハーバート（チャーベリーの）
Herbert, Edward; 1st Baron Herbert of Cherbury 1582-1648

理神論者、哲学者、軍人、外交官、歴史家、詩人。シュロップシャー生まれ、オックスフォード大学ユニヴァーシティ・カレッジに学ぶ。イギリス理神論の父と言われる。形而上派詩人ジョージ・ハーバートの兄。『真理論』（1624）で、知識の確実性は共通概念（common notion）からのみ得られ、歴史や伝統からは蓋然性以上のものは得られないとした。共通概念は「自然の命令によって魂に刻印された」、万人が同意する確実な知識とされた。宗教における5つの共通概念は1645年の増補版で、至高なる神の存在、神の崇拝、神への崇拝は徳と敬虔にあること、罪は改悛によって償われること、来世での賞罰の施行、と示された。

『世俗人の宗教』（1645）で、世俗人は5つの共通概念に基づき最善の宗教を選ぶべきであり、聖書は歴史と考えるべきなので、その中の神による普遍的な言葉と人間による曖昧な言葉を区別せよと説く。『異教徒の宗教』（1663）では、異教世界でも神の意志は万人の心に共通概念として啓示されたが、聖職者の野心から複数の神々、儀式、秘義、迷信が作られ、異教は偶像崇拝に堕したと説く。彼の見解は自然宗教の優位性、啓示宗教の不必要性を根拠づけるものとしてのちの理神論に影響を与えた。

【主要著作】*De Veritate*, Paris, 1624; London, 1645. *De Religione Laici*, 1645. *De Religione Gentilium*, 1663.

（三井礼子）

バビッジ、C.
Babbage, Charles 1791-1871

数学者・発明家。デヴォン州生まれ、ケンブリッジ大学卒。解析学の近代化に貢献。機械式計算機（階差機関・解析機関）は未完ながら、後者は現代のコンピュータの基本原理の一部を先取した。機械化を称揚し、科学技術政策の概念、オペレーションズ・リサーチ、郵便の均一料金制など、多数の発明・提案を行った。ロンドンで死去。

【主要著作】*The Works of Charles Babbage*, William Pickering, 1989.

（嘉陽英朗）

パーフィット、D.
Parfit, Derek 1942-

イギリスの倫理学者。オックスフォード大学で学んだのち、オール・ソウルズ・カレッジのフェローとなる。『理由と人格』で、従来の実践的合理性や人格概念を批判し、人格の同一性という概念それ自体は人々の利害関心にとって重要ではなく、真に重要なのは人格概念を構成する心理的特徴であるという、還元主義的な人格概念を採った。また、現在存在している人々だけでなく未来世代の人々を道徳的配慮の射程に含みうる非人格的な道徳理論を提唱した。それ以後は、平等問題、行為の理由と動機に関するメタ倫理的問題など、現在の広範な倫理的諸問題を論じている。

【主要著作】*Reasons and Persons*, Oxford University Press, 1984（森村進訳『理由と人格——非人格性の倫理へ』勁草書房, 1998）. "What We Could Rationally Will", *The Tanner Lectures on Human Values* Vol.24, The University of Utah Press, 2004.

（鶴田尚美）

ハミルトン、W.
Hamilton, William 1788-1856

18世紀のイギリス・スコットランドの哲学者、論理学者。グラスゴー生まれ。エディンバラ大学教授。研究分野は多方面にわたるが、重要な論文を『エディンバラ・レヴュー』に発表し、当時のスコットランドの思想界に大きな影響を与えた。

ハミルトンは、リードの常識哲学を支持するとともに、当時あまり知られていなかったカントの批判哲学の研究をし、その影響を受けた。そこからハミルトンは、無条件者(無制約者、the Unconditioned)は認識の対象ではあるが、しかしわれわれは条件づけられたものしか認識できないとする認識論を展開した。彼によれば、「考えるとは条件づけることである」と言われ、すべては他のものとの関係において知られるのであり、無条件者を認識することはできないのである。しかし一方でこの無条件的絶対者は、ハミルトンにおいて、神や神学の問題へと繋がるものであった。なお現象界を超えたものの存在については、J.S.ミルとの論争がある。

論理学の上では、述語にも「すべて」、「ある」といった、量を表す言葉の付加を主張し、これは現代の記号論理学にとって一つの先駆的思想であると言える。

【主要著作】*Discussions on Philosophy and Literature, Education and University Reform,* London, 1852.

(寺中平治)

ハリー、E.
Halley, Edmond 1656-1742

天文学者。ロンドン生まれ。オックスフォードに学ぶ。王立天文台の完成に協力。20歳の時、セントヘレナで南半球の星、水星の太陽面の通過を観測。ニュートンに『プリンキピア』完成を勧め、その出版費用を負担。貿易風、潮汐、地磁気変化の測定、恒星、彗星、月の周期表作成など、天文、海事の実際的調査研究に従事。1682年彗星の周期的出現(ハリー彗星)、1769年の金星の太陽面通過を予言。

【主要著作】*Astoronomie Cometicae Synopsis,* 1705.

(荻間寅男)

バリー、B.
Barry, Brian 1936-

現代の政治理論学者。ロンドン生まれ。オックスフォード大学に学び、イギリス、北米各地の大学で教鞭を執ったのち、コロンビア大学、ロンドン・スクール・オブ・エコノミクス名誉教授となる。不偏性や公平性を重視する自由平等主義者としてロールズ以降の正義論の牽引役を果たし、哲学的な社会正義論と政治学の経験的な民主主義論とを結びつけた研究が特徴的である。

【主要著作】*Political Argument,* Routledge and Kegan Paul, 1965. *Theories of Justice,* Vol.I of *A Treatise on Social Justice,* University of California Press, 1989. *Justice as Impartiality,* Vol.II of *A Treatise on Social Justice,* Clarendon Press, 1995.

(石川涼子)

バーリー、W.
Burley, Walter c.1275-c.1345

ヨークシャー生まれのイギリスの哲学者、神学者。オックスフォード大学で哲学を学び、パリ大学で神学を学んだ。マートン・カレッジのフェローであり、オックスフォード・カリキュレーターズの先駆者とも見られる。彼の業績の大部分は、アリストテレスについての多くの注釈であるが、とくにオッカムの論理学に対する批判者としても知られた。

【主要著作】*De puritate artis logicae,* c. 1325-8 (『論理学の純粋性について』).

(中才敏郎)

ハリファックス侯
Savile, George; 1st Marquess of Halifax   1633-95

イギリスの政治家。ヨークシャーのソーンヒルで生まれる。1672年枢密院議員、82年国璽尚書に就任。宗教的・政治的急進派が伝統的な社会構造を脅かすなか、自ら日和見主義者 (trimmer) と称し、つねにトーリ党とホイッグ党との中道を求めた。85年ジェイムズ2世即位後、枢密院議長となるが、審査法 (Test Act) 廃止の要求に反対し、罷免される。名誉革命後、再び国璽尚書となり、ウィリアム3世およびメアリ2世を補佐した。90年に辞任。

【主要著作】*The Character of a Trimmer*, 1688.

(山口正樹)

バーリン、I.
Berlin, Isaiah   1909-97

哲学者、思想史家。ラトヴィアのリガに生まれる。1921年に両親と渡英。オックスフォード大学に学び、32年にオール・ソウルズ・カレッジのフェローに選出される。第二次大戦中はイギリス外務省に勤務し、ワシントン、モスクワで活動。チチリ講座社会・政治理論教授、ウルフソン・カレッジの学寮長、ブリティッシュ・アカデミー総裁などを歴任。30年代にオースティン、エアらと哲学研究サークルを開き、論理実証主義を批判的に検討。これがのちの一元論批判および価値多元主義の基礎となる。消極的/積極的自由の区別を論じた「二つの自由概念」においては、諸価値の究極的調和と理性的自己支配との結合から派生する「自由の強制」を批判し、消極的自由と個人主義の倫理を擁護。その後は思想史研究を通じて価値多元論を展開。一方で彼はロマン主義を全体主義の思想的源泉と捉え、自由主義と人権を擁護する。他方でヘルダーを文化多元主義の祖とし、集団への帰属を人間の本質的な必要として肯定する。その思想は現代の自由主義、多文化主義およびナショナリズムをめぐる議論に影響を与えている。

【主要著作】*Four Essays on Liberty*, Oxford University Press, 1969 (福田歓一ほか訳『自由論』みすず書房, 1971). *Vico and Herder*, Hogarth Press, 1976 (小池銈訳『ヴィーコとヘルダー』みすず書房, 1981). *The Crooked Timber of Humanism*, Henry Hardy ed., John Murray, 1990 (福田歓一ほか訳『理想の追求』岩波書店, 1992).

(森 達也)

ハリントン、J.
Harrington, James   1611-77

17世紀イングランドの共和主義的政論家。イングランド王室と関係の深い名門家系に生まれ、オックスフォード大学トリニティ・カレッジやミドル・テンプル法学院に在籍したのち、欧州大陸旅行へと赴き、各国の統治機構や政治文化を学ぶ。内乱の故国へ戻り、実際の政治に関わるも国王チャールズ1世処刑後は、ウェルギリウスの翻訳を手慰みにしつつ隠棲。親友H.ネヴィルの勧めにより、主著『オシアナ』(1656) を出版して政治の渦中に戻る。

主著は、歴史上の諸共和国の政治・宗教制度の分析、土地所有と政体の照応関係に基づく共和政の歴史的必然性の主張、クロムウェルへの揶揄、そして共和政維持のために、土地均分相続法、官職輪番制、元老院と民会からなる二院制の必要性などを議論。その後は、反聖職者論を含む『民衆統治の優越性』(1658) や、アフォリズムを含む多くの時論的出版物を発行。また市民的公共性の誕生例とされる討論団体ロタ・クラブを主宰し、ハリントン派と呼ばれる一群の共和政維持勢力に影響を与える。王政復古後は、投獄ののち、精神の病を患いつつ死去。

彼の著作は、トーランド、A.フレッチャー、ハチスン、ヒューム、コールリッジなどの後

世の思想家によって再解釈されつつ、今なお共和主義的言説の中心に位置すると見なされている。

【主要著作】*The Commonwealth of Oceana*, 1656（田中浩抄訳「オシアナ」、『世界大思想全集 社会・宗教・科学思想篇2 ホッブズ／ロック／ハリントン』河出書房新社、1962）. *The Prerogative of Popular Government*, 1658.

（竹澤祐丈）

バルガイ、J.
Balguy, John　1686-1748

バルガイ（またはボールギー）は、シェフィールド生まれ。ケンブリッジ大学で学び、国教会の聖職者となり、バンゴール論争ではホードリーを弁護。主に18世紀の道徳的合理主義の形成に貢献した。『理神論者への手紙』で第3代シャフツベリ伯を攻撃したのち、主著『道徳的善の基礎』でハチスンの道徳感覚説を批判。神の意志が人間に植えつけた道徳感覚や情愛こそが道徳の基礎だとすれば、道徳は恣意的なものとなり、それは徳や善の絶対性とは両立しない、という主意主義批判を行った。他方、道徳の真の基礎は、理性的なものとの調和や合致、さらに論理的必然性に見出されると主張した。彼の合理主義はクラークの影響を受けており、のちにプライスがこれを発展させた。

【主要著作】*The Foundation of Moral Goodness*, 1728; 3rd ed., 1733. *Ibid.*, Part II, 1729. *A Letter to a Deist*, 1726.

（下川　潔）

バルフォア、J.
Balfour, James　1705-95

18世紀スコットランドの道徳哲学者。エディンバラ近郊のピルリグに生まれ、ライデンで法学を修める。弁護士を経て、エディンバラ大学の道徳哲学教授、公法教授に就任し、故郷にて死去。道徳論では、ハチスンを継承している面が強い。ヒュームとは終生対立し、とりわけ徳の本質を効用に見る点を批判した。晩年の代表作（1782）では、物体の運動、自由と必然、義務論、啓示宗教を論じている。

【主要著作】*Philosophical Dissertations*, 1782.

（福田名津子）

バロウ、I.
Barrow, Isaac　1630-77

神学者、数学者、古典学者。ロンドン生まれ。ケンブリッジ大学に学ぶ。共和制時代、ヨーロッパ、トルコを旅行。王政復古後、ケンブリッジのギリシア語教授などを経て、1663年ケンブリッジの初代ルーカス数学教授となる。1673年トリニティ・カレッジ学長。1673年大学副総長。光学、幾何学に貢献する一方、古典語に通暁し、説教者としても令名を上げた。ニュートンの師とされるが、確証はない。

【主要著作】*Treatise on the Pope's Supremacy*, 1680.

（荻間寅男）

ハントン、P.
Hunton, Philip　1602-82/3

聖職者、政治理論家。ハンプシャーに生まれ、オックスフォード大学のウォーダム・カレッジで学ぶ。共和政期に聖職者としてキャリアを積み、1657年にはクロムウェルがダラムに新設した大学の学長に就任した。王政復古により職を失い、ウェストベリで死去。主著『王政論』は、内乱期における最も重要な議会派文書の一つであり、国王、庶民院、貴族院の混合政体に基づく制限王政を主張した。

【主要著作】*A Treatise of Monarchy*, 1643.

（朝倉拓郎）

ハンプシャー、S.
Hampshire, Stuart Newton　1914-2004

20世紀後半のイギリスを代表する哲学者の

一人。リンカンシャー生まれ。オックスフォード大学卒。彼の幅広い業績の核となるのは、心の哲学と道徳哲学である。ライルらの論理的行動主義に強く反対し、実践的な行為主体としての人間を強調し、道徳哲学もそのような人間が現実に直面する問題を考察すべきであると主張した。また、価値の多元性と悪の実在性をともに認め、相対主義とも合理主義とも異なる政治的意思決定のあり方を民主主義の制度に求めた。

【主要著作】Thought and Action, 1959; new ed., Chatto & Windus, 1982. Morality and Conflict, Blackwell, 1983.

(石川　徹)

ピアソン、K.
Pearson, Karl　1857-1936

イギリスの統計学者・科学哲学者。ロンドンに生まれ、ケンブリッジ大学を卒業後、ロンドン大学ユニヴァーシティ・カレッジの教授。分布族、相関論、回帰論、カイ2乗検定などの研究と雑誌 Biometrika の創刊によって近代統計学と生物測定学に大きな貢献をした。実証主義の科学哲学を説く『科学の文法』は広く読まれ、ベルン時代のアインシュタインも読書グループでまずこの書を読んだ。

【主要著作】The Grammar of Science, 1892（平林初之輔訳『科學概論』春秋社，1930；安藤次郎訳『科学の文法』, 1982).

(森　匡史)

ヒック、J.
Hick, John　1922-

イングランド北東部のスカーバラに生まれる。エディンバラとオックスフォードで哲学を修め、さらにケンブリッジのウェストミンスター神学院で神学を修めて、長老派教会の牧師となる。在任中にコーネルから招聘をうけて渡米。プリンストン神学校でも教えた。帰国後、ケンブリッジとバーミンガムで宗教哲学を講じ、教職最後の10年間、再び渡米して、クレアモント大学院大学で教鞭を執った。

多数の著作の中でも『宗教の哲学』は標準的なテキストとして名高い。また宗教多元主義の唱導者としても著名。この宗教思想から遠藤周作は、晩年の小説『深い河』の創作に深い影響を受けた。

【主要著作】Philosophy of Religion, 4th ed., Prentice-Hall, 1990（間瀬啓允／稲垣久和訳『宗教の哲学』勁草書房，1994). John Hick: An Autobiography, Oxford: Oneworld, 2002（間瀬啓允訳『ジョン・ヒック自伝』トランスビュー，2006).

(間瀬啓允)

ビーティ、J.
Beattie, James　1735-1803

スコットランドの詩人、哲学者。ローレンスカーク生まれ。少年期から詩才を認められ、アバディーンのマーシャル・カレッジでギリシア語、道徳哲学を学ぶ。学校教師と教区教会書記を務めたのち、1760年に母校の道徳哲学および論理学教授に就任。アバディーン哲学協会で交流したリードらの影響もあり、1760年代末から詩や散文を通して神学に常識哲学を応用した独自の哲学を展開。ヒュームの懐疑論批判者として名声を博し、国王ジョージ3世より年金を賜る。晩年の政治的見解は保守的だったが、男女平等や人種の平等を唱え奴隷貿易に反対するなど社会問題についてはリベラルだった。私生活では自らの健康と妻の精神病に苦しみ、愛息二人が相次いで先立つと病が悪化しアバディーンで死去した。

【主要著作】An Essay on the Nature and Immutability of Truth, in Opposition to Sophistry and Scepticism, 1770. The Ministrel, 1771; 1774. Dissertations Moral and Critical, 1783.

(青木裕子)

ヒューエル、W.
Whewell, William 1794-1866

19世紀イギリスの哲学者、科学史家。ランカスターに生まれる。ケンブリッジ大学のトリニィティ・カレッジの教授として活躍し、同カレッジの学寮長やケンブリッジ大学の副学長も務めた。ヒューエルの研究は、科学、哲学、道徳哲学などと多岐にわたるが、帰納科学の研究の面で最もよく知られている。

科学の真理は、帰納法によって得られる。ヒューエルは帰納科学について歴史的な研究の必要性を唱え、科学は、それまでの法則を吸収する形で連続性を保ちながら、より一般性の高い法則に向け発展していくことを明らかにし、その過程を「帰納による統合」(consilience of inductions) と呼んだ。

ヒューエルには、カントの影響が強く見られ、彼は科学的知識の獲得には、事実と並んで観念(理念)の働きが大事であることを強調し、両者によって科学的知識は成立すると言う。この観念は、経験から来るのではなく、精神の働きによるもので、それによって事実を結びつけるところに法則が成立するというのである。このようなところから、発見の論理学としての帰納法をめぐって、J.S.ミルとの間に論争があった。

【主要文献】*History of Inductive Sciences,* 3 vols., London, 1837. *The Philosophy of the Inductive Sciences, Founded upon their History,* 2 vols., London, 1840.

(寺中平治)

ヒューム、D.
Hume, David 1711-76

18世紀スコットランドの哲学者、歴史家。エディンバラ大学で学んだのち、1734年にフランスに渡り、『人間本性論』全3巻を執筆した。その副題は「実験的推理方法を精神上の主題に導入する一つの試み」である。実験的推理方法とは、経験と観察による探究を指す。

ヒュームは、人間の心や行為を経験と観察によって探究し、人間の自然本性の原理を発見することによって、ニュートンの自然哲学に匹敵する「人間学」(the science of man)の構築を目指した。第1巻は知性を、第2巻は情念を、第3巻は道徳を扱う。その後、第1巻は『人間知性の研究』として、第3巻は『道徳原理の研究』として書き直された。

ヒュームは、因果信念をはじめ、道徳的信念や宗教的信念など、人間の様々な信念のメカニズムを観念連合によって説明するとともに、それらの信念の理性的根拠に鋭い批判の目を向けた。そのために彼は、生前は無神論者、懐疑論者と見なされ、終生大学教授になることはできなかった。しかし、他方では、『政治論集』や『イングランド史』(1754-62)の著者として名声を博した。今日では、自然主義者としても、高い評価を受けている。

【主要著作】*A Treatise of Human Nature,* 1739-40 (大槻春彦訳『人性論』全4冊, 岩波文庫, 1948-52). *Essays Moral and Political,* 1741-42 (小松茂夫訳『市民の国について』上・下, 岩波文庫, 1983). *An Enquiry concerning Human Understanding,* 1748 (斎藤繁雄／一ノ瀬正樹訳『人間知性研究』法政大学出版局, 2004).

(中才敏郎)

ヒル、C.
Hill, Christopher 1912-2003

ピューリタン革命を中心とするイギリス近代史家。ヨークシャーのメソディスト信者の家に生まれ、1931年にオックスフォード大学ベイリオル・カレッジを卒業。1934年にオール・ソウルズ・カレッジのフェローとなるが、翌年、ソヴィエト連邦に留学した。そこで、マルクス主義の影響を深く受け、帰国後、1937年頃共産党に入党。最初の書物『イギリス革命 1640年』は、マルクス主義の刻印を受け、ピューリタン革命を「ブルジョワ革命」と規定した。その後、ベイリオル・カレッジのフェ

ローとなり、同カレッジの学寮長も務めた。実証的な社会経済史研究である『教会の経済的諸問題』を 1956 年に発表、57 年に共産党を離党した前後から彼の革命解釈は変化し、以後、思想史や宗教史を機軸とし、72 年には急進派の思想や宗教を再評価した『ひっくり返った世界』を上梓した。「ブルジョワ革命」論は維持されたが、終末論やクロムウェル、ミルトン、バニヤンなどに関する多彩な研究を晩年まで続けた。

【主要著作】*The English Revolution, 1640*, London: Lawrence & Wishart, 1940; 3rd ed., 1955 (第 2 版：田村秀夫訳『イギリス革命』創文社, 1956). *People and Ideas in 17th-Century England*, Brighton: Harvester Press, 1986 (小野功生／圓月勝博／箭川修訳『17 世紀イギリスの民衆と思想』法政大学出版局, 1998).

(岩井　淳)

ファーガスン、A.
Ferguson, Adam　1723-1816

スコットランドの哲学者、歴史家。ロジレイト生まれ。スコットランド啓蒙の数少ないハイランド出身者。牧師だった父の期待の下聖職を目指し、セント・アンドルーズのセント・レオナーズ・カレッジおよびエディンバラ大学の神学部で学ぶ。学生時代からのちにスコットランド啓蒙の中核となるロバートスン、ブレア、ヒューム、スミスらと友情を育む。1745 年から 54 年までハイランド第 43 連隊従軍牧師として戦地でゲール語と英語で説教する。牧師辞任後数年間を無職で過ごし、59 年エディンバラ大学自然哲学教授、64 年同大学道徳哲学教授に就任し人気を博す。『市民社会史論』(1767) で著述家としてヨーロッパ的名声を得る。スコットランド民兵制度設立を目指す「ポーカー・クラブ」を主宰し、またアメリカ独立戦争時の和平使節団に秘書官として加わるなど、自らの思想の信条である実践と参加を身をもって体現する。「現代社会学の父」とも評されるが、「スミスの師」とマルクスが誤解した分業論や、「スコットランドのカトー」とも称された古典的共和主義的な政治思想など、その重層的な思想はとくに近年において多角的に取り上げられ見直されている。セント・アンドルーズで死去。

【主要著作】*An Essay on the History of Civil Society*, 1767; 8th ed., 1819 (大道安次郎訳『市民社会史』上・下, 白日書院, 1948). *Institutes of Moral Philosophy*, 1769; 3rd ed., 1785. *The History of the Progress and Termination of the Roman Republic*, 1783. *Principles of Moral and Political Science*, 2 vols., 1792.

(青木裕子)

ファーミン、T.
Firmin, Thomas　1632-97

慈善家。サフォーク州出身。ロンバード街の織物商。イギリスのユニテリアン主義の創始者ビドルの影響を受けて慈善活動を行った。1676 年、貧民の雇用および貧民児童の職業訓練を目的としたリンネル製造のワークハウスを設立。クライスツ・ホスピタルの院長を務めたほか、債務者監獄囚の解放、プロテスタント難民のための救済募金活動に尽力した。

【主要著作】*Some Proposals for the Imploying of the Poor*, 1678; 2nd ed., 1681.

(門亜樹子)

ファラデー、M.
Faraday, Michael　1791-1867

イギリスの化学者、物理学者。ロンドン近郊の貧しい家庭に育ったため、小学校卒業後、製本屋で働く。著名な化学者デイヴィの講義を聴講し、その講義録の製本を送ったことが縁で、彼の実験助手となる。1824 年王立協会会員、33 年王立研究所教授になるなど、「科学界のシンデレラ」と称され、今でも多数の伝記が書かれている。マクスウェルが理論的に確立した電磁気学の先駆的実験家として評

されるが、J. Agassi, *Faraday as a Natural Philosopher*, 1971によれば、ファラデーはさらに独創的なアイディアを持っていた。原子論の伝統である物質と空間の二元論の克服、デカルト主義、ニュートン主義の克服であり、アインシュタインに繋がる思想である。

【主要著作】*Experimental Researches in Electricity*, 3 vols., 1839-55（矢島祐利ほか訳『電気学実験研究』岩波文庫, 1972）. *On the Various Forces in Nature*, 1873.

(立花希一)

フィッギス、J. N.
Figgis, John Neville　1866-1919

19世紀イギリスの政治理論・神学者。イギリス国教会の司祭でもあった。ケンブリッジ大学に学び、アクトン卿に師事。集団を重視する多元主義的な国家論を唱え、コールやラスキらのイギリス多元主義政治理論に影響を与えた。

【主要著作】*Studies of Political Thought from Gerson to Grotius 1414-1625*, 1907. *Churches in the Modern State*, 1914.

(石川涼子)

フィニス、J.
Finnis, John　1940-

オーストラリア出身の法哲学者。アデレード大学卒業後、オックスフォード大学で法哲学（法理学）を修めた。オックスフォード大学にて法学・法哲学の教授を務める。米国ノートルダム大学ロー・スクールの教授も兼任する。英米諸国の「新自然法論」の擁護者の一人。哲学からの神学の排除、新カント派的な「ある」と「あるべき」の区別を主張し、それを前提にして自然法原理を探求する。『自然法と自然権』で、トマス主義的自然法論の影響を強く受けた理論を展開。人定法の諸制度を通して確定されるべき善、そうした諸制度が充足すべき要請、そうした諸制度の正当化について、検討した。

【主要著作】*Natural Law and Natural Rights*, Clarendon Press, 1980. *Moral Absolutes: Tradition, Revision, and Truth*, Catholic University of America Press, 1991. *Aquinas: Moral, Political, and Legal Theory*, Oxford University Press, 1998.

(濱真一郎)

フィルマー、R.
Filmer, Robert　c.1588-1653

政治理論家。ケント州のジェントリの家に生まれ、ケンブリッジ大学のトリニティ・カレッジ、リンカンズ・インで学ぶ。1619年にナイトに叙せられる。内乱期には一貫して国王に忠誠を示し、王権を擁護する著作を執筆した。このため議会軍に投獄されるなど困難を味わった。彼の著作は生前にはあまり注目されなかったが、1679-81年の王位排斥法危機において国王と議会の対立が再び激化したときに、王権の絶対性の擁護論として国王派によって相次いで公刊され、激しい論争を引き起こした。

彼の主著である『家父長論（パトリアーカ）』も1680年に初めて公刊された。これによれば、政治権力の起源は、神が創造の際にアダムに与えた地上の支配権に由来する。この権力は長子相続によってアダム以降の家父長に受け継がれ現在の国王に至っている。したがって、国王の支配権は家父長権に依拠し、生殺与奪の権を含む絶対的なものである。また人間は生まれながらに自由ではなく、国王に服従する存在である。これ対して、ロック、ティレル、A.シドニーなどの議会派の論客は、一斉に反論を展開した。とりわけロックの『統治二論』におけるフィルマー批判は有名であるが、その中の重要な要素（所有権論、父権と政治権力の区別など）は、フィルマーへの応答を通じて形成されたと言える。

【主要著作】*Patriarcha, or the Natural Power of Kings*, 1680.

(朝倉拓郎)

フォークランド子爵
Cary, Lucius; 2nd Viscount Falkland 1609/10-43

17世紀イギリスの政治家、著述家。オックスフォードシャーのバーフォードに生まれ、ケンブリッジ大学、ダブリンのトリニティ・カレッジ卒業。グレート・テュウ・サークル(彼の邸宅があるグレイト・テュウで開かれた学術的サークル)を主宰。宗派や学説の違いを尊重する寛容な精神を持ち、宗教における理性の重要性を強調。ピューリタン革命では王党派に属したが、和平不能に絶望して自ら銃弾に撃たれ戦死した。

【主要著作】*Of the Infallibilitie of the Church of Rome*, 1645.

(梅田百合香)

フォーサイス、P. T.
Forsyth, Peter Taylor 1848-1921

会衆派神学者。アバディーン大学卒業後、ゲッティンゲン大学でリチュルに師事。帰国後、モーリスの影響を受け社会主義に傾斜。人道主義化した自由主義神学を退け、神の聖さと人間の罪の間に立つ十字架を福音の中心として強調した。

【主要著作】*The Person and Place of Jesus Christ*, 1909.

(大久保正健)

フォーダイス、D.
Fordyce, David 1711-51

18世紀スコットランドの道徳哲学者。アバディーン近郊に生まれ、アバディーン大学で哲学、数学、神学を修める。牧師を経て、母校の道徳哲学教授に就任。大陸旅行から戻る際、オランダ沿岸で船が沈み死亡。道徳哲学に関する著作にはハチスンの影響が指摘され、教育論とともに18世紀を通じてよく読まれた。初期スコットランド啓蒙に貢献した一人。

【主要著作】*Dialogues Concerning Education*, 1745. *Elements of Moral Philosophy*, 1754.

(福田名津子)

フォックス、G.
Fox, George 1624-91

クェーカー運動の創始者。イングランド中部のレスターシャで織布工の息子として出生。長じて靴造りと牧畜業を営む親方の下で徒弟修業に励むが、年季奉公の中途で出奔。精神の糧を求めて彷徨を続けるなか、神秘体験を得た。1652年、北部のペンドル・ヒル登頂時の啓示が契機となり、28歳でクェーカー運動を開始した。45歳で、ジェントリの未亡人で10歳年長のM.フェル(「クェーカー運動の母」)と結婚。生涯で8回の投獄。ロンドンで死去。魂に宿る「キリストの霊」が各人を罪から完全に解き放つという彼の教説は、同時代人が有した千年王国思想の反映であり彼にのみ固有のものではなかったが、自らの神秘体験を根拠とする信念と、歴史のイエスに倣い「苦難の十字架」を担って生きるフォックス自身の姿とが複合し、卓越した宗教的カリスマ性を彼に与えた。

【主要著作】*The Works of George Fox*, 8 vols., 1831.

(西村裕美)

フォーテスキュー、J.
Fortescue, John c.1397-1479

15世紀イギリスの政治理論家、法律家。1442〜61年王座裁判所主席裁判官。議会制度の発達を背景に、法制定手続きにおける人民の同意は王権を拘束するとして、イギリスの統治体系が専制的なフランスのそれに優越すると論じた。この制限王政の思想は17世紀のクックら均衡憲法論者に影響を与えた。

【主要著作】*De Laudibus Legum Angliae*, 1537. *The Governance of England*, 1885.

(的射場瑞樹)

ブキャナン、G.
Buchanan, George 1506-82

スコットランド出身の人文学者。フランシスコ修道会を諷刺したことで異端とされ、フランスへ亡命 (1539)。ボルドーの大学でモンテーニュにラテン語を教えた。1560年に帰国後、プロテスタントに改宗。スコットランドの歴史および暴君放伐論に関する著作がある。

【主要著作】*De jure regni apud Scotos*, 1579. *Rerum Scotiacarum historia*, 1582.

(的射場瑞樹)

フッカー、R.
Hooker, Richard 1554-1600

神学者、哲学者。エクセターの近郊で生まれる。オックスフォード大学のコーパス・クリスティ・カレッジで学び、1579年にカレッジのフェローとなる。1585年、ロンドンのテンプル教会の主任司祭に任命されるが、ここで国教会の教義、儀式、階層制を批判するピューリタン神学者との論争に巻き込まれる。1591年、『教会国家の諸法』を執筆するために職を退き、93年と97年に第5巻までを公刊した。その後もエリザベス女王から禄を受けて執筆を続けた。本書においてフッカーは、ピューリタンの聖書中心主義とカトリックの教会中心主義をともに退け、国王の下に国家と教会が相互補完的に秩序を維持する国教会体制の神学的基礎を提示した。

【主要著作】*Of the Laws of Ecclesiastical Polity*, Preface and Books I-IV, 1593; Book V, 1597; Book VI & VIII, 1648; Book VII, 1661〔『宗教改革著作集12』教文館, 1986, に序文の邦訳（村井みどり訳）所収〕.

(朝倉拓郎)

フック、R.
Hooke, Robert 1635-1703

イギリスの物理学者。イングランド南東のワイト島で生まれる。オックスフォード大学クライスト・チャーチで学ぶ。医学者トマス・ウィリスやロバート・ボイルの助手を務め、1662年には王立協会会員となり、65年にグレシャム・カレッジの教授となった。同年に『ミクログラフィア』を刊行し、顕微鏡による詳細な観察記録を示した。「細胞」という語は彼の造語である。1677年には王立協会の事務局長となり、終生その地位にあった。1678年には「フックの法則」を発見した。これは弾性に関するもので、物体の歪みは応力に比例する、という法則である。天体物理学においては、重力が距離の2乗に反比例することを主張して、ニュートンと優先権を争ったが、晩年は病気のため、不遇であった。

【主要著作】*Micrographia of some Physiological Descriptions of Minute Bodies made by magnifying glasses, with Observations and Inquiries thereupon*, 1665.

(中才敏郎)

フット、P.
Foot, Philippa 1920-

アメリカの哲学者。リンカンシャーに生まれ、オックスフォードのサマヴィル・カレッジで学び渡米。現在カリフォルニア大学ロサンゼルス校名誉教授。中絶や安楽死などの喫緊の問題に取り組む一方、現代徳倫理学の代表的論客でもある。アリストテレス倫理学を背景として、善き選択・行為を可能にする特性として徳を位置づけ、人間の自然的なニーズを善き選択・行為の基準と見なす自然主義的な徳理論を展開する。さらに、仮言命法としての道徳を主張して徳に基づく実践理性理論の提示を試みている。

【主要著作】*Virtues and Vices and Other Essays in Moral Philosophy*, Blackwell / University of California Press, 1978. *Natural Goodness*, Oxford: Clarendon Press, 2001.

(奥田太郎)

プライアー、A. N.
Prior, Arthur Norman　1914-69

ニュージーランド生まれの哲学者。オタゴ大学で哲学などを学んだのち、助講師として1年間働く。その後8年間の放浪生活を経て、カンタベリー大学で哲学を教える。1956年オックスフォードのジョン・ロック講義に招かれ、そこで時制論理のアイディアを披露し、翌年その内容が公刊される。1959年にイギリスに渡り、マンチェスター大学、オックスフォード大学などに在籍した。

【主要著作】*Time and Modality*, 1957.

(神崎宣次)

プライス、H. H.
Price, Henry Habberley　1899-1984

認識論と心の哲学に業績を残した哲学者。ウェールズに生まれ、ウィンチェスター校で教育を受ける。イギリス空軍のパイロットを2年間務めたのち、オックスフォード大学に入学し、フェロー、講師を経て、オックスフォード大学論理学教授となる。超心理学に対する関心も強く、心霊研究協会（SPR）の会長も務めた。『知覚』では、所与の存在を前提しつつ、センス・データと物理的対象との関係を解明することによって、現象主義でも知覚因果説でもない知覚理論を打ち立てようとした。『ヒュームの外的世界論』では、ヒュームの理論を批判的に検討し、懐疑主義に陥らない道を示そうとした。『思考と経験』では、思考を記号の使用と捉える見方に反対して、概念形成は認識能力と理解すべきと主張した。

【主要著作】*Perception*, 1932; 2nd ed., 1950. *Hume's Theory of the External World*, 1940. *Thinking and Experience*, 1953; 2nd ed., 1969. *Belief*, 1969.

(岩崎豪人)

プライス、R.
Price, Richard　1723-91

イギリスの牧師の子。アリウス主義の牧師・神学者、政治思想家。神学論において、プライスは、人間は、神の性質の体現たる道徳律を認識する悟性を持ち、その内的判断に基づき行動を選択する自由を持つと考えた。そして、観念の起源を感覚や印象に帰して効用に道徳的判断基準を求めたハチスンやヒュームを批判するとともに、唯物論と必然論に立って意志自由論を否定するプリーストリを批判した。政治思想においては、プライスは、ロックを継承し自由を自己統治と捉えつつ、社会契約時における体制への同意というロックの限界を超えて、自己統治論を人民主権に基づく議会改革と国家主権へと一貫させた市民的自由論を展開した。プライスは、その市民的自由論に基づき、アメリカ革命とフランス革命を支持する論陣を張り、とくに後者では、祖国の自由を発展させる改革を有徳の祖国愛として説いて、バークらと激しい論争を展開した。社会経済的議論も多く、独立自営層を核とする社会を理想としつつ、年金論、国債論、人口推計と社会評価を関係させた人口論などで論陣を張った。

【主要著作】*A Review of the Principal Questions and Difficulties in Morals*, 1758; 3rd ed., *A Review of the Principal Questions in Morals*, 1787. *Observations on the Nature of Civil Liberty, the Principles of Government, and the Justice and Policy of the War with America*, 1776（永井義雄訳『市民的自由について』未来社、1963）. *A Discourse on the Love of our Country*, 1789（永井義雄訳『祖国愛について』未来社、1966）.

(近藤加代子)

ブラウン、T.
Brown, Thomas　1778-1820

哲学者、心理学者。スコットランドに生まれる。D.ステュアートに師事、のちにエディ

ンバラ大学道徳哲学教授職を継ぐ。連合心理学の発展に貢献。リードは感覚と知覚を峻別したが、ブラウンはむしろ両者の関係を連想学説で説明した。夭折したが、評論家・詩人としても活躍。カント哲学の最初期の批判者でもあった。

【主要著作】*Lectures on the Philosophy of the Human Mind*, 1820.

(朝広謙次郎)

ブラウン、T.
Browne, Thomas　1605-82

医師、著述家。オックスフォードのブロードゲート・ホールで学ぶ。有名な『医家の宗教』は、英語版以外にラテン語版と各国語版が出て大陸でも広く読まれたが、本質的に文学技法と機知の力業であり、思想や信仰の書としてのみ読むのは、誤解に近い(同時代にこの例が多かった)。王党だが内戦での積極的活動はない。大作『プセウドドクシア・エピデミカ』(1646)は多くの通説・迷信・怪説を検討批判するものだが、自身が天動説や魔術や錬金術を信じていた。結果より博引旁証と紆余曲折の議論自体を楽しんでいるさまには奇矯な魅力がある。50年代には博識家の名声が高まり、イヴリンなど多くが彼を頼った。出版は1658年までで、終生ノリッジで裕福に暮らした。

【主要著作】*Religio Medici*, 1642. *Pseudoxia Epidemica*, 1646(生田省悟/宮本正秀訳『医家の宗教, 壺葬論』松柏社, 1998).

(吉村伸夫)

ブラクトン、H.
Bracton [Bratton], Henry de　d.1268

デヴォン州バーンステーブル近郊で生まれたとされる。法律家。主著『イングランドの法と慣習について』は、当時生成しつつあったコモン・ローを、ローマ法の概念を用いて体系化した中世最大の英法書。また国王は直接法的強制に服さないものの、他方で諸侯との封建的契約関係と自然法に拘束されるという制限王政論を論じた。

【主要著作】*De Legibus et Consuetudinibus Angliae*, 1569.

(的射場瑞樹)

ブラック、J.
Black, Joseph　1728-99

スコットランドの医師・化学者。ボルドー生まれ。エディンバラ・グラスゴー両大学で学び、教えた。厳密な秤量に基づく塩基性物質の研究から二酸化炭素を発見、空気が混合物であることを示し、空気化学・定量化学の基礎を築いた。ほかにも潜熱や比熱の概念を提唱した。スミス、ヒューム、ファーガスンなどと親交を持ち、ワットの才能を見出した。

【主要著作】*Experiments Upon Magnesia Alba, Quicklime, and Some Other Alkaline Substances*, 1756.

(嘉陽英朗)

ブラックストン、W.
Blackstone, William　1723-80

18世紀イギリスの法律家、法学者。ロンドン生まれ。1758年から66年まで、オックスフォード大学にて、イギリスの大学では中世以来で初めてイングランド法、コモン・ローの講義を行う。治安判事など、要職に就くことが多かった当時のジェントルマン階級に、イングランド法の基本的知識を教授することが目的であった。その講義をまとめたのが、『イングランド法釈義』であり、当時のイギリス法の基本的部分が包括的、体系的に記述されている。イングランドのみならず、独立前後のアメリカにおいても幅広く読まれたが、自然法に基づく名誉革命体制の無条件な正当化としてベンサムに批判されることになる。ただ、法の定義において国会主権を重視するなど、法実証主義的、近代的な側面もある。庶

民院議員(1761-70)、王座裁判所の裁判官(1770)、人民間訴訟裁判所の裁判官(1770-80)でもあった。
【主要著作】 Commentaries on the Laws of England, 1765-69.

(戒能通弘)

フラッド、R.
Fludd, Robert　1574-1637

ケント州ビアステッド生まれ。オックスフォードに学ぶ。医師・魔術思想家。アリストテレスやガレノスの代わりに錬金術や自然魔術、新しい医学に取り組むよう主張、ハーヴィの血液循環説を最初に支持した。また、ケプラー、メルセンヌ、ガッサンディと論争した。
【主要著作】 Utriusque cosmi,maioris scilicet et minoris,metaphysica,physica atque technica historia, Vol.1, 1617-18 ; Vol.2, 1619-26.

(瀧田　寧)

ブラッドリー、F. H.
Bradley, Francis Herbert　1846-1924

イギリス理想主義の哲学者。ロンドン生まれ。同世代のボザンケと同じく、ヘーゲル哲学から大きな影響を受けた。兄は文芸評論家のアンドルー・セシル・ブラッドリー。オックスフォード大学ユニヴァーシティ・カレッジ卒業。同大学マートン・カレッジのフェロー。フェロー時代に腎臓疾患に罹ったために生涯その立場に留まったが、哲学者としては初めて Britain's Order of Merit の勲章を受賞している。

初期の『倫理学研究』では、J.S.ミルらの快楽主義的功利主義(快楽のための快楽の観念)およびカントの道徳理論(義務のための義務の観念)を批判し、「私の地位とその義務」(my station and its duties)の倫理を提唱。自己実現を目指す個人と並び、「具体的普遍」(concrete universal)としての歴史的な共同社会の意義を訴え、共同社会の各人の地位およびそれに伴う義務を強調して存在と当為の和解を目指した。また、『論理学原理』では経験主義の観念連合説的心理学を不完全なものとして論難し、『現象と実在』では実在は精神的なものだがその仔細な論証は人間の能力を超えていると主張。観念の代わりに感覚を提示し、感覚の直接性が実在の調和的本性を悟ることができると論じた。のちにラッセルやムアはブラッドリーを批判したが、両者とも彼の影響下にあった。
【主要著作】 Ethical Studies, 1876. The Principles of Logic, 1883. Appearance and Reality: A Metaphysical Essays, 1893.

(芝田秀幹)

ブラッドワーディン、T.
Bradwardine, Thomas　c.1300-49

14世紀中葉のイギリスの哲学者、神学者。オックスフォード大学マートン・カレッジのフェロー。亡くなる前には、カンタベリーの司教となった。1328年には『運動における速さの比率について』を著し、従来のアリストテレスの注釈に止まらず、独自の立場から、運動における速さの比を論じ、「ブラッドワーディンの関数」と呼ばれるものを提示して、大陸のニコル・オレームなどに影響を与えた。
【主要著作】 De proportionibus velocitatum in motibus, 1328 (『運動における速さの比率について』).

(中才敏郎)

プラムナッツ、J.
Plamenatz, John Petrov　1912-75

20世紀の社会・政治理論家。モンテネグロ生まれ。オックスフォード大学に学ぶ。1967年からオックスフォード大学教授。規範的政治理論は実践的示唆を与えるものであり、因果関係の解明にのみ携わる実証的な政治科学によって置き換えることはできないとした。一方でその分析的な読解のスタイルは、コンテ

クストを重視するケンブリッジ学派から批判を受けた。

【主要著作】*Man and Society: A Critical Examination of Some Important Social and Political Theories from Machiavelli to Marx,* Longmans, 1963; revised ed., 1992 (藤原保信ほか訳『近代政治思想の再検討』I～V, 早稲田大学出版部, 1975-78). *Karl Marx's Philosophy of Man,* Clarendon Press, 1975.

（石川涼子）

ブラムホール、J.
Bramhall, John　1594-1663

1660年よりアーマーのアイルランド教会大主教。ヨークシャーに生まれ、ケンブリッジで学ぶ。早くにイギリス国教会の立場から、ローマ法王による「イギリス国教会管轄権の非合法な簒奪」を批判し、1633年から、および、市民革命期／共和制期における大陸亡命による中断を経た王政復古期の60年から、アイルランドでの教会の教義内容および行財政改革に取り組んだ。他方、1649-58年のトマス・ホッブズとの自由意志論争で死後に名を残した。それぞれの著作で、人間の自由についての理解において、ホッブズが決定論ないしは必然性論を説いたのに対して、ブラムホールは必ずしもオリジナルでないにしても自由意志説をもって応酬した。

【主要著作】*A Vindication of True Liberty from Antecedent and Extrinsical Necessity,* 1655. *The works of the most reverend father in God, John Bramhall,* A. W. Haddan ed., 1842-45.

（伊藤宏之）

ブラント、C.
Blount, Charles　1654-93

17世紀イギリスの自由思想家、著作家。ミドルセックスに生まれ、父親の教育を受ける。1678年にホイッグの政治結社「ブルー・リボン・クラブ」に参加し、79年の『田舎より都市への訴え』で「カトリックの陰謀」の真実性を説くとともにヨーク公（のちのジェイムズ2世）や教皇主義者がロンドンの支配権を掌握した場合の惨状を描いた。また、同年の『学問の擁護』で検閲を批判し出版の自由を説いた。1693年の『征服者ウィリアム王とメアリ女王』では一定の条件で征服を正当化した。

【主要著作】*An Appeal from the Country to the City,* 1679. *A Just Vindication of Learning,* 1679.

（伊藤宏之）

プリーストリ、J.
Priestley, Joseph　1733-1804

神学者、自然哲学者、政治思想家。イギリスのカルヴァン主義の毛織物仕上げ職人の子としてヨークシャーに生まれ、のちにキリストの神性と原罪を認めないソッツィーニ主義に至る。ハートリーに触発され、霊魂と物質との二元論を克服して、精神を脳の活動に帰し、自然的法則の下に人間の精神活動も服するとして意志自由論を否定する唯物論と必然論を展開した。物質の運動の原因たる神は慈悲深く、歴史は人類の幸福の進歩の歴史であって、知識と経験によって人類はその進歩を早めることができると考え、自身、科学・宗教・社会の歴史研究および酸素の発見をもたらした実験や科学研究に精力的に取り組むとともに、歴史・科学教育の重要性を説いた。そして市民的自由論の中心に教育と宗教の自由を置き、教育と宗教への国家介入を強く批判した。プリーストリは、政治論において、ロックの自然権・社会契約論を受け継ぎつつも、ベンサムに影響を与えたと言われる、人々の大多数の幸福を政治の唯一の目的とする功利の原理から、財産権などの社会的権利および抵抗権を措定した。プリーストリは、当時の政治経済体制を基本的に承認していたが、プライスを支持してフランス革命論争に参加した。フランス革命論争とキリスト教論争を背景にして、バーミンガムで暴徒に追われ、アメリカで生涯を終えた。

【主要著作】*An Essay on the First Principles of Government*, 1767. *The Disquisitions on Matter and Sprit*, 1777. *An History of the Corruptions of Christianity*, 1782.

（近藤加代子）

プリチャード、H. A.
Prichard, Harold Arthur 1871-1947

20世紀イギリスの哲学者、倫理学者。ロンドンに生まれ、オックスフォードのハートフォードカレッジ、トリニティ・カレッジのフェローを務めたのち、ホワイト道徳哲学教授。

倫理学分野では直覚主義に基づく義務論を展開。生前に公にした論考は少なかったが、1912年の論文「道徳哲学は誤謬に基づくものか」は強い影響力を持った。この論文でプリチャードは、行為の帰結や人間関係の認識に引き続いて義務は自明の真理として直接的に把握されると主張。義務の根拠づけや証明を道徳哲学に期待してはならないと指摘した。その主張は多くの点で未発展のままに終わっているが、ロスにおける義務論の発展を導く重要な契機となった。

【主要著作】*Kant's Theory of Knowledge*, Clarendon Press, 1909. *Knowledge and Perception: Essays and Lectures,* Clarendon Press, 1950. *Moral Obligation, and Duty and Interest: Essays and Lectures,* with an Introduction by J. O. Urmson, Oxford University Press, 1968.

（都築貴博）

プリングル＝パティソン、A. S.
Pringle-Pattison, Andrew Seth 1856-1931

哲学者。エディンバラ生まれ。遺産相続でセスにプリングル＝パティソンの名が加わる。エディンバラ大学卒業後、ドイツで観念論を研究。カーディフ、セント・アンドルーズ、エディンバラ大学の哲学教授を歴任。初期はヘーゲル流絶対的観念論者であったが、『ヘーゲル主義と人格』で自己意識を個人の人格よりも絶対者に位置づけるヘーゲルを批判。人格的理想主義の立場から、絶対的観念論の枠内で有限な人格の価値を主張した。

【主要著作】*Hegelianism and Personality*, 1887.

（芝田秀幹）

ブール、G.
Boole, George 1815-64

19世紀イギリスの数学者・論理学者。リンカンシャーの貧しい家庭に生まれ、16歳のときから教師として一家を養いながら、独学で数学を学ぶ。のちにクィーンズ大学の数学教授となる。当時のイギリスにおける代数学の抽象化の流れをうけて、『論理の数学的分析』で代数の適用領域を論理へと拡張し、論理を数学的に考察する現代の潮流を生み出す。一つの代数的言語を設定して、その解釈を変更すれば、古典的三段論法の理論とその拡張のみならず、命題論理に相当する部分や、確率計算までも扱えることを示した。この代数系はのちにブール代数として整備される。モデル理論や代数的論理の展開、また、論理回路といった計算機科学での応用に広範な影響を与え、フレーゲとともに現代論理学の創始者と見なされている。

【主要著作】*The Mathematical Analysis of Logic*, 1847（西脇与作訳『論理の数学的分析』公論社, 1977）. *An Investigation of the Laws of Thought*, 1854.

（三平正明）

ブルア、D.
Bloor, David 1942-

科学知識社会学を代表する社会学者。合理的な科学知識も社会学的分析の対象となるという「ストロング・プログラム」を提唱して従来の合理主義的科学社会学を批判し、エディンバラ学派の中心的存在となった。またJ.S.ミルや後期ウィトゲンシュタインを援用し

て、数学を経験科学として捉えつつ、数学的概念や証明への社会的影響の分析を試みている。

(伊勢田哲治)

ブルック卿
Greville, Robert; 2nd Baron Brooke of Beauchamps Court 1608-43

17世紀ピューリタン革命期の議会軍将校、宗教的著作家。リンカンシャーに生まれ、チャールズ1世の専制や専制的な聖職者からのイングランドの解放を神に期待し、とくに地方のジェントリや聖職者の組織化を図るが、1643年に国王軍の攻撃で爆死。1640年の『真実の本質』や41年の『主教制度の本質』で、神との一体こそが真実であるが、それは様々な形態を取ることを説いた。また、新大陸での「神意に適う植民事業」に取り組んだ。ミルトンや若きリルバーンなどの支持を得た。

【主要著作】 *The Nature of Truth*, 1640. *A Discourse Opening the Nature of that Episcopacie*, 1641.

(伊藤宏之)

ブレア、H.
Blair, Hugh 1718-1800

18世紀スコットランド穏健派牧師。出生地にあるエディンバラ大学の修辞学・文学教授。アダム・スミスのエディンバラ講義に出席、『修辞学・文学講義』の注で、スミスから見せてもらった草稿から得たアイディア、率直と簡潔、を借用したこと、スミス本人の修辞学の出版への期待を述べている。『講義』は19世紀半ばまで英語学に貢献し、10版が1806年に、仏語訳も出版された。また『説教集』は多くの言語に訳され、1794年に第1巻は19版、第2巻は15版が出版された。

【主要著作】 *Sermons*, 5 vols., 1777-1801. *Lectures on Rhetoric and Belles Lettres*, 2 vols., 1783.

(荒 恵子)

ブレイク、W.
Blake, William 1757-1827

イギリスの詩人、画家、銅版画師。ロンドンの洋品商の家庭に生まれる。幼い頃から幻視を体験し、画才を示す。徒弟として銅版画を学んだのち、ロイヤル・アカデミー美術学校に入学するが、その教育方針に反発し退学。銅版画師として彩色本などの仕事をこなす。1782年、園芸家の娘キャサリンと結婚。1800年、パトロンのウィリアム・ヘイリーの薦めでサセックス州フェルファムに転居、初めてロンドンを離れ田舎に暮らす。1803年に兵隊と争い国事犯として告訴され、ロンドンに戻る。1809年に個展を開催するが失敗、晩年は貧困に悩まされるも創作を続けた。ブレイクは、地上で苦しむ人間が経験と知恵を通して天上の至高の存在に気づき救われるという思想を、彩色版画印刷法を用いて詩と絵画で表現した。1797年頃からProphetic Booksと称する難解な幻想詩に着手するが、独特の神話や表現のために、同時代においては身近な人々や少数のパトロンにしか認められなかった。のちにラファエル前派やイェイツにより評価され、20世紀に入りロマン派の先駆的詩人としての地位を確立した。

【主要著作】 *The Marriage of Heaven and Hell*, 1793. *The Songs of Innocence and of Experience*, 1794. *The Book of Urizen*, 1794. *Milton*, 1808. *Jerusalem*, 1818.〔挿絵〕John Milton, *Paradise Lost*, 1808. *The Book of Job*, 1823-26. Dante, *The Divine Comedy*, 1825-27.〔訳書〕梅津済美訳『ブレイク全著作』名古屋大学出版局、1989. 土居光知訳『ブレイク詩集』平凡社ライブラリー、1995.

(安富由季子)

フレイザー、J. G.
Frazer, James George 1854-1941

社会人類学者・古典学者。グラスゴーに生まれ、グラスゴー大学で哲学などを学んだのち、ケンブリッジ大学トリニティ・カレッジ

で古典学を学ぶ。1879年に同カレッジのフェローとなり、1908年にはリヴァプール大学でイギリス最初の社会人類学教授となる。膨大な文献に基づいて、世界中の原始宗教や神話、伝承などを比較研究した『金枝篇』を著した。古典古代社会と未開社会を同じ発展段階にあるものとし、それらを発展の最終段階としての西洋近代社会と対比させたこと、人間の思考様式が呪術から宗教を経て科学の段階に至るという進化論的枠組みを援用したこと、社会発展の要因として社会的文脈よりも心理的要因を重視したことなどに彼の議論の特徴がある。彼はまったくフィールドワークの経験を持たなかったが、自らを「巣の中心で外部に対して細心の注意を払うクモ」に譬え、文献に基づく人類学研究に積極的な意義を見出していた。

【主要著作】The Golden Bough, 13 vols., 1890-1936(永橋卓介訳『金枝篇』全5冊, 岩波文庫, 1966-67).

(川名雄一郎)

ブレイスウェイト、R. B.
Braithwaite, Richard Bevan 1900-90

科学哲学、倫理学、宗教哲学の分野で活躍した哲学者。オックスフォードシャーに生まれ、ケンブリッジ大学で物理学と数学を学ぶ。ケンブリッジ大学道徳哲学教授となる。ヒュームに従って、自然法則を客観的なものではなく、恒常的連接にすぎないと考え、経験論的枠組みの下に、科学理論や仮説の意味を論じた。倫理や宗教にも経験論的立場を採り、道徳哲学にゲーム理論を適用した。

【主要著作】Scientific Explanation, 1953.

(岩崎豪人)

フレッチャー、A.
Fletcher, Andrew c.1653-1716

スコットランドの啓蒙思想家、政治思想家。ソールトンに生まれ、青年期は大陸諸国を遊学する。1678年に反体制派として身分議会に参画し、軍隊の補給委員を務めた。反逆者とされて一時期大陸に亡命したが、名誉革命を機に帰国した。経済、軍事、政治など当時のスコットランドの多くの事柄について論じ、家内奴隷制、民兵制度、イングランドとの連邦的統一、ヨーロッパの分割統治などを主張した。

【主要著作】A Discourse of Government with Relation to Militia's, 1698. Two Discourses Concerning the Affairs of Scotland, 1698. An Account of a Conversation Concerning a Right Regulation of Governments for the Common Good of Mankind, 1704.

(和田泰一)

ブロード、C. D.
Broad, Charlie Dunbar 1887-1971

イギリスの哲学者。ロンドン近郊に生まれ、ケンブリッジ大学で初め自然科学を学んだが、中途で哲学に転じて卒業し、1933年から53年まで道徳哲学のナイトブリッジ教授。

哲学を、基礎概念の分析と基本的信念の批判を行う批判哲学と、世界の本性と世界における人間の位置を論じる思弁哲学に分け、いずれにも意義を認める。知覚から倫理に及ぶ広範な領域を扱い、取り上げた問題に関する主要な学説に精緻な分析を施したことで知られる。知覚論では感覚所与説、因果表象説を採り、帰納の問題では因果法則の確率的性格を指摘するとともに帰納推論は自然種の実在を前提するとした。時間論では時制を持つ事実の独自性を認め、心の哲学ではイギリス創発主義を代表する一人である。超心理現象にも終生、関心を示し、その科学的研究を勧めた。

【主要著作】Mind and Its Place in Nature, Kegan Paul, Trench, Trubner & Company, 1925. An Examination of McTaggart's Philosophy, 2 vols., Cambridge University Press, 1933-38.

ヘア、R. M.
Hare, Richard Mervyn 1919-2002

イギリスの哲学者。サマセット州ブラックウェルに生まれる。1966年から83年までオックスフォード大学教授、83年から94年までフロリダ大学教授。故国のオックスフォード州エウェルムにて死去。

道徳語の日常的用法を分析し、道徳判断の第一義的な役割は、何らかの事実を記述することでも情動や態度を表出することでもなく、行為をするよう指図することであり(指令性、prescriptivity)、それと同時に、道徳判断は普遍化可能でなければならない(普遍化可能性、universalizability)と論じて、自らのメタ倫理学説を普遍的指令主義(universal prescriptivism)と呼んだ。

そして、道徳語のこれら二つの論理的特徴と関連する事実によって、規範倫理として選好功利主義が導かれ、さらに道徳的思考を批判のレベルと直観のレベルに分けることによって、功利主義一般に対する批判に応えることができると主張した。

【主要著作】*The Language of Morals*, Oxford University Press, 1952; revised ed., 1961 (小泉仰監訳『道徳の言語』御茶の水書房、1981). *Freedom and Reason*, Oxford University Press, 1963 (山内友三郎訳『自由と理性』理想社、1982). *Moral Thinking*, Clarendon Press, 1981 (内井惣七／山内友三郎監訳『道徳的に考えること』勁草書房、1994).

(樫　則章)

ペイター、W.
Pater, Walter Horatio 1839-94

19世紀イギリスの唯美主義批評家・美学研究者。ロンドンに生まれる。オックスフォード大学で古典語・文学を修めたのち特別研究員を務める。18世紀ドイツの美術史家ヴィンケルマンの影響を受けた主著『ルネサンス』で(森　匡史)は、倫理的宗教的絶対性を失った不安定な近代ヨーロッパ社会に生じた個人の孤独や死の不安を鎮める観照的生のあり方を、美的対象の鑑賞を通して模索した。一切が流動する歴史の中で、個体にとって唯一確実なものは印象経験であり、それゆえ美的印象への一体的没入こそが儚い生に不動さをもたらすという。彼の印象主義批評はのちにイェイツやワイルドらに受容されている。

【主要著作】*Studies in the History of Renaissance*, 1873 (富士川義之訳『ルネサンス——美術と詩の研究』白水社、2004). *Marius the epicurean*, 1885 (工藤好美訳『享楽主義者マリウス』南雲堂、1985).

(西澤真則)

ヘイツベリ、W.
Heytesbury, William before 1313-72/3

14世紀中葉のイギリスの哲学者、神学者。おそらく、ウィルトシャーのソールズベリに生まれる。オックスフォード大学マートン・カレッジのフェローであり、晩年は大学のチャンセラーでもあった。『難問解決の規則』では、一様に一様でない運動(加速度運動)について、それが一定の時間で通過する距離は、それが同じ時間に平均速度で一様に運動した場合の通過距離と等しい、という平均速度定理を述べている。

【主要著作】*Regulae solvendi sophismata*, 1335 (『難問解決の規則』).

(中才敏郎)

ペイリー、W.
Paley, William 1743-1805

18世紀イギリスの道徳哲学者・神学者。イングランド中部のピーターバラ生まれ。ケンブリッジ大学で学んだのち、同大学で道徳哲学や神学などを教えた。その後、イギリス国教会の聖職者として、教区牧師や大執事などの職を務めた。彼の『道徳・政治哲学の原理』はいわゆる神学的功利主義の代表作である。

道徳的義務は神の命令と来世の報償および刑罰によって作り出され、命令の内容は聖書と理性によって知ることができる。神は人間の幸福を望んでいるため、行為の正・不正はそれが一般的幸福を増大させるか減少させるかによって決まるとされる。『キリスト教の証拠に関する一見解』と『自然神学』では、宗教的な奇跡と神の存在に関するデザイン・アーギュメントを批判したヒュームに対する反駁が行われている。『自然神学』にある、時計と時計職人の有名な比喩のように、自然界には目的をもって作られたと思われる物が溢れており、それらを創造した強力で賢明かつ善意ある設計者の存在を推論せざるを得ないとされる。これらの著書はいずれも好評で、ケンブリッジ大学で長く教科書として用いられた。

【主要著作】 *The Principles of Moral and Political Philosophy*, 1785. *A View of the Evidences of Christianity*, 1794. *Natural Theology*, 1802.

(児玉　聡)

ヘイル、M.
Hale, Matthew [Mathew]　1609-76

グロスターシャーのオルダーリ出身。法律家。オックスフォード大学マグダレン・ホールからリンカンズ・インに進み、27歳で法曹弁護士資格を得た。その中立性と公平な裁判によって尊敬を集め、チャールズ1世、クロムウェル、王政復古後のチャールズ2世の下で裁判官を歴任した。1671年に王座裁判所主席裁判官に就任。ヘイルの法律論は原則的にクックの均衡憲法論と同じく、国王大権から独立した、伝統と慣習によって正統化される法の領域を認めるものである。また、法は主権者の理性によってのみ制定、執行されるべきだとしたホッブズを批判して、伝統と経験に裏打ちされた法律家こそが法に内在する理性の解釈者であり執行者であるとした。ただヘイルは、法、とくにコモン・ローの不変性を唱えたクックとは異なり、状況に即した修正をそれに加えていく必要を論じた。この立場はバークの憲法思想に影響を与えた。

【主要著作】 *History of the Common Law of England*, 1713. *Historia placitorum coronae*, 1726.

(的射場瑞樹)

ベイン、A.
Bain, Alexander　1818-1903

19世紀スコットランドの哲学者・教育者。スコットランドのアバディーン生まれ。マーシャル・カレッジ(アバディーン大学)で数学、化学、自然哲学を学ぶ。在学中に『ウェストミンスター・レヴュー』に寄稿したことを契機にJ.S.ミルとの生涯にわたる知遇を得る。ロンドンでミルやグロートらと知的交流を持ちつつ著述活動に専念したのち、アバディーン大学の教授を20年間務め、教育改革に尽力。教育的観点から文法学、修辞学、またミルの見解を基礎とした論理学の研究・普及を図るなど多分野にわたって同時代に多大な影響を残したが、とくに心理学において生理学を適用する実証的な方法論や心身並行説を唱えるなど独自の展開を示した。雑誌『マインド』の創刊者にして連合心理学の代表的論者。

【主要著作】 *The Senses and the Intellect*, 1855; revised ed., 1894. *The Emotions and the Will*, 1859. *Education as a Science*, 1879.

(馬嶋　裕)

ペイン、T.
Paine, Thomas　1737-1809

イギリスの政治著作家。コスモポリタンな理想主義者。セットフォード(ノーフォーク)のコルセット職人の子として生まれる。12歳で学校を辞め、父の下で職人の修行を志すが長続きせず、1768年物品税吏になる。1774年ロンドンで知り合ったフランクリンに勧められ、フィラデルフィアに移住。1776年に出版されたアメリカ独立を擁護した冊子『コモン・センス』は、3ヵ月で12万部配布、年内

に56回版を重ねたと言われる。歴史的な「イギリスの国制」論を批判する一方、政府による統制の最小化と自己統治に基づく共和主義を構想した。帰国後、1791年代表作『人間の権利』を発表。バーク『フランス革命の省察』を反駁してフランス革命を熱心に擁護。土地貴族や世襲君主制を批判しイギリスを追放されるが、フランスで市民権を得て、国民公会議員に選出される。1793年にはルイ16世の処刑に反対したことなどを理由に収監される。監獄の中で『人間の権利』新版と『理性の時代』第1部の執筆を開始。1794年アメリカ公使J.モンロー（第5代アメリカ合衆国大統領）の尽力で釈放。1802年ジェファソンの招待でアメリカに再び渡るが、理神論を改めなかったこともあって友人たちにも見離され、不遇のうちに同地で没した。

【主要著作】*Common Sense,* 1776（小松春雄訳『コモン・センス 他3編』岩波文庫, 1953）．*Rights of Man,* 1791（西川正身訳『人間の権利』岩波文庫, 1971）．*The Age of Reason,* 1794-76（渋谷一郎訳『理性の時代』泰流社, 1981）．

(髙山裕二)

ベヴァリッジ、W.
Beveridge, William Henry　1879-1963

「ゆりかごから墓場まで」の福祉を謳ったベヴァリッジ報告で知られるイギリスの官僚、経済学者。インドのベンガル州生まれ。オックスフォード大学を卒業後、ジャーナリスト、官僚、ロンドン・スクール・オブ・エコノミクス学長、自由党議員などとして活躍。

【主要著作】*Social Insurance and Allied Services,* 1942（山田雄三監訳『社会保険および関連サービス』至誠堂, 1969）．*Full Employment in a Free Society,* 1944.

(本郷　亮)

ベーコン、F.
Bacon, Francis　1561-1626

ルネサンス期の哲学者、政治家。エリザベス1世の顧問官の末子としてロンドンに生まれる。ケンブリッジ大学、グレイ法学院を経たのち、ジェイムズ1世の下で法務次官や法務長官、枢密顧問官などを歴任し、1617年には国璽尚書、18年には大法官に就任する。ヴェルラム男爵、セント・オールバンズ子爵。1621年に収賄の罪を問われて失脚する。

『学問の進歩』や『ノヴム・オルガヌム』などの著作を通じて「諸学の大革新」を試み、従来のスコラ哲学を厳しく批判（「知は力なり」）。帰納法や実験を基礎とする新たな知の方法を提唱した。ロックやヒュームをはじめ、近代の経験論や啓蒙主義に大きな影響を与える。とくに、謬見の原因を分類した4つのイドラ論（「種族」「洞窟」「市場」「劇場」）や、『ニュー・アトランティス』に描かれた研究所「サロモン館」の記述で知られる。他方で、近年では魔術や錬金術との方法論的な関連も指摘されている。また、『エッセイ』には、活動的生活と観想的生活の統合を試みた人文主義的な顧問官の思慮が書き記されている。

【主要著作】*The Advancement of Learning,* 1605（服部英次郎／多田英次訳『学問の進歩』岩波文庫, 1974）．*Novum Organum,* 1620（桂寿一訳『ノヴム・オルガヌム』岩波文庫, 1978）．*The Essays or Counsels, Civil and Moral,* 1597; 3rd ed., 1625（渡辺義雄訳『ベーコン随想集』岩波文庫, 1983）．*New Atlantis,* 1627（川西進訳『ニュー・アトランティス』岩波文庫, 2003）．

(木村俊道)

ベーコン、R.
Bacon, Roger　c.1214-92

サマセット州イルチェスターに生まれ、オックスフォードに学び、グロステストから多大な影響を受けた。1240年代には、パリでアリストテレスを講義し、その後はパリとオックスフォードを行き来したと思われる。1256年頃フランシスコ会に入会し、著述活動の制約

を受けるが、67年頃教皇クレメンス4世の求めに応じて短期間で代表作 Opus maius などを書き上げ、教皇に献呈した。1277年頃にはその新奇な説に嫌疑をかけられて監禁され、92年に没しオックスフォードに葬られたと伝えられる。

12世紀中葉からの大規模な翻訳運動の成果として西欧にもたらされたギリシア、ローマ、イスラムの文献をいち早く最も広範に研究し、光学、数学、医学、占星術、錬金術などの科学全般に通じて、「驚異博士」(Doctor mirabilis) と称された。

哲学の知恵は神によってイスラエルの祖先に与えられ、異教徒の手を経てキリスト教徒にもたらされたという知恵の普遍性の認識に基づき、世俗の学問すべてが有機的な相互依存関係を持ちつつ最終的には神学に貢献すべきものだと考え、したがって神学の完成には世俗の学問全般の知恵が必要不可欠だとする壮大な学問改革を構想した。とりわけ言語の知識に基づく聖書の原典研究の必要性を説き、数学、光学、経験科学が他の諸科学にとって有用であることを強調したことなどは、のちの時代を先取りした主張として注目された。

【主要著作】Opus maius(高橋憲一訳『ロジャー・ベイコン』朝日出版社, 1980, 所収). Opus minus. Opus tertium. Compendium studii philosophiae.

(降旗芳彦)

ペティ、W.
Petty, William 1623-87

イングランドに洋服商の子として生まれる。通常の教育を受けたのち船乗りになり航海に出るが、フランス、オランダに留まり数学や自然科学を学び、パリではホッブズやメルセンヌとも接触。1646年イングランドに帰国し、やがて解剖学教授として名をなす。共和政期にはアイルランドの土地測量を任せられる。ハートリブのグループでベーコンの実験哲学に触れ、やがてそれを応用し、「政治算術」と

いう数量データに基づく社会・経済分析の方法を生み出す。王立協会の創立メンバー。彼の『租税貢納論』における経済に関する議論はのちに、マルクスから労働価値説の、そして最近では剰余アプローチの起源と指摘されている。

【主要著作】A Treatise of Taxes and Contributions, 1662 (大内ほか訳『租税貢納論』岩波書店, 1952). Political Arithmetick, 1690 (大内ほか訳『政治算術』岩波書店, 1955). The Political Anatomy of Ireland, 1691 (松川訳『アイァランドの政治的解剖』岩波書店, 1951).

(伊藤誠一郎)

ペティト、W.
Petyt [Petit], William c.1641-1707

17世紀イギリスの古書研究者。コモン・ローを学び、1670年に法廷弁護士資格を得る。中世の年代記作者の文章を収集、研究し、庶民院が立法において本質的な役割を担うことの正統性を、古代サクソン人から連なる議会の歴史から立証することで、名誉革命におけるホイッグの勝利に貢献した。

【主要著作】The Ancient Right of the Commons of England Asserted, 1680.

(的射場瑞樹)

ベンサム、J.
Bentham, Jeremy 1748-1832

イギリスの法学者、政治改革論者。功利主義の提唱者。ロンドンに生まれ、12歳でオックスフォード大学に入学。処女作『統治論断片』でブラックストンの保守的な自然法論を批判し、正・不正の判断基準は「最大多数の最大幸福」であると宣言、出版・結社の自由を主張した。その前提には、各人が自己利益の最良の判定者であるという人間観があった。

フランス革命期には、フランス議会に対して議会改革案を積極的に提言した。『権力の分割』で、「立憲的自由」は権力の「分割」にで

はなく人民への「依存」に基づくと説き、『フランス憲法典草案』では具体的に、「人民への訴え」としての国王の解散権、議会の一院制、人民の広範な選挙権や議員解職権などを提案した。のちには、イギリス議会に対してもほぼ同様の提案を行ったが、革命の急進化とともに批判的になった。19世紀に入って再び政治改革に着手し、『議会改革の計画』で、官職授与権を駆使して議会に「腐敗的影響力」を及ぼす邪悪な存在であるとして国王批判を強めた。1818年に刊行した『イングランド国教会主義とそのカテキズムの検討』では国教会の廃止と政教分離を説いて、統治構想の基本理念を提示した。『憲法典』はその集大成である。

【主要著作】*A Fragment on Government*, 1776（永井義雄抄訳「統治論断片」、『人類の知的遺産44 ベンサム』講談社, 1982）. *An Introduction to the Principles of Morals and Legislation*, 1789（山下重一抄訳「道徳および立法の諸原理序説」、『世界の名著38 ベンサム／J.S.ミル』中央公論社, 1967）. *Division of Power*, 1789. *Plan of Parliamentary Reform*, 1817. *Constitutional Code*, Vol.1, 1830.

(小畑俊太郎)

ベントリー、R.
Bentley, Richard 1662-1742

古典学者、神学者。ヨークシャー生まれ。ケンブリッジに学ぶ。セント・ポール主任司祭（のちにウスター主教）。スティリングフリートの知遇を得、オックスフォードに学ぶ。ウィリアム3世の侍牧などを経、1700年トリニティ・カレッジ学長に就任。学内改革を行う。その一環として大学出版局を整備。1713年にニュートンの『プリンキピア』第2版を出版。1717年欽定神学教授。学問の業績としては、徹底した本文批評、考証に基づく古典研究を行い、古典学を著しく進歩させた。一方論争家として名をなし1692年ボイル講演の初代講演者として、ニュートン自然学によって無神論を痛烈に攻撃した。1698年には当代の古代・近代論争に触れ、「ファラリス書簡論」にて、古典理解の方法を公にした。また、1713年には、コリンズの理神論は無知の産物とした。ホメロス、ホラティウス、マニリウスらの古典の研究、校本はその後の研究の基礎となった。

【主要著作】*Dissertation upon the Epistles of Phalaris*, 1697.

(荻間寅男)

ヘンリ7世
Henry VII 1457-1509

テューダー朝初代のイングランド国王（在位1485-1509）。リッチモンド伯エドマンド・テューダーの子。ウェールズのペンブルックに生まれ、1471年にヘンリ6世が死去すると、母マーガレットの血統からランカスター家の頭目と見なされるようになる。1485年に亡命先のフランスから帰国し、バラ戦争のほぼ最後の戦闘であるボズワースの戦いでリチャード3世を敗死させ、テューダー王朝を開いた。王位継承の根拠が薄弱であり、エドワード4世の娘エリザベスを王妃に迎えることで両王家の統合を印象づけることに努めたが、当初はヨーク家の反乱が相次いだ。諸侯勢力の削減に努め、星室評議会の設置によって貴族の訴訟不法幇助の押さえ込みを図り、揃い服禁止法によって国王の許可しない従者団を禁止した。また外交的には、財政の面からも戦争を極力避け、晩年にはスペインから王女キャサリンを皇太子妃に迎えてイングランドの国際的地位を向上させた。

(山本信太郎)

ヘンリ8世
Henry VIII 1491-1547

テューダー朝第2代のイングランド国王（在位1509-47）。ヘンリ7世の次男。グリニッジ宮殿にて誕生し、兄アーサーの夭折に伴って王位継承者となった。兄の未亡人であるスペ

イン王女キャサリンと結婚。当初、枢機卿ウルジを大法官として重用し、国際政治におけるイングランドの地位上昇に努めた。またルターに反駁する書物を著し、教皇より「信仰の擁護者」の称号を受けた。しかし、王妃キャサリンとの結婚解消を決意すると、この問題での教皇庁との交渉に失敗したウルジを解任し、結婚解消に反対するウルジの後任T.モアを投獄（のちに斬首）、T.クロムウェルを重用した。結婚解消問題はいわゆる宗教改革議会における一連の反ローマ立法に繋がり、国王至上法（1534）によってイングランド国教会が成立、国内の修道院を解散してその土地財産を没収した。他方、アイルランド国王を名のるとともにウェールズを併合し、イングランド王権の強化に努めた。

（山本信太郎）

ペンローズ、R.
Penrose, Roger　1931-

イギリスの数学者、理論物理学者で哲学者。コルチェスター生まれ。1958年、ケンブリッジ大学で博士号取得。ホーキングとともに特異点定理の証明を行うなど、一般相対性理論と宇宙論の発展に寄与している。「ペンローズ・タイル」の発見者でも有名。哲学思想的には、物理学と意識の問題が興味深い（『皇帝の新しい心』、『心の影』など）。

【主要著作】*The Road to Reality: A Complete Guide to the Laws of the Universe,* Jonathan Cape, 2004.

（立花希一）

ボイル、R.
Boyle, Robert　1627-91

17世紀イギリスの自然哲学者。アイルランドに生まれる。1650年代半ばにオックスフォードに移住。王立協会のメンバーとして、物理学と化学の分野で活躍した。1665年に医学博士となる。のちにロンドンに移住し、同地で死去。ボイルの自然哲学は、フランシス・ベーコン以来の実験主義的科学と、当時復活した古代原子論に基づく「粒子論」を二本柱としている。前者に関しては、空気のバネや色などの個別的性質に関する膨大な実験誌を残した。気体に関する「ボイルの法則」も実験主義的科学の成果である。後者に関しては、従来のアリストテレス的物質理論を否定し、粒子論に基づく物質理論を提出した。それによれば、すべての物体は、大きさ、形、運動、固性を有する最小粒子の集合に還元される。これら最小粒子は結合して構造をなし、その構造が各物体の諸性質を決定する。諸性質の変化は、各物体が持つ粒子構造の相互作用によって機械論的に説明されるのである。

ボイルの実験主義と粒子論はロックの哲学に影響を与えた。神学に関しては、創造における神の自由と創造後の世界への神の介入を唱える主意主義を主張した。

【主要著作】*The Sceptical Chymist,* 1661（大沼正則訳「懐疑的な化学者」、『世界大思想全集 ボイル・ニュートン』河出書房新社、1963）. *The Origin of Forms and Qualities,* 1666（赤平清蔵訳「形相と質の起源」、『科学の名著 第Ⅱ期8』朝日出版社、1989）. *A Free Enquiry into the Vulgarly Received Notion of Nature,* 1686.

（西村正秀）

ポウプ、A.
Pope, Alexander　1688-1744

イギリスのオーガスタン時代の代表的詩人。ヒロイック・カプレットの詩形を得意とした。ロンドンの裕福な商人の子だが、カトリックで生涯矮小体躯であり、そこに疎外感を読む人も。ホラティウス－ボワロー的新古典主義詩学『批評論』（1711）で人気を博す（一部は諺となる）。トーリ的『ウィンザーの森』（1713）からも分かるように、のちにウォルポール政権を批判。『愚者列伝』（1728）はそこから生まれた諷刺詩の傑作。ホメロスの翻訳（『イリアス』1715-20、『オデュッセイア』

1725-26)で予約販売方式を導入。詩人としては破格の1万ポンドを手にする。その結果従来のパトロン制を脱した立場を獲得。『人間論』(1733-34)は様々な哲学を取り入れた詩だが、浅薄との批判も。ほかに『牧歌』(1709)、擬似英雄詩『髪の毛盗み』(1712)、書簡詩集『道徳的試論』(1731-35)など。トゥイッケナムの自邸に造った庭も当時から有名。

【主要著作】*The Twickenham Edition of the Poems of Alexander Pope*, 11 vols.; reprint, London, 1993. *An Essay on Criticism*, 1711（矢本貞幹訳注『批評論』研究社，1967）．*The Rape of the Lock*, 1712（岩崎泰男訳『髪の略奪』同志社大学，1973）．*An Essay on Man*, 1733-34（上田勤訳『人間論』岩波書店，1950）．

（安西信一）

ホガース、W.
Hogarth, William 1697-1764

18世紀ロンドンの国民的な社会諷刺画家・美学者。彫金・銀細工師として修行。画家ソーンヒル（のちの岳父）につき、本格的な絵画制作の道に入る。『ビール街とジン横丁』『娼婦一代記』『当世結婚』など，急速に都市化したロンドンの暗部を諷刺する連作絵画（ほとんどの場合銅版画化されている）を発表、評判となる。また、「優美の線」を説く『美の分析』を著し、蛇状曲線の示す感覚主義美学を基礎づけた。この書は、バーク、シラー美学への影響、イギリス風景式庭園論、さらにはダンス論との関連も指摘できる。

【主要著作】*The Analysis of Beauty*, 1753.

（桑島秀樹）

ホーキング、S.
Hawking, Stephen William 1942-

イギリスの理論物理学者。オックスフォード生まれ。ペンローズとともに特異点定理の証明を行うなど、一般相対性理論と宇宙論の発展に寄与し、宇宙起源論にも挑戦している。筋萎縮性側索硬化症に冒され、闘病生活を送りながら研究生活を送っている。2001年に来日し、一躍有名になった。

【主要著作】*Singularities and the Geometry of Space-Time*, Cambridge University, 1966.

（立花希一）

ポーコック、J. G. A.
Pocock, John Greville Agard 1924-

ロンドン生まれ、ニュージーランド国籍の歴史家・思想史家。ジョンズ・ホプキンズ大学名誉教授。無時間的な問題設定を拒み、思想家の営みを、時代の特定の問題に過去の言説の新たな活用によって答えることと捉え、その営みにより持続する諸言説の歴史を探究している。彼の共和主義研究は、共和国の安定可能性の問題をめぐってマキアヴェッリらの用いた古典古代由来の言説が、ハリントンをはじめ初期近代の英語圏の思想家によって様々な論争の中で繰り返し革新・活用される過程を描き、英米の思想史に法学的思考とは異なる新しい視界を開いた。他にも「古来の国制論」研究、ギボン研究などがある。また独自の領域概念（「大西洋群島」）をもとに「国民史」とは異質な枠組みの歴史叙述を構想し、近年のブリテン史研究の発展に大きく貢献した。

【主要著作】*The Ancient Constitution and the Feudal Law*, 1957. *The Machiavellian Moment*, 1975; 2nd ed., 2003.

（森　直人）

ボザンケ〔ボザンケット〕、B.
Bosanquet, Bernard 1848-1923

イギリス理想主義の哲学者。ノーサンバーランド生まれ。オックスフォード大学ベイリオル・カレッジ卒業。同大学ユニヴァーシティ・カレッジのフェロー。その後アリストテレス協会会長、慈善組織協会議長、セント・アンドルーズ大学道徳哲学教授などを歴任。ヘーゲルの影響を深く受けつつもグリーンの

提示した人格成長や共通善の概念に共鳴。形而上学、論理学、政治学、美学などで顕著な業績を残した、後期の理想主義学派を代表する人物である。

道徳哲学では快楽主義や功利主義、経験主義を否定し、現実の中に理想＝実在が胚胎するというヘーゲル流の一元論的観点から人間の道徳的反省および性格決定を強調。精神を媒介として絶対者（全体）と個人とを架橋する議論を展開した。政治理論ではホッブズ、ロックの原子論的個人主義、ベンサム、ミルの功利主義を批判し、政治の現実から国家の理想を提示する哲学的国家理論を展開。国家という政治組織は人間の一時的な「現実意志」（actual will）を理性的な「実在意志」（real will）へ至らせる契機を持つが、同時に人間の反省作用を解消させる強制力を保持するため、国家活動は人格成長の「妨害物の除去」に限定されると論究。国家を称揚し自由放任主義を批判しつつ、内面的な理性的道徳意志の領域への国家干渉を否定して個人の自発性や社会の自生性に期待を寄せた。

【主要著作】*The Philosophical Theory of the State*, 1899. *The Principles of Individuality and Value*, 1912. *The Value and Destiny of the Individual*, 1913.

（芝田秀幹）

ホジスキン、T.
Hodgskin, Thomas 1787-1869

イギリス、ケント州にあるチャタムに生まれ、12歳から12年間見習い士官として海軍に従軍した。除隊してのち、海軍生活の専横な野蛮さを批判する論文を書き、F. プレイスに認められた。1822年頃からロンドンで急進的なジャーナリストとして活躍した。1823年には、ロンドン職工学校の創立や『職工雑誌』の創刊に関わり、主に機械製作に従事する熟練職人たちの政治教育に力を尽くした。また労働全収権をよりどころに、労働者の窮乏は、資本家の搾取にあると非難する『労働擁護論』（1825）や『民衆の政治経済学』（1827）を出版して、古典経済学を批判した。

1840年代には、穀物法反対同盟のために活躍し、自由貿易論を主張し、『エコノミスト』誌のスタッフとして活躍した。

【主要著作】*An Essay on Naval Discipline*, 1813. *Labour Defended against the Claims of Capital*, 1825（安藤悦子訳「労働擁護論」,『イギリスの近代経済思想』〈世界思想教養全集 5〉，河出書房新社，1964）. *Popular Political Economy*, 1827. *The Natural and Artificial Right of Property Contrasted*, 1832.

（安川悦子）

ホッブズ、T.
Hobbes, Thomas 1588-1679

政治哲学者。ウィルトシャーのマームズベリーに生まれ、オックスフォード大学で人文諸科学を学ぶ。卒業後はほとんど終生キャヴェンディッシュ家に家庭教師や秘書として仕えた。1629年にトゥキュディデスの『戦史』を翻訳した。3回の大陸旅行やフランス亡命を通じて、ユークリッド幾何学と出会い、メルセンヌ、デカルトら大陸の知識人と知己を得て、アリストテレス－スコラ的な目的論的自然観から近代の機械論的自然観への転換を踏まえた『物体論』、『人間論』、『市民論』からなる哲学体系を著した。

主著『リヴァイアサン』で、個々の人間は自己保存のためにすべてのものに対する権利を自然権として有するとした。しかしそうした人間の自然状態は「万人の万人に対する戦争状態」であり、真の平和と自己保存のために自然理性の戒律である自然法は、平和を求め、そのため自然権を互いに放棄し、国家を設立する社会契約を結ぶことを教えるとした。近代国家の本質を絶対的主権に求め、それへの服従を政治的義務として論じたホッブズは、自らを政治哲学の創始者と呼んだ。

【主要著作】*The Elements of Law, Natural and Politic*, 1640. *De Cive*, 1642. *Leviathan*, 1651（水田

洋訳『リヴァイアサン』全 4 冊, 岩波文庫, 1954-1985〔第 1・2 巻は 1992 年に改訳〕). *De Corpore*, 1655. *De Homine*, 1658.

(和田泰一)

ポパー、K.
Popper, Karl (Raimund) 1902-94

ウィーンに生まれる。ウィーン大学で心理学、哲学、数学、理論物理学などを幅広く学ぶ。ナチズムの難を避けて 1937 年にニュージーランドに亡命。その後、イギリスに帰化。ロンドン・スクール・オブ・エコノミックス教授(科学方法論)。17 歳のときに経験科学的言明とそうでないものの境界設定規準として反証可能性の理論を着想。科学は帰納法によってではなく、反証を通じてこそ前進するという反証主義は、経験科学的領域の外部にも適用され可謬主義として一般化される。社会哲学の領域では、反証や批判を可能とする開かれた社会の理念を説き、ピースミールな社会工学による悪や悲惨の除去を提唱。1960 年代以降、彼の思想はいわゆる形而上学的領域にも拡大され、非決定論、進化論的認識論、三世界論、確率の傾向性理論、心身相互作用説、形而上学的研究プログラムなどが哲学的統一性をもって展開された。

【主要著作】*The Logic of Scientific Discovery*, 1934 (森博/大内義一訳『科学的発見の論理』恒星社厚生閣, 1971). *The Open Society and its Enemies*, 1945 (小河原誠/内田詔夫訳『開かれた社会とその敵』未来社, 1980). *Auf der Suche nach einer besseren Welt*, 1984 (小河原誠/蔭山泰之訳『よりよき世界を求めて』未来社, 1995).

(小河原誠)

ホブズボーム、E.
Hobsbawm, Eric 1917-

エジプトのアレクサンドリア出身のイギリス・マルクス主義歴史家。ニュー・レフトに加わらず共産党員であり続けた。19 世紀イギリスの反体制運動を中心に、ヨーロッパ・南米との比較研究や 20 世紀までの通史など、広い視野での検証を重視している。

【主要著作】*Labouring Men: Studies in the History of Labour*, Weindenfeld and Nicolson, 1964 (鈴木幹久/永井義雄訳『イギリス労働史研究』ミネルヴァ書房, 1968).

(村井路子)

ホブソン、J. A.
Hobson, John Atkinson 1858-1940

経済学者、著述家。ダービーに生まれ、オックスフォード大学に学ぶ。不況の原因を過剰貯蓄と過少消費に求める有効需要説はケインズの『雇用・利子および貨幣の一般理論』に影響を与える。過剰資本の投資先をめぐり植民地戦争が激化するとの認識から帝国主義を批判。新自由主義の立場から国家による積極的な再分配政策を支持。

【主要著作】*The Foundation of Modern Capitalism*, 1894. *Imperialism: A Study*, 1902 (矢内原忠雄訳『帝国主義論』上・下, 岩波文庫, 1951-52).

(森 達也)

ホブハウス、L. T.
Hobhouse, Leonard Trelawny 1864-1929

哲学者、社会思想家。コーンウォールに生まれ、オックスフォード大学に学ぶ。コーパス・クリスティ・カレッジのフェロー、『マンチェスター・ガーディアン』主筆、ロンドン大学教授などを歴任。著作は哲学、社会学、政治学、心理学、生理学など多岐にわたる。グリーンの観念論とコント、スペンサーの経験主義双方から影響を受け、社会の合理的発展および人間性の多様な開花に寄与しうる社会諸科学の発展を目指した。一方で古典的自由主義を批判し、個人の有機的結合としての社会認識を示す。他方でボザンケの国家観に反対し、平等な自由権に基づく個人の多様な自己実現を擁護。そこにおいて国家が果たす積

極的な役割を肯定した。新自由主義（new liberalism）を代表する存在。

【主要著作】*Liberalism*, 1911（清水金二郎訳『自由主義』三一書房，1946）．*The Metaphysical Theory of the State*, 1922（鈴木栄太郎訳『国家の形而上学的学説』不及社，1924）．

（森　達也）

ホランド、T. E.
Holland, Thomas Erskine　1835-1926

19世紀から20世紀初頭のイギリスの法学者。ブライトンに生まれ、オックスフォード大学を卒業後、1874年から1910年まで、オックスフォード大学で国際法、法哲学の教授を務める。法概念、法的諸概念、法の分類などにより、法のより明解な理解を目指す分析法学の立場から書かれた『法理学の原理』により、イギリスの法学教育における法理学の地位を確立する。

【主要著作】*Elements of Jurisprudence*, 1880.

（戒能通弘）

ポランニー、M.
Polanyi, Michael　1891-1976

ハンガリー、ブダペストで生まれる。このときの名前の正式の綴りはMihály Lazar Pollacsek．Michael Polanyiは英語による綴り。兄のカール・ポランニーは経済人類学者。ブダペスト大学で医学博士号取得。ドイツで化学反応速度論などを研究。1933年、ナチスの人種迫害を避けてイギリスに亡命。1948年頃から哲学（社会哲学、芸術論）の分野に転ずる。発見の源を個人の持つ実在との深い接触感、関与に求める。その展開として「個人的知識」や非言語的な「暗黙知」の理論が生まれた。急進的リベラリズム（マルクス主義を含む）を批判。

【主要著作】*Personal Knowledge*, 1958（長尾史郎訳『個人的知識──脱批判哲学をめざして』ハーベスト社，1985）．*The Logic of Liberty*, 1980（長尾史郎訳『自由の論理』ハーベスト社，1988）．

（小河原誠）

ボリングブルック、H. J.
Bolingbroke, Henry St. John;
1st Viscount Bolingbroke　1678-1751

イギリスの政治家、哲学者。バタシー（ロンドン）生まれ。1701年議員になり、トーリ党に参加。1704年陸軍卿に就任。1708年総選挙で下野。1710年政界に復帰。国務卿に任ぜられ、12年子爵の称号も授かる。フランスとの休戦に署名し、1713年ユトレヒト条約を締結。1714年ジョージ1世の即位に伴い失脚。翌年フランスに亡命。同地で道徳と宗教への関心を深め、理神論者と交流を重ねた。1723年公職追放を条件に赦免されたのち、25年帰国。雑誌『職人』（*The Craftsman*）を刊行し、国王や金融利権に依存したウォルポール内閣の腐敗を痛烈に批判。伝統的なイギリス議会の独立と権利を主張。1735年再びフランスに亡命。この時期に『党派論』や『愛国者国王論』を執筆。生地で没した。その才知と雄弁は、同時代人に強烈な印象を残した。

【主要著作】*Dissertation on Parties*, 1733. *Patriot King*, 1749.

（髙山裕二）

ホール、S.
Hall, Stuart　1932-

戦後イギリスにおけるカルチュラル・スタディーズの代表的理論家。ジャマイカのキングストンに生まれ、ローズ奨学生としてオックスフォード大学で学んだのち、中学校の教員をしながら『ニュー・レフト・レヴュー』の編集長を務める。バーミンガム大学の現代文化研究センターの所長を務めたのち、オープン・ユニヴァーシティの社会学教授となる。サッチャリズムの分析などを通して、文化の中での政治の生成を追求した。

【主要著作】*Policing the Crisis: Mugging, the State,*

and Law and Order, Macmillan, 1978.

(井上弘貴)

ホワイト、G.
White, Gilbert 1720-93

博物学者。ハンプシャーのセルボーン生まれ。オックスフォードで学び、聖職者となったが、職務を最小限に止めて 30 代半ばで帰郷し、その後終生、そこで自然観察に没頭した。『セルボーンの博物誌』は二人の博物学者に書き送った 20 年余にわたる観察をもとに編まれ、博物学・自然保護運動のみならず、文学や趣味嗜好にも多大な影響を与えた。

【主要著作】*The Natural History of Selborne,* 1789 (山内義雄訳『セルボーンの博物誌』講談社学術文庫, 1992).

(嘉陽英朗)

ホワイトヘッド、A. N.
Whitehead, Alfred North 1861-1947

20 世紀イギリスを代表する体系的思想家・形而上学者。ケント州ラムズゲイトで生まれ、ケンブリッジ、ロンドンで数学者・科学哲学者として活躍したのち、アメリカに渡り形而上学者として大成した。その体系は最も伝統的な意味で「形而上学」と呼ばれるのにふさわしい。数学者・論理学者として出発したホワイトヘッドは、ラッセルとともに数学の論理主義的基礎づけを目指し、『プリンキピア・マテマティカ』全 3 巻を出版する。その後科学哲学に転じ、近代自然科学の背後にある実体論的自然観(「科学的物質論」と呼ばれる)と、その帰結である「自然の二元分割」(現象の背後にありその原因であると想定される科学的自然と経験される自然との分裂)を批判し、「出来事」概念に基づく新たな一元論的自然観の構築を目指す(『自然の概念』)。1924 年アメリカに渡り、以後形而上学の著作を相次いで出版した。主著は『過程と実在』(1929) である。

ホワイトヘッドは自らの形而上学を「有機体の哲学」と呼んだ。それは出来事概念をさらに一般化した「現実的存在者」(宇宙の一点から宇宙の全体を遠近法的に把握し統一するモナド的出来事)という概念に基づいて、宇宙のあらゆる事象を説明することを意図した体系であった。「過程の哲学」の大成者として、ホワイトヘッドは現在でも強い影響を与えている。

【主要著作】[With B. Russell] *Principia Mathematica,* 3 vols., Cambridge University Press, 1910-13. *The Concept of Nature,* Cambridge University Press, 1920. *Science and the Modern World,* Free Press, 1926 (上田泰治ほか訳『科学と近代世界』松籟社, 1981). *Process and Reality,* Free Press, 1929 (平林康之訳『過程と実在』みすず書房, 1983). *Adventures of Ideas,* Free Press, 1933 (種山恭子抄訳「観念の冒険」,『世界の名著 58 ラッセル／ウィトゲンシュタイン／ホワイトヘッド』中央公論社, 1971).

(中釜浩一)

マ

マーヴェル、A.
Marvell, Andrew 1621-78

詩人、政治家、文筆家。ヨークシャーのハルで生まれ、ケンブリッジのトリニティ・カレッジで学ぶ。形而上詩の伝統を総括したが、後半生は下院議員で反宮廷・反カトリック的文筆活動の中心となる。ミルトンの知己。多彩な技法を完璧に駆使し、かえって素顔が見えない。選出区への国会報告など書簡が多く残るが、私生活は不明。

【主要著作】*The Rehearsal Transpros'd,* 1672 (吉村伸夫訳『「リハーサル」散文版』松柏社, 1997). *Miscellaneous Poems,* 1681 (吉村伸夫訳『マーヴェル詩集』山口書店, 1989). 吉村伸夫訳『マーヴェル書簡集』松柏社, 1995.

マクスウェル、J. C.
Maxwell, James Clerk 1831-79

スコットランドの理論物理学者。エディンバラ生まれ。数学の苦手な実験家ファラデーの媒質理論を、数学の天才マクスウェルが方程式に表し電磁気学を確立したと言われる。J. Agassi, *Faraday as a Natural Philosopher*, 1971によれば、マクスウェルとファラデーの関係はそう単純ではない。光の横波を発見したヤングは、媒質なしに波の伝播は不可能というのが通説だったので、光エーテルを仮定した。マクスウェルは、媒質理論の中にファラデーの力線と力の場を位置づけた。ところが、光エーテルの存在を否定し、空間自体が物理的な性質を持つ物質だと主張していたのがファラデーで、アインシュタインの相対性理論はその延長線上にある。他方、ファラデーは光を磁波だと想定したが、マクスウェルは自分の方程式から電磁波だと予測した（ヘルツによって確認）。

【主要著作】*On Faraday's Lines of Force*, 1856. *A Treatise on Electricity and Magnetism*, 1873.

（立花希一）

マクダウェル、J.
McDowell, John Henry 1942-

南アフリカ生まれ。オックスフォード大学ニューカレッジで学ぶ。オックスフォード大学ユニヴァーシティ・カレッジのフェローを経て、1986年よりピッツバーグ大学で教鞭を執る。

1970年代から、「デイヴィドソン流の外延的な真理条件的意味論が、フレーゲ流の意義の理論を実現する」という立場を主張し、また「指示がなければ意義もない」というその帰結に呼応して、思考や知覚の内容に関する外在主義的見解を展開してきた。

その後、主著『心と世界』では、「われわれの信念は非概念的な所与に基づく」とする「所与の神話」と、「信念を正当化しうるのは信念だけだ」とする整合説の間の相克から脱するため、「世界との接触である知覚経験がすでに、信念を正当化する概念的内容を持つ」という見解を、カントやセラーズに拠りつつ展開した。

【主要著作】*Mind and World*, Harvard University Press, 1994. *Meaning, Knowledge, and Reality*, Harvard University Press, 1998.

（小草　泰）

マクタガート、J. M. E.
McTaggart, John McTaggart Ellis 1866-1925

ケンブリッジ大学のヘーゲル主義的形而上学者。現象と実在を峻別したうえで独特の無神論的体系を構築した。とくに有名なのは、独自の証明に基づいて時間の非実在性を主張したことである。彼は、時間は過去・現在・未来という時制によって語られるA系列と先後関係によって語られるB系列とを含み、B系列はA系列を前提すると主張したうえで、A系列が矛盾を含むことを示し、その結果、時間は実在しないと主張したのである。

この証明は、彼の研究発表でそれを聞いたムアにヘーゲル的観念論への根本的疑念を喚起して分析哲学の誕生を促したと同時に、結論はともかくその推論の明快さによって、分析哲学における時間論の基本的枠組みを与えることとなった。時制の矛盾を否定するA学派と時制の不可欠性を否定するB学派との対立を軸とした論争が今も続いている。

【主要著作】*The Nature of Existence*, Vol.1, 1921; Vol.2, C. D. Broad ed., 1927.

（加地大介）

マクドゥーガル、W.
McDougall, William 1871-1938

イギリス、のちにアメリカの心理学者。イ

ングランド生まれ。ケンブリッジ大学、聖トマス病院で生物学、医学などを修める。ハーバード大学教授、デューク大学教授。実験心理学、社会心理学の先駆者。人間を終局目的へと動かす原初的な傾向としての本能（hormé）によって、社会的関係も含めたすべての人間の行為を説明しようとする心理学を展開。この目的性は行動主義と鋭く対立した。また魂の実在にも関心を持ち、イギリスおよびアメリカ心霊学会の会長を経験。超心理学の確立にも貢献した。

【主要著作】*Physiological Psychology,* 1905. *An Introduction to Social Psychology,* 1908.

(沖永宜司)

マコッシュ、J.
McCosh, James 1811-94

19世紀スコットランドの哲学者。エールシャーに生まれ、エディンバラ大学で学ぶ。牧師や大学教授として活動したのちに渡米、ザ・カレッジ・オブ・ニュージャージー（現プリンストン大学）の学長となる。スコットランド常識学派に属し、認識や判断は心にアプリオリに備わる原理をもとに獲得されるという認識論を唱えた。また、進化をキリスト教信仰と調和させる学説を展開した。

【主要著作】*The Method of Divine Government, Physical and Moral,* 1850.

(西村正秀)

マコーミック、N.
MacCormick, Neil 1941-

イギリスの法哲学者。グラスゴー大学で哲学・英文学を、オックスフォード大学で法理学（法哲学）を修めた。エディンバラ大学法学部「公法および自然法・国際法欽定講座」教授。スコットランド国民党の指導者でもあり、1999-2004年には欧州議会議員を務めた。『法的推論と法理論』で、法的議論の構造と、法的推論において実践理性が果たす役割を提示

した。H.L.A.ハートの法実証主義を継承するが、自然法論との中間的な立場を採る必要性を説く。近年は、「法と道徳分離論」を規範的テーゼとして捉える、規範的法実証主義の擁護者の一人と目されている。「ポスト主権国家」の可能性を理論づけた著作もある。

【主要著作】*Legal Reasoning and Legal Theory,* Clarendon Press, 1978; 2nd ed., 1994. *H.L.A.Hart,* Edward Arnold, 1981（角田猛之編訳『ハート法理学の全体像』　晃洋書房，1996）． *Questioning Sovereignty: Law, State, and Nation in the European Commonwealth,* Oxford University Press, 1999.

(濱真一郎)

マコーリ、T. B.
Macaulay, Thomas Babington; 1st Baron Macaulay 1800-59

奴隷制度廃止論者であった、ザカリー・マコーリの子としてイングランド・レスター州に生まれる。ケンブリッジ大学トリニティ・カレッジに学び1824年同カレッジ・フェローに就任するとともに『エディンバラ・レヴュー』誌でミルトン論などを著し注目を集める。マコーリは1826年法廷弁護士資格も取得するが、司法には関心を示さずランズダウン侯（ホイッグ）の勧めもあり30年下院入り。選挙法改正などの議会改革で活躍する。議会において彼はしだいにインド問題に関心を抱き1834-38年まで渡印。ここでも教育や刑法制度についてリベラルな立場から改革を行った。1838年帰国後彼は自由党政権で陸相、主計長官などを務め、57年男爵に叙される。そのかたわら彼はかねてからの希望であった『イングランド史』の公刊を1848年より始めた。イングランド史はその起点を名誉革命に求めてイングランド的代議政治の発展を描こうとしたが、彼の死去によって1702年で中断した。しかし、本書はいわゆるホイッグ史観の代表的作品と見られている。彼を大叔父とするジョージ・トレヴェリアンが著した

『アン女王時代のイングランド』はこの『イングランド史』の続篇とも考えられる。

(松園　伸)

マーシャル、A.
Marshall, Alfred　1842-1924

ロンドンのバーモンジー地区生まれ。新古典派経済学創始者の一人であり、ケンブリッジ学派を創設した。限界原理によって古典派体系を近代化し、効用理論と生産費説を需給均衡論によって統合した。ケンブリッジ大学を数学トライポス（卒業資格試験）2位で卒業し大学に残り、その後しだいに経済学への関心を深めていく。1885年ケンブリッジ大学の経済学教授となり、90年には、のちに経済学の標準的教科書となった『経済学原理』を出版する。大学に経済学トライポスを設けるなど、経済学の地位を高め、後継者ピグーなどケンブリッジ学派の経済学者を育てる。経済学者のメッカを経済生物学に定め、力学的ではない有機的成長論としての経済動学を提唱した。『経済学原理』では、限界効用に基づく需要理論と、企業行動の分析に基づく供給理論を、のちに部分均衡分析と呼ばれることになる想定の下で統合し、一時的、短期、長期、超長期の4つの時間区分を設け解明する。その中で、需要の弾力性、消費者余剰・生産者余剰、外部経済・内部経済などの概念を検討し、最終的に所得分配の問題へ考察を進める。

【主要著作】*Principles of Economics,* 1890（永澤越郎訳『経済学原理』岩波ブックサービスセンター，1985）．*Industry and Trade,* 1919（永澤越郎訳『産業と商業』岩波ブックサービスセンター，1986）．*Money, Credit and Commerce,* 1923（永澤越郎訳『貨幣 信用 貿易』岩波ブックサービスセンター，1988）．

(水田　健)

マッキー、J. L.
Mackie, John Leslie　1917-81

オーストラリア生まれの哲学者。シドニー大学やニュージーランドのオタゴ大学で教鞭を執ったのち、1963年にイギリスに渡って、設立されたばかりのヨーク大学に在籍したのちに、オックスフォード大学に移る。1977年にはブリティッシュ・アカデミー会員に選ばれている。

彼の哲学的関心は非常に幅広く、形而上学、倫理学、宗教哲学などにわたっているが、その業績の中で最も有名なのは道徳的価値に関する懐疑主義、および錯誤理論（error theory）だろう。客観的な価値はこの世界内には存在しないにもかかわらず、客観的価値が実在するかのような主張が日常的な道徳言明の意味には埋め込まれている。したがって、日常的な道徳言明はすべて偽である、というのがそれらの立場の内容である。

【主要著作】*Ethics: Inventing right and wrong,* 1977（加藤尚武監訳『倫理学──道徳を創造する』哲書房，1990）．*The Miracle of Theism,* 1982．

(神崎宣次)

マッキンタイア、A.
MacIntyre, Alasdair　1929-

アメリカの哲学者。グラスゴーに生まれ、マンチェスター大学で哲学を修めオックスフォード大学などで教鞭を執ったのち、アメリカへ移住。現在ノートルダム大学上級研究員。10代後半にマルクス主義に傾倒し、その裏づけとなる合理的な理論を求めて思索を開始した。理論の合理性を測る基準は歴史的に状況づけられたものだが、競合する他理論の用語での通用可能性によって各理論間の合理的優越性を示すことができると考え、アリストテレス的な倫理学・政治学の優越性を説いた。

独自の徳倫理学の中で徳は、よき生、共同体、伝統を維持する実践に特有の善の到達に必要な性格や知性の性質と定義される。近年ではさらに徳理解における目的論的思考の重要性を指摘するようになった。政治哲学では共同体主義を採り、善き政治のためのローカ

リティの必要性を強調する。

【主要著作】*A Short History of Ethics,* Macmillan, 1966（深谷昭三訳『西洋倫理学史』以文社，1989）．*After Virtue: A Study in Moral Theory,* University of Notre Dame Press, 1981（篠﨑榮訳『美徳なき時代』みすず書房，1993）．*Whose Justice? Which Rationality?,* University of Notre Dame Press, 1988. *Dependent Rational Animals: Why Human Beings Need the Virtues,* Open Court, 1999.

（奥田太郎）

マッキントッシュ、J.
MacKintosh, James　1765-1832

文筆家、弁護士。スコットランドに生まれる。長じてロンドンにわたる。評論を通して初期のフランス革命に共感。バークと親交を持つ。後半生は弁護士として活躍し、1804-11 の間、判事としてインド・ボンベイに赴任。

【主要著作】*Vindiciae Gallicae,* 1791. *A Dissertation on the Progress of Ethical Philosophy,* 1836.

（朝広謙次郎）

マードック、I.
Murdoch, (Jean) Iris　1919-99

イギリスの女流小説家、哲学者。ダブリンの長老派教会に属する農夫の家系に生まれる。オックスフォード大学卒業後、ケンブリッジ大学で哲学を学ぶ。1948年、オックスフォード大学 St. Anne's College のフェローとなり、63年まで教鞭を執る。高く評価された54年のデビュー作 *Under the Net* 以降、精力的に数多くの小説を執筆する。1956年、評論家ジョン・オリヴァー・ベイリー（1925-）と結婚。1987年に大英帝国勲章を授与され Dame の称号を得る。最晩年にアルツハイマー病を患った様子は夫ベイリーの回顧録に記されている。倫理的、社会的な問題を扱う彼女の小説は、変化に富んだ構成と理性では解決できない現実に苦しむ現代人の苦悩する姿の描写において卓越している。

【主要著作】〔哲学書〕*Sartre: Romantic Rationalist,* 1953. *The Sovereignty of Good,* 1970（菅豊彦訳『善の至高性』九州大学出版会，1992）．〔小説〕*The Bell,* 1958（丸谷才一訳『鐘』集英社，1977）．*The Sea, the Sea,* 1978（蛭川久康訳『海よ，海』集英社，1982）．*The Green Knight,* 1993.

（安富由季子）

マルクス、K.
Marx, Karl　1818-83

19世紀ドイツの社会主義者。プロイセンのライン州トリールに生まれる。父はユダヤ系弁護士．ボン、ベルリン両大学で法学、歴史学、哲学を学び、ヘーゲル左派の影響を受ける。1842年に『ライン新聞』主筆となり、急進的民主主義の立場から政府批判の論陣を張る。1843年にパリへ移り『独仏年誌』刊行。社会主義・共産主義の立場へ移行する。1844年に「経済学・哲学草稿」で労働疎外論を展開。ブリュッセルへ移り、1845-46年にエンゲルスとの共同執筆の草稿「ドイツ・イデオロギー」で史的唯物論の基礎を確立する。1847年にプルードンを批判した『哲学の貧困』刊行。エンゲルスと共同で執筆した共産主義者同盟の綱領『共産党宣言』（1848）の刊行後、1848-49年のドイツ革命に参加。その後ロンドンへ亡命し、経済学の研究に専念する。1857-58年に草稿「経済学批判要綱」を執筆したのち、59年に『経済学批判』第1分冊を刊行。研究を続けて1867年に『資本論』第1巻刊行。その後も草稿執筆を続け、死後にエンゲルスによって第2巻（1885）、第3巻（1894）が刊行された。

【主要著作】*Das kommunistische Manifest,* 1848（大内兵衛／向坂逸郎訳『共産党宣言』岩波文庫，1971）．*Das Kapital,* Bd. I, 1867（今村仁司ほか訳『資本論 第一巻』上・下，筑摩書房，2005）．

（新村　聡）

マルサス、T. R.
Malthus, Thomas Robert　1766-1834

ロンドン南方のサリー州生まれ。ケンブリッジ大学で学ぶ。牧師職ののち、東インド・カレッジで経済学の教授職に就く。政治的には穏健な改革を支持する立場であった。飢餓や疫病など害悪の原因を社会制度ではなく、人口法則に求めた『人口論』(1798) が主著。食料は等差数列でしか増加しないのに対して、人口は等比数列で増加するという命題が広く知られている。私有財産制度を否定するゴドウィンの平等社会論批判が初版の主題であったが、第 2 版 (1803) から救貧法批判にウェイトが置かれ、貧困解決策として道徳的抑制 (＝晩婚) を提唱した。W. ペイリーの神学的功利主義から影響を受けており、初版では人口法則の存在理由が神義論の枠組みから説明されている。ダーウィン自身は『人口論』から進化論のアイディアを得たように書いているが、直接的な影響があったとは考えにくい。『経済学原理』(1820) は価値論や恐慌論に関するリカードとの論争の産物である。古典派経済学の主流とは異なり、過剰貯蓄が恐慌をもたらすとする有効需要論に特徴がある。ケインズは自らの先駆者としてマルサスを評価した。

【主要著作】*An Essay on the principle of population*, 1798; 6th ed., 1826 (永井義雄訳『人口論』中公文庫, 1973).

(柳沢哲哉)

マルティノー、H.
Martineau, Harriet　1802-76

イングランド東部ノリッジ生まれ。女性作家、ジャーナリスト。道徳哲学者のジェイムズ・マルティノーの姉。ユニテリアンとして最初は宗教的著述に従事、やがて社会変革者的態度で経済評論を発表するとベストセラーとなり、古典リカード派の普及に寄与する。さらに小説『鹿の河』(*Deerbrook*, 1839)、『時間と男』(*The Hour and the Man*, 1841)、『遊び人』(*The Playfellow*, 1841)、などを発表。ジャーナリストとして『デイリー・ニューズ』『エディンバラ・レヴュー』誌に寄稿。晩年はコントの抄訳を試みる。死後出版された『自伝的回想』(*Autobiographical Memoir*) は同時代の文人・作家たちの興味深い回想録でもある。

【主要著作】*Illustrations of Political Economy*, 1832-34. *Society in America*, 1837. *Harriet Martineau's Autobiography*, 1877.

(濱下昌宏)

マルティノー、J.
Martineau, James　1805-1900

19 世紀イギリスの哲学者にしてユニテリアン主義の主導者。ハリエット・マルティノーの弟。イングランド東部ノリッジ生まれ。1869 年から 85 年までマンチェスター・ニュー・カレッジの学長。有神論、自由意志論を支持し、行為の正不正はその帰結ではなく行為者の動機に従って判断されると主張した。スペンサーやシジウィックとの論争が有名。

【主要著作】*Types of Ethical Theory*, 2 vols., 1885; 3rd ed., 1889.

(米原　優)

マン、T.
Mun, Thomas　1571-1641

ロンドンに織物商の子として生まれ、レヴァント会社による地中海貿易に携わり商人としての修行を積む。1615 年に東インド会社の役員に選ばれ、その後『交易論』(1621) や、死後息子のジョンによって出版された『外国貿易によるイングランドの財宝』(1664) において東インド会社の立場を擁護する。東インド会社はインドへ多くの地金を流出させているという非難に対し、個々の取引ではなく貿易全体において輸出－輸入、つまり貿易差額

(balance of trade) をプラスにすることによってそうした事態は免れられることを主張し、地金流出は外国為替管理によって防ぐべきとするマリーンズの主張を退けた。また、アダム・スミス以降、典型的な重商主義者としてしばしば言及される。

【主要著作】*A Discourse of Trade, from England unto the East Indies*, 1621. *England's Treasure by Forraign Trade*, 1664（渡辺源次郎訳『外国貿易によるイングランドの財宝』東京大学出版会, 1971）.

(伊藤誠一郎)

マンスフィールド伯
Murray, William; 1st Earl of Mansfield 1705-93

イギリスの法学者、政治家。本名は William Murray。スコットランドのパースで生まれ、オックスフォード大学で教育を受けたのち、1730年に法曹となる。法務次長、法務総裁を経て、56年に王座裁判所主席裁判官となる。商慣習法をコモン・ローに取り入れるなど、商事法、契約法他多くの分野でコモン・ローの発展と洗練に寄与した熱心な法改革者であったが、立法による法改革については消極的であった。

(竹村和也)

マンセル、H. L.
Mansel, Henry Longueville 1820-71

19世紀イギリスの哲学者。ノーサンプトンシャーのコスグローヴに生まれ、オックスフォード大学で哲学を修める。同大学で哲学の教授を勤め、1868年にセント・ポール大聖堂主席司祭となる。スコットランド常識学派に属し、ウィリアム・ハミルトンの影響の下、知識の限界や思考と経験との関係について論じた。神学にもハミルトンの哲学を適用し、神の本性に関する不可知論を展開、信仰や啓示の必要性を説いた。

【主要著作】*The Limits of Religious Thought*, 1858.

(西村正秀)

マンデヴィル、B.
Mandeville, Bernard de 1670-1733

18世紀初期の思想家。オランダのロッテルダムに生まれ、ライデン大学で学び、医師として活動したのちイギリスに渡って定住し、医業のかたわら著述活動に従事し、ロンドンに没した。

マンデヴィルは匿名の諷刺詩によって思想界に登場し、主著の『蜂の寓話』などで独創的な人間・社会認識を展開した。人間観においては、ホッブズや17世紀フランスの「モラリスト」の影響の下に、人間の本性を理性よりも情念に見出し、人間行動における自愛心の作用を強調することで、伝統的な道徳観の虚偽性を暴露している。またこうした人間観を基礎に社会関係の本質を各個人の利益追求を動機とする「相互的サービス」に見出している。マンデヴィルは経済問題に関しても独自の考察を展開し、富の源泉を土地と人間労働に求めて、素朴ながら分業労働による生産性の向上に着目した。さらに雇用を創出し、経済発展を刺激するものとしての富者の奢侈的消費の意義を強調している。主著の副題である「私悪は公益」という有名な表現は、一般に悪徳とされる利己的な欲求充足や利益追求が結果的に社会全体の利益に繋がるとする逆説の主張であり、スミスの「見えざる手」の論理に繋がる経済観を表明したものである。マンデヴィルの思想は18世紀を代表する思想家たちに大きな影響を与え、様々に論じられた。

【主要著作】*The Fable of the Bees, or Private Vices, Publick Benefits*, 1714; Part II, 1729（泉谷治訳『蜂の寓話』法政大学出版局, 1985；泉谷治訳『続・蜂の寓話』法政大学出版局, 1993）.

(八幡清文)

ミラー、D.
Miller, David 1946-

政治哲学者。ケンブリッジ大学、オックスフォード大学に学ぶ。オックスフォード大学ナッフィールド・カレッジの社会・政治理論のフェロー、同大学政治理論教授。正義と社会的連帯の条件として共通のアイデンティティが果たす役割に着目し、規範理論の枠組みの下でナショナリズムの合理的な正当化可能性を探究。従来の歴史社会学的・イデオロギー的なアプローチとは一線を画する。保守的なナショナリズムとラディカルな多文化主義を排し、穏当なナショナル・アイデンティティに基づく共和主義的シティズンシップを支持。リベラル・ナショナリズム論の先駆的な存在となる。またグローバルな正義論においてはコスモポリタニズムに反対し、国際的正義を国家による正義を補完する存在と位置づける。

【主要著作】*On Nationality*, Clarendon Press, 1995. *Political Philosophy: A Very Short Introduction*, Oxford University Press, 2003（山岡龍一ほか訳『政治哲学』岩波書店，2005）．

(森　達也)

ミラー、J.
Millar, John 1735-1801

スコットランド啓蒙後期を代表する思想家。スコットランドのラナーク州生まれ。グラスゴー大学でアダム・スミスの教えを受け、同大学法学教授となる（1761-1801）。『階級区分の起源』で、生活様式の変化に着目する四段階論によって未開から文明社会への社会の発展を辿り、社会の政治的・法的構造や支配と自由という関係がどのように変化していくかを論じた。また『イングランド統治史論』は、いわゆる意図せざる結果の論理に着目しながら、イングランドにおける商業と自由の発展を跡づけた国制史として高く評価されている。政治的にはフォックス派ホイッグであり、アメリカ独立を支持し、フランス革命についても初期の段階では賛意を示していた。優れた教育者としても知られ、多くの政治家・法律家を育てたほか、19世紀前半の思想家にも影響を与えた。

【主要著作】*Observations concerning the Distinction of Ranks in Society*, 1771; 2nd ed., 1773; 3rd ed., 1779; 4th ed. [*The Origin of the Distinction of Ranks*], 1806. *An Historical View of the English Government*, 1787; 2nd ed., 1790; 3rd ed., 4 vols., 1803; 4th ed., 4 vols., 1818.

(川名雄一郎)

ミル、J.
Mill, James 1773-1836

19世紀の哲学者、歴史家、経済学者。イングランドの哲学者ジョン・ステュアート・ミルの父。スコットランド東海岸のモントローズ近郊で生まれ、エディンバラ大でギリシア古典などを学び、長老派の伝道師の資格を取得したのち、1802年、ロンドンに出て文筆活動を始める。1808年にベンサムらに出会って功利主義を信奉するようになり、その原理の応用としての社会改革を目指す「哲学的急進派」を長く指導した。先駆的な著作『英領インド史』（1817）の刊行が契機となって東インド会社に就職、幹部の役職である通信審査部長にまで昇進。功利主義的に最善の統治は民主制によって実現されるとして、彼を中心とする哲学的急進派は秘密投票や普通選挙制度など議会改革を目指し、その運動は第一次選挙法改正（1832）に結実した。哲学・心理学上は、ヒューム、ハートリーらの観念連合説を引き継ぎ、能動的能力を含めたあらゆる精神現象の説明をその理論から試みた。これは観念連合の人為的操作可能性の提示を通じて功利主義倫理を補強する狙いを持つものであり、息子ジョンに対して自ら施した特異な教育もその理論の実践を企図したものであった。

【主要著作】*The History of British India*, 1817. *Elements of Political Economy*, 1821（渡辺輝雄訳『経

済学要綱』春秋社, 1948). *Analysis of the Phenomena of the Human Mind,* 2 vols., 1828; new ed., 1869. *A Fragment on Mackintosh,* 1835.

(馬嶋　裕)

ミル、J. S.
Mill, John Stuart　1806-73

19世紀イギリスの哲学者・政治経済学者。J.ミルの長男としてロンドンに生まれ、幼少期から父の厳しい英才教育を受けた。1823年に東インド会社に入社。ベンサムや父を継ぐ功利主義思想家として育てられたが、1826年に「精神の危機」に陥り、コールリッジらのロマン主義に傾倒した。「文明論」では、中産階級の活力がもっぱら富の追及に集中される点に文明社会の特徴を見出し、商業精神の蔓延が道徳的腐敗をもたらすと説いた。

この問題意識を深化させた『自由論』では、少数の卓越した天才の「個性」が「多数の専制」の下で抑圧されているとし、個人と社会の双方にとって「個性の自由な発展が、幸福の主要な要素」であると主張した。『代議政治論』では、教養人に複数選挙権を認めて統治の知的道徳的水準を保つとともに、国民の活動的な性格を涵養するという見地から公共的職務への積極的な参加を推奨した。代議制統治は被治者の資質を改善しうるがゆえに、理想的な最良の統治形態とされた。『功利主義』では快楽に質的差異を導入した。

【主要著作】*Civilization,* 1836 (山下重一訳「文明論」,『J.S.ミル初期著作集3』御茶の水書房, 1980). *Principles of Political Economy,* 1848 (末長茂喜訳『経済学原理』全5冊, 岩波文庫, 1959-63). *On Liberty,* 1859 (塩尻公明／木村健康訳『自由論』岩波文庫, 1971). *Considerations on Representative Government,* 1861 (水田洋訳『代議制統治論』岩波文庫, 1997). *Utilitarianism,* 1863 (伊原吉之助訳「功利主義論」,『世界の名著38 ベンサム／J.S.ミル』中央公論社, 1967).

(小畑俊太郎)

ミルトン、J.
Milton, John　1608-74

詩人。ロンドンに生まれて早くピューリタン的信仰を抱き、ケンブリッジ大学に進んだ。習作的な詩や仮面劇などを書いたのち大陸旅行をするが、内戦で帰国。革命政府のラテン語秘書となって革命の大義を説いた。離婚を機に離婚論を書き、また『アレオパジティカ』で言論と出版の自由を説くが、1652年に失明。王政復古後に口述筆記で英語叙事詩の最高峰である『失楽園』『復楽園』『闘者サムソン』を完成させた。いずれもピューリタン的世界観がさらに深まっており、キリスト教人文主義の矛盾が創造的に昇華されている。一貫して個人的良心の自由を強調した点では、近代的市民社会の理念を先取りしている面もある。

【主要著作】*Areopagitica,* 1644 (石田憲次／上野精一／吉田新吾訳『言論の自由——アレオパヂティカ』岩波文庫, 1953). *Paradise Lost,* 1667 (平井正穂訳『失楽園』全2冊, 岩波文庫, 1981). *Paradise Regained,* 1671. *Samson Agonistes,* 1671.

(吉村伸夫)

ムア、G. E.
Moore, George Edward　1873-1958

20世紀イギリスの哲学者、倫理学者。ロンドン近郊に生まれ、ケンブリッジ大学のトリニティ・カレッジに進学。のちに同大学のフェロー、講師、教授。『マインド』編集者も務める。

思想形成期にはヘーゲル主義の影響を受けたが、その後は批判的立場から知覚の理論や認識論を展開。「観念論論駁」では感覚と感覚の対象を区別する常識的な実在論を擁護した。厳密性を追求するその文体は分析哲学の形成に寄与した。倫理学分野では、「善い」を定義する試みを「自然主義的誤謬」と批判。また、善いものを最大限にもたらす行為を正しいとする帰結主義の立場を採った。『倫理学原理』

はブルームズベリー・グループにも影響を与えた。

【主要著作】*Principia Ethica*, Cambridge University Press, 1903（寺中平治／泉谷周三郎／星野勉訳『倫理学原理』三和書籍，2007）．*Ethics*, Williams and Norgate, 1912（深谷昭三訳『倫理学』法政大学出版局，1977）．*Philosophical Studies*, Kegan Paul, Trench, Trubner, 1922. *Some Main Problems of Philosophy*, George Allen & Unwin, 1953.

（都築貴博）

メイン、H. J. S.
Maine, Henry James Sumner　1822-88

イギリスの法学者。社会の進展による法の発展を「身分から契約へ」という定式で表したことで有名である。スコットランドのケルソーで生まれ、ケンブリッジ大学に学ぶ。同校でローマ法教授となり、1861年に『古代法』を出版。これで名声を得たのちにインド総督府の最高法律顧問としてインドで立法に参画した。帰国後オックスフォード大学法理学教授、ケンブリッジのトリニティ・ホール学長、同校大学国際法教授を歴任した。メインは原始社会の法現象を分析し、そこから現代法への進化を跡づけるという歴史的方法により、法の進化の一般理論を探求した。彼の歴史法学は自然法思想と分析法学への批判から生まれた。わが国の明治期の法学に対しても大きな影響を与えている。

【主要著作】*Ancient Law*, 1861（安西文夫訳『古代法』信山社，1948/90）．*Village Communities in the East and West*, 1871. *Lectures on the Early History of Institutions*, 1875.

（竹村和也）

モア、H.
More, Henry　1614-87

ケンブリッジ・プラトニストの代表的人物。リンカンシャーのグランサムに生まれ、生涯大半をケンブリッジ大学クライスツ・カレッジのフェローとして過ごす。神学的には理性の重要性と、カルヴァン派の予定説と対立する自由意志論を主張した。理性を狂信への防衛手段と見なし、信仰と理性の一致を主張した。この理性は推理能力というより、神性についての熟考やそれへの関与によって得られる能力とされる。

哲学的にはホッブズとスピノザの唯物論に反対し、『無神論への解毒剤』や『霊魂不滅論』で、霊の存在と不滅性を主張した。モアは自然界に神の代行者としての自然の霊（Spirit of Nature）を設定し、それが全物質に浸透し、宇宙の統括原理として物質に作用するとした。プラトンの世界霊魂説に由来するこの説によりデカルト機械論の克服が試みられた。デカルト主義者を「どこにもいない論者」（nullibist）と批判したが、彼らが神の存在を認めても、神を含めた霊的実体が延長を有し、被造物の全体に作用することを認めなかったからである。『倫理学綱要』では非物質的な延長である空間を無限の延長を有する霊と考え、その不動性、無限性、非物質性が神の属性と類比されている。

【主要著作】*An Antidote against Atheism*, 1652. *The Immortality of the Soul*, 1659（三井礼子抄訳『霊魂不滅論』，新井明／鎌井敏和編『信仰と理性』御茶の水書房，1988）．*Enchiridion Metaphysicum*, 1671.

（三井礼子）

モア、T.
More, Thomas　1478-1535

イギリスの人文主義者、政治家。ロンドンの法律家の子として生まれる。ロンドンのグラマー・スクールでラテン語とキケロ流の修辞学を学んだのち、12歳のときに国王の側近であったカンタベリー大司教ジョン・モートンの下でカトリックの正統的教義の基本を学んだ。1492年にオックスフォード大学に進学し、ルネサンス人文主義の新しい学問に触れる。

しかし、父の意志により法律を学ぶため大学を退学。ロンドンに戻ったモアは、1496年2月リンカンズ・イン法学院に入学した。この時期、モアはカルトゥジオ修道会での敬虔な修道生活を経験しており、聖ロレンス教会でアウグスティヌスの『神の国』についての講演を行っている。またギリシア語を学び、エラスムスやジョン・コレットらのヨーロッパの人文主義者との親交を深めた。1510年エラスムスの『痴愚神礼賛』が執筆されたのはモアの邸宅においてであり、モアもまたイタリアの人文主義者ピコ・デラ・ミランドラの伝記を翻訳している。

その後、下院議員を経てヘンリ8世の外交使節となり、ロンドン商人の利害を代表して通商条約交渉のために大陸へ渡った。その余暇にアントワープにおいてモアは代表作となる『ユートピア』を執筆し、翌年の1516年に出版。1529年に大法官となるが、ヘンリ8世の離婚問題でカトリック教会の側に立ち、反逆罪のかどでロンドン塔に幽閉され、殉教の道を選んだ。1935年、カトリック教会により聖人に列せられた。

【主要著作】 *Utopia*, 1516（平井正穂訳『ユートピア』岩波文庫, 1957）.

（山口正樹）

モリス、W.
Morris, William 1834-96

イギリスの工芸家、詩人、社会改革家。エセックス州ウォルサムストーの裕福な家に生まれ、オックスフォード大学で盟友バーン＝ジョーンズらと出会う。ラスキンの影響下、建築家の弟子となるが、ロセッティの勧めで絵画に進む。モデルとなったジェインと結婚（1859年：彼女はのちにロセッティと不倫関係に）。結婚後、新居レッド・ハウスの設計をウェッブに依頼。自ら家具調度をデザイン。それを機にウェッブ、バーン＝ジョーンズ、ロセッティ、F.M.ブラウンらとモリス・マーシャル・フォークナー商会設立（1861年：74年ロセッティは去り、以後モリス商会。81年マートン・アベイに移転）、ステンドグラス、椅子、壁紙、染色を手がける。ロンドンに戻り（1865）、詩『地上楽園』（1868-70）が人気を博す。1871年ロセッティとケルムスコットの古家に移る。古建築保存協会設立（1877）。1878年ハマースミスのケルムスコット・ハウスに移る（名称は先の家にちなむ）。社会民主連盟参加（1883）。社会主義者同盟（1884）、ハマースミス社会主義者協会（1890）設立。社会主義者として執筆・講演。『ユートピアだより』（1891）出版。ケルムスコット・プレス設立（1890）、チョーサー著作集など美本を出版。産業革命の粗悪品を批判し、中世的手仕事と共同作業による労働の喜びを芸術の礎に置いた思想はアーツ・アンド・クラフツ運動を推進、日本の民芸運動にも影響。

【主要著作】 *The Collected Works*, 24 vols., London, 1910-15; reprint, New York, 1966. *The Collected Letters*, 4 vols., Princeton, N.J., 1984-96. *The Earthly Paradise*, 1868-70. *A Dream of John Ball*, 1888. *News from Nowhere*, 1891（五島茂／飯塚一郎訳『ユートピアだより』中央公論新社, 2004）.

（安西信一）

モーリス、J. F. D.
Maurice, John Frederick Denison 1805-72

神学者、作家。生誕地はサフォーク州ノーマンストン。リンカンズ・イン法学院のチャプレン（1841-60）、ロンドン大学キングズ・カレッジの英文学、歴史学、神学教授（1840）、ケンブリッジ大学の道徳哲学教授（1866）を歴任。T.ヒューズやC.キングズリらとキリスト教社会主義運動を起こし、また1854年に労働者大学を設立、没するまで校長を務めた。

【主要著作】 *The Kingdom of Christ*, 1838. *Theological Essays*, 1853.

（鈴木 平）

モリヌークス、W.
Molyneux, William 1656-98

モリニューとも表記される。ダブリン生まれ。カレー（当時イングランド領）に生まれた曽祖父がロンドンに渡り、さらにダブリンへと移住してアイルランドの財務大臣を務めて以来の名家の出で、自身もダブリンのトリニティ・カレッジに学び、のちにダブリン大学から選出されてアイルランド議会に議席を有した。妻の失明により光学や眼病の研究に取りかかり、徐々に当時の新科学へと関心を広げた。科学者・哲学者としては、ロンドン王立協会に倣ったダブリン科学協会（Dublin Philosophical Society）の創設に貢献したほか、デカルト『省察』の英訳や『新屈折光学』（Dioptrica nova）の執筆を行った。また「モリヌークス問題」の提起などを通じてロックと親交を結んだ。

【主要著作】 *Dioptrica nova*, 1692. *The Case of Ireland's Being Bound by Acts of Parliament in England, Stated*, 1698.〔翻訳〕René Descartes, *Six Metaphysical Meditations. Wherein it is Proved that there is a God*, 1680.

（瀧田　寧）

モールズワース、R.
Molesworth, Robert; 1st Viscount Molesworth 1656-1725

政治家・思想家。アイルランドのイングランド人支配層の生まれ。ダブリンのトリニティ・カレッジに学ぶ。名誉革命後デンマーク公使としてアイルランド駐留のイングランド軍への援軍などを交渉。任地の専制政治を告発しイギリス政治の同様の要素への批判とも取れる匿名著『デンマーク事情』で官途を断たれ、生地とイングランドで議席を得てカントリ・ホイッグとして活躍。1697年よりの議会論争での反常備軍論、トーリ政権期に出したオトマン『フランコ・ガリア』の英訳序文での抵抗論などでイングランドでは議席を失う。議席の喪失と回復を重ねて地位が不安定な一方で、思想サークルを根城にした活動とアイルランドにも及ぶ足跡（シャフツベリ、トーランド、ハチスンらとも交友）を通して共和主義的思想の全ブリテンへの流布と定着に寄与。

【主要著作】 *Account of Denmark, As It Was in the Year 1692*, 1694.〔翻訳〕François Hotman, *Franco-Gallia*, 1711.

（村井明彦）

モンボドー卿
Burnett, James; Lord Monboddo 1714-99

スコットランドのモンボドーに生まれ、マーシャル・カレッジ、エディンバラ大学に学ぶ。1767年判事となり、エディンバラで没した。『言語の起源と進歩』『古代の形而上学』各6巻の著作がある。言語を人間の本性に基づくものでなく、発明されたものと考えることは可能であり、オランウータンが言語を使用しないのも偶然にすぎないと主張し、サルと人間は共通の祖先を持つと述べた。

【主要著作】 *Of the Origin and Progress of Language*, 1773-92. *Ancient Metaphysics: or The Science of Universals*, 1779-99.

（中野安章）

ラ

ライエル、C.
Lyell, Charles 1797-1875

19世紀イギリスの地質学者。スコットランド東部アンガスに生まれる。オックスフォード大学卒。『地質学原理』で、地殻が長い時間をかけて動いていることによって地形の形成過程を説明した。神による創造を擁護する天変地異説とは対照的であった。ダーウィンの進化論に大きな影響を与えたが、ライエル自

身は進化論をなかなか容認しなかったとされる。

【主要著作】*Principles of Geology*, 1830-33（河内洋佑訳『ライエル地質学原理』上・下，朝倉書店，2006-07）．

（磯部悠紀子）

ライル、G.
Ryle, Gilbert 1900-76

20世紀イギリスの哲学者。イングランドのブライトンに生まれ、オックスフォード大学のクィーンズ・カレッジで古典学を修めた。1924年にオックスフォードのクライスト・チャーチで哲学の講師となり、45年から68年までオックスフォード大学教授。1947年から71年まで『マインド』誌編集長。オースティン、ストローソン、グライスらとともに日常言語学派の代表と呼ばれることがある。

ライルは『心の概念』（1949）で、デカルト的二元論を批判的に分析し、デカルト的な心の概念を「機械の中の幽霊のドグマ」と呼んだ。また、デカルト的二元論による心身問題は、心と身体を同じ論理言語的なタイプに属するとした、カテゴリー・ミステイクから生じると考えた。ライルによれば、思考、意志などの心に関する語は、個人の心的能力の内的で私的な心的過程や状態を指示するものではなく、日常的な行動の観察に基づいて、傾向性（disposition）に関する言明に論理的に分析されうる。このような考察は論理的行動主義に近いとされるが、のちの『思考について』（1979）では自説に対する反省が見られる。

【主要著作】*The Concept of Mind*, Hutchinson, 1949（坂本百大／宮下治子／服部裕幸訳『心の概念』みすず書房，1987）．*Dilemmas*, Cambridge University Press, 1954（篠澤和久訳『ジレンマ』勁草書房，1997）．*On Thinking*, Blackwell, 1979（坂本百大／服部裕幸／井上治子／信原幸弘訳『思考について』みすず書房，1997）．

（真船えり）

ラカトシュ、I.
Lakatos, Imre 1922-74

ブダペスト生まれ。本来の名前はLipschitzであるが、ユダヤ人的響きがあるためナチスによるハンガリー占領中に改名。ハンガリー暴動のあと、イギリスに渡り、ケンブリッジ大学で数学史と数学の哲学で博士号を取る。数学のような非経験的領域においても、ポパーの主張するような推測と反駁の方法が有効なことを論証する。1969年ロンドン大学で論理学・科学方法論教授。科学的リサーチプログラムの理論を展開する。クーンのパラダイム論などの影響を受けてポパーの反証主義を修正し、反証されがたいハードコアと柔軟な保護帯とからなる科学的リサーチプログラムに基づく科学史の合理的再構成を目指した。

【主要著作】*Proofs and Refutations: The Logic of Mathematical Discovery*, 1976（佐々木力訳『数学的発見の論理』共立出版，1980）．

（小河原誠）

ラシュダル、H.
Rashdall, Hastings 1858-1924

20世紀イギリスの哲学者、神学者。ロンドン生まれ。オックスフォード大学卒業後、同大学のフェローとなる。哲学と神学の関係を研究。バークリーの観念論を擁護し、神の存在から自然と道徳の客観性が保証されるとした。G.E.ムアによって影が薄くなったが、一見すると相容れない立場であるT.H.グリーンの理想主義とH.シジウィックの功利主義の融合を試み、「理想的功利主義」を標榜した。

【主要著作】*The Theory of Good and Evil*, 1907.

（山本圭一郎）

ラズ、J.
Raz, Joseph 1939-

イスラエル出身の法哲学者。ヘブライ大学で法律学を、オックスフォード大学で法理学（法哲学）を修めた。オックスフォード大学法

哲学講座教授（2006年に退職後は Research Professor）。コロンビア大学ロー・スクールの教授も務める。その研究領域は、法哲学および政治哲学に加えて、道徳哲学にまで及ぶ。

H.L.A.ハートの指導を受けた今日の代表的な法実証主義者であり、独自の源泉テーゼを提唱する。源泉（source）とは、立法、司法的決定、慣習といった人間行動の諸事実であり、それによって確認されるものだけが法である。道徳的議論に訴えなければ確認できないものは、法ではないとされる。

政治哲学の領域では、福利の倫理（ethics of well-being）という善き生に関する包括的教説に基づく、卓越主義的リベラリズム（perfectionist liberalism）を擁護する。政治的権威は、市民が善き生を自律的に送るために必要な、通約不可能な複数の善き選択肢に満たされた環境を整備する義務を有する。彼の政治哲学の根底には、価値の通約不可能性を含意する、バーリン流の価値多元論が存する。

【主要著作】*The Authority of Law: Essays on Law and Morality,* Oxford University Press, 1979. *The Morality of Freedom,* Clarendon Press, 1986. 深田三徳編訳『権威としての法——法理学論集』勁草書房, 1994. 森際康友編訳『自由と権利——政治哲学論集』勁草書房, 1996.

（濱真一郎）

ラスキ、H. J.
Laski, Harold Joseph　1893-1950

20世紀前半のイギリスを代表する政治学者、知識人。マンチェスターのユダヤ人商人の家に生まれる。オックスフォード大学に入学し、E.バーカーやF.W.メイトランドらの影響を受ける。また、1912年にフェビアン協会の会員となる。卒業後、カナダのマギル大学、アメリカ合衆国のハーバード大学で教壇に立つ。1920年にイギリスに戻りロンドン・スクール・オブ・エコノミクス講師となるが、その前後に『主権の問題』(1917)、『近代国家における権威』(1919)、『主権の基礎』(1921)の主権三部作を刊行する。『政治学大綱』(1925)の出版によって名声を確立しつつ、それまでの多元的国家論の立場に修正を加えた。

1926年にロンドン・スクール・オブ・エコノミクスの政治学教授に就任して以降、現実政治への批判的コミットメントをさらに強める。世界大恐慌後の労働党政権の危機をうけて1930年代にはマルクス主義国家論へと急速に接近していき、『理論と実践における国家』(1935)で階級的国家論を展開するに至る。1940年代に入るとファシズムへの宥和政策を激しく批判しつつ、『現代革命への考察』(1943)の中で「同意による革命」を唱えた。

【主要著作】*A Grammar of Politics,* George Allen & Unwin, 1925（日高明三／横越栄一訳『政治学大綱』法政大学出版局, 1952）. *The State in Theory and Practice,* George Allen & Unwin, 1935（石上良平訳『国家——理論と現実』岩波書店, 1952）. *Reflections on the Revolution of Our Time,* George Allen & Unwin, 1943（笠原美子訳『現代革命の考察』みすず書房, 1953）.

（井上弘貴）

ラスキン、J.
Ruskin, John　1819-1900

イギリスの美術批評家、社会思想家（詩人、画家）。ロンドン生まれ。典型的中産階級の出（父は裕福なワイン商、母は敬虔なプロテスタント）。父と国内外を旅行。美術や風景に触れる。オックスフォード卒業後、ターナーへの批判の再反論が『近代画家論』第1巻(1843)に結実（全5巻、1860年完成）。ターナーの後期作品が真の自然に基づくと主張。中世絵画を再発見し、ラファエル前派（1848年結成）を擁護。新婚旅行で北仏のゴシック教会に接し、中世主義的『建築の七燈』(1849)を執筆（妻はのちに画家ミレースと結婚）。『ヴェニスの石』(1851-53)でイタリア・ゴシックを称揚。美術や建築と社会道徳との関係を強調。

1850年代末から政治について語り始め、『この最後の者にも』(1862)、『ムネラ・プルウェリス』(1872)で古典派経済学の物質主義・功利主義を批判。労働者大学でも教える。1870年からオックスフォード大学美術教授。雑誌『フォルス・クラヴィゲラ』を単独執筆。ホイッスラーへの批判から裁判になり、現代芸術の敵とされる。自然内の神性や芸術の道徳性の強調は、新しい審美主義と逆行したが、優れた散文で美術を活写、先進的画家の試みを理解させた意義は大きい。わが国にも影響。ほかに女性に向けた『胡麻と百合』(1865)、歪曲も含む自伝『プラエテリタ』(1885-89)など多数。

【主要著作】 The Works of John Ruskin, 39 vols., London, 1903-12. Modern Painters, 1843-60(澤村寅二朗訳『近代畫家論』第一書房, 1931). The Stones of Venice, 1851-53(賀川豊彦訳『ヴェニスの石』春秋社, 1931). The Seven Lamps of Architecture, 1849(杉山真紀子訳『建築の七燈』鹿島出版会, 1997). Unto this Last, 1862(飯塚一郎訳「この最後の者にも」,『世界の名著 41 ラスキン／モリス』中央公論社, 1971). Sesame and Lilies, 1865(木村正身訳「ごまとゆり」, 前掲書).

(安西信一)

ラッセル、B.
Russell, Bertrand Arthur William; 3rd Earl of Russell 1872-1970

論理学者、哲学者、社会活動家。ウェールズのトレレック生まれ。ケンブリッジ大学で数学と哲学を学ぶ。母校などで教鞭も執るが、もっぱら著述活動で生計を立て、哲学、論理学、哲学史、宗教、道徳、教育、政治など、様々な問題に関する膨大な量の著作を発表する。1931年、兄を継いで第3代ラッセル伯爵となる。1950年、ノーベル文学賞受賞。

数学的真理の絶対性・完全性・確実性を信じ、論理学から数学を導くことでそれが示せると考えた。事実、矛盾（ラッセルのパラドックス）を免れたタイプ理論という論理体系を考案し、ホワイトヘッドと協働して、そこから数学の多くの部分を導くことに成功した。しかし、のちにウィトゲンシュタインの影響により、論理学も数学も単なるトートロジーにすぎないことを認めるようになり、数学に対する初期の信念は大きく揺らぐことになった。なお、この研究の過程で見出された記述の理論は、その後の言語哲学の展開に対して決定的な影響を与えた。

【主要著作】 [With A. N. Whitehead] Principia Mathematica, 3 vols., Cambridge University Press, 1910-13; 2nd ed., 1925-27(岡本賢吾／戸田山和久／加地大介訳『プリンキピア・マテマティカ序論』哲学書房, 1988). An Inquiry into Meaning and Truth, Norton, 1940(毛利可信訳『意味と真偽性』文化評論出版, 1973).

(橋本康二)

ラムジー、F. P.
Ramsey, Frank Plumpton 1903-30

数学者、哲学者。ケンブリッジ生まれ。ケンブリッジ大学で数学を学ぶ。同校の講師となり数学を教える一方、ラッセル、ウィトゲンシュタイン、ケインズらとの交流の下、哲学の研究を行う。

「ラムジー理論」と呼ばれる数学の新しい分野を創設し、経済学でも重要な貢献を行った。しかし主たる関心は哲学にあり、論理主義（数学は論理学から導くことができるとする立場）、主観的確率、普遍、信念の意味内容、理論語、自然法則などの問題に関して独創的な考えを展開した。真理に関してはデフレーション主義（pは真である＝pと見なす立場）を採り、これを基礎に真理とそれに関連する諸問題を体系的に論じた著作を執筆しようと試みたが、未完に終わった。

【主要著作】 Philosophical Papers, Cambridge University Press, 1990(伊藤邦武／橋本康二訳『ラムジー哲学論文集』勁草書房, 1996). On Truth,

Kluwer, 1991.

(橋本康二)

リヴィングストン、D.
Livingstone, David 1813-73

スコットランドの宣教師であり、ヨーロッパ人として初めてアフリカ大陸を横断した探検家。ラナークシャー地方ブランタイヤーで生まれ、少年の頃より多方面にわたる自然科学を学び、薬学博士号を取得したのち、ロンドン宣教協会の会員となり、1840年にアフリカへ渡った。他界するまでの約30年間、大陸内部を広範囲にわたり探検調査し、各地で宣教活動を行った。アフリカの地誌に関する多くの情報を提供したため、ヨーロッパ列強によるアフリカ分割の尖兵とも評されているが、リヴィングストンの活動の真なる目的は、依然として続いていた奴隷貿易を撲滅し、アフリカのキリスト教化、商業化、文明化を実現することであった。

【主要著作】*Missionary Travels and Researches in South Africa*, 1857. *Narrative of an Expedition to the Zambesi and Its Tributaries: And of the Discovery of the Lakes Shirwa and Nyassa 1858-1864*, 1865.

(鈴木 平)

リカード、D.
Ricardo, David 1772-1823

ロンドンで証券仲買人の子として生まれる。証券売買業者として成功し財をなし、のちに下院議員ともなった。スミスに次ぐ代表的な古典派経済学者であり、国際経済、金融、租税の領域から、価値論、分配論まで後世に多くの成果を残す。ナポレオン戦争の下で起こった地金論争では、イングランド銀行の過剰発行を批判し、『地金委員会報告』を擁護する。その後、穀物法論争では、自由貿易を主張しマルサスと論争する。この論争の中から生まれたのが、主著『経済学および課税の原理』である。彼は、資本蓄積が進むと、地主の地代は上昇し、資本家の利潤は減少し、労働者の賃金は上昇するという、長期的な三大階級間での所得分配の推移を明らかにした。この中で、労働価値論、差額地代論を説き、さらに自由貿易の利益を明らかにした比較生産費説（比較優位論）を生み出した。また、機械導入による失業の発生、一般的供給過剰否定論（セー法則）なども主張した。

【主要著作】*The High Price of Bullion, a Proof of the Depreciation of Bank Notes*, 1810-11（蛯原良一訳『地金の高い価格』〈リカードウ全集Ⅲ〉, 雄松堂出版, 1969). *An Essay on the Influence of a Low Price of Corn on the Profits of Stock*, 1815（木下彰訳『利潤についての試論』〈リカードウ全集Ⅳ〉, 雄松堂出版, 1970). *On the Principles of Political Economy, and Taxation*, 1817（堀経夫訳『経済学および課税の原理』〈リカードウ全集Ⅰ〉, 雄松堂出版, 1972).

(水田 健)

リッチー、D. G.
Ritchie, David George 1853-1903

イギリス観念論の影響を強く受けた社会主義的哲学者。エディンバラ大学とオックスフォード大学で古典学を修めたのち、ベイリオル・カレッジでチューターを務めるが、オックスフォード滞在中、グリーンやアーノルド・トインビーの影響下で、ヘーゲルの観念論哲学に親しむとともに、政治の実践への強い関心を抱くようになる。1894年にセント・アンドルーズ大学に論理学・形而上学教授として赴き、その地で没した。

リッチーは、オックスフォード学派の中でも国家主義的傾向が強いと言われるが、公共善の実現こそが個人の人格の完成を導くと考えた。彼においては、国家が個人の領域に干渉しうる限界もまた、その干渉が人々の物質的・知的・道徳的福祉に資するか否かによって判断されたのである。

【主要著作】*Darwinism and Politics*, 1889. *The Principles of State Interference*, 1891（北岡勲訳『国

家干渉の原理』柏林書房，1954). *Natural Rights*, 1895.

（桜井　徹）

リード、T.
Reid, Thomas　1710-96

　18世紀スコットランドの哲学者。アバディーン郊外ストローンに生まれる。アバディーン・キングズ・カレッジ（1751-63）、グラスゴー大学（1764-80）で哲学教授職を歴任。グラスゴーで死去。

　心の哲学において信念形成の有無から能力を考察し、知覚と記憶はそれぞれ現在と過去の出来事に対する信念形成原理であるが、想像は一切信念形成を伴わないことを指摘。心の基本を信念形成とする立場から、観念把握を基本とする観念学説を批判した。また学知の公理論的構成の意義を強調し「第一原理」（the first principles）の議論を展開。一種の公理として「人類の常識」が重視された。道徳哲学では本来の因果性として道徳的行為者（moral agent）を考え、意志を「活動的能力」（active power）として分析した。

　【主要著作】*An Inquiry into the Human Mind on the Principles of Common Sense*, 1764（朝広謙次郎訳『心の哲学』知泉書館，2004）. *Essays on the Intellectual Powers of Man*, 1785. *Essays on the Active Powers of Man*, 1788.

（朝広謙次郎）

リルバーン、J.
Lilburne, John　c.1615-57

　ピューリタン革命期のレヴェラーズ運動の指導者。ダラム州の小ジェントリの家に生まれる。少年時代にロンドンでの徒弟生活に入り、そこでピューリタンとしての回心体験を得る。国王派や長老派による宗教的迫害の不当性を訴える寛容論を展開した。内戦が勃発するや議会軍に加わり、マーストン・ムアでは中佐として活躍。O.クロムウェルと深い親交を結ぶ。1645年頃からR.オーヴァトン、W.ウォルウィンらとレヴェラーズを組織して政治活動に従事。多くの政治論を著した。イングランドの法的伝統に斬新な解釈を加え、そこから良心の自由、言論・出版の自由、営業の自由などを「生得権」という概念で説く。晩年はクェーカーに回心し、一切の政治活動から手を引いた。

　【主要著作】*The Christian Mans Trial*, 2nd ed., 1641（渋谷浩編訳『自由民への訴え』早稲田大学出版部, 1978, 所収）. *Englands Birth-Right Justified*, 1645（前掲書, 所収）. *The Legal Fundamental Liberty of the People of England*, 1649.

（大澤　麦）

ルイス、C. S.
Lewis, Clive Staples　1898-1963

　ベルファスト生まれの文学者。オックスフォード大学入学後、1917年、第一次世界大戦で歩兵隊に従軍、18年のアラスの戦闘で負傷する。オックスフォードに帰還し、病院で療養する間、詩人イェイツに会い、オウエン・バーフィールドと知り合う。1920年代から詩作によっていくつかの文学賞を受け、25年よりモードリン・カレッジの英語・英文学担当フェローを務める。G.K.チェスタトンの影響を受け、1929年の神秘経験を経て、不可知論からキリスト教に転向。1936年の『愛のアレゴリー』によってホーソン賞を受けたのち、多くの著作を発表。ファンタジー『ナルニア国物語』（1950-56）は最も有名である。キリスト教関係の著作は、アメリカで熱狂的な読者を得た。

　【主要著作】山形和美編『C.S.ルイス著作集』すぐ書房, 1996.

（大久保正健）

レストランジュ〔レストレンジ〕、R.
L'Estrange, Roger　1616-1704

　王政復古期のジャーナリスト、パンフレッ

ト作者、出版検閲官。内戦中は王党派で活動し、1663年に強力な規制案で検閲権をJ.バーケンヘッドから奪取した。公認新聞『インテリジェンサー』と『ザ・ニューズ』を出した。1680年代には宮廷派情報誌『オブザベイター』を出し、爵位と庶民院議席も得た。名誉革命で失墜して投獄されたのち、イソップ物語からケベードの戯曲まで多量に英訳した。

(吉村伸夫)

レノルズ、J.
Reynolds, Joshua　1723-92

イギリス新古典主義の肖像画家、美術理論家。デヴォン州生まれ。ジョージ3世治世下、ロイヤル・アカデミー初代院長として君臨。古典文学とともに、レオナルド、デュフレノワ、フェリビアンの美術理論に親しむ。J. リチャードソンの画論に傾倒。1750-52年、イタリア、フランスを訪れ、ルネサンス以降の巨匠の絵画を熟覧、研究スケッチを残す。帰国後、拠点をロンドンに移し、絵画技法の綜合的探究を進める。1760年、レスタースクエアに居を構える。1764年、ジョンソンの「文芸クラブ」設立に参加。バーク、ゴールドスミス, ボズウェル、ギャリックと交友。1768年、アカデミー創設とともに院長就任。翌年の開学から1790年まで、15回の「芸術講話」を行う(『十五講話集』)。講話前半には, 絵画の威厳さに関わる「大様式」の主張、後半には、天才、独創性、模倣、趣味への論及がある。学問的には歴史画の優位を説いたが、パトロン制度を重んじ、生涯にわたり上流階級の肖像画を描いた。党派的には、ホイッグに与す。

【主要著作】*Discourses*, 1769-90; published, 1797.

(桑島秀樹)

レン、C.
Wren, Christopher James　1632-1723

イギリスの建築家・数学者・天文学者。イングランド南部ウィルトシャーのイーストノイルに生まれ、オックスフォード大学に学ぶ。若年より、その才能を多方面に発揮し、文書の複写器や天体望遠鏡の作成、気圧計の改良、解剖学の研究などに従事した。また数学に優れ、パスカルが提示した微分曲線に関する問題に部分的な解答を与えた。1657年にグレシャム大学の天文学教授に任命され、天文学や屈折光学を講じ、61年にはオックスフォード大学の天文学教授となり、月球儀の製作や顕微鏡を用いての微生物のスケッチなどを行った。また、ローマ時代の建築家ウィトルウィウスの『建築術』を通じて建築に関心を寄せ、1660年代初期までには建築学を習得していたとされる。1666年のロンドン大火後、セント・ポール大聖堂をはじめとする焼失した数多くの教会の再建に携わった。ロンドンのウェストミンスターにて死去、大聖堂の地下室に埋葬された。

(今村健一郎)

ロウスン、G.
Lawson, George　c.1598-1678

聖職者、政治理論家。ヨークシャーに生まれ、ケンブリッジ大学で学ぶ。1637年に長老派の庶民院議員リチャード・モアの指名により、モアの教区司祭となる。これ以降、モア家にも仕え、内乱期には議会支持の著作を執筆した。主著『聖俗政体論』は、宗教改革と国制を調和させる聖俗秩序の原理を包括的に論じたもので、その統治解体論は、のちにロックの政治理論にも影響を与えた。

【主要著作】*Politica sacra et civilis*, 1660.

(朝倉拓郎)

ロス、W. D.
Ross, William David　1877-1971

20世紀イギリスの古典学者、倫理学者。スコットランドに生まれ、エディンバラ大学で学んだのち、オックスフォードのベイリオル・

カレッジに進学。オックスフォード大学教授、オリエル・カレッジ学長、ブリティッシュ・アカデミー総裁、オックスフォード大学副学長など、要職を歴任した。

　古典学者としてはアリストテレスの英訳を監修し、翻訳や注解も残した。倫理学の領域では直覚主義を支持し、「思慮のある、よい教育を受けた人々」の確信が倫理学のデータであると主張。プリチャードの影響の下に、正しさは善さとは別個の性質であるという義務論を展開し、功利主義を批判した。また、個別状況の下で実際になすべき「現実の義務」と、他の道徳的理由が介入しない限りで現実の義務となる「一応の義務」とを区別。償いや感謝などを後者の例とした。

　【主要著作】Aristotle, Methuen, 1923. The Right and the Good, Clarendon Press, 1930. Foundations of Ethics, Clarendon Press, 1939. Plato's Theory of Ideas, Clarendon Press, 1951.

（都築貴博）

ロック、J.
Locke, John　1632-1704

　イギリスの哲学者。イングランド南西部サマセットシャーのリントンに生まれる。ウェストミンスター校を経て、オックスフォード大学に学び、1664年にクライスト・チャーチの道徳哲学監察官に選任される。自然科学・医学に関心を寄せ、ボイルから粒子説を学び、医師シドナムとの共同研究を行う。1667年にアシュリー卿（のちの初代シャフツベリ伯）の侍医となり、以後、卿の顧問として政務に携わる。政治的陰謀への参画の嫌疑を受けて1683年にオランダへ亡命。1689年に帰国し、『統治二論』『人間知性論』を出版。1691年以降はハイレイヴァーのマサム夫人邸に居住。同地にて死去。

　知識の起源・確実性・範囲を哲学的探究の主題とし、知識の起源を経験に求め、生得説を否定したことで、認識論・経験論の祖と称される。また、労働を所有権の根拠とし、所有権保全を目的とする各人の同意に政治的権力の起源を求める政治哲学を唱えた。

　【主要著作】An Essay concerning Human Understanding, 1690（大槻春彦訳『人間知性論』全4冊，岩波文庫，1972-77）. Two Treatises of Government, 1690（鵜飼信成訳『市民政府論』岩波文庫，1968）. A Letter concerning Toleration, 1689（生松敬三訳「寛容についての書簡」，『世界の名著27 ロック／ヒューム』中央公論社，1968）.

（今村健一郎）

ロード、W.
Laud, William　1573-1645

　レディングに生まれる。オックスフォード、セント・ジョンズ・カレッジで学び、教会要職を歴任。1633年カンタベリー大主教となる。アイルランド総督トマス・ウェントワースとともに、チャールズ1世の、独裁的・専断的支配を支えた。礼典（サクラメント）、規律などを重視した国教会の整備による教会改革・統一を強行し、それに反対する長老派などのピューリタンを弾圧したため、ローマ・カトリック教会との再合同の意図を疑われて非難された。対外的には、イングランド教会の祈祷書などの採用をスコットランドに迫る国王の策を支持し、主教戦争と呼ばれるイングランドとスコットランドとの戦争を引き起こした。ロードは庶民院の譴責対象となり、1641年ロンドン塔に収監、45年に処刑された。

　【主要著作】The Works of the Most Reverend Father in God: William Laud: Devotions, Diary and History V3, Kessinger Publishing, 2006.

（山田園子）

ロールズ、J.
Rawls, John Bordley　1921-2002

　20世紀アメリカの道徳・政治哲学者。メリーランド州ボルチモアに生まれる。プリン

ストン大学大学院卒業後、1962年よりハーバード大学に勤務。彼の主著である『正義論』は20世紀の初めから50年以上停滞していた規範倫理学・政治哲学を復権させたと言われているが、彼の方法論である反照的均衡(reflective equilibrium)や道徳心理学についての洞察は、メタ倫理学にも大きな影響を与えている。1999年に論理学・哲学部門でロルフ・ショック賞を受賞。

【主要著作】 *A Theory of Justice*, Belknap Press of Harvard University Press, 1971; revised ed., 1999（矢島鈞次監訳『正義論』紀伊國屋書店, 1979）. *Political Liberalism*, Columbia University Press, 1993. *The Law of Peoples*, Harvard University Press, 1999（中山竜一訳『万民の法』岩波書店, 2006）.

(福間 聡)

ロレンス、D. H.
Lawrence, David Herbert 1885-1930

小説家、詩人、批評家。ノッティンガム近郊の炭鉱の町イーストウッドに、粗野な坑夫頭の父と、ピューリタンで中産階級出身の知的な母の三男として生まれる。ノッティンガム大学卒業。26歳のとき、大学での恩師の妻フリーダと出会い、愛し合った二人は駆け落ちし、ドイツ、イタリアで暮らす。28歳でフリーダと正式結婚。第一次大戦中はイギリスに留まるが、その間、同性愛の場面を含む『虹』が発禁になり、続編の傑作『恋する女たち』は出版できず、ドイツ人の妻にスパイ容疑がかかる。終戦直後にイギリスを離れ、イタリア、オーストラリア、ニューメキシコ、メキシコに住み、南仏で44年の放浪の生涯を閉じた。

初期の自伝的作品『息子と恋人』では、息子が労働者階級から抜け出すことのみを願う母への屈折した息子の想いを描く。以後、ロレンスの作品は、人間本来の性の喜びを殺したイギリス社会の階級制度、教育、産業主義に挑む。全宇宙の根源的エネルギーと交わり、人間本来の創造性を再生させるような性の回復を望んだ。『チャタレー夫人の恋人』の執筆と並行し、40歳で絵も描き始めた。

【主要著作】 *Sons and Lovers*, 1913（小野寺健訳「息子と恋人」,『ロレンス』〈筑摩世界文学大系69〉, 1973）. *Women in Love*, 1920（小川和夫訳「恋する女たち」,『イギリス3』〈集英社ギャラリー 世界の文学4〉, 1991）. "Making Pictures", 1929（河野哲二訳「絵を作る喜び」,『D.H.ロレンスの絵画と文学』創元社, 2000）.

(和氣節子)

ワ

ワーズワス、W.
Wordsworth, William 1770-1850

イギリス・ロマン主義を代表する詩人。湖水地方カンバーランド州、コカマウス生まれ。8歳で母を、13歳で弁護士であった父を亡くす。両親に代わり、自然の優しくも怖い力に養育されたと信じる彼は、生涯、愛する湖水地方を歩き回った。大自然の背後に感じられる霊的存在との交感から、人間のあるべき姿を学び取らせる内奥の想像力の働きをテーマとした作品が特徴。自伝の長編詩『序曲』には、幼少期から、ケンブリッジ学生時代、フランス革命への期待と絶望を経て、詩人となるまでの精神的成長が描かれ、ハートリーの観念連合説や、ギルピンのピクチュアレスクな美に満足できないワーズワスが窺い知れる。

また、コールリッジとの共作『抒情歌謡集』は、その第2版(1800)に付けられたワーズワスによる「序文」とともに、ロマン主義時代の到来を告げる作品として重要。サウジーのあとを継ぎ、1843年から80歳で亡くなるまで桂冠詩人となる。ローンズリー牧師は湖水地方の自然保護のため、ナショナル・トラスト運動設立を訴える際、執筆当初から好評であったワーズワスの『湖水地方案内』や自然

詩からの言葉に言及することが多かった。
【主要著作】*Lyrical Ballads,* 1798; 2nd ed., 1800; 3rd ed., 1802（宮下忠二訳『抒情歌謡集』大修館書店，1984）．*The Prelude,* 1799; 1805; 1850（岡三郎訳『ワーズワス・序曲』国文社，1968）．*Guide to the Lakes,* 1810; 1820; 1822; 1823; 1835.

(和氣節子)

ワット、J.
Watt, James　1736-1819

スコットランド、グリーノック生まれの発明家。グラスゴーとロンドンで実験器具職人として修業したのち、グラスゴー大学の実験器具製作を請け負い、その際、ブラックと親交を持った。1765年、実験用のニューコメン式蒸気機関の修復から進んで、改良を志し、まず分離式復水器を発明、熱効率を大きく高めた。これにより当時の大企業家ロウバックとボールトンの援助を得、実用化に努力した。76年には後者と会社を設立、複動機関・回転機関・遠心調速機・馬力（単位）などの発明を重ねて機関を改良、その応用範囲を飛躍的に拡大した。ほかに図面の複写法の考案もある。ボールトンやブラックなどの友人同様、王立協会やバーミンガムの月光協会で活躍した。著書はないが、厖大な書類や図面、書簡を残した。また、スマイルズやカーネギーなどが、工業人の模範として、伝記を書いた。
【主要著作】*Partners in Science: Letters of James Watt and Joseph Black,* Eric Robinson and Douglas McKie eds., Constable, 1970.

(嘉陽英朗)

などにわたって論ずる。『悪食のサル』など、邦訳書多数。
【主要著作】*Lifetide: A Biology of the Unconscious,* 1979（木幡和枝ほか訳『生命潮流』工作舎，1981）．

(三浦永光)

ワトソン、L.
Watson, Lyall　1939-

現代イギリスの動物行動学者。東アフリカのモザンビークで生まれ、オックスフォード大学のフェローなどの経歴を持つ。生命と意識の関係を生命進化、遺伝子の支配と意識による解放、生命の無限の神秘、集団的無意識

索引

事項索引

ア

愛国者 83, 116
アイデンティティ 111-112, 399, 617
曖昧さ 312
アイルランド教会 180
アイルランド共和主義同盟 4
アイルランド啓蒙 313
アイルランド自治運動 3
アイルランド自由国 3, 5, 128
アイルランド全国土地同盟 4
アイルランド土地法 4
アイルランド問題 3, 5, 126
アイロニー〔イロニー〕 520, 553
アウグスティヌス主義 323, 620
赤字財政政策 190
悪循環原理 561
アクション・フランセーズ 448
アクター・ネットワーク論 27
悪徳 245, 307-308, 397-398, 527, 666
悪の枢軸国家 447
悪魔派 600
アーサー王伝説 6-8, 178
アジテイター 542
アーツ・アンド・クラフツ運動 178, 526, 670
アトランティス 516
アナーキズム 597 → 無政府主義
アナバプテスト 425 → 大陸再洗礼派
アバディーン啓蒙 313
アバディーン哲学協会〔賢人クラブ〕 313, 318, 382
アフィニティ 474
アプリオリ 145, 339
アポステリオリ 460
アメニティ 225
アメリカ合衆国憲法 9
アメリカ啓蒙 313
アメリカ独立革命〔独立革命〕 9, 337
アメリカ独立宣言〔独立宣言〕 9, 128, 316, 337

アメリカ問題 9, 16
アリウス主義 518-519
アリストテレス主義 162, 206
アール・ヌーボー 526
アルミニウス主義 153, 366, 539, 574
アルミニウス派 431
アングリカニズム 182-183
アングリカン・コミュニオン 180, 182-183
アングロ=サクソン人 125
アングロ=サクソン法 419
安全 440
暗黙知 358-359, 659

イ

異教徒刑罰法 3
イギリス革命 267, 387, 435 → ピューリタン革命
イギリス観念論 12-14, 593, 675 → イギリス理想主義
イギリス協同組合知識普及協会 362
イギリス農民一揆 336
イギリス理想主義 12, 591, 626-627, 645, 656 → イギリス観念論
意志 108, 160, 251-252, 257-259
——の自由 253, 257, 283, 417
現実—— 657
実在—— 657
意識 12-14, 71, 294-296, 300, 302, 367, 547-548
——の流れ 132, 340, 579, 606
永遠—— 12-13, 108, 110
自己—— 13, 592, 647
意志主義 323-324 → 主意主義
意志説 160
イソノミア 387
偉大なもの 340
異端 79
一元論 301, 354, 562
意識—— 367

事項索引

絶対―― 562
中立―― 301
無法則的―― 302
一次性質 44, 87, 144, 507-508 → 第一性質
逸脱因果 161
一般教養 28
一般的 456
一般的観点 106, 130, 394
イデア 227, 358, 458
遺伝 242, 512, 514
意図(性) 160-162
　発話者の―― 411
意図せざる結果 57, 116, 208, 210, 247, 667
イドラ 29, 129, 416, 470
イドラ論 470-471
意味 45-46, 73, 91-92, 149-150, 152, 229, 411, 463-464
　――の検証理論 222, 498
　――の指示説 498
　――の使用説 149, 498-499, 571
　記述的(な)―― 456, 498-499, 500,
　指図〔指令〕的(な)―― 456-457, 499
　情動的(な)―― 206, 498-499
　使用としての―― 563, 612
意味論〔意味理論〕 150, 229, 500, 613
　プラトニズム的―― 464, 571
色排除問題 464
因果(性) 18-19, 77, 87, 549, 552, 591
因果関係 18-19, 44, 47-48, 54, 86, 130, 134-135, 257-259, 549
因果推論 19, 54
因果説 161, 361
因果表象説 649
因果法則 222
因果論 18, 44, 75
イングランド教会 180-183, 192, 261-264
イングランド銀行 35-36, 166, 273, 629, 675
イングランド啓蒙 313
印象 19, 72-73, 75-76
　――と観念 72-73, 76
インダストリ 274, 297
インタレスト 522-523 → 利害
インド航路 349

インペリウム 374

ウ

ヴァージニア会社 9, 350
ヴァーチュオーゾ 406, 569
ウィーン学団 131, 151, 557-559, 579
ウェストミンスター神学者会議 365-366
ヴェルサイユ条約 11
ウェールズ教会 180
ウェールズ大学 346
ヴェン図 576
ウォルポールの平和 577
ウォレス線 578
ウルガータ 21, 23
ウルトラモンタニズム 40 → 教皇(至上)主義
運動 41-42, 50, 86-88, 93-95, 118-120, 342-343, 417, 650
　――の三法則 88, 94, 96, 412, 623
　絶対―― 118
　相対―― 118
運動学 41

エ

英米法 184
英訳聖書 21-22, 262, 618
英蘭戦争 437
エキュメニズム 624
エクスカリバー 7
エコロジー 226, 408
エッセイ 24-25
エディンバラ王立協会 383
エディンバラ学派 26-27
エディンバラ大学 505
エディンバラ哲学協会 313, 382
エピクロス主義 342
エピクロス派 24, 170, 539
エラストゥス主義 39, 163-164, 365
エルサレム王国 265
演繹(法) 133, 135, 386, 469
　――的推論 93, 416
演繹主義 94

684

エンクロージャー　298
エンサイクロペディア　28-31 → 百科事典
円卓の騎士　7

オ

王位継承法（案）　83, 159, 276, 479, 530
オウエン主義〔オウエン派〕　260, 362-363
王会　184
王冠連合　126-127
王権神授説　32-34, 158, 286, 330, 401, 435-436, 491-492, 600
王室費　493
王政復古　158, 181
王立協会　143, 303, 609 → ロイヤル・ソサエティ
大塚史学　200, 433
オーガスタン論争　35, 37
桶説教師　424
オッカム主義　323
オッカムのかみそり　584
オックスフォード・カリキュレーターズ　41, 323, 588, 611, 634
オックスフォード大学　322-323, 345
オックスフォード理想主義　100, 603
オープン・ユニヴァーシティ　64, 347
オリエンタリズム　267, 486
オルガノン　29
音楽　510
穏健派　314-315, 319, 444, 584, 588, 601, 648
恩顧　35-36, 116
温情主義　501-502
音声言語論　322
恩貸地制　472

カ

懐疑　72
　——的疑い　46
　——的解決　46
懐疑主義　130, 194, 482, 484, 586, 608, 643, 663
　緩和された——　130

懐疑論　43-46, 53-54, 72, 149-150, 227-228, 317, 319, 380-381, 551-552, 584, 594, 609, 637
　——的パラドックス　149
　建設的——　43, 53, 552
　全面的——　44, 54
快苦の原理　175-176
外在主義　162
外在説　360-361
会衆　261
会衆主義者　365
蓋然性　43-44, 47-48, 53-54, 381, 467, 624
外的関係　562-563
概念（的）内容　73-74
概念の外延　560
概念法学　546
概念分析　463
概念論　129-130, 227, 458-459
快楽　131, 169-172, 173-174, 175-176, 215, 539
　——の質（的差異）　69, 171-172, 173, 175-176
　——のための快楽　645
快楽計算　131, 170, 173
快楽主義　131, 173, 215, 384, 533, 592, 593, 657
　量的——　386
会話の含み　411
ガヴァナンス　167
価格　56, 501-502
　——と価値　56
　自然——　56-57
価格革命　349
科学　334-335, 408
科学革命　18, 50-52, 142, 335, 630
科学技術社会論　27
科学社会学　26-27
科学知識社会学　27, 647
科学的説明　222-223
科学的物質論　145, 660
科学哲学　222-223
可感的質　464
学位授与権　345-347

学外学位制度 345
格差原理 270, 289, 328, 442
確実性 43-44, 47-48, 53-55, 624
革新主義 10-11
学知 28-29
確定記述 91
確率 47-49, 467-468
学寮制大学 345
囲い込み（運動） 83, 197, 225, 496
重なり合う合意 80, 271, 442
仮説 94
仮説演繹法 96, 469
仮説形成 469
家族 193
化体説 182, 570
価値 56-58, 205-206
学校教育 101
活動的能力 676
合邦 35, 115-116, 125-128, 313, 488-489 → 合同
　——論争 313
　完全な—— 127-128
　連邦的—— 127
過程の哲学 568, 660
カテゴリー論 458
渦動（説） 119, 412
過度の単純化 410
カトリック解放 17, 38, 163, 378
　——法 3
カトリック教会 192, 329, 337, 437 → ローマ・カトリック
可能世界 132, 223
　——意味論 132, 223
カバル 602
可謬主義 656
貨幣 56-57, 59-61, 272-274, 287
　信用—— 59
　地域—— 61
貨幣ヴェール観 60
貨幣錯覚 61
貨幣数量説 60, 274
貨幣利害集団 190
神 79-80, 140-143, 412, 415-416, 418, 425, 518-519, 530-532
　——の記号説 76
　——の言語説 76
　——のデザイン 351
　——の道徳的統治 535
神の存在（証明） 71, 88, 130, 142-143, 144, 319, 321, 380-381, 569, 651, 669
神の法 32, 90, 329-330
カメロット城 7
カリキュラム 101-104, 345
カルヴィニズム〔カルヴァン主義、カルヴァン派〕 122, 153-155, 259, 267, 365-366, 393, 432-433, 585, 589, 669
カルチュラル・スタディーズ 62, 659
カロリング・ルネサンス 321
感覚 65, 71, 73-74, 393, 415-417, 547-548
　内的—— 242, 280, 341, 393
感覚器 119-120
感覚作用 318, 427
感覚与件〔感覚所与〕 54, 332, 463, 579 → センス・データ
感覚論〔感覚主義〕 131, 417, 533, 548
歓喜 311
環境 225-226, 242-244, 259-260, 353
環境決定論 260, 386, 441,
環境保護 408
関係 562-563
関係説 119
関係の論理 619
還元主義 151, 558-559, 633
還元論 227-228
観察 95, 129, 222, 412-414, 418, 469, 471
監視社会 422-423
慣習 482, 503
慣習法 156-157, 184, 419-421, 545
　一般的—— 420-421
感受性 65-67
　——文学 224, 291
観照 169
感情 65-67, 393-395, 429
　快・不快の—— 339, 341
　——の構造 63
感性 65-67

慣性　87-88
完成主義　68-70 → 卓越主義
監督派　128
カントリ（派）　35-37, 189, 246, 523, 605
　　——・イデオロギー　37, 115-116
カントリ連合　400-401
観念　19, 44-45, 47-48, 71-74, 75-77, 144, 344, 459, 547-549
　　——の関係　54, 95, 252
　　——の理論　71-74, 144, 318
　　生得——　47, 71
　　単純——　76, 252, 547-548
　　抽象——　73-74, 105, 459, 548
　　内在——　547
　　複合〔複雑〕——　77, 252, 547-549
　　本有——　130
観念連合　75-77, 280, 385, 391, 414, 427, 528, 547-549
観念連合説　280, 449, 547-549, 667, 679
観念論　12-14, 144, 227, 301, 332, 583, 597, 628, 658, 672 → イギリス観念論
　　絶対的——　12, 463, 592, 647
　　ドイツ——　12, 131, 354, 483, 509, 554, 586, 593, 599
感応性　162, 500
寛容　78-81, 243, 256, 355, 378, 518, 540, 542
寛容の原則に関する宣言　81
寛容法　121-122, 366, 378, 432, 494, 518, 572
管理通貨制度　59
官僚制　481

キ

議院法　84-85
記憶　295, 359, 417
機械　86-88
　　——の中の幽霊のドグマ　672
議会　243, 478-479
　　——における国王　83-85, 276, 388, 491
　　——の同意　158, 187, 479, 538
議会改革　83-84, 116, 239, 384-385, 402
機会概念　255-256

議会囲い込み　197
機会均等原理　270, 288, 328, 442
機会原因論　18, 300, 553
危害原則〔危害原理、危害防止原理〕　69, 269, 631
議会主権　84-85, 115, 159, 275-277, 612
議会政治　82-83
機械論　86-88, 155, 412
　　近代——　342-343
幾何学　416, 508
帰結主義　174, 668
記号　73, 149
記号論理学　463-465, 557-558, 634
騎士修道会　265-266
騎士道　89-90
　　——裁判所　199
　　——精神　178
擬似問題　558
記述（の）理論　91-92, 463, 609, 674
奇跡　48, 229
規則　149-150, 209-210, 390-392, 396-399
　　——に従うこと　45
　　——のパラドックス　150
貴族　82, 85, 115, 199-200, 246-247, 420, 473-474, 483
　　——の危機　199
　　自然的——　115, 483
　　爵位——　199
貴族院　82-85, 186, 187-189
規則性説　19
規則性論　221-223
基礎づけ主義　74, 333
基礎づけ説　360
基礎的個物　146
機知　280
キット・キャット・クラブ　567
帰納　19, 47, 93-96, 135, 413, 469
　　——の原理　95
　　——の飛躍　94
　　——による統合　638
機能　289, 442, 612
帰納主義　94, 96
機能主義　302

機能性　356-357
帰納法　51, 93-96, 129, 133, 135, 380-381, 469-471, 638, 652, 658
義務　108-110, 172, 206, 216, 397-399, 647, 678
　一応の――　678
　――のための義務　645
　現実の――　678
義務感〔義務の感覚〕　318, 395, 536-537
義務教育　591
義務論　138, 354, 396, 399, 529, 647, 678
救済　97-99, 140-141, 153-154, 454
　院外――　98, 100
救済説〔救済論〕　122, 155, 424, 519, 577
急進主義〔急進派〕　17, 116-117, 337, 362, 384-386, 403-404, 555
救貧施設　423
救貧税　97-98, 191
救貧法　16-17, 97-100, 440-441, 452-453, 512, 665
　――体制　452-453
教育　101-104, 123, 345
教育院　102-103
教育学〔教授学〕　101-102, 104
教育思想　101-104
教会　21-23, 38-40, 163-164, 180-183, 261-264, 355, 365-366
　――と国家の分離　80, 424
　原始――　262-263
共感　66-67, 90, 105-107, 205, 285, 291, 340, 394, 398, 528, 536 → 同感
　相互――　536
共感的批評の原理　599
教義化の奢り　154
教区　97-99, 182-183, 365
境遇の平等化　10
教皇　39-40, 261-254, 265
教皇無謬性の教理　567
共産主義　238, 664
教師〔教員〕　101-104
強制　254-256
共通起源説　351, 612
共通祈祷書　181-183, 261-264

共通善　79, 108-110, 112, 657 → 公共善
共通文化　63-64
協同組合　240, 288, 362-363, 441, 450, 575, 583
共同体　59, 78-81, 108, 111-113, 230-231, 233, 396, 398-399, 479, 554-555
共同体主義　108, 111-113, 138, 271, 362, 617, 663 → コミュニタリアニズム
共約〔通約〕不可能性　52, 574, 673
共有概念　143
教養　62-63, 166, 171-172, 567
　内的――　171-172
共和主義　35, 114-117, 187, 245-246, 387, 530, 602, 606, 623, 625, 635, 652, 656
共和制〔共和政体〕　114-115, 515, 538
虚栄（心）　105, 107, 395, 397, 527
距離　507-508
キリスト教　59, 89, 140-143, 154, 164, 192, 245, 265, 290, 303, 321-323, 355, 380, 397, 495, 518-519, 530-532, 580
　――（的）人文主義　164, 539, 668
　――的世界観　351
　――批判　530
　原始――　238, 530-532
切り札　620
ギルド　177
議論領域　619
禁酒運動　364
金属主義　60
近代科学　50-51, 94, 335
近代社会　297, 299, 356, 388
近代的生産力発展の原理　298
欽定訳　23, 618
勤勉〔勤労〕　97-99, 101, 287, 433
金本位制　59
金融論　629
禁欲　101, 433
禁欲主義　60, 245

ク

寓意　25, 66-67
空間　118-120, 145-146, 412, 640, 661, 669

絶対—— 88, 118-119
　相対—— 118
偶然 48, 75
空想(力) 77, 339-340, 549
偶像崇拝 531, 633
偶有性 342-343
クェーカー 121-122, 378, 403, 432-433, 437, 641
クオーク 534
苦痛 169-171, 173-174, 175-176
クラシス 431
グラスゴー啓蒙 313
グラスゴー大学 313, 505
クラパム・セクト 403
クラレンドン法典 378, 432
グランド・ツアー 123-124, 179, 310
クレオール主義 486
グレシャムの法則 62, 592
グレート・ブリテン(王国) 35, 37, 115, 117, 125-128, 375
グレート・ブリテン主義 617
グロート・クラブ 593
軍事財政国家 191
君主制 243, 538
　絶対—— 158, 421, 625
　普遍的な—— 191
　立憲—— 83, 159, 263, 331, 493, 623
君主の鑑 33, 538
軍総評議会 542-543
君臨すれども統治せず 493, 570

ケ

計画経済 208-209, 626
経験 12-14, 47-48, 71-74, 95, 129, 144-146, 301, 317, 319, 416-418, 469-471, 547, 549, 551-552, 558-559
経験主義 51, 71, 74, 96, 129-130, 142, 151, 154, 221-222, 317, 367, 384, 497, 594, 645, 657, 658
　——のドグマ 559
経験論 12, 29, 129-132, 144, 228, 317, 380, 418, 459, 547, 552, 554, 557, 579, 592, 593, 628, 652, 678
　イギリス(古典)—— 60, 129-131, 442, 548, 555, 557-558
　科学的—— 557
　構成的—— 229
　論理的—— 557
傾向性 13, 49, 54, 223, 258, 301, 344, 393, 672
傾向性説 49
傾向説 468
経済 59, 137-139, 195, 304
　——と倫理 137
経済学 37, 56, 58, 116, 133-136, 137-139, 175-176, 274, 315, 326, 506
経済学クラブ 313-314
経済人 135, 528
経済人類学 61
経済生物学 663
経済法則 136
経済倫理学 137-139
計算者 42, 611 → オックスフォード・カリキュレーターズ
啓示 140-143, 154, 284, 305, 323, 532, 576, 590, 618, 666
　特別—— 140
啓示宗教 140, 143, 530, 532, 590, 614, 633
　——批判 532
形而上学 44, 53, 144-146, 323-324, 414, 557-558
　記述的—— 146, 411, 606
　スコットランド—— 317
形而上派詩人 147
啓示神学 141-142, 217, 219-220
形相 69, 93-94, 221, 227, 300, 342
形相因 18
系譜テスト 476-477
刑務所構想 422
啓蒙 28, 407, 413
啓蒙主義〔啓蒙思想〕 65-66, 89, 116, 239, 246, 267, 291, 303, 351, 397, 407, 495, 553-554, 578, 583, 587, 652
契約神学 153
計量経済史 196

ケインズ主義　192, 270, 594
ゲシュタルト心理学　358, 547
血液循環論〔血液循環説〕　51, 626, 645
結果主義　69
月刊誌　443-445
決定論　87, 257-260, 571, 585, 598, 609, 632, 646,
　　因果的――　284
　　神学的――　257, 259
　　心理的――　257-259
　　物理的――　257-258
　　倫理的――　257-258
決闘　89-90
ゲティア反例　359-361
ケプラーの法則　94, 96, 412
ゲール系アイルランド人　126-127
ケルト　6
　　――系民族　125
限界効用価値論　58
権原理論　289
言語ゲーム（説／論）　131, 149-150, 464, 563, 571, 574
言語行為論　206, 411, 500, 584, 606
言語（論）的転回　131, 146, 168, 430, 431, 433, 466, 613
現在の享受　482, 484
原子核　534
原始契約　236
現実的存在者　146, 660
衒示的消費　200
検証可能性　151, 229, 558-559
検証（可能性）原理　150, 151-152, 559, 571, 579
検証主義　151, 558
現象主義〔現象論〕　228, 332-333, 360, 571, 643
原子論　342-343, 533-534, 655
賢人会議　419-420, 572
源泉テーゼ　476-477, 673
限定的　456
ケントの農民一揆　238
顕微鏡　551
ケンブリッジ大学　345

ケンブリッジ・プラトニスト〔プラトン主義者〕
　　154, 164, 251, 284, 341, 397, 504, 535, 551, 585, 586, 611, 669
ケンブリッジ・プラトニズム〔プラトン主義〕
　　571, 586, 591
ケンブリッジ・プラトン学派　24, 65, 153-155
憲法情報協会　524
憲法典　156, 159, 423
言明の有意味性　151-152
権利　109, 138, 202-204, 211-214, 234-235, 237, 268-270, 275, 287-289, 328, 404, 479-481, 527
　　平等な配慮と尊重を求める――　620
原理　476-477
権利（の）章典　15, 156, 158-159, 276, 479, 493-494, 572
権利（の）請願　158-159, 331, 436, 478, 611
権利宣言　159, 492-494, 572
権利要求　493
権力　32-34, 156-157, 188-189, 234-237, 253, 276, 329-331, 385, 487, 567
　　政治――　236, 256, 640
　　政府――　209
　　絶対的――　32-34, 235, 330-331, 567
権力分立　189, 276-277
言論の自由　249, 378, 494

コ

行為主義　20
行為の理由　499, 569, 572, 633
行為論　160, 569
合意　234, 236-237, 285, 326, 327-328　→　コンヴェンション、黙約
公益　231-232, 397-398, 528-529, 538
航海法　350, 437, 593
工科大学　347
交換　56, 59, 66, 230, 232
後期印象派展　461
高級文化　62
広教会（派／論）　78, 163-164, 181, 225, 568
高教会（派）　39-40, 163-164, 181, 449, 495, 532, 568, 618

公共圏　148, 165-168
広教主義　163, 181, 573, 607, 618
公共性　66, 165-167, 233, 287
公共精神　116, 231, 233, 245
公共善　290, 397-398, 587, 675 → 共通善
光子　534
行使概念　255-256
公準　552
工場制度　195
恒常的連接　18-19, 48, 130, 221, 258, 549, 649
香辛料　348-350
厚生　134, 137
　社会的——　176, 612
公正としての正義　270-271
功績　56, 328, 440, 442
功績（の）原理　289, 328
構造主義　63-64, 430, 485
構想力　339 → 想像力
　再生的——　339
　産出的——　339
拘束〔強制〕　253-256
皇帝教皇主義　33
合同　17, 83, 375-376 → 合邦
合同改革派協会　366
高等教育　346-347
行動主義　547, 662
　哲学的——　301
　論理的——　637, 672
幸福　137-139, 169-172, 173-174, 175-176, 290-291, 307, 309, 384-386, 396-397, 440, 442, 527-529, 537, 539, 577, 587, 593, 613, 651, 668
　——の逆説　172
　——を受けるに値すること　172
公平(性)　399, 457 → 不偏性
公平な観察者　66, 107, 308-309, 326, 395, 480, 528, 536, 546, 610
効用〔功利〕　137-139, 173, 175-176, 220, 279, 288, 291, 442, 457
効用関数　175-176
功利（の）原理〔功利性原理〕　170, 173-174, 292, 326, 386, 528, 546, 583, 645

功利主義　13, 58, 68-69, 99, 138, 173-174, 175-176, 178, 216, 237, 269-270, 288-289, 292, 326, 384-386, 396, 399, 439-440, 442, 450, 480, 509, 528-529, 537, 554-556, 572, 580, 583, 586, 593, 602, 607, 610, 645, 650, 653, 657, 665, 667, 668, 672, 674, 678
　規則——　76, 174, 610
　行為——　174, 610
　神学的——　173, 650, 665
　選好——　174, 457, 605, 650
　理想的——　173, 216, 672
合理主義　71, 105, 221-222, 482, 484, 518, 553-556, 583, 636
合理性　185, 354, 499
効率　137-139, 288
合理論　129, 317, 547, 549, 577
コギト　282
国王裁判所　156-157, 184
国王至上法　33, 261, 655
国王大権　17, 156, 158-159, 184-185, 331, 401, 436, 491, 493
国王の禁止令状事件　158
国民教育制度　101-102
国民契約　615
国民的背教　38
穀物価格　502
穀物法　57, 617, 675
心の哲学　71, 282, 361, 569, 610, 643, 649, 676
ゴシック建築　177-178, 526
ゴシック小説　177-178
ゴシック復興　177, 179
個人主義　111, 139, 208, 268, 453, 483-484, 529, 554, 555, 609, 612, 628, 635
　方法論的——　105, 210
湖水地方　225, 554-556, 679
個性　69, 103, 173, 389, 553, 556, 668
悟性　339
後成規則　352
国家　38-40, 108-110, 114, 163-164, 167, 191, 211-212, 217-219, 230-233, 234-237, 269-271, 275-276, 289, 325-326, 330, 355, 388, 516, 657

事項索引

国家教会(制) 180, 365-366, 378
国家理性 34
国教会 3, 21, 38-40, 163-164, 180-183, 264, 365-366, 378, 424, 431-432, 491, 495-496, 530-532, 574, 581, 642, 654
――イングランド―― 33, 163, 655
国教忌避者 264
古典派経済学 60, 133, 135-136, 274, 674, 675
古典主義 29, 553, 555
古典荘園 472
コート 35-37, 116, 523, 605
――・イデオロギー 36-37
コネクショニズム 76
このもの性 323, 621
小羊〔子羊〕の戦い 121, 433
コーヒーハウス 166-167, 281
誤謬理論 500
個物〔個体〕 73-74, 129-130, 142, 227, 322-324, 458-460, 584-585, 621
個別的 456
コミュニケーション 105, 146, 165, 428, 590
コミュニタリアニズム 108 → 共同体主義
コモンウェルス 114, 212, 234, 372-373, 439, 455, 538-540
コモンウェルスマン 114, 531
コモン・センス 281, 317, 319, 594, 608 → 常識
コモン・ロー 125-127, 156-159, 184-186, 276-277, 421, 450, 478-480, 545, 588, 612, 644, 651, 666
コモン・ローヤー 157-158
小屋住農 372
固有性 68-69, 286,
語用論 411, 584, 590
古来の憲法 491
古来の国制(観／論) 33, 36, 157-158, 185, 187, 189, 237, 286, 421, 478-479, 481, 482, 589, 625, 656
コルベール主義 272
コロニアリズム 376-377, 486-487 → 植民地主義
コンヴェンション 106, 150, 186, 220, 287, 439, 476-477, 479-480 → 合意、黙約
困窮 99-100
混合政体(論) 15-17, 82, 84, 115, 187-189, 218, 235, 275, 388, 482-483, 623, 636
コンシート 147
コンプリヘンシヴ・スクール 103-104
根本法 478-479

サ

差異 79-80, 449-450
最高善 169-170, 217, 539
最小限国家〔最小国家(論)〕 202, 270, 289
最初の言葉 410
最初の政党時代 491
財政革命 116, 190-191, 401
財政金融革命 35, 190
最大幸福の原理 385-386
最大多数の最大幸福 131, 170, 173, 175-176, 288, 291, 326, 389, 528, 582, 630, 653
裁判所 156, 277, 478-481
細胞 642
錯誤説〔錯誤理論〕 207, 663
サクソン州法廷 421
サクソン人の自由 421
サクラメント 153, 263, 678
雑誌 248-250, 443
サッチャリズム〔サッチャー主義〕 192, 194, 454, 483
サベリウス主義 519
作用因 18, 548
サロン 166
産業革命 37, 101, 178, 186, 190, 195-198, 200, 225, 239-241, 272, 496, 553
産業資本 272-273
産業資本家 200, 272, 433
サン＝シモン主義 449
三十九ヵ条 40, 164, 181-182, 261, 378
三十年戦争 190, 336, 435
参政権 17, 84, 238-239, 449-451
暫定議会 492
暫定協定 80
三世界論 658

三位一体（説／論） 141, 293-294, 336, 518-519, 530, 532, 608

シ

慈愛　290-292
自愛（心）　90, 457, 666 → 自己愛
私悪は公益　245-246, 274, 397, 666
シヴィック・ヒューマニズム　114, 116
私益　231-232, 528-529, 538, 540
ジェントリ　36, 114, 199-201, 330-331, 372, 435-438, 474, 621
　疑似――　200
ジェントルマン　199, 201
　――・イデアール　200
ジェントルマン資本主義（論）　191, 198, 201, 376
シオニズム　595, 624
シーカー　121
自我　253, 293, 359, 459, 548, 553-556
視覚　75-76, 507-508
自活　97, 99
地金論争　61, 675
時間　20, 42, 118-120, 141, 145-146, 294, 412, 568, 649, 650, 661
　――の非実在性　661
　絶対――　88, 118-119
　相対――　118
時空　145-146, 568
資源　226
　――の平等　271, 620
時効　15, 287-288, 478, 482
思考実験　133
自己　105-106, 108-109, 111-112, 202-203, 486
自己愛　290-291, 308, 394-395, 527-528, 535-537, 631 → 自愛
自己完成　13, 108
自己規制　308-309
自己実現　69, 103, 139, 340, 529, 592, 645, 658
　神的――の原理　108-109
自己所有権　202-204, 286-287, 289, 596, 625

自己統治〔自己支配〕　253, 268, 635, 643
自己評価　309
自己保存　90, 218, 235-236, 290, 307, 417, 439, 510, 527, 541, 657
　――の権利　213-214, 269
自己利益　106, 283, 285, 287, 397, 440, 653 → 利己心
事実　54, 562-563
事実と価値　205-206, 216
市場　56, 61, 209, 243, 268-269, 304, 328, 439-441, 483-484, 502
事象記述の平明な方法　418
市場競争　209-210
市場経済　208-209, 268, 325-326, 452, 594, 608
市場経済化　501
市場原理主義　61, 454
市場社会（論）　210, 304, 439-440, 503
市場秩序　56, 208
自生的秩序（論）　208-210, 268, 481, 626
時制論理　643
自然　51-52, 93-95, 142, 170, 224-226, 301, 303, 369-370, 380, 388, 393, 405-408, 415-417, 426, 469-471, 509-511, 525, 554-555, 609, 660, 679
　形成的――　155
　――の解明　93, 469-471
　――の斉一性〔一様性〕　19, 95, 221, 280, 368
　――の節約性　221
　――の二元分割　145, 660
　――の予断　93-94, 469-470
慈善　97, 100, 291-292, 326, 441, 605
自然学　41, 43-44, 47-48, 343, 405, 413-414
自然記号　318
自然権（論）　16-17, 80-81, 211-214, 217-218, 234-237, 286-287, 417, 439, 542-543, 582, 657
自然言語　411
自然史　405-407, 545 → 自然誌、ナチュラル・ヒストリー
自然誌　226, 405-408, 471, 550-551 → 自然史、ナチュラル・ヒストリー

自然宗教　140, 142-143, 380, 530-532, 577, 590, 633
自然主義　174, 205-207, 215, 222, 282-285, 497, 553, 556, 609
自然主義的誤謬　14, 173, 176, 205, 215-216, 285, 497, 668
自然状態　211-214, 218-220, 224, 230-231, 234-237, 254, 269, 304-305, 326, 388, 417, 439, 657
自然神学　142, 219, 224, 405-407, 586
自然選択（説）　305-306, 512-513, 578, 612 → 自然淘汰
慈善組織協会　100, 292, 656
自然的自由の体系　232, 611
自然的超自然主義　586
自然哲学　50, 133, 142, 405, 412, 470, 505, 550
自然淘汰（説）　242-243, 351-353, 621 → 自然選択
自然な存在論的態度　229
自然の体系　405
自然の光　142-143
自然の霊　669
自然法（論）　32, 211-214, 217-220, 230, 235-237, 274, 286-288, 304, 325-326, 329-330, 417, 439, 475, 479, 505, 539, 545-546, 586, 587, 604, 607, 631, 657
　基本的――　208, 212, 220, 326
自然法学　217-220, 505, 586
自然法則　48, 98-99, 221-223, 649
自然保護　224-225, 408, 660, 679
事態　131, 563
実験　51, 95, 413, 416, 469, 471
実験誌　471
実験哲学　94, 413, 550-552
実在　12-14, 72-74, 142, 206-207, 227-229, 458, 558, 584, 621, 645, 661
実在論　13, 44, 145, 206, 227-229, 322, 500, 571, 572, 573, 668
　概念――　458
　科学的――　27, 44, 227-228
　準――　207, 500
　新――　583

素朴――　332
道徳的――　68, 207
反――　206-207, 227-229, 458, 500, 613
分析的――　562
実践理性　13, 69
　――の二元性　602
実体　18, 45, 129-130, 294-295, 300-301, 343, 500, 518-519
　――（の）二元論　301, 343
実定法　32, 217, 325-326, 329-330, 475, 544, 546, 583, 604, 620
　――一元論　475
実念論　129, 142, 458, 621
質料　93-94, 342, 621
質量　87-88
質料因　18, 548
質料形相論　342
私的言語（論）　45-46, 149
使徒会　461
使徒伝承　38-40, 262, 624
シナイ契約　140
慈悲　290-292
自負　308-309, 398
至福千年　339
司法的裁量論　476
資本主義　196, 200, 202, 233, 240, 272, 288, 376, 433, 438, 440, 441, 448, 517, 554, 555, 582
　無政府――　270
市民　108-110, 165-168, 193, 230, 236, 387, 455
市民革命　200, 218, 238, 272, 438
市民権　230
市民社会　217-219, 230-233, 236, 440, 528, 553
市民政府　231
市民大学　345-347
市民法　90, 157, 212, 237
自明な命題　368
社会改良主義　238
社会科学　506
社会関係　529
社会構成主義　27

社会契約（説／論）35-36, 106, 115, 211-214, 217-220, 234-237, 270, 286, 307, 326, 327, 330, 388, 417, 439, 442, 480, 504, 543, 545-546, 554, 576, 586, 643, 646, 657
社会史　168
社会主義　63, 104, 202-203, 238-241, 244, 253, 270, 328, 372, 386, 441, 447, 482-483, 515-517, 554-556, 582, 583, 598, 664
　キリスト教――　238-239, 241, 670
　ギルド――　103, 241, 598
　市場――　328
　初期――　337, 516-517
　フェビアン――　244, 288, 575, 576, 626
　ユートピア的――　517
　リカード派――　240, 288
社会生物学　352
社会ダーウィニズム　242-244
社会的本性　218-219, 325
社会民主主義　238, 268, 452
社会有機体（説／論）482-483, 607, 610
ジャコバイティズム　400, 493
ジャコバイト　116, 128, 313, 315, 400-401, 489
奢侈　36, 245-247, 274, 287, 297-299, 489, 527, 666
　――禁止法　246
写像説　571
シャテルニー　472
ジャーナリズム　248-250, 567, 608, 619
主意主義　155, 251-252, 276, 323, 535, 621, 636, 655 → 意志主義
自由　10, 25, 65-66, 80, 86-87, 103-104, 111, 113, 122, 157-159, 165-167, 173, 193, 208-210, 211-214, 218, 232, 235, 237, 249, 253-256, 257-260, 268-271, 273-274, 283-284, 288, 304, 307-309, 326, 353, 366, 375-376, 378-379, 388-389, 417, 421, 425, 439, 442, 454, 480, 527, 543, 606, 609, 612, 619, 627, 635, 643, 646, 653, 668, 676
　意志の――　257, 283, 417, 585 → 自由意志
　言論の――　249, 378, 494
　自然的――　232, 235-236, 254, 326
　社会的――　253, 256
　――と必然　86-87, 257-258, 260, 585, 636
　消極的――　253-256, 268, 389, 635
　信教〔信仰〕の――　122, 214, 378-379, 432, 543
　積極的――　253, 255-256, 268, 635
自由意志（論）　87, 257-260, 282, 307, 318, 335, 590, 605, 669
自由学芸　321-322, 568
収穫逓減の原理　135
習慣　19, 45, 48, 74, 75-76, 258, 396, 467
宗教　12, 45, 78, 101, 180, 224, 258, 264, 265, 334-335, 355, 405, 530-532, 599, 632
　高等――　620
　心情の――　496
宗教改革　21, 53, 79-80, 82, 125, 153, 166, 261-264, 329-330, 355, 365, 375, 504, 518, 538-539, 570, 625
　――議会　82, 655
自由競争　209-210
宗教哲学　142
重金主義　273
私有財産（制／制度）238, 240, 286, 288, 299, 384-385, 440, 515-517, 574, 597, 665
自由裁量主義　154
集産主義〔コレクティヴィズム〕441, 483-484, 453, 612
修辞学〔修辞術〕429-430, 538
十字軍　89, 265-267, 336, 338
自由至上主義　111, 194, 289, 625 → リバタリアニズム
従士制　472
自由思想　530, 598
自由主義　78, 80-81, 108, 111, 117, 237, 268-270, 378-389, 441, 450, 482, 529, 555-556, 601, 612, 635 → リベラリズム
　経済的――　134, 483
　古典的――　156, 268-270, 658
　福祉国家型――　202-203
自由主義神学　641
重商主義　57-58, 191, 272-274, 376, 666
自由人　28, 157, 387, 419
修正主義　262, 269, 438, 600
集団淘汰論　210

事項索引

自由党　83, 85, 402
修道院解散　114, 261, 263
自由土地保有　36, 286
重農主義　610
自由貿易　57, 273, 675
自由放任(主義)　11, 209, 268, 270, 304, 441, 453, 601, 610, 628, 657 → レッセ・フェール
終末(論)　177, 265, 336, 432, 437, 516, 639
自由民主主義　218 → リベラル・デモクラシー
重力　88, 642
主観主義　498, 574
主観説　49, 468
主教派　181
主教制　180-181, 365-366, 432
主教戦争　261, 436, 615, 678
宿命論　260
主権(論)　34, 115, 188-189, 212, 218, 234-237, 275-277, 330, 478-479
授権　235-236
主権貨幣論　61
主権者命令説　186, 475, 583
主権分割論　115, 277
主人なき者　372
主体者因果説　284
主知主義　251, 323 → 知性主義
主張可能性　229, 613
出版取締法　494
主のともし火　154, 571, 587
趣味　278-281, 311, 391
趣味人　123, 279, 281
純一性　620
巡回裁判制度　421
シュンカテゴレーマ　602
巡礼　265
蒸気機関　88, 195, 313, 680
商業　35-37, 58, 60, 116, 231, 288, 315, 546, 619
商業革命　437-438
商業共和国　115, 117
商業資本　272
商業社会　220, 231-232, 269, 307-309, 439-440

商業精神　528, 554-555, 668
消去論　227
上告禁止法　374
称賛　105, 107, 308-309, 536
常識(原理)　318-319, 368, 536 → コモン・センス
常識哲学　317-318, 320, 367, 584, 634, 637
　スコットランド――　317
使用支配権　286
小説　279
象徴主義　357, 509
象徴説　182
情緒理論　559
情動　205, 252, 309, 393, 498, 527, 650
情動主義　206, 498-499, 579
小土地所有制　298
情念　45, 130, 252, 279, 282-285, 308, 398, 417-418, 527-528, 535, 631, 638, 666
　穏やかな――　205, 284
　間接――　105
小農制支持論　298
常備軍(論争)　35-36, 116, 189, 191, 313, 329, 435, 488-490, 493, 531, 619
消費社会　165
ジョーク　520-521
贖罪　141, 154, 265
職人説教師　424
植民地(主義)　116, 127, 306, 349-350, 374-375, 377, 407-408, 447, 485-487, 513-514, 582
食糧不足　502-503
食糧暴動　501
女性　89, 279, 364, 449-451, 578
女性解放　240, 404, 578
女性選挙〔参政〕権　84, 244, 364, 449-451
触覚　75-76, 507
叙任権　32
書評　443-444
庶民院　82-85, 189
所有　188-189, 202-203, 208, 213, 218-219, 230-233, 286-289, 527
　私的――　240, 307, 439-440
　――の交換社会　231-233

所有権　202-204, 213, 217-218, 230-231, 269, 286-288, 296, 326, 439-440, 527
　財産——　202-204
　私的——　326
　人身——　203-204
　知的——　289, 296
所有的個人主義　203
所与　74
　——の神話　661
自律（性）　63, 111, 113, 203, 237, 255-256, 268, 271, 282
自律主義　511
思慮　169, 307, 396-397, 399, 457, 538 → 慎慮
　道徳的——　162
磁力　88, 498, 588
指令主義　206, 499
　普遍的——　650
仁愛　105-107, 290-292, 397, 527-528, 535
　普遍的——　291-292, 587
進化（論）　12, 131, 143, 145, 226, 242-244, 301, 303-306, 351-353, 381, 405, 407-408, 512, 514, 529, 537, 545-546, 568, 576, 578, 603, 610, 612, 613, 632, 662, 665, 669, 672, 680
　創発的——　145
人格　108-109, 130, 202-204, 235, 237, 286-287, 293-296, 626, 633, 647, 657, 673
　人為的——　235
　——（の）同一性　293-295, 394, 633
　——知識　296
真偽二値原理　613
新教育運動　102-104
人権　121-122, 424, 478, 481
信仰　78-81, 140-143, 154, 181, 282-283, 321, 355, 378, 432, 495, 530, 532, 543, 569, 571, 574, 585, 586, 587, 598, 606, 615, 621, 627, 655, 666, 669
　理解を求める——　321, 569
人工言語（学派）　91-92, 152, 411, 464-466
人口（の）原理　16, 135, 299, 385
信仰自由宣言　491
信仰統一令　378

信仰の規則論争　53
人口論争　297-299
新古典主義　123, 147, 390, 392, 677
新古典派経済学　60-61, 663
審査法　15, 378, 491, 494, 576, 602, 635
新自然法論　640
新自由主義　192, 270, 441, 658, 659 → ニュー・リベラリズム
臣従礼　472
神人同形同性論　380
心身二元論　227, 547
人身保護法　156, 276, 479
心身問題　18, 146, 282, 300, 302, 672
新ストア主義　540
神性　568
神聖クラブ　495, 574
身体（性）　18, 71, 86, 160, 202-204, 230, 282-283, 293-296, 300-301, 527, 569, 599, 672
　——運動　76, 86, 160, 508
　——感覚　76
新大学　346-347
信託〔信頼〕　213-214, 236, 586
新哲学　155, 550-551
信念　26-27, 43-46, 47-49, 54, 73, 160-162, 318-319, 358-361, 367, 394, 468, 591, 638, 661, 676
　自然な——　368
　——の基本法則　319
心脳同一説　301-302, 610
審判所　481
神秘主義　334-335
新批評　430
人物　146
新プラトン主義　119, 153, 538, 540, 554, 580, 592
新聞　248-250
人文主義　47, 154, 164, 187, 515, 538-541, 603, 668, 669
　——的古典研究　324
新ヘーゲル主義　593
進歩　16, 65, 243-244, 303-306, 406-408, 514, 516-517, 544-545, 603, 646

新保守主義　194, 270, 441, 454, 484
人民協約　543
人民憲章　362, 364, 441
人民主権(論)　34, 237, 275, 387, 523, 582, 643
人民の友(協会)　117, 239, 524
人民予算　85, 453
深夜会　461
信約　234-235
信用　35-37, 273-274
信用貨幣　59
信頼性説　361
心理学　547-549, 632
真理条件　46, 560
慎慮　307-309 → 思慮
人倫　398
心霊研究協会　643
心霊主義　578
新論理主義　561

ス

随伴現象説　301
水平派　542 → レヴェラーズ
　　真正──　574 → ディガーズ
数学的定式化　469
崇高(なもの)　25, 124, 178-179, 280, 310-312, 339-341, 357, 426-427
　　数学的──　312
　　──の分析論　311
　　力学的──　312
崇高体　310
少しずつ　410
スコットランド学派　317-318, 320
スコットランド教会　180, 319, 444
スコットランド啓蒙(思想)　117, 217, 219, 291, 303-304, 313-316, 317, 320, 439, 444, 479, 505-506, 544-546, 594, 610, 630, 639, 641, 667
スコットランド常識学派　54, 131, 259, 317, 319, 662, 666
スコットランド信仰告白　625
スコットランド哲学　317, 320

スコットランド法　126, 607
スコットランド歴史学派　313, 315, 545
スコトゥス主義　323
スコラ学　24, 281, 321, 550-552, 569, 584, 624
スコラ哲学　18, 47, 50, 59, 129, 321-324, 367, 412, 504, 551, 568, 569, 652
スタンフォード橋の戦い　420
スティグマ　453
ステュアート朝　82, 400, 435, 601
ストア(派)　24, 107, 116-117, 129, 154-155, 170, 217, 245, 539
ストロング・プログラム　26-27, 647
スピノザ主義　554
スペイン継承戦争　400
スポジチオ　602

セ

正　111-113, 137-139, 173-174, 216, 251, 497-498, 504
性格　260, 396, 398-399, 441, 450, 572, 668
性格形成学院　101
性格形成原理　288, 582
生活形式　149
生活水準論争　198
生活様式　37, 63, 315, 546, 667
正義(論)　56, 106-107, 111-112, 130, 137-139, 185, 202, 211-212, 217, 220, 230, 232, 235, 269-270, 287, 289, 291-292, 325-326, 327-328, 396-398, 439-440, 442, 528, 538, 593, 610, 667
　　全般的──　325
　　交換的──　60, 232, 325-326
　　個別的──　185-186
　　是正的──　325
　　特殊的──　325
　　分配的──　270, 325-326, 327-328, 439
正義の構想　328
正義の二原理　270, 288, 328, 442
請求権　286
政教分離　589, 654
制限王政(論)　187-189, 235, 636, 641, 644

制限政体(論) 234, 237
性向 393, 395
整合説 132, 360, 661
政治 68, 387-389, 538, 540
　討論による―― 627
政治経済論争 35
政治参加 116, 163, 238, 387-389, 612, 623
政治算術 653
性質 45, 73-74, 87, 144, 342-344, 507, 655
誠実宣誓 472
政治的審美主義 511
政治哲学の復権 111-112
聖書 21-23, 32, 52, 140-142, 153-154, 181-182, 242, 262-264, 304-305, 336, 416, 530-532, 539, 570, 578, 608, 618, 627, 651
生殖の自由 513
精神の解剖学 317
精神物理平行論 300
聖遷 141
聖戦思想 265
生存機械 352, 621
生存競争〔生存闘争〕 226, 242-243, 306, 352-353, 513-514, 612, 628
生存権 286, 452
生態系 226, 341, 408
贅沢 245-246
正統 79, 432
正当化条件 46
正当性 234, 237, 439, 503
生得権 542, 676
生得的 507-508
聖杯 6
生物体の能動性 353
世界システム論 191, 197, 377
世界の体系 119
責任 18, 258-259, 328, 409, 452-455
　道徳的な―― 259
責任主体 293, 295-296
責任内閣制 166
セクシュアリティ 451
セクト 166, 372, 432-434
節制 325, 396-398
絶対王政 188-189, 329-331, 435-436

絶対者 13, 634, 647, 657
絶対主義 32, 114, 185, 212, 236, 272, 329-331
絶対説 119
摂理 140, 142, 576
セパラティスト 424-425 → 分離諸派
善 14, 68-70, 108, 111-113, 131, 137-139, 154-155, 169-170, 173, 215-216, 251, 307, 354, 497-499, 504, 527, 621, 636
善意 290-292
選挙権 84, 239-240, 362, 364, 425, 450-451, 481, 483, 524, 543, 617, 654
　普通―― 116, 362, 385, 387, 389
選挙法改正 38, 84, 116, 163-164, 186, 189, 239, 362, 384, 401-402, 404, 441, 450, 483, 591, 617, 662, 667
選好 137-139, 174, 176, 457, 620
全国革新共和国同盟 11
全国憲章協会 363
潜在能力 289, 327, 354, 442, 612
センシビリア 332
漸進主義 384, 482
センス・データ 54, 74, 151, 228, 332-333, 359, 459, 463-464, 559, 563, 643
専制 231, 236, 387, 389, 478, 481, 587
　多数(者)の―― 10, 668
占星術 334-335
戦争 35-36, 212-214, 235, 243, 269, 439, 452, 504, 657
全体 13-14, 340-341
全体主義 165, 176, 270, 389, 446, 517, 582, 635
全体論 360, 563
セント・アンドルーズ大学 313
煽動 387, 389
セント・ポールズ大聖堂 166
千人請願 431
千年王国(論) 121, 336-338, 372, 425, 431-433, 437, 439, 515-516, 583, 641
選民思想 338, 403
先例拘束性の原理 186, 589

事項索引

ソ

創意 391-392
総合哲学 610
相互扶助 98-99, 289, 325-326, 441, 513
操作主義 20
想像 293-294, 549, 676
創造説 304
創造的進化 603
想像力 45, 67, 76-77, 106, 279-280, 310, 339-341, 391-392, 394-395, 429, 549, 553-556, 599, 601, 679 → 構想力
相対主義 52, 129, 155, 227, 320, 327, 354
　価値—— 112, 270, 475
相対性理論 145, 229, 534, 655, 661
創発主義 649
総和主義 174
疎外 62, 165, 233, 554
属州 376
祖国愛 643
組織 343
ソシヌス〔ソッツィーニ〕主義 518-519, 646
素粒子論 534
ソールズベリ誓約 420, 572
ゾロアスター教 141, 334
ソロモン館 303, 471, 516
存在概念の一義性 323
存在するとは知覚されること 44, 130, 628
存在の大いなる連鎖 224, 340
存在論的関与 563
存在論的不安 148

タ

第一(諸)原理 54, 259, 368, 676
第一性質 130, 342-344 → 一次性質
退化 306, 512-514
大学 321, 324, 345-347, 481, 505
大革新 416, 469, 652
大覚醒 425, 496
代議政治 384-385
大飢饉 4
大憲章 156, 158, 275 → マグナ・カルタ
大航海時代 348, 350
第五王国派 337, 378, 425
第三の道 454
代執行 503
大衆社会 165
大衆動員 239, 389
対象の個体化 76
大西洋群島 656
怠惰 97-99, 453
第二性質 130, 342-344 → 二次性質
代表民主制 423
タイプ理論 560-561, 674
太陽中心説 50
第四階級 249
大陸再洗礼派 424-425 → アナバプテスト
ダーウィニズム〔ダーウィン主義〕 242, 305-306, 351, 353, 621
タウン 9-10
卓越(性) 69-70, 137-139, 169, 280-281
卓越主義 68, 70, 138 → 完成主義
托身儀礼 472
巧みな手 609
多元主義 80, 354-355, 640
　価値—— 635
　文化—— 354, 635
多元的国家(論) 554, 598, 626, 673
多数決 236
多中心的秩序 208-209
脱構築 487
ダッチ・ブックの定理 49
脱道徳化 247
タブラ・ラサ 416
多文化主義 112, 271, 327, 355, 617, 635, 667
魂の非物質性 258, 598
民の声は神の声 522
ダリエン計画 127
短期議会 436
断種 514
団体人格実在説 355
ダンディズム 356-357

チ

小さな政府 454
知恵 154, 307, 396, 460, 653
　古代の―― 188, 376
知恵文学 154
知覚 44, 48, 72-73, 75-76, 106, 130, 144, 151, 227-228, 293-294, 318-319, 332-333, 339-340, 342-343, 359, 367, 393-394, 463, 547, 549, 584, 628, 643, 644, 649, 661, 676
　――因果説 71-72, 643
　――表象説 72
知覚の束 130, 293-294
知覚表象 228
力 307, 412, 414
　――への欲望 527
地球中心説 50
知識 14, 24-25, 27, 43, 47-48, 65, 71-72, 74, 208-209, 228, 252, 296, 318, 332-333, 358-361, 367, 415-418, 548, 551-552, 591, 633, 638, 678
　記述による―― 359
　現場の―― 208
　個人的―― 659
　実験的―― 551-552
　神的―― 341
　直覚的―― 367
　道徳的―― 368
　見知りによる／の―― 332, 359
知識社会学 26
知識人 12, 62-63, 143, 241, 314-315, 317, 379, 461, 487, 505
知性 65, 71, 251, 307, 416-418, 429, 459, 469-471, 549, 621
　――の鏡 470
　――の自発性 470
知性主義 251, 323 → 主知主義
知的遊戯性 147
知は力なり 29, 416, 652
致富欲 59-60
地平 112
地方教育当局 102
チャーティスト（運動）116, 362-364, 440, 501, 597
　――協同土地組合 363
チャーティズム 239, 292, 362
中間子 534
中間団体 329
中間の道 44, 53-54 → 中道
中世 89, 178, 472
中性子 534
中世趣味 89, 177
中世都市 230
中性微子 534
中道 38, 181, 263 → 中間の道
中道路線 483
中庸 396
中立一元論 301
中立性 69, 79, 81
　――原理 68, 70
チューリング・テスト 615
チューリング・マシン 615
超越論的 339
超越論的論証 609
長期議会 158, 337, 436
長期公債 190
超理性 530
長老 263, 365
長老主義 125
長老派 180, 261, 365-366, 378, 437, 493-494
直接行動 502-503
勅任視学官 102-103
直覚 215-216, 367-368, 497 → 直観
直覚主義 205-207, 215-216, 251, 367-368, 497-499, 536-537, 602, 631, 647, 678
直覚的認識 323-324
直観 173-174, 251, 339-340, 553 → 直覚
直観主義 571, 613
地理上の発見 348

ツ

ツーリズム 124, 369-371

事項索引

テ

庭園　124, 370
　イギリス式――　369
　風景式――　369-371, 426-427, 656
ディガー運動　372-373, 433
ディガーズ　238, 287, 372-373, 437, 439, 516, 574
定義　215, 410, 560-561
　直示的――　149
定期刊行物　443-444
定義詩　147
低教会（派）　163, 182, 532
抵抗　211, 213-214, 337
抵抗権（論）　32, 187, 211, 218, 234-235, 269, 493, 582, 625, 646, 671
帝国　35, 114-115, 128, 190, 193, 197, 200-201, 306, 374-377, 487, 514
帝国意識　377
帝国主義　191, 194, 244, 306, 376-377, 487, 514, 658
　自由貿易――　376
　文化――　377
停止状態論　440
定住法　97-98
ディストピア　517
ディセンター　38-39, 163-164, 181, 378-379, 618 → 非国教徒
ディレッタント協会　123, 427
デカルト主義　412-413, 640, 669
デカルト派　119, 300
適応度　352
適宜性　106-107, 308
　――の感覚　308
適者生存　243, 610
出来高払い制　102-103
デザイン論証　51, 380-381
哲学的急進派　175, 384-386, 423, 667
デ・モーガンの法則　619
デモクラシー　10, 164, 387-389, 484 → 民主主義
デュエム－ポパー・テーゼ　96
テューダー行政革命　263

テューダー・ヒューマニズム　114, 538-540
天才　279, 339, 390-392, 429
電子　534
伝統　430, 482, 484
伝統社会　24, 65, 196, 356
伝統主義　17, 194, 277, 482
天文学　50, 52, 334

ト

ドイツ観念論　12, 131, 354, 483, 509, 554, 586, 593, 599
ドイツ農民戦争　336
ドイツ文学　445
ドーヴァーの密約　602, 615
同意　202, 213, 231, 234, 236-237, 286-287, 289, 388, 398, 439, 678
　――による革命　673
　――による支配　234, 237
統一科学　557, 559
統一性　393
同一性　45, 48, 76, 207, 294-295, 302, 464, 560
同感　56, 106, 219, 232, 308-309, 394-395, 418, 480, 610 → 共感
　――倫理学　232
動機（づけ）　66, 110, 135, 162, 251-252, 258-259, 395, 396-397, 499, 633, 665
道具主義　76, 227-229, 511
道具論的言語観　149
同君連合　431, 435, 489
統帥権　488
統治契約　218, 234-237
統治術　33, 483, 538
統治章典　82, 156, 188, 543, 593
同定　45, 146, 460, 476-477
道徳（性）　45, 65-67, 90, 101, 104, 105-107, 131, 137, 154-155, 172, 173, 205, 243, 251-252, 258, 260, 282-285, 291, 308, 393, 397-398, 509, 535, 537, 540, 577, 586, 620, 631, 632, 636 → モラル
　仮言命法としての――　642
　規則中心的な――　572

行為者中心的—— 572
常識—— 602
——の基礎づけ 105, 285
法に内在する—— 631
道徳科学 506, 595
道徳感覚 66, 105, 205, 219, 252, 283, 285, 287, 290-291, 309, 318, 393-394, 397, 513, 528, 548, 603, 630, 632, 636
道徳感覚学派〔道徳感覚（学）説〕 105, 251-252, 285, 308-309, 393, 395, 636
道徳感情 45, 66-67, 105-106, 130, 283, 440, 500, 536
道徳感情学説 105
道徳語〔道徳の言語〕 205-207, 394, 456-457, 498-500, 650
道徳的実在論 68, 207, 344
道徳神学 219
道徳的観点 202, 626
道徳的行為者 259, 535-536, 631, 676
道徳的合理主義 284, 636
道徳的事実 155, 500, 572
道徳的主観主義 574
道徳的性質 205-207, 457
道徳的是認 105, 291
道徳的知識 368
道徳的適合性 251
道徳的評価 66, 106, 252, 398
道徳的抑制 299, 665
道徳哲学 56, 90, 133, 137, 217, 219-220, 257, 282, 290-291, 304, 306, 313-316, 317-319, 354, 368, 504-506, 527, 529, 535, 537, 568, 586, 608, 636, 647 → モラル・フィロソフィー
道徳（的）判断 47, 66, 69, 105, 107, 162, 205-207, 220, 251, 279, 284-285, 307, 393, 397, 456-457, 477, 498-500, 536-537, 574, 596, 631, 643, 650
動物解放 226, 605
動物保護〔動物愛護〕 225, 408
ドゥームズデイ・ブック 420
陶冶 171, 175-176
動力学 41, 413
徳〔美徳、徳性〕 35-37, 107, 112, 114, 137-139, 169-170, 172, 205, 231, 286, 290-292, 307-309, 311, 354, 394, 396-399, 415, 449, 530-531, 535, 538-541, 610, 629, 630, 631, 634, 636, 642, 663
自然的—— 291, 398
市民的—— 387
習性的—— 396-397
人為的—— 106, 308, 398
政治的—— 116
知性的—— 396-397
——倫理学 396-399
特異点定理 655, 656
独我論 130, 571
独創 390, 392
特殊 458-460
独断論 47, 53-54, 591
特免権 141
独立派 286, 337, 365-366, 378, 432-433, 437, 439, 589, 593
独立派会衆教会 424, 589
閉ざされた庭 369
土地改革思想 288
土地国有化論 288
土地所有の変動 115
土地戦争 4
トマソン・コレクション 373
富 35, 66, 115, 133-135, 169, 272-274, 281, 304, 309, 315, 440, 506, 666, 668 → 富裕
——と徳 37, 315
トラクタリアン 38-40, 163
トーリ（党） 17, 35, 116, 159, 273, 384-385, 400-401, 491-493, 577, 608, 616
カントリ・—— 523
——・デモクラシー 617
ハノーヴァ派—— 400
トーリ主義〔トーリイズム〕 194, 483
トリスタン伝説 7
奴隷（制） 10, 109, 202, 211-213, 297-298, 349-350, 403-404, 487
古代—— 298, 404
——制廃止（運動） 121, 291-292, 403
——貿易 197, 292, 350, 403-404, 637, 675
奴隷解放 403-404

トレント公会議 23

――――――――― ナ ―――――――――

内閣 156, 243, 277, 480
内観 359, 547-548
内在主義 162
内在説 360
内的関係 562
内面 24-25, 66-67, 356-357
ナショナリズム 5, 117, 153, 253, 306, 355, 446-448, 484, 485-486, 595, 635, 667
ナショナル・ミニマム 441, 453, 575
ナチズム 447
ナチ党 446-447
ナチュラル・ヒストリー 405 → 自然史、自然誌
七主教事件 491
ナントの勅令 79
南北戦争 10, 109, 425
南北問題 377

――――――――― ニ ―――――――――

二元論 18, 300-301, 343, 449, 548, 646, 672
二項定理 623
二酸化炭素 644
西アフリカ航路 348
二次性質 44, 87, 144, 507-508 → 第二性質
ニーズ 289, 328, 441, 642
日常言語 91-92, 131, 327, 409-411, 570, 573
日常言語学派 68, 131, 333, 381, 409-410, 463, 465-466, 475, 557, 563, 571, 573, 584, 590, 631, 672
　オックスフォード―― 333
ニュー・エコノミック・ヒストリー 196 → 計量経済史
ニュー・ディール 10-11, 270
ニュートン的方法 133
ニュートン力学 120, 145, 221, 223, 340
ニュー・ハーモニー 441, 582
ニュー・リベラリズム 592 → 新自由主義
ニュー・レフト 62-64, 451, 573, 621, 658

人間学 414, 418, 638
人間主義 62
人間の固有性 68-69
人間の自然〔人間的自然〕 105, 217, 220, 393-395, 415
人間の無知 209, 590
人間(の)本性 66, 68-69, 79, 90, 106, 116, 129-130, 217, 224, 251, 279, 283-285, 287, 291, 304, 307-309, 317-319, 325, 352, 393, 397, 415-418, 527, 535-536, 609, 631, 666, 671
人間本性論 69, 218-219, 418, 527
認識論 47, 68, 71, 130, 295-296, 358, 361, 507-508, 549, 613, 678
認知主義 368, 498-499

――――――――― ネ ―――――――――

ネオ・トーリ 622
ネオ・ハリントニアン 36, 115, 189
年書 184-185

――――――――― ノ ―――――――――

脳科学 294
農業革命 197, 225, 239, 554-555
農業資本主義(論) 37, 197
能力 138 → 潜在能力
ノーフォーク農法 197
ノルマン・コンクェスト〔ノルマン征服〕 99, 125, 156, 184, 419-421, 472-473, 479
ノルマンの軛 188, 421

――――――――― ハ ―――――――――

排斥法危機 400-401, 491, 617, 640
排他主義 355
博愛 290-292, 439
博愛主義 102, 518
迫害 78-80, 582, 676
博物学 405
博物館 405
博物誌 226, 405

事項索引

バスタード・フューダリズム　473-474
パストラル　147
パーソン論　295
バッキンガム大学　347
発展段階　546
発語行為　411, 584
発語内行為　411, 584
発語媒介行為　411, 584
ハート－デヴリン論争　619, 631
パトニー論争〔パトニー討論〕　286, 543
ハート－フラー論争　631
パトリオティズム論　555
ハドロン　534
ハノーヴァ朝　400-401, 570
パノプティコン　99, 101, 175, 422-423
バプテスト（派）　378, 424-425, 432, 437, 542
パブリシティ　423
パブリック・スクール　101-102, 163
バーミンガム政治同盟　362
バラ戦争　8, 330, 654
パラダイム（論）　50, 52, 143, 458, 466, 499, 574, 672
パラドックス　150, 560-561
パリ大学　323-324, 345-346
バン　472
反カルヴィニズム　586
反教皇主義　262
反キリスト　121, 266, 337, 432-433, 437
反グローバリズム　60
反三位一体論　518-519, 532
反実仮想　222-223
反証　54-55, 96, 132, 658
　　――可能性　54, 658
反証主義　468, 658, 672
反照〔反省〕的均衡　442, 679
汎神論　531, 554, 622
反省　71, 130, 252, 528, 537, 547-548
反聖職者主義　372, 424, 530
反戦運動　462
判断力　24, 280, 312, 391-392
万人の万人に対する戦争　212, 235, 269, 326, 439, 504, 657
万人平等共同体〔一切平等団〕　555, 599

反物質説　144 → 非物質論
ハンプトンコート会議　431
反ホッブズ主義　586
万有引力の法則　50, 88, 94, 96, 623
万有在神論　130
反理性　530
反律法主義　433
判例法　156, 184, 275, 478

ヒ

美　310-312, 393, 427
ビアホール一揆　447
美学　25, 123-124, 278, 281, 310-311, 356-357, 369-370, 426-427, 429, 509, 603, 656
　崇高の――　25, 357
比較生産費説　675
東インド会社　273, 349-350, 665
光の哲学　592
非寛容　532
秘義　530-532, 633
ピクチュアレスク　123, 178-179, 224, 370-371, 426-427, 679
非国教徒　15, 78, 122, 181, 291-292, 366, 378-379, 402, 432, 491, 494, 572, 618 → ディセンター
　――学院　379
　理性的――　292, 379
ピータールーの虐殺　524
必然（性）　19, 45, 86-87, 130, 221-223, 257-259, 585, 598, 636
必然（性）論　221, 223, 259-260, 643, 646, 645
必然的結合　18-19, 44-45, 75, 95, 258
必要原理　289
美的領域　69
非道徳化　501
人柄　396, 398-399
一つの国民　483
非認知主義　205-207, 498, 500
非パターン化原理　289
批判　428

705

批評　278-279, 428-430, 444, 510, 622
　印象——　428, 510
　美術——　428
　——の技術　429
　フェミニズム——　487, 609
　文芸〔文学〕——　341, 429, 487, 510
批評家　429
非物質論　44, 76, 284 → 反物質説
微分積分学　120
非本質的事項　181
秘密集会法　121
秘密投票（法）　84, 362, 364, 385, 389, 591, 667
百科事典　28-31 → エンサイクロペディア
百科全書（派）　28-30, 407, 597
ヒューマニズム　518, 556, 605
　社会主義——　62
　商業——　116
ヒューム－ウォレス論争　297
ヒューム主義　162
ヒュームの原理　560-561
ヒュームの法則　206, 216
ピューリタニズム　51, 153, 267, 431-434, 496
ピューリタン　9, 23, 51, 60, 80, 82, 115, 143, 181, 264, 267, 336, 365, 369, 375, 378, 387, 424, 431-432, 434, 435-437, 593, 642, 676, 678
ピューリタン革命　80, 82, 153, 181, 262, 272, 331, 336-337, 372, 375, 378, 387-388, 424, 435-438, 439, 542 → イギリス革命
表出主義　207
表象不可能性　310
平等　70, 109, 111, 114, 116, 165, 211-213, 235, 238, 240, 268-270, 292, 298, 325, 328, 388, 437, 439-442, 450, 454, 504, 582
　経済的——　372, 439
　資源の——　271, 620
　政治的——　372, 387-388, 439
　存在の——　63
　男女——　449-451
　法の下の——　439, 481
平等主義　240, 268, 327, 403, 440
平等派　238-239 → レヴェラーズ
評判法　523 → 世論ないし世評の法

評論誌　443-445
開かれた庭　369-370
ピルグリム・ファーザーズ　431
ヒロイック・カプレット　148, 622, 655
貧困（問題）　16, 99-100, 238, 291-292, 299, 306, 362-363, 440-441, 452-453, 512, 516, 528, 575, 612
貧困調査　99-100
頻度説　49, 468
貧民　16, 97-100, 102, 452-453, 639
　労働——　239, 503

フ

ファシスタ党　446-447
ファシズム　11, 193, 238, 446-448, 582, 614, 673
不一致の説　520
フィニアン　4-5
風景画　123-124, 179
不可知論　70, 131, 221-222, 228, 628, 666, 676
福音　80, 141
福音主義　102, 153, 182, 379, 403, 449
福音派　181, 444
複合君主国　375
福祉　79, 108, 137-138, 193, 232, 441-442, 452, 481
　働くための——　453
福祉国家　16, 100, 167, 193, 202-203, 238, 241, 268, 271, 439, 441-442, 452-455, 483
服飾　356-357
福利主義　174
フェビアン協会　241, 288, 292, 441, 453, 575, 576, 598, 603, 673
フェミニズム　271, 440, 449-451, 487, 578, 617
　社会主義——　451
付加価値　56-58
父権論　32, 330
富国－貧国論争　274
普通選挙（制）　10, 16, 239, 373, 389, 423, 439, 441, 667

普通選挙権 116, 362, 385, 387, 389
復活 140-141, 155, 424, 519, 578
復活祭蜂起 5
フックの法則 51, 642
物質 44, 50, 87-88, 144-145, 342-343, 531, 599, 646, 669
物性的考察 418
物体 69, 86-88, 118-119, 129-130, 301, 332-333, 342-344, 590, 655
物理的対象 227-228, 359, 429, 643
腐敗 35-36, 83, 116, 246
腐敗行為防止法 84
不平等 60, 230, 232, 240, 270, 287-289, 298, 328, 439-440, 442, 449-450, 528
　経済的── 122, 328, 439
　自然的── 483
　社会的── 104, 270, 439, 574
部分 340-341
普遍 129-130, 132, 221, 223, 227, 322, 324, 359, 458-460, 621, 645
　具体的── 645
　──実在論 142, 458
普遍者 232, 464
普遍化可能性 206, 396, 456-457, 650
普遍救済論 577
普遍教会 38-40, 164, 624
普遍主義 112, 268
不偏性 328, 399, 440, 634 → 公平(性)
普遍的 456
普遍論争 129, 227, 322-323, 458
富裕 98, 116, 315 → 富
ブラッドワーディンの関数 41-42, 645
プラトニズム〔プラトン主義〕 12, 105, 153, 155, 322, 334, 535, 539
プラトン神学 154
フランス革命 15-17, 84, 89-90, 98-99, 117, 239-240, 292, 299, 316, 337, 339, 362, 379, 438, 449, 482, 490, 523, 553, 555-556, 578, 587, 599, 627, 643, 646, 652, 667, 679
フランス人権宣言 15
フーリエ主義 449
ブリタニア 6-7
ブリテン帝国 191, 374-376

ブリテン問題 128
ブリトン人 6-8, 374, 419
ブルジョワ革命 437-438, 574, 639
ブール代数 647
ブルータス伝説 8, 374-375
ブルームズベリー・グループ 461, 579, 594, 669
フレーゲ-ギーチ問題 500
プレスター・ジョンの伝説 348
ブレダ宣言 158, 615
プレ・ロマン派 554
プロト工業 197
プロトコル命題〔プロトコル文〕 54, 151-152, 559, 563
プロパティ 80, 157, 214, 232, 439, 582
文化主義 62-64
文化多元主義 70, 354, 635
文化論的転回 168
奮起 568
分業 56-57, 60-61, 116, 230, 233, 241, 288, 315, 395, 490
文芸クラブ 677
分析哲学 14, 222, 463-466, 557, 562-563, 596, 609, 613, 661, 668
分析法学 481, 545, 583, 659, 669
文法家 429
文脈原理 560
文明 62, 126, 193, 231, 267, 306, 315, 512, 620, 630
文明化 231, 243, 246, 315
文明社会 56, 231-232, 308, 315, 489, 512-513, 667, 668
文明史(論) 98-99, 630
分離諸派 431 → セパラティスト

へ

ベイズ主義 49, 467-468
ヘイスティングズの戦い 420, 572
ベイズの定理 48, 467-468
平和 121-122, 211-213, 217-218
ペイン主義 362
ベヴァリッジ報告(書) 441, 453, 652

ヘゲモニー論　63-64
ヘーゲル左派　581, 664
ベーコン主義　94, 469
ベーコン的方法　221
ペラム派の虐殺　401
ヘルメス主義　335
偏見　482
ベンサム主義　109, 362, 386
弁証学　321-323, 568
ペンローズ・タイル　655
弁論術　93

ホ

ボーア戦争　244, 306, 513
ホイッグ（党）　16-17, 35, 116, 159, 384-385, 400-402, 491-493, 531, 543, 577, 602, 605, 608
　　コート・——　246
　　——優位　401, 577
　　モダン・——　523
ホイッグ史観　167, 624, 662
ホイッグ主義　304
ボイルの法則　655
貿易差額説　57, 272-274, 665
包括（性）　78, 80-81, 163-164, 366
暴君放伐論　642
封建王制　473
封建革命　472
封建社会　158, 388, 420-421, 472-473
封建制〔封建制度〕　200, 238, 240, 272, 329, 420-421, 438, 472-474
法実証主義　184, 217, 275-477, 620, 631, 662
法人擬制説　355
包摂主義　355
法宣言説　185-186
法創造説　186
法廷用語　295
法典化　480, 545
法典編纂論争　545
封土　472-473
法と道徳分離論　475, 477, 662
法の科学　546

法の支配　156-159, 388, 421, 478-481, 482, 589, 604, 612
方法論的個人主義　105, 210
法命令説　276-277, 479, 481
ポーカー・クラブ　315, 639
保守主義　15, 17, 194, 482-484, 554, 627
保守党　83-85, 194, 401, 483
ポスト構造主義　430, 485
ポストコロニアリズム（論）　377, 485-487
ポスト主権国家　662
ポスト・モダン　554
牧歌　224
ポピュリズム　275, 389
ホラティウス的芸術観　509
ポリス　59, 114, 165-166, 387, 396
ポリティカル・エコノミー　134, 501, 503
ポリティック派　79
ポリテクニク　347
ホワイトホール討論　543
本性　224, 251-252, 415
本能　394, 662
　　社会的——　536, 612
本能的能力　317

マ

毎年選挙　385, 423
マキアヴェッリズム　540-541
マキシミン原理〔マキシミン推論〕　289, 442
マグナ・カルタ　156-159, 275, 421, 478
魔術　334-335
マッカーシズム　448
マッハ協会　557
マートン学派　41
マートン・テーゼ　51
マナリズム　147
マルクス主義　62-63, 202-203, 241, 268, 270, 329, 517, 638, 658, 659, 663, 673
　　分析的——　596
マルサス＝ゴドウィン論争　299

ミ

見えざる手　56-58, 233, 269, 291, 395, 528, 666
未決問題（論法）　205, 207, 497
ミドリング・ソート　201
ミドル・クラス　201
身分（制）　187-188, 246, 277, 356-357, 388, 482-483, 545
身分から契約へ　545, 669
ミメーシス　429
民営化　192, 454
民衆芸術　526
民衆行動　501-502
民衆文化（論）　62-63, 168
民主主義　17, 70, 116-117, 193, 253, 271, 364, 385, 543 → デモクラシー
民族精神　544
民兵（制）　35, 114, 116, 488-490
民兵論争　315, 488

ム

ムア命題　55
無限公理　561
無限小　120
無限大　577
無差別曲線　580
無差別の原理　49
無条件者　634
無神論　81, 155, 240, 381, 554, 571, 585, 590, 591, 618, 654
無政府主義　16, 238, 268, 440, 601 → アナーキズム
無断居住　373
無知のヴェール　289, 328, 442

メ

迷信　335
名声愛　105
明晰判明　343
瞑想詩　147

名誉　90, 169, 212, 308
名誉革命　15, 35, 40, 83, 115, 189, 218, 272, 275-276, 331, 378, 400-401, 425, 435, 437, 479, 488, 491, 493-494, 572, 662
名誉革命体制　15, 38, 163, 189, 315-316, 400-401, 482, 490, 492-494, 644
目利き　123, 428, 521
メソディスト　163, 181, 379, 403, 495-496, 574
メソディズム　192, 496
メタ倫理学　131, 205-206, 497, 500, 679
眼の習慣　427
メモアール・クラブ　462

モ

盲人　507-508
黙示録　121, 177, 336
目的因　18, 470, 548
目的合理性　65, 356
目的論　134
　　　——的世界観　351
黙約　287, 528 → 合意、コンヴェンション
物乞い　97-98
モナルキア主義　518-519
モナルコマキ　218 → 暴君放伐論
モニトリアル・システム　101-102
物自体　13, 228
模倣説　340
モラヴィア兄弟団　495, 574
モラリスト　24, 527, 529, 666
モラル　24-25, 65-66, 433 → 道徳
モラル・エコノミー　501-503, 621
モラル・サイエンス　137, 139 → 道徳科学
モラル・センス　65-66 → 道徳感覚
モラル・フィロソフィー　504-505 → 道徳哲学
モリヌークス問題　507-508, 671

ヤ

野外説教　495-496
夜警国家　453
野党　83-84

野蛮　89, 177, 267, 338
ヤング-プライス論争　298

ユ

唯美主義　63, 357, 509-511, 650
唯物論　88, 153, 155, 257-259, 301, 320, 375, 571, 585, 598, 643, 646, 664, 669
　　　オーストラリア——　302, 610
　　　機械的——　63
唯名論　129-130, 142, 227, 322, 324, 417, 458-459, 585
勇気　89, 309, 325, 396-398
有機体　242-243, 339
　　　——的国家論　555
　　　——的自然観　556
　　　——の哲学　145, 660
優生学　26, 244, 306, 512-514, 598
優生主義　306, 512, 514
ユグノー　79, 237, 378
ユダヤ教　140-142, 531, 595
ユダヤ＝キリスト教　154, 336
ユートピア　203, 238, 303, 336, 371, 406, 515-517, 539-540, 555, 574, 632
ユナイテッド・アイリッシュメン　5, 17, 117, 490
ユニヴァーサリスト　519
ユニテリアニズム〔ユニテリアン主義〕366, 518-519, 639, 665
ユニテリアン　15, 425, 494, 518-519, 608, 629
ユーモア　520-521
ゆりかごから墓場まで　441, 452, 514, 652

ヨ

陽子　534
様式化　356
要素命題の相互独立性のテーゼ　464
善き生〔良き生〕137-138, 271, 499, 612, 673
ヨークシャー協会　524
欲望　24-25, 65, 67, 134, 245-246, 282-285, 307, 309, 325, 328, 396, 504, 586

預言者　140-141, 192
欲求-信念モデル　161
欲求の体系　60, 232
予定説　259, 431-433, 585, 589, 669
　　　二重——　153
予定調和（説）　18, 300, 354
ヨーマン　200-201, 433, 435-436
世論〔輿論〕107, 480, 522-524, 612
世論ないし世評の法〔世評の法〕90, 237, 307
　　　→ 評判法
世論法廷　423, 524
四原因説　18
四性質理論　342
四段階（理論／論）　99, 231, 288, 304, 315, 667

ラ

ライハウス陰謀事件　491, 602
ラッセルのパラドックス　674
ラティテューディナリアン　164, 290
ラテン帝国　266
ラビ　140
ラファエル前派　178, 509, 525-526, 648, 673
ラプラスの魔　88
ラムジー理論　674
ランケニアン・クラブ　313
ランター〔ランターズ〕433, 437
ランプ議会　188

リ

リアリズム　340, 553, 579
リーヴィス主義　62-63
利害〔利益〕25, 36-37, 66-67, 105-107, 108-109, 115, 190-191, 285, 290, 304, 309, 385, 393, 395, 450, 452, 523, 528-529, 535-536, 586, 666
　　　貨幣〔金融〕（的）——　36, 401, 605
　　　邪悪な——　175
利害感　318, 528
リーグ　34
利己主義　37, 105, 218, 352, 529, 571, 602

710

利己心　65-66, 90, 105, 133, 218, 232, 274, 308, 527-529, 537, 597, 608, 632 → 自己利益
利己的な遺伝子　352
リゴリズム　255, 509
離在　227
利子（率）　36, 59, 274
理神論　130, 142-143, 283-284, 530, 532, 554, 590, 598, 618, 622, 627, 631, 633
理性　13-14, 19, 45, 47, 53, 65-66, 69, 75, 108, 111, 115, 141-143, 154, 169, 185, 203, 208, 211-214, 217, 220, 221, 235-236, 251-252, 282-285, 299, 308, 321, 325, 339-341, 358, 393, 396-398, 415-418, 449, 467, 482, 530-532, 535, 537, 549, 571, 577, 586, 587, 597, 598, 618, 669
　想像的――　510-511
　――と情念の戦い　283
　――の狡知　232
　――は情念の奴隷　284
理性論　129-130
理性主義　45, 130, 386, 592, 631
利他主義　243, 352, 529, 571
利他的行動　352
立憲主義　187, 421, 478, 481
　――的契約論　234-236
リバタリアニズム　111, 194, 202-203, 268, 270-271, 289, 625 → 自由至上主義
リバタリアン　202-204
リベラリズム　68-70, 111-113, 243, 268-271, 448, 659 → 自由主義
　完成主義〔卓越主義〕的――　271, 327, 673
　政治的――　271, 355
　平等主義的――　268, 270-271
リベラル・コミュニタリアン論争　113
リベラル・デモクラシー　111-113, 388-389, 484 → 自由民主主義
理由　456-457, 499, 569, 572, 633
粒子（論）　48, 87, 343-344, 533-534, 548, 632, 655, 678
粒子仮説　48, 283, 343-344
流出（論）　119, 155
流率（法）　120, 623

量子力学　49, 229, 534
良心　80-81, 153-154, 172, 175, 259, 290, 295, 395, 527-528, 535-537, 628, 631
良心の自由　15, 79-81, 166, 366, 424-425, 432, 577, 668, 676
良心的兵役拒否　121, 462
両立論　257-260
離陸　196
リリース説　521
倫理　80-81, 137-138, 232, 271, 528-529, 539, 559
　宗教――　433
　福利の――　271, 673
　民衆の――　502
倫理学　137-139, 215-216, 396, 497, 499, 504-506, 559, 572

ル

類比　380-381
ルネサンス　329, 525, 538-541
ルール　137-138, 185-186, 475-476, 480, 631
　承認の――　186, 475-477, 631

レ

霊魂　69, 154-155, 530-531, 598, 646
霊的原理　12, 108
礼典〔聖礼典〕　153, 263, 678 → サクラメント
冷戦　11
礼拝統一法　581
レヴェラーズ運動　433, 577
レヴェラーズ　80-81, 166, 188, 213, 286, 362, 372, 387, 424-425, 437, 439, 542-543, 581, 593, 676 → 水平派
歴史　111-112, 288, 303, 315, 486, 544-546, 554, 556, 583, 586, 597, 633, 646, 656
　推測的――　545
歴史法学　217, 481, 544-546, 669
レコンキスタ　266, 348
レス・プブリカ　114, 538
レッセ・フェール　12, 102, 209, 243 → 自由放任

レプトン　534
錬金術　334-335, 406
連合心理学　367, 384-385, 427, 429, 528-529, 537, 547-549, 632, 644, 651
連想の法則　339

ロ

ロイヤル・アカデミー　525
ロイヤル・ソサエティ　47, 51-52, 345, 467, 550 → 王立協会、ロンドン王立協会
労働　56-58, 60, 203-204, 218, 230, 232, 241, 287-289, 296, 326, 404, 527, 611, 666, 678
　生産的——　57-58
　——（による）所有権論　203, 287-288, 296
　——生産力　57, 240
労働運動　240-241, 337
労働階級　362, 364, 501
労働価値論〔労働価値説〕　56, 176, 240, 274, 288, 653, 675
労働組合　84, 192, 194, 355, 362-263, 454, 575
労働者　84, 101, 239-241, 385, 440-441, 450, 490, 516-517, 575, 583, 657
労働全収権（論）　240, 288, 657
労働疎外論　664
労働党　84, 192, 194, 241, 441, 453-454, 483, 575, 621, 673
ロシア革命　241, 517
ロタ・クラブ　635
ロック的条件〔ロック的但し書き〕　287, 296
ローマ・カトリック（教会）　40, 79, 153-154, 180-182, 261-264, 378, 504, 624, 678
ローマ帝国　78, 110, 587
ローマ法　211, 217, 275, 325, 419, 544, 607, 644
ロマン主義　25, 65-67, 69, 89, 104, 117, 148, 175, 179, 224, 339, 357, 370, 386, 390-392, 429, 509, 525, 544, 553-556, 586, 599, 601, 635, 668, 679
　——復興運動　177
ロマン派　67, 339-340, 367, 391, 404, 408, 427, 509, 525, 554-556, 567, 581, 597, 599, 648
ロラード（派）　21, 262, 570
ロンドン王立協会　26, 94, 382, 406, 550 → ロイヤル・ソサエティ、王立協会
ロンドン革命協会　15
ロンドン通信協会　16, 239, 404, 524
ロンドン労働者協会　362
論理学　41, 51, 93, 322-324, 470-471, 505, 560, 562, 674
論理実証主義　14, 54, 68, 131-132, 151-152, 206, 222, 270, 368, 409, 463, 498, 500, 557-559, 563, 571, 573, 579, 597, 635
論理主義　560-561, 674
論理説　49, 468
論理的原子論　463, 557-558, 562-563, 570
論理（的）分析　463, 557-558, 562-563
論理法則　54

ワ

ワークハウス　97-98, 453

人名索引

ア

アイアトン　Ireton, Henry（1611-51）　213, 286, 543
アイヒホルン　Eichhorn, Karl Friedrich（1781-1854）　544
アインシュタイン　Einstein, Albert（1879-1955）　119, 229, 534, 637, 640, 661
アヴィセンナ→イブン=シーナー
アウエルバッハ　Auerbach, Erich（1892-1957）　430
アヴェロエス→イブン=ルシュド
アヴォガドロ　Avogadro, Amedeo（1776-1856）　534
アウグスティヌス　Augustinus, Aurelius（354-430）　265, 336, 397, 403, 432, 670
アウディ　Audi, Robert（1941-）　161, 368
アクトン卿　1st Baron Acton（1834-1902）　567, 640
アークライト　Arkwright, Richard（1732-92）　195
アグリコラ　Agricola, Georgius（1494-1555）　406
アーサー　Prince Arthur（1486-1502）　654
アシュトン　Ashton, Thomas Southcliffe（1889-1968）　196, 198
アシュモール　Ashmole, Elias（1617-92）　406
アシュリー、W.　Ashley, William James（1860-1927）　195
アシュリー卿　Cooper, Anthony Ashley（1621-83）　378, 602, 678→シャフツベリ伯（初代）
アスカム、A.　Ascham, Anthony（1614-50）　213
アスカム、R.　Ascham, Roger（1514/5-68）　540
アスキス　Asquith, Herbert Henry（1852-1928）　85
アステル　Astell, Mary（1666-1731）　449
アッカーマン　Ackerman, Bruce（1943-）　68
アディソン　Addison, Joseph（1672-1719）　25, 35-37, 124, 278-281, 310, 339, 341, 370, 390-391, 567, 608
アトウッド　Atwood, William（d.1712）　567
アトリー　Attlee, Clement Richard（1883-1967）　441, 453
アナクサゴラス　Anaxagorās（c.500 B.C.-428 B.C.）　533
アナクシメネス　Anaximenēs（d. c.500 B.C.）　351, 533
アーノルド、M.　Arnold, Matthew（1822-88）　62, 102-103, 163, 510, 556, 567
アーノルド、T.　Arnold, Thomas（1795-1842）　38, 163-164, 181, 567, 568
アベラール→ペトルス・アベラルドゥス
アミン　Amin, Samir（1931-）　197
アームストロング　Armstrong, David Malet（1926-）　223, 460, 563
アームソン　Urmson, James Opie（1915-）　174
アリスティッポス　Aristippos（c.435 B.C.-c.350 B.C.）　169
アリストテレス　Aristotelēs（384 B.C.-322 B.C.）　18, 28-29, 41, 50, 53, 59-60, 69, 71, 93-94, 111, 129, 138, 142, 169, 172, 187-188, 221, 227, 230, 286, 300, 322-324, 325, 340, 342, 351, 387, 396-399, 405, 429, 458, 470-471, 499, 520-521, 533, 538-539, 547, 551, 573, 588, 592, 603, 620, 634, 642, 645, 652, 678
アリスン　Alison, Archibald（1757-1839）　370
アルクィヌス〔アルクィン〕　Alcuinnus [Alcuin]（735-804）　321, 522, 568
アルトジウス　Althusius, Johannes（c.1557-1638）　234-235
アルドヘルム　Aldhelm（d.709/10）　21
アルドロヴァンディ　Aldrovandi, Ulisse（1522-1605）　406
アルバート　Prince Albert（1819-61）　570
アルフリック　Ælfric（c.955-c.1020）　21

アルベルトゥス・マグヌス　Albertus Magnus (c.1200-80)　323
アレグザンダー　Alexander, Samuel (1859-1938)　145, 568
アレクサンデル（ヘイルズの）　Alexander of Hales (d.1245)　323
アレン、C.　Allen, Carleton Kemp (1887-1966)　481
アレン、J.　Allen, John William (1865-1944)　32
アーレント　Arendt, Hannah (1906-75)　165, 167, 387
アン・オブ・デンマーク　Anne of Denmark (1574-1619)　600, 614
アン女王　Queen Anne (1665-1714)　35, 400, 493, 577, 623, 663
アンスコム　Anscombe, Gertrude Elizabeth Margaret (1919-2001)　161, 206, 398, 568
アンセルムス（カンタベリーの）　Anselm [Anselmus] of Canterbury (1033-1109)　321, 367, 569
アントネスク　Antonescu, Ion (1882-1946)　448
アンドレーエ　Andreae, Johann Valentin (1586-1654)　406
アン・ブーリン　Anne Boleyn (1507-36)　261, 581
アンリ4世　Henri IV (1553-1610)　34, 79, 615
アンリエッタ・マリア　Henrietta Maria (1609-69)　436, 615

イ

イヴリン　Evelyn, John (1620-1706)　226, 369, 569, 644
イェイツ　Yeats, William Butler (1865-1939)　430, 511, 609, 648, 650, 676
イエス・キリスト　Iēsous Christos [Jesus Christ]　6, 32, 39, 121-122, 140-141, 143, 154-155, 182, 263, 336-338, 340, 424, 432-433, 518-519, 520, 532, 574, 578, 598, 599, 607, 628, 641, 646

イーグルトン　Eagleton, Terry (1943-)　430
イサベル　Isabel (1451-1504)　348
イーデン、F.　Eden, Frederick Morton (1766-1809)　99
イーデン、R.　Eden, Richard (c.1520-76)　126
イートン　Eaton, Samuel (d.1665)　424
イプセン　Ibsen, Henrik (1828-1906)　603
イブン＝シーナー〔アヴィセンナ〕　Ibn Sīnā [Avicenna] (980-1037)　323
イブン＝ルシュド〔アヴェロエス〕　Ibn Rushd [Averroes] (1126-98)　323
インノケンティウス2世　Innocentius II (d.1143)　266
インノケンティウス3世　Innocentius III (c.1160-1216)　266

ウ

ヴァイスマン　Waismann, Friedrich (1896-1959)　151, 557
ヴァイトリング　Weitling, Wilhelm (1808-71)　364
ヴァザーリ　Vasari, Giorgio (1511-74)　177
ヴァンダーリント　Vanderlint, Jacob (d.1740)　273
ヴィクトリア女王　Queen Victoria (1819-1901)　570
ウィクリフ　Wycliffe, John (c.1320/30-84)　21, 238, 262, 324, 570
ヴィーコ　Vico, Giambattista (1668-1744)　544, 568
ウィシャート　Wishart, George (c.1513-46)　625
ウィズダム　Wisdom, (Arthur) John Terence Dibben (1904-93)　570
ウィチカット　Whichcote, Benjamin (1609-83)　153-154, 535, 571, 585, 587, 611
ウィッティンガム　Whittingham, William (d.1579)　22
ウィットブレッド　Whitbread, Samuel (1764-1815)　99
ウィトゲンシュタイン　Wittgenstein, Ludwig

Josef Johann（1889-1951） 45-46, 55, 131, 149, 152, 227, 333, 354, 409-410, 463-465, 498, 557-558, 562-563, 568-569, 570, 571, 574, 583, 594, 609, 613, 647, 674

ウィトルウィウス　Vitruvius（fl. 1st century B.C.）　677

ウィーナー　Wiener, Martin J.（1941-）　201

ヴィノグラドフ　Vinogradoff, Paul Gavrilovitch（1854-1925）　545, 571

ウィラー　Wheeler, Anna（c.1785-c.1848）　449

ウィリー　Willey, Basil（1897-1978）　163

ウィリアム 1 世（征服王）　William I, the Conqueror（1027/8-1087）　156, 420, 473, 572

ウィリアム 3 世　William III（1650-1702）　83, 116, 159, 400, 488, 491, 530-531, 572, 618, 619, 635, 654

ウィリアムズ、B.　Williams, Bernard Arthur Owen（1929-2003）　55, 162, 327, 354, 410, 572

ウィリアムズ、E.　Williams, Eric（1911-89）　197

ウィリアムズ、G.　Williams, Glanville Llewelyn（1911-97）　572

ウィリアムズ、R.　Williams, Raymond Henry（1921-88）　62-64, 573

ウィリアムズ、R.　Williams, Roger（c.1606-83）　425

ウィリアムスン　Williamson, Timothy（1955-）　361

ウィリス　Willis, Thomas（1621-75）　550, 642

ウィルキンズ　Wilkins, John（1614-72）　43, 53-54, 143, 550, 573, 577, 609

ウィルクス　Wilkes, John（1725-97）　524

ウィルソン、E.　Wilson, Edward Osborne（1929-）　352

ウィルソン、J.　Wilson, James（1805-60）　629

ウィルソン、J.　Wilson, John（1785-1854）　445 → ノース、C.

ウィルソン、J. C.〔クック・ウィルソン、J.〕Wilson, John Cook（1849-1915）　573

ウィルソン、R.　Wilson, Richard（1712/3-82）　123, 224

ウィルソン、W.　Wilson, Woodrow（1856-1924）　11

ウィルバーフォース　Wilberforce, William（1759-1833）　403

ウィルフォード　Wilford, John（fl.1706-47）　443

ウィレム 1 世　Willem I（1533-84）　572

ウィレム（オラニエ公）　492, 572 → ウィリアム 3 世

ヴィンケルマン　Winckelmann, Johann Joachim（1717-68）　650

ウィンスタンリ　Winstanley, Gerrard（1609-1676）　238, 287, 372-373, 433, 439, 516-517, 573-574

ウィンチ　Winch, Peter Guy（1926-97）　574

ウェイド　Wade, George（1673-1748）　489

ウェイトリ、R.　Whately, Richard（1787-1863）　38, 163

ウェイトリ、T.　Whately Thomas（d.1772）　370

ヴェイン　Vane, Henry（1613-62）　606

ウェスタマーク　Westermarck, Edward Alexander（1862-1939）　574

ヴェスプッチ　Vespucci, Amerigo（1451-1512）　348

ウェスリ、C.　Wesley, Charles（1707-88）　495, 575

ウェスリ、J.　Wesley, John（1703-91）　495-496, 574, 589

ウェッダバーン、A.　Wedderburn, Alexander（1733-1805）　444

ウェッダバーン、R.　Wedderburn, Robert（c.1510-c.1555）　375

ウェッブ、B.　Webb, (Martha) Beatrice（1858-1943）　198, 241, 288, 453, 575, 598, 620

ウェッブ、P.　Webb, Philip Speakman（1831-1915）　670

ウェッブ、S.　Webb, Sidney James（1859-1947）　198, 241, 288, 453, 575, 576, 598, 603, 621

ウェーバー　Weber, Max（1864-1920）　60,

496

ヴェブレン　Veblen, Thorstein Bunde（1857-1929）139
ウェルギリウス　Vergilius（70 B.C.-19.B.C.）622, 635
ウェルズ　Wells, Herbert George（1866-1946）575
ヴェン　Venn, John（1834-1923）49, 576, 604
ウェントワース　Wentworth, Thomas（1593-1641）678
ウォーターロー　Waterlow, Sidney Philip（1878-1944）461
ウォットン　Wotton, Henry（1568-1639）369
ウォード、J.　Ward, James（1843-1925）606
ウォード、S.　Ward, Seth（1617-89）550
ウォード夫人　Mrs Humphry Ward [Mary Augusta Ward]（1851-1920）12
ウォーバトン　Warburton, William（1698-1779）576
ウォーラス　Wallas, Graham（1858-1932）242, 244, 576
ウォーラーステイン　Wallerstein, Immanuel（1930-）191, 197, 377
ウォラストン　Wollaston, William（1659-1724）576
ウォーリス　Wallis, John（1616-1703）550, 577
ウォルウィン　Walwyn, William（1600-81）238, 433, 542, 577, 582, 676
ウォルシュ卿　Walsh, John（d.c.1546）618
ウォルツァー　Walzer, Michael（1935-）111, 113
ヴォルテール　Voltaire（1694-1778）123, 258, 278, 378, 407, 413, 601, 604
ウォルドロン　Waldron, Jeremy（1953-）477
ウォルポール、H.　Walpole, Horace（1717-97）123, 177-178, 310, 371
ウォルポール、R.　Walpole, Robert（1676-1745）35, 83, 116, 273, 401, 577, 594, 605, 655, 659
ウォレス A.　Wallace, Alfred Russel（1823-1913）288, 351, 513, 578, 612

ウォレス、R.　Wallace, Robert（1697-1771）297-298
ヴォーン　Vaughan, Henry（1621-95）147
ウズリー　Woozley, Anthony Douglas（1912-）358
ウッド　Wood, William（1671-1744）605
ウルジ　Wolsey, Thomas（1470/1-1530）655
ウルストン　Woolston, Thomas（1670-1733）578
ウルストンクラフト　Wollstonecraft, Mary（1759-97）15, 240, 404, 440, 449, 578, 597, 601
ウルナー　Woolner, Thomas（1825-92）525
ウルバヌス2世　Urbanus II（c.1042-c.1099）265
ウルフ、L.　Woolf, Leonard（1880-1969）461
ウルフ、V.　Woolf, (Adeline) Virginia（1882-1941）449, 451, 462, 579, 606, 607,
ヴント　Wundt, Wilhelm Max（1832-1920）547

エ

エア　Ayer, Alfred Jules（1910-89）131, 151-152, 206, 222-223, 332-333, 360, 409, 463, 498-499, 557-558, 579, 597, 635
エイキンサイド　Akenside, Mark（1721-70）341
エイムズ　Ames, William（1576-1633）365
エヴァンズ、G.　Evans, (Mchael) Gareth Justin（1946-80）508, 579
エヴァンズ、M.　Evans, Marian（1819-80）445 → エリオット、G.
エヴェラード　Everard, William（fl. 1643-49）372
エセルベルト（ケント王）　Ethelbert（c.552-616）419
エックハルト　Eckhart, Meister（c.1260-c.1328）323
エッジ　Edge, David（1932-2003）26
エッシェンバッハ　Eschenbach, Wolfram von（c.1170-c.1220）6

エッジワース　Edgeworth, Francis Ysidro（1845-1926）176, 580
エッツィオーニ　Etzioni, Amitai（1929-）113
エドモンズ　Edmonds, Thomas Rowe（1803-89）240
エドワーズ　Edwards, Jonathan（1703-58）337
エドワード1世　Edward I（1239-1307）184
エドワード2世　Edward II（1284-1327）275
エドワード3世　Edward III（1312-77）473, 570
エドワード4世　Edward IV（1442-83）654
エドワード6世　Edward VI（1537-53）181, 261, 375, 611, 616, 625
エドワード懺悔王　Edward, the Confessor（c.1002-66）419-420, 572
エピクテトス　Epictetus（c.55-c.135）520
エピクロス　Epikouros（c.341 B.C.-c.270 B.C.）129, 169, 171, 533
エマソン　Emerson, Ralph Waldo（1803-82）408
エラスムス　Erasmus, Desiderius（1466-1536）264, 429, 539, 618, 670
エリウゲナ〔ヨハネス・スコトゥス〕　Eriugena, Johannes Scottus（c.800/25-c.877）321, 580
エリオット、G.　Eliot, George（1819-80）445, 580 → エヴァンズ、M.
エリオット、G.　Eliot, Gilbert（1722-77）107
エリオット、T.　Elyot, Thomas（c.1490-1546）28, 538
エリオット、T. S.　Eliot, Thomas Stearns（1888-1965）8, 62, 79, 147, 340, 429-430, 579-580
エリザベス1世　Elizabeth I（1533-1603）8, 82, 125, 158, 181, 248, 261, 331, 349-350, 365, 431, 435, 540, 581, 592, 600, 611, 616, 641, 652
エリザベス2世　Elizabeth II（1926-）180, 182
エリス　Ellis, William（1800-81）386
エルヴェシウス　Helvétius, Claude Adrien（1715-71）175

エルトン　Elton, Geoffrey Rudolph（1921-94）263, 581
エンゲルス　Engels, Friedrich（1820-95）195, 198, 240, 363, 441, 581, 664
エンペドクレス　Empedoklēs（c.492 B.C.-c.432 B.C.）86, 533
エンリケ航海王子　Henrique o Navegador（1394-1460）348

オ

オイラー　Euler, Leonhard（1707-83）414, 576
オーヴァトン　Overton, Richard（fl.1640-63）203, 213, 439, 542, 581, 676
オーウェル　Orwell, George（1903-50）517, 582
オウエン、J.　Owen, John（1616-83）582, 589, 632
オウエン、R.　Owen, Robert（1771-1858）101, 240, 288, 337, 362, 441, 516-517, 582, 597
オーウェンズ　Owens, John（1790-1846）346
オークショット　Oakeshott, Michael Joseph（1901-90）484, 583
オーグルヴィ　Ogilvie, William（1736-1819）239, 288
オコナー　O'Connor, Feargus（1794-1855）362-363, 441
オーコンネル　O'Connell, Daniel（1775-1847）3
オショーネシー　O'Shaughnessy, Brian　160
オースティン、C.　Austin, Charles（1799-1874）384
オースティン、J.　Austen, Jane（1775-1817）67
オースティン、J.　Austin, John（1790-1859）277, 384, 475, 477, 479-480, 544-546, 573, 583, 631
オースティン、J. L.　Austin, John Langshaw（1911-60）131, 333, 409-411, 584, 590, 635, 672

人名索引

オースティン、R. Austen, Ralph (c.1612-76) 369
オズワルド Oswald, James (1703-93) 314, 318-319, 584
オッカム Ockham, William of (c.1285-1347/9) 129, 142, 221, 227, 286, 324, 458-459, 584, 621, 634
オックスフォード伯 1st Earl of Oxford (1661-1724) 400 → ハーリ
オトマン Hotman, François (1524-90) 188, 671
オニール O'Neill, Onora (1941-) 327
オーフォド伯 1st Earl of Orford (1676-1745) 578 → ウォルポール、R.
オブライエン、J. O'Brien, James Bronterre (c.1805-64) 362-363, 501
オブライエン、P. O'Brien, Patrick Karl (1932-) 191
オーブリ Aubrey, John (1626-97) 585
オリゲネス Origenes (185/6-254/5) 578
オルデンバーグ Oldenburg, Henry (c.1619-77) 550
オレーム Oresme, Nicole (c.1320-82) 41, 324, 645

カ

カー Carr, Edward Hallett (1892-1982) 585
ガウアー Gower, John (c.1325-1408) 538
ガウス Gauss, Karl Friedrich (1777-1855) 48
カウツキー Kautsky, Karl Johann (1854-1938) 238-239
カウリー Cowley, Abraham (1618-67) 147
カーター Carter, James Coolidge (1827-1905) 545
カーチス Curtis, William (1746-99) 407
ガッサンディ Gassendi, Pierre (1592-1655) 53, 124, 155, 342, 416, 533, 645
カッシーラー Cassirer, Ernst (1874-1945) 340
ガットマン Gutmann, Amy (1949-) 111
カドモン Caedmon (fl. 7th century) 21

カートライト、E. Cartwright, Edmund (1743-1823) 195, 288
カートライト、J. Cartwright, John (1740-1824) 288, 404
カートライト、N. Cartwright, Nancy Delaney (1944-) 223, 229
カートライト、T. Cartwright, Thomas (1534/5-1603) 365
カドワース Cudworth, Ralph (1617-88) 12, 153, 155, 251, 535, 551, 585
カナレット Canaletto, Antonio (1697-1768) 123
カーネギー Carnegie, Andrew (1835-1919) 680
ガーネット Garnett, David (1892-1981) 461
カバデール Coverdale, Miles (1488-1569) 21-22
カフカ Kafka, Franz (1883-1924) 616
ガマ Gama, Vasco da (c.1469-1524) 349
カーマイケル Carmichael, Gershom (1672-1729) 219-220, 586
カーライル、A. Carlyle, Alexander (1722-1805) 314-316, 489-490
カーライル、T. Carlyle, Thomas (1795-1881) 62, 175, 177-178, 241, 356-357, 364, 444, 525, 528, 556, 586
ガリレオ Galilei, Galileo (1564-1642) 42, 50-51, 86, 94, 96, 124, 155, 342, 344, 390, 469, 471, 550, 573, 588
カール2世 (禿頭王) Karl II (der Kahre) (823-77) 580
カール大帝 Karl der Grosse (742-814) 8, 321, 522, 568
カルヴァウェル Culverwell, Nathaniel (c.1619-51) 586
カルヴァン Calvin, Jean (1509-64) 261, 432, 535, 625
カルナップ Carnap, Rudolf (1891-1970) 49, 131, 464, 557, 559, 563
カルペッパー、T. Culpeper, Thomas, the Elder (1578-1662) 274
カルペッパー、T. Culpeper, Thomas, the Younger (1626-97) 274

718

カルペンティエル　Carpentier, Alejo（1904-80）486
ガレノス　Galēnos（c.129-99）51, 221 623, 626, 645
カンティロン　Cantillon, Richard（c.1680/90-1734）274
カント　Kant, Immanuel（1724-1804）12-14, 19, 68, 93, 109, 111, 138, 162, 169, 172, 202, 205, 228, 232, 278, 281, 288, 311-312, 317, 319, 339, 341, 355, 367, 391, 396, 398, 414, 428-429, 506, 520, 529, 554, 558, 593, 596, 609, 634, 638, 644, 645, 661
カンドル　Candolle, Augustin Pyrame de（1778-1841）408
カンパネッラ　Campanella, Tommaso（1568-1639）238, 406
カンバーランド　Cumberland, Richard（1632-1718）290-291, 527, 587

キ

キケロ　Cicero, Marcus Tullius（106 B.C.-43 B.C.）187, 278, 376, 531, 539
ギーチ　Geach, Peter Thomas（1916-）499
キーツ　Keats, John（1795-1821）339-340, 525,554, 556
キッド　Kyd, Thomas（1558-94）540
キッピス　Kippis, Andrew（1725-95）379
キッフィン　Kiffin, William（1616-1701）424
ギフォード　Gifford, William（1756-1826）444
ギブソン　Gibson, James Jerome（1904-79）76
キーブル　Keble, John（1792-1866）38
ギボン　Gibbon, Edward（1737-94）124, 587, 632, 656
キムリッカ　Kymlicka, Will 355
キャヴェンディッシュ　Cavendish, Margaret（c.1623-73）516
キャクストン　Caxton, William（c.1415-92）8
キャサリン（アラゴンの）　Catherine of Aragon（1485-1536）261, 654, 655
ギャラハー　Gallagher, John（1919-80）376
キャラハン　Callaghan, James（1912-）104
ギャリー　Giere, Ronald N. 223
ギャリック　Garrick, David（1717-79）677
キャリット　Carritt, Edger Frederick（1876-1964）205
キャロライン　Caroline, Amelia Elizabeth（1768-1821）524
キャロル　Carroll, Lewis（1832-98）587
キャンベル、G.　Campbell, George（1719-96）318, 588, 601
キャンベル、T.　Campbell, Thomas（1777-1844）345
キャンベル、T.D.　Campbell, Tom D.（1938-）477
キュヴィエ　Cuviet, George Léopord Chrétien Frédéric Dagobert（1769-1832）408
ギョーム〔グイレルムス〕（コンシュの）　Guillaume [Guillelmus] de Conches（c.1080-c.1154）322
ギョーム〔グイレルムス〕（シャンボーの）　Guillaume [Guillelmus] de Champeaux（c.1070-1121）322
ギョーム（ノルマンディー公）419, 572 → ウィリアム1世
キール　Keill, John（1671-1721）412
キルヴィントン　Kilvington, Richard（c.1302-61）41-42, 588
キルウォーディ　Kilwardby, Robert（c.1215-79）323
ギールケ　Gierke, Otto Friedrich von（1841-1921）234, 355
キルケゴール　Kierkegaard, Søren Aabye（1813-55）520
ギルダス　Gildas [Gildus]（c.500-c.570）6
ギルバート、T.　Gilbert, Thomas（1720-98）98
ギルバート、W.　Gilbert, William（c.1544-1603）470, 588
キルヒャー　Kircher, Athanasius（1601/2-80）406
ギルピン　Gilpin, William（1724-1804）179,

370, 426, 679
ギルベルトゥス・ポレタヌス　Gilbertus Porretanus (c.1080-1154)　322
ギレン　Guillen, Claudio (1924-2007)　430
キングズリ　Kingsley, Charles (1819-75)　239, 556, 670

ク

グイレルムス（コンシュの）→ ギョーム（コンシュの）
グイレルムス（シャンポーの）→ ギョーム（シャンポーの）
クインティリアヌス　Quintilianus, Marcus Fabius (c.35-c.100)　278
クイントン　Quinton, Anthony Meredith (1925-)　13
クザーヌス　Cusanus, Nicolaus (1401-64)　339
クーザン　Cousin, Victor (1792-1867)　320
クック、E.　Coke, Edward (1552-1634)　157-158, 184, 185-186, 478, 588, 641, 651
クック、J.　Cook, James (1728-79)　407
クック、T.　Cook, Thomas (1808-92)　124
グッドウィン、J.　Goodwin, John (c.1594-1665)　518, 589
グッドウィン、T.　Goodwin, Thomas (1600-80)　337, 589
グッドハート　Goodhart, Arthur Lehman (1891-1978)　589
グーテンベルク　Gutenberg, Johannes (c.1400-68)　248
クヌート王　Canute (c.994-1035)　419
クーパー、T.　Cooper, Thomas (1805-92)　363
クーパー、W.　Cowper, William (1731-1800)　225
グライス　Grice, (Herbert) Paul (1913-88)　409, 411, 584, 590, 672
クラウジウス　Clausius, Rudolph [Rudolf] Julius Emmanuel [Emanuel] (1822-88)　595
クラーク　Clarke Samuel (1675-1729)　106, 119-120, 251, 257-258, 290, 412, 531, 590, 614, 631, 636
クラークソン、L.　Clarkson, Laurence (1615-67)　590
クラークソン、T.　Clarkson, Thomas (1760-1846)　403
グラシアン　Gracian, Baltasar (1601-58)　278
クラショー　Crashaw, Richard (c.1612/3-48)　147
グラッドストン　Gladstone, William Ewart (1809-98)　4-5, 84, 402, 570, 590
クラッパム　Clapham, John Harold (1873-1946)　195-196, 198
クラフ　Clough, Arthur Hugh (1819-61)　163
クラフツ　Crafts, Nicholas F. R. (1949-)　196
グラムシ　Gramusci, Antonio (1891-1937)　63-64
クラレンドン伯　1st Earl of Clarendon (1609-74)　591
グランヴィル　Glanvill, Joseph (1636-80)　47, 154, 551-552, 591
グラント　Grant, Duncan James Corrowr (1885-1978)　461-462
クランマー　Cranmer, Thomas (1489-1556)　22, 261-262
クリスティ　Christie, Thomas (1761-96)　15
クリステヴァ　Kristeva, Julia (1941-)　430
グリフィス　Griffiths, Ralph (c.1720-1803)　443
クリフォード　Clifford, William Kingdon (1845-79)　591
クリプキ　Kripke, Saul Aaron (1940-)　45-46, 68, 132, 149
グリーン　Green, Thomas Hill (1836-82)　12-14, 69, 100, 103, 108-110, 131, 138-139, 269-270, 288, 529, 591, 593, 627, 656, 658, 672, 675
クルティウス　Curtius, Ernst Robert (1886-1956)　430
グレアム　Graham, George John (1792-1861)　386
グレイ、J.　Gray, John (c.1799-1850)　240, 288
グレイ、J.　Gray, John (1948-)　268, 327

グレイ、T. Gray, Thomas（1716-71） 67, 123, 310, 553
クレイギー Craigie, Robert（c.1685-1760） 314
クレイグ Craig, Thomas（c.1538-1608） 126-127
グレゴリー、D. Gregory, David（1659-1708） 412
グレゴリー、J. Gregory, John（1724-73） 318
グレゴリウス7世 Gregorius VII（c.1020-1085） 32
グレシャム Gresham, Thomas（c.1518-79） 273, 592
クレチアン・ド・トロワ Crétien de Troyes（d.c.1183） 6
クレメンス4世 Clemens IV（d.1268） 653
グローシン Grocyn, William（c.1449-1519） 539
グロステスト Grosseteste, Robert（c.1170-1253） 221, 323, 592, 652
クローチェ Croce, Benedetto（1866-1952） 597
グロック Glock, Hans-Johann（1960-） 466
グロティウス Grotius, Hugo（1583-1645） 204, 211-212, 217-220, 286, 325-326, 505, 586, 611
グロート、G. Grote, George（1794-1871） 384, 592, 651
グロート、J. Grote, John（1813-66） 359, 593
クロムウェル、O. Cromwell, Oliver（1599-1658） 121, 126-127, 147, 156, 158, 249, 337, 369, 373, 378, 387, 425, 432, 437, 439, 479, 488, 518, 543, 589, 593, 615, 622, 624, 635, 636, 639, 651, 676
クロムウェル、R. Cromwell, Richard（1626-1712） 437
クロムウェル、T. Cromwell, Thomas（c.1485-1540） 22, 262-263, 581, 655
クロンプトン Crompton, Samuel（1753-1827） 195
クワイン Quine, Willard Van Orman（1908-2000） 132, 227, 464, 558-559, 563

クーン Kuhn, Thomas Samuel（1922-96） 50, 52, 469, 574, 672

ケ

ケアード、E. Caird, Edward（1835-1908） 12-14, 593
ケアード、J. Caird, John（1820-98） 12-13, 593
ケアリー Carey, William（1761-1834） 425
ケアンズ Cairnes, John Elliott（1823-75） 133-136
ケイ Kay, John（1704-1780/1） 195
ゲイ Gay, John（1685-1732） 548, 594
ケイヴ Cave, Edward（1691-1754） 443
ケイ＝シャトルワース Kay-Shuttleworth, James Phillips（1804-77） 102
ケイムズ卿 Lord Kames（1696-1782） 99, 257, 259, 287, 314, 317-318, 370, 382, 545-546, 594 → ヒューム、H.
ケイン Cain, Peter Joseph（1941-） 191, 197-198, 201, 377
ケインズ Keynes, John Maynard（1883-1946） 49, 61, 270, 461-462, 468, 594, 604, 609, 624, 626, 658, 665, 675
ゲインズバラ Gainsborough, Thomas（1727-88） 224
ケストラー Koestler, Arthur（1905-83） 520, 595
ゲスナー Gesner, Konrad（1516-65） 406
ゲーテ Goethe, Johann Wolfgang von（1749-1832） 429, 553, 586
ゲティア Gettier, Edmund L.（1927-） 359
ケネー Quesnay, François（1694-1774） 124, 407, 610
ケプラー Kepler, Johannes（1571-1630） 50, 88, 94, 96, 390, 573, 588, 645
ケベード Quevedo y Villegas（1580-1645） 677
ケリー Kelly, Paul 327
ゲーリンクス Geulincx, Arnold（1624-69） 300
ケルヴィン卿 Lord Kelvin（1824-1907） 595

ケルゼン　Kelsen, Hans (1881-1973)　475
ゲルナー　Gellner, Ernest André (1925-95) 595
ケント　Kent, William (c.1684-1748) 123-124
ケンドル　Kendall, Robert T. (1935-)　432
ケンプ・スミス　Kemp Smith, Norman (1872-1958)　596

コ

コイレ　Koyré, Alexandre (1892-1964)　50
コーエン、G.　Cohen, Gerald Allan (1941-)　202-204, 596
コーエン、T.　Cohen, Ted　521
ゴーギャン　Gauguin, Eugène Henri Paul (1848-1903)　461
コーク　Coke, Thomas William (1754-1842)　197
コーズ　Caws, Peter (1931-)　94
コースガード　Korsgaard, Christine M. (1952-)　162
ゴーチェ　Gautier, Théophile (1811-72)　509
コーツ　Cotes, Roger (1682-1716)　412
コックバーン　Cockburn, Catharine (1674/9-1749)　596
コッケイ、H.　Cocceji [Coccei], Heinrich von (1644-1719)　220
コッケイ、S.　Cocceji [Coccei], Samuel von (1679-1755)　220
ゴット　Gott, Samuel (1613-71)　516
コップ　Coppe, Abiezer (1619-72)　596
ゴッホ　Gogh, Vincent van (1853-90)　461
ゴドウィン　Godwin, William (1756-1836)　16, 179, 226, 240, 288, 292, 299, 379, 440, 554-555, 578, 597, 601, 665
ゴードン、T.　Gordon, Thomas (c.1691-1750)　35, 115, 488
ゴーブル　Goble, Jonathan (1827-96)　425
コフーン　Colquhoun, Patrick (1745-1820)　99
コベット　Cobbett, William (1763-1835)　597

コペルニクス　Copernicus, Nicolaus (1473-1543)　50, 52, 94, 129, 573
コーラー　kohler, Josef (1849-1919)　544
コリングウッド　Collingwood, Robin George (1889-1943)　14, 20, 430, 583, 597, 606
コリンズ　Collins, Anthony (1676-1729)　257-259, 531, 578, 598, 654
コリンソン　Collinson, James (c.1825-81)　525
コール、G.　Cole, George Douglas Howard (1889-1959)　241, 288, 355, 598
コール、W.　Cole, William Alan　196
コルテス　Cortés, Hernán (1485-1547/8)　349
ゴールドスミス　Goldsmith, Oliver (c.1728-74)　677
ゴールドマン　Goldman, Alvin Ira (1938-)　161
ゴールトン　Galton, Francis (1822-1911)　26, 244, 512-514, 598
コルネイユ、P.　Corneille, Pierre (1606-84)　29
コルネイユ、T.　Corneille, Thomas (1625-1709)　28-29
コールマン　Coleman, Jules L.　477
コルモゴロフ　Kolmogorov, Andrei Nikolaevich (1903-78)　47-48
コールリッジ　Coleridge, Samuel Taylor (1772-1834)　62, 177, 339-340, 386, 390, 429-430, 443, 483, 554-555, 599, 629, 635, 668, 679
コレット　Colet, John (1467-1519)　539, 670
コロンブス　Columbus, Christophorus (c.1446-1506)　9, 348, 485
コーワン　Cowan, Brian (1969-)　167
コンウェイ　Conway, Anne (1631-79)　599
コンスタブル、A.　Constable, Archibald (1774-1827)　443-445
コンスタブル、J.　Constable, John (1776-1837)　123, 224, 427,
コンスタンティヌス大帝　Constantinus I, Magunus (c.274-337)　375
コンディヤック　Condillac, Étienne Bonnot de (1714-80)　131, 320, 507, 548,
コント　Comte, August (1798-1857)　131,

134, 544, 557, 575, 658, 665
コンドルセ　Condorcet, Marquis de（1743-94）　226, 304, 407
コンプトン　Compton, Henry（1631/2-1713）　492

サ

サイード　Said, Edward（1935-2003）　485-486
サヴィニー　Savigny, Friedrich Karl von（1779-1861）　544, 546
サヴェイジ　Savage, Eliza Mary Ann（1836-85）　632
サウサンプトン伯　3rd Earl of Southampton（1573-1624）　600
サウジー　Southey, Robert（1774-1843）　404, 443, 501, 554-555, 599, 679
サベリウス　Sabellius（d. c.260）　519
サマセット公　Duke of Somerset（c.1500-52）　375
サラヴィア　Saravia, Adrian Hadrian（1532-1613）　34
サリー　Sully, James（1842-1923）　510
サリヴァン　Sullivan, Francis Stoughton（1715/6-66）　277
サール　Searle, John Rogers（1932-）　206, 500
サルスティウス　Sallustius（86 B.C.-34 B.C.）　623
サン＝シモン　Saint-Simon, Claude Henri de Rouvroy, Comte de（1760-1825）　546
サンズ　Sandys, Edwin（c.1519-88）　488
サンデル　Sandel, Michael（1953-）　111, 113

シ

シェイクスピア　Shakespeare, William（1564-1616）　22, 147-148, 224, 264, 279, 339, 341, 390-391, 540-541, 576, 599, 600, 604
ジェイコブ　Jacob, Henry（1562/3-1624）　365, 424
シェイピン　Shapin, Steven（1943-）　26-27

ジェイムズ1世　James I（1566-1625）　8, 23, 29, 33, 126, 157-158, 181, 262, 276, 331, 421, 431, 435, 540, 588, 600, 626, 652
ジェイムズ2世　James II（1633-1701）　83, 159, 400-401, 491-493, 572, 618, 622, 635, 646
ジェイムズ3世　James III（1452-88）　374
ジェイムズ4世　James IV（1473-1513）　8
ジェイムズ5世　James V（1512-42）　8, 261
ジェイムズ6世　James VI（1566-1625）　8, 33, 126, 158, 331, 431, 435, 600, 614 → ジェイムズ1世
ジェイムズ7世　James VII（1633-1701）　400 → ジェイムズ2世
ジェイムズ（ヨーク公）　159, 400-401, 491, 645 → ジェイムズ2世
ジェイムズ、W.　James, William（1842-1910）　77, 132, 301, 332, 354, 547, 591
ジェヴォンズ　Jevons, William Stanley（1835-82）　58, 176, 576, 601
ジェファソン　Jefferson, Thomas（1743-1826）　9-10, 117, 249, 316, 652
ジェフリ（オブ・モンマス）　Geoffrey of Monmouth（c.1100-54/5）　6, 8, 374
ジェフリ、F.　Jeffrey, Francis（1773-1850）　444, 608
ジェラード　Gerard, Alexander（1728-95）　279-280, 318, 339, 390-392, 601
シェリー、M.　Shelley, Mary Wollstonecraft（1797-1851）　179, 597
シェリー、P.　Shelley, Percy Bysshe（1792-1822）　240, 339-340, 554, 556, 597, 600, 601
シェリング　Schelling, Friedrich Wilhelm Joseph von（1775-1854）　339, 428-429, 554
シェルバーン　2nd Earl of Shelburne（1737-1805）　379
ジェンキンソン　Jenkinson, Anthony（1529-1610/1）　349
シェンストン　Shenstone, William（1714-63）　370
ジーキル　Jekyll, Gertrude（1843-1932）　371
シジウィック　Sidgwick, Henry（1838-1900）

138, 173, 176, 292, 396, 529, 567, 592, 593, 601, 607, 665, 672
シスモンディ　Sismondi, Jean Charles Léonard Simonde de（1773-1842）　554
シドナム　Sydenham, Thomas（1624-89）　417-418, 678
シドニー、A.　Sidney, Algernon（1622/3-83）　114, 491, 602, 640
シドニー、H.　Sidney, Henry（1529-1586）　126
シドニー、P.　Sidney, Philip（1554-86）　278, 369, 509, 602
シドニー＝ターナー　Sydney-Turner, Saxon（1880-1962）　461
シーニア　Senior, Nassau William（1790-1864）　100, 133-136
シムソン　Simson, John（1667-1740）　630
シモンズ　Simons, Arthur William（1865-1945）　511
シャー　Sher, Richard B.（1948-）　505
シャーウッド、S.　Sherwood, Samuel（1703-83）　337
シャーウッド、W.　Sherwood, William of（c.1200/5-c.1266/75）　323, 602
ジャクソン、A.　Jackson, Andrew（1767-1845）　10
ジャクソン、F.　Jackson, Frank（1943-）　333
シャピロ　Shapiro, Scott J.　476
シャフツベリ伯（初代）　1st Earl of Shaftesbury（1621-83）　378, 491, 602, 678 → アシュリー卿
シャフツベリ伯（第3代）　3rd Earl of Shaftesbury（1671-1713）　37, 65, 90, 105, 251-252, 279, 281, 290-291, 308, 311, 370, 390, 393, 397, 509, 521, 527, 529, 535, 603, 630, 636, 671
ジャーマン　German, Christopher（c.1460-1540/1）　33
ジャンティエ　Gentillet, Innocent（c.1535-c.1595）　538
シュトラウス、D.　Strauß, David Friedrich（1808-74）　580
シュトラウス、L.　Strauss, Leo（1899-1973）　269
ジュフロワ　Jouffroy, Théodore（1796-1842）　320
シュミット　Schmitt, Carl（1888-1985）　553
シュモラー　Schmoller, Gustav von（1838-93）　272
シュリック　Schlick, Moritz（1882-1936）　131, 151, 557-559
シュレーゲル　Schlegel, Friedrich von（1772-1829）　339, 428-429, 553
シュレーダー　Schröder, Friedrich Wilhelm Karl Ernst（1841-1902）　619
シュンペーター　Schumpeter, Joseph Alois（1883-1950）　139
ショー　Shaw, George Bernard（1856-1950）　244, 288, 575, 603, 614
ジョアン1世　João I（1357-1433）　348
ジョアン2世　João II（1455-95）　348
ジョイ　Joye, George（c.1490-1533）　21
ジョイス　Joyce, James（1882-1941）　340, 606
ショーヴ　Shove, Gerald（1887-1947）　461
ショーヴァン　Chauvin, Etienne（1640-1725）　28-30
ジョウェット　Jowett, Benjamin（1817-93）　592, 603
ジョージ1世　George I（1660-1727）　400-401, 577, 659
ジョージ2世　George II（1683-1760）　400
ジョージ3世　George III（1738-1820）　401, 627, 637, 677
ジョージ4世　George IV（1762-1830）　356, 524
ジョージ5世　George V（1865-1936）　85
ジョージ（ハノーヴァ選帝侯）　400 → ジョージ1世
ジョージ、H.　George, Henry（1839-97）　288
ジョゼフ　Joseph, Keith（1918-94）　194
ショーペンハウアー　Schopenhauer, Arthur（1788-1860）　520
ジョン王（欠地王）　John (Lackland)（1167-1216）　157, 421
ジョン〔ヨハネス〕（ソールズベリの）　John

[Johannes] of Salisbury（c.1115/20-85） 79, 321, 603
ジョーンズ　Jones, Ernest Charles（1819-69） 239, 363
ジョンソン、B.　Jonson, Ben（1572-1637） 147, 390
ジョンソン、L.　Johnson, Lionel（1867-1902） 511
ジョンソン、S.〔ジョンソン博士〕　Johnson, Samuel（1709-84） 30, 123, 147, 311-312, 390, 429, 443, 509-510, 604, 677
ジョンソン、W.　Johnson, William Ernest（1858-1931） 604
シラー、F.　Schiller, Ferdinand Canning Scott（1864-1937） 604
シラー、J.　Schiller, Johann Christoph Friedrich（1759-1805） 656
シンガー　Singer, Peter Albert David（1946-） 174, 605
ジンメル　Simmel, Georg（1858-1918） 60

ス

スウィッツアー　Switzer, Stephen（1682-1745） 370
スウィフト、A.　Swift, Adam（1961-） 327
スウィフト、J.　Swift, Jonathan（1667-1745） 3, 25, 35, 36, 249, 391, 516, 521, 594, 605, 608
スウィンバーン、A.　Swinburne, Algernon Charles（1837-1909） 509-510
スウィンバーン、R.　Swinburne, Richard（1934-） 605
スウェーデンボリ　Swedenborg, Emanuel（1688-1772） 340
スカリゲル　Scaliger, Julius Caesar（1484-1558） 429
スキナー　Skinner, Quentin Robert Duthie（1940-） 606
スキャンロン　Scanlon, Thomas（1940-） 328
スキーン　Skene, David（1731-70） 382
スクルートン　Scruton, Roger（1944-） 484
スコット、G.　Scott, George Gilbert（1811-78） 177
スコット、W.　Scott, Walter（1771-1832） 178, 444, 554-555
スコット、W. R.　Scott, William Robert（1868-1940） 313
スコフィールド　Schofield, Roger S.　196
スタウト、G.　Stout, George Frederick（1860-1944） 606
スタウト、R.　Stout, Rowland　161
スターキー　Starkey, Thomas（c.1498-1538） 188, 538
スタブ　Stubbe, Henry（1632-76） 606
スタッブス　Stubbs, William（1825-1901） 473
スタフォード　Stafford, John Martin（1948-） 245
スターリング　Stirling, James Hutchison（1820-1909） 12
スターン　Sterne, Laurence（1713-68） 67, 606
スタンリー　Stanley, Arthur Penrhyn（1815-81） 163-164
ステア卿　1st Viscount Stair（1619-95） 607
スティーヴン、J. F.　Stephen, James Fitzjames（1829-94） 480, 607
スティーヴン、L.　Stephen, Leslie（1832-1904） 461, 579, 607
スティーヴンズ、F.　Stephens, Frederic George（1828-1907） 525
スティーヴンズ、W.　Stevens, Wallace（1879-1955） 430
スティーヴンソン　Stevenson, Charles Leslie（1908-79） 206, 498-499
スティリングフリート　Stillingfleet, Edward（1635-99） 607, 654
スティール　Steele, Richard（1672-1729） 25, 567, 608
ステュアート（老僭王）　Stuart, James Edward, the Old Pretender（1688-1766） 400, 492
ステュアート、D.　Stewart, Dugald（1753-1828） 316, 317, 319-320, 444, 505, 608, 643
ステュアート、G.　Stuart, Gilbert（1743-86）

443-444
ステュアート、J. Steuart, James (1713-80) 247, 274, 315, 608
ステントン Stenton, Frank Merry (1880-1967) 473
ストラフォード伯 1st Earl of Strafford (1593-1641) 436
ストレイチー、J. Strachey, James (1887-1967) 461
ストレイチー、L. Strachey, Lytton (1880-1932) 461-462
ストレイチー、M. Strachey, Marjorie (1882-1962) 461
ストローソン Strawson, Peter Frederick (1919-2006) 92, 131, 146, 301, 409, 411, 460, 463, 465, 584, 609, 672
ストーン Stone, Lawrence (1919-99) 199
スピヴァク Spivak, Gayatri Chakravorty (1942-) 485-487, 609
スピノザ Spinoza, Baruch de (1632-77) 47, 301, 390, 530-531, 580, 599, 606, 669
スピルズバリ Spilsbury, John (1593-c.1668) 424
スプラット Sprat, Thomas (1635-1713) 551, 609
スフラーフェザンデ 'sGravesande, Willem Jacob (1688-1742) 412
スペンサー、E. Spencer, Edmund (c.1552-99) 8
スペンサー、H. Spencer, Herbert (1820-1903) 13, 103, 131, 173, 242-244, 288, 381, 510, 521, 529, 557, 575, 607, 658, 610, 665
スペンス Spence, Thomas (1750-1814) 239, 288, 337
スマイルズ Smiles, Samuel (1812-1904) 680
スマート Smart, John Jamieson Carswell (1920-) 229, 302, 610
スミス、A. Smith, Adam (1723-90) 37, 56-58, 60, 66, 90, 105-107, 117, 124, 131, 133-135, 191, 208, 220, 231-233, 239, 246-247, 269, 272, 274, 277, 287-288, 291, 304, 307-309, 312, 313-316, 325-326, 346, 393-395, 397, 404, 407, 439-440, 444, 479-480, 483, 490, 503, 504-506, 523, 528-529, 535-537, 545-546, 554-555, 594, 608, 609, 610, 630, 639, 644, 648, 666, 667, 675
スミス、J. Smith [Smyth], John (c.1554-1612) 424
スミス、J. Smith, John (1618-52) 153, 341, 610
スミス、S. Smith, Sidney (1771-1845) 444
スミス、T. Smith, Thomas (1513-77) 82, 114, 126, 188, 538, 610
スメリ Smellie, William (1740-95) 31, 443-444
スモール Small, Ian 509-510
スモレット Smollett, Tobias George (1721-71) 124, 247, 443
スローン Sloane, Hans (1660-1753) 407
スワインズヘッド Swineshead, Richard (fl. c.1340) 41-42, 611

セ

セイバイン Sabine, George H. (1880-1961) 388
セクスビー Sexby, Edward (c.1616-58) 542
セザンヌ Cézanne, Paul (1839-1906) 461
セシル、R. Cecil, Robert (1563-1612) 581
セシル、W. Cecil, William (1520/1-98) 581, 592
セネカ Seneca, Lucius Annaeus (5/4 B.C.-65) 169-170, 172
セラーズ Sellars, Wilfrid Stalker (1912-89) 333, 360, 661
セルヴェトゥス Servetus, Michael (c.1511-53) 518
セルウォール Thelwall, John (1764-1834) 239
セルデン Selden, John (1584-1654) 211-212, 286, 611
セルバンテス Cervantes Saavedra, Miguel de (1547-1616) 89
セン Sen, Amartya Kumar (1933-) 176,

289, 327, 354, 442, 611

ソ

ソクラテス　Sōkratēs（470/69 B.C.-399 B.C.）129, 325, 396, 504, 516,
ソシヌス　Socinus, Faustus（1539-1604）518-519
ソールズベリ　3rd Marquess of Salisbury（1830-1903）483
ソロー　Thoreau, Henry David（1817-62）408
ソロモン　Solomōn（fl. 10th century B.C.）140
ソーンヒル　Thornhill, James（1675/6-1734）656

タ

ダイシー　Dicey, Albert Venn（1835-1922）85, 159, 478, 481, 612
タイラー　Tyler, Wat [Walter]（d.1381）238, 570
ダヴィット　Davitt, Michael（1846-1906）4
ダヴィド　David, Francis（1510-79）518
ダーウィン　Darwin, Charles Robert（1809-82）12, 131, 143, 226, 242-244, 305-306, 351-353, 381, 408, 512-514, 535-537, 576, 578, 610, 612, 621, 628, 632, 665, 671
ダ・ヴィンチ　Leonardo da Vinci（1452-1519）406, 429
ダーウォール　Darwall, Stephen L.（1946-）162
ダヴナント　Dovenant, Charles（1656-1714）36, 115, 273, 523
タウンゼンド　Townsend, Joseph（1739-1816）99
タキトゥス　Tacitus（c.55-120）188, 275
タッカー、A.　Tucker, Abraham（1705-74）613
タッカー、J.　Tucker, Josiah（1713-99）273-274
タックニー　Tuckney, Anthony（1599-1670）571
ターナー、J.　Turner, Joseph Mallord William（1775-1851）123, 427, 673
ターナー、W.　Turner, William（d.1568）406
タナード　Tunnard, Christopher（1910-79）371
タバナー　Taverner, Richard（c.1505-75）22
ダービー、A.　Darby, Abraham（c.1678-1717）195
ダービー伯　14th Earl of Derby（1799-1869）617
ダフ　Duff, William（1732-1815）390-391
ダフィー　Duffy, Charles Gavan（1816-1906）4
ダメット　Dummett, Michael Anthony Eardley（1925-）20, 227, 229, 460, 466, 613
ダランベール　D'Alembert, Jean Le Rond（1717-83）28, 30, 407, 413
タリー　Tully, James（1946-）355
ダーリンプル　Dalrymple, James（1619-95）126 → ステア卿
タル　Tull, Jethro（1674-1741）197
タルスキ　Tarski, Alfred（1902-83）619
タレス　Thalēs（c.624 B.C.-c.546 B.C.）533
ダン　Donne, John（c.1572-1631）147-148
ダンカン＝ジョーンズ　Duncan-Jones, Austin（1908-67）358
タンスタル　Tunstal [Tunstall], Cuthbert（1474-1559）21, 618
ダンバー、J.　Dunbar, James（c.1742-98）318
ダンバー伯　Earl of Dunbar（c.1560-1611）600
ダンファームリン伯　1st Earl of Dunfermline（1556-1622）600
ターンブル　Turnbull, George（1698-1748）287, 378, 383, 613
ダーンリ卿　Lord Darnley（1545/6-67）600

チ

チェインバーズ、E.　Chambers, Ephraim（1680-1740）28-30, 614

人名索引

チェインバーズ、R. Chambers, Robert (1802-71) 31
チェインバーズ、W. Chambers, William (1726-96) 370
チェインバーズ、W. Chambers, William (1800-83) 31
チェスタトン Chesterton, Gilbert Keith (1874-1936) 60, 511, 614, 676
チェスターフィールド卿 4th Earl of Chesterfield (1694-1773) 279
チェセルデン Cheselden, William (1688-1752) 508
チェンバレン、J. Chamberlain, Joseph (1836-1914) 575-576
チェンバレン、N. Chamberlain, (Arthur) Nevilie (1869-1940) 614
チャイルド Child, Josiah (1630-99) 190, 273-274
チャーチ、A. Church, Alonzo (1903-95) 151
チャーチ、W. Church, William Farr (1912-) 34
チャーチランド Churchland, Paul M. (1942-) 301
チャーチル Churchill, Winston Leonard Spencer (1874-1965) 453, 614
チャドウィック Chadwick, Edwin (1800-90) 100, 175, 440
チャールズ1世 Chaeles I (1600-49) 8, 34, 82, 127, 156, 158, 181, 261, 331, 337, 431, 436-437, 593, 614, 626, 635, 648, 651, 678
チャールズ2世 Charles II (1630-85) 51, 82-83, 158, 400, 489, 491, 493, 550-551, 591, 602, 615, 618, 622, 651
チャールトン Charleton, Walter (1620-1707) 342-343
チャンドス卿 1st Duke of Chandos (1674-1744) 279
チューリング Turing, Alan Mathison (1912-54) 615
チリングワース Chillingworth, William (1602-44) 43, 53-54, 615

ツ

ツヴィングリ Zwingli, Huldreich [Ulrich] (1484-1531) 182, 267

テ

ディー Dee, John (1527-1609) 616
ディアス Dias [Diaz], Bart[h]olomeu (c.1450-1500) 348
デイヴィ Davy, Humphry (1788-1829) 639
デイヴィス Davies, Emily (1830-1921) 451
デイヴィッド2世 David II (1324-71) 8
デイヴィドソン Davidson, Donald (1917-) 160-161, 302,
ティエリー（シャルトルの） Thierry de Chartres (d.c.1149/51) 322
ディオスコリデス Dioskoridēs (fl. 1st century) 405
ディオニュシオス・アレオパギテース（偽）Dionysios Areopagitēs (fl. 6th century) 580
ディクソン Dickson, Peter George Muir 190-191
ディケンズ Dickens, Charles John Huffam (1812-70) 526, 614, 616
ディズレーリ Disraeli, Benjamin (1804-81) 84, 194, 482-483, 570, 591, 616
ディートリッヒ（フライブルクの） Dietrich von Freiberg (c.1250-c.1310) 323
ディドロ Diderot, Denis (1713-84) 28, 30, 390, 407, 428, 507-508
ティボー Thibaut, Anton Friedrich Justus (1772-1840) 544
テイラー、A. Taylor, Alan John Percivale (1906-90) 5
テイラー、C. Taylor, Charles (1931-) 62, 111-113, 255, 617
テイラー、D. Taylor, Dan (1738-1816) 425
テイラー、H. Taylor, Harriet (1807-58) 241, 450, 617
テイラー、H. Taylor, Helen (1831-1907) 241

728

テイラー、J. Taylor, Jeremy (1613-67) 617
テイラー、J. Taylor, John (1796-1849) 617
テイラー、S. Taylor, Sarah (1793-1867) 583
ティレル Tyrrell, James (1642-1718) 114, 617, 640
ティロットソン Tillotson, John (1630-94) 143, 618
ディーン Deane, Phyllis (1918-) 196
ティンダル、M. Tindal, Matthew (c.1657-1733) 530, 532, 614, 618
ティンダル、W. Tyndale, William (c.1494-1536) 21-22, 33, 262, 618
デヴリン Devlin, Patrick Arthur (1905-92) 619
テオバルドゥス Theobaldus (c.1090-61) 604
テオフラストス Theophratos (c.372/69 B.C.-288/5 B.C.) 405
デカルト Descartes, René (1596-1650) 18, 29, 43, 47, 53, 65, 71, 86-88, 94, 119-120, 124, 129-130, 144, 153, 155, 227, 282, 300, 317, 343-344, 390, 412-413, 416, 449, 547-549, 551, 590, 596, 599, 657, 669, 671
デザギュリエ Desaguliers, John Theophilus (1683-1744) 412
デニス Dennis, John (1658-1734) 279, 310
テニスン Tennyson, Alfred (1809-92) 8, 178
デ・フィネッティ de Finetti, Bruno (1906-85) 49
デフォー Defoe, Daniel (c.1660-1731) 25, 35-37, 60, 98, 249, 273, 379, 487-488, 516, 619
デ・モーガン De Morgan, Augustus (1806-71) 619
デモクリトス Dēmokritos (c.460 B.C.-c.370 B.C.) 24, 86, 129, 342-343, 533
デューイ Dewey, John (1859-1952) 132, 270
デュエム Duhem, Pierre Maurice Marie (1861-1916) 96, 228, 414
デュゲ Dughet, Gaspard (1615-75) 123

テューダー Tudor, Edmund (c.1430-56) 654
デュフレノワ du Fresnoy, Charles Alphonse (1611-65) 677
デュポン・ド・ヌムール Du pont de Nemours, Pierre Samuel (1739-1817) 404
デュルケム Durkheim, Émile (1858-1917) 544
デリダ Derrida, Jacques (1930-2004) 271, 487, 576, 609
テンプル Temple, William (1628-99) 278, 369, 605

ト

トインビー、A. Toynbee, Arnold (1852-83) 195, 198, 675
トインビー、A.J. Toynbee, Arnold Joseph (1889-1975) 620
トウェイン Twain, Mark (1835-1910) 8
ドゥオーキン Dworkin, Ronald Myles (1931-) 68, 111, 174, 268, 271, 328, 476-477, 620
トゥキュディデス Thoukydidēs (c.460 B.C.-c.400 B.C.) 603, 657
トゥック、H. Tooke, (John) Horne (1736-1812) 379
トゥック、W. Tooke, William Eyton (1808-30) 386
トゥルヌフォール Tournefort, Joseph Pitten de (1656-1708) 407
トゥールミン Toulmin, Stephen Edelston (1922-) 499
ドゥンス・スコトゥス〔スコトゥス〕 Duns Scotus, Johannes (1265/6-1308) 323, 620
ドーキンス Dawkins, Richard (1941-) 352, 621
トクヴィル Tocqueville, Alexis Charles Henri Maurice Clérel de (1805-59) 10, 384, 389
ドストエフスキー Dostoevskii, Fyodor Mikhailovich (1821-81) 616
トーニー Tawney, Richard Henry (1880-1962) 103, 199-200, 598, 621
ドニ Denis, Maurice (1870-1943) 461
トマス Thomas, William (d.1554) 540

人名索引

トマス・アクィナス〔トマス〕 Thomas Aquinas（c.1225-74） 142, 187, 211, 286, 323-324, 325, 397, 403, 504, 620
ド・マン de Man, Paul（1919-83） 609
トムソン、E. Thompson, Edward Palmer（1924-93） 62-63, 501-503, 621
トムソン、J. Thomson, James（1700-48） 340, 414, 553
トムソン、L. Tomson, Laurence（1539-1608） 22
トムソン、T. Thompson, Thomas Perronet（1783-1869） 385
トムソン、W. Thompson, William（1775-1833） 240, 288, 449-450
ド・モアブル de Moivre, Abraham（1667-1754） 412
ドライデン Dryden, John（1631-1700） 147, 339, 567, 622
トラデスカント（父） Tradescant, John, the elder（d.1638） 406
トラデスカント（子） Tradescant, John, the younger（1608-62） 406
トラハーン Traherne, Thomas（1636/7-c.1674） 147
ドラン Derain, André（1880-1954） 461
トーランド Toland, John（1670-1722） 35, 115, 143, 378, 530-531, 608, 614, 622, 635, 671
トリチェリ Torricelli, Evangelista（1608-47） 533
トルストイ Tolstoi, Lev Nikolaevich（1828-1910） 571, 616
ドルトン Dalton, John（1766-1844） 533
ドルバック Baron d'Holbach（1723-1789） 30, 88
ドルフス Dollfuss, Engelbert（1892-1934） 448
トルミー、M. Tolmie, Murray（1931-） 425
トレヴァ＝ローパー Trevor-Roper, Hugh Redwald（1914-2003） 199-200, 438, 622
トレヴェリアン Trevelyan, George Macaulay（1876-1962） 623, 662
トレンチャード Trenchard, John（1668/9-1723） 35, 115, 488
ド・ロルム Delorme, Jean Louis（1741-1806） 277
トーン Tone, Theobald Wolfe（1763-98） 17

ナ

ナイ Nye, Stephen（1647/8-1719） 518
ナイト Knight, Richard Payne（1750-1824） 370, 426-427
ナポレオン Napoléon, Bonaparte（1769-1821） 17, 110, 273

ニ

ニコラス Nicholas of Hereford（c.1345- after 1417） 21
ニコルソン、M. Nicholson, Marjorie Hope（1894-1981） 310
ニコルソン、P. Nicholson, Peter P.（1940-） 110
ニーダム Nedham, Marchamont（1620-78） 114, 523, 611, 623
ニーチェ Nietzsche, Friedrich Wilhelm（1844-1900） 69
ニーブール Niebuhr, Barthold Georg（1776-1831） 568
ニューカースル公（初代） 1st Duke of Newcastle（1693-1768） 614
ニューカースル公（第5代） 5th Duke of Newcastle（1811-64） 102
ニューコメン Newcomen, Thomas（1663-1729） 195
ニュートン Newton, Isaac（1642-1727） 25, 35, 47, 50-51, 87-88, 94-96, 118-120, 143, 145, 221-223, 224, 303, 314, 335, 340, 367, 382, 390, 412-414, 417-418, 467, 469, 533, 548-549, 552, 590, 614, 623, 632, 636, 638, 640, 642, 654
ニューマン、B. Newman, Barnett（1905-70） 312
ニューマン、J. Newman, John Henry（1801-90） 38, 163-164, 181, 556, 624

730

ニール　Neill, Alexander Sutherland（1883-1973）　103

ヌ

ヌスバウム　Nussbaum, Martha Craven（1947-）　354

ネ

ネイミア　Namier, Lewis Bernstein（1888-1960）　624, 630
ネヴィル　Neville, Henry（1620-94）　624, 635
ネグリ　Negri, Antonio（1933-）　377, 487
ネーゲル　Nagel, Thomas（1937-）　162
ネッケル　Necker, Jaques（1732-1804）　523
ネフ　Nef, John Ulric（1899-1988）　196
ネンニウス　Nennius（c.770-c.810）　6

ノ

ノイラート　Neurath, Otto（1882-1945）　151-152, 557, 563
ノヴァーリス　Novalis（1772-1801）　339, 554
ノージック　Nozick, Robert（1938-2002）　68, 111, 174, 202, 204, 270-271, 289, 625
ノース、C.　North, Christopher（1785-1854）　445 → ウィルソン、J.
ノース、D.　North, Dudley（1641-91）　273
ノース、F.　North, Frederick（1732-92）　316
ノックス　Knox, John（c.1514-72）　261, 365, 538, 625
ノートン、C.　Norton, Caroline（1808-77）　449-450
ノートン、H.　Norton, Henry Tertius James（1886-1937）　461

ハ

バー　Burgh, James（1714-75）　379
バイアー、A.　Baier, Annette（1929-）　625
バイアー、K.　Baier, Kurt（1917-）　625

ハイエク　Hayek, Friedrich August von（1899-1992）　175, 192, 208-210, 268, 270, 327, 594, 626
ハイネッキウス　Heineccius, Johann Gottlieb（1681-1741）　614
バイロン　Byron, George Gordon（1788-1824）　357, 554, 556, 600, 601
ハインドマン　Hyndman, Henry Mayers（1842-1921）　241
ハインリヒ4世　Heinrich IV（1050-1106）　32
ハーヴィ　Harvey, William（1578-1657）　51, 626, 645
ハーヴィ卿　Harvey, John（1696-1743）　35
バウムガルテン　Baumgarten, Alexander Gottlieb（1714-62）　278, 281
バウリング　Bowring, John（1792-1872）　384
パヴロフ　Pavlov, Ivan Petrovich（1849-1936）　547
ハーカ　Hurka, Thomas（1952-）　69
バーカー　Barker, Ernest（1874-1960）　355, 626, 673
パーカー、H.　Parker, Henry（1604-52）　188, 213, 627
パーカー、M.　Parker, Matthew（1504-1575）　22
バーク　Burke, Edmund（1729/30-1797）　15-17, 89, 124, 178-179, 279-280, 299, 310-312, 402, 404, 427, 478, 482-484, 554, 578, 627, 643, 652, 656, 664, 677
バーグ　Berg, Maxine（1950-）　196
パーク　Park, Désirée（1938-）　507
バクスター　Baxter, Richard（1615-91）　60, 379, 627-628
ハクスリー、A.　Huxley, Aldous Leonard（1894-1963）　517
ハクスリー、T.　Huxley, Thomas Henry（1825-95）　301, 529, 575, 621, 628
バークリー　Berkeley, George（1685-1753）　3, 44, 61, 72, 74, 75-77, 120, 130, 144, 152, 284, 293-295, 301, 340, 344, 459, 465, 467, 507-508, 547-548, 558, 628, 672
ハーグリーヴズ　Hargreaves, James（c.1720-

人名索引

78）195

バーケンヘッド　Berkenhead, John（1616-79）629, 677

バージェス　Burgess, Glenn（1961-）32

ハーシェル　Herschel, William (Frederick)（1738-1822）222, 629

バジョット　Bagehot, Walter（1826-77）242-243, 277, 480, 629

パース　Peirce, Charles Sanders（1839-1914）132; 619

パスカル、B.　Pascal, Blaise（1623-62）24, 47-48, 390, 677

パスカル、R.　Pascal, Roy（1904-80）315

ハースト、P.　Hirst, Paul（1947-2003）327

ハースト、R.　Hirst, Rodney Julian（1920-99）333

ハズリット　Hazlitt, William（1778-1830）25, 175, 390, 629

パーソンズ　Parsons [Persons], Robert（1546-1610）188

バターフィールド、H.　Butterfield, Herbert（1900-79）50, 629

バターフィールド、W.　Butterfield, William（1814-1900）177

ハチスン　Hutcheson, Francis（1694-1746）37, 65-66, 90, 105-107, 117, 205, 218-220, 251-252, 280, 285, 287, 291, 313-314, 317, 346, 378, 393-394, 397-398, 479, 505, 520, 527, 536, 548, 577, 586, 601, 603, 610, 630, 635, 636, 641, 643, 671

ハッキング　Hacking, Ian（1936-）229

バックル、K.　Buckle, Cuthbert　630

バックル、H.T.　Buckle, Henry Thomas（1821-62）630

バックル、T.H.　Buckle, Thomas Henry（1779-1840）630

バックルー　3rd Duke of Buccleuch（1746-1812）124, 314, 610

バット　Butt, Isaac（1813-79）3, 5

ハットン　Hutton, James（1726-97）224

ハーディ、K.　Hardie, (James) Keir（1856-1915）241

ハーディ、T.　Hardy, Thomas（1752-1832）404

ハート、H.　Hart, Herbert Lionel Adolphus（1907-92）184, 186, 327, 475-477, 481, 583, 589, 619, 620, 631, 662, 673

ハート、M.　Hardt, Michael（1960-）377, 487

ハドー　Hadow, William Henry（1859-1937）103

ハード　Hurd, Richard（1720-1808）89

ハートウェル　Hartwell, Ronald Max（1921-）198

ハドソン　Hudson, Pat（1948-）196, 198

パトナム　Putnam, Hilary Whitehall（1926-）229

バトーニ　Batoni [Battoni], Pompeo Girolamo（1708-87）123

バトラー、J.　Butler, Joseph（1692-1752）106, 290-291, 378, 527, 529, 535-537, 603, 624, 630, 632

バトラー、S.　Butler, Samuel（1835-1902）632

ハートリー　Hartley, David（1705-57）77, 257, 259, 385, 528, 547-548, 554-555, 632, 646, 667, 679

バドレー　Badley, John Haden（1865-1967）103

ハートリブ　Hartlib, Samuel（c.1660-62）369, 406, 516, 653

バーナード　Barnard, John（c.1685-1764）190

ハーニー　Harney, George Julian（1817-97）239, 363-364

バニヤン　Bunyan, John（1628-88）340, 424, 632, 639

バーネット、G.　Burnet, Gilbert（1643-1715）630

バーネット、J.　Burnett, James（1714-99）314 → モンボドー卿

バーネット、T.　Burnet, Thomas（c.1635-1715）596

パーネル　Parnell, Charles Stewart（1846-91）4-5

バーバ　Bhabha, Homi（1949-）485-486

ハーバート、G.　Herbert, George（1593-1633）147-148, 633
ハーバート（チャーベリーの）　Herbert of Cherbury, Edward（1582-1648）143, 147, 530, 633
ハーバーマス　Habermas, Jürgen（1929-）148, 165-167, 524
バビッジ　Babbage, Charles（1791-1871）633
パーフィット　Parfit, Derek（1942-）174, 293-294, 633
バーフィールド　Barfield, Owen（1898-1997）676
パーベイ　Purvey, John（c.1354-1414）21
バーボン　Barbon, Nicholas（c.1637/40-98/9）273-274, 376
パーマストン　3rd Viscount of Palmerston（1784-1865）570, 591
ハミルトン、A.　Hamilton, Alexander（1757-1804）117
ハミルトン、W.　Hamilton, William（1788-1856）259, 320, 367, 619, 634, 666
ハミルトン、W.D.　Hamilton, William D.（1936-2000）352
ハムデン、J.　Hampden, John（c.1594-1643）436
ハムデン、R.　Hampden, Renn Dickson（1793-1868）38, 163
ハモンド、B.　Hammond, Barbara（1873-1961）198
ハモンド、J.　Hammond, John Lawrence（1872-1949）198
ハーラル3世　Harald III（c.1015-66）419
ハリー　Halley, Edmond（1656-1742）412, 634
ハーリ　Harley, Robert（1661-1724）400, 619
バリー、B.　Barry, Brian（1936-）327-328, 355, 634
バリー、C.　Barry, Charles（1795-1860）177-178
バリー、N.　Barry, Norman P.　268
バーリ　Burley, Walter（c.1275-c.1345）324, 634
パリシー　Palissy, Bernard（c.1510-c.1589）406
ハリス　Harris, John（c.1666-1719）28-30
ハリファックス侯　1st Marquess of Halifax（1633-95）632
バーリン　Berlin, Isaiah（1909-97）253, 268, 327, 354, 635
ハリントン　Harrington, James（1611-77）35-36, 114-116, 188-189, 286-287, 375-376, 387-388, 516, 530, 624, 635, 656
バーリントン卿　3rd Earl of Burlington（1694-1753）123, 279
バルガイ　Balguy, John（1686-1748）636
ハルサクヌート　Harthacnut（c.1018/9-42）419
パルトニー　Pulteney, William（1684-1764）83
バルフォア　Balfour, James（1705-95）636
パレク　Parekh, Bhikhu（1935-）327, 355
バロウ　Barrow, Isaac（1630-77）623, 636
ハロルド2世　Harold II（c.1022-66）419-420, 572
ハロルド（ウェセックス伯）　419, 572 → ハロルド2世
パワー　Power, Henry（c.1626-68）551
ハワード、E.　Howard, Ebenezer（1850-1928）371, 427
ハワード、J.　Howard, John（c.1726-90）422
バンクス　Banks, Joseph（1743-1820）407
パンクハースト、C.　Pankhurst, Christabel（1880-1958）450
パンクハースト、E.　Pankhurst, Emmeline（1858-1928）450
パンクハースト、S.　Pankhurst, Sylvia（1882-1960）450
バーン＝ジョーンズ　Burne-Jones, Edward Coley（1833-98）178, 526, 670
バーンズ、B.　Barnes, Barry　26
バーンズ、R.　Burns, Robert（1759-96）392
バーンスタイン　Bernstein, Basil（1924-2000）104
ハンター　Hunter, Robert（1844-1913）225

ハント　Hunt, William Holman（1827-1910）525
ハントン　Hunton, Philip（1602-82/3）188, 636
ハンプシャー　Hampshire, Stuart Newton（1914-2004）636

ヒ

ビアズリー　Beardsley, Aubrey Vincent（1872-98）8
ピアソン　Pearson, Karl（1857-1936）26, 244, 306, 514, 637
ピエール　Pierre, l' Ermite（c.1050-c.1115）265
ヒエロニムス　Hieronymus, Sophronius Eusebius（c.342/7-419/20）21
ピカソ　Picasso, Pablo（1881-1973）461
ピグー　Pigou, Arthur Cecil（1877-1959）176, 663
ピコ・デラ・ミランドラ　Pico della Mirandola, Giovanni（1463-94）540, 670
ビーコンズフィールド伯　1st Earl of Beaconsfield（1804-81）616 → ディズレーリ
ピサロ　Pizarro, Francisco（c.1478-1541）349
ヒース　Heath, Edward（1916-2005）194
ピーターズ　Peters, Richard Stanley（1919-）104
ヒック　Hick, John（1922-）355, 637
ヒックス　Hicks, Michael A.（1948-）474
ピット（大）　Pitt, William, the elder（1708-78）84
ピット（小）　Pitt, William, the younger（1759-1806）16-17, 84, 99, 401-402, 403, 422
ビーティ　Beattie, James（1735-1803）54, 318-319, 637
ヒトラー　Hitler, Adolf（1889-1945）447
ビドル　Biddle, John（1615/6-62）518, 639
ピム　Pym, John（1584-1643）478
ヒューエル　Whewell, William（1794-1866）222, 638
ピュージー　Pusey, Edward Bouverie（1800-82）38
ピュージン　Pugin, Augustus Welby Northmore（1812-52）177-178
ヒューズ　Hughes, Thomas（1822-96）670
ピュタゴラス　Pythagoras（fl. 6th century B.C.）51, 335, 470
ビュフォン　Buffon, Georges-Louis Leclerc（1707-88）226, 407
ヒューム、D.　Hume, David（1711-1776）12, 18-19, 35, 37, 44-46, 47-48, 54, 60, 66, 72-74, 76-77, 90, 93, 95-96, 105-107, 130-132, 160, 162, 167, 189, 205, 208, 219-220, 221-222, 231, 237, 245-247, 251-252, 257-259, 273-274, 278-280, 282-285, 287, 291, 293-295, 297-299, 307-309, 314-316, 317-319, 325-326, 339, 376, 380-381, 382, 384, 393-394, 397-398, 407, 414, 418, 439-440, 459, 467, 479-480, 482, 523, 528-529, 536, 545-546, 547-549, 552, 557-558, 576, 577, 584, 588, 591, 594, 596, 601, 608, 609, 619, 628, 630, 635, 636, 637, 638, 639, 643, 644, 649, 651, 652, 667, 668
ヒューム、D.　Hume, David（1757-1838）314
ヒューム、H.　Home, Henry（1696-1782）314, 317, 429 → ケイムズ卿
ヒューム、J.　Home, John（1722-1808）314
ヒューム、J.　Hume, John（1937-）3
ヒューム、J.　Hume, Joseph（1777-1855）384
ヒューム、T.　Hume, Thomas Ernest（1883-1917）340
ビュリダン　Buridan, Jean（c.1295-c.1358）324
ヒュワート　Hewart, Gordon（1870-1943）481
ピラネージ　Piranesi, Giambattista（1720-78）124
ヒル、C.　Hill, Christopher（1912-2003）438, 622, 638
ヒル、O.　Hill, Octavia（1838-1912）225
ビール　Beale, John（1608-83）369
ピール　Peel, Robert（1788-1850）570, 591,

617
ビルスッキー　Pilsudski, Józef（1867-1935）448
ヒルベルト　Hilbert, David（1862-1943）557, 615
ヒンデンブルク　Hindenburg, Paul von（1847-1934）447
ピント　Pinto, Issac de（c.1717-87）190

フ

ファイグル　Feigl, Herbert（1902-88）557
ファイン　Fine, Arthur Isadore（1937-）229
ファーカー　Farquhar, George（1676/7-1707）279
ファーガス　Fergus（c.495-501）33
ファーガスン　Ferguson, Adam（1723-1816）208-209, 231, 233, 277, 287, 304, 314-316, 319, 489-490, 505, 545-546, 639, 644
ファノン　Fanon, Frantz（1925-61）485
ファーミン　Firmin, Thomas（1632-97）518, 639
ファラデー　Faraday, Michael（1791-1867）639, 661
ファン・フラーセン　van Fraassen, Bastian Cornelius（1941-）223, 229
フィチーノ　Ficino, Marsilio（1433-99）538-539
フィッギス　Figgis, John Neville（1866-1919）32, 355, 640
フィッシャー、J.　Fisher, John（c.1469-1535）538
フィッシャー、R.　Fisher, Ronald Aylmer（1890-1962）26
フィッツジェラルド　Fitzgerald, Thomas（1513-37）262
フィッツハーバート、J.　Fitzherbert, John（1460-c.1531）406
フィッツハーバート、T.　Fitzherbert, Thomas（1552-1640）540
フィニス　Finnis, John（1940-）640
フィヒテ　Fichte, Johann Gottlieb（1762-1814）554

フィリップス　Philips, Ambrose（1674-1749）594
フィールディング　Fielding, Henry（1707-54）67
フィールド　Field, David Dudley（1805-94）545
フィルマー　Filmer, Robert（c.1588-1653）34, 286, 329-330, 567, 617, 640
フィンク　Fink, Zera Silver（1902-79）187
ブーウール　Bouhours, Dominique（1628-1702）281
フェアファックス　Fairfax, Thomas（1612-71）147
フェインスティン　Feinstein, Charles Hilliard（1932-2004）196
フェヌロン　Fénelon, François de Salignac de la Mothe（1651-1715）245
フェリビアン　Félibien, André（1619-95）677
フェル、M.　Fell, Margaret（1614-1702）641
フェルナンド　Fernando（1452-1516）348
フェルマー　Fermat, Pierre de（1601-65）48
フェレスダール　Føllesdal, Dagfinn　466
フォイエルバッハ　Feuerbach, Ludwig Andreas（1804-72）580
フォークス　Fawkes, Guy（1570-1606）600
フォークランド子爵　2nd Viscount Falkland（1609/10-43）591, 641
フォーサイス　Forsyth, Peter Taylor（1848-1921）641
フォースター　Forster, Edward Morgan（1879-1970）461
フォーセット　Fawcett, Millicent（1847-1929）450
フォーダイス　Fordyce, David（1711-51）601, 641
フォックス、C.　Fox, Charles James（1749-1806）16-17, 402
フォックス、G.　Fox, George（1624-91）121-122, 641
フォックス、R.　Fox, Richard（1447/8-1528）538
フォーテスキュー　Fortescue, John（c.1397-

735

1479) 187-188, 275, 538, 641
フォルコナー　Falconer, Hugh（1808-65）305
フォン・ウリクト　von Wright, Georg Henrik（1916-）20
ブキャナン　Buchanan, George（1506-82）642
フーコー　Foucault, Michel（1926-84）175, 422-423
フーゴー（サン゠ヴィクトールの）　Hugo de Sancto Victore（c.1096-1141）322
フーゴー、G.　Hugo, Gustav（1764-1844）544
プーサン　Poussin, Nicolas（1594-1665）224
フス　Hus, Jan（c.1369-1415）570
ブース　Booth, Charles（1840-1916）100, 575
フスカ　Húska, Martin（d.1421）336
フッカー　Hooker, Richard（1554-1600）181, 482, 642
フック　Hooke, Robert（1635-1703）51, 550-551, 642
フット　Foot, Philippa（1920-）499, 642
プトレマイオス　Ptolemaios, Klaudios（fl.127-45）50, 52, 94
プーフェンドルフ　Pufendorf, Samuel（1632-94）217-220, 236, 286, 326, 505, 586
プフタ　Puchta, Georg Friedrich（1798-1846）544
フュルチエール　Furetière, Antoine（1619-88）28-29
フラー　Fuller, Lon L.（1902-78）631
ブラー　Buller, Charles（1806-48）384
フライ　Fry, Roger Eliot（1866-1934）461-462
プライアー　Prior, Arthur Norman（1914-69）643
ブライス　Bryce, James（1838-1922）524
プライス、H.　Price, Henry Habberley（1899-1984）322, 458, 643
プライス、R.　Price, Richard（1723-91）15, 288, 292, 298-299, 316, 379, 467, 528, 578, 636, 643

プライス、U.　Price, Uvedale（1747-1829）370, 426-427
プライス、V.　Price, Vincent　522
ブライトマン　Brightman, Thomas（1562-1607）336
プラウデン　Plowden, Bridget Horatia（1910-2000）104
ブラウワー　Brouwer, Luitzen Egbertus Jan（1881-1966）571
ブラウン、F.　Brown, Ford Madox（1821-93）670
ブラウン、L.　Brown, Lancelot（1716-83）370, 427
ブラウン、T.　Brown, Thomas（1778-1820）317, 320, 445, 643
ブラウン、T.　Browne, Thomas（1605-82）24, 644
ブラクトン　Bracton, Henry de（d.1268）157-158, 275, 478, 644
ブラック　Black, Joseph（1728-99）644, 680
ブラックウッド　Blackwood, William（1776-1834）445
ブラックストン　Blackstone, William（1723-80）184-185, 277, 478-480, 644, 653
ブラックバーン　Blackburn, Simon（1944-）207, 500
フラッド　Fludd, Robert（1574-1637）645
プラット　Plat [Platt], Hugh（1552-1608）406
ブラットマン　Bratman, Michael E.（1945-）161
ブラッドリー、A.　Bradley, Andrew Cecil（1851-1935）645
ブラッドリー、F.　Bradley, Francis Herbert（1846-1924）12-14, 131, 332, 463, 483, 529, 562, 583, 597, 645
ブラッドワーディン　Bradwardine, Thomas（c.1300-49）41, 323, 645
プラトン　Platōn（428/7 B.C.-348/7 B.C.）47, 51, 129, 142, 154-155, 187, 227, 282, 286, 300, 322, 325, 335, 339, 351, 358-359, 387, 396-397, 429, 458, 464, 470, 516, 520, 533, 538, 547, 573, 599, 603, 669

人名索引

プラムナッツ　Plamenatz, John Petrov（1912-75）645
プラムホール　Bramhall, John（1594-1663）87, 257, 260, 646
フランク、A.　Frank, Andre Gunder（1929-2005）197
フランク、F.　Frank, Philipp（1884-1966）557
プランク　Planck, Max Karl Ernst Ludwig（1858-1947）229, 534
フランクリン　Franklin, Benjamin（1706-90）9, 249, 274, 379, 404, 651
フランコ　Franco, Bahamonde Francisco（1892-1975）448
フランソワ1世　François I（1494-1547）34
ブラント　Blount, Charles（1654-93）530, 646
ブランド　Brand, Miles　161
プランマー　Plummer, Charles（1851-1927）474
ブランメル　Brummell, George Bryan（1778-1840）356-357
プリーストリ　Priestley, Joseph（1733-1804）15, 51, 257-259, 319, 337, 379, 518, 555, 632, 643, 646
プリチャード　Prichard, Harold Arthur（1871-1947）205-206, 216, 358, 367-368, 497, 573, 647
フリーデン　Freeden, Michael（1944-）270
フリードマン、D.　Friedman, David（1945-）270
フリードマン、M.　Friedman, Milton（1912-）192
フリードリヒ2世　Friedrich II（1712-86）266, 329
プリニウス（大）　Gaius Plinius Secundus（c.23-79）28, 405-406
ブリンガー　Bullinger, Heinrich（1504-75）153, 625
ブリンク　Brink, David Owen（1958-）207
プリングル＝パティソン　Pringle-Pattison, Andrew Seth（1856-1931）647
ブール　Boole, George（1815-64）576, 604, 619, 647
ブルア　Bloor, David（1942-）26-27, 647
ブルーアム　brougham, Henry（1778-1868）444
ブルース　Bruce, Maurice（1912-）452
ブルック、J.　Brooke, John（1920-）624
ブルック卿　2nd Baron Brooke（1608-43）648
フルード　Froude, Richard Hurrell（1803-36）38-39
ブルーノ　Bruno, Giordano（1548-1600）339
ブルーム、A.　Bloom, Allan David（1930-1992）540
ブルーム、H.　Bloom, Harold（1930-）430
ブルーワ　Brewer, John（1947-）191
ブレア、H.　Blair, Hugh（1718-1800）314-316, 639, 648
ブレア、T.　Blair, Tony（1953-）194, 454
ブレイ、C.　Bray, Charles（1811-84）240
ブレイ、J.F.　Bray, John Francis（1809-97）240
ブレイク　Blake, William（1757-1827）339-340, 404, 553, 556, 648
フレイザー　Frazer, James George（1854-1941）648
プレイス、F.　Place, Francis（1771-1854）404, 657
プレイス、U.　Place, Ullin T.（1924-2000）302
ブレイスウェイト　Braithwaite, Richard Bevan（1900-80）223, 604, 649
フレーゲ　Frege, Friedrich Ludwig Gottlob（1848-1925）131, 227, 463, 560-561, 571, 613, 619, 647
フレッチャー　Fletcher, Andrew（c.1653-1716）35-36, 115-116, 127, 313, 315, 489, 635, 649
ブレンナー　Brenner, Robert　197
フロイト　Freud, Sigmund（1856-1939）430, 521
プロティノス　Prōtinos（205-70）339, 429
ブロード　Broad, Charlie Dunbar（1887-1971）570, 604, 649

737

フロム　Fromm, Erich (1900-80)　253
ブロンテ、C.　Brontë, Charlotte (1816-55) 487
ブロンテ、E.　Brontë, Emiliy Jane (1818-48) 179
フンボルト　Humboldt, Karl Wilhelm von (1767-1835)　429

ヘ

ヘア　Hare, Richard Mervyn (1919-2002)　132, 173-174, 206, 380-381, 456-457, 499, 605, 650
ペアノ　Peano, Giuseppe (1858-1932)　131
ベイズ　Bayes, Thomas (1702-61)　467
ペイター　Pater, Walter Horatio (1839-94)　510-511, 650
ヘイツベリ　Heytesbury, William (before 1313-72/3)　41-42, 650
ヘイリー　Hayley, William (1745-1820)　648
ベイリー、J.　Baillie, John (d.1743)　311
ベイリー、J.O.　Bayley, John Oliver (1925-)　664
ペイリー　Paley, William (1743-1805)　143, 173, 613, 650, 655
ヘイル　Hale, Matthew (1609-76)　184-185, 479, 651
ベイン　Bain, Alexander (1818-1903)　510, 547-548, 593, 651
ペイン　Paine, Thomas (1737-1809)　15-17, 89, 117, 239, 249, 288, 379, 523, 651
ベヴァリッジ　Beveridge, William Henry (1879-1963)　100, 441, 452, 514, 621, 652
ベケット、S.　Beckett, Samuel Barclay (1906-89)　521
ベケット、T.　Becket, Thomas (c.1120-70)　604
ヘーゲル　Hegel, Georg Wilhelm Friedrich (1770-1831)　12-14, 60, 69, 111, 232-233, 269, 288, 332, 398, 428, 529, 544, 562, 603, 617, 645, 647, 656, 675
ベーコン、F.　Bacon, Francis (1561-1626)　24, 28-29, 47, 51, 65, 93, 95, 129, 131-132, 143, 221-222, 238, 286, 290, 303, 317, 339, 369, 406, 416, 418, 469-471, 516, 541, 549, 550, 601, 652, 655
ベーコン、R.　Bacon, Roger (c.1214-92)　28-29, 129, 221, 323, 592, 652
ベザ〔ベーズ〕　Beza [Bèze, Théodole de] (1519-1615)　432
ヘザリントン　Hetherington, Henry (1792-1849)　362-363
ベーゼラー　Beseler, Georg (1809-88)　544
ベーダ　Beda [Bede] (673/4-735)　21, 406
ベッカリーア　Beccaria, Cesare (1738-94)　175
ベックフォード　Beckford, William Thomas (1760-1844)　179
ペティ、M.　Petty, Maximilian (c.1617-c.1661)　542
ペティ、W.　Petty, William (1623-87)　35, 56, 190, 274, 550-551, 653
ペティト　Petyt, William (c.1641-1707)　653
ペトラルカ　Petrarca, Francesco (1304-74)　148
ペトルス・アベラルドゥス〔アベラール〕　Petrus Abaelardus [Aberard, Peter] (1079-1142)　129, 322
ペトルス・ダミアニ　Petrus Damiani (1007-72)　321
ペトルス・ヒスパヌス　Prtrus Hispanus (d.1277)　602
ペトルス・ロンバルドゥス　Petrus Lombardus (c.1100-60)　322, 588
ヘラクレイトス　Hērakleitos (fl.500 B.C.)　533
ベラミ　Bellamy, Edward (1850-98)　371
ペラム　Pelham, Henry (1696-1754)　401
ベリー　Berry, Christopher J.　247
ペリー　Perry, Stephen R.　477
ペリクレス　Periklēs (c.495 B.C.-429 B.C.)　592
ベル、A.　Bell, Andrew (1725/6-1809)　28, 31
ベル、A.　Bell, Andrew (1753-1832)　101
ベル、C.　Bell, Clive (1881-1964)　461-462

ヘルウィス　Helwys, Thomas（c.1575-c.1614）424-425
ベルクソン　Bergson, Henri（1859-1941）520, 568
ヘルダー　Herder, Johann Gottfried von（1744-1803）354, 429, 546, 635
ヘルツ　Hertz, Heinrich Rudolf（1857-94）661
ベルナール　Bernard de Clairvaux（c.1090-1153）265-266
ベルナルドゥス（シャルトルの）　Bernardus Cartonensis（d.c.1124/30）322
ベルヌーイ　Bernoulli, Jakob（1654/5-1705）48
ヘルモント　Helmont, Franciscus Mercurius van（1614-99）599
ベルンシュタイン　Bernstein, Eduard（1850-1932）239, 373
ベレンガリウス（トゥールの）　Berengarius Turonensis（999-1088）321
ペン　Penn, William（1644-1718）122
ベンサム、J.　Bentham, Jeremy（1748-1832）60, 99-100, 101, 109, 131, 138, 162, 169-171, 173-174, 175-176, 178, 184, 186, 240, 254, 269, 277, 288, 292, 325-326, 384-386, 387-389, 396, 422-423, 440, 445, 475, 477, 480, 524, 528-529, 546, 554, 556, 557, 577, 583, 592, 644, 646, 653, 657, 667
ベンサム、S.　Bentham, Samuel（1757-1831）422
ペンジェリー　Pengelly, William（1812-94）305
ペンティ　Penty, Arthur（1875-1937）241
ベントリー　Bentley, Richard（1662-1742）412, 654
ペンバートン　Pemberton, Henry（1694-1771）413
ヘンペル　Hempel, Carl Gustav（1905-97）222
ヘンリ1世　Henry I（1068-1135）421, 473
ヘンリ2世　Henry II（1133-89）3, 8, 125, 156, 275, 421, 473
ヘンリ4世　Henry IV（1366-1413）275

ヘンリ6世　Henry VI（1421-71）654
ヘンリ7世　Henry VII（1457-1509）8, 330, 619, 654
ヘンリ8世　Henry VIII（1491-1547）3, 21, 33, 82, 114, 125, 153, 180-181, 225, 261-263, 330-331, 374, 581, 618, 654, 670
ヘンリ　Henry, Prince of Wales（1594-1612）33
ヘンリソン　Henrisoun, James（d. before 1570）375
ペンローズ　Penrose, Roger（1931-）655, 656

ホ

ポー　Poe, Edgar Allan（1809-49）179, 509
ポアンカレ　Poincaré, Henri（1854-1912）228
ホイッスラー　Whistler, James Abbott McNeill（1834-1903）511, 674
ホイットフィールド　Whitefield, George（1714-70）495-496
ボイド　Boyd, Richard Newell（1942-）229
ホイヘンス　Huygens, Christiaan（1629-95）412, 417
ボイル　Boyle, Robert（1627-91）26, 29, 51, 86-87, 143, 190, 283, 303, 343-344, 382, 417, 533, 548, 550-552, 642, 678, 655
ポウプ　Pope, Alexander（1688-1744）25, 370, 390, 429, 576, 594, 655
ボエティウス　Boethius, Anicius Manlius Severinus（c.480-524）227, 458
ホガース　Hogarth, William（1697-1764）311, 656
ホガート　Hoggart, Richard（1918-）62-63
ホーキング　Hawking, Stephen William（1942-）655, 656
ホーキンズ、H.　Hawkins, Henry（1577-1646）369
ホーキンズ、J.　Hawkins, John（1532-95）350
ホークス　Hawkes, Henry Warburton（1843-1917）518

ホクリヴ　Hoccleve, Thomas（c.1367-1426）
　538
ポーコック　Pocock, John Greville Agard
　（1924-）　35, 117, 191, 388, 630, 656
ボザンケ〔ボザンケット〕　Bosanquet, Bernard
　（1848-1923）　12-14, 100, 131, 645, 656,
　658
ホジスキン　Hodgskin, Thomas（1787-1869）
　240, 288, 657
ボシュエ　Bossuet, Jacques Bénigne（1627-
　1704）　34, 329-330
ボズウェル　Boswell, James（1740-95）　124,
　443, 604, 677
ポステマ　Postema, Gerald（1948-）　186, 477
ボダン　Bodin, Jean（1530-96）　188, 329-330,
　538
ホッグ　Hogg, James（1770-1835）　445
ホッブズ　Hobbes, Thomas（1588-1679）　26-
　27, 35, 65, 69, 86-87, 90, 105, 115, 124,
　129-130, 153, 155, 160, 162, 188, 212-213,
　217-220, 225, 230-231, 234-237, 251, 254,
　257-260, 269, 276, 283, 285, 286, 290, 293,
　295, 307, 309, 313, 326, 327, 329-330, 339,
　387-388, 393-394, 397, 404, 416-417, 439,
　459, 477, 479, 481, 504-505, 520, 523, 527,
　529, 530, 535, 547, 549, 571, 586-587, 591,
　599, 606, 616, 646, 651, 653, 657, 666, 669
ボディション　Bodichon, Barbara（1827-91）
　450
ポートランド公　3rd Duke of Portland（1738-
　1809）　16, 402
ホードリー　Hoadly, Benjamin（1676-1761）
　636
ボードレール　Baudelaire, Charles（1821-67）
　357
ホーナー　Horner, Francis（1778-1817）　444
ボナヴェントゥラ　Bonaventura（c.1217-74）
　323
ポネット　Ponet, John（c.1514-56）　188
ポパー　Popper, Karl（Raimund）（1902-94）
　49, 54, 96, 229, 301, 353, 358, 409, 468,
　658, 672
ホプキンズ、A.　Hopkins, Antony Gerald
（1938-）　191, 198, 201, 377
ホプキンズ、G.　Hopkins, Gerard Manley
　（1844-89）　38, 511
ホブズボーム　Hobsbawm, Eric（1917-）　197-
　198, 337, 658
ホブソン　Hobson, John Atkinson（1858-
　1940）　139, 376-377, 658
ホブハウス　Hobhouse, Leonard Trelawny
　（1864-1929）　270, 658
ホームズ　Holmes, Edmond Gore Alexander
　（1850-1936）　103
ホメロス　Homēros（fl. 9th century B.C.）
　279, 281, 392, 654, 655
ホラティウス　Horatius（65 B.C.-8 B.C.）
　509, 654, 655
ポラード、A.　Pollard, Anthony　474
ポラード、S.　Pollard, Sidney（1925-98）　196
ホランド　Holland, Thomas Erskine（1835-
　1926）　659
ポランニー、K.　Polanyi, Karl（1886-1964）
　61, 659
ポランニー、M.　Polanyi, Michael（1891-
　1976）　208, 358-359, 659
ホリス　Hollis, Thomas（1720-74）　379
ポリドリ　Polidori, John William（1795-1821）
　179
ポリュビオス　Polybios（c.200 B.C.-c.120
　B.C.）　187-188
ボリングブルック　Bolingbroke, Henry St.
　John（1678-1751）　17, 35-36, 83, 115-116,
　189, 276, 482, 488, 490, 605, 659
ホール、C.　Hall, Charles（c.1745-1825）　240
ホール、J.　Hall, John（1627-56）　310, 623
ホール、S.　Hall, Stuart（1932-）　63-64, 659
ボール、J.　Ball, John（d.1381）　238, 336
ボール、W.　Ball, William　213
ポール　Paul, George Andrew（1912-62）　332
ホルクハイマー　Horkheimer, Max（1895-
　1973）　303
ボルツマン　Boltzmann, Ludwig（1844-1906）
　557
ホルティ　Nagybányai Horthy Miklós（1868-
　1957）　448

ボールトン　Boulton, Matthew（1728-1809）　680
ポルピュリオス　Porphyrios（c.233-c.304）　227, 458
ホワイト　White, Gilbert（1720-93）　408, 660
ホワイトヘッド　Whitehead, Alfred North（1861-1947）　145, 332, 463, 561, 568, 596, 660, 674
ボワロー　Boileau-Despréaux, Nicolas（1636-1711）　310, 655
ホーンズビー　Hornsby, Jennifer　160

マ

マイアー　Mayr, Ernst（1904-2005）　351
マイヤー　Mair [Major], John（c.1467-1550）　125
マーヴェル　Marvell, Andrew（1621-78）　147-148, 369, 660
マーカス　Marcus, Ruth Barcan（1921-)　68
マキアヴェッリ　Machiavelli, Niccolò（1469-1527）　36, 114-115, 187-188, 376, 397, 538, 540, 623, 624, 656
マクスウェル　Maxwell, James Clerk（1831-79）　595, 639, 611
マクダウェル　McDowell, John Henry（1942-)　162, 500, 611
マクタガート　McTaggart, John McTaggart Ellis（1866-1925）　12-14, 562, 570, 661
マクドゥーガル　McDougall, William（1871-1938）　661
マグヌス王　Magnus I（c.1024-47）　419
マクファーソン　Macpherson, Crawford Brough（1911-87）　203
マクファーレン　McFarlane, Kenneth Bruce（1903-66）　474
マクローリン　Maclaurin, Colin（1698-1746）　382, 413
マコッシュ　McCosh, James（1811-94）　317, 662
マコーミック　MacCormick, Neil（1941-)　477, 660
マコーリ、C.　Macaulay, Catherine（1731-91）　15
マコーリ、T.　Macaulay, Thomas Babington（1800-59）　167, 385-386, 444, 623, 662
マコーリ、Z.　Macaulay, Zachary（1768-1838）　662
マサム　Masham, Damaris（1658-1708）　585, 678
マーシャル　Marshall, Alfred（1842-1924）　90, 594, 663
マゼラン　Magellan, Ferdinand（c.1480-1521）　349
マッカーシー、D.　MacCarthy, Desmond（1877-1952）　461
マッカーシー、M.　MacCarthy, Mary（1882-1953）　461
マッカン　McCann, Hugh　160
マッキー　Mackie, John Leslie（1917-81）　19-20, 207, 344, 500, 663
マッギン　McGinn, Colin（1950-)　344
マッキンタイア　MacIntyre, Alasdair（1929-)　111-112, 398, 663
マッキントッシュ　MacKintosh, James（1765-1832）　15, 664
マッキンリー　McKinley, William（1843-1901）　11
マックファーカー　Macfarquhar, Colin（1744/5-93）　28, 31
マッケンジー、D.　MacKenzie, Donald　26-27
マッケンジー、G.　Mackenzie, George（1636/8-91）　126
マッケンジー、H.　Mackenzie, Hester [Hettie] Millicent（1863-1942）　103
マッシー　Massie, Joseph（d.1784）　274
マッハ　Mach, Ernst（1838-1916）　119, 131, 228, 414, 557
マティス　Matisse, Henri（1869-1954）　461
マディソン　Madison, James（1751-1836）　117
マードック　Murdoch, (Jean) Iris（1919-99）　664
マートン　Merton, Robert King（1910-2003）　51

マニリウス　Manilius, Marcus (fl. 1st century) 654
マニング　Manning, Henry Edward (1808-92) 38
マヌエル王　Manuel I (1469-1521) 349
マリ (2 世)　Murray, John (1778-1843) 444
マリーンズ　Malynes, Gerard [Malines, Gerrard de] (fl.1586-1641) 273, 666
マルクス　Marx, Karl (1818-83) 60, 62, 69, 111, 139, 198, 230, 232-233, 239-241, 272, 288, 363, 428, 441, 546, 581, 596, 603, 639, 653, 664
マルクーゼ　Marcuse, Herbert (1898-1979) 169, 172
マルサス　Malthus, Thomas Robert (1766-1834) 16, 57-58, 99, 102, 133, 135, 226, 242, 288, 299, 353, 384-385, 512, 597, 613, 628, 665, 675
マルシリウス　Marsilius (c.1290-1342) 79
マルティノー、H.　Martineau, Harriet (1802-76) 665
マルティノー、J.　Martineau, James (1805-1900) 518, 665
マルブランシュ　Malebranche, Nicolas (1638-1715) 18, 130, 300, 628
マルモンテル　Marmontel, Jean François (1723-99) 170
マレット　Mallet, James (1705-65) 414
マーロー　Marlowe, Christopher (1564-93) 540
マロリー　Malory, Thomas (c.1415-71) 6, 8
マン　Mun, Thomas (1571-1641) 665
マンスフィールド、K.　Mansfield, Katherine (1888-1923) 579
マンスフィールド伯　1st Earl of Mansfield (1705-93) 479, 666
マンセル　Mansel, Henry Longueville (1820-71) 666
マンデヴィル　Mandeville, Bernard de (1670-1733) 666
マントゥ　Mantoux, Paul (1877-1956) 195

ミ

ミーゼス、L.　Mises, Ludwig Edler von (1881-1973) 626
ミーゼス、R.　Mises, Richard von (1883-1953) 49
ミッセルデン　Misselden, Edward (fl. 1615-54) 273
ミッチェル　Mitchell, Juliet (1940-) 451
ミード　Mede, Joseph (1586-1638) 336
ミュアヘッド　Muirhead, John Henry (1855-1940) 12
ミュッセンブルック　Musschenbroek, Petrus van (1692-1761) 412
ミュラー　Müller, Adam Heinrich von (1779-1829) 554
ミュンツァー　Müntzer, Thomas (1489-1525) 336
ミラー、D.　Miller, David (1946-) 327-328, 442, 667
ミラー、J.　Miller, John (1735-1801) 117, 304, 314-315, 404, 506, 545-546, 667
ミル、J.　Mill, James (1773-1836) 77, 131, 170, 384-386, 445, 450, 547, 592, 608, 632, 667
ミル、J. S.　Mill, John Stuart (1806-73) 10, 58, 62, 69, 77, 95, 131-132, 133-136, 162, 169-172, 173-174, 175-176, 195, 222, 240-241, 254, 256, 257, 259-260, 269-270, 288, 325-326, 332, 367, 380-381, 384, 386, 387, 389, 396, 440, 445, 449-450, 480, 528-529, 535-537, 546, 547, 556, 557, 583, 593, 601, 602, 607, 617, 634, 638, 645, 647, 651, 657, 668
ミルトン　Milton, John (1608-74) 114, 188, 249, 310, 341, 369, 376, 378, 390, 532, 599, 623, 639, 648, 660, 662, 668
ミレー　Millais, John Everett (1829-96) 525-526

ム

ムア　Moore, George Edward (1873-1958)

14, 55, 131, 173, 176, 205, 215-216, 332, 354, 410, 461, 463, 465, 497-498, 511, 562, 570, 571, 593, 594, 645, 661, 672, 668
ムッソリーニ　Mussolini, Benito（1883-1945）447
ムハンマド　Muhammad（c.570-c.632）141

メ

メアリ 1 世　Mary I（1516-58）22, 82, 181, 188, 261, 431, 581
メアリ 2 世　Mary II（1662-94）159, 400, 491-493, 572, 618, 635
メアリ（ギーズの）　Mary of Guise（1515-60）261
メアリ・ステュアート　Mary Stuart（1542-87）8, 581, 600
メイスン、G.　Mason, George（1735-1806）370
メイスン、W.　Mason, William（1725-97）370
メイトランド、F.　Maitland, Frederic William（1850-1906）276, 355, 673
メイトランド、J.　Maitland, James（1759-1839）314 → ローダーデイル伯（第 8 代）
メイン　Maine, Henry James Sumner（1822-88）544-546, 669
メルヴィル　Melville, Andrew（1545-1622）365
メルセンヌ　Mersenne, Marin（1588-1648）53, 124, 645, 653, 657
メルバーン　2nd Vicount of Melbourne（1779-1848）570
メンガー、A.　Menger, Anton（1841-1906）240
メンガー、C.　Menger, Carl（1840-1921）58
メンデルス　Mendels, Franklin Frits（1943-89）197
メンデルスゾーン　Mendelssohn, Moses（1729-86）311

モ

モア、H.　More, Hannah（1745-1833）449
モア、H.　More, Henry（1614-87）153, 551, 599, 669
モア、R.　More, Richard（c.1575-1643）676
モア、T.　More, Thomas（1478-1535）21, 114, 197, 238, 286, 369, 515-517, 538-540, 655, 669
モイル　Moyle, Walter（1672-1721）35, 115, 488
モーズリー　Mosley, Oswald Ernald（1896-1980）448
モーセ　Mōšeh（fl. 13th century B.C.）140-141, 576
モーツァルト　Mozart, Wolfgang Amadeus（1756-91）429
モートン、ジョン　Morton, John（c.1420-1500）669
モートン卿　14th Earl of Morton（1702-68）297
モーペルテュイ　Maupertuis, Pierre Louis Moreau de（1698-1759）413
モーラス　Maurras, Charles（1868-1952）448
モリス　Morris, William（1834-96）104, 178, 225, 241, 288, 371, 517, 526, 556, 598, 670
モーリス　Maurice, John Frederick Denison（1805-72）163, 556, 641, 670
モリソン　Morison, Richard（c.1510-56）540
モリヌークス　Molyneux, William（1656-98）507-508, 671
モールズワース、R.　Molesworth, Robert（1656-1725）114, 614, 630, 671
モールズワース、W.　Molesworth, William（1810-55）384
モンタギュー　Montagu, Elizabeth（1718-1800）124, 379
モンテスキュー　Montesquieu, Charles-Louis de Secondat, Baron de la Bréde et de（1689-1755）37, 189, 277, 297, 404, 544-546
モンテーニュ　Montaigne, Michel Eyquem de（1533-92）24, 53, 642

モンボドー卿　Lord Monboddo（1714-99）314, 671
モンマス公　1st Duke of Monmouth（1649-85）491, 602
モンロー　Monroe, James（1758-1831）652

ヤ

ヤコービ　Jacobi, Friedrich Heinrich（1743-1819）428
ヤング、A.　Young, Arthur（1741-1820）298-299
ヤング、E.　Young, Edward（1683-1765）340, 390-391
ヤング、T.　Young, Thomas（1773-1829）661

ユ

ユークリッド〔エウクレイデス〕　Eukleidēs（fl.300 B.C.）95, 367, 657

ヨ

ヨアキム（フィオーレの）　Joachim de Fiore（c.1135-1202）336
ヨハネス22世　Ioannes XXII（1249-1334）584
ヨハネス（ソールズベリの）→ ジョン（ソールズベリの）
ヨハネス・スコトゥス → エリウゲナ
ヨンストン　Jonston, John（1603-75）406

ラ

ライエル　Lyell, Charles（1797-1875）671
ライト、C.　Wright, Crispin（1942-）561
ライト、F.　Wright, Frank Lloyd（1867-1959）427
ライト、S.　Wright, Stephen　424
ライプニッツ　Leibniz, Gottfried Wilhelm（1646-1716）18, 47, 119-120, 130, 153, 300, 354, 390, 412, 507-508, 586, 590, 599, 623
ライヘンバッハ　Reichenbach, Hans（1891-1953）49, 131, 557
ライル　Ryle, Gilbert（1900-76）131, 301, 358, 409, 558, 584, 609, 637, 672
ラヴェット　Lovett, William（1800-77）102, 362-364, 441
ラヴォワジェ　Lavoisier, Antoine Laurent（1743-94）52
ラヴジョイ　Lovejoy, Arthur Oncken（1873-1962）31
ラウダン　Laudan, Larry（1941-）27
ラウドン　Loudon, John Claudius（1783-1843）371
ラウンズ　Lowndes, William（c.1652-1724）274
ラカトシュ　Lakatos, Imre（1922-74）672
ラグランジュ　Lagrange, Joseph Louis（1736-1813）414
ラザフォード　Rutherford, Ernest（1871-1937）534
ラシュダル　Rashdall, Hastings（1858-1924）672
ラズ　Raz, Joseph（1939-）268, 271, 327, 476-477, 672
ラスキ　Laski, Harold Joseph（1893-1950）355, 583, 598, 640, 673
ラスキン　Ruskin, John（1819-1900）104, 139, 177-178, 225, 241, 288, 428, 525-526, 528, 556, 670, 673
ラッセル、B.　Russell, Bertrand Arthur William（1872-1970）14, 18, 54, 91-92, 95, 131, 152, 169, 171, 227, 301, 332, 359, 409, 459-460, 463-464, 557-558, 560-561, 562-563, 571, 593, 604, 609, 645, 660, 674
ラッセル、W.　Russell, William（1639-83）491
ラトゥール　Latour, Bruno（1947-）27
ラドクリフ　Radcliffe, Ann（1764-1823）179
ラドロー　Ludlow, Edmund（1616/7-92）114, 530
ラファエル　Raphael, David Daiches（1916-）504

ラフォレット　La Follette, Robert Marion (1855-1925)　11
ラプセット　Lupset, Thomas（c.1495-1530) 538
ラプラス　Laplace, Pierre Simon, Marquis de (1749-1827)　48, 467-468
ラボック　Lubbock, John (1834-1913)　306
ラマルク　Lamarck, Chevalier de (1744-1829) 242, 351, 407-408, 610, 632
ラム、C.　Lamb, Charles (1775-1834)　25, 599, 629
ラム、T.　Lamb [Lambe], Thomas (fl.1629-61) 424, 581
ラムジー　Ramsey, Frank Plumpton (1903-30) 49, 468, 604, 674
ラヤモン　Layamon (fl. 13th century)　6
ランカスター　Lancaster, Joseph (1778-1838) 101
ラングランド　Langland, William (c.1330-c.1400)　238
ランケ　Ranke, Leopold von (1795-1886) 567
ランズダウン侯　3rd Marquess of Lansdowne (1780-1863)　567, 662
ランデス　Landes, David S. (1924-)　195
ランフランクス　Lanfrancus (c.1004-89) 321, 569

リ

リヴァプール伯　2nd Earl of Liverpool (1770-1828)　401
リーヴィス　Leavis, Frank Raymond (1895-1978)　62-63
リヴィングストン　Livingstone, David (1813-73)　675
リオタール　Lyotard, Jean-François (1924-98) 312
リカード　Ricardo, David (1772-1823)　56-58, 60, 99, 133, 135, 176, 240, 288, 384-385, 665, 675
リカルドゥス　Ricardus a Sancto Victore (d.1173)　322

リグリィ　Wrigley, Edward Anthony (1931-) 196
リスト　List, Friedrich (1789-1846)　272-273
リチャード2世　Richard II (1367-1400)　275
リチャードソン、J.　Richardson, Johathan, the elder (1667-1745)　677
リチャードソン、S.　Richardson, Samuel (1689-1761)　66-67, 606
リッチー　Ritchie, David George (1853-1903) 12, 244, 675
リップマン　Lippmann, Walter (1889-1974) 244, 524
リード　Reid, Thomas (1710-96)　54, 72-74, 257, 259, 278, 280-281, 284, 293-295, 314-315, 317-320, 346, 367-368, 444, 505, 528, 594, 601, 608, 634, 637, 644, 676
リドゲイト　Lydgate, John (c.1370-c.1449/50) 538
リナカー　Linacre, Thomas (c.1460-1524) 539
リプシウス　Lipsius, Justus (1547-1606)　538
リリー　Lily, George (d.1559)　538
リルバーン　Lilburne, John (c.1615-57)　238, 286, 372, 439, 542-543, 582, 648, 676
リンカン　Lincoln, Abraham (1809-65)　10
リンジ、A.　Lindsay, Alexander Dunlop (1879-1952)　626
リンジ、T.　Lindsey, Theophilus (1723-1808) 518
リンネ　Linné, Carl von (1707-78)　407-408

ル

ルイ9世　Louis IX (1214-70)　266
ルイ14世　Louis XIV (1638-1715)　34, 191, 330, 400, 492
ルイ16世　Louis XVI (1754-93)　652
ルイス、C.　Lewis, Clive Staples (1898-1963) 21, 676
ルイス、D.　Lewis, David (1941-2001)　223
ルイス、G.　Lewes, George Henry (1817-78) 445
ルオー　Rouault, Georges (1871-1958)　461

人名索引

ル・コルビュジェ　Le Corbusier（1887-1965）427
ルソー　Rousseau, Jean-Jacques（1712-78）30, 69, 217-218, 224, 234, 237, 288, 304, 388-389, 404, 407-408, 449, 523, 553-555
ルター　Luther, Martin（1483-1546）60, 261, 266, 570
ルートヴィヒ4世　Ludwig IV（1287-1347）584

レ

レイ　Ray, John（1627-1705）224, 406
レイルトン　Railton, Peter Albert　207
レヴィ＝ストロース　Lévi-Strauss, Claude（1908-）486
レヴィナス　Levinas, Emmanuel（1906-95）271
レウキッポス　Leukippos（fl. 5th century B.C.）86, 533
レオナルド　677 → ダ・ヴィンチ
レストランジュ〔レストレンジ〕　L'Estrange, Roger（1616-1704）676
レッシング　Lessing, Gotthold Ephraim（1729-81）143, 311
レディ　Reddie, Cecil（1858-1932）103
レーニン　Lenin, Vladimir Il'ich（1870-1924）376-377
レノルズ、J.　Reinolds [Reynolds], John（1549-1607）23
レノルズ、J.　Reynolds, Joshua（1723-92）312, 677
レプトン　Repton, Humphrey（1752-1818）371
レン　Wren, Christopher James（1632-1723）190, 382, 550, 677
レントゥル　Rentoul, Robert　514

ロ

ロイター　Reuter, Paul（1816-99）250
ロイド・ジョージ　Lloyd George, David（1863-1945）85, 453
ロウ　Lowe, Robert（1811-92）102
ロウスン　Lawson, George（c.1598-1678）479, 677
ロウバック、J.　Roebuck, John（1718-94）680
ロウバック、J.A.　Roebuck, John Arthur（1802-79）384, 386
ローザ　Rosa, Salvator（1615-73）179, 224
ロジャーズ　Rogers, John（c.1500-55）22
ロス　Ross, William David（1877-1971）205, 216, 354, 367-368, 497-498, 573, 647, 677
ローズ　Rose, William（1719-86）443
ローズヴィア　Roseveare, Henry　190-191
ローズヴェルト、F.　Roosevelt, Franklin Delano（1882-1945）11
ローズヴェルト、T.　Roosevelt, Theodore（1858-1919）11
ロスケリヌス　Roscelinus（c.1050-c.1125）129
ロストウ　Rostow, Walt Whitman（1916-2003）196
ロスバード　Rothbard, Murray N.（1926-95）270
ロセッティ、D.　Rossetti, Dante Gabriel（1828-82）178, 509, 525-526, 670
ロセッティ、W.　Rossetti, William Michael（1829-1919）525
ローダーデイル伯（第2代）　2nd Earl and 1st Duke of Lauderdale（1616-82）489
ローダーデイル伯（第8代）　8th Earl of Lauderdale（1759-1839）314
ロッカート　Lockhart, John Gibson（1794-1854）445
ロッキンガム侯　2nd Marquess of Rockingham（1730-82）402
ロック　Locke, John（1632-1704）25, 35, 43-44, 47-48, 53, 56, 60, 65, 71, 74, 75, 80-81, 86-87, 90, 98, 101, 105, 130, 132, 143, 144, 153, 160, 190, 202-204, 213-214, 217-219, 221-222, 224, 230-231, 234, 236-237, 252, 257-258, 269, 271, 274, 276, 283-284, 286-289, 293-296, 307, 309, 313, 320, 326, 327, 339, 342-344, 355, 367, 378, 387-389, 390,

397, 401, 404, 413, 417-418, 439, 449, 459, 479, 491, 505-506, 507-508, 518, 523, 527, 530-532, 533, 543, 547-549, 552, 554, 576, 582, 585, 586, 596, 601, 602, 608, 617, 622, 628, 630, 640, 643, 646, 652, 655, 657, 671, 678
ローティ　Rorty, Richard (1931-)　271, 466
ロード　Laud, William (1573-1645)　40, 181, 331, 431, 433, 436, 589, 615, 617, 629, 678
ロバートスン　Robertson, William (1721-93)　314-315, 545-546, 608, 639
ロビンソン、H.　Robinson, Howard (1945-)　333
ロビンソン、R.　Robinson, Ronald (1920-99)　376
ロビンソン、W.　Robinson, William (1838-1935)　371
ロブソン　Robson, William Alexander (1895-1980)　481
ロベルトゥス（ムランの）　Robert [Rebertus] of Merun (d.1167)　322
ローマー　Roemer, John (1945-)　328
ロラン　Lorrain, Claude (1600-82)　123, 179, 224, 426
ローリー　Raleigh [Ralegh], Walter (1554-1618)　126, 350, 541
ロールズ　Rawls, John Bordley (1921-2002)　68, 111, 138-139, 174, 176, 202, 237, 268, 270-271, 288-289, 327-328, 442, 602, 634, 678

ロレンス　Lawrence, David Herbert (1885-1930)　340, 679
ロワイエ＝コラール　Royer-Collard, Pierre Paul (1763-1845)　320
ロンギノス（偽）　Pseudo-Longinus (fl. 1st century)　310
ローンズリー　Rawnsley, Hardwicke (1851-1920)　225, 679

ワ

ワイルド　Wilde, Oscar Fingal O'Flahertie Wills (1854-1900)　357, 511, 650
ワイルドマン　Wildman, John (c.1622/3-93)　542
ワーグナー　Wagner, Wilhelm Richard (1813-83)　8
ワシントン　Washington, George (1732-99)　9-10
ワース　Wace, Robert (d.c.1174)　6, 8
ワーズワス　Wordsworth, William (1770-1850)　179, 224-225, 339-340, 386, 404, 426, 430, 554-555, 599, 629, 679
ワット　Watt, James (1736-1819)　195, 313, 314, 644, 680
ワトソン　Watson, Lyall (1939-)　680
ワーマン　Wahrman, Dror　524
ワルチャウ　Waluchow, W. J.　477
ワルラス　Walras, Marie Esprit Léon (1834-1910)　58

書名索引

ア

『アイヴァンホー』(W. スコット) 178
『愛国者国王論』(ボリングブルック) 659
『アイザック・ニュートン卿の哲学の一考察』(ペンバートン) 413
『愛のアレゴリー』(C. ルイス) 676
『青い花』(ノヴァーリス) 554
『青色本』(ウィトゲンシュタイン) 464
『悪食のサル』(ワトソン) 680
『悪政に対する安全保障』(J. ベンサム) 524
『アーサー王の死』(マロリー) 6, 8
『アストレア帰還』(ドライデン) 622
『明日の田園都市〔ガーデン・シティ〕』(E. ハワード) 371
『遊び人』(H. マルティノー) 665
『新しい専制』(ヒュワート) 481
『アッシャー家の崩壊』(ポー) 179
『アナーキー・国家・ユートピア』(ノージック) 271, 289
『アブサロムとアキトフェル』(ドライデン) 622
「アプルトン屋敷」(マーヴェル) 369
『溢れる恩寵』(バニヤン) 632
『アミュントール, またはミルトン伝弁護』(トーランド) 531
『アメリカ史』(ロバートスン) 315
「アメリカ独立革命期のイングランド」(ネイミア) 624
『アメリカの民主主義』(トクヴィル) 10
『嵐が丘』(E. ブロンテ) 179
『アリス』(キャロル) 588
『アルカディア』(P. シドニー) 369
『アルシフロン』(バークリー) 76, 294
『ある紳士からエディンバラの友人への手紙』(D. ヒューム) 54
『アレオパジティカ〔言論の自由について〕』(ミルトン) 249, 378, 668
『荒地』(T.S. エリオット) 580
『アン女王時代のイングランド』(トレヴェリアン) 623

イ

『医家の宗教』(T. ブラウン) 644
『異教徒の宗教』(チャーベリーのハーバート) 633
『イギリス革命 1640 年』(C. ヒル) 438, 638
『イギリス教会史』(ベーダ) 21
『イギリス経済の成長 1688-1959 年』(ディーン／W. コール) 196
『イギリス憲政論』(バジョット) 243, 277, 629
『イギリス憲法の擁護』(ディズレーリ) 483
『イギリス式庭園』(W. メイスン) 370
『イギリス詩人伝』(S. ジョンソン) 604
『イギリス人口史 1541-1871 年』(リグリィ／スコフィールド) 196
『イギリス人名辞典〔DNB〕』 607
『イギリス大革命における社会主義と民主主義』(ベルンシュタイン) 239
『イギリスにおける統計学 1865-1930 年』(D. マッケンジー) 26
『イギリスにおける労働者階級の状態』(エンゲルス) 195, 240
『イギリスの功利主義者たち』(L. スティーヴン) 607
『イギリスの花の庭』(W. ロビンソン) 371
『イギリスの楽園』(イヴリン) 369
『イギリス法の礼賛』(フォーテスキュー) 187
『衣装哲学』(T. カーライル) 356, 528
『為政者論』(T. エリオット) 28
『イタリア紀行』(ラッセルズ) 123
『異端フェリクスとの対決』(アルクィヌス) 568
『遺伝的天分』(ゴールトン) 512
「田舎の教会の墓地にて詠めるエレジー」(T. グレイ) 67
『田舎より都市への訴え』(ブラント) 646
『いますぐに平和を』(C. ベル) 462

748

『意味の限界』(ストローソン) 609
『イリアス』(ホメロス) 655
「インクの三つのこぼし方」(J.L. オースティン) 409
『イングランド・アイルランド紀行』(トクヴィル) 384
『イングランド国教会主義とそのカテキズムの検討』(J. ベンサム) 654
『イングランド史』(D. ヒューム) 247, 314, 546, 637
『イングランド史』(T. マコーリ) 662
『イングランド統治史論』(J. ミラー) 314, 667
『イングランドの法と慣習について』(ブラクトン) 157, 644
『イングランド文明史』(H.T. バックル) 630
『イングランド法釈義』(ブラックストン) 479, 644
『イングランド法提要』(E. クック) 589
『イングランド労働者階級の形成』(E. トムソン) 501
『インタレストは嘘をつかない』(ニーダム) 523
『インテリジェンサー』(レストランジュ) 677
『インテンション』(アンスコム) 569

ウ

『ヴァテック』(ベックフォード) 179
『ヴィジョンとデザイン』(フライ) 462
『ウィトゲンシュタインのパラドックス』(クリプキ) 45-46
『ヴィーナスとアドニス』(シェイクスピア) 600
『ウィンザーの森』(ポウプ) 655
『ウェストミンスター・レヴュー』 384-385, 445, 580, 651
『ヴェニスの石』(ラスキン) 178, 673
『ヴェニスの商人』(シェイクスピア) 540
『失われた足跡』(カルペンテイエル) 486
『宇宙の真の知的体系』(カドワース) 155
「ウルガータ」 21, 23
『運動における速さの比率について』(ブラッドワーディン) 41, 645

『運動論』(バークリー) 76

エ

『エアケントニス』 557
『永遠不変の道徳に関する論考』(カドワース) 251
『英語学芸辞典』(ハリス) 28-29
『英国速報』 623
『英語辞典』(S. ジョンソン) 30, 311, 604
『エイサゴーゲー』(ポルピュリオス) 227, 458
『英領インド史』(J. ミル) 667
『エウチュプロン』(プラトン) 155
『エグザミナー』 605
『エコノミスト』 610, 657
『エコノミック・ジャーナル』 580
『エッセイ』(F. ベーコン) 29, 290, 369, 652
『エディンバラ・マガジン・アンド・リテラリー・ミセラニー』 443
『エディンバラ・マガジン・アンド・レヴュー』 444
『エディンバラ・レヴュー』 163, 313, 384-385, 443-445, 608, 629, 634, 662, 665
『エピクロスの庭』(テンプル) 369
『エミール』(ルソー) 449
『エリア随筆集』(C. ラム) 25
『エレフォン』(S. バトラー) 632
『演劇の道徳性』(ファーガスン) 314

オ

『王政論』(ハントン) 636
『王立協会史』(スプラット) 551, 609
『お気に召すまま』(シェイクスピア) 224
『オシアナ』(ハリントン) 115, 188-189, 286, 375-376, 516, 635
『オシアン』 392
『オシアン論稿』(H. ブレア) 315
『オセロー』(シェイクスピア) 540
『オックスフォード・アンド・ケンブリッジ・マガジン』 526
『オデュッセイア』(ホメロス) 655
『オトラントの城』(H. ウォルポール) 178-

179
『オブザベイター』(レストランジュ) 677
『オリエンタリズム』(サイード) 485-486
『女たちの奇怪な統治に対する最初の高鳴り』(ノックス) 625

カ

「外界の証明」(ムア) 55
『階級区分の起源』(J. ミラー) 304, 314, 667
『懐疑論と自然主義』(ストローソン) 609
『外国貿易によるイングランドの財宝』(マン) 273, 665
『解析家』(バークリー) 120, 467
『解析力学』(ラグランジュ) 414
『回想記』(マルモンテル) 171
『科学原理』(ジェヴォンズ) 601
『科学社会学研究』 26
『科学的知識と社会学理論』(B. バーンズ) 26
『科学的発見の論理』(ポパー) 54, 96
『科学による反革命』(ハイエク) 210
『科学の文法』(ピアソン) 637
『学術百科事典』(E. チェインバーズ) 28, 30
『確実性の問題』(ウィトゲンシュタイン) 55
『学習論〔ディダスカリコン〕』(フーゴー) 322
『学術辞典』(コルネイユ) 29
『学術用語辞典』(フュルチエール) 29
『革新政党の再編成』(J.S. ミル) 384
『学問の進歩』(F. ベーコン) 416, 652
『学問の擁護』(ブラント) 646
『確率の哲学的試論』(ラプラス) 468
『確率論』(ケインズ) 595
『過去と現在』 501
『過去と現在』(T. カーライル) 178
「過去をもたらす」(ダメット) 20
『果樹論』(R. オースティン) 369
『カタロニア賛歌』(オーウェル) 582
『過程と実在』(ホワイトヘッド) 660
『カトー』(アディソン) 567
『カトーの手紙』(トレンチャード) 35, 488
『カニングズビィ』(ディズレーリ) 482
『家父長は君主にあらず』(ティレル) 618
『家父長論〔パトリアーカ〕』(フィルマー) 34, 330, 617, 640
『貨幣・公債・利子論』 274
『貨幣の哲学』(ジンメル) 60
『神の国』(アウグスティヌス) 670
『髪の毛盗み』(ポウプ) 656
『神の使節モーセに関する論証』(ウォーバトン) 576
『神の存在』(R. スウィンバーン) 606
『神の存在と属性の論証』(クラーク) 258, 631
『ガリアの擁護』(マッキントッシュ) 15
『ガリヴァー旅行記』(J. スウィフト) 516, 605
『ガリレオ研究』(コイレ) 50
『カール5世史』(ロバートソン) 315
『感覚秩序』(ハイエク) 626
『ガングリーナ』 434
『監獄の誕生』(フーコー) 175, 422-423
『完成主義』(ハーカ) 69
『カンタベリー物語』(チョーサー) 622
『カンディード』(ヴォルテール) 604
『カント哲学の批判的説明と歴史的序論』(E. ケアード) 12
「観念論論駁」(ムア) 14, 668
『寛容書簡』(ロック) 80, 214, 269, 378

キ

『議会改革の計画』(J. ベンサム) 385, 654
『議会改革の哲学観』(P. シェリー) 556
『議会が同意した常備軍は自由統治に反しない』(デフォー) 488
『議会と軍隊への新年の贈り物』(ウィンスタンリ) 372
『記号論理学』(ヴェン) 575
『騎士道書簡』(ハード) 89
『奇蹟論』(G. キャンベル) 588
『詭弁論論駁』(アリストテレス) 323
『客観的知識』(ポパー) 96
『吸血鬼』(ポリドリ) 179
『急進主義は危険ではない』(J. ベンサム) 385
『急進的議会改革法案』(J. ベンサム) 385
「急進派とカナダ」(J.S. ミル) 384
『救貧法論』(タウンゼンド) 99

『旧約聖書』 336
『教育への闘い』 104
「教育論」(J. ミル) 385
『驚異の年』(ドライデン) 622
『教会改革の諸原理』(T. アーノルド) 163-164
『教会国家の諸法』(フッカー) 642
『教会と国家』(コールリッジ) 62, 555
『教会と国家の提携』(ウォーバトン) 576
『教会の経済的諸問題』(C. ヒル) 639
『共産党宣言』(マルクス／エンゲルス) 581, 664
『教師の学習指導手引書』 102
「兄弟」(ワーズワス) 555
『共通の慣習』(E. トムソン) 501
『共和制ローマ盛衰史』(ファーガスン) 315
『きらめく世界』(キャヴェンディッシュ) 516
『ギリシア史』(G. グロート) 592
『キリスト教教会の権利』(M. ティンダル) 532
『キリスト教信仰の基礎』(フーゴー) 322
『キリスト教の神』(R. スウィンバーン) 606
『キリスト教の基盤と根拠について』(コリンズ) 531
『キリスト教の合理性』(ロック) 378
『キリスト教の証拠に関する一見解』(ペイリー) 651
『キリスト教は神秘的にあらず』(トーランド) 530, 622
『キリスト者の服従』(W. ティンダル) 618
『規律の書』 625
『金枝篇』(フレイザー) 649
『近代イギリス経済史』(クラッパム) 195
『近代科学の誕生』(H. バターフィールド) 50, 630
『近代画家論』(ラスキン) 225, 340, 526, 673
『近代国家における権威』(ラスキ) 673
『近代世界システム』(ウォーラーステイン) 197
「近代道徳哲学」(アンスコム) 398
『近代民主政治』(ブライス) 524
「欽定訳〔聖書〕」 23, 600

ク

『偶然性・アイロニー・連帯』(ローティ) 271
「偶然の学説における一問題の解決に向けた試論」(ベイズ) 467
『空想から科学へ』(エンゲルス) 581
『クォータリー・レヴュー』 384, 444-445
『鎖を解かれたプロメテウス』(P. シェリー) 556
『愚者列伝』(ポウプ) 655
「クブラ・カーン」(コールリッジ) 555, 599
『暗い山と栄光の山』(M. ニコルソン) 310
『クラフツマン』(ボリングブルック) 35, 488
『グラマトロジーについて』(デリダ) 609
「クリスタベル」(コールリッジ) 599
「クリスタル・パレス演説」(ディズレーリ) 483
『グレーター・ブリテン史』(マイヤー) 125
『クリティカル・レヴュー』 443-444
『黒い皮膚・白い仮面』(ファノン) 485

ケ

『経験的知識の基礎』(エア) 360, 579
『経験とその様態』(オークショット) 583
『経済科学要綱』(シーニア) 134
『経済学および課税の原理』(リカード) 133, 675
『経済学原理』(シジウィック) 602
『経済学原理』(マーシャル) 663
『経済学原理』(マルサス) 133, 663
『経済学原理』(J.S. ミル) 58, 195, 240, 269, 440
『経済学・哲学草稿』(マルクス) 62, 664
『経済学入門講義』(シーニア) 134
『経済学の性格および論理的方法』(ケアンズ) 135
「経済学の定義と方法」(J.S. ミル) 134
『経済学の理論』(ジェヴォンズ) 58, 176, 601
『経済学批判』(マルクス) 664
「経済学批判要綱」(マルクス) 664
『経済成長の諸段階』(ロストウ) 196
『経済の原理』(J. ステュアート) 315

「計算可能な数について」(チューリング) 615
「計算機械と知能」(チューリング) 615
『計算の書』(スワインズヘッド) 42, 611
『啓示』(R. スウィンバーン) 606
『形而上学』(アリストテレス) 323
『芸術』(C. ベル) 462
『芸術家列伝』(ヴァザーリ) 177
『芸術の原理』(コリングウッド) 14
『形相と性質の起源』(ボイル) 343
『ケイレブ・ウィリアムズ』(ゴドウィン) 179, 597
『劇詩論』(ドライデン) 622
『ゲルマニア』(タキトゥス) 188, 275
「原因の概念について」(B. ラッセル) 18
『言語・真理・論理』(エア) 151, 409, 558, 579
『言語の起源と進歩』(モンボドー卿) 314, 671
『賢者ナータン』(レッシング) 143
『現象と実在』(F. ブラッドリー) 13, 645
『現代革命への考察』(ラスキ) 673
『現代女子教育制度批判』(H. モア) 449
『現代造園論』(ウェイトリ) 370
『現代風景における庭園』(タナード) 371
『建築術』(ウィトルウィウス) 677
『建築の七燈』(ラスキン) 178, 526, 673
『建築要諦』(ウォットン) 369
『憲法序説』(ダイシー) 277, 478, 612
『憲法典』(J. ベンサム) 524, 654
『権力の分割』(J. ベンサム) 653
『権利論』(ドゥオーキン) 476

コ

『恋する女たち』(ロレンス) 679
『交易論』(マン) 665
『光学』(デカルト) 343
『光学』(ニュートン) 88, 119, 221, 340, 412-413, 624
『公共性の構造転換』(ハーバーマス) 148, 165
『公共領域の倫理』(ラズ) 476
『公式祈祷書』 378

『厚生経済学』(ピグー) 176
『皇帝の新しい心』(ペンローズ) 655
『幸福な人生について』(セネカ) 170
『幸福の哲学』(マルクーゼ) 172
『幸福論』(B. ラッセル) 171
『衡平法の原理』(ケイムズ卿) 594
『功利主義』(J.S. ミル) 69, 171, 173, 528, 536, 668
『合理主義字彙』(ショーヴァン) 29
『功利主義哲学の検討』(J. グロート) 593
『高利の擁護』(J. ベンサム) 60
『古今寓詩集』(ドライデン) 622
『国王陛下の最近の回答と発言の若干に関する考察』(H. パーカー) 627
『国王牧歌』(テニスン) 8, 178
『国政速報』 623
『告白』(ルソー) 553
『国富論』(A. スミス) 56, 66, 124, 133, 247, 269, 272, 288, 314-316, 490, 504, 528, 610
『国民経済学批判大綱』(エンゲルス) 581
『心と世界』(マクダウェル) 661
『心の概念』(ライル) 301, 358, 672
『心の影』(ペンローズ) 655
『心の分析』(B. ラッセル) 301
『51篇の寓話詩』(ゲイ) 594
『個人主義と経済秩序』(ハイエク) 208-209
『個人の価値と運命』(ボザンケ) 13
『湖水地方案内』(ワーズワス) 225, 555, 679
「古代諸国民の人口について」(D. ヒューム) 297
『古代と近代の人口』(R. ウォレス) 297-298
『古代と現代の哲学の諸原理』(コンウェイ) 599
『古代の形而上学』(モンボドー卿) 314, 671
『古代法』(メイン) 545, 669
『個体と主語』(ストローソン) 301, 609
『国家』(プラトン) 154, 325, 516
『国家干渉の原理』(リッチー) 12
『国家と労働』(ジェヴォンズ) 601
『国家の奉仕』(ミュアヘッド) 12
『国家論』(ボダン) 330
『古典的自由主義とリバタリアニズム』(N. バリー) 268

『子どもと初等学校』(プラウデン) 104
『子どもの権利』(スペンス) 239
『この最後の者にも』(ラスキン) 528, 674
『胡麻と百合』(ラスキン) 674
『コモン・センス』(ペイン) 16, 651
『雇用・利子および貨幣の一般理論』(J.M. ケインズ) 61, 594, 658

サ

『最近のパンフレットへの若干の省察』(デフォー) 488
『ザ・ジャーナル・オブ・ユニファイド・サイエンス〔エアケントニス〕』 557
『ザ・ジャーム』 525-526
『ザ・ニューズ』(レストランジュ) 677
『ザ・レヴュー』(デフォー) 619
『3ギニー』(V. ウルフ) 451
『産業革命』(アシュトン) 196
『産業革命』(マントゥー) 195
『産業と帝国』(ホブズボーム) 197
『算術の基礎』(フレーゲ) 560-561
『算術の基本法則』(フレーゲ) 560
『三試論』(ギルピン) 370
『散文トリスタン』(マロリー) 6
『三位一体とアタナシオス信経について両大学の聖職者へ宛てた書簡』(M. ティンダル) 532
『三文オペラ』(ゲイ) 594

シ

「J.S. ミルの道徳哲学の解釈」(アームソン) 174
『ジェーン・エア』(C. ブロンテ) 487
『ジェントルマンズ・マガジン』 443-444
『ジェントルマン・ファーマー、農業改革の試み』(ケイムズ卿) 314
『詩学』(アリストテレス) 340
『視覚新論』(バークリー) 75-76, 508, 628
『地金委員会報告』 675
『鹿の河』(H. マルティノー) 665
『然りと否』(アベラルドゥス) 322
『時間、空間、神性』(アレクザンダー) 568
『時間と男』(H. マルティノー) 665
『思考というアート』(ウォーラス) 244
『思考と経験』(H. プライス) 643
『思考について』(ライル) 672
『至高の徳』(ドゥオーキン) 271
『死後支払の考察』(R. プライス) 298
「指示について」(ストローソン) 91, 609
『指示の諸相』(G. エヴァンズ) 579
『磁石論』(ギルバート) 470
『詩人列伝』(S. ジョンソン) 147
『自然学』(アリストテレス) 41, 588, 592
『自然学小論集』(アリストテレス) 547
『自然学と政治学』(バジョット) 242
『自然誌』(ビュフォン) 407
『自然誌』(プリニウス) 405
『自然社会の擁護』(バーク) 627
『自然宗教の原理と義務について』(ウィルキンズ) 43, 53, 143
『自然宗教の不変の義務に関する論考』(クラーク) 251, 290
『自然宗教に関する対話』(D. ヒューム) 45, 380
『自然神学』(ペイリー) 143, 651
『自然淘汰』(ダーウィン) 351
『自然の概念』(ホワイトヘッド) 660
『自然の宗教』(ウォラストン) 577
『自然の体系』(リンネ) 407
『自然の光』(A. タッカー) 613
『自然法と自然権』(フィニス) 640
『自然法に基づく人間および市民の義務』(プーフェンドルフ) 219, 586
『自然法論』(カンバーランド) 290, 527, 587
『自然法論』(ロック) 217
『自然法を犯さない奇蹟』(ブラント) 530
『実験哲学』(パワー) 551
『実践理性批判』(カント) 172
『失楽園』(ミルトン) 369, 668
『自伝』(J.S. ミル) 617
『自伝的回想』(H. マルティノー) 665
『使徒時代についての説教』(スタンリー) 164
『詩とバラッド』(A. スウィンバーン) 509
『詩と評論についてのノート』(A. スウィンバーン) 509

『詩の効用と批評の効用』（T.S. エリオット）340
『詩の弁護』（P. シェリー）340, 556
『自発的活動』（ベヴァリッジ）441
『自分だけの部屋』（V. ウルフ）451
『資本主義と奴隷制』（E. ウィリアムズ）197
『資本論』（マルクス）60, 581, 603, 664
『市民社会史論』（ファーガスン）231, 304, 315, 639
『市民的自由』（R. プライス）316, 379
『市民論』（ホッブズ）417, 657
『社会主義論』（J.S. ミル）241
『社会静学』（H. スペンサー）288, 610
『社会正義の原理』（D. ミラー）442
『社会的遺産について』（ウォーラス）244
『社会保険および関連サービス〔ベヴァリッジ報告〕』（ベヴァリッジ）441
『自由意志論』（エラスムス）539
『自由意志論』（カドワース）535
『自由海洋論』（グロティウス）611
『十九カ条提案に対する陛下の回答』188
『19世紀における女性にとってのイングランド法』（C. ノートン）450
『宗教三論』（J.S. ミル）380
『宗教哲学序説』（J. ケアード）12
『宗教の自然史』（D. ヒューム）407
『宗教の哲学』（ヒック）637
『宗教の類比』（J. バトラー）535, 631
「宗教問題における理性の効用」（ウィチカット）535
『宗教擁護のための常識への訴え』（オズワルド）319
『十五講話集』（J. レノルズ）677
『修辞学の哲学』（G. キャンベル）318, 588
『修辞学・文学講義』（A. スミス）133
『修辞学・文学講義』（H. ブレア）315, 648
『自由思想論』（コリンズ）531
『自由社会における完全雇用』（ベヴァリッジ）441
『自由主義』（ホブハウス）270
『自由主義と社会行動』（デューイ）270
「自由と憤り」（ストローソン）609
『自由なイングランド』（トーランド）530

『自由な君主制の真の法』（ジェイムズ1世）33, 158, 276
『自由の条件』（ハイエク）208, 210
『自由の道徳』（ラズ）271
『自由の法』（ウィンスタンリ）373, 516, 574
『18世紀イギリス思想史』（L, スティーヴン）607
「18世紀イングランドにおける群集のモラル・エコノミー」（E. トムソン）501
『自由・平等・友愛』（J. スティーヴン）607
『十分の一税の歴史』（セルデン）611
『自由貿易論』（ミッセルデン）273
『自由論』（J.S. ミル）69, 173, 254, 256, 260, 269, 556, 607, 668
「主教聖書」22-23
『主教制度の本質』（ブルック卿）648
『淑女たちへの重大な提言』（アステル）449
『主権の基礎』（ラスキ）673
『主権の問題』（ラスキ）673
『主としてピクチュアレスクの美と関わる，ワイ河と南ウェールズ地方の各地などに関する諸観察』（ギルピン）426
「ジュネーヴ聖書」22
『種の起源』（ダーウィン）242, 305, 351, 512, 578, 612, 632
「趣味と情念の洗練について」（D. ヒューム）279
「趣味の基準について」（D. ヒューム）279
『趣味の諸原理をめぐる分析的探究〔分析的探究〕』（ナイト）427
『趣味論』（アリスン）370
『趣味論』（ジェラード）280, 601
『ジュリアス・シーザー』（シェイクスピア）540
『純粋法学』（ケルゼン）475
『純粋理性批判』（カント）281, 339, 609
『純粋論理学』（ジェヴォンズ）601
『常識原理に基づく人間精神の研究』（リード）314, 318
『常識の擁護』（ムア）55
『情念論』（デカルト）282
『情念論／道徳感覚の例証』（ハチスン）630
『常備軍は自由統治に反する』（トレンチャード

／モイル） 488
『序曲』（ワーズワス） 340, 555, 679
『職人』 659
『植物誌』（レイ） 406
『植物の種』（リンネ） 407
『植物分類法新論』（レイ） 406
『女子教育考』（ウルストンクラフト） 578
「ジョージ3世即位当時の政治構造」（ネイミア） 624
『ジョージ3世と歴史家たち』（H. バターフィールド） 630
『抒情歌謡集』（ワーズワス／コールリッジ） 225, 555, 599, 679
『女性の虐待，あるいはマライア』（ウルストンクラフト） 579
『女性の権利の擁護』（ウルストンクラフト） 440, 449, 578, 597
『女性の従属』（J.S. ミル） 450
「女性，最も長い革命」（ミッチェル） 451
『職工雑誌』 657
『初等学校』（ハドー） 103
『諸動物における心臓と血液の動きに関する解剖学的研究』（ハーヴィ） 626
『ジョンソン伝』（ボズウェル） 443
『ジョン・ミルトンの歴史・政治・雑録著作集』（トーランド） 530
『詩論』（スカリゲル） 429
『新エロイーズ』（ルソー） 553
『新科学対話』（ガリレオ） 469, 471
『神学・政治論』（スピノザ） 530
『神学大全』（トマス・アクィナス） 142, 188, 323
『進化と倫理』（T. ハクスリー） 529
『新屈折光学』（モリヌークス） 507, 671
『信仰と理性』（R. スウィンバーン） 606
『人口論』（マルサス） 16, 57, 99, 133, 226, 242, 288, 299, 512, 665
『真実の本質』（ブルック卿） 648
『新社会観』（R. オウエン） 441
『新自由主義』（フリーデン） 270
『シントラ協定論』（ワーズワス） 555
『信念の倫理』（クリフォード） 591
『真のレヴェラーズの旗は進む』 372

『新ホイッグから旧ホイッグへの訴え』（バーク） 16
『シンボル形式の哲学』（カッシーラー） 340
『新約聖書』 21, 60, 245, 336, 618
『真理の性質と不変性』（ビーティ） 319
『真理論』（チャーベリーのハーバート） 633
『人類史素描』（ケイムズ卿） 99, 314, 594
『人類の会話における詩の声』（オークショット） 583
『人類の現世の幸福に対する自然宗教の影響の分析』（G. グロート） 592
『人類の半数である女性の訴え』（W. トムソン） 449

ス

『崇高と美の観念の起源』（バーク） 124, 179, 280, 310-311, 341, 427, 627
『崇高について』（ロンギノス） 310
『崇高論』（J. ベイリー） 311
『数理精神科学』（エッジワース） 176
『スカンジナビアからの手紙』（ウルストンクラフト） 578
『スコッツ・マガジン』 443-444
『スコットランド史』（ロバートソン） 315
『スコットランド哲学』（マコッシュ） 317
『スコットランドの苦情』（ウェッダバーン） 375
『スコットランド法提要』（ステア卿） 607
『すばらしい新世界』（A. ハクスリー） 517
『スペクテーター』 310, 341, 370, 567, 608

セ

『正義と行政法』（ロブソン） 481
『正義の新しい法』（ウィンスタンリ） 372
『正義論』（ロールズ） 176, 237, 270, 288, 327, 442, 679
『省察』（デカルト） 671
『政治学』（アリストテレス） 59
『政治学』（ボシュエ） 34
『政治学原理』（シジウィック） 602
『政治学大綱』（ラスキ） 673

『政治家提要〔政治家必携の書——聖書〕』（コールリッジ）555
『政治算術』（A. ヤング）298
『政治速報』623
『政治的義務の原理』（グリーン）270
『政治的正義』（ゴドウィン）292, 299, 440, 597
『政治的リベラリズム』（ロールズ）271
『政治における合理主義』（オークショット）484, 583
『政治における人間性』（ウォーラス）244
『聖処女』（H. ホーキンズ）369
『政治論集』（D. ヒューム）246, 297, 314-315, 638
『成人教育』（ハドー）103
『生成消滅論』（アリストテレス）342, 588
『聖俗政体論』（ロウスン）677
『政党論』（ボリングブルック）276
『精読』62
『聖トマス伝』（ソールズベリのジョン）604
『聖なる瞑想』（F. ベーコン）29
『征服者ウィリアム王とメアリ女王』（ブラント）646
「政府の第一原理について」（D. ヒューム）523
『西洋思想大事典』（ウイナー）31
『西洋哲学史』（B. ラッセル）96
『聖霊の発出について』（アルクィヌス）568
『世界霊魂，または死後の人間の魂に関する古代人の見解の歴史的叙述』（ブラント）530
『世界論』（デカルト）343
『石炭問題』（ジェヴォンズ）601
『責任と贖罪』（R. スウィンバーン）606
『世俗人の宗教』（ハーバート）633
『世俗人の宗教』（ブラント）530
『説教集』（J. バトラー）290, 535, 630, 631
『説教集』（H. ブレア）648
『説教選集』（J. スミス）341
『摂理と悪の問題』（R. スウィンバーン）606
『セリーナへの手紙』（トーランド）531
『セルボーンの博物誌』（ホワイト）408, 660
『1984年』（オーウェル）517, 582
『戦史』（トゥキュディデス）657
『先史時代』（ラボック）306

『センチメンタル・ジャーニー』（スターン）67、606
『尖頭式すなわちキリスト教建築の正しい原理』（ピュージン）178

ソ

『造園設計論』（G. メイスン）370
『造園断想』（シェンストン）370
『造園における現代的趣味の歴史』（H. ウォルポール）371
『創世記』34
『創造とともに古きキリスト教』（M. ティンダル）532, 618
『創造の御業に顕れた神の英知』（レイ）406
『想像力の喜び』（エイキンサイド）341
『俗人説教』（コールリッジ）555
『祖国愛について』（R. プライス）292, 299
『租税貢納論』（ペティ）653
『ソネット集』（シェイクスピア）600

タ

『第一次選挙法改正期のグレイ卿』（トレヴェリアン）623
『大革新』（F. ベーコン）65, 469
『代議政治論』（J.S. ミル）256, 668
『大社会』（ウォーラス）244
『大衆文明と少数派の文化』（リーヴィス）62
「大聖書」22-23
『大著作』（R. ベーコン）29
『第二次大戦回顧録』（チャーチル）614
『対比』（ピュージン）178
『タイム・マシン』（ウェルズ）575
『太陽の都』（カンパネッラ）238
『タイラニポクリト』516
『ダグラス』（J. ヒューム）314
『タトラー』567
『探求の論理』（ポパー）96

チ

『知覚』（H. プライス）643

『知覚の言語』(J.L. オースティン) 333
『痴愚神礼賛』(エラスムス) 539, 670
『知識と社会的イメージ』(ブルア) 26
『知識とその限界』(ウィリアムソン) 361
『地質学原理』(ライエル) 671
『地上楽園』(モリス) 670
『致命的な思い上がり』(ハイエク) 210
『チャタレー夫人の恋人』(ロレンス) 679
『著名なヴィクトリア朝人たち』(L. ストレイチー) 462

ツ

『務め』(W. クーパー) 225

テ

『テアイテトス』(プラトン) 300, 358-359
「庭園について」(F. ベーコン) 369
『帝国』(ネグリ／M. ハート) 377, 487
『ティマイオス』(プラトン) 322
『デイリー・ニューズ』 665
「デヴリン・レポート」(デヴリン) 619
『デカメロン』(ボッカチオ) 622
「出来事による原因の蓋然性についての覚書」(ラプラス) 467-468
『哲学原理』(デカルト) 53, 343
『哲学探究』(ウィトゲンシュタイン) 45, 149, 409, 464, 571
『哲学的考察』(ウィトゲンシュタイン) 150
『哲学的国家論』(ボザンケ) 12, 100
『哲学的必然性の学説の例証』(プリーストリ) 259
『哲学の革命』 463
『哲学の諸問題』(B. ラッセル) 54, 459, 464
『哲学の貧困』(マルクス) 664
『哲学論文集』(A. スミス) 133
『テレマコスの冒険』(フェヌロン) 245
『田園の相貌』(スウィッツアー) 370
『田園遊戯』(ゲイ) 594
『天球の回転について』(コペルニクス) 50
『天国と地獄の結婚』(ブレイク) 340
『天才論』(ジェラード) 391, 601

『デンマーク事情』(R. モールズワース) 671
『天文対話』(ガリレオ) 469, 471
『天路歴程』(バニヤン) 340, 632

ト

『問いただす人』(バークリー) 61
『ドイツ・イデオロギー』(マルクス／エンゲルス) 581, 664
『闘者サムソン』(ミルトン) 668
『統治二論』(ロック) 203, 217, 230, 237, 269, 276, 283, 287, 296, 326, 401, 439, 527, 582, 640, 678
『統治論』(A. シドニー) 602
「統治論」(J. ミル) 385, 450
『統治論断片』(J. ベンサム) 173, 653
『道徳感情論』(A. スミス) 56, 106-107, 232, 291, 308, 314, 316, 528, 536, 610
『道徳原理の研究』(D. ヒューム) 106, 220, 252, 291, 440, 638
『道徳・政治哲学の原理』(ペイリー) 650
『道徳的試論』(ポウプ) 656
『道徳的善の基礎』(バルガイ) 636
『道徳的に考えること』(ヘア) 457
『道徳哲学』(ラファエル) 504
『道徳哲学綱要』(ファーガスン) 315
『道徳哲学体系』(ハチスン) 630
『道徳哲学入門』(ハチスン) 630
「道徳哲学は誤謬に基づくものか」(プリチャード) 647
『道徳哲学要綱』(D. ステュアート) 320
『道徳と自然宗教の原理』(ケイムズ卿) 259, 317-318, 594
「道徳と宗教」(ヘア) 381
『道徳と立法の原理序説』(J. ベンサム) 170, 173, 175-176, 269, 292, 528
『道徳の主要問題』(R. プライス) 292, 528
『党派論』(ボリングブルック) 659
『動物誌』(ゲスナー) 406
『東洋庭園論』(W. チェインバーズ) 370
『徳あるいは功績に関する研究』(第3代シャフツベリ伯) 252
『独創的天才論』(ダフ) 391

『独断化の虚栄』(グランヴィル) 552
『独仏年誌』 664
『独立派ホイッグ』(ゴードン) 35
『土地所有権論』(オーグルヴィ) 239
『トピカ』(アリストテレス) 93
『トマス・ホッブズ氏の最後の言葉, または遺産』(ブラント) 530
『トマス・モア卿』(サウジー) 555
『トマス・モアと彼のユートピア』(カウツキー) 238
『富と厚生』(ピグー) 176
『富の分配の諸原理の研究』(W. トムソン) 240
『友〔フレンド〕』 339-340, 555
『トラクト』 38-40
『ドリアン・グレイの肖像』(ワイルド) 511
『トリストラム・シャンディ』(スターン) 606
『ドレイピア書簡』(J. スウィフト) 605
『ドン・キホーテ』(セルバンテス) 89

ナ

『ナザレ派, またはユダヤ人・異邦人・マホメット教徒のキリスト教』(トーランド) 531
『ナルニア国物語』(C. ルイス) 676
『難問解決の規則』(ヘイツベリ) 42, 650
『難問集』(キルヴィントン) 41, 588

ニ

『ニコマコス倫理学』(アリストテレス) 169, 323
『虹』(ロレンス) 679
「西風の賦」(P. シェリー) 556
『偽金鑑識官』(ガリレオ) 51, 342
『日記』(イヴリン) 570
『ニュー・アトランティス』(F. ベーコン) 238, 303, 471, 516, 652
『ニュートン哲学概要』(ヴォルテール) 413
『ニュートンの哲学的諸発見』(マクローリン) 413
『ニュー・リーズナー』 62
『ニュー・レフト・レヴュー』 617, 659

「庭」(マーヴェル) 369
『人間精神の進歩について』(コンドルセ) 304
『人間精神の哲学』(D. ステュアート) 320
『人間対国家』(H. スペンサー) 610
『人間知性新論』(ライプニッツ) 508, 599
『人間知性の研究』(D. ヒューム) 46, 48, 95, 259, 638
『人間知性論』(ロック) 25, 43, 47, 54, 75, 221, 257, 294, 307, 342, 344, 418, 459, 507-508, 531, 552, 678
『人間についての観察』(ハートリー) 259, 528, 632
『人間の権利』(ペイン) 15-16, 239, 652
『人間の権利の擁護』(ウルストンクラフト) 15, 578
『人間の自由に関する哲学的研究』(コリンズ) 258
『人間の条件』(アーレント) 165
『人間の知識』(B. ラッセル) 460
『人間の知識の原理』(バークリー) 44, 76, 344, 459
『人間の知的力能』(リード) 280, 318
『人間の能動的力能』(リード) 259, 318, 528
『人間の由来』(ダーウィン) 242, 513, 536, 612
『人間、風習、意見、時代の諸特徴』(第3代シャフツベリ伯) 290, 311, 527
『人間本性』(ホッブズ) 417
『人間本性論』(D. ヒューム) 12, 44, 48, 54, 76-77, 95, 105-106, 220, 222, 252, 259, 282, 291, 293-294, 308, 314, 317, 339, 414, 418, 459, 528, 546, 638
『人間本性論摘要』(D. ヒューム) 77
『人間論』(ホッブズ) 417, 657
『人間論』(ポウプ) 656

ノ

『農地の正義』(ペイン) 239
『能動的・道徳的力能論』(D. ステュアート) 320
「農夫ピアズの夢」(ラングランド) 238
『ノウム・オルガヌム〔新機関〕』(F. ベーコン)

29, 93, 303, 416, 469-470, 652
『ノワ・ソリマ』(ゴッド) 516

ハ

『ハイデガーと〈ユダヤ人〉』(リオタール) 312
『博物誌』(ビュフォン) 226
『博物誌』(大プリニウス) 28
『バークへの手紙』(プリーストリ) 15
『バシリコン・ドーロン』(ジェイムズ 1 世) 33
『ハスとロボット』(ケストラー) 595
『蜂の寓話』(マンデヴィル) 245, 290, 308, 527, 666
「パノプティコン，別名，監視施設」(J. ベンサム) 422
『パミラ』(S. リチャードソン) 66-67
『ハミルトン哲学の検討』(J.S. ミル) 259
『ハムレット』(シェイクスピア) 339
『バーリントン卿への書簡詩』(ポウプ) 370
『パルチヴァール』(ウォルフラム・フォン・エッシェンバッハ) 6
『パンタグリュエル物語』(ラブレー) 28
『判断力批判』(カント) 311-312, 339, 341, 414
『パンテイスティコン』(トーランド) 531, 622
『反デューリング論』(エンゲルス) 581
『万人の道』(S. バトラー) 632
『判例集』(E. クック) 589

ヒ

『ピクチュアレスク論』(U. プライス) 370, 426
『ひっくり返った世界』(C. ヒル) 639
『美と崇高の感情に関する考察』(カント) 311
『美と徳の観念の起源』(ハチスン) 252, 291, 527, 630
『非人間的なるもの』(リオタール) 312
『美の分析』(ホガート) 656
『批評の原理』(ケイムズ卿) 370, 429, 594
『批評論』(ポウプ) 655
『百科全書』(ディドロ／ダランベール) 28, 30, 390, 407, 413, 614
『ヒュームの外的世界論』(H. プライス) 643

フ

「ファラリス書簡論」(ベントリー) 654
『フィジオロジア』(チャールトン) 343
『フィロソフィカル・トランザクションズ』 550
『風景』(ナイト) 370
『フォルス・クラヴィゲラ』 674
『福祉国家への歩み』(ブルース) 452
『復楽園』(ミルトン) 668
『プセウドドクシア・エピデミカ』(T. ブラウン) 644
「二つの自由概念」(バーリン) 253, 635
『物体論』(ホッブズ) 417, 657
『物理理論の目的と構造』(デュエム) 96
『フミフギウム〔煤煙追放論〕』 569
『ブラウデンの展望』(ピーターズ) 104
『プラエテリタ』(ラスキン) 674
『プラグマティズムの帰結』(ローティ) 466
『プラス・ウルトラ』(グランヴィル) 551
『ブラックウッズ・エディンバラ・マガジン』 445
『フランケンシュタイン』(M. シェリー) 179, 596
『フランコ・ガリア』(オトマン) 188, 671
『フランシス・ハチスン』(W.R.スコット) 313
『フランス革命についての手紙』(クリスティ) 15
『フランス革命の省察』(バーク) 15-16, 178, 299, 482, 627, 652
『フランス革命の省察についての所見』(C. マコーリ) 15
『フランス憲法典草案』(J. ベンサム) 654
『ブリタニアの破滅と征服』(ギルダス) 6
『ブリタニア列王史』(ジェフリ・オブ・モンマス) 6-8, 374
『ブリタニカ百科事典』 28, 30, 313, 316, 317, 385, 443, 608
『ブリトン人の歴史』(ネンニウス) 6
『ブリュ物語』(ワース) 6-8

『プリンキピア〔自然哲学の数学的諸原理〕』（ニュートン）50-51, 88, 94, 118,143, 412-413, 469, 623, 634, 654, 660
『プリンキピア・マテマティカ』（B. ラッセル／ホワイトヘッド）14, 54, 463, 561
『古い進化，新しい進化』（S. バトラー）632
『ブルート』（ラモヤン）6
『フレッチャー政治論集』（フレッチャー）313
『プロテスタンティズムの倫理と資本主義の精神』（ウェーバー）60, 496
『プロテスタントの宗教，救済への安全な道』（チリングワース）43, 53
『プロレゴメナ』（カント）319
『文学評伝』（コールリッジ）339-340, 555, 598
『文化と環境』（リーヴィス）62
『文化と社会 1780-1950 年』（R. ウィリアムズ）63
『文化の定義のための覚書』（T.S. エリオット）62
『分析論前書』（アリストテレス）93
『分析論後書』（アリストテレス）93, 323, 592
『分別と多感』（J. オースティン）67
「文明論」（J.S. ミル）668

ヘ

『閉鎖海洋論』（セルデン）611
『平和の経済的帰結』（J.M. ケインズ）462
『ヘーゲル主義と人格』（プリングル＝パティソン）648
『ヘーゲルの秘密』（スターリング）12
『ペリ・ピュセオン〔自然区分論〕』（エリウゲナ）321, 580
『ペルシア人の手紙』（モンテスキュー）297
『ペルスヴァルあるいは聖杯の物語』（クレチアン・ド・ドロワ）6
『ヘレフォードシャーの果樹園』（ビール）369
「弁解の弁護」（J.L. オースティン）410
『弁証学』（アルクィヌス）568

ホ

『ホイッグ史観批判』（H. バターフィールド）630
『法一般論』（J. ベンサム）475
『貿易論』（バーボン）376
『法学講義』（A. スミス）220, 287, 304
『豊穣の計画』369
『法史論集』（ケイムズ卿）594
『法的推論と法理論』（マコーミック）662
『法と命令』（アレン）481
『法と立法と自由』（ハイエク）209-210
『法の概念』（H. ハート）475, 477, 481
『法の権威』（ラズ）476
『法の精神』（モンテスキュー）277, 297
『法の帝国』（ドゥオーキン）477, 620
『法の哲学』（ヘーゲル）232
『法理学講義』（J. オースティン）475, 583
『法理学の原理』（ホランド）659
『法理学領域論』（J. オースティン）475, 583
『法律』（プラトン）325
『法律と世論』（ダイシー）612
『牧夫の週日』（ゲイ）594
『保守主義の意味』（スクルートン）484
『ボタニカル・マガジン』407
『牧歌』（ポウプ）656
『ポリクラティクス』（ソールズベリのジョン）604
『ポリティカル・レジスター』597

マ

「マイケル」（ワーズワス）555
『マインド』606, 651, 668, 672
『マカリア王国』（ハートリブ）516
『マンスリー・レヴュー』443-444
『マンチェスター・ガーディアン』658

ミ

『ミクログラフィア』（フック）551, 642
『民事および刑事立法論〔立法論〕』（J. ベンサム／デュモン）170, 422

『民衆統治の優越性』(ハリントン) 635
『民衆の政治経済学』(ホジスキン) 657
『民族の陶冶』(レントゥル) 514

ム

「無垢の予兆」(ブレイク) 340
『無神論の必然性』(P. シェリー) 601
『無神論への解毒剤』(H. モア) 669
『息子と恋人』(ロレンス) 679
『ムネラ・プルウェリス』(ラスキン) 674

メ

『名士小伝』(オーブリ) 585
『命題集』(オッカム) 584
『命題集』(ペトルス・ロンバルドゥス) 322, 588
『名誉の起源』(マンデヴィル) 89
『メタロギコン』(ソールズベリのジョン) 604
『メルクリウス・アウリクス』(バーケンヘッド) 629
『メルクリウス・ブリタンニクス』 629
『メノン』(プラトン) 358

モ

『盲人書簡』(ディドロ) 508
『モーパン嬢』(T. ゴーチェ) 509
『モラリア』(プルタルコス) 24
『モラリスト』(第3代シャフツベリ伯) 370
『森〔シルヴァ〕』(イヴリン) 226, 369, 569

ヤ

『野生の思考』(レヴィ＝ストロース) 486
『野生の庭』(W. ロビンソン) 371
『夜想』(E. ヤング) 340

ユ

『有神論の整合性』(R. スウィンバーン) 606
『ユダヤ教の起源』(トーランド) 531
『ユダヤ人とは誰か』(ケストラー) 595
『ユートピア』(T. モア) 197, 238, 286, 369, 515-516, 539-540, 670
『ユートピアだより』(モリス) 517, 670
『ユードルフォの謎』(ラドクリフ) 179
『ユニテリアン概史』(ナイ) 518

ヨ

『妖精女王』(E. スペンサー) 8
『予定論』(エリウゲナ) 580
『甦ったプラトン』(ネヴィル) 624
『読み書き能力の効用』(ホガート) 63
『夜と昼』(V. ウルフ) 462
『ヨーロッパ諸国の民衆に対する文明の影響』(C. ホール) 240
「ヨーロッパにおける文芸復興以降の形而上学・倫理学・政治学の歩み(ヨーロッパ学問史)」(D. ステュアート) 316, 317, 608
『世論』(リップマン) 524

ラ

『ライフズ・ドミニオン』(ドゥオーキン) 620
『ライン新聞』 664
『ラコウ・カテキズム』 518
『ラセラス』(S. ジョンソン) 604
『ランダフ主教への書簡』(ワーズワス) 555
『ランブラー』(S. ジョンソン) 604

リ

『リヴァイアサン』(ホッブズ) 27, 115, 124, 217, 235, 269, 276, 286, 290, 295, 307, 330, 388, 417, 439, 527, 591, 657
『リヴァイアサンと空気ポンプ』(シェイピン／シャファー) 26
『利子・貨幣論』(ロック) 60
『理神論者への手紙』(バルガイ) 636
『理性の時代』(ペイン) 652
『理性の使用に関するエッセイ』(コリンズ) 531
『理性の神託』(ブラント) 531

『リード博士の常識原理に基づく人間精神の研究、ビーティ博士の真理の性質と不変性、およびオズワルド博士の宗教擁護のための常識への訴え、の検討』(プリーストリ) 319
『理由と人格』(パーフィット) 294, 633
『理論と実践における国家』(ラスキ) 673
『倫理学綱要』(H. モア) 669
『倫理学研究』(F. ブラッドリー) 12, 529, 645
『倫理学原理』(H. スペンサー) 529
『倫理学原理』(ムア) 173, 205, 215-216, 461, 497, 668
『倫理学序説』(グリーン) 529
『倫理学の方法』(シジウィック) 173, 292, 529, 602
『倫理の科学』(L. スティーヴン) 607

ル

『ルークリース凌辱』(シェイクスピア) 600
『ルネサンス』(ペイター) 510-511, 650

レ

『霊魂不滅論』(H. モア) 669
『隷属への道』(ハイエク) 209, 270, 626
『歴史』(ポリュビオス) 187
『歴史哲学』(ヘルダー) 546
『歴史の研究』(A.J.トインビー) 620
『歴史の理念』(コリングウッド) 14
『歴史法学雑誌』 544
『恋愛小曲集』(ダン) 147

ロ

「老水夫の歌」(コールリッジ) 555, 599
『労働党と新社会秩序』 575
『労働擁護論』(ホジスキン) 657
『ロック氏の人間知性論の擁護』(コックバーン) 596
『ロバート・エルスメア』(ウォード夫人) 12
『ロビンズ報告書』 347
『ロビンソン・クルーソー』(デフォー) 60, 487, 516, 619
『ローマ史論』(マキアヴェッリ) 187
『ローマ帝国衰亡史』(ギボン) 124, 587, 632
「ロマン主義と古典主義」(T.E. ヒューム) 340
『ロンドン・ウェストミンスター・レヴュー』 384
『ロンドン・ジャーナル』(ハーヴィ卿) 35
『ロンドンにおける民衆の生活と労働』(ブース) 100
『ロンドン・マガジン』 443
『ロンドン・レヴュー』 384, 445
『ロンバード街』(バジョット) 629
『論理学』(W. ジョンソン) 604
『論理学』(ポール・ロワイヤル) 48
『論理学原理』(F. ブラッドリー) 645
『論理学体系』(J.S. ミル) 69, 95, 134, 259, 386
「論理形式について」(ウィトゲンシュタイン) 464
『論理哲学論考』(ウィトゲンシュタイン) 149, 557, 562-563, 571
『論理の数学的分析』(ブール) 647

日本イギリス哲学会

イギリス哲学および関連諸分野の専門研究を目的とする、日本学術会議登録学会。1976年設立。「哲学」を広く捉えるイギリスの伝統に倣い、哲学・科学、倫理・宗教、法・政治、経済・社会、美学・文学、歴史など、多様な分野の専門研究者で構成されている。研究大会・部会研究例会の開催、学会誌『イギリス哲学研究』の刊行を主な活動とし、〈イギリス思想研究叢書〉(御茶の水書房) や〈イギリス思想叢書〉(研究社) の企画・監修も行っている。

イギリス哲学・思想事典
Dictionary of British Philosophy and Thought

● 2007年11月22日初版発行 ●

● 編者 ●
日本イギリス哲学会

Copyright © 2007 by Japanese Society for British Philosophy

発行者 ● 関戸 雅男

発行所 ● 株式会社 研究社
〒102-8152 東京都千代田区富士見2-11-3
電話 営業 03-3288-7777 (代) 編集 03-3288-7711 (代)
振替 00150-9-26710
http://www.kenkyusha.co.jp/

KENKYUSHA
〈検印省略〉

調査・整理 ● 山田浩平

装丁 ● 久保和正

本文・目次デザイン ● mute beat

編集協力 ● 高見沢紀子・田辺敏江・飯島絵里沙

印刷所 ● 研究社印刷株式会社

ISBN978-4-7674-9074-8 C3510 Printed in Japan

価格はカバーに表示してあります。
本書の無断複写 (コピー) は著作権法上での例外を除き、禁じられています。
落丁本、乱丁本はお取り替え致します。
ただし、古書店で購入したものについてはお取り替えできません。

研究社の出版案内

イギリス思想叢書 ＜全12巻＞

近代精神の誕生に立ち会う

- 近代イギリスに焦点を絞り込み、12人の思想家の立体像を浮かび上がらせる。
- 人物ひとりにつき、1巻をあて、思想内容のみならず、その成立過程、伝記的要素や時代背景、社会情勢などを多角的に捉える。
- 既存の歴史的評価にとらわれることなく、特に現代の視点から見た功罪の再評価を盛り込み、その今日的意義を問う。
- 各巻ともに貴重な写真・図版を配し、人物年譜・参考文献なども充実。

1	トマス・モア	田村秀夫〔著〕	四六判 並製 280頁 ISBN4-327-35211-X C1323
2	ベイコン	塚田富治〔著〕	四六判 並製 250頁 ISBN4-327-35212-8 C1323
3	ホッブズ	田中 浩〔著〕	四六判 並製 270頁 ISBN4-327-35213-6 C1323
4	ロック	浜林正夫〔著〕	四六判 並製 260頁 ISBN4-327-35214-4 C1323
5	ヒューム	泉谷周三郎〔著〕	四六判 並製 290頁 ISBN4-327-35215-2 C1323
6	アダム・スミス	山﨑 怜〔著〕	四六判 並製 302頁 ISBN4-327-35216-0 C1323
7	ベンサム	永井義雄〔著〕	四六判 並製 304頁 ISBN4-327-35217-9 C1323
8	ジェイムズ・ミル	山下重一〔著〕	四六判 並製 280頁 ISBN4-327-35218-7 C1323
9	ロバート・オウエン	土方直史〔著〕	四六判 並製 272頁 ISBN4-327-35219-5 C1323
10	J.S.ミル	小泉 仰〔著〕	四六判 並製 280頁 ISBN4-327-35220-9 C1323
11	ウィリアム・モリス	名古忠行〔著〕	四六判 並製 270頁 ISBN4-327-35221-7 C1323
12	ジョージ・オーウェル	河合秀和〔著〕	四六判 並製 296頁 ISBN4-327-35222-5 C1323